SONNTAGS BIBEL

Lizenzausgabe für die Bundesrepublik Deutschland
Echter Verlag Würzburg, 1992
ISBN 3-429-01408-5

1992

Gesamtherstellung: ATHESIADRUCK, Bozen
ISBN 88-7014-653-7

SONNTAGS BIBEL

Frohbotschaft zum Sonntag

•

Eine Auswahl biblischer Texte in ihrem theologischen Zusammenhang

•

Hausandachten

Herausgegeben von Wilhelm Egger
Bischof von Bozen-Brixen
unter Mitarbeit von Claus-Peter März, Arnold Stiglmair,
Kurt Egger u.a.

ATHESIA · ECHTER · TYROLIA

Zum Geleit

Ich übergebe Ihnen diese »Sonntagsbibel«. Vielen von Ihnen ist die religiöse Feier des Sonntags ein Anliegen. Dieses Buch heißt »Sonntagsbibel«, weil es Ihnen helfen möchte, den Sonntag gut zu feiern und sich auf die Texte, die in der heiligen Messe gelesen werden, vorzubereiten.
Dazu dient vor allem der erste Teil, »Die Frohbotschaft zum Sonntag«, der dazu anregen will, gemeinsam oder auch allein schon vor dem Sonntag die Sonntagsevangelien kennenzulernen und zu überdenken. Für die Familien könnte der Samstagabend (oder auch der Freitagabend) eine günstige Zeit dafür sein; wenn Sie Kinder haben, werden Sie sicher die schönen Bilder mit ihnen anschauen und besprechen. Auch für Gruppen (Bibelrunde, Pfarrgemeinderat, Gesprächs- und Gebetskreis) kann dieser Teil eine Hilfe sein.

Manche von Ihnen haben den Wunsch, außer den Evangelien auch andere wichtige Teile der Heiligen Schrift kennenzulernen. Dazu will der zweite Teil, die Auswahlbibel »Die Geschichte des Heils« verhelfen, die etwas Ähnliches ist wie eine »Biblische Geschichte«, an die sich die Älteren unter uns noch erinnern. Durch die Einführungen können Sie den theologischen Gehalt und die inneren Zusammenhänge der Texte der Heiligen Schrift besser verstehen. Man kann diesen Text fortlaufend lesen, immer wieder ein Stück; man kann, anhand der Überschriften und Register, nach Themen vorgehen, die besonders interessieren. Hier finden sich die Texte, die als erste und zweite Lesung an den Sonntagen vorgetragen werden.

Die »Hausandachten« im dritten Teil möchten den vielen Familien, die besonders zu den Heiligen Zeiten (Advent und Fastenzeit) das gemeinsame Gebet pflegen, eine Hilfe sein.

Auch die Bilder in dieser »Sonntagsbibel« wollen zu einem vertieften Verständnis der Heiligen Schrift führen. Die religiöse Erfahrung von Menschen vieler Generationen, die in diesen Kunstwerken ihren Ausdruck gefunden hat, kann auch uns helfen, das Geheimnis Christi zu erfassen. Mit Ausnahme der »Vaterunser-Tafel« auf dem Ölberg zu Jerusalem befinden sich alle abgebildeten Kunstwerke in Südtirol; der zeitliche Bogen spannt sich vom frühen Mittelalter bis herauf in unsere Tage.

Mit dem Wunsch des Apostels Paulus: »Das Wort Christi wohne mit seinem ganzen Reichtum bei euch« (Kol 3,16) grüßt Sie herzlich Ihr

+ Wilhelm Egger

Bozen, am 31. August 1991, dem fünften Jahrestag meiner Bischofsweihe

»Wenn die heiligen Schriften in der Kirche gelesen werden, spricht Christus selbst« (Zweites Vatikanisches Konzil). Apsisbild, 14. Jh., St. Johann/Bozen.

Erster Teil

Frohbotschaft zum Sonntag

Die Vorbereitung des Sonntags anhand der Evangelientexte

Viele Christen bemühen sich heute um eine neue Sonntagskultur. Vor nicht allzu langer Zeit hatte der Sonntag sein ganz bestimmtes Gesicht; er war kirchlich und auch brauchtumsmäßig von den anderen Tagen abgehoben. In unserer Zeit hat sich die Gestalt des Sonntags verändert. Angesichts des Wandels der Sonntagsgestaltung sind wir eingeladen, eine Form zu suchen, die dem Sinn des christlichen Sonntags und unseren heutigen Möglichkeiten entspricht.
Zum christlichen Sonntag gehören der Gottesdienst, die Pflege der Freude, die Erholung für Geist und Körper. Damit der Sonntag tatsächlich zu einem Tag für Gott und die Menschen wird, braucht er eine bestimmte Gestaltung. Unter den verschiedenen Gestaltungsmöglichkeiten für eine Sonntagskultur möchte ich auf folgende hinweisen: Abstand nehmen und Abschalten gegenüber dem Arbeitstag; sich Zeit für sich und füreinander nehmen; das gemeinsame Mahl in der Familie, etwa auch in der Form eines gepflegten Frühstücks, bei dem Zeit und Ruhe für ein Gespräch ist; auch der gemeinsame Kirchgang macht den Sonntag zu einem besonderen Tag.
Eine besondere Möglichkeit, die von manchen Familien bereits genutzt wird, ist die Einstimmung in den Sonntag anhand der Sonntagsevangelien. Der Sonntag gewinnt an religiöser Tiefe, wenn sich die Gläubigen – alleine, in der Familie/Gemeinschaft, in einer Gruppe – am Samstagabend oder an einem anderen, für sie besser geeigneten Tag, auf den Sonntag einstimmen, indem sie das Evangelium des folgenden Sonntags lesen.

Gottes Wort durch das Kirchenjahr

An jedem Sonntag feiern wir in der Eucharistie das Geheimnis von Tod und Auferstehung Jesu. Als Glaubende können wir dem Herrn begegnen und Anteil gewinnen an Tod und Auferstehung Jesu. In der liturgischen Feier werden uns durch die biblischen Texte, durch Predigt, Gesänge, Fürbitten und durch die Feier des Opfers die wichtigsten Heilsereignisse vor Augen geführt.

Das Zweite Vatikanische Konzil hat eine neue Leseordnung eingeführt, so daß der »Tisch des Wortes« nun viel reicher gedeckt ist als früher. Der Wortgottesdienst ist zu einer besonders wichtigen »Schule des Wortes Gottes« geworden, so daß wir uns im Lauf des Kirchenjahres in das Geheimnis unserer Erlösung vertiefen können: »In den Lesungen, die in der Homilie ausgedeutet werden, spricht Gott zu seinem Volk, offenbart er das Erlösungs- und Heilsmy-

sterium und nährt das Leben im Geist. Christus selbst ist in seinem Wort gegenwärtig« (Allgemeine Einführung in das Römische Meßbuch). Das Geheimnis Christi und unserer Erlösung wird durch die verschiedenen Festzeiten des Kirchenjahres entfaltet und vertieft.
In der Advents- und Weihnachtszeit beschäftigen wir uns vor allem mit dem Kommen des Erlösers. In der Fastenzeit erneuern wir durch die Teilnahme am Leidensweg Jesu unser christliches Leben. In der Zeit von Ostern bis Pfingsten feiern wir das neue uns geschenkte Leben. Die Sonntage des Jahreskreises dienen dem Wachstum des Glaubens und der Prägung des christlichen Lebens.

Die Anordnung der Evangelienabschnitte in der Sonntagsbibel

Im Wortgottesdienst sind drei Lesungen vorgesehen. Die erste Lesung wird dem Alten Testament entnommen. Sie hat ein ähnliches Thema wie das Evangelium, sie ist manchmal wie eine Hinführung zum Evangelium. Die zweite Lesung stammt aus dem Neuen Testament: Aus der Apostelgeschichte, aus den Briefen der Apostel oder aus der Offenbarung des Johannes. Sie steht nicht in direktem Zusammenhang mit dem Evangelium, sondern es handelt sich öfter um eine fortlaufende Lesung (zum Teil wird über mehrere Sonntage hinweg aus demselben Werk gelesen). Der dritte und wichtigste Teil des Wortgottesdienstes in der Eucharistiefeier ist die Verkündigung des Evangeliums. Die Lesungen an den Sonntagen sind nach einem dreijährigen Lesezyklus geordnet: Im Lesejahr A werden die Evangelienabschnitte vor allem aus dem Matthäusevangelium genommen, im Lesejahr B aus dem Markusevangelium, im Lesejahr C aus dem Lukasevangelium. Durch die dreijährige Leseordnung wird den Gläubigen anhand der Evangelienabschnitte ein deutliches Bild von Jesus vor Augen gestellt: Matthäus zeichnet das Bild von Jesus, dem erwarteten Messias, dem Herrn der Kirche, der seinen Jüngern eine neue Lebensweisung gibt; Markus schildert das machtvolle Wirken Jesu und die Hinführung der Jünger zum Glauben an Tod und Auferstehung; Lukas verkündet vor allem die Güte und Menschenfreundlichkeit Jesu. Texte aus dem Evangelium des Johannes werden an verschiedenen Sonntagen in den drei Lesejahren verwendet, hauptsächlich in den Evangelien der Sonntage der Osterzeit und im Lesejahr B vom 17. bis 21. Sonntag im Jahreskreis.
Die Sonntagsbibel möchte helfen, die Texte der Lesungen besser zu verstehen und sie gläubig aufzunehmen. Der erste Teil der Sonntagsbibel gibt Hilfen zur Vorbereitung der Sonntage und Feste des Kirchenjahres. In der Einführung wird ein Grundgedanke geboten, der alle drei Lesungen des Sonntags berücksichtigt. Zum Evangelium, das die Mitte dieser kleinen Hausandacht zum Sonntag ist, wird eine kurze Erklärung geboten, die einen Gedanken zum Mitnehmen für die Woche bietet. Weil wir im Evangelium Gottes Wort hören, wird die Lesung mit einem Gebet abgeschlossen. Das »Gelingen« des Sonntags und des Kirchenjahres hängt auch von uns selber ab. Wenn wir das Evangelium schon im voraus gelesen haben, können wir dem Wortgottesdienst besser folgen. Dadurch sind wir auch fähig zu einer aktiven Teilnahme am Gottesdienst: »Dieses Wort Gottes macht sich die Gemeinde in den Gesängen zu eigen und bezeugt durch das Bekenntnis des Glaubens ihre Treue gegenüber dem Wort. Durch das Wort Gottes gestärkt, bittet sie in den Fürbitten für die Anliegen der gesamten Kirche und für das Heil der ganzen Welt« (Allgemeine Einführung in das Römische Meßbuch).

Eine Mühe, die sich lohnt

Die Mühe, die wir für das Verstehen der sonntäglichen Bibeltexte aufwenden, lohnt sich: Wir lernen sie auf diese Weise besser kennen und wir treten in einen Wachstumsprozeß ein, der uns Sonntag für Sonntag tiefer in den Glauben eindringen läßt. Die Evangelientexte der Sonntage bieten sich auch an für das Gespräch in Gruppen während der Woche. Dazu ist die Beachtung einer einfachen Methode, etwa der Methode der sieben Schritte für das gemeinsame Lesen der Heiligen Schrift, hilfreich.

Die Vorbereitung des Sonntags anhand der Evangelientexte

Die Vertiefung in das Wort Gottes kann in drei Schritten erfolgen:

1. Wir laden den Herrn ein
   V: Im Namen des Vaters und des Sohnes und des Heiligen Geistes
   A: Amen
   V: Herr, Jesus Christus, Du hast den Jüngern auf dem Weg nach Emmaus den Sinn der Heiligen Schrift eröffnet. Schenke uns Deinen Heiligen Geist. Hilf uns, daß wir Dich besser erkennen, daß wir unser Leben nach Deinem Wort gestalten und glaubwürdige Zeugen Deiner Frohbotschaft sind.

2. Wir hören das Wort Gottes
   Es werden nun die Einleitung zum Sonntagsevangelium, das Evangelium und der Text zur Besinnung gelesen.

3. Wir geben Antwort auf Gottes Wort
   Diese Antwort wird gegeben in der persönlichen Besinnung und im abschließenden Gebet. Sinnvoll ist es auch, Fürbitten zu sprechen, in denen die Anliegen der Kirche, der Pfarrgemeinde, der jeweiligen Gruppe, vorgebracht werden.

Das gemeinsame Lesen der Heiligen Schrift

Für das gemeinsame Lesen der Schrift werden sieben Schritte empfohlen; diese Methode wurde in Lumko (Südafrika) erarbeitet.

1. Wir laden den Herrn ein
   Der Glaube an die lebendige Gegenwart des Auferstandenen im Kreis seiner Freunde ist die Voraussetzung für Gebet und Meditation. So laden wir Christus, den Herrn, ein und öffnen uns für seine Gegenwart.
2. Wir lesen den Text
   Der Text wird vorgelesen.
3. Wir verweilen beim Text
   Die Teilnehmerinnen und Teilnehmer wiederholen ein bestimmtes Wort oder Worte aus dem Text, die sie beeindruckt haben. Das Wort soll »einsickern«. Nach jedem Wort soll Stille gehalten werden.
4. Wir schweigen
   In Stille öffnen wir uns für Gott und lassen uns von ihm anschauen.
5. Wir sagen einander, was uns berührt hat
   Das Gespräch kann damit beginnen, daß alle der Reihe nach mitteilen, was für sie aus der Botschaft des Textes besonders wichtig ist. Bei Fragen zum Verständnis des Textes soll die Gruppe versuchen, gemeinsam eine Antwort zu finden. Auf diese Weise wachsen wir zur Glaubensgemeinschaft zusammen.
6. Wir besprechen, was der Herr von uns will
   Das Hören soll zum Tun führen; wir suchen Antwort auf die Fragen, wie sich dieses Wort Gottes in unserer Zeit verwirklichen läßt und welche Anregungen es für uns heute gibt.
7. Wir beten
   Im Gebet geben wir unsere Antwort auf das Wort Gottes, das wir gehört haben. Die Form des Gebetes kann wechseln: Dank für das Heilshandeln Gottes, das durch das Gespräch wieder in das Bewußtsein gedrungen ist, oder Bitte um jene Gaben, die in der heutigen Situation besonders wichtig sind.

Lesejahr A

Das Evangelium nach Matthäus
Die Frohbotschaft über den Messias und sein Volk

»Stammbaum Jesu Christi« (Mt 1,1). Symbol des Evangelisten Matthäus ist der Mensch. Um 1400, Kreuzgang Brixen.

Durch das Lesejahr A begleitet uns der Evangelist Matthäus. Er möchte uns helfen, unserer Berufung in die Nachfolge Jesu zu entsprechen. Matthäus stellt vor allem die Würde Jesu Christi und die Berufung des neuen Gottesvolkes dar. Die Schwerpunkte, die er in seinem Evangelium setzt, sind Hinweise auf das, was auch für uns wichtig ist: Es geht auch heute darum, die Größe und die Würde Jesu zu erfassen, wie sie sich in den Würdenamen ausdrückt; und es geht darum, Gemeinschaft in der Kirche zu bilden und den Willen Gottes für unsere Zeit zu erkennen und zu erfüllen.

Jesus – Der erwartete Messias

Den ersten Lesern des Matthäusevangeliums war das Alte Testament sehr vertraut. Nach Matthäus ist das Alte Testament ein Schlüssel zum Verständnis des Geheimnisses Jesu. In Jesus Christus kommt die Geschichte des Volkes Gottes zur Vollendung: Der Bund mit Abraham, die Befreiung aus Ägypten, die Verheißung der Königsherrschaft an David weisen auf Jesus hin, der der erwartete Retter, der Sohn Davids, der Sohn Abrahams ist (vgl. Mt 1,1). Er erfüllt die Erwartungen des Volkes. Er ist der Retter des Volkes Israel, zugleich aber auch – wie Matthäus am Schluß seines Evangeliums sagt – der Retter aller Völker (Mt 28,18–20).

Das neue Volk Gottes

Matthäus läßt in seinem Evangelium neben dem Bild von Jesus, dem erwarteten Retter, auch deutlich das Bild der Kirche hervortreten. Die ersten Christen haben die Erfahrung gemacht, daß das Volk Israel den Messias ablehnt; doch es bildet sich eine neue Gemeinde, die Jesus als Retter und Sohn Gottes anerkennt. Diesem Volk schenkt Gott seine Gegenwart.

Der Wille Gottes

Jesus verkündet mit Vollmacht die Weisung Gottes; er sagt, daß es eine neue Gerechtigkeit braucht. Vor allem die Bergpredigt zeichnet in den Seligpreisungen (Mt 5,3–11) diese neue Lebensform der Christen. Als neues Volk Gottes haben die Christen so etwas wie eine Hausordnung der Kirche: Christen verhalten sich zueinander, wie der barmherzige Vater zu den Menschen; die Christen sind untereinander Brüder und Schwestern; Jesus ist der Lehrer, das Band der Einheit und das Fundament der Gemeinschaft (vgl. Mt 18).

Die Entstehung des Matthäusevangeliums

Matthäus schreibt sein Werk etwa um 70–80 n. Chr., also 40 bis 50 Jahre nach Jesu Tod und Auferstehung. In diesen Jahrzehnten haben sich große Veränderungen vollzogen: Der Tempel von Jersusalem war im Jahre 70 von den Römern zerstört worden. Die Juden, die die Katastrophe überlebt hatten, sammelten sich wieder und versuchten einen Neubeginn. Die enge Verbindung allerdings, in der Jesus und die erste christliche Gemeinde von Jerusalem zum Judentum standen, schwindet. Die Kirche gewinnt ihre eigene Gestalt. Die christliche Botschaft hat in dieser Zeit den Weg zu den Heiden genommen. Eine Generation von Christen hat das Geheimnis Jesu im Lichte des Alten Testamentes durchdacht. All das spiegelt sich im Werk des Matthäus wider. Matthäus will seiner Gemeinde helfen, die neue Lage zu bewältigen, indem er an Jesus erinnert, und die Gestalt Jesu, vor allem mit Hilfe des Alten Testamentes, deutet. Mit den ihm zur Verfügung stehenden Quellen (das Evangelium nach Markus, eine Sammlung von Jesusworten und andere Überlieferungen) geht Matthäus sehr behutsam um.

1. Adventssonntag

Auf den Herrn warten

1. Lesung: Jes 2,1–5 | 2. Lesung: Röm 13,11–14 | Evangelium: Mt 24,29–44

Im Advent erwarten wir den Herrn. Diese christliche Hoffnung ist von einer Spannung bestimmt: Mit dem Kommen Christi vor 2000 Jahren ist uns einerseits Gottes Nähe schon geschenkt; andererseits warten wir immer noch darauf, daß sich Gottes Macht auch deutlich erkennbar zeigt. Der erste Adventssonntag will uns beide Aspekte in Erinnerung rufen. Der Prophet Jesaja stärkt die Mutlosen in der Hoffnung auf das kommende Friedensreich des Messias: »Man zieht nicht mehr das Schwert, Volk gegen Volk, und übt nicht mehr für den Krieg. Ihr vom Haus Jakob, kommt, wir wollen unsere Wege gehen im Licht des Herrn« (1. Lesung). Paulus sieht die Gegenwart schon jetzt geprägt vom Geist Christi: »Legt als neues Gewand den Herrn Jesus Christus an« (2. Lesung). Im Evangelium spricht Jesus von der Wachsamkeit des Hausbesitzers, der nicht vergißt, daß diese Welt dem Kommen des Herrn entgegengeht.

Wir hören aus dem Matthäusevangelium:

In jener Zeit sprach Jesus zu seinen Jüngern:
29 Sofort nach den Tagen der großen Not wird sich die Sonne verfinstern, und der Mond wird nicht mehr scheinen; die Sterne werden vom Himmel fallen, und die Kräfte des Himmels werden erschüttert werden.
30 Danach wird das Zeichen des Menschensohnes am Himmel erscheinen; dann werden alle Völker der Erde jammern und klagen, und sie werden den Menschensohn mit großer Macht und Herrlichkeit auf den Wolken des Himmels kommen sehen.
31 Er wird seine Engel unter lautem Posaunenschall aussenden, und sie werden die von ihm Auserwählten aus allen vier Windrichtungen zusammenführen, von einem Ende des Himmels

Die Botschaft des Täufers gilt für alle Zeiten und Orte. Johannes der Täufer, im Hintergrund die Dompfarrkirche von Bozen. 1685, Kalvarienberg/Bozen.

bis zum andern. [32] Lernt etwas aus dem
Vergleich mit dem Feigenbaum! Sobald sei-
ne Zweige saftig werden und Blätter treiben,
wißt ihr, daß der Sommer nahe ist. [33] Genau-
so sollt ihr erkennen, wenn ihr das alles seht,
daß das Ende vor der Tür steht. [34] Amen, ich
sage euch: Diese Generation wird nicht ver-
gehen, bis das alles eintrifft. [35] Himmel und
Erde werden vergehen, aber meine Worte
werden nicht vergehen. [36] Doch jenen Tag
und jene Stunde kennt niemand, auch nicht
die Engel im Himmel, nicht einmal der Sohn,
sondern nur der Vater. [37] Denn wie es in den
Tagen des Noach war, so wird es bei der
Ankunft des Menschensohnes sein. [38] Wie die
Menschen in den Tagen vor der Flut aßen
und tranken und heirateten, bis zu dem Tag,
an dem Noach in die Arche ging, [39] und nichts
ahnten, bis die Flut hereinbrach und alle
wegraffte, so wird es auch bei der Ankunft
des Menschensohnes sein. [40] Dann wird von
zwei Männern, die auf dem Feld arbeiten,
einer mitgenommen und einer zurückgelas-
sen. [41] Und von zwei Frauen, die mit dersel-
ben Mühle mahlen, wird eine mitgenommen
und eine zurückgelassen. [42] Seid also wach-
sam! Denn ihr wißt nicht, an welchem Tag
euer Herr kommt. [43] Bedenkt: Wenn der Herr
des Hauses wüßte, zu welcher Stunde in der
Nacht der Dieb kommt, würde er wach blei-
ben und nicht zulassen, daß man in sein
Haus einbricht. [44] Darum haltet auch ihr euch
bereit! Denn der Menschensohn kommt zu
einer Stunde, in der ihr es nicht erwartet.

Wir besinnen uns:

Viele Menschen machen sich Gedanken über den Sinn der Geschichte und über die Zukunft der Welt. Diese Sorge wurde früher ausgedrückt mit der Frage: »Wann kommt das Ende der Welt? Werden wir es noch erleben oder wird es noch lange ausbleiben?« – Das Evangelium gibt uns auf diese und auf manch andere Frage keine unmittelbare Antwort; dafür sagt es uns etwas wesentlich Wichtigeres: Der Herr kann zu jeder Stunde kommen, und wir können jederzeit vor sein Angesicht gerufen werden. Es sagt uns auch, wie wir ihn erwarten sollen: indem wir in seiner Gegenwart und in seinem Dienst leben. Die erste Kerze, die heute am Adventskranz brennt, erinnert uns an die Nähe des Herrn.

Wir beten:

Gott, dein Sohn hat uns zur Wachsamkeit aufgerufen. Mach uns fähig, seine Stimme zu vernehmen, und mach uns bereit, mit Taten der Liebe seine Ankunft vorzubereiten. Darum bitten wir durch ihn, Christus, unseren Herrn.

2. Adventssonntag

Umkehr tut not

1. Lesung: Jes 11,1–10 | 2. Lesung: Röm 15,4–9 | Evangelium: Mt 3,1–12

Manchmal wird uns ganz deutlich bewußt, daß die Welt nicht so bleiben darf, wie sie ist. Wir müssen umkehren. Der Prophet Jesaja stellt uns eine neue, heilige Welt als Ziel des Weges vor Augen: »Man tut nichts Böses mehr und begeht kein Verbrechen auf meinem ganzen heiligen Berg; denn das Land ist erfüllt von der Erkenntnis des Herrn« (1. Lesung). Paulus zeigt der christlichen Gemeinde im Brief an die Römer, was wir zum Entstehen dieser neuen Welt beitragen können: »... nehmt einander an, wie auch Christus uns angenommen hat, zur Ehre Gottes« (2. Lesung). Das Evangelium stellt uns den Bußruf Johannes des Täufers vor Augen, der für Christen immer noch Gültigkeit hat.

Wir hören aus dem Matthäusevangelium:

In jenen Tagen trat Johannes der Täufer auf
und verkündete in der Wüste von Judäa: 2
Kehrt um! Denn das Himmelreich ist nahe. 3
Er war es, von dem der Prophet Jesaja gesagt
hat: Bereitet dem Herrn den Weg! Ebnet ihm
die Straßen! 4 Johannes trug ein Gewand aus
Kamelhaaren und einen ledernen Gürtel um
seine Hüften; Heuschrecken und wilder Honig waren seine Nahrung. 5 Die Leute von
Jerusalem und ganz Judäa und aus der ganzen Jordangegend zogen zu ihm hinaus; 6 sie
bekannten ihre Sünden und ließen sich im
Jordan von ihm taufen. 7 Als Johannes sah,
daß viele Pharisäer und Sadduzäer zur Taufe
kamen, sagte er zu ihnen: Ihr Schlangenbrut,
wer hat euch denn gelehrt, daß ihr dem
kommenden Gericht entrinnen könnt? 8
Bringt Frucht hervor, die eure Umkehr zeigt, 9
und meint nicht, ihr könntet sagen: Wir haben ja Abraham zum Vater. Denn ich sage
euch: Gott kann aus diesen Steinen Kinder
Abrahams machen. 10 Schon ist die Axt an die
Wurzel der Bäume gelegt; jeder Baum, der
keine gute Frucht hervorbringt, wird umgehauen und ins Feuer geworfen. 11 Ich taufe
euch nur mit Wasser (zum Zeichen) der Umkehr. Der aber, der nach mir kommt, ist
stärker als ich, und ich bin es nicht wert, ihm
die Schuhe auszuziehen. Er wird euch mit
dem Heiligen Geist und mit Feuer taufen. 12
Schon hält er die Schaufel in der Hand; er
wird die Spreu vom Weizen trennen und den
Weizen in seine Scheune bringen; die Spreu
aber wird er in nie erlöschendem Feuer verbrennen.

Wir besinnen uns:

Wir Menschen sind nicht so, wie wir nach Gottes Willen sein sollten. Wir können mit unserem Eigensinn, unserer Lieblosigkeit und unserem mangelnden Vertrauen nicht vor Gott bestehen. Deshalb ruft Johannes der Täufer zur Umkehr auf: Wir sollen verändern, was uns von Gott trennt; wir sollen uns öffnen und gute Früchte bringen. Jetzt schon sollen wir neue Menschen werden, damit das Kommen des Herrn uns das Heil bringt. Die Gottesdienste im Advent (»Rorate-Messen«) laden zur Besinnung und zur inneren Erneuerung ein.

Wir beten:

Gott, durch Johannes den Täufer hast du dem Kommen deines Sohnes den Weg bereitet. Hilf uns, eine Umkehr zu vollziehen und jene Wege zu gehen, die uns dir und unseren Mitmenschen näher bringen. Das erbitten wir durch Christus, unseren Herrn.

3. Adventssonntag

Die Zeichen der neuen Welt erkennen

1. Lesung: Jes 35,1–6a.10 | 2. Lesung: Jak 5,7–10 | Evangelium: Mt 11,2–11

Gott will die Welt erneuern, aber nicht erst am Ende der Zeit. Er ist heute schon am Werk: Er ruft Menschen auf seinen Weg; er gibt ihnen Hoffnung in unserer zerrissenen Welt; sein Geist öffnet neue Tore für das Miteinander. Schon jetzt gibt es Zeichen der Vollendung auf unserer Erde. Wir müssen nur lernen, diese Zeichen zu sehen und zu deuten. In diesem Sinn tröstet der Prophet Jesaja das Volk, dessen Vertrauen zerbrochen ist: »Sagt den Verzagten: Habt Mut, fürchtet euch nicht! Seht, hier ist euer Gott« (1. Lesung). Ähnlich mahnt der Brief des Jakobus die christliche Gemeinde: »Macht euer Herz stark, denn die Ankunft des Herrn steht nahe bevor« (2. Lesung). Das Evangelium erzählt schließlich von den Zeichen der Vollendung, die im Wirken Jesu sichtbar werden.

Wir hören aus dem Matthäusevangelium:

In jener Zeit hörte Johannes im Gefängnis von den Taten Christi. Da schickte er seine Jünger zu ihm 3 und ließ ihn fragen: Bist du der, der kommen soll, oder müssen wir auf einen andern warten? 4 Jesus antwortete ihnen: Geht und berichtet Johannes, was ihr hört und seht: 5 Blinde sehen wieder, und Lahme gehen; Aussätzige werden rein, und Taube hören; Tote stehen auf, und den Armen wird das Evangelium verkündet. 6 Selig ist, wer an mir keinen Anstoß nimmt. 7 Als sie gegangen waren, begann Jesus zu der Menge über Johannes zu reden; er sagte: Was habt ihr denn sehen wollen, als ihr in die Wüste hinausgegangen seid? Ein Schilfrohr, das im Wind schwankt? 8 Oder was habt ihr sehen wollen, als ihr hinausgegangen seid? Einen Mann in feiner Kleidung? Leute, die fein gekleidet sind, findet man in den Palästen der Könige. 9 Oder wozu seid ihr hinausgegangen? Um einen Propheten zu sehen? Ja, ich sage euch: Ihr habt sogar mehr gesehen als einen Propheten. 10 Er ist der, von dem es in der Schrift heißt: Ich sende meinen Boten vor dir her; er soll den Weg für dich bahnen. 11 Amen, das sage ich euch: Unter allen Menschen hat es keinen größeren gegeben als Johannes den Täufer; doch der Kleinste im Himmelreich ist größer als er.

»Ich bin die Magd des Herrn« (Lk 1,38). Maria ist das Vorbild des Glaubens. Verkündigung. Meister Leonhard von Brixen, 1459, Taisten.

Wir besinnen uns:

Jetzt schon verändert sich das Angesicht der Erde, wenn Menschen sich an Jesu Wort halten; sie finden Wege zueinander, sie lernen, gut voneinander zu denken und hilfreich miteinander umzugehen. Mit Taten der Nächstenliebe (Adventopfer) wollen auch wir die neue Welt sichtbar machen.

Wir beten:

Gott, du hast uns deinen Sohn als Erlöser geschenkt. Öffne unsere Augen für die Zeichen seiner Gegenwart und steh uns bei in unserem Bemühen um eine neue Welt. Darum bitten wir durch Christus, unseren Herrn.

4. Adventssonntag

Angebot und Auftrag

1. Lesung: Jes 7,10–14 — 2. Lesung: Röm 1,1–7 — Evangelium: Mt 1,18–24

Gottes Wege sind nicht unsere Wege. Nicht selten stehen wir ratlos vor dem, was er verfügt hat, und möchten uns seinem Willen entziehen – selbst dann, wenn er uns seine Nähe anbietet. So weist der König Ahas das Angebot eines besonderen Zeichens zurück, um nicht auf Gottes Willen eingehen zu müssen (1. Lesung). Der Prophet kündigt trotzdem ein Zeichen an: »Seht, die Jungfrau wird ein Kind empfangen, sie wird einen Sohn gebären, und sie wird ihm den Namen Immanuel (Gott mit uns) geben.« Die frühe Gemeinde bekennt, daß diese Verheißung in Jesus Christus erfüllt worden ist, »der dem Fleisch nach geboren ist als Nachkomme Davids, der dem Geist der Herrlichkeit nach eingesetzt ist als Sohn Gottes in Macht« (2. Lesung). Das Evangelium zeigt Josef, der – anders als Ahas – das große Zeichen annimmt und sich wie Maria unter Gottes Willen stellt.

Wir hören aus dem Matthäusevangelium:

Mit der Geburt Jesu Christi war es so: Maria, seine Mutter, war mit Josef verlobt; noch bevor sie zusammengekommen waren, zeigte sich, daß sie ein Kind erwartete – durch das Wirken des Heiligen Geistes. [19] Josef, ihr Mann, der gerecht war und sie nicht bloßstellen wollte, beschloß, sich in aller Stille von ihr zu trennen. [20] Während er noch darüber nachdachte, erschien ihm ein Engel des Herrn im Traum und sagte: Josef, Sohn Davids, fürchte dich nicht, Maria als deine Frau zu dir zu nehmen; denn das Kind, das sie erwartet, ist vom Heiligen Geist. [21] Sie wird einen Sohn gebären; ihm sollst du den Namen Jesus geben; denn er wird sein Volk von seinen Sünden erlösen. [22] Dies alles ist geschehen, damit sich erfüllte, was der Herr durch den Propheten gesagt hat: [23] Seht, die Jungfrau wird ein Kind empfangen, einen Sohn wird sie gebären, und man wird ihm den Namen Immanuel geben, das heißt übersetzt: Gott ist mit uns. [24] Als Josef erwachte, tat er, was der Engel des Herrn ihm befohlen hatte, und nahm seine Frau zu sich.

Wir besinnen uns:

Josef hat vertraut. So ist er in den Dienst des Immanuel, des »Gott-mit-uns« getreten. Von Josef können wir lernen, in den Schwierigkeiten des Alltags einen tieferen Sinn zu erkennen. Gott ist uns auch dann nahe, wenn wir ihn nicht spüren und wenn wir seine Wege nicht verstehen.

Wir beten:

Gott, du hast uns deinen Sohn geschickt, damit er uns von der Sünde erlöst. Hilf uns, deinen Auftrag zu erkennen, und gib uns die Kraft, dir auch in Schwierigkeiten treu zu sein. Durch Christus unseren Herrn.

25. Dezember: Weihnachten – Hochfest der Geburt des Herrn

»Heute ist euch der Retter geboren«

Die Kirche lädt an Weihnachten dreimal zur Feier der Eucharistie ein: In der Nacht, am Morgen und am Tag. In den Lesungen dieser dreimaligen Feier wird die Weihnachtsbotschaft entfaltet.

In der Nacht:	1. Lesung: Jes 9,1–6	2. Lesung: Tit 2,11–14	Evangelium: Lk 2,1–14 (s. S. 574)
Am Morgen:	1. Lesung: Jes 62,11–12	2. Lesung: Tit 3,4–7	Evangelium: Lk 2,15–20 (s. S. 578)
Am Tag:	1. Lesung: Jes 52,7–10	2. Lesung: Hebr 1,1–6	Evangelium: Joh 1,1–18 (s. S. 20)

Messe in der Nacht: Der Glanz des Herrn

In der Messe in der Nacht feiern wir die Offenbarung der Herrlichkeit Gottes. Wenn Gott den Menschen seine Nähe und Rettung schenkt und seine Herrlichkeit offenbar wird (Evangelium), dann erfüllen sich uralte Hoffnungen der Menschen: »Das Volk, das im Dunkel lebt, sieht ein helles Licht« (1. Lesung). Diese Weihnachtsbotschaft läßt sich zusammenfassen in den Worten: »Die Gnade Gottes ist erschienen, um alle Menschen zu retten« (2. Lesung). Diese Wahrheit hat der fromme Sinn des Volkes in den Weihnachtskrippen anschaulich dargestellt.

Messe am Morgen: Das gerettete Volk

Um die Krippe sammelt sich das neue Volk Gottes: Den Anfang bilden die Hirten (Evangelium). So entsteht eine neue Gemeinschaft, von der gelten wird: »Dann nennt man sie ›das heilige Volk‹« (1. Lesung); es ist dies ein Volk von Erlösten: »Als die Güte und Menschenliebe Gottes, unseres Retters, erschien, hat er uns gerettet« (2. Lesung). Das neutestamentliche Gottesvolk gedenkt der Fleischwerdung des Gottessohnes, indem es sich zur Eucharistiefeier versammelt.

Messe am Tag: Gottes Wort an die Menschen

Gott hat den Menschen immer wieder sein Wort geschenkt. Es ist an alle gerichtet: »Alle Enden der Erde sehen das Heil unseres Gottes« (1. Lesung). Für uns erhält dieses Wort ganz besonderes Gewicht: »In dieser Endzeit hat Gott zu uns gesprochen durch den Sohn« (2. Lesung). Durch Jesus, der das Wort Gottes in Person ist, sind wir aufgenommen in die Familie der Kinder Gottes (Evangelium). In Verkündigung und Sakrament bleibt das Wort Gottes in der Kirche lebendig.

Wir besinnen uns:

Die Weihnachtsbotschaft ergeht an uns in anschaulichen und wunderbaren Geschichten. Die Erzählungen stellen uns aber nicht eine liebliche Idylle vor Augen, sondern sie möchten uns auf den Weg des Glaubens mitnehmen. In ihrer Mitte steht der Glaube an Jesus, den Retter. Das Wort des Engels an die Hirten faßt die Glaubensbotschaft zusammen: »Heute ist euch in der Stadt Davids der Retter geboren; er ist der Messias, der Herr«. Die Weihnachtsbotschaft stellt uns auch die Freude vor Augen, mit welcher Menschen zum Herrn kommen. Diese Menschen, die sich Jesus anschließen, sind ein Vorbild auch für unsere Zeit.

Wir beten:

Großer Gott, wir feiern Weihnachten und bekennen, daß dein Sohn für uns Mensch geworden ist. Jesus, der Herr, ist unser Bruder und unser Retter. In der Freude dieses Tages bitten wir dich: hilf uns wie die Hirten Boten deiner Güte und Menschenliebe zu sein. Durch Christus, unseren Herrn.

»Ein Kind ist uns geboren, ein Sohn ist uns geschenkt. Man nennt ihn: Wunderbarer Ratgeber, Starker Gott, Fürst des Friedens« (vgl. Jes 9,5). Geburt Christi. Multscher-Altar, 1458, Sterzing.

Fest der Heiligen Familie

Familie unter dem Schutz Gottes

1. Lesung: Sir 3,2–6.12–14 2. Lesung: Kol 3,12–21 Evangelium: Mt 2,13–15.19–23

In unserer Zeit ist ein großer Wandel in den Auffassungen über das Familienleben im Gange. Die biblischen Vorstellungen – wie sie sich auch in den Erzählungen über die Kindheit Jesu zeigen – entstammen einer vergangenen Zeit, doch finden sich in ihnen trotzdem Hinweise, die auch heute noch wertvoll sind. Gerade in unserer Zeit, in der die Familie als Ort von Geborgenheit, Miteinander und Liebe durch viele Einflüsse gefährdet ist, wird auf die Mahnungen der Bibel zu achten sein. Die jüdische Weisheit versteht die Achtung vor den Eltern und das Verständnis für ihr Gebrechen im Alter als Ausdruck reifer Menschlichkeit (1. Lesung). Nach christlicher Auffassung soll die Familie zu einem Ort der Liebe und des Friedens werden (2. Lesung). Das Evangelium zeigt die Führung Gottes für die Heilige Familie.

Wir hören aus dem Matthäusevangelium:

Als die Sterndeuter wieder gegangen waren, erschien dem Josef im Traum ein Engel des Herrn und sagte: Steh auf, nimm das Kind und seine Mutter, und flieh nach Ägypten; dort bleibe, bis ich dir etwas anderes auftrage; denn Herodes wird das Kind suchen, um es zu töten.
14 Da stand Josef in der Nacht auf und floh mit dem Kind und dessen Mutter nach Ägypten.
15 Dort blieb er bis zum Tod des Herodes. Denn es sollte sich erfüllen, was der Herr durch den Propheten gesagt hat: Aus Ägypten habe ich meinen Sohn gerufen.
19 Als Herodes gestorben war, erschien dem Josef in Ägypten ein Engel des Herrn im Traum
20 und sagte: Steh auf, nimm das Kind und seine Mutter, und zieh in das Land Israel; denn die Leute, die dem Kind nach dem Leben getrachtet haben, sind tot.
21 Da stand er auf und zog mit dem Kind und dessen Mutter in das Land Israel.
22 Als er aber hörte, daß in Judäa Archelaus an Stelle seines Vaters Herodes regierte, fürchtete er sich, dorthin zu gehen. Und weil er im Traum einen Befehl erhalten hatte, zog er in das Gebiet von Galiläa
23 und ließ sich in einer Stadt namens Nazaret nieder. Denn es sollte sich erfüllen, was durch die Propheten gesagt worden ist: Er wird Nazoräer genannt werden.

Jesus geht den Weg seines Volkes, das aus Ägypten in das Land eingezogen ist. Flucht nach Ägypten. Um 1490, St. Sigmund.

Wir besinnen uns:

In unseren Familien geht es uns oft gut, mitunter auch weniger gut. Am Schicksal des Kindes Jesus und seiner Familie wird uns gezeigt, wie Gott die Menschen führt und wie Menschen sich von ihm führen lassen. Auch in unserer Zeit soll die Familie ein Ort sein, wo Menschen die Fürsorge und Liebe Gottes erfahren.

Wir beten:

Allmächtiger Gott, dein menschgewordener Sohn ist in einer Familie aufgewachsen und hat dort Liebe und Schutz erfahren. Schenke uns und unseren Familien gegenseitiges Vertrauen und fürsorgende Liebe. Durch Christus, unseren Herrn.

1. Jänner: Hochfest der Gottesmutter Maria

Gottes Segen für ein neues Jahr

1. Lesung: Num 6,22–27 | 2. Lesung: Gal 4,4–7 | Evangelium: Lk 2,16–21

Die Kirche verbindet am 1. Jänner mehrere Gedanken miteinander: den Nachklang von Weihnachten, den Beginn des neuen Jahres, den Weltgebetstag für den Frieden, das Hochfest der Gottesmutter Maria. So steht der Jahresanfang ganz im Zeichen des »Ja«, das Maria gesprochen hat und durch das der Welt der Erlöser geboren ist (Evangelium). Überall, wo Menschen Gottes Gabe annehmen und dieses »Ja« nachsprechen, werden sie befreit, und sie empfangen den Geist der Sohnschaft (2. Lesung). Jeder Mensch wird dann Mitmenschen finden, die ihm den Segen Gottes wünschen: »Der Herr segne dich und behüte dich. Der Herr lasse sein Angesicht über dich leuchten und sei dir gnädig. Der Herr wende sein Angesicht dir zu und schenke dir Heil« (1. Lesung).

Wir hören aus dem Lukasevangelium:

In jener Zeit eilten die Hirten nach Betlehem und fanden Maria und Josef und das Kind, das in der Krippe lag. [17] Als sie es sahen, erzählten sie, was ihnen über dieses Kind gesagt worden war. [18] Und alle, die es hörten, staunten über die Worte der Hirten. [19] Maria aber bewahrte alles, was geschehen war, in ihrem Herzen und dachte darüber nach. [20] Die Hirten kehrten zurück, rühmten Gott und priesen ihn für das, was sie gehört und gesehen hatten; denn alles war so gewesen, wie es ihnen gesagt worden war. [21] Als acht Tage vorüber waren und das Kind beschnitten werden sollte, gab man ihm den Namen Jesus, den der Engel genannt hatte, noch ehe das Kind im Schoß seiner Mutter empfangen wurde.

Wir besinnen uns:

Wir treten in das neue Jahr ein. Als Motto steht über dem Jahresbeginn der Name »Jesus« (»Gott rettet sein Volk«). Wie Maria, Josef und die Hirten sind auch wir zu diesem Kind eingeladen. Mit dem Dank für Gottes Wirken in der Heilsgeschichte und in unserem eigenen Leben dürfen wir zuversichtlich das neue Jahr beginnen.

Wir beten:

Allmächtiger, gütiger Gott, am Beginn des neuen Jahres hören wir aufs neue die Verheißung, daß du dich in Jesus deines Volkes annimmst. Begleite uns durch die Tage dieses Jahres und hilf uns, daß wir – wie die Jungfrau Maria – »ja« sagen zu dem, was du uns schickst. Durch Christus, unseren Herrn.

Zweiter Sonntag nach Weihnachten

Wir haben seine Herrlichkeit gesehen

1. Lesung: Sir 24,1–2.8–12 2. Lesung: Eph 1,3–6.15–18 Evangelium: Joh 1,1–18

Gott hat seinen Sohn gesandt: Christus hat bei den Menschen Wohnung genommen und verbindet uns mit dem Vater. Schon die jüdische Tradition hat davon gesprochen, daß Gott in seiner Weisheit bei den Menschen wohnt (1. Lesung). Die christliche Gemeinde sieht diese Vorstellung im Kommen Jesu erfüllt, der als Gottes ewiges Wort zu den Menschen gekommen ist, und der unter uns gewohnt hat (Evangelium). Damit ist uns Gottes Segen in Fülle geschenkt: »Er hat uns mit allem Segen seines Geistes gesegnet durch unsere Gemeinschaft mit Christus im Himmel« (2. Lesung).

Wir hören aus dem Johannesevangelium:

Im Anfang war das Wort, / und das Wort war bei Gott, / und das Wort war Gott.
2 Im Anfang war es bei Gott.
3 Alles ist durch das Wort geworden, / und ohne das Wort wurde nichts, / was geworden ist.
4 In ihm war das Leben, / und das Leben war das Licht der Menschen.
5 Und das Licht leuchtet in der Finsternis, / und die Finsternis hat es nicht erfaßt.
6 Es trat ein Mensch auf, der von Gott gesandt war; sein Name war Johannes.
7 Er kam als Zeuge, um Zeugnis abzulegen für das Licht, damit alle durch ihn zum Glauben kommen.
8 Er war nicht selbst das Licht, er sollte nur Zeugnis ablegen für das Licht.
9 Das wahre Licht, / das jeden Menschen erleuchtet, / kam in die Welt.
10 Er war in der Welt, / und die Welt ist durch ihn geworden, / aber die Welt erkannte ihn nicht.
11 Er kam in sein Eigentum, / aber die Seinen nahmen ihn nicht auf.
12 Allen aber, die ihn aufnahmen, / gab er Macht, Kinder Gottes zu werden, / allen, die an seinen Namen glauben,
13 die nicht aus dem Blut, / nicht aus dem Willen des Fleisches, / nicht aus dem Willen des Mannes, / sondern aus Gott geboren sind.
14 Und das Wort ist Fleisch geworden / und hat unter uns gewohnt, / und wir haben seine Herrlichkeit gesehen, / die Herrlichkeit des einzigen Sohnes vom Vater, / voll Gnade und Wahrheit.
15 Johannes legte Zeugnis für ihn ab und rief: Dieser war es, über den ich gesagt habe: Er, der nach mir kommt, ist mir voraus, weil er vor mir war.
16 Aus seiner Fülle haben wir alle empfangen, / Gnade über Gnade.
17 Denn das Gesetz wurde durch Mose gegeben, die Gnade und die Wahrheit kamen durch Jesus Christus.
18 Niemand hat Gott je gesehen. Der Einzige, der Gott ist und am Herzen des Vaters ruht, er hat Kunde gebracht.

Wir besinnen uns:

Ein gutes Wort wirkt manchmal geradezu Wunder. Besonders gilt dies von Gottes Wort: Gottes Sohn ist die Botschaft an die Menschen. Dieses Wort läßt uns die Liebe des Vaters erkennen; das Wort ist wie ein Licht, das einen dunklen Raum erhellt, es gibt unserem Leben einen neuen Glanz. Wir danken dafür, daß wir an seinen Namen glauben dürfen und daß wir aus Gott geboren sind.

Wir beten:

Allmächtiger Gott, du hast durch deinen Sohn zu uns gesprochen und uns zu Kindern Gottes gemacht. Gib uns ein bereites Ohr für dein Wort und die Kraft zum Handeln. Durch Christus, unseren Herrn.

Der Segen Gottes begleitet uns durch das Jahr.

Die Mutter Jesu zeigt den Menschen ihr Kind, den Retter. 15. Jh., St. Valentin bei Seis.

6. Jänner: Erscheinung des Herrn

Allen Völkern ist ein Licht erschienen

1. Lesung: Jes 60,1–6 | 2. Lesung: Eph 3,2–3a.5–6 | Evangelium: Mt 2,1–12

Die Menschen suchen immer wieder – dies gilt besonders in unserer Zeit, in der die Menschheit zusammenwächst – nach Wegen zueinander, und sie suchen nach dem, was sie miteinander verbindet. Viele Wege wurden im Lauf der Geschichte beschritten; manche führten in Sackgassen, andere eröffneten Zukunft. Das Fest der Erscheinung des Herrn läßt uns den Weg der Menschen sehen: »Völker wandern zu deinem Licht und Könige zu deinem strahlenden Glanz« (1. Lesung). Die christliche Gemeinde erkennt, daß auch die Heiden Zutritt zu diesem Licht haben (2. Lesung). Das Evangelium zeigt uns Menschen, die sich von Gott zum Licht führen lassen.

Wir hören aus dem Matthäusevangelium:

Als Jesus zur Zeit des Königs Herodes in Betlehem in Judäa geboren worden war, kamen Sterndeuter aus dem Osten nach Jerusalem [2] und fragten: Wo ist der neugeborene König der Juden? Wir haben seinen Stern aufgehen sehen und sind gekommen, um ihm zu huldigen. [3] Als König Herodes das hörte, erschrak er und mit ihm ganz Jerusalem. [4] Er ließ alle Hohenpriester und Schriftgelehrten des Volkes zusammenkommen und erkundigte sich bei ihnen, wo der Messias geboren werden solle. [5] Sie antworteten ihm: In Betlehem in Judäa; denn so steht es bei dem Propheten: [6] Du, Betlehem im Gebiet von Juda, bist keineswegs die unbedeutendste unter den führenden Städten von Juda; denn aus dir wird ein Fürst hervorgehen, der Hirt meines Volkes Israel. [7] Danach rief Herodes die Sterndeuter heimlich zu sich und ließ sich von ihnen genau sagen, wann der Stern erschienen war. [8] Dann schickte er sie nach Betlehem und sagte: Geht und forscht sorgfältig nach, wo das Kind ist; und wenn ihr es gefunden habt, berichtet mir, damit auch ich hingehe und ihm huldige. [9] Nach diesen Worten des Königs machten sie sich auf den Weg. Und der Stern, den sie hatten aufgehen sehen, zog vor ihnen her bis zu dem Ort, wo das Kind war; dort blieb er stehen. [10] Als sie den Stern sahen, wurden sie von sehr großer Freude erfüllt. [11] Sie gingen in das Haus und sahen das Kind und Maria, seine Mutter; da fielen sie nieder und huldigten ihm. Dann holten sie ihre Schätze hervor und brachten ihm Gold, Weihrauch und Myrrhe als Gaben dar. [12] Weil ihnen aber im Traum geboten wurde, nicht zu Herodes zurückzukehren, zogen sie auf einem anderen Weg heim in ihr Land.

Wir besinnen uns:

Die Weisen aus dem Morgenland gehören zu jenen suchenden Menschen, die nach beschwerlicher Wanderschaft den Herrn finden und ihn anbeten. Auch wir wollen uns aufmachen, den Herrn zu suchen. Wie die Weisen müssen wir damit rechnen, daß mancherlei Umstände und auch Menschen uns auf diesem Weg Hindernisse bereiten. Wir werden aber auch gute Erfahrungen machen, wie die Weisen, die nach eifrigem Bemühen den Herrn gefunden haben.

Wir beten:

Allmächtiger, gütiger Gott, du hast uns deinen Sohn geschickt als das Licht der Welt. Laß uns den rechten Weg erkennen und führe uns zur Erkenntnis der Wahrheit und zur Fülle des Lebens. Durch Christus, unseren Herrn.

Vom Stern geführt. Anbetung der Weisen. Georg Mader, 1860, Pfarrkirche Bruneck. →

Taufe des Herrn – 1. Sonntag im Jahreskreis

Jesus – Solidarisch mit den Menschen

1. Lesung: Jes 42,1–4–5a.6–7 2. Lesung: Apg 10,34–38 Evangelium: Mt 3,13–17

Wir glauben an einen Gott, der bei uns sein will und sich in Jesus Christus aufs engste mit unserem Schicksal verbunden hat. Diese Anteilnahme Gottes am Geschick der Menschen leuchtet schon in der Gestalt des Gottesknechtes beim Propheten Jesaja auf: »Das geknickte Rohr zerbricht er nicht, und den glimmenden Docht löscht er nicht aus ...« (1. Lesung). Petrus verkündet im Hause des Kornelius das Wirken Jesu Christi als Ausdruck der Liebe Gottes zu den Menschen (2. Lesung). Deutlicher als die anderen Evangelisten zeigt Matthäus beim Bericht von der Taufe Jesu, daß der Erwählte Gottes ganz bewußt in die menschliche Schwachheit hinabsteigt.

Wir hören aus dem Matthäusevangelium:

In jener Zeit kam Jesus von Galiläa an den Jordan zu Johannes, um sich von ihm taufen zu lassen. 14 Johannes aber wollte es nicht zulassen und sagte zu ihm: Ich müßte von dir getauft werden, und du kommst zu mir? 15 Jesus antwortete ihm: Laß es nur zu! Denn nur so können wir die Gerechtigkeit (die Gott fordert) ganz erfüllen. Da gab Johannes nach. 16 Kaum war Jesus getauft und aus dem Wasser gestiegen, da öffnete sich der Himmel, und er sah den Geist Gottes wie eine Taube auf sich herabkommen. 17 Und eine Stimme aus dem Himmel sprach: Das ist mein geliebter Sohn, an dem ich Gefallen gefunden habe.

Mit der Taufe im Jordan beginnt das öffentliche Wirken Jesu. Flügelaltar, 1594, Stiftskirche Innichen.

Wir besinnen uns:

Jesus läßt sich von Johannes im Jordan taufen. Er tut es nicht, weil er der Sündenvergebung bedürfte. Er läßt sich taufen, weil er sich ganz mit unserem Schicksal verbinden will. Selbst dort, wo wir Schuld eingestehen müssen, steht er neben uns und hält uns an der Hand. Jesus zeigt uns immer neu, daß Gott schwache und schuldbeladene Menschen nicht zurückstößt, sondern sie in seine Lebensgemeinschaft ruft. Er zeigt dies besonders bei der Taufe, aber auch jedes Mal, wenn er Menschen von Schuld befreit.

Wir beten:

Gott und Vater, dein Sohn ist in allem, außer der Sünde, uns gleich geworden und hat sich mit den Menschen solidarisch erklärt. Befreie uns von Schuld und erneuere uns nach dem Bild deines Sohnes, der mit dir lebt und herrscht in Ewigkeit.

1. Fastensonntag

Ein neuer Anfang

1. Lesung: Gen 2,7–9; 3,1–7 | 2. Lesung: Röm 5,12–19 | Evangelium: Mt 4,1–11

Wovon lebt der Mensch? Was braucht der Mensch am notwendigsten, um leben zu können? Die Fastenzeit lädt uns ein, über unser Leben und die Werte, die uns bewegen, nachzudenken. Die Lesungen zeigen uns, wie leicht der Mensch auf jene hört, die ihm versprechen: »Ihr werdet wie Gott« (1. Lesung). Aus eigener Kraft kann der Mensch nicht gerecht vor Gott stehen; durch Christus wird uns der Zugang zum Vater eröffnet: »Durch den Gehorsam des einen werden die vielen zu Gerechten gemacht« (2. Lesung). Auch an Jesus wird die Frage nach dem gestellt, was für ihn das Wichtigste sei. Er widersteht der Versuchung und zeigt uns den Weg zur Freiheit (Evangelium).

Wir hören aus dem Matthäusevangelium:

In jener Zeit wurde Jesus vom Geist in die
Wüste geführt; dort sollte er vom Teufel in
Versuchung geführt werden. 2 Als er vierzig
Tage und vierzig Nächte gefastet hatte, be-
kam er Hunger. 3 Da trat der Versucher an ihn
heran und sagte: Wenn du Gottes Sohn bist,
so befiehl, daß aus diesen Steinen Brot wird.
4 Er aber antwortete: In der Schrift heißt es:
Der Mensch lebt nicht nur von Brot, sondern
von jedem Wort, das aus Gottes Mund
kommt. 5 Darauf nahm ihn der Teufel mit
sich in die Heilige Stadt, stellte ihn oben auf
den Tempel 6 und sagte zu ihm: Wenn du
Gottes Sohn bist, so stürz dich hinab; denn

Jesus wird – wie auch wir Menschen – versucht. Nicht immer naht der Versucher in so abstoßender Gestalt. Buchmalerei, 15. Jh., Neustift.

es heißt in der Schrift: Seinen Engeln befiehlt
er, dich auf ihren Händen zu tragen, damit
dein Fuß nicht an einen Stein stößt. 7 Jesus
antwortete ihm: In der Schrift heißt es auch:
Du sollst den Herrn, deinen Gott, nicht auf
die Probe stellen. 8 Wieder nahm ihn der
Teufel mit sich und führte ihn auf einen sehr
hohen Berg; er zeigte ihm alle Reiche der
Welt mit ihrer Pracht 9 und sagte zu ihm: Das
alles will ich dir geben, wenn du dich vor mir
niederwirfst und mich anbetest. 10 Da sagte
Jesus zu ihm: Weg mit dir, Satan! Denn in der
Schrift steht: Vor dem Herrn, deinem Gott,
sollst du dich niederwerfen und ihm allein
dienen. 11 Darauf ließ der Teufel von ihm ab,
und es kamen Engel und dienten ihm.

Wir besinnen uns:

Immer wieder machen wir die Erfahrung, wie sehr der Wunsch nach Geld, Macht und Genuß die Menschen in Beschlag nimmt. Dadurch kommen wir in Gefahr, wichtige Dinge zu vergessen und zu verdrängen. Auch Jesus ist versucht worden. Er will uns sagen, daß es Dinge gibt, die wichtiger sind als das Brot. In der Fastenzeit wollen wir diese Erkenntnis durch freiwilligen Verzicht einüben.

Wir beten:

Gott, dein Sohn hat der Versuchung widerstanden. Hilf uns, daß wir uns in dieser Fastenzeit auf die wichtigen Dinge besinnen und dir auch in Schwierigkeiten treu sind. Durch Christus, unseren Herrn.

2. Fastensonntag

Die Wege des Heils

1. Lesung: Gen 12,1–4a — 2. Lesung: 2 Tim 1,8b–10 — Evangelium: Mt 17,1–9

Die Geschichte der Menschheit ist, auch wenn wir es nicht merken, umfangen vom Heilswillen Gottes. Schon die Verheißung an Abraham zeigt, daß Gott von Anfang an das Heil aller Menschen gesucht hat: »Durch dich sollen alle Geschlechter der Erde Segen erlangen« (1. Lesung). Die christliche Gemeinde sieht die Verheißung an Abraham in Jesus Christus erfüllt; sie bekennt: »Er hat dem Tod die Macht genommen und uns das Licht des unvergänglichen Lebens gebracht durch das Evangelium« (2. Lesung). Das Evangelium stellt uns den verklärten Herrn als Erfüllung aller Verheißungen und als Orientierung für unser Leben vor Augen.

Wir hören aus dem Matthäusevangelium:

In jener Zeit nahm Jesus Petrus, Jakobus
und dessen Bruder Johannes beiseite und
führte sie auf einen hohen Berg. 2 Und er
wurde vor ihren Augen verwandelt; sein Ge-
sicht leuchtete wie die Sonne, und seine
Kleider wurden blendend weiß wie das Licht.
3 Da erschienen plötzlich vor ihren Augen
Mose und Elija und redeten mit Jesus. 4 Und
Petrus sagte zu ihm: Herr, es ist gut, daß wir
hier sind. Wenn du willst, werde ich hier drei

Auf dem Weg zum Leiden offenbart Jesus seine Herrlichkeit. Verklärung Jesu. Glasfenster, 1493, St. Nikolaus, Meran.

Hütten bauen, eine für dich, eine für Mose
und eine für Elija. 5 Noch während er redete,
warf eine leuchtende Wolke ihren Schatten
auf sie, und aus der Wolke rief eine Stimme:
Das ist mein geliebter Sohn, an dem ich
Gefallen gefunden habe; auf ihn sollt ihr
hören. 6 Als die Jünger das hörten, bekamen
sie große Angst und warfen sich mit dem
Gesicht zu Boden. 7 Da trat Jesus zu ihnen,
faßte sie an und sagte: Steht auf, habt keine
Angst! 8 Und als sie aufblickten, sahen sie nur
noch Jesus. 9 Während sie den Berg hinab-
stiegen, gebot ihnen Jesus: Erzählt niemand
von dem, was ihr gesehen habt, bis der
Menschensohn von den Toten auferstanden
ist.

Wir besinnen uns:

Wer den Herrn erkennen will, muß sich von ihm führen lassen. Wir müssen, zusammen mit den drei Jüngern, auf den Berg steigen. Dort in der Stille, fernab von aller Hast und aller Betriebsamkeit, können wir begreifen, wer der Herr des Lebens ist.

Wir beten:

Gott, wir glauben an Jesus Christus, den du uns als deinen Sohn geoffenbart hast. Hilf uns, ihm in der Stille und im Gebet zu begegnen, damit wir anderen Menschen von ihm erzählen können, der mit dir lebt und herrscht in Ewigkeit.

3. Fastensonntag

Lebendiges Wasser

1. Lesung: Ex 17,3–7 2. Lesung: Röm 5,1–2.5–8 Evangelium: Joh 4,5–42

In der frühen christlichen Zeit war die Fastenzeit für die Taufbewerber – und für die ganze Gemeinde – die Zeit der Vorbereitung auf die Spendung der Taufe in der Osternacht. Das Wasser ist Symbol für das, was in der Taufe geschieht: Es ist ein Zeichen dafür, daß Gott den Menschen Heil und Leben schenken will. So schenkt Gott dem Volk in der Wüste das lebenerhaltende Wasser (1. Lesung). Das Wasser, das ewiges Leben schenkt, ist Jesus selbst, der sich der Samariterin als Retter der Welt offenbart (Evangelium). Paulus kann die Wahrheit vom rettenden Gott bekennen, denn er weiß: »... die Liebe Gottes ist ausgegossen in unsere Herzen durch den Heiligen Geist, der uns gegeben ist« (2. Lesung).

Wir hören aus dem Johannesevangelium:

In jener Zeit kam Jesus zu einem Ort in
Samarien, der Sychar hieß und nahe bei dem
Grundstück lag, das Jakob seinem Sohn
Josef vermacht hatte. 6 Dort befand sich der
Jakobsbrunnen. Jesus war müde von der
Reise und setzte sich daher an den Brunnen;
es war um die sechste Stunde. 7 Da kam eine
samaritische Frau, um Wasser zu schöpfen.
Jesus sagte zu ihr: Gib mir zu trinken! 8 Seine
Jünger waren nämlich in den Ort gegangen,
um etwas zum Essen zu kaufen. 9 Die samari-
tische Frau sagte zu ihm: Wie kannst du als
Jude mich, eine Samariterin, um Wasser
bitten? Die Juden verkehren nämlich nicht
mit den Samaritern. 10 Jesus antwortete ihr:
Wenn du wüßtest, worin die Gabe Gottes
besteht und wer es ist, der zu dir sagt: Gib mir
zu trinken!, dann hättest du ihn gebeten, und
er hätte dir lebendiges Wasser gegeben. 11
Sie sagte zu ihm: Herr, du hast kein Schöpf-
gefäß, und der Brunnen ist tief; woher hast
du also das lebendige Wasser? 12 Bist du etwa
größer als unser Vater Jakob, der uns den
Brunnen gegeben und selbst daraus getrun-
ken hat, wie seine Söhne und seine Herden?
13 Jesus antwortete ihr: Wer von diesem Was-
ser trinkt, wird wieder Durst bekommen; 14
wer aber von dem Wasser trinkt, das ich ihm
geben werde, wird niemals mehr Durst ha-
ben; vielmehr wird das Wasser, das ich ihm
gebe, in ihm zur sprudelnden Quelle werden,
deren Wasser ewiges Leben schenkt. 15 Da
sagte die Frau zu ihm: Herr, gib mir dieses
Wasser, damit ich keinen Durst mehr habe
und nicht mehr hierher kommen muß, um
Wasser zu schöpfen. 16 Er sagte zu ihr: Geh,
ruf deinen Mann, und komm wieder her! 17
Die Frau antwortete: Ich habe keinen Mann.
Jesus sagte zu ihr: Du hast richtig gesagt: Ich
habe keinen Mann. 18 Denn fünf Männer hast
du gehabt, und der, den du jetzt hast, ist
nicht dein Mann. Damit hast du die Wahrheit
gesagt. 19 Die Frau sagte zu ihm: Herr, ich
sehe, daß du ein Prophet bist. 20 Unsere Väter
haben auf diesem Berg Gott angebetet; ihr
aber sagt, in Jerusalem sei die Stätte, wo
man anbeten muß. 21 Jesus sprach zu ihr:
Glaube mir, Frau, die Stunde kommt, zu der
ihr weder auf diesem Berg noch in Jerusalem
den Vater anbeten werdet. 22 Ihr betet an, was
ihr nicht kennt, wir beten an, was wir kennen;
denn das Heil kommt von den Juden. 23 Aber
die Stunde kommt, und sie ist schon da, zu
der die wahren Beter den Vater anbeten
werden im Geist und in der Wahrheit; denn so
will der Vater angebetet werden. 24 Gott ist
Geist, und alle, die ihn anbeten, müssen im
Geist und in der Wahrheit anbeten. 25 Die Frau
sagte zu ihm: Ich weiß, daß der Messias
kommt, das ist: der Gesalbte (Christus).

»Bei dir ist die Quelle des Lebens ...« (Ps 36,10). Jesus und die Frau am Jakobsbrunnen. Franz Sebald Unterberger, um 1750, Marienberg/Burgeis.

Wenn er kommt, wird er uns alles verkünden.
26 Da sagte Jesus zu ihr: Ich bin es, ich, der
mit dir spricht. 27 Inzwischen waren seine
Jünger zurückgekommen. Sie wunderten
sich, daß er mit einer Frau sprach, aber
keiner sagte: Was willst du? oder: Was redest
du mit ihr? 28 Da ließ die Frau ihren Wasser-
krug stehen, eilte in den Ort und sagte zu den
Leuten: 29 Kommt her, seht, da ist ein Mann,
der mir alles gesagt hat, was ich getan habe:
Ist er vielleicht der Messias? 30 Da liefen sie
hinaus aus dem Ort und gingen zu Jesus. 31
Währenddessen drängten ihn seine Jünger:
Rabbi, iß! 32 Er aber sagte zu ihnen: Ich lebe
von einer Speise, die ihr nicht kennt. 33 Da
sagten die Jünger zueinander: Hat ihm je-
mand etwas zu essen gebracht? 34 Jesus
sprach zu ihnen: Meine Speise ist es, den
Willen dessen zu tun, der mich gesandt hat,
und sein Werk zu Ende zu führen. 35 Sagt ihr
nicht: Noch vier Monate dauert es bis zur
Ernte? Ich aber sage euch: Blickt umher und
seht, daß die Felder weiß sind, reif zur Ernte.
36 Schon empfängt der Schnitter seinen Lohn
und sammelt Frucht für das ewige Leben, so
daß sich der Sämann und der Schnitter ge-
meinsam freuen. 37 Denn hier hat das Sprich-
wort recht: Einer sät, und ein anderer erntet.
38 Ich habe euch gesandt, zu ernten, wofür ihr
nicht gearbeitet habt; andere haben gearbei-
tet, und ihr erntet die Frucht ihrer Arbeit. 39
Viele Samariter aus jenem Ort kamen zum
Glauben an Jesus auf das Wort der Frau hin,
die bezeugt hatte: Er hat mir alles gesagt,

was ich getan habe. [40] Als die Samariter zu ihm kamen, baten sie ihn, bei ihnen zu bleiben; und er blieb dort zwei Tage. [41] Und noch viel mehr Leute kamen zum Glauben an ihn aufgrund seiner eigenen Worte. [42] Und zu der Frau sagten sie: Nicht mehr aufgrund deiner Aussage glauben wir, sondern weil wir ihn selbst gehört haben und nun wissen: Er ist wirklich der Retter der Welt.

Wir besinnen uns:

Die Geschichte von der Begegnung Jesu mit der Samariterin führt uns vom Äußeren zum Inneren: Zunächst erzählt sie vom Durst des müden Wanderers nach frischem Wasser; dann zeigt die Geschichte eine tiefe Wahrheit: Das Verlangen nach Wahrheit und Leben kann bei den Menschen zwar manchmal über lange Zeit verschüttet sein, aber das Verlangen bricht doch immer wieder hervor.

Wir beten:

Gott, in der Taufe hast du uns im lebendigen Wasser von Schuld befreit und als deine Kinder angenommen. Gib uns die Kraft, dieser Berufung treu zu bleiben. Durch Christus, unseren Herrn.

4. Fastensonntag

Auf dem Weg zum Licht

1. Lesung: 1 Sam 16,1b.6–7.10–13b 2. Lesung: Eph 5,8–14 Evangelium: Joh 9,1–41

In der Osternacht wird das Licht für die Oster- und Taufkerze in die dunkle Kirche getragen, begleitet vom Ruf: »Christus, das Licht!«. In der Vorbereitung auf Ostern mahnt Paulus die Christen zu einem neuen Leben: »Wach auf, du Schläfer, und steh auf von den Toten, und Christus wird dein Licht sein« (2. Lesung). Der vom Glauben erleuchtete Mensch läßt sich von Gott führen und sieht die Dinge im Licht Gottes. Er erkennt, daß Gottes Urteil anders ist, als das der Menschen: »Der Mensch sieht, was vor den Augen ist, der Herr aber sieht das Herz« (1. Lesung). Das Evangelium erzählt von einer Blindenheilung, um alle Menschen daran zu erinnern, daß sie sich immer neu von der Blindheit des Herzens heilen lassen müssen.

Wir hören aus dem Johannesevangelium:

In jener Zeit sah Jesus unterwegs einen
Mann, der seit seiner Geburt blind war. [2] Da
fragten ihn seine Jünger: Rabbi, wer hat
gesündigt? Er selbst? Ober haben seine Eltern gesündigt, so daß er blind geboren
wurde? [3] Jesus antwortete: Weder er noch
seine Eltern haben gesündigt, sondern das
Wirken Gottes soll an ihm offenbar werden. [4]
Wir müssen, solange es Tag ist, die Werke
dessen vollbringen, der mich gesandt hat; es
kommt die Nacht, in der niemand mehr
etwas tun kann. [5] Solange ich in der Welt bin,
bin ich das Licht der Welt. [6] Als er dies gesagt
hatte, spuckte er auf die Erde; dann machte
er mit dem Speichel einen Teig, strich ihn
dem Blinden auf die Augen [7] und sagte zu
ihm: Geh und wasch dich in dem Teich Schiloach! Schiloach heißt übersetzt: Der Gesandte. Der Mann ging fort und wusch sich.
Und als er zurückkam, konnte er sehen. [8] Die
Nachbarn und andere, die ihn früher als
Bettler gesehen hatten, sagten: Ist das nicht
der Mann, der dasaß und bettelte? [9] Einige
sagten: Er ist es. Andere meinten: Nein, er

sieht ihm nur ähnlich. Er selbst aber sagte:
Ich bin es. 10 Da fragten sie ihn: Wie sind deine
Augen geöffnet worden? 11 Er antwortete: Der
Mann, der Jesus heißt, machte einen Teig,
bestrich damit meine Augen und sagte zu
mir: Geh zum Schiloach und wasch dich! Ich
ging hin, wusch mich und konnte wieder
sehen. 12 Sie fragten ihn: Wo ist er? Er sagte:
Ich weiß es nicht. 13 Da brachten sie den
Mann, der blind gewesen war, zu den Phari-
säern. 14 Es war aber Sabbat an dem Tag, als
Jesus den Teig gemacht und ihm die Augen
geöffnet hatte. 15 Auch die Pharisäer fragten
ihn, wie er sehend geworden sei. Der Mann
antwortete ihnen: Er legte mir einen Teig auf
die Augen; dann wusch ich mich, und jetzt
kann ich sehen. 16 Einige der Pharisäer mein-
ten: Dieser Mensch kann nicht von Gott sein,
weil er den Sabbat nicht hält. Andere aber
sagten: Wie kann ein Sünder solche Zeichen
tun? So entstand eine Spaltung unter ihnen.
17 Da fragten sie den Blinden noch einmal:
Was sagst du selbst über ihn? Er hat doch
deine Augen geöffnet. Der Mann antwortete:
Er ist ein Prophet. 18 Die Juden aber wollten
nicht glauben, daß er blind gewesen und
sehend geworden war. Daher riefen sie die
Eltern des Geheilten 19 und fragten sie: Ist das
euer Sohn, von dem ihr behauptet, daß er
blind geboren wurde? Wie kommt es, daß er
jetzt sehen kann? 20 Seine Eltern antworteten:
Wir wissen, daß er unser Sohn ist und daß er
blind geboren wurde. 21 Wie es kommt, daß
er jetzt sehen kann, das wissen wir nicht. Und
wer seine Augen geöffnet hat, das wissen wir
auch nicht. Fragt doch ihn selbst, er ist alt
genug und kann selbst für sich sprechen. 22
Das sagten seine Eltern, weil sie sich vor den
Juden fürchteten; denn die Juden hatten
schon beschlossen, jeden, der ihn als den
Messias bekenne, aus der Synagoge auszu-
stoßen. 23 Deswegen sagten seine Eltern: Er
ist alt genug, fragt doch ihn selbst. 24 Da
riefen die Pharisäer den Mann, der blind
gewesen war, zum zweitenmal und sagten zu
ihm: Gib Gott die Ehre! Wir wissen, daß dieser
Mensch ein Sünder ist. 25 Er antwortete: Ob er
ein Sünder ist, weiß ich nicht. Nur das eine
weiß ich, daß ich blind war und jetzt sehen
kann. 26 Sie fragten ihn: Was hat er mit dir
gemacht? Wie hat er deine Augen geöffnet?
27 Er antwortete ihnen: Ich habe es euch
bereits gesagt, aber ihr habt nicht gehört.
Warum wollt ihr es noch einmal hören? Wollt
auch ihr seine Jünger werden? 28 Da be-
schimpften sie ihn: Du bist ein Jünger dieses
Menschen; wir aber sind Jünger des Mose. 29
Wir wissen, daß zu Mose Gott gesprochen
hat; aber von dem da wissen wir nicht, woher
er kommt. 30 Der Mann antwortete ihnen:
Darin liegt ja das Erstaunliche, daß ihr nicht
wißt, woher er kommt; dabei hat er doch
meine Augen geöffnet. 31 Wir wissen, daß
Gott einen Sünder nicht erhört; wer aber Gott
fürchtet und seinen Willen tut, den erhört er.
32 Noch nie hat man gehört, daß jemand die
Augen eines Blindgeborenen geöffnet hat. 33
Wenn dieser Mensch nicht von Gott wäre,
dann hätte er gewiß nichts ausrichten kön-
nen. 34 Sie entgegneten ihm: Du bist ganz
und gar in Sünden geboren, und du willst uns
belehren? Und sie stießen ihn hinaus. 35
Jesus hörte, daß sie ihn hinausgestoßen
hatten, und als er ihn traf, sagte er zu ihm:
Glaubst du an den Menschensohn? 36 Der
Mann antwortete: Wer ist das, Herr? Sag es
mir, damit ich an ihn glaube. 37 Jesus sagte
zu ihm: Du siehst ihn vor dir; er, der mit dir
redet, ist es. 38 Er aber sagte: Ich glaube, Herr!
Und er warf sich vor ihm nieder. 39 Da sprach
Jesus: Um zu richten, bin ich in diese Welt
gekommen: damit die Blinden sehend und
die Sehenden blind werden. 40 Einige Pharisä-
er, die bei ihm waren, hörten dies. Und sie
fragten ihn: Sind etwa auch wir blind? 41 Jesus
antwortete ihnen: Wenn ihr blind wärt, hättet
ihr keine Sünde. Jetzt aber sagt ihr: Wir
sehen. Darum bleibt eure Sünde.

Wir besinnen uns:

Es gibt eine Blindheit, die nicht von den Augen, sondern vom Herzen kommt. Sie läßt uns in den anderen nur das Böse sehen und verschließt die Augen vor den eigenen Fehlern. Zu dieser Blindheit gehört auch jene Unaufmerksamkeit, die uns die Not und

Hilfsbedürftigkeit anderer Menschen übersehen läßt. Diese Blindheit des Herzens ist schlimmer als die Blindheit der Augen, weil sie mit der Zeit den ganzen Menschen krank macht. Jesus will uns nicht nur die Augen, sondern auch das Herz öffnen.

Wir beten:

Gott, du hast deinen Sohn gesandt als das Licht der Welt. Öffne unsere Augen und Herzen für seine heilende Nähe und laß uns die Bedürfnisse der Mitmenschen erkennen. Durch Christus, unseren Herrn.

5. Fastensonntag

Gott sagt »ja« zum Leben

1. Lesung: Ez 37,12b–14 | 2. Lesung: Röm 8,8–11 | Evangelium: Joh 11,1–45

Wir glauben an Gott als den Herrn, der Heil bringt. Wir können uns das Heil aber schwer vorstellen, wenn nicht die Überwindung des Todes damit verbunden ist. Die Geschichten von Totenerweckungen schildern diese lebenschaffende Macht Gottes: »So spricht Gott, der Herr: Ich öffne eure Gräber und hole euch, mein Volk, aus euren Gräbern herauf« (1. Lesung). Noch deutlicher sieht Paulus im Lichte der Auferstehung Jesu Christi, daß Gott alle Menschen zum Leben berufen hat: Er wird »auch euren sterblichen Leib lebendig machen, durch seinen Geist, der in euch wohnt« (2. Lesung). Das Evangelium von der Erweckung des Lazarus verkündet die Macht Gottes, die uns vom Tode erretten kann.

Wir hören aus dem Johannesevangelium:

In jener Zeit [1] war ein Mann krank, Lazarus
aus Betanien, dem Dorf, in dem Maria und
ihre Schwester Marta wohnten. [2] Maria ist die,
die den Herrn mit Öl gesalbt und seine Füße
mit ihrem Haar abgetrocknet hat; deren Bruder Lazarus war krank. [3] Daher sandten die
Schwestern Jesus die Nachricht: Herr, dein
Freund ist krank. [4] Als Jesus das hörte, sagte
er: Diese Krankheit wird nicht zum Tod führen, sondern dient der Verherrlichung Gottes: Durch sie soll der Sohn Gottes verherrlicht werden. [5] Denn Jesus liebte Marta, ihre
Schwester und Lazarus. [6] Als er hörte, daß
Lazarus krank war, blieb er noch zwei Tage
an dem Ort, wo er sich aufhielt. [7] Danach
sagte er zu den Jüngern: Laßt uns wieder
nach Judäa gehen. [8] Die Jünger entgegneten
ihm: Rabbi, eben noch wollten dich die Juden
steinigen, und du gehst wieder dorthin? [9]
Jesus antwortete: Hat der Tag nicht zwölf
Stunden? Wenn jemand am Tag wandert,
stößt er nicht an, weil er das Licht dieser Welt
sieht; [10] aber wenn jemand in der Nacht
wandert, stößt er an, weil das Licht nicht in
ihm ist. [11] So sprach er. Dann sagte er zu
ihnen: Lazarus, unser Freund, schläft; aber
ich gehe hin, um ihn aufzuwecken. [12] Da
sagten die Jünger zu ihm: Herr, wenn er
schläft, dann wird er gesund werden. [13] Jesus
hatte aber von seinem Tod gesprochen, während sie meinten, er spreche von dem gewöhnlichen Schlaf. [14] Darauf sagte ihnen
Jesus unverhüllt: Lazarus ist gestorben. Und
[15] ich freue mich für euch, daß ich nicht dort
war, denn ich will, daß ihr glaubt. Doch wir
wollen zu ihm gehen. [16] Da sagte Thomas,
genannt Didymus (Zwilling), zu den anderen
Jüngern: Dann laßt uns mit ihm gehen, um
mit ihm zu sterben. [17] Als Jesus ankam, fand
er Lazarus schon vier Tage im Grab liegen.

18 Betanien war nahe bei Jerusalem, etwa
fünfzehn Stadien entfernt. 19 Viele Juden wa-
ren zu Marta und Maria gekommen, um sie
wegen ihres Bruders zu trösten. 20 Als Marta
hörte, daß Jesus komme, ging sie ihm entge-
gen, Maria aber blieb im Haus. 21 Marta sagte
zu Jesus: Herr, wärst du hier gewesen, dann
wäre mein Bruder nicht gestorben. 22 Aber
auch jetzt weiß ich: Alles, worum du Gott
bittest, wird Gott dir geben. 23 Jesus sagte zu
ihr: Dein Bruder wird auferstehen. 24 Marta
sagte zu ihm: Ich weiß, daß er auferstehen
wird bei der Auferstehung am Letzten Tag. 25
Jesus erwiderte ihr: Ich bin die Auferstehung
und das Leben. Wer an mich glaubt, wird
leben, auch wenn er stirbt, 26 und jeder, der
lebt und an mich glaubt, wird auf ewig nicht
sterben. Glaubst du das? 27 Marta antwortete
ihm: Ja, Herr, ich glaube, daß du der Messias
bist, der Sohn Gottes, der in die Welt kom-
men soll. 28 Nach diesen Worten ging sie weg,
rief heimlich ihre Schwester Maria und sagte
zu ihr: Der Meister ist da und läßt dich rufen.
29 Als Maria das hörte, stand sie sofort auf und
ging zu ihm. 30 Denn Jesus war noch nicht in
das Dorf gekommen; er war noch dort, wo
ihn Marta getroffen hatte. 31 Die Juden, die
bei Maria im Haus waren und sie trösteten,
sahen, daß sie plötzlich aufstand und hi-
nausging. Da folgten sie ihr, weil sie mein-
ten, sie gehe zum Grab, um dort zu weinen. 32
Als Maria dorthin kam, wo Jesus war, und ihn
sah, fiel sie ihm zu Füßen und sagte zu ihm:
Herr, wärst du hier gewesen, dann wäre mein
Bruder nicht gestorben. 33 Als Jesus sah, wie
sie weinte und wie auch die Juden weinten,
die mit ihr gekommen waren, war er im
Innersten erregt und erschüttert. 34 Er sagte:
Wo habt ihr ihn bestattet? Sie antworteten
ihm: Herr, komm und sieh! 35 Da weinte
Jesus. 36 Die Juden sagten: Seht, wie lieb er
ihn hatte! 37 Einige aber sagten: Wenn er dem
Blinden die Augen geöffnet hat, hätte er
dann nicht auch verhindern können, daß
dieser hier starb? 38 Da wurde Jesus wieder-
um innerlich erregt, und er ging zum Grab.
Es war eine Höhle, die mit einem Stein ver-
schlossen war. 39 Jesus sagte: Nehmt den
Stein weg! Marta, die Schwester des Verstor-
benen, entgegnete ihm: Herr, er riecht aber
schon, denn es ist bereits der vierte Tag. 40
Jesus sagte zu ihr: Habe ich dir nicht gesagt:
Wenn du glaubst, wirst du die Herrlichkeit
Gottes sehen? 41 Da nahmen sie den Stein
weg. Jesus aber erhob seine Augen und
sprach: Vater, ich danke dir, daß du mich
erhört hast. 42 Ich wußte, daß du mich immer
erhörst; aber wegen der Menge, die um mich
herum steht, habe ich es gesagt; denn sie
sollen glauben, daß du mich gesandt hast. 43
Nachdem er dies gesagt hatte, rief er mit
lauter Stimme: Lazarus, komm heraus! 44 Da

Jesus befreit aus dem Kerker des Todes. Meßkleid-stickerei, 1380, Diözesanmuseum Brixen.

kam der Verstorbene heraus; seine Füße und Hände waren mit Binden umwickelt, und sein Gesicht war mit einem Schweißtuch verhüllt. Jesus sagte zu ihnen: Löst ihm die Binden, und laßt ihn weggehen! [45] Viele der Juden, die zu Maria gekommen waren und gesehen hatten, was Jesus getan hatte, kamen zum Glauben an ihn.

Wir besinnen uns:

Was ist mit denen, die gestorben sind? Was wird mit uns geschehen, wenn der Tod unserem Leben ein Ende setzt? Die Geschichte von der Auferweckung des Lazarus sagt uns, daß Gottes Macht auch im Tod nicht zu Ende ist: Weil wir aufgehoben sind in Gottes Liebe, deshalb werden wir leben.

Wir beten:

Gott, im Tod und in der Auferstehung deines Sohnes ist uns das Leben verheißen. Laß uns in den Tagen der österlichen Bußzeit dir begegnen, der uns das Leben schenkt. Durch Christus, unseren Herrn.

Palmsonntag vom Leiden des Herrn

Der Friedenskönig

1. Lesung: Jes 50,4–7 2. Lesung: Phil 2,6–11 Evangelium zur Palmweihe: Mt 21,1–11
Evangelium zur Eucharistiefeier: Mt 27,11–54 (Leidensgeschichte; Parallelbericht Mk 15,1–39 s. S. 456)

In der Karwoche gehen wir den Leidensweg Christi. Die Lesungen führen uns zur Erkenntnis, daß große Dinge oft nur durch Leiden erreicht werden. Der Prophet Jesaja weist uns auf den geheimnisvollen Knecht Gottes hin, der verfolgt wird, der aber weiß: »Gott, der Herr, wird mir helfen« (1. Lesung). Der heilige Paulus führt ein urchristliches Lied an, in dem der Weg Christi in die Erniedrigung und Verherrlichung geschildert wird: »Christus erniedrigte sich und war gehorsam bis zum Tod, bis zum Tod am Kreuz. Darum hat ihn Gott über alle erhöht« (2. Lesung). Die Leidensgeschichte hat über die Jahrhunderte herauf vielen Menschen geholfen, ihr Leid zu ertragen (Evangelium). Bei der Palmweihe wird ein Evangelienabschnitt gelesen, in dem die Menschen die Würde Jesu, des Sohnes Davids, und die Würde des Propheten Jesus erkennen.

Wir hören aus dem Matthäusevangelium (zur Palmweihe):

Als sich Jesus mit seinen Begleitern Jerusalem näherte und nach Betfage am Ölberg
kam, schickte er zwei Jünger voraus [2] und
sagte zu ihnen: Geht in das Dorf, das vor euch liegt; dort werdet ihr eine Eselin angebunden finden und ein Fohlen bei ihr. Bindet
sie los, und bringt sie zu mir! [3] Und wenn
euch jemand zur Rede stellt, dann sagt: Der Herr braucht sie, er läßt sie aber bald zurückbringen. [4] Dies ist geschehen, damit sich
erfüllte, was durch den Propheten gesagt worden ist: [5] Sagt der Tochter Zion: Siehe,
dein König kommt zu dir. Er ist friedfertig, und er reitet auf einer Eselin und auf einem
Fohlen, dem Jungen eines Lasttiers. [6] Die
Jünger gingen und taten, was Jesus ihnen

aufgetragen hatte. [7] Sie brachten die Eselin und das Fohlen, legten ihre Kleider auf sie, und er setzte sich darauf. [8] Viele Menschen breiteten ihre Kleider auf der Straße aus, andere schnitten Zweige von den Bäumen und streuten sie auf den Weg. [9] Die Leute aber, die vor ihm hergingen und die ihm folgten, riefen: Hosanna dem Sohn Davids! Gesegnet sei er, der kommt im Namen des Herrn. Hosanna in der Höhe! [10] Als er in Jerusalem einzog, geriet die ganze Stadt in Aufregung, und man fragte: Wer ist das? [11] Die Leute sagten: Das ist der Prophet Jesus von Nazaret in Galiläa.

Wir besinnen uns:

Wir stellen manchmal die Frage, wie das Böse überwunden und das Gute durchgesetzt werden kann. Durch die Art, wie Jesus in Jerusalem einzieht, gibt er uns eine Antwort auf die Frage: Er reitet nicht hoch zu Roß, sondern auf einem Esel; das ist für die Menschen seiner Zeit ein Zeichen dafür, daß er in Milde und Gewaltlosigkeit das Heil wirkt. Die geweihten Zweige, die wir vom Gottesdienst mit nach Hause nehmen, erinnern uns an Christus, den Friedenskönig, und an die Kraft des Segens, den er uns erwirkt hat.

Wir beten:

Großer Gott, wir feiern in dieser Heiligen Woche den Höhepunkt des Kirchenjahres. Laß uns still und nachdenklich werden und unsere Verbindung zu Christus stärken, der uns in Tod und Auferstehung den Weg vorausgegangen ist, und der mit dir lebt und herrscht in Ewigkeit.

»Einer von euch wird mich verraten« (Mk 14,18). Der Verrat des Judas. Holzschnitt, Karl Grasser, 1983.

Ostersonntag – Hochfest der Auferstehung des Herrn

»Du zeigst mir die Wege zum Leben«

1. Lesung: Apg 10,34a.37–43 2. Lesung: Kol 3,1–4 Evangelium: Joh 20,1–18

»Die fünfzig Tage der Osterzeit – sieben mal sieben Tage – sollen wie ein einziger großer Festtag sein, ein einziger großer Sonntag« (Paul VI.). Mit dem Psalmwort »Du zeigst mir die Wege zum Leben, du erfüllst mich mit Freude vor deinem Angesicht« erklärt der heilige Petrus in seiner ersten Predigt den Hörern das Geheimnis der Auferstehung Jesu (Apg 2,28). Gott hat seinem Sohn den Weg des Lebens gezeigt und ihn auferweckt vom Tod. Die Kirche verkündet die Botschaft von der Auferstehung als die Mitte ihres Glaubens, gestützt auf das Zeugnis der ersten Zeugen, die die Auferstehung Jesu verkünden und zur Umkehr rufen, wie es Petrus im Haus des Kornelius tat (1. Lesung). Freilich brauchen auch die Jünger einige Zeit, bis sie zum vollen Glauben an die Auferstehung kommen (Evangelium). Den Weg des Lebens führt Gott auch die Glaubenden – freilich erwächst daraus auch die Aufgabe, der christlichen Berufung gemäß zu leben: »Ihr seid mit Christus auferweckt; darum strebt nach dem, was im Himmel ist, wo Christus zur Rechten Gottes sitzt« (2. Lesung).

Wir hören aus dem Johannesevangelium:

Am ersten Tag der Woche kam Maria von
Magdala frühmorgens, als es noch dunkel
war, zum Grab und sah, daß der Stein vom
Grab weggenommen war. 2 Da lief sie schnell
zu Simon Petrus und dem Jünger, den Jesus
liebte, und sagte zu ihnen: Man hat den Herrn
aus dem Grab weggenommen, und wir wis-
sen nicht, wohin man ihn gelegt hat. 3 Da
gingen Petrus und der andere Jünger hinaus
und kamen zum Grab; 4 sie liefen beide
zusammen dorthin, aber weil der andere
Jünger schneller war als Petrus, kam er als
erster ans Grab. 5 Er beugte sich vor und sah
die Leinenbinden liegen, ging aber nicht
hinein. 6 Da kam auch Simon Petrus, der ihm
gefolgt war, und ging in das Grab hinein. Er
sah die Leinenbinden liegen 7 und das
Schweißtuch, das auf dem Kopf Jesu gele-
gen hatte; es lag aber nicht bei den Leinen-
binden, sondern zusammengebunden da-
neben an einer besonderen Stelle. 8 Da ging
auch der andere Jünger, der zuerst an das
Grab gekommen war, hinein; er sah und
glaubte. 9 Denn sie wußten noch nicht aus
der Schrift, daß er von den Toten auferstehen
mußte. 10 Dann kehrten die Jünger wieder
nach Hause zurück. 11 Maria aber stand drau-
ßen vor dem Grab und weinte. Während sie
weinte, beugte sie sich in die Grabkammer
hinein. 12 Da sah sie zwei Engel in weißen
Gewändern sitzen, den einen dort, wo der
Kopf, den anderen dort, wo die Füße des
Leichnams Jesu gelegen hatten. 13 Die Engel
sagten zu ihr: Frau, warum weinst du? Sie
antwortete ihnen: Man hat meinen Herrn
weggenommen, und ich weiß nicht, wohin
man ihn gelegt hat. 14 Als sie das gesagt
hatte, wandte sie sich um und sah Jesus
dastehen, wußte aber nicht, daß es Jesus
war. 15 Jesus sagte zu ihr: Frau, warum weinst
du? Wen suchst du? Sie meinte, es sei der
Gärtner und sagte zu ihm: Herr, wenn du ihn
weggebracht hast, sag mir, wohin du ihn
gelegt hast. Dann will ich ihn holen. 16 Jesus
sagte zu ihr: Maria! Da wandte sie sich ihm zu
und sagte auf hebräisch zu ihm: Rabbuni!,
das heißt: Meister. 17 Jesus sagte zu ihr: Halte
mich nicht fest; denn ich bin noch nicht zum
Vater hinaufgegangen. Geh aber zu meinen
Brüdern, und sag ihnen: Ich gehe hinauf zu
meinem Vater und zu eurem Vater, zu mei-
nem Gott und zu eurem Gott. 18 Maria von
Magdala ging zu den Jüngern und verkünde-
te ihnen: Ich habe den Herrn gesehen. Und
sie richtete aus, was er ihr gesagt hatte.

Halleluja, der Herr ist auferstanden! Ja, er ist wahrhaft auferstanden. Meister Leonhard, um 1465, Kreuzgang Brixen.

Wir besinnen uns:

Jesus ist in seiner Auferstehung nicht in das irdische Leben zurückgekehrt, sondern in die neue Welt auferstanden. Sein Leib ist nun verklärt und hat an der Herrlichkeit Gottes teil. So können die Menschen Jesus nur sehen, wenn er sich ihnen zu erkennen gibt; sie können ihn nur sehen, wenn sie die Bereitschaft zum Glauben haben. Zu Menschen, die Jesus liebten, gehörten vor allem Maria von Magdala, dann Petrus und Johannes. Sie möchten nun wissen, was mit dem Leib Jesu geschehen ist. Sie finden das Grab leer und wachsen nun hinein in den Glauben an die Auferstehung Jesu, der durch die Begegnung mit dem Auferstandenen bestätigt wird. Manchmal stehen wir vor der Botschaft des Glaubens so hilflos wie die Jünger vor dem leeren Grab, doch ist es ein erster Schritt zum Glauben, wenn wir den Herrn suchen.

Wir beten:

Großer Gott, wir feiern die Mitte unseres Glaubens: den Tod und die Auferstehung deines Sohnes. Laß uns österliche Menschen sein, die Hoffnung und Freude ausstrahlen. Durch Christus, unseren Herrn.

2. Sonntag der Osterzeit – Weißer Sonntag

Mit den Augen des Glaubens sehen

1. Lesung: Apg 2,42–47 2. Lesung: 1 Petr 1,3–9 Evangelium: Joh 20,19–31

Der Weiße Sonntag hat seinen Namen von den weißen Gewändern, die die Täuflinge vom Ostersonntag – dem Tag der Taufe – bis zum »Weißen Sonntag« trugen. Weiß ist Zeichen der Neuheit des christlichen Lebens. Die erste christliche Gemeinde ist ein Beispiel, wie Christen ihren Glauben gemeinsam und begeistert leben (1. Lesung). Freilich ist unser Glaube immer wieder angefochten, und wir haben Mühe damit. Die Begebenheit mit dem Apostel Thomas am Auferstehungsabend zeigt, daß Jesus auch jene nicht ablehnt, die sich mit dem Glauben schwertun. Der Auferstandene geht sogar auf die Bedingungen des Apostels ein, allerdings mit einer Mahnung (Evangelium). Wie es sein sollte, schreibt Petrus für die Christen späterer Zeit: »Ihn habt ihr nicht gesehen, dennoch liebt ihr ihn« (2. Lesung).

Wir hören aus dem Johannesevangelium:

Am Abend des ersten Tages der Woche, als
die Jünger aus Furcht vor den Juden die
Türen verschlossen hatten, kam Jesus, trat
in ihre Mitte und sagte zu ihnen: Friede sei
mit euch! [20] Nach diesen Worten zeigte er
ihnen seine Hände und seine Seite. Da freuten sich die Jünger, daß sie den Herrn sahen.
[21] Jesus sagte noch einmal zu ihnen: Friede
sei mit euch! Wie mich der Vater gesandt hat,
so sende ich euch. [22] Nachdem er das gesagt
hatte, hauchte er sie an und sprach zu ihnen:
Empfangt den Heiligen Geist! [23] Wem ihr die
Sünden vergebt, dem sind sie vergeben;
wem ihr die Vergebung verweigert, dem ist
sie verweigert. [24] Thomas, genannt Didymus
(Zwilling), einer der Zwölf, war nicht bei ihnen, als Jesus kam. [25] Die anderen Jünger
sagten zu ihm: Wir haben den Herrn gesehen. Er entgegnete ihnen: Wenn ich nicht die Male der Nägel an seinen Händen sehe und wenn ich meinen Finger nicht in die Male der Nägel und meine Hand nicht in seine Seite

lege, glaube ich nicht. [26] Acht Tage darauf waren seine Jünger wieder versammelt, und Thomas war dabei. Die Türen waren verschlossen. Da kam Jesus, trat in ihre Mitte und sagte: Friede sei mit euch! [27] Dann sagte er zu Thomas: Streck deinen Finger aus – hier sind meine Hände! Streck deine Hand aus und leg sie in meine Seite, und sei nicht ungläubig, sondern gläubig! [28] Thomas antwortete ihm: Mein Herr und mein Gott! [29] Jesus sagte zu ihm: Weil du mich gesehen hast, glaubst du. Selig sind, die nicht sehen und doch glauben. [30] Noch viele andere Zeichen, die in diesem Buch nicht aufgeschrieben sind, hat Jesus vor den Augen seiner Jünger getan. [31] Diese aber sind aufgeschrieben, damit ihr glaubt, daß Jesus der Messias ist, der Sohn Gottes, und damit ihr durch den Glauben das Leben habt in seinem Namen.

Wir besinnen uns:

Thomas hält sich an das äußerlich Sichtbare – wir machen es gewöhnlich auch so. Von ihm müssen wir aber lernen, daß Glaube nicht beim Äußeren stehenbleiben kann. Die Welt lebt geradezu von Menschen, die sich nicht nur an das Sichtbare halten, sondern überall die unsichtbare Macht Gottes entdekken. Der Blick auf Wort und Wirken Jesu, auf seine »überzeugende« Art, und das Wissen um die Zuverlässigkeit der ersten Zeugen helfen uns, vielfache Spuren Gottes in den Menschen und in der Schöpfung zu erkennen. Wir entdecken die Führung Gottes in unserem Leben, wir erkennen die Schöpfung als eine Gabe Gottes für uns und finden das, was uns mit anderen Menschen verbindet.

Wir beten:

Gott, Friede und Vergebung sind die großen Gaben des Auferstandenen an seine Jünger. Schenke auch uns den Glauben, daß der Herr mitten unter uns lebt und wirkt. Durch Christus, unseren Herrn.

Ostern bedeutet Begegnung. Jesus und Maria von Magdala. Franz Sebald Unterberger, 1750, Tagusens/Kastelruth.

3. Sonntag der Osterzeit

Vom auferstandenen Herrn begleitet werden

1. Lesung: Apg 2,14.22–33 2. Lesung: 1 Petr 1,17–21 Evangelium: Lk 24,13–35

Der Weg ist Sinnbild menschlichen Lebens. Wir haben Ziele, schauen in die Zukunft. Manchmal gehen wir leicht und beschwingt, manchmal fällt uns das Gehen schwer. Immer wieder sind wir auf Orientierung und Begleitung angewiesen. Die Grundbotschaft der Bibel lautet, daß Gott selbst den Weg der Menschen mitgeht. Die Geschichte des Volkes Gottes zeigt, wie Gott sein Volk auf dem Weg des Lebens begleitet. In der Auferstehung Jesu zeigt sich (wie die urchristliche Verkündigung darlegt), daß Gott uns Wege des Lebens führt (1. Lesung). Das Handeln Gottes ist Grund für Hoffnung und Vertrauen, denn wir sind »aus der sinnlosen, von den Vätern ererbten Lebensweise losgekauft« (2. Lesung). Von der Begleitung und der Nähe Gottes zu uns Menschen handelt die Erzählung, wie der Auferstandene die Jünger auf dem Weg nach Emmaus begleitet (Evangelium).

Wir hören aus dem Lukasevangelium:

Am ersten Tag der Woche waren zwei von
den Jüngern Jesu auf dem Weg in ein Dorf
namens Emmaus, das sechzig Stadien von
Jerusalem entfernt ist. [14] Sie sprachen mit-
einander über all das, was sich ereignet
hatte. [15] Während sie redeten und ihre Gedan-
ken austauschten, kam Jesus hinzu und ging
mit ihnen. [16] Doch sie waren wie mit Blindheit
geschlagen, so daß sie ihn nicht erkannten. [17]
Er fragte sie: Was sind das für Dinge, über die
ihr auf eurem Weg miteinander redet? Da
blieben sie traurig stehen, [18] und der eine von
ihnen – er hieß Kleopas – antwortete ihm:
Bist du so fremd in Jerusalem, daß du als
einziger nicht weißt, was in diesen Tagen
dort geschehen ist? [19] Er fragte sie: Was
denn? Sie antworteten ihm: Das mit Jesus
aus Nazaret. Er war ein Prophet, mächtig in
Wort und Tat vor Gott und dem ganzen Volk.
[20] Doch unsere Hohenpriester und Führer
haben ihn zum Tod verurteilen und ans
Kreuz schlagen lassen. [21] Wir aber hatten
gehofft, daß er der sei, der Israel erlösen
werde. Und dazu ist heute schon der dritte
Tag, seitdem das alles geschehen ist. [22] Aber
nicht nur das: Auch einige Frauen aus unse-
rem Kreis haben uns in große Aufregung
versetzt. Sie waren in der Frühe beim Grab, [23]
fanden aber seinen Leichnam nicht. Als sie
zurückkamen, erzählten sie, es seien ihnen
Engel erschienen und hätten gesagt, er lebe.
[24] Einige von uns gingen dann zum Grab und
fanden alles so, wie die Frauen gesagt hat-
ten; ihn selbst aber sahen sie nicht. [25] Da
sagte er zu ihnen: Begreift ihr denn nicht?
Wie schwer fällt es euch, alles zu glauben,
was die Propheten gesagt haben. [26] Mußte
nicht der Messias all das erleiden, um so in
seine Herrlichkeit zu gelangen? [27] Und er
legte ihnen dar, ausgehend von Mose und
allen Propheten, was in der gesamten Schrift
über ihn geschrieben steht. [28] So erreichten
sie das Dorf, zu dem sie unterwegs waren.
Jesus tat, als wolle er weitergehen, [29] aber sie
drängten ihn und sagten: Bleib doch bei uns;
denn es wird bald Abend, der Tag hat sich
schon geneigt. Da ging er mit hinein, um bei
ihnen zu bleiben. [30] Und als er mit ihnen bei
Tisch war, nahm er das Brot, sprach den
Lobpreis, brach das Brot und gab es ihnen. [31]
Da gingen ihnen die Augen auf, und sie
erkannten ihn; dann sahen sie ihn nicht

mehr. [32] Und sie sagten zueinander: Brannte uns nicht das Herz in der Brust, als er unterwegs mit uns redete und uns den Sinn der Schrift erschloß? [33] Noch in derselben Stunde brachen sie auf und kehrten nach Jerusalem zurück, und sie fanden die elf und die anderen Jünger versammelt. [34] Diese sagten: Der Herr ist wirklich auferstanden und ist dem Simon erschienen. [35] Da erzählten auch sie, was sie unterwegs erlebt und wie sie ihn erkannt hatten, als er das Brot brach.

Wir besinnen uns:

Die Geschichte von den Emmausjüngern erzählt die immer gleiche und doch immer neue Geschichte des glaubenden Menschen: Da geht der Herr mit uns den Weg, und wir erkennen ihn nicht; da bringt das Wort der Schrift unser Herz zum Brennen, weil wir Gottes Liebe begreifen; da erkennen wir den Herrn selbst beim Brechen des Brotes und bitten: Herr, bleibe bei uns!

Wir beten:

Gott, dein auferstandener Sohn ist mit uns auf dem Weg. Öffne unsere Augen für seine Gegenwart in seinem Wort und in der Eucharistie. Durch Christus, unseren Herrn.

»Tod, wo ist dein Sieg?« (1 Kor 15,55). Auferstandener. Johann Mitterwurzer, um 1770, Vahrn.

4. Sonntag der Osterzeit

Die Tür zum Leben

1. Lesung: Apg 2,14a.36–41	2. Lesung: 1 Petr 2,20b–25	Evangelium: Joh 10,1–10

Wer eine neue Aufgabe erhält, braucht Zeit, um sich einzuarbeiten und in diese Aufgabe hineinzuwachsen. So ist die österliche Zeit von altersher dazu bestimmt, daß die Getauften hineinwachsen können in ihr Leben und Wirken als Christen. Die Trennung von der sündigen Vergangenheit ist nicht immer leicht, deshalb gilt auch uns die Mahnung, die bereits in der urchristlichen Verkündigung an die Menschen gerichtet wurde: »Laßt euch retten aus dieser verdorbenen Generation« (1. Lesung). Mit dieser Berufung kann unter Umständen auch das Leiden für Christus verbunden sein (2. Lesung). Das Hineinwachsen in das neue Leben beruht weniger auf eigener Leistung als darauf, daß Christus für uns die Tür zum Leben ist (Evangelium).

Wir hören aus dem Johannesevangelium:

In jener Zeit sprach Jesus: 1 Amen, amen,
das sage ich euch: Wer in den Schafstall nicht
durch die Tür hineingeht, sondern anderswo
einsteigt, der ist ein Dieb und ein Räuber. 2
Wer aber durch die Tür hineingeht, ist der
Hirt der Schafe. 3 Ihm öffnet der Türhüter,
und die Schafe hören auf seine Stimme; er
ruft die Schafe, die ihm gehören, einzeln
beim Namen und führt sie hinaus. 4 Wenn er
alle seine Schafe hinausgetrieben hat, geht
er ihnen voraus, und die Schafe folgen ihm;
denn sie kennen seine Stimme. 5 Einem
Fremden aber werden sie nicht folgen, son-
dern sie werden vor ihm fliehen, weil sie die
Stimme des Fremden nicht kennen. 6 Dieses
Gleichnis erzählte ihnen Jesus; aber sie ver-
standen nicht den Sinn dessen, was er ihnen
gesagt hatte. 7 Weiter sagte Jesus zu ihnen:
Amen, amen, ich sage euch: Ich bin die Tür
zu den Schafen. 8 Alle, die vor mir kamen,
sind Diebe und Räuber; aber die Schafe ha-
ben nicht auf sie gehört. 9 Ich bin die Tür; wer
durch mich hineingeht, wird gerettet werden;
er wird ein- und ausgehen und Weide finden.
10 Der Dieb kommt nur, um zu stehlen, zu
schlachten und zu vernichten; ich bin ge-
kommen, damit sie das Leben haben und es
in Fülle haben.

Wir besinnen uns:

Wir alle haben Erfahrungen von Türen, die sich öffnen, und von Türen, die verschlossen bleiben; von Türen, die sich selbst öffnen, oder die wir selbst verschlossen halten; und wir wissen, wie wohl es tut, wenn jemand uns öffnet. An solche Erfahrungen knüpft Jesus

Jesus sucht das Verlorene. Der gute Hirt.
May Hofer, Schwesternheim, Völs am Schlern.

an, wenn er in der Bildrede vom guten Hirten (vgl. auch den vierten Sonntag in der Osterzeit B und C) sich selbst als die Tür vorstellt. Am »Sonntag vom guten Hirten«, wie der vierte Sonntag der Osterzeit auch genannt wird, beten wir mit der ganzen Kirche, daß Gott Arbeiter in seine Ernte sende.

Wir beten:

Gott, dein Sohn schenkt Leben und Geborgenheit. Gib auch unserer Zeit Menschen, die als gute Hirten das Lebenswerk Jesu fortsetzen und anderen Menschen eine Tür zum Leben auftun. Durch Christus, unseren Herrn.

5. Sonntag der Osterzeit

Christus, unser Weg

1. Lesung: Apg 6,1–7 | 2. Lesung: 1 Petr 2,4–9 | Evangelium: Joh 14,1–12

Wir Menschen brauchen einen Ort, an dem wir daheim sind. In unserer Umgebung macht zwar die christliche Überzeugung nicht völlig heimatlos und fremd, allerdings stoßen Christen, die ihrer Überzeugung treu sind, auch bei uns oft auf Unverständnis. In der Abschiedsrede beim Letzten Abendmahl sagt Jesus den Jüngern voraus, daß sie in der Welt fremd und nicht verstanden sind, doch verspricht er ihnen eine Heimat und einen Weg in diese Heimat (Evangelium). So werden sie »ein auserwähltes Geschlecht, eine königliche Priesterschaft, ein heiliger Stamm, ein Volk, das Gottes besonderes Eigentum ist« (2. Lesung). Einer Kirche, die sich dem Wort Gottes verpflichtet weiß und die in neuen Situationen gegebenenfalls auch neue Dienste schafft – wie in der Wahl der Diakone – schließen sich die Menschen an (1. Lesung).

Wir hören aus dem Johannesevangelium:

In jener Zeit sprach Jesus zu seinen Jüngern: [1] Euer Herz lasse sich nicht verwirren. Glaubt an Gott, und glaubt an mich! [2] Im Haus meines Vaters gibt es viele Wohnungen. Wenn es nicht so wäre, hätte ich euch dann gesagt: Ich gehe, um einen Platz für euch vorzubereiten? [3] Wenn ich gegangen bin und einen Platz für euch vorbereitet habe, komme ich wieder und werde euch zu mir holen, damit auch ihr dort seid, wo ich bin. [4] Und wohin ich gehe – den Weg dorthin kennt ihr. [5] Thomas sagte zu ihm: Herr, wir wissen nicht, wohin du gehst. Wie sollen wir dann den Weg kennen? [6] Jesus sagte zu ihm: Ich bin der Weg und die Wahrheit und das Leben; niemand kommt zum Vater außer durch mich. [7] Wenn ihr mich erkannt habt, werdet ihr auch meinen Vater erkennen. Schon jetzt kennt ihr ihn und habt ihn gesehen. [8] Philippus sagte zu ihm: Herr, zeig uns den Vater; das genügt uns. [9] Jesus antwortete ihm: Schon so lange bin ich bei euch, und du hast mich nicht erkannt, Philippus? Wer mich gesehen hat, hat den Vater gesehen. Wie kannst du sagen: Zeig uns den Vater? [10] Glaubst du nicht, daß ich im Vater bin und daß der Vater in mir ist? Die Worte, die ich zu euch sage, habe ich nicht aus mir selbst. Der Vater, der in mir bleibt, vollbringt seine Werke. [11] Glaubt mir doch, daß ich im Vater bin und daß der Vater in mir ist; wenn nicht, glaubt wenigstens aufgrund der Werke! [12] Amen, amen, ich sage euch: Wer an mich glaubt, wird die Werke, die ich vollbringe, auch vollbringen, und er wird noch größere vollbringen, denn ich gehe zum Vater.

Wir besinnen uns:

Wir heißen Christen, weil wir uns der Person Jesu Christi verpflichtet wissen. Unser Glaube beruht vor allem auf einer lebendigen Verbindung mit Christus. Der Auferstandene gibt uns Anteil an seinem Leben und begleitet uns; wer mit ihm geht, ist auf dem richtigen Weg.

Wir beten:

Gott, Jesus Christus ist der Weg, der zu dir führt. Laß uns erfahren, daß unser Leben Richtung und Ziel hat, wenn wir auf ihn unsere Hoffnung setzen, der mit dir lebt und herrscht in Ewigkeit.

6. Sonntag der Osterzeit

Die bleibende Gegenwart des Herrn

1. Lesung: Apg 8,5–8.14–17 | 2. Lesung: 1 Petr 3,15–18 | Evangelium: Joh 14,15–21

Von Anfang an mußten sich die Christen mit der Frage auseinandersetzen, wie sie in einer teilweise gottfeindlichen oder an Gott nicht interessierten Welt bestehen können und wie ihre Zukunft sein wird. In der Abschiedsrede beim Letzten Abendmahl geht Jesus auf solche Fragen ein. Die Jünger sind nicht alleingelassen, sie erhalten die Kraft und die Unterstützung des Heiligen Geistes (Evangelium). Diese Hilfe haben die ersten Christen in den Bekehrungen, den Heilungen und den Geistesgaben erfahren (1. Lesung). Diese Hilfe haben sie auch erfahren, wenn sie wegen ihres Glaubens beschimpft und verfolgt wurden, denn selbst in solchen Situationen waren sie bereit, »jedem Rede und Antwort zu stehen, der nach der Hoffnung fragt, die euch erfüllt« (2. Lesung).

Wir hören aus dem Johannesevangelium:

In jener Zeit sprach Jesus zu seinen Jüngern: [15] Wenn ihr mich liebt, werdet ihr meine Gebote halten. [16] Und ich werde den Vater bitten, und er wird euch einen anderen Beistand geben, der für immer bei euch bleiben soll. [17] Es ist der Geist der Wahrheit, den die Welt nicht empfangen kann, weil sie ihn nicht sieht und nicht kennt. Ihr aber kennt ihn, weil er bei euch bleibt und in euch sein wird. [18] Ich werde euch nicht als Waisen zurücklassen, sondern ich komme wieder zu euch. [19] Nur noch kurze Zeit, und die Welt sieht mich nicht mehr; ihr aber seht mich, weil ich lebe und weil auch ihr leben werdet. [20] An jenem Tag werdet ihr erkennen: Ich bin in meinem Vater, ihr seid in mir und ich bin in euch. [21] Wer meine Gebote hat und sie hält, der ist es, der mich liebt; wer mich aber liebt, wird von meinem Vater geliebt werden, und auch ich werde ihn lieben und mich ihm offenbaren.

Wir besinnen uns:

Mitunter meinen wir, wir könnten leichter glauben, wenn Jesus sichtbar als Mensch gegenwärtig wäre. Doch selbst Menschen, die ihm während seines irdischen Lebens begegnet sind, sind nicht zum Glauben gekommen. Was den Glauben wirklich möglich macht, ist der Beistand Christi. Wir haben seinen Geist und seine Liebe. Wer die Wege seiner Liebe geht, bleibt mit ihm verbunden und wird immer neu die Kraft seines Geistes erfahren.

Wir beten:

Gott, der Geist deines auferstandenen Sohnes will Gemeinschaft stiften. Gib uns durch die bleibende Gegenwart des Herrn die Kraft, das Gute zu tun und mit dir und den Mitmenschen verbunden zu sein. Durch Christus, unseren Herrn.

Christi Himmelfahrt

Auftrag zu weltweiter Verkündigung

1. Lesung: Apg 1,1–11 | 2. Lesung: Eph 1,17–23 | Evangelium: Mt 28,16–20

Mit Christi Himmelfahrt beginnt die »Zeit der Kirche«. Unter Führung des Heiligen Geistes sollen die Christen Zeugen Jesu Christi sein: »Ihr werdet meine Zeugen sein in Jerusalem und in ganz Judäa und Samarien und bis an die Grenzen der Erde« (1. Lesung). Christi Himmelfahrt ist nicht so sehr das Ende der irdischen Gegenwart Jesu, sondern Herrschaftsantritt Christi. Gott hat Christus eingesetzt als Herrn der Welt und der Kirche : »Alles hat er ihm zu Füßen gelegt und ihn, der als Haupt alles überragt, über die Kirche gesetzt« (2. Lesung). Im Evangelium gibt Jesus den Jüngern den Auftrag zu weltweiter Verkündigung und verheißt ihnen seine schützende Gegenwart.

Wir hören aus dem Matthäusevangelium:

In jener Zeit [16] gingen die elf Jünger nach Galiläa auf den Berg, den Jesus ihnen genannt hatte. [17] Und als sie Jesus sahen, fielen sie vor ihm nieder. Einige aber hatten Zweifel. [18] Da trat Jesus auf sie zu und sagte zu ihnen: Mir ist alle Macht gegeben im Himmel und auf der Erde. [19] Darum geht zu allen Völkern, und macht alle Menschen zu meinen Jüngern; tauft sie auf den Namen des Vaters und des Sohnes und des Heiligen Geistes, [20] und lehrt sie, alles zu befolgen, was ich euch geboten habe. Seid gewiß: Ich bin bei euch alle Tage bis zum Ende der Welt.

Wir besinnen uns:

In unserer Zeit begegnen wir vielen Religionen und Kulturen. Das gibt uns neue Möglichkeiten, aber auch einen neuen Auftrag, Christus zu verkünden. Zwar sind uns irdische Nähe und Sichtbarkeit Jesu nicht mehr gegeben; doch sind uns sein Schutz und seine helfende Nähe geschenkt, damit wir fähig sind, die Botschaft Jesu in die Welt zu tragen.

Wir beten:

Großer Gott, dein Sohn ist Haupt und Herr der Geschichte. Laß uns durch unser Leben seine Gegenwart bezeugen. Durch Christus, unseren Herrn.

»Während er sie segnete, verließ er sie und wurde zum Himmel emporgehoben« (Lk 24,51). Initiale, 15. Jh., Priesterseminar Brixen.

7. Sonntag der Osterzeit

In Südtirol wird an diesem Sonntag das Hochfest Christi Himmelfahrt gefeiert

Die Herrlichkeit des Auferstandenen

1. Lesung: Apg 1,12–14 2. Lesung: 1 Petr 4,13–16 Evangelium: Joh 17,1–11a

Die Liturgie dieses Sonntags zwischen Christi Himmelfahrt und Pfingsten sieht das Wirken des irdischen Jesus und seine Auferstehung in ihrem Zusammenhang: Jesus hat teil an der Herrlichkeit, am Lichtglanz Gottes. Jesus macht durch sein Wirken den Vater bekannt und verherrlicht ihn so vor den Menschen. In der Auferstehung verherrlicht der Vater den Sohn. Diese Herrlichkeit soll auch – so betet Jesus in seinem Hohepriesterlichen Gebet beim Abschiedsmahl – den Jüngern zuteil werden (Evangelium). Dem Gebet des verherrlichten Christus schließt sich die Jüngergemeinde an, indem sie sich betend auf Pfingsten vorbereitet (1. Lesung). Der Weg vom Leiden in die Herrlichkeit ist auch der Weg des Jüngers (2. Lesung).

Wir hören aus dem Johannesevangelium:

In jener Zeit [1] erhob Jesus seine Augen zum
Himmel und sprach: Vater, die Stunde ist da.
Verherrliche deinen Sohn, damit der Sohn
dich verherrlicht. [2] Denn du hast ihm Macht
über alle Menschen gegeben, damit er allen,
die du ihm gegeben hast, ewiges Leben
schenkt. [3] Das ist das ewige Leben: Dich, den
einzigen wahren Gott, zu erkennen und Je-
sus Christus, den du gesandt hast. [4] Ich habe
dich auf der Erde verherrlicht und das Werk
zu Ende geführt, das du mir aufgetragen
hast. [5] Vater, verherrliche du mich jetzt bei dir
mit der Herrlichkeit, die ich bei dir hatte,
bevor die Welt war. [6] Ich habe deinen Namen
den Menschen offenbart, die du mir aus der
Welt gegeben hast. Sie gehörten dir, und du
hast sie mir gegeben, und sie haben an
deinem Wort festgehalten. [7] Sie haben jetzt
erkannt, daß alles, was du mir gegeben hast,
von dir ist. [8] Denn die Worte, die du mir
gegeben hast, gab ich ihnen, und sie haben
sie angenommen. Sie haben wirklich er-
kannt, daß ich von dir ausgegangen bin, und
sie sind zu dem Glauben gekommen, daß du
mich gesandt hast. [9] Für sie bitte ich; nicht für
die Welt bitte ich, sondern für alle, die du mir
gegeben hast; denn sie gehören dir. [10] Alles,
was mein ist, ist dein, und was dein ist, ist
mein; in ihnen bin ich verherrlicht. [11a] Ich bin
nicht mehr in der Welt, aber sie sind in der
Welt, und ich gehe zu dir.

Wir besinnen uns:

Das Johannesevangelium stellt uns ein großes Bild vor Augen: Jesus betet für die Gemeinde, die nach seinem Weggang allein zurückbleiben wird. Dieses Bild soll uns begleiten: Jesus betet für uns, für mich und für dich; und er offenbart uns die Herrlichkeit und den Glanz, die über unserem Leben liegen. Die Macht seines Gebetes rührt daher, daß er mit dem Vater eins ist.

Wir beten:

Allmächtiger Gott, dein Sohn betet für uns. Wir machen uns dieses Beten zu eigen und bitten dich: Gib uns Anteil am ewigen Leben und an der Herrlichkeit deines auferstandenen Sohnes, der mit dir lebt und herrscht in Ewigkeit.

Pfingsten

Gott schenkt seinen Heiligen Geist. Farbskizze, Martin Knoller, 1799, Kloster Muri-Gries, Bozen.

8. Sonntag der Osterzeit – Pfingsten

Die Gabe des Geistes

1. Lesung: Apg 2,1–11 | 2. Lesung: 1 Kor 12,3b–7.12–13 | Evangelium: Joh 20,19–23

Wo finden wir den Heiligen Geist? Was bewirkt er unter uns? Die Lesungen des Pfingsttages geben die Antwort auf solche Fragen: Gottes Geist öffnet Türen, die aus Angst verschlossen wurden; er überbrückt die Gräben, die menschliche Schuld aufgerissen hat, und führt Getrennte wieder zusammen (Evangelium). Er schenkt unserem Reden die Kraft, Trennung zwischen Völkern und Sprachen zu überwinden (1. Lesung). Der Heilige Geist befähigt die Getauften, durch viele Gnadengaben am Aufbau der Kirche mitzuwirken: »Es gibt verschiedene Gnadengaben, aber nur den einen Geist« (2. Lesung).

Wir hören aus dem Johannesevangelium:

Am Abend dieses ersten Tages der Woche, als die Jünger aus Furcht vor den Juden die Türen verschlossen hatten, kam Jesus, trat in ihre Mitte und sagte zu ihnen: Friede sei mit euch! [20] Nach diesen Worten zeigte er ihnen seine Hände und seine Seite. Da freuten sich die Jünger, daß sie den Herrn sahen. [21] Jesus sagte noch einmal zu ihnen: Friede sei mit euch! Wie mich der Vater gesandt hat, so sende ich euch. [22] Nachdem er das gesagt hatte, hauchte er sie an und sprach zu ihnen: Empfangt den Heiligen Geist! [23] Wem ihr die Sünden vergebt, dem sind sie vergeben; wem ihr die Vergebung verweigert, dem ist sie verweigert.

Wir besinnen uns:

Zu Pfingsten erinnern wir uns daran, daß Gott in der Kirche seit ihrem Beginn wirkt und Begeisterung für seine Sache schafft. Das Evangelium erzählt, was Jesus am Auferstehungstag gewirkt hat, aber auch, was er in uns – besonders in der Firmung – wirkt. In der Firmung geschieht nämlich genau das, was das Evangelium schildert: Durch den Dienst der Kirche werden wir besiegelt mit dem Heiligen Geist, der Gabe Gottes; wir erhalten den Friedensgruß und werden gesendet, Zeugen für Christus zu sein.

Wir beten:

Großer Gott, der Geist deines Sohnes will unser Leben und unsere Kirche prägen. Öffne uns für sein Wirken und laß immer wieder Pfingsten werden unter uns. Durch Christus, unseren Herrn.

Komm, Schöpfer Geist, kehr bei uns ein,
besuch das Herz der Kinder dein:
die deine Macht erschaffen hat,
erfülle nun mit deiner Gnad.

Der du der Tröster wirst genannt,
vom höchsten Gott ein Gnadenpfand,
du Lebensbrunn, Licht, Lieb und Glut
der Seele Salbung, höchstes Gut.

O Schatz, der siebenfältig ziert,
o Finger Gottes, der uns führt,
Geschenk, vom Vater zugesagt,
du, der die Zungen reden macht.

Zünd an in uns des Lichtes Schein,
gieß Liebe in die Herzen ein,
stärk unsres Leibs Gebrechlichkeit
mit deiner Kraft zu jeder Zeit.

Treib weit von uns des Feinds Gewalt,
in deinem Frieden uns erhalt,
daß wir, geführt von deinem Licht
in Sünd und Elend fallen nicht.

Den Vater auf dem ewgen Thron
lehr uns erkennen und den Sohn;
dich, beider Geist, sei'n wir bereit
zu preisen gläubig alle Zeit.

Dreifaltigkeitssonntag

In Gott geborgen

1. Lesung: Ex 34,4b.5–6.8–9 | 2. Lesung: 2 Kor 13,11–13 | Evangelium: Joh 3,16–18

Das Geheimnis der Dreifaltigkeit übersteigt unser Begreifen, tröstlich ist aber das Wissen, daß unser Gott sich nicht von unserem Schicksal fernhält, sondern die Wege der Menschen dreifaltig umschließt. Er begegnet uns als Vater, der sein Volk führt: »Jahwe ist ein barmherziger und gnädiger Gott, langmütig, reich an Huld und Treue« (1. Lesung). Wir treffen auf ihn im Sohn, der sich für uns hingab, »damit jeder, der an ihn glaubt, nicht zugrunde geht, sondern das ewige Leben hat« (Evangelium). Es ist der gleiche Gott der Liebe und des Friedens, der uns im Heiligen Geist in der Hoffnung stärkt und uns Einheit schenkt (2. Lesung).

Wir hören aus dem Johannesevangelium:

Gott hat die Welt so sehr geliebt, daß er seinen einzigen Sohn hingab, damit jeder, der an ihn glaubt, nicht zugrunde geht, sondern das ewige Leben hat. [17] Denn Gott hat seinen Sohn nicht in die Welt gesandt, damit er die Welt richtet, sondern damit die Welt durch ihn gerettet wird. [18] Wer an ihn glaubt, wird nicht gerichtet; wer nicht glaubt, ist schon gerichtet, weil er an den Namen des einzigen Sohnes Gottes nicht geglaubt hat.

Wir besinnen uns:

Manchmal erscheint uns Gott fremd und unnahbar in seiner ewigen Herrlichkeit. Wir haben das Empfinden, als sei er weit weg von all unseren Sorgen und Nöten. Ein Blick auf das Kreuz Jesu Christi kann diesen Eindruck korrigieren: Gott ist uns nicht fern, er begleitet uns; er hat unsere Nöte nicht vergessen, sondern leidet mit uns – bis zum Tod.

Wir beten:

Dreieiniger Gott, du hast dich uns geoffenbart. Laß uns erkennen, daß wir in dir geborgen sind, und laß uns in der Einheit mit dir verbleiben, der du lebst und herrschest in Ewigkeit.

Fronleichnam – Hochfest des Leibes und Blutes Christi

Brot der Gemeinschaft

1. Lesung: Dtn 8,2–3.14b–16a | 2. Lesung: 1 Kor 10,16–17 | Evangelium: Joh 6,51–58

Die Feier der Eucharistie ist der Mittelpunkt der christlichen Gemeinde. Hier wird die Verbindung mit Gott und Christus und untereinander vertieft. Die Feier von Fronleichnam steht unter der Gewißheit, daß Gott sein Volk führt. Der Mensch ist immer wieder versucht, allein auf seine Kräfte und das irdische Brot zu vertrauen: »Der Mensch lebt nicht vom Brot allein, sondern von jedem Wort, das aus Gottes Mund kommt« (1. Lesung). Die Eucharistie schenkt Gemeinschaft: »Ein Brot ist es. Darum sind wir viele ein Leib« (2. Lesung). In einem Abschnitt der Eucharistischen Rede in Kafarnaum stellt Jesus sich als das lebendige Brot vor (Evangelium).

Christus bietet die Mahlgemeinschaft an. Letztes Abendmahl. Meister Leonhard von Brixen, 1473, Mellaun.

Wir hören aus dem Johannesevangelium:

In jener Zeit sprach Jesus zu der Menge: 51
Ich bin das lebendige Brot, das vom Himmel
herabgekommen ist. Wer von diesem Brot
ißt, wird in Ewigkeit leben. Das Brot, das ich
geben werde, ist mein Fleisch, (ich gebe es
hin) für das Leben der Welt. 52 Da stritten sich
die Juden und sagten: Wie kann er uns sein
Fleisch zu essen geben? 53 Jesus sagte zu
ihnen: Amen, amen, das sage ich euch: Wenn
ihr das Fleisch des Menschensohnes nicht
eßt und sein Blut nicht trinkt, habt ihr das
Leben nicht in euch. 54 Wer mein Fleisch ißt
und mein Blut trinkt, hat das ewige Leben,
und ich werde ihn auferwecken am Letzten
Tag. 55 Denn mein Fleisch ist wirklich eine
Speise, und mein Blut ist wirklich ein Trank.
56 Wer mein Fleisch ißt und mein Blut trinkt,
der bleibt in mir, und ich bleibe in ihm. 57 Wie
mich der lebendige Vater gesandt hat und
wie ich durch den Vater lebe, so wird jeder,
der mich ißt, durch mich leben. 58 Dies ist das
Brot, das vom Himmel herabgekommen ist.
Mit ihm ist es nicht wie mit dem Brot, das die
Väter gegessen haben; sie sind gestorben.
Wer aber dieses Brot ißt, wird leben in Ewigkeit.

Wir besinnen uns:

Zum Leben brauchen wir das tägliche Brot, aber auch die Erfahrung von Liebe und Zusammengehörigkeit. In der Eucharistie schenkt uns Jesus das Brot des Lebens und stärkt unsere Verbindung mit ihm und untereinander.

Wir beten:

Gott, unser Vater, dein Sohn ist für uns zur Speise geworden. Schenke uns das Brot des Lebens, das uns mit dir und untereinander verbindet. Durch Christus, unseren Herrn.

Heiligstes Herz Jesu

Das Bundesvolk

1. Lesung: Dtn 7,6–11	2. Lesung: 1 Joh 4,7–16	Evangelium: Mt 11,25–30

Am 1. Juni 1796 schlossen die politischen Vertreter des Landes Tirol mit dem göttlichen Herzen Jesu ein Bündnis. Das Land wurde dem heiligsten Herzen Jesu geweiht und die Vertreter gelobten, das Herz-Jesu-Fest alljährlich feierlich zu begehen. Der Gedanke eines Bundesschlusses greift biblische Gedanken auf. Schon dem alttestamentlichen Gottesvolk verkündet Mose: »Dich hat der Herr auserwählt, damit du das Volk wirst, das ihm persönlich gehört« (1. Lesung). Diese neuen Beziehungen werden zusammengefaßt im Wort: »Gott ist die Liebe und wer in der Liebe bleibt, bleibt in Gott, und Gott bleibt in ihm« (2. Lesung). Um Jesus bildet sich eine neue Gemeinschaft, zu der besonders jene geladen sind, die schwere Lasten zu tragen haben (Evangelium).

Wir hören aus dem Matthäusevangelium:

In jener Zeit sprach Jesus: Ich preise dich, Vater, Herr des Himmels und der Erde, weil du all das den Weisen und Klugen verborgen, den Unmündigen aber offenbart hast. [26] Ja, Vater, so hat es dir gefallen. [27] Mir ist von meinem Vater alles übergeben worden; niemand kennt den Sohn, nur der Vater, und niemand kennt den Vater, nur der Sohn und der, dem es der Sohn offenbaren will. [28] Kommt alle zu mir, die ihr euch plagt und schwere Lasten zu tragen habt. Ich werde euch Ruhe verschaffen. [29] Nehmt mein Joch auf euch und lernt von mir; denn ich bin gütig und von Herzen demütig; so werdet ihr Ruhe finden für eure Seele. [30] Denn mein Joch drückt nicht, und meine Last ist leicht.

Wir besinnen uns:

Menschliche Gemeinschaften werden von gemeinsamen Interessen und Zielen zusammengehalten. Das neue Volk Gottes wird zusammengehalten von der Überzeugung, daß Gott sein innerstes persönliches Geheimnis den Menschen mitteilt und mit den Menschen Gemeinschaft haben will.

Wir beten:

Guter Gott, segne unsere Heimat und hilf uns, eine Antwort auf deine Liebe zu geben. Durch Christus, unseren Herrn.

Jesus offenbart den Menschen seine Liebe. Herz-Jesu-Bild in der Bozner Dompfarrkirche, vor dem die Stände 1796 den Bund mit dem Herzen Jesu geschlossen haben.

1. Sonntag im Jahreskreis – Taufe des Herrn (s. S. 24)

2. Sonntag im Jahreskreis

Verheißenes erfüllt sich

1. Lesung: Jes 49,3.5–6 2. Lesung: 1 Kor 1,1–3 Evangelium: Joh 1,29–34

Alle Menschen hoffen darauf, daß es mit dieser Welt und mit ihrem eigenen Leben gut wird. In der Heiligen Schrift wird uns eine Antwort Gottes auf diese Sehnsucht der Menschen gegeben. Gott schickt immer wieder Gesandte, die Heil wirken. So erscheint im Buch des Propheten Jesaja die geheimnisvolle Gestalt des Gottesknechtes, an die Gott ein neues Heilswerk bindet: „Ich mache dich zum Licht für die Völker, damit mein Heil bis an das Ende der Erde reicht" (1. Lesung). Die christliche Gemeinde sieht diese Verheißung des Gottesknechtes im Kommen Jesu Christi erfüllt (Evangelium). Im Wissen, daß uns die vollendete Nähe Gottes geschenkt ist, kann Paulus die Christen als „die Geheiligten in Christus Jesus" anreden (2. Lesung).

Wir hören aus dem Johannesevangelium:

In jener Zeit sah Johannes der Täufer Jesus auf sich zukommen und sagte: Seht, das Lamm Gottes, das die Sünde der Welt hinwegnimmt. [30] Er ist es, von dem ich gesagt habe: Nach mir kommt ein Mann, der mir voraus ist, weil er vor mir war. [31] Auch ich kannte ihn nicht; aber ich bin gekommen und taufe mit Wasser, um Israel mit ihm bekanntzumachen. [32] Und Johannes bezeugte: Ich sah, daß der Geist vom Himmel herabkam wie eine Taube und auf ihm blieb. [33] Auch ich kannte ihn nicht; aber er, der mich gesandt hat, mit Wasser zu taufen, er hat mir gesagt: Auf wen du den Geist herabkommen siehst und auf wem er bleibt, der ist es, der mit dem Heiligen Geist tauft. [34] Das habe ich gesehen, und ich bezeuge: Er ist der Sohn Gottes.

Wir besinnen uns:

Um Gott in dieser Welt sichtbar zu machen, bedarf es der Zeugen. Es bedarf jener Menschen, die erzählen, was Gott an ihnen gewirkt hat; die sich zu Jesus, dem Sohn Gottes, bekennen und die hinweisen auf die Spuren des Herrn mitten unter uns. Johannes hat als erster auf Christus hingewiesen. Dieser Dienst ist nicht zu Ende: Er soll heute durch uns Christen wahrgenommen werden.

Wir beten:

Allmächtiger Gott, du hast den Menschen auf vielerlei Weise deine Nähe kundgetan. Hilf uns, die Spuren deines Wirkens in der Kirche und in der Welt zu entdecken. Durch Christus, unseren Herrn.

3. Sonntag im Jahreskreis

Neue Hoffnung

1. Lesung: Jes 8,23b – 9,3 | 2. Lesung: 1 Kor 1,10–13.17 | Evangelium: Mt 4,12–23

Etwas vom Schönsten ist es, wenn Menschen nach einer Zeit der Angst wieder Hoffnung schöpfen dürfen. Dann fühlen sie neue Kräfte, und sie wagen einen Neubeginn. Der Prophet Jesaja ruft die Verängstigten der Stämme Sebulon und Naftali durch eine große Vision zu neuer Hoffnung: »Das Volk, das im Dunkel lebt, sieht ein helles Licht; über denen, die im Land der Finsternis wohnen, strahlt ein Licht auf« (1. Lesung). Eben in diesem Gebiet verkündet Jesus das Kommen der Gottesherrschaft und ruft Menschen in die neue Lebensform der Nachfolge (Evangelium). Das Evangelium und der Glaube an das Kreuz Christi verlangen Veränderungen in den christlichen Gemeinden: Die zerstrittene Gemeinde von Korinth muß ihren Zwist beenden (2. Lesung).

Wir hören aus dem Matthäusevangelium:

Als Jesus hörte, daß man Johannes ins
Gefängnis geworfen hatte, zog er sich nach
Galiläa zurück. 13 Er verließ Nazaret, um in
Kafarnaum zu wohnen, das am See liegt, im
Gebiet von Sebulon und Naftali. 14 Denn es
sollte sich erfüllen, was durch den Propheten
Jesaja gesagt worden ist: 15 Das Land Sebu-
lon und das Land Naftali, die Straße am Meer,
das Gebiet jenseits des Jordan, das heidni-
sche Galiläa: 16 das Volk, das im Dunkel lebte,
hat ein helles Licht gesehen; denen, die im
Schattenreich des Todes wohnten, ist ein
Licht erschienen. 17 Von da an begann Jesus
zu verkünden: Kehrt um! Denn das Himmel-
reich ist nahe. 18 Als Jesus am See von Galiläa
entlangging, sah er zwei Brüder, Simon,
genannt Petrus, und seinen Bruder Andreas;
sie warfen gerade ihr Netz in den See, denn
sie waren Fischer. 19 Da sagte er zu ihnen:
Kommt her, folgt mir nach! Ich werde euch
zu Menschenfischern machen. 20 Sofort lie-
ßen sie ihre Netze liegen und folgten ihm. 21
Als er weiterging, sah er zwei andere Brüder,
Jakobus, den Sohn des Zebedäus, und sei-
nen Bruder Johannes; sie waren mit ihrem
Vater Zebedäus im Boot und richteten ihre
Netze her. Er rief sie, 22 und sogleich verlie-
ßen sie das Boot und ihren Vater und folgten
Jesus. 23 Er zog in ganz Galiläa umher, lehrte
in den Synagogen, verkündete das Evange-
lium vom Reich und heilte im Volk alle Krank-
heiten und Leiden.

Wir besinnen uns:

Wir Christen kennen die Rede von der »Gottesherrschaft«; wir tun uns aber schwer, die schöpferische Kraft dieser Gottesherrschaft zu empfinden. Und doch sind in diesem Wort große Erwartungen ausgedrückt, vor allem die Hoffnung auf eine Welt in Gerechtigkeit und Frieden. Freilich verlangt diese Hoffnung von uns einen hohen Preis. Es wird nicht ohne Bekehrung abgehen und das bedeutet: Nicht mehr fragen, was ich will, sondern hören, was der Herr will; nicht mehr dorthin gehen, wohin ich will, sondern folgen, wohin der Herr vorangeht.

Wir beten:

Herr, unser Gott, wir halten Ausschau nach einer neuen Welt in Gerechtigkeit und Frieden, wie sie in Jesus erfahrbar geworden ist. Mach uns zu Werkzeugen deiner Gerechtigkeit und deines Friedens. Durch Christus, unseren Herrn.

4. Sonntag im Jahreskreis

Wege zum Glück

1. Lesung: Zef 2,3; 3,12–13	2. Lesung: 1 Kor 1,26–31	Evangelium: Mt 5,1–12a

Es ist schwierig für uns, die Maßstäbe Jesu auch an unser Leben anzulegen. Wir lassen uns von Geld und Macht beeindrucken und meinen, daß die Welt nach diesen Maßstäben zu beurteilen sei. Der Prophet Zefanja ruft die Frommen zur Umkehr auf: »Sucht Gerechtigkeit, sucht Demut!« (1. Lesung). Auch die Verkündigung Jesu setzt Menschen voraus, die um ihre Armut vor Gott wissen und alles aus seiner Hand erwarten (Evangelium). Paulus erinnert die Gemeinde von Korinth an die ganz anderen Maßstäbe Gottes: »... das Niedrige in der Welt und das Verachtete hat Gott erwählt ..., damit kein Mensch sich rühmen kann vor Gott« (2. Lesung).

Wir hören aus dem Matthäusevangelium:

In jener Zeit, 1 als Jesus die vielen Menschen
sah, die ihm folgten, stieg er auf einen Berg.
Er setzte sich, und seine Jünger traten zu
ihm. 2 Dann begann er zu reden und lehrte
sie.
3 Er sagte:
Selig, die arm sind vor Gott;
denn ihnen gehört das Himmelreich.
4 Selig die Trauernden;
denn sie werden getröstet werden.
5 Selig, die keine Gewalt anwenden;
denn sie werden das Land erben.
6 Selig, die hungern und dürsten nach der
Gerechtigkeit;
denn sie werden satt werden.
7 Selig die Barmherzigen;
denn sie werden Erbarmen finden.
8 Selig, die ein reines Herz haben;
denn sie werden Gott schauen.
9 Selig, die Frieden stiften;
denn sie werden Söhne Gottes
genannt werden.
10 Selig, die um der Gerechtigkeit
willen verfolgt werden;
denn ihnen gehört das Himmelreich.
11 Selig seid ihr, wenn ihr um meinetwillen
beschimpft und verfolgt und auf alle mögliche Weise verleumdet werdet.
12a Freut euch und jubelt: Euer Lohn im Himmel wird groß sein.

Wir besinnen uns:

Alle Menschen suchen das große Glück: Gesundheit, Gemeinschaft, Sicherheit, Freude und Erfolg. Oft finden sie aber nur ein »kleines Glück«. Auch Jesus nennt in der Bergpredigt Wege zum Glück: Arm werden vor Gott, keine Gewalt anwenden, Frieden stiften ... Er verheißt denen, die diese Wege gehen, das »große Glück«, das nie vergeht: Wer sich an diese Worte hält, wird schon jetzt Freude und Frieden haben und die Gemeinschaft mit Gott finden, in dem die Hoffnungen erfüllt werden.

Wir beten:

Gott, du hast in unser Herz die Sehnsucht nach Glück und Freude gelegt. Hilf uns, alles aus deiner Hand zu erwarten und unser Herz für deine Gaben zu öffnen. Durch Christus, unseren Herrn.

»Einer ist euer Lehrer« (vgl. Mt 23,10). Lehrender Christus, 1185, Marienberg/Burgeis.

5. Sonntag im Jahreskreis

Kirche – Licht der Völker

1. Lesung: Jes 58,7–10	2. Lesung: 1 Kor 2,1–5	Evangelium: Mt 5,13–16

Jesus hat seine Sendung umschrieben mit dem Wort: »Ich bin das Licht der Welt«. Dieses Licht soll auf dem Antlitz der Kirche widerstrahlen und alle Völker erleuchten. Schon Israel wurde in der Verbannung ermahnt: »Wenn du der Unterdrückung bei dir ein Ende machst ..., dem Hungrigen dein Brot reichst ..., dann geht im Dunkel dein Licht auf ...« (1. Lesung). Jesus sieht die Jüngergemeinde in dieser Welt als Licht, das die Dunkelheit erhellt, und als Salz, das den »Geschmack« dieser Erde heute schon verändert (Evangelium). Dabei verlangt das Zeugnis der Jünger nicht Gewandtheit, äußere Wirkung und Durchsetzungsvermögen, sondern Vertrauen auf die Liebe und die Kraft des Geistes (2. Lesung).

Wir hören aus dem Matthäusevangelium:

In jener Zeit sprach Jesus zu seinen Jüngern: [13] Ihr seid das Salz der Erde. Wenn das Salz seinen Geschmack verliert, womit kann man es wieder salzig machen? Es taugt zu nichts mehr; es wird weggeworfen und von den Leuten zertreten. [14] Ihr seid das Licht der Welt. Eine Stadt, die auf einem Berg liegt, kann nicht verborgen bleiben. [15] Man zündet auch nicht ein Licht an und stülpt ein Gefäß darüber, sondern man stellt es auf den Leuchter; dann leuchtet es allen im Haus. [16] So soll euer Licht vor den Menschen leuchten, damit sie eure guten Werke sehen und euren Vater im Himmel preisen.

Wir besinnen uns:

Das Evangelium nennt die wichtige Aufgabe, die die Christen haben: Der Jünger Jesu soll dort, wo er steht, für andere ein Licht sein; seine Güte soll wie das Salz den »Geschmack« dieser Welt verändern. Ein Jünger, der nicht leuchtet und dessen Tun nichts verändert, ist für das Evangelium ein Unding.

Wir beten:

Allmächtiger Gott, hilf uns, durch das Bekenntnis des Glaubens, durch die Ausdauer in der Hoffnung und durch Werke der Liebe den Menschen ein Zeugnis deiner Nähe zu geben. Durch Christus, unseren Herrn.

6. Sonntag im Jahreskreis

An der Wurzel ansetzen

1. Lesung: Sir 15,15–20 2. Lesung: 1 Kor 2,6–10 Evangelium: Mt 5,17–37

Die Bibel erinnert uns wieder daran, daß der Mensch mit seinem Tun sein Schicksal vor Gott bestimmt: »Der Mensch hat Leben und Tod vor sich; was er begehrt, wird ihm zuteil« (1. Lesung). Auch Jesus ist nicht gekommen, um den Anspruch Gottes aufzuheben; er ruft uns vielmehr zu einer neuen, aus dem Herzen kommenden Gerechtigkeit auf (Evangelium). Es gilt nun, »das Große, das Gott denen bereitet hat, die ihn lieben«, zu erkennen (2. Lesung).

Wir hören aus dem Matthäusevangelium:

In jener Zeit sprach Jesus zu seinen Jüngern: [17] Denkt nicht, ich sei gekommen, um das Gesetz und die Propheten aufzuheben. Ich bin nicht gekommen, um aufzuheben, sondern um zu erfüllen. [18] Amen, das sage ich euch: Bis Himmel und Erde vergehen, wird auch nicht der kleinste Buchstabe des Gesetzes vergehen, bevor nicht alles geschehen ist. [19] Wer auch nur eines von den kleinsten Geboten aufhebt und die Menschen entsprechend lehrt, der wird im Himmelreich der Kleinste sein. Wer sie aber hält und halten lehrt, der wird groß sein im Himmelreich. [20] Darum sage ich euch: Wenn eure Gerechtigkeit nicht weit größer ist als die der Schriftgelehrten und der Pharisäer, werdet ihr nicht in das Himmelreich kommen. [21] Ihr habt gehört, daß zu den Alten gesagt worden ist: Du sollst nicht töten; wer aber jemand tötet, soll dem Gericht verfallen sein. [22] Ich aber sage euch: Jeder, der seinem Bruder auch nur zürnt, soll dem Gericht verfallen sein; und wer zu seinem Bruder sagt: Du Dummkopf! soll dem Spruch des Hohen Rates verfallen sein; wer aber zu ihm sagt: Du (gottloser) Narr!, soll dem Feuer der Hölle verfallen sein. 23 Wenn du deine Opfergabe zum Altar bringst und dir dabei einfällt, daß dein Bruder etwas gegen dich hat, 24 so laß deine Gabe dort vor dem Altar liegen; geh und versöhne dich zuerst mit deinem Bruder, dann komm und opfere deine Gabe. 25 Schließ ohne Zögern Frieden mit deinem Gegner, solange du mit ihm noch auf dem Weg zum Gericht bist. Sonst wird dich dein Gegner vor den Richter bringen, und der Richter wird dich dem Gerichtsdiener übergeben, und du wirst ins Gefängnis geworfen. 26 Amen, das sage ich dir: Du kommst von dort nicht heraus, bis du den letzten Pfennig bezahlt hast. 27 Ihr habt gehört, daß gesagt worden ist: Du sollst nicht die Ehe brechen. 28 Ich aber sage euch: Wer eine Frau auch nur lüstern ansieht, hat in seinem Herzen schon Ehebruch mit ihr begangen. 29 Wenn dich dein rechtes Auge zum Bösen verführt, dann reiß es aus und wirf es weg! Denn es ist besser für dich, daß eines deiner Glieder verlorengeht, als daß dein ganzer Leib in die Hölle geworfen wird. 30 Und wenn dich deine rechte Hand zum Bösen verführt, dann hau sie ab und wirf sie weg! Denn es ist besser für dich, daß eines deiner Glieder verlorengeht, als daß dein ganzer Leib in die Hölle kommt. 31 Ferner ist gesagt worden: Wer seine Frau aus der Ehe entläßt, muß ihr eine Scheidungsurkunde geben. 32 Ich aber sage euch: Wer seine Frau entläßt, obwohl kein Fall von Unzucht vorliegt, liefert sie dem Ehebruch aus; und wer eine Frau heiratet, die aus der Ehe entlassen worden ist, begeht Ehebruch. 33 Ihr habt gehört, daß zu den Alten gesagt worden ist: Du sollst keinen Meineid schwören, und: Du sollst halten, was du dem Herrn geschworen hast. 34 Ich aber sage euch: Schwört überhaupt nicht, weder beim Himmel, denn er ist Gottes Thron, 35 noch bei der Erde, denn sie ist der Schemel für seine Füße, noch bei Jerusalem, denn es ist die Stadt des großen Königs. 36 Auch bei deinem Haupt sollst du nicht schwören; denn du kannst kein einziges Haar weiß oder schwarz machen. 37 Euer Ja sei ein Ja, euer Nein ein Nein; alles andere stammt vom Bösen.

Wir besinnen uns:

Die Gesetze des Staates sorgen dafür, daß jedem Menschen ein bestimmter Lebensraum zugebilligt wird. Jesus verlangt mehr: Er will, daß ich den anderen auch in mir einen Lebensraum zubillige. Ich soll ihnen nicht nur äußerlich ihr Recht gewähren, sondern sie von Herzen als Bruder und Schwester annehmen. Die »neue Gerechtigkeit«, von der das Evangelium spricht, setzt an der Wurzel, im Herzen der Menschen, an. Wer diese Gerechtigkeit wählt, wählt das Leben.

Wir beten:

Gott, unser Vater, dein Sohn ruft uns zu einer neuen Gerechtigkeit auf, die aus dem Herzen kommt. Gib uns die Kraft zu einem Handeln, das sich für die Menschen und für das Leben entscheidet. Durch Christus, unseren Herrn.

7. Sonntag im Jahreskreis

Söhne und Töchter des Vaters im Himmel

1. Lesung: Lev 19,1–2.17–18 2. Lesung: 1 Kor 3,16–23 Evangelium: Mt 5,38–48

Der Mensch handelt vielfach unter dem Einfluß von Idealen und Vorbildern. Die Bibel kennt nun ein Ideal, an dem sich der Mensch orientieren kann, und das in der Rangordnung ganz oben stehen muß. So wird das Volk Israel aufgerufen: »Seid heilig, denn ich, der Herr, euer Gott, bin heilig« (1. Lesung). Praktisch und deutlich ist die Forderung Jesu, das Verhalten zum Feind an der Liebe Gottes zu allen Menschen auszurichten (Evangelium). Paulus bezeichnet den Menschen, der Gottes Geist empfangen hat, sogar als Tempel Gottes, in dem Gott die Ehre gegeben wird. Er fügt aber warnend hinzu: »Wer den Tempel Gottes verdirbt, den wird Gott verderben, denn Gottes Tempel ist heilig« (2. Lesung).

Wir hören aus dem Matthäusevangelium:

In jener Zeit sprach Jesus zu seinen Jüngern: [38] Ihr habt gehört, daß gesagt worden ist: Auge für Auge und Zahn für Zahn. [39] Ich aber sage euch: Leistet dem, der euch etwas Böses antut, keinen Widerstand, sondern wenn dich einer auf die rechte Wange schlägt, dann halt ihm auch die andere hin. [40] Und wenn dich einer vor Gericht bringen will, um dir das Hemd wegzunehmen, dann laß ihm auch den Mantel. [41] Und wenn dich einer zwingen will, eine Meile mit ihm zu gehen, dann geh zwei mit ihm. [42] Wer dich bittet, dem gib, und wer von dir borgen will, den weise nicht ab. [43] Ihr habt gehört, daß gesagt worden ist: Du sollst deinen Nächsten lieben und deinen Feind hassen. [44] Ich aber sage euch: Liebt eure Feinde und betet für die, die euch verfolgen, [45] damit ihr Söhne eures Vaters im Himmel werdet; denn er läßt seine Sonne aufgehen über Bösen und Guten, und er läßt regnen über Gerechte und Ungerechte. [46] Wenn ihr nämlich nur die liebt, die euch lieben, welchen Lohn könnt ihr dafür erwarten? Tun das nicht auch die Zöllner? [47] Und wenn ihr nur eure Brüder grüßt, was tut ihr damit Besonderes? Tun das nicht auch die Heiden? [48] Ihr sollt also vollkommen sein, wie es auch euer himmlischer Vater ist.

Wir besinnen uns:

Die Forderung Jesu lautet: Die Methode der Gewaltlosigkeit wählen, auch den Feind lieben, auf Vergeltung verzichten, das Böse durch das Gute überwinden. Das hat sehr positive Folgen: Wenn jemand den Kreis des Bösen durchbricht, eröffnen sich neue Möglichkeiten. Freilich ist dies ein Anspruch, der alle unsere Kräfte fordert. Niemals werden wir diese Forderung ganz erfüllen können; aber wir können anfangen, wir können uns auf den Weg machen und uns in die Schule unseres Meisters begeben. Und genau darauf kommt es an.

Wir beten:

Vater im Himmel, dein Sohn wollte Beziehung stiften zwischen dir und den Menschen und unter uns Menschen. Hilf uns, das Böse durch das zu Gute zu überwinden und so das Werk deines Sohnes weiterzuführen, durch ihn, der mit dir lebt und herrscht in Ewigkeit.

Die Schöpfung ist ein Spiegel der Güte Gottes.
Erschaffung der Blumen und Pflanzen.
Schöpfungszyklus, 15. Jh., St. Prokulus/Naturns. →

8. Sonntag im Jahreskreis

Wer sorgt für uns?

1. Lesung: Jes 49, 14–15	2. Lesung: 1 Kor 4, 1–5	Evangelium: Mt 6, 24–34

Wir Menschen brauchen immer wieder die Gewißheit, daß jemand zu uns steht. Im Glauben empfangen wir die Zusicherung, daß Gott zu uns steht: »Kann denn eine Frau ihr Kindlein vergessen, eine Mutter ihren leiblichen Sohn? Und selbst wenn sie ihn vergessen würde: ich vergesse dich nicht« (1. Lesung). Durch Beispiele aus dem Alltag will Jesus die Menschen Vertrauen lehren (Evangelium). Paulus, dessen Autorität in der korinthischen Gemeinde umstritten ist, schöpft aus diesem Vertrauen auf Gott, der ihn berufen hat, Sicherheit. Weil er dem Herrn vertraut, kann er den Anfragen der Menschen mit Gelassenheit entgegentreten (2. Lesung).

Wir hören aus dem Matthäusevangelium:

In jener Zeit sprach Jesus zu seinen Jüngern: [24] Niemand kann zwei Herren dienen; er wird entweder den einen hassen und den andern lieben, oder er wird zu dem einen halten und den andern verachten. Ihr könnt nicht beiden dienen, Gott und dem Mammon. [25] Deswegen sage ich euch: Sorgt euch nicht um euer Leben und darum, daß ihr etwas zu essen habt, noch um euren Leib und darum, daß ihr etwas anzuziehen habt. Ist nicht das Leben wichtiger als die Nahrung und der Leib wichtiger als die Kleidung? [26] Seht euch die Vögel des Himmels an: Sie säen nicht, sie ernten nicht und sammeln keine Vorräte in Scheunen; euer himmlischer Vater ernährt sie. Seid ihr nicht viel mehr wert als sie? [27] Wer von euch kann mit all seiner Sorge sein Leben auch nur um eine kleine Zeitspanne verlängern? [28] Und was sorgt ihr euch um eure Kleidung? Lernt von den Lilien, die auf dem Feld wachsen: Sie arbeiten nicht und spinnen nicht. [29] Doch ich sage euch: Selbst Salomo war in all seiner Pracht nicht gekleidet wie eine von ihnen. [30] Wenn aber Gott schon das Gras so prächtig kleidet, das heute auf dem Feld steht und morgen ins Feuer geworfen wird, wieviel mehr dann euch, ihr Kleingläubigen! [31] Macht euch also keine Sorgen und fragt nicht: Was sollen wir essen? Was sollen wir trinken? Was sollen wir anziehen? [32] Denn um all das geht es den Heiden. Euer himmlischer Vater weiß, daß ihr das alles braucht. [33] Euch aber muß es zuerst um sein Reich und um seine Gerechtigkeit gehen; dann wird euch alles andere dazugegeben. [34] Sorgt euch also nicht um morgen; denn der morgige Tag wird für sich selbst sorgen. Jeder Tag hat genug eigene Plage.

Wir besinnen uns:

Der Mensch braucht Nahrung, Wohnung, Sicherheit des Arbeitsplatzes, Bildung, Freiheit. Mitunter stellen wir freilich mit Bedauern fest, daß wir vom »Habenwollen« geprägt sind und daß das Geld zum Götzen geworden ist, der uns in Beschlag nimmt. Jesus beschreibt den Menschen, der sich in Gott geborgen weiß. Dieser Mensch erkennt im Lauf der Welt, daß Gott für die Menschen sorgt, auch wenn das manchmal nicht deutlich wird. In dieser Überzeugung kann der Mensch dann die Werte des Reiches Gottes suchen: Liebe, Gemeinschaft, Hoffnung, Vertrauen.

Wir beten:

Gütiger Gott, du schenkst uns das Leben und gibst uns die Gaben der Erde. Laß uns in der Sorge für den Lebensunterhalt dich und dein Reich nicht vergessen und mach uns fähig zum Teilen. Durch Christus, unseren Herrn.

9. Sonntag im Jahreskreis

Worauf wir bauen

1. Lesung: Dtn 11,18.26–28.32 | 2. Lesung: Röm 3,21–25a.28 | Evangelium: Mt 7,21–27

Die Menschheit steht heute in vielfacher Weise am Scheideweg. Wir wissen, daß wir auf falschen Wegen alles verlieren können. Von unserer Entscheidung hängt vieles ab. Wie für Israel heißt es heute für uns: »Heute werde ich euch den Segen und den Fluch vorlegen« (1. Lesung). Wenn wir so weiterleben, als sei nichts geschehen, könnte vieles, was heute noch sicher erscheint, schon bald wie ein Kartenhaus zusammenbrechen. Auch Nichtchristen sehen, daß die Botschaft Jesu – Gewaltlosigkeit, Liebe, Toleranz – ein tragfähiges Fundament ist, auf dem man Zukunft bauen kann (Evangelium). Die Fähigkeit, den Weg Gottes zu gehen, stammt allerdings nicht von uns: »Alle haben gesündigt und die Herrlichkeit Gottes verloren. Ohne es verdient zu haben, werden sie gerecht« (2. Lesung).

Wir hören aus dem Matthäusevangelium:

In jener Zeit sprach Jesus zu seinen Jüngern:
21 Nicht jeder, der zu mir sagt: Herr! Herr! wird in das Himmelreich kommen, sondern nur, wer den Willen meines Vaters im Himmel erfüllt.
22 Viele werden an jenem Tag zu mir sagen: Herr, Herr, sind wir nicht in deinem Namen als Propheten aufgetreten, und haben wir nicht mit deinem Namen Dämonen ausgetrieben und mit deinem Namen viele Wunder vollbracht?
23 Dann werde ich ihnen antworten: Ich kenne euch nicht. Weg von mir, ihr Übertreter des Gesetzes!
24 Wer diese meine Worte hört und danach handelt, ist wie ein kluger Mann, der sein Haus auf Fels baute.
25 Als nun ein Wolkenbruch kam und die Wassermassen heranfluteten, als die Stürme tobten und an dem Haus rüttelten, da stürzte es nicht ein; denn es war auf Fels gebaut.
26 Wer aber meine Worte hört und nicht danach handelt, ist wie ein unvernünftiger Mann, der sein Haus auf Sand baute.
27 Als nun ein Wolkenbruch kam und die Wassermassen heranfluteten, als die Stürme tobten und an dem Haus rüttelten, da stürzte es ein und wurde völlig zerstört.

Wir besinnen uns:

Bei uns Menschen ist der Weg vom Hören zum Antworten und Tun oft weit. Es besteht allzu oft ein großer Unterschied zwischen unserem Reden und unserem Handeln. Das Evangelium zeigt das Bild des christlichen Menschen, der vom Hören zum Tun kommt und dessen Worte durch das Handeln bestätigt werden. Wenn Hören, Reden und Tun übereinstimmen, hat der Mensch ein Haus mit Fundament gebaut.

Wir beten:

Allmächtiger Gott, das Wort deines Sohnes gibt unserem Leben Halt und Zuversicht. Hilf uns, dieses Wort zu hören und danach zu leben. Durch Christus, unseren Herrn.

10. Sonntag im Jahreskreis

Barmherzigkeit statt Opfer

1. Lesung: Hos 6,3–6 2. Lesung: Röm 4,18–25 Evangelium: Mt 9,9–13

Die Christen werden in der Öffentlichkeit nicht so sehr nach ihren Gottesdiensten und Andachtsübungen beurteilt, als vielmehr nach der Liebe, die sie anderen Menschen schenken. Nach diesem Maßstab beurteilen wir auch die Mitmenschen: Man kann nicht den Gott der Liebe verkünden, ohne selbst Liebe zu üben. Der Prophet Hosea wendet sich gegen Menschen, die selbstgerecht ihre Gottesdienste feiern und dabei die Not der Armen übersehen: »... Liebe will ich, nicht Schlachtopfer, Gotteserkenntnis statt Brandopfer« (1. Lesung). Jesus wehrt sich mit ähnlichen Worten gegen die Ausgrenzung einzelner Menschen aus der Gesellschaft (Evangelium). Paulus weist auf die Gestalt Abrahams hin: »Dieser wurde stark im Glauben« (2. Lesung). Zu diesem Glauben haben Juden und Heiden Zugang, so daß auch in dieser Hinsicht die Mauern zwischen den Menschen niedergerissen sind.

Wir hören aus dem Matthäusevangelium:

In jener Zeit [9] sah Jesus einen Mann namens Matthäus am Zoll sitzen und sagte zu ihm: Folge mir nach! Da stand Matthäus auf und folgte ihm. [10] Und als Jesus in seinem Haus beim Essen war, kamen viele Zöllner und Sünder und aßen zusammen mit ihm und seinen Jüngern. [11] Als die Pharisäer das sahen, sagten sie zu seinen Jüngern: Wie kann euer Meister zusammen mit Zöllnern und Sündern essen? [12] Er hörte es und sagte: Nicht die Gesunden brauchen den Arzt, sondern die Kranken. [13] Darum lernt, was es heißt: Barmherzigkeit will ich, nicht Opfer. Denn ich bin gekommen, um die Sünder zu rufen, nicht die Gerechten.

Wir besinnen uns:

Wir sind im Urteil über andere Menschen oft sehr hart. Selbst kleinere Vergehen können wir manchmal jahrelang nicht vergeben. Jesus verlangt von uns Barmherzigkeit. Er eröffnet uns den Blick auf eine neue Welt, in der Gerechte und Ausgeschlossene Gemeinschaft bilden und versöhnt sind. Er will, daß

Jesus sendet Boten. Sendung der Apostel. Hans Klocker, 1500, Franziskanerkirche Bozen.

wir die, die schuldig geworden sind, nicht mit ihrer Schuld allein lassen, sondern daß wir sie aufnehmen. Wer nur auf Recht und Prinzipien pocht, wird das Herz des anderen noch härter machen; wer aber barmherzig ist, wird ihm den Weg der Umkehr öffnen.

Wir beten:

Barmherziger Gott, du schenkst uns Vergebung und Gemeinschaft mit dir. Laß uns dein Handeln nachahmen und Boten deiner Barmherzigkeit sein. Durch Christus, unseren Herrn.

11. Sonntag im Jahreskreis

Gottes Boten für die Welt

1. Lesung: Ex 19,2–6a | 2. Lesung: Röm 5,6–11 | Evangelium: Mt 9,36 – 10,8

Wer eine große Freude erlebt, redet darüber. Wer als Christ von der Liebe Gottes überzeugt ist, wird auch davon reden. Solches Zeugnis gehört zur Berufung der Christen. So wurde Israel nicht nur zur eigenen Rettung von Gott erwählt, sondern um als »heiliges Volk« ein Zeichen für die anderen Völker zu sein (1. Lesung). So werden die zwölf Apostel nicht nur in die besondere Nähe Jesu gerufen, sondern auch als Boten der kommenden neuen Welt ausgesandt (Evangelium). Wir haben jetzt schon Anteil an dieser neuen Welt, denn wir »rühmen uns Gottes durch Jesus Christus, unseren Herrn, durch den wir jetzt schon die Versöhnung empfangen haben« (2. Lesung).

Wir hören aus dem Matthäusevangelium:

In jener Zeit, 36 als Jesus die vielen Menschen sah, hatte er Mitleid mit ihnen; denn sie waren müde und erschöpft wie Schafe, die keinen Hirten haben. 37 Da sagte er zu seinen Jüngern: Die Ernte ist groß, aber es gibt nur wenig Arbeiter. 38 Bittet also den Herrn der Ernte, Arbeiter für seine Ernte auszusenden.

1 Dann rief er seine zwölf Jünger zu sich und gab ihnen die Vollmacht, die unreinen Geister auszutreiben und alle Krankheiten und Leiden zu heilen. 2 Die Namen der zwölf Apostel sind: an erster Stelle Simon, genannt Petrus, und sein Bruder Andreas, dann Jakobus, der Sohn des Zebedäus, und sein Bruder Johannes, 3 Philippus und Bartholomäus, Thomas und Matthäus, der Zöllner, Jakobus, der Sohn des Alphäus, und Thaddäus, 4 Simon Kananäus und Judas Iskariot, der ihn später verraten hat. 5 Diese Zwölf sandte Jesus aus und gebot ihnen: Geht nicht zu den Heiden, und betretet keine Stadt der Samariter, 6 sondern geht zu den verlorenen Schafen des Hauses Israel. 7 Geht und verkündet: Das Himmelreich ist nahe. 8 Heilt Kranke, weckt Tote auf, macht Aussätzige rein, treibt Dämonen aus! Umsonst habt ihr empfangen, umsonst sollt ihr geben.

Wir besinnen uns:

Der Herr sendet die Apostel, jeder ist persönlich erwählt. Feierlich nennt der Evangelist ihre Namen. Diese Aufzählung ist mit den zwölf Namen nicht abgeschlossen. Es müssen immer neue Namen hinzukommen, damit das Evangelium durch die Zeiten hindurch zu den Menschen findet. Auch unsere Namen stehen in dieser Reihe. Von allen wird Verkündigung durch das Zeugnis des Lebens verlangt.

Wir beten:

Großer Gott, zu allen Zeiten rufst du Menschen in die Nachfolge deines Sohnes. Hilf uns, die eigene Berufung zu erkennen und ihr treu zu bleiben. Durch Christus, unseren Herrn.

12. Sonntag im Jahreskreis

Fürchtet euch nicht

1. Lesung: Jer 20,10–13 2. Lesung: Röm 5,12–15 Evangelium: Mt 10,26–33

Wer mit der Nachfolge Jesu ernst macht, wird sich auch heute gegen den Strom der allgemeinen Meinung stellen müssen. Solche Menschen werden – wie der Prophet Jeremia, den seine eigenen Volksgenossen verfolgen – in Krisen der Angst geführt werden. Sie werden belächelt und verspottet, manchmal auch benachteiligt, doch sie wissen: »Der Herr steht mir bei wie ein gewaltiger Held« (1. Lesung). Die äußeren Bedrängnisse können nicht die innere Gewißheit zerstören, die Gott den Seinen schenkt (Evangelium). Der Christ weiß, daß »die Gnade Gottes und die Gabe, die durch die Gnadentat des einen Menschen Jesus Christus bewirkt worden ist, den vielen reichlich zuteil geworden ist« (2. Lesung).

Wir hören aus dem Matthäusevangelium:

In jener Zeit sprach Jesus zu seinen Aposteln: 26 Fürchtet euch nicht vor den Menschen! Denn nichts ist verhüllt, was nicht enthüllt wird, und nichts ist verborgen, was nicht bekannt wird. 27 Was ich euch im Dunkeln sage, davon redet am hellen Tag, und was man euch ins Ohr flüstert, das verkündet von den Dächern. 28 Fürchtet euch nicht vor denen, die den Leib töten, die Seele aber nicht töten können, sondern fürchtet euch vor dem, der Seele und Leib ins Verderben der Hölle stürzen kann. 29 Verkauft man nicht zwei Spatzen für ein paar Pfennig? Und doch fällt keiner von ihnen zur Erde ohne den Willen eures Vaters. 30 Bei euch aber sind sogar die Haare auf dem Kopf alle gezählt. 31 Fürchtet euch also nicht! Ihr seid mehr wert als viele Spatzen. 32 Wer sich nun vor den Menschen zu mir bekennt, zu dem werde auch ich mich vor meinem Vater im Himmel bekennen. 33 Wer mich aber vor den Menschen verleugnet, den werde auch ich vor meinem Vater im Himmel verleugnen.

Wir besinnen uns:

Wer sich hierzulande zum Christentum bekennt, hat kaum schwere Nachteile zu befürchten. Wer aber mit der Nachfolge Jesu wirklich ernst macht, wird bald erfahren, daß dies seinen Preis hat. Denn wer sich der Schwächeren annimmt, wo alle die Stärkeren sein wollen, wird bald selbst zu den Schwachen gehören. Wer nicht um jeden Preis nur den eigenen Vorteil sucht, wird sich bald auf der Seite der Verlierer finden. Dennoch gilt: »Fürchtet nicht die, die euch äußerlich schädigen, fürchtet vielmehr die Mächte, die euer Herz verderben.«

Wir beten:

Gütiger Gott, du bist bei uns auch in Stunden der Bedrängnis und der Angst. Stärke unseren Glauben in deine Führung und Nähe. Durch Christus, unseren Herrn.

13. Sonntag im Jahreskreis

Nehmt einander auf

1. Lesung: 2 Kön 4,8–11.14–16a	2. Lesung: Röm 6,3–4.8–11	Evangelium: Mt 10,37–42

Wir tun uns schwer, Fremde in echter Gastfreundschaft bei uns aufzunehmen. Die Menschen früherer Zeiten sahen die Gastfreundschaft als heilige Pflicht und wußten, daß sie ein Geschenk Gottes war. Eine Geschichte vom Propheten Elischa zeigt dies durch den reichen Lohn, der der Frau, die ihn aufnimmt, zuteil wird (1. Lesung). Für Jesus ist die Gastfreundschaft Ausdruck der Liebe. Sie darf deshalb nicht nur den eigenen Verwandten und Freunden gewährt werden, sondern sie soll sich gerade auch auf Schwache, Kleine und Unbedeutende, auf die Jünger und die Glaubensboten erstrecken (Evangelium). Wir sind von Christus beschenkt; deswegen sollen wir uns »als Menschen begreifen, die für die Sünde tot sind, aber für Gott leben in Christus Jesus« (2. Lesung).

Wir hören aus dem Matthäusevangelium:

In jener Zeit sprach Jesus zu seinen Aposteln: 37 Wer Vater oder Mutter mehr liebt als mich, ist meiner nicht würdig, und wer Sohn oder Tochter mehr liebt als mich, ist meiner nicht würdig. 38 Und wer nicht sein Kreuz auf sich nimmt und mir nachfolgt, ist meiner nicht würdig. 39 Wer das Leben gewinnen will, wird es verlieren; wer aber das Leben um meinetwillen verliert, wird es gewinnen. 40 Wer euch aufnimmt, der nimmt mich auf, und wer mich aufnimmt, nimmt den auf, der mich gesandt hat. 41 Wer einen Propheten aufnimmt, weil es ein Prophet ist, wird den Lohn eines Propheten erhalten. Wer einen Gerechten aufnimmt, weil es ein Gerechter ist, wird den Lohn eines Gerechten erhalten. 42 Und wer einem von diesen Kleinen auch nur einen Becher frisches Wasser zu trinken gibt, weil es ein Jünger ist – amen, ich sage euch: Er wird gewiß nicht um seinen Lohn kommen.

Wir besinnen uns:

Seltener als früher klopfen heute Menschen an unsere Tür, die um Essen bitten. Viel eher wollen sie Geld oder sie suchen Hilfe zur Lösung von Lebensproblemen; und viele stehen da, die im Inneren heimatlos sind und meist ohne Worte um Einlaß in unsere Gemeinschaft bitten. Lassen wir sie ein? Oder sind uns Verwandte und Freunde lieber als der Herr, der uns gerade in den Armen begegnet. Manchmal könnte in den suchenden Heimatlosen oder in den Feriengästen ein »Bote Gottes« auch an unserer Tür stehen.

Wir beten:

Gott, wir können dich aufnehmen in den Menschen, die uns begegnen. Hilf uns, dir in den Schwachen und Unbedeutenden Einlaß zu gewähren und durch sie deine Botschaft zu hören. Darum bitten wir durch Christus, unseren Herrn.

14. Sonntag im Jahreskreis

Gottes Vorliebe für die Kleinen

1. Lesung: Sach 9,9–10 | 2. Lesung: Röm 8,9.11–13 | Evangelium: Mt 11,25–30

Immer mehr kommen uns Zweifel, ob Probleme durch Gewaltanwendung gelöst werden können. Diesen Zweifel bringt schon der Prophet Sacharja zum Ausdruck, wenn er den Messias nicht als Kriegsheld, sondern als Friedenskönig ankündigt: Er vernichtet »die Streitwagen aus Ephraim und die Rosse aus Jerusalem ... Er verkündet für die Völker den Frieden ...« (1. Lesung). Auch Jesus verkündet in einer Zeit schärfster politischer und sozialer Auseinandersetzungen die Liebe des Vaters als den einzigen Weg zum Leben (Evangelium). Heute wissen wir, daß die Wege der Gewalt zum Tod führen und nur ein Neubeginn bei Jesus Christus das Leben bringen kann: »Wenn ihr nach dem Fleisch lebt, müßt ihr sterben; wenn ihr aber durch den Geist die sündigen Taten des Leibes tötet, werdet ihr leben« (2. Lesung).

Wir hören aus dem Matthäusevangelium:

In jener Zeit sprach Jesus: Ich preise dich, Vater, Herr des Himmels und der Erde, weil du all das den Weisen und Klugen verborgen, den Unmündigen aber offenbart hast. [26] Ja, Vater, so hat es dir gefallen. [27] Mir ist von meinem Vater alles übergeben worden; niemand kennt den Sohn, nur der Vater, und niemand kennt den Vater, nur der Sohn und der, dem es der Sohn offenbaren will. [28] Kommt alle zu mir, die ihr euch plagt und schwere Lasten zu tragen habt. Ich werde euch Ruhe verschaffen. [29] Nehmt mein Joch auf euch und lernt von mir; denn ich bin gütig und von Herzen demütig; so werdet ihr Ruhe finden für eure Seele. [30] Denn mein Joch drückt nicht, und meine Last ist leicht.

Wir besinnen uns:

Den Großen und Mächtigen bleibt die Weisheit Gottes verschlossen, den Kleinen und Unbedeutenden tut sie sich auf. Denn der Große meint, daß er auf seine eigene Weisheit und Macht vertrauen kann. Er verschließt sich dem Geschenk eines neuen Lebens. Der Kleine aber weiß um seine leeren Hände und nimmt dankbar entgegen, was der Herr ihm schenkt. Wer wirklich umkehren will, muß um seine leeren Hände wissen.

Wir beten:

Gott, du stellst dich auf die Seite derer, die auf dich ihre Hoffnung setzen. Schenk uns den Mut, unser Leben dir und deiner Liebe anzuvertrauen. Durch Christus, unseren Herrn.

15. Sonntag im Jahreskreis

Die Kraft des Wortes Gottes

1. Lesung: Jes 55,10–11 | 2. Lesung: Röm 8,18–23 | Evangelium: Mt 13,1–23

Das Buch Jesaja spricht zu den nach Babylon Verschleppten tröstend von der Macht des Wortes Gottes: »Es kehrt nicht leer zu mir zurück, sondern bewirkt, was ich will, und erreicht all das, wozu ich es ausgesandt habe« (1. Lesung). Jesus spricht von der hundertfältigen Frucht, die Gottes Wort in dem Menschen bewirkt, der sich der Botschaft nicht verschließt (Evangelium). Dieses Wort Gottes tröstet uns in dunklen Zeiten und bestärkt uns in der Hoffnung, »daß die Leiden der gegenwärtigen Zeit nichts bedeuten im Vergleich zu der Herrlichkeit, die an uns offenbar werden soll« (2. Lesung).

Wir hören aus dem Matthäusevangelium:

An jenem Tag verließ Jesus das Haus und
setzte sich an das Ufer des Sees. 2 Da versam-
melte sich eine große Menschenmenge um
ihn. Er stieg deshalb in ein Boot und setzte
sich; die Leute aber standen am Ufer. 3 Und er
sprach lange zu ihnen in Form von Gleichnis-
sen. Er sagte: Ein Sämann ging aufs Feld, um
zu säen. 4 Als er säte, fiel ein Teil der Körner
auf den Weg, und die Vögel kamen und
fraßen sie. 5 Ein anderer Teil fiel auf felsigen
Boden, wo es nur wenig Erde gab, und ging
sofort auf, weil das Erdreich nicht tief war; 6
als aber die Sonne hochstieg, wurde die Saat
versengt und verdorrte, weil sie keine Wur-
zeln hatte. 7 Wieder ein anderer Teil fiel in die
Dornen, und die Dornen wuchsen und er-
stickten die Saat. 8 Ein anderer Teil schließ-
lich fiel auf guten Boden und brachte Frucht,
teils hundertfach, teils sechzigfach, teils
dreißigfach. 9 Wer Ohren hat, der höre! 10 Da
kamen die Jünger zu ihm und sagten: War-
um redest du zu ihnen in Gleichnissen? 11 Er
antwortete: Euch ist es gegeben, die Geheim-
nisse des Himmelreichs zu erkennen; ihnen
aber ist es nicht gegeben. 12 Denn wer hat,
dem wird gegeben, und er wird im Überfluß
haben; wer aber nicht hat, dem wird auch
noch weggenommen, was er hat. 13 Deshalb
rede ich zu ihnen in Gleichnissen, weil sie
sehen und doch nicht sehen, weil sie hören
und doch nicht hören und nichts verstehen. 14
An ihnen erfüllt sich die Weissagung Jesajas:
Hören sollt ihr, hören, aber nicht verstehen;
sehen sollt ihr, sehen, aber nicht erkennen. 15
Denn das Herz dieses Volkes ist hart gewor-
den, und mit ihren Ohren hören sie nur
schwer, und ihre Augen halten sie geschlos-
sen, damit sie mit ihren Augen nicht sehen
und mit ihren Ohren nicht hören, damit sie
mit ihrem Herzen nicht zur Einsicht kom-
men, damit sie sich nicht bekehren und ich
sie nicht heile. 16 Ihr aber seid selig, denn
eure Augen sehen und eure Ohren hören. 17
Amen, ich sage euch: Viele Propheten und
Gerechte haben sich danach gesehnt zu se-
hen, was ihr seht, und haben es nicht gese-
hen, und zu hören, was ihr hört, und haben
es nicht gehört. 18 Hört also, was das Gleich-
nis vom Sämann bedeutet. 19 Immer, wenn
ein Mensch das Wort vom Reich hört und es
nicht versteht, kommt der Böse und nimmt
alles weg, was diesem Menschen ins Herz
gesät wurde; hier ist der Samen auf den Weg
gefallen. 20 Auf felsigen Boden ist der Samen
bei dem gefallen, der das Wort hört und
sofort freudig aufnimmt, 21 aber keine Wur-
zeln hat, sondern unbeständig ist; sobald er
um des Wortes willen bedrängt oder verfolgt

wird, kommt er zu Fall. [22] In die Dornen ist der Samen bei dem gefallen, der das Wort zwar hört, aber dann ersticken es die Sorgen dieser Welt und der trügerische Reichtum, und es bringt keine Frucht. [23] Auf guten Boden ist der Samen bei dem gesät, der das Wort hört und es auch versteht; er bringt dann Frucht, hundertfach oder sechzigfach oder dreißigfach.

Wir besinnen uns:

Schon die Jünger fragten sich, warum die Verkündigung Jesu und die Verkündigung der Boten nicht größeren Erfolg hatten. Auch wir fragen uns: Reicht die Macht des Wortes Gottes nicht aus, den Unglauben in der Welt zu bezwingen? Jesus lehrt nun, daß Gottes Wort nicht mit »eiserner Faust« nach dem Menschen greift, sondern ihn zur freien Entscheidung ruft. Nur dort, wo es angenommen wird, bringt es Frucht. Unser Unglaube und unser Eigensinn können die Wirkung des Wortes Gottes verhindern.

Wir beten:

Allmächtiger Gott, du redest uns als Freunde an. Laß uns dein Wort mit bereitem Herzen aufnehmen. Durch Christus, unseren Herrn.

16. Sonntag im Jahreskreis

Göttliche Gelassenheit

1. Lesung: Weish 12,13.16–19 — 2. Lesung: Röm 8,26–27 — Evangelium: Mt 13,24–43

Warum setzt Gott nicht seine Macht gegen das Böse in der Welt ein? Warum vernichtet er nicht die, die andere töten, quälen, ausbeuten und mißhandeln? Das Buch der Weisheit versteht die Zurückhaltung Gottes gegenüber denen, die Böses tun, als Erziehung des Volkes: Die, die sich als gerecht ansehen und die anderen verurteilen, sollen erkennen, daß das Gericht über Gut und Böse allein Gott zusteht, der in seiner Güte auch dem Sünder die Rückkehr offenhält (1. Lesung). Jesus spricht im Gleichnis vom Unkraut gegen die, die meinen, sie könnten das Gericht Gottes hier auf Erden schon vorwegnehmen (Evangelium). Auch wer sich als gerecht empfindet, bedarf der Langmut Gottes, die über die Fehler hinwegsieht, und des Geistes, der »sich unserer Schwachheit annimmt« (2. Lesung).

Wir hören aus dem Matthäusevangelium:

In jener Zeit [24] erzählte Jesus der Menge das folgende Gleichnis: Mit dem Himmelreich ist es wie mit einem Mann, der guten Samen auf seinen Acker säte. [25] Während nun die Leute schliefen, kam sein Feind, säte Unkraut unter den Weizen und ging wieder weg. [26] Als die Saat aufging und sich die Ähren bildeten, kam auch das Unkraut zum Vorschein. [27] Da gingen die Knechte zu dem Gutsherrn und sagten: Herr, hast du nicht guten Samen auf deinen Acker gesät? Woher kommt dann das Unkraut? [28] Er antwortete: Das hat ein Feind von mir getan. Da sagten die Knechte zu ihm: Sollen wir gehen und es ausreißen? [29] Er

Guter Weizen und Unkraut wachsen nebeneinander bis zur Ernte. Sämann und böser Feind.
Josef Bachlechner, 1911, Rein.

entgegnete: Nein, sonst reißt ihr zusammen mit dem Unkraut auch den Weizen aus. [30] Laßt beides wachsen bis zur Ernte. Wenn dann die Zeit der Ernte da ist, werde ich den Arbeitern sagen: Sammelt zuerst das Unkraut und bindet es in Bündel, um es zu verbrennen; den Weizen aber bringt in meine Scheune. [31] Er erzählte ihnen ein weiteres Gleichnis und sagte: Mit dem Himmelreich ist es wie mit einem Senfkorn, das ein Mann auf seinen Acker säte. [32] Es ist das kleinste von allen Samenkörnern; sobald es aber hochgewachsen ist, ist es größer als die anderen Gewächse und wird zu einem Baum, so daß die Vögel des Himmels kommen und in seinen Zweigen nisten. [33] Und er erzählte ihnen noch ein Gleichnis: Mit dem Himmelreich ist es wie mit dem Sauerteig, den eine Frau unter einen großen Trog Mehl mischte, bis das Ganze durchsäuert war. [34] Dies alles sagte Jesus der Menschenmenge durch Gleichnisse: Er redete nur in Gleichnissen zu ihnen. [35] Damit sollte sich erfüllen, was durch den Propheten gesagt worden ist: Ich öffne meinen Mund und rede in Gleichnissen, ich verkünde, was seit der Schöpfung verborgen war. [36] Dann verließ er die Menge und ging nach Hause. Und seine Jünger kamen zu ihm und sagten: Erkläre uns das Gleichnis vom Unkraut auf dem Acker. [37] Er antwortete: Der Mann, der den guten Samen sät, ist der Menschensohn; [38] der Acker ist die Welt; der gute Samen, das sind die Söhne des Reiches; das Unkraut sind die Söhne des Bösen; [39] der Feind, der es gesät hat, ist der Teufel; die Ernte ist das Ende der Welt; die Arbeiter bei dieser Ernte sind die Engel. [40] Wie nun das Unkraut aufgesammelt und im Feuer verbrannt wird, so wird es auch am Ende der Welt sein: [41] Der Menschensohn wird seine Engel aussenden, und sie werden aus seinem Reich alle zusammenholen, die andere verführt und Gottes Gesetz übertreten haben, [42] und werden sie in den Ofen werfen, in dem das Feuer brennt. Dort werden sie heulen und mit den Zähnen knirschen. [43] Dann werden die Gerechten im Reich ihres Vaters wie die Sonne leuchten. Wer Ohren hat, der höre!

Wir besinnen uns:

Wir urteilen oft hart über andere, die unserer Meinung nach Böses getan haben und sind ungeduldig über jene, die in der Kirche nur halbherzig mitmachen. Jesus mahnt uns zur Vorsicht: Jetzt ist alles noch im Wachsen – wer kann vor der Ernte sagen, welcher Ertrag am Ende steht? Jetzt ist alles noch verborgen – wer außer Gott kann wirklich Gut und Böse voneinander scheiden? Wenn Gott alles wachsen läßt bis zur Ernte, dann dürfen wir nicht voreilig über die anderen urteilen.

Wir beten:

Heiliger Gott, du allein bist der Richter über Gut und Böse. Hilf uns, daß wir nicht über andere urteilen und gib uns die Kraft, uns für das Gute zu entscheiden. Durch Christus, unseren Herrn.

17. Sonntag im Jahreskreis

Weisheit und Freude

1. Lesung: 1 Kön 3,5.7–12 | 2. Lesung: Röm 8,28–30 | Evangelium: Mt 13,44–52

Die Wünsche eines Menschen lassen erkennen, auf welche Fundamente er sein Leben baut. So erzählt das Alte Testament, daß König Salomo von Gott nicht Macht und Reichtum, sondern »ein hörendes Herz« erbeten hat (1. Lesung). Auch der Jünger Jesu muß sich auf den Weg der Erkenntnis Gottes begeben, um das wahre Leben zu finden. Doch er geht diesen Weg mit der Verheißung, daß Gott in Jesus Christus unserem Leben auf vorher nicht gekannte Weise nahegekommen ist. Die Weisheit der Gotteserkenntnis wird für ihn zur Freude der Nähe Gottes (Evangelium). Die Nachfolge Jesu auf dem Weg der Liebe kann sein Leben vollends verändern, weil »Gott bei denen, die ihn lieben, alles zum Guten führt« (2. Lesung).

Wir hören aus dem Matthäusevangelium:

In jener Zeit sprach Jesus zu der Menge: [44] Mit dem Himmelreich ist es wie mit einem Schatz, der in einem Acker vergraben war. Ein Mann entdeckte ihn, grub ihn aber wieder ein. Und in seiner Freude verkaufte er alles, was er besaß, und kaufte den Acker. [45] Auch ist es mit dem Himmelreich wie mit einem Kaufmann, der schöne Perlen suchte. [46] Als er eine besonders wertvolle Perle fand, verkaufte er alles, was er besaß, und kaufte sie. [47] Weiter ist es mit dem Himmelreich wie mit einem Netz, das man ins Meer warf, um Fische aller Art zu fangen. [48] Als es voll war, zogen es die Fischer ans Ufer; sie setzten sich, lasen die guten Fische aus und legten sie in Körbe, die schlechten aber warfen sie weg. [49] So wird es auch am Ende der Welt sein: Die Engel werden kommen und die Bösen von den Gerechten trennen [50] und in den Ofen werfen, in dem das Feuer brennt. Dort werden sie heulen und mit den Zähnen knirschen. [51] Habt ihr das alles verstanden? Sie antworteten: Ja. [52] Da sagte er zu ihnen: Jeder Schriftgelehrte also, der ein Jünger des Himmelreichs geworden ist, gleicht einem Hausherrn, der aus seinem reichen Vorrat Neues und Altes hervorholt.

Wir besinnen uns:

Wie finden wir das Glück unseres Lebens? Ist es das Geld? Der Erfolg? Die Macht? Jesus zeigt uns durch sein Wort und sein Leben, wie anziehend die neue Welt Gottes ist. Wer diese Welt entdeckt, handelt so, daß er an ihr Anteil erhält. Die Freude, die daraus entsteht, vergeht nicht.

Wir beten:

Gott, in deinem Sohn ist dein Reich angebrochen. Erfülle uns mit Freude darüber, daß wir in diesem Reich leben dürfen. Durch Christus, unseren Herrn.

18. Sonntag im Jahreskreis

Gottes Sorge um die Menschen

1. Lesung: Jes 55,1–3 | 2. Lesung: Röm 8,35.37–39 | Evangelium: Mt 14,13–21

Viele Menschen sind ungern allein, und nicht nur Kinder haben Angst, verlassen zu werden. Die Bibel spricht nun von Gott, der sich um die Menschen sorgt und niemals von ihnen lassen wird. Er steht zu seinem Volk in den dunklen Tagen der Babylonischen Gefangenschaft und verheißt ihm Befreiung: »Ich will einen ewigen Bund mit euch schließen« (1. Lesung). Er gibt den Menschen im Zeichen der Brotvermehrung die Verheißung, daß er uns zu allen Zeiten nähren wird (Evangelium). Die Gewißheit der Liebe Gottes ist das Fundament eines neuen Lebens: »Weder Tod noch Leben, weder Engel noch Mächte, weder Gegenwärtiges noch Zukünftiges, weder Gewalten der Höhe oder der Tiefe noch irgend eine andere Kreatur können uns scheiden von der Liebe Gottes, die in Christus Jesus ist, unserem Herrn« (2. Lesung).

Wir hören aus dem Matthäusevangelium:

In jener Zeit, 13 als Jesus hörte, daß Johannes enthauptet worden war, fuhr er mit dem Boot in eine einsame Gegend, um allein zu sein. Aber die Leute in den Städten hörten davon und gingen ihm zu Fuß nach. 14 Als er ausstieg und die vielen Menschen sah, hatte er Mitleid mit ihnen und heilte die Kranken, die bei ihnen waren. 15 Als es Abend wurde, kamen die Jünger zu ihm und sagten: Der Ort ist abgelegen, und es ist schon spät geworden. Schick doch die Menschen weg, damit sie in die Dörfer gehen und sich etwas zu essen kaufen können. 16 Jesus antwortete: Sie brauchen nicht wegzugehen. Gebt ihr ihnen zu essen! 17 Sie sagten zu ihm: Wir haben nur fünf Brote und zwei Fische bei uns. 18 Darauf antwortete er: Bringt sie her! 19 Dann ordnete er an, die Leute sollten sich ins Gras setzen. Und er nahm die fünf Brote und die zwei Fische, blickte zum Himmel auf, sprach den Lobpreis, brach die Brote und gab sie den Jüngern; die Jünger aber gaben sie den Leuten, 20 und alle aßen und wurden satt. Als die Jünger die übriggebliebenen Brotstücke einsammelten, wurden zwölf Körbe voll. 21 Es waren etwa fünftausend Männer, die an dem Mahl teilnahmen, dazu noch Frauen und Kinder.

Wir besinnen uns:

Die Geschichte von der Brotvermehrung sagt uns, daß wir jederzeit auf Gottes Hilfe setzen dürfen. Wir können dabei sogar mitarbeiten. Auch wenn wir manchmal meinen, wir hätten nur wenig einzubringen – so wenig, daß niemand davon satt werden kann. Wir sollen das Wenige, das wir haben, im Vertrauen auf Gott geben. Seine Güte kann dem Wenigen eine große Wirkung schenken.

Wir beten:

Gütiger Gott, du gibst uns, was wir zum Leben nötig haben. Hilf uns, auf dich unsere Hoffnung zu setzen und gib uns die Bereitschaft, mit den Menschen Brot, Leben und Glauben zu teilen. Durch Christus, unseren Herrn.

19. Sonntag im Jahreskreis

Die Nähe des Herrn

1. Lesung: 1 Kön 19,9a.11–13a	2. Lesung: Röm 9,1–5	Evangelium: Mt 14,22–33

Immer wieder stellen wir uns die Frage, wo und wie Gott zu finden ist. Die Heilige Schrift sagt uns nun, daß es genug Zeichen gibt, in denen wir ihn erkennen können. Dem Propheten Elija wird offenbart, daß Gott nicht in den zerstörerischen Mächten der Natur zu finden ist, sondern in dem Hauch, der belebend über das Land weht (1. Lesung). Die frühe Kirche bekennt in der Geschichte von der Stillung des Sturmes, daß Jesus in allen Stürmen der Zeit bei seiner Kirche sein wird (Evangelium). In besonderer Weise kommt das Vertrauen auf die Nähe Gottes bei Paulus zum Ausdruck, der vor diesem Gott um die Rettung Israels ringt (2. Lesung).

Wir hören aus dem Matthäusevangelium:

Nachdem Jesus die Menge gespeist hatte, forderte er die Jünger auf, ins Boot zu steigen und an das andere Ufer vorauszufahren. Inzwischen wollte er die Leute nach Hause schicken. 23 Nachdem er sie weggeschickt hatte, stieg er auf einen Berg, um in der Einsamkeit zu beten. Spät am Abend war er immer noch allein auf dem Berg. 24 Das Boot aber war schon viele Stadien vom Land entfernt und wurde von den Wellen hin und her geworfen; denn sie hatten Gegenwind. 25 In der vierten Nachtwache kam Jesus zu ihnen; er ging auf dem See. 26 Als ihn die Jünger über den See kommen sahen, erschraken sie, weil sie meinten, es sei ein Gespenst, und sie schrien vor Angst. 27 Doch Jesus begann mit ihnen zu reden und sagte: Habt Vertrauen, ich bin es; fürchtet euch nicht! 28 Darauf erwiderte ihm Petrus: Herr, wenn du es bist, so befiehl, daß ich auf dem Wasser zu dir komme. 29 Jesus sagte: Komm! Da stieg Petrus aus dem Boot und ging über das Wasser auf Jesus zu. 30 Als er aber sah, wie heftig der Wind war, bekam er Angst und begann unterzugehen. Er schrie: Herr, rette mich! 31 Jesus streckte sofort die Hand aus, ergriff ihn und sagte zu ihm: Du Kleingläubiger, warum hast du gezweifelt? 32 Und als sie ins Boot gestiegen waren, legte sich der Wind. 33 Die Jünger im Boot aber fielen vor Jesus nieder und sagten: Wahrhaftig, du bist Gottes Sohn.

Wir besinnen uns:

Wir sind alle schon einmal mit dem Schiff unseres Lebens in den Sturm gekommen und haben keinen Ausweg mehr gesehen. Wir sind alle schon wie Petrus im Glauben schwach geworden. Wir können deshalb die Geschichte von der Stillung des Sturmes als unsere eigene Geschichte lesen. Am Ende werden wir mit den Jüngern begreifen, daß der Herr uns nie allein läßt und wir werden bekennen: »Wahrhaftig, du bist Gottes Sohn.«

Wir beten:

Gott, in Jesus Christus bleibst du bei deiner Kirche und bei jedem von uns. Laß uns aus diesem Vertrauen leben und Zeugen der Hoffnung sein. Durch Christus, unseren Herrn.

20. Sonntag im Jahreskreis

Gottes Liebe kennt keine Grenzen

1. Lesung: Jes 56,1.6–7 2. Lesung: Röm 11,13–15.29–32 Evangelium: Mt 15,21–28

Gott ist ein Gott aller Menschen. Trotzdem meinen wir immer wieder, daß Gott ganz bestimmte Gruppen besonders bevorzuge: »Gott rettet nur Israel!« oder: »Gott rettet nur die Christen!« oder: »Gott ist nur der Gott von ...!«. Die Bibel weiß zwar um die besondere Erwählung des Gottesvolkes, betont aber immer auch, daß Gottes Liebe keine Grenzen kennt. Im Buch Jesaja lesen wir, daß Israel seine Vollendung zusammen mit den gottesfürchtigen Heiden finden soll: »Die Fremden, die sich dem Herrn angeschlossen haben ..., sie bringe ich zu meinem heiligen Berg und erfülle sie in meinem Bethaus mit Freude« (1. Lesung). Auch Jesu Wirken bleibt nicht auf Israel beschränkt, sondern greift darüber hinaus, wie es die Botschaft von der grenzenlosen Liebe Gottes verlangt (Evangelium). Paulus erfährt, daß sich Israel der Botschaft verschlossen hat, kann aber dieses Volk nicht einfach abschreiben. Er hofft auch für Israel auf jene Gnade Gottes, die in Jesus Christus alle Grenzen überschritten hat (2. Lesung).

Wir hören aus dem Matthäusevangelium:

In jener Zeit [21] zog Jesus sich in das Gebiet
von Tyrus und Sidon zurück. [22] Da kam eine
kanaanäische Frau aus jener Gegend zu ihm
und rief: Hab Erbarmen mit mir, Herr, du
Sohn Davids! Meine Tochter wird von einem
Dämon gequält. [23] Jesus aber gab ihr keine
Antwort. Da traten seine Jünger zu ihm und
baten: Befrei sie (von ihrer Sorge), denn sie
schreit hinter uns her. [24] Er antwortete: Ich
bin nur zu den verlorenen Schafen des Hauses Israel gesandt. [25] Doch die Frau kam, fiel
vor ihm nieder und sagte: Herr, hilf mir! [26] Er
erwiderte: Es ist nicht recht, das Brot den
Kindern wegzunehmen und den Hunden vorzuwerfen. [27] Da entgegnete sie: Ja, du hast
recht, Herr! Aber selbst die Hunde bekommen von den Brotresten, die vom Tisch ihrer
Herren fallen. [28] Darauf antwortete ihr Jesus:
Frau, dein Glaube ist groß. Was du willst, soll
geschehen. Und von dieser Stunde an war
ihre Tochter geheilt.

Wir besinnen uns:

Das Evangelium ist eine Geschichte von Grenzüberschreitungen. Das Heil ist nicht nur für einige Menschen da, es soll alle erreichen. So werden die von den Menschen Ausgeschlossenen selig gepriesen und Außenstehende erfahren die Zuwendung Gottes. Wenn wir uns wirklich an das Evangelium halten, wird es uns über viele Grenzen von Vorurteilen und Abneigung hinwegführen.

Wir beten:

Gott, dein Heil kennt keine Grenzen. In deinem Sohn bietest du uns deine Liebe an. Hilf uns, daß wir deine Zuwendung nicht ohne Antwort lassen. Durch Christus, unseren Herrn.

21. Sonntag im Jahreskreis

Dienst am Glauben

1. Lesung: Jes 22,19–23 | 2. Lesung: Röm 11,33–36 | Evangelium: Mt 16,13–20

Die Kirche ist eine Gemeinschaft, die immer auch menschliche Züge trägt. Dennoch wirkt Gott in ihr, leitet sie durch Menschen seiner Wahl und führt sie durch die Zeit. Der Prophet Jesaja zeigt dieses Wirken Gottes bei der Berufung des Tempelvorstehers Eljakim. Gott stattet ihn mit besonderer Vollmacht aus: »Ich lege ihm die Schlüssel des Hauses David auf die Schulter. Wenn er öffnet, kann niemand schließen; wenn er schließt, kann niemand öffnen. Ich schlage ihn an einer festen Stelle als Pflock ein ...« (1. Lesung). In ebenso verbindlicher Weise wird Petrus von Jesus als »Fels« des neuen Gottesvolkes eingesetzt, der in seinem Namen binden und lösen soll (Evangelium). So wirkt sich in den menschlichen Strukturen der Kirche die Führung des ewigen Gottes aus, der die ganze Schöpfung zur Vollendung führen will (2. Lesung).

Wir hören aus dem Matthäusevangelium:

In jener Zeit, [13] als Jesus in das Gebiet von Cäsarea Philippi kam, fragte er seine Jünger: Für wen halten die Leute den Menschensohn? [14] Sie sagten: Die einen für Johannes den Täufer, andere für Elija, wieder andere für Jeremia oder sonst einen Propheten. [15] Da sagte er zu ihnen: Ihr aber, für wen haltet ihr mich? [16] Simon Petrus antwortete: Du bist der Messias, der Sohn des lebendigen Gottes! [17] Jesus sagte zu ihm: Selig bist du, Simon Barjona; denn nicht Fleisch und Blut haben dir das offenbart, sondern mein Vater im Himmel. [18] Ich aber sage dir: Du bist Petrus (der Fels), und auf diesen Felsen werde ich meine Kirche bauen, und die Mächte der Unterwelt werden sie nicht überwältigen. [19] Ich werde dir die Schlüssel des Himmelreichs geben; was du auf Erden binden wirst, das wird auch im Himmel gebunden sein, und was du auf Erden lösen wirst, das wird auch im Himmel gelöst sein. [20] Dann befahl er den Jüngern, niemand zu sagen, daß er der Messias sei.

Wir besinnen uns:

Niemand kann für sich allein glauben. Gott hat uns einander geschenkt, damit wir uns gegenseitig im Glauben und in der Hoffnung stärken. Auch Petrus soll die Brüder und Schwestern im Glauben stärken. Das Petrusamt ist eine Gabe an die Kirche, durch die Gott uns zur Einheit in der Liebe führen will.

Wir beten:

Gott, in der Gemeinschaft der Kirche können wir dir begegnen. Laß uns Menschen sein, die miteinander glauben und sich gegenseitig in der Hoffnung bestärken. Durch Christus, unseren Herrn.

Kirche – Auf Fels gegründet. Hl. Petrus und Diözesanpatron Kassian. Um 1400, Kreuzgang Brixen.

22. Sonntag im Jahreskreis

Lebensentwürfe

1. Lesung: Jer 20,7–9 | 2. Lesung: Röm 12,1–2 | Evangelium: Mt 16,21–27

Immer wieder berichtet die Heilige Schrift davon, daß Gott Menschen beruft und sie ganz in Beschlag nimmt. Der Prophet Jeremia beklagt sich geradezu bei Gott inmitten der Bedrängnisse, die ihm sein Prophetendienst eingebracht hat: »Du hast mich betört, o Herr, und ich ließ mich betören; du hast mich gepackt und überwältigt« (1. Lesung). Paulus ermahnt die Christen in Rom, sich »selbst als lebendiges und heiliges Opfer darzubringen, das Gott gefällt; das ist für euch der wahre und angemessene Gottesdienst« (2. Lesung). Wer Jesu Jünger sein will, muß ihm auf dem Kreuzweg folgen (Evangelium).

Wir hören aus dem Matthäusevangelium:

In jenen Tagen [21] begann Jesus, seinen Jüngern zu erklären, er müsse nach Jerusalem gehen und von den Ältesten, den Hohenpriestern und den Schriftgelehrten vieles erleiden; er werde getötet werden, aber am dritten Tag werde er auferstehen. [22] Da nahm ihn Petrus beiseite und machte ihm Vorwürfe; er sagte: Das soll Gott verhüten, Herr! Das darf nicht mit dir geschehen! [23] Jesus aber wandte sich um und sagte zu Petrus: Weg mit dir, Satan, geh mir aus den Augen! Du willst mich zu Fall bringen; denn du hast nicht das im Sinn, was Gott will, sondern was die Menschen wollen. [24] Darauf sagte Jesus zu seinen Jüngern: Wer mein Jünger sein will, der verleugne sich selbst, nehme sein Kreuz auf sich und folge mir nach. [25] Denn wer sein Leben retten will, wird es verlieren; wer aber sein Leben um meinetwillen verliert, wird es gewinnen. [26] Was nützt es einem Menschen, wenn er die ganze Welt gewinnt, dabei aber sein Leben einbüßt? Um welchen Preis kann ein Mensch sein Leben zurückkaufen? [27] Der Menschensohn wird mit seinen Engeln in der Hoheit seines Vaters kommen und jedem Menschen vergelten, wie es seine Taten verdienen.

Wir besinnen uns:

Wir machen uns Gedanken darüber, wie unser Leben gelingen kann. Wie finden wir das wirkliche Leben? Durch Arbeit, Einsatz und Erfolg? Viele sagen das und weisen große Dinge vor, die ihnen gelungen sind. Jesus aber spricht eine andere Sprache. Er verweist uns aufs Kreuz: Wer von sich selber weggeht, wer nicht mehr nur an sich selber denkt und sich Gottes Willen überläßt, wird das neue und wirkliche Leben finden.

Wir beten:

Großer Gott, deine Wege sind nicht unsere Wege. Schenke uns das Vertrauen, daß wir das wahre Leben finden, wenn wir uns deinem Willen überlassen. Durch Christus, unseren Herrn.

23. Sonntag im Jahreskreis

Verantwortung füreinander

1. Lesung: Ez 33,7–9 | 2. Lesung: Röm 13,8–10 | Evangelium: Mt 18,15–20

Kein Mensch kann seinen Weg allein gehen; wir sind auf andere angewiesen und wir sind auch für das Tun der anderen verantwortlich. Dies erfährt der Prophet Ezechiel, dem Gott eine besondere Verantwortung auferlegt: »Ich gebe dich dem Haus Israel als Wächter; wenn du ein Wort aus meinem Mund hörst, mußt du sie vor mir warnen« (1. Lesung). Auch Jesus verpflichtet die Christen zum Dienst aneinander; dazu kann auch gehören, daß man den Bruder ermahnt (Evangelium). Hinter all dem aber sollen nicht Besserwisserei oder Überheblichkeit stehen, sondern herzliche Zuneigung und brüderliche Liebe. Denn für Christen gilt: »Bleibt niemand etwas schuldig; nur die Liebe schuldet ihr einander immer« (2. Lesung).

Wir hören aus dem Matthäusevangelium:

In jener Zeit sprach Jesus zu seinen Jün-
gern: 15 Wenn dein Bruder sündigt, dann geh
zu ihm und weise ihn unter vier Augen zu-
recht. Hört er auf dich, so hast du deinen
Bruder zurückgewonnen. 16 Hört er aber nicht
auf dich, dann nimm einen oder zwei Männer
mit, denn jede Sache muß durch die Aussage
von zwei oder drei Zeugen entschieden wer-
den. 17 Hört er auch auf sie nicht, dann sag es
der Gemeinde. Hört er aber auch auf die
Gemeinde nicht, dann sei er für dich wie ein
Heide oder ein Zöllner. 18 Amen, ich sage
euch: Alles, was ihr auf Erden binden werdet,
das wird auch im Himmel gebunden sein,
und alles, was ihr auf Erden lösen werdet,
das wird auch im Himmel gelöst sein. 19
Weiter sage ich euch: Alles, was zwei von
euch auf Erden gemeinsam erbitten, werden
sie von meinem himmlischen Vater erhalten.
20 Denn wo zwei oder drei in meinem Namen
versammelt sind, da bin ich mitten unter
ihnen.

Wir besinnen uns:

Wenn andere in Schwierigkeiten sind, sagen wir gern: »Das ist nicht meine Sache! Ich halte mich da heraus!« Dies kann manchmal notwendig sein, damit der andere seinen eigenen Weg findet. Das kann aber auch damit zu tun haben, daß wir uns nicht mit den Problemen der anderen belasten möchten. Jesus hingegen hat uns Verantwortung für die Heiligkeit der Kirche und Verantwortung füreinander übertragen; und er sagt uns auch, wie wir dieser Verantwortung gerecht werden.

Wir beten:

Gott, dein Sohn hat uns die Verantwortung füreinander aufgetragen. Hilf uns, daß wir Anteil nehmen an den Sorgen und Schwierigkeiten der Menschen, die mit uns leben und arbeiten. Durch Christus, unseren Herrn.

24. Sonntag im Jahreskreis

Einander vergeben

1. Lesung: Sir 27,30 – 28,7 2. Lesung: Röm 14,7–9 Evangelium: Mt 18,21–35

Wenn wir anderen Unrecht getan haben oder wenn wir selber Unrecht erleiden mußten, was ist dann zu tun? Die Bibel läßt uns nachdenken: Rache und Vergeltung zerstören die menschliche Gemeinschaft, Vergebung eröffnet neue Wege. So mahnt die jüdische Weisheitslehre: »Groll und Zorn sind abscheulich, nur der Sünder hält daran fest. Wer sich rächt, an dem rächt sich der Herr; dessen Sünden behält er im Gedächtnis« (1. Lesung). Jesus ruft seine Jünger zum gegenseitigen Vergeben auf, weil jeder von ihnen das grenzenlose Erbarmen Gottes erfahren hat (Evangelium). Für Christen ist der Grund ihrer Zusammengehörigkeit Christus selbst: »Ob wir leben oder ob wir sterben, wir gehören dem Herrn« (2. Lesung).

Wir hören aus dem Matthäusevangelium:

In jener Zeit [21] trat Petrus zu Jesus und fragte: Herr, wie oft muß ich meinem Bruder vergeben, wenn er sich gegen mich versündigt? Siebenmal? [22] Jesus sagte zu ihm: Nicht siebenmal, sondern siebenundsiebzigmal. [23] Mit dem Himmelreich ist es deshalb wie mit einem König, der beschloß, von seinen Dienern Rechenschaft zu verlangen. [24] Als er nun mit der Abrechnung begann, brachte man einen zu ihm, der ihm zehntausend Talente schuldig war. [25] Weil er aber das Geld nicht zurückzahlen konnte, befahl der Herr, ihn mit Frau und Kindern und allem, was er besaß, zu verkaufen und so die Schuld zu begleichen. [26] Da fiel der Diener vor ihm auf die Knie und bat: Hab Geduld mit mir! Ich werde dir alles zurückzahlen. [27] Der Herr hatte Mitleid mit dem Diener, ließ ihn gehen und schenkte ihm die Schuld. [28] Als nun der Diener hinausging, traf er einen anderen Diener seines Herrn, der ihm hundert Denare schuldig war. Er packte ihn, würgte ihn und rief: Bezahl, was du mir schuldig bist! [29] Da fiel der andere vor ihm nieder und flehte: Hab Geduld mit mir! Ich werde es dir zurückzahlen. [30] Er aber wollte nicht, sondern ging weg und ließ ihn ins Gefängnis werfen, bis er die Schuld bezahlt habe. [31] Als die übrigen Diener das sahen, waren sie sehr betrübt; sie gingen zu ihrem Herrn und berichteten ihm alles, was geschehen war. [32] Da ließ ihn sein Herr rufen und sagte zu ihm: Du elender Diener! Deine ganze Schuld habe ich dir erlassen, weil du mich so angefleht hast. [33] Hättest nicht auch du mit jenem, der gemeinsam mit dir in meinem Dienst steht, Erbarmen haben müssen, so wie ich mit dir Erbarmen hatte? [34] Und in seinem Zorn übergab ihn der Herr den Folterknechten, bis er die ganze Schuld bezahlt habe. [35] Ebenso wird mein himmlischer Vater jeden von euch behandeln, der seinem Bruder nicht von ganzem Herzen vergibt.

Wir besinnen uns:

Wir erwarten Verständnis für unsere Fehler und sind selber anderen gegenüber hart. Wenn wir einander vergeben, ist dies nicht ein Akt besonderer Großmut, sondern es ist lediglich ein Versuch, auf Gottes Vergebung zu antworten. Wer ehrlich die Vaterunserbitte spricht »Vergib uns unsere Schuld«, fühlt sich gedrängt, zu verzeihen.

Wir beten:

Barmherziger Gott, dein Sohn hat uns dich geoffenbart als den Vater, der uns annimmt und uns vergibt. Mach auch uns zur Vergebung bereit. Durch Christus, unseren Herrn.

25. Sonntag im Jahreskreis

Gottes Maßstäbe

1. Lesung: Jes 55,6–9 2. Lesung: Phil 1,20ad–24.27a Evangelium: Mt 20,1–16

Wir selber sind recht dankbar, wenn uns jemand großzügig behandelt. Oft sehen wir es allerdings nicht gern, daß auch andere großzügig behandelt werden. Selbst im religiösen Bereich kann es solche Vorstellungen geben. Die Botschaft der Bibel verkündet, daß Gott ein großzügiger Gott ist, der nicht kleinlich rechnet. Er läßt sich von den Sündern finden, »denn er ist groß im Verzeihen« (1. Lesung). Jesus wurde während seines öffentlichen Wirkens des öfteren angefeindet, weil er mit den Sündern und Ausgeschlossen zu freundlich umging. Er verteidigt sich mit einer Geschichte aus dem Leben (Evangelium). Im Dienst dieses menschenfreundlichen Gottes ist auch Paulus bereit, weiter für die Gemeinde zu wirken (2. Lesung).

Wir hören aus dem Matthäusevangelium:

In jener Zeit erzählte Jesus seinen Jüngern das folgende Gleichnis: 1 Mit dem Himmelreich ist es wie mit einem Gutsbesitzer, der früh am Morgen sein Haus verließ, um Arbeiter für seinen Weinberg anzuwerben. 2 Er einigte sich mit den Arbeitern auf einen Denar für den Tag und schickte sie in seinen Weinberg. 3 Um die dritte Stunde ging er wieder auf den Markt und sah andere dastehen, die keine Arbeit hatten. 4 Er sagte zu ihnen: Geht auch ihr in meinen Weinberg! Ich werde euch geben, was recht ist. 5 Und sie gingen. Um die sechste und um die neunte Stunde ging der Gutsherr wieder auf den Markt und machte es ebenso. 6 Als er um die elfte Stunde noch einmal hinging, traf er wieder einige, die dort herumstanden. Er sagte zu ihnen: Was steht ihr hier den ganzen Tag untätig herum? 7 Sie antworteten: Niemand hat uns angeworben. Da sagte er zu ihnen: Geht auch ihr in meinen Weinberg! 8 Als es nun Abend geworden war, sagte der Besitzer des Weinbergs zu seinem Verwalter: Ruf die Arbeiter, und zahl ihnen den Lohn aus, angefangen bei den letzten, bis hin zu den ersten. 9 Da kamen die Männer, die er um die elfte Stunde angeworben hatte, und jeder erhielt einen Denar. 10 Als dann die ersten an der Reihe waren, glaubten sie, mehr zu bekommen. Aber auch sie erhielten nur einen Denar. 11 Da begannen sie, über den Gutsherrn zu murren, 12 und sagten: Diese letzten haben nur eine Stunde gearbeitet, und du hast sie uns gleichgestellt; wir aber haben den ganzen Tag über die Last der Arbeit und die Hitze ertragen. 13 Da erwiderte er einem von ihnen: Mein Freund, dir geschieht kein Unrecht. Hast du nicht einen Denar mit mir vereinbart? 14 Nimm dein Geld und geh! Ich will dem letzten ebensoviel geben wie dir. 15 Darf ich mit dem, was mir gehört, nicht tun, was ich will? Oder bist du neidisch, weil ich (zu anderen) gütig bin? 16 So werden die Letzten die Ersten sein.

Wir besinnen uns:

Mit dem Gleichnis von den Arbeitern im Weinberg werden auch wir Probleme haben. Auch uns erscheint es nicht gerecht, daß jemand für eine Stunde Arbeit den gleichen Lohn bekommt wie ein anderer für den ganzen

Tag. Doch im Gleichnis geht es nicht um das Problem der gerechten Entlohnung. Es will vielmehr Gottes Liebe zu den Menschen deutlich machen. Vor ihm sind wir alle nur Empfangende, niemand kann größere Ansprüche anmelden als andere.

Wir beten:

Gott, wir sind auf dein Entgegenkommen und deine Liebe angewiesen. Laß uns erkennen, wie sehr wir dich brauchen und wie sehr du uns liebst. Durch Christus, unseren Herrn.

26. Sonntag im Jahreskreis

Umkehr als Weg zum Leben

1. Lesung: Ez 18,25–28 2. Lesung: Phil 2,1–11 Evangelium: Mt 21,28–32

Wer an einen Abgrund kommt, geht nicht mehr weiter; er kehrt um. Im Leben spüren wir manchmal, daß wir umkehren müßten; es scheint uns aber, daß wir einfach nicht können. Für die Bibel ist Umkehr die befreiende Rückkehr des Sünders zum Leben und zu Gott. Das Alte Testament spricht von der Umkehr als einem großen Geschenk, das Gott dem Abgeirrten anbietet: Wenn der Schuldige »alle Vergehen, deren er sich schuldig gemacht hat, einsieht und umkehrt, wird er bestimmt am Leben bleiben« (1. Lesung). Jesus kämpft dafür, daß die Sünder nicht einfach ausgeschlossen werden, weil Gott das Geschenk der Umkehr angeboten hat (Evangelium). Paulus sagt knapp und prägnant, was Umkehr inhaltlich für den Christen bedeutet: »Seid untereinander so gesinnt, wie es dem Leben in Jesus Christus entspricht« (2. Lesung).

Wir hören aus dem Matthäusevangelium:

In jener Zeit sprach Jesus zu den Hohen-
priestern und den Ältesten des Volkes: 28 Was
meint ihr? Ein Mann hatte zwei Söhne. Er
ging zum ersten und sagte: Mein Sohn, geh
und arbeite heute im Weinberg! 29 Er antwor-
tete: Ja, Herr!, ging aber nicht. 30 Da wandte
er sich an den zweiten Sohn und sagte zu ihm
dasselbe. Dieser antwortete: Ich will nicht.
Später aber reute es ihn, und er ging doch. 31
Wer von den beiden hat den Willen seines
Vaters erfüllt? Sie antworteten: Der zweite.
Da sagte Jesus zu ihnen: Amen, das sage ich
euch: Zöllner und Dirnen gelangen eher in
das Reich Gottes als ihr. 32 Denn Johannes ist
gekommen, um euch den Weg der Gerech-
tigkeit zu zeigen, und ihr habt ihm nicht
geglaubt; aber die Zöllner und die Dirnen
haben ihm geglaubt. Ihr habt es gesehen,
und doch habt ihr nicht bereut und ihm nicht
geglaubt.

Wir besinnen uns:

Immer wieder finden wir Jesus im Streit mit den Pharisäern, die andere ausschließen und verachten. Für ihn ist Selbstüberschätzung eine ebenso schlimme Verfehlung wie die Verletzung einzelner Gebote. Umkehr beginnt mit der Einsicht, daß wir alle gleichermaßen auf Gottes Barmherzigkeit angewiesen sind. Niemand hat deshalb das Recht, sich über die anderen zu erheben.

Wir beten:

Gott, in deinem Sohn Jesus Christus bietest du uns die Umkehr an. Laß uns dankbar sein für das Vertrauen, das du uns schenkst. Durch Christus, unseren Herrn.

27. Sonntag im Jahreskreis

Gottes Urteil über sein Volk

1. Lesung: Jes 5,1–7 | 2. Lesung: Phil 4,6–9 | Evangelium: Mt 21,33–44

Von unseren Mühen erwarten wir einen bestimmten Ertrag. In einem wahrhaft menschlichen Bild wird in der Heiligen Schrift ausgedrückt, daß auch Gott vom Menschen etwas erwartet. Der Prophet Jesaja vergleicht Israel mit einem Weinberg, der trotz aller Mühen nur saure Beeren trägt. Deshalb beschließt Gott: »Zu Ödland will ich ihn machen. Man soll seine Reben nicht schneiden ... Dornen und Disteln werden dort wuchern« (1. Lesung). Jesus greift dieses Bild auf und vergleicht Israel mit Winzern, die gegen den Herrn des Weinbergs – gegen Gott – rebellieren und deshalb die Verheißung verlieren (Evangelium). Das Volk Gottes wird erst dann wirklich das, was der Name sagt, wenn es den Willen Gottes tut. Geht es auf den Wegen des Friedens, dann wird auch der Gott des Friedens mit ihm sein (2. Lesung).

Wir hören aus dem Matthäusevangelium:

In jener Zeit sprach Jesus zu den Hohenpriestern und den Ältesten des Volkes: 33 Hört noch ein anderes Gleichnis: Es war ein Gutsbesitzer, der legte einen Weinberg an, zog ringsherum einen Zaun, hob eine Kelter aus und baute einen Turm. Dann verpachtete er den Weinberg an Winzer und reiste in ein anderes Land. 34 Als nun die Erntezeit kam, schickte er seine Knechte zu den Winzern, um seinen Anteil an den Früchten holen zu lassen. 35 Die Winzer aber packten seine Knechte; den einen prügelten sie, den andern brachten sie um, einen dritten steinigten sie. 36 Darauf schickte er andere Knechte, mehr als das erstemal; mit ihnen machten sie es genauso. 37 Zuletzt sandte er seinen Sohn zu ihnen; denn er dachte: Vor meinem Sohn werden sie Achtung haben. 38 Als die Winzer den Sohn sahen, sagten sie zueinander: Das ist der Erbe. Auf, wir wollen ihn töten, damit wir seinen Besitz erben. 39 Und sie packten ihn, warfen ihn aus dem Weinberg hinaus und brachten ihn um. 40 Wenn nun der Besitzer des Weinbergs kommt: Was wird er mit solchen Winzern tun? 41 Sie sagten zu ihm: Er wird diesen bösen Menschen ein böses Ende bereiten und den Weinberg an andere Winzer verpachten, die ihm die Früchte abliefern, wenn es Zeit dafür ist. 42 Und Jesus sagte zu ihnen: Habt ihr nie in den Schriften gelesen: Der Stein, den die Bauleute verworfen haben, er ist zum Eckstein geworden; das hat der Herr vollbracht, vor unseren Augen geschah dieses Wunder? 44 Und wer auf diesen Stein fällt, der wird zerschellen; auf wen der Stein aber fällt, den wird er zermalmen. 43 Darum sage ich euch: Das Reich Gottes wird euch weggenommen und einem Volk gegeben werden, das die erwarteten Früchte bringt.

Wir besinnen uns:

Das Gleichnis von den bösen Winzern warnt Menschen, die vergessen, wer ihnen Leben gibt und auf wen sie schauen müssen. Sie weisen jeden Ruf Gottes zurück und verbauen sich den Weg zurück zu ihm. Jesus spricht dieses Gleichnis zur jüdischen Obrigkeit. Es gilt aber ebenso für Christen, die vergessen haben, daß sie die Verheißung auch verlieren können.

Wir beten:

Gott, dein Sohn ist wie eine rettende Hand, die du uns Menschen entgegenstreckst. Hilf uns, ihn anzuerkennen als den Eckstein und das Fundament unseres Lebens. Der mit dir lebt und herrscht in Ewigkeit.

28. Sonntag im Jahreskreis

Eingeladen zum Fest

1. Lesung: Jes 25,6–10a | 2. Lesung: Phil 4,12–14.19–20 | Evangelium: Mt 22,1–14

Viele Menschen sehen im Glauben eine Last. Die Bibel wird aber nicht müde, darauf hinzuweisen, daß der Glaube wie ein Fest ist. Der Prophet Jesaja will gerade mit dem Bild vom Fest das bedrängte Israel trösten: »An jenem Tag wird der Herr der Heere auf diesem Berg – dem Zion – für alle Völker ein Festmahl geben ...« (1. Lesung). Auch Jesus spricht vom kommenden Fest; er sagt seinen Hörern aber zugleich, daß die Einladung zum Festmahl bereits in seiner Verkündigung ergangen ist. Darum gilt es, Jesu Wort anzunehmen und sich so den Zutritt zum Fest zu sichern (Evangelium). Im Vertrauen auf die Treue Gottes, der uns Anteil an seiner Herrlichkeit geben will, besteht Paulus die Gefahren seines Dienstes: »Alles vermag ich durch ihn, der mir Kraft gibt« (2. Lesung).

Wir hören aus dem Matthäusevangelium:

In jener Zeit [1] erzählte Jesus den Hohenpriestern und den Ältesten des Volkes das folgende Gleichnis: [2] Mit dem Himmelreich ist es wie mit einem König, der die Hochzeit seines Sohnes vorbereitete. [3] Er schickte seine Diener, um die eingeladenen Gäste zur Hochzeit rufen zu lassen. Sie aber wollten nicht kommen. [4] Da schickte er noch einmal Diener und trug ihnen auf: Sagt den Eingeladenen: Mein Mahl ist fertig, die Ochsen und das Mastvieh sind geschlachtet, alles ist bereit. Kommt zur Hochzeit! [5] Sie aber kümmerten sich nicht darum, sondern der eine ging auf seinen Acker, der andere in seinen Laden, [6] wieder andere fielen über seine Diener her, mißhandelten sie und brachten sie um. [7] Da wurde der König zornig; er schickte sein Heer, ließ die Mörder töten und ihre Stadt in Schutt und Asche legen. [8] Dann sagte er zu seinen Dienern: Das Hochzeitsmahl ist vorbereitet, aber die Gäste waren es nicht wert (eingeladen zu werden). [9] Geht also hinaus auf die Straßen und ladet alle, die ihr trefft, zur Hochzeit ein. [10] Die Diener gingen auf die Straßen hinaus und holten alle zusammen, die sie trafen, Böse und Gute, und der Festsaal füllte sich mit Gästen. [11] Als sie sich gesetzt hatten und der König eintrat, um sich die Gäste anzusehen, bemerkte er unter ihnen einen Mann, der kein Hochzeitsgewand anhatte. [12] Er sagte zu ihm: Mein Freund, wie konntest du hier ohne Hochzeitsgewand erscheinen? Darauf wußte der Mann nichts zu sagen. [13] Da befahl der König seinen Dienern: Bindet ihm Hände und Füße, und werft ihn hinaus in die äußerste Finsternis! Dort wird er heulen und mit den Zähnen knirschen. [14] Denn viele sind gerufen, aber nur wenige auserwählt.

Wir besinnen uns:

Immer wieder stellt uns die Bibel ein denkwürdiges Geschehen vor Augen: Gott ruft – doch die Menschen wollen der Einladung nicht folgen. Auch wir sind eingeladen und wollen doch oft den Weg der Nachfolge nicht zu Ende gehen. Wir sollten nicht vergessen, daß wir Gottes Nähe und das Geschenk eines neuen Lebens auch verspielen können.

Wir beten:

Gott, du lädst uns ein zur Gemeinschaft mit dir. Hilf uns, dankbar zu sein für deine Einladung und hellhörig für deinen Ruf. Durch Christus, unseren Herrn.

29. Sonntag im Jahreskreis

Christsein in unserer Gesellschaft

1. Lesung: Jes 45,1.4–6 | 2. Lesung: 1 Thess 1,1–5b | Evangelium: Mt 22,15–21

Christen leben in dieser Welt – in gesellschaftlichen und politischen Ordnungen. Die Dinge der Welt haben vielfach ihre Eigengesetzlichkeit und ihre eigene Ordnung. Sollen sich Christen zurückziehen aus dieser Welt? Das Alte Testament lehrt uns, daß die ganze Welt, auch die gesellschaftliche Wirklichkeit, der Rahmen des Handelns Gottes ist. Auch der Perserkönig Kyrus, der die Gefangenschaft der Israeliten in Babylon beendet, erweist sich als »Gesalbter Gottes« und Werkzeug Gottes (1. Lesung). Jesus schließt für den Jünger die Erfüllung gesellschaftlicher Forderungen nicht aus, stellt aber Gehorsam gegenüber Gott an die zentrale Stelle (Evangelium). So ist für Paulus die Berufung und Erwählung der Christen von Thessalonich der wichtigste Grund im Dank an Gott: »Wir wissen, von Gott geliebte Brüder, daß ihr erwählt seid« (2. Lesung).

Wir hören aus dem Matthäusevangelium:

In jener Zeit [15] kamen die Pharisäer zusammen und beschlossen, Jesus mit einer Frage eine Falle zu stellen. [16] Sie veranlaßten ihre Jünger, zusammen mit den Anhängern des Herodes zu ihm zu gehen und zu sagen: Meister, wir wissen, daß du immer die Wahrheit sagst und wirklich den Weg Gottes lehrst, ohne auf jemand Rücksicht zu nehmen; denn du siehst nicht auf die Person. [17] Sag uns also: Ist es nach deiner Meinung erlaubt, dem Kaiser Steuer zu zahlen, oder nicht? [18] Jesus aber erkannte ihre böse Absicht und sagte: Ihr Heuchler, warum stellt ihr mir eine Falle? [19] Zeigt mir die Münze, mit der ihr eure Steuern bezahlt! Da hielten sie ihm einen Denar hin. [20] Er fragte sie: Wessen Bild und Aufschrift ist das? [21] Sie antworteten: Des Kaisers. Darauf sagte er zu ihnen: So gebt dem Kaiser, was dem Kaiser gehört, und Gott, was Gott gehört!

Wir besinnen uns:

»Gebt dem Kaiser, was des Kaisers ist, und Gott, was Gottes ist«. Mit diesem Satz sagt Jesus nicht: Gebt der Kirche ihren Teil und dem Staat seinen Teil, damit beide zufrieden sind. Jesus will uns vielmehr zur Unterscheidung aufrufen. Er sagt uns nämlich: Der Teil, der Gott gehört, seid ihr selbst! Gebt ihm euer Herz, euer Denken und eure Hoffnung. Er soll für euch alles in allem sein. Dann überlegt, was ihr tun müßt, damit auch der Staat seinen Dienst tun kann und wo ihr Zeugnis ablegen müßt durch euren Einsatz für das Ganze.

Wir beten:

Gott, wir tragen Verantwortung für die Zeit und die Gesellschaft, in der wir leben. Laß uns in der Hingabe an dich wachsen und hilf uns, die Welt nach deinem Willen zu gestalten. Durch Christus, unseren Herrn.

In den Armen Jesus erkennen. Werke der Barmherzigkeit. 18. Jh., Spitalkirche Niederdorf.

30. Sonntag im Jahreskreis

Die Liebe – Das Herzstück des Glaubens

1. Lesung: Ex 22,20–26	2. Lesung: 1 Thess 1,5c–10	Evangelium: Mt 22,34–40

Das moderne Leben ist kompliziert, wir sind immer mehr auf Fachleute angewiesen. Zwar braucht es auch im religiösen Leben Unterweisung und Schulung durch andere, doch will Jesus, daß jeder von uns das christliche Leben in Eigenverantwortung gestalten kann. So faßt er die Weisung des Lebens im Hauptgebot der Gottes- und der Nächstenliebe zusammen (Evangelium). Das Volk Israel wußte sich als Gottes eigenes Volk, und es wußte sich immer verpflichtet, im Bewußtsein der großen Gaben Gottes, dem Armen und Fremden Mitleid zu erweisen (1. Lesung). Der Apostel Paulus stellt in kurzen Worten die Merkmale einer vorbildlichen Gemeinde vor Augen (2. Lesung).

Wir hören aus dem Matthäusevangelium:

In jener Zeit, 34 als die Pharisäer hörten, daß
Jesus die Sadduzäer zum Schweigen gebracht hatte, kamen sie bei ihm zusammen.
35 Einer von ihnen, ein Gesetzeslehrer, wollte
ihn auf die Probe stellen und fragte ihn: 36
Meister, welches Gebot im Gesetz ist das
wichtigste? 37 Er antwortete ihm: Du sollst
den Herrn, deinen Gott, lieben mit ganzem
Herzen, mit ganzer Seele und mit all deinen
Gedanken. 38 Das ist das wichtigste und erste
Gebot. 39 Ebenso wichtig ist das zweite: Du
sollst deinen Nächsten lieben wie dich selbst.
40 An diesen beiden Geboten hängt das ganze
Gesetz samt den Propheten.

Wir besinnen uns:

Christsein bedeutet, Gott und den Nächsten zu lieben. Dabei darf die Liebe zu Gott nicht von der Liebe zu den Menschen getrennt werden, denn echte Gottesliebe weiß, daß Gott der Vater aller ist und so die Menschen Brüder und Schwestern sind. Auch die Liebe zu den Menschen gewinnt ihren höchsten Adel dadurch, daß wir sie als Kinder Gottes lieben können.

Wir beten:

Gott, dein Sohn hat uns die Liebe zu dir und zu den Menschen aufgetragen als die Erfüllung des ganzen Gesetzes. Hilf uns, dich in den Menschen zu erkennen und zu lieben. Durch Christus, unseren Herrn.

31. Sonntag im Jahreskreis

Geschwisterliche Kirche

1. Lesung: Mal 1,14b–2,2b.8–10 2. Lesung: 1 Thess 2,7b–9.13 Evangelium: Mt 23,1–12

Im Gottesvolk soll es keine »Herren« und kein »Oben und Unten« geben; wem ein Amt und ein Dienst in der Kirche übertragen sind, der ist nicht zur Herrschaft über die anderen, sondern zum Dienst an ihrem Glauben berufen. Der Prophet Maleachi tadelt die Priester am Tempel in Jerusalem, weil sie ihre Vorrechte gesucht, aber nicht durch ihr Leben die Wege Gottes bezeugt haben. Sie werden für den Abfall vieler in Israel verantwortlich gemacht (1. Lesung). In der christlichen Gemeinde ist jeder Dienst durch das Beispiel Jesu Christi bestimmt, und das heißt: »Der Größte von euch soll euer Diener sein« (Evangelium). Für Paulus ist es eine Frage der Glaubwürdigkeit seines Dienstes, daß er die Gemeinden nicht belastet, sondern Tag und Nacht für seinen Unterhalt gearbeitet hat. So kann ihm niemand vorwerfen, er denke bei der Mission an seinen eigenen Vorteil (2. Lesung).

Wir hören aus dem Matthäusevangelium:

In jener Zeit [1] wandte sich Jesus an das Volk und an seine Jünger [2] und sagte: Die Schriftgelehrten und die Pharisäer haben sich auf den Stuhl des Mose gesetzt. [3] Tut und befolgt also alles, was sie euch sagen, aber richtet euch nicht nach dem, was sie tun; denn sie reden nur, tun selbst aber nicht, was sie sagen. [4] Sie schnüren schwere Lasten zusammen und legen sie den Menschen auf die Schultern, wollen selber aber keinen Finger rühren, um die Lasten zu tragen. [5] Alles, was sie tun, tun sie nur, damit die Menschen es sehen: Sie machen ihre Gebetsriemen breit und die Quasten an ihren Gewändern lang, [6] bei jedem Festmahl möchten sie den Ehrenplatz und in der Synagoge die vordersten Sitze haben, [7] und auf den Straßen und Plätzen lassen sie sich gern grüßen und von den Leuten Rabbi (Meister) nennen. [8] Ihr aber sollt euch nicht Rabbi nennen lassen; denn nur einer ist euer Meister, ihr alle aber seid Brüder. [9] Auch sollt ihr niemand auf Erden euren Vater nennen; denn nur einer ist euer Vater, der im Himmel. [10] Auch sollt ihr euch nicht Lehrer nennen lassen; denn nur einer ist euer Lehrer, Christus. [11] Der Größte von euch soll euer Diener sein. [12] Denn wer sich selbst erhöht, wird erniedrigt, und wer sich selbst erniedrigt, wird erhöht werden.

Wir besinnen uns:

Aus guten sozialen Beziehungen in Familie und Umwelt erwachsen uns Freude und Glück. Den Jüngern sind geglückte Beziehungen geschenkt: Gott ist Vater, Jesus ist der Lehrer, die Jünger sind untereinander Brüder. Freilich gilt es, diese Beziehungen nicht nur durch Worte aufrechtzuerhalten, sondern auch durch Dienstbereitschaft. Jesu Worte über die Heuchelei der Pharisäer dürfen auch in der christlichen Gemeinde nicht überhört werden!

Wir beten:

Gott, dein Sohn ist dir in allem gehorsam geworden. Mach uns bereit, dir und den Menschen zu dienen. Durch Christus, unseren Herrn.

32. Sonntag im Jahreskreis

Die Weisheit des menschlichen Lebens

1. Lesung: Weish 6,12–16 2. Lesung: 1 Thess 4,13–18 Evangelium: Mt 25,1–13

Um das Leben zu meistern, brauchen wir Klugheit und Weisheit. Die Weisheit läßt uns aus den tiefsten Quellen des Daseins leben und hält uns von eigennützigem Handeln fern. Sie ist ein Geschenk und »kommt jenen entgegen, die an sie denken« (1. Lesung). Für Jesus findet der Mensch Weisheit in der Besinnung auf Gott. Weil Gott in Jesus Christus den Menschen nahe gekommen ist und in ihm die Welt vollenden wird, kann weise nur leben, wer sich diesem Gott öffnet und sein Kommen wachsam erwartet (Evangelium). Zu solcher Weisheit gehört auch, daß wir das eigene Ende vor Augen haben und einzuschätzen vermögen, was im Tod geschieht: »Dann werden wir immer beim Herrn sein« (2. Lesung).

Wir hören aus dem Matthäusevangelium:

In jener Zeit erzählte Jesus seinen Jüngern das folgende Gleichnis: [1] Mit dem Himmelreich wird es sein wie mit zehn Jungfrauen, die ihre Lampen nahmen und dem Bräutigam entgegengingen. [2] Fünf von ihnen waren töricht, und fünf waren klug. [3] Die törichten nahmen ihre Lampen mit, aber kein Öl, [4] die klugen aber nahmen außer den Lampen noch Öl in Krügen mit. [5] Als nun der Bräutigam lange nicht kam, wurden sie alle müde und schliefen ein. [6] Mitten in der Nacht aber hörte man plötzlich laute Rufe: Der Bräutigam kommt! Geht ihm entgegen! [7] Da standen die Jungfrauen alle auf und machten ihre Lampen zurecht. [8] Die törichten aber sagten zu den klugen: Gebt uns von eurem Öl, sonst gehen unsere Lampen aus. [9] Die klugen erwiderten ihnen: Dann reicht es weder für uns noch für euch; geht doch zu den Händlern und kauft, was ihr braucht. [10] Während sie noch unterwegs waren, um das Öl zu kaufen, kam der Bräutigam; die Jungfrauen, die bereit waren, gingen mit ihm in den Hochzeitssaal, und die Tür wurde zugeschlossen. [11] Später kamen auch die anderen Jungfrauen und riefen: Herr, Herr, mach uns auf! [12] Er aber antwortete ihnen: Amen, ich sage euch: Ich kenne euch nicht. [13] Seid also wachsam! Denn ihr wißt weder den Tag noch die Stunde.

Öl in den Lampen. Die klugen Jungfrauen. Fresko, 1185, Hocheppan.

Wir besinnen uns:

Viele Menschen leben so, als würde es immer weitergehen wie bisher. An Krankheit, Alter und Tod wollen sie nicht erinnert werden. Wenn wir darauf vertrauen, daß Gott uns für immer in seiner Hand hält, brauchen wir die Gedanken an Krankheit und Tod nicht zu verdrängen. Wir können mit Vertrauen und Wachsamkeit unseren Weg gehen und werden dem Herrn, wenn er ruft, mit brennendem Licht entgegengehen.

Wir beten:

Großer Gott, du bist auf dem Weg zu uns. Hilf uns, daß wir dir als wache und vertrauende Menschen entgegengehen. Durch Christus, unseren Herrn.

33. Sonntag im Jahreskreis

Verantwortlich leben

1. Lesung: Spr 31,10–13.19–20.30–31 | 2. Lesung: 1 Thess 5,1–6 | Evangelium: Mt 25,14–30

Es ist nicht bedeutungslos, wie wir leben. Wir alle haben je besondere Gaben und Möglichkeiten und sind für diese verantwortlich. Dem Buch der Sprüche gilt deshalb die »kluge Frau«, die all ihre Möglichkeiten einsetzt und ihre Gaben nicht ungenützt läßt, als ein Beispiel gottesfürchtigen Lebens (1. Lesung). Christen verstehen die Zeit ihres Lebens als Handlungsraum, der ihnen von Gott übergeben ist. Hier sollen sie ihre Talente verantwortungsbewußt einsetzen (Evangelium). Denn wir werden bei der Wiederkunft des Herrn Rechenschaft abzulegen haben (2. Lesung).

Wir hören aus dem Matthäusevangelium:

In jener Zeit erzählte Jesus seinen Jüngern
das folgende Gleichnis: 14 Mit dem Himmel-
reich ist es wie mit einem Mann, der auf
Reisen ging: Er rief seine Diener und vertrau-
te ihnen sein Vermögen an. 15 Dem einen gab
er fünf Talente Silbergeld, einem anderen
zwei, wieder einem anderen eines, jedem
nach seinen Fähigkeiten. Dann reiste er ab.
Sofort 16 begann der Diener, der fünf Talente
erhalten hatte, mit ihnen zu wirtschaften,
und er gewann noch fünf dazu. 17 Ebenso
gewann der, der zwei erhalten hatte, noch
zwei dazu. 18 Der aber, der das eine Talent
erhalten hatte, ging und grub ein Loch in die
Erde und versteckte das Geld seines Herrn. 19
Nach langer Zeit kehrte der Herr zurück, um
von den Dienern Rechenschaft zu verlangen.
20 Da kam der, der die fünf Talente erhalten
hatte, brachte fünf weitere und sagte: Herr,
fünf Talente hast du mir gegeben; sieh her,
ich habe noch fünf dazugewonnen. 21 Sein
Herr sagte zu ihm: Sehr gut, du bist ein
tüchtiger und treuer Diener. Du bist im Klei-
nen ein treuer Verwalter gewesen, ich will dir
eine große Aufgabe übertragen. Komm,
nimm teil an der Freude deines Herrn! 22
Dann kam der Diener, der zwei Talente erhal-
ten hatte, und sagte: Herr, du hast mir zwei
Talente gegeben; sieh her, ich habe noch
zwei dazugewonnen. 23 Sein Herr sagte zu
ihm: Sehr gut, du bist ein tüchtiger und
treuer Diener. Du bist im Kleinen ein treuer
Verwalter gewesen, ich will dir eine große
Aufgabe übertragen. Komm, nimm teil an
der Freude deines Herrn! 24 Zuletzt kam auch
der Diener, der das eine Talent erhalten
hatte, und sagte: Herr, ich wußte, daß du ein
strenger Mann bist; du erntest, wo du nicht
gesät hast, und sammelst, wo du nicht aus-
gestreut hast; 25 weil ich Angst hatte, habe ich
dein Geld in der Erde versteckt. Hier hast du
es wieder. 26 Sein Herr antwortete ihm: Du
bist ein schlechter und fauler Diener! Du hast
doch gewußt, daß ich ernte, wo ich nicht
gesät habe, und sammle, wo ich nicht ausge-
streut habe. 27 Hättest du mein Geld wenig-
stens auf die Bank gebracht, dann hätte ich
es bei meiner Rückkehr mit Zinsen zurücker-
halten. 28 Darum nehmt ihm das Talent weg
und gebt es dem, der die zehn Talente hat! 29
Denn wer hat, dem wird gegeben, und er
wird im Überfluß haben; wer aber nicht hat,
dem wird auch noch weggenommen, was er
hat. 30 Werft den nichtsnutzigen Diener hin-
aus in die äußerste Finsternis! Dort wird er
heulen und mit den Zähnen knirschen.

Wir besinnen uns:

Wir haben verschiedenes mit auf unseren Weg bekommen: Güte, Einfühlungsvermögen, Intelligenz, und eine ganze Reihe weiterer Fähigkeiten. Dies alles hat Gott in uns hineingelegt, damit Gutes daraus wachsen kann: Gemeinschaft, Liebe, Freude und Vertrauen. Wenn wir die Gaben nur für uns selber einsetzen, vergraben wir die Talente, die uns von Gott anvertraut wurden. Alles, was wir haben, soll auch für andere Frucht bringen.

Wir beten:

Gott, du hast uns verschiedene Gaben und Fähigkeiten gegeben. Hilf uns, die geschenkte Zeit zu nutzen und laß uns die übertragene Verantwortung wahrnehmen. Durch Christus, unseren Herrn.

34. Sonntag im Jahreskreis – Christkönigssonntag

König auf der Seite der Armen

1. Lesung: Ez 34,11–12.15–17 2. Lesung: 1 Kor 15,20–26.28 Evangelium: Mt 25,31–46

Am Ende der Zeit – das ist unser Glaube – wird die Herrlichkeit Christi offenbar werden. Dann wird der Sohn die Herrschaft antreten, und alle gottfeindlichen Kräfte werden entmachtet werden, »damit Gott herrscht, über alles und in allem« (2. Lesung). Für die Menschen werden freilich die widergöttlichen Wege offenbar, von denen sie insgeheim ihr Leben haben bestimmen lassen: »Ihr aber, meine Herde – so spricht der Herr – ich sorge für Recht zwischen Schafen und Schafen, zwischen Widdern und Böcken« (1. Lesung). Insbesondere wird offenbar werden, ob sich die Menschen von jener Liebe haben leiten lassen, durch die sie selbst erlöst worden sind. Wie kann der, der sich der Geringsten nicht erbarmt hat, auf Erbarmen hoffen, wenn der Herr selbst sich mit den Geringsten identifiziert (Evangelium)?

Christus – König und Herr der Welt. Mitte 17. Jh., Durnholz

Wir hören aus dem Matthäusevangelium:

In jener Zeit sprach Jesus zu seinen Jüngern: [31] Wenn der Menschensohn in seiner Herrlichkeit kommt und alle Engel mit ihm, dann wird er sich auf den Thron seiner Herrlichkeit setzen. [32] Und alle Völker werden vor ihm zusammengerufen werden, und er wird sie voneinander scheiden, wie der Hirt die Schafe von den Böcken scheidet. [33] Er wird die Schafe zu seiner Rechten versammeln, die Böcke aber zur Linken. [34] Dann wird der König denen auf der rechten Seite sagen: Kommt her, die ihr von meinem Vater gesegnet seid, nehmt das Reich in Besitz, das seit der Erschaffung der Welt für euch bestimmt ist. [35] Denn ich war hungrig, und ihr habt mir zu essen gegeben; ich war durstig, und ihr habt mir zu trinken gegeben; ich war fremd und obdachlos, und ihr habt mich aufgenommen; [36] ich war nackt, und ihr habt mir Kleidung gegeben; ich war krank, und ihr habt mich besucht; ich war im Gefängnis, und ihr seid zu mir gekommen. [37] Dann werden ihm die Gerechten antworten: Herr, wann haben wir dich hungrig gesehen und dir zu essen gegeben, oder durstig und dir zu trinken gegeben? [38] Und wann haben wir dich fremd und obdachlos gesehen und aufgenommen, oder nackt und dir Kleidung gegeben? [39] Und wann haben wir dich krank oder im Gefängnis gesehen und sind zu dir gekommen? [40] Darauf wird der König ihnen antworten: Amen, ich sage euch: Was ihr für einen meiner geringsten Brüder getan habt, das habt ihr mir getan. [41] Dann wird er sich auch an die auf der linken Seite wenden und zu ihnen sagen: Weg von mir, ihr Verfluchten, in das ewige Feuer, das für den Teufel und seine Engel bestimmt ist! [42] Denn ich war hungrig, und ihr habt mir nichts zu essen gegeben; ich war durstig, und ihr habt mir nichts zu trinken gegeben; [43] ich war fremd und obdachlos, und ihr habt mich nicht aufgenommen; ich war nackt, und ihr habt mir keine Kleidung gegeben; ich war krank und im Gefängnis, und ihr habt mich nicht besucht. [44] Dann werden auch sie antworten: Herr, wann haben wir dich hungrig oder durstig oder obdachlos oder nackt oder krank oder im Gefängnis gesehen und haben dir nicht geholfen? [45] Darauf wird er ihnen antworten: Amen, ich sage euch: Was ihr für einen dieser Geringsten nicht getan habt, das habt ihr auch mir nicht getan. [46] Und sie werden weggehen und die ewige Strafe erhalten, die Gerechten aber das ewige Leben.

Wir besinnen uns:

Das Königtum Jesu unterscheidet sich grundsätzlich von jedem irdischen Königtum. Der Weg Jesu Christi führte immer zu denen, die ganz »unten« waren: Zu den Armen, den Ausgeschlossenen, den Kranken, den Verachteten, den Gequälten, den Sterbenden und den Toten. Wir werden Christus auch heute nur finden, wenn wir ihm auf dem Weg nach »unten« nachfolgen; wenn wir Hungrige speisen, Kranke besuchen und Nackte bekleiden.

Wir beten:

Gott des Lebens und der Geschichte, dein Sohn ist der König des Weltalls und lebt in den Menschen, die uns brauchen. Öffne uns den Blick für die »Geringsten« und zeige uns Wege, ihnen zu begegnen. Durch Christus, unseren Herrn.

Lesejahr B

Das Evangelium nach Markus
Der Weg Jesu

Der Evangelist Markus, der uns durch das Lesejahr B begleitet, weiß um die Schwierigkeiten des Glaubens. Durch sein Werk will er helfen, die Offenbarung über Jesus, den Messias und Sohn Gottes, anzunehmen und den Weg Jesu mitzugehen. Er führt uns den Weg des Glaubens und der Nachfolge.

Offenbarung des Geheimnisses Jesu

Markus führt uns Schritt für Schritt zum tieferen Verständnis Jesu. Am Beginn seines Werkes stellt er uns Jesus vor: Jesus ist der Christus (Messias), der Sohn Gottes. In diesen Würdenamen ist das Bekenntnis der Kirche zu Jesus Christus ausgesprochen; Markus macht durch Erzählungen und Worte Jesu deutlich, wer Jesus ist, und welchen Weg die Jünger gehen müssen, damit sie Jesus richtig verstehen und seiner Weisung entsprechend leben. Es ist eine dramatische Geschichte von Offenbarung und Geheimhaltung. Immer wieder gebietet Jesus, das Geheimnis zu wahren. Die Dämonen dürfen seinen Namen nicht aussprechen (vgl. Mk 1,34). Selbst Petrus, der Jesus als den Messias erkennt, erhält ein Schweigegebot (Mk 8,29–30). Auch viele Geheilte dürften nicht weitersagen, daß sie von Jesus geheilt wurden. Trotzdem bricht das Geheimnis immer wieder durch. Beim Prozeß vor dem Hohen Rat erfolgt eine Offenbarung über das Wesen Jesu (Mk 14,61–62). In der Todesstunde Jesu legt ein heidnischer Hauptmann das öffentliche Bekenntnis ab (Mk 15,37–39): »Wahrhaftig, dieser Mensch war Gottes Sohn.« Auf diese Weise will Markus sagen: Nur wer an Jesus als den Gekreuzigten und Auferstandenen glaubt, darf von Jesus reden.

In der Wüste, dem Ort der wilden Tiere, beginnt das Wirken Jesu (vgl. Mk 1, 13). Symbol des Evangelisten Markus ist der Löwe. Um 1400, Kreuzgang Brixen.

Einladung zu Glaube und Nachfolge

Das Markusevangelium ist zugleich eine dramatische Geschichte von Glauben und Unglauben. Die Jünger finden den Weg zum Glauben, indem sie die Worte Jesu hören und Zeugen seiner Taten sind. So entdecken sie allmählich, daß Jesus mehr ist: Mehr als ein Prophet, mehr als der Prophet Elija. Die Jünger machen sich Gedanken über Jesus, und Petrus bekennt in ihrem Namen: »Du bist der Messias«

(Mk 8,27–30). Jesus verbietet ihnen, seine Würde bekanntzumachen. Er will nämlich nicht, daß man bloß bei einem Titel stehenbleibt. In der auf das Bekenntnis des Petrus folgenden Geschichte zeigt sich Petrus nicht einverstanden mit dem Leiden Jesu. Er will Jesus vom Leiden abhalten, doch weist dieser ihn zurecht: »Weg mit Dir, Satan, geh mir aus den Augen.« Jesus läßt seine Würde nur von Menschen bekennen, die bereit sind, den Weg des Glaubens und der Nachfolge zu gehen. Der Weg Jesu führt – das ist die Grundbotschaft des Markus – über das Leiden zur Herrlichkeit. Der Jünger muß in Glauben und Nachfolge diesen Weg Jesu mitgehen.

Die Entstehung des Markusevangeliums

Markus hat als erster der Evangelisten in den Jahren 60–70 n. Chr. die Überlieferungen über Jesus schriftlich niedergelegt. Er kennt viele Worte Jesu und zahlreiche Erzählungen über ihn: Wunderberichte, Gleichnisse, Weisheitsworte, Mahnungen, die Berichte von Tod und Auferstehung. Markus hat sein gesamtes Material zu einer Geschichte des Weges Jesu zusammengestellt: Sie handelt vom Sohn Gottes, der dem Tod entgegengeht und doch zum Leben kommt. Sie handelt aber auch von uns, die wir berufen sind, den Weg Jesu mitzugehen.

Miteinander schauen und auf das Geschaute hinweisen. Wandmalerei, 15. Jh., St. Prokulus/Naturns.

1. Adventssonntag

Mutig und wachsam sein

1. Lesung: Jes 63,16b–17.19b; 64,3–7 2. Lesung: 1 Kor 1,3–9 Evangelium: Mk 13,24–37

Die Lichter des Adventkranzes in der Wohnung sind Lichter der Hoffnung. Sie sind auch Zeichen unserer Bereitschaft, die Welt hell zu machen; denn manches könnte uns entmutigen. Die Adventszeit bietet uns nun ein geistliches Programm der Ermutigung. Wir gehen den Weg des Volkes Israel, das aus der Verzweiflung und Gottesferne doch wieder zum Vertrauen auf Gottes Güte findet: »Und doch bist du, Herr, unser Vater. Wir sind der Ton, und du bist unser Töpfer, wir alle sind das Werk deiner Hände« (1. Lesung). Paulus schreibt den Korinthern von Gottes Treue: »Er wird euch auch festigen bis ans Ende ...« (2. Lesung). Das Evangelium ruft uns mit dem Bild von den wachsamen Knechten zu einer neuen Bereitschaft für das Kommen des Herrn.

Wir hören aus dem Markusevangelium:

Jesus sprach zu seinen Jüngern: [24] In jenen Tagen, nach der großen Not, wird sich die Sonne verfinstern, und der Mond wird nicht mehr scheinen; [25] die Sterne werden vom Himmel fallen, und die Kräfte des Himmels werden erschüttert werden. [26] Dann wird man den Menschensohn mit großer Macht und Herrlichkeit auf den Wolken kommen sehen. [27] Und er wird die Engel aussenden und die von ihm Auserwählten aus allen vier Windrichtungen zusammenführen, vom Ende der Erde bis zum Ende des Himmels. [28] Lernt etwas aus dem Vergleich mit dem Feigenbaum! Sobald seine Zweige saftig werden und Blätter treiben, wißt ihr, daß der Sommer nahe ist. [29] Genauso sollt ihr erkennen, wenn ihr all das gesehen habt, daß das Ende vor der Tür steht. [30] Amen, ich sage euch: Diese Generation wird nicht vergehen, bis das alles eintrifft. [31] Himmel und Erde werden vergehen, aber meine Worte werden nicht vergehen. [32] Doch jenen Tag und jene Stunde kennt niemand, auch nicht die Engel im Himmel, nicht einmal der Sohn, sondern nur der Vater. [33] Seht euch also vor, und bleibt wach! Denn ihr wißt nicht, wann die Zeit da ist. [34] Es ist wie mit einem Mann, der sein Haus verließ, um auf Reisen zu gehen: Er übertrug alle Verantwortung seinen Dienern, jedem eine bestimmte Aufgabe; dem Türhüter befahl er, wachsam zu sein. [35] Seid also wachsam! Denn ihr wißt nicht, wann der Hausherr kommt, ob am Abend oder um Mitternacht, ob beim Hahnenschrei oder erst am Morgen. [36] Er soll euch, wenn er plötzlich kommt, nicht schlafend antreffen. [37] Was ich aber euch sage, das sage ich allen: Seid wachsam!

Wir besinnen uns:

Wir wissen nicht, wann der Herr kommt und Rechenschaft von uns fordert. Es kann schon morgen sein; es kann aber auch noch viele Jahre dauern, bis er kommt. Wichtig ist nur, daß wir Tag für Tag den Auftrag erfüllen, den der Herr uns gegeben hat, und daß wir immer für ihn bereit sind. Das bedeutet, daß wir nach seinem Willen leben, Liebe üben, Gemeinschaft suchen, Hoffnung stärken und so die Welt heute schon ein Stück verwandeln.

Wir beten:

Allmächtiger Gott, du hast in Jesus Christus begonnen, die Welt zu verwandeln. Am Beginn der Adventszeit bitten wir dich: Laß uns aufmerksam sein für deinen Willen und mache uns zu mutigen Mitarbeiterinnen und Mitarbeitern in deinem Reich. Durch Christus, unseren Herrn.

2. Adventssonntag

Dem Herrn den Weg bereiten

1. Lesung: Jes 40,1–5.9–11 2. Lesung: 2 Petr 3,8–14 Evangelium: Mk 1,1–8

Die Hoffnung auf das Kommen des Herrn ermutigt uns zu neuem Handeln, denn wir möchten ihm schon heute einen Weg bereiten. So mahnt auch der Prophet die nach Babylon Verschleppten, trotz aller Bedrückung doch schon aus der Gewißheit der Rettung zu leben. Sie sollen dem Herrn, der sie heimführen wird, die Straße bauen, denn sein Kommen ist gewiß (1. Lesung). Johannes der Täufer greift diese Verheißung auf und mahnt das Volk zu sofortiger Umkehr: Gott kommt, deshalb müssen die Menschen neue Wege gehen (Evangelium). Die Forderung der Umkehr richtet sich auch an Menschen, die angesichts der ausbleibenden Wiederkunft Christi verzagen: »Der Herr zögert nicht mit der Erfüllung der Verheißung, wie einige meinen, die von Verzögerung reden; er ist nur geduldig mit euch ...« (2. Lesung).

Wir hören aus dem Markusevangelium:

Anfang des Evangeliums von Jesus Christus, dem Sohn Gottes: 2 Es begann, wie es bei dem Propheten Jesaja steht: Ich sende meinen Boten vor dir her; er soll den Weg für dich bahnen. 3 Eine Stimme ruft in der Wüste: Bereitet dem Herrn den Weg! Ebnet ihm die Straßen! 4 So trat Johannes der Täufer in der Wüste auf und verkündigte Umkehr und Taufe zur Vergebung der Sünden. 5 Ganz Judäa und alle Einwohner Jerusalems zogen zu ihm hinaus; sie bekannten ihre Sünden und ließen sich im Jordan von ihm taufen. 6 Johannes trug ein Gewand aus Kamelhaaren und einen ledernen Gürtel um seine Hüften, und er lebte von Heuschrecken und wildem Honig. 7 Er verkündete: Nach mir kommt einer, der ist stärker als ich; ich bin es nicht wert, mich zu bücken, um ihm die Schuhe aufzuschnüren. 8 Ich habe euch nur mit Wasser getauft, er aber wird euch mit dem Heiligen Geist taufen.

Wir besinnen uns:

Die Botschaft des Täufers Johannes ist kurz und entschieden. Er will aber nicht Schrekken einjagen, sondern aufwecken. Er will uns aus unseren eingefahrenen Gewohnheiten aufrütteln. Seine Botschaft heißt: Ihr alle müßt heute noch umkehren. Ihr müßt heute noch beginnen, neue Wege zu gehen – denn Gott will zu euch kommen und euch Anteil geben an der neuen Welt. Gott verheißt uns allerdings auch seine Hilfe: Es kommt der Stärkere, der durch seinen Heiligen Geist die Macht des Bösen überwindet.

Wir beten:

Allmächtiger Gott, Johannes der Täufer ruft uns auf, deinem Sohn den Weg zu bereiten. Schenke uns deinen Heiligen Geist, damit wir das Böse in uns und in der Welt überwinden. Durch Christus, unseren Herrn.

3. Adventssonntag

Der Auftrag Gottes an uns

1. Lesung: Jes 61,1–2a.10–11	2. Lesung: 1 Thess 5,16–24	Evangelium: Joh 1,6–8.19–28

Als Glaubende wissen wir, daß jeder Mensch eine ganz persönliche Berufung hat. Gott liebt uns, er gibt die Möglichkeit des Lebens und nimmt uns in seinen Dienst. Dieses Bewußtsein von einem ganz persönlichen Auftrag hat auch jener Bote, der dem verzagten Volk eine frohe Botschaft bringt: »Gott hat mich gesandt« (1. Lesung). Paulus erinnert die Thessalonicher an die Berufung zu Freude, Gebet und Dank, »denn das will Gott von euch« (2. Lesung). Im Evangelium erklärt Johannes den Juden, daß er nur ein Vorläufer Jesu ist.

Wir hören aus dem Johannesevangelium:

Es trat ein Mensch auf, der von Gott gesandt war; sein Name war Johannes. [7] Er kam als Zeuge, um Zeugnis abzulegen für das Licht, damit alle durch ihn zum Glauben kommen. [8] Er war nicht selbst das Licht, er sollte nur Zeugnis ablegen für das Licht. [19] Dies ist das Zeugnis des Johannes: Als die Juden von Jerusalem aus Priester und Leviten zu ihm sandten mit der Frage: Wer bist du?, [20] bekannte er und leugnete nicht; er bekannte: Ich bin nicht der Messias. [21] Sie fragten ihn: Was bist du dann? Bist du Elija? Und er sagte: Ich bin es nicht. Bist du der Prophet? Er antwortete: Nein. [22] Da fragten sie ihn: Wer bist du? Wir müssen denen, die uns gesandt haben, Auskunft geben. Was sagst du über dich selbst? [23] Er sagte: Ich bin die Stimme, die in der Wüste ruft: Ebnet den Weg für den Herrn!, wie der Prophet Jesaja gesagt hat. [24] Unter den Abgesandten waren auch Pharisäer. [25] Sie fragten Johannes: Warum taufst du dann, wenn du nicht der Messias bist, nicht Elija und nicht der Prophet? [26] Er antwortete ihnen: Ich taufe mit Wasser. Mitten unter euch steht der, den ihr nicht kennt [27] und der nach mir kommt; ich bin es nicht wert, ihm die Schuhe aufzuschnüren. [28] Dies geschah in Betanien, auf der anderen Seite des Jordan, wo Johannes taufte.

Wir besinnen uns:

Im Leben hängt viel davon ab, ob wir unsere Fähigkeiten richtig einsetzen. Wir kennen Menschen, die nur für die Familie, nur für den Beruf, nur für den Sport ... da sind. Auch wir selber stellen uns bei manchen Gelegenheiten die Frage, wozu wir leben. Der Täufer sieht seinen Lebenssinn darin, auf Christus, das Licht, hinzuweisen. Die Menschen suchen nach dem Licht, und es braucht Menschen, die – wie Johannes der Täufer – den Mitmenschen in der Suche nach dem Licht helfen. Es kommt darauf an, daß wir durch unser Leben auf Christus hinweisen. Die dritte Kerze am Adventkranz mahnt uns, Zeugen für das Licht zu sein.

Wir beten:

Allmächtiger Gott, viele Menschen suchen nach dem Sinn des Lebens. Hilf uns, deinen Auftrag zu erkennen und einander in der Hoffnung zu bestärken, die uns geschenkt ist in Jesus Christus, deinem Sohn, der mit dir lebt und herrscht in Ewigkeit.

4. Adventssonntag

»Ja« sagen zu Gottes Willen

1. Lesung: 2 Sam 7,1–5.8b–12.14a.16 2. Lesung: Röm 16,25–27 Evangelium: Lk 1,26–38

Der glaubende Mensch kann aus dem Verlauf der Geschichte das Wirken Gottes erfassen. Um seinen Heilsplan durchzuführen, beruft Gott immer wieder Menschen in seinen Dienst. Die Verheißung an David bezieht sich zunächst auf eine irdische Königsherrschaft im Volk Israel: »Dein Haus und dein Königtum sollen durch mich ewig bestehen bleiben; dein Thron soll auf ewig Bestand haben« (1. Lesung). Paulus weiß, daß diese Ankündigung in Jesus Christus eine bislang nicht geahnte Erfüllung gefunden hat: Gott gibt Kraft, »um alle Heiden zum Gehorsam zu führen« und am Volk Gottes teilzuhaben (2. Lesung). Das Evangelium ist eine Botschaft des Glaubens: Sie zeigt uns, wer Jesus ist, und stellt uns Maria als die Glaubende vor Augen, die sich im Vertrauen auf Gottes Verheißung ganz in den Dienst des Heilswillens Gottes stellt.

Wir hören aus dem Lukasevangelium:

In jener Zeit [26] wurde der Engel Gabriel von Gott in eine Stadt in Galiläa namens Nazaret [27] zu einer Jungfrau gesandt. Sie war mit einem Mann namens Josef verlobt, der aus dem Haus David stammte. Der Name der Jungfrau war Maria. [28] Der Engel trat bei ihr ein und sagte: Sei gegrüßt, du Begnadete, der Herr ist mit dir. [29] Sie erschrak über die Anrede und überlegte, was dieser Gruß zu bedeuten habe. [30] Da sagte der Engel zu ihr: Fürchte dich nicht, Maria; denn du hast bei Gott Gnade gefunden. [31] Du wirst ein Kind

Maria ist das Vorbild für das gläubige Hören auf das Wort Gottes. Detail aus der Verkündigung. Multscher-Altar, 1458, Sterzing.

empfangen, einen Sohn wirst du gebären:
dem sollst du den Namen Jesus geben. 32 Er
wird groß sein und Sohn des Höchsten ge-
nannt werden. Gott, der Herr, wird ihm den
Thron seines Vaters David geben. 33 Er wird
über das Haus Jakob in Ewigkeit herrschen,
und seine Herrschaft wird kein Ende haben. 34
Maria sagte zu dem Engel: Wie soll das ge-
schehen, da ich keinen Mann erkenne? 35 Der
Engel antwortete ihr: Der Heilige Geist wird
über dich kommen, und die Kraft des Höch-
sten wird dich überschatten. Deshalb wird
auch das Kind heilig und Sohn Gottes ge-
nannt werden. 36 Auch Elisabet, deine Ver-
wandte, hat noch in ihrem Alter einen Sohn
empfangen; obwohl sie als unfruchtbar galt,
ist sie jetzt schon im sechsten Monat. 37 Denn
für Gott ist nichts unmöglich. 38 Da sagte
Maria: Ich bin die Magd des Herrn; mir ge-
schehe, wie du es gesagt hast. Danach ver-
ließ sie der Engel.

Wir besinnen uns:

In unserem Leben hängt viel davon ab, ob wir zu uns selber, zueinander und zu Gott »ja« sagen. Auch Gott will für seine Heilsgeschichte die Zustimmung von Menschen. Mit dem »Ja« Mariens beginnt eine neue Geschichte Gottes mit den Menschen: Durch das »Ja« eines Menschen wird Gott Mensch. Auch unsere ganz persönliche Geschichte mit Gott wird erst wirklich beginnen, wenn wir – wie Maria – sprechen: »Mir geschehe nach deinem Willen«.

Wir beten:

Allmächtiger Gott, gieße deine Gnade in unser Herz. Wir haben durch die Botschaft des Engels die Menschwerdung deines Sohnes erkannt. Hilf uns, wie Maria »ja« zu sagen zu deinem Willen. Durch Christus, unseren Herrn.

Weihnachten – Hochfest der Geburt des Herrn (Texte wie im Lesejahr A)

Fest der Heiligen Familie

Freude über ein Kind

1. Lesung: Gen 15,1–6; 21,1–3 2. Lesung: Hebr 11,8.11–12.17–19 Evangelium: Lk 2,22–40

Die Freude an Kindern wird auf vielen Seiten der Heiligen Schrift zum Ausdruck gebracht. In den Lesungen zum Fest der Heiligen Familie wird uns die Sehnsucht des kinderlosen Paares Abraham und Sara nach einem Erben vor Augen gestellt. Das Kind ist das große Geschenk Gottes für sie (1. Lesung). Das Vertrauen Abrahams in die Verheißung Gottes ist ein Beispiel des Glaubens für alle Zeiten (2. Lesung). Das Kind ist das große Geschenk Gottes – umso mehr, wenn dieses Kind der Retter Israels ist (Evangelium).

Wir hören aus dem Lukasevangelium:

Es kam für die Eltern Jesu der Tag der vom
Gesetz des Mose vorgeschriebenen Reini-
gung. Sie brachten das Kind nach Jerusalem
hinauf, um es dem Herrn zu weihen, 23 ge-
mäß dem Gesetz des Herrn, in dem es heißt:
Jede männliche Erstgeburt soll dem Herrn
geweiht sein. 24 Auch wollten sie ihr Opfer
darbringen, wie es das Gesetz des Herrn
vorschreibt: ein Paar Turteltauben oder zwei
junge Tauben. 25 In Jerusalem lebte damals

Jesus erfüllt langgehegte Hoffnungen. Simeon und Hanna. Meßkleidstickerei, 1460, Diözesanmuseum.

ein Mann namens Simeon. Er war gerecht und fromm und wartete auf die Rettung Israels, und der Heilige Geist ruhte auf ihm. 26 Vom Heiligen Geist war ihm offenbart worden, er werde den Tod nicht schauen, ehe er den Messias des Herrn gesehen habe. 27 Jetzt wurde er vom Geist in den Tempel geführt; und als die Eltern Jesus hereinbrachten, um zu erfüllen, was nach dem Gesetz üblich war, 28 nahm Simeon das Kind in seine Arme und pries Gott mit den Worten: 29 Nun läßt du, Herr, deinen Knecht, wie du gesagt hast, in Frieden scheiden. 30 Denn meine Augen haben das Heil gesehen, 31 das du vor allen Völkern bereitet hast, 32 ein Licht, das die Heiden erleuchtet, und Herrlichkeit für dein Volk Israel. 33 Sein Vater und seine Mutter staunten über die Worte, die über Jesus gesagt wurden. 34 Und Simeon segnete sie und sagte zu Maria, der Mutter Jesu: Dieser ist dazu bestimmt, daß in Israel viele durch ihn zu Fall kommen und viele aufgerichtet werden, und er wird ein Zeichen sein, dem widersprochen wird. 35 Dadurch sollen die Gedanken vieler Menschen offenbar werden. Dir selbst aber wird ein Schwert durch die Seele dringen. 36 Damals lebte auch eine Prophetin namens Hanna, eine Tochter Penuëls, aus dem Stamm Ascher. Sie war schon hochbetagt. Als junges Mädchen hatte sie geheiratet und sieben Jahre mit ihrem Mann gelebt; 37 nun war sie eine Witwe von vierundachtzig Jahren. Sie hielt sich ständig im Tempel auf und diente Gott Tag und Nacht mit Fasten und Beten. 38 In diesem Augenblick nun trat sie hinzu, pries Gott und sprach über das Kind zu allen, die auf die Erlösung Jerusalems warteten. 39 Als seine Eltern alles getan hatten, was das Gesetz des Herrn vorschreibt, kehrten sie nach Galiläa in ihre Stadt Nazaret zurück. 40 Das Kind wuchs heran und wurde kräftig; Gott erfüllte es mit Weisheit, und seine Gnade ruhte auf ihm.

Wir besinnen uns:

Im Evangelium werden uns zwei alte Menschen vorgestellt, die Jesus willkommen heißen. Sie sehen in ihm die Erfüllung ihres Lebenswunsches. Ihrem Willkommensgruß soll sich das ganze Volk anschließen. Diese und ähnliche Erzählungen über die Kindheit Jesu wollen uns seine Bedeutung für das Volk Israel und für die Heidenwelt vor Augen stellen. Dieses Kind ist ein Zeichen der Hoffnung und des Lebens.

Wir beten:

Gütiger Vater, viele Menschen haben sich über das Kommen Deines Sohnes gefreut. Segne unsere Familie/Gemeinschaft. Mach uns fähig, deinen Sohn aufzunehmen, wenn er uns in den Armen, in den Notleidenden und in den Kindern begegnet. Darum bitten wir durch ihn, Christus, unseren Herrn.

Neujahr – Hochfest der Gottesmutter Maria (Texte wie im Lesejahr A)
Zweiter Sonntag nach Weihnachten (Texte wie im Lesejahr A)
Erscheinung des Herrn (Texte wie im Lesejahr A)

Taufe des Herrn – 1. Sonntag im Jahreskreis

Die Offenbarung des Sohnes

1. Lesung: Jes 42,5a.–4.6–7 | 2. Lesung: Apg 10,34–38 | Evangelium: Mk 1,7–11

Die Begegnung mit Menschen fremder Kulturen und anderer Religionen gehört heute schon fast zum Alltag. Wir erfahren immer mehr, daß Lehren, Handlungs- und Lebensweisen vieler Religionen einen Strahl jener Wahrheit erkennen lassen, die alle Menschen erleuchtet. Die Lesungen entfalten die Grundauffassung der Kirche, daß wir in Christus die Fülle des Lebens haben und daß wir in ihm mit Gott versöhnt werden. In der geheimnisvollen Gestalt des Gottesknechtes zeigt Gott seine Nähe zu Israel (1. Lesung). Seine Macht wurde sichtbar im Wirken Jesu Christi, sodaß der Apostel Petrus bekennt: »Gott war mit ihm« (2. Lesung). Es ist ein Bekenntnis zu dieser Erfahrung der Nähe Gottes, wenn die frühe Kirche davon erzählt, daß Gott selbst Jesus bei der Taufe im Jordan bestätigt hat: »Du bist mein geliebter Sohn, an dir habe ich Gefallen gefunden« (Evangelium).

Wir hören aus dem Markusevangelium:

In jener Zeit [7] trat Johannes in der Wüste auf und verkündete: Nach mir kommt einer, der stärker ist als ich; ich bin es nicht wert, mich zu bücken, um ihm die Schuhe aufzuschnüren. [8] Ich habe euch nur mit Wasser getauft, er aber wird euch mit dem Heiligen Geist taufen. [9] In jenen Tagen kam Jesus aus Nazaret in Galiläa und ließ sich von Johannes im Jordan taufen. [10] Und als er aus dem Wasser stieg, sah er, daß der Himmel sich öffnete und der Geist wie eine Taube auf ihn herabkam. [11] Und eine Stimme aus dem Himmel sprach: Du bist mein geliebter Sohn, an dir habe ich Gefallen gefunden.

Wir besinnen uns:

Wir möchten wissen, wem wir uns anvertrauen. Wir möchten den kennenlernen, mit dem wir uns auf den Weg begeben sollen. Die Evangelien sagen uns deshalb am Beginn, wer Jesus ist. Wer den Weg des Evangeliums gehen will, soll wissen, in wessen Nachfolge er sich begibt: In die Nachfolge des Sohnes Gottes, an dem der Vater sein Wohlgefallen hat. Auch wir wurden in unserer Taufe von Gott als Kinder angenommen; wir sind ausgesandt, ihn zu bezeugen.

Wir beten:

Allmächtiger Gott, du hast deinen Sohn geoffenbart. Schenke uns deinen Geist, daß wir deinen Sohn durch Wort und Werk anerkennen und auf seinen Wegen gehen. Darum bitten wir durch ihn, Christus, unseren Herrn.

1. Fastensonntag

Gott will unser Heil

1. Lesung: Gen 9,8–15 | 2. Lesung: 1 Petr 3,18–22 | Evangelium: Mk 1,12–15

Die Lesungen der Fastenzeit haben in früherer Zeit die Taufbewerber in die Grundwahrheiten des christlichen Lebens eingeführt. Es war die Zeit der Umkehr von heidnischer Lebensweise zu Christus hin. Auch uns wollen die Lesungen der Fastenzeit auf den Weg der Umkehr führen. Über diesem Weg steht die Heilsverheißung Gottes. Besonders eindringlich ist diese Verheißung an Noach: »... nie wieder soll eine Flut kommen und die Erde verderben« (1. Lesung). Die Rettung aus der Flut erinnert an die Taufe, die rettet und neu macht (2. Lesung). So berichtet denn auch das Evangelium davon, daß die Verkündigung Jesu nicht mit einer Gerichtsdrohung, sondern mit der Verheißung des Heils begonnen hat.

Wir hören aus dem Markusevangelium:

In jener Zeit [12] trieb der Geist Jesus in die Wüste. [13] Dort blieb Jesus vierzig Tage lang und wurde vom Satan in Versuchung geführt. Er lebte bei den wilden Tieren, und die Engel dienten ihm. [14] Nachdem man Johannes ins Gefängnis geworfen hatte, ging Jesus wieder nach Galiläa; er verkündete das Evangelium Gottes [15] und sprach: Die Zeit ist erfüllt, das Reich Gottes ist nahe. Kehrt um, und glaubt an das Evangelium!

Wir besinnen uns:

Das erste Wort Jesu an die Menschen ist ein Heilsruf: »Gott ist mit all seiner Liebe zu euch gekommen; heute schon ist Zeit des Heiles.« Wer erfaßt, daß es ein Ruf zum Heil ist, ergreift dankbar die Hand, die Gott ihm entgegenstreckt. Heute ergeht diese Botschaft an uns: Wir sind gerufen, und Gott wartet auf jeden von uns. Die Umkehr, zu der wir in der Fastenzeit eingeladen werden, besteht in einer entschiedenen Hinwendung zu Gott. Nur er schenkt Leben in Fülle.

Wir beten:

Allmächtiger und treuer Gott, du willst unser Heil und unsere Rettung. Öffne unser Ohr für die Frohe Botschaft deines Sohnes, damit wir umkehren zu dir. Durch Christus, unseren Herrn.

»Jesus, selbst in Versuchung geführt, kann denen helfen, die in Versuchung geführt werden« (vgl. Hebr 2,18). Versuchung Jesu. Kachelofen, um 1581, Schloß Velthurns, Feldthurns.

2. Fastensonntag

Suche nach Gott

1. Lesung: Gen 22,1–2.9a.10–13.15–18 | 2. Lesung: Röm 8,31b–34 | Evangelium: Mk 9,2–10

Viele Menschen sind auf der Suche nach Gott. Sie suchen ihn in der Natur, in der Geschichte der Menschen, in ihrem eigenen Leben. Manchmal ist uns Gott unbegreiflich: Von Abraham wird verlangt, daß er seinen Sohn opfert. Auch wenn Abraham seinen Sohn schließlich doch nicht opfern muß, bleibt uns der Befehl Gottes doch unverständlich(1. Lesung). Dann wieder ist Gott so nahe, daß Paulus sagen kann: »Ist Gott für uns, wer ist dann gegen uns? Er hat seinen eigenen Sohn nicht verschont, ... wie sollte er uns mit ihm nicht alles schenken?« (2. Lesung). In Jesus können wir Gott finden. Wer in der Fastenzeit Jesus in der Entsagung nachfolgt, wird einmal an seiner Verherrlichung teilnehmen (Evangelium).

Wir hören aus dem Markusevangelium:

In jener Zeit 2 nahm Jesus Petrus, Jakobus und Johannes beiseite und führte sie auf einen hohen Berg, aber nur sie allein. Und er wurde vor ihren Augen verwandelt; 3 seine Kleider wurden strahlend weiß, so weiß, wie sie auf Erden kein Bleicher machen kann. 4 Da erschien vor ihren Augen Elija und mit ihm Mose, und sie redeten mit Jesus. 5 Petrus sagte zu Jesus: Rabbi, es ist gut, daß wir hier sind. Wir wollen drei Hütten bauen, eine für dich, eine für Mose und eine für Elija. 6 Er wußte nämlich nicht, was er sagen sollte; denn sie waren vor Furcht ganz benommen. 7 Da kam eine Wolke und warf ihren Schatten auf sie, und aus der Wolke rief eine Stimme: Das ist mein geliebter Sohn; auf ihn sollt ihr hören. 8 Als sie dann um sich blickten, sahen sie auf einmal niemand mehr bei sich außer Jesus. 9 Während sie den Berg hinabstiegen, verbot er ihnen, irgend jemand zu erzählen, was sie gesehen hatten, bis der Menschensohn von den Toten auferstanden sei. 10 Dieses Wort beschäftigte sie, und sie fragten einander, was das sei: von den Toten auferstehen.

Wir besinnen uns:

Viele Menschen fragen heute nach der richtigen Orientierung: Was gilt eigentlich noch, da sich Meinungen, Wertvorstellungen und Lebensformen so rasch wandeln? Auf welche Autorität kann man sich noch verlassen? Wessen Wort hat noch Bestand? Bei der Verklärung Jesu stellt uns Gott selbst die entscheidende Orientierung unseres Lebens vor Augen: »Dies ist mein geliebter Sohn ..., auf ihn sollt ihr hören!«

Wir beten:

Barmherziger Gott, wir suchen dich. Du gibst unserem Leben Orientierung und Ziel. Stärke unseren Glauben, damit wir auf deinen Sohn hören und mit ihm verherrlicht werden. Durch ihn, Christus, unseren Herrn.

3. Fastensonntag

Gott will das Herz

1. Lesung: Ex 20,1–17 | 2. Lesung: 1 Kor 1,22–25 | Evangelium: Joh 2,13–25

Wir Menschen suchen Wege, die zum Leben und zum Glück führen. Freilich zeigt ein Blick auf die Geschichte, daß die Menschen sich oft eigene Götter schaffen und selbstgewählte Wege gehen wollen. Die Fastenzeit möchte uns helfen, den Weg zum Leben zu finden. Die Zehn Gebote Gottes sind in ihrer ursprünglichen Absicht eine Weisung Gottes, damit der einzelne Mensch, die Familie und das Volk Israel leben können (1. Lesung). Paulus weiß, daß der Weg, den Gott in seiner Liebe wählt, den Menschen als Torheit erscheinen muß; trotzdem ist dies der einzige Weg, der den Menschen vollenden kann: »Denn das Törichte an Gott ist weiser als die Menschen, und das Schwache an Gott ist stärker als die Menschen« (2. Lesung). Für Israel war der Tempel der Ort, an dem das Volk von Gott Leben erhielt. Deshalb war es für Jesus wichtig, daß die Menschen sich nicht vom wahren Gottesdienst ablenken lassen (Evangelium).

Wir hören aus dem Johannesevangelium:

Das Paschafest der Juden war nahe, und Jesus zog nach Jerusalem hinauf. 14 Im Tempel fand er die Verkäufer von Rindern, Schafen und Tauben und die Geldwechsler, die dort saßen. 15 Er machte eine Geißel aus Stricken und trieb sie alle aus dem Tempel hinaus, dazu die Schafe und Rinder; das Geld der Wechsler schüttete er aus, und ihre Tische stieß er um. 16 Zu den Taubenhändlern sagte er: Schafft das hier weg, macht das Haus meines Vaters nicht zu einer Markthalle! 17 Seine Jünger erinnerten sich an das Wort der Schrift: Der Eifer für dein Haus verzehrt mich. 18 Da stellten ihn die Juden zur Rede: Welches Zeichen läßt du uns sehen als Beweis, daß du dies tun darfst? 19 Jesus antwortete ihnen: Reißt diesen Tempel nieder, in drei Tagen werde ich ihn wieder aufrichten. 20 Da sagten die Juden: Sechsundvierzig Jahre wurde an diesem Tempel gebaut, und du willst ihn in drei Tagen wieder aufrichten? 21 Er aber meinte den Tempel seines Leibes. 22 Als er von den Toten auferstanden war, erinnerten sich seine Jünger, daß er dies gesagt hatte, und sie glaubten der Schrift und dem Wort, das Jesus gesprochen hatte. 23 Während er zum Paschafest in Jerusalem war, kamen viele zum Glauben an seinen Namen, als sie die Zeichen sahen, die er tat. 24 Jesus aber vertraute sich ihnen nicht an, denn er kannte sie alle 25 und brauchte von keinem ein Zeugnis über den Menschen; denn er wußte, was im Menschen ist.

Jesus will das Volk Gottes erneuern. Tempelreinigung. Anfang 19. Jh., Pfitsch.

Wir besinnen uns:

Glaube, der nicht aus dem Herzen kommt, ist leer. Denn Gott will nicht nur äußere Zeichen, er will unser Herz. Die Geschichte von der Tempelreinigung stellt uns Gottes Urteil über die Veräußerlichung des Glaubens vor Augen. Wir können aus dieser Geschichte eine Lehre ziehen: Um Gott zu begegnen, braucht es die Reinigung des Herzens von Schuld und Sünde und die Abwendung von allem, was uns auf dem Weg zu Gott behindert.

Wir beten:

Herr, unser Gott, du schaust auf unsere Gesinnung und unser Herz. Laß uns in Kraft und Weisheit deinem Sohn nachfolgen, der mit dir lebt und herrscht in Ewigkeit.

4. Fastensonntag

Gott rettet die Menschen

1. Lesung: 2 Chr 36,14–16.19–23 2. Lesung: Eph 2,4–10 Evangelium: Joh 3,14–21

Es gehört zu den Grundüberzeugungen der Christen, daß Gott die Menschen aus der Knechtschaft befreit. Das Osterfest war für das Volk Israel die Gedächtnisfeier des Auszugs aus Ägypten, der Befreiung aus der Knechtschaft und der Berufung in ein neues Land. Der Gedanke eines solchen Aufbruchs bestimmt die liturgischen Texte. Gott hält seinem Volk trotz allen Versagens die Treue und führt es aus der Babylonischen Gefangenschaft zurück (1. Lesung). Den Christen ist eine neue Heimat verheißen: »Gott hat uns mit Christus auferweckt und uns zusammen mit ihm einen Platz im Himmel gegeben« (2. Lesung). Im Kreuz Christi offenbart sich die Liebe Gottes, die jeden, der diese Liebe gläubig aufnimmt, zu neuem Leben und zum Licht führen will (Evangelium).

Wir hören aus dem Johannesevangelium:

In jener Zeit sprach Jesus zu Nikodemus: [14]
Wie Mose die Schlange in der Wüste erhöht
hat, so muß der Menschensohn erhöht wer-
den, [15] damit jeder, der (an ihn) glaubt, in ihm
das ewige Leben hat. [16] Denn Gott hat die
Welt so sehr geliebt, daß er seinen einzigen
Sohn hingab, damit jeder, der an ihn glaubt,
nicht zugrunde geht, sondern das ewige Le-
ben hat. [17] Denn Gott hat seinen Sohn nicht in
die Welt gesandt, damit er die Welt richtet,
sondern damit die Welt durch ihn gerettet
wird. [18] Wer an ihn glaubt, wird nicht gerich-
tet; wer nicht glaubt, ist schon gerichtet, weil
er an den Namen des einzigen Sohnes Gottes
nicht geglaubt hat. [19] Denn mit dem Gericht
verhält es sich so: Das Licht kam in die Welt,
und die Menschen liebten die Finsternis
mehr als das Licht; denn ihre Taten waren
böse. [20] Jeder, der Böses tut, haßt das Licht
und kommt nicht zum Licht, damit seine
Taten nicht aufgedeckt werden. [21] Wer aber
die Wahrheit tut, kommt zum Licht, damit
offenbar wird, daß seine Taten in Gott voll-
bracht sind.

Wir besinnen uns:

Wir erleben es immer wieder als beglückend, wenn wir in der Nähe von Menschen sein dürfen, die uns lieben. Solche Erfahrung erhält und stärkt die Gemeinschaft. Im Kreuz seines Sohnes hat uns Gott ein Zeichen seiner Liebe geschenkt. Der gläubige Blick auf das Kreuz kann für uns immer wieder Erinnerung sein, daß Gott zu uns steht: Gott ist für uns bis zum Äußersten gegangen. Wir wissen, daß er uns retten will. Deshalb können wir ohne Angst leben. Auf dem Weg nach Ostern wollen wir die Hand des Herrn ergreifen und furchtlos mit ihm gehen.

Wir beten:

Guter und treuer Gott, du willst uns retten. Du führst uns auf den rechten Weg und bietest uns im Kreuz deines Sohnes Heil und Leben an. Laß uns die Werke der Finsternis meiden und in deinem Lichte wohnen. Durch Christus, unseren Herrn.

5. Fastensonntag

Eine neue Lebensweise

1. Lesung: Jer 31,31–34 2. Lesung: Hebr 5,7–9 Evangelium: Joh 12,20–33

Wir Menschen machen oft die Erfahrung, wie schwierig es ist, zerbrochene Beziehungen wieder herzustellen. Das Volk Israel hat sich immer wieder gefragt, wie der Bund mit Gott, der durch die Sünde gebrochen ist, wieder hergestellt werden kann. Diesem Volk, das seine eigene Schwäche kennt, verheißt der Prophet, daß Gott selber einen neuen Bund schließen wird, indem er die Herzen der Menschen wandelt (1. Lesung). In Jesus Christus ist diese Verheißung erfüllt. Denn er ist durch sein Leiden »für alle, die ihm gehorchen, der Urheber des ewigen Heiles geworden« (2. Lesung). Der Gekreuzigte zieht alle an sich und so entsteht das neue Volk Gottes (Evangelium).

Wir hören aus dem Johannesevangelium:

In jener Zeit traten [20] einige Griechen, die
beim Osterfest in Jerusalem Gott anbeten
wollten, [21] an Philippus heran, der aus Betsai-
da in Galiläa stammte, und sagten zu ihm:
Herr, wir möchten Jesus sehen. [22] Philippus
ging und sagte es Andreas; Andreas und
Philippus gingen und sagten es Jesus. [23]
Jesus aber antwortete ihnen: Die Stunde ist
gekommen, daß der Menschensohn verherr-
licht wird. [24] Amen, amen, ich sage euch:
Wenn das Weizenkorn nicht in die Erde fällt
und stirbt, bleibt es allein; wenn es aber
stirbt, bringt es reiche Frucht. [25] Wer an
seinem Leben hängt, verliert es; wer aber
sein Leben in dieser Welt gering achtet, wird
es bewahren bis ins ewige Leben. [26] Wenn
einer mir dienen will, folge er mir nach; und
wo ich bin, dort wird auch mein Diener sein.
Wenn einer mir dient, wird der Vater ihn
ehren. [27] Jetzt ist meine Seele erschüttert.
Was soll ich sagen: Vater, rette mich aus
dieser Stunde? Aber deshalb bin ich in diese
Stunde gekommen. [28] Vater, verherrliche dei-
nen Namen! Da kam eine Stimme vom Him-
mel: Ich habe ihn schon verherrlicht und
werde ihn wieder verherrlichen. [29] Die Menge,
die dabeistand und das hörte, sagte: Es hat
gedonnert. Andere sagten: Ein Engel hat zu

Wenn das Weizenkorn stirbt, bringt es viele Frucht. Kreuzigungstafel, um 1400, Neustift.

ihm geredet. [30] Jesus antwortete und sagte: Nicht mir galt diese Stimme, sondern euch. [31] Jetzt wird Gericht gehalten über diese Welt; jetzt wird der Herrscher dieser Welt hinausgeworfen werden. [32] Und ich, wenn ich über die Erde erhöht bin, werde alle zu mir ziehen. [33] Das sagte er, um anzudeuten, auf welche Weise er sterben werde.

Wir besinnen uns:

In unserer Gesellschaft herrscht weithin das Recht des Stärkeren. Jeder nimmt, so viel er bekommen kann, und wer zu schwach ist, hat von vornherein verloren. Das Evangelium will uns eine andere Lebensweise lehren. Jesus hat sich hingegeben wie ein Weizenkorn, das stirbt, damit neues Leben wachsen kann.

Wir beten:

Vater im Himmel, wie ein Weizenkorn in die Erde fällt und stirbt, so hat dein Sohn sein Leben hingegeben. Wir bitten dich: Gib uns Kraft zu einer Lebensweise, die sich am Beispiel deines Sohnes ausrichtet, der mit dir lebt und herrscht in Ewigkeit.

Palmsonntag vom Leiden des Herrn

Macht und Ohnmacht des Kreuzes

1. Lesung: Jes 50,4–7
2. Lesung: Phil 2,6–11
Evangelium zur Palmweihe: Mk 11,1–10
Evangelium zur Eucharistiefeier: Mk 15,1–39 (Leidensgeschichte, s.S. 456)

Der Palmsonntag eröffnet die Feier der Heiligen Woche, in der wir in besonderer Weise den Tod und die Auferstehung Jesu Christi im Gottesdienst feiern. Die Palmprozession steht noch ganz im Zeichen des Kommens Jesu nach Jerusalem, doch kündigt sich bereits das Leiden an: Der als König empfangen wird, soll bald als König seines Volkes sterben (Evangelium zur Prozession). Die Lesungen der Meßfeier führen uns darum mit Jesus auf den Weg des Leidens, den er wie der alttestamentliche Gottesknecht geht, der seinen Rücken denen hinhielt, die ihn schlugen (1. Lesung). In diesem Weg zeigt sich die Macht der Liebe Gottes, die im Brief an die Philipper mit einem alten christlichen Lied besungen wird: »Christus ... erniedrigte sich und war gehorsam bis zum Tod, bis zum Tod am Kreuz« (2. Lesung). In der Leidensgeschichte zeigt Markus die allmähliche Offenbarung des Geheimnisses Jesu. Bei seinem Tod zerreißt der Vorhang des Tempels und der heidnische Hauptmann bekennt ihn als den Sohn Gottes (Evangelium).Bei der Palmweihe wird ein Evangelienabschnitt gelesen, in dem die Menschen die Würde Jesu, des Sohnes Davids, und die Würde des Propheten Jesus erkennen.

Wir hören aus dem Markusevangelium (zur Palmweihe):

Es war einige Tage vor dem Osterfest. [1] Als sie in die Nähe von Jerusalem kamen, nach Betfage und Betanien am Ölberg, schickte er zwei seiner Jünger voraus. [2] Er sagte zu ihnen: Geht in das Dorf, das vor euch liegt; gleich wenn ihr hineinkommt, werdet ihr einen jungen Esel angebunden finden, auf dem noch nie ein Mensch gesessen hat. Bindet ihn los, und bringt ihn her! [3] Und wenn jemand zu euch sagt: Was tut ihr da?, dann antwortet: Der Herr braucht ihn; er läßt ihn bald wieder zurückbringen. [4] Da machten sie sich auf den Weg und fanden außen an einer Tür an der Straße einen jungen Esel angebunden, und sie banden ihn los. [5] Einige, die dabeistanden, sagten zu ihnen: Wie kommt ihr dazu, den Esel loszubinden? [6] Sie gaben ihnen zur Antwort, was Jesus gesagt hatte, und man ließ sie gewähren. [7] Sie brachten den jungen Esel zu Jesus, legten ihre Kleider auf das Tier und er setzte sich darauf. [8] Und viele breiteten ihre Kleider auf der Straße

»Siehe, dein König kommt zu dir. Er ist friedfertig und er reitet auf einer Eselin« (Mt 21,5). Einzug Jesu in Jerusalem. Initiale aus dem Kodex Coulemborch, Anfang 15. Jh., Priesterseminar Brixen.

aus; andere rissen auf den Feldern Zweige von den Büschen ab und streuten sie auf den Weg. [9] Die Leute, die vor ihm hergingen und die ihm folgten, riefen: Hosanna! Gesegnet sei er, der kommt im Namen des Herrn! [10] Gesegnet sei das Reich unseres Vaters David, das nun kommt. Hosanna in der Höhe!

Wir besinnen uns:

Der Jubel vor Jerusalem gilt nicht einem Mächtigen, sondern dem Mann, der wenige Tage später sein Leben hingeben wird. Wer diesem Jesus zustimmt, sollte darüber nachdenken, wie aufrichtig das gemeint ist. Denn auch heute geht man mit ihm nicht auf den breiten Straßen des irdischen Erfolges, sondern auf den engen Pfaden des Einsatzes und der Hingabe.

Wir beten:

Allmächtiger, ewiger Gott, dein Sohn hat sich bis zum Tod am Kreuz erniedrigt und die Sünden der Menschen auf sich genommen. Hilf uns, daß wir mit ihm im Leiden ausharren und zur Herrlichkeit der Auferstehung gelangen. Durch ihn, Christus, unseren Herrn.

Heil'ge Mutter, drück die Wunden, die dein Sohn für mich empfunden, tief in meine Seele ein. Beweinung Christi. Karl Plattner, 1952, Mals.

Ostersonntag – Hochfest der Auferstehung des Herrn (Texte wie im Lesejahr A)

2. Sonntag der Osterzeit – Weißer Sonntag

Die weltverändernde Kraft des Glaubens

1. Lesung: Apg 4,32–35 | 2. Lesung: 1 Joh 5,1–6 | Evangelium: Joh 20,19–31

Die Auferstehung Jesu Christi hat eine gewaltige Bewegung in Gang gesetzt. Die zerstreute Schar der Jünger Jesu wächst zu einer Gemeinschaft der Liebe zusammen, die in der damaligen Welt nicht ihresgleichen hatte: »Keiner nannte etwas von dem, was er hatte, sein Eigentum, sondern sie hatten alles gemeinsam« (1. Lesung). Der Glaube hat weltverändernde Kraft: »Das ist der Sieg, der die Welt besiegt hat: unser Glaube« (2. Lesung). Schon bald bilden sich in allen Teilen der damals bekannten Welt christliche Gemeinden. Zweifelnde, wie der Apostel Thomas, werden durch die Begegnung mit dem Auferstandenen zu Zeugen seiner Macht (Evangelium).

Wir hören aus dem Johannesevangelium:

Am Abend dieses ersten Tages der Woche, als die Jünger aus Furcht vor den Juden die Türen verschlossen hatten, kam Jesus, trat in ihre Mitte und sagte zu ihnen: Friede sei mit euch! [20] Nach diesen Worten zeigte er ihnen seine Hände und seine Seite. Da freuten sich die Jünger, daß sie den Herrn sahen. [21] Jesus sagte noch einmal zu ihnen: Friede sei mit euch! Wie mich der Vater gesandt hat, so sende ich euch. [22] Nachdem er das gesagt hatte, hauchte er sie an und sprach zu ihnen: Empfangt den Heiligen Geist! [23] Wem ihr die Sünden vergebt, dem sind sie vergeben; wem ihr die Vergebung verweigert, dem ist sie verweigert. [24] Thomas, genannt Didymus (Zwilling), einer der Zwölf, war nicht bei ihnen, als Jesus kam. [25] Die anderen Jünger sagten zu ihm: Wir haben den Herrn gesehen. Er entgegnete ihnen: Wenn ich nicht die Male der Nägel an seinen Händen sehe und wenn ich meinen Finger nicht in die Male der Nägel und meine Hand nicht in seine Seite lege, glaube ich nicht. [26] Acht Tage darauf waren seine Jünger wieder versammelt, und Thomas war dabei. Die Türen waren verschlossen. Da kam Jesus, trat in ihre Mitte und sagte: Friede sei mit euch! [27] Dann sagte er zu Thomas: Streck deinen Finger aus – hier sind meine Hände! Streck deine Hand aus und leg sie in meine Seite, und sei nicht ungläubig, sondern gläubig! [28] Thomas antwortete ihm: Mein Herr und mein Gott! [29] Jesus sagte zu ihm: Weil du mich gesehen hast, glaubst du. Selig sind, die nicht sehen und doch glauben. [30] Noch viele andere Zeichen, die in diesem Buch nicht aufgeschrieben sind, hat Jesus vor den Augen seiner Jünger getan. [31] Diese aber sind aufgeschrieben, damit ihr glaubt, daß Jesus der Messias ist, der Sohn Gottes, und damit ihr durch den Glauben das Leben habt in seinem Namen.

Wir besinnen uns:

Auch wir müssen uns oft mit Einwänden gegen den Glauben auseinandersetzen. Das Evangelium vom »ungläubigen Thomas« zeigt, wie der Apostel den Weg des Glaubens geht und wie ihm Jesus dabei hilft. Das Evangelium stärkt uns im Glauben, so daß es auch für uns ein freudiges Bekenntnis ist, wenn wir sagen können: »Mein Herr und mein Gott!«.

Wir beten:

Gott, du Sehnsucht des menschlichen Herzens, du hast deinen Sohn vom Tod zum Leben erweckt und uns in der Taufe zu neuer Hoffnung geboren. Stärke unseren Glauben und laß uns seine weltverändernde Kraft verspüren. Durch Christus, unseren Herrn.

Frauen suchen den Herrn. 17. Jh., Churburg, Schluderns.

3. Sonntag der Osterzeit

Den Glauben bezeugen

1. Lesung: Apg 3,12a.,13–15.17–19 | 2. Lesung: 1 Joh 2,1–5a | Evangelium: Lk 24,35–48

Die Botschaft von Ostern eröffnet neue Möglichkeiten – damals und heute. Der Auferstandene selbst gibt sich seinen Jüngern zu erkennen und zeigt neue Wege auf (Evangelium). Dieser Neubeginn wird den Menschen geschenkt, wenn sie Jesus, den Urheber des Lebens, anerkennen und sich die Mahnung der apostolischen Predigt zu Herzen nehmen: »Also kehrt um und tut Buße, damit eure Sünden getilgt werden« (1. Lesung). Dieser Neubeginn ist möglich, weil wir Jesus als Beistand beim Vater haben (2. Lesung).

Wir hören aus dem Lukasevangelium:

Die beiden Jünger, die von Emmaus zurückgekehrt waren, erzählten den Elf und den anderen Jüngern, was sie unterwegs erlebt und wie sie Jesus erkannt hatten, als er das Brot brach. 36 Während sie noch darüber redeten, trat er selbst in ihre Mitte und sagte zu ihnen: Friede sei mit euch! 37 Sie erschraken und hatten große Angst, denn sie meinten, einen Geist zu sehen. 38 Da sagte er zu ihnen: Was seid ihr so bestürzt? Warum laßt ihr in eurem Herzen solche Zweifel aufkommen? 39 Seht meine Hände und meine Füße an: Ich bin es selbst. Faßt mich doch an, und begreift: Kein Geist hat Fleisch und Knochen, wie ihr es bei mir seht. 40 Bei diesen Worten zeigte er ihnen seine Hände und Füße. 41 Sie staunten, konnten es aber vor Freude immer noch nicht glauben. Da sagte er zu ihnen: Habt ihr etwas zu essen hier? 42 Sie gaben ihm ein Stück gebratenen Fisch; 43 er nahm es und aß es vor ihren Augen. 44 Dann sprach er zu ihnen: Das sind die Worte, die ich zu euch gesagt habe, als ich noch bei euch war: Alles muß in Erfüllung gehen, was im Gesetz des Mose, bei den Propheten und in den Psalmen über mich gesagt ist. 45 Darauf öffnete er ihnen die Augen für das Verständnis der Schrift. 46 Er sagte zu ihnen: So steht es in der Schrift: Der Messias wird leiden und am dritten Tag von den Toten auferstehen, 47 und in seinem Namen wird man allen Völkern, angefangen in Jerusalem, verkünden, sie sollen umkehren, damit ihre Sünden vergeben werden. 48 Ihr seid Zeugen dafür.

Wir besinnen uns:

Der Gekreuzigte hat sich seinen Jüngern als Lebender offenbart; sie haben verstanden, daß der Tod nun nicht mehr das letzte Wort über unser Leben hat. Voll Freude verkündeten sie es aller Welt, und wie eine Welle breitete sich diese gute Nachricht aus. Sie ist aus unserer Welt nicht mehr wegzudenken. Auch wenn wir nur langsam in den Glauben hineinwachsen und darin oft noch Schwierigkeiten haben, dürfen wir trotzdem Zeugen der Botschaft Christi sein.

Wir beten:

Vater unseres Herrn Jesus Christus, durch Tod und Auferstehung deines Sohnes hast du uns Versöhnung und einen neuen Anfang geschenkt. Bekehre unsere Herzen zu dir und laß uns Zeugen deiner Liebe sein. Durch Christus, unseren Herrn.

4. Sonntag der Osterzeit

Der gute Hirt

1. Lesung: Apg 4,8–12	2. Lesung: 1 Joh 3,1–2	Evangelium: Joh 10,11–18

Die Bibel verkündet auf vielen Seiten die Liebe Gottes zu den Menschen. Die tiefste Offenbarung dieser Liebe gibt Jesus in einem ganz einfachen Bild, das den Menschen in Palästina vertraut war und auch uns heute noch anrührt: »Der gute Hirt« (Evangelium). In der kargen Landschaft Palästinas kennt der Hirt die wenigen Grasstellen und die Quellen. Er bemüht sich um jedes einzelne Schaf. Zwischen Jesus und den Seinen bestehen sehr enge persönliche Beziehungen; Jesus gibt das Leben für die Seinen. Die Kirche verkündet Jesus als den Retter und Heiland: »In keinem anderen ist das Heil zu finden« (1. Lesung). Freilich erkennt die Welt ihn nicht an und lehnt auch jene ab, die mit Jesus verbunden sind: »Die Welt erkennt uns nicht, weil sie ihn nicht erkannt hat« (2. Lesung).

Wir hören aus dem Johannesevangelium:

In jener Zeit sprach Jesus: 11 Ich bin der gute Hirt. Der gute Hirt gibt sein Leben hin für die Schafe. 12 Der bezahlte Knecht aber, der nicht Hirt ist und dem die Schafe nicht gehören, läßt die Schafe im Stich und flieht, wenn er den Wolf kommen sieht; und der Wolf reißt sie und jagt sie auseinander. Er flieht, 13 weil er nur ein bezahlter Knecht ist und ihm an den Schafen nichts liegt. 14 Ich bin der gute Hirt; ich kenne die Meinen, und die Meinen kennen mich, 15 wie mich der Vater kennt und ich den Vater kenne; und ich gebe mein Leben hin für die Schafe. 16 Ich habe noch andere Schafe, die nicht aus diesem Stall sind; auch sie muß ich führen, und sie werden auf meine Stimme hören; dann wird es nur eine Herde geben und einen Hirten. 17 Deshalb liebt mich der Vater, weil ich mein Leben hingebe, um es wieder zu nehmen. 18 Niemand entreißt es mir, sondern ich gebe es aus freiem Willen hin. Ich habe Macht, es hinzugeben, und ich habe Macht, es wieder zu nehmen. Diesen Auftrag habe ich von meinem Vater empfangen.

Der geliebte Jünger an der Brust Jesu. Detail aus dem Abendmahl, Meister Leonhard von Brixen, 1473, Mellaun.

Wir besinnen uns:

Viele Menschen sind aufgetreten und haben sich als mächtig und unüberwindlich ausgegeben. Sie haben Millionen Menschen für ihre Ideen in den Tod geschickt. Der einzige, der wirklich Macht hatte, hat nicht andere für seine Pläne sterben lassen. Er ist selbst gestorben, damit die anderen leben: Als der Gute Hirt hat Jesus sein Leben hingegeben für seine Schafe. Dies gibt uns die Kraft, unsere Lebensaufgabe treu zu erfüllen und uns für andere einzusetzen.

Wir beten:

Getreuer Gott, als der Gute Hirt hat dein Sohn für uns sein Leben hingegeben. Am Weltgebetstag um geistliche Berufe bitten wir dich: Schenke uns Menschen, die an der Hirtensorge deines Sohnes teilnehmen. Durch Christus, unseren Herrn.

5. Sonntag der Osterzeit

Mit Christus verbunden bleiben

1. Lesung: Apg 9,26–31 — 2. Lesung: 1 Joh 3,18–24 — Evangelium: Joh 15,1–8

An mehreren Sonntagen der Osterzeit werden Abschnitte aus der Abschiedsrede Jesu gelesen. Vor seinem Tod geht Jesus auf die Fragen seiner Jünger ein. Die Jünger sind besorgt, ob sie wohl ohne die sichtbare Gegenwart Jesu im Glauben und in der Liebe bestehen können. Mit dem Bild vom Weinstock und den Reben offenbart ihnen Jesus, daß sie bestehen können, wenn sie mit ihm verbunden bleiben (Evangelium). Der Auferstandene gibt den Jüngern Anteil an seinem Leben und an seinem Geist. Die erste christliche Gemeinde hat auf vielfältige Weise diese Nähe des Herrn erfahren, sowohl im wunderbaren Wachstum der Gemeinde, als auch in der tatkräftigen Liebe der Christen untereinander: »Die Kirche wuchs durch die Hilfe des Heiligen Geistes« (1. Lesung). »Wer seine Gebote hält, bleibt in Gott und Gott in ihm. Und daß er in uns bleibt, erkennen wir an dem Geist, den er uns gegeben hat« (2. Lesung).

Wir hören aus dem Johannesevangelium:

In jener Zeit sprach Jesus zu seinen Jüngern: [1] Ich bin der wahre Weinstock, und mein Vater ist der Winzer. [2] Jede Rebe an mir, die keine Frucht bringt, schneidet er ab, und jede Rebe, die Frucht bringt, reinigt er, damit sie mehr Frucht bringt. [3] Ihr seid schon rein durch das Wort, das ich zu euch gesagt habe. [4] Bleibt in mir, dann bleibe ich in euch. Wie die Rebe aus sich keine Frucht bringen kann, sondern nur, wenn sie am Weinstock bleibt, so könnt auch ihr keine Frucht bringen, wenn ihr nicht in mir bleibt. [5] Ich bin der Weinstock, ihr seid die Reben. Wer in mir bleibt und in wem ich bleibe, der bringt reiche Frucht; denn getrennt von mir könnt ihr nichts vollbringen. [6] Wer nicht in mir bleibt, wird wie die Rebe weggeworfen, und er verdorrt. Man sammelt die Reben, wirft sie ins Feuer, und sie verbrennen. [7] Wenn ihr in mir bleibt und wenn meine Worte in euch bleiben, dann bittet um alles, was ihr wollt: Ihr werdet es erhalten. [8] Mein Vater wird dadurch verherrlicht, daß ihr reiche Frucht bringt und meine Jünger werdet.

Wir besinnen uns:

Jede Gemeinschaft braucht das Gespräch und den Austausch. Ohne den lebendigen Kontakt gehen Freundschaften auseinander und stirbt die Liebe. Auch die Gemeinschaft mit Jesus Christus bedarf der immerwährenden Verbindung. Unser Glaube wäre sonst in der Gefahr, von innen her auszutrocknen. Das Gleichnis vom Weinstock zeigt uns, wie notwendig es ist, mit Christus verbunden zu sein.

Wir beten:

O Gott, in deinem Sohn Jesus Christus hast du uns zu geschwisterlicher Liebe berufen. Laß uns mit ihm verbunden bleiben und aus dieser Lebensgemeinschaft Frucht bringen. Durch ihn, Christus, unseren Herrn.

6. Sonntag der Osterzeit

Ich nenne euch Freunde

1. Lesung: Apg 10,25–26.34–35.44–48 2. Lesung: 1 Joh 4,7–10 Evangelium: Joh 15,9–17

Wo man zu Hause ist, dort kann man unbekümmert eintreten; wo man fremd und unbekannt ist, muß man zunächst Distanz halten. Bei Gott haben wir Heimatrecht, denn wir sind von seinem Sohn als »Freunde« anerkannt und sollen bei ihm Wohnung nehmen (Evangelium). Christi Tod am Kreuz hat die Fremdheit zwischen Gott und den Menschen weggenommen; niemand braucht nun abseits zu stehen. Gott sieht »nicht auf die Person, ihm ist aus jedem Volke willkommen, wer ihn fürchtet und tut, was recht ist« (1. Lesung). Der Weg in seine Nähe aber ist die Liebe, »denn die Liebe ist aus Gott, und jeder, der liebt, stammt von Gott und erkennt Gott« (2. Lesung).

Wir hören aus dem Johannesevangelium:

In jener Zeit sprach Jesus zu seinen Jüngern: 9 Wie mich der Vater geliebt hat, so habe auch ich euch geliebt. Bleibt in meiner Liebe! 10 Wenn ihr meine Gebote haltet, werdet ihr in meiner Liebe bleiben, so wie ich die Gebote meines Vaters gehalten habe und in seiner Liebe bleibe. 11 Dies habe ich euch gesagt, damit meine Freude in euch ist und damit eure Freude vollkommen wird. 12 Das ist mein Gebot: Liebt einander, so wie ich euch geliebt habe. 13 Es gibt keine größere Liebe, als wenn einer sein Leben für seine Freunde hingibt. 14 Ihr seid meine Freunde, wenn ihr tut, was ich euch auftrage. 15 Ich nenne euch nicht mehr Knechte; denn der Knecht weiß nicht, was sein Herr tut. Vielmehr habe ich euch Freunde genannt; denn ich habe euch alles mitgeteilt, was ich von meinem Vater gehört habe. 16 Nicht ihr habt mich erwählt, sondern ich habe euch erwählt und dazu bestimmt, daß ihr euch aufmacht und Frucht bringt und daß eure Frucht bleibt. Dann wird euch der Vater alles geben, um was ihr ihn in meinem Namen bittet. 17 Dies trage ich euch auf: Liebt einander!

Wir besinnen uns:

Es bedeutet sehr viel, wenn Jesus uns als seine Freunde bezeichnet. Ein Freund ist weit mehr als ein beliebiger Bekannter. Wenn ich einen Menschen meinen Freund nenne, dann weiß ich: Er steht mir nahe, ich werde mich für ihn einsetzen, er kann auf meine Zuneigung und Hilfe setzen. Als Freunde Christi wissen wir: Christus tritt für uns ein, er verteidigt uns; aber auch wir stehen zu ihm.

Wir beten:

Gott, du hast uns die Freundschaft deines Sohnes geschenkt. Gieße deinen Geist über uns aus, damit wir einander lieben, wie du uns liebst. Durch Christus, unseren Herrn.

Christi Himmelfahrt

Jesus wurde von Gott erhöht

1. Lesung: Apg 1,1–11 | 2. Lesung: Eph 1,17–23 | Evangelium: Mk 16,15–20

Bei seiner Himmelfahrt hat Jesus diese Welt nicht verlassen. Er ist weiterhin bei den Menschen, zwar nicht mehr irdisch sichtbar, doch begleitet er helfend und schützend den Weg der Boten (1. Lesung). Durch die Aufnahme in die Herrlichkeit des Himmels hat der Vater das Werk seines Sohnes bestätigt und ihn vor den Engeln und Menschen erhöht. Als Herr der Welt und der Kirche begleitet Christus den Weg der Glaubenden (2. Lesung). Er beauftragt die Jünger, den Glauben zu verkünden, und verheißt ihnen seinen Schutz (Evangelium).

Wir hören aus dem Markusevangelium:

In jener Zeit erschien Jesus den Elf [15] und sprach zu ihnen: Geht hinaus in die ganze Welt, und verkündet das Evangelium allen Geschöpfen! [16] Wer glaubt und sich taufen läßt, wird gerettet; wer aber nicht glaubt, wird verdammt werden. [17] Und durch die, die zum Glauben gekommen sind, werden folgende Zeichen geschehen: In meinem Namen werden sie Dämonen austreiben; sie werden in neuen Sprachen reden; [18] wenn sie Schlangen anfassen oder tödliches Gift trinken, wird es ihnen nicht schaden; und die Kranken, denen sie die Hände auflegen, werden gesund werden. [19] Nachdem Jesus, der Herr, dies zu ihnen gesagt hatte, wurde er in den Himmel aufgenommen und setzte sich zur Rechten Gottes. [20] Sie aber zogen aus und predigten überall. Der Herr stand ihnen bei und bekräftigte die Verkündigung durch die Zeichen, die er geschehen ließ.

Wir besinnen uns:

Die Jünger Jesu, die das Evangelium verkünden, begegnen verschiedensten Widerständen. Sie brauchen die Gewißheit, daß sie unter Gottes Schutz stehen. Christen haben immer wieder gespürt, welche Kraft vom Wort Gottes ausgeht und wie sehr Gott seine Boten begleitet.

Wir beten:

Gott und Vater, in der Himmelfahrt deines Sohnes hast du die ganze Menschheit zu dir erhöht. Erfülle uns mit Freude darüber, daß Christus unseren Lebensweg begleitet, bis sich auch unser Leben vollendet in der Gemeinschaft mit dir. Durch Christus, unseren Herrn.

»Ich bin bei euch alle Tage bis zum Ende der Welt« (Mt 28,20). Martin Knoller, 1799, Stiftspfarrkirche Gries, Bozen. →

7. Sonntag der Osterzeit

In Südtirol wird an diesem Sonntag das Hochfest Christi Himmelfahrt gefeiert

Geheiligt in der Wahrheit

1. Lesung: Apg 1,15–17.20a.c–26 | 2. Lesung: 1 Joh 4,11–16 | Evangelium: Joh 17,6a.11b–19

Die Lesungen dieses Sonntags entfalten einen Gedanken aus dem Auftrag, den Jesus seinen Jüngern vor der Himmelfahrt gegeben hat: Sie sind gesendet in die Welt. Für diesen Auftrag bereiten sich die Apostel vor, indem sie Matthias an Stelle von Judas zum Zeugen der Auferstehung wählen (1. Lesung). Der Sendungsauftrag Jesu wird auch durch die Liebe erfüllt: »... wenn Gott uns so geliebt hat, müssen auch wir einander lieben« (2. Lesung). Jesus selbst betet im Hohepriesterlichen Gebet für die Jünger, daß sie ihrer Sendung treu bleiben: Sie sind geheiligt in der Wahrheit, d. h. sie sind auserwählt und stehen auf der Seite Jesu und sind Gesandte des Wortes der Wahrheit (Evangelium).

Wir hören aus dem Johannesevangelium:

In jener Zeit erhob Jesus seine Augen zum
Himmel und betete: [6a] Vater, ich habe deinen
Namen den Menschen offenbart, die du mir
aus der Welt gegeben hast. [11b] Heiliger Vater,
bewahre sie in deinem Namen, den du mir
gegeben hast, damit sie eins sind wie wir. [12]
Solange ich bei ihnen war, bewahrte ich sie in
deinem Namen, den du mir gegeben hast.
Und ich habe sie behütet, und keiner von
ihnen ging verloren, außer dem Sohn des
Verderbens, damit sich die Schrift erfüllt. [13]
Aber jetzt gehe ich zu dir. Doch dies rede ich
noch in der Welt, damit sie meine Freude in
Fülle in sich haben. [14] Ich habe ihnen dein
Wort gegeben, und die Welt hat sie gehaßt,
weil sie nicht von der Welt sind, wie auch ich
nicht von der Welt bin. [15] Ich bitte nicht, daß
du sie aus der Welt nimmst, sondern daß du
sie vor dem Bösen bewahrst. [16] Sie sind nicht
von der Welt, wie auch ich nicht von der Welt
bin. [17] Heilige sie in der Wahrheit; dein Wort
ist Wahrheit. [18] Wie du mich in die Welt
gesandt hast, so habe auch ich sie in die Welt
gesandt. [19] Und ich heilige mich für sie, damit
auch sie in der Wahrheit geheiligt sind.

Wir besinnen uns:

In der Osterzeit werden uns immer wieder Merkmale christlicher Existenz vor Augen geführt: Wir sind zu neuem Leben berufen, wir sollen Zeugen sein, wir sind mit Christus auf dem Weg. Zu diesen Merkmalen christlichen Lebens gehört auch, daß wir beschenkt sind durch Gottes Wort, daß wir geheiligt sind und auf der Seite Jesu Christi stehen. Diese Heiligung in der Wahrheit bedeutet auch den Auftrag, dieses Wort weiterzutragen.

Wir beten:

Allmächtiger Gott, du hast uns durch deinen Sohn das Wort der Wahrheit geschenkt. Hilf uns, daß wir uns durch dieses Wort heiligen und verwandeln lassen und es zu den Menschen tragen. Durch Christus, unseren Herrn.

Im Namen des Vaters und des Sohnes und des Heiligen Geistes. Initiale, 15. Jh., Brixen. →

8. Sonntag der Osterzeit – Pfingsten (Texte wie im Lesejahr A)

Dreifaltigkeitssonntag

Gott ist Gemeinschaft

1. Lesung: Dtn 4,32–34.39–40 | 2. Lesung: Röm 8,14–17 | Evangelium: Mt 28,16–20

Das Kreuzzeichen ist für Christen ein wichtiger Ausdruck des Glaubens an den dreifaltigen Gott. Dieses Zeichen erinnert uns an Gott, der in der Geschichte der Menschheit von Anfang an wirkt (1. Lesung); es erinnert uns immer neu an die Wirksamkeit des Geistes Gottes in unserem Leben, und es stellt uns in den liebenden Austausch zwischen Vater, Sohn und Heiligem Geist (Evangelium). Da uns Gott in eine solche Nähe ruft, dürfen wir ihn auch mit jenem Wort anreden, mit dem schon Jesus in seiner aramäischen Muttersprache zu Gott gebetet hat: »Abba – lieber Vater« (2. Lesung).

Wir hören aus dem Matthäusevangelium:

In jener Zeit [16] gingen die elf Jünger nach Galiläa auf den Berg, den Jesus ihnen genannt hatte. [17] Und als sie Jesus sahen, fielen sie vor ihm nieder. Einige aber hatten Zweifel. [18] Da trat Jesus auf sie zu und sagte zu ihnen: Mir ist alle Macht gegeben im Himmel und auf der Erde. [19] Darum geht zu allen Völkern, und macht alle Menschen zu meinen Jüngern; tauft sie auf den Namen des Vaters und des Sohnes und des Heiligen Geistes, [20] und lehrt sie, alles zu befolgen, was ich euch geboten habe. Seid gewiß: Ich bin bei euch alle Tage bis zum Ende der Welt.

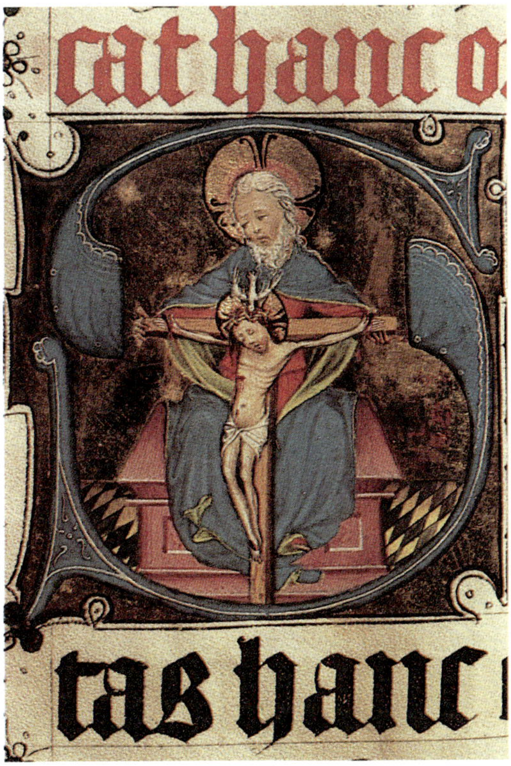

Wir besinnen uns:

Wir sind getauft »im Namen des Vaters und des Sohnes und des Heiligen Geistes«. Gott ist seinem Wesen nach Gemeinschaft und dadurch Lebensquelle und Vorbild jeder menschlichen Gemeinschaft. Der Glaube an den dreieinigen Gott soll das Verhalten in der Familie/Gemeinschaft, in der Pfarrgemeinde und in der Gesellschaft prägen. Jedes Kreuzzeichen, das wir machen, soll uns daran erinnern: Wir sind hineingestellt in die Liebe des Vaters, des Sohnes und des Heiligen Geistes und sollen uns von dieser Liebe tragen lassen.

Wir beten:

Dreifaltiger Gott, du läßt uns teilhaben an deinem Leben und an deiner Gemeinschaft. Mach uns sehend für deine Liebe und für dein Wirken in unserer Zeit, der du lebst und herrschst in Ewigkeit.

Fronleichnam – Hochfest des Leibes und Blutes Christi

Der Neue Bund

1. Lesung: Ex 24,3–8 | 2. Lesung: Hebr 9,11–15 | Evangelium: Mk 14,12–16.22–26

Menschen schließen Verträge und Bündnisse, in denen die gegenseitigen Verpflichtungen festgehalten werden. Auch das Verhältnis zwischen Gott und den Menschen ist durch einen solchen »Bund« geregelt, freilich durch einen Bund ganz eigener Art. Gott schenkt dem Volk seine Liebe und erwartet als Antwort Bundestreue; mit einem Opfer wird der Bund besiegelt (1. Lesung). Durch Jesus wird der neue Bund geschlossen: Durch sein Opfer am Kreuz ist er »der Mittler des neuen Bundes« (2. Lesung). Durch die Einsetzung der Eucharistie besiegelt Jesus den neuen Bund (Evangelium).

Wir hören aus dem Markusevangelium:

Am ersten Tag des Festes der Ungesäuerten Brote, an dem man das Paschalamm schlachtete, sagten die Jünger zu Jesus: Wo sollen wir das Paschamahl für dich vorbereiten? [13] Da schickte er zwei seiner Jünger voraus und sagte zu ihnen: Geht in die Stadt; dort wird euch ein Mann begegnen, der einen Wasserkrug trägt. Folgt ihm, [14] bis er in ein Haus hineingeht; dann sagt zu dem Herrn des Hauses: Der Meister läßt dich fragen: Wo ist der Raum, in dem ich mit meinen Jüngern das Paschalamm essen kann? [15] Und der Hausherr wird euch einen großen Raum im Obergeschoß zeigen, der schon für das Festmahl hergerichtet und mit Polstern ausgestattet ist. Dort bereitet alles für uns vor! [16] Die Jünger machten sich auf den Weg und kamen in die Stadt. Sie fanden alles so, wie er es ihnen gesagt hatte, und bereiteten das Paschamahl vor. [22] Während des Mahls nahm Jesus das Brot und sprach den Lobpreis; dann brach er das Brot, reichte es ihnen und sagte: Nehmt, das ist mein Leib. [23] Dann nahm er den Kelch, sprach das Dankgebet, reichte ihn den Jüngern, und sie tranken alle daraus. [24] Und er sagte zu ihnen: Das ist mein Blut, das Blut des Bundes, das für viele vergossen wird. [25] Amen, ich sage euch: Ich werde nicht mehr von der Frucht des Weinstocks trinken bis zu dem Tag, an dem ich von neuem davon trinke im Reich Gottes. [26] Nach dem Lobgesang gingen sie zum Ölberg hinaus.

Wir besinnen uns:

Wir feiern an jedem Sonntag die Eucharistie. In dieser Feier werden der Bund und die Gemeinschaft zwischen Gott und Mensch erneuert: Wir erhalten die Zusicherung der Treue Gottes und das Brot für den Lebensweg, und wir verpflichten uns zur Treue auch im Alltag. Am Fronleichnamsfest ehren wir Gott und danken ihm dafür, daß sein Sohn in der Eucharistie ständig bei uns ist.

Wir beten:

Großer Gott, dein Sohn wollte bei uns bleiben in der Feier der Eucharistie, in der Feier des Bundes, den du mit uns Menschen geschlossen hast. Hilf uns, deinem Sohn zu begegnen in der Gemeinschaft der Gläubigen, in seinem Wort und in seinem Sakrament. Darum bitten wir durch ihn, Christus, unseren Herrn.

Jesus will mit den Seinen verbunden bleiben.
Martin Knoller, 1800, Stiftspfarrkirche Gries, Bozen.
→

Heiligstes Herz Jesu

Blick auf das Herz Jesu

1. Lesung: Hos 11,1.3–4.8a.c–9 | 2. Lesung: Eph 3,8–12.14–19 | Evangelium: Joh 19,31–37

Das Herz-Jesu-Fest erinnert uns an die Liebe Christi, deren Größe sich in seiner Todeshingabe offenbart. Eindrucksvoll wird bereits im Alten Testament geschildert, wie Gott das Volk geführt und umhegt hat (1. Lesung). Die Christen sind berufen, »die Länge und Breite, die Höhe und Tiefe zu ermessen und die Liebe Christi zu verstehen, die alle Erkenntnis übersteigt« (2. Lesung). Das geöffnete Herz des Erlösers wird zum Mittelpunkt der Welt (Evangelium).

Wir hören aus dem Johannesevangelium:

Weil Rüsttag war und die Körper während des Sabbats nicht am Kreuz bleiben sollten, baten die Juden Pilatus, man möge den Gekreuzigten die Beine zerschlagen und ihre Leichen dann abnehmen; denn dieser Sabbat war ein großer Feiertag. [32] Also kamen die Soldaten und zerschlugen dem ersten die Beine, dann dem andern, der mit ihm gekreuzigt worden war. [33] Als sie aber zu Jesus kamen und sahen, daß er schon tot war, zerschlugen sie ihm die Beine nicht, [34] sondern einer der Soldaten stieß mit der Lanze in seine Seite, und sogleich floß Blut und Wasser heraus. [35] Und der, der es gesehen hat, hat es bezeugt, und sein Zeugnis ist wahr. Und er weiß, daß er Wahres berichtet, damit auch ihr glaubt. [36] Denn das ist geschehen, damit sich das Schriftwort erfüllte: Man soll an ihm kein Gebein zerbrechen. [37] Und ein anderes Schriftwort sagt: Sie werden auf den blicken, den sie durchbohrt haben.

Wir besinnen uns:

Die Kreuzigung war in der griechisch-römischen Welt Zeichen der Ohnmacht und bedeutete das Ende. Doch Jesus schenkt selbst als Gekreuzigter und Sterbender seine Gaben: Blut und Wasser sind Zeichen des Heiligen Geistes und der Sakramente, die Jesus stiftet. Durch diese Gaben wird er zum Mittelpunkt, auf den alle blicken. Auch wir kommen durch den Blick auf das Herz Jesu zum Verständnis der Liebe Gottes.

Wir beten:

Barmherziger Gott, das geöffnete Herz deines Sohnes ist für uns ein Zeichen deiner grenzenlosen Liebe. Hilf uns, Boten deiner Vergebung und deiner Liebe zu sein. Durch Christus, unseren Herrn.

Das Herz Jesu ist der Quell des Lebens. Initiale aus dem Kodex Coulemborch, Anfang 15. Jh., Brixen.

1. Sonntag im Jahreskreis – Taufe des Herrn (s.S. 99)

2. Sonntag im Jahreskreis

Dem Ruf Christi folgen

1. Lesung: 1 Sam 3,3b–10.19 | 2. Lesung: 1 Kor 6,13c–15a.17–20 | Evangelium: Joh 1,35–42

Die meisten von uns haben den Ruf Christi in der frühen Kindheit erfahren, und viele bemühen sich seitdem, dem Herrn zu folgen. Trotzdem müssen wir immer wieder lernen, die Stimme des Herrn von den vielen anderen Stimmen, die auf uns eindringen, zu unterscheiden. Oft dauert es lange, bis wir wie Samuel sagen können: »Rede Herr, dein Diener hört« (1. Lesung). Der entscheidende Anstoß wird dabei immer Jesus Christus selbst sein, dem wir zunächst neugierig folgen, um dann bei ihm sein zu wollen (Evangelium). Die Bewährung in diesem Ruf verlangt ein neues Leben. Wer nachfolgt, wird ein neuer Mensch: »Wer sich an den Herrn bindet, ist ein Geist mit ihm« (2. Lesung). Paulus mahnt in diesem Sinne die Korinther, alle Bereiche des Lebens – auch die Sexualität – ganz als Antwort auf die schenkende Liebe Gottes zu leben.

Wir hören aus dem Johannesevangelium:

In jener Zeit [35] stand Johannes am Jordan, wo er taufte, und zwei seiner Jünger standen bei ihm. [36] Als Jesus vorüberging, richtete Johannes seinen Blick auf ihn und sagte: Seht, das Lamm Gottes! [37] Die beiden Jünger hörten, was er sagte, und folgten Jesus. [38] Jesus aber wandte sich um, und als er sah, daß sie ihm folgten, fragte er sie: Was wollt ihr? Sie sagten zu ihm: Rabbi – das heißt übersetzt: Meister –, wo wohnst du? [39] Er antwortete: Kommt und seht! Da gingen sie mit und sahen, wo er wohnte, und blieben jenen Tag bei ihm; es war um die zehnte Stunde. [40] Andreas, der Bruder des Simon Petrus, war einer der beiden, die das Wort des Johannes gehört hatten und Jesus gefolgt waren. [41] Dieser traf zuerst seinen Bruder Simon und sagte zu ihm: Wir haben den Messias gefunden. Messias heißt übersetzt: der Gesalbte (Christus). [42] Er führte ihn zu Jesus. Jesus blickte ihn an und sagte: Du bist Simon, der Sohn des Johannes, du sollst Kephas heißen. Kephas bedeutet: Fels (Petrus).

Wir besinnen uns:

Wir alle haben unsere eigene Glaubensgeschichte: Da waren zunächst die Eltern, die uns in ihren Glauben aufgenommen haben; da waren Freunde und Bekannte, deren Vertrauen uns angesprochen hat; da war die Gemeinde, in die wir hineingewachsen sind. Doch immer wieder müssen wir selbst die Entscheidung treffen, daß wir Christi Wort hören und bei ihm bleiben wollen.

Wir beten:

Gott, du schenkst uns viele Begleiter auf dem Weg zu dir und führst uns auf verschiedenen Wegen zum Glauben. Hilf uns, deine Stimme zu hören und deinem Ruf zu folgen. Durch Christus, unseren Herrn.

3. Sonntag im Jahreskreis

Alle sind berufen

1. Lesung: Jona 3,1–5.10 | 2. Lesung: 1 Kor 7,29–31 | Evangelium: Mk 1,14–20

Es gibt Situationen, da darf man nicht abwarten; man muß sich entscheiden und sofort handeln. Dies ist auch notwendig, wenn Gott ruft. Der Stadt Ninive – diese Stadt steht für die ganze Welt – bleiben noch vierzig Tage zur Bekehrung. Sie nützt diese Frist: »Sie glaubte Gott« (1. Lesung). Als Jesus kam und so die Zeit erfüllt war, haben Menschen sich für ihn entschieden: Sie verließen alles und folgten ihm nach (Evangelium). Alle irdischen Werte sind nun relativiert, und es gilt, dieser neuen Welt entsprechend zu leben: »... wer eine Frau hat, soll sich verhalten, als habe er keine; wer kauft, als kaufe er nicht; wer sich die Welt zunutze macht, als nutze er sie nicht; denn die Gestalt dieser Welt vergeht« (2. Lesung).

Wir hören aus dem Markusevangelium:

Nachdem man Johannes den Täufer ins Gefängnis geworfen hatte, ging Jesus wieder nach Galiläa; er verkündete das Evangelium Gottes [15] und sprach: Die Zeit ist erfüllt, das Reich Gottes ist nahe. Kehrt um, und glaubt an das Evangelium! [16] Als Jesus am See von Galiläa entlangging, sah er Simon und Andreas, den Bruder des Simon, die auf dem See ihr Netz auswarfen; sie waren nämlich Fischer. [17] Da sagte er zu ihnen: Kommt her, folgt mir nach! Ich werde euch zu Menschenfischern machen. [18] Sogleich ließen sie ihre Netze liegen und folgten ihm. [19] Als er ein Stück weiterging, sah er Jakobus, den Sohn des Zebedäus, und seinen Bruder Johannes; sie waren im Boot und richteten ihre Netze her. [20] Sofort rief er sie, und sie ließen ihren Vater Zebedäus mit seinen Tagelöhnern im Boot zurück und folgten Jesus nach.

»Ich werde euch zu Menschenfischern machen« (Mk 1,17). Buchmalerei, 15. Jh., Neustift.

Wir besinnen uns:

Wir sind alle gerufen – zu jedem von uns hat Jesus gesagt: »Komm und folge mir nach!«. Die einen sind zur Ehe gerufen, andere zur Ehelosigkeit; die einen sendet er in die Schule, die anderen in ein Büro, wieder andere in die Werkhalle. Wir gehen zwar unterschiedliche Wege, doch folgen wir dem gleichen Ruf, und immer wird es nur auf eines ankommen: Daß wir dem Herrn dort, wohin er uns gestellt hat, nachfolgen.

Wir beten:

Gott, dein Sohn beruft Menschen, die an seiner Sendung teilnehmen. Schenk uns Freude über unsere eigene Berufung und mache uns zu glaubwürdigen Boten deiner Liebe. Durch Christus, unseren Herrn.

4. Sonntag im Jahreskreis

Die Macht des Wortes

1. Lesung: Dtn 18,15–20 2. Lesung: 1 Kor 7,32–35 Evangelium: Mk 1,21–28

Immer wieder haben Worte und Botschaften die Welt verändert. Das Volk Israel bewahrt die Erinnerung an die machtvollen Worte des Mose und hofft auf Propheten, durch die Gottes Wort und Gottes Auftrag wieder gegenwärtig werden (1. Lesung). Die christliche Gemeinde bekennt Jesus als neuen Mose, denn er hat dem Wort Gottes neue Aktualität verliehen und die Wirkamkeit dieses Wortes vor den Menschen sichtbar gemacht (Evangelium). Menschen werden von diesem Wort getroffen und verwandelt. Sie können – wie Paulus – nichts anderes mehr suchen als die Nähe des Herrn, alles andere wird für sie bedeutungslos (2. Lesung).

Wir hören aus dem Markusevangelium:

In Kafarnaum ging Jesus am Sabbat in die Synagoge und lehrte. 22 Und die Menschen waren sehr betroffen von seiner Lehre; denn er lehrte sie wie einer, der (göttliche) Vollmacht hat, nicht wie die Schriftgelehrten. 23
In ihrer Synagoge saß ein Mann, der von einem unreinen Geist besessen war. Der begann zu schreien: 24 Was haben wir mit dir zu tun, Jesus von Nazaret? Bist du gekommen, um uns ins Verderben zu stürzen? Ich weiß, wer du bist: der Heilige Gottes. 25 Da befahl ihm Jesus: Schweig und verlaß ihn! 26
Der unreine Geist zerrte den Mann hin und her und verließ ihn mit lautem Geschrei. 27 Da erschraken alle, und einer fragte den andern: Was hat das zu bedeuten? Hier wird mit Vollmacht eine ganz neue Lehre verkündet. Sogar die unreinen Geister gehorchen seinem Befehl. 28 Und sein Ruf verbreitete sich rasch im ganzen Gebiet von Galiläa.

Wir besinnen uns:

Auch heute noch erweist sich Gottes Wort als wirksam: Menschen, die nie von Gott gehört haben, nehmen das Evangelium dankbar an; Fernstehende kehren um und finden neu zum Gott ihrer Kindheit; Hoffnungslose werden in der Begegnung mit Jesus getröstet. Gottes Wort verwandelt uns auch heute noch und befreit uns von dem bösen Geist der Selbstsucht und des Eigensinns; es befreit von Angst und Hoffnungslosigkeit, denn es ist ein mächtiges Wort.

Wir beten:

Gott, das Wort deines Sohnes kann unser Leben verändern. Hilf uns, an die Wirksamkeit deines Wortes zu glauben. Durch Christus, unseren Herrn.

5. Sonntag im Jahreskreis

Heilende Begegnung

1. Lesung: Ijob 7,1–4.6–7 2. Lesung: 1 Kor 9,16–19.22–23 Evangelium: Mk 1,29–39

Manchmal sind wir in einer Lage, in der wir uns das Selbstgespräch des Ijob zu eigen machen möchten: »Denk daran, daß mein Leben nur ein Hauch ist. Nie mehr schaut mein Auge Glück« (1. Lesung). Andererseits stellt uns aber der Glaube einen Gott vor Augen, der alle Wunden zu heilen vermag. Die Wunder Jesu sind Zeichen für das, was jedem Menschen geschenkt werden wird (Evangelium). Freilich müssen wir uns von den Wundern zum Glauben an die Botschaft Jesu führen lassen (Evangelium). Ausschließlich für diese Botschaft lebt Paulus: »Weh mir, wenn ich das Evangelium nicht verkünde« (2. Lesung).

Wir hören aus dem Markusevangelium:

In jener Zeit ging Jesus zusammen mit Jakobus und Johannes in das Haus des Simon und Andreas. 30 Die Schwiegermutter des Simon lag mit Fieber im Bett. Sie sprachen mit Jesus über sie, 31 und er ging zu ihr, faßte sie an der Hand und richtete sie auf. Da wich das Fieber von ihr, und sie sorgte für sie. 32 Am Abend, als die Sonne untergegangen war, brachte man alle Kranken und Besessenen zu Jesus. 33 Die ganze Stadt war vor der Haustür versammelt, 34 und er heilte viele, die an allen möglichen Krankheiten litten, und trieb viele Dämonen aus. Und er verbot den Dämonen zu reden; denn sie wußten, wer er war. 35 In aller Frühe, als es noch dunkel war, stand er auf und ging an einen einsamen Ort, um zu beten. 36 Simon und seine Begleiter eilten ihm nach, 37 und als sie ihn fanden, sagten sie zu ihm: Alle suchen dich. 38 Er antwortete: Laßt uns anderswohin gehen, in die benachbarten Dörfer, damit ich auch dort predige; denn dazu bin ich gekommen. 39 Und er zog durch ganz Galiläa, predigte in den Synagogen und trieb die Dämonen aus.

Wir besinnen uns:

Jesus zeigt durch seine Wunder, daß die Schöpfung zur Vollkommenheit berufen ist. Wie die Schwiegermutter des Petrus von ihrem Leiden befreit wird, wie die vielen Kranken in Kafarnaum durch die Begegnung mit Jesus gesund werden, so soll die ganze Welt heil werden. Auch heute zeigt uns der Herr manchmal schon ein Stück der neuen Welt.

Wir beten:

Allmächtiger Gott, immer wieder sind wir zum Bösen versucht. Laß uns die Macht deines Wortes und deine heilende Begegnung erfahren und führe uns auf deinen Wegen. Durch Christus, unseren Herrn.

6. Sonntag im Jahreskreis

Gemeinschaft stiften

1. Lesung: Lev 13,1–2.43ac.44ab.45–46 2. Lesung: 1 Kor 10,31–11,1 Evangelium: Mk 1,40–45

In der Welt des alten Orient wurden Aussätzige aus der Lebensgemeinschaft ihres Volkes ausgeschlossen. In Israel galt das Gebot: »Der Aussätzige soll abgesondert wohnen, außerhalb des Lagers soll er sich aufhalten« (1. Lesung). Jesus läßt diese Absonderung nicht gelten. Er zeigt vielmehr, daß Gottes Liebe vor den Grenzen, die die Angst der Menschen aufgerichtet hat, nicht Halt macht (Evangelium). Es müssen Grenzen überschritten werden, denn es gilt das Wort des Apostels Paulus: »Ich suche nicht meinen Nutzen, sondern den Nutzen aller, damit sie gerettet werden« (2. Lesung).

Wir hören aus dem Markusevangelium:

In jener Zeit [40] kam ein Aussätziger zu Jesus und bat ihn um Hilfe; er fiel vor ihm auf die Knie und sagte: Wenn du willst, kannst du machen, daß ich rein werde. [41] Jesus hatte Mitleid mit ihm; er streckte die Hand aus, berührte ihn und sagte: Ich will es – werde rein! [42] Im gleichen Augenblick verschwand der Aussatz, und der Mann war rein. [43] Jesus schickte ihn weg und schärfte ihm ein: [44] Nimm dich in acht! Erzähl niemand etwas davon, sondern geh, zeig dich dem Priester und bring das Reinigungsopfer dar, das Mose angeordnet hat. Das soll für sie ein Beweis (meiner Gesetzestreue) sein. [45] Der Mann aber ging weg und erzählte bei jeder Gelegenheit, was geschehen war; er verbreitete die ganze Geschichte, so daß sich Jesus in keiner Stadt mehr zeigen konnte; er hielt sich nur noch außerhalb der Städte an einsamen Orten auf. Dennoch kamen die Leute von überallher zu ihm.

Wir besinnen uns:

Zur Zeit Jesu wurden Aussätzige aus Angst vor Ansteckung aus der menschlichen Gemeinschaft ausgeschlossen. Aussatz ist zwar in unseren Breiten kaum noch zu finden, Absonderung und Ausschluß einzelner Menschen und Gruppen, Mißtrauen gegenüber Ausländern und Fremden, Vorsicht gegenüber Menschen, die uns einmal enttäuscht haben, Ablehnung von Andersdenkenden gibt es aber nach wie vor. Als Jünger Jesu sollen wir die Barrieren überschreiten, die durch Menschen errichtet worden sind. Dann können wir vielen helfen, aus der Einsamkeit herauszukommen und am Leben der Gemeinschaft teilzunehmen.

Wir beten:

Großer Gott, dein Sohn ist gekommen, um die Grenzen und Mauern zu überwinden, die uns Menschen oft voneinander trennen. Laß auch uns durch Worte und Taten Leben und Gemeinschaft stiften. Durch Christus, unseren Herrn.

7. Sonntag im Jahreskreis

Gott vergibt die Schuld

1. Lesung: Jes 43,18–19.21–22.24b–25 2. Lesung: 2 Kor 1,18–22 Evangelium: Mk 2,1–12

Mehr als durch äußere Leiden wird die Welt von innen her durch die Schuld der Menschen zerstört. Jedes böse Wort – mag es noch so belanglos erscheinen – hat eine zerstörerische Wirkung. Auch kleine Vergehen verändern die Welt zum Bösen hin. Gegen diese zerstörerische Macht des Bösen bekommen wir Gottes Zusage: »Ich, ich bin es, der um meinetwillen deine Vergehen auslöscht, ich denke nicht mehr an deine Sünden« (1. Lesung). Auch bei der Heilung des Gelähmten steht deshalb an erster Stelle die Vergebung, weil der Mensch durch die Wiederherstellung der Gesundheit allein nicht heil wird (Evangelium). Die christliche Gemeinde lebt in der Gewißheit dieses Heiles: »Denn Gott hat als ersten Anteil am verheißenen Heil den Geist in unser Herz gegeben« (2. Lesung).

Wir hören aus dem Markusevangelium:

Als Jesus nach Kafarnaum zurückkam,
wurde bekannt, daß er wieder zu Hause war. 2
Und es versammelten sich so viele Menschen, daß nicht einmal mehr vor der Tür
Platz war; und er verkündete ihnen das Wort.
3 Da brachte man einen Gelähmten zu ihm; er
wurde von vier Männern getragen. 4 Weil sie
ihn aber wegen der vielen Leute nicht bis zu Jesus bringen konnten, deckten sie dort, wo Jesus war, das Dach ab, schlugen (die Decke) durch und ließen den Gelähmten auf seiner
Tragbahre durch die Öffnung hinab. 5 Als
Jesus ihren Glauben sah, sagte er zu dem Gelähmten: Mein Sohn, deine Sünden sind
dir vergeben! 6 Einige Schriftgelehrte aber,
die dort saßen, dachten im stillen: 7 Wie kann
dieser Mensch so reden? Er lästert Gott. Wer kann Sünden vergeben außer dem einen
Gott? 8 Jesus erkannte sofort, was sie dachten, und sagte zu ihnen: Was für Gedanken
habt ihr im Herzen? 9 Ist es leichter, zu dem Gelähmten zu sagen: Deine Sünden sind dir vergeben!, oder zu sagen: Steh auf, nimm
deine Tragbahre, und geh umher? 10 Ihr sollt
aber erkennen, daß der Menschensohn die Vollmacht hat, hier auf der Erde Sünden zu
vergeben. Und er sagte zu dem Gelähmten: 11
Ich sage dir: Steh auf, nimm deine Tragbahre, und geh nach Hause! 12 Der Mann stand
sofort auf, nahm seine Tragbahre und ging vor aller Augen weg. Da gerieten alle außer sich; sie priesen Gott und sagten: So etwas haben wir noch nie gesehen.

Wir besinnen uns:

Schuld belastet die Menschen oft stärker als körperliche Gebrechen. Schuld, an der wir tragen, vergiftet die geistige Luft, in der wir leben; sie zerstört lautlos das Miteinander der Menschen, sie nährt unsere Selbstüberschätzung und nimmt uns den Mut zum Neuanfang. Am Anfang all unseres Bemühens um Befreiung von Schuld steht deswegen die Bitte um Vergebung.

Wir beten:

Barmherziger Gott, dein Sohn bietet uns deine Vergebung an. Hilf uns, die eigene Schuld einzugestehen und laß uns deine Barmherzigkeit weitertragen. Durch Christus, unseren Herrn.

8. Sonntag im Jahreskreis

Die Freude gehört zum Christsein

1. Lesung: Hos 2,16b.17b.21–22 | 2. Lesung: 2 Kor 3,1b–6 | Evangelium: Mk 2,18–22

Die Bibel gebraucht für die Verbindung Gottes mit den Menschen gern das Bild der Hochzeit. So ist für den Propheten Hosea Israel die Braut, zu der der Herr selbst spricht: »Ich traue dich mir an auf ewig: ich traue dich mir an um den Brautpreis von Gerechtigkeit und Recht, von Liebe und Erbarmen« (1. Lesung). Für Jesus sind die Jünger, denen die Botschaft von der Nähe der Gottesherrschaft gilt, die Hochzeitsgäste, die sich der Nähe des Bräutigams erfreuen und deshalb feiern können (Evangelium). Immer ist es jene Freude, die nicht aus eigener Kraft und nicht aus unseren Erfolgen kommt, sondern aus der Nähe Gottes, die durch den Geist unserem Herzen eingestiftet ist (2. Lesung).

Wir hören aus dem Markusevangelium:

Da die Jünger des Johannes und die Pharisäer zu fasten pflegten, kamen Leute zu Jesus und sagten: Warum fasten deine Jünger nicht, während die Jünger des Johannes und die Jünger der Pharisäer fasten? [19] Jesus antwortete ihnen: Können denn die Hochzeitsgäste fasten, solange der Bräutigam bei ihnen ist? Solange der Bräutigam bei ihnen ist, können sie nicht fasten. [20] Es werden aber Tage kommen, da wird ihnen der Bräutigam genommen sein; an jenem Tag werden sie fasten. [21] Niemand näht ein Stück neuen Stoff auf ein altes Kleid; denn der neue Stoff reißt doch vom alten Kleid ab, und es entsteht ein noch größerer Riß. [22] Auch füllt niemand neuen Wein in alte Schläuche. Sonst zerreißt der Wein die Schläuche; der Wein ist verloren, und die Schläuche sind unbrauchbar. Neuer Wein gehört in neue Schläuche.

Wir besinnen uns:

Es gibt Menschen, für die der Glaube nur eine ernste und finstere Pflicht ist, der sie mit Sorge und Angst vor dem Gericht nachgehen. Jesus lehrt uns, daß zum Glauben die Freude gehört. Wenn wir Gottes Nähe erfahren haben, sind wir in der Lage, die Angst zu überwinden.

Wir beten:

Allmächtiger, gütiger Gott, du lädst uns zu deinem Fest. Schenk uns Freude am Glauben und laß uns Boten jener Freude sein, die durch Jesus Christus in unsere Welt gekommen ist. Darum bitten wir durch ihn, Christus, unseren Herrn.

9. Sonntag im Jahreskreis

Tag des Herrn – Tag des Menschen

1. Lesung: Dtn 5,12–15	2. Lesung: 2 Kor 4,6–11	Evangelium: Mk 2,23–3,6

Für das Zusammenleben ist es wichtig, daß Gesetze nicht nur dem Wortlaut, sondern ihrem Sinn nach gehalten werden. So hatte das Sabbatgebot ursprünglich den Sinn, das Volk Israel durch den Lebensrhythmus der Siebentagewoche an die Befreiung von der Sklavenarbeit zu erinnern: »Denk daran: Als du in Ägypten Sklave warst, hat dich der Herr, dein Gott, mit starker Hand und hoch erhobenem Arm dort herausgeführt« (1. Lesung). Man kann freilich selbst ein so wunderbares Gebot durch kleinliche Auslegung zerstören, indem man selbst die Nahrungssuche als Übertretung ahndet. Hier ist die Besinnung auf den ursprünglichen Sinn des Gebotes als Geschenk für die Menschen nötig (Evangelium). Im Anschluß an die Erfahrung des Paulus, der in seinen Mühen an den Todesleiden – aber auch am Leben – Christi teilhat (2. Lesung), soll der Sonntag auch Tag der Auferstehung sein.

Wir hören aus dem Markusevangelium:

An einem Sabbat ging Jesus durch die Kornfelder, und unterwegs rissen seine Jünger Ähren ab. 24 Da sagten die Pharisäer zu ihm: Sieh dir an, was sie tun! Das ist doch am Sabbat verboten. 25 Er antwortete: Habt ihr nie gelesen, was David getan hat, als er und seine Begleiter hungrig waren und nichts zu essen hatten – 26 wie er zur Zeit des Hohenpriesters Abjatar in das Haus Gottes ging und die heiligen Brote aß, die außer den Priestern niemand essen darf, und auch seinen Begleitern davon gab? 27 Und Jesus fügte hinzu: Der Sabbat ist für den Menschen da, nicht der Mensch für den Sabbat. 28 Deshalb ist der Menschensohn Herr auch über den Sabbat.
1 Als er ein andermal in eine Synagoge ging, saß dort ein Mann, dessen Hand verdorrt war. 2 Und sie gaben acht, ob Jesus ihn am Sabbat heilen werde; sie suchten nämlich einen Grund zur Anklage gegen ihn. 3 Da sagte er zu dem Mann mit der verdorrten Hand: Steh auf und stell dich in die Mitte! 4 Und zu den anderen sagte er: Was ist am Sabbat erlaubt: Gutes zu tun oder Böses, ein Leben zu retten oder es zu vernichten? Sie aber schwiegen. 5 Und er sah sie der Reihe nach an, voll Zorn und Trauer über ihr verstocktes Herz, und sagte zu dem Mann: Streck deine Hand aus! Er streckte sie aus, und seine Hand war wieder gesund. 6 Da gingen die Pharisäer hinaus und faßten zusammen mit den Anhängern des Herodes den Beschluß, Jesus umzubringen.

Wir besinnen uns:

Für die Christen ist der Sonntag als Tag der Auferstehung Jesu an die Stelle des jüdischen Sabbat getreten. Zur Zeit Jesu war der Sabbat bedroht durch starre Gesetzesbeobachtung, ohne Rücksicht auf die Menschen. In unserer Zeit ist der Sonntag bedroht: Von außen durch berufliche und wirtschaftliche Zwänge, von innen durch zu wenig Besinnung auf das Religiöse. Die Botschaft Jesu lädt uns ein, unseren Sonntag zu einem Tag zu machen, der uns leben hilft durch Besinnung und Ruhe, durch die Verbundenheit mit Gott und den Menschen. Die Heiligung des Sonntags wirkt dann auch heilend auf unsere Gesellschaft.

Wir beten:

Allmächtiger Gott, du schenkst uns den Sonntag als einen Tag der Gemeinschaft mit dir und mit den Menschen. Mach uns hellhörig für die Botschaft, die jeder Sonntag an uns richtet. Durch Christus, unseren Herrn.

10. Sonntag im Jahreskreis

Die Freiheit der Kinder Gottes

1. Lesung: Gen 3,9–15 | 2. Lesung: 2 Kor 4,13–5,1 | Evangelium: Mk 3,20–35

Freiheit ist für uns alle ein großer und unverzichtbarer Wert: Wir wollen selbst entscheiden und Verantwortung übernehmen. Wir machen aber auch die Erfahrung, daß es Mächte gibt, die uns beherrschen: Das Milieu, die allgemeine Meinung, das »Alle-machen-es-so«, unsere Vorurteile gegenüber anderen Menschen. Die Bibel spricht von der Macht des Bösen im Bild der Schlange, die die Stammeltern zur Sünde verführt (1. Lesung). Jesus ist der Stärkere, er entlarvt die Mächte und befreit uns von ihnen (Evangelium). Jesus stiftet eine neue Gemeinschaft, in der die Menschen in der Liebe mit Gott und untereinander verbunden sind. So entsteht die Freiheit der Kinder Gottes. In dieser neuen Beziehung zu Gott und den Menschen versieht Paulus seinen Dienst: »Ich habe geglaubt, darum habe ich geredet« (2. Lesung).

Wir hören aus dem Markusevangelium:

In jener Zeit [20] ging Jesus in ein Haus, und wieder kamen so viele Menschen zusammen, daß er und die Jünger nicht einmal mehr essen konnten. [21] Als seine Angehörigen davon hörten, machten sie sich auf den Weg, um ihn mit Gewalt zurückzuholen; denn sie sagten: Er ist von Sinnen. [22] Die Schriftgelehrten, die von Jerusalem herabgekommen waren, sagten: Er ist von Beelzebul besessen; mit Hilfe des Anführers der Dämonen treibt er die Dämonen aus. [23] Da rief er sie zu sich und belehrte sie in Form von Gleichnissen: Wie kann der Satan den Satan austreiben? [24] Wenn ein Reich in sich gespalten ist, kann es keinen Bestand haben. [25] Wenn eine Familie in sich gespalten ist, kann sie keinen Bestand haben. [26] Und wenn sich der Satan gegen sich selbst erhebt und mit sich selbst im Streit liegt, kann er keinen Bestand haben, sondern es ist um ihn geschehen. [27] Es kann aber auch keiner in das Haus eines starken Mannes einbrechen und ihm den Hausrat rauben, wenn er den Mann nicht vorher fesselt; erst dann kann er sein Haus plündern. [28] Amen, das sage ich euch: Alle Vergehen und Lästerungen werden den Menschen vergeben werden, so viel sie auch lästern mögen; [29] wer aber den Heiligen Geist lästert, der findet in Ewigkeit keine Verge-

»Wer den Willen Gottes erfüllt, der ist für mich Bruder und Schwester und Mutter« (Mk 3,35). Verwandtschaft Christi. Schwäbisch, 1500, Diözesanmuseum Brixen.

bung, sondern seine Sünde wird ewig an ihm haften. [30] Sie hatten nämlich gesagt: Er ist von einem unreinen Geist besessen. [31] Da kamen seine Mutter und seine Brüder; sie blieben vor dem Haus stehen und ließen ihn herausrufen. [32] Es saßen viele Leute um ihn herum, und man sagte zu ihm: Deine Mutter und deine Brüder stehen draußen und fragen nach dir. [33] Er erwiderte: Wer ist meine Mutter, und wer sind meine Brüder? [34] Und er blickte auf die Menschen, die im Kreis um ihn herumsaßen, und sagte: Das hier sind meine Mutter und meine Brüder. [35] Wer den Willen Gottes erfüllt, der ist für mich Bruder und Schwester und Mutter.

Wir besinnen uns:

Es gibt viele Dinge, die unser Denken und Fühlen insgeheim bestimmen und uns von innen her unfrei machen. Wir haben Vorurteile gegen bestimmte Menschen und kommen davon nicht los; wir halten uns an das, was alle tun, und fragen nicht, ob es richtig oder falsch ist; wir lassen uns von Meinungen leiten, die wir nicht geprüft haben. All das sind Mächte, die unser Inneres besetzen. Frei von ihnen können wir nur durch den werden, der stärker ist als sie: Jesus Christus. Wenn wir ihm auf dem Weg der Liebe folgen, werden wir die innere Freiheit finden, denn die Liebe überwindet alles.

Wir beten:

Gott, in deinem Sohn hast du dich uns gezeigt als Erlöser und Befreier. Gib uns den Mut, deinen Willen zu erfüllen und die wahre Freiheit zu suchen und zu finden. Durch Christus, unseren Herrn.

11. Sonntag im Jahreskreis

Die Verheißung des Wachstums

1. Lesung: Ez 17,22–24 | 2. Lesung: 2 Kor 5,6–10 | Evangelium: Mk 4,26–34

In der alten Zeit empfanden die Menschen das Wachsen und Reifen in der Natur ganz stark als ein Wunder und ein Geschenk der Güte Gottes. Sie gebrauchten deshalb gern Vergleiche aus der Natur, um sich das verborgene Wirken Gottes zu verdeutlichen: Der Prophet Ezechiel tröstet das entmutigte Israel: Gott, der aus einem kleinen Setzling einen großen Baum wachsen läßt, kann auch sein Volk zu neuer Blüte führen (1. Lesung). Jesus verdeutlicht im Bild des Samenkorns das verborgene Wachsen des Reiches Gottes. Ein kleines Samenkorn ist ausgestreut, unbedeutend erscheint, was Jesu Wort in der Welt ausrichtet. Doch Gott wird diesen Samen wachsen lassen und vollenden (Evangelium). Noch sehen wir nur den Samen und »gehen als Glaubende unseren Weg, nicht als Schauende«. Doch Gott wird uns und das, was er als Samen in jedem von uns angelegt hat, zur vollen Reife führen (2. Lesung).

Wir hören aus dem Markusevangelium:

In jener Zeit sprach Jesus zu der Menge: [26] Mit dem Reich Gottes ist es so, wie wenn ein Mann Samen auf seinen Acker sät; [27] dann schläft er und steht wieder auf, es wird Nacht und wird Tag, der Samen keimt und wächst, und der Mann weiß nicht, wie. [28] Die Erde bringt von selbst ihre Frucht, zuerst den Halm, dann die Ähre, dann das volle Korn in der Ähre. 29 Sobald aber die Frucht reif ist, legt er die Sichel an; denn die Zeit der Ernte ist da. 30 Er sagte: Womit sollen wir das Reich Gottes vergleichen, mit welchem Gleichnis sollen wir es beschreiben? 31 Es gleicht einem Senfkorn. Dieses ist das kleinste von allen Samenkörnern, die man in die Erde sät. 32 Ist es aber gesät, dann geht es auf und wird größer als alle anderen Gewächse und treibt große Zweige, so daß in seinem Schatten die Vögel des Himmels nisten können. 33 Durch viele solche Gleichnisse verkündete er ihnen das Wort, so wie sie es aufnehmen konnten. 34 Er redete nur in Gleichnissen zu ihnen; seinen Jüngern aber erklärte er alles, wenn er mit ihnen allein war.

Wir besinnen uns:

Wir werden manchmal mutlos, weil alle unsere Bemühungen so wenig Erfolg hervorbringen. Jesus bietet uns ein Bild als Verstehenshilfe an: Was wir jetzt säen, sind nur Samenkörner. Klein und unscheinbar sind sie, und nur das Vertrauen kann in ihnen schon die kommende Ernte sehen. Uns sind die Samenkörner des Reiches Gottes gegeben; wir säen, was seine Liebe uns geschenkt hat. Er wird alles wachsen lassen; er wird uns auch immer neu die Hoffnung stärken, die in den unscheinbaren Anfängen schon die herrliche Vollendung sehen kann.

Wir beten:

Gott, im Leben und in der Botschaft deines Sohnes ist dein Reich auf dieser Welt angebrochen. Gib uns die Kraft, unseren Beitrag zum Wachsen deines Reiches zu leisten. Durch Christus, unseren Herrn.

»Meister, kümmert es dich nicht, daß wir zugrunde gehen?« (Mk 4,38). Sturm auf dem Meer. Glasfenster, Otto Kastowsky, Raas.

12. Sonntag im Jahreskreis

Die Angst ablegen

1. Lesung: Ijob 38,1.8–11 2. Lesung: 2 Kor 5,14–17 Evangelium: Mk 4,35–41

Viele sagen: Ich habe gebetet, aber Gott hat mir nicht geholfen. Was soll ich noch weiter zu ihm rufen? Gott selber gibt dem leidgeprüften Ijob eine Antwort auf solche Klagen: »Wenn Gott schon die ganze Schöpfung machtvoll erhält, dann wird er doch auch für den Menschen sorgen« (1. Lesung). Die Geschichte von der Stillung des Seesturmes sagt der Kirche zu allen Zeiten, daß sie in allen Stürmen bestehen wird. Der Herr wirkt an ihr zwar nach seinen Plänen, doch wird er alles zum Guten führen (Evangelium). Diese Gewißheit gibt uns allein die Liebe Gottes in Jesus Christus; mit ihr hat – auch wenn unsere Erfahrung dagegen zu sprechen scheint – das Neue begonnen: »Wenn also jemand in Christus ist, dann ist er eine neue Schöpfung: Das Alte ist vergangen, Neues ist geworden« (2. Lesung).

Wir hören aus dem Markusevangelium:

An jenem Tag, als es Abend geworden war, sagte Jesus zu seinen Jüngern: Wir wollen ans andere Ufer hinüberfahren. [36] Sie schickten die Leute fort und fuhren mit ihm in dem Boot, in dem er saß, weg; einige andere Boote begleiteten ihn. [37] Plötzlich erhob sich ein heftiger Wirbelsturm, und die Wellen schlugen in das Boot, so daß es sich mit Wasser zu füllen begann. [38] Er aber lag hinten im Boot auf einem Kissen und schlief. Sie weckten ihn und riefen: Meister, kümmert es dich nicht, daß wir zugrunde gehen? [39] Da stand er auf, drohte dem Wind und sagte zu dem See: Schweig, sei still! Und der Wind legte sich, und es trat völlige Stille ein. [40] Er sagte zu ihnen: Warum habt ihr solche Angst? Habt ihr noch keinen Glauben? [41] Da ergriff sie große Furcht, und sie sagten zueinander: Was ist das für ein Mensch, daß ihm sogar der Wind und der See gehorchen?

Wir besinnen uns:

Wenn zwei miteinander im selben Boot sitzen, dann haben sie das gleiche Schicksal zu erwarten. – Die Geschichte vom Seesturm will uns sagen, daß Jesus in allen Gefahren und Ängsten mit uns im gleichen Boot sitzt und unser Schicksal teilt. Wir müssen uns dieses Bild immer wieder vor Augen halten, um zu begreifen, was da erzählt wird: Gott selbst sitzt mit uns im Boot! Wie könnten wir dann Sorge haben, daß wir untergehen?

Wir beten:

Allmächtiger Gott, du gehst mit uns, auch wenn wir deine Gegenwart nicht spüren. Wir brauchen keine Angst zu haben, weil du bei uns bist. Stärke unseren Glauben an deine unsichtbare Begleitung. Durch Christus, unseren Herrn.

Wer zu Jesus kommt, findet Leben.
Heilung der blutflüssigen Frau.
1530, Diözesanmuseum Brixen. →

13. Sonntag im Jahreskreis

Der Herr schenkt Leben

1. Lesung: Weish 1,13–15; 2,23–24 | 2. Lesung: 2 Kor 8,7.9.13–15 | Evangelium: Mk 5,21–43

Auch wenn jeder Mensch weiß, daß er einmal sterben muß, kann sich niemand wirklich damit abfinden. Wir hoffen mit all unserer Kraft auf Leben. Schon für die jüdischen Weisheitslehrer ist dies eine begründete Hoffnung, weil Gott den Menschen nach seinem Bild geschaffen hat: »Gott hat den Menschen zur Unvergänglichkeit erschaffen und ihn zum Bild seines eigenen Wesens gemacht« (1. Lesung). Der Evangelist Markus erzählt von der Erweckung der Tochter des Jairus und von der lebenschaffenden Kraft Gottes (Evangelium). Der Grund dieser Zuversicht ist Christus: »Er, der reich war, wurde euretwegen arm, um euch durch seine Armut reich zu machen« (2. Lesung).

Wir hören aus dem Markusevangelium:

In jener Zeit 21 fuhr Jesus im Boot an das andere Ufer des Sees von Galiläa hinüber, und eine große Menschenmenge versammelte sich um ihn. Während er noch am See war, 22 kam ein Synagogenvorsteher namens Jaïrus zu ihm. Als er Jesus sah, fiel er ihm zu Füßen 23 und flehte ihn um Hilfe an; er sagte: Meine Tochter liegt im Sterben. Komm und leg ihr die Hände auf, damit sie wieder gesund wird und am Leben bleibt. 24 Da ging Jesus mit ihm. Viele Menschen folgten ihm und drängten sich um ihn. 25 Darunter war eine Frau, die schon zwölf Jahre an Blutungen litt. 26 Sie war von vielen Ärzten behandelt worden und hatte dabei sehr zu leiden; ihr ganzes Vermögen hatte sie ausgegeben, aber es hatte ihr nichts genutzt, sondern ihr Zustand war immer schlimmer geworden. 27 Sie hatte von Jesus gehört. Nun drängte sie sich in der Menge von hinten an ihn heran und berührte sein Gewand. 28 Denn sie sagte sich: Wenn ich auch nur sein Gewand berühre, werde ich geheilt. 29 Sofort hörte die Blutung auf, und sie spürte deutlich, daß sie von ihrem Leiden geheilt war. 30 Im selben Augenblick fühlte Jesus, daß eine Kraft von ihm ausströmte, und er wandte sich in dem Gedränge um und fragte: Wer hat mein Gewand berührt? 31 Seine Jünger sagten zu ihm: Du siehst doch, wie sich die Leute um dich drängen, und da fragst du: Wer hat mich berührt? 32 Er blickte umher, um zu sehen, wer es getan hatte. 33 Da kam die Frau, zitternd vor Furcht, weil sie wußte, was mit ihr geschehen war; sie fiel vor ihm nieder und sagte ihm die ganze Wahrheit. 34 Er aber sagte zu ihr: Meine Tochter, dein Glaube hat dir geholfen. Geh in Frieden! Du sollst von deinem Leiden geheilt sein. 35 Während Jesus noch redete, kamen Leute, die zum Haus des Synagogenvorstehers gehörten, und sagten (zu Jaïrus): Deine Tochter ist gestorben. Warum bemühst du den Meister noch länger? 36 Jesus, der diese Worte gehört hatte, sagte zu dem Synagogenvorsteher: Sei ohne Furcht; glaube nur! 37 Und er ließ keinen mitkommen außer Petrus, Jakobus und Johannes, den Bruder des Jakobus. 38 Sie gingen zum Haus des Synagogenvorstehers. Als Jesus den Lärm bemerkte und hörte, wie die Leute laut weinten und jammerten, 39 trat er ein und sagte zu ihnen: Warum schreit und weint ihr? Das Kind ist nicht gestorben, es schläft nur. 40 Da lachten sie ihn aus. Er aber schickte alle hinaus und nahm außer seinen Begleitern nur die Eltern mit in den Raum, in dem das Kind lag. 41 Er faßte das Kind an der Hand und sagte zu ihm: Talita kum!, das heißt übersetzt: Mädchen, ich sage dir, steh auf! 42 Sofort stand das Mädchen auf und ging umher. Es war zwölf Jahre alt. Die Leute gerieten außer sich vor Entsetzen. 43 Doch er schärfte ihnen ein, niemand dürfe etwas davon erfahren; dann sagte er, man solle dem Mädchen etwas zu essen geben.

Wir besinnen uns:

Die Geschichte von der Erweckung der Tochter des Jairus erzählt vom Vertrauen auf den Gott, der Leben schenkt. Wir sollten in diese Geschichte die Gesichter derer, die uns im Tode vorausgegangen sind, hineindenken. Zu allen sagt der Herr: Steh auf und lebe! Niemand bleibt für immer im Tod. Und denken wir auch daran, daß diese Geschichte schon während unseres Lebens wahr wird. Der Herr ruft uns immer wieder zu: »Ich sage dir, stehe auf und lebe«.

Wir beten:

Heiliger Gott, du bist ein Gott des Lebens, nicht des Todes. Stärke unseren Glauben an das Leben, das du uns allen verheißen hast. Durch Christus, unseren Herrn.

14. Sonntag im Jahreskreis

In Schwierigkeiten glauben

1. Lesung: Ez 1,28b–2,5 2. Lesung: 2 Kor 12,7–10 Evangelium: Mk 6,1b–6

Der Glaube ist für viele von uns kein ruhiger Weg, auf dem alles von Gehorsam und Vertrauen auf Gott bestimmt ist. Unser Glaube ist immer auch vermischt mit Zweifeln, Unzufriedenheit und Schuld. Wenn die Israeliten beim Propheten Ezechiel als »Söhne mit trotzigem Gesicht und hartem Herzen« bezeichnet werden, können wir uns in diesem Bild durchaus wiederfinden (1. Lesung). Auch mit den Bewohnern von Nazaret, die der Predigt Jesu skeptisch gegenüberstehen, haben wir manches gemeinsam: Sie rufen zu Gott in den Höhen des Himmels, verweigern sich aber, wenn dieser Gott ganz menschlich zu ihnen spricht (Evangelium). Für Paulus zeigt sich gerade in menschlicher Schwachheit, die für die Gemeinde Anlaß zum Widerspruch ist, Gottes Kraft: »Meine Gnade genügt dir; denn sie erweist ihre Kraft in der Schwachheit« (2. Lesung).

Wir hören aus dem Markusevangelium:

In jener Zeit [1b] kam Jesus in seine Heimatstadt; seine Jünger begleiteten ihn. [2] Am Sabbat lehrte er in der Synagoge. Und die vielen Menschen, die ihm zuhörten, staunten und sagten: Woher hat er das alles? Was ist das für eine Weisheit, die ihm gegeben ist! Und was sind das für Wunder, die durch ihn geschehen! [3] Ist das nicht der Zimmermann, der Sohn der Maria und der Bruder von Jakobus, Joses, Judas und Simon? Leben nicht seine Schwestern hier unter uns? Und sie nahmen Anstoß an ihm und lehnten ihn ab. [4] Da sagte Jesus zu ihnen: Nirgends hat ein Prophet so wenig Ansehen wie in seiner Heimat, bei seinen Verwandten und in seiner Familie. [5] Und er konnte dort kein Wunder tun; nur einigen Kranken legte er die Hände auf und heilte sie. [6] Und er wunderte sich über ihren Unglauben. Und Jesus zog durch die benachbarten Dörfer und lehrte dort.

Wir besinnen uns:

Wir wünschen uns, daß Gott uns entgegenkommt: Daß er seine Nähe schenkt; und zwar so, daß wir ihn erfassen können. Wenn aber die Leute von Nazaret Jesus in »menschgewordener Weise« annehmen sollen, als einen ihrer Zeitgenossen, erheben sie Widerspruch. Wir sollen anders handeln; wir sollen sein Wort aufnehmen, das er im vertrauten Bereich des alltäglichen Lebens zu uns spricht: Durch die Mitmenschen, in den Ereignissen, durch das Wort der Kirche.

Wir beten:

Großer Gott, unser Glaube ist oft Schwierigkeiten und Belastungsproben ausgesetzt. Mach uns fähig, dir zu begegnen: In den Menschen, in den Zeichen der Zeit und im Wort deines Sohnes, der mit dir lebt und herrscht in Ewigkeit.

15. Sonntag im Jahreskreis

Gewaltlose Boten

1. Lesung: Am 7,12–15 | 2. Lesung: Eph 1,3–14 | Evangelium: Mk 6,7–13

Der Wille Gottes steht oft quer zu dem, was die Menschen wollen. Deshalb erleiden die Boten, die diesen Willen Gottes zu verkünden haben, zu allen Zeiten Ablehnung und Verfolgung. Dem Propheten Amos wird sogar die Verkündigung im Reichstempel von Bet-El verboten, weil er Gottes Gericht über das Wohlleben der Reichen in Israel ansagt (1. Lesung). Auch die Boten Jesu werden wehrlos in eine Gesellschaft gesandt, die weithin die Botschaft Jesu ablehnt (Evangelium). Sie gehen diesen Weg, weil sie durch Gott gerufen sind. Sie dürfen auf seine Zuwendung in seinem Sohn Jesus Christus vertrauen. Auch wir, die wir heute als Gottes Boten seine Liebe bezeugen sollen, dürfen uns in Christus geborgen wissen: »Denn in ihm hat er uns erwählt vor der Erschaffung der Welt, damit wir heilig und untadelig leben vor Gott ...« (2. Lesung).

Wir hören aus dem Markusevangelium:

In jener Zeit [7] rief Jesus die Zwölf zu sich und sandte sie aus, jeweils zwei zusammen. Er gab ihnen die Vollmacht, die unreinen Geister auszutreiben, [8] und er gebot ihnen, außer einem Wanderstab nichts auf den Weg mitzunehmen, kein Brot, keine Vorratstasche, kein Geld im Gürtel, [9] kein zweites Hemd und an den Füßen nur Sandalen. [10] Und er sagte zu ihnen: Bleibt in dem Haus, in dem ihr einkehrt, bis ihr den Ort wieder verlaßt. [11] Wenn man euch aber in einem Ort nicht aufnimmt und euch nicht hören will, dann geht weiter, und schüttelt den Staub von euren Füßen, zum Zeugnis gegen sie. [12]

Der Verkünder der Frohbotschaft.
Der Evangelist Markus. Um 1500, Kematen/Taufers.

Die Zwölf machten sich auf den Weg und riefen die Menschen zur Umkehr auf. [13] Sie trieben viele Dämonen aus und salbten viele Kranke mit Öl und heilten sie.

Wir besinnen uns:

Jesus sendet seine Jünger arm und ohne äußere Machtmittel aus. Er will so für alle Zeiten klarstellen: Man darf niemandem den christlichen Glauben aufzwingen; man darf der Botschaft von der Liebe Gottes nicht durch äußeren oder inneren Druck zum Durchbruch verhelfen. Die Boten müssen bereit sein, auch die Ablehnung der Botschaft ohne Bitterkeit zu ertragen – selbst dann, wenn es sich um die eigenen Kinder und um gute Freunde handelt. Wir brauchen keine Angst haben: Das Wort Gottes ist sicher wirksam.

Wir beten:

Allmächtiger Gott, du bist denen nahe, die das Wort deines Sohnes zu den Menschen bringen. Auch uns hast du dazu berufen. Mach uns zu glaubwürdigen Zeugen deiner befreienden Botschaft. Durch Christus, unseren Herrn.

16. Sonntag im Jahreskreis

Mitleid mit den Menschen

1. Lesung: Jer 23,1–6 | 2. Lesung: Eph 2,13–18 | Evangelium: Mk 6,30–34

Wir hoffen, daß die Menschheit doch noch zu einer großen Gemeinschaft zusammenwächst, in der selbst die bislang Ausgeschlossenen Heimat finden. Auch die Bibel kennt diese Vision einer in Liebe verbundenen Menschheitsfamilie, versteht diese aber ganz als Werk Gottes: »Ich selbst aber« – so spricht der Herr zu Israel – »sammle den Rest meiner Schafe aus allen Ländern, wohin ich sie versprengt habe. Ich bringe sie zurück auf ihre Weide ...« (1. Lesung). Die christliche Gemeinde bekennt Jesus als den Hirten, der die versprengten Schafe wieder zusammenführen und in aller Not trösten will (Evangelium). Dabei geht der Blick nun über Israel hinaus. Auch die Heiden sind zum Heil berufen. Ihnen verkündet die frühe Kirche voll Freude: »Jetzt seid ihr, die ihr einst in der Ferne wart, durch Christus Jesus, nämlich durch sein Blut, in die Nähe gekommen. Denn er ist unser Friede« (2. Lesung).

Wir hören aus dem Markusevangelium:

In jener Zeit [30] versammelten sich die Apostel, die Jesus ausgesandt hatte, wieder bei ihm und berichteten ihm alles, was sie getan und gelehrt hatten. [31] Da sagte er zu ihnen: Kommt mit an einen einsamen Ort, wo wir allein sind, und ruht ein wenig aus. Denn sie fanden nicht einmal Zeit zum Essen, so zahlreich waren die Leute, die kamen und gingen. [32] Sie fuhren also mit dem Boot in eine einsame Gegend, um allein zu sein. [33] Aber man sah sie abfahren, und viele erfuhren davon; sie liefen zu Fuß aus allen Städten dorthin und kamen noch vor ihnen an. [34] Als er ausstieg und die vielen Menschen sah, hatte er Mitleid mit ihnen; denn sie waren wie Schafe, die keinen Hirten haben. Und er lehrte sie lange.

Wir besinnen uns:

Die Not der Welt tritt uns in vielen Formen entgegen. Wenn wir wirklich im Geist Christi leben, wird sie uns nicht zur Ruhe kommen lassen. Markus erzählt, daß auch der Jüngerkreis nicht zur Ruhe kam, weil die Not der Menschen den Herrn immer wieder zur Verkündigung trieb. Es ist deshalb ganz im Geiste Jesu Christi, wenn wir uns den Menschen zuwenden, die unserer Hilfe bedürfen.

Wir beten:

Gott, dein Sohn hatte Mitleid mit den Menschen. Hilf uns, daß wir uns der Hirtensorge deines Sohnes anvertrauen und uns um jene sorgen, die unsere Hilfe brauchen. Durch Christus, unseren Herrn.

17. Sonntag im Jahreskreis

Brot für alle

1. Lesung: 2 Kön 4,42–44 2. Lesung: Eph 4,1–6 Evangelium: Joh 6,1–15

Es kann nicht auf die Dauer so bleiben, daß nur ein Teil der Menschheit genug zu essen hat, während andere hungern. Die Bibel stellt sich die Vollendung der Welt vor als Sättigung aller Hungrigen durch Gott und ermuntert uns, durch geschwisterliche Hilfe jetzt schon für diese neue Welt zu arbeiten. Der Prophet Elija speist mit den Gaben, die ihm gebracht werden, hundert Männer und weist so auf Gottes Liebe, die die Hungernden in Überfülle speisen wird: »Denn so spricht der Herr: Man wird essen und noch übrig lassen« (1. Lesung). Auch die Geschichte von der Brotvermehrung will davon erzählen, daß die Hungrigen von Gott gespeist werden. Zugleich verpflichtet sie die Jünger Jesu, heute schon zu verteilen, was sie haben (Evangelium). Denn es gilt für uns, »ein Leben zu führen, das des Rufes würdig ist, der an euch erging« (2. Lesung).

Wir hören aus dem Johannesevangelium:

In jener Zeit [1] ging Jesus an das andere Ufer des Sees von Galiläa, der auch See von Tiberias heißt. [2] Eine große Menschenmenge folgte ihm, weil sie die Zeichen sahen, die er an den Kranken tat. [3] Jesus stieg auf den Berg und setzte sich dort mit seinen Jüngern nieder. [4] Das Pascha, das Fest der Juden, war nahe. [5] Als Jesus aufblickte und sah, daß so viele Menschen zu ihm kamen, fragte er Philippus: Wo sollen wir Brot kaufen, damit diese Leute zu essen haben? [6] Das sagte er aber nur, um ihn auf die Probe zu stellen; denn er selbst wußte, was er tun wollte. [7] Philippus antwortete ihm: Brot für zweihundert Denare reicht nicht aus, wenn jeder von ihnen auch nur ein kleines Stück bekommen soll. [8] Einer seiner Jünger, Andreas, der Bruder des Simon Petrus, sagte zu ihm: [9] Hier ist ein kleiner Junge, der hat fünf Gerstenbrote und zwei Fische; doch was ist das für so viele! [10] Jesus sagte: Laßt die Leute sich setzen! Es gab dort nämlich viel Gras. Da setzten sie sich; es waren etwa fünftausend Männer. [11] Dann nahm Jesus die Brote, sprach das Dankgebet und teilte an die Leute aus, soviel sie wollten; ebenso machte er es mit den Fischen. [12] Als die Menge satt war, sagte er zu seinen Jüngern: Sammelt die übriggebliebenen Brotstücke, damit nichts verdirbt. [13] Sie sammelten und füllten zwölf Körbe mit den Stücken, die von den fünf Gerstenbroten nach dem Essen übrig waren. [14] Als die Menschen das Zeichen sahen, das er getan hatte, sagten sie: Das ist wirklich der Prophet, der in die Welt kommen soll. [15] Da erkannte Jesus, daß sie kommen würden, um ihn in ihre Gewalt zu bringen und zum König zu machen. Daher zog er sich wieder auf den Berg zurück, er allein.

Wir besinnen uns:

Wir sollten die Geschichte von der Brotvermehrung nicht hören, ohne an den Hunger in der Welt zu denken. Wie die Jünger, fragt der Herr nämlich auch uns: Woher sollen wir Brot für die vielen hungernden Menschen bekommen? Auch von uns erwartet er, daß wir teilen, was wir haben – auch wenn wir meinen, es reiche nicht aus, um alle satt zu machen. Wie bei der Brotvermehrung dürfen wir darauf vertrauen, daß unsere Gabe viel mehr bewirken kann, als wir erwarten.

Wir beten:

Gott, dein Sohn wollte für uns zum Brot des Lebens werden. Mach auch uns bereit, Brot und Leben miteinander zu teilen. Darum bitten wir durch Christus, unseren Herrn.

18. Sonntag im Jahreskreis

Das Brot vom Himmel

1. Lesung: Ex 16,2–4.12–15 | 2. Lesung: Eph 4,17.20–24 | Evangelium: Joh 6,24–35

Bei den meisten Menschen sind in den letzten Jahren mit den Möglichkeiten auch die Wünsche gewachsen. Fraglos gilt für viele: Bestimmte Dinge müssen einfach da sein; eine bestimmte Lebensqualität steht uns einfach zu. Für nicht wenige besteht das Leben fast nur noch darin, zu »arbeiten«, zu »erwerben«, zu »besitzen« und zu »behalten«. Die Geschichte von der Speisung durch das Manna in der Wüste will Israel vor einer solchen Haltung warnen: Gott ist es, der uns am Leben hält und nur er kann unseren Hunger stillen (1. Lesung). Auch Jesus kritisiert die, die bei der wunderbaren Speisung nur das Äußere wahrgenommen haben und auch weiterhin nur Brot verlangen, um satt zu werden. Denn das tiefste Verlangen des Menschen ist doch Gott selbst, der uns in Jesus begegnet. Nur wer dieses Brot ißt, wer den Sohn in sich aufnimmt, wird wirklich satt werden (Evangelium). Deshalb gilt die Mahnung des Epheserbriefes gerade für unsere Zeit: »Legt den alten Menschen ab, der in Verblendung und Begierde zugrunde geht, ändert euer früheres Leben und erneuert euren Geist und Sinn« (2. Lesung).

Wir hören aus dem Johannesevangelium:

In jener Zeit, 24 als die Leute sahen, daß
weder Jesus noch seine Jünger am Ufer des
Sees waren, stiegen sie in die Boote, fuhren
nach Kafarnaum und suchten Jesus. 25 Als sie
ihn am anderen Ufer des Sees fanden, frag-
ten sie ihn: Rabbi, wann bist du hierher
gekommen? 26 Jesus antwortete ihnen:
Amen, amen, ich sage euch: Ihr sucht mich
nicht, weil ihr Zeichen gesehen habt, son-
dern weil ihr von den Broten gegessen habt
und satt geworden seid. 27 Müht euch nicht ab
für die Speise, die verdirbt, sondern für die
Speise, die für das ewige Leben bleibt und
die der Menschensohn euch geben wird.
Denn ihn hat Gott, der Vater, mit seinem
Siegel beglaubigt. 28 Da fragten sie ihn: Was
müssen wir tun, um die Werke Gottes zu
vollbringen? 29 Jesus antwortete ihnen: Das
ist das Werk Gottes, daß ihr an den glaubt,
den er gesandt hat. 30 Sie entgegneten ihm:
Welches Zeichen tust du, damit wir es sehen
und dir glauben? Was tust du? 31 Unsere Väter
haben das Manna in der Wüste gegessen, wie
es in der Schrift heißt: Brot vom Himmel gab
er ihnen zu essen. 32 Jesus sagte zu ihnen:
Amen, amen, ich sage euch: Nicht Mose hat
euch das Brot vom Himmel gegeben, son-
dern mein Vater gibt euch das wahre Brot
vom Himmel. 33 Denn das Brot, das Gott gibt,
kommt vom Himmel herab und gibt der Welt
das Leben. 34 Da baten sie ihn: Herr, gib uns
immer dieses Brot! 35 Jesus antwortete ihnen:
Ich bin das Brot des Lebens; wer zu mir
kommt, wird nie mehr hungern, und wer an
mich glaubt, wird nie mehr Durst haben.

Wir besinnen uns:

Wir setzen viel Kraft dafür ein, daß wir das tägliche Brot haben und einen bestimmten Lebensstandard halten können. Manchmal vergessen wir dabei, daß es noch ein zusätzliches Brot gibt, das der Mensch zum Glück braucht; jeder Mensch trägt ein Verlangen in sich, das nur in Gott zur Ruhe kommt. Suchen wir deshalb das Brot, das vom Himmel gekommen ist: Jesus Christus, unseren Herrn. Wer ihm begegnet, für den wird irdischer Besitz an Bedeutung verlieren: Es gibt nämlich etwas, das noch wichtiger ist.

Wir beten:

Gott, du allein kannst unsere Sehnsucht nach Glück und Leben stillen. Begleite uns auf dem Weg zu dir durch das Brot deines Sohnes, der mit dir lebt und herrscht in Ewigkeit.

Jesus sorgt für die Menschen. Brotvermehrung und reicher Fischfang. Glasfenster, Otto Kastowksy, Raas.

19. Sonntag im Jahreskreis

Brot für das Leben der Welt

1. Lesung: 1 Kön 19,4–8 | 2. Lesung: Eph 4,30 – 5,2 | Evangelium: Joh 6,41–51

Gottes Liebe hält uns am Leben. Seine Zuwendung nährt uns und richtet uns auch in der Todesnot wieder auf. Der Prophet Elija erfährt in der Verzweiflung jene Hilfe und macht sich gestärkt wieder auf den Weg (1. Lesung). Wer die Begegnung mit Jesus sucht, wird diese wie die Berührung mit dem Leben empfinden, das nie enden kann, weil es von Gottes Liebe getragen ist (Evangelium). Diese Begegnung soll auch immer neu jetzt schon der Anfang eines neuen Lebens sein: »Jede Art von Bitterkeit, Wut, Zorn, Geschrei und Lästerung und alles Böse verbannt aus eurer Mitte. Seid gütig zueinander, seid barmherzig, vergebt einander, weil auch Gott euch durch Christus vergeben hat« (2. Lesung).

Wir hören aus dem Johannesevangelium:

In jener Zeit [41] murrten die Juden gegen
Jesus, weil er gesagt hatte: Ich bin das Brot,
das vom Himmel herabgekommen ist. [42] Und
sie sagten: Ist das nicht Jesus, der Sohn
Josefs, dessen Vater und Mutter wir kennen?
Wie kann er jetzt sagen: Ich bin vom Himmel
herabgekommen? [43] Jesus sagte zu ihnen:
Murrt nicht! [44] Niemand kann zu mir kom-
men, wenn nicht der Vater, der mich gesandt
hat, ihn zu mir führt; und ich werde ihn
auferwecken am Letzten Tag. [45] Bei den Pro-
pheten heißt es: Und alle werden Schüler
Gottes sein. Jeder, der auf den Vater hört und
seine Lehre annimmt, wird zu mir kommen.
[46] Niemand hat den Vater gesehen außer
dem, der von Gott ist; nur er hat den Vater
gesehen. [47] Amen, amen, ich sage euch: Wer
glaubt, hat das ewige Leben. [48] Ich bin das
Brot des Lebens. [49] Eure Väter haben in der
Wüste das Manna gegessen und sind gestor-
ben. [50] So aber ist es mit dem Brot, das vom
Himmel herabkommt: Wenn jemand davon
ißt, wird er nicht sterben. [51] Ich bin das
lebendige Brot, das vom Himmel herabge-
kommen ist. Wer von diesem Brot ißt, wird in
Ewigkeit leben. Das Brot, das ich geben
werde, ist mein Fleisch, ich gebe es hin für
das Leben der Welt.

Wir besinnen uns:

Auf vielerlei Weise suchen wir nach dem Weg, der unser Leben gelingen läßt; wir ersehnen das Leben in Fülle. Der christliche Glaube bekennt sich zur Auferstehung Jesu und weiß um die Glaubwürdigkeit dessen, der sich selbst als das lebendige Brot vorstellt. Der Weg dieses Jesus von Nazaret, seine Liebe zu allen Menschen, seine Botschaft – all das bringt uns den großen, unbegreiflichen Gott nahe. Wer Jesu Weg nachgeht, sieht den Vater; wer seine Worte in sich aufnimmt, ißt vom Brot des Lebens.

Wir beten:

Gott, in Jesus, deinem Sohn, bist du uns nahe gekommen. Er ist das Brot für das Leben der Welt. Stärke unseren Glauben an sein Wort, das uns hinführt zu dir. Darum bitten wir durch Christus, unseren Herrn.

20. Sonntag im Jahreskreis

Brot der Gemeinschaft

1. Lesung: Spr 9,1–6 | 2. Lesung: Eph 5,15–20 | Evangelium: Joh 6,51–58

Das Mahl ist ein urmenschliches Bild für Begegnung, Austausch und Gemeinschaft. Im Buch der Sprichwörter im Alten Testament findet sich eine Einladung an die Menschen, bei der Weisheit zum Mahl zu kommen, um dadurch weise und verständig zu werden (1. Lesung). Auch wir werden zu einem Mahl geladen, wo Christus uns unter den Gestalten von Brot und Wein immer neu mit seiner Liebe verbindet (Evangelium). Die christliche Mahlfeier ist deshalb getragen von Freude und Danksagung: »Laßt in eurer Mitte Psalmen, Hymnen und Lieder erklingen, wie der Geist sie eingibt. Sagt Gott, dem Vater, jederzeit Dank für alles im Namen Jesu Christi, unseres Herrn« (2. Lesung).

Wir hören aus dem Johannesevangelium:

In jener Zeit sprach Jesus zu der Menge: 51
Ich bin das lebendige Brot, das vom Himmel
herabgekommen ist. Wer von diesem Brot
ißt, wird in Ewigkeit leben. Das Brot, das ich
geben werde, ist mein Fleisch, (ich gebe es
hin) für das Leben der Welt. 52 Da stritten sich
die Juden und sagten: Wie kann er uns sein
Fleisch zu essen geben? 53 Jesus sagte zu
ihnen: Amen, amen, das sage ich euch: Wenn
ihr das Fleisch des Menschensohnes nicht
eßt und sein Blut nicht trinkt, habt ihr das
Leben nicht in euch. 54 Wer mein Fleisch ißt
und mein Blut trinkt, hat das ewige Leben,
und ich werde ihn auferwecken am Letzten
Tag. 55 Denn mein Fleisch ist wirklich eine
Speise, und mein Blut ist wirklich ein Trank.
56 Wer mein Fleisch ißt und mein Blut trinkt,
der bleibt in mir, und ich bleibe in ihm. 57 Wie
mich der lebendige Vater gesandt hat und
wie ich durch den Vater lebe, so wird jeder,
der mich ißt, durch mich leben. 58 Dies ist das
Brot, das vom Himmel herabgekommen ist.
Mit ihm ist es nicht wie mit dem Brot, das die
Väter gegessen haben; sie sind gestorben.
Wer aber dieses Brot ißt, wird leben in Ewigkeit.

Jesus schenkt sich den Seinen als Gabe. Letztes Abendmahl. Initiale, 16. Jh., Brixen.

Wir besinnen uns:

Wir empfangen in der Eucharistie den Leib und das Blut Christi. In Brot und Wein begegnen wir ihm selbst: Ihm, der uns gesucht hat und den Weg mit uns gehen will; ihm, der sich verbrauchen ließ, damit wir leben. Wer von diesem Brot ißt, soll selbst zum Brot werden, von dem andere leben.

Wir beten:

Gott, dein Sohn will uns begegnen in den unscheinbaren Zeichen von Brot und Wein. Laß uns dankbar sein für das große Geschenk der Eucharistie und hilf uns, selbst Brot zu werden, von dem andere leben. Durch Christus, unseren Herrn.

21. Sonntag im Jahreskreis

Entscheidung für Jesus

1. Lesung: Jos 24,1–2a.15–17.18b 2. Lesung: Eph 5,21–32 Evangelium: Joh 6,60–69

Der Weg des Glaubens verlangt Entscheidungen: Ob wir wirklich die Welt von Gott her sehen wollen; ob wir Christus als Weg, Wahrheit und Leben annehmen wollen. Auch Josua drängt Israel bei der Einnahme des Gelobten Landes zu einer solchen Entscheidung: »... entscheidet euch heute, wem ihr dienen wollt: den Göttern, denen eure Väter jenseits des Stromes dienten, oder den Göttern der Amoriter, in deren Land ihr wohnt« (1. Lesung). Auch die Jünger Jesu werden durch Jesu Wort zur Entscheidung gerufen, und viele gehen fort (Evangelium), und noch immer gehen manche, die mit uns den Weg begonnen haben, fort. Wir sollten nicht voreilig über sie urteilen, sondern besser uns selbst fragen, ob wir ihnen wirklich die Liebe Christi bezeugt haben, der seine Kirche liebt (2. Lesung).

Wir hören aus dem Johannesevangelium:

In jener Zeit 60 sagten viele der Jünger Jesu, die ihm zuhörten: Was er sagt, ist unerträglich. Wer kann das anhören? 61 Jesus erkannte, daß seine Jünger darüber murrten, und fragte sie: Daran nehmt ihr Anstoß? 62 Was werdet ihr sagen, wenn ihr den Menschensohn hinaufsteigen seht, dorthin, wo er vorher war? 63 Der Geist ist es, der lebendig macht; das Fleisch nützt nichts. Die Worte, die ich zu euch gesprochen habe, sind Geist und sind Leben. 64 Aber es gibt unter euch einige, die nicht glauben. Jesus wußte nämlich von Anfang an, welche es waren, die nicht glaubten, und wer ihn verraten würde. 65 Und er sagte: Deshalb habe ich zu euch gesagt: Niemand kann zu mir kommen, wenn es ihm nicht vom Vater gegeben ist. 66 Daraufhin zogen sich viele Jünger zurück und wanderten nicht mehr mit ihm umher. 67 Da fragte Jesus die Zwölf: Wollt auch ihr weggehen? 68 Simon Petrus antwortete ihm: Herr, zu wem sollen wir gehen? Du hast Worte des ewigen Lebens. 69 Wir sind zum Glauben gekommen und haben erkannt: Du bist der Heilige Gottes.

Wir besinnen uns:

Immer wieder erleben wir, daß Menschen, die wir lieben und schätzen, sich von der Kirche zurückziehen. Zuerst machen sie vielleicht noch halbherzig oder aus Gewohnheit mit, irgendwann aber ist die Entscheidung gefallen, und sie gehen andere Wege. Uns steht kein Urteil über solche Menschen zu, denn Gottes Wege sind oft geheimnisvoll, und seine Urteile sind anders als unsere. Was wir uns aber fragen müssen, ist dies: Haben wir Gottes Liebe wirklich mit aller Kraft bezeugt und denen, die weggegangen sind, nicht den Blick auf Jesus Christus verstellt? Leben wir selber unser christliches Leben aus innerster Überzeugung?

Wir beten:

Gott, das Wort deines Sohnes fordert von uns eine Entscheidung. Hilf uns, Christus nachzufolgen und ihm zu vertrauen, der mit dir lebt und herrscht in Ewigkeit.

22. Sonntag im Jahreskreis

Erneuerung von innen

1. Lesung: Dtn 4,1–2.6–8 2. Lesung: Jak 1,17–18.21b–22.27 Evangelium: Mk 7,1–8.14–15.21–23

Viele Menschen stellen sich die Frage: Wie lebe ich richtig? Was muß ich tun, daß ich mein Handeln auch vor meinem Gewissen verantworten kann? Für Israel war die Antwort auf diese Frage klar: Gottes Gesetz zeigt den Weg zum Leben: »Israel, höre die Gesetze und Rechtsvorschriften, die ich euch zu halten lehre. Hört, und ihr werdet leben« (1. Lesung). Auch für Jesus hat das jüdische Gesetz entscheidende Bedeutung. Allerdings relativiert er die vielen Auslegungsbestimmungen der Schriftgelehrten. Wichtiger als die rein äußerliche Erfüllung einzelner Gebote ist eine neue innere Haltung (Evangelium). Es gehört aber zum Glauben, daß der inneren Haltung auch Werke entsprechen: »Hört das Wort nicht nur an, sondern handelt danach, sonst betrügt ihr euch selbst« (2. Lesung).

Wir hören aus dem Markusevangelium:

In jener Zeit 1 hielten sich die Pharisäer und einige Schriftgelehrte, die aus Jerusalem gekommen waren, bei Jesus auf. 2 Sie sahen, daß einige seiner Jünger ihr Brot mit unreinen, das heißt mit ungewaschenen Händen aßen. 3 Die Pharisäer essen nämlich wie alle Juden nur, wenn sie vorher mit einer Handvoll Wasser die Hände gewaschen haben, wie es die Überlieferung der Alten vorschreibt. 4 Auch wenn sie vom Markt kommen, essen sie nicht, ohne sich vorher zu waschen. Noch viele andere überlieferte Vorschriften halten sie ein, wie das Abspülen von Bechern, Krügen und Kesseln. 5 Die Pharisäer und die Schriftgelehrten fragten ihn also: Warum halten sich deine Jünger nicht an die Überlieferung der Alten, sondern essen ihr Brot mit unreinen Händen? 6 Er antwortete ihnen: Der Prophet Jesaja hatte recht mit dem, was er über euch Heuchler sagte: Dieses Volk ehrt mich mit den Lippen, sein Herz aber ist weit weg von mir. 7 Es ist sinnlos, wie sie mich verehren; was sie lehren, sind Satzungen von Menschen. 8 Ihr gebt Gottes Gebot preis und haltet euch an die Überlieferung der Menschen. 14 Dann rief Jesus die Leute wieder zu sich und sagte: Hört mir alle zu und begreift, was ich sage: [15] Nichts, was von außen in den Menschen hineinkommt, kann ihn unrein machen, sondern was aus dem Menschen herauskommt, das macht ihn unrein. [21] Denn von innen, aus dem Herzen der Menschen, kommen die bösen Gedanken, Unzucht, Diebstahl, Mord, [22] Ehebruch, Habgier, Bosheit, Hinterlist, Ausschweifung, Neid, Verleumdung, Hochmut und Unvernunft. [23] All dieses Böse kommt von innen und macht den Menschen unrein.

Wir besinnen uns:

Es gibt Menschen, für die der Glaube nur aus Gesetzen und Vorschriften besteht. Ihre Treue ist bewundernswert. Doch werden sie an ihrem Glauben wirklich froh? Jesus warnt vor einer Gesetzeserfüllung, die sich nur an den Buchstaben der Gebote hält. Wichtiger ist ihm, daß die Menschen innerlich neu werden, denn wer sich von Gott verwandeln läßt, wird auch zu einem neuen Handeln finden. Die Gebote können auf diesem Weg helfen.

Wir beten:

Gott, in deinem Sohn willst du uns erneuern. Laß uns erkennen, daß deine Gebote Leben und Freiheit schenken. Durch Christus, unseren Herrn.

23. Sonntag im Jahreskreis

Fähigkeit zum Gespräch

1. Lesung: Jes 35,4–7a | 2. Lesung: Jak 2,1–5 | Evangelium: Mk 7,31–37

Wir leben im Zeitalter der Massenkommunikation; es bestehen die technischen Mittel für ein Gespräch der Völker und der Menschen. Trotz dieser Möglichkeiten ist der Dialog zwischen den Menschen, zwischen den Völkern, zwischen den Kirchen, sehr mühsam. Die Verschlossenheit ist schwer zu überwinden. Für die Endzeit verheißt Gott ein Ende dieser Veschlossenheit: »Dann werden die Augen der Blinden geöffnet, auch die Ohren der Tauben sind wieder offen« (1. Lesung). In der Begegnung mit Jesus wird der Taubstumme erst richtig zum Menschen, zu einem Menschen, der hören und loben und in der Gemeinschaft leben kann (Evangelium). Jakobus gibt Weisungen, wie man gegenüber Reichen und Armen recht reden soll und begründet dies: »Hat Gott nicht die Armen in der Welt auserwählt, um sie zu Erben des Königreiches zu machen?« (2. Lesung).

Wir hören aus dem Markusevangelium:

In jener Zeit [31] verließ Jesus das Gebiet von Tyrus und kam über Sidon an den See von Galiläa, mitten in das Gebiet der Dekapolis. [32] Da brachte man einen Taubstummen zu Jesus und bat ihn, er möge ihn berühren. [33] Er nahm ihn beiseite, von der Menge weg, legte ihm die Finger in die Ohren und berührte dann die Zunge des Mannes mit Speichel; [34] danach blickte er zum Himmel auf, seufzte und sagte zu dem Taubstummen: Effata!, das heißt: Öffne dich! [35] Sogleich öffneten sich seine Ohren, seine Zunge wurde von ihrer Fessel befreit, und er konnte richtig reden. [36] Jesus verbot ihnen, jemand davon zu erzählen. Doch je mehr er es ihnen verbot, desto mehr machten sie es bekannt. [37] Außer sich vor Staunen sagten sie: Er hat alles gut gemacht; er macht, daß die Tauben hören und die Stummen sprechen.

Wir besinnen uns:

Die Begegnung mit Jesus öffnet uns Ohren und Mund. Die Erfahrung seiner Zuwendung und seiner Nähe läßt Gemeinschaft entstehen, in der die Menschen mit Gott und untereinander wieder reden können. Die Welt ist noch nicht vollendet. Deswegen sind wir dazu berufen, wie Jesus Zeichen der Güte Gottes zu setzen, indem wir durch unser Reden und Handeln Hoffnung ausstrahlen und Gemeinschaft stiften.

Wir beten:

Gott, in deinem Sohn hast du uns angesprochen. Schenke uns die Fähigkeit zum Gespräch und laß uns Menschen sein, die füreinander Worte der Hoffnung und der Ermutigung haben. Durch Christus, unseren Herrn.

24. Sonntag im Jahreskreis

Glaube und Nachfolge

1. Lesung: Jes 50,5–9a — 2. Lesung: Jak 2,14–18 — Evangelium: Mk 8,27–35

Die Echtheit einer Überzeugung zeigt sich weniger in Worten, als vielmehr in Taten. Der Prophet, der das Volk Israel in der Verbannung trösten will, trägt die Leiden und Verfolgungen und bezeugt so sein Vertrauen auf Gottes Hilfe: »Ich weiß, daß ich nicht in Schande gerate. Er, der mich freispricht, ist nahe« (1. Lesung). Auch der Jünger Jesu, der Jesus als Messias bekennt, muß diesen Glauben in der Nachfolge erweisen und mit seinem Leben und seiner Person für das einstehen, was er verkündet (Evangelium). Zum Glauben gehört das Tun, denn »der Glaube für sich allein ist tot, wenn er nicht Werke vorzuweisen hat« (2. Lesung).

Wir hören aus dem Markusevangelium:

In jener Zeit [27] ging Jesus mit seinen Jün-
gern in die Dörfer bei Cäsarea Philippi. Unter-
wegs fragte er die Jünger: Für wen halten
mich die Menschen? [28] Sie sagten zu ihm:
Einige für Johannes den Täufer, andere für
Elija, wieder andere für sonst einen von den
Propheten. [29] Da fragte er sie: Ihr aber, für
wen haltet ihr mich? Simon Petrus antworte-
te ihm: Du bist der Messias! [30] Doch er verbot
ihnen, mit jemand über ihn zu sprechen. [31]
Dann begann er, sie darüber zu belehren,
der Menschensohn müsse vieles erleiden
und von den Ältesten, den Hohenpriestern
und den Schriftgelehrten verworfen werden;
er werde getötet, aber nach drei Tagen werde
er auferstehen. [32] Und er redete ganz offen
darüber. Da nahm ihn Petrus beiseite und
machte ihm Vorwürfe. [33] Jesus wandte sich
um, sah seine Jünger an und wies Petrus mit
den Worten zurecht: Weg mit dir, Satan, geh
mir aus den Augen! Denn du hast nicht das
im Sinn, was Gott will, sondern was die
Menschen wollen. [34] Er rief die Volksmenge
und seine Jünger zu sich und sagte: Wer
mein Jünger sein will, der verleugne sich
selbst, nehme sein Kreuz auf sich und folge
mir nach. [35] Denn wer sein Leben retten will,
wird es verlieren; wer aber sein Leben um
meinetwillen und um des Evangeliums willen
verliert, wird es retten.

Der Weg Jesu – Modell christlichen Lebens. Multscher-Altar, 1458, Sterzing.

Wir besinnen uns:

Auch die Jünger Jesu möchten manchmal lieber den bequemen und gefahrlosen Weg gehen. Sie möchten sich nicht immer mit aller Welt anlegen, wenn es um Recht und Unrecht oder um die Sorge für Ausgeschlossene geht. Doch der Anspruch ihres Meisters läßt ihnen keine Wahl: Wer mein Jünger sein will, nehme sein Kreuz auf sich und folge mir nach.

Wir beten:

Allmächtiger Gott, du hast uns in die Kreuzesnachfolge deines Sohnes gerufen. Gib uns die Kraft, Jesus auf seinem Weg nachzufolgen. Darum bitten wir dich voll Vertrauen durch ihn, Christus, unseren Herrn.

25. Sonntag im Jahreskreis

Karriere für Christen

1. Lesung: Weish 2,1a.12.17–20 2. Lesung: Jak 3,16 – 4,3 Evangelium: Mk 9,30–37

Auch heute stellen sich denen, die Jesus nachfolgen wollen, Widerstände und Anfeindungen entgegen. Wie der Gottesfürchtige im alten Israel den Unwillen derer erregte, die ihre eigenen Wege gehen wollten, so werden auch heute gläubige Menschen Unwillen, Anfeindungen und Spott erfahren (1. Lesung). Wer tatsächlich aussteigt aus dem Kampf um die ersten Plätze, von dem unsere Gesellschaft bestimmt ist, wird auch von vielen Christen Widerspruch erfahren (Evangelium). Dennoch gibt es keinen anderen Weg zum Leben als diese Orientierung »nach unten«: Der Eifersucht und dem Ehrgeiz steht eine christliche Weisheit gegenüber und diese »Weisheit« von oben ist erstens heilig, sodann friedlich, freundlich, gehorsam, voll Erbarmen und reich an guten Früchten, sie ist unparteiisch und sie heuchelt nicht« (2. Lesung).

Wir hören aus dem Markusevangelium:

In jener Zeit [30] zogen Jesus und seine Jünger durch Galiläa. Jesus wollte aber nicht, daß jemand davon erfuhr; [31] denn er wollte seine Jünger über etwas belehren. Er sagte zu ihnen: Der Menschensohn wird den Menschen ausgeliefert, und sie werden ihn töten; doch drei Tage nach seinem Tod wird er auferstehen. [32] Aber sie verstanden den Sinn seiner Worte nicht, scheuten sich jedoch, ihn zu fragen. [33] Sie kamen nach Kafarnaum. Als er dann im Haus war, fragte er sie: Worüber habt ihr unterwegs gesprochen? [34] Sie schwiegen, denn sie hatten unterwegs miteinander darüber gesprochen, wer (von ihnen) der Größte sei. [35] Da setzte er sich, rief die Zwölf und sagte zu ihnen: Wer der Erste sein will, soll der Letzte von allen und der Diener aller sein. [36] Und er stellte ein Kind in ihre Mitte, nahm es in seine Arme und sagte zu ihnen: [37] Wer ein solches Kind um meinetwillen aufnimmt, der nimmt mich auf; wer aber mich aufnimmt, der nimmt nicht nur mich auf, sondern den, der mich gesandt hat.

Dienstbereitschaft ist ein Kennzeichen der Nachfolge. Fußwaschung. Paul Troger, um 1750, Domsakristei Brixen.

Wir besinnen uns:

Menschen behaupten: Karriere macht man, indem man sich nach »oben« orientiert, jede Chance zum Aufstieg nutzt und nicht zimperlich ist, wenn man Konkurrenten ausschalten muß. Jesus sagt: Karriere macht, wer sich nach »unten« orientiert, wer die Vergessenen wahrnimmt, die Einsamen begleitet, die Unbedeutenden aufnimmt. Jesus wird niemandem, der ihm nachfolgen will, das Umdenken von der Orientierung »nach oben« zur Ausrichtung »nach unten« ersparen. Wie stehen wir dazu?

Wir beten:

Gott, in Jesus Christus hast du dich auf die Seite der Armen und Schwachen gestellt. Gibt auch uns den Mut zu einer solchen Entscheidung. Durch Christus, unseren Herrn.

26. Sonntag im Jahreskreis

Freude am Wirken des Geistes

1. Lesung: Num 11,25–29 | 2. Lesung: Jak 5,1–6 | Evangelium: Mk 9,38–43.45.47–48

Wir sind oft versucht, die eigene Gruppe für besser zu halten als andere Gruppierungen; und mitunter sind wir sogar enttäuscht, wenn Leute, die nicht zu unserer Gruppe gehören, auch Gutes tun. So wird von Mose erwartet, daß er zwei Männer, die in prophetische Verzückung geraten sind, ohne zum auserwählten Kreis der Siebzig Ältesten zu gehören, daran hindert. Doch Mose ruft aus: »Wenn nur das ganze Volk des Herrn zu Propheten würde, wenn nur der Herr seinen Geist auf sie alle legte!« (1. Lesung). Auch Jesus hindert den fremden Wundertäter nicht, der in seinem Namen Dämonen austreibt. Er belehrt die Jünger vielmehr, daß jede gute Tat bei Gott ihren Lohn finden wird (Evangelium). Der Jakobusbrief, der scharf gegen das ausschweifende Leben der Reichen zu Felde zieht, versteht gerade die praktische Nächstenliebe als Ausdruck der konkreten Nachfolge (2. Lesung).

Wir hören aus dem Markusevangelium:

In jener Zeit [38] sagte Johannes – einer der Zwölf – zu Jesus: Meister, wir haben gesehen, wie jemand in deinem Namen Dämonen austrieb; und wir versuchten, ihn daran zu hindern, weil er uns nicht nachfolgt. [39] Jesus erwiderte: Hindert ihn nicht! Keiner, der in meinem Namen Wunder tut, kann so leicht schlecht von mir reden. [40] Denn wer nicht gegen uns ist, der ist für uns. [41] Wer euch auch nur einen Becher Wasser zu trinken gibt, weil ihr zu Christus gehört – amen, ich sage euch: er wird nicht um seinen Lohn kommen. [42] Wer einen von diesen Kleinen, die an mich glauben, zum Bösen verführt, für den wäre es besser, wenn er mit einem Mühlstein um den Hals ins Meer geworfen würde. [43] Wenn dich deine Hand zum Bösen verführt, dann hau sie ab; es ist besser für dich, verstümmelt in das Leben zu gelangen, als mit zwei Händen in die Hölle zu kommen, in das nie erlöschende Feuer. [45] Und wenn dich dein Fuß zum Bösen verführt, dann hau ihn ab; es ist besser für dich, verstümmelt in das Leben zu gelangen, als mit zwei Füßen in die Hölle geworfen zu werden. [47] Und wenn dich dein Auge zum Bösen verführt, dann reiß es aus; es ist besser für dich, einäugig in das Reich Gottes zu kommen, als mit zwei Augen in die Hölle geworfen zu werden, [48] wo ihr Wurm nicht stirbt und das Feuer nicht erlischt.

Wir besinnen uns:

Liebe, Güte und Vertrauen finden wir nicht nur bei Christen. Wir kennen Menschen, die sich nicht zu Christus bekennen, sich aber für andere einsetzen, Notleidenden helfen und nach Wegen der Versöhnung suchen. Wir sollten uns über das Handeln dieser Menschen freuen. Wir dürfen all das Gute, das durch sie geschieht, als Wirken des Geistes verstehen.

Wir beten:

Heiliger Gott, dein Geist wirkt, wo er will. Öffne uns den Blick für das Gute, das durch Menschen in unserer Umgebung geschieht. Durch Christus, unseren Herrn.

Mann und Frau gehören zusammen. Erschaffung der Frau aus der Seite des Adam. Buchmalerei, 15. Jh., Neustift.

27. Sonntag im Jahreskreis

Weisung für Ehe und Familie

1. Lesung: Gen 2,18–24 | 2. Lesung: Hebr 2,9–11 | Evangelium: Mk 10,2–16

Die Liebe zwischen Mann und Frau ist Gabe und Auftrag Gottes an die Menschen. Sie bindet die beiden Partner in der Ehe nach dem Bild der Liebe Gottes aneinander. Schon die Schöpfungsgeschichte verdeutlicht, daß Mann und Frau zusammen die Vollendung finden: »Darum verläßt der Mann Vater und Mutter und bindet sich an seine Frau, und sie werden ein Fleisch« (1. Lesung). Jesus schärft seinen Jüngern die gegenseitige Verantwortung der Partner füreinander ein: Man kann eine solche Verbindung nicht nach Belieben auflösen und darf mit dem anderen nicht nach eigenem Gutdünken umgehen (Evangelium). Christen sind miteinander verbunden, weil sie »Brüder und Schwestern« sind (2. Lesung).

Wir hören aus dem Markusevangelium:

In jener Zeit [2] kamen Pharisäer zu Jesus und fragten: Darf ein Mann seine Frau aus der Ehe entlassen? Damit wollten sie ihm eine Falle stellen. [3] Er antwortete ihnen: Was hat euch Mose vorgeschrieben? [4] Sie sagten: Mose hat erlaubt, eine Scheidungsurkunde auszustellen und (die Frau) aus der Ehe zu entlassen. [5] Jesus entgegnete ihnen: Nur weil ihr so hartherzig seid, hat er euch dieses Gebot gegeben. [6] Am Anfang der Schöpfung aber hat Gott sie als Mann und Frau geschaffen. [7] Darum wird der Mann Vater und Mutter verlassen, [8] und die zwei werden e i n Fleisch sein. Sie sind also nicht mehr zwei, sondern eins. [9] Was aber Gott verbunden hat, das darf der Mensch nicht trennen. [10] Zu Hause befragten ihn die Jünger noch einmal darüber. [11] Er antwortete ihnen: Wer seine Frau aus der Ehe entläßt und eine andere heiratet, begeht ihr gegenüber Ehebruch. [12] Auch eine Frau begeht Ehebruch, wenn sie ihren Mann aus der Ehe entläßt und einen anderen heiratet. [13] Da brachte man Kinder zu ihm, damit er ihnen die Hände auflegte. Die Jünger aber wiesen die Leute schroff ab. [14] Als Jesus das sah, wurde er unwillig und sagte zu ihnen: Laßt die Kinder zu mir kommen; hindert sie nicht daran! Denn Menschen wie ihnen gehört das Reich Gottes. [15] Amen, das sage ich euch: Wer das Reich Gottes nicht so annimmt, wie ein Kind, der wird nicht hineinkommen. [16] Und er nahm die Kinder in seine Arme; dann legte er ihnen die Hände auf und segnete sie.

Wir besinnen uns:

In einer Zeit, in der die Ehescheidung leicht möglich ist, wirkt Jesu Wort sehr hart. Er begründet das Verbot der Ehescheidung mit dem Schöpfungswillen Gottes: Eheleute sind durch Gott füreinander berufen. Auch die Gemeinde ist aufgefordert, die Berufung der Eheleute zu stützen, damit sie auf ihre Weise Gottes Liebe bezeugen können.

Wir beten:

Allmächtiger Gott, du hast die Menschen als Mann und Frau erschaffen. Hilf uns, daß wir einander mit Rücksicht und Respekt begegnen, und hilf den Eheleuten, deine Liebe zu bezeugen. Durch Christus, unseren Herrn.

28. Sonntag im Jahreskreis

Christlicher Umgang mit den irdischen Gütern

1. Lesung: Weish 7,7–11	2. Lesung: Hebr 4,12–13	Evangelium: Mk 10,17–30

Seit jeher fragen die Menschen: Was muß ich tun, um das wahre Leben zu gewinnen? Die Antworten fallen sehr unterschiedlich aus. Für den jüdischen Weisen geht es um Einsicht in die gottgewollte Ordnung: »Ich betete, und es wurde mir Klugheit gegeben ... Reichtum achtete ich für nichts im Verhältnis mit ihr« (1. Lesung). Auch Jesus verweist den jungen Mann, der ihn nach dem Weg zum Leben fragt, zunächst auf die Weisheit des Gesetzes. Doch dann richtet er einen ganz persönlichen Anruf an ihn: Er lädt ihn ein, auf Besitz und den Schutz der Großfamilie zu verzichten und in die Nachfolge und Jüngergemeinschaft einzutreten (Evangelium). Angesichts des Rufes Gottes wird offenbar, wie der Mensch im Innersten zu diesem Angebot des Lebens steht: »Lebendig ist das Wort Gottes ..., es richtet über die Regungen und Gedanken des Herzen; vor ihm bleibt kein Geschöpf verborgen« (2. Lesung).

Wir hören aus dem Markusevangelium:

In jener Zeit [17] lief ein Mann auf Jesus zu, fiel vor ihm auf die Knie und fragte ihn: Guter Meister, was muß ich tun, um das ewige Leben zu gewinnen? [18] Jesus antwortete: Warum nennst du mich gut? Niemand ist gut, außer Gott, dem Einen. [19] Du kennst doch die Gebote: Du sollst nicht töten, du sollst nicht die Ehe brechen, du sollst nicht stehlen, du sollst nicht falsch aussagen, du sollst keinen Raub begehen; ehre deinen Vater und deine Mutter! [20] Er erwiderte ihm: Meister, alle diese Gebote habe ich von Jugend an befolgt. [21] Da sah ihn Jesus an, und weil er ihn liebte, sagte er: Eines fehlt dir noch: Geh, verkaufe, was du hast, gib das Geld den Armen, und du wirst einen bleibenden Schatz im Himmel haben; dann komm und folge mir nach! [22] Der Mann aber war betrübt, als er das hörte, und ging traurig weg; denn er hatte ein großes Vermögen. [23] Da sah Jesus seine Jünger an und sagte zu ihnen: Wie schwer ist es für Menschen, die viel besitzen, in das Reich Gottes zu kommen! [24] Die Jünger waren über seine Worte bestürzt. Jesus aber sagte noch einmal zu ihnen: Meine Kinder, wie schwer ist es, in das Reich Gottes zu kommen! [25] Eher geht ein Kamel durch ein Nadelöhr, als daß ein Reicher in das Reich Gottes gelangt. [26] Sie aber erschraken noch mehr und sagten zueinander: Wer kann dann noch gerettet werden? [27] Jesus sah sie an und sagte: Für Menschen ist das unmöglich, aber nicht für Gott; denn für Gott ist alles möglich. [28] Da sagte Petrus zu ihm: Du weißt, wir haben alles verlassen und sind dir nachgefolgt. [29] Jesus antwortete: Amen, ich sage euch: Jeder, der um meinetwillen und um des Evangeliums willen Haus oder Brüder, Schwestern, Mutter, Vater, Kinder oder Äcker verlassen hat, [30] wird das Hundertfache dafür empfangen: Jetzt in dieser Zeit wird er Häuser, Brüder, Schwestern, Mütter, Kinder und Äcker erhalten, wenn auch unter Verfolgungen, und in der kommenden Welt das ewige Leben.

Wir besinnen uns:

Die Begegnung mit Jesus stellt jeden Menschen vor eine Entscheidung. Diese Begegnung stellt auch die Werte in Frage, die bisher wichtig waren. Wie der junge Mann im Evangelium, so fragen auch heute viele Menschen nach dem Weg zum Leben. Jesus nachfolgen kann nur, wer erkennt, wie entscheidend die Begegnung mit Jesus ist. Alles andere – auch der irdische Besitz – ist zweitrangig und vergänglich. Wie ist unsere Reaktion, wenn die Einladung zur Nachfolge an uns ergeht?

Wir beten:

Gott, dein Sohn hat uns den Weg zum Leben gezeigt. Hilf uns, daß wir auf dich allein unsere Hoffnung setzen und daß wir in der Sorge um die irdischen Güter unser eigentliches Ziel nicht vergessen. Durch Christus, unseren Herrn.

Nachfolge in Armut gewährt Freude an der Schöpfung. Der hl. Franziskus. Hans Prünster, 1972, Marienklinik Bozen.

29. Sonntag im Jahreskreis

Dienstbereitschaft

1. Lesung: Jes 53, 10–11 | 2. Lesung: Hebr 4, 14–16 | Evangelium: Mk 10,35–45

Die Welt wäre gnadenlos, wenn wir für alles, was wir getan haben, bis ins Letzte selbst einstehen müßten. Menschlich wird unser Zusammenleben erst da, wo wir für das Versagen anderer mit eintreten. So stellt uns das Buch Jesaja mehrfach jenen Propheten vor Augen, der nicht nur Heil verkündet, sondern auch für die Schuld der anderen einsteht: »Mein Knecht, der gerechte, macht die vielen gerecht; er lädt ihre Schuld auf sich« (1. Lesung). Noch beglückender ist solche Stellvertretung durch Jesus Christus, da nicht nur ein Mensch, sondern der Sohn Gottes selbst uns auf das feste Fundament seiner Liebe stellt (2. Lesung). Ein Ärgernis ist, daß wir, die wir so viel empfangen haben, weiterhin um die ersten Plätze streiten. Ein Ärgernis ist, daß es auch in der Kirche – wie einst im Jüngerkreis Jesu – Machtstreben und Geltungssucht gibt (Evangelium).

Wir hören aus dem Markusevangelium:

In jener Zeit 35 traten Jakobus und Johannes, die Söhne des Zebedäus, zu Jesus und sagten: Meister, wir möchten, daß du uns eine Bitte erfüllst. 36 Er antwortete: Was soll ich für euch tun? 37 Sie sagten zu ihm: Laß in deinem Reich einen von uns rechts und den andern links neben dir sitzen. 38 Jesus erwiderte: Ihr wißt nicht, um was ihr bittet. Könnt ihr den Kelch trinken, den ich trinke, oder die Taufe auf euch nehmen, mit der ich getauft werde? 39 Sie antworteten: Wir können es. Da sagte Jesus zu ihnen: Ihr werdet den Kelch trinken, den ich trinke, und die Taufe empfangen, mit der ich getauft werde. 40 Doch den Platz zu meiner Rechten und zu meiner Linken habe nicht ich zu vergeben; dort werden die sitzen, für die diese Plätze bestimmt sind. 41 Als die zehn anderen Jünger das hörten, wurden sie sehr ärgerlich über Jakobus und Johannes. 42 Da rief Jesus sie zu sich und sagte: Ihr wißt, daß die, die als Herrscher gelten, ihre Völker unterdrücken und die Mächtigen ihre Macht über die Menschen mißbrauchen. 43 Bei euch aber soll es nicht so sein, sondern wer bei euch groß sein will, der soll euer Diener sein, 44 und wer bei euch der Erste sein will, soll der Sklave aller sein. 45 Denn auch der Menschensohn ist nicht gekommen, um sich dienen zu lassen, sondern um zu dienen und sein Leben hinzugeben als Lösegeld für viele.

Wir besinnen uns:

Wir möchten es im Leben zu etwas bringen, möchten etwas zu sagen haben. Es gibt heute, wie zur Zeit Jesu, Beispiele dafür, wie das geschieht und welche Formen von Herrschaft und Unterdrückung sich entwickeln. Jesus zeigt eine Alternative: In der kirchlichen Gemeinschaft soll der Erste der Diener aller und die Kirche eine Gemeinschaft des Dienens sein. Wenn wir unsere christlichen Gemeinschaften am Beispiel Jesu messen, dann sehen wir, daß wir noch einen weiten Weg zurückzulegen haben. Doch es lohnt sich jeder kleine Schritt, den wir in diese Richtung gehen.

Wir beten:

Gott, dein Sohn ist gekommen als unser Bruder und unser Diener. Schenk uns den Mut, dir in den Menschen zu dienen. Durch Christus, unseren Herrn.

30. Sonntag im Jahreskreis

Mit Jesus auf dem Weg

1. Lesung: Jer 31,7–9	2. Lesung: Hebr 5,1–6	Evangelium: Mk 10,46–52

Die Bibel ist voll von tröstenden Visionen der Vollendung. So zeichnet der Prophet Jeremia die Heimkehr der Verschleppten als großen Heilszug, in dem Gott sein Volk zur Freiheit führt: »Weinend kommen sie, und tröstend geleite ich sie. Ich führe sie an wasserführende Bäche, auf einen ebenen Weg, wo sie nicht straucheln« (1. Lesung). Für die neutestamentliche Gemeinde hat sich dieser Heilszug Gottes mit seinem Volk im Weg Jesu nach Jerusalem erfüllt: Hier gibt sich Gott preis für das Heil seines Volkes. Wem dafür die Augen aufgetan worden sind, der wird dem Herrn auf diesem Weg folgen (Evangelium). Und auch eine bedrängte und verängstigte Gemeinde, wie die des Hebräerbriefes, kann sich auf diesen Weg machen: Hin zum wahren Hohenpriester Jesus Christus, der vor Gott für uns eintritt (2. Lesung).

Wir hören aus dem Markusevangelium:

In jener Zeit, als Jesus 46 mit seinen Jüngern und einer großen Menschenmenge Jericho verließ, saß an der Straße ein blinder Bettler, Bartimäus, der Sohn des Timäus. 47 Sobald er hörte, daß es Jesus von Nazaret war, rief er laut: Sohn Davids, Jesus, hab Erbarmen mit mir! 48 Viele wurden ärgerlich und befahlen ihm zu schweigen. Er aber schrie noch viel lauter: Sohn Davids, hab Erbarmen mit mir! 49 Jesus blieb stehen und sagte: Ruft ihn her! Sie riefen den Blinden und sagten zu ihm: Hab nur Mut, steh auf, er ruft dich. 50 Da warf er seinen Mantel weg, sprang auf und lief auf Jesus zu. 51 Und Jesus fragte ihn: Was soll ich dir tun? Der Blinde antwortete: Rabbuni, ich möchte wieder sehen können. 52 Da sagte Jesus zu ihm: Geh! Dein Glaube hat dir geholfen. Im gleichen Augenblick konnte er wieder sehen, und er folgte Jesus auf seinem Weg.

Wir besinnen uns:

Jesus ist auf dem Weg nach Jerusalem. Die Jünger begleiten ihn zwar, verstehen aber immer noch nicht den tieferen Sinn dieses Weges. Bartimäus wußte um seine Blindheit, er wußte aber auch, an wen er sich um Hilfe wandte. Er wird sehend und folgt Jesus auf seinem Weg. Wir müssen immer wieder, wie der Blinde, darum bitten, daß uns der Herr die Augen öffnet. Dann werden wir Jesus auf dem Weg nach Jerusalem folgen können. Der Hilferuf des Bartimäus kann uns als ein ständiges Gebet auf diesem Weg begleiten.

Wir beten:

Allmächtiger Gott, du bist mit uns auf dem Weg. Öffne unsere Augen für deine Gegenwart und deine Hilfe in unserem Leben. Durch Christus, unseren Herrn.

31. Sonntag im Jahreskreis

Worauf es ankommt

1. Lesung: Dtn 6,2–6 | 2. Lesung: Hebr 7,23–28 | Evangelium: Mk 12,28b–34

Die Menschen stehen heute unter einer Fülle von Anforderungen und Aufgaben. Immer wieder hören wir die Frage: Ist das wirklich alles zum Leben notwendig? Worauf kommt es denn im letzten wirklich an? Der fromme Israelit betet bis heute: »Höre Israel! Der Herr, unser Gott, ist einzig. Darum sollst du den Herrn, deinen Gott, lieben aus ganzem Herzen, aus ganzer Seele, aus ganzer Kraft« (1. Lesung). Auch Jesus steht in dieser gläubigen Tradition seines Volkes, er bezieht aber ausdrücklich die Liebe zum Nächsten in das Verhältnis zu Gott mit ein. Für ihn soll die Liebe, die uns von Gott her zukommt und zum Nächsten führt, der Hauptgrund des Handelns sein (Evangelium). Sie hat ihre reinste und unüberbietbare Ausprägung im Weg Jesu Christi gefunden, der deshalb unser »Anführer im Glauben« ist (2. Lesung).

Wir hören aus dem Markusevangelium:

In jener Zeit 28b ging ein Schriftgelehrter zu Jesus hin und fragte ihn: Welches Gebot ist das erste von allen? 29 Jesus antwortete: Das erste ist: Höre, Israel, der Herr, unser Gott, ist der einzige Herr. 30 Darum sollst du den Herrn, deinen Gott, lieben mit ganzem Herzen und ganzer Seele, mit all deinen Gedanken und all deiner Kraft. 31 Als zweites kommt hinzu: Du sollst deinen Nächsten lieben wie dich selbst. Kein anderes Gebot ist größer als diese beiden. 32 Da sagte der Schriftgelehrte zu ihm: Sehr gut, Meister! Ganz richtig hast du gesagt: Er allein ist der Herr, und es gibt keinen anderen außer ihm, 33 und ihn mit ganzem Herzen, ganzem Verstand und ganzer Kraft zu lieben und den Nächsten zu lieben wie sich selbst, ist weit mehr als alle Brandopfer und anderen Opfer. 34 Jesus sah, daß er mit Verständnis geantwortet hatte, und sagte zu ihm: Du bist nicht fern vom Reich Gottes. Und keiner wagte mehr, Jesus eine Frage zu stellen.

Wir besinnen uns:

Suchen wir nach einer »Kurzformel« unseres christlichen Glaubens, die zusammenfaßt und uns hilft, Schwerpunkte zu setzen, so bietet sich das Wort Jesu von der Gottes- und Nächstenliebe an: Du sollst Gott lieben aus deinem ganzen Herzen ... und deinen Nächsten wie dich selbst! – Das klingt wie ein Befehl, ist aber letztlich ein Geschenk: Ich soll die Liebe, die Gott mir schenkt, weitertragen zu den Menschen, mit denen ich lebe. Ich soll die Menschen einbeziehen in die Liebe Gottes, aus der ich lebe, und so mit ihnen wieder neu zu Gott finden.

Wir beten:

Gott des Lebens und der Liebe, du läßt dich finden in den Menschen, die mit uns leben. Hilf uns, deine Liebe an alle weiterzuschenken, die uns begegnen. Durch Christus, unseren Herrn.

32. Sonntag im Jahreskreis

Die Gabe der Armen

1. Lesung: 1 Kön 17,10–16 | 2. Lesung: Hebr 9,24–28 | Evangelium: Mk 12,38–44

Wenig begüterte Menschen sind manchmal freigebiger als jene, die viel besitzen. Auch die Bibel stellt uns immer Menschen vor Augen, die noch das wenige, was sie haben, verschenken und so ihr Leben ganz in Gottes Hand legen: Die Witwe von Sarepta gibt vom letzten Mehl noch etwas an Elija ab und wird dafür von Gott belohnt (1. Lesung). Auf die arme Witwe, die – anders als die Reichen – ihren ganzen Besitz in den Opferkasten legt, weist Jesus als Beispiel wahren Vertrauens hin (Evangelium). Auch für uns bringen Hingabe und Vertrauen das Heil (2. Lesung).

Wir hören aus dem Markusevangelium:

In jener Zeit 38 lehrte Jesus eine große Menschenmenge und sagte: Nehmt euch in acht vor den Schriftgelehrten! Sie gehen gern in langen Gewändern umher, lieben es, wenn man sie auf den Straßen und Plätzen grüßt, 39 und sie wollen in der Synagoge die vordersten Sitze und bei jedem Festmahl die Ehrenplätze haben. 40 Sie bringen die Witwen um ihre Häuser und verrichten in ihrer Scheinheiligkeit lange Gebete. Aber um so härter wird das Urteil sein, das sie erwartet. 41 Als Jesus einmal dem Opferkasten gegenübersaß, sah er zu, wie die Leute Geld in den Kasten warfen. Viele Reiche kamen und gaben viel. 42 Da kam auch eine arme Witwe und warf zwei kleine Münzen hinein. 43 Er rief seine Jünger zu sich und sagte: Amen, ich sage euch: Diese arme Witwe hat mehr in den Opferkasten hineingeworfen als alle andern. 44 Denn sie alle haben nur etwas von ihrem Überfluß hergegeben; diese Frau aber, die kaum das Nötigste zum Leben hat, sie hat alles gegeben, was sie besaß, ihren ganzen Lebensunterhalt.

Wir besinnen uns:

Es gibt Menschen, die spenden Geld für andere – doch niemals ihr Herz. Die Spenden sind so berechnet, daß sie die eigenen Lebensmöglichkeiten nicht einschränken. Eine arme Frau legt nur eine kleine Münze in den Opferkasten – aber diese Münze ist alles, was sie hat. Sie setzt sich selber ein. Unsere Spenden sind wichtig für die Armen, doch Geld allein wird auf die Dauer nicht helfen können – es braucht Menschen, die sich ganz und gar einbringen, wie der Herr, auf den wir uns berufen.

Wir beten:

Gott, dein Sohn Jesus Christus, ist arm geworden, um uns reich zu machen. Mach uns fähig, mit den Armen zu teilen. Durch Christus, unseren Herrn.

33. Sonntag im Jahreskreis

Vertrauensvoll in die Zukunft blicken

1. Lesung: Dan 12,1–3 2. Lesung: Hebr 10,11–14.18 Evangelium: Mk 13,24–32

Es gibt Zeiten, in denen wir voll Hoffnung in die Zukunft blicken, zu anderen Zeiten spüren wir Unsicherheit und Angst. Die christliche Botschaft macht uns zuversichtlich durch den Hinweis auf das Wirken Gottes. Gott selbst schreibt das Buch der Geschichte und er verheißt dem Volk Israel: »... dein Volk wird in jener Zeit gerettet, jeder, der im Buch verzeichnet ist« (1. Lesung). Es ist jene Stunde, da Jesus als Menschensohn in Herrlichkeit erscheint und alles Widergöttliche in der Welt und unter den Menschen durch sein Kommen vernichtet wird (Evangelium). Die Vollendung kommt von Christus: »Denn durch ein einziges Opfer hat er die, die geheiligt werden, für immer zur Vollendung geführt« (2. Lesung).

Wir hören aus dem Markusevangelium:

In jener Zeit sprach Jesus zu seinen Jüngern: 24 In jenen Tagen, nach der großen Not, wird sich die Sonne verfinstern, und der Mond wird nicht mehr scheinen; 25 die Sterne werden vom Himmel fallen, und die Kräfte des Himmels werden erschüttert werden. 26 Dann wird man den Menschensohn mit großer Macht und Herrlichkeit in den Wolken kommen sehen. 27 Und er wird die Engel aussenden und die von ihm Auserwählten aus allen vier Windrichtungen zusammenführen, vom Ende der Erde bis zum Ende des Himmels. 28 Lernt etwas aus dem Vergleich mit dem Feigenbaum! Sobald seine Zweige saftig werden und Blätter treiben, wißt ihr, daß der Sommer nahe ist. 29 Genauso sollt ihr erkennen, wenn ihr (all) das geschehen seht, daß das Ende vor der Tür steht. 30 Amen, ich sage euch: Diese Generation wird nicht vergehen, bis das alles eintrifft. 31 Himmel und Erde werden vergehen, aber meine Worte werden nicht vergehen. 32 Doch jenen Tag und jene Stunde kennt niemand, auch nicht die Engel im Himmel, nicht einmal der Sohn, sondern nur der Vater.

Wir besinnen uns:

Die Botschaft vom Gericht ist nicht nur eine Drohung, sondern auch ein Wort der Hoffnung. Denn »Gericht« bedeutet, daß Gott das Böse und Unmenschliche in unserer Welt vernichten wird. Mit den Knospen des Feigenbaumes kündigt sich das Kommen des Sommers an. So können wir im Wirken Jesu den Anfang dieser neuen Welt sehen, in der die Güte herrscht. Auch in manchen Ereignissen unseres Lebens und der heutigen Zeit können wir das Wirken des Geistes Gottes entdecken.

Wir beten:

Allmächtiger Gott, laß uns die Zeichen der Zeit verstehen und das Wirken deines Geistes auch in unserer Zeit erkennen. Schenke uns den Mut, mit Hoffnung und Vertrauen in die Zukunft zu blicken. Durch Christus, unseren Herrn.

34. Sonntag im Jahreskreis – Christkönigssonntag

Die Macht der Wahrheit

1. Lesung: Dan 7,2a.13b–14 2. Lesung: Offb 1,5b–8 Evangelium: Joh 18,33b–37

Gerade in Krisenzeiten haben die Menschen viel über das Ende der Welt nachgedacht und auch darüber, wer die Welt regiert. Das Buch Daniel spricht von der geheimnisvollen Gestalt des Menschensohnes, durch den diese Welt letztendlich von Gott her bestimmt sein würde: »Ihm wurden Herrschaft, Würde und Königtum gegeben. Alle Völker, Nationen und Sprachen müssen ihm dienen. Seine Herrschaft ist eine ewige, unvergängliche Herrschaft. Sein Reich geht niemals unter« (1. Lesung). Die christliche Gemeinde nimmt diese Erwartung Israels auf, bekennt aber, daß der kommende Menschensohn kein anderer ist als der, der gestorben ist, damit die Menschen leben (2. Lesung). Er bringt nicht Gewaltherrschaft und Unterdrückung, sondern Liebe (Evangelium).

»Du sagst es, ich bin ein König ...« (Joh 18,37). Emmanuel Raffeiner, 1911, Rein.

Wir hören aus dem Johannesevangelium:

In jener Zeit fragte Pilatus Jesus: Bist du der König der Juden? [34] Jesus antwortete: Sagst du das von dir aus, oder haben es dir andere über mich gesagt? [35] Pilatus entgegnete: Bin ich denn ein Jude? Dein eigenes Volk und die Hohenpriester haben dich an mich ausgeliefert. Was hast du getan? [36] Jesus antwortete: Mein Königtum ist nicht von dieser Welt. Wenn es von dieser Welt wäre, würden meine Leute kämpfen, damit ich den Juden nicht ausgeliefert würde. Aber mein Königtum ist nicht von hier. [37] Pilatus sagte zu ihm: Also bist du doch ein König? Jesus antwortete: Du sagst es, ich bin ein König. Ich bin dazu geboren und dazu in die Welt gekommen, daß ich für die Wahrheit Zeugnis ablege. Jeder, der aus der Wahrheit ist, hört auf meine Stimme.

Wir besinnen uns:

Ein bekanntes Sprichwort sagt: Wissen ist Macht. Kenntnisse befähigen uns, Verhältnisse zu beeinflussen und Leben zu gestalten. Wenn Jesus gefangen vor Pilatus steht, stellt sich tatsächlich die Frage, ob Jesus »Macht« hat. Diese Macht besteht darin, daß er eine Wahrheit bezeugt, von der die Menschen und die Welt leben können: Das Zeugnis der Liebe Gottes. Wo diese Liebe unter uns Raum gewinnt, beginnt heute schon jenes Königreich, das nicht von dieser Welt ist.

Wir beten:

Gott, deine Macht zeigt sich in deiner Liebe. Laß das Reich der Wahrheit und der Liebe unter uns Gestalt annehmen. Darum bitten wir durch Christus, unseren Herrn.

Christus Sieger,
Christus König,
Christus Herr in Ewigkeit.
Wir huldigen dir.

König des Weltalls,
König der Völker,
König des Friedens,
König der Zeiten,
König der Herrlichkeit.
Wir huldigen dir.

Abglanz des Vaters,
Urbild der Schöpfung,
Sohn der Jungfrau,
Zeuge der Wahrheit,
Herr und Meister.
Wir huldigen dir.

Freund der Armen,
Heiland der Kranken,
Retter der Sünder,
Bruder der Menschen,
Hoffnung der Erde.
Wir huldigen dir.

Lamm, für uns geopfert,
Mann der Schmerzen,
Mittler des Bundes,
Erlöser und Heiland,
Herr des Lebens.
Wir huldigen dir.

Licht der Menschen,
Brot des Lebens,
Quelle der Gnade,
Haupt deiner Kirche,
Weg zum Vater.
Wir huldigen dir.

(Gotteslob 564)

Lesejahr C

Das Evangelium nach Lukas Die Güte und Menschenfreundlichkeit Gottes

Die Lebewesen um den Thron Gottes, von denen eines einem Stier gleicht (Offb 4,7), sind Symbole der Evangelisten. Symbol des Evangelisten Lukas. Um 1400. Kreuzgang Brixen.

Der Evangelist Lukas, der uns durch das Lesejahr C begleitet, hat – wie kaum sonst ein Evangelist – das Bild, das wir uns von Jesus machen, geprägt. Es zeigt uns Jesus als den Heiland der Menschen. In diesem Evangelium finden sich einige der schönsten Erzählungen über die Güte und Menschenfreundlichkeit Jesu. So soll dieses liturgische Jahr geprägt sein vom Bemühen, die Entscheidung Jesu für die Armen und Entrechteten nachzuvollziehen.

Geschichte als Heilsgeschichte

Lukas ist an Geschichte interessiert. Kein anderer Evangelist bietet so viele Daten und geschichtliche Zusammenhänge. Noch mehr ist er daran interessiert, zu zeigen, daß die Geschichte eine Geschichte Gottes zum Heil der Menschen ist.

Die Heilsgeschichte vollzieht sich in drei Etappen: Die Zeit Israels ist die Zeit der Vorbereitung; das Wirken Jesu ist die Mitte der Zeit; in der Zeit der Kirche (Apostelgeschichte) wird die Heilsbotschaft von den Aposteln in alle Welt getragen. Lukas legt besonders deutlich dar, wer in dieser Geschichte eigentlich wirkt: Es ist der Heilige Geist. In seiner Kraft wirkt Jesus und in seiner Kraft wirken auch die Boten Jesu.

Angesichts des Heilsangebotes ist der Mensch vor die Entscheidung gestellt: Die einen nehmen Jesus und sein Wort an, andere lehnen ihn ab. Schon am Beginn des Wirkens Jesu in seiner Heimatstadt ist dies der Fall (Lk 4,16–30); auch in der Missionstätigkeit des Paulus bekehren sich die einen, die anderen verfolgen Paulus (Apg 13–14; vgl. auch Apg 28,24).

Frohbotschaft für die Armen

Lukas faßt seine Vorstellung vom Heil im Bild des Mahles zusammen. Nach biblischer Auffassung ist das Mahl eine Darstellung der Heilszeit. Eines der schönsten Gleichnisse, jenes vom gütigen Vater und dem verlorenen Sohn (Lk 15,11–32), schildert das Mahl als Aufhebung der Heimatlosigkeit und Not. Jesus sieht seine Sendung nicht darin, vom Mahl nur zu

sprechen und es für die Zukunft zu verheißen; er hält Mahlgemeinschaft mit den Menschen. Daß Jesus allen Menschen, auch den Sündern, die Mahlgemeinschaft anbietet, ist Ausdruck des neuen Gottesbildes, das Jesus bringt. Die Mahlgemeinschaft mit Jesus, zu der alle, besonders die Armen und Sünder eingeladen sind, ist ein Bild des Heiles. Das Mahl ist allerdings auch ein Symbol der Forderungen Jesu. Die Menschen müssen die Einladung annehmen.
So bietet Lukas wirklich das Evangelium der Güte und Menschenfreundlichkeit Gottes: Gott hat eine Vorliebe für Arme, er lädt sie ein, seine Gäste zu sein.

Die Entstehung des Lukasevangeliums

Lukas schildert in der Einleitung seines Werkes (Lk 1,1–4), wie er das Werk verfaßt hat: Er hat die Überlieferungen über Jesus gesammelt und diese um 80 n. Chr. niedergeschrieben, um Glaubenssicherheit zu vermitteln. Zu den verwendeten Quellen gehören das Markusevangelium und eine Sammlung von Jesus-Worten.
Der Botschaft von Jesus fügt Lukas in der Apostelgeschichte die Geschichte der Kirche an.

1. Adventssonntag

Die Erlösung naht

1. Lesung: Jer 33,14–16 | 2. Lesung: 1 Thess 3,12 – 4,2 | Evangelium: Lk 21,25–28.34–36

Im Advent schauen wir mehr als sonst auf den eigenen Lebensweg und machen uns Gedanken über unsere Zukunft. Zeiten der Hoffnung und Zeiten der Hoffnungslosigkeit wechseln einander ab. Die Botschaft des Advent lautet: Gott ist treu. Er hat »ja« zu uns gesagt und wird diese Zusage niemals zurücknehmen. So verheißt der Prophet Jeremia in einer Krisenzeit dem Volk Israel: »Seht, es werden Tage kommen – Wort des Herrn –, da erfülle ich das Heilswort, das ich über das Haus Israel und über das Haus Juda gesprochen habe« (1. Lesung). Das Evangelium ermuntert die Jünger, in Zuversicht das Haupt zu erheben, weil die Erlösung nahe ist. Paulus begleitet den Weg der Gemeinde mit seinem Segenswunsch: »Der Herr lasse euch wachsen und reich werden in der Liebe zueinander und zu allen« (2. Lesung).

Wir hören aus dem Lukasevangelium:

In jener Zeit sprach Jesus zu seinen Jüngern: [25] Es werden Zeichen sichtbar werden an Sonne, Mond und Sternen, und auf der Erde werden die Völker bestürzt und ratlos sein über das Toben und Donnern des Meeres. [26] Die Menschen werden vor Angst vergehen in der Erwartung der Dinge, die über die Erde kommen; denn die Kräfte des Himmels werden erschüttert werden. [27] Dann wird man den Menschensohn mit großer Macht und Herrlichkeit auf einer Wolke kommen sehen.
[28] Wenn (all) das beginnt, dann richtet euch auf, und erhebt eure Häupter; denn eure Erlösung ist nahe. [34] Nehmt euch in acht, daß Rausch und Trunkenheit und die Sorgen des Alltags euch nicht verwirren und daß jener Tag euch nicht plötzlich überrascht, [35] (so) wie (man in) eine Falle (gerät); denn er wird über alle Bewohner der ganzen Erde hereinbrechen. [36] Wacht und betet allezeit, damit ihr allem, was geschehen wird, entrinnen und vor den Menschensohn hintreten könnt.

Wir besinnen uns:

Bei gewissen Ereignissen fragen wir uns, ob diese Welt eigentlich noch zu retten sei. Werden sich die Menschen am Ende selber vernichten? Werden sie die Erde immer unbewohnbarer machen? Auch das Evangelium sagt nicht, daß immer alles gut geht; es gibt uns aber die Gewißheit, daß Gott uns auch in der größten Bedrohung nicht verlassen wird. Wir können deshalb ohne Angst in die Zukunft schauen: In Jesus hat uns Gott ein Zeichen seiner Treue gegeben. Wer ihm dient – aufmerksam und betend – wird vor den Menschensohn hintreten können und die Erlösung erfahren.

Wir beten:

Gott, du allein bist der Herr der Schöpfung und der Geschichte. Durch deinen Sohn bietest du uns die Erlösung an. Am Beginn der Adventszeit bitten wir dich: Schenk uns das Vertrauen, daß du unser Leben und unsere Welt in deinen Händen hältst. Durch Christus, unseren Herrn.

Christus ist der Herr der Geschichte. Christus mit Heiligen. Meister Leonhard von Brixen, 1464, Mellaun.

2. Adventssonntag

Geschichte des Heils

1. Lesung: Bar 5,1–9 | 2. Lesung: Phil 1,4–6.8–11 | Evangelium: Lk 3,1–6

Schon aus dem alltäglichen Leben wissen wir, wie wichtig es ist, den Überblick zu bewahren. Der Advent möchte uns helfen, nicht im Hier und Jetzt stehenzubleiben. Glaubende Menschen können die Geschichte mit neuen Augen sehen; sie vermögen über den Augenblick hinauszuschauen und können ihren Weg im Vertrauen auf Gottes gute Führung gehen. So bringt der Prophet Baruch in Gottes Auftrag den nach Babylon verschleppten Israeliten die Verheißung: »... Gott führt Israel heim in Freude, im Licht seiner Herrlichkeit; Erbarmen und Gerechtigkeit kommen von ihm« (1. Lesung). Paulus tröstet seine Lieblingsgemeinde in Philippi, daß »Gott, der an ihnen das gute Werk begonnen hat, es auch vollenden wird bis zum Tag Christi Jesu« (2. Lesung). Im Evangelium werden die Herrschenden der damaligen Welt aufgezählt; es gibt aber einen, der alle Mächtigen der Welt übertrifft. Von ihm kommt das Heil.

Wir hören aus dem Lukasevangelium:

Es war im fünfzehnten Jahr der Regierung des Kaisers Tiberius; Pontius Pilatus war Statthalter von Judäa, Herodes Tetrarch von Galiläa, sein Bruder Philippus Tetrarch von Ituräa und Trachonitis, Lysanias Tetrarch von Abilene; [2] Hohepriester waren Hannas und Kajaphas. Da erging in der Wüste das Wort Gottes an Johannes, den Sohn des Zacharias. [3] Und er zog in die Gegend am Jordan und verkündigte dort überall Umkehr und Taufe zur Vergebung der Sünden. [4] So erfüllte sich, was im Buch der Reden des Propheten Jesaja steht: Eine Stimme ruft in der Wüste: Bereitet dem Herrn den Weg! Ebnet ihm die Straßen! [5] Jede Schlucht soll aufgefüllt werden, jeder Berg und Hügel sich senken. Was krumm ist, soll gerade werden, was uneben ist, soll zum ebenen Weg werden. [6] Und alle Menschen werden das Heil sehen, das von Gott kommt.

Wir besinnen uns:

Wir hoffen auf eine neue Welt, in der Gott alle Trauer hinwegnehmen und alle Tränen abwischen wird. In Jesus wird diese neue Welt spürbar und wir sind berufen, an dieser Welt mitzubauen: Was krumm ist, soll gerade, was uneben ist, soll ebener Weg werden; wo Unverständnis herrscht, soll Friede einkehren; wo Einsamkeit die Menschen bedrückt, soll das Miteinander wieder aufleben. Im Evangelium ruft Johannes der Täufer dazu auf, sich auf das kommende Heil Gottes einzulassen, das uns in Jesus Christus verheißen ist.

Wir beten:

Gott, in Jesus, deinem Sohn, ist dein Heil unter uns Menschen angebrochen. Mach uns fähig zur Mitarbeit an einer Welt, in der deine Nähe erfahren wird. Durch Christus, unseren Herrn.

3. Adventssonntag

Christsein im Alltag

1. Lesung: Zef 3,14–17 | 2. Lesung: Phil 4,4–7 | Evangelium: Lk 3,10–18

Zu allen Zeiten hat es »Aussteiger« gegeben, die den Anspruch Gottes an den Menschen deutlich gemacht haben und den Menschen das Zeugnis eines neuen Beginns gegeben haben. Die Glaubenden haben von Gott den Auftrag, inmitten der Welt Zeugnis vom Licht zu geben. So ermutigt der Prophet Zefanja das Volk, das vom Niedergang gezeichnet ist, doch nicht aufzugeben: »Fürchte dich nicht, Zion! Laß die Hände nicht sinken! Der Herr, dein Gott, ist in deiner Mitte ...« (1. Lesung). Paulus erinnert die Philipper an ihren Glaubensdienst für die Welt: »Freut euch! Eure Güte werde allen Menschen bekannt. Der Herr ist nahe« (2. Lesung). Im Evangelium wendet sich Johannes der Täufer gegen jede Form der Weltflucht und mahnt zum rechten Vollzug des übertragenen Dienstes.

Wir hören aus dem Lukasevangelium:

In jener Zeit [10] fragten die Leute den Johannes den Täufer: Was sollen wir also tun? [11] Er antwortete ihnen: Wer zwei Gewänder hat, der gebe eines davon dem, der keines hat, und wer zu essen hat, der handle ebenso. [12] Es kamen auch Zöllner zu ihm, um sich taufen zu lassen, und fragten: Meister, was sollen wir tun? [13] Er sagte zu ihnen: Verlangt nicht mehr, als festgesetzt ist. [14] Auch Soldaten fragten ihn: Was sollen denn wir tun? Und er sagte zu ihnen: Mißhandelt niemand, erpreßt niemand, begnügt euch mit eurem Sold! [15] Das Volk war voll Erwartung, und alle überlegten im stillen, ob Johannes nicht vielleicht selbst der Messias sei. [16] Doch Johannes gab ihnen allen zur Antwort: Ich taufe euch nur mit Wasser. Es kommt aber einer, der stärker ist als ich, und ich bin es nicht wert, ihm die Schuhe aufzuschnüren. Er wird euch mit dem Heiligen Geist und mit Feuer taufen. [17] Schon hält er die Schaufel in der Hand, um die Spreu vom Weizen zu trennen und den Weizen in seine Scheune zu bringen; die Spreu aber wird er in nie erlöschendem Feuer verbrennen. [18] Mit diesen und vielen anderen Worten ermahnte er das Volk in seiner Predigt.

Wir besinnen uns:

Welchen Weg sollen die Christen in der Welt von heute wählen? Sollen sie sich aus allem zurückziehen? Sollen sie die Welt meiden, weil in ihr so vieles nicht vom Geist Christi bestimmt ist? Das Evangelium gibt uns eine andere Weisung: Wir sollen unseren Dienst tun an dem Platz, an den wir gestellt sind – aber wir sollen ihn auf neue Weise tun: Mit Offenheit und Verständnis, mit Freude, mit der Bereitschaft zu teilen und mit großer Liebe zu allen Menschen, die in Not sind.

Wir beten:

Gott, du hast jedem Menschen einen Auftrag gegeben. Befähige uns zu einem christlichen Leben im Alltag der Familie, am Arbeitsplatz und überall dort, wo wir Menschen begegnen. Durch Christus, unseren Herrn.

4. Adventssonntag

Den Menschen Christus bringen

1. Lesung: Mi 5,1–4a | 2. Lesung: Hebr 10,5–10 | Evangelium: Lk 1,39–45

Menschen brauchen Gemeinschaft, Vertrauen. Einem Volk, das von den politischen Gegebenheiten enttäuscht ist, verkündet der Prophet Micha einen Messias, der Vertrauen erweckt: »Er wird ihr Hirte sein in der Kraft des Herrn« (1. Lesung). Der Hebräerbrief stellt uns den Weg Jesu Christi als Gehorsam unter dem Willen des Vaters vor Augen: »Ja, ich komme, um deinen Willen, Gott, zu tun« (2. Lesung). Das Evangelium zeigt in der Begegnung zwischen Maria und Elisabet die Freude, die Menschen ergreift, wenn sie mit dem Erlöser in Kontakt kommen.

Wir hören aus dem Lukasevangelium:

In jenen 39 Tagen machte sich Maria auf den Weg und eilte in eine Stadt im Bergland von Judäa. 40 Sie ging in das Haus des Zacharias und begrüßte Elisabet. 41 Als Elisabet den Gruß Marias hörte, hüpfte das Kind in ihrem Leib. Da wurde Elisabet vom Heiligen Geist erfüllt 42 und rief mit lauter Stimme: Gesegnet bist du mehr als alle anderen Frauen, und gesegnet ist die Frucht deines Leibes. 43 Wer bin ich, daß die Mutter meines Herrn zu mir kommt? 44 In dem Augenblick, als ich deinen Gruß hörte, hüpfte das Kind vor Freude in meinem Leib. 45 Selig ist die, die geglaubt hat, daß sich erfüllt, was der Herr ihr sagen ließ.

Wir besinnen uns:

Das Evangelium zeichnet ein schönes Bild: Maria trägt Jesus zu Elisabet und nicht nur die beiden Frauen sind voller Freude, sondern selbst das noch ungeborene Kind wird von großer Freude erfüllt. Wir dürfen von diesem Bild ausgehen: Auch heute muß Christus zu den Menschen getragen werden. Und heute sind wir zu diesem Dienst gerufen: Unser Vertrauen, unsere Hoffnung und unser Miteinander sollen allen Menschen sagen, daß der Herr nahe ist.

Wir beten:

Gott, du hast uns wie Maria berufen, Christus zu den Menschen zu bringen. Erfülle uns mit Freude über diesen großen Auftrag. Durch Christus, unseren Herrn.

»Selig ist die, die geglaubt hat« (Lk 1,45).
Maria und Elisabet.
Um 1420, Diözesanmuseum Brixen.

Weihnachten – Hochfest der Geburt des Herrn (Texte wie im Lesejahr A)

Fest der Heiligen Familie

Gottes Plan mit den Menschen

1. Lesung: 1 Sam 1,20–22.24–28	2. Lesung: 1 Joh 3,1–2.21–24	Evangelium: Lk 2,41–52

Die Lesungen erzählen heute, wie Menschen sich der geheimnisvollen Führung Gottes anvertraut haben. Hanna weiß, daß sie kein Recht auf ihr Kind hat, ist es doch das Geschenk Gottes – und so schenkt sie dieses Kind Gott zurück und stellt es in den Dienst Jahwes (1. Lesung). Das Evangelium handelt vom »Recht« Gottes auf Jesus. Christen wissen sich als Kinder Gottes und ihnen ist eine gute Zukunft verheißen (2. Lesung). Wer zur Familie Gottes gehört, wird auch die irdische Familie zum Ort des Glaubens und der Liebe machen.

Wir hören aus dem Lukasevangelium:

Die Eltern Jesu gingen jedes Jahr zum Paschafest nach Jerusalem. [42] Als er zwölf Jahre alt geworden war, zogen sie wieder hinauf, wie es dem Festbrauch entsprach. [43] Nachdem die Festtage zu Ende waren, machten sie sich auf den Heimweg. Der junge Jesus aber blieb in Jerusalem, ohne daß seine Eltern es merkten. [44] Sie meinten, er sei irgendwo in der Pilgergruppe, und reisten eine Tagesstrecke weit; dann suchten sie ihn bei den Verwandten und Bekannten. [45] Als sie ihn nicht fanden, kehrten sie nach Jerusalem zurück und suchten ihn dort. [46] Nach drei Tagen fanden sie ihn im Tempel; er saß mitten unter den Lehrern, hörte ihnen zu und stellte Fragen. [47] Alle, die ihn hörten, waren erstaunt über sein Verständnis und über seine Antworten. [48] Als seine Eltern ihn sahen, waren sie sehr betroffen, und seine Mutter sagte zu ihm: Kind, wie konntest du uns das antun? Dein Vater und ich haben dich voll Angst gesucht. [49] Da sagte er zu ihnen: Warum habt ihr mich gesucht? Wußtet ihr nicht, daß ich in dem sein muß, was meinem Vater gehört? [50] Doch sie verstanden nicht, was er damit sagen wollte. [51] Dann kehrte er mit ihnen nach Nazaret zurück und war ihnen gehorsam. Seine Mutter bewahrte alles, was geschehen war, in ihrem Herzen. [52] Jesus aber wuchs heran, und seine Weisheit nahm zu, und er fand Gefallen bei Gott und den Menschen.

Wir besinnen uns:

Das Evangelium kann uns helfen, wenn es in unseren Familien und Gemeinschaften Schwierigkeiten gibt, weil die einzelnen Mitglieder ihre Lebenspläne verwirklichen wollen. Eltern machen Pläne für ihre Kinder – die Kinder gehen eigene Wege. Das Evangelium zeigt uns, daß schon die Heilige Familie einen solchen Konflikt erlebt hat. Es zeigt aber auch, daß die Familie deswegen nicht auseinandergerissen worden ist.

Wir beten:

Allmächtiger Gott, du stehst uns bei. Sei uns nahe, damit wir in unserer Familie / Gemeinschaft deine Führung erfahren und deinen Willen erkennen. Durch Christus, unseren Herrn.

Neujahr – Hochfest der Gottesmutter Maria (Texte wie im Lesejahr A)
Zweiter Sonntag nach Weihnachten (Texte wie im Lesejahr A)
Erscheinung des Herrn (Texte wie im Lesejahr A)

Taufe des Herrn – 1. Sonntag im Jahreskreis

Die Kraft von oben

1. Lesung: Jes 42,5a.1–4.6–7 2. Lesung: Apg 10,34–38 Evangelium: Lk 3,15–16.21–22

Wir haben Menschen erlebt, die glaubten, sie könnten die Welt verändern und die dann doch bald an den Grenzen ihrer Möglichkeiten standen. Wir sehen deshalb wieder deutlich, daß der Macht des Menschen Grenzen gesetzt sind. Auch die Bibel weiß um diese Grenzen. Das Alte Testament stellt uns immer wieder vor Augen, daß nicht die Kriegskunst der Könige das Volk rettet, sondern allein die Macht Gottes, die durch – nach außen ohnmächtige – Propheten vertreten wird (1. Lesung). Im ersten Jahrhundert sind es nicht der mächtige Kaiser Augustus und das Römische Militär, die den Menschen Heil brachten, sondern Jesus, der in der Kraft Gottes durch das Land zog und den Menschen den wirklichen Frieden brachte (2. Lesung). Die Geschichte von der Taufe im Jordan erinnert daran, daß sein ganzes Wirken von der Macht Gottes umfangen war (Evangelium).

Wir hören aus dem Lukasevangelium:

In jener Zeit [15] war das Volk voll Erwartung, und alle überlegten im Stillen, ob Johannes nicht vielleicht selbst der Messias sei. [16] Doch Johannes gab ihnen allen zur Antwort: Ich taufe euch nur mit Wasser. Es kommt aber einer, der stärker ist als ich, und ich bin es nicht wert, ihm die Schuhe aufzuschnüren. Er wird euch mit dem Heiligen Geist und mit Feuer taufen. [21] Zusammen mit dem ganzen Volk ließ auch Jesus sich taufen. Und während er betete, öffnete sich der Himmel, [22] und der Heilige Geist kam sichtbar in Gestalt einer Taube auf ihn herab, und eine Stimme aus dem Himmel sprach: Du bist mein geliebter Sohn, an dir habe ich Gefallen gefunden.

Wir besinnen uns:

Manchmal sind die Verhältnisse so verfahren, daß nur ein neuer Beginn, eine neue Idee, eine neue Kraft, Rettung bringen können. Das Evangelium zeigt uns einen solchen neuen Beginn in der Weltgeschichte: Gott selbst nimmt sich der Menschen an; in der Taufe am Jordan offenbart er seinen Sohn und wirkt mit göttlicher Kraft.

Wir beten:

Gott, unser Vater, du hast deinen Sohn mit dem Heiligen Geist gesalbt und hast auch uns in der Taufe diesen Heiligen Geist geschenkt. Erfülle uns mit seiner Kraft und mache uns zu treuen Zeugen deines Sohnes. Durch Christus, unseren Herrn.

1. Fastensonntag

Was ist für den Menschen wichtig?

1. Lesung: Dtn 26,4–10	2. Lesung: Röm 10,8–13	Evangelium: Lk 4,1–13

In der österlichen Bußzeit und in der Osterzeit erinnern wir uns mehr als sonst an Jesu Tod und Auferstehung. In dieser Zeit sollen Christen auch ihre Teilnahme an Tod und Auferstehung Jesu vertiefen. In der frühen christlichen Zeit war die Osternacht Tauftermin. So ist diese liturgische Zeit geprägt vom Gedanken der Taufe und der Tauferneuerung, sowie von der Vertiefung des Glaubens; dies drückt sich auch in den Bekenntnissen des Glaubens aus. Den Gläubigen werden wichtige Entscheidungen als Beispiel vor Augen gestellt. Bei der Darbringung der Erstlingsfrüchte des Landes sprachen die Angehörigen des Volkes Israel ein Bekenntnis und den Dank dafür aus, daß Gott das Volk aus der Knechtschaft in Ägypten befreit hat. »Wir schrien zum Herrn, dem Gott unserer Väter, und der Herr hörte unser Schreien« (1. Lesung). Die ersten Christen haben kraft ihres Glaubens gewußt, worauf es ankommt: »Wenn du mit deinem Mund bekennst: ›Jesus ist der Herr‹ und in deinem Herzen glaubst: ›Gott hat ihn von den Toten auferweckt‹, so wirst du gerettet werden« (2. Lesung). Jesu ganzes Leben war ein bedingungsloses Ja zu Gott. Diese Grundentscheidung hat sich in den vielen einzelnen Gehorsamstaten Jesu vollzogen. Der Evangelist stellt eine zusammenfassende Darstellung dieser Entscheidung an den Anfang des öffentlichen Wirkens Jesu. Angesichts von Besitz, Macht und Ansehen wählt Jesus den Dienst Gottes (Evangelium).

Wir hören aus dem Lukasevangelium:

In jener Zeit 1 verließ Jesus, erfüllt vom Heiligen Geist, die Jordangegend. Darauf führte ihn der Geist vierzig Tage lang in der Wüste umher, 2 und dabei wurde Jesus vom Teufel in Versuchung geführt. Die ganze Zeit über aß er nichts; als aber die vierzig Tage vorüber waren, hatte er Hunger. 3 Da sagte der Teufel zu ihm: Wenn du Gottes Sohn bist, so befiehl diesem Stein, zu Brot zu werden. 4 Jesus antwortete ihm: In der Schrift heißt es: Der Mensch lebt nicht nur von Brot. 5 Da führte ihn der Teufel (auf einen Berg) hinauf

Die Jünger vergessen die Gemeinschaft, die ihnen Jesus geschenkt hat. Abendmahl und Ölbergszene. Tafelbild, 15. Jh., Churburg/Schluderns.

und zeigte ihm in einem einzigen Augenblick
alle Reiche der Erde. 6 Und er sagte zu ihm: All
die Macht und Herrlichkeit dieser Reiche will
ich dir geben; denn sie sind mir überlassen,
und ich gebe sie, wem ich will. 7 Wenn du dich
vor mir niederwirfst und mich anbetest, wird
dir alles gehören. 8 Jesus antwortete ihm: In
der Schrift steht: Vor dem Herrn, deinem
Gott, sollst du dich niederwerfen und ihm
allein dienen. 9 Darauf führte ihn der Teufel
nach Jerusalem, stellte ihn oben auf den
Tempel und sagte zu ihm: Wenn du Gottes
Sohn bist, so stürz dich von hier hinab; 10
denn es heißt in der Schrift: Seinen Engeln
befiehlt er, dich zu behüten; 11 und: Sie wer-
den dich auf ihren Händen tragen, damit
dein Fuß nicht an einen Stein stößt. 12 Da
antwortete ihm Jesus: Die Schrift sagt: Du
sollst den Herrn, deinen Gott, nicht auf die
Probe stellen. 13 Nach diesen Versuchungen
ließ der Teufel für eine gewisse Zeit von ihm
ab.

Wir besinnen uns:

In unserer Gesellschaft werden den Menschen sehr viele Angebote gemacht; wir können zwischen verschiedenen Möglichkeiten wählen. Dies kann freilich dazu verführen, daß wir immer mehr haben wollen und vor lauter Habenwollen das wesentliche vergessen. Im Bestreben, immer mehr zu haben, werden wir gehetzt und haben immer weniger Zeit. Die Fastenzeit richtet an uns die Einladung zu neuer Entscheidung. Wir erhalten durch das Wort Jesu und das Wort der Schrift die Mahnung, die eigentlich wichtigen Dinge nicht zu vergessen.

Wir beten:

Gott, dein Sohn hat sich ganz in deinen Dienst gestellt. Am Beginn der österlichen Bußzeit bitten wir dich: Hilf auch uns, daß wir uns für dich und für dein Wort entscheiden. Laß uns erkennen, was für unser Leben wichtig ist. Durch Christus, unseren Herrn.

»Er war Gott gleich und erniedrigte sich bis zum Tod« (Phil 2,6.8). Jesus vor Pilatus und Geißelung Jesu. Tafelbild, 15. Jh., Churburg/Schluderns.

2. Fastensonntag

Auf wen hören?

1. Lesung: Gen 15,5–12.17–18 | 2. Lesung: Phil 3,17 – 4,1 | Evangelium: Lk 9,28b–36

In unserer pluralistischen Gesellschaft werden uns viele Lebensmodelle vor Augen gestellt. Die Fastenzeit erinnert uns besonders an jene Werte, welche für Menschen gelten, die sich dem Wort Gottes verpflichtet wissen. Abraham ist durch seinen Glauben an die Verheißung Gottes ein Beispiel des Horchens und Gehorchens: »Abram glaubte dem Herrn, und der Herr rechnete es ihm als Gerechtigkeit an« (1. Lesung). Es gibt viele Formen, das Leben zu gestalten, viele Werte (und Unwerte), aus denen Menschen leben. Der heilige Paulus stellt uns zwei Menschentypen vor Augen und weist auf die christliche Entscheidung hin: »Viele leben als Feinde des Kreuzes Christi. Irdisches haben sie im Sinn. Unsere Heimat aber ist der Himmel« (2. Lesung). Das Evangelium stellt uns den einen Lehrer vor Augen, dessen Wort für Christen immer gültig bleibt.

Wir hören aus dem Lukasevangelium:

In jener Zeit 28b nahm Jesus Petrus, Johannes und Jakobus beiseite und stieg mit ihnen auf einen Berg, um zu beten. 29 Und während er betete, veränderte sich das Aussehen seines Gesichtes, und sein Gewand wurde leuchtend weiß. 30 Und plötzlich redeten zwei Männer mit ihm. Es waren Mose und Elija; 31 sie erschienen in strahlendem Licht und sprachen von seinem Ende, das sich in Jerusalem erfüllen sollte. 32 Petrus und seine Begleiter aber waren eingeschlafen, wurden jedoch wach und sahen Jesus in strahlendem Licht und die zwei Männer, die bei ihm standen. 33 Als die beiden sich von ihm trennen wollten, sagte Petrus zu Jesus: Meister, es ist gut, daß wir hier sind. Wir wollen drei Hütten bauen, eine für dich, eine für Mose und eine für Elija. Er wußte aber nicht, was er sagte. 34 Während er noch redete, kam eine Wolke und warf ihren Schatten auf sie. Sie gerieten in die Wolke hinein und bekamen Angst. 35 Da rief eine Stimme aus der Wolke: Das ist mein auserwählter Sohn, auf ihn sollt ihr hören. 36 Als aber die Stimme erklang, war Jesus wieder allein. Die Jünger schwiegen jedoch über das, was sie gesehen hatten, und erzählten in jenen Tagen niemand davon.

Wir besinnen uns:

Täglich dringen viele Botschaften auf uns ein, Sinnangebote werden gemacht, verschiedene Lehrer stehen uns zur Verfügung. Angesichts dieser zahlreichen Stimmen haben wir uns daran gewöhnt, einige davon zu überhören. Auf Christus wollen wir jedoch hören. Gott selbst bestätigt seinen Sohn als den Lehrer der Menschen, der die Verheißungen erfüllt und den Weg zum Leben eröffnet.

Wir beten:

Großer Gott, dein Sohn kann unserem Leben Richtung und Ziel geben. Hilf uns, auf ihn zu hören und unser Leben auf ihn auszurichten. Durch ihn, Christus, unseren Herrn.

3. Fastensonntag

Die Notwendigkeit der Umkehr

1. Lesung: Ex 3,1–8a.13–15 2. Lesung: 1 Kor 10,1–6.10–12 Evangelium: Lk 13,1–9

In den Evangelien der Fastensonntage des Lesejahres C kommt immer wieder zum Ausdruck, daß die Fastenzeit eine Zeit der Umkehr ist. Die Lesungen zeigen uns Wege: Den Weg, den Gott mit uns geht, und den Weg, den wir Menschen gehen dürfen. Die Lesungen erinnern an die großen Ereignisse der Führung Gottes. Am Anfang der Geschichte Gottes mit seinem Volk steht die Erfahrung, daß Gott sich als helfender und rettender Gott offenbart. Gott hat sich Mose im brennenden Dornbusch mit den Worten geoffenbart: »Ich bin der ›Ich-bin-da‹« (1. Lesung). Beim Wüstenzug hat das Volk Gottes große Wundertaten erlebt, aber auch oft sich diesem Gott nicht anvertraut. Die Wunder des Wüstenzuges und auch die Strafen für das Volk sind für uns eine Mahnung: »Das aber geschah an ihnen, damit es uns als Beispiel dient« (2. Lesung). Jesus verkündet die große, für uns unbegreifliche Geduld Gottes, fordert aber auch unsere Umkehr (Evangelium).

Wir hören aus dem Lukasevangelium:

Zu jener Zeit kamen einige Leute zu Jesus und berichteten ihm von den Galiläern, die Pilatus beim Opfern umbringen ließ, so daß sich ihr Blut mit dem ihrer Opfertiere vermischte. [2] Da sagte er zu ihnen: Meint ihr, daß nur diese Galiläer Sünder waren, weil das mit ihnen geschehen ist, alle anderen Galiläer aber nicht? [3] Nein, im Gegenteil: Ihr alle werdet genauso umkommen, wenn ihr euch nicht bekehrt. [4] Oder jene achtzehn Menschen, die beim Einsturz des Turms von Schiloach erschlagen wurden – meint ihr, daß nur sie Schuld auf sich geladen hatten, alle anderen Einwohner von Jerusalem aber nicht? [5] Nein, im Gegenteil: Ihr alle werdet genauso umkommen, wenn ihr euch nicht bekehrt. [6] Und er erzählte ihnen dieses Gleichnis: Ein Mann hatte in seinem Weinberg einen Feigenbaum; und als er kam und nachsah, ob er Früchte trug, fand er keine. [7] Da sagte er zu seinem Weingärtner: Jetzt komme ich schon drei Jahre und sehe nach, ob dieser Feigenbaum Früchte trägt, und finde nichts. Hau ihn um! Was soll er weiter dem Boden seine Kraft nehmen? [8] Der Weingärtner erwiderte: Herr, laß ihn dieses Jahr noch stehen; ich will den Boden um ihn herum aufgraben und düngen. [9] Vielleicht trägt er doch noch Früchte; wenn nicht, dann laß ihn umhauen.

Wir besinnen uns:

Wir Christen fragen bei Unglücksfällen, warum Gott so etwas zuläßt. Manche suchen die Erklärung darin, daß Gott die Sünde bestraft. Für Jesus ist Unglück nicht Strafe, er lehnt diese Auslegung ab. Das Evangelium mahnt uns aber, aus den konkreten Ereignissen des Lebens zu lernen.

Wir beten:

Gott, dein Sohn ruft uns zu Erneuerung und Buße. Schenk uns in dieser Fastenzeit die Bereitschaft zur Umkehr und laß uns erkennen, was uns zum Heil dient. Durch Christus, unseren Herrn.

»Ein Mann voller Schmerzen, mit Krankheit vertraut« (Jes 53,3). Verspottung Jesu und Begegnung mit seiner Mutter. Tafelbild, 15. Jh., Churburg/Schluderns.

4. Fastensonntag

Der verlorene Sohn und der barmherzige Vater

1. Lesung: Jos 5,9a.10–12 2. Lesung: 2 Kor 5,17–21 Evangelium: Lk 15,1–3.11–32

Wenn gläubige Menschen erkennen, daß sie auf dem falschen Weg sind, möchten sie umkehren. Sie brauchen dazu die Hilfe und das Vertrauen der Mitmenschen. So manche scheitern auf dem Weg der Umkehr, weil man ihnen keine Chance einräumt. Die Bibel erzählt auf vielen Seiten, wie Gott dem Volk Israel – und den Menschen überhaupt – trotz der Sünde und des Abfalls immer wieder neu eine Chance gibt. Zwar mußte das Volk als Strafe für sein mangelndes Vertrauen vierzig Jahre lang durch die Wüste wandern, doch sorgte Gott auch dort für die Israeliten: Er gab das Manna und ließ sie nach vierzig Jahren das Ziel erreichen (1. Lesung). Die endgültige Chance zum Neubeginn gibt Gott in Jesus Christus: »Wenn jemand in Christus ist, dann ist er eine neue Schöpfung. Das Alte ist vergangen, Neues ist geworden« (2. Lesung). Das Evangelium zeigt, daß Gott auf jeden Menschen, der sich von ihm abgewendet hat, wartet und ihn wieder aufnimmt (Evangelium).

Wir hören aus dem Lukasevangelium:

In jener Zeit [1] kamen alle Zöllner und Sünder zu Jesus, um ihn zu hören. [2] Die Pharisäer und die Schriftgelehrten empörten sich darüber und sagten: Er gibt sich mit Sündern ab und ißt sogar mit ihnen. [3] Da erzählte er ihnen ein Gleichnis und sagte: [11] Ein Mann hatte zwei Söhne. [12] Der jüngere von ihnen sagte zu seinem Vater: Vater, gib mir das Erbteil, das mir zusteht. Da teilte der Vater das Vermögen auf. [13] Nach wenigen Tagen packte der jüngere Sohn alles zusammen und zog in ein fernes Land. Dort führte er ein zügelloses Leben und verschleuderte sein Vermögen. [14] Als er alles durchgebracht hatte, kam eine große Hungersnot über das Land, und es ging ihm sehr schlecht. [15] Da ging er zu einem Bürger des Landes und drängte sich ihm auf; der schickte ihn aufs

Feld zum Schweinehüten. 16 Er hätte gern seinen Hunger mit den Futterschoten gestillt, die die Schweine fraßen; aber niemand gab ihm davon. 17 Da ging er in sich und sagte: Wie viele Tagelöhner meines Vaters haben mehr als genug zu essen, und ich komme hier vor Hunger um. 18 Ich will aufbrechen und zu meinem Vater gehen und zu ihm sagen: Vater, ich habe mich gegen den Himmel und gegen dich versündigt. 19 Ich bin nicht mehr wert, dein Sohn zu sein; mach mich zu einem deiner Tagelöhner. 20 Dann brach er auf und ging zu seinem Vater. Der Vater sah ihn schon von weitem kommen, und er hatte Mitleid mit ihm. Er lief dem Sohn entgegen, fiel ihm um den Hals und küßte ihn. 21 Da sagte der Sohn: Vater, ich habe mich gegen den Himmel und gegen dich versündigt; ich bin nicht mehr wert, dein Sohn zu sein. 22 Der Vater aber sagte zu seinen Knechten: Holt schnell das beste Gewand, und zieht es ihm an, steckt ihm einen Ring an die Hand, und zieht ihm Schuhe an. 23 Bringt das Mastkalb her, und schlachtet es; wir wollen essen und fröhlich sein. 24 Denn mein Sohn war tot und lebt wieder; er war verloren und ist wiedergefunden worden. Und sie begannen, ein fröhliches Fest zu feiern. 25 Sein älterer Sohn war unterdessen auf dem Feld. Als er heimging und in die Nähe des Hauses kam, hörte er Musik und Tanz. 26 Da rief er einen der Knechte und fragte, was das bedeuten solle. 27 Der Knecht antwortete: Dein Bruder ist gekommen, und dein Vater hat das Mastkalb schlachten lassen, weil er ihn heil und gesund wiederbekommen hat. 28 Da wurde er zornig und wollte nicht hineingehen. Sein Vater aber kam heraus und redete ihm gut zu. 29 Doch er erwiderte dem Vater: So viele Jahre schon diene ich dir, und nie habe ich gegen deinen Willen gehandelt; mir aber hast du nie auch nur einen Ziegenbock geschenkt, damit ich mit meinen Freunden ein Fest feiern konnte. 30 Kaum aber ist der hier gekommen, dein Sohn, der dein Vermögen mit Dirnen durchgebracht hat, da hast du für ihn das Mastkalb geschlachtet. 31 Der Vater antwortete ihm: Mein Kind, du bist immer bei mir, und alles, was mein ist, ist auch dein. 32 Aber jetzt müssen wir uns doch freuen und ein Fest feiern; denn dein Bruder war tot und lebt wieder; er war verloren und ist wiedergefunden worden.

Wir besinnen uns:

Jesus war mit Sündern beisammen, die kein rechtes Vertrauen mehr in Gottes Barmherzigkeit hatten, und ihnen erzählte er das Gleichnis vom barmherzigen Vater. Der zweite Teil des Gleichnisses ist allerdings an jene gerichtet, die sich selber für gerecht halten und wenig Freude haben an Gottes Barmherzigkeit mit Sündern; sie meinen, diese Barmherzigkeit nicht notwendig zu haben. Ihnen wird im zweiten Teil des Gleichnisses – am Beispiel des selbstgerechten Bruders – eine Mahnung erteilt.

Wir beten:

Gott, dein Sohn hat dich verkündet als den Vater, der auf uns wartet und der uns vergibt. Schenk uns Vertrauen in deine Barmherzigkeit und Freude über deine Vergebung. Durch Christus, unseren Herrn.

5. Fastensonntag

Etwas unerwartet Neues

1. Lesung: Jes 43,16–21 | 2. Lesung: Phil 3,8–14 | Evangelium: Joh 8,1–11

Etwas völlig Neues anzufangen, fällt uns oft schwer. Es ist uns dabei eine Hilfe, wenn schon jemand den Weg bereitet hat. Im christlichen Leben müssen wir nicht selber mit der eigenen Kraft das völlig Neue beginnen, weil Gott schon die entscheidende Wende herbeigeführt hat. Die Rettung aus dem babylonischen Exil ist für sein Volk eine große Überraschung. Der Herr spricht: »Denkt nicht mehr an das, was früher war; seht her, nun mache ich etwas Neues« (1. Lesung). Paulus, der Christus als neuen und überragenden Wert entdeckt hat, bekennt: »Ich sehe alles als Verlust an, weil die Erkenntnis Christi Jesu, meines Herrn, alles übertrifft« (2. Lesung). Das Evangelium zeigt, daß durch Gottes Handeln eine neue Barmherzigkeit in die Welt kommt.

Wir hören aus dem Johannesevangelium:

In jener Zeit [1] ging Jesus zum Ölberg. [2] Am frühen Morgen begab er sich wieder in den Tempel. Alles Volk kam zu ihm. Er setzte sich und lehrte es. [3] Da brachten die Schriftgelehrten und die Pharisäer eine Frau, die beim Ehebruch ertappt worden war. Sie stellten sie in die Mitte [4] und sagten zu ihm: Meister, diese Frau wurde beim Ehebruch auf frischer Tat ertappt. [5] Mose hat uns im Gesetz vorgeschrieben, solche Frauen zu steinigen. Nun, was sagst du? [6] Mit dieser Frage wollten sie ihn auf die Probe stellen, um einen Grund zu haben, ihn zu verklagen. Jesus aber bückte sich und schrieb mit dem Finger auf die Erde. [7] Als sie hartnäckig weiterfragten, richtete er sich auf und sagte zu ihnen: Wer von euch ohne Sünde ist, werfe als erster einen Stein auf sie. [8] Und er bückte sich wieder und schrieb auf die Erde. [9] Als sie seine Antwort gehört hatten, ging einer nach dem anderen

Nur wenige folgen dem Ruf zur Kreuzesnachfolge. Jesus auf dem Kreuzweg. Tafelbild, 15. Jh., Churburg/Schluderns.

In der Todeshingabe Jesu enthüllt sich Gottes Liebe zu uns. Kreuzigung und Kreuzabnahme. Tafelbild, 15. Jh., Churburg/Schluderns.

fort, zuerst die Ältesten. Jesus blieb allein zurück mit der Frau, die noch in der Mitte stand. [10] Er richtete sich auf und sagte zu ihr: Frau, wo sind sie geblieben? Hat dich keiner verurteilt? [11] Sie antwortete: Keiner, Herr. Da sagte Jesus zu ihr: Auch ich verurteile dich nicht. Geh und sündige von jetzt an nicht mehr!

Wir besinnen uns:

Die kirchliche Gemeinschaft und engagierte Christen erleben oft den Zwiespalt zwischen Ideal und Wirklichkeit. Wenn wir in wichtigen Fragen auf die Verwirklichung des christlichen Ideals drängen, haben wir Angst, unmenschlich zu sein. Und wenn wir allzu »menschlich« sind, werden wir der Heiligkeit Gottes nicht gerecht. Jesus gelingt es, die Heiligkeit und die Güte Gottes gleichermaßen zur Geltung zu bringen. Sein Verhalten entspricht der Heiligkeit Gottes, aber gleichzeitig auch der grenzenlosen Liebe. Von Jesus müssen wir die Kunst lernen, das Verständnis für die Mitmenschen und die Treue zu den Grundsätzen des Glaubens zu verbinden.

Wir beten:

Barmherziger Gott, du gibst uns immer wieder die Möglichkeit zum Neubeginn. Verleihe uns die Kraft, deine Vergebung weiterzuschenken. Durch Christus, unseren Herrn.

Palmsonntag vom Leiden des Herrn

Huldigung an Jesus

1. Lesung: Jes 50,4–7 | 2. Lesung: Phil 2,6–11 | Evangelium zur Palmweihe: Lk 19,28–40
Evangelium zur Eucharistiefeier: Lk 23,1–49 (Leidensgeschichte; Parallelbericht Mk 15,1–39 s.S. 456)

In der Karwoche gehen wir den Leidensweg Christi. Die Lesungen zeigen uns immer wieder, wer der Leidende eigentlich ist. Der Prophet Jesaja weist uns auf den geheimnisvollen Knecht Gottes hin, der verfolgt wird, der aber auch weiß: »Gott, der Herr, wird mir helfen« (1. Lesung). Paulus führt ein urchristliches Lied an, in dem der Weg Christi in die Erniedrigung und Verherrlichung geschildert wird: »Christus erniedrigte sich und war gehorsam bis zum Tod, bis zum Tod am Kreuz. Darum hat ihn Gott über alle erhöht« (2. Lesung). In der Leidensgeschichte zeigt der Evangelist Lukas, daß Jesus auch noch im Leiden voller Güte und Menschenfreundlichkeit ist. Jesus, der Schuldlose, verzeiht den Sündern (Evangelium). Bei der Palmweihe wird ein Evangelienabschnitt gelesen, in dem die Menschen die Würde Jesu, des Sohnes Davids, und die Würde des Propheten Jesus erkennen.

Wir hören aus dem Lukasevangelium (zur Palmweihe):

In jener Zeit ging Jesus nach Jerusalem hinauf. [29] Als er in die Nähe von Betfage und Betanien kam, an den Berg, der Ölberg heißt, schickte er zwei seiner Jünger voraus [30] und sagte: Geht in das Dorf, das vor uns liegt. Wenn ihr hineinkommt, werdet ihr dort einen jungen Esel angebunden finden, auf dem noch nie ein Mensch gesessen hat. Bindet ihn los, und bringt ihn her! [31] Und wenn euch jemand fragt: Warum bindet ihr ihn los?, dann antwortet: Der Herr braucht ihn. [32] Die beiden machten sich auf den Weg und fanden alles so, wie er es ihnen gesagt hatte. [33] Als sie den jungen Esel losbanden, sagten die Leute, denen er gehörte: Warum bindet ihr den Esel los? [34] Sie antworteten: Der Herr braucht ihn. [35] Dann führten sie ihn zu Jesus, legten ihre Kleider auf das Tier und halfen Jesus hinauf. [36] Während er dahinritt, breiteten die Jünger ihre Kleider auf der Straße aus. [37] Als er an die Stelle kam, wo der Weg vom Ölberg hinabführt, begannen alle Jünger freudig und mit lauter Stimme Gott zu loben wegen all der Wundertaten, die sie erlebt hatten. [38] Sie riefen: Gesegnet sei der König, der kommt im Namen des Herrn. Im Himmel Friede und Herrlichkeit in der Höhe! [39] Da riefen ihm einige Pharisäer aus der Menge zu: Meister, bring deine Jünger zum Schweigen! [40] Er erwiderte: Ich sage euch: Wenn sie schweigen, werden die Steine schreien.

Wir besinnen uns:

Viele Christen bringen an diesem Tag Ölzweige in ihre Wohnung und befestigen sie am Kreuz. Das Tragen der Palmzweige ist eine Huldigung an Christus, die es auch im Leben zu verwirklichen gilt. Wenn wir nicht huldigen, »werden die Steine schreien«.

Wir beten:

Gott, wir bekennen uns zu Jesus Christus, unserem Herrn. Hilf uns, daß wir ihm auf dem Weg folgen, der über das Kreuz zur österlichen Freude führt. Durch ihn, der mit dir lebt und herrscht in Ewigkeit.

Ostersonntag – Hochfest der Auferstehung des Herrn (Texte wie im Lesejahr A)

2. Sonntag der Osterzeit – Weißer Sonntag

Die Macht des Lebens

1. Lesung: Apg 5,12–16 2. Lesung: Offb 1,9–11a.12–13.17–19 Evangelium: Joh 20,19–31

Ostern ist das Fest aller Feste. Die Osterbotschaft verkündet die Macht des Lebens. Der Auferstandene begleitet seine Kirche und läßt sie seine Lebenskraft erfahren. Die Bibel erzählt, wie die Jerusalemer Urgemeinde die Hand des Herrn in Zeichen und Wundern erfährt (1. Lesung). Es wird auch von den bedrängten Christen in Kleinasien erzählt, denen der Seher Johannes als Trost den erhöhten Herrn als das Ziel aller menschlichen Geschichte vor Augen stellt: »Ich bin der Erste und der Letzte und der Lebendige. Ich war tot, doch nun lebe ich in alle Ewigkeit ...« (2. Lesung). Wie der Herr sich auch zu erkennen geben mag – immer wird es darauf ankommen, daß die Menschen, denen die Botschaft gilt, die Zeichen sehen und verstehen (Evangelium).

Wir hören aus dem Johannesevangelium:

Am Abend jenes ersten Tages der Woche, als die Jünger aus Furcht vor den Juden die Türen verschlossen hatten, kam Jesus, trat in ihre Mitte und sagte zu ihnen: Friede sei mit euch! [20] Nach diesen Worten zeigte er ihnen seine Hände und seine Seite. Da freuten sich die Jünger, daß sie den Herrn sahen. [21] Jesus sagte noch einmal zu ihnen: Friede sei mit euch! Wie mich der Vater gesandt hat, so sende ich euch. [22] Nachdem er das gesagt hatte, hauchte er sie an und sprach zu ihnen: Empfangt den Heiligen Geist! [23] Wem ihr die Sünden vergebt, dem sind sie vergeben; wem ihr die Vergebung verweigert, dem ist sie verweigert. [24] Thomas, genannt Didymus (Zwilling), einer der Zwölf, war nicht bei ihnen, als Jesus kam. [25] Die anderen Jünger sagten zu ihm: Wir haben den Herrn gesehen. Er entgegnete ihnen: Wenn ich nicht die Male der Nägel an seinen Händen sehe und wenn ich meinen Finger nicht in die Male der Nägel und meine Hand nicht in seine Seite lege, glaube ich nicht. [26] Acht Tage darauf waren seine Jünger wieder versammelt, und Thomas war dabei. Die Türen waren verschlossen. Da kam Jesus, trat in ihre Mitte und sagte: Friede sei mit euch! [27] Dann sagte er zu Thomas: Streck deinen Finger aus – hier sind meine Hände! Streck deine Hand aus und leg sie in meine Seite, und sei nicht ungläubig, sondern gläubig! [28] Thomas antwortete ihm: Mein Herr und mein Gott! [29] Jesus sagte zu ihm: Weil du mich gesehen hast, glaubst du. Selig sind, die nicht sehen und doch glauben. [30] Noch viele andere Zeichen, die in diesem Buch nicht aufgeschrieben sind, hat Jesus vor den Augen seiner Jünger getan. [31] Diese aber sind aufgeschrieben, damit ihr glaubt, daß Jesus der Messias ist, der Sohn Gottes, und damit ihr durch den Glauben das Leben habt in seinem Namen.

Wir besinnen uns:

An Ostern ist ein Toter wieder lebendig geworden. Die Erneuerung der Welt hat begonnen. Zwar ist die neue Welt noch nicht sichtbar, aber sie ist angebrochen und ihr Kommen nicht mehr aufzuhalten. Sie begegnet uns auch heute in den Menschen, die sich am Glauben freuen und in ihrem Leben die Macht Gottes entdecken.

Wir beten:

Allmächtiger Gott, im Ostersieg deines Sohnes hat die Erneuerung der Welt begonnen. Öffne uns die Augen für die Gegenwart des Auferstandenen in unserem Leben. Darum bitten wir durch ihn, der mit dir lebt und herrscht in Ewigkeit.

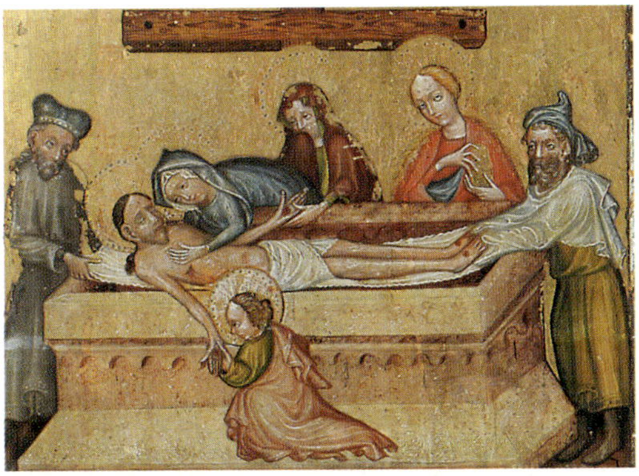

Jesus steht herrlich von den Toten auf. Grablegung und Auferstehung. Tafelbild, 15. Jh., Churburg/ Schluderns.

3. Sonntag der Osterzeit

Österliche Ermutigung

1. Lesung: Apg 5,27b–32.40b–41	2. Lesung: Offb 5,11–14	Evangelium: Joh 21,1–19

Es wäre traurig um die Christenheit bestellt, wenn sie ihren auferstandenen Herrn nicht mehr vor aller Welt bezeugen würde. Sie kann nicht schweigen, wenn sie sich jenes gewaltige Bild der Offenbarung des Johannes vor Augen hält, das das Lamm in der Herrlichkeit Gottes zeigt: »Ihm, der auf dem Thron sitzt, und dem Lamm gebühren Lob und Ehre und Herrlichkeit und Kraft in alle Ewigkeit« (2. Lesung). Deshalb widersetzen sich die Apostel auch dem Hohen Rat und fahren trotz des Verbotes fort, von Christus zu predigen: »Man muß Gott mehr gehorchen als den Menschen« (1. Lesung). Das Zeugnis desjenigen, der uns das Leben erwirkt hat, ist es auch wert, daß wir immer wieder von neuem beginnen (Evangelium).

Wir hören aus dem Johannesevangelium:

In jener Zeit [1] offenbarte sich Jesus den Jüngern noch einmal. Es war am See von Tiberias, und er offenbarte sich in folgender Weise. [2] Simon Petrus, Thomas, genannt Didymus (Zwilling), Natanaël aus Kana in Galiläa, die Söhne des Zebedäus und zwei andere von seinen Jüngern waren zusammen. [3] Simon Petrus sagte zu ihnen: Ich gehe fischen. Sie sagten zu ihm: Wir kommen auch mit. Sie gingen hinaus und stiegen in das Boot. Aber in dieser Nacht fingen sie nichts. [4] Als es schon Morgen wurde, stand Jesus am Ufer. Doch die Jünger wußten nicht, daß es Jesus war. [5] Jesus sagte zu ihnen: Meine Kinder, habt ihr nicht etwas zu essen? Sie antworteten ihm: Nein. [6] Er aber sagte zu ihnen: Werft das Netz auf der rechten Seite des Bootes aus, und ihr werdet etwas fangen. Sie warfen das Netz aus und konnten es nicht wieder einholen, so voller

Fische war es. 7 Da sagte der Jünger, den
Jesus liebte, zu Petrus: Es ist der Herr! Als
Simon Petrus hörte, daß es der Herr sei,
gürtete er sich das Obergewand um, weil er
nackt war, und sprang in den See. 8 Dann
kamen die anderen Jünger mit dem Boot –
sie waren nämlich nicht weit vom Land ent-
fernt, nur etwa zweihundert Ellen – und zo-
gen das Netz mit den Fischen hinter sich her.
9 Als sie an Land gingen, sahen sie am Boden
ein Kohlenfeuer und darauf Fisch und Brot. 10
Jesus sagte zu ihnen: Bringt von den Fi-
schen, die ihr gerade gefangen habt. 11 Da
ging Simon Petrus und zog das Netz an Land.
Es war mit hundertdreiundfünfzig großen
Fischen gefüllt, und obwohl es so viele wa-
ren, zerriß das Netz nicht. 12 Jesus sagte zu
ihnen: Kommt her und eßt! Keiner von den
Jüngern wagte ihn zu fragen: Wer bist du?
Denn sie wußten, daß es der Herr war. 13
Jesus trat heran, nahm das Brot und gab es
ihnen, ebenso den Fisch. 14 Dies war schon
das dritte Mal, daß Jesus sich den Jüngern
offenbarte, seit er von den Toten auferstan-
den war. 15 Als sie gegessen hatten, sagte
Jesus zu Simon Petrus: Simon, Sohn des
Johannes, liebst du mich mehr als diese? Er
antwortete ihm: Ja, Herr, du weißt, daß ich
dich liebe. Jesus sagte zu ihm: Weide meine
Lämmer! 16 Zum zweitenmal fragte er ihn:
Simon, Sohn des Johannes, liebst du mich?
Er antwortete ihm: Ja, Herr, du weißt, daß ich
dich liebe. Jesus sagte zu ihm: Weide meine
Schafe! 17 Zum drittenmal fragte er ihn: Si-
mon, Sohn des Johannes, liebst du mich? Da
wurde Petrus traurig, weil Jesus ihn zum
drittenmal gefragt hatte: Hast du mich lieb?
Er gab ihm zu Antwort: Herr, du weißt alles;
du weißt, daß ich dich liebhabe. Jesus sagte
zu ihm: Weide meine Schafe! 18 Amen, amen,
das sage ich dir: Als du noch jung warst, hast
du dich selbst gegürtet und konntest gehen,
wohin du wolltest. Wenn du aber alt gewor-
den bist, wirst du deine Hände ausstrecken,
und ein anderer wird dich gürten und dich
führen, wohin du nicht willst. 19 Das sagte
Jesus, um anzudeuten, durch welchen Tod
er Gott verherrlichen würde. Nach diesen
Worten sagte er zu ihm: Folge mir nach!

»Denn Gott hat die Welt so sehr geliebt, daß er seinen Sohn hingab ...« (Joh 3,16). Gnadenthron, 17. Jh., Hl. Geist/Ahrntal.

Wir besinnen uns:

Manchmal möchten wir aufgeben: Wir haben uns bemüht, haben alles mögliche versucht und nichts erreicht – es erscheint sinnlos, einen weiteren Versuch zu unternehmen.

Ganz anders klingt die Weisung Jesu: »Werft noch einmal die Netze aus!«. Das heißt doch: Auch wenn ihr alles versucht habt, versucht es noch einmal. Gerade das Wissen um die Liebe und die Hirtensorge Gottes für die Menschen gibt Mut zu einem neuen Versuch.

Wir beten:

Gott, dein auferstandener Sohn begleitet uns. Hilf uns, aus diesem österlichen Glauben zu leben und unseren Alltag zu bewältigen. Durch Christus, unseren Herrn.

4. Sonntag der Osterzeit

Gott wendet sich den Menschen zu

1. Lesung: Apg 13,14.43b–52 | 2. Lesung: Offb 7,9.14b–17 | Evangelium: Joh 10,27–30

Wir sehnen uns nach Sicherheit, nach Frieden und nach Geborgenheit. Es spricht deshalb die tiefsten menschlichen Hoffnungen an, wenn der Seher Johannes seiner bedrängten Gemeinde den kommenden Herrn als den Hirten der Menschen vor Augen stellt: »Denn das Lamm ... wird sie weiden und zu den Quellen führen, aus denen das Wasser des Lebens strömt, und Gott wird alle Tränen von ihren Augen abwischen« (2. Lesung). Die Apostelgeschichte zeigt an einem Beispiel aus der frühen Missionsgeschichte, daß jene, die diese Zuwendung Gottes in Jesus Christus erkannt haben, freudig das Wort des Evangeliums annehmen. Nur Blindheit und Eifersucht können Menschen dazu bringen, eine solche Botschaft abzulehnen (1. Lesung). Denn sie redet von nichts anderem, als von der Geborgenheit der Menschen bei Jesus, dem guten Hirten (Evangelium).

Wir hören aus dem Johannesevangelium:

In jener Zeit sprach Jesus: 27 Meine Schafe hören auf meine Stimme; ich kenne sie, und sie folgen mir. 28 Ich gebe ihnen ewiges Leben. Sie werden niemals zugrunde gehen, und niemand wird sie meiner Hand entreißen. 29 Mein Vater, der sie mir gab, ist größer als alle, und niemand kann sie der Hand meines Vaters entreißen. 30 Ich und der Vater sind eins.

Wir besinnen uns:

Immer wieder machen wir die Erfahrung, wie wichtig es ist, miteinander in einer persönlichen Art umzugehen. Im Guten Hirten entdecken wir einen, Jesus, der sich um jeden einzelnen Menschen kümmert. Zu dieser Sorge ist Jesus fähig, weil er mit dem Vater verbunden ist. In diese Verbundenheit mit dem Vater nimmt er auch uns auf.

Wir beten:

Gott, dein Sohn zeigt uns, wie viel dir an uns Menschen liegt. Er ist der Gute Hirt, der unser Leben behütet. Laß uns Geborgenheit und Ruhe finden bei ihm, der mit dir lebt und herrscht in Ewigkeit.

5. Sonntag der Osterzeit

Einander lieben

1. Lesung: Apg 14,21b–27 | 2. Lesung: Offb 21,1–5a | Evangelium: Joh 13,31–33a.34–35

Die Offenbarung des Johannes zeichnet ein herrliches Bild der Gemeinschaft in der Welt, die mit Jesus Christus begonnen hat: Gott »wird in ihrer Mitte wohnen ... und er, Gott, wird bei ihnen sein. Er wird alle Tränen von ihren Augen abwischen: Der Tod wird nicht mehr sein, keine Trauer, keine Klage, keine Mühsal. Denn was früher war, ist vergangen« (2. Lesung). Die Gemeinde ist freilich zu diesem großen Ziel erst unterwegs; sie muß sich in »vielen Drangsalen« bewähren und der Hoffnung treu bleiben (1. Lesung). Ein Zeichen am Weg ist dabei die geschwisterliche Liebe unter den Gemeindemitgliedern: Diese Liebe ist ein großes Zeichen der Hoffnung für die Welt (Evangelium).

Der Evangelist Johannes – sein Symbol ist der Adler – führt uns in das Geheimnis des verherrlichten Christus ein. Um 1400, Kreuzgang Brixen.

Wir hören aus dem Johannesevangelium:

In jener Zeit, [31] als Judas hinausgegangen war, sagte Jesus: Jetzt ist der Menschensohn verherrlicht, und Gott ist in ihm verherrlicht. [32] Wenn Gott in ihm verherrlicht ist, wird auch Gott ihn in sich verherrlichen, und er wird ihn bald verherrlichen. [33a] Meine Kinder, ich bin nur noch kurze Zeit bei euch. [34] Ein neues Gebot gebe ich euch: Liebt einander! Wie ich euch geliebt habe, so sollt auch ihr einander lieben. [35] Daran werden alle erkennen, daß ihr meine Jünger seid: wenn ihr einander liebt.

Wir besinnen uns:

Können wir diese Welt wirklich verändern? Wir haben den Eindruck: Unsere Hände reichen nicht bis nach Afrika oder Asien; wir können den Hunger in der Dritten Welt kaum lindern und Kriege nicht verhindern. Doch unsere Hände reichen bis zum Menschen, der neben uns steht. Ein kleines Stück dieser Welt liegt in unseren Händen, und dieses kleine Stück können wir verändern. Es wird ungeahnte Wirkungen haben, wenn wir Jesu Gebot ausführen: Liebt einander!

Wir beten:

Gott, mit deinem Sohn sind wir unterwegs zu einem großen Ziel. Wir bitten dich: Laß uns diesen Weg als liebende und vertrauende Menschen gehen. Durch Christus, unseren Herrn.

6. Sonntag der Osterzeit

Ein neuer Geist

1. Lesung: Apg 15,1–2.22–29 | 2. Lesung: Offb 21,10–14.22–23 | Evangelium: Joh 14,23–29

Die Kirche ist keine unveränderliche Größe, sondern das durch die Zeiten wandernde Gottesvolk. Sie kennt den Wandel der äußeren Formen, sie kennt Umkehr und Neuanfang. Die Apostelgeschichte erzählt von den Auseinandersetzungen zwischen Juden- und Heidenchristen, die auf dem Apostelkonzil nur mit Mühe beigelegt werden konnten (1. Lesung). Die Kirche ist auf ihrem Weg immer wieder vor neue Fragen gestellt. Es ist ihr aber der Geist verheißen, der sie die rechten Wege finden läßt (Evangelium). Die Offenbarung des Johannes hält der Kirche, die noch unterwegs und vielen Anfechtungen ausgesetzt ist, das neue Jerusalem vor Augen: »Die Stadt braucht weder Sonne noch Mond, die ihr leuchten. Denn die Herrlichkeit Gottes erleuchtet sie, und ihre Leuchte ist das Lamm« (2. Lesung).

Wir hören aus dem Johannesevangelium:

In jener Zeit sprach Jesus zu seinen Jüngern: [23] Wenn jemand mich liebt, wird er an meinem Wort festhalten; mein Vater wird ihn lieben, und wir werden zu ihm kommen und bei ihm wohnen. [24] Wer mich nicht liebt, hält an meinen Worten nicht fest. Und das Wort, das ihr hört, stammt nicht von mir, sondern vom Vater, der mich gesandt hat. [25] Das habe ich zu euch gesagt, während ich noch bei euch bin. [26] Der Beistand aber, der Heilige Geist, den der Vater in meinem Namen senden wird, der wird euch alles lehren und euch an alles erinnern, was ich euch gesagt habe. [27] Frieden hinterlasse ich euch, meinen Frieden gebe ich euch; nicht einen Frieden, wie die Welt ihn gibt, gebe ich euch. Euer Herz beunruhige sich nicht und verzage nicht. [28] Ihr habt gehört, daß ich zu euch sagte: Ich gehe fort und komme wieder zu euch zurück. Wenn ihr mich lieb hättet, würdet ihr euch freuen, daß ich zum Vater gehe; denn der Vater ist größer als ich. [29] Jetzt schon habe ich es euch gesagt, bevor es geschieht, damit ihr, wenn es geschieht, zum Glauben kommt.

Wir besinnen uns:

Es gibt kaum etwas Enttäuschenderes für einen gläubigen Menschen als eine Gemeinde, die nur der Vergangenheit verhaftet ist, die keine Antwort auf die bedrängenden Fragen der Gegenwart sucht oder ohne Begeisterung nur noch äußerlich lebt. Wer meint, im Glauben stehenbleiben zu können, ist dabei, ihn zu verlieren. Jesus spricht deshalb von jenem Geist, der uns immer neu bewegt und weiterführt.

Wir beten:

Gott, dein Sohn hat uns den Beistand des Geistes verheißen. Begeistere uns zu einem Leben für dich und die Botschaft Jesu Christi, der mit dir lebt und herrscht in Ewigkeit.

Christi Himmelfahrt

Die Gegenwart Christi

1. Lesung: Apg 1,1–11 | 2. Lesung: Eph 1,17–23 | Evangelium: Lk 24,46–53

Mit der Himmelfahrt Christi beginnt die »Zeit der Kirche«. Unter der Führung des Heiligen Geistes sollen die Christen Zeugen des Auferstandenen sein: »Ihr werdet meine Zeugen sein in Jerusalem und ganz Judäa und Samarien und bis an die Grenzen der Erde« (1. Lesung). Mit der Himmelfahrt beendet Christus seine irdische Gegenwart, er tritt eine alles umfassende Herrschaft an. Gott hat Christus eingesetzt als den Herrn der Welt und der Kirche: »Alles hat er ihm zu Füßen gelegt und ihn, der als Haupt alles überragt, über die Kirche gesetzt« (2. Lesung). Im Evangelium gibt Jesus den Jüngern den Auftrag zu weltweiter Verkündigung und verheißt den Beistand des Heiligen Geistes.

Wir hören aus dem Lukasevangelium:

In jener Zeit [46] sprach Jesus zu seinen Jüngern: So steht es in der Schrift: Der Messias wird leiden und am dritten Tag von den Toten auferstehen, [47] und in seinem Namen wird man allen Völkern, angefangen in Jerusalem, verkünden, sie sollen umkehren, damit ihre Sünden vergeben werden. [48] Ihr seid Zeugen dafür. [49] Und ich werde die Gabe, die mein Vater verheißen hat, zu euch herabsenden. Bleibt in der Stadt, bis ihr mit der Kraft aus der Höhe erfüllt werdet. [50] Dann führte er sie hinaus in die Nähe von Betanien. Dort erhob er seine Hände und segnete sie. [51] Und während er sie segnete, verließ er sie und wurde zum Himmel emporgehoben; [52] sie aber fielen vor ihm nieder. Dann kehrten sie in großer Freude nach Jerusalem zurück. [53] Und sie waren immer im Tempel und priesen Gott.

Wir besinnen uns:

Wir überlegen oft, was wir tun könnten, damit das Wort des Evangeliums in der Familie, in der Gemeinde und in der Welt seine lebensfördernde Kraft entfalten kann. Jesu Abschiedswort an die Jünger sagt uns, daß wir in diesem Bemühen nicht auf die menschliche Kraft allein angewiesen sind, sondern daß uns die Kraft aus der Höhe verheißen ist. Auf Grund dieses Beistandes können wir das Wort Gottes mit Freude verbreiten.

Wir beten:

Allmächtiger Gott, dein erhöhter Sohn bleibt bei uns in der Gemeinschaft der Kirche. Laß uns vertrauen auf den Beistand des Geistes und hilf uns, Christi Zeugen sein. Durch ihn, der mit dir lebt und herrscht in Ewigkeit.

»... was steht ihr da und schaut zum Himmel empor?« (Apg 1,11). Initiale aus dem Kodex Coulemborch, Anfang 15. Jh., Brixen.

7. Sonntag der Osterzeit

In Südtirol wird an diesem Sonntag das Hochfest Christi Himmelfahrt gefeiert

Gebet um Gemeinschaft

1. Lesung: Apg 7,55–60 2. Lesung: Offb 22,12–14.16–17.20 Evangelium: Joh 17,20–26

Die Botschaft der Bibel erinnert uns auf vielen Seiten daran, daß die Liebe zu Gott auch zur Liebe zu den Menschen führen muß. Die Bibel erinnert uns aber auch daran, daß gelungene menschliche Gemeinschaft die Gemeinschaft mit Gott voraussetzt. Das Gebet um solche Gemeinschaft mit Gott, aus der auch menschliche Gemeinschaft entsteht, ist das Thema dieses Sonntags: Der Märtyrer Stephanus wünscht, beim Herrn zu sein, ist aber auch fähig, seinen Mördern zu verzeihen (1. Lesung). Schon seit den ältesten Zeiten bittet die Kirche um die Gemeinschaft mit Christus im Gebet: Komm, Herr Jesus (2. Lesung). Jesus bittet für die Jünger, daß sie eins seien in der Liebe und so der Welt die Liebe Gottes bezeugen (Evangelium).

Wir hören aus dem Johannesevangelium:

In jener Zeit erhob Jesus seine Augen zum
Himmel und betete: Heiliger Vater, [20] ich bitte
nicht nur für diese hier, sondern auch für
alle, die durch ihr Wort an mich glauben. [21]
Alle sollen eins sein: Wie du, Vater, in mir bist
und ich in dir bin, sollen auch sie in uns sein,
damit die Welt glaubt, daß du mich gesandt
hast. [22] Und ich habe ihnen die Herrlichkeit
gegeben, die du mir gegeben hast; denn sie
sollen eins sein, wie wir eins sind, [23] ich in
ihnen und du in mir. So sollen sie vollendet
sein in der Einheit, damit die Welt erkennt,
daß du mich gesandt hast und die Meinen
ebenso geliebt hast wie mich. [24] Vater, ich
will, daß alle, die du mir gegeben hast, dort
bei mir sind, wo ich bin. Sie sollen meine
Herrlichkeit sehen, die du mir gegeben hast,
weil du mich schon geliebt hast vor der
Erschaffung der Welt. [25] Gerechter Vater, die
Welt hat dich nicht erkannt, ich aber habe
dich erkannt, und sie haben erkannt, daß du
mich gesandt hast. [26] Ich habe ihnen deinen
Namen bekannt gemacht und werde ihn bekannt machen, damit die Liebe, mit der du mich geliebt hast, in ihnen ist und damit ich in ihnen bin.

Wir besinnen uns:

Immer wieder machen wir die Erfahrung, daß vieles die Menschen entzweit und auseinanderführt. Jesus stellt uns ein göttliches Modell von Gemeinschaft vor Augen: Die Gemeinschaft zwischen dem Vater und Jesus. In seinem Gebet tritt Jesus für die Seinen ein, damit auch sie fähig werden zur Gemeinschaft untereinander und mit Gott.

Wir beten:

Allmächtiger Gott, dein Sohn hat uns Kunde gebracht von der Einheit des Vaters und des Sohnes und des Heiligen Geistes. Hilf uns, mit dir und untereinander eins zu sein. Durch Christus, unseren Herrn.

8. Sonntag der Osterzeit – Pfingsten (Texte wie im Lesejahr A)

Dreifaltigkeitssonntag

Unergründliches Geheimnis

1. Lesung: Spr 8,22–31 2. Lesung: Röm 5,1–5 Evangelium: Joh 16,12–15

Das Leben des dreifaltigen Gottes ist für uns Menschen ein undurchdringliches Geheimnis. Doch aus diesem geheimnisvollen Innenraum Gottes fallen helle Strahlen des Lichtes, die uns sagen: Gott ist Weisheit und Liebe. Schon die jüdischen Weisheitslehrer gingen den Spuren des Wirkens Gottes nach und verstanden, daß in der Welt eine wunderbare Weisheit am Werk ist (1. Lesung). In Christus haben wir Zugang zum Vater erhalten, ja, Gott hat uns zur Liebe fähig gemacht: »Denn die Liebe Gottes ist ausgegossen in unsere Herzen durch den Heiligen Geist, der uns gegeben ist« (2. Lesung). Dieser Geist läßt uns immer mehr die große Wahrheit verstehen: Gott ist Liebe (Evangelium).

Wir hören aus dem Johannesevangelium:

In jener Zeit sprach Jesus zu seinen Jüngern: 12 Noch vieles habe ich euch zu sagen, aber ihr könnt es jetzt nicht tragen. 13 Wenn aber jener kommt, der Geist der Wahrheit, wird er euch in die ganze Wahrheit führen. Denn er wird nicht aus sich selbst heraus reden, sondern er wird sagen, was er hört, und euch verkünden, was kommen wird. 14 Er wird mich verherrlichen; denn er wird von dem, was mein ist, nehmen und es euch verkünden. 15 Alles, was der Vater hat, ist mein; darum habe ich gesagt: Er nimmt von dem, was mein ist, und wird es euch verkünden.

Wir besinnen uns:

Wir können das wesentliche unseres christlichen Glaubens in kurzen Sätzen zusammenfassen: »Gott ist Liebe. Deshalb sollen auch wir einander lieben«. Haben vielleicht deshalb so viele Menschen keinen Zugang mehr zu Gott, weil wir seine Liebe zu wenig sichtbar machen? Ist das Christentum vielleicht deshalb an manchen Orten im Rückzug, weil es diese Wahrheit vergessen hat? Der Geist will uns immer wieder in die eine Wahrheit einführen: Gott ist Liebe, deshalb sollen auch wir einander lieben.

Wir beten:

Dreifaltiger Gott, du bist groß und unergründlich, du bist die Liebe und der Ursprung allen Lebens. Laß uns dankbar das Leben annehmen, das du uns anbietest. Durch Christus, unseren Herrn.

»Die Gnade Jesu Christi, des Herrn, die Liebe Gottes und die Gemeinschaft des Heiligen Geistes sei mit euch allen!« (2 Kor 13,13). Jörg Lederer, um 1520, Latsch.

Fronleichnam – Hochfest des Leibes und Blutes Christi

Mahlgemeinschaft der Christen

1. Lesung: Gen 14,18–20 2. Lesung: 1 Kor 11,23–26 Evangelium: Lk 9,11b–17

Beim gemeinsamen Essen erleben wir Zusammengehörigkeit und Freundschaft. Manchmal laden wir Menschen zum Essen ein, weil wir ihnen unsere Dankbarkeit und Verbundenheit ausdrücken möchten. So bringt der heidnische Priesterkönig Melchisedek Brot und Wein zu Abraham und drückt damit seine Anerkennung für ihn aus (1. Lesung). Mittelpunkt der christlichen Gemeinde ist die eucharistische Mahlgemeinschaft. Schon während des irdischen Lebens führt die Mahlgemeinschaft Menschen zusammen. Das Wunder der Brotvermehrung ist eine Vorausnahme der Eucharistie (Evangelium). Die Eucharistie entfaltet ihre Kraft, wenn sie Gedächtnis an die Todeshingabe und die Liebe Jesu ist (2. Lesung).

Wir hören aus dem Lukasevangelium:

In jener Zeit [11b] redete Jesus zum Volk vom Reich Gottes und heilte alle, die seine Hilfe brauchten. [12] Als der Tag zur Neige ging, kamen die Zwölf zu ihm und sagten: Schick die Menschen weg, damit sie in die umliegenden Dörfer und Gehöfte gehen, dort Unterkunft finden und etwas zu essen bekommen; denn wir sind hier an einem abgelegenen Ort. [13] Er antwortete: Gebt ihr ihnen zu essen! Sie sagten: Wir haben nicht mehr als fünf Brote und zwei Fische; wir müßten erst weggehen und für all diese Leute Essen kaufen. [14] Es waren etwa fünftausend Männer. Er erwiderte seinen Jüngern: Sagt ihnen, sie sollen sich in Gruppen zu ungefähr fünfzig zusammensetzen. [15] Die Jünger taten, was er ihnen sagte, und veranlaßten, daß sich alle setzten. [16] Jesus aber nahm die fünf Brote und die zwei Fische, blickte zum Himmel auf, segnete sie und brach sie; dann gab er sie den Jüngern, damit sie diese an die Leute austeilten. [17] Und alle aßen und wurden satt. Als man die übriggebliebenen Brotstükke einsammelte, waren es zwölf Körbe voll.

Hochgelobt sei das Allerheiligste Sakrament des Altars. Buchmalerei, 16. Jh., Brixen.

Wir besinnen uns:

Die Mahlgemeinschaft mit Gott und untereinander verpflichtet uns, Verantwortung zu übernehmen. Viele Menschen stehen hungernd vor unserer Tür; sie wollen teilnehmen an den irdischen Gütern der Erde und an den Gütern der Freundschaft und der Verbundenheit. Jede Feier der Eucharistie erinnert uns an unsere Verpflichtungen gegenüber den Menschen.

Wir beten:

Gott, wir danken dir für das Geschenk der Eucharistie. Hilf uns, den Auftrag zu erkennen, den jede Eucharistiefeier an uns richtet. Durch Christus, unseren Herrn.

Heiligstes Herz Jesu

Gottes Hirtensorge

1. Lesung: Ez 34,11–16 | 2. Lesung: Röm 5,5b–11 | Evangelium: Lk 15,3–7

Am Herz-Jesu-Fest feiern wir die Liebe Gottes, die im Kreuz Jesu ihren Höhepunkt erreicht hat. Eines der eindrucksvollsten Bilder für diese Liebe ist jenes vom Guten Hirten. Im Orient ist die Herde ganz besonders auf den Hirten angewiesen, kennt doch nur dieser die Futterstellen und Wasserquellen. Der Hirte hat ein geradezu persönliches Verhältnis zu seinen Tieren. Das Volk Israel hat oft die Erfahrung gemacht, daß die Könige, die doch Hirten des Volkes sein sollten, versagt haben. Gott verheißt: »Ich will ihr Hirte sein und für sie sorgen, wie es recht ist« (1. Lesung). Die Hirtensorge Jesu zeigt sich vor allem darin, daß er »schon zu der Zeit, da wir noch schwach und gottlos waren, für uns gestorben« ist (2. Lesung). Christus zeigt durch sein Wort und sein Wirken, daß Gott der Hirte ist, der sich der Verlorenen annimmt (Evangelium).

Wir hören aus dem Lukasevangelium:

In jener Zeit [3] erzählte Jesus den Pharisäern und Schriftgelehrten ein Gleichnis und sagte: [4] Wenn einer von euch hundert Schafe hat und eins davon verliert, läßt er dann nicht die neunundneunzig in der Steppe zurück und geht dem verlorenen nach, bis er es findet? [5] Und wenn er es gefunden hat, nimmt er es voll Freude auf die Schultern, [6] und wenn er nach Hause kommt, ruft er seine Freunde und Nachbarn zusammen und sagt zu ihnen: Freut euch mit mir; ich habe mein Schaf wiedergefunden, das verloren war. [7] Ich sage euch: Ebenso wird auch im Himmel mehr Freude herrschen über einen einzigen Sünder, der umkehrt, als über neunundneunzig Gerechte, die es nicht nötig haben umzukehren.

Wir besinnen uns:

In der Menge geht der einzelne Mensch oft unter. Jesus zeigt uns, daß er sich um alle kümmert und daß bei ihm niemand verloren geht. Weil diese ermutigende Wahrheit in einer Geschichte erzählt wird, die aus dem Alltag stammt, ist sie so überzeugend. Wir werden diese Geschichte sehr gut verstehen, wenn wir daran denken, daß wir selber es sind, denen Jesus nachgeht.

»Und sie werden auf den blicken, den sie durchbohrt haben« (Sach 12,10). Das älteste Herz-Jesu-Bild in Südtirol, 1473, Mellaun.

Wir beten:

Allmächtiger Gott, dein Sohn hat uns geoffenbart, wer du bist: Ein Gott, freundlich und voll Liebe. Hilf uns, deine Liebe anzunehmen und deine Hirtensorge um alle Menschen zu teilen. Durch Christus, unseren Herrn.

1. Sonntag im Jahreskreis – Taufe des Herrn (s. S. 168)

2. Sonntag im Jahreskreis

Beginn der Heilszeit

1. Lesung: Jes 62,1–5 | 2. Lesung: 1 Kor 12,4–11 | Evangelium: Joh 2,1–11

Mit Jesus bricht eine neue Zeit an, in der Gott und die Menschen miteinander in einer neuen Beziehung verbunden sind. Für diese Verbindung verwendet das Alte Testament das Bild der Ehe. Gott liebt sein Volk – das Volk liebt Gott. »Wie der Bräutigam sich freut über die Braut, so freut sich dein Gott über dich« verkündet der Prophet Jesaja (1. Lesung). Jesus beginnt sein öffentliches Wirken mit dem Wunder auf der Hochzeit zu Kana: Nun ist die messianische Heilszeit gekommen (Evangelium). Ein Zeichen dieser neuen Zeit sind die vielen Wunder, von denen Paulus aus der Urkirche berichtet: »Es gibt verschiedene Gnadengaben, aber nur den einen Geist« (2. Lesung).

Wir hören aus dem Johannesevangelium:

In jener Zeit [1] fand in Kana in Galiläa eine Hochzeit statt, und die Mutter Jesu war dabei. [2] Auch Jesus und seine Jünger waren zur Hochzeit eingeladen. [3] Als der Wein ausging, sagte die Mutter Jesu zu ihm: Sie haben keinen Wein mehr. [4] Jesus erwiderte ihr: Was willst du von mir, Frau? Meine Stunde ist noch nicht gekommen. [5] Seine Mutter sagte zu den Dienern: Was er euch sagt, das tut! [6] Es standen dort sechs steinerne Wasserkrüge, wie es der Reinigungsvorschrift der Juden entsprach; jeder faßte ungefähr hundert Liter. [7] Jesus sagte zu den Dienern: Füllt die Krüge mit Wasser! Und sie füllten sie bis zum Rand. [8] Er sagte zu ihnen: Schöpft jetzt, und bringt es dem, der für das Festmahl verantwortlich ist. Sie brachten es ihm. [9] Er kostete das Wasser, das zu Wein geworden war. Er wußte nicht, woher der Wein kam; die Diener aber, die das Wasser geschöpft hatten, wußten es. Da ließ er den Bräutigam rufen [10] und sagte zu ihm: Jeder setzt zuerst den guten Wein vor und erst, wenn die Gäste zuviel getrunken haben, den weniger guten. Du jedoch hast den guten Wein bis jetzt zurückgehalten. [11] So tat Jesus sein erstes Zeichen, in Kana in Galiläa, und offenbarte seine Herrlichkeit, und seine Jünger glaubten an ihn.

Wir besinnen uns:

Die Hochzeit gehört zu den großen Festen des Lebens. Zur Zeit Jesu war sie ein Fest des ganzen Dorfes. Am Beginn seines Wirkens vermittelt Jesus Festfreude; er läßt erkennen, daß die neue Welt beginnt. Jesus zeigt seine Herrlichkeit, die Jünger beginnen den Weg des Glaubens.

Wir beten:

Gott, in Jesus, deinem Sohn ist die Zeit des Heiles angebrochen. Er bietet uns Gemeinschaft und Freude an. Hilf uns, die Zeichen seiner Gegenwart in unserem Leben zu sehen. Durch ihn, Christus, unseren Herrn.

3. Sonntag im Jahreskreis

Das Programm Jesu

1. Lesung: Neh 8,2–4a.5–6.8–10 2. Lesung: 1 Kor 12,12–31a Evangelium: Lk 1,1–4; 4,14–21

Die Lesungen des Sonntags haben das Hören des Wortes Gottes zum Thema. Nach der Rückkehr aus dem Exil erneuerte das Volk den Bund mit Gott. Dies geschah beim Hören der Schrift in einem Wortgottesdienst. Der Schriftgelehrte Esra, der Führer des Volkes, versichert seinem Volk: »Die Freude am Herrn ist eure Stärke« (1. Lesung). Jesus beginnt sein öffentliches Wirken in einem Synagogengottesdienst. Er verkündet, daß die alttestamentlichen Verheißungen erfüllt sind und stellt sich als Boten der Frohbotschaft vor (Evangelium). Der Heilige Geist, von dem Jesus selbst bewegt ist, führt die Menschen in der Kirche zusammen: »Durch den einen Geist wurden wir in der Taufe alle in einen einzigen Leib aufgenommen« (2. Lesung).

Wir hören aus dem Lukasevangelium:

Schon viele haben es unternommen, einen Bericht über all das abzufassen, was sich unter uns ereignet und erfüllt hat. [2] Dabei hielten sie sich an die Überlieferung derer, die von Anfang an Augenzeugen und Diener des Wortes waren. [3] Nun habe auch ich mich entschlossen, allem von Grund auf sorgfältig nachzugehen, um es für dich, hochverehrter Theophilus, der Reihe nach aufzuschreiben. [4] So kannst du dich von der Zuverlässigkeit der Lehre überzeugen, in der du unterwiesen wurdest.
[14] In jener Zeit kehrte Jesus, erfüllt von der Kraft des Geistes, nach Galiläa zurück. Und die Kunde von ihm verbreitete sich in der ganzen Gegend. [15] Er lehrte in den Synagogen und wurde von allen gepriesen. [16] So kam er auch nach Nazaret, wo er aufgewachsen war, und ging, wie gewohnt, am Sabbat in die Synagoge. Als er aufstand, um aus der Schrift vorzulesen, [17] reichte man ihm das Buch des Propheten Jesaja. Er schlug das Buch auf und fand die Stelle, wo es heißt: [18] Der Geist des Herrn ruht auf mir; denn der Herr hat mich gesalbt. Er hat mich gesandt, damit ich den Armen eine gute Nachricht bringe; damit ich den Gefangenen die Entlassung verkünde und den Blinden das Augenlicht; damit ich die Zerschlagenen in Freiheit setze [19] und ein Gnadenjahr des Herrn ausrufe. [20] Dann schloß er das Buch, gab es dem Synagogendiener und setzte sich. Die Augen aller in der Synagoge waren auf ihn gerichtet. [21] Da begann er, ihnen darzulegen: Heute hat sich das Schriftwort, das ihr eben gehört habt, erfüllt.

Wir besinnen uns:

Unsere Tage sind oft gefüllt bis zum Rand. Oft müssen wir uns wieder neu sagen, was für uns wichtig ist. Immer wieder müssen wir uns auch in das vertiefen, was Jesus sagt. Jesus sagt zu Beginn seines öffentlichen Wirkens, was ihm besonders wichtig ist: Sich für Arme, Blinde und Geschlagene einzusetzen. Diese Schwerpunkte sind auch ein Programm für Christen.

Wir beten:

Gott, die Botschaft und das Lebensprogramm deines Sohnes verpflichten auch uns. Gib uns die Kraft, auf sein Wort zu hören und schenke uns Freude in seiner Nachfolge. Durch ihn, Christus, unseren Herrn.

4. Sonntag im Jahreskreis

Der Anspruch Jesu

1. Lesung: Jer 1,4–5.17–19 2. Lesung: 1 Kor 12,31 – 13,13 Evangelium: Lk 4,21–30

Die Lesungen sprechen vom Schicksal der Propheten: Obwohl sie von Gott gesandt sind, werden sie selbst und ihre Botschaft angefeindet. Der Prophet jedoch erhält die Verheißung: »Mögen sie dich bekämpfen, sie werden dich nicht bezwingen« (1. Lesung). Auch Jesus, der mehr ist als ein Prophet, erleidet dieses Schicksal (Evangelium). Im Hohen Lied der Liebe zeigt Paulus der Gemeinde von Korinth, daß die Liebe wichtiger ist als das Prophezeien und Reden in fremden Sprachen: »Prophetisches Reden hat ein Ende, die Liebe hört niemals auf« (2. Lesung).

Wir hören aus dem Lukasevangelium:

In jener Zeit [21] begann Jesus in der Synagoge in Nazaret darzulegen: Heute hat sich das Schriftwort, das ihr eben gehört habt, erfüllt.
[22] Seine Rede fand bei allen Beifall; sie staunten darüber, wie begnadet er redete, und sagten: Ist das nicht der Sohn Josefs? [23] Da entgegnete er ihnen: Sicher werdet ihr mir das Sprichwort vorhalten: Arzt, heile dich selbst! Wenn du in Kafarnaum so große Dinge getan hast, wie wir gehört haben, dann tu sie auch hier in deiner Heimat! [24] Und er setzte hinzu: Amen, das sage ich euch: Kein Prophet wird in seiner Heimat anerkannt. [25]
Wahrhaftig, das sage ich euch: In Israel gab es viele Witwen in den Tagen des Elija, als der Himmel für drei Jahre und sechs Monate verschlossen war und eine große Hungersnot über das ganze Land kam. [26] Aber zu keiner von ihnen wurde Elija gesandt, nur zu einer Witwe in Sarepta bei Sidon. [27] Und viele Aussätzige gab es in Israel zur Zeit des Propheten Elischa. Aber keiner von ihnen wurde geheilt, nur der Syrer Naaman. [28] Als die Leute in der Synagoge das hörten, gerieten sie alle in Wut. [29] Sie sprangen auf und trieben Jesus zur Stadt hinaus; sie brachten ihn an den Abhang des Berges, auf dem ihre Stadt erbaut war, und wollten ihn hinabstürzen. [30]
Er aber schritt mitten durch die Menge hindurch und ging weg.

Wir besinnen uns:

Jesus verkündet, daß die Heilszeit gekommen ist. Er wird angefeindet, denn die Leute wollen nicht anerkennen, daß aus ihrer Mitte ein Prophet kommt, der dazu auch noch anderen das Heil schenkt. Wer ernsthaft nach der Weisung Jesu leben will, wird auch heute Kopfschütteln und Spott erfahren. Von uns allen verlangt das Evangelium aber eine Entscheidung.

Wir beten:

Herr, unser Gott, wir scheuen uns, deinem Ruf zu folgen; wir haben Angst, daß wir dann allein stehen. Hilf uns, deine Wege zu gehen und uns für Christus zu entscheiden, der mit dir lebt und herrscht in Ewigkeit.

5. Sonntag im Jahreskreis

Gott braucht Menschen

1. Lesung: Jes 6,1–2a.3–8	2. Lesung: 1 Kor 15,1–11	Evangelium: Lk 5,1–11

Gott braucht Menschen. Er sendet Boten: Jesaja erkennt die Majestät Gottes und erklärt sich bereit, als Prophet und Sprecher Gottes zu wirken: »Hier bin ich, sende mich« (1. Lesung). Paulus verkündet das Evangelium Christi, weil der Auferstandene ihn gesandt hat. Von ihm hat er auch die Kraft dazu: »Durch die Gnade Gottes bin ich, was ich bin« (2. Lesung). Am Beginn seines Wirkens erwählt Jesus die Jünger, die seine Boten sein sollen (Evangelium).

Petrus vertraut dem Herrn. Reicher Fischfang. Initiale, 15. Jh., Neustift.

Wir hören aus dem Lukasevangelium:

In jener Zeit, [1] als Jesus am Ufer des Sees Gennesaret stand, drängte sich das Volk um ihn und wollte das Wort Gottes hören. [2] Da sah er zwei Boote am Ufer liegen. Die Fischer waren ausgestiegen und wuschen ihre Netze. [3] Jesus stieg in das Boot, das dem Simon gehörte, und bat ihn, ein Stück weit vom Land wegzufahren. Dann setzte er sich und lehrte das Volk vom Boot aus. [4] Als er seine Rede beendet hatte, sagte er zu Simon: Fahr hinaus auf den See! Dort werft eure Netze zum Fang aus! [5] Simon antwortete ihm: Meister, wir haben die ganze Nacht gearbeitet und nichts gefangen. Doch wenn du es sagst, werde ich die Netze auswerfen. [6] Das taten sie, und sie fingen eine so große Menge Fische, daß ihre Netze zu reißen drohten. [7] Deshalb winkten sie ihren Gefährten im anderen Boot, sie sollten kommen und ihnen helfen. Sie kamen, und gemeinsam füllten sie beide Boote bis zum Rand, so daß sie fast untergingen. [8] Als Simon Petrus das sah, fiel er Jesus zu Füßen und sagte: Herr, geh weg von mir; ich bin ein Sünder. [9] Denn er und alle seine Begleiter waren erstaunt und erschrokken, weil sie so viele Fische gefangen hatten; [10] ebenso ging es Jakobus und Johannes, den Söhnen des Zebedäus, die mit Simon zusammenarbeiteten. Da sagte Jesus zu Simon: Fürchte dich nicht! Von jetzt an wirst du Menschen fangen. [11] Und sie zogen die Boote an Land, ließen alles zurück und folgten ihm nach.

Wir besinnen uns:

Jesus erwählt Menschen zur Mitarbeit. Durch das Wunder des reichen Fischfanges gibt ihnen Jesus die Gewißheit, daß ihre Verkündigung wunderbaren Erfolg haben wird. Durch Wort und Dienst tragen die ersten Jünger Jesu – und durch die Jahrhunderte herauf zahllose Frauen und Männer in der Kirche – dazu bei, daß sich Menschen um Jesus sammeln.

Wir beten:

Allmächtiger Gott, du hast uns in deinen Dienst gerufen. Hilf uns, glaubwürdige Zeugen deiner frohen Botschaft zu sein. Durch Christus, unseren Herrn.

6. Sonntag im Jahreskreis

Gelungenes Leben

1. Lesung: Jer 17,5–8 | 2. Lesung: 1 Kor 15,12.16–20 | Evangelium: Lk 6,17.20–26

Wir suchen Sicherheit für unser Leben. Das zeigt sich in vielen Formen, etwa in Versicherungen, Abmachungen, Verträgen. Der Prophet Jeremia zeigt eines der Fundamente, auf denen der Mensch sicher bestehen kann: »Gesegnet der Mann, der auf den Herrn sich verläßt. Er ist wie ein Baum, der am Wasser gepflanzt ist« (1. Lesung). Angesichts der Zweifel am Leben nach dem Tod verkündet Paulus: »Nun aber ist Christus von den Toten auferweckt worden als der Erste der Entschlafenen« (2. Lesung). Die Botschaft Jesu richtet sich ganz besonders auch an jene Menschen, die ohne Hoffnung sind (Evangelium).

»Freut euch und jubelt: Euer Lohn im Himmel wird groß sein« (Mt 5,12). Hl. Katharina und hl. Barbara. 1490, Diözesanmuseum Brixen.

Wir hören aus dem Lukasevangelium:

In jener Zeit [17] stieg Jesus mit seinen Jüngern den Berg hinab. In der Ebene blieb er mit einer großen Schar seiner Jünger stehen, und viele Menschen aus ganz Judäa und Jerusalem und dem Küstengebiet von Tyrus und Sidon strömten herbei [20] Er richtete seine Augen auf seine Jünger und sagte: Selig, ihr Armen, denn euch gehört das Reich Gottes. [21] Selig, die ihr jetzt hungert, denn ihr werdet satt werden. Selig, die ihr jetzt weint, denn ihr werdet lachen. [22] Selig seid ihr, wenn euch die Menschen hassen und aus ihrer Gemeinschaft ausschließen, wenn sie euch beschimpfen und euch in Verruf bringen um des Menschensohnes willen. [23] Freut euch und jauchzt an jenem Tag; euer Lohn im Himmel wird groß sein. Denn ebenso haben es ihre Väter mit den Propheten gemacht. [24] Aber weh euch, die ihr reich seid; denn ihr habt keinen Trost mehr zu erwarten. [25] Weh euch, die ihr jetzt satt seid; denn ihr werdet hungern. Weh euch, die ihr jetzt lacht; denn ihr werdet klagen und weinen. [26] Weh euch, wenn euch alle Menschen loben; denn ebenso haben es ihre Väter mit den falschen Propheten gemacht.

Wir besinnen uns:

Es gibt Worte, die eine solche Kraft besitzen, daß sie die Welt umgestaltet haben, oder umgestalten können: Freiheit, Gleichheit, Brüderlichkeit. Wenn Jesus von der umgestalteten Welt spricht, dann redet er vom »Reich Gottes«. Damit verkündet er: Gott selbst tritt die Herrschaft an, er nimmt sich der Armen und Bedrängten an; er sorgt dafür, daß sie ihr Recht bekommen. Das Evangelium ist aber auch ein ernstes Wort an jene, die den Armen ihr Recht verschaffen könnten und dies nicht tun.

Wir beten:

Gott, unser Vater, dein Sohn weist uns den Weg zum Leben. Hilf uns, daß wir uns für ihn entscheiden und dafür sorgen, daß allen Menschen Gerechtigkeit widerfährt. Durch Christus, unseren Herrn.

7. Sonntag im Jahreskreis

Gut sein zu bösen Menschen?

1. Lesung: 1 Sam 26,2.7–9.12–13.22–23 2. Lesung: 1 Kor 15,45–49 Evangelium: Lk 6,27–38

Das Prinzip der Gegenseitigkeit scheint uns Menschen angeboren zu sein: Wir vergelten Gutes mit Gutem und Böses mit Bösem. Die Lesungen zeigen uns ein anderes Verhalten: David ist auf der Flucht vor seinem Gegner, dem König Saul; er hätte eine günstige Gelegenheit, Saul zu töten; doch er schont ihn (1. Lesung). Jesus stellt höchste Forderungen an die Jünger; er verlangt sogar die Feindesliebe. Dies ist seine Lebensweisung (Evangelium). In der Feindesliebe beginnt schon jene Umgestaltung des Menschen, von der Paulus den Korinthern kündet: »Wir werden nach dem Bild des Himmlischen gestaltet« (2. Lesung).

Wir hören aus dem Lukasevangelium:

In jener Zeit sprach Jesus zu seinen Jüngern: 27 Euch, die ihr mir zuhört, sage ich: Liebt eure Feinde; tut denen Gutes, die euch hassen. 28 Segnet die, die euch verfluchen; betet für die, die euch mißhandeln. 29 Dem, der dich auf die eine Wange schlägt, halte auch die andere hin, und dem, der dir den Mantel wegnimmt, laß auch das Hemd. 30 Gib jedem, der dich bittet; und wenn dir jemand etwas wegnimmt, verlang es nicht zurück. 31 Was ihr von anderen erwartet, das tut ebenso auch ihnen. 32 Wenn ihr nur die liebt, die euch lieben, welchen Dank erwartet ihr dafür? Auch die Sünder lieben die, von denen sie geliebt werden. 33 Und wenn ihr nur denen Gutes tut, die euch Gutes tun, welchen Dank erwartet ihr dafür? Das tun auch die Sünder. 34 Und wenn ihr nur denen etwas leiht, von denen ihr es zurückzubekommen hofft, welchen Dank erwartet ihr dafür? Auch die Sünder leihen Sündern in der Hoffnung, alles zurückzubekommen. 35 Ihr aber sollt eure Feinde lieben und sollt Gutes tun und leihen, auch wo ihr nichts dafür erhoffen könnt. Dann wird euer Lohn groß sein, und ihr werdet Söhne des Höchsten sein; denn auch er ist gütig gegen die Undankbaren und Bösen. 36 Seid barmherzig, wie es auch euer Vater ist! 37 Richtet nicht, dann werdet auch ihr nicht gerichtet werden. Verurteilt nicht, dann werdet auch ihr nicht verurteilt werden. Erlaßt einander die Schuld, dann wird auch euch die Schuld erlassen werden. 38 Gebt, dann wird auch euch gegeben werden. In reichem, vollem, gehäuftem, überfließendem Maß wird man euch beschenken; denn nach dem Maß, mit dem ihr meßt und zuteilt, wird auch euch zugeteilt werden.

Wir besinnen uns:

Das Verhalten der Jünger Jesu darf sich nicht nach dem richten, was »alle« tun, oder was unter den Menschen »üblich« ist: Auf Gewalt mit Gewalt zu antworten, genau zu unterscheiden zwischen Freund und Feind. Maßstab für Christen ist das Vorbild Gottes selbst, der auch zu den Bösen gütig ist; er läßt seine Sonne über Gerechten und Ungerechten scheinen.

Wir beten:

Gott, Jesus hat dich verkündet als den Gott der Güte und des Verzeihens. Hilf uns, nicht Böses mit Bösem zu vergelten und an die Macht des Guten zu glauben. Durch Christus, unseren Herrn.

8. Sonntag im Jahreskreis

Bei sich selber anfangen

1. Lesung: Sir 27,4–7	2. Lesung: 1 Kor 15,54–58	Evangelium: Lk 6,39–45

Die Lesungen sprechen vom Verhalten gegenüber Mitmenschen. Wenn wir Menschen beurteilen, sollten wir uns nicht nur über die Betreffenden Gedanken machen, sondern auch über uns selbst nachdenken. Das Buch Jesus Sirach warnt aber auch vor zu schnellem Lob: »Lobe keinen Menschen, ehe du ihn beurteilt hast« (1. Lesung). Im Evangelium sind mehrere kurze Worte Jesu zum Thema »Selbsterkenntnis und Kritik am Nächsten« gesammelt. Der heilige Paulus erinnert an die Grundbotschaft des Glaubens vom Sieg des Lebens über den Tod. Er ermahnt uns, immer eifriger am Werk des Herrn teilzunehmen (2. Lesung).

Wir hören aus dem Lukasevangelium:

In jener Zeit [39] sprach Jesus zu seinen Jüngern: Kann ein Blinder einen Blinden führen? Werden nicht beide in eine Grube fallen? [40] Der Jünger steht nicht über seinem Meister; jeder aber, der alles gelernt hat, wird wie sein Meister sein. [41] Warum siehst du den Splitter im Auge deines Bruders, aber den Balken in deinem eigenen Auge bemerkst du nicht? [42] Wie kannst du zu deinem Bruder sagen: Bruder, laß mich den Splitter aus deinem Auge herausziehen!, während du den Balken in deinem eigenen Auge nicht siehst? Du Heuchler! Zieh zuerst den Balken aus deinem Auge; dann kannst du versuchen, den Splitter aus dem Auge deines Bruders herauszuziehen. [43] Es gibt keinen guten Baum, der schlechte Früchte hervorbringt, noch einen schlechten Baum, der gute Früchte hervorbringt. [44] Jeden Baum erkennt man an seinen Früchten: Von den Disteln pflückt man keine Feigen, und vom Dornstrauch erntet man keine Trauben. [45] Ein guter Mensch bringt Gutes hervor, weil in seinem Herzen Gutes ist; und ein böser Mensch bringt Böses hervor, weil in seinem Herzen Böses ist. Wovon das Herz voll ist, davon spricht der Mund.

Wir besinnen uns:

Jesus betont immer wieder, wie sehr es auf das Herz des Menschen ankommt. Wer die Welt verändern will, muß bei sich selbst anfangen. Jesus warnt uns davor, uns selber höher einzuschätzen, als wir sind. Er nennt Grundsätze für den Umgang mit den Menschen: Führen darf nur, wer nicht selber blind ist; zurechtweisen nur, wer um die eigenen Fehler und Grenzen weiß.

Wir beten:

Gott, du willst gegenwärtig sein in jedem Menschen. Hilf uns, die eigenen Fehler und Schwächen zu sehen und vergib uns jede Form von Selbstgerechtigkeit. Durch Christus, unseren Herrn.

9. Sonntag im Jahreskreis

Vorbildlicher Glaube

1. Lesung: 1 Kön 8,41–43 | 2. Lesung: Gal 1,1–2.6–10 | Evangelium: Lk 7,1–10

Im Laufe der Heilsgeschichte ist immer wieder die Frage aufgetaucht, ob Gottes Heil für alle Menschen bestimmt ist, oder nur für einige Auserwählte. Die Lesungen zeigen, daß Gott auch die Heiden retten will. Bei der Einweihung des vor allem für das jüdische Volk bestimmten Tempels in Jerusalem betet Salomon zu Gott, daß an dieser Stätte auch das Gebet der Heiden erhört werden möge: »Tu alles, weswegen der Fremde zu dir ruft« (1. Lesung). Paulus verkündet den Gemeinden in Galatien die befreiende Botschaft, daß Gott Juden und Heiden errettet (2. Lesung). Jesus nimmt sich auch der Heiden an (Evangelium).

Wir hören aus dem Lukasevangelium:

In jener Zeit, 1 als Jesus seine Rede vor dem
Volk beendet hatte, ging er nach Kafarnaum
hinein. 2 Ein Hauptmann hatte einen Diener,
der todkrank war und den er sehr schätzte. 3
Als der Hauptmann von Jesus hörte, schickte
er einige von den jüdischen Ältesten zu ihm
mit der Bitte, zu kommen und seinen Diener
zu retten. 4 Sie gingen zu Jesus und baten ihn
inständig. Sie sagten: Er verdient es, daß du
seine Bitte erfüllst; 5 denn er liebt unser Volk
und hat uns die Synagoge gebaut. 6 Da ging
Jesus mit ihnen. Als er nicht mehr weit von
dem Haus entfernt war, schickte der Hauptmann Freunde und ließ ihm sagen: Herr,
bemüh dich nicht! Denn ich bin es nicht wert,
daß du mein Haus betrittst. 7 Deshalb habe
ich mich auch nicht für würdig gehalten,
selbst zu dir zu kommen. Sprich nur ein
Wort, dann muß mein Diener gesund werden. 8 Auch ich muß Befehlen gehorchen,
und ich habe selber Soldaten unter mir; sage
ich nun zu einem: Geh!, so geht er, und zu
einem andern: Komm!, so kommt er, und zu
meinem Diener: Tu das!, so tut er es. 9 Jesus
war erstaunt über ihn, als er das hörte. Und er
wandte sich um und sagte zu den Leuten, die
ihm folgten: Ich sage euch: Nicht einmal in
Israel habe ich einen solchen Glauben gefunden. 10 Und als die Männer, die der Hauptmann geschickt hatte, in das Haus zurückkehrten, stellten sie fest, daß der Diener
gesund war.

Wir besinnen uns:

Der Hauptmann von Kafarnaum ist so sehr von der Macht Jesu überzeugt, daß er ihm auch eine Heilung aus der Ferne zutraut. Jesus stellt diesen Glauben eines Heiden den Juden als Beispiel hin. Das Entscheidende ist nicht mehr die Zugehörigkeit zum jüdischen Volk, sondern der Glaube. Ein lebendiger Glaube ist auch für Christen das Entscheidende.

Wir beten:

Gott, du bietest allen Menschen, die sich gläubig an dich wenden, dein Heil an. Hilf uns, unser Leben im Vertrauen auf dich zu bejahen und zu gestalten. Durch Christus, unseren Herrn.

10. Sonntag im Jahreskreis

Der Gott des Lebens

1. Lesung: 1 Kön 17,17–24 | 2. Lesung: Gal 1,11–19 | Evangelium: Lk 7,11–17

In den Lesungen wird Gott als ein Gott des Lebens vorgestellt. In unserer Zeit, die viele Formen zur Förderung des Lebens gefunden hat, aber auch auf vielerlei Weise Leben geringschätzt und vernichtet, ist dies eine aktuelle Botschaft: Gott ist ein Freund des Lebens. Gott erhört das Gebet des Propheten Elija: Das Leben kehrt in den Sohn der Witwe von Sarepta zurück, und seine Mutter erkennt die Vollmacht des Propheten: »Jetzt weiß ich, daß du ein Mann Gottes bist und daß das Wort Gottes wirklich in deinem Munde ist« (1. Lesung). Jesus wirkt ein ähnliches Wunder und die Menschen bekennen seine Vollmacht (Evangelium). Paulus erzählt von seiner Erfahrung der Macht Gottes: Sein ganzes Leben stand unter der Führung Gottes, der ihn schon »im Mutterleib auserwählt und durch seine Gnade berufen hat« (2. Lesung).

Jesus überwindet den Tod. Totenerweckung des Jünglings von Nain. Glasfenster, Otto Kastowsky, Raas.

Wir hören aus dem Lukasevangelium:

In jener Zeit [11] ging Jesus in eine Stadt namens Naïn; seine Jünger und eine große Menschenmenge folgten ihm. [12] Als er in die Nähe des Stadttors kam, trug man gerade einen Toten heraus. Es war der einzige Sohn seiner Mutter, einer Witwe. Und viele Leute aus der Stadt begleiteten sie. [13] Als der Herr die Frau sah, hatte er Mitleid mit ihr und sagte zu ihr: Weine nicht! [14] Dann ging er zu der Bahre hin und faßte sie an. Die Träger blieben stehen, und er sagte: Ich befehle dir, junger Mann: Steh auf! [15] Da richtete sich der Tote auf und begann zu sprechen, und Jesus gab ihn seiner Mutter zurück. [16] Alle wurden von Furcht ergriffen; sie priesen Gott und sagten: Ein großer Prophet ist unter uns aufgetreten: Gott hat sich seines Volkes angenommen. [17] Und die Kunde davon verbreitete sich überall in Judäa und im ganzen Gebiet ringsum.

Wir besinnen uns:

Die Auferweckung des Jünglings von Naïn ist ein Zeichen der großen Anteilnahme Jesu am menschlichen Leid. Dieses Evangelium kann eine Hilfe sein für jene, die einen lieben Menschen durch den Tod verloren haben und sich nur schwer trösten lassen: Die Auferweckung ist ein Zeichen dafür, daß die Heilszeit angebrochen ist. In der Eucharistie feiern wir Tod und Auferstehung Jesu und erneuern immer wieder die Hoffnung auf die Auferstehung.

Wir beten:

Gott des Lebens, das Wort deines Sohnes schenkt Hoffnung. Laß uns österliche Menschen sein, die glauben, daß das Leben stärker ist als die Mächte des Bösen und des Todes. Durch Christus, unseren Herrn.

11. Sonntag im Jahreskreis

Heilende Begegnung

1. Lesung: 2 Sam 12,7–10.13 2. Lesung: Gal 2,16.19–21 Evangelium: Lk 7,36–8,3

Wir alle laden Schuld auf uns, und immer wieder sind wir auf Vergebung angewiesen. Das Alte Testament zeigt, daß der König – ebenso wie der Tagelöhner – auf die Barmherzigkeit und Vergebung Gottes angewiesen ist (1. Lesung). Die Verkündigung Jesu bietet diese Vergebung Gottes jedem Menschen an: Die öffentlichen Sünder nehmen das Angebot an (Evangelium). Der heilige Paulus zeigt den einzigen Weg, um vor Gott recht dazustehen: »Wir haben erkannt, daß der Mensch nicht durch Werke des Gesetzes gerecht wird, sondern durch den Glauben an Jesus Christus« (2. Lesung).

Wir hören aus dem Lukasevangelium:

In jener Zeit 36 ging Jesus in das Haus eines Pharisäers, der ihn zum Essen eingeladen hatte, und legte sich zu Tisch. 37 Als nun eine Sünderin, die in der Stadt lebte, erfuhr, daß er im Haus des Pharisäers bei Tisch war, kam sie mit einem Alabastergefäß voll wohlriechendem Öl 38 und trat von hinten an ihn heran. Dabei weinte sie, und ihre Tränen fielen auf seine Füße. Sie trocknete seine Füße mit ihrem Haar, küßte sie und salbte sie mit dem Öl. 39 Als der Pharisäer, der ihn eingeladen hatte, das sah, dachte er: Wenn er wirklich ein Prophet wäre, müßte er wissen, was das für eine Frau ist, von der er sich berühren läßt; er wüßte, daß sie eine Sünderin ist. 40 Da wandte sich Jesus an ihn und sagte: Simon, ich möchte dir etwas sagen. Er erwiderte: Sprich, Meister! 41 (Jesus sagte:) Ein Geldverleiher hatte zwei Schuldner; der eine war ihm fünfhundert Denare schuldig, der andere fünfzig. 42 Als sie ihre Schulden nicht bezahlen konnten, erließ er sie beiden.

Frauen folgen Jesus nach. Maria Magdalena mit Salbgefäß. 1490, Diözesanmuseum Brixen.

Wer von ihnen wird ihn nun mehr lieben? [43]
Simon antwortete: Ich nehme an, der, dem er
mehr erlassen hat. Jesus sagte zu ihm: Du
hast recht. [44] Dann wandte er sich der Frau zu
und sagte zu Simon: Siehst du diese Frau?
Als ich in dein Haus kam, hast du mir kein
Wasser zum Waschen der Füße gegeben; sie
aber hat ihre Tränen über meinen Füßen
vergossen und sie mit ihrem Haar abgetrock-
net. [45] Du hast mir (zur Begrüßung) keinen
Kuß gegeben; sie aber hat mir, seit ich hier
bin, unaufhörlich die Füße geküßt. [46] Du hast
mir nicht das Haar mit Öl gesalbt; sie aber hat
mir mit ihrem wohlriechenden Öl die Füße
gesalbt. [47] Deshalb sage ich dir: Ihr sind ihre
vielen Sünden vergeben, weil sie (mir) so viel
Liebe gezeigt hat. Wem aber nur wenig ver-
geben wird, der zeigt auch nur wenig Liebe. [48]
Dann sagte er zu ihr: Deine Sünden sind dir
vergeben. [49] Da dachten die anderen Gäste:
Wer ist das, daß er sogar Sünden vergibt? [50]
Er aber sagte zu der Frau: Dein Glaube hat dir
geholfen. Geh in Frieden!
[1] In der folgenden Zeit wanderte er von Stadt
zu Stadt und von Dorf zu Dorf und verkünde-
te das Evangelium vom Reich Gottes. Die
Zwölf begleiteten ihn, [2] außerdem einige
Frauen, die er von bösen Geistern und von
Krankheiten geheilt hatte: Maria Magdalene,
aus der sieben Dämonen ausgefahren wa-
ren, [3] Johanna, die Frau des Chuzas, eines
Beamten des Herodes, Susanna und viele
andere. Sie alle unterstützten Jesus und die
Jünger mit dem, was sie besaßen.

Wir besinnen uns:

Wir kennen das Sprichwort: »Sage mir, mit wem du umgehst, und ich sage dir, wer du bist«. Auch Jesus gegenüber wollten Gegner diesen Grundsatz anwenden. Ihnen mißfiel, daß er sich mit Sündern und Ausgeschlossenen abgab und daß in seiner Umgebung Frauen waren. Doch Jesus weiß, daß die Liebe Gottes, die er bringt, stärker ist als das Böse. Wenn er sich der Menschen annimmt, werden sie heil und gesund. Wer in die Nähe Jesu kommt, macht diese Erfahrung.

Wir beten:

Gott, dein Sohn wurde Mensch, um uns deine heilende Vergebung anzubieten. Laß uns in Demut einsehen, wie sehr wir auf dein Entgegenkommen angewiesen sind. Durch Christus, unseren Herrn.

12. Sonntag im Jahreskreis

Widerstand ertragen

1. Lesung: Sach 12,10–11; 13,1 | 2. Lesung: Gal 3,26–29 | Evangelium: Lk 9,18–24

Große Persönlichkeiten haben zu allen Zeiten neue Wege erschlossen; doch oft haben sie dabei Widerstand erfahren. Das Alte Testament erzählt von den Leiden eines Propheten, durch die das Volk wieder auf den Weg zu Gott geführt wird. Sein Tod hat das Volk zur Umkehr bewegt: »... sie werden auf den blicken, den sie durchbohrt haben. Sie werden um ihn klagen, wie man um den einzigen Sohn klagt ...« (1. Lesung). Die frühe Kirche sieht den Weg Jesu im Lichte dieser Worte: Er ist mehr als Johannes der Täufer, mehr als Elija, mehr als andere Propheten. Er ist der, der durch seinen Tod einen ganz neuen Weg erschlossen hat (Evangelium). Sein Tod hat alles Trennende hinweggenommen: »Es gibt nicht mehr Juden und Griechen, nicht Sklaven und Freie, nicht Mann und Frau; denn ihr alle seid ›einer‹ in Christus Jesus« (2. Lesung).

Wir hören aus dem Lukasevangelium:

In jener Zeit [18] als Jesus in der Einsamkeit betete, und die Jünger bei ihm waren, fragte er sie: Für wen halten mich die Leute? [19] Sie antworteten: Einige für Johannes den Täufer, andere für Elija; wieder andere sagen: Einer der alten Propheten ist auferstanden. [20] Da sagte er zu ihnen: Ihr aber, für wen haltet ihr mich? Petrus antwortete: Für den Messias Gottes. [21] Doch er verbot ihnen streng, es jemand weiterzusagen. [22] Und er fügte hinzu: Der Menschensohn muß vieles erleiden und von den Ältesten, den Hohenpriestern und den Schriftgelehrten verworfen werden; er wird getötet werden, aber am dritten Tag wird er auferstehen. [23] Zu allen sagte er: Wer mein Jünger sein will, der verleugne sich selbst, nehme täglich sein Kreuz auf sich und folge mir nach. [24] Denn wer sein Leben retten will, wird es verlieren; wer aber sein Leben um meinetwillen verliert, der wird es retten.

Wir besinnen uns:

Man kann an der Not anderer Menschen auf unterschiedliche Weise teilnehmen: Man kann aus der Distanz Aufmerksamkeit und Interesse bekunden; man kann ihnen in irgendeiner Weise Hilfe zukommen lassen; man kann ihnen, wenn sie nicht weiterkönnen, die Last abnehmen und den Weg stellvertretend für sie weitergehen. Christus hat nicht Distanz gehalten, hat sich nicht mit tröstenden Worten begnügt. Er ist für uns eingetreten und ist diesen Weg für uns zu Ende gegangen. Wenn wir diesen Weg gehen, werden wir das Leben nicht verlieren, sondern es gewinnen.

Wir beten:

Gott, Jesus Christus hat uns in Tod und Auferstehung den Weg zum Leben gewiesen. Schenk uns die Kraft, ihm auf seinem Weg zu folgen. Durch ihn, der mit dir lebt und herrscht in Ewigkeit.

»Wer Vater oder Mutter mehr liebt ...« (vgl. Lk 14,26). Abschied Jesu von seiner Mutter. Franz Sebald Unterberger, um 1760, Diözesanmuseum Brixen. →

13. Sonntag im Jahreskreis

Christus nachfolgen

1. Lesung: 1 Kön 19,16b.19–21 | 2. Lesung: Gal 5,1.13–18 | Evangelium: Lk 9,51–62

Christus nachfolgen bedeutet, daß wir unser Leben vom Ruf des Herrn bestimmen lassen. Den Propheten Elischa trifft dieser Ruf beim Pflügen. Er läßt ihm gerade noch die Zeit, sich von den Seinen zu verabschieden (1. Lesung). Noch bedingungsloser erscheint der Ruf, wo es um die Nachfolge Jesu geht: »Keiner, der die Hand an den Pflug gelegt hat und nochmals zurückblickt, taugt für das Reich Gottes« (Evangelium). Die bedingungslose Nachfolge des Jüngers führt nicht in die Unfreiheit: Die Aufmerksamkeit für den Ruf des Herrn führt den Menschen weg von sich selbst, vom Kampf um Leistung und Sieg – sie ist der Weg in eine neue Freiheit. Darum gilt: »Zur Freiheit hat Christus uns befreit. Bleibt daher fest, und laßt euch nicht von neuem das Joch der Knechtschaft auflegen« (2. Lesung).

Wir hören aus dem Lukasevangelium:

Als die Zeit herankam, in der Jesus in den Himmel aufgenommen werden sollte, entschloß er sich, nach Jerusalem zu gehen. 52
Und er schickte Boten vor sich her. Diese kamen in ein samaritisches Dorf und wollten eine Unterkunft für ihn besorgen. 53 Aber man
nahm ihn nicht auf, weil er auf dem Weg nach
Jerusalem war. 54 Als die Jünger Jakobus und
Johannes das sahen, sagten sie: Herr, sollen
wir befehlen, daß Feuer vom Himmel fällt
und sie vernichtet? 55 Da wandte er sich um
und wies sie zurecht. 56 Und sie gingen zusammen in ein anderes Dorf. 57 Als sie auf
ihrem Weg weiterzogen, redete ein Mann
Jesus an und sagte: Ich will dir folgen, wohin
du auch gehst. 58 Jesus antwortete ihm: Die
Füchse haben ihre Höhlen und die Vögel ihre
Nester; der Menschensohn aber hat keinen
Ort, wo er sein Haupt hinlegen kann. 59 Zu
einem anderen sagte er: Folge mir nach! Der
erwiderte: Laß mich zuerst heimgehen und
meinen Vater begraben. 60 Jesus sagte zu
ihm: Laß die Toten ihre Toten begraben; du
aber geh und verkünde das Reich Gottes! 61
Wieder ein anderer sagte: Ich will dir nachfolgen, Herr. Zuvor aber laß mich von meiner
Familie Abschied nehmen. 62 Jesus erwiderte
ihm: Keiner, der die Hand an den Pflug gelegt hat und nochmals zurückblickt, taugt für das Reich Gottes.

Wir besinnen uns:

Nachfolge bedeutete für die Jünger Jesu einen radikalen Neuanfang: Sie mußten ihren Beruf aufgeben, ihre Familie verlassen und Jesu Wanderleben teilen. Für die meisten von uns vollzieht sich Nachfolge nicht in dieser Form, verlangt deshalb aber nicht weniger Entscheidung als damals. Für uns gilt: Dort, wo wir hingestellt sind, müssen wir immer neu fragen, was der Herr von uns will. Es gilt, die eigenen Pläne an seiner Weisung zu prüfen und zu korrigieren. Letztlich bestimmt er unseren Weg.

Wir beten:

Gott, die Nachfolge deines Sohnes fordert uns zu Entscheidung und Konsequenz heraus. Hilf uns, unser Leben an seinem Ruf auszurichten. Durch ihn, Christus, unseren Herrn.

14. Sonntag im Jahreskreis

Boten der Freude

1. Lesung: Jes 66,10–14c	2. Lesung: Gal 6,14–18	Evangelium: Lk 10,1–12.17–20

Es ist tragisch für Menschen, wenn man ihnen die Hoffnung und die Zuversicht nimmt, daß sich irgendwann doch noch alles zum Guten wendet. Viele Worte der Bibel richten sich an Menschen, deren Hoffnung zerstört ist. So spricht Gott zum Volk, das nach der Rückkehr aus Babylon an den Schwierigkeiten des Neuanfanges verzweifelt: »Wie eine Mutter ihren Sohn tröstet, so tröste ich euch; in Jerusalem findet ihr Trost« (1. Lesung). Jesus sendet seine Jünger als Boten der Freude zu jenen Menschen, denen die Unterdrückung durch das römische Militär und die Anmaßung der jüdischen Obrigkeit gleichermaßen die Hoffnung zerstört haben (Evangelium). Der Apostel Paulus zieht wie unter einem Zwang fast durch die gesamte damals bekannte Welt. Er sagt auch, warum er sich nicht entmutigen läßt: »Ich aber will mich allein des Kreuzes Jesu Christi, unseres Herrn, rühmen, durch das mir die Welt gekreuzigt ist und ich der Welt« (2. Lesung).

Wir hören aus dem Lukasevangelium:

In jener Zeit suchte der Herr zweiundsiebzig andere Jünger aus und sandte sie zu zweit voraus in alle Städte und Ortschaften, in die er selbst gehen wollte. 2 Er sagte zu ihnen: Die Ernte ist groß, aber es gibt nur wenig Arbeiter. Bittet also den Herrn der Ernte, Arbeiter für seine Ernte auszusenden. 3 Geht! Ich sende euch wie Schafe mitten unter die Wölfe. 4 Nehmt keinen Geldbeutel mit, keine Vorratstasche und keine Schuhe! Grüßt niemand unterwegs! 5 Wenn ihr in ein Haus kommt, so sagt als erstes: Friede diesem Haus! 6 Und wenn dort ein Mann des Friedens wohnt, wird der Friede, den ihr ihm wünscht, auf ihm ruhen; andernfalls wird er zu euch zurückkehren. 7 Bleibt in diesem Haus, eßt und trinkt, was man euch anbietet; denn wer arbeitet, hat ein Recht auf seinen Lohn. Zieht nicht von einem Haus in ein anderes! 8 Wenn ihr in eine Stadt kommt und man euch aufnimmt, so eßt, was man euch vorsetzt. 9 Heilt die Kranken, die dort sind, und sagt den Leuten: Das Reich Gottes ist euch nahe. 10 Wenn ihr aber in eine Stadt kommt, in der man euch nicht aufnimmt, dann stellt euch auf die Straße und ruft: 11 Selbst den Staub eurer Stadt, der an unseren Füßen klebt, lassen wir euch zurück; doch das sollt ihr wissen: Das Reich Gottes ist nahe. 12 Ich sage euch: Sodom wird es an jenem Tag nicht so schlimm ergehen wie dieser Stadt. 17 Die Zweiundsiebzig kehrten zurück und berichteten voll Freude: Herr, sogar die Dämonen gehorchen uns, wenn wir deinen Namen aussprechen. 18 Da sagte er zu ihnen: Ich sah den Satan wie einen Blitz vom Himmel fallen. 19 Seht, ich habe euch die Vollmacht gegeben, auf Schlangen und Skorpione zu treten und die ganze Macht des Feindes zu überwinden. Nichts wird euch schaden können. 20 Doch freut euch nicht darüber, daß euch die Geister gehorchen, sondern freut euch darüber, daß eure Namen im Himmel verzeichnet sind.

Wir besinnen uns:

Jesus sendet seine Jünger als Boten aus. Die Ausgesandten sollen nicht viele Worte machen, sondern aus ihrer Lebensweise und aus ihrem Handeln soll klar hervorgehen, was sie meinen. So kommen die Jünger arm und doch voll Freude; sie haben keinen Besitz, aber sie bringen den Frieden; sie leben die Liebe und heilen die Kranken.

Wir beten:

Gott, auch wir dürfen das Kommen deines Reiches ankündigen. Hilf uns, deinen Frieden und deine Freude zu den Menschen zu bringen. Durch Christus, unseren Herrn.

15. Sonntag im Jahreskreis

Den Nächsten sehen

1. Lesung: Dtn 30,10–14 | 2. Lesung: Kol 1,15–20 | Evangelium: Lk 10,25–37

Schon in biblischen Zeiten wurde beklagt, daß das religiöse Leben zu kompliziert sei und vom Menschen zu viel verlange. Doch schon das Alte Testament hatte davon gesprochen, daß die Lebensweisung Gottes dem inneren Gespür des Menschen entspricht: »Das Wort ist ganz nah bei dir, es ist in deinem Mund und in deinem Herzen, du kannst es halten« (1. Lesung). Jesus selbst führt das ganze Gesetz auf das Hauptgebot der Gottes- und Nächstenliebe zurück. Die Geschichte vom barmherzigen Samariter verdeutlicht, daß das Verhalten zum Nächsten nicht durch Gesetzesleistungen, sondern durch ein offenes Herz geregelt wird (Evangelium). Weil Gottes Wort an uns Menschen am Werk ist, hoffen wir in Christus auf die Erlösung dieser Welt: »Denn Gott wollte mit seiner ganzen Fülle in ihm (Christus) wohnen, um durch ihn alles zu versöhnen« (2. Lesung).

Zum Nächsten werden. Der barmherzige Samariter. Gedenkmedaille zum Jahresprogramm der Diözese Bozen-Brixen 1987/89 »Das Wort Gottes hören und es befolgen«. Martin Rainer, 1987.

Wir hören aus dem Lukasevangelium:

In jener Zeit [25] wollte ein Gesetzeslehrer Jesus auf die Probe stellen. Er fragte ihn: Meister, was muß ich tun, um das ewige Leben zu gewinnen? [26] Jesus sagte zu ihm: Was steht im Gesetz? Was liest du dort? [27] Er antwortete: Du sollst den Herrn, deinen Gott, lieben mit ganzem Herzen und ganzer Seele, mit all deiner Kraft und all deinen Gedanken, und: Deinen Nächsten sollst du lieben wie dich selbst. [28] Jesus sagte zu ihm: Du hast richtig geantwortet. Handle danach, und du wirst leben. [29] Der Gesetzeslehrer wollte seine Frage rechtfertigen und sagte zu Jesus: Und wer ist mein Nächster? [30] Darauf antwortete ihm Jesus: Ein Mann ging von Jerusalem nach Jericho hinab und wurde von Räubern überfallen. Sie plünderten ihn aus und schlugen ihn nieder; dann gingen sie weg und ließen ihn halbtot liegen. [31] Zufällig kam ein Priester denselben Weg herab; er sah ihn und ging weiter. [32] Auch ein Levit kam zu der Stelle; er sah ihn und ging weiter. [33] Dann kam ein Mann aus Samarien, der auf der Reise war. Als er ihn sah, hatte er Mitleid, [34] ging zu ihm hin, goß Öl und Wein auf seine Wunden und verband sie. Dann hob er ihn auf sein Reittier, brachte ihn zu einer Herberge und sorgte für ihn. [35] Am andern Morgen holte er zwei Denare hervor, gab sie dem Wirt und sagte: Sorge für ihn, und wenn du mehr für ihn brauchst, werde ich es dir bezahlen, wenn ich wiederkomme. 36 Was meinst du: Wer von diesen dreien hat sich als der Nächste dessen erwiesen, der von den Räubern überfallen wurde? 37 Der Gesetzeslehrer antwortete: Der, der barmherzig an ihm gehandelt hat. Da sagte Jesus zu ihm: Dann geh und handle genauso!

Wir besinnen uns:

Viele Menschen wollen oder können nicht mehr sehen, was an Unheil und Leid in der Welt – und auch in ihrer nächsten Umgebung – geschieht. Andere sehen zwar, was geschieht, empfinden auch Mitleid mit den Betroffenen, halten sich aber auf Distanz und gehen vorüber. Wieder andere erkennen, daß der Herr selbst es ist, der sie in der Not der anderen ruft. Sie bleiben stehen, helfen und lassen die Betroffenen spüren, daß sie im Leid nicht allein sind, sondern Nächste gefunden haben. Jesus sagt uns: Geh und handle genauso!

Wir beten:

Gott, du willst uns begegnen in den Menschen. Öffne unseren Blick für die Brüder und Schwestern, die auf uns warten und die unsere Hilfe brauchen. Durch Christus, unseren Herrn.

16. Sonntag im Jahreskreis

Gott begegnen

1. Lesung: Gen 18,1–10a | 2. Lesung: Kol 1,24–28 | Evangelium: Lk 10,38–42

Die Bibel spricht oft vom Wunsch der Menschen, Gott zu begegnen. Sie erzählt auch von vielen Begegnungen, die Gott den Menschen anbietet. So kommt er zu Abraham in der Gestalt dreier Männer; Abraham nimmt den Herrn gastfreundlich auf und erhält die Verheißung der Geburt eines Sohnes (1. Lesung). Den Schwestern Maria und Marta wird durch Jesus ein Besuch Gottes geschenkt. Für Marta bleibt der Besuch Jesu auf der menschlichen Ebene, Maria hingegen spürt den tiefen Sinn des Geschehens (Evangelium). Auch die Christen sind in der Lage, die Nähe des Herrn zu erkennen; denn »Christus ist unter euch« (2. Lesung).

Wir hören aus dem Lukasevangelium:

In jener Zeit kam Jesus in ein Dorf, und eine Frau namens Marta nahm ihn freundlich auf.
39 Sie hatte eine Schwester, die Maria hieß. Maria setzte sich dem Herrn zu Füßen und hörte seinen Worten zu.
40 Marta aber war ganz davon in Anspruch genommen, für ihn zu sorgen. Sie kam zu ihm und sagte: Herr, kümmert es dich nicht, daß meine Schwester die ganze Arbeit mir allein überläßt? Sag ihr doch, sie soll mir helfen!
41 Der Herr antwortete: Marta, Marta, du machst dir viele Sorgen und Mühen.
42 Aber nur eines ist notwendig. Maria hat das Bessere gewählt, das soll ihr nicht genommen werden.

Wir besinnen uns:

Maria und Marta gewähren Jesus auf seiner Reise nach Jerusalem Gastfreundschaft. Für Marta liegt dies auf der Ebene anderer Einladungen auch: Es bedarf der Vorbereitung des Mahles und der Fürsorge für die Gäste. Maria spürt, daß Gott selbst sie besucht und sie konzentriert sich ganz auf Jesu Wort. Auch zu uns kommt Gott unter menschlichen Gestalten, er spricht zu uns in menschlicher Rede. Es kommt also darauf an, daß wir seinen Ruf nicht durch Geschäftigkeit überspielen, sondern daß wir wie Maria hören, was der Herr uns sagen will. Nicht geringschätzen wollen wir aber, was viele Menschen – wie Marta dem Herrn – auch uns Gutes tun.

Wir beten:

Herr Jesus Christus, du bist unter uns. Gewähre uns, daß wir auf dein Wort hören und dir in den Brüdern und Schwestern begegnen, der du lebst und herrschst in Ewigkeit.

»Maria hat das Bessere gewählt ...« (Lk 10,42).
Jesus im Haus von Marta und Maria.
18. Jh., Institut der Englischen Fräulein, Brixen

17. Sonntag im Jahreskreis

Mit den Worten Jesu beten

1. Lesung: Gen 18,20–32 2. Lesung: Kol 2,12–14 Evangelium: Lk 11,1–13

Bittere Erfahrungen können Menschen dazu bringen, daß sie keine Wünsche mehr äußern, auch nicht im Gebet. Doch schon das Beispiel des betenden Abraham zeigt die Kraft des fürbittenden Gebetes und die Barmherzigkeit Gottes (1. Lesung). Jesus selbst nennt Gründe für das Vertrauen: Gott handelt an uns Menschen wie ein Freund, wie ein Vater (Evangelium). Unsere Hoffnung hat eine neue Grundlage, weil uns der Weg zu Gott offensteht: Gott »hat den Schuldschein, der gegen uns sprach, durchgestrichen und seine Forderungen, die uns anklagten, aufgehoben« (2. Lesung).

Wir hören aus dem Lukasevangelium:

Jesus betete einmal an einem Ort; und als er das Gebet beendet hatte, sagte einer seiner Jünger zu ihm: Herr, lehre uns beten, wie schon Johannes seine Jünger beten gelehrt hat. 2 Da sagte er zu ihnen: Wenn ihr betet, so sprecht: Vater, dein Name werde geheiligt. Dein Reich komme. 3 Gib uns täglich das Brot, das wir brauchen. 4 Und erlaß uns unsere Sünden; denn auch wir erlassen jedem, was er uns schuldig ist. Und führe uns nicht in Versuchung. 5 Dann sagte er zu ihnen: Wenn einer von euch einen Freund hat und um Mitternacht zu ihm geht und sagt: Freund, leih mir drei Brote; 6 denn einer meiner Freunde, der auf Reisen ist, ist zu mir gekommen, und ich habe ihm nichts anzubieten!, 7 wird dann etwa der Mann drinnen antworten: Laß mich in Ruhe, die Tür ist schon verschlossen, und meine Kinder schlafen bei mir; ich kann nicht aufstehen und dir etwas geben? 8 Ich sage euch: Wenn er schon nicht deswegen aufsteht und ihm seine Bitte erfüllt, weil er sein Freund ist, so wird er doch wegen seiner Zudringlichkeit aufstehen und ihm geben, was er braucht. 9 Darum sage ich euch: Bittet, dann wird euch gegeben; sucht, dann werdet ihr finden; klopft an, dann wird euch geöffnet. 10 Denn wer bittet, der empfängt; wer sucht, der findet; und wer anklopft, dem wird geöffnet. 11 Oder ist unter euch ein Vater, der seinem Sohn eine Schlange gibt, wenn er um einen Fisch bittet, 12 oder einen Skorpion, wenn er um ein Ei bittet? 13 Wenn nun schon ihr, die ihr böse seid, euren Kindern gebt, was gut ist, wieviel mehr wird der Vater im Himmel den Heiligen Geist denen geben, die ihn bitten.

Wir besinnen uns:

In einer guten und menschlichen Gemeinschaft helfen wir einander und teilen einander auch unsere Anliegen mit. Auch in der Gemeinschaft mit Gott können wir unsere Anliegen vorbringen; das Gebet kann zu einem Ausdruck der rechten Gemeinschaft mit Gott werden. Jesus teilt uns im Vaterunser die Sorgen Gottes mit, die wir uns zu eigen machen sollen und er ermutigt uns auch, unsere Anliegen vor Gott zu bringen. Jesus lehrt die rechten Worte und die Reihenfolge der Bitten, deren Erhörung gewiß ist.

Wir beten:

Heiliger Gott, wir dürfen dich Vater nennen und mit den Worten deines Sohnes zu dir beten. Laß dein Reich unter uns wachsen und schenke uns den Glauben an deine Sorge um uns. Durch Christus, unseren Herrn.

18. Sonntag im Jahreskreis

Vor Gott reich sein

1. Lesung: Koh 1,2; 2,21–23 2. Lesung: Kol 3,1–5.9–11 Evangelium: Lk 12,13–21

Häufig stellen wir fest, daß in unserer Wohlstandsgesellschaft Menschen vom »Haben« geprägt sind. Schon im Alten Testament äußert sich ein Weisheitslehrer skeptisch zum Thema: »Was erhält der Mensch ... durch seinen ganzen Besitz und durch das Gespinst seines Geistes für die er sich unter der Sonne anstrengt? Auch das ist Windhauch« (1. Lesung). Jesus verdeutlicht am Beispiel des reichen Bauern, daß es töricht ist, das Leben nur auf Besitz oder die eigenen Fähigkeiten zu gründen, weil Gott dieses Leben jeden Augenblick zurückfordern kann (Evangelium). So können wir die Mahnung des Briefes an die Kolosser als wahre Lebensweisheit annehmen: » ... strebt nach dem, was im Himmel ist, wo Christus zur Rechten Gottes sitzt. Richtet euren Sinn auf das Himmlische und nicht auf das Irdische« (2. Lesung).

Wir hören aus dem Lukasevangelium:

In jener Zeit [13] bat einer aus der Volksmenge Jesus: Meister, sag meinem Bruder, er soll das Erbe mit mir teilen. [14] Er erwiderte ihm: Mensch, wer hat mich zum Richter oder Schlichter bei euch gemacht? [15] Dann sagte er zu den Leuten: Gebt acht, hütet euch vor jeder Art von Habgier. Denn der Sinn des Lebens besteht nicht darin, daß ein Mensch aufgrund seines großen Vermögens im Überfluß lebt. [16] Und er erzählte ihnen folgendes Beispiel: Auf den Feldern eines reichen Mannes stand eine gute Ernte. [17] Da überlegte er hin und her: Was soll ich tun? Ich weiß nicht, wo ich meine Ernte unterbringen soll. [18] Schließlich sagte er: So will ich es machen: Ich werde meine Scheunen abreißen und größere bauen; dort werde ich mein ganzes Getreide und meine Vorräte unterbringen. [19] Dann kann ich zu mir selber sagen: Nun hast du einen großen Vorrat, der für viele Jahre reicht. Ruh dich aus, iß und trink, und freu dich des Lebens! [20] Da sprach Gott zu ihm: Du Narr! Noch in dieser Nacht wird man dein Leben von dir zurückfordern. Wem wird dann all das gehören, was du angehäuft hast? [21] So geht es jedem, der nur für sich selbst Schätze sammelt, aber vor Gott nicht reich ist.

Wir besinnen uns:

Die irdischen Dinge helfen uns leben. Falsch wäre es aber, unser ganzes Streben und unsere Hoffnung nur auf sie zu setzen. Wenn wir Erfolg haben, sind wir in Gefahr, blind zu werden und nicht mehr zu sehen, daß alles, worauf wir gesetzt haben, schon morgen zerbrechen kann. Wir wollen so leben, daß wir am Ende unserer Tage »reich vor Gott« dastehen.

Wir beten:

Gott, dein Sohn wurde arm, um uns reich zu machen. Schärfe unseren Blick für das Wesentliche: Für dich und für das Ziel, das du uns gegeben hast. Durch Christus, unseren Herrn.

19. Sonntag im Jahreskreis

Auf den Herrn warten

1. Lesung: Weish 18,6–9 2. Lesung: Hebr 11,1–2.8–19 Evangelium: Lk 12,32–48

Wir alle haben uns wohl schon die Frage gestellt: Glaube – was ist das eigentlich? Der Hebräerbrief gibt uns Antwort: Glaube ist die Grundhaltung des Lebens, durch die alles andere bestimmt wird im Vertrauen auf Gott: »Glaube ist: Feststehen in dem, was man erhofft, überzeugt sein von Dingen, die man nicht sieht« (2. Lesung). Aus solchem Vertrauen lebten schon die Gerechten des Alten Bundes: »Die Nacht der Befreiung wurde unseren Vätern vorher angekündigt; denn sie sollten zuversichtlich sein und sicher wissen, welchen eidlichen Zusagen sie vertrauen konnten« (1. Lesung). In diesem Sinn vergleicht Jesus den wahren Jünger mit dem klugen Knecht, der sein ganzes Leben vom Kommen des Herrn bestimmen läßt und so inmitten vieler Verschlossenheiten wach und bereit seinen Weg geht (Evangelium).

Wir hören aus dem Lukasevangelium:

In jener Zeit sprach Jesus zu seinen Jüngern: 32 Fürchte dich nicht, du kleine Herde! Denn euer Vater hat beschlossen, euch das Reich zu geben. 33 Verkauft eure Habe, und gebt den Erlös den Armen! Macht euch Geldbeutel, die nicht zerreißen. Verschafft euch einen Schatz, der nicht abnimmt, droben im Himmel, wo kein Dieb ihn findet und keine Motte ihn frißt. 34 Denn wo euer Schatz ist, da ist auch euer Herz. 35 Legt euren Gürtel nicht ab, und laßt eure Lampen brennen! 36 Seid wie Menschen, die auf die Rückkehr ihres Herrn warten, der auf einer Hochzeit ist, und die ihm öffnen, sobald er kommt und anklopft. 37 Selig die Knechte, die der Herr wach findet, wenn er kommt! Amen, ich sage euch: Er wird sich gürten, sie am Tisch Platz nehmen lassen und sie der Reihe nach bedienen. 38 Und kommt er erst in der zweiten oder dritten Nachtwache und findet sie wach – selig sind sie. 39 Bedenkt: Wenn der Herr des Hauses wüßte, in welcher Stunde der Dieb kommt, so würde er verhindern, daß man in sein Haus einbricht. 40 Haltet auch ihr euch bereit! Denn der Menschensohn kommt zu einer Stunde, in der ihr es nicht erwartet. 41 Da sagte Petrus: Herr, meinst du mit diesem Gleichnis nur uns oder auch all die anderen? 42 Der Herr antwortete: Wer ist denn der treue und kluge Verwalter, den der Herr einsetzen wird, damit er seinem Gesinde zur rechten Zeit die Nahrung zuteilt? 43 Selig der Knecht, den der Herr damit beschäftigt findet, wenn er kommt! 44 Wahrhaftig, das sage ich euch: Er wird ihn zum Verwalter seines ganzen Vermögens machen. 45 Wenn aber der Knecht denkt: Mein Herr kommt noch lange nicht zurück!, und anfängt, die Knechte und Mägde zu schlagen; wenn er ißt und trinkt und sich berauscht, 46 dann wird der Herr an einem Tag kommen, an dem der Knecht es nicht erwartet, und zu einer Stunde, die er nicht kennt; und der Herr wird ihn in Stücke hauen und ihm seinen Platz unter den Ungläubigen zuweisen. 47 Der Knecht, der den Willen seines Herrn kennt, sich aber nicht darum kümmert und nicht danach handelt, der wird viele Schläge bekommen. 48 Wer aber, ohne den Willen des Herrn zu kennen, etwas tut, was Schläge verdient, der wird wenig Schläge bekommen. Wem viel gegeben wurde, von dem wird viel zurückgefordert werden, und wem man viel anvertraut hat, von dem wird man um so mehr verlangen.

Wir besinnen uns:

Wodurch unterscheiden sich Christen von Menschen, die ihren Weg ohne Gott gehen? Durch das äußere Bekenntnis? Durch Kirchenbesuch und Spenden für die Kirche?

Durch das und manches andere. Viel wichtiger ist aber, daß die Christen eine Grundhaltung haben, durch die ihr Denken und ihr Handeln geprägt sind. Zu dieser inneren Grundhaltung gehört auch die Erwartung des Herrn, der immer neu in unser Leben tritt und am Ende alles in seiner Herrlichkeit vollenden wird.

Wir beten:

Gott, du bist auf dem Weg zu uns. Laß uns wachende Menschen sein, die deine Ankunft in ihrem Leben erwarten und vorbereiten. Durch Christus, unseren Herrn.

20. Sonntag im Jahreskreis

Auseinandersetzungen nicht scheuen

1. Lesung: Jer 38,4–6.8–10 2. Lesung: Hebr 12,1–4 Evangelium: Lk 12,49–53

Christus ruft uns zur Entscheidung. Wer diesen Ruf hört, wird in Auseinandersetzungen mit den Mitmenschen geraten. Der Prophet Jeremia wird von seinen eigenen Landsleuten dem Tod überantwortet und dann von einem Fremden gerettet (1. Lesung). Jesus stirbt am Kreuz, und auch sein Jünger muß einen ähnlichen Weg gehen (Evangelium). Im Blick auf Christus können Christen Kraft finden: »Denkt an den, der von den Sündern solchen Widerstand gegen sich erduldet hat: dann werdet ihr nicht ermatten und den Mut nicht verlieren« (2. Lesung).

Wir hören aus dem Lukasevangelium:

In jener Zeit sprach Jesus zu seinen Jüngern: 49 Ich bin gekommen, um Feuer auf die Erde zu werfen. Wie froh wäre ich, es würde schon brennen! 50 Ich muß mit einer Taufe getauft werden, und ich bin sehr bedrückt, solange sie noch nicht vollzogen ist. 51 Meint ihr, ich sei gekommen, um Frieden auf die Erde zu bringen? Nein, sage ich euch, nicht Frieden, sondern Spaltung. 52 Denn von nun an wird es so sein: Wenn fünf Menschen im gleichen Haus leben, wird Zwietracht herrschen: Drei werden gegen zwei stehen und zwei gegen drei, 53 der Vater gegen den Sohn und der Sohn gegen den Vater, die Mutter gegen die Tochter und die Tochter gegen die Mutter, die Schwiegermutter gegen ihre Schwiegertochter und die Schwiegertochter gegen die Schwiegermutter.

Wir besinnen uns:

Wer den Weg der Nachfolge mit aller Konsequenz gehen will, wird früher oder später mit seiner Umwelt in Konflikt geraten. Freunde werden fremd, weil sie diese Sicht des Lebens nicht verstehen; auch in der eigenen Familie können sich Klüfte auftun. Dies alles gehört zur Nachfolge, denn Entscheidung und Engagement müssen dort, wo viele nur die Mittelwege gehen, Widerspruch und Befremden hervorrufen.

Wir beten:

Gott, im Blick auf Jesus, deinen Sohn, bitten wir dich: Schenk uns die Entschlossenheit und den Mut, dich vor den Menschen zu bezeugen. Durch ihn, Christus, unseren Herrn.

21. Sonntag im Jahreskreis

Wer wird gerettet?

1. Lesung: Jes 66,18–21 — 2. Lesung: Hebr 12,5–7.11–13 — Evangelium: Lk 13,22–30

Auch unter Christen finden sich Gruppen, die andere vom Heil ausschließen und ihnen den Glauben absprechen. Eine solche Haltung darf sich aber nicht auf den Namen Gottes berufen; denn Gott zeigt von Anbeginn, daß seine Sorge um die Menschen keine Grenzen kennt. Er spricht zu Israel, das sich absondern will: »Ich kenne die Taten und die Gedanken der Völker aller Sprachen und komme, um sie zusammenzurufen, und sie werden kommen und meine Herrlichkeit sehen« (1. Lesung). Heilsentscheidend ist allein, ob der Mensch den Willen des Vaters tut (Evangelium). Den Willen Gottes lernen wir, wenn wir uns immer neu von ihm erziehen lassen: »Mein Sohn, verachte nicht die Zucht des Herrn« (2. Lesung).

Wir hören aus dem Lukasevangelium:

In jener Zeit 22 zog Jesus auf seinem Weg nach Jerusalem von Stadt zu Stadt und von Dorf zu Dorf und lehrte. 23 Da fragte ihn einer: Herr, sind es nur wenige, die gerettet werden? Er sagte zu ihnen: 24 Bemüht euch mit allen Kräften, durch die enge Tür zu gelangen; denn viele, sage ich euch, werden versuchen hineinzukommen, aber es wird ihnen nicht gelingen. 25 Wenn der Herr des Hauses aufsteht und die Tür verschließt, dann steht ihr draußen, klopft an die Tür und ruft: Herr, mach uns auf! Er aber wird euch antworten: Ich weiß nicht, woher ihr seid. 26 Dann werdet ihr sagen: Wir haben doch mit dir gegessen und getrunken, und du hast auf unseren Straßen gelehrt. 27 Er aber wird erwidern: Ich sage euch, ich weiß nicht, woher ihr seid. Weg von mir, ihr habt alle Unrecht getan! 28 Da werdet ihr heulen und mit den Zähnen knirschen, wenn ihr seht, daß Abraham, Isaak und Jakob und alle Propheten im Reich Gottes sind, ihr selbst aber ausgeschlossen seid. 29 Und man wird von Osten und Westen und von Norden und Süden kommen und im Reich Gottes zu Tisch sitzen. 30 Dann werden manche von den Letzten die Ersten sein und manche von den Ersten die Letzten.

Wir besinnen uns:

Auch wir möchten Jesus fragen: Sind es nur wenige, die gerettet werden? Was wird mit mir? Was wird mit dieser Welt? Auch wir bekommen, wie der Mann im Evangelium, keine näheren Auskünfte, sondern nur die Mahnung: »Tretet ein durch die enge Pforte«. Wir sollen nicht fragen, wann und wie es sein wird, sondern wir sollen etwas tun; wir müssen handeln, damit wir selber und andere ins Reich Gottes finden.

Wir beten:

Gott, du willst uns retten und uns die Gemeinschaft mit dir schenken. Hilf uns, deinen Willen zu erkennen und danach zu handeln. Durch Christus, unseren Herrn.

22. Sonntag im Jahreskreis

Der Kampf um die ersten Plätze

1. Lesung: Sir 3,17–18.20.28–29 2. Lesung: Hebr 12,18–19.22–24a Evangelium: Lk 14,1.7–14

Wir alle haben schon die Erfahrung gemacht, daß Liebe und Gemeinschaft gefördert werden, wenn Menschen nicht nur sich selber suchen. Wer nur die eigene Ehre und den persönlichen Vorteil sucht, wird wenig Freunde finden. So mahnt schon die jüdische Weisheit: »Mein Sohn, bei all deinem Tun bleibe bescheiden, und du wirst mehr geliebt werden als einer, der Gaben verteilt. Je größer du bist, umso mehr bescheide dich, dann wirst du Gnade finden bei Gott« (1. Lesung). Auch Jesus spricht davon, wie Menschen miteinander umgehen sollen (Evangelium). Zu einer »festlichen Versammlung« sind wir alle berufen, weil unsere Namen »im Himmel verzeichnet sind« (2. Lesung).

Wir hören aus dem Lukasevangelium:

Als Jesus an einem Sabbat in das Haus eines führenden Pharisäers zum Essen kam, beobachtete man ihn genau. [7] Als er bemerkte, wie sich die Gäste die Ehrenplätze aussuchten, nahm er das zum Anlaß, ihnen eine Lehre zu erteilen. Er sagte zu ihnen: [8] Wenn du zu einer Hochzeit eingeladen bist, such dir nicht den Ehrenplatz aus. Denn es könnte ein anderer eingeladen sein, der vornehmer ist als du, [9] und dann würde der Gastgeber, der dich und ihn eingeladen hat, kommen und zu dir sagen: Mach diesem hier Platz! Du aber wärst beschämt und müßtest den untersten Platz einnehmen. [10] Wenn du also eingeladen bist, setz dich lieber, wenn du hinkommst, auf den untersten Platz; dann wird der Gastgeber zu dir kommen und sagen: Mein Freund, rück weiter hinauf! Das wird für dich eine Ehre sein vor allen anderen Gästen. [11] Denn wer sich selbst erhöht, wird erniedrigt, und wer sich selbst erniedrigt, wird erhöht werden. [12] Dann sagte er zu dem Gastgeber: Wenn du mittags oder abends ein Essen gibst, so lade nicht deine Freunde oder deine Brüder, deine Verwandten oder reiche Nachbarn ein; sonst laden auch sie dich ein, und damit ist dir wieder alles vergolten. [13] Nein, wenn du ein Essen gibst, dann lade Arme, Krüppel, Lahme und Blinde ein. [14] Du wirst selig sein, denn sie können es dir nicht vergelten; es wird dir vergolten werden bei der Auferstehung der Gerechten.

Wir besinnen uns:

»Wer sich selbst erhöht, der wird erniedrigt werden«. Das ist kein weltfremder Gerichtsspruch, sondern eine Erfahrung: Wer nur auf sich selbst bedacht ist, wird im Innern verkümmern. Wer nur die eigenen Interessen durchzusetzen versucht, wird innerlich verarmen. Wenn wir uns aber für die Schwachen stark machen, werden wir erfahren, daß diese Haltung neue Menschen aus uns macht und daß Gemeinschaft entsteht. Dabei kommen wir selber nicht zu kurz.

Wir beten:

Gott, dein Sohn wollte Diener der Menschen sein. Schenk uns die Bereitschaft, uns an seiner Haltung zu orientieren, der mit dir lebt und herrscht in Ewigkeit.

23. Sonntag im Jahreskreis

Jünger Jesu werden

1. Lesung: Weish 9,13–19 | 2. Lesung: Phlm 9b–10.12–17 | Evangelium: Lk 14,25–33

Der Weise ist sich bewußt, daß er sein Leben nicht aus eigener Einsicht und aus eigenen Kräften bestehen kann. Er bekennt vor Gott: »Wer hat je deinen Plan erkannt, wenn du ihm nicht Weisheit gegeben und deinen Heiligen Geist aus der Höhe gesandt hast?« (1. Lesung). Auch die Entscheidung zur Nachfolge Jesu verlangt reifliche Überlegung und entschiedenes Handeln (Evangelium). Aus Glauben und Liebe entstehen dann neue Verhältnisse: »Menschen, die zuvor als Sklave und Herr einander gegenüberstanden, werden nun zu Brüdern« (2. Lesung).

Wir hören aus dem Lukasevangelium:

In jener Zeit, 25 als viele Menschen Jesus
begleiteten, wandte er sich an sie und sagte:
26 Wenn jemand zu mir kommt und nicht
Vater und Mutter, Frau und Kinder, Brüder
und Schwestern, ja sogar sein Leben gering
achtet, dann kann er nicht mein Jünger sein.
27 Wer nicht sein Kreuz trägt und mir nach-
folgt, der kann nicht mein Jünger sein. 28
Wenn einer von euch einen Turm bauen will,
setzt er sich dann nicht zuerst hin und rech-
net, ob seine Mittel für das ganze Vorhaben
ausreichen? 29 Sonst könnte es geschehen,
daß er das Fundament gelegt hat, dann aber
den Bau nicht fertigstellen kann. Und alle, die
es sehen, würden ihn verspotten 30 und sa-
gen: Der da hat einen Bau begonnen und
konnte ihn nicht zu Ende führen. 31 Oder
wenn ein König gegen einen anderen in den
Krieg zieht, setzt er sich dann nicht zuerst hin
und überlegt, ob er sich mit seinen zehntau-
send Mann dem entgegenstellen kann, der
mit zwanzigtausend gegen ihn anrückt? 32
Kann er es nicht, dann schickt er eine Ge-
sandtschaft, solange der andere noch weit
weg ist, und bittet um Frieden. 33 Darum kann
keiner von euch mein Jünger sein, wenn er
nicht auf seinen ganzen Besitz verzichtet.

Wir besinnen uns:

Bei allen unseren Plänen ist es notwendig, die eigenen Kräfte genau einzuschätzen. Jesus ruft die Menschen mit Entschiedenheit in seine Nachfolge; er macht sie aber darauf aufmerksam, daß diese Nachfolge viel verlangt. Wer Christus nachfolgen will, muß sich Gedanken machen über seine Kräfte, über seine Lebenssituation und über die Herausforderungen, denen es sich zu stellen gilt. Aber möglich ist die Nachfolge.

Wir beten:

Gott, dein Sohn ruft uns mit Entschiedenheit in seine Nachfolge. Unsere eigenen Kräfte reichen nicht aus. Sei du uns nahe und hilf uns. Durch Christus, unseren Herrn.

24. Sonntag im Jahreskreis

Ein Heiland der Sünder

1. Lesung: Ex 32,7–11.13–14 | 2. Lesung: 1 Tim 1,12–17 | Evangelium: Lk 15,1–32

Es gab Bewegungen, die aus der Kirche eine Elitegruppe für Vollkommene machen wollten. Wer versagt, sollte ausgeschlossen werden. Wie befreiend ist dagegen das Gottesbild der Bibel! Als das Volk – durch die Verehrung des Goldenen Kalbes – von Gott abgefallen war, trat Mose für das Volk ein: »Da ließ sich der Herr das Böse reuen, das er seinem Volk angedroht hatte« (1. Lesung). Noch deutlicher verkündet Jesus die vergebende Liebe des Vaters, der den Sündern nachgeht und auch das Verlorene nicht im Stich läßt (Evangelium). Die Besinnung auf die Liebe Gottes zu den Verlorenen ist der Christenheit aller Zeiten aufgetragen: »Christus Jesus ist in die Welt gekommen, um die Sünder zu retten« (2. Lesung).

Wir hören aus dem Lukasevangelium:

In jener Zeit [1] kamen alle Zöllner und Sünder zu Jesus, um ihn zu hören. [2] Die Pharisäer und die Schriftgelehrten empörten sich darüber und sagten: Er gibt sich mit Sündern ab und ißt sogar mit ihnen. [3] Da erzählte er ihnen ein Gleichnis und sagte: [4] Wenn einer von euch hundert Schafe hat und eins davon verliert, läßt er dann nicht die neunundneunzig in der Steppe zurück und geht dem verlorenen nach, bis er es findet? [5] Und wenn er es gefunden hat, nimmt er es voll Freude auf die Schultern, [6] und wenn er nach Hause kommt, ruft er seine Freunde und Nachbarn zusammen und sagt zu ihnen: Freut euch mit mir; ich habe mein Schaf wiedergefunden, das verloren war. [7] Ich sage euch: Ebenso wird auch im Himmel mehr Freude herrschen über einen einzigen Sünder, der umkehrt, als über neunundneunzig Gerechte, die es nicht nötig haben umzukehren. [8] Oder wenn eine Frau zehn Drachmen hat und eine davon verliert, zündet sie dann nicht eine Lampe an, fegt das ganze Haus und sucht unermüdlich, bis sie das Geldstück findet? [9] Und wenn sie es gefunden hat, ruft sie ihre Freundinnen und Nachbarinnen zusammen und sagt: Freut euch mit mir; ich habe die Drachme wiedergefunden, die ich verloren hatte. [10] Ich sage euch: Ebenso herrscht auch bei den Engeln Gottes Freude über einen einzigen Sünder, der umkehrt. [11] Weiter sagte Jesus: Ein Mann hatte zwei Söhne. [12] Der jüngere von ihnen sagte zu seinem Vater: Vater, gib mir das Erbteil, das mir zusteht. Da teilte der Vater das Vermögen auf. [13] Nach wenigen Tagen packte der jüngere Sohn alles zusammen und zog in ein fernes Land. Dort führte er ein zügelloses Leben und verschleuderte sein Vermögen. [14] Als er alles durchgebracht hatte, kam eine große Hungersnot über das Land, und es ging ihm sehr schlecht. [15] Da ging er zu einem Bürger des Landes und drängte sich ihm auf; der schickte ihn aufs Feld zum Schweinehüten. [16] Er hätte gern seinen Hunger mit den Futterschoten gestillt, die die Schweine fraßen; aber niemand gab ihm davon. [17] Da ging er in sich und sagte: Wie viele Tagelöhner meines Vaters haben mehr als genug zu essen, und ich komme hier vor Hunger um. [18] Ich will aufbrechen und zu meinem Vater gehen und zu ihm sagen: Vater, ich habe mich gegen den Himmel und gegen dich versündigt. [19] Ich bin nicht mehr wert, dein Sohn zu sein; mach mich zu einem deiner Tagelöhner. [20] Dann brach er auf und ging zu seinem Vater. Der Vater sah ihn schon von weitem kommen, und er hatte Mitleid mit ihm. Er lief dem Sohn entgegen, fiel ihm um den Hals und küßte ihn. [21] Da sagte der Sohn: Vater, ich

Jesus nimmt die Kinder auf. Deckenfresko, Matthias Günther, 1778, Abtei.

habe mich gegen den Himmel und gegen dich versündigt; ich bin nicht mehr wert, dein Sohn zu sein. 22 Der Vater aber sagte zu seinen Knechten: Holt schnell das beste Gewand, und zieht es ihm an, steckt ihm einen Ring an die Hand, und zieht ihm Schuhe an. 23 Bringt das Mastkalb her, und schlachtet es; wir wollen essen und fröhlich sein. 24 Denn mein Sohn war tot und lebt wieder; er war verloren und ist wiedergefunden worden. Und sie begannen, ein fröhliches Fest zu feiern. 25 Sein älterer Sohn war unterdessen auf dem Feld. Als er heimging und in die Nähe des Hauses kam, hörte er Musik und Tanz. 26 Da rief er einen der Knechte und fragte, was das bedeuten solle. 27 Der Knecht antwortete: Dein Bruder ist gekommen, und dein Vater hat das Mastkalb schlachten lassen, weil er ihn heil und gesund wiederbekommen hat. 28 Da wurde er zornig und wollte nicht hineingehen. Sein Vater aber kam heraus und redete ihm gut zu. 29 Doch er erwiderte dem Vater: So viele Jahre schon diene ich dir, und nie habe ich gegen deinen Willen gehandelt; mir aber hast du nie auch nur einen Ziegenbock geschenkt, damit ich mit meinen Freunden ein Fest feiern konnte. 30 Kaum aber ist der hier gekommen, dein Sohn, der dein Vermögen mit Dirnen durchgebracht hat, da hast du für ihn das Mastkalb geschlachtet. [31] Der Vater antwortete ihm: Mein Kind, du bist immer bei mir, und alles, was mein ist, ist auch dein. [32] Aber jetzt müssen wir uns doch freuen und ein Fest feiern; denn dein Bruder war tot und lebt wieder; er war verloren und ist wiedergefunden worden.

Wir besinnen uns:

Es gibt Menschen, mit denen wir nichts mehr zu tun haben wollen: Sie haben uns verletzt, haben uns ausgenutzt, haben uns verleumdet. Doch wie können solche Menschen neu anfangen, wenn unser Bild von ihnen bereits fertig ist? Jesus erzählt von der Liebe Gottes, die andere Wege geht: Gott nimmt die Sünder wieder an, er beurteilt sie nicht nach einem vorgefaßten Bild, sondern öffnet ihnen neue Wege und führt sie so zur Bekehrung. Gottes Handeln zeigt auch uns, wie wir mit Menschen, die gefehlt haben, umgehen sollen.

Wir beten:

Großer Gott, du bist ein Gott der Sünder, der auf die Menschen wartet und sich über ihre Umkehr freut. Schenke uns den erlösenden Glauben an deine Liebe und Vergebung. Durch Christus, unseren Herrn.

25. Sonntag im Jahreskreis

Behalten oder verschenken?

1. Lesung: Am 8,4–7 | 2. Lesung: 1 Tim 2,1–8 | Evangelium: Lk 16,1–13

Zu allen Zeiten haben Menschen die Gefahren verspürt, die vom Geld kommen. Scharf kritisiert schon der Prophet Amos die Reichen, die die Armen unterdrücken und auf ihrem Besitz ausruhen: »Beim Stolz Jakobs hat der Herr geschworen: Keine ihrer Taten werde ich jemals vergessen« (1. Lesung). Auch Jesus sieht die Gefahren des Reichtums und warnt vor ungezügelter Besitzgier. Am Beispiel des ungerechten Verwalters zeigt er, wie man mit dem Geld richtig umgehen kann: Ein Mensch rettet sich, wenn er zu verschenken anfängt (Evangelium). Die christliche Botschaft handelt von dem, der allein retten kann: »Einer ist Gott, Einer auch Mittler zwischen Gott und den Menschen: der Mensch Christus Jesus, der sich als Lösegeld hingegeben hat für alle« (2. Lesung).

Wir hören aus dem Lukasevangelium:

In jener Zeit [1] sprach Jesus zu seinen Jüngern: Ein reicher Mann hatte einen Verwalter. Diesen beschuldigte man bei ihm, er verschleudere sein Vermögen. [2] Darauf ließ er ihn rufen und sagte zu ihm: Was höre ich über dich? Leg Rechenschaft ab über deine Verwaltung! Du kannst nicht länger mein Verwalter sein. [3] Da überlegte der Verwalter: Mein Herr entzieht mir die Verwaltung. Was soll ich jetzt tun? Zu schwerer Arbeit tauge ich nicht, und zu betteln schäme ich mich. [4] Doch – ich weiß, was ich tun muß, damit mich die Leute in ihre Häuser aufnehmen, wenn ich als Verwalter abgesetzt bin. [5] Und er ließ die Schuldner seines Herrn, einen nach dem andern, zu sich kommen und fragte den ersten: Wieviel bist du meinem Herrn schuldig? [6] Er antwortete: Hundert Faß Öl. Da sagte er zu ihm: Nimm deinen Schuldschein, setz dich gleich hin, und schreib »fünfzig«. [7]

Dann fragte er einen andern: Wieviel bist du schuldig? Der antwortete: Hundert Sack Weizen. Da sagte er zu ihm: Nimm deinen Schuldschein, und schreib »achtzig«. [8] Und der Herr lobte die Klugheit des unehrlichen Verwalters und sagte: Die Kinder dieser Welt sind im Umgang mit ihresgleichen klüger als die Kinder des Lichtes. [9] Ich sage euch: Macht euch Freunde mit Hilfe des ungerechten Mammons, damit ihr in die ewigen Wohnungen aufgenommen werdet, wenn es (mit euch) zu Ende geht. [10] Wer in den kleinsten Dingen zuverlässig ist, der ist es auch in den großen, und wer bei den kleinsten Dingen Unrecht tut, der tut es auch bei den großen. [11] Wenn ihr im Umgang mit dem ungerechten Reichtum nicht zuverlässig gewesen seid, wer wird euch dann das wahre Gut anvertrauen? [12] Und wenn ihr im Umgang mit dem fremden Gut nicht zuverlässig gewesen seid, wer wird euch dann euer (wahres) Eigentum geben? [13] Kein Sklave kann zwei Herren dienen; er wird entweder den einen hassen und den andern lieben, oder er wird zu dem einen halten und den andern verachten. Ihr könnt nicht beiden dienen, Gott und dem Mammon.

Wir besinnen uns:

Jesus liebt überspitzte Bilder, um den Ernst seiner Forderung deutlich zu machen. Das Gleichnis vom ungerechten Verwalter ist ein solches Bild. Jesus lobt nicht die Unehrlichkeit des Verwalters, aber er möchte uns dessen Klugheit zu bedenken geben. Der Verwalter, der immer nur an sich dachte, fängt an, zu verschenken, weil er begriffen hat, daß er nur so sein Leben retten kann. Auch wir werden das Leben nur gewinnen, wenn wir es nicht für uns behalten, sondern es verschenken.

Wir beten:

Gott, in deinem Sohn hast du dich uns geschenkt. Hilf uns, im Umgang miteinander großzügig zu sein. Durch Christus, unseren Herrn.

26. Sonntag im Jahreskreis

Der arme Lazarus heute

1. Lesung: Am 6,1a.4–7 | 2. Lesung: 1 Tim 6,11–16 | Evangelium: Lk 16,19–31

In unserer Welt erkennen wir viele Widersprüche, gerade was den Besitz angeht. Es gibt Völker, die hungern und andere, die nicht wissen, wie sie ihren Reichtum verbrauchen sollen. Vor Gott ist eine solche »Ordnung« nicht in Ordnung. Schon der Prophet Amos kündet den Besitzenden das Gericht an: »Weh den Sorglosen auf dem Zion und den Selbstsicheren auf dem Berg von Samaria. Das Fest der Faulenzer ist nun vorbei« (1. Lesung). Jesus erzählt im Gleichnis vom armen Lazarus von der großen Umkehr der Verhältnisse durch Gott. Vor Gott ist alles anders. Da wird der Arme plötzlich reich und der Reiche ist verloren (Evangelium). Die Mahnung an die urchristlichen Amtsträger ist immer aktuell: »Du aber, ein Mann Gottes, strebe unermüdlich nach Gerechtigkeit, Frömmigkeit, Glauben, Liebe, Standhaftigkeit und Sanftmut« (2. Lesung).

Wir hören aus dem Lukasevangelium:

In jener Zeit sprach Jesus: [19] Es war einmal ein reicher Mann, der sich in Purpur und feines Leinen kleidete und Tag für Tag herrlich und in Freuden lebte. [20] Vor der Tür des Reichen aber lag ein armer Mann namens Lazarus, dessen Leib voller Geschwüre war.

[21] Er hätte gern seinen Hunger mit dem gestillt, was vom Tisch des Reichen herunterfiel. Statt dessen kamen die Hunde und leckten an seinen Geschwüren. [22] Als nun der Arme starb, wurde er von den Engeln in Abrahams Schoß getragen. Auch der Reiche starb und wurde begraben. [23] In der Unterwelt, wo er qualvolle Schmerzen litt, blickte er auf und sah von weitem Abraham, und Lazarus in seinem Schoß. [24] Da rief er: Vater Abraham, hab Erbarmen mit mir, und schick Lazarus zu mir; er soll wenigstens die Spitze seines Fingers ins Wasser tauchen und mir die Zunge kühlen, denn ich leide große Qual in diesem Feuer. [25] Abraham erwiderte: Mein Kind, denk daran, daß du schon zu Lebzeiten deinen Anteil am Guten erhalten hast, Lazarus aber nur Schlechtes. Jetzt wird er dafür getröstet, du aber mußt leiden. [26] Außerdem ist zwischen uns und euch ein tiefer, unüberwindlicher Abgrund, so daß niemand von hier zu euch oder von dort zu uns kommen kann, selbst wenn er wollte. [27] Da sagte der Reiche: Dann bitte ich dich, Vater, schick ihn in das Haus meines Vaters! [28] Denn ich habe noch fünf Brüder. Er soll sie warnen, damit nicht auch sie an diesen Ort der Qual kommen. [29] Abraham aber sagte: Sie haben Mose und die Propheten, auf die sollen sie hören. [30] Er erwiderte: Nein, Vater Abraham, nur wenn einer von den Toten zu ihnen kommt, werden sie umkehren. [31] Darauf sagte Abraham: Wenn sie auf Mose und die Propheten nicht hören, werden sie sich auch nicht überzeugen lassen, wenn einer von den Toten aufersteht.

Wir besinnen uns:

Lazarus liegt noch heute vor der Tür der Reichen. Lazarus – das sind ganze Völker, die hungernd nach dem Tisch der Reichen schauen. Glauben wir wirklich, es sei Gottes Wille, daß es Arme und Reiche gibt? Meinen wir wirklich, daß es unser Recht ist, mehr zu haben als andere? Die Welt könnte anders sein, wenn uns allmählich Zweifel kämen, ob die Einteilung in arm und reich dem Willen Gottes entspricht.

Wir beten:

Gott, wir brauchen dich. Wir können uns nicht selbst erlösen. Öffne unsere Herzen, damit wir deinen Heilsplan für uns und alle deine Geschöpfe erkennen. Öffne unsere Hände, damit wir durch unser Verhalten diesem Heilsplan dienen. Durch Christus, unseren Herrn.

27. Sonntag im Jahreskreis

Vertrauen lernen

1. Lesung: Hab 1,2–3; 2,2–4 — 2. Lesung: 2 Tim 1,6–8.13–14 — Evangelium: Lk 17,5–10

Im Leben sind wir oft auf andere Menschen angewiesen und wir setzen ihre Verläßlichkeit voraus. Ohne dieses Vertrauen wäre Leben nicht möglich. Der Glaube an Gott ist das Vertrauen, daß er den Lauf der Geschichte lenkt, trotz aller Gewalt und Bosheit. Gott gibt die Verheißung: »Der Gerechte bleibt wegen seiner Treue am Leben« (1. Lesung). Zu solchem Vertrauen ermutigt die christliche Botschaft: »Gott hat uns nicht einen Geist der Verzagtheit gegeben, sondern den Geist der Kraft, der Liebe und der Besonnenheit« (2. Lesung). Jesus mahnt zum Vertrauen, denn wer auf Gott baut, kann die Welt verändern (Evangelium).

Wir hören aus dem Lukasevangelium:

In jener Zeit [5] baten die Apostel den Herrn: Stärke unseren Glauben! [6] Der Herr erwiderte: Wenn euer Glaube auch nur so groß wäre wie ein Senfkorn, würdet ihr zu dem Maulbeerbaum hier sagen: Heb dich samt deinen Wurzeln aus dem Boden, und verpflanz dich ins Meer!, und er würde euch gehorchen. [7] Wenn einer von euch einen Sklaven hat, der pflügt oder das Vieh hütet, wird er etwa zu ihm, wenn er vom Feld kommt, sagen: Nimm gleich Platz zum Essen? [8] Wird er nicht vielmehr zu ihm sagen: Mach mir etwas zu essen, gürte dich, und bediene mich; wenn ich gegessen und getrunken habe, kannst auch du essen und trinken. [9] Bedankt er sich etwa bei dem Sklaven, weil er getan hat, was ihm befohlen wurde? [10] So soll es auch bei euch sein: Wenn ihr alles getan habt, was euch befohlen wurde, sollt ihr sagen: Wir sind unnütze Sklaven; wir haben nur unsere Schuldigkeit getan.

Wir besinnen uns:

Jesus leitet uns an, Vertrauen zu fassen und glauben zu lernen. Er weist auf Erfahrungen der Menschen seiner Zeit hin: Im Senfkorn steckt große Kraft. Auch wir haben die Erfahrung, daß selbst Kleines und Schwaches Kraft entfaltet: Gräser brechen durch den Asphalt, in Felsenritzen blühen Blumen. Solche Kraft steckt auch in unserem kleinen und schwachen Glauben.

Wir beten:

Gott, im Vertrauen auf dich hat Jesus die Welt verändert. Laß uns wachsen im Glauben und im Vertrauen auf deine Hilfe. Durch ihn, Christus, unseren Herrn, der mit dir lebt und herrscht in Ewigkeit.

28. Sonntag im Jahreskreis

Dankbarkeit

1. Lesung: 2 Kön 5,14–17 | 2. Lesung: 2 Tim 2,8–13 | Evangelium: Lk 17,11–19

Kinder werden zu Dankbarkeit angeleitet, weil sie so erfahren, in welchen Beziehungen wir Menschen zueinander stehen. Auch zur Beziehung mit Gott gehört das Bewußtsein, welche Gaben er uns gibt und mit welcher Haltung wir antworten sollten. Das Alte Testament gibt uns ein Beispiel der Dankbarkeit: Der Syrer Naaman, der durch Gottes Handeln vom Aussatz rein wird, verspricht voll Dank, daß er nun keinen anderen Gott mehr anbeten wird, außer Jahwe allein (1. Lesung). Auch bei der Heilung der zehn Aussätzigen durch Jesus sollte eigentlich Dankbarkeit – und nicht Gedankenlosigkeit – das Selbstverständliche sein (Evangelium). Doch trotz all unserer Undankbarkeit und Treulosigkeit ist uns doch die Gewißheit geschenkt: »Wenn wir untreu sind, bleibt er doch treu, denn er kann sich selbst nicht verleugnen« (2. Lesung).

Wir hören aus dem Lukasevangelium:

Auf dem Weg nach Jerusalem zog Jesus durch das Grenzgebiet von Samarien und Galiläa. [12] Als er in ein Dorf hineingehen wollte, kamen ihm zehn Aussätzige entgegen. Sie blieben in der Ferne stehen [13] und riefen: Jesus, Meister, hab Erbarmen mit uns! [14] Als er sie sah, sagte er zu ihnen: Geht, zeigt euch den Priestern! Und während sie zu den Priestern gingen, wurden sie rein. [15] Einer von ihnen aber kehrte um, als er sah,

daß er geheilt war; und er lobte Gott mit
lauter Stimme. [16] Er warf sich vor den Füßen
Jesu zu Boden und dankte ihm. Dieser Mann
war aus Samarien. [17] Da sagte Jesus: Es sind
doch alle zehn rein geworden. Wo sind die
übrigen neun? [18] Ist denn keiner umgekehrt,
um Gott zu ehren, außer diesem Fremden? [19]
Und er sagte zu ihm: Steh auf und geh! Dein
Glaube hat dir geholfen.

Wir besinnen uns:

Wir nehmen vieles als selbstverständlich hin, was eigentlich Geschenk ist. Wir nehmen es als selbstverständlich hin, daß wir leben, daß wir zu essen haben und daß Menschen uns lieben. Der Glaube beginnt dort, wo wir aus dieser Gedankenlosigkeit heraustreten und erkennen, daß alles Geschenk ist: Jedes Wort, jeder Blick, jedes Lächeln und jede Freundlichkeit. Denn wer danken kann und nichts mehr als selbstverständlich hinnimmt, öffnet die Augen für den guten Gott, der uns alles schenkt. Dankbarkeit ist ein Anfang des Glaubens.

Wir beten:

Gott, guter Vater, wir danken dir für alles, was du uns täglich gibst. Hilf uns, denkende und dankbare Menschen zu sein. Durch Christus, unseren Herrn.

29. Sonntag im Jahreskreis

Die Macht des Gebetes

1. Lesung: Ex 17,8–13 | 2. Lesung: 2 Tim 3,14–4,2 | Evangelium: Lk 18,1–8

Die Bibel spricht vielfach von der »Macht des Gebetes«. Mose entscheidet durch sein Beten mit ausgespannten Armen den Kampf Israels gegen die Amalekiter (1. Lesung). Das Gleichnis von der Witwe und vom Richter weist uns darauf hin, daß beharrliches Gebet seine Wirkung hat (Evangelium). Das Wort an Timotheus gilt besonders hinsichtlich des Gebetes: »Jede von Gott eingegebene Schrift ist auch nützlich zur Belehrung« (2. Lesung), denn die Schrift bietet vielfältige Zeugnisse rechten Betens und wird so zu einer Schule des Betens.

Wir hören aus dem Lukasevangelium:

In jener Zeit [1] sagte Jesus den Jüngern
durch ein Gleichnis, daß sie allezeit beten
und darin nicht nachlassen sollten: [2] In einer
Stadt lebte ein Richter, der Gott nicht fürchte-
te und auf keinen Menschen Rücksicht nahm.
[3] In der gleichen Stadt lebte auch eine Witwe,
die immer wieder zu ihm kam und sagte:
Verschaff mir Recht gegen meinen Feind! [4]
Lange wollte er nichts davon wissen. Dann
aber sagte er sich: Ich fürchte zwar Gott nicht
und nehme auch auf keinen Menschen Rück-
sicht; [5] trotzdem will ich dieser Witwe zu
ihrem Recht verhelfen, denn sie läßt mich
nicht in Ruhe. Sonst kommt sie am Ende
noch und schlägt mich ins Gesicht. [6] Und der
Herr fügte hinzu: Bedenkt, was der unge-
rechte Richter sagt. [7] Sollte Gott seinen Aus-
erwählten, die Tag und Nacht zu ihm schrei-
en, nicht zu ihrem Recht verhelfen, sondern
zögern? [8] Ich sage euch: Er wird ihnen unver-
züglich ihr Recht verschaffen. Wird jedoch
der Menschensohn, wenn er kommt, auf der
Erde noch Glauben vorfinden?

Wir besinnen uns:

An vielen Tagen begegnen wir dem Leiden und der Not – in uns selbst oder bei den Mitmenschen. Oft wissen wir keine Hilfe. Das Gebet ist kein Ausweg, der schnelle Lösungen bringt. Im Gebet bringen wir unsere Sorgen und die der Menschen um uns vor Gott, wir sehen die Leiden im Licht der Heilsgeschichte und im Licht des Todes und der Auferstehung Jesu. Wir lernen neu, daß das, was Gott uns schenkt, niemals ins Verderben führt. Im Gebet vertrauen wir uns seiner Macht und seiner Liebe an.

Wir beten:

Gott, du weißt, was wir nötig haben. Hilf uns, betende Menschen zu sein, die auf dich ihre Hoffnung setzen und aus diesem Vertrauen ihr Leben gestalten. Durch Christus, unseren Herrn.

30. Sonntag im Jahreskreis

Demütiges Gebet

1. Lesung: Sir 35,15b–17.20–22a 2. Lesung: 2 Tim 4,6–8.16–18 Evangelium: Lk 18,9–14

Menschen, die blind sind für die eigenen Schwächen, aber selbstgefällig ihre Vorzüge zur Schau stellen, werden wenig Freunde finden. Kaum jemand wird bereit sein, ihnen zu helfen, weil sie auf sich selber bauen. Auch vor Gott ist es so. Die jüdische Weisheit spricht davon, daß Gott besonders jene erhört, welche sich auf ihn verlassen: »Das Flehen der Armen dringt durch die Wolken« (1. Lesung). Auch Jesus spricht im Gleichnis vom Pharisäer und vom Zöllner davon, daß Gott seine Liebe dem zuwendet, der um die eigene Schuld weiß und ihn um sein Erbarmen anruft. Wer selbstgerecht auf die eigene Leistung vertraut, ist unfähig, diese Liebe anzunehmen (Evangelium). Der Apostel bekennt im Rückblick auf sein Leben die Hilfe Gottes: »Der Herr stand mir zur Seite und gab mir Kraft« (2. Lesung).

Wir hören aus dem Lukasevangelium:

In jener Zeit [9] erzählte Jesus einigen, die
von ihrer eigenen Gerechtigkeit überzeugt
waren und die anderen verachteten, dieses
Beispiel: [10] Zwei Männer gingen zum Tempel
hinauf, um zu beten; der eine war ein Pharisäer,
der andere ein Zöllner. [11] Der Pharisäer
stellte sich hin und sprach leise dieses Gebet:
Gott, ich danke dir, daß ich nicht wie die
anderen Menschen bin, die Räuber, Betrüger,
Ehebrecher oder auch wie dieser Zöllner
dort. [12] Ich faste zweimal in der Woche und
gebe dem Tempel den zehnten Teil meines
ganzen Einkommens. [13] Der Zöllner aber
blieb ganz hinten stehen und wagte nicht
einmal, seine Augen zum Himmel zu erheben,
sondern schlug sich an die Brust und
betete: Gott, sei mir Sünder gnädig! [14] Ich
sage euch: Dieser kehrte als Gerechter nach
Hause zurück, der andere nicht. Denn wer
sich selbst erhöht, wird erniedrigt, wer sich
aber selbst erniedrigt, wird erhöht werden.

Wir besinnen uns:

Wir alle sind in Gefahr, eigene Fehler zu übersehen und die Schuld anderer Menschen als schwer zu beurteilen. Das Evangelium vom Pharisäer und vom Zöllner hält uns einen Spiegel vor; es zeigt uns, daß nur jene auf dem rechten Weg sind, die sich selbst erkennen und ihre Fehler eingestehen.

Wir beten:

Gott, du bist reich an Erbarmen. Nimm uns an, schenke uns den Mut zur Selbsterkenntnis und gib uns die Kraft zum Neubeginn. Durch Christus, unseren Herrn.

31. Sonntag im Jahreskreis

Zeit des Heiles

1. Lesung: Weish 11,22 – 12,2 2. Lesung: 2 Thess 1,11 – 2,2 Evangelium: Lk 19,1–10

Wir sind immer wieder versucht, zu unterscheiden zwischen Menschen, die wir unserer Zuneigung würdig erachten und solchen, die dieser Zuneigung unwürdig sind. Ganz anders handelt Gott, von dem das Buch der Weisheit sagt: »Du hast mit allen Erbarmen, weil du alles vermagst, und siehst über die Sünde der Menschen hinweg, damit sie sich bekehren« (1. Lesung). In besonderer Weise erscheint Jesus als Träger der Liebe Gottes, die den Sündern nachgeht. Er besucht, gegen den Einspruch der Pharisäer, den Oberzöllner Zachäus, und Jesu Anwesenheit bringt diesem Haus Heil (Evangelium). Wir sind auf dem Weg in die Vollendung und beten darum, daß Gott uns unserer »Berufung würdig mache und jedes Werk des Glaubens vollende« (2. Lesung).

Wir hören aus dem Lukasevangelium:

In jener Zeit [1] kam Jesus nach Jericho und ging durch die Stadt. [2] Dort wohnte ein Mann namens Zachäus; er war der oberste Zollpächter und war sehr reich. [3] Er wollte gern sehen, wer dieser Jesus sei, doch die Menschenmenge versperrte ihm die Sicht; denn er war klein. [4] Darum lief er voraus und stieg auf einen Maulbeerfeigenbaum, um Jesus zu sehen, der dort vorbeikommen mußte. [5] Als Jesus an die Stelle kam, schaute er hinauf und sagte zu ihm: Zachäus, komm schnell herunter! Denn ich muß heute in deinem Haus zu Gast sein. [6] Da stieg er schnell herunter und nahm Jesus freudig bei sich auf. [7] Als die Leute das sahen, empörten sie sich und sagten: Er ist bei einem Sünder eingekehrt. [8] Zachäus aber wandte sich an den Herrn und sagte: Herr, die Hälfte meines Vermögens will ich den Armen geben, und wenn ich von jemand zu viel gefordert habe, gebe ich ihm das Vierfache zurück. [9] Da sagte Jesus zu ihm: Heute ist diesem Haus das Heil geschenkt worden, weil auch dieser Mann ein Sohn Abrahams ist. [10] Denn der Menschensohn ist gekommen, um zu suchen und zu retten, was verloren ist.

Wir besinnen uns:

Zwar gibt es immer wieder Menschen, die geschenktes Vertrauen mißbrauchen; doch wir machen auch die Erfahrung, daß Menschen vertrauenswürdig sind. Eines der eigensten Merkmale des Wirkens Jesu war, daß Jesus den Menschen eine Chance gegeben hat. Er hat Sünder besucht, und er hat ihnen durch seine Liebe einen neuen Anfang ermöglicht. Kann der Weg des Jüngers anders sein als der des Meisters? Die Geschichte von Zachäus will nicht nur an das Handeln Jesu erinnern, sondern sie sichert uns zu, daß Jesus uns Vertrauen schenkt, und sie ermutigt uns, anderen Vertrauen zu schenken.

Wir beten:

Gott, du bringst uns immer wieder Vertrauen entgegen und schenkst uns dein Heil. Hilf uns, an das Gute, das du in jeden Menschen hineingelegt hast, zu glauben. Durch Christus, unseren Herrn.

32. Sonntag im Jahreskreis

Der Gott des Lebens

1. Lesung: 2 Makk 7,1–2.7a.9–14 | 2. Lesung: 2 Thess 2,16–3,5 | Evangelium: Lk 20,27–38

Umfragen zeigen, daß selbst Christen am Leben nach dem Tode zweifeln: Der Tod ist vielfach aber auch kein Thema mehr. Der Glaube an die Auferstehung war schon immer ein Kennzeichen echten Glaubens. Wie diese Hoffnung das Leben prägt, zeigt das Verhalten der Mutter mit ihren sieben Söhnen, die allen Versuchungen des persischen Königs, vom Glauben der Väter abzufallen, widerstanden. Sie nahmen Folter und Tod auf sich, denn sie wußten: »Gott hat uns die Hoffnung gegeben, daß er uns wieder auferweckt. Darauf warten wir gern, wenn wir von Menschenhand sterben« (1. Lesung). Jesus verteidigt im Streit mit den Sadduzäern die Überzeugung, daß das Leben, das Gott uns gegeben hat, im Tod nicht zerbricht (Evangelium). Grund dieser Hoffnung ist »Gott unser Vater, der uns seine Liebe zugewandt und uns in seiner Gnade ewigen Trost und sichere Hoffnung geschenkt hat« (2. Lesung).

Wir hören aus dem Lukasevangelium:

In jener Zeit [27] kamen einige von den Sadduzäern, die die Auferstehung leugnen, zu Jesus und fragten ihn: [28] Meister, Mose hat uns vorgeschrieben: Wenn ein Mann, der einen Bruder hat, stirbt und eine Frau hinterläßt, ohne Kinder zu haben, dann soll sein Bruder die Frau heiraten und seinem Bruder Nachkommen verschaffen. [29] Nun lebten einmal sieben Brüder. Der erste nahm sich eine Frau, starb aber kinderlos. [30] Da nahm sie der zweite, [31] danach der dritte, und ebenso die anderen bis zum siebten; sie alle hinterließen keine Kinder, als sie starben. [32] Schließlich starb auch die Frau. [33] Wessen Frau wird sie nun bei der Auferstehung sein? Alle sieben haben sie doch zur Frau gehabt. [34] Da sagte Jesus zu ihnen: Nur in dieser Welt heiraten die Menschen. [35] Die aber, die Gott für würdig hält, an jener Welt und an der Auferstehung von den Toten teilzuhaben, werden dann nicht mehr heiraten. [36] Sie können auch nicht mehr sterben, weil sie den Engeln gleich und durch die Auferstehung zu Söhnen Gottes geworden sind. [37] Daß aber die Toten auferstehen, hat schon Mose in der Geschichte vom Dornbusch angedeutet, in der er den Herrn den Gott Abrahams, den Gott Isaaks und den Gott Jakobs nennt. [38] Er ist doch kein Gott von Toten, sondern von Lebenden; denn für ihn sind alle lebendig.

Wir besinnen uns:

Gegen das Leben nach dem Tod werden mancherlei Einwände vorgebracht. Viele sagen: Es ist noch keiner zurückgekommen. Auch die Gegner Jesu möchten den Glauben an das Weiterleben nach dem Tod lächerlich machen. Jesus weist sie darauf hin, daß die Geschichte des Volkes Israel nur verständlich ist, wenn Gott selber lebt und die Menschen über den Tod hinaus Zukunft haben.

Wir beten:

Gott, nur du kannst ewiges Leben schenken. Stärke unseren Glauben an das Weiterleben nach dem Tode – in der Gemeinschaft mit dir und mit allen, die uns vorausgegangen sind. Durch Christus, unseren Herrn.

33. Sonntag im Jahreskreis

Gott schützt die Glaubenden

1. Lesung: Mal 3,19–20b | 2. Lesung: 2 Thess 3,7–12 | Evangelium: Lk 21,5–19

Die Abschnitte der Bibel, die vom Ende der Welt reden, haben ganze Generationen in Angst und Unruhe versetzt. Lesen wir die Texte genauer – auch entsprechend der Absicht der Verfasser – dann merken wir, daß diese Texte zum Vertrauen aufrufen. Zwar kommt es in der Geschichte zur Auseinandersetzung zwischen Gott und den feindlichen Mächten, doch gilt für Glaubende die Zusicherung: »Für euch aber, die ihr meinen Namen fürchtet, wird die Sonne der Gerechtigkeit aufgehen, und ihre Flügel bringen Heilung« (1. Lesung). Auch Jesus verheißt in der Endzeitrede seinen Jüngern den Schutz Gottes; er warnt allerdings vor Leichtgläubigkeit (Evangelium). Niemand kann sich aber in der Erwartung des Endes von der Verantwortung für das eigene Leben und für diese Welt zurückziehen. Es gilt: »In Ruhe der Arbeit nachzugehen und das selbstverdiente Brot zu essen« (2. Lesung).

Wir hören aus dem Lukasevangelium:

In jener Zeit, 5 als einige darüber sprachen, daß der Tempel mit schönen Steinen und Weihegeschenken geschmückt sei, sagte Jesus: 6 Es wird eine Zeit kommen, da wird von allem, was ihr hier seht, kein Stein auf dem andern bleiben; alles wird niedergerissen werden. 7 Sie fragten ihn: Meister, wann wird das geschehen, und an welchem Zeichen wird man erkennen, daß es beginnt? 8 Er antwortete: Gebt acht, daß man euch nicht irreführt! Denn viele werden unter meinem Namen auftreten und sagen: Ich bin es!, und: Die Zeit ist da. – Lauft ihnen nicht nach! 9 Und wenn ihr von Kriegen und Unruhen hört, laßt euch dadurch nicht erschrecken! Denn das muß als erstes geschehen; aber das Ende kommt noch nicht sofort. 10 Dann sagte er zu ihnen: Ein Volk wird sich gegen das andere erheben und ein Reich gegen das andere. 11 Es wird gewaltige Erdbeben und an vielen Orten Seuchen und Hungersnöte geben; schreckliche Dinge werden geschehen, und am Himmel wird man gewaltige Zeichen sehen. 12 Aber bevor das alles geschieht, wird man euch festnehmen und euch verfolgen. Man wird euch um meines Namens willen den Gerichten der Synagogen übergeben, ins Gefängnis werfen und vor Könige und Statthalter bringen. 13 Dann werdet ihr Zeugnis ablegen können. 14 Nehmt euch fest vor, nicht im voraus für eure Verteidigung zu sorgen; 15 denn ich werde euch die Worte und die Weisheit eingeben, so daß alle eure Gegner nicht dagegen ankommen und nichts dagegen sagen können. 16 Sogar eure Eltern und Geschwister, eure Verwandten und Freunde werden euch ausliefern, und manche von euch wird man töten. 17 Und ihr werdet um meines Namens willen von allen gehaßt werden. 18 Und doch wird euch kein Haar gekrümmt werden. 19 Wenn ihr standhaft bleibt, werdet ihr das Leben gewinnen.

Wir besinnen uns:

Immer wieder machen Prophezeiungen und Visionen über das nahe Ende der Welt die Runde und diese Berichte sind oft mit schrecklichen Beschreibungen des kommenden Gerichtes verbunden. Auch Jesus redet vom Gericht und mahnt zur Treue. Im

Mittelpunkt aber steht die Aussage, daß Gott die Glaubenden schützt. Angst ist keine christliche Tugend; vielmehr dürfen wir darauf vertrauen, daß Gott uns führt und die für unser Leben notwendige Hilfe gibt.

Wir beten:

Gott der Schöpfung und der Geschichte, schenk uns das feste Vertrauen in deinen Schutz. Halte du unser Leben und unsere Welt in deinen Händen. Darum bitten wir durch Christus, unseren Herrn.

»Jesus denk an mich, wenn du in dein Reich kommst« (Lk 23,42). Weltenrichter mit Heiligen. 17. Jh., Durnholz.

34. Sonntag im Jahreskreis – Christkönigssonntag

Die Menschenfreundlichkeit Jesu

1. Lesung: 2 Sam 5,1–3 2. Lesung: Kol 1,12–20 Evangelium: Lk 23,35–43

Die Lesungen der letzten Sonntage im Jahreskreis beschäftigen sich mit dem Verlauf der Weltgeschichte. Der letzte Sonntag im Kirchenjahr macht uns noch einmal deutlich, daß Christus der Herr der Geschichte und der König der Welt ist. In seinem Königtum wird vollendet, was Gott bereits König David aufgetragen hat: »Du sollst der Hirte meines Volkes Israel sein« (1. Lesung). Lukas zeigt in seinem Werk die Güte und Menschenfreundlichkeit Jesu. Auch wenn er selber schon dem Tod nahe ist, nimmt er sich der Ausgestoßenen und Armen an, hier in der Gestalt des Schächers (Evangelium). Paulus mahnt zum Dank: »Dankt dem Vater mit Freude! Er hat uns aufgenommen in das Reich seines geliebten Sohnes« (2. Lesung).

Wir hören aus dem Lukasevangelium:

In jener Zeit [35] verlachten die führenden Männer des Volkes Jesus und sagten: Anderen hat er geholfen, nun soll er sich selbst helfen, wenn er der erwählte Messias Gottes ist. [36] Auch die Soldaten verspotteten ihn; sie traten vor ihn hin, reichten ihm Essig [37] und sagten: Wenn du der König der Juden bist, dann hilf dir selbst! [38] Über ihm war eine Tafel angebracht; auf ihr stand: Das ist der König der Juden. [39] Einer der Verbrecher, die neben ihm hingen, verhöhnte ihn: Bist du denn nicht der Messias? Dann hilf dir selbst und auch uns! [40] Der andere aber wies ihn zurecht und sagte: Nicht einmal du fürchtest Gott? Dich hat doch das gleiche Urteil getroffen. [41] Uns geschieht recht, wir erhalten den Lohn für unsere Taten; dieser aber hat nichts Unrechtes getan. [42] Dann sagte er: Jesus, denk an mich, wenn du in deiner Macht als König kommst. [43] Jesus antwortete ihm: Amen, ich sage dir: Heute noch wirst du mit mir im Paradies sein.

Wir besinnen uns:

Manchmal fassen die letzten Worte eines Menschen ein ganzes Leben zusammen und zeigen den Sinn dieses Lebens. Es sagt uns deshalb viel über den Weg Jesu, daß er am Kreuz einem der Mitgekreuzigten das Leben und die Vollendung verheißt. Wir wissen nun: Sein Tod bringt uns das Leben.

Wir beten:

Allmächtiger Gott, dein Sohn hat als Freund der Menschen gelebt. Auch uns hast du aufgenommen in das Reich deines geliebten Sohnes. Laß uns dankbar sein und dieser Berufung würdig leben. Durch ihn, der mit dir lebt und herrscht in Ewigkeit.

Herrenfeste und Hochfeste der Heiligen im Kirchenjahr

Bei der Vertiefung in das Leben Jesu haben die Gläubigen immer wieder neue Gesichtspunkte entdeckt, die zur Betrachtung einladen. Dies geschieht an den Festen des Herrn im Verlauf des Kirchenjahres. Die Feste der Darstellung, der Verkündigung und der Verklärung des Herrn und das Fest Kreuzerhöhung lenken unseren Blick auf Ereignisse im Leben Jesu, die für unser Heil bedeutungsvoll sind.
In der Gottesmutter Maria ist in einmaliger Weise sichtbar geworden, zu welcher Vollkommenheit die Erlösung einen Menschen erhöhen kann. Die Hochfeste der Heiligen stellen uns Menschen vor Augen, die großmütig Jesus nachgefolgt und dadurch für uns Vorbilder und Fürsprecher geworden sind.
Wenn eines der folgenden Feste des Herrn und der Heiligen auf einen Sonntag fällt, werden am betreffenden Sonntag die Texte vom Herren- bzw. Heiligenfest gelesen. Das Hochfest der ohne Erbsünde empfangenen Jungfrau und Gottesmutter Maria am 8. Dezember verdrängt den jeweiligen Adventssonntag nicht; das Fest des heiligen Josef am 19. März und das Fest der Verkündigung des Herrn am 25. März verdrängen den jeweiligen Fastensonntag nicht.

2. Februar: Darstellung des Herrn

Christus, das Licht der Welt

1. Lesung: Mal 3,1–4 | 2. Lesung: Hebr 2,11–12.13c–18 | Evangelium: Lk 2,22–40

Am Fest der Darstellung des Herrn feiern wir das Kommen Jesu zum auserwählten Volk. Im Tempel – am Ort, an dem Israel immer wieder die Gegenwart und den Schutz Jahwes erfährt – schenkt Gott dem Volk die Begegnung mit dem Erlöser. So erfüllt sich die Verheißung des Alten Testamentes: »Denn plötzlich kommt zu seinem Tempel der Herr, den ihr sucht« (1. Lesung). Jesus tritt seinen Dienst an als der barmherzige und treue Hohepriester vor Gott (2. Lesung). Simeon und Hanna freuen sich über das Heil, das gekommen ist (Evangelium).

»Der Herr kommt zu seinem Tempel« (vgl. Mal 3,1). Darstellung im Tempel. Miniatur, 15. Jh., Neustift.

Wir hören aus dem Lukasevangelium:

Es 22 kam für die Eltern Jesu der Tag der
vom Gesetz des Mose vorgeschriebenen Reinigung. Sie brachten das Kind nach Jerusalem hinauf, um es dem Herrn zu weihen, 23
gemäß dem Gesetz des Herrn, in dem es heißt: Jede männliche Erstgeburt soll dem

Herrn geweiht sein. 24 Auch wollten sie ihr
Opfer darbringen, wie es das Gesetz des
Herrn vorschreibt: ein Paar Turteltauben
oder zwei junge Tauben. 25 In Jerusalem
lebte damals ein Mann namens Simeon. Er
war gerecht und fromm und wartete auf die
Rettung Israels, und der Heilige Geist ruhte
auf ihm. 26 Vom Heiligen Geist war ihm offen-
bart worden, er werde den Tod nicht schau-
en, ehe er den Messias des Herrn gesehen
habe. 27 Jetzt wurde er vom Geist in den
Tempel geführt; und als die Eltern Jesus
hereinbrachten, um zu erfüllen, was nach
dem Gesetz üblich war, 28 nahm Simeon das
Kind in seine Arme und pries Gott mit den
Worten:
29 Nun läßt du, Herr, deinen Knecht, / wie du
gesagt hast, in Frieden scheiden.
30 Denn meine Augen haben das Heil gese-
hen, / 31 das du vor allen Völkern bereitet
hast, /
32 ein Licht, das die Heiden erleuchtet, / und
Herrlichkeit für dein Volk Israel.
33 Sein Vater und seine Mutter staunten über
die Worte, die über Jesus gesagt wurden. 34
Und Simeon segnete sie und sagte zu Maria,
der Mutter Jesu: Dieser ist dazu bestimmt,
daß in Israel viele durch ihn zu Fall kommen
und viele aufgerichtet werden, und er wird
ein Zeichen sein, dem widersprochen wird. 35
Dadurch sollen die Gedanken vieler Men-
schen offenbar werden. Dir selbst aber wird
ein Schwert durch die Seele dringen. 36 Da-
mals lebte auch eine Prophetin namens Han-
na, eine Tochter Pénuëls, aus dem Stamm
Ascher. Sie war schon hochbetagt. Als junges
Mädchen hatte sie geheiratet und sieben
Jahre mit ihrem Mann gelebt; 37 nun war sie
eine Witwe von vierundachtzig Jahren. Sie
hielt sich ständig im Tempel auf und diente
Gott Tag und Nacht mit Fasten und Beten. 38
In diesem Augenblick nun trat sie hinzu,
pries Gott und sprach über das Kind zu allen,
die auf die Erlösung Jerusalems warteten. 39
Als seine Eltern alles getan hatten, was das
Gesetz des Herrn vorschreibt, kehrten sie
nach Galiläa in ihre Stadt Nazaret zurück. 40
Das Kind wuchs heran und wurde kräftig;
Gott erfüllte es mit Weisheit, und seine Gna-
de ruhte auf ihm.

Wir besinnen uns:

Am Fest der Darstellung des Herrn, Maria Lichtmeß, werden Kerzen geweiht. Das Licht ist ein Hinweis auf Jesus, das Licht der Heiden, die Freude seines Volkes. Wenn wir uns vom Heiligen Geist führen lassen, wird auch uns die wunderbare Begegnung mit Christus und den Mitmenschen geschenkt.

Wir beten:

Heiliger Gott, dein Sohn bringt Licht in unser Leben und in unsere Welt. Laß uns zum Licht füreinander werden. Durch Christus, unseren Herrn.

19. März: Hl. Josef, Bräutigam der Gottesmutter Maria

Ein Mensch im Heilsplan Gottes

1. Lesung: 2 Sam 7,4–5a.12–14a.16 | 2. Lesung: Röm 4,13.16–18.22 | Evangelium: Mt 1,16.18–21.24a

Das Fest des heiligen Josef offenbart den Heilsplan Gottes: Jesus ist der dem König David verheißene Nachkomme (1. Lesung). Durch Josef ist Jesus mit dem Haus David verbunden. Josefs Glaubensgehorsam entspricht dem des Abraham, des Stammvaters des Volkes, aus welchem Jesus stammt (2. Lesung). An Josef hebt die Heilige Schrift besonders diesen Glaubensgehorsam hervor (Evangelium).

Wir hören aus dem Matthäusevangelium:

Jakob war der Vater von Josef, dem Mann Marias; von ihr wurde Jesus geboren, der der Christus (der Messias) genannt wird. [18] Mit der Geburt Jesu Christi war es so: Maria, seine Mutter, war mit Josef verlobt; noch bevor sie zusammengekommen waren, zeigte sich, daß sie ein Kind erwartete – durch das Wirken des Heiligen Geistes. [19] Josef, ihr Mann, der gerecht war und sie nicht bloßstellen wollte, beschloß, sich in aller Stille von ihr zu trennen. [20] Während er noch darüber nachdachte, erschien ihm ein Engel des Herrn im Traum und sagte: Josef, Sohn Davids, fürchte dich nicht, Maria als deine Frau zu dir zu nehmen; denn das Kind, das sie erwartet, ist vom Heiligen Geist. [21] Sie wird einen Sohn gebären; ihm sollst du den Namen Jesus geben; denn er wird sein Volk von seinen Sünden erlösen. [24a] Als Josef erwachte, tat er, was der Engel des Herrn ihm befohlen hatte.

Josef steht im Dienst des Sohnes Gottes. Hl. Dreifaltigkeit, hl. Josef und Engel. Matthäus Günther, gest. 1788, Neustift.

Wir besinnen uns:

Die Bibel erzählt nur wenig über Josef, den Mann Marias. Doch was sie berichtet, ist etwas vom Größten, das man von einem Menschen sagen kann: Er hat der Verheißung vertraut und den Auftrag Gottes erfüllt. So ist er in den Dienst des Immanuel, des »Gott-mit-uns« getreten. Von Josef können wir lernen, in den Schwierigkeiten des Alltags einen tieferen Sinn zu erkennen. Gott ist uns auch dann nahe, wenn wir ihn nicht spüren, und wenn wir seine Wege nicht verstehen.

Wir beten:

Gott, der heilige Josef hat sich deinem Heilsplan zur Verfügung gestellt. Mach auch uns hellhörig für deinen Ruf und gehorsam gegenüber deinem Willen. Durch Christus, unseren Herrn.

25. März: Verkündigung des Herrn

Im Dienst des Herrn

1. Lesung: Jes 7,10–14 | 2. Lesung: Hebr 10,4–10 | Evangelium: Lk 1,26–38

Am Fest der Verkündigung des Herrn wird uns die Würde Jesu, der Mensch wird, vor Augen gestellt: Er ist der Immanuel, Gott mit uns (1. Lesung). Er ist der Sohn des Allerhöchsten, der über das Haus Jakob in Ewigkeit herrschen wird (Evangelium). Jesus selbst kommt, um den Willen Gottes zu erfüllen (2. Lesung). An der Gestalt der Jungfrau und Mutter Maria wird uns ein Vorbild des Hörens und des Gehorsams Gott gegenüber vorgestellt.

Wir hören aus dem Lukasevangelium:

In jener Zeit [26] wurde der Engel Gabriel von Gott in eine Stadt in Galiläa namens Nazaret [27] zu einer Jungfrau gesandt. Sie war mit einem Mann namens Josef verlobt, der aus dem Haus David stammte. Der Name der Jungfrau war Maria. [28] Der Engel trat bei ihr ein und sagte: Sei gegrüßt, du Begnadete, der Herr ist mit dir. [29] Sie erschrak über die Anrede und überlegte, was dieser Gruß zu bedeuten habe. [30] Da sagte der Engel zu ihr: Fürchte dich nicht, Maria; denn du hast bei Gott Gnade gefunden. [31] Du wirst ein Kind empfangen, einen Sohn wirst du gebären: dem sollst du den Namen Jesus geben. [32] Er wird groß sein und Sohn des Höchsten genannt werden. Gott, der Herr, wird ihm den Thron seines Vaters David geben. [33] Er wird über das Haus Jakob in Ewigkeit herrschen, und seine Herrschaft wird kein Ende haben. [34] Maria sagte zu dem Engel: Wie soll das geschehen, da ich keinen Mann erkenne? [35] Der Engel antwortete ihr: Der Heilige Geist wird über dich kommen, und die Kraft des Höchsten wird dich überschatten. Deshalb wird auch das Kind heilig und Sohn Gottes genannt werden. [36] Auch Elisabet, deine Verwandte, hat noch in ihrem Alter einen Sohn empfangen; obwohl sie als unfruchtbar galt, ist sie jetzt schon im sechsten Monat. [37] Denn für Gott ist nichts unmöglich. [38] Da sagte Maria: Ich bin die Magd des Herrn; mir geschehe, wie du es gesagt hast. Danach verließ sie der Engel.

Der Engel des Herrn brachte Maria die Botschaft. Fresko, um 1160, Hocheppan.

Wir besinnen uns:

In unserem Leben hängt viel davon ab, ob wir zu uns selber, zueinander und zu Gott »ja« sagen. Mit dem »Ja« Mariens beginnt eine neue Geschichte Gottes mit den Menschen. Auch unsere ganz persönliche Geschichte mit Gott beginnt, wenn wir sprechen: »Mir geschehe nach deinem Willen«.

Wir beten:

Gott, dein Sohn ist einer von uns geworden – in allem uns gleich, außer der Sünde. Hilf uns, daß wir ihn aufnehmen und ihm dienen wie Maria. Durch Christus, unseren Herrn.

24. Juni: Hl. Johannes der Täufer

Wegbereiter des Herrn

1. Lesung: Jes 49,1–6	2. Lesung: Apg 13,16.22–26	Evangelium: Lk 1,57–66.80

Johannes der Täufer ist der Vorbote Jesu. Wie der Gottesknecht im Alten Testament, ist auch Johannes von Gott berufen, zum »Licht für die Völker« zu werden (1. Lesung). Er hat nach der urchristlichen Predigt die Aufgabe, auf den Erlöser vorzubereiten (2. Lesung). Die Geburt des Johannes ist von wunderbaren Zeichen begleitet (Evangelium). Durch diese Erzählungen wird seine heilsgeschichtliche Aufgabe hervorgehoben. Seine Bedeutung ist allerdings weit übertroffen durch Jesus Christus selber.

Wir hören aus dem Lukasevangelium:

Für [57] Elisabet kam die Zeit der Niederkunft, und sie brachte einen Sohn zur Welt. [58] Ihre Nachbarn und Verwandten hörten, welch großes Erbarmen der Herr ihr erwiesen hatte, und freuten sich mit ihr. [59] Am achten Tag kamen sie zur Beschneidung des Kindes und wollten ihm den Namen seines Vaters Zacharias geben. [60] Seine Mutter aber widersprach ihnen und sagte: Nein, er soll Johannes heißen. [61] Sie antworteten ihr: Es gibt doch niemand in deiner Verwandtschaft, der so heißt. [62] Da fragten sie seinen Vater durch Zeichen, welchen Namen das Kind haben solle. [63] Er verlangte ein Schreibtäfelchen und schrieb zum Erstaunen aller darauf: Sein Name ist Johannes. [64] Im gleichen Augenblick konnte er Mund und Zunge wieder gebrauchen, und er redete und pries Gott. [65] Und alle, die in jener Gegend wohnten, erschraken, und man sprach von all diesen Dingen im ganzen Bergland von Judäa. [66] Alle, die davon hörten, machten sich Gedanken darüber und sagten: Was wird wohl aus diesem Kind werden? Denn es war deutlich, daß die Hand des Herrn mit ihm war. [80] Das Kind wuchs heran, und sein Geist wurde stark. Und Johannes lebte in der Wüste bis zu dem Tag, an dem er den Auftrag erhielt, in Israel aufzutreten.

Der Engel verkündet Zacharias die Geburt des Täufers. Franz Anton Zeiller, 18. Jh., Toblach.

Lesejahr A

Wir hören aus dem Matthäusevangelium:

In jener Zeit [1] nahm Jesus Petrus, Jakobus und dessen Bruder Johannes beiseite und führte sie auf einen hohen Berg. [2] Und er wurde vor ihren Augen verwandelt; sein Gesicht leuchtete wie die Sonne, und seine Kleider wurden blendend weiß wie das Licht. [3] Da erschienen plötzlich vor ihren Augen Mose und Elija und redeten mit Jesus. [4] Und Petrus sagte zu ihm: Herr, es ist gut, daß wir hier sind. Wenn du willst, werde ich hier drei Hütten bauen, eine für dich, eine für Mose und eine für Elija. [5] Noch während er redete, warf eine leuchtende Wolke ihren Schatten auf sie, und aus der Wolke rief eine Stimme: Das ist mein geliebter Sohn, an dem ich Gefallen gefunden habe; auf ihn sollt ihr hören. [6] Als die Jünger das hörten, bekamen sie große Angst und warfen sich mit dem Gesicht zu Boden. [7] Da trat Jesus zu ihnen, faßte sie an und sagte: Steht auf, habt keine Angst! [8] Und als sie aufblickten, sahen sie nur noch Jesus. [9] Während sie den Berg hinabstiegen, gebot ihnen Jesus: Erzählt niemand von dem, was ihr gesehen habt, bis der Menschensohn von den Toten auferstanden ist.

Wir besinnen uns:

Wer den Herrn erkennen will, muß sich von ihm führen lassen. Wir müssen, zusammen mit den drei Jüngern, auf den Berg steigen. Dort in der Stille, fernab von aller Hast und aller Betriebsamkeit, können wir begreifen, wer der Herr des Lebens ist.

Lesejahr B

Wir hören aus dem Markusevangelium:

In jener Zeit [2] nahm Jesus Petrus, Jakobus und Johannes beiseite und führte sie auf einen hohen Berg, aber nur sie allein. Und er wurde vor ihren Augen verwandelt; [3] seine Kleider wurden strahlend weiß, so weiß, wie sie auf Erden kein Bleicher machen kann. [4] Da erschien vor ihren Augen Elija und mit ihm Mose, und sie redeten mit Jesus. [5] Petrus sagte zu Jesus: Rabbi, es ist gut, daß wir hier sind. Wir wollen drei Hütten bauen, eine für dich, eine für Mose und eine für Elija. [6] Er wußte nämlich nicht, was er sagen sollte; denn sie waren vor Furcht ganz benommen. [7] Da kam eine Wolke und warf ihren Schatten auf sie, und aus der Wolke rief eine Stimme: Das ist mein geliebter Sohn; auf ihn sollt ihr hören. [8] Als sie dann um sich blickten, sahen sie auf einmal niemand mehr bei sich außer Jesus. [9] Während sie den Berg hinabstiegen, verbot er ihnen, irgend jemand zu erzählen, was sie gesehen hatten, bis der Menschensohn von den Toten auferstanden sei. [10] Dieses Wort beschäftigte sie, und sie fragten einander, was das sei: von den Toten auferstehen.

Wir besinnen uns:

Viele Menschen fragen heute nach der richtigen Orientierung: Was gilt eigentlich noch, da sich Meinungen, Wertvorstellungen und Lebensformen so rasch wandeln? Auf welche Autorität kann man sich noch verlassen? Wessen Wort hat noch Bestand? Bei der Verklärung Jesu stellt uns Gott selbst die entscheidende Orientierung unseres Lebens vor Augen: »Dies ist mein geliebter Sohn..., auf ihn sollt ihr hören!«.

Lesejahr C

Wir hören aus dem Lukasevangelium:

In jener Zeit [28b] nahm Jesus Petrus, Johannes und Jakobus beiseite und stieg mit ihnen auf einen Berg, um zu beten. [29] Und während er betete, veränderte sich das Aussehen seines Gesichtes, und sein Gewand wurde leuchtend weiß. [30] Und plötzlich redeten zwei

Männer mit ihm. Es waren Mose und Elija; [31] sie erschienen in strahlendem Licht und sprachen von seinem Ende, das sich in Jerusalem erfüllen sollte. [32] Petrus und seine Begleiter aber waren eingeschlafen, wurden

»Das ist mein geliebter Sohn; auf ihn sollt ihr hören« (Mk 9,7). Die Verklärung Christi. 18. Jh., Brixner Dom.

jedoch wach und sahen Jesus in strahlendem Licht und die zwei Männer, die bei ihm standen. [33] Als die beiden sich von ihm trennen wollten, sagte Petrus zu Jesus: Meister, es ist gut, daß wir hier sind. Wir wollen drei Hütten bauen, eine für dich, eine für Mose und eine für Elija. Er wußte aber nicht, was er sagte. [34] Während er noch redete, kam eine Wolke und warf ihren Schatten auf sie. Sie gerieten in die Wolke hinein und bekamen Angst. [35] Da rief eine Stimme aus der Wolke: Das ist mein auserwählter Sohn, auf ihn sollt ihr hören. [36] Als aber die Stimme erklang, war Jesus wieder allein. Die Jünger schwiegen jedoch über das, was sie gesehen hatten, und erzählten in jenen Tagen niemand davon.

Wir besinnen uns:

Täglich dringen viele Botschaften auf uns ein, Sinnangebote werden gemacht, verschiedene Lehrer stehen uns zur Verfügung. Angesichts dieser zahlreichen Stimmen haben wir uns daran gewöhnt, einige davon zu überhören. Auf Christus wollen wir jedoch hören. Gott selbst bestätigt seinen Sohn als den Lehrer der Menschen, der die Verheißungen erfüllt und den Weg zum Leben eröffnet.

Wir beten:

Gott, dein Sohn ist uns den Weg in deine Herrlichkeit vorausgegangen. Mit ihm hat unsere Zukunft begonnen. Mach uns bereit, auf ihn zu hören und laß uns teilnehmen an seinem österlichen Leben. Durch Christus, unseren Herrn.

15. August: Mariä Aufnahme in den Himmel

Der vollendete Mensch

1. Lesung: Offb 11,19a; 12,1–6a.10ab | 2. Lesung: 1 Kor 15,20–27a | Evangelium: Lk 1,39–56

Wir vernehmen die Botschaft von der Aufnahme Mariens in den Himmel als Menschen unserer Zeit: Wir sind hin- und hergerissen zwischen Hoffnung und Angst. Wir haben Lebensmöglichkeiten wie noch nie zuvor und erleben zugleich Bedrohungen wie noch nie. An diesem Fest wird uns ein Blick in eine neue Welt und in neue Lebensmöglichkeiten geöffnet: Im Bild der vollendeten Mutter Jesu sehen wir die neue Welt Gottes »Dann erschien ein großes Zeichen am Himmel: eine Frau, mit der Sonne bekleidet« (1. Lesung). Diese Frau ist das Bild der Kirche in ihrer ewigen Vollendung. In der Mutter Jesu ist bereits vollendet, was die Kirche sein wird. Maria ist mit Leib und Seele in die Herrlichkeit des Himmels erhoben. Ihre enge Verbundenheit mit Jesus während des irdischen Lebens kommt nun zur Vollendung: Wer am Geschick Jesu teilnimmt, nimmt auch an seiner Herrlichkeit teil. Bei der Auferweckung der Toten gilt: »Erster ist Christus; dann folgen, wenn Christus kommt, alle, die zu ihm gehören« (2. Lesung).

Wir hören aus dem Lukasevangelium:

In jenen 39 Tagen machte sich Maria auf den
Weg und eilte in eine Stadt im Bergland von
Judäa. 40 Sie ging in das Haus des Zacharias
und begrüßte Elisabet. 41 Als Elisabet den
Gruß Marias hörte, hüpfte das Kind in ihrem
Leib. Da wurde Elisabet vom Heiligen Geist
erfüllt 42 und rief mit lauter Stimme: Gesegnet
bist du mehr als alle anderen Frauen, und
gesegnet ist die Frucht deines Leibes. 43 Wer
bin ich, daß die Mutter meines Herrn zu mir
kommt? 44 In dem Augenblick, als ich deinen
Gruß hörte, hüpfte das Kind vor Freude in
meinem Leib. 45 Selig ist die, die geglaubt
hat, daß sich erfüllt, was der Herr ihr sagen
ließ. 46 Da sagte Maria:
Meine Seele preist die Größe des Herrn, / 47
und mein Geist jubelt über Gott, meinen
Retter.
48 Denn auf die Niedrigkeit seiner Magd hat er
geschaut. / Siehe, von nun an preisen mich
selig alle Geschlechter.
49 Denn der Mächtige hat Großes an mir
getan, / und sein Name ist heilig.
50 Er erbarmt sich von Geschlecht zu Geschlecht / über alle, die ihn fürchten.
51 Er vollbringt mit seinem Arm machtvolle
Taten: / Er zerstreut, die im Herzen voll
Hochmut sind;
52 er stürzt die Mächtigen vom Thron / und
erhöht die Niedrigen.
53 Die Hungernden beschenkt er mit seinen
Gaben / und läßt die Reichen leer ausgehen.
54 Er nimmt sich seines Knechtes Israel an /
und denkt an sein Erbarmen,
55 das er unsern Vätern verheißen hat, / Abraham und seinen Nachkommen auf ewig.
56 Und Maria blieb etwa drei Monate bei ihr;
dann kehrte sie nach Hause zurück.

Wir besinnen uns:

Bei verschiedenen Anlässen beglückwünschen wir einander: Zur Hochzeit, zur Geburt eines Kindes, zum Studienabschluß usw. Damit drücken wir aus, daß wir einander nahe sind und daß wir bestimmte Werte hochschätzen. Im Evangelium preist Elisabet die Mutter des Herrn wegen ihres Glaubens selig und die Mutter Jesu preist Gott für sein Heilshandeln.

Wir beten:

Großer Gott, Maria ist das Bild des vollendeten Menschen. An ihr wird dein Plan mit den Menschen offenbar. Hilf uns, wie Maria unseren Weg zu gehen, der hinführt zur Gemeinschaft mit dir und deinem Sohn, der mit dir lebt und herrscht in Ewigkeit.

Maria ist in die Herrlichkeit Gottes aufgenommen. Krönung Mariens. Michael-Pacher-Altar, 15. Jh., Gries/Bozen.

14. September: Kreuzerhöhung

Das Zeichen der Liebe Gottes

1. Lesung: Num 21,4–9 | 2. Lesung: Phil 2,6–11 | Evangelium: Joh 3,13–17

In vielen Wohnungen hängt ein Bild des Gekreuzigten, an vielen Wegen in unserer Heimat stehen Kreuze. Die Bilder und die Kreuze sind Zeichen der Liebe Gottes zu uns. Zum Zeichen des Heiles wird das Kreuz, wenn Menschen gläubig auf den Gekreuzigten blicken. Auf dem Weg durch die Wüste bedrohten giftige Schlangen das Leben des Volkes. Mose ließ eine eherne Schlange an einer Fahnenstange aufhängen; wer gläubig darauf blickte, wurde gesund (1. Lesung). Jesus kann Heil schenken, weil er nach seiner Erniedrigung eingesetzt wurde zum Herrn der Welt (2. Lesung). Der Glaube an den Gekreuzigten und Erhöhten schenkt Leben (Evangelium).

Im Gekreuzigten offenbart sich die Herrlichkeit Gottes. Um 1200, Stiftskirche Innichen.

Wir hören aus dem Johannesevangelium:

In jener Zeit sprach Jesus zu Nikodemus: [13] Niemand ist in den Himmel hinaufgestiegen außer dem, der vom Himmel herabgestiegen ist: der Menschensohn. [14] Und wie Mose die Schlange in der Wüste erhöht hat, so muß der Menschensohn erhöht werden, [15] damit jeder, der an ihn glaubt, in ihm das ewige Leben hat. [16] Denn Gott hat die Welt so sehr geliebt, daß er seinen einzigen Sohn hingab, damit jeder, der an ihn glaubt, nicht zugrunde geht, sondern das ewige Leben hat. [17] Denn Gott hat seinen Sohn nicht in die Welt gesandt, damit er die Welt richtet, sondern damit die Welt durch ihn gerettet wird.

Wir besinnen uns:

Wir erleben es immer wieder als beglückend, wenn wir in der Nähe von Menschen sein dürfen, die uns lieben. Solche Erfahrung erhält und stärkt die Gemeinschaft. Im Kreuz seines Sohnes hat uns Gott ein Zeichen seiner Liebe geschenkt. Der gläubige Blick auf das Kreuz kann für uns immer wieder Erinnerung sein, daß Gott zu uns steht: Gott ist für uns bis zum Äußersten gegangen. Wir wissen, daß er uns retten will. Deshalb können wir ohne Angst leben.

Wir beten:

Gott, das Kreuz deines Sohnes ist das große Zeichen deiner Liebe zu uns Menschen und zur Welt. Präge unser Leben durch das Bekenntnis zu deinem gekreuzigten und erhöhten Sohn, der mit dir lebt und herrscht in Ewigkeit.

1. November: Allerheiligen

Gottes Erwählte

1. Lesung: Offb 7,2–4.9–14 | 2. Lesung: 1 Joh 3,1–3 | Evangelium: Mt 5,1–12a

Mit dem Wort »heilig« verbinden wir oft die Vorstellung einer menschlichen Leistung vor Gott. Nach dem biblischen Verständnis bedeutet »heilig«, daß Menschen zu Gott gehören, weil Gott sie in seine Familie berufen hat und sie nun im Dienst Gottes stehen. In der Offenbarung des Johannes wird uns die große Schar jener Männer und Frauen vor Augen gestellt, die Gott zum Heil berufen hat; die Zahl 144.000 ist ein Bild für diese unendlich große Schar (1. Lesung). Der Grund der Heiligkeit liegt in der Liebe Gottes: »Seht, wie groß die Liebe ist, die der Vater uns geschenkt hat: Wir heißen Kinder Gottes, und wir sind es« (2. Lesung). Für den Eintritt in diese neue Welt Gottes gelten freilich »Einlaßbedingungen« (Evangelium).

Wir hören aus dem Matthäusevangelium:

In jener Zeit, 1 als Jesus die vielen Menschen sah, die ihm folgten, stieg er auf einen Berg. Er setzte sich, und seine Jünger traten zu ihm. 2 Dann begann er zu reden und lehrte sie. 3 Er sagte:
Selig, die arm sind vor Gott; / denn ihnen gehört das Himmelreich.
4 Selig die Trauernden; / denn sie werden getröstet werden.
5 Selig, die keine Gewalt anwenden; / denn sie werden das Land erben.
6 Selig, die hungern und dürsten nach der Gerechtigkeit; / denn sie werden satt werden.
7 Selig die Barmherzigen; / denn sie werden Erbarmen finden.
8 Selig, die ein reines Herz haben; / denn sie werden Gott schauen.
9 Selig, die Frieden stiften; / denn sie werden Söhne Gottes genannt werden.
10 Selig, die um der Gerechtigkeit willen verfolgt werden; / denn ihnen gehört das Himmelreich.
11 Selig seid ihr, wenn ihr um meinetwillen beschimpft und verfolgt und auf alle mögliche Weise verleumdet werdet. 12a Freut euch und jubelt: Euer Lohn im Himmel wird groß sein.

Wir besinnen uns:

Alle Menschen suchen das große Glück. Oft finden sie aber nur ein »kleines Glück«. Heute feiern wir all jene Menschen, die uns im Glauben vorausgegangen sind und die das »große Glück« gefunden haben. Jesus nennt in der Bergpredigt Wege zum Glück. Wer seine Wege geht, findet das »große Glück«: Freude, Frieden und Gemeinschaft mit Gott und den Menschen.

Wir beten:

Heiliger Gott, in der Taufe hast du uns als deine Kinder erwählt. Führe uns zur Gemeinschaft mit allen, die uns im Glauben vorausgegangen sind. Durch Christus, unseren Herrn.

»Geheiligt in Christus Jesus, berufen als Heilige« (1 Kor 1,2). Allerheiligen. Initiale, 16. Jh., Neustift.

2. November: Allerseelen

Christus, unsere Auferstehung

1. Lesung: Ijob 19,1.23–27 | 2. Lesung: Röm 8,14–23 | Evangelium: Joh 6,37–40

Die Botschaft vom ewigen Leben wird vielfach angezweifelt. In der Geschichte der Offenbarung wurde erst allmählich erkannt, daß Gott die Menschen zu einem Leben ohne Ende beruft. Der leidende Ijob bekennt: »Ich weiß, daß mein Erlöser lebt« (1. Lesung). Der Grund dieser festen Hoffnung liegt in der Lebensverheißung Jesu (Evangelium), und darin, daß die Glaubenden Anteil haben am Los Christi: »... wenn wir mit ihm leiden, um mit ihm auch verherrlicht zu werden« (2. Lesung).

Wir hören aus dem Johannesevangelium:

In jener Zeit sprach Jesus zu der Menge: [37] Alles, was der Vater mir gibt, wird zu mir kommen, und wer zu mir kommt, den werde ich nicht abweisen; [38] denn ich bin nicht vom Himmel herabgekommen, um meinen Willen zu tun, sondern den Willen dessen, der mich gesandt hat. [39] Es ist aber der Wille dessen, der micht gesandt hat, daß ich keinen von denen, die er mir gegeben hat, zugrunde gehen lasse, sondern daß ich sie auferwecke am Letzten Tag. [40] Denn es ist der Wille meines Vaters, daß alle, die den Sohn sehen und an ihn glauben, das ewige Leben haben und daß ich sie auferwecke am Letzten Tag.

Wir besinnen uns:

Was ist mit denen, die gestorben sind? Was wird mit uns geschehen, wenn der Tod unserem Leben ein Ende setzt? Jesus verkündet, daß Gottes Macht auch im Tod nicht zu Ende ist: Weil wir aufgehoben sind in Gottes Liebe, deshalb werden wir leben.

Wir beten:

Gott, Christus ist unsere Auferstehung und unser Leben. Stärke unseren Glauben an das ewige Leben und führe unsere Verstorbenen zur Gemeinschaft mit dir. Durch Christus, unseren Herrn.

Wir sind versöhnt durch Christi Blut. Joseph Renzler, 1819, Spitalkirche Niederdorf.

9. November: Weihetag der Lateranbasilika

Die Kirche – Gottes Tempel

1. Lesung: Ez 47,1–2.8–9.12 | 2. Lesung: 1 Kor 3,9c–11.16–17 | Evangelium: Joh 2,13–22

Die Lateranbasilika in Rom führt den Titel: »Mutter und Haupt aller Kirchen des Erdkreises«. Der Tag der Weihe dieser Kirche ist darum ein Fest für die gesamte Kirche. Die Lesungen führen uns zum Verständnis dessen, was Kirche ist: Der Tempel ist ein Ort des Lebens. So sieht Ezechiel, wie aus der Quelle am Tempel lebenspendendes Wasser fließt (1. Lesung). Die Kirche ist nicht nur ein Bau aus Steinen; vielmehr sind die Gläubigen Gottes Tempel, in dem Gottes Geist wohnt (2. Lesung). Die Kirche – der Tempel – ist ein heiliges Haus zur Verehrung Gottes (Evangelium).

Wir hören aus dem Johannesevangelium:

Das Paschafest der Juden war nahe, und
Jesus zog nach Jerusalem hinauf. [14] Im Tem-
pel fand er die Verkäufer von Rindern, Scha-
fen und Tauben und die Geldwechsler, die
dort saßen. [15] Er machte eine Geißel aus
Stricken und trieb sie alle aus dem Tempel
hinaus, dazu die Schafe und Rinder; das Geld
der Wechsler schüttete er aus, und ihre Ti-
sche stieß er um. [16] Zu den Taubenhändlern
sagte er: Schafft das hier weg, macht das
Haus meines Vaters nicht zu einer Markthal-
le! [17] Seine Jünger erinnerten sich an das
Wort der Schrift: Der Eifer für dein Haus
verzehrt mich. [18] Da stellten ihn die Juden zur
Rede: Welches Zeichen läßt du uns sehen als
Beweis, daß du dies tun darfst? [19] Jesus
antwortete ihnen: Reißt diesen Tempel nie-
der, in drei Tagen werde ich ihn wieder
aufrichten. [20] Da sagten die Juden: Sechs-
undvierzig Jahre wurde an diesem Tempel
gebaut, und du willst ihn in drei Tagen wieder
aufrichten? [21] Er aber meinte den Tempel
seines Leibes. [22] Als er von den Toten aufer-
standen war, erinnerten sich seine Jünger,
daß er dies gesagt hatte, und sie glaubten
der Schrift und dem Wort, das Jesus gespro-
chen hatte.

Wir besinnen uns:

Glaube, der nicht aus dem Herzen kommt, ist leer. Denn Gott will nicht nur äußere Zeichen, er will unser Herz. Er verurteilt die Veräußerli-

»Ein Haus voll Glorie schauet ...«. Initiale, 1[illegible]. Jh., Neustift.

chung des Glaubens. Wir können aus dieser Geschichte eine Lehre ziehen: Um Gott zu begegnen, braucht es die Reinigung des Herzens von Schuld und Sünde und die Abwendung von allem, was uns auf dem Weg zu Gott behindert.

Wir beten:

Gott, du hast uns in die Heilsgemeinschaft deiner Kirche gerufen. Gib uns Mut zur Mitarbeit und Freude über unsere Berufung. Durch Christus, unseren Herrn.

8. Dezember: Hochfest der ohne Erbsünde empfangenen Jungfrau und Gottesmutter Maria

Von Gott erwählt

1. Lesung: Gen 3,9–15.20 2. Lesung: Eph 1,3–6.11–12 Evangelium: Lk 1,26–38

Gott erwählt immer wieder Menschen, um seinen Heilsplan durchzuführen. Selbst wenn der Mensch sich Gottes Weisung entzieht, schenkt Gott ihm seine Hilfe. Gott verheißt, daß der Mensch im Kampf gegen das Böse und den Bösen siegen wird. Dem Versucher sagt Gott nämlich: »Feindschaft setze ich zwischen dich und die Frau, zwischen deinen Nachwuchs und ihren Nachwuchs. Er trifft dich am Kopf, und du triffst ihn an der Ferse« (1. Lesung). So führt Gott seinen Plan aus, der schon vor der Erschaffung der Welt beginnt: »In Christus hat er uns erwählt vor der Erschaffung der Welt« (2. Lesung). Immer wieder erwählt Gott Menschen. In der Reihe der großen Erwählten stehen Abraham, der Stammvater des Volkes Israel und Vater des Glaubens, König David und Maria, die alle überragt. Das Evangelium verkündet die Berufung und Begnadung der Gottesmutter.

Wir hören aus dem Lukasevangelium:

In jener Zeit 26 wurde der Engel Gabriel von Gott in eine Stadt in Galiläa namens Nazaret
27 zu einer Jungfrau gesandt. Sie war mit einem Mann namens Josef verlobt, der aus dem Hause Davids stammte. Der Name der Jungfrau war Maria.
28 Der Engel trat bei ihr ein und sagte: Sei gegrüßt, du Begnadete, der Herr ist mit dir!
29 Sie erschrak über diese Anrede und überlegte, was dieser Gruß zu bedeuten habe.
30 Da sagte der Engel zu ihr: Fürchte dich nicht, Maria; denn du hast bei Gott Gnade gefunden.
31 Du wirst ein Kind empfangen, einen Sohn wirst du gebären: dem sollst du den Namen Jesus geben.
32 Er wird groß sein und Sohn des Höchsten genannt werden. Gott, der Herr, wird ihm den Thron seines Vaters David geben.
33 Er wird über das Haus Jakob in Ewigkeit herrschen, und seine Herrschaft wird kein Ende haben.
34 Maria sagte zu dem Engel: Wie soll das geschehen, da ich keinen Mann erkenne?
35 Der Engel antwortete ihr: Der Heilige Geist wird über dich kommen, und die Kraft des Höchsten wird dich überschatten. Deshalb wird auch das Kind heilig und Sohn Gottes genannt werden.
36 Auch Elisabet, deine Verwandte, hat noch im Alter einen Sohn empfangen; obwohl sie als unfruchtbar galt, ist sie jetzt schon im sechsten Monat.
37 Denn für Gott ist nichts unmöglich.
38 Da sagte Maria: Ich bin die Magd des Herrn; mir geschehe, wie du es gesagt hast. Danach verließ sie der Engel.

Wir besinnen uns:

Wer auf seine Lebensgeschichte blickt, entdeckt Gelungenes und weniger Geglücktes. In den Ereignissen und Begegnungen seines Lebens entdeckt der glaubende Mensch Gottes Führung. Das Hochfest der ohne Erbsünde empfangenen Jungfrau und Gottesmutter Maria zeigt uns solche Führung Gottes. Darauf wollen wir uns besonders im Advent besinnen.

Wir beten:

Gütiger Gott, du berufst Menschen in deinen Dienst und befähigst sie, ihren Auftrag zu erfüllen. Schenke uns auf die Fürbitte der Gottesmutter die Gnade, uns deiner Führung anzuvertrauen. Durch Christus, unseren Herrn.

Maria ist von Gott auserwählt.
Immaculata.
Dominikus Moling,
um 1760, Wengen.

Der Auferstandene erschließt den Jüngern den Sinn der Schriften (vgl. Lk 24,27). Jesus und die Jünger auf dem Weg nach Emmaus. Max Gheri, 19. Jh. , Wengen.

Zweiter Teil

Die Geschichte des Heils

Eine Auswahl biblischer Texte in ihrem theologischen Zusammenhang

In der Bibel werden viele Ereignisse erzählt; insgesamt kommen dreitausend handelnde Personen vor; die in den Erzählungen von der Erschaffung der Welt bis zu den Erfahrungen der ersten christlichen Gemeinden gedeutete Geschichte umfaßt die Zeit von 1200 v. Chr. bis ungefähr 130 n. Chr. Diese Geschichte ist bunt und von verwirrender Vielfalt. Den Verfassern der biblischen Texte geht es letztlich darum, aufzuzeigen: Gott selber ist in dieser Geschichte am Werk und geht auf den Menschen zu.
Manche Leserinnen und Leser könnten angesichts der Vielfalt der Erzählungen und Ereignisse den Faden verlieren. Diese Auswahl wichtiger Texte der Heiligen Schrift soll deshalb einen Überblick über die Geschichte Gottes mit den Menschen geben und zugleich die Verbindungslinien zwischen den einzelnen Geschehnissen aufzeigen. Durch die Auswahl soll gezeigt werden, wie das Volk Israel und die frühe Kirche die Probleme bestimmter geschichtlicher Situationen im Glauben bewältigt haben. Der Auswahl liegt dann auch die christliche Überzeugung zugrunde, daß die Geschichte Gottes mit den Menschen den Erlöser Jesus Christus als ihr Ziel hat.
In diese Auswahl sind alle Texte aufgenommen, die an Sonn- und Festtagen als erste und zweite Lesung vorgesehen sind. In der Liturgie werden die einzelnen Texte in den Zusammenhang der anderen Texte gestellt; in diesem Teil der Sonntagsbibel sollen diese Texte, soweit möglich, in ihrem ursprünglichen Zusammenhang innerhalb der einzelnen Schriften des Alten und Neuen Testamentes angeführt werden.
Als Hinführung sei ein Überblick über Eigenart und Entstehung der Heiligen Schrift und ein Hinweis auf das Lesen der Heiligen Schrift in der Glaubensgemeinschaft geboten.

Die Bibel – Familienchronik des Volkes Gottes

Die Heilige Schrift ist eine Art »Familienchronik des Volkes Gottes«. Wie wir in den Familien Erinnerungen weitergeben, Bilder aufbewahren und ein Fotoalbum anlegen, so hat auch die Kirche ein solches »Familienalbum«, eine solche »Familienchronik«: Die Heilige Schrift. Wir können darin blättern und dabei erfahren, wer dieses Volk Gottes ist. Aus der erzählten Geschichte wird sichtbar, wie Gott sein Volk und die Menschheit führt und sie zum Gespräch einlädt. Wir erfahren auch, wie die Menschen auf dieses Angebot Gottes geantwortet haben.

So tritt für gläubige Menschen Gott selber immer deutlicher aus dieser Geschichte hervor und beginnt das einladende und ermutigende Gespräch; diese Geschichte wird Offenbarung: »In dieser Offenbarung redet der unsichtbare Gott aus überströmender Liebe die Menschen an wie Freunde und verkehrt mit ihnen, um sie in seine Gemeinschaft einzuladen und aufzunehmen« (Zweites Vatikanisches Konzil).

Die Entstehung der Heiligen Schrift

Bei dieser Familienchronik der Kirche handelt es sich um eine Sammlung, um eine kleine Bibliothek von Schriften, die zu verschiedenen Zeiten niedergeschrieben wurden: Die Schriften des Alten Testamentes etwa im Zeitraum zwischen 1000 und 50 v. Chr., die Schriften des Neuen Testamentes zwischen 70 und 130 n. Chr. Aber auch die einzelnen Bücher selbst haben oft eine längere Entstehungsgeschichte. Die Ereignisse und Erfahrungen, von denen die Bibel spricht, wurden vielfach nicht sofort aufgeschrieben, sondern zunächst mündlich weitergegeben. Mit der Zeit wurden einzelne Stükke aufgeschrieben und schließlich wurden die Texte gesammelt. Das gilt sowohl für das Alte Testament wie auch für das Neue Testament. Angaben zur Entstehungsgeschichte finden sich jeweils in den Einleitungen zu den einzelnen Schriften und Schriftgruppen.
Die menschlichen Verfasser der Heiligen Schrift stehen im Dienst Gottes: »Zur Abfassung der Heiligen Bücher hat Gott Menschen erwählt, die durch den Gebrauch der eigenen Fähigkeiten und Kräfte dazu dienen sollten, all das und nur das, was er – in ihnen und durch sie wirksam – geschrieben haben wollte, als echte Verfasser schriftlich zu überliefern. Auf Grund apostolischen Glaubens gelten der Kirche die Bücher des Alten wie des Neuen Testamentes in ihrer Ganzheit mit allen ihren Teilen als heilig und kanonisch, weil sie – unter der Einwirkung des Heiligen Geistes geschrieben – Gott zum Urheber haben und als solche der Kirche übergeben sind« (Zweites Vatikanisches Konzil).
Alle christlichen Kirchen erkennen die siebenundzwanzig Schriften des Neuen Testamentes als Heilige Schriften an. Bezüglich des Alten Testamentes erkennt die katholische Kirche sechsundvierzig Schriften als Heilige Schrift an. Das Judentum hat eine engere Auswahl getroffen und erkennt sieben Bücher des Alten Testamentes, die die Katholiken als Heilige Bücher anerkennen, nicht an. Das Judentum bezeichnet die Heilige Schrift oft mit den Namen der drei Teile: Gesetz, Propheten, Schriften. Die evangelischen Christen haben sich, was das Alte Testament betrifft, an die Auswahl des Judentums gehalten. So fehlen in deren Bibelausgaben sieben Schriften des Alten Testamentes, die in katholischen Bibelausgaben vorhanden sind.

Kirchliches Lesen der Bibel

In der Konstitution über die Göttliche Offenbarung legt das Zweite Vatikanische Konzil unter anderem auch die Grundsätze dar, die nach katholischer Auffassung für die Auslegung und das Lesen der Heiligen Schrift gelten.
Die Heilige Schrift ist zu ganz bestimmten geschichtlichen Zeiten entstanden; dementsprechend trägt sie auch die Spuren der Entstehungszeit. In der Geschichtlichkeit der Heiligen Schrift zeigt sich »eine wunderbare Herablassung der ewigen Weisheit, denn Gottes Worte, durch Menschenzunge formuliert, sind menschlicher Rede ähnlich geworden, wie einst des ewigen Vaters Wort durch die Annahme menschlich-schwachen Fleisches den Menschen ähnlich geworden ist«.
Da die Bibel ein historisches Dokument ist, muß für die Auslegung ihre Entstehungsgeschichte berücksichtigt werden. »Will man richtig verstehen, was der heilige Verfasser in seiner Schrift aussagen wollte, so muß man schließlich genau auf die vorgegebenen umweltbedingten Denk-, Sprach- und Erzählformen achten, die zur Zeit des Verfassers herrschten, wie auf die Formen, die damals im menschlichen Alltagsverkehr üblich waren«.
Da in der Kirche der eine Geist Gottes wirkt und hinter aller Bezeugung des Glaubens steht, gilt: »Da die Heilige Schrift in dem Geist gelesen und ausgelegt werden muß, in dem sie geschrieben wurde, erfordert die rechte Ermittlung des Sinnes der heiligen Texte, daß man mit nicht

geringerer Sorgfalt auf den Inhalt und die Einheit der ganzen Schrift achtet, unter Berücksichtigung der lebendigen Überlieferung der Gesamtkirche und der Analogie des Glaubens«. Die Bibel ist ein Buch der Kirche. Dementsprechend ist auch die Auslegung der Heiligen Schrift nicht Sache der einzelnen, sondern Sache der ganzen Gemeinschaft. »Alles, was die Art der Schrifterklärung betrifft, untersteht letztlich dem Urteil der Kirche, deren gottgegebener Auftrag und Dienst es ist, das Wort Gottes zu bewahren und auszulegen«.

Das persönliche Lesen der Heiligen Schrift

Um sich die Botschaft des Wortes Gottes anzueignen, sind folgende Schritte der persönlichen Schriftlesung hilfreich:

1. Betend lesen

   In der Heiligen Schrift spricht Gott selbst zu den Menschen. Deshalb besinnen wir uns am Beginn der Schriftlesung auf die Gegenwart Gottes. Durch das Gebet wird die Schriftlesung zu einem Gespräch mit Gott.

2. Langsam, besinnlich und genau lesen

   Manche Texte der Bibel sind uns so vertraut, daß wir sie nur mehr oberflächlich lesen; andere sind uns weniger bekannt und bereiten Schwierigkeiten. Wir erfassen Texte besser, wenn wir genau darauf achten, welche Personen, Handlungen, Orte, Probleme erwähnt werden. Deswegen ist es gut, sich beim Lesen Zeit zu lassen.

3. Christus in der Schrift suchen

   Beim Lesen der Heiligen Schrift kommt es vor allem darauf an, daß wir Gott und Christus suchen. Wer aufmerksam liest, findet auf allen Seiten eine Botschaft über Gott und auch eine Botschaft über Jesus Christus.

4. Von der Bibel auf unser Leben blicken

   Das Wort Gottes wird Licht für das eigene Leben, wenn wir den Bibeltext als einen Spiegel benutzen, in dem wir unser Leben sehen und Hinweise für unser Leben erhalten.

5. Ein Bibelwort als Begleiter mitnehmen

   Wir könnten uns für den Tag oder für die Woche ein besonderes Bibelwort aussuchen und merken. Dies könnte uns helfen, allmählich die Worte der Heiligen Schrift besser zu verstehen und unser Leben aus dem Glauben zu gestalten.

6. Zum Schluß danken wir Gott für sein Wort und bitten um Hilfe, nach diesem Wort leben zu können.

Das Alte Testament

Das Alte Testament ist die Sammlung von Schriften, in denen das Volk Israel auf vielfältige Weise die Erfahrungen einer langen Geschichte vorlegt und seine Überzeugung bekennt: In dieser Geschichte war und bleibt Gott machtvoll nahe; trotz aller Rückschläge wird er den Traum von einem vollen und befreiten Leben wahr machen. Die christliche Glaubensgemeinschaft sieht diese Hoffnung in Jesus Christus – anfanghaft, aber unwiderruflich – bestätigt.

»Selig, wer über die Weisung Gottes nachsinnt« (Ps 1). Lesender Apostel. Multscher-Altar, 1458, Sterzing.

Das Alte Testament hat eine längere Entstehungsgeschichte. Die Erfahrungen über Gott und die Menschen wurden viele Generationen lang mündlich weitergegeben, etwa im Kreis der Großfamilie, des Stammesverbandes, der Volksgemeinschaft. Es finden sich verschiedenartige Texte, wie Geschichtserzählungen, Legenden, Sagen, Lehrgedichte, Gebete, Liebeslieder, Weisheitssprüche, Heils- und Unheilsankündigungen, Gemeindeordnungen, Gesetze usw. Diese Überlieferungen wurden im Laufe der Zeit gesammelt, geordnet und in Buchform niedergelegt; dann fügte man auch einzelne Schriften zu einem größeren Ganzen zusammen. Es entstanden zunächst kleinere Sammlungen, etwa die Sammlung des Pentateuch (die fünf Bücher Mose), das Zwölfprophetenbuch usw. Schließlich kam es zu einer »Gesamtausgabe« dieser Schriften.

In der Einheitsübersetzung – der offiziellen katholischen Übersetzung für den deutschen Sprachraum – sind die Schriften des Alten Testamentes in vier großen Gruppen zusammengeschlossen: Die fünf Bücher Mose, die Bücher der Geschichte des Volkes Gottes, die Bücher der Lehrweisheit und die Psalmen, die Bücher der Propheten.

In den fünf Büchern Mose bedenkt Israel gläubig den Anfang der Welt und die eigenen Anfänge und bekennt, welches die Grundlage seines Daseins als Gottesvolk ist – seine einzigartige Erwählung und seine Sendung. In den Büchern der Geschichte, die den Zeitraum von der Beheimatung im Land bis zum Untergang Jerusalems (586 v. Chr.) umfassen, werden wichtige Ereignisse der Geschichte Israels erzählt. Allerdings wird die Geschichte immer unter dem Blickpunkt gelesen: Wie weit hat Israel seine Bindung an Gott gelebt. Die Bücher der Lehrweisheit fassen Einsichten für eine gläubige Bewältigung des Lebens zusammen. Die Psalmen sind eine Antwort des Volkes Gottes auf die erfahrene Zuwendung Gottes. In den Büchern der Propheten ist die Botschaft der von Gott beauftragten Sprecher für sein Volk zusammengetragen und weiterbedacht. Die Gliederung in dieser Auswahl entspricht dieser Einteilung der Bücher; die Psalmen sind thematisch eingeordnet.

Die Anfänge

Die Heilige Schrift beginnt mit den sogenannten »Fünf Büchern Mose«: Genesis, Exodus, Levitikus, Numeri und Deuteronomium. Diese Bücher, die um 400 v. Chr. als erste zu einer offiziellen Sammlung von »Heiligen Schriften« zusammengestellt wurden, bezeugen, wie Israel sich auf seine »Anfänge« besonnen hat. »Anfang« ist aber nicht im zeitlichen Sinn zu verstehen, sondern meint das, was das Leben des Gottesvolkes für immer prägt. Manche dieser Lebensbedingungen hat das Gottesvolk mit allen Menschen gemeinsam; davon spricht es in den Geschichten von der Erschaffung, der Bedrohung und Bewahrung der Welt und der Menschheit; andere dieser prägenden Lebensvoraussetzungen sind dem Gottesvolk Israel eigen; davon reden die Geschichten von den Ahnen Israels – Abraham, Isaak und Jakob – und von der Befreiung aus Ägypten. Israel hat sich diese tragenden Anfänge oft und bei verschiedenen Anlässen erzählend vergegenwärtigt, besonders in Zeiten der Not und der Bedrängnis.

Die jüdische Glaubensgemeinschaft – und somit auch Jesus – nannte diese Bücher »Das Gesetz«, weil sie die Weisungen enthalten, die Israel als die von Gott gegebene Lebensorientierung bekennt.

Der Mensch und die Welt – Schöpfung Gottes

Immer wieder gibt es Situationen, in denen wir uns fragen: Was trägt uns in aller Bedrohung? Welche Macht haben das Böse und das Zerstörende? Woher kommen der Mensch und seine Welt? Auf solche Grundfragen menschlichen Lebens antworten die »Ur-Geschichten«, die viele Völker unserer Erde erzählen. Da die »Ur-Geschichten« davon sprechen, wie Gott Leben möglich macht mitten in der Bedrohung, weisen sie eine ähnliche innere Gliederung auf: Schöpfung durch Gott; Bedrohung der von Gott geschaffenen Welt; Gottes rettendes Eingreifen zugunsten des von ihm geschaffenen Menschen und seiner Welt. So erzählte auch Israel von Schöpfung, Sünde und Bedrohung und wollte damit aussprechen, daß menschliches Leben nur möglich ist, weil Gott den Menschen umsorgt. Manche Wiederholungen in Gen 1 – 11 erklären sich daraus, daß hier zwei »Ur-Geschichten«, die zu verschiedenen Zeiten entstanden, miteinander verbunden sind.

Die Welt – Ein Lebenshaus

Als die Babylonier 586 v. Chr. Jerusalem eroberten und einen großen Teil der Bevölkerung nach Babylon verschleppten, brach für viele Israeliten eine »Welt« zusammen. Sie zweifelten an der Zuverlässigkeit des Gottes Israels und seines Wortes. In dieser Not und Bedrängnis bestärkt ein Erzähler gegen Ende oder bald nach der Babylonischen Gefangenschaft (538 v. Chr.) seine Landsleute im Glauben: Die alltägliche Welt ihrer Erfahrung kann Heimat geben, weil sie von Gott begründet und gehalten ist. Die Weisheit Gottes und seine Sorge für die Welt werden auf vielen Seiten der Bibel gepriesen. Auch Jesus verkündet Gott als liebenden Vater der Menschen (Mt 6). Der Mensch, als Abbild Gottes, ist gerufen, Gottes Sorge für die Lebenswelt durch seinen Einsatz für das Lebenshaus sichtbar zu machen.

Die Erschaffung der Welt: Gen 1,1 – 2,4a

1 Im Anfang schuf Gott Himmel und Erde; 2
die Erde aber war wüst und wirr, Finsternis
lag über der Urflut, und Gottes Geist schweb-
te über dem Wasser. 3 Gott sprach: Es werde
Licht. Und es wurde Licht. 4 Gott sah, daß das
Licht gut war. Gott schied das Licht von der
Finsternis, 5 und Gott nannte das Licht Tag,
und die Finsternis nannte er Nacht. Es wurde
Abend, und es wurde Morgen: erster Tag. 6
Dann sprach Gott: Ein Gewölbe entstehe mit-
ten im Wasser und scheide Wasser von Was-
ser. 7 Gott machte also das Gewölbe und
schied das Wasser unterhalb des Gewölbes
vom Wasser oberhalb des Gewölbes. So ge-
schah es, 8 und Gott nannte das Gewölbe
Himmel. Es wurde Abend, und es wurde
Morgen: zweiter Tag. 9 Dann sprach Gott: Das
Wasser unterhalb des Himmels sammle sich
an einem Ort, damit das Trockene sichtbar
werde. So geschah es. 10 Das Trockene nann-
te Gott Land, und das angesammelte Wasser
nannte er Meer. Gott sah, daß es gut war. 11
Dann sprach Gott: Das Land lasse junges
Grün wachsen, alle Arten von Pflanzen, die
Samen tragen, und von Bäumen, die auf der
Erde Früchte bringen mit ihrem Samen dar-
in. So geschah es. 12 Das Land brachte junges
Grün hervor, alle Arten von Pflanzen, die
Samen tragen, alle Arten von Bäumen, die
Früchte bringen mit ihrem Samen darin. Gott
sah, daß es gut war. 13 Es wurde Abend, und
es wurde Morgen: dritter Tag. 14 Dann sprach
Gott: Lichter sollen am Himmelsgewölbe
sein, um Tag und Nacht zu scheiden. Sie
sollen Zeichen sein und zur Bestimmung von
Festzeiten, von Tagen und Jahren dienen; 15
sie sollen Lichter am Himmelsgewölbe sein,
die über die Erde hin leuchten. So geschah
es. 16 Gott machte die beiden großen Lichter,
das größere, das über den Tag herrscht, das
kleinere, das über die Nacht herrscht, auch
die Sterne. 17 Gott setzte die Lichter an das
Himmelsgewölbe, damit sie über die Erde
hin leuchten, 18 über Tag und Nacht herr-
schen und das Licht von der Finsternis schei-
den. Gott sah, daß es gut war. 19 Es wurde
Abend, und es wurde Morgen: vierter Tag. 20
Dann sprach Gott: Das Wasser wimmle von
lebendigen Wesen, und Vögel sollen über
dem Land am Himmelsgewölbe dahinflie-
gen. 21 Gott schuf alle Arten von großen
Seetieren und anderen Lebewesen, von de-
nen das Wasser wimmelt, und alle Arten von
gefiederten Vögeln. Gott sah, daß es gut war.
22 Gott segnete sie und sprach: Seid frucht-
bar, und vermehrt euch, und bevölkert das
Wasser im Meer, und die Vögel sollen sich auf
dem Land vermehren. 23 Es wurde Abend,
und es wurde Morgen: fünfter Tag. 24 Dann
sprach Gott: Das Land bringe alle Arten von
lebendigen Wesen hervor, von Vieh, von
Kriechtieren und von Tieren des Feldes. So
geschah es. 25 Gott machte alle Arten von
Tieren des Feldes, alle Arten von Vieh und
alle Arten von Kriechtieren auf dem Erdbo-
den. Gott sah, daß es gut war. 26 Dann sprach
Gott: Laßt uns Menschen machen als unser
Abbild, uns ähnlich. Sie sollen herrschen
über die Fische des Meeres, über die Vögel
des Himmels, über das Vieh, über die ganze
Erde und über alle Kriechtiere auf dem Land.
27 Gott schuf also den Menschen als sein
Abbild; als Abbild Gottes schuf er ihn. Als
Mann und Frau schuf er sie. 28 Gott segnete
sie, und Gott sprach zu ihnen: Seid fruchtbar,
und vermehrt euch, bevölkert die Erde, un-
terwerft sie euch, und herrscht über die Fi-
sche des Meeres, über die Vögel des Him-
mels und über alle Tiere, die sich auf dem
Land regen. 29 Dann sprach Gott: Hiermit
übergebe ich euch alle Pflanzen auf der gan-
zen Erde, die Samen tragen, und alle Bäume
mit samenhaltigen Früchten. Euch sollen sie
zur Nahrung dienen. 30 Allen Tieren des Fel-
des, allen Vögeln des Himmels und allem,
was sich auf der Erde regt, was Lebensatem
in sich hat, gebe ich alle grünen Pflanzen zur
Nahrung. So geschah es. 31 Gott sah alles an,
was er gemacht hatte: Es war sehr gut. Es
wurde Abend, und es wurde Morgen: der
sechste Tag.
1 So wurden Himmel und Erde vollendet und
ihr ganzes Gefüge. 2 Am siebten Tag vollen-
dete Gott das Werk, das er geschaffen hatte,

und er ruhte am siebten Tag, nachdem er
sein ganzes Werk vollbracht hatte. [3] Und Gott
segnete den siebten Tag und erklärte ihn für
heilig; denn an ihm ruhte Gott, nachdem er
das ganze Werk der Schöpfung vollendet
hatte. [4a] Das ist die Entstehungsgeschichte
von Himmel und Erde, als sie erschaffen
wurden.

»Gott sah, daß es gut war« (Gen 1,18). Erschaffung von Sonne und Mond. Schöpfungszyklus, 15. Jh., St. Prokulus / Naturns.

Der Mensch in seiner Welt

Die Größe des Menschen besteht darin, daß er sich von Gott angenommen und geliebt wissen darf. Sein Auftrag ist es, sich wie ein Gärtner für den Garten der Welt einzusetzen. Seiner letzten Bestimmung nach ein »Gemeinschaftswesen«, lebt er als Mann und Frau, so daß eine Vielzahl von Menschen entsteht und den von Gott gesegneten Weg durch die Zeit gehen kann. Freilich unterliegt er der Faszination der Macht und beansprucht, selber darüber zu verfügen, was gut, dem Menschen und seiner Welt förderlich, und was böse, dem Menschen und seiner Welt schädlich ist. Als Folgen eines solchen Verhaltens zeichnen die Verfasser die dunklen Seiten des menschlichen Daseins. Wenn die Beziehung zu Gott gestört ist, werden sämtliche Beziehungen, in denen der Mensch steht, in Frage gestellt. Erst wo man gewillt ist, diese beiden Seiten als typisch für den Menschen ernst zu nehmen, weiß man – nach der Auffassung des Erzählers – wie es um den Menschen steht. Alle weiteren biblischen Erzählungen zeigen den Weg, den Gott die Menschen führt, bis das vertraute Verhältnis wieder hergestellt ist.

Diese zweite Erzählung von der Erschaffung des Menschen, die sog. »Paradieserzählung«, dürfte zum größten Teil im zehnten Jahrhundert v. Chr. entstanden sein. Sie hält der Zeit, die von der unbeschränkten Herrschaft der ersten Könige weiß, einen Spiegel vor.

Der beschenkte Mensch: Gen 2,4b–25

4b Zur Zeit, als Gott, der Herr, Erde und
Himmel machte, 5 gab es auf der Erde noch
keine Feldsträucher und wuchsen noch keine
Feldpflanzen; denn Gott, der Herr, hatte es
auf die Erde noch nicht regnen lassen, und es
gab noch keinen Menschen, der den Acker-
boden bestellte; 6 aber Feuchtigkeit stieg aus
der Erde auf und tränkte die ganze Fläche
des Ackerbodens. 7 Da formte Gott, der Herr,
den Menschen aus Erde vom Ackerboden
und blies in seine Nase den Lebensatem. So
wurde der Mensch zu einem lebendigen We-
sen. 8 Dann legte Gott, der Herr, in Eden, im
Osten, einen Garten an und setzte dorthin
den Menschen, den er geformt hatte. 9 Gott,
der Herr, ließ aus dem Ackerboden allerlei
Bäume wachsen, verlockend anzusehen und
mit köstlichen Früchten, in der Mitte des
Gartens aber den Baum des Lebens und den
Baum der Erkenntnis von Gut und Böse. 10
Ein Strom entspringt in Eden, der den Garten
bewässert; dort teilt er sich und wird zu vier
Hauptflüssen. 11 Der eine heißt Pischon; er ist
es, der das ganze Land Hawila umfließt, wo
es Gold gibt. 12 Das Gold jenes Landes ist gut;
dort gibt es auch Bdelliumharz und Karneol-
steine. 13 Der zweite Strom heißt Gihon; er ist
es, der das ganze Land Kusch umfließt. 14 Der
dritte Strom heißt Tigris; er ist es, der östlich
an Assur vorbeifließt. Der vierte Strom ist der
Eufrat. 15 Gott, der Herr, nahm also den
Menschen und setzte ihn in den Garten von
Eden, damit er ihn bebaue und hüte. 16 Dann
gebot Gott, der Herr, dem Menschen: Von
allen Bäumen des Gartens darfst du essen, 17
doch vom Baum der Erkenntnis von Gut und
Böse darfst du nicht essen; denn sobald du
davon ißt, wirst du sterben. 18 Dann sprach
Gott, der Herr: Es ist nicht gut, daß der
Mensch allein bleibt. Ich will ihm eine Hilfe
machen, die ihm entspricht. 19 Gott, der Herr,
formte aus dem Ackerboden alle Tiere des
Feldes und alle Vögel des Himmels und führ-
te sie dem Menschen zu, um zu sehen, wie er
sie benennen würde. Und wie der Mensch
jedes lebendige Wesen benannte, so sollte
es heißen. 20 Der Mensch gab Namen allem
Vieh, den Vögeln des Himmels und allen
Tieren des Feldes. Aber eine Hilfe, die dem
Menschen entsprach, fand er nicht. 21 Da ließ
Gott, der Herr, einen tiefen Schlaf auf den
Menschen fallen, so daß er einschlief, nahm
eine seiner Rippen und verschloß ihre Stelle
mit Fleisch. 22 Gott, der Herr, baute aus der
Rippe, die er vom Menschen genommen
hatte, eine Frau und führte sie dem Men-
schen zu. 23 Und der Mensch sprach: Das
endlich ist Bein von meinem Bein / und
Fleisch von meinem Fleisch. / Frau soll sie
heißen; / denn vom Mann ist sie genommen.
24 Darum verläßt der Mann Vater und Mutter

Die Schöpfung ist dem Menschen anvertraut. Paradiesgarten. Luis Stefan Stecher, 1968.

und bindet sich an seine Frau, und sie werden ein Fleisch. 25 Beide, Adam und seine Frau, waren nackt, aber sie schämten sich nicht voreinander.

Der entfremdete Mensch: Gen 3,1–24

1 Die Schlange war schlauer als alle Tiere des Feldes, die Gott, der Herr, gemacht hatte. Sie sagte zu der Frau: Hat Gott wirklich gesagt: Ihr dürft von keinem Baum des Gartens essen? 2 Die Frau entgegnete der Schlange: Von den Früchten der Bäume im Garten dürfen wir essen; 3 nur von den Früchten des Baumes, der in der Mitte des Gartens steht, hat Gott gesagt: Davon dürft ihr nicht essen, und daran dürft ihr nicht rühren, sonst werdet ihr sterben. 4 Darauf sagte die Schlange zur Frau: Nein, ihr werdet nicht sterben. 5 Gott weiß vielmehr: Sobald ihr davon eßt, gehen euch die Augen auf; ihr werdet wie Gott und erkennt Gut und Böse. 6 Da sah die Frau, daß es köstlich wäre, von dem Baum zu essen, daß der Baum eine Augenweide war und dazu verlockte, klug zu werden. Sie nahm von seinen Früchten und aß; sie gab auch ihrem Mann, der bei ihr war, und auch er aß. 7 Da gingen beiden die Augen auf, und sie erkannten, daß sie nackt waren. Sie hefteten Feigenblätter zusammen und machten sich einen Schurz. 8 Als sie Gott, den Herrn, im Garten gegen den Tagwind einherschreiten hörten, versteckten sich Adam und seine Frau vor Gott, dem Herrn, unter den Bäumen des Gartens. 9 Gott, der Herr, rief Adam zu und sprach: Wo bist du? 10 Er antwortete: Ich habe dich im Garten kommen hören; da geriet ich in Furcht, weil ich nackt bin, und versteckte mich. 11 Darauf fragte er: Wer hat dir gesagt, daß du nackt bist? Hast du von dem Baum gegessen, von dem zu essen ich dir verboten habe? 12 Adam antwortete: Die Frau, die du mir beigesellt hast, sie hat mir von dem Baum gegeben, und so habe ich gegessen. 13 Gott, der Herr, sprach zu der Frau: Was hast du da getan? Die Frau antwortete: Die Schlange hat mich verführt, und so habe ich gegessen. 14 Da sprach Gott, der Herr, zur Schlange: Weil du das getan hast, bist du verflucht / unter allem Vieh und allen Tieren des Feldes. / Auf dem Bauch sollst du kriechen / und Staub fressen alle Tage deines Lebens.

15 Feindschaft setze ich zwischen dich und die Frau, / zwischen deinen Nachwuchs und ihren Nachwuchs. / Er trifft dich am Kopf, / und du triffst ihn an der Ferse.

16 Zur Frau sprach er: Viel Mühsal bereite ich dir, sooft du schwanger wirst. / Unter Schmerzen gebierst du Kinder. / Du hast Verlangen nach deinem Mann; / er aber wird über dich herrschen.

17 Zu Adam sprach er: Weil du auf deine Frau gehört und von dem Baum gegessen hast, von dem zu essen ich dir verboten hatte: So ist verflucht der Ackerboden deinetwegen. / Unter Mühsal wirst du von ihm essen / alle Tage deines Lebens.

18 Dornen und Disteln läßt er dir wachsen, / und die Pflanzen des Feldes mußt du essen.

19 Im Schweiße deines Angesichts / sollst du dein Brot essen, / bis du zurückkehrst zum Ackerboden; / von ihm bist du ja genommen. / Denn Staub bist du, zum Staub mußt du zurück.

20 Adam nannte seine Frau Eva (Leben), denn sie wurde die Mutter aller Lebendigen. 21 Gott, der Herr, machte Adam und seiner Frau Röcke aus Fellen und bekleidete sie damit. 22 Dann sprach Gott, der Herr: Seht, der Mensch ist geworden wie wir; er erkennt Gut und Böse. Daß er jetzt nicht die Hand ausstreckt, auch vom Baum des Lebens nimmt, davon ißt und ewig lebt! 23 Gott, der Herr, schickte ihn aus dem Garten von Eden weg, damit er den Ackerboden bestellte, von dem er genommen war. 24 Er vertrieb den Menschen und stellte östlich des Gartens von Eden die Kerubim auf und das lodernde Flammenschwert, damit sie den Weg zum Baum des Lebens bewachten.

Der Mensch – Verstrickt in die Sünde. Stoffapplikation, May Hofer, 1965.

Aus dem Paradies vertrieben, verfällt der Mensch der Gewalt. Simon von Taisten, um 1500, Stephansdorf.

Eine Welt der Gewalt: Gen 4,1–16

1 Adam erkannte Eva, seine Frau; sie wurde
schwanger und gebar Kain. Da sagte sie: Ich
habe einen Mann vom Herrn erworben. 2 Sie
gebar ein zweites Mal, nämlich Abel, seinen
Bruder. Abel wurde Schafhirt und Kain Acker-
bauer. 3 Nach einiger Zeit brachte Kain dem
Herrn ein Opfer von den Früchten des Feldes
dar; 4 auch Abel brachte eines dar von den
Erstlingen seiner Herde und von ihrem Fett.
Der Herr schaute auf Abel und sein Opfer, 5
aber auf Kain und sein Opfer schaute er
nicht. Da überlief es Kain ganz heiß, und sein
Blick senkte sich. 6 Der Herr sprach zu Kain:
Warum überläuft es dich heiß, und warum
senkt sich dein Blick? 7 Nicht wahr, wenn du
recht tust, darfst du aufblicken; wenn du
nicht recht tust, lauert an der Tür die Sünde
als Dämon. Auf dich hat er es abgesehen, /
doch du werde Herr über ihn! 8 Hierauf sagte
Kain zu seinem Bruder Abel: Gehen wir aufs
Feld! Als sie auf dem Feld waren, griff Kain
seinen Bruder Abel an und erschlug ihn. 9 Da
sprach der Herr zu Kain: Wo ist dein Bruder
Abel? Er entgegnete: Ich weiß es nicht. Bin
ich der Hüter meines Bruders? 10 Der Herr
sprach: Was hast du getan? Das Blut deines
Bruders schreit zu mir vom Ackerboden. 11 So
bist du verflucht, verbannt vom Ackerboden,
der seinen Mund aufgesperrt hat, um aus
deiner Hand das Blut deines Bruders aufzu-
nehmen. 12 Wenn du den Ackerboden be-
stellst, wird er dir keinen Ertrag mehr brin-
gen. Rastlos und ruhelos wirst du auf der
Erde sein. 13 Kain antwortete dem Herrn: Zu
groß ist meine Schuld, als daß ich sie tragen
könnte. 14 Du hast mich heute vom Ackerland
verjagt, und ich muß mich vor deinem Ange-
sicht verbergen; rastlos und ruhelos werde
ich auf der Erde sein, und wer mich findet,
wird mich erschlagen. 15 Der Herr aber sprach
zu ihm: Darum soll jeder, der Kain erschlägt,
siebenfacher Rache verfallen. Darauf machte
der Herr dem Kain ein Zeichen, damit ihn
keiner erschlage, der ihn finde. 16 Dann ging
Kain vom Herrn weg und ließ sich im Land
Nod nieder, östlich von Eden.

Gottes Sorge um das Überleben der Menschen

Die Menschen der Bibel erfahren, daß ihr Leben und der Bestand ihrer Welt bedroht sind. Sie teilen diese Erfahrungen mit der übrigen Menschheit. Auch viele nicht-biblische Urgeschichten erzählen von einer großen Flut, die die Menschheit völlig auszurotten droht.

Zwei ineinandergeschobene Erzählungen von der Sinftflut sprechen bildhaft aus: Welt und Mensch müßten eigentlich zugrunde gehen, weil der Mensch Gottes Gaben und seine Herrschaft in Frage stellt; Gottes Plan mit der Welt als Lebenshaus und mit dem Menschen als Hüter dieses Hauses ist bedroht durch »Gewalttat«.

Die Gestalt des bewahrten »Noach« sagt uns daher ein Zweifaches: Das Überleben des Menschen ist gesichert, weil Gott mit dem Menschen Erbarmen hat. Der Mensch ist grundsätzlich ein »Bewahrter«: Gottes Plan vom Lebenshaus kann aber inmitten drohender Gewalt nur Wirkichkeit werden, wenn Gott allein über die Lebensgabe verfügen kann und er sich verpflichtet, das immer neu drohende Chaos – wie einen Feind mit dem Bogen – fernzuhalten. In der Gefährdung weiß sich der glaubende Mensch an der Hand Gottes geborgen.

Gottes Enttäuschung über den Menschen:
Gen 6,5–12

5 Der Herr sah, daß auf der Erde die Schlech-
tigkeit des Menschen zunahm und daß alles
Sinnen und Trachten seines Herzens immer
nur böse war. 6 Da reute es den Herrn, auf der
Erde den Menschen gemacht zu haben, und
es tat seinem Herzen weh. 7 Der Herr sagte:
Ich will den Menschen, den ich erschaffen
habe, vom Erdboden vertilgen, mit ihm auch
das Vieh, die Kriechtiere und die Vögel des
Himmels, denn es reut mich, sie gemacht zu
haben. 8 Nur Noach fand Gnade in den Augen
des Herrn. 9 Das ist die Geschlechterfolge
nach Noach: Noach war ein gerechter, unta-
deliger Mann unter seinen Zeitgenossen; er
ging seinen Weg mit Gott. 10 Noach zeugte
drei Söhne, Sem, Ham und Jafet. 11 Die Erde
aber war in Gottes Augen verdorben, sie war
voller Gewalttat. 12 Gott sah sich die Erde an:
Sie war verdorben; denn alle Wesen aus
Fleisch auf der Erde lebten verdorben.

Gottes Sorge für den gerechten Noach:
Gen 6,13 – 7,6

13 Da sprach Gott zu Noach: Ich sehe, das
Ende aller Wesen aus Fleisch ist da; denn
durch sie ist die Erde voller Gewalttat. Nun
will ich sie zugleich mit der Erde verderben. 14
Mach dir eine Arche aus Zypressenholz! Stat-
te sie mit Kammern aus, und dichte sie innen
und außen mit Pech ab! 15 So sollst du die
Arche bauen: Dreihundert Ellen lang, fünfzig
Ellen breit und dreißig Ellen hoch soll sie
sein. 16 Mach der Arche ein Dach, und hebe es
genau um eine Elle nach oben an! Den Ein-
gang der Arche bring an der Seite an! Richte
ein unteres, ein zweites und ein drittes Stock-
werk ein! 17 Ich will nämlich die Flut über die
Erde bringen, um alle Wesen aus Fleisch
unter dem Himmel, alles, was Lebensgeist in
sich hat, zu verderben. Alles auf Erden soll
verenden. 18 Mit dir aber schließe ich meinen
Bund. Geh in die Arche, du, deine Söhne,
deine Frau und die Frauen deiner Söhne! 19
Von allem, was lebt, von allen Wesen aus
Fleisch, führe je zwei in die Arche, damit sie
mit dir am Leben bleiben; je ein Männchen
und ein Weibchen sollen es sein. 20 Von allen
Arten der Vögel, von allen Arten des Viehs,
von allen Arten der Kriechtiere auf dem Erd-
boden sollen je zwei zu dir kommen, damit
sie am Leben bleiben. 21 Nimm dir von allem
Eßbaren mit, und leg dir einen Vorrat an! Dir
und ihnen soll es zur Nahrung dienen. 22
Noach tat alles genau so, wie ihm Gott aufge-
tragen hatte.
1 Darauf sprach der Herr zu Noach: Geh in die
Arche, du und dein ganzes Haus, denn ich
habe gesehen, daß du unter deinen Zeitge-
nossen vor mir gerecht bist. 2 Von allen
reinen Tieren nimm dir je sieben Paare mit,

und von allen unreinen Tieren je ein Paar, 3
auch von den Vögeln des Himmels je sieben
Männchen und Weibchen, um Nachwuchs
auf der ganzen Erde am Leben zu erhalten. 4
Denn noch sieben Tage dauert es, dann lasse
ich es vierzig Tage und vierzig Nächte lang
auf die Erde regnen und tilge vom Erdboden
alle Wesen, die ich gemacht habe. 5 Noach tat
alles, was ihm der Herr aufgetragen hatte. 6
Noach war sechshundert Jahre alt, als die
Flut über die Erde kam.

Vernichtung und Rettung:
Gen 7,7–17.22–24

7 Noach ging also mit seinen Söhnen, seiner
Frau und den Frauen seiner Söhne in die
Arche, bevor das Wasser der Flut kam. 8 Von
den reinen und unreinen Tieren, von den
Vögeln und allem, was sich auf dem Erdbo-
den regt, 9 kamen immer zwei zu Noach in die
Arche, Männchen und Weibchen, wie Gott
dem Noach aufgetragen hatte. 10 Als die sie-
ben Tage vorbei waren, kam das Wasser der
Flut über die Erde, 11 im sechshundertsten
Lebensjahr Noachs, am siebzehnten Tag des
zweiten Monats. An diesem Tag brachen alle
Quellen der gewaltigen Urflut auf, und die
Schleusen des Himmels öffneten sich. 12 Der
Regen ergoß sich vierzig Tage und vierzig
Nächte lang auf die Erde. 13 Genau an jenem
Tag waren Noach, die Söhne Noachs, Sem,
Ham und Jafet, Noachs Frau und mit ihnen
die drei Frauen seiner Söhne in die Arche
gegangen, 14 sie und alle Arten der Tiere, alle
Arten des Viehs und alle Arten der Kriechtie-
re, die sich auf der Erde regen, und alle Arten
der Vögel, des fliegenden Getiers. 15 Sie wa-
ren zu Noach in die Arche gekommen, immer
zwei von allen Wesen aus Fleisch, in denen
Lebensgeist ist. 16 Von allen Tieren waren
Männchen und Weibchen gekommen, wie
Gott ihm aufgetragen hatte. Dann schloß der
Herr hinter ihm zu. 17 Die Flut auf der Erde
dauerte vierzig Tage. Das Wasser stieg und
hob die Arche immer höher über die Erde. 22
Alles, was auf der Erde durch die Nase Le-
bensgeist atmete, kam um. 23 Gott vertilgte
also alle Wesen auf dem Erdboden, Men-
schen, Vieh, Kriechtiere und die Vögel des
Himmels; sie alle wurden vom Erdboden
vertilgt. Übrig blieb nur Noach und was mit
ihm in der Arche war. 24 Das Wasser aber
schwoll hundertfünfzig Tage lang auf der
Erde an.

Zeichen neuen Lebens: Gen 8,1–19

1 Da dachte Gott an Noach und an alle Tiere
und an alles Vieh, das bei ihm in der Arche
war. Gott ließ einen Wind über die Erde
wehen, und das Wasser sank. 2 Die Quellen
der Urflut und die Schleusen des Himmels
schlossen sich; der Regen vom Himmel ließ
nach, 3 und das Wasser verlief sich allmählich
von der Erde. So nahm das Wasser nach
hundertfünfzig Tagen ab. 4 Am siebzehnten
Tag des siebten Monats setzte die Arche im
Gebirge Ararat auf. 5 Das Wasser nahm im-
mer mehr ab, bis zum zehnten Monat. Am
ersten Tag des zehnten Monats wurden die
Berggipfel sichtbar. 6 Nach vierzig Tagen
öffnete Noach das Fenster der Arche, das er
gemacht hatte, 7 und ließ einen Raben hin-
aus. Der flog aus und ein, bis das Wasser auf
der Erde vertrocknet war. 8 Dann ließ er eine
Taube hinaus, um zu sehen, ob das Wasser
auf der Erde abgenommen habe. 9 Die Taube
fand keinen Halt für ihre Füße und kehrte zu
ihm in die Arche zurück, weil über der ganzen
Erde noch Wasser stand. Er streckte seine
Hand aus und nahm die Taube wieder zu sich
in die Arche. 10 Dann wartete er noch weitere
sieben Tage und ließ wieder die Taube aus
der Arche. 11 Gegen Abend kam die Taube zu
ihm zurück, und siehe da: In ihrem Schnabel
hatte sie einen frischen Olivenzweig. Jetzt
wußte Noach, daß nur noch wenig Wasser auf
der Erde stand. 12 Er wartete weitere sieben
Tage und ließ die Taube noch einmal hinaus.
Nun kehrte sie nicht mehr zu ihm zurück. 13
Im sechshundertersten Jahr Noachs, am er-
sten Tag des ersten Monats, hatte sich das
Wasser verlaufen. Da entfernte Noach das
Verdeck der Arche, blickte hinaus, und siehe:
Die Erdoberfläche war trocken. 14 Am sieben-
undzwanzigsten Tag des zweiten Monats
war die Erde trocken. 15 Da sprach Gott zu
Noach: 16 Komm heraus aus der Arche, du,
deine Frau, deine Söhne und die Frauen

Gott verläßt den Menschen nicht. Fresko, Heiner Gschwendt, 1973, Friedhof Weißenbach.

deiner Söhne! 17 Bring mit dir alle Tiere her-
aus, alle Wesen aus Fleisch, die Vögel, das
Vieh und alle Kriechtiere, die sich auf der
Erde regen. Auf der Erde soll es von ihnen
wimmeln; sie sollen fruchtbar sein und sich
auf der Erde vermehren. 18 Da kam Noach
heraus, er, seine Söhne, seine Frau und die
Frauen seiner Söhne. 19 Auch alle Tiere ka-
men, nach Gattungen geordnet, aus der Ar-
che, die Kriechtiere, die Vögel, alles, was sich
auf der Erde regt.

Zusicherung von Barmherzigkeit:
Gen 8,20–22

20 Dann baute Noach dem Herrn einen Altar,
nahm von allen reinen Tieren und von allen
reinen Vögeln und brachte auf dem Altar
Brandopfer dar. 21 Der Herr roch den beruhi-
genden Duft, und der Herr sprach bei sich:
Ich will die Erde wegen des Menschen nicht
noch einmal verfluchen; denn das Trachten
des Menschen ist böse von Jugend an. Ich
will künftig nicht mehr alles Lebendige ver-
nichten, wie ich es getan habe. 22 So lange die
Erde besteht, sollen nicht aufhören Aussaat
und Ernte, Kälte und Hitze, Sommer und
Winter, Tag und Nacht.

Segen und Bundeszusage für Noach:
Gen 9,1–17

1 Dann segnete Gott Noach und seine Söhne
und sprach zu ihnen: Seid fruchtbar, ver-
mehrt euch, und bevölkert die Erde! 2 Furcht
und Schrecken vor euch soll sich auf alle
Tiere der Erde legen, auf alle Vögel des
Himmels, auf alles, was sich auf der Erde
regt, und auf alle Fische des Meeres; euch
sind sie übergeben. 3 Alles Lebendige, das
sich regt, soll euch zur Nahrung dienen. Alles
übergebe ich euch wie die grünen Pflanzen. 4
Nur Fleisch, in dem noch Blut ist, dürft ihr
nicht essen. 5 Wenn aber euer Blut vergossen
wird, fordere ich Rechenschaft, und zwar für
das Blut eines jeden von euch. Von jedem
Tier fordere ich Rechenschaft und vom Men-
schen. Für das Leben des Menschen fordere
ich Rechenschaft von jedem seiner Brüder. 6
Wer Menschenblut vergießt, dessen Blut wird

Der Regenbogen ist das Zeichen der Versöhnung. Wahlspruch des Bischofs Thomas Spaur, um 1581, Schloß Velthurns, Feldthurns.

durch Menschen vergossen. Denn: Als Abbild
Gottes hat er den Menschen gemacht. 7 Seid
fruchtbar, und vermehrt euch; bevölkert die
Erde, und vermehrt euch auf ihr! 8 Dann
sprach Gott zu Noach und seinen Söhnen,
die bei ihm waren: 9 Hiermit schließe ich
meinen Bund mit euch und mit euren Nach-
kommen 10 und mit allen Lebewesen bei
euch, mit den Vögeln, dem Vieh und allen
Tieren des Feldes, mit allen Tieren der Erde,
die mit euch aus der Arche gekommen sind.
11 Ich habe meinen Bund mit euch geschlos-
sen: Nie wieder sollen alle Wesen aus Fleisch
vom Wasser der Flut ausgerottet werden; nie
wieder soll eine Flut kommen und die Erde
verderben. 12 Und Gott sprach: Das ist das
Zeichen des Bundes, den ich stifte zwischen
mir und euch und den lebendigen Wesen bei
euch für alle kommenden Generationen: 13
Meinen Bogen setze ich in die Wolken; er soll
das Bundeszeichen sein zwischen mir und
der Erde. 14 Balle ich Wolken über der Erde
zusammen und erscheint der Bogen in den
Wolken, 15 dann gedenke ich des Bundes, der
besteht zwischen mir und euch und allen
Lebewesen, allen Wesen aus Fleisch, und das
Wasser wird nie wieder zur Flut werden, die
alle Wesen aus Fleisch vernichtet. 16 Steht der
Bogen in den Wolken, so werde ich auf ihn
sehen und des ewigen Bundes gedenken
zwischen Gott und allen lebenden Wesen,
allen Wesen aus Fleisch auf der Erde. 17 Und
Gott sprach zu Noach: Das ist das Zeichen
des Bundes, den ich zwischen mir und allen
Wesen aus Fleisch auf der Erde geschlossen
habe.

Ende der gemeinsamen Sprache

Die Erzählung vom Turmbau will Urerfahrungen der Menschheit bewußt machen: Das Streben nach »Größe« ist dem Menschen eigen; die kulturellen Großwerke zeugen davon. Dieses Streben nach »Größe« ist sei eh und je gefährlich, denn der Mensch will die ihm gesetzten Grenzen überschreiten. Die Folgen zeigen sich darin, daß die Menschen dann einander nicht mehr verstehen können. Diese Zerstreuung der Menschen wird durch das Kommen des Heiligen Geistes am ersten Pfingstfest (Apg 2) überwunden.

Der Turmbau zu Babel: Gen 11,1–9

1 Alle Menschen hatten die gleiche Sprache
und gebrauchten die gleichen Worte. 2 Als sie
von Osten aufbrachen, fanden sie eine Ebe-
ne im Land Schinar und siedelten sich dort
an. 3 Sie sagten zueinander: Auf, formen wir
Lehmziegel, und brennen wir sie zu Backstei-
nen. So dienten ihnen gebrannte Ziegel als
Steine und Erdpech als Mörtel. 4 Dann sagten

sie: Auf, bauen wir uns eine Stadt und einen
Turm mit einer Spitze bis zum Himmel, und
machen wir uns damit einen Namen, dann
werden wir uns nicht über die ganze Erde
zerstreuen. 5 Da stieg der Herr herab, um sich
Stadt und Turm anzusehen, die die Men-
schenkinder bauten. 6 Er sprach: Seht nur,
ein Volk sind sie, und eine Sprache haben sie
alle. Und das ist erst der Anfang ihres Tuns.
Jetzt wird ihnen nichts mehr unerreichbar
sein, was sie sich auch vornehmen. 7 Auf,
steigen wir hinab, und verwirren wir dort ihre
Sprache, so daß keiner mehr die Sprache des
anderen versteht. 8 Der Herr zerstreute sie
von dort aus über die ganze Erde, und sie
hörten auf, an der Stadt zu bauen. 9 Darum
nannte man die Stadt Babel (Wirrsal), denn
dort hat der Herr die Sprache aller Welt
verwirrt, und von dort aus hat er die Men-
schen über die ganze Erde zerstreut.

Lob des Schöpfers

Israel hat über die Grundbedingungen seines Lebens nicht nur nachgedacht; wo Israel auf die letzten Gegebenheiten seines Lebens aufmerksam wurde, wußte es, daß es seinem Gott gegenüberstand. So forderte gerade die Begegnung mit den letzten Voraussetzungen des menschlichen Lebens Israel zum Lobpreis heraus. Eines der schönsten Zeugnisse dieser anbetenden Begegnung mit dem Geheimnis der Welt ist der Psalm 104. Der Betende erlebt, wie Gott in lebengebenden und lebenerhaltenden Vorgängen dieser Welt seine persönliche Sorge für den Menschen und alles Lebendige offenbar macht.

Gottes Sorge für die Welt: Ps 104

1 Lobe den Herrn, meine Seele! / Herr, mein
Gott, wie groß bist du! / Du bist mit Hoheit
und Pracht bekleidet.
2 Du hüllst dich in Licht wie in ein Kleid, / du
spannst den Himmel aus wie ein Zelt.
3 Du verankerst die Balken deiner Wohnung
im Wasser. / Du nimmst dir die Wolken zum
Wagen, / du fährst einher auf den Flügeln des
Sturmes.
4 Du machst dir die Winde zu Boten / und
lodernde Feuer zu deinen Dienern.
5 Du hast die Erde auf Pfeiler gegründet; / in
alle Ewigkeit wird sie nicht wanken.
6 Einst hat die Urflut sie bedeckt wie ein Kleid,
/ die Wasser standen über den Bergen.
7 Sie wichen vor deinem Drohen zurück, / sie
flohen vor der Stimme deines Donners.
8 Da erhoben sich Berge und senkten sich
Täler / an den Ort, den du für sie bestimmt
hast.
9 Du hast den Wassern eine Grenze gesetzt, /
die dürfen sie nicht überschreiten; / nie wie-
der sollen sie die Erde bedecken.
10 Du läßt die Quellen hervorsprudeln in den
Tälern, / sie eilen zwischen den Bergen
dahin.
11 Allen Tieren des Feldes spenden sie Trank, /
die Wildesel stillen ihren Durst daraus.
12 An den Ufern wohnen die Vögel des Him-
mels, / aus den Zweigen erklingt ihr Gesang.
13 Du tränkst die Berge aus deinen Kammern,
/ aus deinen Wolken wird die Erde satt.
14 Du läßt Gras wachsen für das Vieh, / auch
Pflanzen für den Menschen, die er anbaut,
damit er Brot gewinnt von der Erde /
15 und Wein, der das Herz des Menschen
erfreut,
damit sein Gesicht von Öl erglänzt / und Brot
das Menschenherz stärkt.
16 Die Bäume des Herrn trinken sich satt, / die
Zedern des Libanon, die er gepflanzt hat.
17 In ihnen bauen die Vögel ihr Nest, / auf den
Zypressen nistet der Storch.
18 Die hohen Berge gehören dem Steinbock, /
dem Klippdachs bieten die Felsen Zuflucht.
19 Du hast den Mond gemacht als Maß für die

Zeiten, / die Sonne weiß, wann sie untergeht.
20 Du sendest Finsternis, und es wird Nacht, /
dann regen sich alle Tiere des Waldes.
21 Die jungen Löwen brüllen nach Beute, / sie
verlangen von Gott ihre Nahrung.
22 Strahlt die Sonne dann auf, so schleichen
sie heim / und lagern sich in ihren Verstecken.
23 Nun geht der Mensch hinaus an sein Tagwerk, / an seine Arbeit bis zum Abend.

Alt und jung lobet den Herrn. Handschrift, 15. Jh., Brixen.

24 Herr, wie zahlreich sind deine Werke! / Mit
Weisheit hast du sie alle gemacht, / die Erde
ist voll von deinen Geschöpfen.
25 Da ist das Meer, so groß und weit, / darin ein
Gewimmel ohne Zahl: kleine und große Tiere.
26 Dort ziehen die Schiffe dahin, / auch der
Leviatan, den du geformt hast, um mit ihm
zu spielen.
27 Sie alle warten auf dich, / daß du ihnen
Speise gibst zur rechten Zeit.
28 Gibst du ihnen, dann sammeln sie ein; /
öffnest du deine Hand, werden sie satt an
Gutem.
29 Verbirgst du dein Gesicht, sind sie verstört;
/ nimmst du ihnen den Atem, so schwinden
sie hin / und kehren zurück zum Staub der
Erde.
30 Sendest du deinen Geist aus, so werden sie
alle erschaffen, / und du erneuerst das Antlitz
der Erde.
31 Ewig währe die Herrlichkeit des Herrn; / der
Herr freue sich seiner Werke.
32 Er blickt auf die Erde, und sie erbebt; / er
rührt die Berge an, und sie rauchen.
33 Ich will dem Herrn singen, solange ich lebe,
/ will meinem Gott spielen, solange ich da
bin.
34 Möge ihm mein Dichten gefallen. / Ich will
mich freuen am Herrn.
35 Doch die Sünder sollen von der Erde verschwinden, / und es sollen keine Frevler
mehr dasein. /
Lobe den Herrn, meine Seele! /
Halleluja!

Die Stammväter des Volkes Israel – Träger des Segens

Über seine »Anfänge«, d. h. über das, was das Leben prägt, erzählt Israel auch in den sogenannten »Väter-« bzw. »Patriarchenerzählungen«. Abraham, Isaak und Jakob waren ursprünglich wohl Stammesführer von umherziehenden Verbänden von Wanderhirten; jeder der Patriarchen hatte für eine ganz bestimmte Gruppe Bedeutung: Abraham für Sippen, die sich um Hebron niederließen, Isaak für Menschen, die um Beerscheba seßhaft wurden und Jakob für Gruppen, die um Sichem in Mittelpalästina sich aufhielten. Nachdem diese verschiedenen Gruppen zur Stämmegemeinschaft »Israel« zusammengewachsen und später im Großreich unter David und Salomo auch politisch geeint waren, wurden auch die Stammvätergestalten als Vater, Sohn und Enkel zu einer Ahnenreihe verbunden.

Die Erzählungen sind nach den Stammvätern gegliedert: Die Abrahams-Erzählungen (Gen 12–25); die Isaak-Erzählung, eine Art Doppelung der Abrahams-Erzählungen (Gen 26); die Jakob-Esau-Geschichten (Gen 25–36) und schließlich die Erzählungen über Josef und seine Brüder (Gen 37–50).

Verheißung und Segen Gottes für Abraham

Die zunehmende Bedeutung Abrahams hatte zur Folge, daß sich Israel grundlegende Fragen seines Lebens am Modell dieser Gestalt beantwortete: Steht Gott zu uns? Können wir in aller Fragwürdigkeit der Geschehnisse mit ihm rechnen? Welches ist das Fundament aller Glaubensgeschichte? Da Israel solche und ähnliche Fragen in Erzählungen von Abraham beantwortete, wurde er das Modell, der »Vater des Glaubens« (vgl. Röm 4).

Im Laufe seines Weges durch die Geschichte hat Israel gelernt: Nicht das eigene Planen steht am Anfang dieses Weges, sondern Jahwes Befehl zum Aufbruch und seine Verheißung von Lebensfülle und Segen. Abraham wird zum Modell des gesegneten Menschen; an diesem Segen nimmt das Volk teil, wenn der Israelit – z.B. in Jerusalem, dem von Jahwe geheiligten Ort – den Zehnten darbringt. Darauf möchte wohl die kurze Erzählung von der Begegnung Abrahams mit dem Priesterkönig Melchisedek hinweisen.

Abraham – Der Gerufene: Gen 12,1–9

1 Der Herr sprach zu Abram: Zieh weg aus
deinem Land, von deiner Verwandtschaft
und aus deinem Vaterhaus in das Land, das
ich dir zeigen werde. 2 Ich werde dich zu
einem großen Volk machen, dich segnen
und deinen Namen groß machen. Ein Segen
sollst du sein. 3 Ich will segnen, die dich
segnen; wer dich verwünscht, den will ich
verfluchen. Durch dich sollen alle Geschlech-
ter der Erde Segen erlangen. 4 Da zog Abram
weg, wie der Herr ihm gesagt hatte, und mit
ihm ging auch Lot. Abram war fünfundsieb-
zig Jahre alt, als er aus Haran fortzog. 5
Abram nahm seine Frau Sarai mit, seinen
Neffen Lot und alle ihre Habe, die sie erwor-
ben hatten, und die Knechte und Mägde, die
sie in Haran gewonnen hatten. Sie wanderten
nach Kanaan aus und kamen dort an. 6 Ab-
ram zog durch das Land bis zur Stätte von
Sichem, bis zur Orakeleiche. Die Kanaaniter
waren damals im Land. 7 Der Herr erschien
Abram und sprach: Deinen Nachkommen
gebe ich dieses Land. Dort baute er dem
Herrn, der ihm erschienen war, einen Altar. 8
Von da brach er auf zum Bergland östlich von
Bet-El und schlug sein Zelt so auf, daß er Bet-
El im Westen und Ai im Osten hatte. Dort
baute er dem Herrn einen Altar und rief den
Namen des Herrn an. 9 Dann zog Abram
immer weiter, dem Negeb zu.

Abraham – Der Gesegnete: Gen 14,18–20

18 Melchisedek, der König von Salem, brachte Brot und Wein heraus. Er war Priester des Höchsten Gottes. 19 Er segnete Abram und sagte: Gesegnet sei Abram vom Höchsten Gott, dem Schöpfer des Himmels und der Erde, 20 und gepriesen sei der Höchste Gott, der deine Feinde an dich ausgeliefert hat. Darauf gab ihm Abram den Zehnten von allem.

Melchisedek segnet Abraham. Kachelofen, um 1581, Schloß Velthurns, Feldthurns.

Abraham – Vater des Glaubens

Die katastrophale Vernichtung des Nordreiches durch die Assyrer (721 v. Chr.) und des Südreiches Juda mit Jerusalem durch die Babylonier (586 v. Chr.) hatten den Bestand des Volkes gefährdet. In dieser Situation versichert sich Israel seines letzten Grundes: Nur wenn Israel vorbehaltlos offen bleibt für Jahwe, kann es am Leben bleiben. Erzählend spricht Israel diese Hoffnung aus, indem es sagt: »Gott verheißt dem Abraham Zukunft und Land«. Mit den Worten »Gott verheißt« bekundet Israel eine Glaubenshaltung, durch die es Gott seine Zukunft anvertraut. Gen 15,7–21 schildert einen sehr eindringlichen Schwur Gottes; das Bild will sagen: Gott droht sich selber Unheil an, sollte er sein Versprechen nicht halten.

Diese Zukunft ist jedoch immer wieder von innen und von außen gefährdet. Erzählerisch wird die Gefährdung der Zukunft Israels im Bild der Kinderlosigkeit Saras dargestellt. Die Geburt des Isaak ist das große Zeichen der Treue Gottes zum Menschen. Der Bogen der Verheißung spannt sich für den Glauben des Gottesvolkes weit über die Geburt des Isaak hinaus: Die christliche Gemeinde erkennt das Zeichen der Treue Gottes in Jesus, dem Sohne Davids, dem Sohn Abrahams (Mt 1,1). Für die christliche Glaubensgemeinschaft ist er der Nachkomme Abrahams, in dem Gott seine Zusagen einlöst (Gal 3,16).

Abraham erhofft Zukunft von Gott:
Gen 15,1–6

1 Nach diesen Ereignissen erging das Wort des Herrn in einer Vision an Abram: Fürchte dich nicht, Abram, ich bin dein Schild; dein Lohn wird sehr groß sein. 2 Abram antwortete: Herr, mein Herr, was willst du mir schon geben? Ich gehe doch kinderlos dahin, und Erbe meines Hauses ist Eliëser aus Damaskus. 3 Und Abram sagte: Du hast mir ja keine Nachkommen gegeben; also wird mich mein Haussklave beerben. 4 Da erging das Wort des Herrn an ihn: Nicht er wird dich beerben, sondern dein leiblicher Sohn wird dein Erbe sein. 5 Er führte ihn hinaus und sprach: Sieh doch zum Himmel hinauf, und zähl die Ster-

ne, wenn du sie zählen kannst. Und er sprach zu ihm: So zahlreich werden deine Nachkommen sein. 6 Abram glaubte dem Herrn, und der Herr rechnete es ihm als Gerechtigkeit an.

Abraham erhofft Land von Gott:
Gen 15,7–21

7 Er sprach zu ihm: Ich bin der Herr, der dich aus Ur in Chaldäa herausgeführt hat, um dir dieses Land zu eigen zu geben. 8 Da sagte Abram: Herr, mein Herr, woran soll ich erkennen, daß ich es zu eigen bekomme? 9 Der Herr antwortete ihm: Hol mir ein dreijähriges Rind, eine dreijährige Ziege, einen dreijährigen Widder, eine Turteltaube und eine Haustaube! 10 Abram brachte ihm alle diese Tiere, zerteilte sie und legte je eine Hälfte der andern gegenüber; die Vögel aber zerteilte er nicht. 11 Da stießen Raubvögel auf die Fleischstücke herab, doch Abram verscheuchte sie. 12 Bei Sonnenuntergang fiel auf Abram ein tiefer Schlaf; große, unheimliche Angst überfiel ihn. 13 Gott sprach zu Abram: Du sollst wissen: Deine Nachkommen werden als Fremde in einem Land wohnen, das ihnen nicht gehört. Sie werden dort als Sklaven dienen, und man wird sie vierhundert Jahre lang hart behandeln. 14 Aber auch über das Volk, dem sie als Sklaven dienen, werde ich Gericht halten, und nachher werden sie mit reicher Habe ausziehen. 15 Du aber wirst in Frieden zu deinen Vätern heimgehen; in hohem Alter wirst du begraben werden. 16 Erst die vierte Generation wird hierher zurückkehren; denn noch hat die Schuld der Amoriter nicht ihr volles Maß erreicht. 17 Die Sonne war untergegangen, und es war dunkel geworden. Auf einmal waren ein rauchender Ofen und eine lodernde Fackel da; sie fuhren zwischen jenen Fleischstücken hindurch. 18 An diesem Tag schloß der Herr mit Abram folgenden Bund: Deinen Nachkommen gebe ich dieses Land vom Grenzbach Ägyptens bis zum großen Strom, dem Eufrat, 19 (das Land) der Keniter, der Kenasiter, der Kadmoniter, 20 der Hetiter, der Perisiter, der Rafaïter, 21 der Amoriter, der Kanaaniter, der Girgaschiter, der Hiwiter und der Jebusiter.

Abraham bekommt einen Sohn:
Gen 18,1–16; 21,1–8

1 Der Herr erschien Abraham bei den Eichen von Mamre. Abraham saß zur Zeit der Mittagshitze am Zelteingang. 2 Er blickte auf und sah vor sich drei Männer stehen. Als er sie sah, lief er ihnen vom Zelteingang aus entgegen, warf sich zur Erde nieder 3 und sagte: Mein Herr, wenn ich dein Wohlwollen gefunden habe, geh doch an deinem Knecht nicht vorbei! 4 Man wird etwas Wasser holen; dann könnt ihr euch die Füße waschen und euch unter dem Baum ausruhen. 5 Ich will einen Bissen Brot holen, und ihr könnt dann nach einer kleinen Stärkung weitergehen; denn deshalb seid ihr doch bei eurem Knecht vorbeigekommen. Sie erwiderten: Tu, wie du gesagt hast. 6 Da lief Abraham eiligst ins Zelt zu Sara und rief: Schnell drei Sea feines Mehl! Rühr es an, und backe Brotfladen! 7 Er lief weiter zum Vieh, nahm ein zartes, prächtiges Kalb und übergab es dem Jungknecht, der es schnell zubereitete. 8 Dann nahm Abraham Butter, Milch und das Kalb, das er hatte zubereiten lassen, und setzte es ihnen vor. Er wartete ihnen unter dem Baum auf, während sie aßen. 9 Sie fragten ihn: Wo ist deine Frau Sara? Dort im Zelt, sagte er. 10 Da sprach der Herr: In einem Jahr komme ich wieder zu dir, dann wird deine Frau Sara einen Sohn haben. Sara hörte am Zelteingang hinter seinem Rücken zu. 11 Abraham und Sara waren schon alt; sie waren in die Jahre gekommen. Sara erging es längst nicht mehr, wie es Frauen zu ergehen pflegt. 12 Sara lachte daher still in sich hinein und dachte: Ich bin doch schon alt und verbraucht und soll noch das Glück der Liebe erfahren? Auch ist mein Herr doch schon ein alter Mann! 13 Da sprach der Herr zu Abraham: Warum lacht Sara und sagt: Soll ich wirklich noch Kinder bekommen, obwohl ich so alt bin? 14 Ist beim Herrn etwas unmöglich? Nächstes Jahr um diese Zeit werde ich wieder zu dir kommen; dann wird Sara einen Sohn haben. 15 Sara leugnete: Ich habe nicht gelacht. Sie hatte nämlich Angst. Er aber sagte: Doch, du hast gelacht. 16 Die Männer erhoben sich von ihrem Platz und

schauten gegen Sodom. Abraham wollte
mitgehen, um sie zu verabschieden.
1 Der Herr nahm sich Saras an, wie er gesagt
hatte, und er tat Sara so, wie er versprochen
hatte. 2 Sara wurde schwanger und gebar
dem Abraham noch in seinem Alter einen
Sohn zu der Zeit, die Gott angegeben hatte. 3
Abraham nannte den Sohn, den ihm Sara
gebar, Isaak. 4 Als sein Sohn Isaak acht Tage
alt war, beschnitt ihn Abraham, wie Gott ihm
befohlen hatte. 5 Abraham war hundert Jahre
alt, als sein Sohn Isaak zur Welt kam. 6 Sara
aber sagte: Gott ließ mich lachen; jeder, der
davon hört, wird mit mir lachen. 7 Wer, sagte
sie, hätte Abraham zu sagen gewagt, Sara
werde noch Kinder stillen? Und nun habe ich
ihm noch in seinem Alter einen Sohn gebo-
ren. 8 Das Kind wuchs heran und wurde
entwöhnt. Als Isaak entwöhnt wurde, veran-
staltete Abraham ein großes Festmahl.

Glaube auf dem Prüfstein

In der nationalen Katastrophe von 586 v. Chr. stellte sich Israel die Frage: Ist Gott überhaupt gerecht? Wir würden fragen: »Kann man nach dem Holocaust noch an Gott glauben?« Gerade in der Fragwürdigkeit des menschlichen Lebens und in den vielfältigen Zusammenbrüchen wird gezeigt, daß es möglich ist, zu glauben: Gott will das Heil des Menschen. Dies möchte die Erzählung vom Ringen Abrahams mit Gott um die Rettung Sodoms bewußt machen. »Glauben« – das hat Israel in seiner langen Geschichte oft genug erfahren – bedeutet auch, einen Gott auszuhalten, der in seinem Tun nicht zu begreifen ist. Gott scheint oft die Geschichte, die er selber begonnen hat, zu zerstören. Abraham soll »Isaak«, das einzige Zeichen der Treue Gottes, aus der Hand geben; so soll er lernen: Die von Gott geschenkte Zukunft ist und bleibt unverfügbares Geschenk.

Das Gebet Abrahams für Sodom:
Gen 18,18–32

18 Abraham soll doch zu einem großen,
mächtigen Volk werden, durch ihn sollen alle
Völker der Erde Segen erlangen. 19 Denn ich
habe ihn dazu auserwählt, daß er seinen
Söhnen und seinem Haus nach ihm aufträgt,
den Weg des Herrn einzuhalten und zu tun,
was gut und recht ist, damit der Herr seine
Zusagen an Abraham erfüllen kann. 20 Der
Herr sprach also: Das Klagegeschrei über
Sodom und Gomorra, ja, das ist laut gewor-
den, und ihre Sünde, ja, die ist schwer. 21 Ich
will hinabgehen und sehen, ob ihr Tun wirk-
lich dem Klagegeschrei entspricht, das zu
mir gedrungen ist. Ich will es wissen. 22 Die
Männer wandten sich von dort ab und gingen
auf Sodom zu. Abraham aber stand noch
immer vor dem Herrn. 23 Er trat näher und
sagte: Willst du auch den Gerechten mit den
Ruchlosen wegraffen? 24 Vielleicht gibt es
fünfzig Gerechte in der Stadt: Willst du auch
sie wegraffen und nicht doch dem Ort verge-
ben wegen der fünfzig Gerechten dort? 25 Das
kannst du doch nicht tun, die Gerechten
zusammen mit den Ruchlosen umbringen.
Dann ginge es ja dem Gerechten genauso
wie dem Ruchlosen. Das kannst du doch
nicht tun. Sollte sich der Richter über die
ganze Erde nicht an das Recht halten? 26 Da
sprach der Herr: Wenn ich in Sodom, in der
Stadt, fünfzig Gerechte finde, werde ich ihret-
wegen dem ganzen Ort vergeben. 27 Abra-
ham antwortete und sprach: Ich habe es nun
einmal unternommen, mit meinem Herrn zu
reden, obwohl ich Staub und Asche bin. 28
Vielleicht fehlen an den fünfzig Gerechten
fünf. Wirst du wegen der fünf die ganze Stadt
vernichten? Nein, sagte er, ich werde sie
nicht vernichten, wenn ich dort fünfundvier-
zig finde. 29 Er fuhr fort, zu ihm zu reden:
Vielleicht finden sich dort nur vierzig. Da
sprach er: Ich werde es der vierzig wegen
nicht tun. 30 Und weiter sagte er: Mein Herr
zürne nicht, wenn ich weiterrede. Vielleicht
finden sich dort nur dreißig. Er entgegnete:

Ich werde es nicht tun, wenn ich dort dreißig
finde. 31 Darauf sagte er: Ich habe es nun
einmal unternommen, mit meinem Herrn zu
reden. Vielleicht finden sich dort nur zwan-
zig. Er antwortete: Ich werde sie um der
zwanzig willen nicht vernichten. 32 Und noch-
mals sagte er: Mein Herr zürne nicht, wenn
ich nur noch einmal das Wort ergreife. Viel-
leicht finden sich dort nur zehn. Und wieder-
um sprach er: Ich werde sie um der zehn
willen nicht vernichten.

Abrahams »Opfer«: Gen 22,1–18

1 Nach diesen Ereignissen stellte Gott Abra-
ham auf die Probe. Er sprach zu ihm: Abra-
ham! Er antwortete: Hier bin ich. 2 Gott
sprach: Nimm deinen Sohn, deinen einzigen,
den du liebst, Isaak, geh in das Land Morija,
und bring ihn dort auf einem der Berge, den
ich dir nenne, als Brandopfer dar. 3 Frühmor-
gens stand Abraham auf, sattelte seinen
Esel, holte seine beiden Jungknechte und
seinen Sohn Isaak, spaltete Holz zum Opfer
und machte sich auf den Weg zu dem Ort,
den ihm Gott genannt hatte. 4 Als Abraham
am dritten Tag aufblickte, sah er den Ort von
weitem. 5 Da sagte Abraham zu seinen Jung-
knechten: Bleibt mit dem Esel hier! Ich will
mit dem Knaben hingehen und anbeten;
dann kommen wir zu euch zurück. 6 Abraham
nahm das Holz für das Brandopfer und lud es
seinem Sohn Isaak auf. Er selbst nahm das
Feuer und das Messer in die Hand. So gingen
beide miteinander. 7 Nach einer Weile sagte
Isaak zu seinem Vater Abraham: Vater! Er
antwortete: Ja, mein Sohn! Dann sagte Isaak:
Hier ist Feuer und Holz. Wo aber ist das
Lamm für das Brandopfer? 8 Abraham ent-
gegnete: Gott wird sich das Opferlamm aus-
suchen, mein Sohn. Und beide gingen mit-
einander weiter. 9 Als sie an den Ort kamen,
den ihm Gott genannt hatte, baute Abraham
den Altar, schichtete das Holz auf, fesselte
seinen Sohn Isaak und legte ihn auf den
Altar, oben auf das Holz. 10 Schon streckte
Abraham seine Hand aus und nahm das
Messer, um seinen Sohn zu schlachten. 11 Da
rief ihm der Engel des Herrn vom Himmel her
zu: Abraham, Abraham! Er antwortete: Hier
bin ich. 12 Jener sprach: Streck deine Hand
nicht gegen den Knaben aus, und tu ihm
nichts zuleide! Denn jetzt weiß ich, daß du
Gott fürchtest; du hast mir deinen einzigen
Sohn nicht vorenthalten. 13 Als Abraham auf-
schaute, sah er: Ein Widder hatte sich hinter
ihm mit seinen Hörnern im Gestrüpp verfan-
gen. Abraham ging hin, nahm den Widder
und brachte ihn statt seines Sohnes als
Brandopfer dar. 14 Abraham nannte jenen Ort
Jahwe-Jire (Der Herr sieht), wie man noch
heute sagt: Auf dem Berg läßt sich der Herr
sehen. 15 Der Engel des Herrn rief Abraham
zum zweitenmal vom Himmel her zu 16 und
sprach: Ich habe bei mir geschworen –
Spruch des Herrn: Weil du das getan hast und
deinen einzigen Sohn mir nicht vorenthalten
hast, 17 will ich dir Segen schenken in Fülle
und deine Nachkommen zahlreich machen
wie die Sterne am Himmel und den Sand am
Meeresstrand. Deine Nachkommen sollen
das Tor ihrer Feinde einnehmen. 18 Segnen
sollen sich mit deinen Nachkommen alle
Völker der Erde, weil du auf meine Stimme
gehört hast.

Abraham ist bereit, dem Herrn alles zu opfern. Auf dem Weg zum Opfer. Im Hintergrund die älteste Darstellung der Dolomiten, 12. Jh., St. Jakob/Grissian.

Jakob: Das Ringen um den Segen

Mit den Geschichten von Jakob und Esau wird auf die Frage geantwortet, ob Gott treu ist, auch wenn das Volk sich oft eigenmächtig und starrsinnig verhält. Die Gestalt Jakobs, des Trägers der Verheißung, steht im Zwielicht; er ist verschlagen und betrügt seinen Bruder Esau um den Erstgeburtssegen und muß flüchten. Aber auch in dieser selbstverschuldeten Unheilsgeschichte ist Gott nahe – auf der Flucht hat Jakob in Bet-El einen Traum, der ihm Gottes Nähe und Hilfe zusagt. Jakob kehrt als reicher Mann, mit Frauen und Kindern und großer Habe, aus der Ferne zurück. Vor dem Wiedersehen mit seinem Bruder Esau hat er in der Nacht einen Kampf mit einem geheimnisvollen Unbekannten zu bestehen; im Verlauf dieses Kampfes muß Jakob zu seinem Namen stehen: »Jakob« – Israel deutet diesen Namen mit »Betrüger« – weist hin auf das Dunkle und Fragwürdige der vergangenen Lebensgeschichte. Wenn Jakob zu dieser Vergangenheit steht und sich von Gott beschenken läßt, wird er siegen und von Gott gesegnet werden. So erst sind Versöhnung und Frieden mit dem Bruder möglich.

Der erschlichene Segen: Gen 27,1–45

1 Als Isaak alt geworden und seine Augen
erloschen waren, so daß er nicht mehr sehen
konnte, rief er seinen älteren Sohn Esau und
sagte zu ihm: Mein Sohn! Er antwortete: Hier
bin ich. 2 Da sagte Isaak: Du siehst, ich bin alt
geworden. Ich weiß nicht, wann ich sterbe. 3
Nimm jetzt dein Jagdgerät, deinen Köcher
und deinen Bogen, geh aufs Feld, und jag
mir ein Wild! 4 Bereite mir dann ein leckeres
Mahl, wie ich es gern mag, und bring es mir
zum Essen, damit ich dich segne, bevor ich
sterbe. 5 Rebekka hatte das Gespräch zwi-
schen Isaak und seinem Sohn Esau mit an-
gehört. Als Esau zur Jagd aufs Feld gegan-
gen war, um ein Wild herbeizuschaffen, 6
sagte Rebekka zu ihrem Sohn Jakob: Ich
habe gehört, wie dein Vater zu deinem Bru-
der Esau gesagt hat: 7 Hol mir ein Wild, und
bereite mir ein leckeres Mahl zum Essen;
dann will ich dich vor dem Herrn segnen,
bevor ich sterbe. 8 Nun hör genau zu, mein
Sohn, was ich dir auftrage: 9 Geh zur Herde,
und bring mir von dort zwei schöne Ziegen-
böckchen! Ich will damit ein leckeres Mahl für
deinen Vater zubereiten, wie er es gern mag.
10 Du bringst es dann deinem Vater zum
Essen, damit er dich vor seinem Tod segnet.
11 Jakob antwortete seiner Mutter Rebekka:
Mein Bruder Esau ist aber behaart, und ich
habe eine glatte Haut. 12 Vielleicht betastet
mich mein Vater; dann könnte er meinen, ich
hielte ihn zum besten, und ich brächte Fluch
über mich statt Segen. 13 Seine Mutter ent-
gegnete: Dein Fluch komme auf mich, mein
Sohn. Hör auf mich, geh und hol mir die
Böckchen! 14 Da ging er hin, holte sie und
brachte sie seiner Mutter. Sie bereitete ein
leckeres Mahl zu, wie es sein Vater gern
mochte. 15 Dann holte Rebekka die Feiertags-
kleider ihres älteren Sohnes Esau, die sie bei
sich im Haus hatte, und zog sie ihrem jünge-
ren Sohn Jakob an. 16 Die Felle der Ziegen-
böckchen legte sie um seine Hände und um
seinen glatten Hals. 17 Dann übergab sie das
leckere Essen und das Brot, das sie zuberei-
tet hatte, ihrem Sohn Jakob. 18 Er ging zu
seinem Vater hinein und sagte: Mein Vater!
Ja, antwortete er, wer bist du, mein Sohn? 19
Jakob entgegnete seinem Vater: Ich bin
Esau, dein Erstgeborener. Ich habe getan,
wie du mir gesagt hast. Setz dich auf, iß von
meinem Wildbret, und dann segne mich! 20
Da sagte Isaak zu seinem Sohn: Wie hast du
nur so schnell etwas finden können, mein
Sohn? Er antwortete: Der Herr, dein Gott, hat
es mir entgegenlaufen lassen. 21 Da sagte
Isaak zu Jakob: Komm näher heran! Ich will
dich betasten, mein Sohn, ob du wirklich
mein Sohn Esau bist oder nicht. 22 Jakob trat
zu seinem Vater Isaak hin. Isaak betastete
ihn und sagte: Die Stimme ist zwar Jakobs
Stimme, die Hände aber sind Esaus Hände. 23
Er erkannte ihn nicht, denn Jakobs Hände
waren behaart wie die seines Bruders Esau,
und so segnete er ihn. 24 Er fragte: Bist du es,
mein Sohn Esau? Ja, entgegnete er. 25 Da

sagte Isaak: Bring es mir! Ich will von dem Wildbret meines Sohnes essen und dich dann segnen. Jakob brachte es ihm, und Isaak aß. Dann reichte er ihm auch Wein, und Isaak trank. 26 Nun sagte sein Vater Isaak zu ihm: Komm näher, und küß mich, mein Sohn! 27 Er trat näher und küßte ihn. Isaak roch den Duft seiner Kleider, er segnete ihn und sagte:
Ja, mein Sohn duftet wie das Feld, / das der Herr gesegnet hat.
28 Gott gebe dir vom Tau des Himmels, / vom Fett der Erde, viel Korn und Most.
29 Dienen sollen dir die Völker, / Stämme sich vor dir niederwerfen, / Herr sollst du über deine Brüder sein. / Die Söhne deiner Mutter sollen dir huldigen. / Verflucht, wer dich verflucht. / Gesegnet, wer dich segnet.
30 Kaum hatte Isaak Jakob gesegnet und war Jakob von seinem Vater Isaak weggegangen, da kam sein Bruder Esau von der Jagd. 31 Auch er bereitete ein leckeres Mahl, brachte es seinem Vater und sagte zu ihm: Mein Vater richte sich auf und esse von dem Wildbret seines Sohnes, damit du mich dann segnest. 32 Da fragte ihn sein Vater Isaak: Wer bist du? Er antwortete: Ich bin dein Sohn Esau, dein Erstgeborener. 33 Da überkam Isaak ein heftiges Zittern, und er fragte: Wer war es denn, der das Wildbret gejagt und es mir gebracht hat? Ich habe von allem gegessen, bevor du gekommen bist, und ich habe ihn gesegnet; gesegnet wird er auch bleiben. 34 Als Esau die Worte seines Vaters hörte, schrie er heftig auf, aufs äußerste verbittert, und sagte zu seinem Vater: Segne auch mich, Vater! 35 Er entgegnete: Dein Bruder ist mit List gekommen und hat dir den Segen weggenommen. 36 Da sagte Esau: Hat man ihn nicht Jakob (Betrüger) genannt? Er hat mich jetzt schon zweimal betrogen: Mein Erstgeburtsrecht hat er mir genommen, jetzt nimmt er mir auch noch den Segen. Dann sagte er: Hast du mir keinen Segen aufgehoben? 37 Isaak antwortete und sagte zu Esau: Ich habe ihn zum Herrn über dich gemacht, und alle seine Brüder habe ich ihm als Knechte gegeben. Auch mit Korn und Most habe ich ihn versorgt. Was kann ich da noch für dich tun, mein Sohn? 38 Da sagte Esau zu seinem Vater: Hattest du denn nur einen einzigen Segen, Vater? Segne auch mich, Vater! Und Esau begann laut zu weinen. 39 Sein Vater Isaak antwortete ihm und sprach:
Fern vom Fett der Erde mußt du wohnen, / fern vom Tau des Himmels droben.
40 Von deinem Schwert wirst du leben. / Deinem Bruder wirst du dienen. / Doch hältst du durch, so streifst du ab / sein Joch von deinem Nacken.
41 Esau war dem Jakob feind wegen des Segens, mit dem ihn sein Vater gesegnet hatte, und Esau sagte: Es nähern sich die Tage der Trauer um meinen Vater; dann werde ich meinen Bruder Jakob umbringen. 42 Als man Rebekka hinterbrachte, was ihr ältester Sohn Esau gesagt hatte, ließ sie Jakob, ihren jüngeren Sohn, rufen und sagte zu ihm: Dein Bruder Esau will sich an dir rächen und dich töten. 43 Nun aber, mein Sohn, hör auf mich! Mach dich auf und flieh zu meinem Bruder Laban nach Haran! 44 Bleib einige Zeit bei ihm, bis sich der Groll deines Bruders gelegt hat. 45 Wenn der Zorn deines Bruders von dir abgelassen und er vergessen hat, was du ihm angetan hast, werde ich dich von dort holen lassen. Warum soll ich euch beide an einem Tag verlieren?

Jakobs Flucht und Traum: Gen 28,10–22

10 Jakob zog aus Beerscheba weg und ging nach Haran. 11 Er kam an einen bestimmten Ort, wo er übernachtete, denn die Sonne war untergegangen. Er nahm einen von den Steinen dieses Ortes, legte ihn unter seinen Kopf und schlief dort ein. 12 Da hatte er einen Traum: Er sah eine Treppe, die auf der Erde stand und bis zum Himmel reichte. Auf ihr stiegen Engel Gottes auf und nieder. 13 Und siehe, der Herr stand oben und sprach: Ich bin der Herr, der Gott deines Vaters Abraham und der Gott Isaaks. Das Land, auf dem du liegst, will ich dir und deinen Nachkommen geben. 14 Deine Nachkommen werden zahlreich sein wie der Staub auf der Erde. Du wirst dich unaufhaltsam ausbreiten nach Westen und Osten, nach Norden und Süden, und durch dich und deine Nachkommen

werden alle Geschlechter der Erde Segen erlangen. 15 Ich bin mit dir, ich behüte dich, wohin du auch gehst, und bringe dich zurück in dieses Land. Denn ich verlasse dich nicht, bis ich vollbringe, was ich dir versprochen habe. 16 Jakob erwachte aus seinem Schlaf und sagte: Wirklich, der Herr ist an diesem Ort, und ich wußte es nicht. 17 Furcht überkam ihn, und er sagte: Wie ehrfurchtgebietend ist doch dieser Ort! Hier ist nichts anderes als das Haus Gottes und das Tor des Himmels. 18 Jakob stand früh am Morgen auf, nahm den Stein, den er unter seinen Kopf gelegt hatte, stellte ihn als Steinmal auf und goß Öl darauf. 19 Dann gab er dem Ort den Namen Bet-El (Gotteshaus). Früher hieß die Stadt Lus. 20 Jakob machte das Gelübde: Wenn Gott mit mir ist und mich auf diesem Weg, den ich eingeschlagen habe, behütet, wenn er mir Brot zum Essen und Kleider zum Anziehen gibt, 21 wenn ich wohlbehalten heimkehre in das Haus meines Vaters und der Herr sich mir als Gott erweist, 22 dann soll der Stein, den ich als Steinmal aufgestellt habe, ein Gotteshaus werden, und von allem was du mir schenkst, will ich dir den zehnten Teil geben.

Jakob, der Gottesstreiter: Gen 32,23–33

23 In derselben Nacht stand er auf, nahm seine beiden Frauen, seine beiden Mägde sowie seine elf Söhne und durchschritt die Furt des Jabbok. 24 Er nahm sie und ließ sie den Fluß überqueren. Dann schaffte er alles hinüber, was ihm sonst noch gehörte. 25 Als nur noch er allein zurückgeblieben war, rang mit ihm ein Mann, bis die Morgenröte aufstieg. 26 Als der Mann sah, daß er ihm nicht beikommen konnte, schlug er ihn aufs Hüftgelenk. Jakobs Hüftgelenk renkte sich aus, als er mit ihm rang. 27 Der Mann sagte: Laß mich los; denn die Morgenröte ist aufgestiegen. Jakob aber entgegnete: Ich lasse dich nicht los, wenn du mich nicht segnest. 28 Jener fragte: Wie heißt du? Jakob, antwortete er. 29 Da sprach der Mann: Nicht mehr Jakob wird man dich nennen, sondern Israel (Gottesstreiter); denn mit Gott und Menschen hast du gestritten und hast gewonnen. 30 Nun fragte Jakob: Nenne mir doch deinen Namen! Jener entgegnete: Was fragst du mich nach meinem Namen? Dann segnete er ihn dort. 31 Jakob gab dem Ort den Namen Penuël (Gottesgesicht) und sagte: Ich habe Gott von Angesicht zu Angesicht gesehen und bin doch mit dem Leben davongekommen. 32 Die Sonne schien bereits auf ihn, als er durch Penuël zog; er hinkte an seiner Hüfte. 33 Darum essen die Israeliten den Muskelstrang über dem Hüftgelenk nicht bis auf den heutigen Tag; denn er hat Jakob aufs Hüftgelenk, auf den Hüftmuskel geschlagen.

Jakobs Versöhnung mit Esau: Gen 33,1–11

1 Jakob blickte auf und sah: Esau kam und mit ihm vierhundert Mann. Da verteilte er die Kinder auf Lea und Rahel und auf die beiden Mägde. 2 Die Mägde und deren Kinder stellte er vorn hin, dahinter Lea und ihre Kinder und zuletzt Rahel und Josef. 3 Er trat vor und warf sich siebenmal zur Erde nieder, bis er vor seinem Bruder stand. 4 Esau lief ihm entgegen, umarmte ihn und fiel ihm um den Hals; er küßte ihn, und sie weinten. 5 Dann blickte Esau auf und sah die Frauen mit den Kindern. Er fragte: Wer sind die dort bei dir? Die Kinder, erwiderte er, die Gott deinem Knecht aus Wohlwollen geschenkt hat. 6 Die Mägde und ihre Kinder kamen näher und warfen sich nieder. 7 Dann kamen auch Lea und ihre Kinder und warfen sich nieder, und zuletzt kamen Josef und Rahel und warfen sich nieder. 8 Da fragte Esau: Was willst du mit dem ganzen Auftrieb dort, auf den ich gestoßen bin? Jakob erwiderte: Ich wollte das Wohlwollen meines Herrn finden. 9 Darauf sagte Esau: Ich habe selber genug, Bruder. Behalte, was dir gehört. 10 Nicht doch, entgegnete Jakob, wenn ich dein Wohlwollen gefunden habe, dann nimm das Geschenk aus meiner Hand an! Denn dafür habe ich dein Angesicht gesehen, wie man das Angesicht Gottes sieht, und du bist mir wohlwollend begegnet. 11 Nimm doch mein Begrüßungsgeschenk an, das man dir überbracht hat. Denn Gott hat mir Wohlwollen erwiesen, und ich habe alles, was ich brauche. Er drängte ihn, bis er annahm.

Josef und seine Brüder: Gottes wunderbare Wege

Staatliche Herrschaft war für Israel nicht etwas Profanes, etwas für den Glauben Bedeutungsloses. Der Erzähler der Geschichte von Josef und seinen Brüdern möchte die Herrschaft des einen Bruders über die anderen deuten als Ausdruck der führenden Nähe Gottes, der Leben schenken und Leben erhalten will. Freilich darf solche Herrschaft nie die Stelle Gottes einnehmen, will sie teilnehmen an der großen Segensgeschichte.

Die Erzählung von Josef und seinen Brüdern wurde zum Bindeglied zwischen der Patriarchen- und der Auszugsgeschichte; sie erzählt von der Wanderung der Jakobsfamilie nach Ägypten und konnte so die Überleitung zur Geschichte der Befreiung aus Ägypten darstellen. Der Leser des Alten Testamentes soll die rettende und befreiende Tat Gottes als große Einlösung seiner Verheißung sehen lernen. Besonders in den letzten Kapiteln der Josefsgeschichte wird eine bestimmte Geschichtsauffassung deutlich: Gott führt seinen Heilsplan trotz menschlicher Bosheit durch.

Jakobs Söhne: Gen 35,22b–26

22b Jakob hatte zwölf Söhne. 23 Die Söhne Leas
waren: Ruben, der Erstgeborene Jakobs, fer-
ner Simeon, Levi, Juda, Issachar und Sebu-
lon. 24 Die Söhne Rahels waren: Josef und
Benjamin. 25 Die Söhne Bilhas, der Magd
Rahels, waren: Dan und Naftali. 26 Die Söhne
Silpas, der Magd Leas, waren: Gad und
Ascher. Das waren die Söhne Jakobs, die ihm
in Paddan-Aram geboren wurden.

Josefs Träume und die Eifersucht der Brüder: Gen 37,3–11

3 Israel liebte Josef unter allen seinen Söhnen
am meisten, weil er ihm noch in hohem Alter
geboren worden war. Er ließ ihm einen Är-
melrock machen. 4 Als seine Brüder sahen,
daß ihr Vater ihn mehr liebte als alle seine
Brüder, haßten sie ihn und konnten mit ihm
kein gutes Wort mehr reden. 5 Einst hatte
Josef einen Traum. Als er ihn seinen Brüdern
erzählte, haßten sie ihn noch mehr. 6 Er sagte
zu ihnen: Hört, was ich geträumt habe. 7 Wir
banden Garben mitten auf dem Feld. Meine
Garbe richtete sich auf und blieb auch ste-
hen. Eure Garben umringten sie und neigten
sich tief vor meiner Garbe. 8 Da sagten seine
Brüder zu ihm: Willst du etwa König über uns
werden oder dich als Herr über uns aufspie-
len? Und sie haßten ihn noch mehr wegen
seiner Träume und seiner Worte. 9 Er hatte
noch einen anderen Traum. Er erzählte ihn
seinen Brüdern und sagte: Ich träumte noch
einmal: Die Sonne, der Mond und elf Sterne
verneigten sich tief vor mir. 10 Als er davon
seinem Vater und seinen Brüdern erzählte,
schalt ihn sein Vater und sagte zu ihm: Was
soll das, was du da geträumt hast? Sollen wir
vielleicht, ich, deine Mutter und deine Brü-
der, kommen und uns vor dir zur Erde nie-
derwerfen? 11 Seine Brüder waren eifersüch-
tig auf ihn, sein Vater aber vergaß die Sache
nicht.

Josef wird von den Brüdern nach Ägypten verkauft: Gen 37,12–13.17b–28:

12 Als seine Brüder fortgezogen waren, um
das Vieh ihres Vaters bei Sichem zu weiden, 13
sagte Israel zu Josef: Deine Brüder weiden
bei Sichem das Vieh. Geh, ich will dich zu
ihnen schicken. Er antwortete: Ich bin bereit.
17b Da ging Josef seinen Brüdern nach und
fand sie in Dotan. 18 Sie sahen ihn von wei-
tem. Bevor er jedoch nahe an sie herange-
kommen war, faßten sie den Plan, ihn umzu-
bringen. 19 Sie sagten zueinander: Dort
kommt ja dieser Träumer. 20 Jetzt aber auf,
erschlagen wir ihn und werfen wir ihn in eine
der Zisternen. Sagen wir, ein wildes Tier
habe ihn gefressen. Dann werden wir ja se-
hen, was aus seinen Träumen wird. 21 Ruben
hörte das und wollte ihn aus ihrer Hand
retten. Er sagte: Begehen wir doch keinen
Mord. 22 Und Ruben sagte zu ihnen: Vergießt
kein Blut! Werft ihn in die Zisterne da in der
Steppe, aber legt nicht Hand an ihn! Er wollte
ihn nämlich aus ihrer Hand retten und zu
seinem Vater zurückbringen. 23 Als Josef bei

Gott führt die Menschen. Der ägyptische Josef wird in die Zisterne geworfen. Farbiger Holzschnitt, Koburger Bibel, Nürnberg 1483, Priesterseminar Brixen.

seinen Brüdern angekommen war, zogen sie
ihm sein Gewand aus, den Ärmelrock, den er
anhatte, 24 packten ihn und warfen ihn in die
Zisterne. Die Zisterne war leer; es war kein
Wasser darin. 25 Als sie dann beim Essen
saßen und aufblickten, sahen sie, daß gera-
de eine Karawane von Ismaelitern aus Gilead
kam. Ihre Kamele waren mit Tragakant, Ma-
stix und Ladanum beladen. Sie waren unter-
wegs nach Ägypten. 26 Da schlug Juda seinen
Brüdern vor: Was haben wir davon, wenn wir
unseren Bruder erschlagen und sein Blut
zudecken? 27 Kommt, verkaufen wir ihn den
Ismaelitern. Wir wollen aber nicht Hand an
ihn legen, denn er ist doch unser Bruder und
unser Verwandter. Seine Brüder waren ein-
verstanden. 28 Midianitische Kaufleute kamen
vorbei. Da zogen sie Josef aus der Zisterne
heraus und verkauften ihn für zwanzig Sil-
berstücke an die Ismaeliter. Diese brachten
Josef nach Ägypten.

Josef als Sklave in Ägypten:
Gen 39,1–2.7–21

1 Josef hatte man nach Ägypten gebracht. Ein
Hofbeamter des Pharao, ein Ägypter namens
Potifar, der Oberste der Leibwache, hatte ihn
den Ismaelitern abgekauft, die ihn dorthin
gebracht hatten. 2 Der Herr war mit Josef,
und so glückte ihm alles. Er blieb im Haus
seines ägyptischen Herrn. 7 Nach einiger Zeit
warf die Frau seines Herrn ihren Blick auf
Josef und sagte: Schlaf mit mir! 8 Er weigerte
sich und entgegnete der Frau seines Herrn:
Du siehst doch, mein Herr kümmert sich,
wenn ich da bin, um nichts im Haus; alles,
was ihm gehört, hat er mir anvertraut. 9 Er ist
in diesem Haus nicht größer als ich, und er
hat mir nichts vorenthalten als nur dich,
denn du bist seine Frau. Wie könnte ich da
ein so großes Unrecht begehen und gegen
Gott sündigen? 10 Obwohl sie Tag für Tag auf
Josef einredete, bei ihr zu schlafen und ihr zu
Willen zu sein, hörte er nicht auf sie. 11 An
einem solchen Tag kam er ins Haus, um
seiner Arbeit nachzugehen. Niemand vom
Hausgesinde war anwesend. 12 Da packte sie
ihn an seinem Gewande und sagte: Schlaf
mit mir! Er ließ sein Gewand in ihrer Hand
und lief hinaus. 13 Als sie sah, daß er sein
Gewand in ihrer Hand zurückgelassen hatte
und hinausgelaufen war, 14 rief sie nach ih-
rem Hausgesinde und sagte zu den Leuten:
Seht nur! Er hat uns einen Hebräer ins Haus
gebracht, der seinen Mutwillen mit uns treibt.
Er ist zu mir gekommen und wollte mit mir
schlafen; da habe ich laut geschrien. 15 Als er
hörte, daß ich laut aufschrie und rief, ließ er
sein Gewand bei mir liegen und floh ins
Freie. 16 Sein Kleid ließ sie bei sich liegen, bis
sein Herr nach Hause kam. 17 Ihm erzählte sie
die gleiche Geschichte: Der hebräische Skla-
ve, den du uns gebracht hast, ist zu mir
gekommen, um mit mir seinen Mutwillen zu
treiben. 18 Als ich laut aufschrie und rief, ließ
er sein Gewand bei mir liegen und lief hin-
aus. 19 Als sein Herr hörte, wie ihm seine Frau
erzählte: So hat es dein Sklave mit mir getrie-
ben!, packte ihn der Zorn. 20 Er ließ Josef
ergreifen und in den Kerker bringen, wo die
Gefangenen des Königs in Haft gehalten
wurden. Dort blieb er im Gefängnis. 21 Aber
der Herr war mit Josef. Er wandte ihm das
Wohlwollen und die Gunst des Gefängnislei-
ters zu.

Josef deutet den Traum des Pharao:
Gen 41,1–36

1 Zwei Jahre später hatte der Pharao einen Traum: Er stand am Nil. 2 Aus dem Nil stiegen sieben gut aussehende, wohlgenährte Kühe und weideten im Riedgras. 3 Nach ihnen stiegen sieben andere Kühe aus dem Nil; sie sahen häßlich aus und waren mager. Sie stellten sich neben die schon am Nilufer stehenden Kühe, 4 und die häßlichen, mageren Kühe fraßen die sieben gut aussehenden und wohlgenährten Kühe auf. Dann erwachte der Pharao. 5 Er schlief aber wieder ein und träumte ein zweites Mal: An einem einzigen Halm wuchsen sieben Ähren, prall und schön. 6 Nach ihnen wuchsen sieben kümmerliche, vom Ostwind ausgedörrte Ähren. 7 Die kümmerlichen Ähren verschlangen die sieben prallen, vollen Ähren. Der Pharao wachte auf: Es war ein Traum. 8 Am Morgen fühlte er sich beunruhigt; er schickte hin und ließ alle Wahrsager und Weisen Ägyptens rufen. Der Pharao erzählte ihnen seine Träume, doch keiner war da, der sie ihm hätte deuten können. 9 Da sagte der Obermundschenk zum Pharao: Heute muß ich an meine Verfehlung erinnern: 10 Als der Pharao über seine Diener aufgebracht war, gab er mich ins Haus des Obersten der Leibwache in Haft, mich und den Oberbäcker. 11 Da hatten wir, ich und er, in derselben Nacht einen Traum, der für jeden eine besondere Bedeutung haben sollte. 12 Dort war mit uns zusammen ein junger Hebräer, ein Sklave des Obersten der Leibwache. Wir erzählten ihm unsere Träume, und er legte sie uns aus. Jedem gab er die zutreffende Deutung. 13 Wie er es uns gedeutet hatte, so geschah es: Mich setzte man wieder in mein Amt ein, den andern hängte man auf. 14 Da schickte der Pharao hin und ließ Josef rufen. Man holte ihn schnell aus dem Gefängnis, schor ihm die Haare, er zog andere Kleider an und kam zum Pharao. 15 Der Pharao sagte zu Josef: Ich hatte einen Traum, doch keiner kann ihn deuten. Von dir habe ich aber gehört, du brauchst einen Traum nur zu hören, dann kannst du ihn deuten. 16 Josef antwortete dem Pharao: Nicht ich, sondern Gott wird zum Wohl des Pharao eine Antwort geben. 17 Da sagte der Pharao zu Josef: In meinem Traum stand ich am Nilufer. 18 Aus dem Nil stiegen sieben wohlgenährte, stattliche Kühe und weideten im Riedgras. 19 Nach ihnen stiegen sieben andere Kühe herauf, elend, sehr häßlich und mager. Nie habe ich in ganz Ägypten so häßliche Kühe gesehen. 20 Die mageren und häßlichen Kühe fraßen die sieben ersten, fetten auf. 21 Sie verschwanden in ihrem Bauch, aber man merkte nicht, daß sie darin waren; sie sahen genauso elend aus wie vorher. Dann wachte ich auf. 22 Weiter sah ich in meinem Traum: Auf einem einzigen Halm gingen sieben volle, schöne Ähren auf. 23 Nach ihnen wuchsen sieben taube, kümmerliche, vom Ostwind ausgedörrte Ähren. 24 Die kümmerlichen Ähren verschlangen die sieben schönen Ähren. Ich habe das den Wahrsagern erzählt, aber keiner konnte mir die Deutung sagen. 25 Darauf sagte Josef zum Pharao: Der Traum des Pharao ist ein und derselbe. Gott sagt dem Pharao an, was er vorhat: 26 Die sieben schönen Kühe sind sieben Jahre, und die sieben schönen Ähren sind sieben Jahre. Es ist ein und derselbe Traum. 27 Die sieben mageren und häßlichen Kühe, die nachher heraufkamen, sind sieben Jahre, und die sieben leeren, vom Ostwind ausgedörrten Ähren sind sieben Jahre Hungersnot. 28 Das ist es, was ich meinte, als ich zum Pharao sagte: Gott ließ den Pharao sehen, was er vorhat: 29 Sieben Jahre kommen, da wird großer Überfluß in ganz Ägypten sein. 30 Nach ihnen aber werden sieben Jahre Hungersnot heraufziehen: Da wird der ganze Überfluß in Ägypten vergessen sein, und Hunger wird das Land auszehren. 31 Dann wird man nichts mehr vom Überfluß im Land merken wegen des Hungers, der danach kommt; denn er wird sehr drückend sein. 32 Daß aber der Pharao gleich zweimal träumte, bedeutet: Die Sache steht bei Gott fest, und Gott wird sie bald ausführen. 33 Nun sehe sich der Pharao nach einem klugen, weisen Mann um und setze ihn über Ägypten. 34 Der Pharao möge handeln: Er bestelle Bevollmächtigte über das Land und besteuere Ägypten mit

einem Fünftel in den sieben Jahren des Überflusses. [35] Die Bevollmächtigten sollen alles Brotgetreide der kommenden guten Jahre sammeln und auf Weisung des Pharao Korn aufspeichern; das Brotgetreide sollen sie in den Städten sicherstellen. [36] Das Brotgetreide soll dem Land als Rücklage dienen für die sieben Jahre der Hungersnot, die über Ägypten kommen werden. Dann wird das Land nicht an Hunger zugrunde gehen.

Josef – Herrscher über Ägypten:
Gen 41,37–40.45b–49

[37] Die Rede gefiel dem Pharao und allen seinen Hofleuten. [38] Der Pharao sagte zu ihnen: Finden wir einen Mann wie diesen hier, einen, in dem der Geist Gottes wohnt? [39] Dann sagte der Pharao zu Josef: Nachdem dich Gott all das hat wissen lassen, gibt es niemand, der so klug und weise wäre wie du. [40] Du sollst über meinem Hause stehen, und deinem Wort soll sich mein ganzes Volk beugen. Nur um den Thron will ich höher sein als du. [45b] So wurde Josef Herr über Ägypten. [46] Josef war dreißig Jahre alt, als er vor dem Pharao, dem König von Ägypten, stand. Josef ging vom Pharao weg und durchzog ganz Ägypten. [47] Das Land brachte in den sieben Jahren des Überflusses überreichen Ertrag. [48] Josef ließ während der sieben Jahre, in denen es Überfluß gab, alles Brotgetreide in Ägypten sammeln und in die Städte schaffen. Das Getreide der Felder rings um jede Stadt ließ er dort hineinbringen. [49] So speicherte Josef Getreide in sehr großer Menge auf, wie Sand am Meer, bis man aufhören mußte, es zu messen, weil man es nicht mehr messen konnte.

Josef begegnet seinen Brüdern:
Gen 41,53–54; 42,1–3; 45,4–11

[53] Die sieben Jahre des Überflusses in Ägypten gingen zu Ende, [54] und es begannen die sieben Jahre der Hungersnot, wie es Josef vorausgesagt hatte. Eine Hungersnot brach über alle Länder herein, in ganz Ägypten aber gab es Brot.

[1] Als Jakob erfuhr, daß es in Ägypten Getreide zu kaufen gab, sagte er zu seinen Söhnen: Warum schaut ihr einander so an? [2] Und er sagte: Ich habe gehört, daß es in Ägypten Getreide zu kaufen gibt. Zieht hin, und kauft dort für uns Getreide, damit wir am Leben bleiben und nicht sterben müssen. [3] Zehn Brüder Josefs zogen also hinunter, um in Ägypten Getreide zu kaufen.

[4] Josef sagte zu seinen Brüdern: Kommt doch näher zu mir her! Als sie näher herangetreten waren, sagte er: Ich bin Josef, euer Bruder, den ihr nach Ägypten verkauft habt. [5] Jetzt aber laßt es euch nicht mehr leid sein, und grämt euch nicht, weil ihr mich hierher verkauft habt. Denn um Leben zu erhalten, hat mich Gott vor euch hergeschickt. [6] Ja, zwei Jahre sind es jetzt schon, daß der Hunger im Land wütet. Und noch fünf Jahre stehen bevor, in denen man weder pflügen noch ernten wird. [7] Gott aber hat mich vor euch hergeschickt, um von euch im Land einen Rest zu erhalten und viele von euch eine große Rettungstat erleben zu lassen. [8] Also nicht ihr habt mich hierher geschickt, sondern Gott. Er hat mich zum Vater für den Pharao gemacht, zum Herrn für sein ganzes Haus und zum Gebieter über ganz Ägypten. [9] Zieht eiligst zu meinem Vater hinauf, und meldet ihm: So hat dein Sohn Josef gesagt: Gott hat mich zum Herrn für ganz Ägypten gemacht. Komm herunter zu mir, laß dich nicht aufhalten! [10] Du kannst dich im Gebiet von Goschen niederlassen und wirst in meiner Nähe sein, du mit deinen Söhnen und deinen Kindeskindern, mit deinen Schafen und Ziegen, mit deinen Rindern und mit allem, was dir gehört. [11] Dort werde ich für dich sorgen; denn noch fünf Jahre dauert die Hungersnot. Du mit deinem Haus und allem, was dir gehört, du brauchst dann nicht zu darben.

Gottes und der Menschen Plan:
Gen 50,15–21

[15] Als Josefs Brüder sahen, daß ihr Vater tot war, sagten sie: Wenn sich Josef nur nicht feindselig gegen uns stellt und uns alles

Böse vergilt, das wir ihm getan haben. [16] Deshalb ließen sie Josef wissen: Dein Vater hat uns, bevor er starb, aufgetragen: [17] So sagt zu Josef: Vergib doch deinen Brüdern ihre Untat und Sünde, denn Schlimmes haben sie dir angetan. Nun also vergib doch die Untat der Knechte des Gottes deines Vaters! Als man ihm diese Worte überbrachte, mußte Josef weinen. [18] Seine Brüder gingen dann auch selbst hin, fielen vor ihm nieder und sagten: Hier sind wir als deine Sklaven. [19] Josef aber antwortete ihnen: Fürchtet euch nicht! Stehe ich denn an Gottes Stelle? [20] Ihr habt Böses gegen mich im Sinne gehabt, Gott aber hatte dabei Gutes im Sinn, um zu erreichen, was heute geschieht: viel Volk am Leben zu erhalten. [21] Nun also fürchtet euch nicht! Ich will für euch und eure Kinder sorgen. So tröstete er sie und redete ihnen freundlich zu.

Israel – Jahwes Volk

In der Mitte des Glaubensbekenntnisses Israels steht der Satz: »Ich bin Jahwe, dein Gott, der dich aus Ägypten geführt hat, aus dem Sklavenhaus« (Ex 20,2). Diese Mitte des israelitischen Glaubensbekenntnisses gründet auf der Erfahrung, die eine Gruppe von Vorfahren des späteren Israel in Ägypten gemacht hat. In der Befreiung aus der Knechtschaft Ägyptens erkennt Israel ein bleibendes Kennzeichen des Handelns Gottes an seinem Volk. Daher wurden die Erzählungen von der Befreiung Grund zur Hoffnung, wenn die Menschen von politischen und sozialen Strukturen unterdrückt waren. Andererseits drücken diese Erzählungen die Hoffnung aus, daß Gott immer neu in der Geschichte seines Volkes sich zeigt als der, der Freiheit und Leben schenkt, der sich am Sinai offenbart und das Volk durch die Wüste führt.

Befreiung aus der Knechtschaft

Die Freiheitsgeschichte Israels beginnt mit den Erfahrungen einer Gruppe von Wanderhirten aus dem Wüstengebiet der Sinai-Halbinsel, die mit ihren Herden im fruchtbaren Nildelta Weiderecht erhalten hatten, dann aber von den Ägyptern zur Fronarbeit herangezogen worden waren. Unter Führung eines Mannes mit dem ägyptischen Namen Mose gelang einer Gruppe die Flucht aus dem lastenden Frondienst; sie bekannten die errungene Freiheit als Werk des Gottes Jahwe, der in dem »Sinai« genannten Wüstenbereich, südlich von Palästina, verehrt wurde. Israel hat sich im Verlauf seiner Geschichte die Erfahrung der Vorfahren immer neu vergegenwärtigt und so den Blick geschärft für Jahwes rettendes und befreiendes Handeln in allen Situationen Israels. Davon zeugen die Bücher Exodus, Levitikus, Numeri und Deuteronomium.

Mose, der berufene Retter

Die Geschichte von der Befreiung des Volkes aus der Knechtschaft beginnt mit der Schilderung des »Sklavenhauses« Ägypten. Diese Not steht beispielhaft für alle Nöte der Geschichte des Gottesvolkes. Oft hat Israel erfahren, wie in dieser Not Menschen die Initiative ergriffen haben, aber gescheitert sind. Dabei wurde klar: Eigenmächtiges Planen rettet nicht. Daher betont Israel, daß der »Retter« Mose selber ein Geretteter ist, daß Gott das Volk in die Freiheit führt, indem er Mose beruft. So lernt Israel seinen Gott Jahwe als den kennen, »der für euch da ist« (Ex 3,14).

Israels Versklavung: Ex 1,6–14

6 Josef, alle seine Brüder und seine Zeitgenossen waren gestorben. 7 Aber die Söhne Israels waren fruchtbar, so daß das Land von ihnen wimmelte. Sie vermehrten sich und wurden überaus stark; sie bevölkerten das Land. 8 In Ägypten kam ein neuer König an die Macht, der Josef nicht gekannt hatte. 9 Er sagte zu seinem Volk: Seht nur, das Volk der Israeliten ist größer und stärker als wir. 10 Gebt acht! Wir müssen überlegen, was wir gegen sie tun können, damit sie sich nicht weiter vermehren. Wenn ein Krieg ausbricht, können sie sich unseren Feinden anschließen, gegen uns kämpfen und sich des Landes bemächtigen. 11 Da setzte man Fronvögte über sie ein, um sie durch schwere Arbeit unter Druck zu setzen. Sie mußten für den Pharao die Städte Pitom und Ramses als Vorratslager bauen. 12 Je mehr man sie aber unter Druck hielt, um so stärker vermehrten sie sich und breiteten sie sich aus, so daß die Ägypter vor ihnen das Grauen packte. 13 Daher gingen sie hart gegen die Israeliten vor und machten sie zu Sklaven. 14 Sie machten ihnen das Leben schwer durch harte Arbeit mit Lehm und Ziegeln und durch alle möglichen Arbeiten auf den Feldern. So wurden die Israeliten zu harter Sklavenarbeit gezwungen.

Der gerettete Retter: Ex 1,15–16; 2,1–10

15 Zu den hebräischen Hebammen – die eine hieß Schifra, die andere Pua – sagte der König von Ägypten: 16 Wenn ihr den Hebräerinnen Geburtshilfe leistet, dann achtet auf das Geschlecht! Ist es ein Knabe, so laßt ihn sterben! Ist es ein Mädchen, dann kann es am Leben bleiben.

1 Ein Mann aus einer levitischen Familie ging hin und nahm eine Frau aus dem gleichen Stamm. 2 Sie wurde schwanger und gebar einen Sohn. Weil sie sah, daß es ein schönes Kind war, verbarg sie es drei Monate lang. 3 Als sie es nicht mehr verborgen halten konnte, nahm sie ein Binsenkästchen, dichtete es mit Pech und Teer ab, legte den Knaben hinein und setzte ihn am Nilufer im Schilf aus. 4 Seine Schwester blieb in der Nähe stehen, um zu sehen, was mit ihm geschehen würde. 5 Die Tochter des Pharao kam herab, um im Nil zu baden. Ihre Dienerinnen gingen unterdessen am Nilufer auf und ab. Auf einmal sah sie im Schilf das Kästchen und ließ es durch ihre Magd holen. 6 Als sie es öffnete und hineinsah, lag ein weinendes Kind darin. Sie bekam Mitleid mit ihm, und sie sagte: Das ist ein Hebräerkind. 7 Da sagte seine Schwester zur Tochter des Pharao: Soll ich zu den Hebräerinnen gehen und dir eine Amme rufen, damit sie dir das Kind stillt? 8 Die Tochter des Pharao antwortete ihr: Ja, geh! Das Mädchen ging und rief die Mutter des Knaben herbei. 9 Die Tochter des Pharao sagte zu ihr: Nimm das Kind mit, und still es mir! Ich werde dich dafür entlohnen. Die Frau nahm das Kind zu sich und stillte es. 10 Als der Knabe größer geworden war, brachte sie ihn der Tochter des Pharao. Diese nahm ihn als Sohn an, nannte ihn Mose und sagte: Ich habe ihn aus dem Wasser gezogen.

Berufung des Mose: Ex 3,1–17

1 Mose weidete die Schafe und Ziegen seines Schwiegervaters Jitro, des Priesters von Midian. Eines Tages trieb er das Vieh über die Steppe hinaus und kam zum Gottesberg

Horeb. 2 Dort erschien ihm der Engel des
Herrn in einer Flamme, die aus einem Dorn-
busch emporschlug. Er schaute hin: Da
brannte der Dornbusch und verbrannte doch
nicht. 3 Mose sagte: Ich will dorthin gehen
und mir die außergewöhnliche Erscheinung
ansehen. Warum verbrennt denn der Dorn-
busch nicht? 4 Als der Herr sah, daß Mose
näher kam, um sich das anzusehen, rief Gott
ihm aus dem Dornbusch zu: Mose, Mose! Er
antwortete: Hier bin ich. 5 Der Herr sagte:
Komm nicht näher heran! Leg deine Schuhe
ab; denn der Ort, wo du stehst, ist heiliger
Boden. 6 Dann fuhr er fort: Ich bin der Gott
deines Vaters, der Gott Abrahams, der Gott
Isaaks und der Gott Jakobs. Da verhüllte
Mose sein Gesicht; denn er fürchtete sich,
Gott anzuschauen. 7 Der Herr sprach: Ich
habe das Elend meines Volkes in Ägypten
gesehen, und ihre laute Klage über ihre
Antreiber habe ich gehört. Ich kenne ihr Leid.
8 Ich bin herabgestiegen, um sie der Hand
der Ägypter zu entreißen und aus jenem
Land hinaufzuführen in ein schönes, weites
Land, in ein Land, in dem Milch und Honig
fließen, in das Gebiet der Kanaaniter, Hetiter,
Amoriter, Perisiter, Hiwiter und Jebusiter. 9
Jetzt ist die laute Klage der Israeliten zu mir
gedrungen, und ich habe auch gesehen, wie
die Ägypter sie unterdrücken. 10 Und jetzt
geh! Ich sende dich zum Pharao. Führe mein
Volk, die Israeliten, aus Ägypten heraus! 11
Mose antwortete Gott: Wer bin ich, daß ich
zum Pharao gehen und die Israeliten aus
Ägypten herausführen könnte? 12 Gott aber
sagte: Ich bin mit dir; ich habe dich gesandt,
und als Zeichen dafür soll dir dienen: Wenn
du das Volk aus Ägypten herausgeführt hast,
werdet ihr Gott an diesem Berg verehren. 13
Da sagte Mose zu Gott: Gut, ich werde also zu
den Israeliten kommen und ihnen sagen: Der
Gott eurer Väter hat mich zu euch gesandt.
Da werden sie mich fragen: Wie heißt er? Was
soll ich ihnen darauf sagen? 14 Da antwortete
Gott dem Mose: Ich bin der »Ich-bin-da«. Und
er fuhr fort: So sollst du zu den Israeliten
sagen: Der »Ich-bin-da« hat mich zu euch
gesandt. 15 Weiter sprach Gott zu Mose: So
sag zu den Israeliten: Jahwe, der Gott eurer
Väter, der Gott Abrahams, der Gott Isaaks
und der Gott Jakobs, hat mich zu euch ge-
sandt. Das ist mein Name für immer, und so
wird man mich nennen in allen Generatio-
nen. 16 Geh, versammle die Ältesten Israels,
und sag ihnen: Jahwe, der Gott eurer Väter,
der Gott Abrahams, Isaaks und Jakobs, ist
mir erschienen und hat mir gesagt: Ich habe
sorgsam auf euch geachtet und habe gese-
hen, was man euch in Ägypten antut. 17
Darum habe ich beschlossen, euch aus dem
Elend Ägyptens hinaufzuführen in das Land
der Kanaaniter, Hetiter, Amoriter, Perisiter,
Hiwiter und Jebusiter, in ein Land, in dem
Milch und Honig fließen.

»Leg deine Schuhe ab; denn der Ort, wo du stehst, ist heiliger Boden« (Ex 3,5). Um 1400, Kreuzgang Brixen.

Das Gedächtnis der Befreiung

Die Erzählung von den ägyptischen Plagen (Ex 7–12) weist darauf hin, daß Israel die rettende Gegenwart Gottes in der Bedrohung seiner Existenz immer wieder als ein Wunder empfunden hat.

Das Erzählen von der rettenden und befreienden Nähe Jahwes hat seinen Ort in der liturgischen Feier. Israel beging als großes Gedächtnis der Rettung und Befreiung die Festwoche der »ungesäuerten Brote«, die ihren Höhepunkt in der »Pascha-Feier« hatte. Die Riten gehen zum Teil auf alte, vorisraelitische Bräuche zurück: So schlachteten die Hirten beim Wechsel von der Winterweide auf die Sommerweide ein Lamm und bestrichen mit dem Blut die Eingangspfosten ihrer Zelte, um den Einfluß verderblicher Mächte abzuwehren. Im Feiern Israels erhielten diese Riten eine neue Bedeutung; sie wurden verbunden mit Erzählungen, die an die Rettung Israels aus Äypten durch Jahwe erinnern sollten.

Für die Christen findet dieses rettende und befreiende Handeln Gottes in Tod und Auferstehung Jesu seinen Höhepunkt. Daher zeichnen die ersten drei Evangelien das Abschiedsmahl Jesu mit den Jüngern als ein Paschamahl, während Johannes betont, daß Jesus zu der Stunde stirbt, in der die Paschalämmer geschlachtet wurden. Paulus sagt ausdrücklich: »... als unser Paschalamm ist Christus geopfert worden« (1 Kor 5,7).

Die Pascha-Feier: Ex 12,1–11

1 Der Herr sprach zu Mose und Aaron in
Ägypten: 2 Dieser Monat soll die Reihe eurer
Monate eröffnen, er soll euch als der erste
unter den Monaten des Jahres gelten. 3 Sagt
der ganzen Gemeinde Israel: Am Zehnten
dieses Monats soll jeder ein Lamm für seine
Familie holen, ein Lamm für jedes Haus. 4 Ist
die Hausgemeinschaft für ein Lamm zu
klein, so nehme er es zusammen mit dem
Nachbarn, der seinem Haus am nächsten
wohnt, nach der Anzahl der Personen. Bei
der Aufteilung des Lammes müßt ihr berück-
sichtigen, wieviel der einzelne essen kann. 5
Nur ein fehlerfreies, männliches, einjähriges
Lamm darf es sein, das Junge eines Schafes
oder einer Ziege müßt ihr nehmen. 6 Ihr sollt
es bis zum vierzehnten Tag dieses Monats
aufbewahren. Gegen Abend soll die ganze
versammelte Gemeinde Israel die Lämmer
schlachten. 7 Man nehme etwas von dem Blut
und bestreiche damit die beiden Türpfosten
und den Türsturz an den Häusern, in denen
man das Lamm essen will. 8 Noch in der
gleichen Nacht soll man das Fleisch essen.
Über dem Feuer gebraten und zusammen
mit ungesäuertem Brot und Bitterkräutern
soll man es essen. 9 Nichts davon dürft ihr roh
oder in Wasser gekocht essen, sondern es
muß über dem Feuer gebraten sein. Kopf
und Beine dürfen noch nicht vom Rumpf

Das Blut des Osterlammes befreit die Welt von der Sünde. Tabernakelaufsatz, Johann Perger, 18. Jh., Toblach.

getrennt sein. 10 Ihr dürft nichts bis zum
Morgen übriglassen. Wenn aber am Morgen
noch etwas übrig ist, dann verbrennt es im
Feuer! 11 So aber sollt ihr es essen: eure
Hüften gegürtet, Schuhe an den Füßen, den
Stab in der Hand. Eßt es hastig! Es ist die
Paschafeier für den Herrn.

Das Essen der ungesäuerten Brote:
Ex 12,29–31.37–39

29 Es war Mitternacht, als der Herr alle Erstge-
borenen in Ägypten erschlug, vom Erstgebo-
renen des Pharao, der auf dem Thron saß,
bis zum Erstgeborenen des Gefangenen im
Kerker, und jede Erstgeburt beim Vieh. 30 Da
standen der Pharao, alle seine Diener und
alle Ägypter noch in der Nacht auf, und
großes Wehgeschrei erhob sich bei den
Ägyptern; denn es gab kein Haus, in dem
nicht ein Toter war. 31 Der Pharao ließ Mose
und Aaron noch in der Nacht rufen und sagte:
Auf, verlaßt mein Volk, ihr beide und die
Israeliten! Geht und verehrt Jahwe, wie ihr
gesagt habt. 37 Die Israeliten brachen von
Ramses nach Sukkot auf. Es waren an die
sechshunderttausend Mann zu Fuß, nicht
gerechnet die Kinder. 38 Auch ein großer
Haufen anderer Leute zog mit, dazu Schafe,
Ziegen und Rinder, eine sehr große Menge
Vieh. 39 Aus dem Teig, den sie aus Ägypten
mitgebracht hatten, backten sie ungesäuerte
Brotfladen; denn der Teig war nicht durch-
säuert, weil sie aus Ägypten verjagt worden
waren und nicht einmal Zeit hatten, für Reise-
verpflegung zu sorgen.

Die Rettung am Schilfmeer

Die Befreiungsgeschichte Israels findet ihren Höhepunkt in der Geschichte von der Rettung am »Meer«. Die Erzähler wollten den Hörern deutlich machen: Jahwe ist rettend im jeweiligen »heute« tätig. So wollte ein Erzähler die Gemeinde Israels, die die Katastrophe des Untergangs Jerusalems hinter sich hatte, ermutigen: Nicht Baal, oder welche Götter auch immer, haben die Gewalt über die chaotischen Wasser des Todes, sondern Jahwe, der Gott Israels, hat die Macht, zu retten. Ein älterer Erzähler aus der Königszeit hingegen macht gegenüber einer sich allmächtig gebenden politischen Macht in Israel deutlich: Was uns wirklich rettet, ist unser Gott Jahwe, und nicht unsere militärische Stärke.

Für Israel war es selbstverständlich, daß es auf Gottes Wirken mit Lob antwortete. So folgt der Erzählung von der Befreiung aus Ägypten das Lob. Dieses Lob geht weiter durch die gesamte Geschichte des Gottesvolkes, bis zu ihrer Vollendung (Offb 14,3; 19,1–10).

Das mächtige Handeln Gottes: Ex 14,5–31

5 Als man dem König von Ägypten meldete,
das Volk sei geflohen, änderten der Pharao
und seine Diener ihre Meinung über das Volk
und sagten: Wie konnten wir nur Israel aus
unserem Dienst entlassen! 6 Er ließ seinen
Streitwagen anspannen und nahm seine
Leute mit. 7 Sechshundert auserlesene Streit-
wagen nahm er mit und alle anderen Streit-
wagen der Ägypter und drei Mann auf jedem
Wagen. 8 Der Herr verhärtete das Herz des
Pharao, des Königs von Ägypten, so daß er
den Israeliten nachjagte, während sie voll
Zuversicht weiterzogen. 9 Die Ägypter jagten
mit allen Pferden und Streitwagen des Pha-
rao, mit seiner Reiterei und seiner Streit-
macht hinter ihnen her und holten sie ein, als
sie gerade am Meer lagerten. Es war bei Pi-
Hahirot vor Baal-Zefon. 10 Als der Pharao sich
näherte, blickten die Israeliten auf und sahen
plötzlich die Ägypter von hinten anrücken.
Da erschraken die Israeliten sehr und schrien
zum Herrn. 11 Zu Mose sagten sie: Gab es
denn keine Gräber in Ägypten, daß du uns
zum Sterben in die Wüste holst? Was hast du
uns da angetan? Warum hast du uns aus
Ägypten herausgeführt? 12 Haben wir dir in

Ägypten nicht gleich gesagt: Laß uns in Ruhe!
Wir wollen Sklaven der Ägypter bleiben; denn
es ist für uns immer noch besser, Sklaven der
Ägypter zu sein, als in der Wüste zu sterben.
[13] Mose aber sagte zum Volk: Fürchtet euch
nicht! Bleibt stehen, und schaut zu, wie der
Herr euch heute rettet. Wie ihr die Ägypter
heute seht, so seht ihr sie niemals wieder. [14]
Der Herr kämpft für euch, ihr aber könnt
ruhig abwarten. [15] Der Herr sprach zu Mose:
Was schreist du zu mir? Sag den Israeliten,
sie sollen aufbrechen. [16] Und du heb deinen
Stab hoch, streck deine Hand über das Meer,
und spalte es, damit die Israeliten auf trocke-
nem Boden in das Meer hineinziehen kön-
nen. [17] Ich aber will das Herz der Ägypter
verhärten, damit sie hinter ihnen hineinzie-
hen. So will ich am Pharao und an seiner
ganzen Streitmacht, an seinen Streitwagen
und Reitern meine Herrlichkeit erweisen. [18]
Die Ägypter sollen erkennen, daß ich der
Herr bin, wenn ich am Pharao, an seinen
Streitwagen und Reitern meine Herrlichkeit
erweise. [19] Der Engel Gottes, der den Zug der
Israeliten anführte, erhob sich und ging an
das Ende des Zuges, und die Wolkensäule
vor ihnen erhob sich und trat an das Ende. [20]
Sie kam zwischen das Lager der Ägypter und
das Lager der Israeliten. Die Wolke war da
und Finsternis, und Blitze erhellten die
Nacht. So kamen sie die ganze Nacht einan-
der nicht näher. [21] Mose streckte seine Hand
über das Meer aus, und der Herr trieb die
ganze Nacht das Meer durch einen starken
Ostwind fort. Er ließ das Meer austrocknen,
und das Wasser spaltete sich. [22] Die Israeliten
zogen auf trockenem Boden ins Meer hinein,
während rechts und links von ihnen das
Wasser wie eine Mauer stand. [23] Die Ägypter
setzten ihnen nach; alle Pferde des Pharao,
seine Streitwagen und Reiter zogen hinter
ihnen ins Meer hinein. [24] Um die Zeit der
Morgenwache blickte der Herr aus der Feuer-
und Wolkensäule auf das Lager der Ägypter
und brachte es in Verwirrung. [25] Er hemmte
die Räder an ihren Wagen und ließ sie nur
schwer vorankommen. Da sagte der Ägypter:
Ich muß vor Israel fliehen; denn Jahwe
kämpft auf ihrer Seite gegen Ägypten. [26]
Darauf sprach der Herr zu Mose: Streck deine
Hand über das Meer, damit das Wasser zu-
rückflutet und den Ägypter, seine Wagen und
Reiter zudeckt. [27] Mose streckte seine Hand
über das Meer, und gegen Morgen flutete das
Meer an seinen alten Platz zurück, während
die Ägypter auf der Flucht ihm entgegenlie-
fen. So trieb der Herr die Ägypter mitten ins
Meer. [28] Das Wasser kehrte zurück und be-
deckte Wagen und Reiter, die ganze Streit-
macht des Pharao, die den Israeliten ins Meer
nachgezogen war. Nicht ein einziger von
ihnen blieb übrig. [29] Die Israeliten aber waren
auf trockenem Boden mitten durch das Meer
gezogen, während rechts und links von ih-
nen das Wasser wie eine Mauer stand. [30] So
rettete der Herr an jenem Tag Israel aus der
Hand der Ägypter. Israel sah die Ägypter tot
am Strand liegen. [31] Als Israel sah, daß der
Herr mit mächtiger Hand an den Ägyptern
gehandelt hatte, fürchtete das Volk den
Herrn. Sie glaubten an den Herrn und an
Mose, seinen Knecht.

Loblied Israels: Ex 15,20–21

[20] Die Prophetin Mirjam, die Schwester Aa-
rons, nahm die Pauke in die Hand, und alle
Frauen zogen mit Paukenschlag und Tanz
hinter ihr her. [21] Mirjam sang ihnen vor:
Singt dem Herrn ein Lied, / denn er ist hoch
und erhaben! / Rosse und Wagen warf er ins
Meer.

Das wandernde Gottesvolk

Der Weg aus der Knechtschaft Ägyptens durch die Wüste in das Land der Verheißung ist das große erzählende Bild für den Weg Israels durch die Zeit. Diese Wanderung führt das Volk zur Begegnung mit seinem Gott und hat als großes Ziel das »Land«, in dem sich das Leben Israels entfalten und erfüllen kann.

Auf seinem Weg durch die Geschichte darf Israel wissen: Jahwe erhält unser Leben. Symbol dafür mag für alle Generationen das »Manna« sein, jene verdickten Siruptröpfchen, die an der Mannatamariske im Innern der Sinai-Halbinsel zu finden sind und gegessen werden, und die Wachteln, die übermüdet von ihrem weiten Flug über das Meer am Ufer niedergehen und leicht eingefangen werden können. Wunderbar ist diese Speise, weil sie erfahren läßt: Gott ist da, er ist nahe und gibt Leben. Ebenso erfährt Israel, daß Rettung aus tödlicher Bedrohung nicht ein Problem der Generäle und Rüstungsfachleute ist. Es sind vielmehr prophetische Gestalten wie Mose, von Gott erweckt, die die Rettung aus dem Tod vermitteln. Aber auch diese großen Männer bedürfen der solidarischen Unterstützung durch das Volk.

Das Volk, das durch die Wüste zieht, ist auch ein Bild für die Kirche aller Zeiten: Immer muß das Volk Gottes die Versuchung in der Wüste überwinden; Jesus selbst stellt sich diesen Versuchungen und überwindet sie (Mt 4, 1–11; Hebr 2, 18). Auch diesem Volk ist das Brot des Lebens geschenkt, wie es die Auslegung der Mannageschichte in Joh 6 verheißt.

Jahwe gibt Brot und Fleisch: Ex 16, 2–15

2 Die ganze Gemeinde der Israeliten murrte
in der Wüste gegen Mose und Aaron. 3 Die
Israeliten sagten zu ihnen: Wären wir doch in
Ägypten durch die Hand des Herrn gestor-
ben, als wir an den Fleischtöpfen saßen und
Brot genug zu essen hatten. Ihr habt uns nur
deshalb in diese Wüste geführt, um alle, die
hier versammelt sind, an Hunger sterben zu
lassen. 4 Da sprach der Herr zu Mose: Ich will
euch Brot vom Himmel regnen lassen. Das
Volk soll hinausgehen, um seinen täglichen
Bedarf zu sammeln. Ich will es prüfen, ob es
nach meiner Weisung lebt oder nicht. 5 Wenn
sie am sechsten Tag feststellen, was sie
zusammengebracht haben, wird es doppelt
soviel sein, wie sie sonst täglich gesammelt
haben. 6 Da sagten Mose und Aaron zu allen
Israeliten: Heute abend sollt ihr erfahren,
daß der Herr euch aus Ägypten geführt hat, 7
und morgen werdet ihr die Herrlichkeit des
Herrn schauen; denn er hat euer Murren
gegen ihn gehört. Aber wer sind schon wir,
daß ihr gegen uns murrt? 8 Weiter sagte
Mose: Wenn der Herr euch heute abend
Fleisch zu essen gibt und euch am Morgen
mit Brot sättigt, wenn er also euer Murren
hört, mit dem ihr ihn bedrängt, was sind wir
dann? Nicht uns galt euer Murren, sondern
dem Herrn. 9 Dann sagte Mose zu Aaron: Sag
der ganzen Gemeinde der Israeliten: Tretet
hin vor den Herrn; denn er hat euer Murren
gehört. 10 Während Aaron zur ganzen Ge-
meinde der Israeliten sprach, wandten sie
sich zur Wüste hin. Da erschien plötzlich in
der Wolke die Herrlichkeit des Herrn. 11 Der
Herr sprach zu Mose: 12 Ich habe das Murren
der Israeliten gehört. Sag ihnen: Am Abend
werdet ihr Fleisch zu essen haben, am Mor-
gen werdet ihr satt sein von Brot, und ihr
werdet erkennen, daß ich der Herr, euer Gott,
bin. 13 Am Abend kamen die Wachteln und
bedeckten das Lager. Am Morgen lag eine
Schicht von Tau rings um das Lager. 14 Als
sich die Tauschicht gehoben hatte, lag auf
dem Wüstenboden etwas Feines, Knuspri-
ges, fein wie Reif, auf der Erde. 15 Als das die
Israeliten sahen, sagten sie zueinander: Was
ist das? Denn sie wußten nicht, was es war.
Da sagte Mose zu ihnen: Das ist das Brot, das
der Herr euch zu essen gibt.

»Gott gab ihnen Brot vom Himmel« (vgl. Ps 78,24). Meister Wenzelslaus, 1415, Friedhofskapelle in Riffian.

Mose schlägt Wasser aus dem Felsen:
Ex 17,1–7

1 Die ganze Gemeinde der Israeliten zog von
der Wüste Sin weiter, von einem Rastplatz
zum andern, wie es der Herr jeweils be-
stimmte. In Refidim schlugen sie ihr Lager
auf. Weil das Volk kein Wasser zu trinken
hatte, 2 geriet es mit Mose in Streit und sagte:
Gebt uns Wasser zu trinken! Mose aber ant-
wortete: Was streitet ihr mit mir? Warum stellt
ihr den Herrn auf die Probe? 3 Das Volk
dürstete dort nach Wasser und murrte gegen
Mose. Sie sagten: Warum hast du uns über-
haupt aus Ägypten hierher geführt? Um uns,
unsere Söhne und unser Vieh verdursten zu
lassen? 4 Mose schrie zum Herrn: Was soll ich
mit diesem Volk anfangen? Es fehlt nur we-
nig, und sie steinigen mich. 5 Der Herr ant-
wortete Mose: Geh am Volk vorbei, und
nimm einige von den Ältesten Israels mit;
nimm auch den Stab in die Hand, mit dem du
auf den Nil geschlagen hast, und geh! 6 Dort
drüben auf dem Felsen am Horeb werde ich
vor dir stehen. Dann schlag an den Felsen! Es
wird Wasser herauskommen, und das Volk
kann trinken. Das tat Mose vor den Augen der
Ältesten Israels. 7 Den Ort nannte er Massa
und Meriba (Probe und Streit), weil die Israeli-
ten Streit begonnen und den Herrn auf die
Probe gestellt hatten, indem sie sagten: Ist
der Herr in unserer Mitte oder nicht?

Die rettende Kraft des Propheten:
Ex 17,8–16

8 Als Amalek kam und in Refidim den Kampf
mit Israel suchte, 9 sagte Mose zu Josua: Wähl
uns Männer aus, und zieh in den Kampf
gegen Amalek! Ich selbst werde mich mor-
gen auf den Gipfel des Hügels stellen und
den Gottesstab mitnehmen. 10 Josua tat, was
ihm Mose aufgetragen hatte, und kämpfte
gegen Amalek, während Mose, Aaron und
Hur auf den Gipfel des Hügels stiegen. 11
Solange Mose seine Hand erhoben hielt, war
Israel stärker; sooft er aber die Hand sinken
ließ, war Amalek stärker. 12 Als dem Mose die
Hände schwer wurden, holten sie einen
Steinbrocken, schoben ihn unter Mose, und
er setzte sich darauf. Aaron und Hur stützten
seine Arme, der eine rechts, der andere links,
so daß seine Hände erhoben blieben, bis die
Sonne unterging. 13 So besiegte Josua mit
scharfem Schwert Amalek und sein Heer. 14
Danach sprach der Herr zu Mose: Halte das
zur Erinnerung in einer Urkunde fest, und
präg es Josua ein! Denn ich will die Erinne-
rung an Amalek unter dem Himmel austil-
gen. 15 Mose baute einen Altar und gab ihm
den Namen »Jahwe mein Feldzeichen«. 16 Er
sagte:
Die Hand an Jahwes Feldzeichen! / Krieg ist
zwischen Jahwe und Amalek / von Genera-
tion zu Generation.

Jahwe, der Gott vom Sinai

Die biblische Erzählung über die Wanderung Israels von Ägypten in das Land der Verheißung wird unterbrochen durch Erzählungen von einem längeren Aufenthalt Israels an einem Gottesberg mit dem Namen »Sinai«, bzw. »Horeb«; in diesen Zusammenhang ist eine lange Reihe von Weisungen und Gesetzen eingeschoben, die sich von der zweiten Hälfte des Buches Exodus über das Buch Levitikus bis ins Buch Numeri hinein erstrecken.

In den Sinaigeschichten will Israel nicht so sehr von einem Einzelgeschehen berichten, als vielmehr unterstreichen, was allen Ereignissen, in denen es Gott am Werk weiß, vorausliegt: Jahwe ist von seinem innersten Wesen her der Gott, der sich seinem Volk erschließt und ihm unermüdlich seine Gemeinschaft anbietet. Dies möchte das Wort vom »Erscheinen« Gottes aussprechen. Israel wußte aber auch, daß das Geschenk der Nähe Jahwes verpflichtet; daher spricht es im Zusammenhang mit dem »Erscheinen« Gottes auch von der »Weisung« Gottes, die dem Leben des Gottesvolkes die Entfaltungsmöglichkeiten bewahrt.

Diese Grundbeziehung zwischen Jahwe und Israel wird in der Bibel oft mit den Worten ausgesprochen: »Gott schließt einen ›Bund‹«. Freilich läßt das Wort »Bund« zu sehr an einen »Vertrag« denken, den zwei Partner eingehen und dessen Bestehen von beiden Partnern abhängt. Israel hat sein Verhältnis zu Gott für kurze Zeit so verstanden, bis es einsehen mußte und durfte: Die Gültigkeit des Angebotes Gottes kann vom Menschen her nicht in Frage gestellt werden. Israel kann sich dem Angebot Gottes wohl entziehen, indem es sich nicht von Gott in Pflicht nehmen läßt; es verliert dadurch auch die Kraft und den Segen, die dem erwachsen, der sich auf Gott einläßt. Doch Gottes Angebot bleibt bestehen.

Die Gottesbegegnung am Sinai

Die große Erzählung von der Gotteserscheinung versucht die »Begegnung« Jahwes mit seinem Volk in einer Vielfalt von Bildern darzustellen. Da Israel, besonders in der Tempelliturgie, seinen Gott feiert als den, der seine Nähe schenkt und der sich für das Volk einsetzt, werden in der erzählerischen Ausgestaltung der »Sinai-Erscheinung« verschiedene Momente aus der Jerusalemer Tempelliturgie verwendet: Der Schall der Widderhörner; der mächtig aufsteigende Rauch; der beauftragte Mittler, der allein ins geheimnisvolle Dunkel hineingehen darf; das Volk, gereinigt und in Festtagskleidern; das Sprengen des Blutes und die Verlesung des Gesetzes. Israel erfährt im Lauf der Geschichte die Begegnung mit Gott in vielfältiger Weise: Als »Schmelzofen«, in dem Israel sich läutern lassen muß; als prophetisch-befreiendes Wort, durch das es von der »Unreinheit Ägyptens« und der bisherigen Lebensweise befreit wird; als Einbruch geheimnisvoller Wirklichkeit. Alle diese Erfahrungen sind in die eine Erzählung hineingenommen, die damit letztlich sagen will: Gott offenbart sich, indem er den Menschen Leben und Lebensraum gibt. Wenn Israel dieses Angebot annimmt, lebt es in der Gemeinschaft mit seinem Gott. Damit ist die Mitte des »Bundesverhältnisses« angesprochen.

Israel – Jahwes Eigentum: Ex 19,1–6

[1] Im dritten Monat nach dem Auszug der Israeliten aus Ägypten – am heutigen Tag – kamen sie in der Wüste Sinai an. [2] Sie waren von Refidim aufgebrochen und kamen in die Wüste Sinai. Sie schlugen in der Wüste das Lager auf. Dort lagerte Israel gegenüber dem Berg. [3] Mose stieg zu Gott hinauf. Da rief ihm der Herr vom Berg her zu: Das sollst du dem Haus Jakob sagen und den Israeliten verkünden: [4] Ihr habt gesehen, was ich den Ägyptern

angetan habe, wie ich euch auf Adlerflügeln
getragen und hierher zu mir gebracht habe. 5
Jetzt aber, wenn ihr auf meine Stimme hört
und meinen Bund haltet, werdet ihr unter
allen Völkern mein besonderes Eigentum
sein. Mir gehört die ganze Erde, 6 ihr aber
sollt mir als ein Reich von Priestern und als
ein heiliges Volk gehören. Das sind die Worte, die du den Israeliten mitteilen sollst.

Die Lebensweisung ist Gottes Gabe für das Volk. Mose erhält die Tafeln des Gesetzes. Fresko, Friedrich Pacher, Ende 15. Jh., Greinwalden / Pfalzen.

Die Gotteserscheinung: Ex 19,9–25

9 Der Herr sprach zu Mose: Ich werde zu dir in
einer dichten Wolke kommen; das Volk soll
es hören, wenn ich mit dir rede, damit sie
auch an dich immer glauben. Da berichtete
Mose dem Herrn, was das Volk gesagt hatte.
10 Der Herr sprach zu Mose: Geh zum Volk!
Ordne an, daß sie sich heute und morgen
heilig halten und ihre Kleider waschen. 11 Sie
sollen sich für den dritten Tag bereithalten.
Am dritten Tag nämlich wird der Herr vor den
Augen des ganzen Volkes auf den Berg Sinai
herabsteigen. 12 Zieh um das Volk eine Grenze, und sag: Hütet euch, auf den Berg zu
steigen oder auch nur seinen Fuß zu berühren. Jeder, der den Berg berührt, wird mit
dem Tod bestraft. 13 Keine Hand soll den Berg
berühren. Wer es aber tut, soll gesteinigt
oder mit Pfeilen erschossen werden; ob Tier
oder Mensch, niemand darf am Leben bleiben. Erst wenn das Horn ertönt, dürfen sie
auf den Berg steigen. 14 Mose stieg vom Berg
zum Volk hinunter und ordnete an, das Volk
solle sich heilig halten und seine Kleider
waschen. 15 Er sagte zum Volk: Haltet euch für
den dritten Tag bereit! Berührt keine Frau! 16
Am dritten Tag, im Morgengrauen, begann
es zu donnern und zu blitzen. Schwere Wolken lagen über dem Berg, und gewaltiger
Hörnerschall erklang. Das ganze Volk im
Lager begann zu zittern. 17 Mose führte es aus
dem Lager hinaus Gott entgegen. Unten am
Berg blieben sie stehen. 18 Der ganze Sinai
war in Rauch gehüllt, denn der Herr war im
Feuer auf ihn herabgestiegen. Der Rauch
stieg vom Berg auf wie Rauch aus einem
Schmelzofen. Der ganze Berg bebte gewaltig, 19 und der Hörnerschall wurde immer
lauter. Mose redete, und Gott antwortete im
Donner. 20 Der Herr war auf den Sinai, auf den
Gipfel des Berges, herabgestiegen. Er hatte
Mose zu sich auf den Gipfel des Berges
gerufen, und Mose war hinaufgestiegen. 21
Da sprach der Herr zu Mose: Geh hinunter,
und schärf dem Volk ein, sie sollen nicht
neugierig sein und nicht versuchen, zum
Herrn vorzudringen; sonst müßten viele von
ihnen umkommen. 22 Auch die Priester, die
sich dem Herrn nähern, müssen sich geheiligt haben, damit der Herr in ihre Reihen
keine Bresche reißt. 23 Mose entgegnete dem
Herrn: Das Volk kann nicht auf den Sinai
steigen. Denn du selbst hast uns eingeschärft: Zieh eine Grenze um den Berg, und
erklär ihn für heilig! 24 Doch der Herr sprach
zu ihm: Geh hinunter, und komm zusammen
mit Aaron wieder herauf! Die Priester aber
und das Volk sollen nicht versuchen, hinaufzusteigen und zum Herrn vorzudringen,
sonst reißt er in ihre Reihen eine Bresche. 25
Da ging Mose zum Volk hinunter und sagte
es ihnen.

Die Bundessatzung

Israel drückt in den »Zehn Geboten« programmatisch aus, daß es sich durch Jahwe, der ihm Freiheit und Lebensraum schenkt, in die Verantwortung nehmen läßt. Die »Zehn Gebote« (Ex 20,1–17 und Dtn 5,6–21) sind nur verständlich, wenn man sie aus dem Blickwinkel des Schlüsselsatzes liest: »Ich bin Jahwe, dein Gott, der dich aus Ägypten geführt hat, aus dem Sklavenhaus«. Israel ist sich im Lauf vieler Generationen bewußt geworden, daß es Werte gibt, die unbedingt verteidigt werden müssen, wenn das Volk sein Leben und seinen Lebensraum bewahren will. Die Zehn Gebote Gottes sind nicht nur eine sittliche Lebensordnung, sondern die dringende Einladung, jene Grundwerte, die in den einzelnen Geboten genannt sind, unbedingt zu respektieren; nur so kann das Leben als Leben vor Jahwe und in der Gemeinschaft des Gottesvolkes erhalten bleiben. Auch die christliche Gemeinde ist durch die Zehn Gebote eindringlich aufgerufen, sich zu fragen: Welche Grundwerte sind in Gefahr und müssen verteidigt werden, damit der Lebensraum nicht zerstört wird, den Gott uns in Jesus von Nazaret eröffnet hat? Neben den Zehn Geboten wurde noch eine weitere Sammlung von Rechtssätzen in die Sinai-Erzählung eingeschoben, das sogenannte »Bundesbuch« (Ex 20,22 – 23,33). In einer Zeit, in der die Stämme ohne staatliches Machtzentrum lebten, erfuhren sie, daß diese Gemeinschaft nur Bestand haben kann, wenn den schwächsten Gliedern – wie Fremden, Witwen, Waisen und Armen – Schutz und Hilfe gewährt werden.

Die Zehn Gebote als Lebensweisung: Ex 20,1–17

1 Dann sprach Gott alle diese Worte: 2 Ich bin
Jahwe, dein Gott, der dich aus Ägypten ge-
führt hat, aus dem Sklavenhaus. 3 Du sollst
neben mir keine anderen Götter haben. 4 Du
sollst dir kein Gottesbild machen und keine Darstellung von irgend etwas am Himmel droben, auf der Erde unten oder im Wasser
unter der Erde. 5 Du sollst dich nicht vor
anderen Göttern niederwerfen und dich nicht verpflichten, ihnen zu dienen. Denn ich, der Herr, dein Gott, bin ein eifersüchtiger Gott: Bei denen, die mir feind sind, verfolge ich die Schuld der Väter an den Söhnen, an der
dritten und vierten Generation; 6 bei denen,
die mich lieben und auf meine Gebote ach-
ten, erweise ich Tausenden meine Huld. 7 Du
sollst den Namen des Herrn, deines Gottes, nicht mißbrauchen; denn der Herr läßt den nicht ungestraft, der seinen Namen miß-
braucht. 8 Gedenke des Sabbats: Halte ihn
heilig! 9 Sechs Tage darfst du schaffen und
jede Arbeit tun. 10 Der siebte Tag ist ein
Ruhetag, dem Herrn, deinem Gott, geweiht. An ihm darfst du keine Arbeit tun: du, dein Sohn und deine Tochter, dein Sklave und deine Sklavin, dein Vieh und der Fremde, der
in deinen Stadtbereichen Wohnrecht hat. 11
Denn in sechs Tagen hat der Herr Himmel, Erde und Meer gemacht und alles, was dazugehört; am siebten Tag ruhte er. Darum hat der Herr den Sabbattag gesegnet und ihn für heilig erklärt.

12 Ehre deinen Vater und deine Mutter, damit du lange lebst in dem Land, das der Herr, dein Gott, dir gibt.

13 Du sollst nicht morden.

14 Du sollst nicht die Ehe brechen.

15 Du sollst nicht stehlen.

16 Du sollst nicht falsch gegen deinen Nächsten aussagen.

17 Du sollst nicht nach dem Haus deines Nächsten verlangen. Du sollst nicht nach der Frau deines Nächsten verlangen, nach seinem Sklaven oder seiner Sklavin, seinem Rind oder seinem Esel oder nach irgend etwas, das deinem Nächsten gehört.

Solidarität mit den Armen: Ex 22,20–26

20 Einen Fremden sollst du nicht ausnützen
oder ausbeuten, denn ihr selbst seid in Ägyp-
ten Fremde gewesen. 21 Ihr sollt keine Witwe
oder Waise ausnützen. 22 Wenn du sie aus-
nützt und sie zu mir schreit, werde ich auf
ihren Klageschrei hören. 23 Mein Zorn wird
entbrennen, und ich werde euch mit dem Schwert umbringen, so daß eure Frauen zu

Witwen und eure Söhne zu Waisen werden. 24
Leihst du einem aus meinem Volk, einem
Armen, der neben dir wohnt, Geld, dann
sollst du dich gegen ihn nicht wie ein Wuche-
rer benehmen. Ihr sollt von ihm keinen Wu-
cherzins fordern. 25 Nimmst du von einem
Mitbürger den Mantel zum Pfand, dann sollst
du ihn bis Sonnenuntergang zurückgeben; 26
denn es ist seine einzige Decke, der Mantel,
mit dem er seinen bloßen Leib bedeckt.
Worin soll er sonst schlafen? Wenn er zu mir
schreit, höre ich es, denn ich habe Mitleid.

Der Bundesschluß

Die Überzeugung, von Jahwe befreit zu sein, schafft liturgische Gemeinde, die im Opfer Gott dankt und sich als Gemeinschaft erlebt. Die in der Feier erfahrene Zuwendung Gottes wird von Israel immer deutlicher in ihrem verpflichtenden Anspruch erkannt, was die Erzählung mit dem Blutritus andeutet. Israel erkannte freilich auch die Gefahr, sich selbst einen »Gott des Auszugs« zu formen, der den eigenen Vorstellung mehr entspricht als der Gott vom Sinai, der sich verborgen kundtut, unverfügbar bleibt und so Freiheit vermittelt. Trotz der eigenen Irrwege darf Israel aber mit der Treue seines Gottes rechnen, der seine Liebe, die frei macht, trotz allem durchhält.

Die »Feier« der Befreiung: Ex 24,1–11

1 Zu Mose sprach Gott: Steig zum Herrn
hinauf zusammen mit Aaron, Nadab, Abihu
und mit siebzig von den Ältesten Israels;
werft euch in einiger Entfernung nieder! 2
Mose allein soll sich dem Herrn nähern, die
anderen dürfen nicht näher kommen, und
das Volk darf den Berg nicht mit ihm zusam-
men besteigen. 3 Mose kam und übermittelte
dem Volk alle Worte und Rechtsvorschriften
des Herrn. Das ganze Volk antwortete ein-
stimmig und sagte: Alles, was der Herr ge-
sagt hat, wollen wir tun. 4 Mose schrieb alle
Worte des Herrn auf. Am nächsten Morgen
stand er zeitig auf und errichtete am Fuß des
Berges einen Altar und zwölf Steinmale für
die zwölf Stämme Israels. 5 Er schickte die
jungen Männer Israels aus. Sie brachten
Brandopfer dar und schlachteten junge Stie-
re als Heilsopfer für den Herrn. 6 Mose nahm
die Hälfte des Blutes und goß es in eine
Schüssel, mit der anderen Hälfte besprengte
er den Altar. 7 Darauf nahm er die Urkunde
des Bundes und verlas sie vor dem Volk. Sie
antworteten: Alles, was der Herr gesagt hat,
wollen wir tun; wir wollen gehorchen. 8 Da
nahm Mose das Blut, besprengte damit das
Volk und sagte: Das ist das Blut des Bundes,
den der Herr aufgrund all dieser Worte mit
euch geschlossen hat. 9 Danach stiegen Mo-
se, Aaron, Nadab, Abihu und die siebzig von
den Ältesten Israels hinauf, 10 und sie sahen
den Gott Israels. Die Fläche unter seinen
Füßen war wie mit Saphir ausgelegt und
glänzte hell wie der Himmel selbst. 11 Gott
streckte nicht seine Hand gegen die Edlen
der Israeliten aus; sie durften Gott sehen,
und sie aßen und tranken.

Das Goldene Kalb – Der selbstgemachte Gott: Ex 32,1–20

1 Als das Volk sah, daß Mose noch immer
nicht vom Berg herabkam, versammelte es
sich um Aaron und sagte zu ihm: Komm,
mach uns Götter, die vor uns herziehen.
Denn dieser Mose, der Mann, der uns aus
Ägypten heraufgebracht hat – wir wissen
nicht, was mit ihm geschehen ist. 2 Aaron
antwortete: Nehmt euren Frauen, Söhnen
und Töchtern die goldenen Ringe ab, die sie
an den Ohren tragen, und bringt sie her! 3 Da
nahm das ganze Volk die goldenen Ohrringe
ab und brachte sie zu Aaron. 4 Er nahm sie
von ihnen entgegen, zeichnete mit einem
Griffel eine Skizze und goß danach ein Kalb.
Da sagten sie: Das sind deine Götter, Israel,
die dich aus Ägypten heraufgeführt haben. 5
Als Aaron das sah, baute er vor dem Kalb
einen Altar und rief aus: Morgen ist ein Fest
zur Ehre des Herrn. 6 Am folgenden Morgen
standen sie zeitig auf, brachten Brandopfer

dar und führten Tiere für das Heilsopfer herbei. Das Volk setzte sich zum Essen und Trinken und stand auf, um sich zu vergnügen. [7] Da sprach der Herr zu Mose: Geh, steig hinunter, denn dein Volk, das du aus Ägypten heraufgeführt hast, läuft ins Verderben. [8] Schnell sind sie von dem Weg abgewichen, den ich ihnen vorgeschrieben habe. Sie haben sich ein Kalb aus Metall gegossen und werfen sich vor ihm zu Boden. Sie bringen ihm Schlachtopfer dar und sagen: Das sind deine Götter, Israel, die dich aus Ägypten heraufgeführt haben. [9] Weiter sprach der Herr zu Mose: Ich habe dieses Volk durchschaut: Ein störrisches Volk ist es. [10] Jetzt laß mich, damit mein Zorn gegen sie entbrennt und sie verzehrt. Dich aber will ich zu einem großen Volk machen. [11] Da versuchte Mose, den Herrn, seinen Gott, zu besänftigen, und sagte: Warum, Herr, ist dein Zorn gegen dein Volk entbrannt? Du hast es doch mit großer Macht und starker Hand aus Ägypten herausgeführt. [12] Sollen etwa die Ägypter sagen können: In böser Absicht hat er sie herausgeführt, um sie im Gebirge umzubringen und sie vom Erdboden verschwinden zu lassen?

Laß ab von deinem glühenden Zorn, und laß dich das Böse reuen, das du deinem Volk antun wolltest. [13] Denk an deine Knechte, an Abraham, Isaak und Israel, denen du mit einem Eid bei deinem eigenen Namen zugesichert und gesagt hast: Ich will eure Nachkommen zahlreich machen wie die Sterne am Himmel, und: Dieses ganze Land, von dem ich gesprochen habe, will ich euren Nachkommen geben, und sie sollen es für immer besitzen. [14] Da ließ sich der Herr das Böse reuen, das er seinem Volk angedroht hatte. [15] Mose kehrte um und stieg den Berg hinab, die zwei Tafeln der Bundesurkunde in der Hand, die Tafeln, die auf beiden Seiten beschrieben waren. Auf der einen wie auf der andern Seite waren sie beschrieben. [16] Die Tafeln hatte Gott selbst gemacht, und die Schrift, die auf den Tafeln eingegraben war, war Gottes Schrift. [17] Josua hörte das Lärmen und Schreien des Volkes und sagte zu Mose: Horch, Krieg ist im Lager. [18] Mose antwortete: Nicht Siegesgeschrei, auch nicht Geschrei nach Niederlage ist das Geschrei, das ich höre. [19] Als Mose dem Lager näher kam und das Kalb und den Tanz sah, entbrannte sein Zorn. Er schleuderte die Tafeln fort und zerschmetterte sie am Fuß des Berges. [20] Dann packte er das Kalb, das sie gemacht hatten, verbrannte es im Feuer und zerstampfte es zu Staub. Den Staub streute er in Wasser und gab es den Israeliten zu trinken.

Erneuerung des Bundes: Ex 34,1–10

[1] Weiter sprach der Herr zu Mose: Hau dir zwei steinerne Tafeln zurecht wie die ersten! Ich werde darauf die Worte schreiben, die auf den ersten Tafeln standen, die du zerschmettert hast. [2] Halte dich für morgen früh bereit! Steig am Morgen auf den Sinai, und dort auf dem Gipfel des Berges stell dich vor mich hin! [3] Niemand soll mit dir hinaufsteigen; auch soll sich kein Mensch auf dem ganzen Berg sehen lassen, und kein Schaf oder Rind soll am Abhang des Berges weiden. [4] Da hieb Mose zwei Tafeln aus Stein zurecht wie die ersten. Am Morgen stand Mose zeitig auf und ging auf den Sinai hinauf, wie es ihm der Herr aufgetragen hatte. Die beiden steinernen Tafeln nahm er mit. [5] Der Herr aber stieg in der Wolke herab und stellte sich dort neben ihn hin. Er rief den Namen Jahwe aus. [6] Der Herr ging an ihm vorüber und rief: Jahwe ist ein barmherziger und gnädiger Gott, langmütig, reich an Huld und Treue: [7] Er bewahrt Tausenden Huld, nimmt Schuld, Frevel und Sünde weg, läßt aber (den Sünder) nicht ungestraft; er verfolgt die Schuld der Väter an den Söhnen und Enkeln, an der dritten und vierten Generation. [8] Sofort verneigte sich Mose bis zur Erde und warf sich zu Boden. [9] Er sagte: Wenn ich deine Gnade gefunden habe, mein Herr, dann ziehe doch mein Herr mit uns. Es ist zwar ein störrisches Volk, doch vergib uns unsere Schuld und Sünde, und laß uns dein Eigentum sein! [10] Da sprach der Herr: Hiermit schließe ich einen Bund: Vor deinem ganzen Volk werde ich Wunder wirken, wie sie auf der ganzen Erde und unter allen Völkern nie geschehen sind. Das ganze Volk, in dessen Mitte du bist, wird die Taten des Herrn sehen; denn was ich mit dir vorhabe, wird Furcht erregen.

Lebensweisung für Israels Alltag

Im Leben Israels soll sichtbar werden, daß es Eigentum Jahwes ist: »Ich gehe in eurer Mitte; ich bin euer Gott und ihr seid mein Volk« (Lev 26,12). Der Anspruch Gottes wird in Grundsatzerklärungen ausgesprochen, wie in den Zehn Geboten; in Rechtssätzen, die die Beurteilung menschlichen Tuns vor Gericht ermöglichen; und in Vorschriften, die das gesellschaftliche und kultische Leben Israels regeln. Alle diese Weisungen werden mit der Offenbarung Jahwes am Sinai in Verbindung gebracht, obwohl sie verschiedenen Zeiten und sehr unterschiedlichen Situationen im Leben Israels angehören.

Weisung für das Brandopfer: Lev 1,1–9

1 Der Herr rief Mose, redete ihn vom Offenbarungszelt aus an und sprach: 2 Rede zu den Israeliten, und sag zu ihnen: Wenn einer von euch dem Herrn von den Haustieren eine Opfergabe darbringt, könnt ihr das mit Rind und Kleinvieh tun. 3 Ist seine Opfergabe ein Brandopfer vom Rind, so bringe er ein männliches Tier ohne Fehler dar; er soll es an den Eingang des Offenbarungszeltes bringen, damit es vor dem Herrn Annahme findet. 4 Er lege seine Hand auf den Kopf des Opfertiers, damit es für ihn angenommen werde, um ihn zu entsühnen. 5 Er soll dann den Stier vor dem Herrn schlachten, und die Söhne Aarons, die Priester, sollen das Blut darbringen. Sie sollen es ringsum an den Altar sprengen, der am Eingang des Offenbarungszeltes steht. 6 Dann soll er das Opfer abhäuten und es in Stücke zerlegen. 7 Die Söhne Aarons, die Priester, sollen Feuer auf den Altar bringen und Holz darauf schichten. 8 Hierauf sollen die Söhne Aarons, die Priester, die Stücke sowie den Kopf und das Fett auf das Holz über dem Altarfeuer legen. 9 Der Priester soll dann die Eingeweide und die Beine mit Wasser waschen und das Ganze auf dem Altar in Rauch aufgehen lassen. Ein Brandopfer ist es, ein Feueropfer zum beruhigenden Duft für den Herrn.

Die Feier der Versöhnung: Lev 4,13–18

13 Wenn die ganze Gemeinde Israels ohne Vorsatz gesündigt und etwas vom Herrn Verbotenes getan hat, ohne es bemerkt zu haben, und dadurch schuldig wurde, 14 dann soll die Gemeinde für die Verfehlung, sobald sie bekannt wird, einen Jungstier als Sündopfer darbringen und ihn vor das Offenbarungszelt bringen. 15 Die Ältesten der Gemeinde sollen ihre Hände vor dem Herrn auf den Kopf des Stiers legen, und man soll ihn vor dem Herrn schlachten. 16 Dann soll der gesalbte Priester etwas vom Blut des Stiers in das Offenbarungszelt tragen, 17 seinen Finger in das Blut tauchen und es siebenmal gegen den Vorhang vor dem Herrn spritzen. 18 Darauf soll er ein wenig von dem Blut auf die Hörner des Altars tun, der vor dem Herrn im Offenbarungszelt steht, und dann soll er das ganze Blut am Sockel des Brandopferaltars ausgießen, der sich am Eingang des Offenbarungszeltes befindet.

Vorschriften über unreine Tiere:
Lev 11,3–8

3 Alle Tiere, die gespaltene Klauen haben, Paarzeher sind und wiederkäuen, dürft ihr essen. 4 Jedoch dürft ihr von den Tieren, die wiederkäuen oder gespaltene Klauen haben, folgende nicht essen: Ihr sollt für unrein halten das Kamel, weil es zwar wiederkäut, aber keine gespaltenen Klauen hat; 5 ihr sollt für unrein halten den Klippdachs, weil er zwar wiederkäut, aber keine gespaltenen Klauen hat; 6 ihr sollt für unrein halten den Hasen, weil er zwar wiederkäut, aber keine gespaltenen Klauen hat; 7 ihr sollt für unrein halten das Wildschwein, weil es zwar gespaltene Klauen hat und Paarzeher ist, aber nicht wiederkäut. 8 Ihr dürft von ihrem Fleisch nicht essen und ihr Aas nicht berühren; ihr sollt sie für unrein halten.

Vorschriften für Aussätzige:
Lev 13,1–3.45–46
[1] Der Herr sprach zu Mose und Aaron: [2] Wenn sich auf der Haut eines Menschen eine Schwellung, ein Ausschlag oder ein heller Fleck bildet, liegt Verdacht auf Hautaussatz vor. Man soll ihn zum Priester Aaron oder zu einem seiner Söhne, den Priestern, führen. [3] Der Priester soll das Übel auf der Haut untersuchen. Wenn das Haar an der kranken Stelle weiß wurde und die Stelle tiefer als die übrige Haut liegt, ist es Aussatz. Nachdem der Priester das Übel untersucht hat, soll er den Erkrankten für unrein erklären. [45] Der Aussätzige, der von diesem Übel betroffen ist, soll eingerissene Kleider tragen und das Kopfhaar ungepflegt lassen; er soll den Schnurrbart verhüllen und ausrufen: Unrein! Unrein! [46] Solange das Übel besteht, bleibt er unrein; er ist unrein. Er soll abgesondert wohnen, außerhalb des Lagers soll er sich aufhalten.

Verpflichtung zur Heiligkeit: Lev 19,1–2
[1] Der Herr sprach zu Mose: [2] Rede zur ganzen Gemeinde der Israeliten, und sag zu ihnen: Seid heilig, denn ich, der Herr, euer Gott, bin heilig.

Soziale Gerechtigkeit: Lev 19,11–18
[11] Ihr sollt nicht stehlen, nicht täuschen und einander nicht betrügen. [12] Ihr sollt nicht falsch bei meinem Namen schwören; du würdest sonst den Namen deines Gottes entweihen. Ich bin der Herr. [13] Du sollst deinen Nächsten nicht ausbeuten und ihn nicht um das Seine bringen. Der Lohn des Tagelöhners soll nicht über Nacht bis zum Morgen bei dir bleiben. [14] Du sollst einen Tauben nicht verfluchen und einem Blinden kein Hindernis in den Weg stellen; vielmehr sollst du deinen Gott fürchten. Ich bin der Herr. [15] Ihr sollt in der Rechtsprechung kein Unrecht tun. Du sollst weder für einen Geringen noch für einen Großen Partei nehmen; gerecht sollst du deinen Stammesgenossen richten. [16] Du sollst deinen Stammesgenossen nicht verleumden und dich nicht hinstellen und das Leben deines Nächsten fordern. Ich bin der Herr. [17] Du sollst in deinem Herzen keinen Haß gegen deinen Bruder tragen. Weise deinen Stammesgenossen zurecht, so wirst du seinetwegen keine Schuld auf dich laden. [18] An den Kindern deines Volkes sollst du dich nicht rächen und ihnen nichts nachtragen. Du sollst deinen Nächsten lieben wie dich selbst. Ich bin der Herr.

Ehrfurcht beim heiligen Mahl: Lev 22,1–2
[1] Der Herr sprach zu Mose: [2] Sag zu Aaron und seinen Söhnen, sie sollen sich mit den heiligen Opfergaben der Israeliten in acht nehmen, um meinen heiligen Namen nicht zu entweihen; sie müssen für mich heilig gehalten werden. Ich bin der Herr.

Weisung für die Priester: Num 6,22–27
[22] Der Herr sprach zu Mose: [23] Sag zu Aaron und seinen Söhnen: So sollt ihr die Israeliten segnen; sprecht zu ihnen:
[24] Der Herr segne dich und behüte dich.
[25] Der Herr lasse sein Angesicht über dich leuchten und sei dir gnädig.
[26] Der Herr wende sein Angesicht dir zu und schenke dir Heil.
[27] So sollen sie meinen Namen auf die Israeliten legen, und ich werde sie segnen.

Der Weg Israels in das verheißene Land

Mit Num 10,11ff, dem Hinweis auf den Aufbruch Israels vom Sinai, nimmt die Erzählung das Motiv der Wanderung Israels durch die Wüste in das verheißene Land wieder auf. Dies ist ein bleibendes Bild für das Gottesvolk, das seinen Weg durch die Geschichte geht. Auf diesem Weg erwies sich das prophetische Wort als der wichtigste Begleiter; es setzt die Führungsaufgabe des Mose fort für ein Volk, das als ganzes auf Gott hin offen bleibt.

Der Weg durch die Wüste

Als der Weg durch die »Wüste« der Geschichte besonders schwierig wurde und ein gutes Ziel des Weges nicht mehr unmittelbar abzusehen war, begannen Israel und seine Führung an der guten Absicht Gottes zu zweifeln, ja diese zu leugnen. Mit der Kundschaftererzählung soll das Gottesvolk auf eine seiner schlimmsten Verfehlungen, die dann auch tödlich endet, aufmerksam gemacht werden. Der Weg durch die »Wüste« mit seinen Gefahren und Entbehrungen kann dazu verleiten, trotz gegenteiliger Erfahrung, Gott für alle Beschwernis verantwortlich zu machen. In der Not sucht der Mensch nach rettenden Zeichen. So verehrten die Israeliten in Jerusalem ein Schlangenbild, dem man Heilkraft zuschrieb (2 Kön 18,4). Israel mußte jedoch erkennen: Rettung erfährt nur, wer sich im Gehorsam gegen Jahwes Wort nach Rettung umsieht.

Die Kraft des prophetischen Geistes:
Num 11,16–17.24–30

16 Da sprach der Herr zu Mose: Versammle
siebzig von den Ältesten Israels vor mir,
Männer, die du als Älteste des Volkes und
Listenführer kennst; bring sie zum Offenba-
rungszelt! Dort sollen sie sich mit dir zusam-
men aufstellen. 17 Dann komme ich herab
und rede dort mit dir. Ich nehme etwas von
dem Geist, der auf dir ruht, und lege ihn auf
sie. So können sie mit dir zusammen an der
Last des Volkes tragen, und du mußt sie nicht
mehr allein tragen. 24 Mose ging hinaus und
teilte dem Volk die Worte des Herrn mit.
Dann versammelte er siebzig Älteste des
Volkes und stellte sie rings um das Zelt auf. 25
Der Herr kam in der Wolke herab und redete
mit Mose. Er nahm etwas von dem Geist, der
auf ihm ruhte, und legte ihn auf die siebzig
Ältesten. Sobald der Geist auf ihnen ruhte,
gerieten sie in prophetische Verzückung, die
kein Ende nahm. 26 Zwei Männer aber waren
im Lager geblieben; der eine hieß Eldad, der
andere Medad. Auch über sie war der Geist
gekommen. Sie standen in der Liste, waren
aber nicht zum Offenbarungszelt hinausge-
gangen. Sie gerieten im Lager in propheti-
sche Verzückung. 27 Ein junger Mann lief zu
Mose und berichtete ihm: Eldad und Medad
sind im Lager in prophetische Verzückung
geraten. 28 Da ergriff Josua, der Sohn Nuns,
der von Jugend an der Diener des Mose
gewesen war, das Wort und sagte: Mose,
mein Herr, hindere sie daran! 29 Doch Mose
sagte zu ihm: Willst du dich für mich erei-
fern? Wenn nur das ganze Volk des Herrn zu
Propheten würde, wenn nur der Herr seinen
Geist auf sie alle legte! 30 Dann ging Mose mit
den Ältesten Israels in das Lager zurück.

Israel schmäht das Land:
Num 13,1–3a.21–32; 14,1–2.10a:

1 Der Herr sprach zu Mose: 2 Schick einige
Männer aus, die das Land Kanaan erkunden,
das ich den Israeliten geben will. Aus jedem
Väterstamm sollt ihr einen Mann aussenden,
und zwar jeweils einen der führenden Män-
ner. 3a Da schickte Mose von der Wüste Paran
die Männer aus, wie es der Herr befohlen
hatte. 21 Da zogen die Männer hinauf und
erkundeten das Land von der Wüste Zin bis
Rehob bei Lebo-Hamat. 22 Sie durchzogen
zuerst den Negeb und kamen bis Hebron.
Dort lebten Ahiman, Scheschai und Talmai,
Söhne des Anak. Hebron war sieben Jahre
vor der Stadt Zoan, die in Ägypten liegt,
erbaut worden. 23 Von dort kamen sie in das
Traubental. Dort schnitten sie eine Rebe mit
einer Weintraube ab und trugen sie zu zweit
auf einer Stange, dazu auch einige Granatäp-
fel und Feigen. 24 Den Ort nannte man später
Traubental wegen der Traube, die die Israeli-
ten dort abgeschnitten hatten. 25 Vierzig Ta-
ge, nachdem man sie zur Erkundung des
Landes ausgeschickt hatte, machten sie sich
auf den Rückweg. 26 Sie kamen zu Mose und
Aaron und zu der ganzen Gemeinde der
Israeliten in die Wüste Paran nach Kadesch.
Sie berichteten ihnen und der ganzen Ge-
meinde und zeigten ihnen die Früchte des
Landes. 27 Sie erzählten Mose: Wir kamen in
das Land, in das du uns geschickt hast: Es ist

Das Volk mißtraut der Führung Gottes. Die Kundschafter. Meister Leonhard von Brixen, 15. Jh., Kreuzgang Brixen.

wirklich ein Land, in dem Milch und Honig
fließen; das hier sind seine Früchte. 28 Aber
das Volk, das im Land wohnt, ist stark, und
die Städte sind befestigt und sehr groß. Auch
haben wir die Söhne des Anak dort gesehen.
29 Amalek wohnt im Gebiet des Negeb, die
Hetiter, die Jebusiter und Amoriter wohnen
im Gebirge, und die Kanaaniter wohnen am
Meer und am Ufer des Jordan. 30 Kaleb beru-
higte das Volk, das über Mose aufgebracht
war, und sagte: Wir können trotzdem hinauf-
ziehen und das Land in Besitz nehmen; wir
werden es gewiß bezwingen. 31 Die Männer
aber, die mit Kaleb zusammen nach Kanaan
hinaufgezogen waren, sagten: Wir können
nichts gegen dieses Volk ausrichten; es ist
stärker als wir. 32 Und sie verbreiteten bei den
Israeliten falsche Gerüchte über das Land,
das sie erkundet hatten, und sagten: Das
Land, das wir durchwandert und erkundet
haben, ist ein Land, das seine Bewohner
auffrißt; alle Leute, die wir dort gesehen
haben, sind hochgewachsen.
1 Da erhob die ganze Gemeinde ein lautes
Geschrei, und das Volk weinte die ganze
Nacht. 2 Alle Israeliten murrten über Mose
und Aaron, und die ganze Gemeinde sagte
zu ihnen: Wären wir doch in Ägypten oder
wenigstens hier in der Wüste gestorben! 10a
Doch die ganze Gemeinde drohte Mose und
Aaron zu steinigen.

Glaubendes Schauen heilt. Die eherne Schlange. Fresko, Josef Renzler, 1835, Kreuz-Kirche, St. Lorenzen.

Vierzig Jahre der Strafe: Num 14,10b.26–34

10b Da erschien die Herrlichkeit des Herrn am Offenbarungszelt allen Israeliten,
26 Der Herr sprach zu Mose und Aaron:
27 Wie lange soll das mit dieser bösen Gemeinde so weitergehen, die immer über mich murrt? Ich habe mir das Murren der Israeliten jetzt lange genug angehört.
28 Sag ihnen: So wahr ich lebe – Spruch des Herrn -, ich will euch das antun, womit ihr mir die Ohren vollgeschrien habt:
29 Hier in der Wüste sollen eure Leichen liegenbleiben, alle ohne Ausnahme; jeder von euch, der gemustert worden ist, wird sterben, alle Männer von zwanzig Jahren und darüber, die über mich gemurrt haben.
30 Keiner von euch wird in das Land kommen, auch wenn ich meine Hand erhoben und geschworen habe, euch darin wohnen zu lassen, außer Kaleb, der Sohn Jefunnes, und Josua, der Sohn Nuns.
31 Eure Kinder aber, von denen ihr gesagt habt, sie würden eine Beute der Feinde werden, sie werde ich in das Land bringen. Sie werden das Land kennenlernen, das ihr verschmäht habt.
32 Eure Leichen aber werden in dieser Wüste liegenbleiben.
33 Eure Söhne müssen vierzig Jahre lang ihr Vieh in der Wüste weiden lassen; sie haben solange unter eurer Untreue zu leiden, bis ihr alle tot in der Wüste liegt.
34 So viele Tage, wie ihr gebraucht habt, um das Land zu erkunden, nämlich vierzig Tage, so viele Jahre lang – für jeden Tag ein Jahr – müßt ihr die Folgen eurer Schuld tragen, also vierzig Jahre lang; dann werdet ihr erkennen, was es heißt, mir Widerstand zu leisten.

Das Zeichen des rettenden Gottes:
Num 21,4–9

4 Die Israeliten brachen vom Berg Hor auf und schlugen die Richtung zum Schilfmeer ein, um Edom zu umgehen. Unterwegs aber verlor das Volk den Mut,
5 es lehnte sich gegen Gott und gegen Mose auf und sagte: Warum habt ihr uns aus Ägypten heraufgeführt? Etwa damit wir in der Wüste sterben? Es gibt weder Brot noch Wasser. Dieser elenden Nahrung sind wir überdrüssig.
6 Da schickte der Herr Giftschlangen unter das Volk. Sie bissen die Menschen, und viele Israeliten starben.
7 Die Leute kamen zu Mose und sagten: Wir haben gesündigt, denn wir haben uns gegen den Herrn und gegen dich aufgelehnt. Bete zum Herrn, daß er uns von den Schlangen befreit. Da betete Mose für das Volk.
8 Der Herr antwortete Mose: Mach dir eine Schlange, und häng sie an einer Fahnenstange auf! Jeder, der gebissen wird, wird am Leben bleiben, wenn er sie ansieht.
9 Mose machte also eine Schlange aus Kupfer und hängte sie an einer Fahnenstange auf. Wenn nun jemand von einer Schlange gebissen wurde und zu der Kupferschlange aufblickte, blieb er am Leben.

Gesegnetes Volk

In einer Zeit, in der auch gläubige Menschen das Vertrauen in die Zukunft des Gottesvolkes verloren, erzählt Israel, daß es auf seinem Weg durch die Wüste von einem ausländischen Propheten gesegnet wurde.

Segen über das Volk: Num 24,1–19

1 Bileam aber sah, daß es dem Herrn recht
war, wenn er Israel segnete. Er suchte nicht
geheimnisvolle Zeichen, wie er sonst zu tun
pflegte, sondern wandte sein Gesicht der
Wüste zu. 2 Als Bileam aufblickte, sah er
Israel im Lager, nach Stämmen geordnet. Da
kam der Geist Gottes über ihn, 3 er begann
mit seinem Orakelspruch und sagte:
Spruch Bileams, des Sohnes Beors, / Spruch
des Mannes mit geschlossenem Auge,
4 Spruch dessen, der Gottesworte hört, / der
eine Vision des Allmächtigen sieht, / der
daliegt mit entschleierten Augen:
5 Jakob, wie schön sind deine Zelte, / wie
schön deine Wohnstätten, Israel!
6 Wie Bachtäler ziehen sie sich hin, / wie
Gärten am Strom, / wie Eichen, vom Herrn
gepflanzt, / wie Zedern am Wasser.
7 Von seinen Schöpfeimern rinnt das Wasser,
/ reichlich Wasser hat seine Saat. / Sein König
ist Agag überlegen, / seine Königsherrschaft
erstarkt.
8 Ja, Gott hat ihn aus Ägypten geführt. / Er hat
Hörner wie ein Wildstier. / Er frißt die Völker,
die ihm feind sind, / er zermalmt ihre Kno-
chen / und zerbricht ihre Pfeile.
9 Er duckt sich, liegt da wie ein Löwe, / wie ein
Raubtier. Wer wagt es, ihn aufzujagen? / Wer
dich segnet, ist gesegnet, / und wer dich
verflucht, ist verflucht.
10 Da wurde Balak zornig auf Bileam. Er
schlug die Hände zusammen und sagte zu
Bileam: Ich habe dich gerufen, damit du
meine Feinde verwünschst, du aber hast sie
schon dreimal gesegnet. 11 Geh weg, dorthin,
woher du gekommen bist! Ich habe verspro-
chen, dir einen hohen Lohn zu geben, aber
Jahwe hat dich daran gehindert, ihn zu erhal-
ten. 12 Bileam antwortete Balak: Habe ich
nicht gleich zu deinen Boten, die du zu mir
geschickt hast, gesagt: 13 Auch wenn mir
Balak sein Haus voll Silber und Gold gibt,
kann ich dem Befehl des Herrn nicht zuwider-
handeln und nach eigenem Gutdünken Gu-
tes oder Böses bewirken. Ich muß sagen,
was der Herr sagt. 14 Gut, ich gehe jetzt zu
meinem Volk zurück. Ich will dir aber noch
verraten, was dieses Volk deinem Volk in der
Zukunft antun wird. 15 Und er begann mit
seinem Orakelspruch und sagte:

»Ein Stern geht in Jakob auf ...« (Num 24,17). Die Sterndeuter aus dem Osten. Holzschnitt, Karl Grasser.

Spruch Bileams, des Sohnes Beors, / Spruch des Mannes mit geschlossenem Auge,
16 Spruch dessen, der Gottesworte hört, / der die Gedanken des Höchsten kennt, / der eine Vision des Allmächtigen sieht, / der daliegt mit entschleierten Augen:
17 Ich sehe ihn, aber nicht jetzt, / ich erblicke ihn, aber nicht in der Nähe: / Ein Stern geht in Jakob auf, / ein Zepter erhebt sich in Israel. / Er zerschlägt Moab die Schläfen / und allen Söhnen Sets den Schädel.
18 Edom wird sein Eigentum, / Seïr, sein Feind, wird sein Besitz. / Israel aber wird mächtig und stark.
19 Aus Jakob steigt einer herab / und vernichtet alles, was aus der Stadt entkam.

Besinnung auf die Gebote an der Schwelle des Landes

Der glaubende Israelit umschrieb sein Lebensideal mit den Worten: Im Land leben und sich entfalten können. Wenn die Existenz des Volkes gefährdet war, begriff Israel: Nur wenn das Volk auf Gottes Wort hört, wird es leben.

Das Buch Deuteronomium erinnert Israel an die lebenbegründende Weisung Gottes in Form einer großen Abschiedsrede, die Mose in den Mund gelegt wird. Die Entstehungszeit des Buches macht die Dringlichkeit des Inhalts verständlich. Das Königreich »Israel« mit der Hauptstadt Samaria war 722 v. Chr. von den Assyrern erobert worden und das Königreich »Juda« mit Jerusalem war der Oberhoheit und den religiösen und kulturellen Einflüssen dieser Großmacht ausgesetzt, was eine Gefährdung der Identität des Volkes Israel zur Folge hatte. Unter König Joschija (640–609 v. Chr.) versuchte eine theologische Bewegung die alte Glaubensüberlieferung neu zu überdenken und sich diese innerlich anzueignen. Aus dieser Zeit stammen die eigentlichen Gesetzesabschnitte des Buches Deuteronomium (12 – 26) und Teile der ermahnenden Einleitung (5 – 11). Nachdem das Königreich Juda mit Jerusalem im Jahre 586 v. Chr. untergegangen und das Land verloren war und Teile des Volkes in der Fremde leben mußten, erinnerten glaubende Stimmen das Volk an die einzige Möglichkeit, zu überleben: Sich besinnen auf den Einsatz Jahwes für Israel und Jahwes Weisung hören.

Erinnerung an den Bund

Nach dem Verlust der Staatlichkeit rang Israel mit der Frage: Wer sind wir unter den verschiedenen Nationen? Auf diese Frage gibt Dtn 4,1–8 dem Gottesvolk ein für alle Mal zu bedenken: Die Eigenart Israels beruht nicht auf staatlicher Selbständigkeit, irdischer Macht und einem großen Tempel, sondern im Gehorsam gegenüber Gottes Weisung. Die Rückbesinnung auf die vergangene Geschichte müßte Israel zur Erkenntnis führen: Weil Jahwe so gewaltig im Leben seines Volkes gewirkt hat, ist er der einzige wirkliche Gott.

Aufruf zur Treue gegenüber dem Gesetz:
Dtn 4,1–8

1 Und nun, Israel, höre die Gesetze und Rechtsvorschriften, die ich euch zu halten lehre. Hört, und ihr werdet leben, ihr werdet in das Land, das der Herr, der Gott eurer Väter, euch gibt, hineinziehen und es in Besitz nehmen.
2 Ihr sollt dem Wortlaut dessen, worauf ich euch verpflichte, nichts hinzufügen und nichts davon wegnehmen; ihr

sollt auf die Gebote des Herrn, eures Gottes, achten, auf die ich euch verpflichte. 3 Ihr habt mit eigenen Augen gesehen, was der Herr wegen des Baal-Pegor getan hat. Jeden, der dem Baal-Pegor nachfolgte, hat der Herr, dein Gott, in deiner Mitte vernichtet. 4 Ihr aber habt euch am Herrn, eurem Gott, festgehalten, und darum seid ihr alle heute noch am Leben. 5 Hiermit lehre ich euch, wie es mir der Herr, mein Gott, aufgetragen hat, Gesetze und Rechtsvorschriften. Ihr sollt sie innerhalb des Landes halten, in das ihr hineinzieht, um es in Besitz zu nehmen. 6 Ihr sollt auf sie achten und sollt sie halten. Denn darin besteht eure Weisheit und eure Bildung in den Augen der Völker. Wenn sie dieses Gesetzeswerk kennenlernen, müssen sie sagen: In der Tat, diese große Nation ist ein weises und gebildetes Volk. 7 Denn welche große Nation hätte Götter, die ihr so nah sind, wie Jahwe, unser Gott, uns nah ist, wo immer wir ihn anrufen? 8 Oder welche große Nation besäße Gesetze und Rechtsvorschriften, die so gerecht sind wie alles in dieser Weisung, die ich euch heute vorlege?

Erinnerung an die Fürsorge Gottes:
Dtn 4,32–35.39–40

32 Forsche doch einmal in früheren Zeiten nach, die vor dir gewesen sind, seit dem Tag, als Gott den Menschen auf der Erde schuf; forsche nach vom einen Ende des Himmels bis zum andern Ende: Hat sich je etwas so Großes ereignet wie dieses, und hat man je solche Worte gehört? 33 Hat je ein Volk einen Gott mitten aus dem Feuer im Donner sprechen hören, wie du ihn gehört hast, und ist am Leben geblieben? 34 Oder hat je ein Gott es ebenso versucht, zu einer Nation zu kommen und sie mitten aus einer anderen herauszuholen unter Prüfungen, unter Zeichen, Wundern und Krieg, mit starker Hand und hoch erhobenem Arm und unter großen Schrecken, wie es der Herr, euer Gott, in Ägypten mit euch getan hat, vor deinen Augen? 35 Das hast du sehen dürfen, damit du erkennst: Jahwe ist der Gott, kein anderer ist außer ihm. 39 Heute sollst du erkennen und

Gottes Ruhe – Vorbild für die Ruhe, die Gott seinem Volk verheißt (Hebr 4). Schöpfungszyklus, 15. Jh., St. Prokulus / Naturns.

dir zu Herzen nehmen: Jahwe ist der Gott im Himmel droben und auf der Erde unten, keiner sonst. 40 Daher sollst du auf seine Gesetze und seine Gebote, auf die ich dich heute verpflichte, achten, damit es dir und später deinen Nachkommen gut geht und du lange lebst in dem Land, das der Herr, dein Gott, dir gibt für alle Zeit.

Israels Lebensmitte

Israels Gottesbeziehung kann in einer für den Glauben kritischen Zeit nur bestehen, wenn auf das Wort Jahwes im privaten und öffentlichen Bereich gehört wird und wenn Jahwe auf umfassende Weise zur Mitte Israels wird. So betet der fromme Israelit zweimal am Tag das »Höre, Israel ...«. Auch Jesus verweist (Mk 12,29–30) darauf, daß die Verbundenheit mit Gott die Mitte der gläubigen Lebenshaltung bildet. Eine solche Lebensform, die das Gottesvolk von seiner Umwelt abhebt, erwächst aus dem Glauben: Jahwe hat sich frei – und ohne daß das Volk etwas hätte dafür tun können – ihm zugewendet. Freilich mußte Israel einen langen Weg durch die »Wüste« zurücklegen, um zu begreifen: Jahwes Liebe und sein Wort lassen uns wirklich leben. Die Entscheidung für das Hören auf Jahwes Wort – und somit für das Leben und die Freiheit – steht immer neu an: »Heute« steht das Gottesvolk vor der Wahl von Segen oder Fluch.

»Höre, Israel ...«: Dtn 6,1–9

1 Und das ist das Gebot, das sind die Gesetze
und Rechtsvorschriften, die ich euch im Auf-
trag des Herrn, eures Gottes, lehren soll und
die ihr halten sollt in dem Land, in das ihr
hinüberzieht, um es in Besitz zu nehmen. 2
Wenn du den Herrn, deinen Gott, fürchtest,
indem du auf alle seine Gesetze und Gebote,
auf die ich dich verpflichte, dein ganzes
Leben lang achtest, du, dein Sohn und dein
Enkel, wirst du lange leben. 3 Deshalb, Israel,
sollst du hören und darauf achten, (alles, was
der Herr, unser Gott, mir gesagt hat,) zu
halten, damit es dir gut geht und ihr so
unermeßlich zahlreich werdet, wie es der
Herr, der Gott deiner Väter, dir zugesagt hat,
in dem Land, wo Milch und Honig fließen. 4
Höre, Israel! Jahwe, unser Gott, Jahwe ist
einzig. 5 Darum sollst du den Herrn, deinen
Gott, lieben mit ganzem Herzen, mit ganzer
Seele und mit ganzer Kraft. 6 Diese Worte, auf
die ich dich heute verpflichte, sollen auf
deinem Herzen geschrieben stehen. 7 Du
sollst sie deinen Söhnen wiederholen. Du
sollst von ihnen reden, wenn du zu Hause
sitzt und wenn du auf der Straße gehst, wenn
du dich schlafen legst und wenn du auf-
stehst. 8 Du sollst sie als Zeichen um das
Handgelenk binden. Sie sollen zum
Schmuck auf deiner Stirn werden. 9 Du sollst
sie auf die Türpfosten deines Hauses und in
deine Stadttore schreiben.

Gottes Liebe zu seinem Volk: Dtn 7,6–11

6 Denn du bist ein Volk, das dem Herrn,
deinem Gott, heilig ist. Dich hat der Herr,
dein Gott, ausgewählt, damit du unter allen
Völkern, die auf der Erde leben, das Volk
wirst, das ihm persönlich gehört. 7 Nicht weil
ihr zahlreicher als die anderen Völker wäret,
hat euch der Herr ins Herz geschlossen und
ausgewählt; ihr seid das kleinste unter allen
Völkern. 8 Weil der Herr euch liebt und weil er
auf den Schwur achtet, den er euren Vätern
geleistet hat, deshalb hat der Herr euch mit
starker Hand herausgeführt und euch aus
dem Sklavenhaus freigekauft, aus der Hand
des Pharao, des Königs von Ägypten. 9 Daran
sollst du erkennen: Jahwe, dein Gott, ist der
Gott; er ist der treue Gott; noch nach tausend
Generationen achtet er auf den Bund und
erweist denen seine Huld, die ihn lieben und
auf seine Gebote achten. 10 Denen aber, die
ihm feind sind, vergilt er sofort und tilgt
einen jeden aus; er zögert nicht, wenn einer
ihm feind ist, sondern vergilt ihm sofort. 11
Deshalb sollst du auf das Gebot achten, auf
die Gesetze und Rechtsvorschriften, auf die
ich dich heute verpflichte, und du sollst sie
halten.

Jahwe, die Lebensgrundlage Israels:
Dtn 8,2–3.7–8.14–18

2 Du sollst an den ganzen Weg denken, den
der Herr, dein Gott, dich während dieser
vierzig Jahre in der Wüste geführt hat, um
dich gefügig zu machen und dich zu prüfen.
Er wollte erkennen, wie du dich entscheiden
würdest: ob du auf seine Gebote achtest oder
nicht. 3 Durch Hunger hat er dich gefügig
gemacht und hat dich dann mit dem Manna

gespeist, das du nicht kanntest und das auch deine Väter nicht kannten. Er wollte dich erkennen lassen, daß der Mensch nicht nur von Brot lebt, sondern daß der Mensch von allem lebt, was der Mund des Herrn spricht. [7] Wenn der Herr, dein Gott, dich in ein prächtiges Land führt, ein Land mit Bächen, Quellen und Grundwasser, das im Tal und am Berg hervorquillt, [8] ein Land mit Weizen und Gerste, mit Weinstock, Feigenbaum und Granatbaum, ein Land mit Ölbaum und Honig, [14] dann nimm dich in acht, daß dein Herz nicht hochmütig wird und du den Herrn, deinen Gott, nicht vergißt, der dich aus Ägypten, dem Sklavenhaus, geführt hat; [15] der dich durch die große und furchterregende Wüste geführt hat, durch Feuernattern und Skorpione, durch ausgedörrtes Land, wo es kein Wasser gab; der für dich Wasser aus dem Felsen der Steilwand hervorsprudeln ließ; [16] der dich in der Wüste mit dem Manna speiste, das deine Väter noch nicht kannten, (und der das alles tat,) um dich gefügig zu machen, dich zu prüfen und dir zuletzt Gutes zu tun. [17] Dann nimm dich in acht und denk nicht bei dir: Ich habe mir diesen Reichtum aus eigener Kraft und mit eigener Hand erworben. [18] Denk vielmehr an den Herrn, deinen Gott: Er war es, der dir die Kraft gab, Reichtum zu erwerben, weil er seinen Bund, den er deinen Vätern geschworen hatte, so verwirklichen wollte, wie er es heute tut.

Segen oder Fluch: Dtn 11,26–32

[26] Seht, heute werde ich euch den Segen und den Fluch vorlegen: [27] den Segen, weil ihr auf die Gebote des Herrn, eures Gottes, auf die ich euch heute verpflichte, hört, [28] und den Fluch für den Fall, daß ihr nicht auf die Gebote des Herrn, eures Gottes, hört, sondern von dem Weg abweicht, den ich euch heute vorschreibe, und anderen Göttern nachfolgt, die ihr früher nicht gekannt habt. [29] Und wenn der Herr, dein Gott, dich in das Land geführt hat, in das du jetzt hineinziehst, um es in Besitz zu nehmen, dann sollst du auf dem Berg Garizim den Segen und auf dem Berg Ebal den Fluch verkünden. [30] Liegen denn beide nicht jenseits des Jordan, hinter der Straße, im Westen, im Gebiet der Kanaaniter, die in der Araba wohnen, gegenüber Gilgal bei den Orakel-Eichen? [31] Wenn ihr jetzt den Jordan überschreitet, um in das Land, das der Herr, euer Gott, euch gibt, hineinzuziehen und es in Besitz zu nehmen, und wenn ihr es in Besitz genommen habt und es bewohnt, [32] dann sollt ihr auf alle Gesetze und Rechtsvorschriften, die ich euch heute vorlege, achten und sie halten.

Gottes Weisung für das »Heute«

Israel, das sich um die eine Mitte »Jahwe« schart, darf nicht durch unterschiedliche Bräuche und Riten der verschiedenen Heiligtümer gespalten werden. Daher darf es nur die »eine Stätte« geben, an der sich Israel als »heiliges«, von Jahwe erwähltes Volk zusammenfindet. Israel muß auch unterscheiden zwischen den Sprechern Jahwes und den selbsternannten Propheten. In der kritischen Zeit der Entstehung des Buches Deuteronomium sollte Israel lernen, den verschiedenen magischen Praktiken abzusagen und Gottes Anruf im Wort jener Propheten zu hören, die ihr Wissen ganz und gar an Jahwe ausrichten. Die Jesusgemeinde erkennt in Jesus »den« Propheten, auf dessen Wort es zu hören gilt, wenn die Gegenwart Gottes erfahren werden soll (Mk 9,7).

Die einzige Kultstätte: Dtn 12,4–7

[4] Ihr sollt nicht das gleiche tun (wie diese Völker), wenn ihr den Herrn, euren Gott, verehrt, [5] sondern ihr sollt nach der Stätte fragen, die der Herr, euer Gott, aus allen euren Stammesgebieten auswählen wird, indem er dort seinen Namen anbringt. Nach seiner Wohnung sollt ihr fragen, und dorthin sollst du ziehen. [6] Dorthin sollt ihr eure Brandopfertiere und Schlachtopfertiere bringen, eure Zehnten und Handerhebungsop-

fer, was ihr dem Herrn gelobt habt und was
ihr freiwillig gebt, und die Erstlinge eurer
Rinder, Schafe und Ziegen. 7 Dort sollt ihr vor
dem Herrn, eurem Gott, das Mahl halten. Ihr
sollt fröhlich sein, ihr und eure Familien, aus
Freude über alles, was eure Hände geschafft
haben, weil der Herr, dein Gott, dich geseg-
net hat.

Auf die Propheten hören: Dtn 18,15–22

15 Einen Propheten wie mich wird dir der Herr,
dein Gott, aus deiner Mitte, unter deinen
Brüdern, erstehen lassen. Auf ihn sollt ihr
hören. 16 Der Herr wird ihn als Erfüllung von
allem erstehen lassen, worum du am Horeb,
am Tag der Versammlung, den Herrn, dei-
nen Gott, gebeten hast, als du sagtest: Ich
kann die donnernde Stimme des Herrn, mei-
nes Gottes, nicht noch einmal hören und
dieses große Feuer nicht noch einmal sehen,
ohne daß ich sterbe. 17 Damals sagte der Herr
zu mir: Was sie von dir verlangen, ist recht. 18
Einen Propheten wie dich will ich ihnen mit-
ten unter ihren Brüdern erstehen lassen. Ich
will ihm meine Worte in den Mund legen, und
er wird ihnen alles sagen, was ich ihm auftra-
ge. 19 Einen Mann aber, der nicht auf meine
Worte hört, die der Prophet in meinem Na-
men verkünden wird, ziehe ich selbst zur
Rechenschaft. 20 Doch ein Prophet, der sich
anmaßt, in meinem Namen ein Wort zu ver-
künden, dessen Verkündigung ich ihm nicht
aufgetragen habe, oder der im Namen ande-
rer Götter spricht, ein solcher Prophet soll
sterben. 21 Und wenn du denkst: Woran kön-
nen wir ein Wort erkennen, das der Herr nicht
gesprochen hat?, 22 dann sollst du wissen:
Wenn ein Prophet im Namen des Herrn
spricht und sein Wort sich nicht erfüllt und
nicht eintrifft, dann ist es ein Wort, das nicht
der Herr gesprochen hat. Der Prophet hat
sich nur angemaßt, es zu sprechen. Du sollst
dich dadurch nicht aus der Fassung bringen
lassen.

Gottes Wort im Herzen behalten:
Dtn 30,11–14

11 Dieses Gebot, auf das ich dich heute ver-
pflichte, geht nicht über deine Kraft und ist
nicht fern von dir. 12 Es ist nicht im Himmel,
so daß du sagen müßtest: Wer steigt für uns
in den Himmel hinauf, holt es herunter und
verkündet es uns, damit wir es halten kön-
nen? 13 Es ist auch nicht jenseits des Meeres,
so daß du sagen müßtest: Wer fährt für uns
über das Meer, holt es herüber und verkün-
det es uns, damit wir es halten können? 14
Nein, das Wort ist ganz nah bei dir, es ist in
deinem Mund und in deinem Herzen, du
kannst es halten.

Ein feierliches Glaubensbekenntnis

Wenn der Glaube Israels gefährdet ist – wie in der Zeit der Entstehung des Buches Deuteronomium –, ist es entscheidend wichtig, in den vielen und vielfältigen Ereignissen jenem Gott zu begegnen, der sich selbst treu bleibt. So bringt der israelitische Bauer seine Erntedankgaben und legt sein feierliches Glaubensbekenntnis ab, um sich selbst und seiner Umgebung unwiderruflich zu bezeugen: Diese Gaben sind die Gaben Jahwes, jenes Gottes, der uns befreit und dieses Land gegeben hat.

Dank für die Gaben des Landes: Dtn 26,5–10

5 Du aber sollst vor dem Herrn, deinem Gott,
folgendes Bekenntnis ablegen: Mein Vater
war ein heimatloser Aramäer. Er zog nach
Ägypten, lebte dort als Fremder mit wenigen
Leuten und wurde dort zu einem großen,
mächtigen und zahlreichen Volk. 6 Die Ägyp-
ter behandelten uns schlecht, machten uns
rechtlos und legten uns harte Fronarbeit auf.
7 Wir schrien zum Herrn, dem Gott unserer
Väter, und der Herr hörte unser Schreien und
sah unsere Rechtlosigkeit, unsere Arbeitslast
und unsere Bedrängnis. 8 Der Herr führte uns

mit starker Hand und hoch erhobenem Arm,
unter großem Schrecken, unter Zeichen und
Wundern aus Ägypten, 9 er brachte uns an
diese Stätte und gab uns dieses Land, ein
Land, in dem Milch und Honig fließen. 10 Und
siehe, nun bringe ich hier die ersten Erträge
von den Früchten des Landes, das du mir
gegeben hast, Herr. Wenn du den Korb vor
den Herrn, deinen Gott, gestellt hast, sollst
du dich vor dem Herrn, deinem Gott, niederwerfen.

Die Weisung Gottes als universale Lebensordnung

Der glaubende und betende Mensch steht vor Jahwe, der als Schöpfergott seine Macht in der universalen Lebensordnung der Welt entfaltet.

Lob der Schöpfung – Lob des Gesetzes:
Ps 19

1 (Für den Chormeister. Ein Psalm Davids.)
2 Die Himmel rühmen die Herrlichkeit Gottes,
/ vom Werk seiner Hände kündet das Firmament.
3 Ein Tag sagt es dem andern, / eine Nacht tut
es der andern kund,
4 ohne Worte und ohne Reden, / unhörbar
bleibt ihre Stimme.
5 Doch ihre Botschaft geht in die ganze Welt
hinaus, / ihre Kunde bis zu den Enden der
Erde.
Dort hat er der Sonne ein Zelt gebaut. / 6 Sie
tritt aus ihrem Gemach hervor wie ein Bräutigam;
sie frohlockt wie ein Held / und läuft ihre
Bahn.
7 Am einen Ende des Himmels geht sie auf /
und läuft bis ans andere Ende; / nichts kann
sich vor ihrer Glut verbergen.
8 Die Weisung des Herrn ist vollkommen, / sie
erquickt den Menschen.
Das Gesetz des Herrn ist verläßlich, / den
Unwissenden macht es weise.
9 Die Befehle des Herrn sind richtig, / sie
erfreuen das Herz;
das Gebot des Herrn ist lauter, / es erleuchtet
die Augen.
10 Die Furcht des Herrn ist rein, / sie besteht
für immer.
Die Urteile des Herrn sind wahr, / gerecht
sind sie alle.
11 Sie sind kostbarer als Gold, als Feingold in
Menge. / Sie sind süßer als Honig, als Honig
aus Waben.

»Wie lieb ist mir deine Weisung« (Ps 119,97). Breviarium Aquileiense, 15. Jh., Priesterseminar Brixen.

12 Auch dein Knecht läßt sich von ihnen warnen; / wer sie beachtet, hat reichen Lohn.
13 Wer bemerkt seine eigenen Fehler? / Sprich
mich frei von Schuld, die mir nicht bewußt
ist!
14 Behüte deinen Knecht auch vor vermessenen Menschen; / sie sollen nicht über mich
herrschen.
Dann bin ich ohne Makel / und rein von
schwerer Schuld.
15 Die Worte meines Mundes mögen dir gefallen; / was ich im Herzen erwäge, stehe dir vor
Augen, / Herr, mein Fels und mein Erlöser.

Der Weg des Volkes Gottes durch die Geschichte

Israel hat in einem großen Erzählwerk seine Geschichte, von der Eroberung des Landes bis zum Fall Jerusalems (586 v. Chr.), niedergelegt. Dieses Erzählwerk umfaßt die Bücher Josua und Richter, das erste und zweite Buch Samuel, sowie das erste und zweite Buch der Könige. Dieses große Erzählwerk entstand in den ersten Jahrzehnten nach der Zerstörung Jerusalems durch die Babylonier (586 v. Chr.) und hat verschiedene mündliche und schriftliche Quellen und Überlieferungen aufgenommen; die Bearbeiter ordneten den Stoff und deuteten ihn durch eingefügte Abschnitte. Diese sagen dem Leser: Das Geschick Israels ist von Segen oder Fluch, d.h. von Leben oder Lebensminderung bestimmt, je nachdem ob Israel der Weisung seines Gottes treu ist oder gegen diese handelt. Daher ist diese Geschichtsschreibung in ihrer letzten Absicht Verkündigung.

Die Gabe des Landes

Im Buch Josua erzählt Israel, wie das Land Kanaan, zunächst noch ungesicherter Besitz, zum Lebensraum der Stämmegemeinschaft Israels geworden ist. Es wird erzählt von der Eroberung des Landes, von der Verteilung des Landes an die Stämme und von der neuen Verpflichtung des Volkes Gott gegenüber. Die große Gestalt der Besitznahme des Landes ist Josua. Mit seiner Person werden – wie mit anderen Gestalten des Volkes Israel, etwa Abraham, Mose, David – verschiedenartigste Überlieferungen verknüpft.

Das von Gott geschenkte Land

Das Land ist der Raum, in dem Israel nach dem Willen Jahwes »zur Ruhe kommt« (Jos 1,13); es ist – wie die Befreiung aus Ägypten – Gabe Jahwes; im Besitz des Landes darf Israel ein Zeichen dafür sehen, daß Jahwe dem ganzen Volk und dem einzelnen Israeliten Leben zuwendet. Dies unterstreicht der Erzähler durch Wundergeschichten, wie sie ähnlich im Zusammenhang mit der Befreiung aus Ägypten zu lesen sind. So oft Israel das Pascha feiert und in dieser Woche ungesäuertes Brot ißt, soll es dankbar wissen: Dies ist die Frucht jenes Landes, das Jahwe geschenkt hat. Der Gang über den Jordan wird auch zum Thema des Gebetes (Ps 114).

Befehl zur Besitznahme des Landes:
Jos 1,1–5

1 Nachdem Mose, der Knecht des Herrn,
gestorben war, sagte der Herr zu Josua, dem
Sohn Nuns, dem Diener des Mose: 2 Mein
Knecht Mose ist gestorben. Mach dich also
auf den Weg, und zieh über den Jordan hier
mit diesem ganzen Volk in das Land, das ich
ihnen, den Israeliten, geben werde. 3 Jeden
Ort, den euer Fuß betreten wird, gebe ich
euch, wie ich es Mose versprochen habe. 4
Euer Gebiet soll von der Steppe und vom

Libanon an bis zum großen Strom, zum Eufrat, reichen – das ist das ganze Land der Hetiter – und bis hin zum großen Meer, wo die Sonne untergeht. [5] Niemand wird dir Widerstand leisten können, solange du lebst. Wie ich mit Mose war, will ich auch mit dir sein. Ich lasse dich nicht fallen und verlasse dich nicht.

Der Übergang über den Jordan: Jos 3,14–17

[14] Als dann das Volk seine Zelte verließ und aufbrach, um den Jordan zu überschreiten, gingen die Priester, die die Bundeslade trugen, an der Spitze des Volkes. [15] Und als die Träger der Lade an den Jordan kamen und die Füße der Priester, die die Lade trugen, das Wasser berührten – der Jordan war aber während der ganzen Erntezeit über alle Ufer getreten – , [16] da blieben die Fluten des Jordan stehen. Das von oben herabkommende Wasser stand wie ein Wall in weiter Entfernung, bei der Stadt Adam, die in der Nähe von Zaretan liegt. Die zum Meer der Araba, zum Salzmeer, hinabfließenden Fluten dagegen liefen vollständig ab, und das Volk zog Jericho gegenüber durch den Jordan. [17] Die Priester, die die Bundeslade des Herrn trugen, standen, während ganz Israel trockenen Fußes hindurchzog, fest und sicher mitten im Jordan auf trockenem Boden, bis das ganze Volk den Jordan durchschritten hatte.

Die liturgische Feier der Landnahme: Jos 5,10–12

[10] Als die Israeliten in Gilgal ihr Lager hatten, feierten sie am Abend des vierzehnten Tages jenes Monats in den Steppen von Jericho das Pascha. [11] Am Tag nach dem Pascha, genau an diesem Tag, aßen sie ungesäuerte Brote und geröstetes Getreide aus den Erträgen des Landes. [12] Vom folgenden Tag an, nachdem sie von den Erträgen des Landes gegessen hatten, blieb das Manna aus; von da an hatten die Israeliten kein Manna mehr, denn sie aßen in jenem Jahr von der Ernte des Landes Kanaan.

Die Hilfe Jahwes

Das Buch Josua schildert die Besitznahme des Landes durch Israel als einen gewaltsamen Vorgang. Dabei knüpft der Erzähler an vereinzelte Vorgänge in der Frühzeit Israels an. Es soll aber der Eindruck vermittelt werden: Jahwe hat durch seine großartige und wunderbare Hilfe den Erfolg der israelitischen Stämme möglich gemacht. Nicht die militärische Stärke Israels garantiert dem Volk den Raum des Lebens, sondern ausschließlich Jahwes Zuwendung zu seinem Volk. Besonders eindrucksvoll wird diese Hilfe Jahwes bei der Einnahme von Jericho und in der Erzählung des Kampfes gegen die kanaanäischen Könige geschildert.

Die Eroberung Jerichos: Jos 6,1–21

[1] Jericho hielt wegen der Israeliten die Tore fest verschlossen. Niemand konnte heraus, und niemand konnte hinein. [2] Da sagte der Herr zu Josua: Sieh her, ich gebe Jericho und seinen König samt seinen Kriegern in deine Gewalt. [3] Ihr sollt mit allen Kriegern um die Stadt herumziehen und sie einmal umkreisen. Das sollst du sechs Tage lang tun. [4] Sieben Priester sollen sieben Widderhörner vor der Lade hertragen. Am siebten Tag sollt ihr siebenmal um die Stadt herumziehen, und die Priester sollen die Hörner blasen. [5] Wenn das Widderhorn geblasen wird und ihr den Hörnerschall hört, soll das ganze Volk in lautes Kriegsgeschrei ausbrechen. Darauf wird die Mauer der Stadt in sich zusammenstürzen; dann soll das Volk hinübersteigen, jeder an der nächstbesten Stelle. [6] Da rief Josua, der Sohn Nuns, die Priester und sagte: Nehmt die Bundeslade, und laßt sieben Priester sieben Widderhörner vor der Lade des Herrn hertragen. [7] Und zum Volk sagte er:

Zieht rings um die Stadt herum, und laßt die
bewaffneten Männer vor der Lade des Herrn
herziehen! 8 Und es geschah so, wie Josua es
dem Volk gesagt hatte: Sieben Priester tru-
gen die sieben Widderhörner vor dem Herrn
her und bliesen im Gehen die Hörner, und
die Bundeslade des Herrn zog hinter ihnen
her. 9 Die bewaffneten Männer gingen vor
den Priestern her, die die Hörner bliesen, die
Nachhut folgte der Lade, und man blies stän-
dig die Hörner. 10 Dem Volk aber befahl
Josua: Erhebt kein Kriegsgeschrei, und laßt
eure Stimmen nicht hören! Kein Wort komme
aus eurem Mund bis zu dem Tag, an dem ich
zu euch sage: Erhebt das Kriegsgeschrei!
Dann sollt ihr losschreien. 11 Darauf ließ er die
Lade des Herrn um die Stadt herumziehen
und sie einmal umkreisen. Dann kam man
zum Lager zurück und übernachtete im La-
ger. 12 Früh am anderen Morgen brach Josua
auf, und die Priester trugen die Lade des
Herrn. 13 Sieben Priester trugen die sieben
Widderhörner der Lade des Herrn voraus und
bliesen ständig die Hörner. Die bewaffneten
Männer zogen vor ihnen her, und die Nach-
hut folgte der Lade des Herrn. Man blies
ständig die Hörner. 14 So zogen sie auch am
zweiten Tag einmal um die Stadt herum und
kehrten wieder ins Lager zurück. Das mach-
ten sie sechs Tage lang. 15 Am siebten Tag
aber brachen sie beim Anbruch der Morgen-
röte auf und zogen, wie gewohnt, um die
Stadt, siebenmal; nur an diesem Tag zogen
sie siebenmal um die Stadt. 16 Als die Priester
beim siebtenmal die Hörner bliesen, sagte
Josua zum Volk: Erhebt das Kriegsgeschrei!
Denn der Herr hat die Stadt in eure Gewalt
gegeben. 17 Die Stadt mit allem, was in ihr ist,
soll zu Ehren des Herrn dem Untergang ge-
weiht sein. Nur die Dirne Rahab und alle, die
bei ihr im Haus sind, sollen am Leben blei-
ben, weil sie die Boten versteckt hat, die wir
ausgeschickt hatten. 18 Hütet euch aber da-
vor, von dem, was dem Untergang geweiht
ist, etwas zu begehren und wegzunehmen;
sonst weiht ihr das Lager Israels dem Unter-
gang und stürzt es ins Unglück. 19 Alles Gold
und Silber und die Geräte aus Bronze und
Eisen sollen dem Herrn geweiht sein und in
den Schatz des Herrn kommen. 20 Darauf
erhob das Volk das Kriegsgeschrei, und die
Widderhörner wurden geblasen. Als das Volk
den Hörnerschall hörte, brach es in lautes
Kriegsgeschrei aus. Die Stadtmauer stürzte
in sich zusammen, und das Volk stieg in die
Stadt hinein, jeder an der nächstbesten Stel-
le. So eroberten sie die Stadt. 21 Mit scharfem
Schwert weihten sie alles, was in der Stadt
war, dem Untergang, Männer und Frauen,
Kinder und Greise, Rinder, Schafe und Esel.

Das Sonnenwunder: Jos 10,6–14

6 Darauf sandten die Männer von Gibeon
(Boten) zu Josua ins Lager nach Gilgal und
ließen ihm sagen: Laß deine Knechte nicht
im Stich! Zieh schnell herauf zu uns, rette
uns, und komm uns zu Hilfe; denn alle Amo-
riterkönige, die das Bergland bewohnen, ha-
ben sich gegen uns zusammengetan. 7 Da
zog Josua mit dem ganzen Heer, mit allen
kampferprobten Männern, von Gilgal herauf.
8 Der Herr sagte zu Josua: Fürchte dich nicht
vor ihnen; denn ich gebe sie in deine Gewalt.
Keiner von ihnen kann dir standhalten. 9
Nachdem Josua die ganze Nacht von Gilgal
her auf dem Marsch gewesen war, stieß er
plötzlich auf sie. 10 Der Herr versetzte sie
beim Anblick der Israeliten in Verwirrung, so
daß Josua ihnen bei Gibeon eine schwere
Niederlage beibringen konnte. Er verfolgte
sie in Richtung auf die Steige von Bet-Horon
und schlug sie bis nach Aseka und Makkeda
zurück. 11 Als sie auf der Flucht vor Israel an
den Abhang von Bet-Horon kamen, warf der
Herr große Steine auf sie vom Himmel her,
bis nach Aseka hin, so daß viele umkamen.
Es kamen mehr durch die Hagelsteine um,
als die Israeliten mit dem Schwert töteten. 12
Damals, als der Herr die Amoriter den Israeli-
ten preisgab, redete Josua mit dem Herrn;
dann sagte er in Gegenwart der Israeliten:
Sonne, bleib stehen über Gibeon / und du,
Mond, über dem Tal von Ajalon! –
13 Und die Sonne blieb stehen, / und der Mond
stand still, / bis das Volk an seinen Feinden
Rache genommen hatte.
Das steht im »Buch des Aufrechten«. Die
Sonne blieb also mitten am Himmel stehen,

und ihr Untergang verzögerte sich, ungefähr einen ganzen Tag lang. [14] Weder vorher noch nachher hat es je einen solchen Tag gegeben, an dem der Herr auf die Stimme eines Menschen gehört hätte; der Herr kämpfte nämlich für Israel.

Der Bundesschluß in Sichem

Israel darf, trotz aller Rückschläge und Katastrophen in seiner Geschichte, wissen: Jahwe hat alle seine Zusagen eingelöst. Für die Erzähler des Buches Josua ist die Gabe des Landes das Zeichen dieser Treue Gottes. Eine solche Einsicht fordert Entscheidung. So versammelt Josua alle Stämme in Sichem und stellt sie vor die Entscheidung: Jahwe oder die Götter. Der Erzähler kann Israel die Einsicht in die eigene Untreue nicht ersparen. Doch der Blick auf die Geschichte des Volkes legt die Entscheidung nahe: »Wir wollen dem Herrn dienen!«.

Das Land – Ort der Ruhe: Jos 21,43–45

[43] So gab der Herr Israel das ganze Land, das er ihren Vätern mit einem Eid zugesichert hatte. Sie nahmen es in Besitz und wohnten darin. [44] Und der Herr verschaffte ihnen Ruhe ringsum, genau so, wie er es ihren Vätern mit einem Eid zugesichert hatte. Keiner von all ihren Feinden konnte ihnen Widerstand leisten; alle ihre Feinde gab der Herr in ihre Gewalt. [45] Keine von all den Zusagen, die der Herr dem Haus Israel gegeben hatte, war ausgeblieben; jede war in Erfüllung gegangen.

Bundesschluß in Sichem:
Jos 24,1–2.13–18.22–28

[1] Josua versammelte alle Stämme Israels in Sichem; er rief die Ältesten Israels, seine Oberhäupter, Richter und Listenführer zusammen, und sie traten vor Gott hin. [2] Josua sagte zum ganzen Volk: So spricht der Herr, der Gott Israels: Jenseits des Stroms wohnten eure Väter von Urzeiten an (Terach, der Vater Abrahams und der Vater Nahors) und dienten anderen Göttern. [13] Ich gab euch ein Land, um das ihr euch nicht bemüht hattet, und Städte, die ihr nicht erbaut hattet. Ihr habt in ihnen gewohnt, und ihr habt von Weinbergen und Ölbäumen gegessen, die ihr nicht gepflanzt hattet. [14] Fürchtet also jetzt den Herrn, und dient ihm in vollkommener Treue. Schafft die Götter fort, denen eure Väter jenseits des Stroms und in Ägypten gedient haben, und dient dem Herrn! [15] Wenn es euch aber nicht gefällt, dem Herrn zu dienen, dann entscheidet euch heute, wem ihr dienen wollt: den Göttern, denen eure Väter jenseits des Stroms dienten, oder den Göttern der Amoriter, in deren Land ihr wohnt. Ich aber und mein Haus, wir wollen dem Herrn dienen. [16] Das Volk antwortete: Das sei uns fern, daß wir den Herrn verlassen und anderen Göttern dienen. [17] Denn der Herr, unser Gott, war es, der uns und unsere Väter aus dem Sklavenhaus Ägypten herausgeführt hat und der vor unseren Augen alle die großen Wunder getan hat. Er hat uns beschützt auf dem ganzen Weg, den wir gegangen sind, und unter allen Völkern, durch deren Gebiet wir gezogen sind. [18] Der Herr hat alle Völker vertrieben, auch die Amoriter, die vor uns im Land wohnten. Auch wir wollen dem Herrn dienen; denn er ist unser Gott. [22] Josua antwortete dem Volk: Ihr seid Zeugen gegen euch selbst, daß ihr euch für den Herrn und für seinen Dienst entschieden habt. Sie antworteten: Das sind wir. [23] Schafft also jetzt die fremden Götter ab, die noch bei euch sind, und neigt eure Herzen dem Herrn zu, dem Gott Israels! [24] Das Volk sagte zu Josua: Dem Herrn, unserem Gott, wollen wir dienen und auf seine Stimme hören. [25] So schloß Josua an jenem Tag einen Bund für das Volk und gab dem Volk Gesetz und Recht in Sichem. [26] Josua schrieb alle diese Worte in das Buch des Gesetzes Gottes,

und er nahm einen großen Stein und stellte ihn in Sichem unter der Eiche auf, die im Heiligtum des Herrn steht. 27 Dabei sagte er zu dem ganzen Volk: Seht her, dieser Stein wird ein Zeuge sein gegen uns; denn er hat alle Worte des Herrn gehört, die er zu uns gesprochen hat. Er soll ein Zeuge sein gegen euch, damit ihr euren Gott nicht verleugnet. 28 Dann entließ Josua das Volk, einen jeden in seinen Erbbesitz.

Lobpreis auf die Befreiung Israels: Ps 114

1 Als Israel aus Ägypten auszog, / Jakobs Haus aus dem Volk mit fremder Sprache,
2 da wurde Juda Gottes Heiligtum, / Israel das Gebiet seiner Herrschaft.
3 Das Meer sah es und floh, / der Jordan wich zurück.
4 Die Berge hüpften wie Widder, / die Hügel wie junge Lämmer.
5 Was ist mit dir, Meer, daß du fliehst, / und mit dir, Jordan, daß du zurückweichst?
6 Ihr Berge, was hüpft ihr wie Widder, / und ihr Hügel, wie junge Lämmer?
7 Vor dem Herrn erbebe, du Erde, / vor dem Antlitz des Gottes Jakobs,
8 der den Fels zur Wasserflut wandelt / und Kieselgestein zu quellendem Wasser.

Knechtschaft und Freiheit im Land

Im Buch der Richter wird die Erinnerung an große Rettergestalten der Frühzeit, die sog. »Richter«, wachgehalten. Die bekanntesten sind Debora und Barak, Gideon, Jiftach und Simson. Die Erinnerung an diese vom Geist Gottes getriebenen Menschen ist uns größtenteils in der Form von Heldensagen überliefert.

Die Verfasser des großen Geschichtswerkes haben die Zeit der »Richter« so erzählt, daß die aufeinanderfolgenden Rettergestalten dem Leser eine bestimmte Folge im Handeln Gottes einprägen: Jahwe antwortet auf den Abfall des Volkes mit seinem Gericht, indem er Israel in die Hände von Feinden gibt.

Gottes Erziehung

Sobald das Volk umkehrt und zu Jahwe schreit, erweckt dieser immer wieder Rettergestalten, die das Volk befreien. Die Erzähler möchten vor allem in der Verbanntengeneration für die Einsicht werben: Wenn wir umkehren, dürfen wir auf Rettung hoffen.

Abfall Israels, Gericht und Rettung:
Ri 2,11–17.20–23

11 Die Israeliten taten, was dem Herrn mißfiel, und dienten den Baalen. 12 Sie verließen den Herrn, den Gott ihrer Väter, der sie aus Ägypten herausgeführt hatte, und liefen anderen Göttern nach, den Göttern der Völker, die rings um sie wohnen. Sie warfen sich vor ihnen nieder und erzürnten dadurch den Herrn. 13 Als sie den Herrn verließen und dem Baal und den Astarten dienten, 14 entbrannte der Zorn des Herrn gegen Israel. Er gab sie in die Gewalt von Räubern, die sie ausplünderten, und lieferte sie der Gewalt ihrer Feinde ringsum aus, so daß sie ihren Feinden keinen Widerstand mehr leisten konnten. 15 Sooft sie auch in den Krieg zogen, war die Hand des Herrn gegen sie, und sie hatten kein Glück, wie der Herr gesagt und ihnen geschworen hatte. So gerieten sie in große Not. 16 Der Herr aber setzte Richter ein, die sie aus der Gewalt der Räuber befreiten. 17 Doch sie gehorchten auch ihren Richtern nicht, sondern gaben sich anderen Göttern hin und warfen sich vor ihnen nieder. Rasch wichen sie von dem Weg ab, den ihre Väter, den

Geboten des Herrn gehorsam, gegangen waren. Sie handelten nicht so (wie ihre Väter). [20] Da entbrannte der Zorn des Herrn gegen Israel. Er sagte: Weil dieses Volk meinen Bund übertreten hat, zu dem ich ihre Väter verpflichtet habe, und weil es nicht auf meine Stimme hört, [21] werde auch ich kein einziges der Völker mehr vor ihren Augen vertreiben, die Josua bei seinem Tod noch übriggelassen hat. [22] Israel soll durch sie auf die Probe gestellt werden, ob es daran festhält, den Weg des Herrn zu gehen, wie es seine Väter taten, oder nicht. [23] Darum ließ der Herr diese Völker (im Land) und vertrieb sie vorerst nicht. Er hatte sie auch nicht in die Gewalt Josuas gegeben.

Debora – Mutter in Israel

Den Verfassern des großen Geschichtswerkes ist es wichtig, daß die Menschen begreifen: Das verborgene Wirken Jahwes bestimmt letztlich die Geschicke Israels. So wird Debora zur eigentlichen Retterin Israels, weil sie als Prophetin dem Heerführer Barak die entscheidende Gottesweisung gibt und ihn bei der Ausführung derselben unterstützt. Damit ist es Jahwe selber, der durch sein Wort Israel vor den bedrohenden Mächten rettet.

»Auf die Niedrigkeit seiner Magd hat er geschaut« (Lk 1,48). Heimsuchung, Karl Plattner, 1963/64.

»Auf, auf, Debora!«:
Ri 4,4–10.12–16; 5,1–12a

4 Damals war Debora, eine Prophetin, die
Frau des Lappidot, Richterin in Israel. 5 Sie
hatte ihren Sitz unter der Debora-Palme zwi-
schen Rama und Bet-El im Gebirge Efraim,
und die Israeliten kamen zu ihr hinauf, um
sich Recht sprechen zu lassen. 6 Sie schickte
Boten zu Barak, dem Sohn Abinoams aus
Kedesch-Naftali, ließ ihn rufen und sagte zu
ihm: Der Herr, der Gott Israels, befiehlt: Geh
hin, zieh auf den Berg Tabor, und nimm
zehntausend Naftaliter und Sebuloniter mit
dir! 7 Ich aber werde Sisera, den Heerführer
Jabins, mit seinen Wagen und seiner Streit-
macht zu dir an den Bach Kischon lenken
und ihn in deine Hand geben. 8 Barak sagte
zu ihr: Wenn du mit mir gehst, werde ich
gehen; wenn du aber nicht mit mir gehst,
werde ich nicht gehen. 9 Sie sagte: Ja, ich
gehe mit dir; aber der Ruhm bei dem Unter-
nehmen, zu dem du ausziehst, wird dann
nicht dir zuteil; denn der Herr wird Sisera der
Hand einer Frau ausliefern. Und Debora
machte sich auf und ging zusammen mit
Barak nach Kedesch. 10 Barak rief Sebulon
und Naftali in Kedesch zusammen, und
zehntausend Mann folgten ihm (auf den Ta-
bor) hinauf. Auch Debora ging mit ihm. 12 Als
man nun Sisera meldete, daß Barak, der
Sohn Abinoams, auf den Berg Tabor gezo-
gen sei, 13 beorderte Sisera alle seine Wagen
– neunhundert eiserne Kampfwagen – und
das ganze Kriegsvolk, das er bei sich hatte,
von Haroschet-Gojim an den Bach Kischon. 14
Da sagte Debora zu Barak: Auf! Denn das ist
der Tag, an dem der Herr den Sisera in deine
Gewalt gegeben hat. Ja, der Herr zieht selbst
vor dir her. Barak zog also vom Berg Tabor
herab, und die zehntausend Mann folgten
ihm. 15 Und der Herr brachte Sisera, alle seine
Wagen und seine ganze Streitmacht (mit
scharfem Schwert) vor den Augen Baraks in
große Verwirrung. Sisera sprang vom Wagen
und floh zu Fuß. 16 Barak verfolgte die Wagen
und das Heer bis nach Haroschet-Gojim. Das
ganze Heer Siseras fiel unter dem scharfen
Schwert; nicht ein einziger Mann blieb übrig.

1 Debora und Barak, der Sohn Abinoams,
sangen an jenem Tag dieses Lied:
2 Daß Führer Israel führten / und das Volk sich
bereit zeigte, / dafür preist den Herrn!
3 Hört, ihr Könige, horcht auf, ihr Fürsten! /
Ich will dem Herrn zu Ehren singen, / ich will
zu Ehren des Herrn, / des Gottes Israels,
spielen.
4 Herr, als du auszogst aus Seir,
als du vom Grünland Edoms heranschrittest,
/ da bebte die Erde, die Himmel ergossen
sich, / ja, aus den Wolken ergoß sich das
Wasser.
5 Die Berge wankten vor dem Blick des Herrn
(das ist der Sinai,) /
vor dem Blick des Herrn, des Gottes Israels.
6 In den Tagen Schamgars, des Sohnes des
Anat,
in den Tagen Jaëls lagen die Wege verlassen
da; / wer unterwegs war, mußte Umwege
machen.
7 Bewohner des offenen Landes gab es nicht
mehr, / es gab sie nicht mehr in Israel, / bis du
dich erhobst, Debora, / bis du dich erhobst,
Mutter in Israel.
8 Man hatte sich neue Götter erwählt. / Es gab
kein Brot an den Toren. / Schild und Speer
waren nicht mehr zu sehen / bei den Vierzig-
tausend in Israel.
9 Mein Herz gehört Israels Führern. / Ihr, die
ihr bereit seid im Volk, / preist den Herrn!
10 Ihr, die ihr auf weißen Eselinnen reitet, / die
ihr auf Teppichen sitzt, / die ihr auf der Straße
dahinzieht, singt!
11 Horch, sie jubeln zwischen den Tränken; /
dort besingt man die rettenden Taten des
Herrn, / seine hilfreiche Tat an den Bauern in
Israel. / Damals zog das Volk des Herrn hinab
zu den Toren.
12a Auf, auf, Debora! Auf, auf, sing ein Lied! /

Gideon, zum Retter beauftragt

Nachdem das Königtum in Jerusalem beseitigt ist, greifen Israels Erzähler gerne auf die alten Heldensagen über die Richter zurück, weil diese den Glaubenden eindringlich in Erinnerung rufen: Jahwe allein ist der Herr der Geschichte und der Herrscher über Israel; er allein rettet Israel. Dies unterstreicht die Sage, nach der Gideon mit nur dreihundert Mann den Sieg über die feindlichen Midianiter erringt.

Sieg der kleinen Schar: Ri 7,1–8.16–22

1 Am frühen Morgen brach Jerubbaal – das ist
Gideon – mit allen Leuten, die er bei sich
hatte, auf, und sie errichteten bei der Harod-
Quelle ihr Lager; das Lager Midians war nörd-
lich davon beim Hügel More in der Ebene. 2
Der Herr sagte zu Gideon: Die Leute, die du
bei dir hast, sind zu zahlreich, als daß ich
Midian in deine Gewalt geben könnte. Sonst
könnte sich Israel mir gegenüber rühmen
und sagen: Meine eigene Hand hat mich
gerettet. 3 Ruf daher so laut, daß die Leute es
hören: Wer sich fürchtet und Angst hat, soll
umkehren. Gideon musterte sie, und darauf
kehrten von den Leuten zweiundzwanzigtau-
send um, während zehntausend bei ihm blie-
ben. 4 Doch der Herr sagte zu Gideon: Die
Leute sind immer noch zu zahlreich. Führ sie
hinab ans Wasser; dort will ich sie für dich
mustern. Von wem ich sagen werde: Er soll
mit dir gehen!, der soll mitgehen, und jeder,
von dem ich zu dir sagen werde: Dieser soll
nicht mit dir gehen!, der soll nicht mitgehen.
5 Gideon führte die Leute zum Wasser hinab,
und der Herr sagte zu ihm: Stell alle, die das
Wasser mit der Zunge auflecken, wie es ein
Hund tut, auf einen besonderen Platz, und
ebenso alle, die sich zum Trinken hinknien. 6
Die Zahl derer, die das Wasser aufleckten,
betrug dreihundert Mann. Alle übrigen Leute
aber knieten sich hin, um das Wasser zu
trinken, indem sie es mit der Hand zum
Mund führten. 7 Der Herr sagte zu Gideon:
Durch die dreihundert Mann, die (das Was-
ser) aufgeleckt haben, will ich euch retten;
ich werde Midian in deine Gewalt geben. Alle
übrigen Leute sollen nach Hause gehen. 8
Gideon entließ also alle Israeliten, jeden zu
seinem Zelt, und sie nahmen die Verpfle-
gung der Leute und ihre Widderhörner mit.
Nur die dreihundert Mann behielt er bei sich.
Das Lager Midians lag unterhalb von ihm in
der Ebene. 16 Gideon teilte die dreihundert
Mann in drei Abteilungen und gab allen Män-
nern Widderhörner und leere Krüge in die
Hand; in den Krügen waren Fackeln. 17 Er
sagte zu ihnen: Seht auf mich, und macht
alles ebenso wie ich! Paßt auf: Ich gehe nun
an den Rand des Lagers der Midianiter, und
das, was ich mache, müßt auch ihr machen.
18 Wenn ich und alle, die bei mir sind, das
Widderhorn blasen, dann müßt auch ihr
rings um das ganze Lager eure Hörner bla-
sen und rufen: Für den Herrn und Gideon! 19
Gideon und die hundert Mann, die bei ihm
waren, gelangten zu Beginn der mittleren
Nachtwache an den Rand des Lagers der
Midianiter; man hatte gerade die Wachen
aufgestellt. Sie bliesen das Widderhorn und
zerschlugen die Krüge, die sie in der Hand
hatten. 20 Nun bliesen auch die beiden ande-
ren Abteilungen ihre Hörner, zerschlugen die
Krüge, ergriffen mit der linken Hand die
Fackeln, während sie in der rechten Hand die
Widderhörner hielten, um zu blasen, und
schrien: Das Schwert für den Herrn und Gide-
on! 21 Dabei blieben sie rings um das Lager
stehen, jeder an dem Platz, wo er gerade war.
Im Lager liefen alle durcheinander, schrien
und flohen. 22 Als die dreihundert Männer ihre
Hörner bliesen, richtete der Herr im ganzen
Lager das Schwert des einen gegen den
andern. Alle im Lager flohen bis nach Bet-
Schitta, Zereda, Sefat-Abel-Mehola und
Tabbat.

Die Taten Gottes preisen

Wenn Israel Gott lobt, dann muß es davon erzählen, welch große Taten Gottes in seiner Mitte offenbar werden und wie der Herr dem Volk seine Rettung zuteil werden läßt.

Ein Preislied auf die Wundertaten des Herrn:
Ps 111

1 Halleluja!
Den Herrn will ich preisen von ganzem Herzen / im Kreis der Frommen, inmitten der Gemeinde.
2 Groß sind die Werke des Herrn, / kostbar allen, die sich an ihnen freuen.
3 Er waltet in Hoheit und Pracht, / seine Gerechtigkeit hat Bestand für immer.
4 Er hat ein Gedächtnis an seine Wunder gestiftet, / der Herr ist gnädig und barmherzig.
5 Er gibt denen Speise, die ihn fürchten, / an seinen Bund denkt er auf ewig.
6 Er hat seinem Volk seine machtvollen Taten kundgetan, / um ihm das Erbe der Völker zu geben.
7 Die Werke seiner Hände sind gerecht und beständig, / all seine Gebote sind verläßlich.
8 Sie stehen fest für immer und ewig, / geschaffen in Treue und Redlichkeit.
9 Er gewährte seinem Volk Erlösung / und bestimmte seinen Bund für ewige Zeiten. / Furchtgebietend ist sein Name und heilig.
10 Die Furcht des Herrn ist der Anfang der Weisheit; / alle, die danach leben, sind klug. / Sein Ruhm hat Bestand für immer.

Israel als Staat

Im 11. Jahrhundert gerieten die in loser Verbindung nebeneinander lebenden Stämme Israels in große Bedrängnis, weil das Volk der Philister – ursprünglich an der Mittelmeerküste angesiedelt – die Vormachtstellung in Kanaan anstrebte. Die lose organisierten Stämme Israels konnten nur überleben, wenn sie sich zu einem Gemeinwesen unter einem König zusammenschlossen. Die Samuel-Bücher erzählen, wie Israel zu einem organisierten Staat wird.

Samuel – Gesandter Gottes zu Königen

Die Einführung des Königtums verlief nicht ohne Schwierigkeiten. Es gab Kreise, die eine zentrale Führung energisch ablehnten. Die Erinnerung daran hat die Überlieferung wohl dadurch festgehalten, daß der Prophet Samuel als der erscheint, der im Namen Gottes die Einrichtung des Königtums als Abfall Israels vom einzigen König Jahwe tadelt. Dies ist jedoch die Sicht jener Generation, die den Untergang des Königtums erlebt und in den schlechten »Hirten« die Ursache für den Untergang Judas und Jerusalems gesehen hat. Alle Könige werden daran gemessen, ob sie dem in Israel verkündeten Wort Jahwes gehorsam waren oder nicht. Freilich ist Gottes Wort, an dem alles Geschehen gemessen werden muß, ein konkretes, von Menschen gesprochenes Wort.

Sprecher Gottes

Niemand darf von sich aus beanspruchen, Gottes Wort zu sagen; es sind von Gott gepackte Menschen, die in seinem Namen reden. So wurde der Mann Gottes Samuel zum Symbol jenes Menschen, der ganz und gar von Gott in Beschlag genommen ist. Dies drückt der Erzähler aus, wenn er nach damaliger Erzählweise schildert, wie die unfruchtbare Mutter auf ihr Gebet hin ein Kind bekommt.

Für die Bearbeiter des großen Geschichtswerkes ist Samuel derjenige, der an die Geschichte den Maßstab des »Wortes Gottes« anlegt. Er wird zum Sprecher Gottes. Da die Lebenswelt der Menschen oft auf den Anruf Gottes hin nicht durchsichtig ist und die Fähigkeit, auf Gott zu hören, verschüttet sein kann, bedarf es der Einübung in das Hinhören auf Gottes Anruf, zumal dieser unseren eigenen Vorstellung oft nicht entspricht. Aber allen Widerständen und gegenläufigen Erwartungen zum Trotz setzt sich Gottes Wort durch.

Samuel – Von Gott geschenkt:
1 Sam 1,1–28

1 Einst lebte ein Mann aus Ramatajim, ein
Zufiter vom Gebirge Efraim. Er hieß Elkana
und war ein Sohn Jerohams, des Sohnes
Elihus, des Sohnes Tohus, des Sohnes Zufs,
ein Efraimiter. 2 Er hatte zwei Frauen. Die eine
hieß Hanna, die andere Peninna. Peninna
hatte Kinder, Hanna aber hatte keine Kinder.
3 Dieser Mann zog Jahr für Jahr von seiner
Stadt nach Schilo hinauf, um den Herrn der
Heere anzubeten und ihm zu opfern. Dort
waren Hofni und Pinhas, die beiden Söhne
Elis, Priester des Herrn. 4 An dem Tag, an
dem Elkana das Opfer darbrachte, gab er
seiner Frau Peninna und all ihren Söhnen
und Töchtern ihre Anteile. 5 Hanna aber gab
er einen doppelten Anteil; denn er hatte
Hanna lieb, obwohl der Herr ihren Schoß
verschlossen hatte. 6 Ihre Rivalin aber kränk-
te und demütigte sie sehr, weil der Herr ihren
Schoß verschlossen hatte. 7 So machte es
Elkana Jahr für Jahr. Sooft sie zum Haus des
Herrn hinaufzogen, kränkte Peninna sie; und
Hanna weinte und aß nichts. 8 Ihr Mann
Elkana fragte sie: Hanna, warum weinst du,
warum ißt du nichts, warum ist dein Herz
betrübt? Bin ich dir nicht viel mehr wert als
zehn Söhne? 9 Nachdem man in Schilo ge-
gessen und getrunken hatte, stand Hanna
auf und trat vor den Herrn. Der Priester Eli
saß an den Türpfosten des Tempels des
Herrn auf seinem Stuhl. 10 Hanna war ver-
zweifelt, betete zum Herrn und weinte sehr. 11
Sie machte ein Gelübde und sagte: Herr der
Heere, wenn du das Elend deiner Magd wirk-
lich ansiehst, wenn du an mich denkst und
deine Magd nicht vergißt und deiner Magd
einen männlichen Nachkommen schenkst,
dann will ich ihn für sein ganzes Leben dem
Herrn überlassen; kein Schermesser soll an
sein Haupt kommen. 12 So betete sie lange
vor dem Herrn. Eli beobachtete ihren Mund;
13 denn Hanna redete nur still vor sich hin,
ihre Lippen bewegten sich, doch ihre Stimme
war nicht zu hören. Eli hielt sie deshalb für
betrunken 14 und sagte zu ihr: Wie lange willst
du dich noch wie eine Betrunkene aufführ-
ren? Sieh zu, daß du deinen Weinrausch los
wirst! 15 Hanna gab zur Antwort: Nein, Herr!
Ich bin eine unglückliche Frau. Ich habe
weder Wein getrunken noch Bier; ich habe
nur dem Herrn mein Herz ausgeschüttet. 16
Halte deine Magd nicht für eine nichtsnutzige
Frau; denn nur aus großem Kummer und aus
Traurigkeit habe ich so lange geredet. 17 Eli
erwiderte und sagte: Geh in Frieden! Der Gott
Israels wird dir die Bitte erfüllen, die du an
ihn gerichtet hast. 18 Sie sagte: Möge deine
Magd Gnade finden vor deinen Augen. Dann
ging sie weg; sie aß wieder und hatte kein
trauriges Gesicht mehr. 19 Am nächsten Mor-
gen standen sie früh auf und beteten den
Herrn an. Dann machten sie sich auf den
Heimweg und kehrten in ihr Haus nach Rama
zurück. Elkana erkannte seine Frau Hanna;

der Herr dachte an sie, [20] und Hanna wurde schwanger. Als die Zeit abgelaufen war, gebar sie einen Sohn und nannte ihn Samuel, denn sie sagte: Ich habe ihn vom Herrn erbeten. [21] Als dann Elkana mit seiner ganzen Familie wieder hinaufzog, um dem Herrn das jährliche Opfer und die Gaben, die er gelobt hatte, darzubringen, [22] zog Hanna nicht mit, sondern sagte zu ihrem Mann: Ich werde den Knaben erst, wenn er entwöhnt ist, hinaufbringen; dann soll er vor dem Angesicht des Herrn erscheinen und für immer dort bleiben. [23] Ihr Mann Elkana sagte zu ihr: Tu, was dir gefällt. Bleib hier, bis du ihn entwöhnt hast. Wenn nur der Herr sein Wort erfüllt! Die Frau blieb also daheim und stillte ihren Sohn, bis sie ihn entwöhnte. [24] Als sie ihn entwöhnt hatte, nahm sie ihn mit hinauf, dazu einen dreijährigen Stier, ein Efa Mehl und einen Schlauch Wein. So brachte sie ihn zum Haus des Herrn in Schilo; der Knabe aber war damals noch sehr jung. [25] Als sie den Stier geschlachtet hatten, brachten sie den Knaben zu Eli, [26] und Hanna sagte: Bitte, mein Herr, so wahr du lebst, mein Herr, ich bin die Frau, die damals neben dir stand, um zum Herrn zu beten. [27] Ich habe um diesen Knaben gebetet, und der Herr hat mir die Bitte erfüllt, die ich an ihn gerichtet habe. [28] Darum lasse ich ihn auch vom Herrn zurückfordern. Er soll für sein ganzes Leben ein vom Herrn Zurückgeforderter sein. Und sie beteten dort den Herrn an.

Danklied der Hanna: 1 Sam 2,1.5–7.11

[1] Hanna betete. Sie sagte: Mein Herz ist voll Freude über den Herrn, / große Kraft gibt mir der Herr, / Weit öffnet sich mein Mund gegen meine Feinde; / denn ich freue mich über deine Hilfe. [5] Die Satten verdingen sich um Brot, / doch die Hungrigen können feiern für immer. / Die Unfruchtbare bekommt sieben Kinder, / doch die Kinderreiche welkt dahin. [6] Der Herr macht tot und lebendig, / er führt zum Totenreich hinab und führt auch herauf. [7] Der Herr macht arm und macht reich, / er erniedrigt, und er erhöht.

[11] Darauf kehrte Elkana in sein Haus nach Rama zurück, der Knabe aber stand von da an im Dienst des Herrn unter der Aufsicht des Priesters Eli.

Samuel – Von Gott gerufen: 1 Sam 3,1–21

[1] Der junge Samuel versah den Dienst des Herrn unter der Aufsicht Elis. In jenen Tagen waren Worte des Herrn selten; Visionen waren nicht häufig. [2] Eines Tages geschah es: Eli schlief auf seinem Platz; seine Augen waren schwach geworden, und er konnte nicht mehr sehen. [3] Die Lampe Gottes war noch nicht erloschen, und Samuel schlief im Tempel des Herrn, wo die Lade Gottes stand. [4] Da rief der Herr den Samuel, und Samuel antwortete: Hier bin ich. [5] Dann lief er zu Eli und sagte: Hier bin ich, du hast mich gerufen. Eli erwiderte: Ich habe dich nicht gerufen. Geh wieder schlafen! Da ging er und legte sich wieder schlafen. [6] Der Herr rief noch einmal: Samuel! Samuel stand auf und ging zu Eli und sagte: Hier bin ich, du hast mich gerufen. Eli erwiderte: Ich habe dich nicht gerufen, mein Sohn. Geh wieder schlafen! [7] Samuel kannte den Herrn noch nicht, und das Wort des Herrn war ihm noch nicht offenbart worden. [8] Da rief der Herr den Samuel wieder, zum drittenmal. Er stand auf und ging zu Eli und sagte: Hier bin ich, du hast mich gerufen. Da merkte Eli, daß der Herr den Knaben gerufen hatte. [9] Eli sagte zu Samuel: Geh, leg dich schlafen! Wenn er dich wieder ruft, dann antworte: Rede, Herr; denn dein Diener hört. Samuel ging und legte sich an seinem Platz nieder. [10] Da kam der Herr, trat zu ihm heran und rief wie die vorigen Male: Samuel, Samuel! Und Samuel antwortete: Rede, denn dein Diener hört. [11] Der Herr sagte zu Samuel: Fürwahr, ich werde in Israel etwas tun, so daß jedem, der davon hört, beide Ohren gellen. [12] An jenem Tag werde ich an Eli vom Anfang bis zum Ende alles verwirklichen, was ich seinem Haus angedroht habe. [13] Ich habe ihm angekündigt, daß ich über sein Haus für immer das Urteil gesprochen habe wegen seiner Schuld; denn er wußte, wie seine Söhne Gott lästern, und gebot ihnen nicht Einhalt. [14] Darum habe ich

dem Haus Eli geschworen: Die Schuld des Hauses Eli kann durch Opfer und durch Gaben in Ewigkeit nicht gesühnt werden. [15] Samuel blieb bis zum Morgen liegen, dann öffnete er die Türen zum Haus des Herrn. Er fürchtete sich aber, Eli von der Vision zu berichten. [16] Da rief Eli Samuel und sagte: Samuel, mein Sohn! Er antwortete: Hier bin ich. [17] Eli fragte: Was war es, das er zu dir gesagt hat? Verheimliche mir nichts! Gott möge dir dies und das antun, wenn du mir auch nur eines von all den Worten verheimlichst, die er zu dir gesprochen hat. [18] Da teilte ihm Samuel alle Worte mit und verheimlichte ihm nichts. Darauf sagte Eli: Es ist der Herr. Er tue, was ihm gefällt. [19] Samuel wuchs heran, und der Herr war mit ihm und ließ keines von all seinen Worten unerfüllt. [20] Ganz Israel von Dan bis Beerscheba erkannte, daß Samuel als Prophet des Herrn beglaubigt war. [21] Auch weiterhin erschien der Herr in Schilo: Der Herr offenbarte sich Samuel in Schilo durch sein Wort.

Erfüllung der Worte des Samuel:
1 Sam 4,1–11

[1] Das Wort Samuels erging an ganz Israel. Israel zog gegen die Philister in den Krieg. Sie schlugen ihr Lager bei Eben-Eser auf, und die Philister hatten ihr Lager in Afek. [2] Die Philister rückten in Schlachtordnung gegen Israel vor, und der Kampf wogte hin und her. Israel wurde von den Philistern besiegt, die von Israels Heer auf dem Feld etwa viertausend Mann erschlugen. [3] Als das Volk ins Lager zurückkam, sagten die Ältesten Israels: Warum hat der Herr heute die Philister über uns siegen lassen? Wir wollen die Bundeslade des Herrn aus Schilo zu uns holen; er soll in unsere Mitte kommen und uns aus der Gewalt unserer Feinde retten. [4] Das Volk schickte also (Männer) nach Schilo, und sie holten von dort die Bundeslade des Herrn der Heere, der über den Kerubim thront. Hofni und Pinhas, die beiden Söhne Elis, begleiteten die Bundeslade Gottes. [5] Als nun die Bundeslade des Herrn ins Lager kam, erhob ganz Israel ein lautes Freudengeschrei, so daß die Erde dröhnte. [6] Die Philister hörten das laute Geschrei und sagten: Was ist das für ein lautes Geschrei im Lager der Hebräer? Als sie erfuhren, daß die Lade des Herrn ins Lager gekommen sei, [7] fürchteten sich die Philister; denn sie sagten: Gott ist zu ihnen ins Lager gekommen. Und sie riefen: Weh uns! Denn so etwas ist früher nie geschehen. [8] Weh uns! Wer rettet uns aus der Hand dieses mächtigen Gottes? Das ist der Gott, der Ägypten mit allerlei Plagen (in der Wüste) geschlagen hat. [9] Seid tapfer, Philister, und seid Männer, damit ihr nicht den Hebräern dienen müßt, wie sie euch gedient haben. Seid Männer und kämpft! [10] Da traten die Philister zum Kampf an, und Israel wurde besiegt, so daß alle zu ihren Zelten flohen. Es war eine sehr schwere Niederlage. Von Israel fielen dreißigtausend Mann Fußvolk. [11] Die Lade Gottes wurde erbeutet, und die beiden Söhne Elis, Hofni und Pinhas, fanden den Tod.

Saul – Der verworfene König

Der erste König in Israel war Saul aus dem Stamm Benjamin. Er glich in mancher Hinsicht den geistbegabten Rettergestalten der Frühzeit, nur hatte er den Heerbann fast aller Stämme hinter sich. Er wurde vermutlich aufgrund militärischer Erfolge zum König gewählt. Saul ist der von Gott bezeichnete Anführer; dies macht die Salbung durch Samuel deutlich. Er hat große Erfolge gegen die Philister errungen, mußte aber schließlich scheitern, weil die politischen Voraussetzungen für eine dauerhafte Herrschaft von ihm nicht erstellt werden konnten (z.B. ein politisches Zentrum, ein stehendes Heer, Verwaltungseinrichtungen).

Saul – Ein warnendes Beispiel

Das politische Scheitern Sauls nimmt die Generation nach dem Untergang Jerusalems als Beispiel dafür, wie es Israel ergeht, wenn es sich der Weisung Jahwes widersetzt. Daher begründet die Erzählung den Untergang Sauls mit seinem Ungehorsam einer Weisung des Gottesmannes Samuel gegenüber.

Israel verlangt einen König:
1 Sam 8,4–7.10–11.14–15.19–22

Alle Ältesten Israels 4 versammelten sich und
gingen zu Samuel nach Rama. 5 Sie sagten zu
ihm: Du bist nun alt, und deine Söhne gehen
nicht auf deinen Wegen. Darum setze jetzt
einen König bei uns ein, der uns regieren
soll, wie es bei allen Völkern der Fall ist. 6
Aber Samuel mißfiel es, daß sie sagten: Gib
uns einen König, der uns regieren soll. Sa-
muel betete deshalb zum Herrn, 7 und der
Herr sagte zu Samuel: Hör auf die Stimme
des Volkes in allem, was sie zu dir sagen.
Denn nicht dich haben sie verworfen, son-
dern mich haben sie verworfen: Ich soll nicht
mehr ihr König sein. 10 Samuel teilte dem
Volk, das einen König von ihm verlangte, alle
Worte des Herrn mit. 11 Er sagte: Das werden
die Rechte des Königs sein, der über euch
herrschen wird: Er wird eure Söhne holen
und sie für sich bei seinen Wagen und seinen
Pferden verwenden, und sie werden vor sei-
nem Wagen herlaufen. 14 Eure besten Felder,
Weinberge und Ölbäume wird er euch weg-
nehmen und seinen Beamten geben. 15 Von
euren Äckern und euren Weinbergen wird er
den Zehnten erheben und ihn seinen Höflin-
gen und Beamten geben. 19 Doch das Volk
wollte nicht auf Samuel hören, sondern sag-
te: Nein, ein König soll über uns herrschen. 20
Auch wir wollen wie alle anderen Völker sein.
Unser König soll uns Recht sprechen, er soll
vor uns herziehen und soll unsere Kriege
führen. 21 Samuel hörte alles an, was das Volk
sagte, und trug es dem Herrn vor. 22 Und der
Herr sagte zu Samuel: Hör auf ihre Stimme,
und setz ihnen einen König ein! Da sagte
Samuel zu den Israeliten: Geht heim, jeder in
seine Stadt!

Samuel salbt Saul zum König:
1 Sam 9,15 – 10,1

15 Der Herr aber hatte Samuel, einen Tag
bevor Saul kam, das Ohr für eine Offenba-
rung geöffnet und gesagt: 16 Morgen um
diese Zeit schicke ich einen Mann aus dem
Gebiet Benjamins zu dir. Ihn sollst du zum
Fürsten meines Volkes Israel salben. Er wird
mein Volk aus der Gewalt der Philister befrei-
en; denn ich habe die Not meines Volkes
Israel gesehen, und sein Hilfeschrei ist zu mir
gedrungen. 17 Als Samuel Saul sah, sagte der
Herr zu ihm: Das ist der Mann, von dem ich
dir gesagt habe: Der wird über mein Volk
herrschen. 18 Saul trat mitten im Tor zu Sa-
muel und fragte: Sag mir doch, wo das Haus
des Sehers ist. 19 Samuel antwortete Saul: Ich
bin der Seher. Geh vor mir her zur Kulthöhe
hinauf! Ihr sollt heute mit mir essen. Morgen
früh will ich dich dann weiterziehen lassen.
Ich werde dir Auskunft über alles geben, was
du auf dem Herzen hast. 20 Über die Eselin-
nen, die dir vor drei Tagen abhanden gekom-
men sind, brauchst du dir keine Gedanken zu
machen. Sie wurden gefunden. Auf wen aber
richtet sich die ganze Sehnsucht Israels? Gilt
sie nicht dir und dem ganzen Haus deines
Vaters? 21 Da antwortete Saul: Bin ich nicht
ein Benjaminiter, also aus dem kleinsten
Stamm Israels? Ist meine Sippe nicht die
geringste von allen Sippen des Stammes
Benjamin? Warum sagst du so etwas zu mir?
22 Samuel nahm Saul und seinen Knecht mit,
führte sie in das Haus und wies ihnen die
Ehrenplätze unter den Eingeladenen an; es
waren etwa dreißig Männer (versammelt). 23
Samuel sagte zum Koch: Bring das Stück
her, das ich dir gegeben habe, das, von dem
ich dir gesagt habe: Halt es bei dir zurück! 24

Da trug der Koch die Keule auf und setzte sie
Saul vor; er sagte: Das ist das, was übrig
blieb. Greif zu und iß! Als ich das Volk einge-
laden hatte, ist dieses Stück für dich und für
diese Stunde aufgehoben worden. An jenem
Tag aß Saul zusammen mit Samuel. 25 Dann
stiegen sie von der Kulthöhe in die Stadt
hinab, und Samuel hatte mit Saul auf dem
Flachdach eine Unterredung. 26 Früh am Mor-
gen, als die Dämmerung anbrach, rief Samu-
el zu Saul aufs Dach hinauf: Steh auf! Ich will
dir das Geleit geben. Saul stand auf, und
beide gingen zusammen hinaus. 27 Als sie zur
Grenze des Stadtgebietes gekommen waren,
sagte Samuel zu Saul: Sag dem Knecht, er
soll vorausgehen; du aber bleib nun hier
stehen! Ich will dir ein Gotteswort verkünden.
Da ging der Knecht voraus.
1 Da nahm Samuel den Ölkrug und goß Saul
das Öl auf das Haupt, küßte ihn und sagte:
Hiermit hat der Herr dich zum Fürsten über
sein Erbe gesalbt.

Sauls Wahl zum König: 1 Sam 10,17–25

17 Samuel rief das Volk zum Herrn nach Mizpa
zusammen. 18 Er sagte zu den Israeliten: So
spricht der Herr, der Gott Israels: Ich habe
Israel aus Ägypten heraufgeführt, ich habe
euch aus der Gewalt der Ägypter befreit und
aus der Gewalt all der Königreiche, die euch
bedrängt haben. 19 Ihr aber habt heute euren
Gott verworfen, der euer Retter in allen Nöten
und Bedrängnissen war, und ihr habt gesagt:
Nein, du sollst einen König bei uns einset-
zen. Stellt euch jetzt also vor dem Herrn auf,
(geordnet) nach euren Stämmen und Tau-
sendschaften. 20 Und Samuel ließ alle Stäm-
me Israels antreten (um das Los zu werfen).
Das Los fiel auf den Stamm Benjamin. 21
Darauf ließ er den Stamm Benjamin (geord-
net) nach seinen Sippen antreten, und das
Los fiel auf die Sippe Matri. Und schließlich
fiel das Los auf Saul, den Sohn des Kisch.
Man suchte ihn (überall), fand ihn aber nicht.
22 Sie befragten noch einmal den Herrn: Ist
noch jemand hierher gekommen? Der Herr
antwortete: Ja, aber er hat sich beim Troß
versteckt. 23 Sie liefen hin und holten ihn von
dort. Als er mitten unter das Volk trat, über-
ragte er alle anderen um Haupteslänge. 24
Und Samuel sagte zum ganzen Volk: Habt ihr
gesehen, wen der Herr erwählt hat? Keiner ist
ihm gleich im ganzen Volk. Da jubelte das
ganze Volk und sagte: Es lebe der König! 25
Samuel machte dem Volk das Königsrecht
bekannt, schrieb es in ein Buch und legte das
Buch vor dem Herrn nieder. Dann entließ
Samuel das ganze Volk, jeden in sein Haus.

Sauls Verstoßung: 1 Sam 15,16–35

16 Da sagte Samuel zu Saul: Hör auf! Ich will
dir verkünden, was der Herr mir heute Nacht
gesagt hat. Saul antwortete: Sprich! 17 Samu-
el sagte: Bist du nicht, obwohl du dir gering
vorkommst, das Haupt der Stämme Israels?
Der Herr hat dich zum König von Israel
gesalbt. 18 Dann hat dich der Herr auf den
Weg geschickt und gesagt: Geh und weihe
die Amalekiter, die Übeltäter, dem Unter-
gang; kämpfe gegen sie, bis du sie vernichtet
hast. 19 Warum hast du nicht auf die Stimme
des Herrn gehört, sondern hast dich auf die
Beute gestürzt und getan, was dem Herrn
mißfällt? 20 Saul erwiderte Samuel: Ich habe
doch auf die Stimme des Herrn gehört; ich
bin den Weg gegangen, auf den der Herr
mich geschickt hat; ich habe Agag, den Kö-
nig von Amalek, hergebracht und die Amale-
kiter dem Untergang geweiht. 21 Aber das
Volk hat von der Beute einige Schafe und
Rinder genommen, das Beste von dem, was
dem Untergang geweiht war, um es dem
Herrn, deinem Gott, in Gilgal zu opfern. 22
Samuel aber sagte:
Hat der Herr an Brandopfern und Schlacht-
opfern das gleiche Gefallen / wie am Gehor-
sam gegenüber der Stimme des Herrn? /
Wahrhaftig, Gehorsam ist besser als Opfer, /
Hinhören besser als das Fett von Widdern.
23 Denn Trotz ist ebenso eine Sünde wie die
Zauberei, / Widerspenstigkeit ist ebenso
(schlimm) / wie Frevel und Götzendienst. /
Weil du das Wort des Herrn verworfen hast, /
verwirft er dich als König.
24 Da sagte Saul zu Samuel: Ich habe gesün-
digt; denn ich habe mich über den Befehl des
Herrn und deine Anweisungen hinwegge-

setzt, ich habe mich vor dem Volk gefürchtet
und auf seine Stimme gehört. 25 Darum
nimm doch die Sünde von mir weg, und kehr
mit mir zurück, damit ich den Herrn anbete.
26 Samuel erwiderte Saul: Ich kehre nicht mit
dir zurück; denn du hast das Wort des Herrn
verworfen, und nun hat der Herr dich verwor-
fen, so daß du nicht mehr König von Israel
sein kannst. 27 Als Samuel sich umwandte,
um wegzugehen, griff Saul nach dem Zipfel
seines Mantels, doch der riß ab. 28 Da sagte
Samuel zu ihm: So entreißt dir heute der Herr
die Herrschaft über Israel und gibt sie einem
anderen, der besser ist als du. 29 Er, der ewige
Ruhm Israels, kann weder lügen noch bereu-
en. Er ist doch kein Mensch, so daß er etwas
bereuen müßte. 30 Saul erwiderte: Ich habe
gesündigt; erweise mir aber jetzt vor den
Ältesten des Volkes und vor Israel die Ehre,
mit mir zurückzukehren, damit ich den
Herrn, deinen Gott, anbete. 31 Da kehrte
Samuel um und folgte Saul, und Saul betete
den Herrn an. 32 Darauf sagte Samuel: Bringt
Agag, den König von Amalek, zu mir! Agag
wurde in Fesseln zu ihm gebracht und sagte:
Wahrhaftig, die Bitterkeit des Todes ist gewi-
chen. 33 Samuel aber erwiderte:

Wie dein Schwert die Frauen um ihre Kinder gebracht, / so sei unter den Frauen deine Mutter kinderlos gemacht.

Und Samuel hieb vor den Augen des Herrn in
Gilgal Agag in Stücke. 34 Dann ging Samuel
nach Rama, und Saul zog hinauf in sein Haus
nach Gibea-Saul. 35 Samuel sah Saul vor dem
Tag seines Todes nicht mehr. Samuel trauer-
te um Saul, weil es den Herrn reute, daß er
Saul zum König über Israel gemacht hatte.

David – Der »Gesalbte« Jahwes

Die große Königsgestalt Israels ist David. Seine Regierungszeit fällt in die Jahre 1000–961 v. Chr. Diese Zeit ist untrennbar verbunden mit dem großen Anfang und der Blüte der staatlichen Zeit Israels. Für das glaubende Israel ist solche Größe aber immer Ausdruck des Segens und Ergebnis der Führung Jahwes. Somit wird auch der Politiker David mehr und mehr zum Symbol dafür, daß Jahwe segnet und sein Volk führt. Je mehr David im Verlaufe der Glaubensüberlieferung zum Symbol wird, umso mehr treten die Schattenseiten des historischen David zurück und er ist schließlich für den Erzähler des großen Geschichtswerkes der Maßstab, an dem alle nachfolgenden Könige gemessen werden. So wird David in der Zeit nach dem staatlichen Zusammenbruch Israels das große Hoffnungsbild für das zukünftige Handeln Gottes, das die Geschichte Israels heilvoll wendet. Weil die Gemeinde Jesu in Jesus von Nazaret diese heilvolle Wende sieht, bekennt sie: »... der dem Fleisch nach geboren ist als Nachkomme Davids« (Röm 1,3).

Die Erwählung Davids

In seiner langen Geschichte erkennt Israel eine Grundlinie des Handelns Gottes, die es auch an den Anfang der Davidgeschichte stellt: »Und das Niedrige in der Welt und das Verachtete hat Gott erwählt: das, was nichts ist, um das, was etwas ist, zu vernichten, damit kein Mensch sich rühmen kann vor Gott« (1 Kor 1,28f). Die Erzähler führen David ein als den jüngsten der Söhne Isais und als Schwiegersohn des Saul, der die Hand der Königstochter erhält, weil er gegen den Erzfeind der Israeliten, die Philister, kämpfte. Die Absicht der Heldensage tritt hervor, wo der Hirtenjunge David ohne Waffen den Kämpfer und Riesen aus den Reihen der Philister belehrt: David und Israel vertrauen darauf, daß Jahwes Macht allem menschlichen Machtprotz überlegen ist.

Salbung durch Samuel: 1 Sam 16,1–13
1 Der Herr sagte zu Samuel: Wie lange willst
du noch um Saul trauern? Ich habe ihn doch
verworfen; er soll nicht mehr als König über
Israel herrschen. Fülle dein Horn mit Öl, und
mach dich auf den Weg! Ich schicke dich zu
dem Betlehemiter Isai; denn ich habe mir
einen von seinen Söhnen als König auserse-
hen. 2 Samuel erwiderte: Wie kann ich da
hingehen? Saul wird es erfahren und mich
umbringen. Der Herr sagte: Nimm ein junges
Rind mit, und sag: Ich bin gekommen, um
dem Herrn ein Schlachtopfer darzubringen. 3
Lade Isai zum Opfer ein! Ich selbst werde
dich dann erkennen lassen, was du tun sollst:
Du sollst mir nur den salben, den ich dir
nennen werde. 4 Samuel tat, was der Herr
befohlen hatte. Als er nach Betlehem kam,
gingen ihm die Ältesten der Stadt zitternd
entgegen und fragten: Bedeutet dein Kom-
men Frieden? 5 Er antwortete: Frieden. Ich
bin gekommen, um dem Herrn ein Schlacht-
opfer darzubringen. Heiligt euch, und
kommt mit mir zum Opfer! Dann heiligte er
Isai und seine Söhne und lud sie zum Opfer
ein. 6 Als sie kamen und er den Eliab sah,
dachte er: Gewiß steht nun vor dem Herrn
sein Gesalbter. 7 Der Herr aber sagte zu
Samuel: Sieh nicht auf sein Aussehen und
seine stattliche Gestalt, denn ich habe ihn
verworfen; Gott sieht nämlich nicht auf das,
worauf der Mensch sieht. Der Mensch sieht,
was vor den Augen ist, der Herr aber sieht das
Herz. 8 Nun rief Isai den Abinadab und ließ ihn
vor Samuel treten. Dieser sagte: Auch ihn hat
der Herr nicht erwählt. 9 Isai ließ Schima
kommen. Samuel sagte: Auch ihn hat der
Herr nicht erwählt. 10 So ließ Isai sieben seiner
Söhne vor Samuel treten, aber Samuel sagte
zu Isai: Diese hat der Herr nicht erwählt. 11
Und er fragte Isai: Sind das alle deine Söhne?
Er antwortete: Der jüngste fehlt noch, aber
der hütet gerade die Schafe. Samuel sagte zu
Isai: Schick jemand hin, und laß ihn holen;
wir wollen uns nicht zum Mahl hinsetzen,
bevor er hergekommen ist. 12 Isai schickte
also jemand hin und ließ ihn kommen. David
war blond, hatte schöne Augen und eine
schöne Gestalt. Da sagte der Herr: Auf, salbe

Gott erwählt das Kleine und Schwache: David und Goliat. Meister Leonhard von Brixen, 1460, Kreuzgang Brixen.

ihn! Denn er ist es. 13 Samuel nahm das Horn
mit dem Öl und salbte David mitten unter
seinen Brüdern. Und der Geist des Herrn war
über David von diesem Tag an. Samuel aber
brach auf und kehrte nach Rama zurück.

Davids Kampf mit Goliat:
1 Sam 17,1–11.17–25a.32–51.55–58
1 Die Philister zogen ihre Truppen zum Kampf
zusammen. Sie versammelten sich bei So-
cho, das zu Juda gehört, und schlugen zwi-
schen Socho und Aseka in Efes-Dammim ihr
Lager auf. 2 Auch Saul und die Männer Israels
sammelten sich; sie schlugen ihr Lager im
Terebinthental auf und traten zum Kampf
gegen die Philister an. 3 Die Philister standen
an dem Berg auf der einen Seite, die Israeli-
ten an dem Berg auf der anderen Seite;
zwischen ihnen lag das Tal. 4 Da trat aus dem
Lager der Philister ein Vorkämpfer namens
Goliat aus Gat hervor. Er war sechs Ellen und
eine Spanne groß. 5 Auf seinem Kopf hatte er
einen Helm aus Bronze, und er trug einen
Schuppenpanzer aus Bronze, der fünftau-

send Schekel wog. 6 Er hatte bronzene Schie-
nen an den Beinen, und zwischen seinen
Schultern hing ein Sichelschwert aus Bronze.
7 Der Schaft seines Speeres war (so dick) wie
ein Weberbaum, und die eiserne Speerspitze
wog sechshundert Schekel. Sein Schildträ-
ger ging vor ihm her. 8 Goliat trat vor und rief
zu den Reihen der Israeliten hinüber: Warum
seid ihr ausgezogen und habt euch zum
Kampf aufgestellt? Bin ich nicht ein Philister,
und seid ihr nicht die Knechte Sauls? Wählt
euch doch einen Mann aus! Er soll zu mir
herunterkommen. 9 Wenn er mich im Kampf
erschlagen kann, wollen wir eure Knechte
sein. Wenn ich ihm aber überlegen bin und
ihn erschlage, dann sollt ihr unsere Knechte
sein und uns dienen. 10 Und der Philister
sagte weiter: Heute habe ich die Reihen Isra-
els verhöhnt (und gesagt): Schickt mir doch
einen Mann, damit wir gegeneinander kämp-
fen können. 11 Als Saul und ganz Israel diese
Worte des Philisters hörten, erschraken sie
und hatten große Angst. 17 Eines Tages sagte
Isai zu seinem Sohn David: Nimm für deine
Brüder ein Efa von diesem gerösteten Korn
und diese zehn Brote, und lauf damit zu
ihnen ins Lager. 18 Und diese zehn Käse bring
dem Obersten der Tausendschaft! Sieh nach,
ob es deinen Brüdern gut geht, und laß dir
ein Pfand (als Lebenszeichen) von ihnen ge-
ben! 19 Saul ist mit ihnen und all den anderen
Israeliten im Terebinthental, und sie kämp-
fen gegen die Philister. 20 David brach früh
am Morgen auf, überließ die Herde einem
Wächter, lud die Sachen auf und ging, wie es
ihm Isai befohlen hatte. Als er zur Wagen-
burg kam, rückte das Heer gerade in
Schlachtordnung aus und ließ den Kampfruf
erschallen. 21 Israel und die Philister stellten
sich, Reihe gegen Reihe, zum Kampf auf. 22
David legte das Gepäck ab, überließ es dem
Wächter des Trosses und lief zur Schlachtrei-
he. Er ging zu seinen Brüdern und fragte, wie
es ihnen gehe. 23 Während er noch mit ihnen
redete, trat gerade aus den Reihen der Phili-
ster ihr Vorkämpfer, der Philister namens
Goliat aus Gat, hervor; er rief die gewohnten
Worte, und David hörte es. 24 Als die Israeliten
den Mann sahen, hatten sie alle große Angst
vor ihm und flohen. 25a Sie sagten: Habt ihr
gesehen, wie dieser Mann daherkommt? Er
kommt doch nur, um Israel zu verhöhnen. 32
David sagte zu Saul: Niemand soll wegen des
Philisters den Mut sinken lassen. Dein Knecht
wird hingehen und mit diesem Philister
kämpfen. 33 Saul erwiderte ihm: Du kannst
nicht zu diesem Philister hingehen, um mit
ihm zu kämpfen; du bist zu jung, er aber ist
ein Krieger seit seiner Jugend. 34 David sagte
zu Saul: Dein Knecht hat für seinen Vater die
Schafe gehütet. Wenn ein Löwe oder ein Bär
kam und ein Lamm aus der Herde weg-
schleppte, 35 lief ich hinter ihm her, schlug
auf ihn ein und riß das Tier aus seinem Maul.
Und wenn er sich dann gegen mich aufrichte-
te, packte ich ihn an der Mähne und schlug
ihn tot. 36 Dein Knecht hat den Löwen und den
Bären erschlagen, und diesem unbeschnitte-
nen Philister soll es genauso ergehen wie
ihnen, weil er die Schlachtreihen des lebendi-
gen Gottes verhöhnt hat. 37 Und David sagte
weiter: Der Herr, der mich aus der Gewalt des
Löwen und des Bären gerettet hat, wird mich
auch aus der Gewalt dieses Philisters retten.
Da antwortete Saul David: Geh, der Herr sei
mit dir. 38 Und Saul zog David seine Rüstung
an; er setzte ihm einen bronzenen Helm auf
den Kopf und legte ihm seinen Panzer an, 39
und über der Rüstung hängte er ihm sein
Schwert um. David versuchte (in der Rü-
stung) zu gehen, aber er war es nicht ge-
wohnt. Darum sagte er zu Saul: Ich kann in
diesen Sachen nicht gehen, ich bin nicht
daran gewöhnt. Und er legte sie wieder ab, 40
nahm seinen Stock in die Hand, suchte sich
fünf glatte Steine aus dem Bach und legte sie
in die Hirtentasche, die er bei sich hatte (und)
die (ihm als) Schleudersteintasche (diente).
Die Schleuder in der Hand, ging er auf den
Philister zu. 41 Der Philister kam immer näher
an David heran; sein Schildträger schritt vor
ihm her. 42 Voll Verachtung blickte der Phili-
ster David an, als er ihn sah; denn David war
noch sehr jung, er war blond und von schö-
ner Gestalt. 43 Der Philister sagte zu David: Bin
ich denn ein Hund, daß du mit einem Stock
zu mir kommst? Und er verfluchte David bei
seinen Göttern. 44 Er rief David zu: Komm nur

her zu mir, ich werde dein Fleisch den Vögeln des Himmels und den wilden Tieren (zum Fraß) geben. [45] David antwortete dem Philister: Du kommst zu mir mit Schwert, Speer und Sichelschwert, ich aber komme zu dir im Namen des Herrn der Heere, des Gottes der Schlachtreihen Israels, den du verhöhnt hast. [46] Heute wird dich der Herr mir ausliefern. Ich werde dich erschlagen und dir den Kopf abhauen. Die Leichen des Heeres der Philister werde ich noch heute den Vögeln des Himmels und den wilden Tieren (zum Fraß) geben. Alle Welt soll erkennen, daß Israel einen Gott hat. [47] Auch alle, die hier versammelt sind, sollen erkennen, daß der Herr nicht durch Schwert und Speer Rettung verschafft; denn es ist ein Krieg des Herrn, und er wird euch in unsere Gewalt geben. [48] Als der Philister weiter vorrückte und immer näher an David herankam, lief auch David von der Schlachtreihe (der Israeliten) aus schnell dem Philister entgegen. [49] Er griff in seine Hirtentasche, nahm einen Stein heraus, schleuderte ihn ab und traf den Philister an der Stirn. Der Stein drang in die Stirn ein, und der Philister fiel mit dem Gesicht zu Boden. [50] So besiegte David den Philister mit einer Schleuder und einem Stein; er traf den Philister und tötete ihn, ohne ein Schwert in der Hand zu haben. [51] Dann lief David hin und trat neben den Philister. Er ergriff sein Schwert, zog es aus der Scheide, schlug ihm den Kopf ab und tötete ihn. Als die Philister sahen, daß ihr starker Mann tot war, flohen sie. [55] Als Saul David dem Philister entgegengehen sah, sagte er zu Abner, seinem Heerführer: Abner, wessen Sohn ist der junge Mann? Abner antwortete: So wahr du lebst, König, ich weiß es nicht. [56] Der König sagte: Dann erkundige dich, wessen Sohn der Knabe ist. [57] Als David zurückkehrte, nachdem er den Philister erschlagen hatte, nahm ihn Abner mit und führte ihn zu Saul. David hatte den Kopf des Philisters noch in der Hand. [58] Saul fragte ihn: Wessen Sohn bist du, junger Mann? David antwortete: Der Sohn deines Knechtes Isai aus Betlehem.

Davids Gerechtigkeit

Für die Bearbeiter des großen Geschichtswerkes wurde das politische Scheitern Sauls zum Bild dafür, wie es jenem Menschen ergeht, der sich dem Willen Gottes entzieht (vgl. 1 Sam 15,1–35). Die Erinnerung an Rivalitäten zwischen Saul und dem Söldnerführer David aus Juda wurde ausgestaltet zur Verfolgung des gerechten David durch den von Gott verworfenen Saul. Mit dem Aufstieg Davids erzählt Israel seine Erfahrung, wie sich Gerechtigkeit und Eingehen auf Gottes Willen letztlich erfolgreich gegen alle Widerstände durchsetzen.

David schont Saul: 1 Sam 26,2–25

In jenen Tagen [2] machte sich Saul mit dreitausend Mann, ausgesuchten Kriegern aus Israel, auf den Weg und zog in die Wüste von Sif hinab, um dort nach David zu suchen. [3] Er schlug sein Lager auf der Anhöhe von Hachila am Weg gegenüber von Jeschimon auf, David aber blieb in der Wüste. Als er sah, daß Saul ihm in die Wüste folgte, [4] schickte er Kundschafter aus und erfuhr, an welchem Ort sich Saul aufhielt. [5] Er brach auf und kam zu dem Ort, wo Saul sein Lager hatte. Und David konnte die Stelle sehen, wo Saul sich mit seinem Heerführer Abner, dem Sohn Ners, zur Ruhe hingelegt hatte: Saul schlief mitten im Lager, während seine Leute rings um ihn herum lagen. [6] Da wandte sich David an den Hetiter Ahimelech und an Abischai, den Sohn der Zeruja, den Bruder Joabs, und sagte: Wer geht mit mir zu Saul ins Lager hinab? Abischai antwortete: Ich gehe mit. [7] So kamen David und Abischai in der Nacht zu den Leuten Sauls und fanden Saul mitten im

Lager schlafend; sein Speer steckte neben seinem Kopf in der Erde, und rings um ihn schliefen Abner und seine Leute. [8] Da sagte Abischai zu David: Heute hat Gott deinen Feind in deine Hand gegeben. Jetzt werde ich ihn mit einem einzigen Speerstoß auf den Boden spießen, einen zweiten brauche ich nicht dafür. [9] David aber erwiderte Abischai: Bring ihn nicht um! Denn wer hat je seine Hand gegen den Gesalbten des Herrn erhoben und ist ungestraft geblieben? [10] Und er fügte hinzu: So wahr der Herr lebt: Der Herr möge ihn schlagen, ob nun der Tag kommt, an dem er sterben muß, oder ob er in den Krieg zieht und dort umkommt. [11] Mich aber bewahre der Herr davor, daß ich meine Hand gegen den Gesalbten des Herrn erhebe. Nimm jetzt den Speer neben seinem Kopf und den Wasserkrug, und laß uns gehen! [12] David nahm den Speer und den Wasserkrug, die neben Sauls Kopf waren, und sie gingen weg. Niemand sah und niemand bemerkte etwas, und keiner wachte auf; alle schliefen, denn der Herr hatte sie in einen tiefen Schlaf fallen lassen. [13] David ging auf die andere Seite des Tals hinüber und stellte sich in größerer Entfernung auf den Gipfel des Berges, so daß ein weiter Zwischenraum zwischen ihnen war. [14] Dann rief er dem Volk und Abner, dem Sohn Ners, zu: Abner, willst du antworten? Abner antwortete und sagte: Wer bist du, warum rufst du nach dem König? [15] David antwortete Abner: Bist du nicht ein Mann, dem keiner in Israel gleicht? Warum hast du deinen Herrn, den König, nicht bewacht? Es ist nämlich einer aus dem Volk ins Lager eingedrungen, um den König, deinen Herrn, umzubringen. [16] Das war nicht gut, was du da gemacht hast. So wahr der Herr lebt: Ihr habt den Tod verdient, weil ihr euren Herrn, den Gesalbten des Herrn, nicht bewacht habt. Sieh doch nach, wo der Speer des Königs und der Wasserkrug sind, die neben dem Kopf des Königs standen. [17] Saul erkannte die Stimme Davids und sagte: Ist das deine Stimme, mein Sohn David? David antwortete: Es ist meine Stimme, mein Herr und König. [18] Dann fragte er: Warum verfolgt eigentlich mein Herr seinen Knecht? Was habe ich denn getan? Welches Unrecht habe ich begangen? [19] Möge doch mein Herr, der König, jetzt auf die Worte seines Knechtes hören: Wenn der Herr dich gegen mich aufgereizt hat, möge er ein wohlriechendes Opfer erhalten. Wenn es aber Menschen waren, dann sollen sie verflucht sein vor dem Herrn; denn sie haben mich vertrieben, so daß ich jetzt nicht mehr am Erbbesitz des Herrn teilhaben kann. Sie sagen: Geh fort, diene anderen Göttern! [20] Doch mein Blut soll nicht fern vom Herrn zur Erde fließen. Der König von Israel ist ausgezogen, um einen einzigen Floh zu suchen, wie man in den Bergen ein Rebhuhn jagt. [21] Darauf sagte Saul: Ich habe gesündigt. Komm zurück, mein Sohn David! Ja, ich werde dir nichts zuleide tun, weil dir heute mein Leben so kostbar war. Ich sehe ein, ich habe töricht gehandelt und schwere Fehler gemacht. [22] David erwiderte: Seht her, hier ist der Speer des Königs. Einer von den jungen Männern soll herüberkommen und ihn holen. [23] Der Herr wird jedem seine Gerechtigkeit und Treue vergelten. Obwohl dich der Herr heute in meine Hand gegeben hatte, wollte ich meine Hand nicht an den Gesalbten des Herrn legen. [24] Doch denk daran: Wie dein Leben heute in meinen Augen wertvoll war, so wird auch mein Leben in den Augen des Herrn wertvoll sein; er wird mich aus aller Bedrängnis erretten. [25] Saul sagte zu David: Gesegnet seist du, mein Sohn David. Du wirst es sicher vollbringen, dir wird es auch bestimmt gelingen. Und David zog weiter, Saul aber kehrte an seinen Ort zurück.

David – König über Juda und Israel

Nachdem Saul im Kampf gegen die Philister gefallen war, sieht David seine Stunde gekommen und wird, auf der Grundlage einer klaren politischen Abmachung mit den Vertretern der Südstämme, König von Juda mit Sitz in Hebron. Abner, dem Feldherrn Sauls, gelang es nicht, für die Söhne Sauls die Königswürde über Israel zu retten. So nahm er schließlich Verhandlungen mit David auf, die damit endeten, daß David König auch über Israel wurde.

»Gepriesen sei der Gott und Vater unseres Herrn Jesus Christus« (Eph 1,3). Gott Vater und David, der Stammvater Jesu. Initiale, 15. Jh., Neustift.

David – König von Juda: 2 Sam 2,1–4

1 Danach befragte David den Herrn: Soll ich in eine der Städte Judas hinaufziehen? Der Herr antwortete ihm: Zieh hinauf! David fragte: Wohin soll ich ziehen? Er antwortete: Nach Hebron. 2 David zog also nach Hebron mit seinen beiden Frauen, Ahinoam aus Jesreel und Abigajil, der früheren Frau Nabals aus Karmel. 3 Auch die Männer, die bei ihm waren, führte David hinauf, jeden mit seiner Familie, und sie ließen sich in den Städten um Hebron nieder. 4 Dann kamen die Männer Judas nach Hebron und salbten David dort zum König über das Haus Juda.

David – König über Juda und Israel: 2 Sam 5,1–5

1 Alle Stämme Israels kamen zu David nach Hebron und sagten: Wir sind doch dein Fleisch und Bein. 2 Schon früher, als noch Saul unser König war, bist du es gewesen, der Israel in den Kampf und wieder nach Hause geführt hat. Der Herr hat zu dir gesagt: Du sollst der Hirt meines Volkes Israel sein, du sollst Israels Fürst werden. 3 Alle Ältesten Israels kamen zum König nach Hebron; der König David schloß mit ihnen in Hebron einen Vertrag vor dem Herrn, und sie salbten David zum König von Israel. 4 David war dreißig Jahre alt, als er König wurde, und er regierte vierzig Jahre lang. 5 In Hebron war er sieben Jahre und sechs Monate König von Juda, und in Jerusalem war er dreiunddreißig Jahre König von ganz Israel und Juda.

Jerusalem wird Hauptstadt: 2 Sam 5,6–12

6 Der König zog mit seinen Männern nach Jerusalem gegen die Jebusiter, die in dieser Gegend wohnten. Die Jebusiter aber sagten zu David: Du kommst hier nicht herein; die Blinden und Lahmen werden dich vertreiben. Das sollte besagen: David wird hier nicht eindringen. 7 Dennoch eroberte David die Burg Zion; sie wurde die Stadt Davids. 8 David sagte an jenem Tag: Jeder, der den Schacht erreicht, soll die Jebusiter erschlagen, auch die Lahmen und Blinden, die David in der Seele verhaßt sind. Daher sagt man: Ein Blinder und ein Lahmer kommt nicht ins Haus. 9 David ließ sich in der Burg nieder und nannte sie die Stadt Davids. Und David begann ringsum zu bauen, und zwar vom Millo an bis zur Burg. 10 David wurde immer mächtiger, und der Herr, der Gott der Heere, war mit ihm. 11 Hiram, der König von Tyrus, schickte eine Gesandtschaft zu David und ließ ihm Zedernholz überbringen; auch Zimmerleute und Steinmetzen schickte er, und sie bauten für David einen Palast. 12 So erkannte David, daß der Herr ihn als König von Israel bestätigt hatte und daß der Herr sein Königtum wegen seines Volkes Israel zu hohem Ansehen gebracht hatte.

Gott stellt sich auf die Seite Davids

Im alten Orient drückte sich der Wunsch nach Dauer der Macht einer königlichen Dynastie in dem baulichen Ineinander von Tempel und Palast aus. Die Gottheit hat die Dauer und den Bestand der königlichen Macht zu garantieren. Auch David dachte an eine solche Garantie für seine Herrschaft, wie der Erzähler von 2 Sam 7 durch den Hinweis auf Davids Plan, einen Tempel zu bauen, andeutet. Er hatte bereits die Lade, das alte Heiligtum der Stämme Israels, nach Jerusalem überführt, um diese Stämme an seine Macht zu binden und Jersualem auch zum religiösen Mittelpunkt zu machen. Es sollte gelten: Ein König, ein Reich, ein Reichsheiligtum. Im Blick auf David besann sich Israel darauf: Die Dauer der irdischen Herrschaft kann nicht durch einen von Menschen geplanten und ausgeführten Tempel gesichert werden; dies liegt ganz und gar im Ermessen und in der Initiative Gottes, wie der Prophet Natan versichert. Die Auserwählung des Königs durch Gott wird auch zum Thema des Gebetes in Israel (Ps 2). Die christliche Gemeinde erkennt in Jesus von Nazaret, dem Sohne Davids (Mt 1,1), denjenigen, der unwiderruflich die verwandelnde Macht Gottes in unserer Welt gegenwärtig macht.

**David bringt die Bundeslade nach Jerusa-
lem:** 2 Sam 6,1–23
1 David versammelte wiederum alle jungen
Krieger aus Israel, dreißigtausend Mann, 2
brach auf und zog mit seinem ganzen Heer
nach Baala in Juda, um von dort die Lade
Gottes heraufzuholen, über der der Name
des Herrn der Heere, der über den Kerubim
thront, ausgerufen worden ist. 3 Sie stellten
die Lade Gottes auf einen neuen Wagen und
holten sie so vom Haus Abinadabs, das auf
einem Hügel stand; Usa und Achjo, die Söh-
ne Abinadabs, lenkten den neuen Wagen 4
(sie holten sie also aus dem Haus Abinadabs,
das auf dem Hügel stand,) mit der Lade
Gottes, und Achjo ging vor der Lade her. 5
David und das ganze Haus Israel tanzten und
sangen vor dem Herrn mit ganzer Hingabe
und spielten auf Zithern, Harfen und Pauken,
mit Rasseln und Zimbeln. 6 Als sie zur Tenne
Nachons kamen, brachen die Rinder aus,
und Usa streckte seine Hand nach der Lade
Gottes aus und faßte sie an. 7 Da entbrannte
der Zorn des Herrn gegen Usa, und Gott
erschlug ihn auf der Stelle wegen dieser
Vermessenheit, so daß er neben der Lade
Gottes starb. 8 David war sehr erregt darüber,
daß der Herr den Usa so plötzlich dahinge-
rafft hatte, und man nennt den Ort bis heute
darum Perez-Usa (Wegraffung Usas). 9 An
jenem Tag bekam David Angst vor dem
Herrn, und er sagte: Wie soll die Lade des
Herrn jemals zu mir kommen? 10 Darum
wollte David die Lade des Herrn nicht zu sich
in die Davidstadt bringen lassen, sondern
stellte sie in das Haus des Obed-Edom aus
Gat. 11 Drei Monate lang blieb die Lade des
Herrn im Haus Obed-Edoms aus Gat, und der
Herr segnete Obed-Edom und sein ganzes
Haus. 12 Als man König David berichtete: Der
Herr hat das Haus Obed-Edoms und alles,
was ihm gehört, um der Lade Gottes willen
gesegnet, da ging David hin und brachte die
Lade Gottes voll Freude aus dem Haus Obed-
Edoms in die Davidstadt hinauf. 13 Sobald die
Träger der Lade des Herrn sechs Schritte
gegangen waren, opferte er einen Stier und
ein Mastkalb. 14 Und David tanzte mit ganzer
Hingabe vor dem Herrn her und trug dabei

»Lobt den Herrn mit Harfe und Zither« (Ps 150,3). König David. Johann Adam Mölck, 1753, Sterzing.

das leinene Efod. 15 So brachten David und
das ganze Haus Israel die Lade des Herrn
unter Jubelgeschrei und unter dem Klang
des Widderhorns hinauf. 16 Als die Lade des
Herrn in die Davidstadt kam, schaute Michal,
Sauls Tochter, aus dem Fenster, und als sie
sah, wie der König David vor dem Herrn
hüpfte und tanzte, verachtete sie ihn in ihrem
Herzen. 17 Man trug die Lade des Herrn in das
Zelt, das David für sie aufgestellt hatte, und
setzte sie an ihren Platz in der Mitte des
Zeltes, und David brachte dem Herrn Brand-
opfer und Heilsopfer dar. 18 Als David mit
dem Darbringen der Brandopfer und Heils-
opfer fertig war, segnete er das Volk im
Namen des Herrn der Heere 19 und ließ an das
ganze Volk, an alle Israeliten, Männer und
Frauen, je einen Laib Brot, einen Dattelku-
chen und einen Traubenkuchen austeilen.
Dann gingen alle wieder nach Hause. 20 Als
David zurückkehrte, um seine Familie zu
begrüßen, kam ihm Michal, die Tochter
Sauls, entgegen und sagte: Wie würdevoll
hat sich heute der König von Israel benom-
men, als er sich vor den Augen der Mägde
seiner Untertanen bloßgestellt hat, wie sich
nur einer vom Gesindel bloßstellen kann. 21

David erwiderte Michal: Vor dem Herrn, der mich statt deines Vaters und seines ganzen Hauses erwählt hat, um mich zum Fürsten über das Volk des Herrn, über Israel, zu bestellen, vor dem Herrn habe ich getanzt; [22] für ihn will ich mich gern noch geringer machen als diesmal und in meinen eigenen Augen niedrig erscheinen. Bei den Mägden jedenfalls, von denen du gesprochen hast, stehe ich in Ehren. [23] Michal aber, die Tochter Sauls, bekam bis zu ihrem Tod kein Kind.

Gottes Verheißung für David und sein Haus: 2 Sam 7,1–17

[1] Als nun der König in seinem Haus wohnte und der Herr ihm Ruhe vor allen seinen Feinden ringsum verschafft hatte, [2] sagte er zu dem Propheten Natan: Ich wohne in einem Haus aus Zedernholz, die Lade Gottes aber wohnt in einem Zelt. [3] Natan antwortete dem König: Geh nur und tu alles, was du im Sinn hast; denn der Herr ist mit dir. [4] Aber in jener Nacht erging das Wort des Herrn an Natan: [5] Geh zu meinem Knecht David, und sag zu ihm: So spricht der Herr: Du willst mir ein Haus bauen, damit ich darin wohne? [6] Seit dem Tag, als ich die Israeliten aus Ägypten heraufgeführt habe, habe ich bis heute nie in einem Haus gewohnt, sondern bin in einer Zeltwohnung umhergezogen. [7] Habe ich in der Zeit, als ich bei den Israeliten von Ort zu Ort zog, jemals zu einem der Richter Israels, die ich als Hirten über mein Volk Israel eingesetzt hatte, ein Wort gesagt und sie gefragt: Warum habt ihr mir kein Haus aus Zedernholz gebaut? [8] Sag also jetzt meinem Knecht David: So spricht der Herr der Heere: Ich habe dich von der Weide und von der Herde weggeholt, damit du Fürst über mein Volk Israel wirst, [9] und ich bin überall mit dir gewesen, wohin du auch gegangen bist. Ich habe alle deine Feinde vor deinen Augen vernichtet, und ich will dir einen großen Namen machen, der dem Namen der Großen auf der Erde gleich ist. [10] Ich will meinem Volk Israel einen Platz zuweisen und es einpflanzen, damit es an seinem Ort (sicher) wohnen kann und sich nicht mehr ängstigen muß und schlechte Menschen es nicht mehr unterdrücken wie früher [11] und auch von dem Tag an, an dem ich Richter in meinem Volk Israel eingesetzt habe. Ich verschaffe dir Ruhe vor allen deinen Feinden. Nun verkündet dir der Herr, daß der Herr dir ein Haus bauen wird. [12] Wenn deine Tage erfüllt sind und du dich zu deinen Vätern legst, werde ich deinen leiblichen Sohn als deinen Nachfolger einsetzen und seinem Königtum Bestand verleihen. [13] Er wird für meinen Namen ein Haus bauen, und ich werde seinem Königsthron ewigen Bestand verleihen. [14] Ich will für ihn Vater sein, und er wird für mich Sohn sein. Wenn er sich verfehlt, werde ich ihn nach Menschenart mit Ruten und mit Schlägen züchtigen. [15] Meine Huld aber soll nicht von ihm weichen, wie sie von Saul gewichen ist, den ich vor deinen Augen verstoßen habe. [16] Dein Haus und dein Königtum sollen durch mich auf ewig bestehen bleiben; dein Thron soll auf ewig Bestand haben. [17] Natan sprach zu David genau so, wie es (ihm) gesagt und offenbart worden war.

Dank für die Erwählung des Königs

Dem glaubenden Israeliten war das Königtum eine für seinen Glauben wichtige Größe. Der König war ein Zeichen, das die Herrschaft Gottes konkret und erfahrbar machte. So ist der König ein wichtiges Thema des Betens im Gottesvolk.

Die Erwählung Davids und des Zion: Ps 132

[1] (Ein Wallfahrtslied.)
O Herr, denk an David, / denk an all seine Mühen,
[2] wie er dem Herrn geschworen, / dem starken Gott Jakobs gelobt hat:
[3] Nicht will ich mein Zelt betreten / noch mich zur Ruhe betten,

4 nicht Schlaf den Augen gönnen / noch Schlummer den Lidern,
5 bis ich eine Stätte finde für den Herrn, / eine Wohnung für den starken Gott Jakobs.
6 Wir hörten von seiner Lade in Efrata, / fanden sie im Gefilde von Jaar.
7 Laßt uns hingehen zu seiner Wohnung / und niederfallen vor dem Schemel seiner Füße!
8 Erheb dich, Herr, komm an den Ort deiner Ruhe, / du und deine machtvolle Lade!
9 Deine Priester sollen sich bekleiden mit Gerechtigkeit, / und deine Frommen sollen jubeln.
10 Weil David dein Knecht ist, / weise deinen Gesalbten nicht ab!
11 Der Herr hat David geschworen, / einen Eid, den er niemals brechen wird:
Einen Sproß aus deinem Geschlecht / will ich setzen auf deinen Thron.
12 Wenn deine Söhne meinen Bund bewahren, / mein Zeugnis, das ich sie lehre, dann sollen auch ihre Söhne / auf deinem Thron sitzen für immer.
13 Denn der Herr hat den Zion erwählt, / ihn zu seinem Wohnsitz erkoren:
14 »Das ist für immer der Ort meiner Ruhe; / hier will ich wohnen, ich hab' ihn erkoren.
15 Zions Nahrung will ich reichlich segnen, / mit Brot seine Armen sättigen.
16 Seine Priester will ich bekleiden mit Heil, / seine Frommen sollen jauchzen und jubeln.
17 Dort lasse ich Davids Macht erstarken / und stelle für meinen Gesalbten ein Licht auf.
18 Ich bedecke seine Feinde mit Schande; / doch auf ihm erglänzt seine Krone«.

Der Gesalbte als Sünder

Die biblischen Erzähler verschweigen nicht Davids Versagen. Derjenige, dem die Verheißung gilt, wird in seiner erbärmlichen Menschlichkeit geschildert: Ehebruch und Mord. Aber gerade im Umgang mit seinem Versagen wird David wieder das ideale Vorbild: Er läßt sich sein Versagen vorhalten, kommt zur Einsicht und bekennt seine Schuld vor Gott. Die Betenden Israels finden in David ein Vorbild für den Umgang mit der eigenen Schuld (Ps 51).

Davids Ehebruch und Mord:
2 Sam 11,1–18.22–27

1 Um die Jahreswende, zu der Zeit, in der die
Könige in den Krieg ziehen, schickte David
den Joab mit seinen Männern und ganz
Israel aus, und sie verwüsteten das Land der
Ammoniter und belagerten Rabba. David
selbst aber blieb in Jerusalem. 2 Als David
einmal zur Abendzeit von seinem Lager aufstand und auf dem Flachdach des Königspalastes hin- und herging, sah er von dort aus
eine Frau, die badete. Die Frau war sehr
schön anzusehen. 3 David schickte jemand
hin und erkundigte sich nach ihr. Man sagte
ihm: Das ist Batseba, die Tochter Ammiëls,
die Frau des Hetiters Urija. 4 Darauf schickte
David Boten zu ihr und ließ sie holen; sie kam
zu ihm, und er schlief mit ihr – sie hatte sich
gerade von ihrer Unreinheit gereinigt. Dann
kehrte sie in ihr Haus zurück. 5 Die Frau war
aber schwanger geworden und schickte deshalb zu David und ließ ihm mitteilen: Ich bin
schwanger. 6 Darauf sandte David einen Boten zu Joab (und ließ ihm sagen): Schick den
Hetiter Urija zu mir! Und Joab schickte Urija
zu David. 7 Als Urija zu ihm kam, fragte David,
ob es Joab und dem Volk gut gehe und wie es
mit dem Kampf stehe. 8 Dann sagte er zu
Urija: Geh in dein Haus hinab, und wasch dir
die Füße! Urija verließ das Haus des Königs,
und es wurde ihm ein Geschenk des Königs
nachgetragen. 9 Urija aber legte sich am Tor

des Königshauses bei den Knechten seines
Herrn nieder und ging nicht in sein Haus
hinab. [10] Man berichtete David: Urija ist nicht
in sein Haus hinabgegangen. Darauf sagte
David zu Urija: Bist du nicht gerade von einer
Reise gekommen? Warum bist du nicht in
dein Haus hinuntergegangen? [11] Urija ant-
wortete David: Die Lade und Israel und Juda
wohnen in Hütten, und mein Herr Joab und
die Knechte meines Herrn lagern auf freiem
Feld; da soll ich in mein Haus gehen, um zu
essen und zu trinken und bei meiner Frau zu
liegen? So wahr du lebst und so wahr deine
Seele lebt, das werde ich nicht tun. [12] Darauf
sagte David zu Urija: Bleib auch heute noch
hier; morgen werde ich dich wegschicken. So
blieb Urija an jenem Tag in Jerusalem. Am
folgenden Tag [13] lud David ihn ein, bei ihm zu
essen und zu trinken, und machte ihn be-
trunken. Am Abend aber ging Urija weg, um
sich wieder auf seinem Lager bei den Knech-
ten seines Herrn niederzulegen; er ging nicht
in sein Haus hinab. [14] Am anderen Morgen
schrieb David einen Brief an Joab und ließ
ihn durch Urija überbringen. [15] Er schrieb in
dem Brief: Stellt Urija nach vorn, wo der
Kampf am heftigsten ist, dann zieht euch von
ihm zurück, so daß er getroffen wird und den
Tod findet. [16] Joab hatte die Stadt beobach-
tet, und er stellte Urija an einen Platz, von
dem er wußte, daß dort besonders tüchtige
Krieger standen. [17] Als dann die Leute aus der
Stadt einen Ausfall machten und gegen Joab
kämpften, fielen einige vom Volk, das heißt
von den Kriegern Davids; auch der Hetiter
Urija fand den Tod. [18] Joab schickte (einen
Boten) zu David und ließ ihm den Verlauf des
Kampfes berichten. [22] Der Bote ging fort,
kam zu David und berichtete ihm alles, was
Joab ihm aufgetragen hatte. [23] Der Bote
sagte zu David: Die Männer waren stärker als
wir und waren gegen uns bis aufs freie Feld
vorgedrungen; wir aber drängten sie bis zum
Eingang des Tores zurück. [24] Da schossen die
Schützen von der Mauer herab auf deine
Knechte, so daß einige von den Knechten
des Königs starben; auch dein Knecht, der
Hetiter Urija, ist tot. [25] Da sagte David zu dem
Boten: So sollst du zu Joab sagen: Betrachte
die Sache nicht als so schlimm; denn das
Schwert frißt bald hier, bald dort. Setz den
Kampf gegen die Stadt mutig fort, und zer-
störe sie! So sollst du ihm Mut machen. [26] Als
die Frau Urijas hörte, daß ihr Mann Urija tot
war, hielt sie für ihren Gemahl die Totenkla-
ge. [27] Sobald die Trauerzeit vorüber war, ließ
David sie zu sich in sein Haus holen. Sie
wurde seine Frau und gebar ihm einen Sohn.
Dem Herrn aber mißfiel, was David getan
hatte.

Gottes Strafe für David: 2 Sam 12,1–14

[1] Darum schickte der Herr den Natan zu
David; dieser ging zu David und sagte zu ihm:
In einer Stadt lebten einst zwei Männer; der
eine war reich, der andere arm. [2] Der Reiche
besaß sehr viele Schafe und Rinder, [3] der
Arme aber besaß nichts außer einem einzi-
gen kleinen Lamm, das er gekauft hatte. Er
zog es auf, und es wurde bei ihm zusammen
mit seinen Kindern groß. Es aß von seinem
Stück Brot, und es trank aus seinem Becher,
in seinem Schoß lag es und war für ihn wie
eine Tochter. [4] Da kam ein Besucher zu dem
reichen Mann, und er brachte es nicht über
sich, eines von seinen Schafen oder Rindern
zu nehmen, um es für den zuzubereiten, der
zu ihm gekommen war. Darum nahm er dem
Armen das Lamm weg und bereitete es für
den Mann zu, der zu ihm gekommen war. [5]
Da geriet David in heftigen Zorn über den
Mann und sagte zu Natan: So wahr der Herr
lebt: Der Mann, der das getan hat, verdient
den Tod. [6] Das Lamm soll er vierfach erset-
zen, weil er das getan und kein Mitleid gehabt
hat. [7] Da sagte Natan zu David: Du selbst bist
der Mann. So spricht der Herr, der Gott
Israels: Ich habe dich zum König von Israel
gesalbt, und ich habe dich aus der Hand
Sauls gerettet. [8] Ich habe dir das Haus deines
Herrn und die Frauen deines Herrn in den
Schoß gegeben, und ich habe dir das Haus
Israel und Juda gegeben, und wenn das zu
wenig ist, gebe ich dir noch manches andere
dazu. [9] Aber warum hast du das Wort des
Herrn verachtet und etwas getan, was ihm
mißfällt? Du hast den Hetiter Urija mit dem
Schwert erschlagen und hast dir seine Frau

zur Frau genommen; durch das Schwert der
Ammoniter hast du ihn umgebracht. 10 Dar-
um soll jetzt das Schwert auf ewig nicht mehr
von deinem Haus weichen; denn du hast
mich verachtet und dir die Frau des Hetiters
genommen, damit sie deine Frau werde. 13
Darauf sagte David zu Natan: Ich habe gegen
den Herrn gesündigt. Natan antwortete Da-
vid: Der Herr hat dir deine Sünde vergeben;
du wirst nicht sterben. 14 Weil du aber die
Feinde des Herrn durch diese Sache zum
Lästern veranlaßt hast, muß der Sohn, der
dir geboren wird, sterben.

Bitte um Vergebung und Neuschaffung:
Ps 51

1 (Für den Chormeister. Ein Psalm Davids, 2
als der Prophet Natan zu ihm kam, nachdem
sich David mit Batseba vergangen hatte.)
3 Gott, sei mir gnädig nach deiner Huld, / tilge
meine Frevel nach deinem reichen Erbarmen!
4 Wasch meine Schuld von mir ab, / und mach mich rein von meiner Sünde!
5 Denn ich erkenne meine bösen Taten, / meine Sünde steht mir immer vor Augen.
6 Gegen dich allein habe ich gesündigt, / ich habe getan, was dir mißfällt.
So behältst du recht mit deinem Urteil, / rein stehst du da als Richter.
7 Denn ich bin in Schuld geboren; / in Sünde hat mich meine Mutter empfangen.
8 Lauterer Sinn im Verborgenen gefällt dir, / im Geheimen lehrst du mich Weisheit.
9 Entsündige mich mit Ysop, dann werde ich rein; / wasche mich, dann werde ich weißer als Schnee.
10 Sättige mich mit Entzücken und Freude! / Jubeln sollen die Glieder, die du zerschlagen hast.
11 Verbirg dein Gesicht vor meinen Sünden, / tilge all meine Frevel!
12 Erschaffe mir, Gott, ein reines Herz, / und gib mir einen neuen, beständigen Geist!
13 Verwirf mich nicht von deinem Angesicht, / und nimm deinen heiligen Geist nicht von mir!
14 Mach mich wieder froh mit deinem Heil; / mit einem willigen Geist rüste mich aus!

König David. Peter Fellin, Privatbesitz.

15 Dann lehre ich Abtrünnige deine Wege, / und die Sünder kehren um zu dir.
16 Befrei mich von Blutschuld, Herr, du Gott meines Heiles, / dann wird meine Zunge jubeln über deine Gerechtigkeit.
17 Herr, öffne mir die Lippen, / und mein Mund wird deinen Ruhm verkünden.
18 Schlachtopfer willst du nicht, ich würde sie dir geben; / an Brandopfern hast du kein Gefallen.
19 Das Opfer, das Gott gefällt, ist ein zerknirschter Geist, / ein zerbrochenes und zerschlagenes Herz wirst du, Gott, nicht verschmähen.
20 In deiner Huld tu Gutes an Zion; / bau die Mauern Jerusalems wieder auf!
21 Dann hast du Freude an rechten Opfern, / an Brandopfern und Ganzopfern, / dann opfert man Stiere auf deinem Altar.

Salomo – Der große König

Durch Salomo (961–931 v. Chr.), einen der Söhne Davids, wurde das Königtum immer deutlicher zur entscheidenden Institution des gesamten Lebens in Israel. Die gesellschaftliche Struktur der Stämme wurde durch wirksame Verwaltungsstrukturen ersetzt; lastende Abgaben und harte Fronarbeit ermöglichten eine glänzende Bautätigkeit, die das Aussehen des Landes veränderte. Das Großreich festigte sich und erfreute sich internationalen Ansehens, was sich auch darin zeigt, daß Salomo eine ägyptische Prinzessin heiratet. Das Benehmen des Königs glich immer mehr dem Verhalten der anderen absolutistischen Könige des Alten Orients.

Salomos Weisheit

Wohl schon bald erblickten glaubende Erzähler im inneren und äußeren Glanz des Großreiches das Ergebnis einer Zusage Gottes für die Könige Jerusalems. Die Königsherrschaft und die durch sie erreichte Festigung des Volkes Israels stehen unter dem Segen Jahwes. Kein König darf dies aber in eitlem Selbstruhm sich selber zuschreiben.

Der kulturelle Aufschwung und der Glanz dieser Epoche, die Notwendigkeit der Formung eines großen Beamtenapparates, schlagen sich nieder in einem Bildungsideal, das in der »Weisheit« das höchste Gut sieht. Weise ist der Mensch, der sich in der Vielfalt des alltäglichen Lebens zurechtfindet und zwar aufgrund von Richtlinien, die sich ihm aus seiner Welt- und Lebenserfahrung ergeben. Für die Überlieferung Israels gilt Salomo als Muster solcher Weisheit. Die christliche Gemeinde erkennt, daß Jesus diese Weisheit überbietet, denn sie bekennt: »Hier aber ist einer, der mehr ist als Salomo« (Mt 12,42).

Bestellung Salomos zum Thronfolger:
1 Kön 1,28–37

[28] Darauf befahl König David: Ruft mir Batseba! Sie kam zum König herein, trat vor den
König hin, [29] und der König schwor ihr: So
wahr der Herr lebt, der mein Leben aus jeder
Gefahr gerettet hat: [30] Ich habe dir beim
Herrn, dem Gott Israels, geschworen, daß
dein Sohn Salomo nach mir König sein und
an meiner Stelle auf meinem Thron sitzen
soll, und so will ich es heute wahr machen. [31]
Da verneigte sich Batseba bis zur Erde, warf
sich vor dem König nieder und rief: Ewig lebe
mein Herr, der König David! [32] Hierauf befahl
König David: Ruft mir den Priester Zadok,
den Propheten Natan und Benaja, den Sohn
Jojadas! Sie erschienen vor dem König, [33]
und dieser trug ihnen auf: Nehmt das Gefolge eures Herrn mit euch, setzt meinen Sohn
Salomo auf mein eigenes Maultier, und führt
ihn zum Gihon hinab! [34] Dort sollen ihn der
Priester Zadok und der Prophet Natan zum
König von Israel salben, und ihr sollt in das
Horn stoßen und rufen: Es lebe König Salomo! [35] Dann zieht mit ihm herauf! Er soll
kommen, sich auf meinen Thron setzen und
König werden an meiner Stelle; denn ihn
habe ich zum Fürsten von Israel und Juda
bestimmt. [36] Benaja, der Sohn Jojadas, antwortete dem König: So sei es, so füge es der
Herr, der Gott meines Herrn und Königs. [37]
Wie der Herr mit meinem Herrn und König
war, so möge er auch mit Salomo sein. Er
mache seinen Thron noch erhabener als den
Thron meines Herrn, des Königs David.

Der »hörende« König: 1 Kön 3,2–15

[2] Das Volk opferte zu jener Zeit auf den
Kulthöhen, weil dem Namen des Herrn noch
kein Haus gebaut war. [3] Salomo aber liebte
den Herrn und befolgte die Gebote seines
Vaters David; nur brachte er auf den Kulthöhen Schlachtopfer und Rauchopfer dar. [4] So

Jesus sagt: »Hier ist mehr als Salomo« (vgl. Mt 12,42). Salomo und die Königin von Saba. Farbiger Holzschnitt, Koburger Bibel, Nürnberg 1483, Priesterseminar Brixen.

ging der König nach Gibeon, um dort zu
opfern; denn hier war die angesehenste Kulthöhe. Tausend Brandopfer legte Salomo auf
ihren Altar. 5 In Gibeon erschien der Herr dem
Salomo nachts im Traum und forderte ihn
auf: Sprich eine Bitte aus, die ich dir gewähren soll. 6 Salomo antwortete: Du hast deinem Knecht David, meinem Vater, große
Huld erwiesen; denn er lebte vor dir in Treue,
in Gerechtigkeit und mit aufrichtigem Herzen. Du hast ihm diese große Huld bewahrt
und ihm einen Sohn geschenkt, der heute
auf seinem Thron sitzt. 7 So hast du jetzt,
Herr, mein Gott, deinen Knecht anstelle meines Vaters David zum König gemacht. Doch
ich bin noch sehr jung und weiß nicht, wie ich
mich als König verhalten soll. 8 Dein Knecht
steht aber mitten in deinem Volk, das du
erwählt hast: einem großen Volk, das man
wegen seiner Menge nicht zählen und nicht
schätzen kann. 9 Verleih daher deinem
Knecht ein hörendes Herz, damit er dein Volk
zu regieren und das Gute vom Bösen zu
unterscheiden versteht. Wer könnte sonst
dieses mächtige Volk regieren? 10 Es gefiel
dem Herrn, daß Salomo diese Bitte aussprach. 11 Daher antwortete ihm Gott: Weil du
gerade diese Bitte ausgesprochen hast und
nicht um langes Leben, Reichtum oder um
den Tod deiner Feinde, sondern um Einsicht
gebeten hast, um auf das Recht zu hören, 12
werde ich deine Bitte erfüllen. Sieh, ich gebe
dir ein so weises und verständiges Herz, daß
keiner vor dir war und keiner nach dir kommen wird, der dir gleicht. 13 Aber auch das,
was du nicht erbeten hast, will ich dir geben:
Reichtum und Ehre, so daß zu deinen Lebzeiten keiner unter den Königen dir gleicht. 14
Wenn du auf meinen Wegen gehst, meine
Gesetze und Gebote befolgst wie dein Vater
David, dann schenke ich dir ein langes Leben. 15 Da erwachte Salomo und merkte, daß
es ein Traum war. Als er nach Jerusalem
kam, trat er vor die Bundeslade des Herrn,
brachte Brand- und Heilsopfer dar und gab
ein Festmahl für alle seine Diener.

Das salomonische Urteil: 1 Kön 3,16–28

16 Damals kamen zwei Dirnen und traten vor
den König. 17 Die eine sagte: Bitte, Herr, ich
und diese Frau wohnen im gleichen Haus,
und ich habe dort in ihrem Beisein geboren.
18 Am dritten Tag nach meiner Niederkunft
gebar auch diese Frau. Wir waren beisam-
men; kein Fremder war bei uns im Haus, nur
wir beide waren dort. 19 Nun starb der Sohn
dieser Frau während der Nacht; denn sie
hatte ihn im Schlaf erdrückt. 20 Sie stand
mitten in der Nacht auf, nahm mir mein Kind
weg, während deine Magd schlief, und legte
es an ihre Seite. Ihr totes Kind aber legte sie
an meine Seite. 21 Als ich am Morgen auf-
stand, um mein Kind zu stillen, war es tot. Als
ich es aber am Morgen genau ansah, war es
nicht mein Kind, das ich geboren hatte. 22 Da
rief die andere Frau: Nein, mein Kind lebt,
und dein Kind ist tot. Doch die erste entgeg-
nete: Nein, dein Kind ist tot, und mein Kind
lebt. So stritten sie vor dem König. 23 Da
begann der König: Diese sagt: Mein Kind
lebt, und dein Kind ist tot! und jene sagt:
Nein, dein Kind ist tot, und mein Kind lebt. 24
Und der König fuhr fort: Holt mir ein Schwert!
Man brachte es vor den König. 25 Nun ent-
schied er: Schneidet das lebende Kind ent-
zwei, und gebt eine Hälfte der einen und eine
Hälfte der anderen! 26 Doch nun bat die Mutter
des lebenden Kindes den König – es regte
sich nämlich in ihr die mütterliche Liebe zu
ihrem Kind: Bitte, Herr, gebt ihr das lebende
Kind, und tötet es nicht! Doch die andere rief:
Es soll weder mir noch dir gehören. Zerteilt
es! 27 Da befahl der König: Gebt jener das
lebende Kind, und tötet es nicht; denn sie ist
seine Mutter. 28 Ganz Israel hörte von dem
Urteil, das der König gefällt hatte, und sie
schauten mit Ehrfurcht zu ihm auf; denn sie
erkannten, daß die Weisheit Gottes in ihm
war, wenn er Recht sprach.

Salomos Weisheit: 1 Kön 5,9–14

9 Gott gab Salomo Weisheit und Einsicht in
hohem Maß und Weite des Herzens – wie
Sand am Strand des Meeres. 10 Die Weisheit
Salomos war größer als die Weisheit aller
Söhne des Ostens und alle Weisheit Ägyp-
tens. 11 Er war weiser als alle Menschen,
weiser als Etan, der Esrachiter, als Heman,
Kalkol und Darda, die Söhne Mahols. Sein
Name war bekannt bei allen Völkern rings-
um. 12 Er verfaßte dreitausend Sprichwörter,
und die Zahl seiner Lieder betrug tausend-
undfünf. 13 Er redete über die Bäume, von der
Zeder auf dem Libanon bis zum Ysop, der an
der Mauer wächst. Er redete über das Vieh,
die Vögel, das Gewürm und die Fische. 14 Von
allen Völkern kamen Leute, um die Weisheit
Salomos zu hören, Abgesandte von allen
Königen der Erde, die von seiner Weisheit
vernommen hatten.

Salomo erbaut den Tempel

Mit dem Namen des Königs Salomo verbindet der gläubige Israelit vor allem den Tempel von Jerusalem, der zunächst Teil der großen königlichen Palastanlage war. Im Laufe der Zeit wurde aus diesem königlichen Heiligtum die Lebensmitte Israels, weil der Tempel der Ort der rettenden und segnenden Gegenwart Jahwes war. Das König Salomo in den Mund gelegte Weihegebet zeigt, in welchen Situationen Israel nach diesem Gott Ausschau hält.

Bau des Tempels: 1 Kön 6,1–13

1 Im vierhundertachtzigsten Jahr nach dem
Auszug der Israeliten aus Ägypten, im vierten
Jahr der Regierung Salomos über Israel, im
Monat Siw, das ist der zweite Monat, begann
er das Haus des Herrn zu bauen. 2 Das Haus,
das König Salomo für den Herrn baute, war
sechzig Ellen lang, zwanzig Ellen breit und
dreißig Ellen hoch. 3 Die Vorhalle vor dem
Hauptraum des Hauses war zwanzig Ellen
breit, entsprechend der Breite des Hauses,

und zehn Ellen tief in der Längsrichtung des Hauses. 4 Er machte für das Haus Fenster mit Rahmen und Gittern. 5 An die Wände des Hauses, und zwar an die Wände des Hauptraums und des hinteren Raumes, legte er ringsum einen Anbau mit Kammern. 6 Dieser war im Untergeschoß fünf Ellen, im mittleren sechs und im dritten sieben Ellen breit; die Außenwand des Hauses hatte er abgestuft, um sie nachher nicht beschädigen zu müssen. 7 Beim Bau des Hauses wurden Steine verwendet, die man schon im Steinbruch fertig behauen hatte; Hämmer, Meißel und sonstige eiserne Werkzeuge waren beim Bau des Hauses nicht zu hören. 8 Die Türe zu den unteren Kammern war an der Südseite des Hauses. Über Treppen stieg man zum mittleren und vom mittleren zum dritten Stockwerk hinauf. 9 Als er den Bau des Hauses vollendet hatte, überdeckte er es mit Balken und Brettern aus Zedernholz. 10 Den Anbau führte er um das ganze Haus. Seine Höhe betrug (in jedem Stockwerk) fünf Ellen, und Zedernbalken verbanden ihn mit dem Haus. 11 Das Wort des Herrn erging an Salomo: 12 Dieses Haus, das du baust, – wenn du meinen Geboten gehorchst und auf meine Vorschriften achtest und alle meine Befehle ausführst und befolgst, dann werde ich an dir das Wort wahr machen, das ich zu deinem Vater David gesprochen habe. 13 Und ich werde inmitten der Israeliten wohnen und mein Volk Israel nicht verlassen.

Einweihung des Tempels: 1 Kön 8,1–13

1 Damals versammelte Salomo die Ältesten Israels, alle Stammesführer und die Häupter der israelitischen Großfamilien bei sich in Jerusalem, um die Bundeslade des Herrn aus der Stadt Davids, das ist Zion, heraufzuholen. 2 Am Fest im Monat Etanim, das ist der siebte Monat, kamen alle Männer Israels bei König Salomo zusammen. 3 In Gegenwart aller Ältesten Israels nahmen die Priester die Lade 4 und brachten sie zugleich mit dem Offenbarungszelt und den heiligen Geräten, die im Zelt waren, hinauf. Die Priester und die Leviten übernahmen den Trägerdienst. 5 König Salomo aber und die ganze Gemeinde Israels, die bei ihm vor der Lade versammelt war, schlachteten Schafe und Rinder, die man wegen ihrer Menge nicht zählen und nicht berechnen konnte. 6 Darauf stellten die Priester die Bundeslade des Herrn an ihren Platz, in die Gotteswohnung des Hauses, in das Allerheiligste, unter die Flügel der Kerubim. 7 Denn die Kerubim breiteten ihre Flügel über den Ort, wo die Lade stand, und bedeckten sie und ihre Stangen von oben her. 8 Die Stangen waren so lang, daß man ihre Spitzen im Heiligtum vor der Gotteswohnung sehen konnte; draußen aber waren sie nicht zu sehen. Sie blieben dort bis zum heutigen Tag. 9 In der Lade befanden sich nur die zwei steinernen Tafeln, die Mose am Horeb hineingelegt hatte, die Tafeln des Bundes, den der Herr mit den Israeliten beim Auszug aus Ägypten geschlossen hatte. 10 Als dann die Priester aus dem Heiligtum traten, erfüllte die Wolke das Haus des Herrn. 11 Sie konnten wegen der Wolke ihren Dienst nicht verrichten; denn die Herrlichkeit des Herrn erfüllte das Haus des Herrn. 12 Damals sagte Salomo: Der Herr hat die Sonne an den Himmel gesetzt; / er selbst wollte im Dunkel wohnen. 13 Ich habe ein fürstliches Haus für dich gebaut, / eine Wohnstätte für ewige Zeiten.

Das Weihegebet: 1 Kön 8,22–30.41–43

22 Dann trat Salomo in Gegenwart der ganzen Versammlung Israels vor den Altar des Herrn, breitete seine Hände zum Himmel aus 23 und betete: Herr, Gott Israels, im Himmel oben und auf der Erde unten gibt es keinen Gott, der so wie du Bund und Huld seinen Knechten bewahrt, die mit ungeteiltem Herzen vor ihm leben. 24 Du hast das Versprechen gehalten, das du deinem Knecht, meinem Vater David, gegeben hast. Deine Hand hat heute erfüllt, was dein Mund versprochen hat. 25 Und nun, Herr, Gott Israels, halte auch das andere Versprechen, das du deinem Knecht David, meinem Vater, gegeben hast, als du sagtest: Es soll dir nie an einem Nachkommen fehlen, der vor mir auf dem Thron Israels sitzt, wenn nur deine Söhne darauf achten, ihren Weg so vor mir zu gehen, wie du es getan hast. 26 Gott Israels,

möge sich jetzt dein Wort, das du deinem
Knecht David, meinem Vater, gegeben hast,
als wahr erweisen. 27 Wohnt denn Gott wirk-
lich auf der Erde? Siehe, selbst der Himmel
und die Himmel der Himmel fassen dich
nicht, wieviel weniger dieses Haus, das ich
gebaut habe. 28 Wende dich, Herr, mein Gott,
dem Beten und Flehen deines Knechtes zu!
Höre auf das Rufen und auf das Gebet, das
dein Knecht heute vor dir verrichtet. 29 Halte
deine Augen offen über diesem Haus bei
Nacht und bei Tag, über der Stätte, von der
du gesagt hast, daß dein Name hier wohnen
soll. Höre auf das Gebet, das dein Knecht an
dieser Stätte verrichtet. 30 Achte auf das Fle-
hen deines Knechtes und deines Volkes Isra-
el, wenn sie an dieser Stätte beten. 41 Auch
Fremde, die nicht zu deinem Volk Israel
gehören, werden wegen deines Namens aus
fernen Ländern kommen; 42 denn sie werden
von deinem großen Namen, deiner starken
Hand und deinem hoch erhobenen Arm hö-
ren. Sie werden kommen und in diesem
Haus beten. 43 Höre sie dann im Himmel,
dem Ort, wo du wohnst, und tu alles, weswe-
gen der Fremde zu dir ruft. Dann werden alle
Völker der Erde deinen Namen erkennen. Sie
werden dich fürchten, wie dein Volk Israel
dich fürchtet, und erfahren, daß dein Name
ausgerufen ist über diesem Haus, das ich
gebaut habe.

Salomos Bundesbruch

Salomo baute Tempel für die Götter der Völker, die seinem Reich angehörten und durch Prinzessinnen unter den Frauen des Königs vertreten waren. Dies war wohl das wirksamste Zeichen, daß diese Völker dem Reich Salomos eingegliedert waren; ihre Götter wurden dem Staatsgott Jahwe zugeordnet. Die Erzähler des großen Geschichtswerkes aus der Zeit des Zusammenbruchs Judas und Jerusalems sahen darin nur Abwendung vom Gott Israels. Salomo ist für sie der erste all jener Könige, die sich von Gott abwendeten und die daher im Untergang enden mußten.

Tempel für ausländische Götter:
1 Kön 11,1–8

1 König Salomo liebte neben der Tochter des
Pharao noch viele andere ausländische Frau-
en: Moabiterinnen, Ammoniterinnen, Edo-
miterinnen, Sidonierinnen, Hetiterinnen. 2 Es
waren Frauen aus den Völkern, von denen
der Herr den Israeliten gesagt hatte: Ihr dürft
nicht zu ihnen gehen, und sie dürfen nicht zu
euch kommen; denn sie würden euer Herz
ihren Göttern zuwenden. An diesen hing Sa-
lomo mit Liebe. 3 Er hatte siebenhundert
fürstliche Frauen und dreihundert Neben-
frauen. Sie machten sein Herz abtrünnig. 4
Als Salomo älter wurde, verführten ihn seine
Frauen zur Verehrung anderer Götter, so daß
er dem Herrn, seinem Gott, nicht mehr unge-
teilt ergeben war wie sein Vater David. 5 Er
verehrte Astarte, die Göttin der Sidonier, und
Milkom, den Götzen der Ammoniter. 6 Er tat,
was dem Herrn mißfiel, und war ihm nicht so
vollkommen ergeben wie sein Vater David. 7
Damals baute Salomo auf dem Berg östlich
von Jerusalem eine Kulthöhe für Kemosch,
den Götzen der Moabiter, und für Milkom,
den Götzen der Ammoniter. 8 Dasselbe tat er
für alle seine ausländischen Frauen, die ih-
ren Göttern Rauch- und Schlachtopfer dar-
brachten.

Die Ankündigung des Gerichts:
1 Kön 11,9–13

9 Der Herr aber wurde zornig über Salomo, weil sich sein Herz von ihm, dem Gott Israels, abgewandt hatte, der ihm zweimal erschienen war 10 und ihm verboten hatte, fremden Göttern zu dienen. Doch Salomo hielt sich nicht an das, was der Herr von ihm verlangt hatte. 11 Daher sprach der Herr zu ihm: Weil es so mit dir steht, weil du meinen Bund gebrochen und die Gebote nicht befolgt hast, die ich dir gegeben habe, werde ich dir das Königreich entreißen und es deinem Knecht geben. 12 Nur deines Vaters David wegen werde ich es nicht schon zu deinen Lebzeiten tun; erst deinem Sohn werde ich es entreißen. 13 Doch werde ich ihm das Königtum nicht ganz entreißen; ich lasse deinem Sohn noch einen Stamm wegen meines Knechtes David und wegen Jerusalem, der Stadt, die ich erwählt habe.

Der Zerfall des Großreiches

Nach dem Tod Salomos kommt es zur Reichstrennung. Unter Salomo waren die Steuerbelastungen auf Grund der Bautätigkeit und des aufwendigen Verwaltungsapparates stark gewachsen. So regte sich der Widerstand, besonders unter den Stämmen im Norden. Salomo konnte durch starken politischen Druck den Abfall noch verhindern, als aber sein Sohn Rehabeam nach dem Tod Salomos (931 v. Chr.) unnachgiebig blieb, machte sich »Israel« unter Jerobeam I. (931–910 v. Chr.) selbständig. Die Verfasser des großen Geschichtswerkes beurteilen die Reichstrennung als Gericht über die Sünde Salomos. Nach ihrer Auffassung laden jedoch die Nordstämme, die sich vom Haus David trennen, Schuld auf sich, da sie das Haus David, die Mitte des Gottesvolkes, nicht anerkennen.

Das Nordreich Israel und seine Sünde

Die Sünde des Abfalls vollzieht sich vor allem dadurch, daß sich die Nordstämme in religiöser Hinsicht von Jersualem loslösen. Jerobeam I. errichtet in Bet-El ein Staatsheiligtum, um dem neuen Staat auch religiös eine neue Mitte zu geben. Darin sehen die Verfasser des großen Geschichtswerkes den Abfall zum Götzendienst gegeben, dem der Untergang des Nordreiches folgt.

Abfall der zehn Stämme: 1 Kön 12,1–19

1 Rehabeam begab sich nach Sichem; denn dorthin war ganz Israel gekommen, um ihn zum König zu machen. 2 Jerobeam, der Sohn Nebats, hörte davon, während er noch in Ägypten war, wohin er vor dem König Salomo hatte fliehen müssen; er kehrte jetzt aus Ägypten zurück. 3 Man sandte zu ihm und ließ ihn rufen. So kamen also Jerobeam und die ganze Versammlung Israels (nach Sichem), und sie sagten zu Rehabeam: 4 Dein Vater hat uns ein hartes Joch auferlegt. Erleichtere du jetzt den harten Dienst deines Vaters und das schwere Joch, das er uns auferlegt hat. Dann wollen wir dir dienen. 5 Er antwortete ihnen:

Geht weg, und kommt nach drei Tagen wie-
der zu mir! Als sich das Volk entfernt hatte, 6
beriet sich König Rehabeam mit den älteren
Männern, die zu Lebzeiten seines Vaters Sa-
lomo in dessen Dienst gestanden hatten. Er
fragte sie: Welchen Rat gebt ihr mir? Was soll
ich diesem Volk antworten? 7 Sie sagten zu
ihm: Wenn du dich heute zum Diener dieses
Volkes machst, ihnen zu Willen bist, auf sie
hörst und freundlich mit ihnen redest, dann
werden sie immer deine Diener sein. 8 Doch
er verwarf den Rat, den die Älteren ihm
gegeben hatten, und beriet sich mit den
jungen Leuten, die mit ihm groß geworden
waren und jetzt in seinem Dienst standen. 9
Er fragte sie: Welchen Rat gebt ihr mir? Was
sollen wir diesem Volk antworten, das zu mir
sagt: Erleichtere das Joch, das dein Vater uns
auferlegt hat? 10 Die jungen Leute, die mit
ihm groß geworden waren, sagten zu ihm:
So sollst du diesem Volk antworten, das zu
dir sagt: Dein Vater hat uns ein schweres
Joch auferlegt; erleichtere es uns! So sollst
du zu ihnen sagen: Mein kleiner Finger ist
stärker als die Lenden meines Vaters. 11 Hat
mein Vater euch ein schweres Joch aufge-
bürdet, so werde ich es noch schwerer ma-
chen. Mein Vater hat euch mit Peitschen
gezüchtigt, ich werde euch mit Skorpionen
züchtigen. 12 Am dritten Tag kamen Jerobe-
am und das ganze Volk zu Rehabeam; denn
der König hatte ihnen gesagt: Kommt am
dritten Tag wieder zu mir! 13 Der König gab
nun dem Volk eine harte Antwort. Er verwarf
den Rat, den die Älteren ihm erteilt hatten, 14
und antwortete ihnen nach dem Rat der jun-
gen Leute: Mein Vater hat euer Joch schwer
gemacht. Ich werde es noch schwerer ma-
chen. Mein Vater hat euch mit Peitschen
gezüchtigt, ich werde euch mit Skorpionen
züchtigen. 15 Der König hörte also nicht auf
das Volk; denn der Herr hatte es so be-
stimmt, um das Wort wahr zu machen, das er
durch Ahija von Schilo zu Jerobeam, dem
Sohn Nebats, gesprochen hatte. 16 Als die
Israeliten sahen, daß der König nicht auf sie
hörte, gaben sie ihm zur Antwort:
Welchen Anteil haben wir an David? / Wir
haben keinen Erbbesitz beim Sohn Isais. / In
deine Zelte, Israel! / Nun kümmere dich um
dein Haus, David!
So begab sich Israel zu seinen Zelten. 17 Nur
über die Israeliten, die in den Städten Judas
wohnten, blieb Rehabeam König. Nordstäm-
me, die sich in Juda niedergelassen hatten. 18
Und als er den Fronaufseher Adoniram hin-
schickte, steinigte ihn ganz Israel zu Tode.
Dem König Rehabeam gelang es, den Wagen
zu besteigen und nach Jerusalem zu ent-
kommen. 19 So fiel Israel vom Haus David ab
und ist abtrünnig bis zum heutigen Tag.

Jerobeam I. wird König von Israel:
1 Kön 12,20–25

20 Als die Israeliten erfuhren, daß Jerobeam
zurückgekehrt war, ließen sie ihn zur Ver-
sammlung rufen und machten ihn zum Kö-
nig über ganz Israel. Der Stamm Juda allein
hielt noch zum Haus David. 21 Rehabeam kam
nach Jerusalem und versammelte das ganze
Haus Juda und den Stamm Benjamin, hun-
dertachtzigtausend auserlesene Krieger, um
gegen das Haus Israel zu kämpfen und das
Königtum für Rehabeam, den Sohn Salo-
mos, zurückzugewinnen. 22 Doch das Wort
Gottes erging an Schemaja, den Mann Got-
tes: 23 Sag zu Rehabeam, dem Sohn Salomos,
dem König von Juda, und zum ganzen Haus
Juda und Benjamin und zum übrigen Volk: 24
So spricht der Herr: Zieht nicht in den Krieg
gegen eure Brüder, die Israeliten! Jeder keh-
re in sein Haus zurück; denn ich habe es so
verfügt. Sie hörten auf das Wort des Herrn
und kehrten heim, wie der Herr es befohlen
hatte. 25 Jerobeam baute Sichem im Gebirge
Efraim aus und ließ sich dort nieder. Von
Sichem zog er nach Penuël und baute auch
diese Stadt aus.

Die religiöse Spaltung durch Jerobeam I.:
1 Kön 12,26–33

26 Jerobeam dachte bei sich: Das Königtum
könnte wieder an das Haus David fallen. 27
Wenn dieses Volk hinaufgeht, um im Haus
des Herrn in Jerusalem Opfer darzubringen,
wird sich sein Herz wieder seinem Herrn,

dem König Rehabeam von Juda, zuwenden. Mich werden sie töten und zu Rehabeam, dem König von Juda, zurückkehren. [28] So ging er mit sich zu Rate, ließ zwei goldene Kälber anfertigen und sagte zum Volk: Ihr seid schon zuviel nach Jerusalem hinaufgezogen. Hier ist dein Gott, Israel, der dich aus Ägypten heraufgeführt hat. [29] Er stellte das eine Kalb in Bet-El auf, das andere brachte er nach Dan. [30] Dies wurde Anlaß zur Sünde. Das Volk zog sogar bis nach Dan, vor das eine Kalb. [31] Auch errichtete er Kulthöhen und setzte Priester ein, die aus allen Teilen des Volkes stammten und nicht zu den Söhnen Levis gehörten. [32] Für den fünfzehnten Tag des achten Monats stiftete Jerobeam ein Fest, das dem Fest in Juda entsprach. Er stieg in Bet-El zum Altar hinauf, um den Kälbern zu opfern, die er hatte anfertigen lassen. In Bet-El ließ er auch die Priester, die er für die Kulthöhen bestellt hatte, Dienst tun. [33] Am fünfzehnten Tag des achten Monats stieg er zum Altar hinauf, den er in Bet-El errichtet hatte. Er hatte sich diesen Monat eigens ausgedacht und diesen Tag zu einem Fest für die Israeliten bestimmt. An ihm stieg er zum Altar hinauf, um zu opfern.

Beurteilung des Wirkens Jerobeams II.:
2 Kön 14,23–29

[23] Im fünfzehnten Jahr Amazjas, des Sohnes des Joasch, des Königs von Juda, wurde Jerobeam, der Sohn des Joasch, König von Israel. Er regierte einundvierzig Jahre in Samaria [24] und tat, was dem Herrn mißfiel; er ließ nicht von all den Sünden ab, zu denen Jerobeam, der Sohn Nebats, Israel verführt hatte. [25] Er stellte die Grenzen Israels wieder her von Lebo-Hamat bis zum Meer der Araba, wie es der Herr, der Gott Israels, durch seinen Knecht, den Propheten Jona, den Sohn Amittais aus Gat-Hefer, vorhergesagt hatte. [26] Denn der Herr sah die bittere Not Israels: daß bis zum letzten Mann alle dahinschwanden und daß es für Israel keinen Retter gab. [27] Er hatte nicht im Sinn, den Namen Israels unter dem Himmel auszutilgen. Darum half er ihnen durch Jerobeam, den Sohn des Joasch. [28] Die übrige Geschichte Jerobeams, alle seine Taten und Erfolge, wie er Krieg führte, ... all das ist aufgezeichnet in der Chronik der Könige von Israel. [29] Jerobeam entschlief zu seinen Vätern, den Königen von Israel, und sein Sohn Secharja wurde König an seiner Stelle.

Elija und Elischa – Königswort und Gotteswort im Widerstreit

Das Auseinanderbrechen des Großreiches Salomos in die beiden Staaten Juda und Israel bedeutete einen Machtzerfall in Palästina und ließ die umliegenden Staaten wieder stark werden, so daß das Nordreich Israel sich nach mehreren Seiten auseinandersetzen mußte: Mit dem Reich Juda, mit den phönizischen Seestädten, mit dem Aramäerreich von Damaskus. Dazu kam noch eine Spaltung im Inneren: Zwischen der eigentlichen israelitischen Bevölkerung und den in den größeren Städten wohnenden Kanaanäern, die eigene Verwaltung, Rechtsprechung und Religion hatten. Nach jahrzehntelangen Krisenzeiten gelang es König Omri, der 878 v. Chr. den Thron bestieg, nach außen hin Frieden zu schaffen. Ebenso vermochte er die inneren Spannungen einigermaßen auszugleichen durch eine kluge Religionspolitik, die die kanaanäische Religion, vor allem mit ihrem Baalskult, dem israelitischen Jahwekult gleichstellte. Dies begünstigte natürlich eine Verschmelzung der beiden Religionsformen. Deshalb lautete das Urteil des Erzählers des großen Geschichtswerkes über Omri und seine Dynastie, die in Israel bis 845 v. Chr. regierte: »Omri tat, was dem Herrn mißfiel und trieb es noch schlimmer als alle seine Vorgänger« (1 Kön 16,25). Die Religionspolitik der Omri-Dynastie stachelte manche Kreise zu heftigstem Widerstand an. Träger und Symbole dieses Widerstandes wurden die Propheten Elija und Elischa.

Elija – Der Eiferer für Jahwe

Elija wirkte unter den Königen Ahas und Ahasja, also im zweiten Viertel des neunten Jahrhunderts v. Chr. Die biblische Überlieferung zeichnet von Eilja und auch von Elischa ein doppeltes Bild: Sie sind zunächst einmal »Gottesmänner«, die – von der Kraft Gottes in Beschlag genommen – in dieser Kraft dem Menschen zu Hilfe eilen; sie sind aber auch Jahwe-Begeisterte, die Jahwe als die einzige weltgestaltende Kraft ausrufen und daher mit den politischen Machthabern in Konflikt kommen. Der Prophet Elija ist in der ganzen biblischen Tradition, bis hinein in das Neue Testament, der große Wegbereiter Gottes (Lk 1,76; Mk 9,11).

Belohntes Vertrauen auf Jahwes Wort

Elija tritt zur Zeit einer großen Dürre auf und bleibt den Menschen durch seine Hilfe und seinen Einsatz für die notleidenden Menschen in Erinnerung. So wird er für die späteren Generationen das Zeichen dafür, daß Gottes machtvolles Wort dem notleidenden und bedrückten Menschen Heilung und Rettung schenkt. Israel mußte sich zwar dauernd mit der Frage auseinandersetzen: Ist Jahwe der, der Leben gewährt, oder sind es die viel greifbareren Mächte, die sich als Lebensgaranten aufdrängen? Mit der Erzählung von der Totenerweckung des Elija bekennt Israel: In der Kraft des Prophetenwortes offenbart sich Jahwes Lebensmacht.

Elija nährt die Witwe und ihren Sohn:
1 Kön 17,8–16

8 Da erging das Wort des Herrn an Elija: 9 Mach
dich auf, und geh nach Sarepta, das zu Sidon
gehört, und bleib dort! Ich habe dort einer
Witwe befohlen, dich zu versorgen. 10 Er
machte sich auf und ging nach Sarepta. Als
er an das Stadttor kam, traf er dort eine
Witwe, die Holz auflas. Er bat sie: Bring mir in
einem Gefäß ein wenig Wasser zum Trinken!
11 Als sie wegging, um es zu holen, rief er ihr
nach: Bring mir auch einen Bissen Brot mit! 12
Doch sie sagte: So wahr der Herr, dein Gott,
lebt: Ich habe nichts mehr vorrätig als eine
Handvoll Mehl im Topf und ein wenig Öl im
Krug. Ich lese hier ein paar Stücke Holz auf
und gehe dann heim, um für mich und
meinen Sohn etwas zuzubereiten. Das wol-
len wir noch essen und dann sterben. 13 Elija
entgegnete ihr: Fürchte dich nicht! Geh heim,
und tu, was du gesagt hast. Nur mache zuerst
für mich ein kleines Gebäck, und bring es zu
mir heraus! Danach kannst du für dich und
deinen Sohn etwas zubereiten; 14 denn so
spricht der Herr, der Gott Israels: Der Mehl-
topf wird nicht leer werden und der Ölkrug
nicht versiegen bis zu dem Tag, an dem der
Herr wieder Regen auf den Erdboden sendet.
15 Sie ging und tat, was Elija gesagt hatte. So
hatte sie mit ihm und ihrem Sohn viele Tage
zu essen. 16 Der Mehltopf wurde nicht leer,
und der Ölkrug versiegte nicht, wie der Herr
durch Elija versprochen hatte.

Totenerweckung erweist Elija als Mann Gottes: 1 Kön 17,17–24

17 Nach einiger Zeit erkrankte der Sohn der
Witwe, der das Haus gehörte. Die Krankheit
verschlimmerte sich so, daß zuletzt kein
Atem mehr in ihm war. 18 Da sagte sie zu Elija:
Was habe ich mit dir zu schaffen, Mann
Gottes? Du bist nur zu mir gekommen, um
an meine Sünde zu erinnern und meinem
Sohn den Tod zu bringen. 19 Er antwortete ihr:
Gib mir deinen Sohn! Und er nahm ihn von
ihrem Schoß, trug ihn in das Obergemach
hinauf, in dem er wohnte, und legte ihn auf
sein Bett. 20 Dann rief er zum Herrn und sagte:
Herr, mein Gott, willst du denn auch über die

Witwe, in deren Haus ich wohne, Unheil brin-
gen und ihren Sohn sterben lassen? [21] Hier-
auf streckte er sich dreimal über den Knaben
hin, rief zum Herrn und flehte: Herr, mein
Gott, laß doch das Leben in diesen Knaben
zurückkehren! [22] Der Herr erhörte das Gebet
Elijas. Das Leben kehrte in den Knaben zu-
rück, und er lebte wieder auf. [23] Elija nahm
ihn, brachte ihn vom Obergemach in das
Haus hinab und gab ihn seiner Mutter zurück
mit den Worten: Sieh, dein Sohn lebt. [24] Da
sagte die Frau zu Elija: Jetzt weiß ich, daß du
ein Mann Gottes bist und daß das Wort des
Herrn wirklich in deinem Mund ist.

Die Entscheidung für den wahren Gott

Elija schuf sich vor allem dadurch einen Namen, daß er zur Symbolfigur des Widerstandes gegen die Religionspolitik der Omri-Dynastie wurde. So erinnert die biblische Überlieferung in diesem Zusammenhang daran, daß Elija einen zerstörten Jahwealtar auf dem Karmel wieder aufbaute, um dadurch anzuzeigen: Herr des Karmelgebietes ist Jahwe. Der biblische Erzähler macht die Erinnerung an diese Einzeltat des Propheten zu einer grundlegenden Anfrage an das Gottesvolk: Wer ist der wahre Gott, Jahwe oder Baal?

Jahwe zeigt sich als der wahre Gott:
1 Kön 18,20–40

[20] Ahab schickte in ganz Israel umher und ließ
die Propheten auf dem Karmel zusammen-
kommen. [21] Und Elija trat vor das ganze Volk
und rief: Wie lange noch schwankt ihr nach
zwei Seiten? Wenn Jahwe der wahre Gott ist,
dann folgt ihm! Wenn aber Baal es ist, dann
folgt diesem! Doch das Volk gab ihm keine
Antwort. [22] Da sagte Elija zum Volk: Ich allein
bin als Prophet des Herrn übriggeblieben;
die Propheten des Baal aber sind vierhun-
dertfünfzig. [23] Man gebe uns zwei Stiere. Sie
sollen sich einen auswählen, ihn zerteilen
und auf das Holz legen, aber kein Feuer
anzünden. Ich werde den andern zubereiten,
auf das Holz legen und kein Feuer anzünden.
[24] Dann sollt ihr den Namen eures Gottes
anrufen, und ich werde den Namen des
Herrn anrufen. Der Gott, der mit Feuer ant-
wortet, ist der wahre Gott. Da rief das ganze
Volk: Der Vorschlag ist gut. [25] Nun sagte Elija
zu den Propheten des Baal: Wählt ihr zuerst
den einen Stier aus, und bereitet ihn zu; denn
ihr seid die Mehrheit. Ruft dann den Namen
eures Gottes an, entzündet aber kein Feuer!
[26] Sie nahmen den Stier, den er ihnen über-
ließ, und bereiteten ihn zu. Dann riefen sie
vom Morgen bis zum Mittag den Namen des
Baal an und schrien: Baal, erhöre uns! Doch
es kam kein Laut, und niemand gab Antwort.
Sie tanzten hüpfend um den Altar, den sie
gebaut hatten. [27] Um die Mittagszeit verspot-
tete sie Elija und sagte: Ruft lauter! Er ist doch
Gott. Er könnte beschäftigt sein, könnte bei-
seite gegangen oder verreist sein. Vielleicht
schläft er und wacht dann auf. [28] Sie schrien
nun mit lauter Stimme. Nach ihrem Brauch
ritzten sie sich mit Schwertern und Lanzen
wund, bis das Blut an ihnen herabfloß. [29] Als
der Mittag vorüber war, verfielen sie in Rase-
rei, und das dauerte bis zu der Zeit, da man
das Speiseopfer darzubringen pflegt. Doch
es kam kein Laut, keine Antwort, keine Erhö-
rung. [30] Nun forderte Elija das ganze Volk auf:
Tretet her zu mir! Sie kamen, und Elija baute
den zerstörten Altar Jahwes wieder auf. [31] Er
nahm zwölf Steine, nach der Zahl der Stäm-
me der Söhne Jakobs, zu dem der Herr
gesagt hatte: Israel soll dein Name sein. [32] Er
fügte die Steine zu einem Altar für den Na-
men des Herrn, zog rings um den Altar einen
Graben und grenzte eine Fläche ab, die zwei
Sea Saat hätte aufnehmen können. [33] Sodann
schichtete er das Holz auf, zerteilte den Stier
und legte ihn auf das Holz. [34] Nun befahl er:
Füllt vier Krüge mit Wasser, und gießt es über
das Brandopfer und das Holz! Hierauf sagte

er: Tut es noch einmal! Und sie wiederholten
es. Dann sagte er: Tut es zum drittenmal!
Und sie taten es zum drittenmal. 35 Das Was-
ser lief rings um den Altar. Auch den Graben
füllte er mit Wasser. 36 Zu der Zeit nun, da
man das Speiseopfer darzubringen pflegt,
trat der Prophet Elija an den Altar und rief:
Herr, Gott Abrahams, Isaaks und Israels,
heute soll man erkennen, daß du Gott bist in
Israel, daß ich dein Knecht bin und all das in
deinem Auftrag tue. 37 Erhöre mich, Herr,
erhöre mich! Dieses Volk soll erkennen, daß
du, Herr, der wahre Gott bist und daß du sein
Herz zur Umkehr wendest. 38 Da kam das
Feuer des Herrn herab und verzehrte das
Brandopfer, das Holz, die Steine und die
Erde. Auch das Wasser im Graben leckte es
auf. 39 Das ganze Volk sah es, warf sich auf
das Angesicht nieder und rief: Jahwe ist Gott,
Jahwe ist Gott! 40 Elija aber befahl ihnen:
Ergreift die Propheten des Baal! Keiner von
ihnen soll entkommen. Man ergriff sie, und
Elija ließ sie zum Bach Kischon hinabführen
und dort töten.

Der andere Gott

Die Erinnerung an den Propheten Elija veranlaßte die gläubigen Erzähler Israels, sich und dem Volk recht befremdende Erfahrungen mit Gott zu vergegenwärtigen. So erscheint Gott zeitweise zum Verzweifeln ohnmächtig; der Prophet wünscht sich den Tod (1 Kön 19,4). Es gibt Nöte, die einem das Vertrauen auf Gott unmöglich machen. Weiters muß sich Israel anfreunden mit dem Gedanken, daß Gott redet mit »der Stimme stummen Schweigens«, ganz anders, als das Gottesvolk es erwartet. Das prophetische Wort provozierte das Gottesvolk mit der Aussage, daß Gott sogar die Feinde Israels als Werkzeug benutzt, um das Gericht zu vollziehen an einem Gottesvolk, das sich – bis auf einen kleinen Rest – von Gott entfernt hat.

Hilfe für einen Tod-müden: 1 Kön 19,1–8

1 Ahab erzählte Isebel alles, was Elija getan,
auch daß er alle Propheten mit dem Schwert
getötet habe. 2 Sie schickte einen Boten zu
Elija und ließ ihm sagen: Die Götter sollen
mir dies und das antun, wenn ich morgen um
diese Zeit dein Leben nicht dem Leben eines
jeden von ihnen gleich mache. 3 Elija geriet in
Angst, machte sich auf und ging weg, um
sein Leben zu retten. Er kam nach Beersche-
ba in Juda und ließ dort seinen Diener zu-
rück. 4 Er selbst ging eine Tagereise weit in
die Wüste hinein. Dort setzte er sich unter
einen Ginsterstrauch und wünschte sich den
Tod. Er sagte: Nun ist es genug, Herr. Nimm
mein Leben; denn ich bin nicht besser als
meine Väter. 5 Dann legte er sich unter den
Ginsterstrauch und schlief ein. Doch ein En-
gel rührte ihn an und sprach: Steh auf und iß!
6 Als er um sich blickte, sah er neben seinem
Kopf Brot, das in glühender Asche gebacken
war, und einen Krug mit Wasser. Er aß und
trank und legte sich wieder hin. 7 Doch der
Engel des Herrn kam zum zweitenmal, rührte
ihn an und sprach: Steh auf und iß! Sonst ist
der Weg zu weit für dich. 8 Da stand er auf, aß
und trank und wanderte, durch diese Speise
gestärkt, vierzig Tage und vierzig Nächte bis
zum Gottesberg Horeb.

Gott begegnet anders: 1 Kön 19,9–18

9 Dort ging er in eine Höhle, um darin zu
übernachten. Doch das Wort des Herrn er-
ging an ihn: Was willst du hier, Elija? 10 Er
sagte: Mit leidenschaftlichem Eifer bin ich für
den Herrn, den Gott der Heere, eingetreten,
weil die Israeliten deinen Bund verlassen,
deine Altäre zerstört und deine Propheten
mit dem Schwert getötet haben. Ich allein bin
übriggeblieben, und nun trachten sie auch
mir nach dem Leben. 11 Der Herr antwortete:
Komm heraus, und stell dich auf den Berg
vor den Herrn! Da zog der Herr vorüber: Ein

starker, heftiger Sturm, der die Berge zerriß
und die Felsen zerbrach, ging dem Herrn
voraus. Doch der Herr war nicht im Sturm.
Nach dem Sturm kam ein Erdbeben. Doch
der Herr war nicht im Erdbeben. 12 Nach dem
Beben kam ein Feuer. Doch der Herr war
nicht im Feuer. Nach dem Feuer kam ein
sanftes, leises Säuseln. 13 Als Elija es hörte,
hüllte er sein Gesicht in den Mantel, trat
hinaus und stellte sich an den Eingang der
Höhle. Da vernahm er eine Stimme, die ihm
zurief: Was willst du hier, Elija? 14 Er antworte-
te: Mit Leidenschaft bin ich für den Herrn, den
Gott der Heere, eingetreten, weil die Israeli-
ten deinen Bund verlassen, deine Altäre zer-
stört und deine Propheten mit dem Schwert
getötet haben. Ich allein bin übriggeblieben,
und nun trachten sie auch mir nach dem
Leben. 15 Der Herr antwortete ihm: Geh dei-
nen Weg durch die Wüste zurück, und begib
dich nach Damaskus! Bist du dort angekom-
men, salbe Hasaël zum König über Aram! 16
Jehu, den Sohn Nimschis, sollst du zum
König von Israel salben, und Elischa, den
Sohn Schafats aus Abel-Mehola, salbe zum
Propheten an deiner Stelle. 17 So wird es
geschehen: Wer dem Schwert Hasaëls ent-
rinnt, den wird Jehu töten. Und wer dem
Schwert Jehus entrinnt, den wird Elischa
töten. 18 Ich werde in Israel siebentausend
übriglassen, alle, deren Knie sich vor dem
Baal nicht gebeugt und deren Mund ihn nicht
geküßt hat.

Elija erfährt die Nähe Gottes. Verklärung Jesu. 1594, Stiftskirche Innichen.

Verstoß gegen das Gottesrecht

Die Propheten Israels sahen ihren Auftrag seit jeher darin, das von Gott verbürgte Recht auf Leben und Lebensraum jedes einzelnen Israeliten zu verteidigen. So weiß sich der Prophet Elija gerufen, dem König die Verletzung des Gottesrechtes vorzuhalten und ihm das Gericht anzukündigen, als dieser sein Krongut durch einen Mord erweitert. Für die Überlieferung wird diese Tat des Ahab zum Beispiel dafür, wie die herrschenden Kreise, unter Mißachtung des alten Bodenrechts und des freien Israeliten, ihren Grundbesitz erweitern und so unhaltbare soziale Zustände heraufbeschwören. Dagegen traten die Propheten auf den Plan.

Unrecht des Königs: 1 Kön 21,1–29

1 Danach trug sich folgendes zu. Nabot aus
Jesreel hatte einen Weinberg in Jesreel ne-
ben dem Palast Ahabs, des Königs von Sa-
marien. 2 Ahab verhandelte mit Nabot und
schlug ihm vor: Gib mir deinen Weinberg! Er
soll mir als Gemüsegarten dienen; denn er
liegt nahe bei meinem Haus. Ich will dir dafür
einen besseren Weinberg geben. Wenn es dir
aber lieber ist, bezahle ich dir den Kaufpreis

in Geld. 3 Doch Nabot erwiderte: Der Herr
bewahre mich davor, daß ich dir das Erbe
meiner Väter überlasse. 4 Darauf kehrte Ahab
in sein Haus zurück. Er war mißmutig und
verdrossen, weil Nabot aus Jesreel zu ihm
gesagt hatte: Ich werde dir das Erbe meiner
Väter nicht überlassen. Er legte sich auf sein
Bett, wandte das Gesicht zur Wand und wollte
nicht essen. 5 Seine Frau Isebel kam zu ihm
herein und fragte: Warum bist du mißmutig
und willst nicht essen? 6 Er erzählte ihr: Ich
habe mit Nabot aus Jesreel verhandelt und
ihm gesagt: Verkauf mir deinen Weinberg für
Geld, oder wenn es dir lieber ist, gebe ich dir
einen anderen dafür. Doch er hat geantwor-
tet: Ich werde dir meinen Weinberg nicht
geben. 7 Da sagte seine Frau Isebel zu ihm:
Du bist doch jetzt König in Israel. Steh auf, iß,
und sei guter Dinge! Ich werde dir den Wein-
berg Nabots aus Jesreel verschaffen. 8 Sie
schrieb Briefe im Namen Ahabs, versah sie
mit seinem Siegel und schickte sie an die
Ältesten und Vornehmen, die mit Nabot zu-
sammen in der Stadt wohnten. 9 In den
Briefen schrieb sie: Ruft ein Fasten aus, und
laßt Nabot oben vor allem Volk Platz nehmen!
10 Setzt ihm aber zwei nichtswürdige Männer
gegenüber! Sie sollen gegen ihn als Zeugen
auftreten und sagen: Du hast Gott und den
König gelästert. Führt ihn dann hinaus, und
steinigt ihn zu Tode! 11 Die Männer der Stadt,
die Ältesten und Vornehmen, die mit ihm
zusammen in der Stadt wohnten, taten, was
Isebel ihnen geboten hatte, was in den Brie-
fen stand, die sie ihnen gesandt hatte. 12 Sie
riefen ein Fasten aus und ließen Nabot oben
vor allem Volk Platz nehmen. 13 Es kamen
aber auch die beiden nichtswürdigen Männer
und setzten sich ihm gegenüber. Sie standen
vor dem Volk als Zeugen gegen Nabot auf
und sagten: Nabot hat Gott und den König
gelästert. Sogleich führte man ihn aus der
Stadt hinaus und steinigte ihn zu Tode. 14
Darauf ließen sie Isebel melden: Nabot wur-
de gesteinigt und ist tot. 15 Sobald sie hörte,
daß Nabot gesteinigt wurde und tot war,
sagte sie zu Ahab: Auf, nimm den Weinberg
Nabots aus Jesreel in Besitz, den er dir für
Geld nicht verkaufen wollte; denn Nabot lebt
nicht mehr; er ist tot. 16 Als Ahab hörte, daß
Nabot tot war, stand er auf und ging zum
Weinberg Nabots aus Jesreel hinab, um von
ihm Besitz zu ergreifen. 17 Da erging das Wort
des Herrn an Elija aus Tischbe: 18 Mach dich
auf, und geh Ahab, dem König von Israel,
entgegen, der in Samaria seinen Wohnsitz
hat. Er ist zum Weinberg Nabots hinabgegan-
gen, um von ihm Besitz zu ergreifen. 19 Sag
ihm: So spricht der Herr: Durch einen Mord
bist du Erbe geworden? Weiter sag ihm: So
spricht der Herr: An der Stelle, wo die Hunde
das Blut Nabots geleckt haben, werden Hun-
de auch dein Blut lecken. 20 Ahab sagte zu
Elija: Hast du mich gefunden, mein Feind? Er
erwiderte: Ich habe dich gefunden. Weil du
dich hergabst, das zu tun, was dem Herrn
mißfällt, 21 werde ich Unheil über dich brin-
gen. Ich werde dein Geschlecht hinwegfegen
und von Ahabs Geschlecht alles, was männ-
lich ist, bis zum letzten Mann in Israel ausrot-
ten. 22 Weil du mich zum Zorn gereizt und
Israel zur Sünde verführt hast, werde ich mit
deinem Haus verfahren wie mit dem Haus
Jerobeams, des Sohnes Nebats, und mit
dem Haus Baschas, des Sohnes Ahijas. 23
Und über Isebel verkündet der Herr: Die
Hunde werden Isebel an der Mauer von Jes-
reel auffressen. 24 Wer von der Familie Ahabs
in der Stadt stirbt, den werden die Hunde
fressen, und wer auf dem freien Feld stirbt,
den werden die Vögel des Himmels fressen.
25 Es gab in der Tat niemand, der sich wie
Ahab hergab zu tun, was dem Herrn mißfiel,
da seine Frau Isebel ihn verführte. 26 Sein Tun
war überaus verwerflich; er lief den Götzen
nach und folgte den Gebräuchen der Amori-
ter, die der Herr vor den Israeliten vertrieben
hatte. 27 Als Ahab diese Drohungen hörte,
zerriß er seine Kleider, trug ein Bußgewand
auf dem bloßen Leib, fastete, schlief im
Bußgewand und ging bedrückt umher. 28 Da
erging das Wort des Herrn an Elija aus Tisch-
be: 29 Hast du gesehen, wie Ahab sich vor mir
gedemütigt hat? Weil er sich vor mir gede-
mütigt hat, will ich das Unglück nicht schon
in seinen Tagen kommen lassen. Erst in den
Tagen seines Sohnes werde ich das Unheil
über sein Haus bringen.

Der Gottesmann – Elischa

Elischa aus Abel-Mehola am Jordan, südlich des Sees von Gennesaret, trägt in den alttestamentlichen Erzählungen (1 Kön 19; 2 Kön 2–13) die Titel »Prophet« und »Gottesmann«. Sein Wirken fällt in das letzte Jahrzehnt der Omri-Dynastie, sodaß ihn die Bibel als den Nachfolger des großen Elija darstellt. Die Überlieferung zeichnet auch von Elischa ein Doppelbild: Er greift in die Politik ein und in solchen Zusammenhängen trägt er den Titel »Prophet«.

Andere Traditionen zeichnen ihn als Haupt einer Gruppe von armen Anhängern, »Prophetenjünger« genannt, die unter dem einfachen Volk auftreten. Elischa wird in diesen Erzählungen als »Gottesmann« bezeichnet, der die alltäglichen Nöte der einfachen Leute mildert. Diese Wundergeschichten spiegeln die Verehrung jener Kreise wider, die die Erinnerung an ihren Meister wachhalten.

Von Gott in Dienst genommen

Wie Elija, so diente auch Elischa den Glaubenden Israels als Beispielsgestalt, an der man sich verdeutlichte, was das Auftreten von Propheten im Gottesvolk überhaupt bedeutet. Die entscheidende Frage blieb die Frage nach der Berechtigung, als Prophet aufzutreten. Am Beispiel des Elischa sagt der Erzähler: Als Prophet reden darf nur, wer sich ganz von Jahwe in Beschlag nehmen läßt und ihn als die einzige Lebensgrundlage anerkennt. Als Prophet reden kann nur, wem Gott selber die Augen öffnet, sodaß er hinter die Außenseite der Geschehnisse und Dinge blicken kann.

Berufung des Elischa: 1 Kön 19,19–21

[19] Als Elija von dort weggegangen war, traf er Elischa, den Sohn Schafats. Er war gerade mit zwölf Gespannen am Pflügen, und er selbst pflügte mit dem zwölften. Im Vorbeigehen warf Elija seinen Mantel über ihn. [20]
Sogleich verließ Elischa die Rinder, eilte Elija nach und bat ihn: Laß mich noch meinem Vater und meiner Mutter den Abschiedskuß geben; dann werde ich dir folgen. Elija antwortete: Geh, aber komm dann zurück! Bedenke, was ich an dir getan habe. [21] Elischa
ging von ihm weg, nahm seine zwei Rinder und schlachtete sie. Mit dem Joch der Rinder kochte er das Fleisch und setzte es den Leuten zum Essen vor. Dann stand er auf, folgte Elija und trat in seinen Dienst.

Elischas Geistbegabung: 2 Kön 2,1.6–15

[1] An dem Tag, da der Herr Elija im Wirbelsturm in den Himmel aufnehmen wollte, ging Elija mit Elischa von Gilgal weg. [6] Elija
aber bat ihn: Bleib hier; denn der Herr hat mich an den Jordan gesandt. Elischa erwiderte: So wahr der Herr lebt, und so wahr du lebst: Ich verlasse dich nicht. So gingen beide miteinander. [7] Fünfzig Prophetenjün-
ger folgten ihnen und blieben dann seitwärts in einiger Entfernung stehen. Die beiden traten an den Jordan. [8] Hier nahm Elija sei-
nen Mantel, rollte ihn zusammen und schlug mit ihm auf das Wasser. Dieses teilte sich nach beiden Seiten, und sie schritten trockenen Fußes hindurch. [9] Als sie drüben ange-
kommen waren, sagte Elija zu Elischa: Sprich eine Bitte aus, die ich dir erfüllen soll, bevor ich von dir weggenommen werde. Elischa antwortete: Möchten mir doch zwei Anteile deines Geistes zufallen. [10] Elija entgegnete:
Du hast etwas Schweres erbeten. Wenn du siehst, wie ich von dir weggenommen werde, wird es dir zuteil werden. Sonst aber wird es nicht geschehen. [11] Während sie miteinander
gingen und redeten, erschien ein feuriger Wagen mit feurigen Pferden und trennte beide voneinander. Elija fuhr im Wirbelsturm

Zu Gott entrückt. Himmelfahrt des Propheten Elija. 19. Jh., Vinzentinum Brixen.

zum Himmel empor.
12 Elischa sah es und rief
laut: Mein Vater, mein Vater! Wagen Israels
und sein Lenker! Als er ihn nicht mehr sah,
faßte er sein Gewand und riß es mitten entzwei.
13 Dann hob er den Mantel auf, der Elija
entfallen war, kehrte um und trat an das Ufer
des Jordan.
14 Er nahm den Mantel, der Elija
entfallen war, schlug mit ihm auf das Wasser
und rief: Wo ist der Herr, der Gott des Elija?
Als er auf das Wasser schlug, teilte es sich
nach beiden Seiten, und Elischa ging hinüber.
15 Die Prophetenjünger von Jericho, die
in der Nähe standen, sahen ihn und sagten:
Der Geist des Elija ruht auf Elischa. Sie kamen ihm entgegen und warfen sich vor ihm
zur Erde nieder.

Lebensfülle durch Jahwes Wort

Immer klarer verstand Israel, welche Macht und welche Lebensfülle sich im Wort Gottes, das durch die Propheten verkündet wird, verbirgt. Dies will der Erzähler den Lesern nahebringen, wenn er aus der Erinnerung an die Freigebigkeit des Gottesmannes Elischa die Geschichte der wunderbaren Speisung gestaltet. Gottes Macht und Lebensfülle kommt auch Fremden zugute. Freilich kommt diese heilende Kraft nur zum Tragen, wo Menschen sich im Gehorsam dem Wort des Propheten öffnen.

Das Brotwunder des Elischa: 2 Kön 4,42–44

42 Einmal kam ein Mann von Baal-Schalischa
und brachte dem Gottesmann Brot von Erst-
lingsfrüchten, zwanzig Gerstenbrote, und fri-
sche Körner in einem Beutel. Elischa befahl
seinem Diener: Gib es den Leuten zu essen! 43
Doch dieser sagte: Wie soll ich das hundert
Männern vorsetzen? Elischa aber sagte: Gib
es den Leuten zu essen! Denn so spricht der
Herr: Man wird essen und noch übriglassen.
44 Nun setzte er es ihnen vor; und sie aßen
und ließen noch übrig, wie der Herr gesagt
hatte.

Jahwes heilende Macht für die Völker:
2 Kön 5,1–19a

1 Naaman, der Feldherr des Königs von Aram,
galt viel bei seinem Herrn und war angese-
hen; denn durch ihn hatte der Herr den
Aramäern den Sieg verliehen. Der Mann war
tapfer, aber an Aussatz erkrankt. 2 Nun hatten
die Aramäer bei einem Streifzug ein junges
Mädchen aus dem Land Israel verschleppt.
Es war in den Dienst der Frau Naamans
gekommen. 3 Es sagte zu seiner Herrin: Wäre
mein Herr doch bei dem Propheten in Sama-
ria! Er würde seinen Aussatz heilen. 4 Naaman
ging zu seinem Herrn und meldete ihm: Das
und das hat das Mädchen aus Israel gesagt. 5
Der König von Aram antwortete: So geh doch
hin; ich werde dir ein Schreiben an den König
von Israel mitgeben. Naaman machte sich
auf den Weg. Er nahm zehn Talente Silber,
sechstausend Schekel Gold und zehn Fest-
kleider mit 6 und überbrachte dem König von
Israel das Schreiben. Es hatte folgenden
Inhalt: Wenn jetzt dieser Brief zu dir gelangt,
so wisse: Ich habe meinen Knecht Naaman
zu dir geschickt, damit du seinen Aussatz
heilst. 7 Als der König von Israel den Brief
gelesen hatte, zerriß er seine Kleider und rief:
Bin ich denn ein Gott, der töten und zum
Leben erwecken kann? Er schickt einen Mann
zu mir, damit ich ihn von seinem Aussatz
heile. Merkt doch und seht, daß er nur Streit
mit mir sucht. 8 Als der Gottesmann Elischa
hörte, der König von Israel habe seine Klei-
der zerrissen, ließ er ihm sagen: Warum hast
du deine Kleider zerrissen? Naaman soll zu
mir kommen; dann wird er erfahren, daß es
in Israel einen Propheten gibt. 9 So kam
Naaman mit seinen Pferden und Wagen und
hielt vor dem Haus Elischas. 10 Dieser schick-
te einen Boten zu ihm hinaus und ließ ihm
sagen: Geh und wasch dich siebenmal im
Jordan! Dann wird dein Leib wieder gesund,
und du wirst rein. 11 Doch Naaman wurde
zornig. Er ging weg und sagte: Ich dachte, er
würde herauskommen, vor mich hintreten,
den Namen Jahwes, seines Gottes, anrufen,
seine Hand über die kranke Stelle bewegen
und so den Aussatz heilen. 12 Sind nicht der
Abana und der Parpar, die Flüsse von Damas-
kus, besser als alle Gewässer Israels? Kann
ich nicht dort mich waschen, um rein zu
werden? Voll Zorn wandte er sich ab und ging
weg. 13 Doch seine Diener traten an ihn heran
und redeten ihm zu: Wenn der Prophet etwas
Schweres von dir verlangt hätte, würdest du
es tun; wieviel mehr jetzt, da er zu dir nur
gesagt hat: Wasch dich, und du wirst rein. 14
So ging er also zum Jordan hinab und tauch-
te siebenmal unter, wie ihm der Gottesmann
befohlen hatte. Da wurde sein Leib gesund
wie der Leib eines Kindes, und er war rein. 15
Nun kehrte er mit seinem ganzen Gefolge
zum Gottesmann zurück, trat vor ihn hin und
sagte: Jetzt weiß ich, daß es nirgends auf der
Erde einen Gott gibt außer in Israel. So nimm
jetzt von deinem Knecht ein Dankgeschenk
an! 16 Elischa antwortete: So wahr der Herr
lebt, in dessen Dienst ich stehe: Ich nehme
nichts an. Auch als Naaman ihn dringend bat,
es zu nehmen, lehnte er ab. 17 Darauf sagte
Naaman: Wenn es also nicht sein kann, dann
gebe man deinem Knecht so viel Erde, wie
zwei Maultiere tragen können; denn dein
Knecht wird keinem andern Gott mehr
Brand- und Schlachtopfer darbringen als
Jahwe allein. 18 Nur dies möge Jahwe deinem
Knecht verzeihen: Wenn mein Herr zur Anbe-
tung in den Tempel Rimmons geht, stützt er
sich dort auf meinen Arm. Ich muß mich
dann im Tempel Rimmons niederwerfen,
wenn er sich dort niederwirft. Dann möge
das Jahwe deinem Knecht verzeihen. 19a Eli-
scha antwortete: Geh in Frieden!

Gottes völkerumspannende Herrschaft

Gerade im Wort der Propheten hat Israel die umfassende Macht seines Gottes begreifen gelernt. So weiß es sich im Lobpreis dem gegenüber, der mit seiner Herrschaft Völker umspannt und sie für sich in Dienst nimmt.

Der Herr, König und Richter aller Welt: Ps 96

1 Singet dem Herrn ein neues Lied, / singt dem Herrn, alle Länder der Erde!
2 Singt dem Herrn und preist seinen Namen, / verkündet sein Heil von Tag zu Tag!
3 Erzählt bei den Völkern von seiner Herrlichkeit, / bei allen Nationen von seinen Wundern!
4 Denn groß ist der Herr und hoch zu preisen, / mehr zu fürchten als alle Götter.
5 Alle Götter der Heiden sind nichtig, / der Herr aber hat den Himmel geschaffen.
6 Hoheit und Pracht sind vor seinem Angesicht, / Macht und Glanz in seinem Heiligtum.
7 Bringt dar dem Herrn, ihr Stämme der Völker, / bringt dar dem Herrn Lob und Ehre!
8 Bringt dar dem Herrn die Ehre seines Namens, / spendet Opfergaben, und tretet ein in sein Heiligtum!
9 In heiligem Schmuck werft euch nieder vor dem Herrn, / erbebt vor ihm, alle Länder der Erde!
10 Verkündet bei den Völkern: / Der Herr ist König.
Den Erdkreis hat er gegründet, so daß er nicht wankt. / Er richtet die Nationen so, wie es recht ist.
11 Der Himmel freue sich, die Erde frohlocke, / es brause das Meer und alles, was es erfüllt.
12 Es jauchze die Flur und was auf ihr wächst. / Jubeln sollen alle Bäume des Waldes
13 vor dem Herrn, wenn er kommt, / wenn er kommt, um die Erde zu richten.
Er richtet den Erdkreis gerecht / und die Nationen nach seiner Treue.

Die Eroberung Jerusalems und das Ende des Staates Juda

722 v. Chr. wurde das Schicksal des Staates Israel besiegelt. Nach dreijähriger Belagerung fiel die Hauptstadt Samaria; 27.280 Personen der Oberschicht wurden, assyrischen Berichten entsprechend, in die Verbannung geführt. Es wurden Fremde angesiedelt, die sich mit der im Lande verbliebenen Bevölkerung vermischten.

Nach dem Untergang des Nordreiches geriet auch das Südreich Juda unter die Oberherrschaft der Assyrer. Dies prägte die Situation in Jerusalem bis weit in die zweite Hälfte des siebten Jahrhunderts hinein. Der politische Druck, aber auch die Faszination der Kultur des Großreiches, lösten in Jerusalem eine tiefgehende Krise des Jahweglaubens aus. Der Kult des Reichsgottes Assur, der Himmelskönigin Ischtar und verschiedener assyrischer Sterngottheiten fanden in Jerusalem Eingang. Die im Tempel gegenwärtige Religiösität der Großmacht bot ihren Anhängern die Möglichkeit, das eigene Leben umfassend durch Riten abzusichern; Zauberpraktiken machten den göttlichen Schutz geradezu sichtbar. Dies übte auf die Bevölkerung Jerusalems und Judas eine ungeheure Anziehungskraft aus. Die Stimme der Propheten dieser Zeit läßt auf Widerstand gegen diese Entwicklung schließen.

Im letzten Drittel des siebten Jahrhunderts brach die Macht Assurs sehr schnell unter dem Druck der Meder und Babylonier zusammen. So schien für das Südreich noch eine Überlebensmöglichkeit; doch schon bald brach die Hoffnung zusammen und es kam zur Katastrophe.

Der Untergang des Nordreiches Israel

Der Schreiber des großen Geschichtswerkes deutet dieses erschütternde Ereignis des Untergangs des Nordreiches, das die politische Existenz des größten Teils der Jahwestämme auslöschte: Das Nordreich ist untergegangen, weil es sich vom Haus David getrennt hat und auch, weil es fremden Göttern nachgegangen ist und der Umkehrforderung der Propheten kein Gehör geschenkt hat.

Der Fall Samarias: 2 Kön 17,1–8.20–23

[1] Im zwölften Jahr des Königs Ahas von Juda wurde Hoschea, der Sohn Elas, in Samaria König von Israel. Er regierte neun Jahre [2] und tat, was dem Herrn mißfiel, jedoch nicht in dem Maß wie die Könige von Israel, die vor ihm herrschten. [3] Gegen ihn zog Salmanassar, der König von Assur. Hoschea mußte sich ihm unterwerfen und Abgaben entrichten. [4] Dann aber erfuhr der König von Assur, daß Hoschea an einer Verschwörung beteiligt war. Er hatte nämlich Boten nach So zum König von Ägypten gesandt und die jährliche Abgabe an den König von Assur nicht mehr geleistet. Daher ließ ihn dieser festnehmen und ins Gefängnis werfen. [5] Der König von Assur fiel über das ganze Land her, rückte gegen Samaria vor und belagerte es drei Jahre lang. [6] Im neunten Jahr Hoscheas eroberte er die Stadt, verschleppte die Israeliten nach Assur und siedelte sie in Halach, am Habor, einem Fluß von Gosan, und in den Städten der Meder an. [7] Das geschah, weil die Israeliten sich gegen den Herrn, ihren Gott, versündigten, der sie aus Ägypten, aus der Gewalt des Pharao, des Königs von Ägypten, heraufgeführt hatte. Sie verehrten fremde Götter, [8] ahmten die Bräuche der Völker nach, die der Herr vor den Israeliten vertrieben hatte, und folgten dem Beispiel, das die Könige von Israel gaben. [20] Darum verwarf der Herr das ganze Geschlecht Israels. Er demütigte sie und gab sie Räubern preis; schließlich verstieß er sie von seinem Angesicht. [21] Er hatte Israel vom Haus David losgerissen, und sie hatten Jerobeam, den Sohn Nebats, als König eingesetzt. Jerobeam aber machte Israel vom Herrn abtrünnig und verführte es zu schwerer Sünde. [22] Die Israeliten begingen all die Sünden, die Jerobeam begangen hatte, und ließen nicht von ihnen ab. [23] Schließlich verstieß der Herr Israel von sich, wie er es durch seine Knechte, die Propheten, angedroht hatte. So wanderte Israel aus seinem Land weg in die Verbannung nach Assur und blieb dort bis zum heutigen Tag.

Erneuerung aus dem Glauben im Südreich unter König Joschija

Der junge König Joschija (640–609 v. Chr.) benützte den politischen Machtverlust, um sich selbständig zu machen. Ihn stützte eine Reformbewegung, die sich auf die alten Grundlagen des Jahweglaubens besann und gerade jetzt auf eine Erneuerung der religiösen und gesellschaftlichen Situation drängte. Aus den Kreisen dieser Bewegung wuchs in mehreren Ansätzen jene Theologie, die uns im Buche Deuteronomium aufbewahrt ist; man spricht daher auch von der »deuteronomischen Reform«. Da Joschija den Bestrebungen der Reformer gegenüber sehr aufgeschlossen war, stellten ihm die Verfasser des großen Geschichtswerkes, die selber aus dieser Bewegung kamen, das beste Zeugnis aus. Die wiedererlangte Unabhängigkeit und die Neubesinnung auf die Fundamente des Jahweglaubens, ließen viele – und wohl auch den König selber – den Traum eines neuen Großreiches wie unter David träumen. Diese Hoffnung wurde zur Triebfeder von gesellschaftlichen und religiösen Reformen, die die Verfasser des großen Geschichtswerkes als »die Reform« des Königs Joschija auf der Basis eines neu aufgefundenen Gesetzbuches erzählen. Mit Recht darf man im Kern des Buches Deuteronomium dieses Gesetzbuch vermuten.

Lob des Königs Joschija: 2 Kön 22,1–2

1 Joschija war acht Jahre alt, als er König
wurde, und regierte einunddreißig Jahre in
Jerusalem. Seine Mutter hieß Jedida und war
eine Tochter Adajas aus Bozkat. 2 Er tat, was
dem Herrn gefiel, und folgte ganz den Wegen
seines Vaters David, ohne nach rechts oder
links abzuweichen.

Auffindung des Gesetzes und prophetische Weisung: 2 Kön 22,3–17

3 Im achtzehnten Jahr seiner Regierung
sandte König Joschija den Staatsschreiber
Schafan, den Sohn Azaljas, des Sohnes Me-
schullams, in das Haus des Herrn mit dem
Auftrag: 4 Geh zum Hohenpriester Hilkija! Er
soll das Geld ausschütten, das in das Haus
des Herrn gebracht worden ist und das die
Wächter an den Schwellen vom Volk gesam-
melt haben. 5 Man soll es den Werkmeistern
geben, die im Haus des Herrn angestellt
sind, und diese sollen es für die Arbeiter
verwenden, die im Tempel die Schäden des
Hauses zu beseitigen haben, 6 für die Zim-
merleute, Bauarbeiter, Maurer, sowie zum
Ankauf von Holz und Bruchsteinen, die man
zur Beseitigung der Schäden am Haus des
Herrn benötigt. 7 Doch soll man über das
Geld, das ihnen übergeben wird, nicht ab-
rechnen. Sie sollen auf Treu und Glauben
handeln. 8 Damals teilte der Hohepriester
Hilkija dem Staatsschreiber Schafan mit: Ich
habe im Haus des Herrn das Gesetzbuch
gefunden. Hilkija übergab Schafan das
Buch, und dieser las es. 9 Darauf begab sich
der Staatsschreiber Schafan zum König und
meldete ihm: Deine Knechte haben das Geld
ausgeschüttet, das sich im Haus vorfand,
und es den Werkmeistern übergeben, die im
Haus des Herrn angestellt sind. 10 Dann sagte
der Staatsschreiber Schafan zum König: Der
Priester Hilkija hat mir ein Buch gegeben.
Schafan las es dem König vor. 11 Als der
König die Worte des Gesetzbuches hörte,
zerriß er seine Kleider 12 und befahl dem
Priester Hilkija sowie Ahikam, dem Sohn
Schafans, Achbor, dem Sohn Michas, dem
Staatsschreiber Schafan und Asaja, dem Die-
ner des Königs: 13 Geht und befragt den Herrn
für mich, für das Volk und für ganz Juda
wegen dieses Buches, das aufgefunden wur-
de. Der Zorn des Herrn muß heftig gegen uns
entbrannt sein, weil unsere Väter auf die
Worte dieses Buches nicht gehört und weil
sie nicht getan haben, was in ihm niederge-
schrieben ist. 14 Da gingen der Priester Hilki-
ja, Ahikam, Achbor, Schafan und Asaja zur
Prophetin Hulda. Sie war die Frau Schallums,
des Sohnes Tikwas, des Sohnes des Harhas,
des Verwalters der Kleiderkammer, und
wohnte in Jerusalem in der Neustadt. Die
Abgesandten trugen ihr alles vor, 15 und sie
gab ihnen diese Antwort: So spricht der Herr,
der Gott Israels: Sagt zu dem Mann, der euch
zu mir geschickt hat: 16 So spricht der Herr:
Ich bringe Unheil über diesen Ort und seine
Bewohner, alle Drohungen des Buches, das
der König von Juda gelesen hat. 17 Denn sie
haben mich verlassen, anderen Göttern ge-
opfert und mich durch alle Werke ihrer Hän-
de erzürnt. Darum ist mein Zorn gegen die-
sen Ort entbrannt, und er wird nicht erlö-
schen.

Bundesschluß: 2 Kön 23,1–3

1 Der König ließ alle Ältesten Judas und
Jerusalems bei sich zusammenkommen. 2 Er
ging zum Haus des Herrn hinauf mit allen
Männern Judas und allen Einwohnern Jeru-
salems, den Priestern und Propheten und
allem Volk, jung und alt. Er ließ ihnen alle
Worte des Bundesbuches vorlesen, das im
Haus des Herrn gefunden worden war. 3
Dann trat der König an die Säule und schloß
vor dem Herrn diesen Bund: Er wolle dem
Herrn folgen, auf seine Gebote, Satzungen
und Gesetze von ganzem Herzen und ganzer
Seele achten und die Vorschriften des Bun-
des einhalten, die in diesem Buch niederge-
schrieben sind. Das ganze Volk trat dem
Bund bei.

Beseitigung der Mißstände: 2 Kön 23,4–20

4 Hierauf befahl der König dem Hohenprie-
ster Hilkija, den Priestern des zweiten Ranges
und den Wächtern an den Schwellen, alle
Gegenstände aus dem Tempel des Herrn
hinauszuschaffen, die für den Baal, die

Aschera und das ganze Heer des Himmels angefertigt worden waren. Er ließ sie außerhalb Jerusalems bei den Terrassen des Kidrontals verbrennen und die Asche nach Bet-El bringen. 5 Auch setzte er die Götzenpriester ab, die von den Königen von Juda bestellt worden waren und die auf den Kulthöhen, in den Städten Judas und in der Umgebung Jerusalems Opfer verbrannt sowie dem Baal, der Sonne, dem Mond, den Bildern des Tierkreises und dem ganzen Heer des Himmels geopfert hatten. 6 Den Kultpfahl schaffte er aus dem Haus des Herrn und aus Jerusalem hinaus in das Kidrontal und verbrannte ihn dort; er zermalmte ihn zu Staub und streute diesen auf die Gräber des einfachen Volkes. 7 Ferner riß er die Gemächer der Hierodulen am Tempel nieder, in denen die Frauen Schleier für die Aschera webten. 8 Er holte alle Priester aus den Städten Judas weg und machte die Kulthöhen von Geba bis Beerscheba, auf denen die Priester geopfert hatten, unrein. Er zerstörte die Torhöhen, die am Eingang zum Tor des Stadtobersten Josua auf der linken Seite dessen waren, der das Stadttor betrat. 9 Doch durften die Höhenpriester nicht an den Altar des Herrn in Jerusalem treten, sondern nur von den ungesäuerten Broten inmitten ihrer Brüder essen. 10 Ebenso machte er das Tofet im Tal der Söhne Hinnoms unrein, damit niemand mehr seinen Sohn oder seine Tochter für den Moloch durch das Feuer gehen ließ. 11 Er entfernte die Pferde, die die Könige von Juda zu Ehren der Sonne am Eingang zum Haus des Herrn bei der Zelle des Kämmerers Netan-Melech am Parwar aufgestellt hatten, und verbrannte die Sonnenwagen im Feuer. 12 Auch die Altäre, die die Könige von Juda auf dem Dach über dem Obergemach des Ahas errichtet hatten, sowie die Altäre, die Manasse in den beiden Höfen des Tempels aufgestellt hatte, ließ der König abbrechen. Er schlug sie dort in Trümmer und warf ihren Schutt in das Kidrontal. 13 Desgleichen entweihte der König die Kulthöhen östlich von Jerusalem, südlich vom Berg des Verderbens, die Salomo, der König von Israel, für Astarte, die Göttin der Sidonier, für Kemosch, den Götzen der Moabiter, und für Milkom, den Greuel der Ammoniter, erbaut hatte. 14 Er zerbrach die Steinmale, hieb die Kultpfähle um und füllte ihre Stätten mit Menschenknochen. 15 Auch den Altar von Bet-El, die Kulthöhe, die Jerobeam, der Sohn Nebats, der Verführer Israels, errichtet hatte, auch diesen Altar zerstörte er samt der Kulthöhe. Er steckte das Höhenheiligtum in Brand, zermalmte die Steine zu Staub und verbrannte den Kultpfahl. 16 Als Joschija sich umwandte und die Gräber sah, die dort auf dem Berg waren, ließ er die Gebeine aus ihnen nehmen und auf dem Altar verbrennen. So machte er ihn unrein gemäß dem Wort des Herrn, das der Gottesmann ausgerufen hatte, der diese Drohung aussprach. 17 Und als dann der König fragte: Was ist das für ein Denkmal, das ich hier sehe?, antworteten ihm die Männer der Stadt: Das ist das Grab des Gottesmannes, der aus Juda gekommen war und vorausgesagt hatte, was du am Altar von Bet-El getan hast. 18 Da befahl er: Laßt ihn ruhen! Niemand soll seine Gebeine berühren. So ließ man seine Gebeine samt den Gebeinen des Propheten, der aus Samaria stammte, ungestört. 19 Auch beseitigte Joschija alle Höhentempel in den Städten Samariens, die die Könige von Israel errichtet und durch die sie den Herrn erzürnt hatten. Er verfuhr mit ihnen so, wie er es in Bet-El getan hatte. 20 Alle Höhenpriester, die dort waren, ließ er auf den Altären niedermachen und Menschengebeine auf den Altären verbrennen. Darauf kehrte er nach Jerusalem zurück.

Feier des Paschafestes: 2 Kön 23,21–23

21 Nun befahl der König dem ganzen Volk: Feiert das Paschafest zur Ehre des Herrn, eures Gottes, wie es in diesem Bundesbuch vorgeschrieben ist. 22 Ein solches Pascha war nämlich nicht gefeiert worden seit den Tagen der Richter, die Israel regierten, auch nicht in der ganzen Zeit der Könige von Israel und Juda. 23 Erst im achtzehnten Jahr des Königs Joschija wurde dieses Pascha zur Ehre des Herrn in Jerusalem begangen.

Unaufhaltsames Ende: 2 Kön 23,24–27

24 Auch die Totenbeschwörer und Zeichen-
deuter, die Hausgötter, Götzen und alle
Greuel, die im Land Juda und in Jerusalem
zu sehen waren, fegte Joschija hinweg. So
führte er die Worte des Gesetzes aus, die in
dem Buch niedergeschrieben waren, das der
Priester Hilkija im Haus des Herrn gefunden
hatte. 25 Es gab vor ihm keinen König, der so
mit ganzem Herzen, mit ganzer Seele und
mit all seinen Kräften zum Herrn umkehrte
und so getreu das Gesetz des Mose befolgte,
und auch nach ihm war keiner wie er. 26 Doch
der Herr ließ von der gewaltigen Glut seines
Zornes nicht ab. Sein Zorn war über Juda
entbrannt wegen all der Kränkungen, die
Manasse ihm zugefügt hatte. 27 Darum
sprach der Herr: Auch Juda will ich von mei-
nem Angesicht entfernen, wie ich Israel ent-
fernt habe. Ich verwerfe diese Stadt Jerusa-
lem, die ich erwählt habe, und das Haus, von
dem ich gesagt habe: Hier wird mein Name
sein.

Tod des Joschija: 2 Kön 23,28–31

28 Die übrige Geschichte Joschijas und alle
seine Taten sind aufgezeichnet in der Chro-
nik der Könige von Juda. 29 In seinen Tagen
unternahm der Pharao Necho, der König von
Ägypten, einen Kriegszug gegen den König
von Assur an den Eufrat. König Joschija
stellte sich ihm entgegen. Doch der Pharao
tötete ihn bei Megiddo, sobald er ihn sah. 30
Die Diener Joschijas hoben den Toten auf
einen Wagen, brachten ihn von Megiddo weg
nach Jerusalem und begruben ihn in seinem
Grab. Dann nahmen die Bürger des Landes
Joahas, den Sohn Joschijas, salbten ihn und
machten ihn zum König an seines Vaters
Stelle. 31 Joahas war dreiundzwanzig Jahre
alt, als er König wurde, und regierte drei
Monate in Jerusalem. Seine Mutter hieß Ha-
mutal und war eine Tochter Jirmejas aus
Libna.

Das Ende des Südreiches Juda und die Eroberung Jerusalems

Die Hoffnungen, die mit Joschija erwachten, fanden ein jähes Ende. Joschija fiel im Kampf gegen den Pharao Necho bei Megiddo im Jahr 609 v. Chr. Die Versuche der nachfolgenden Könige von Juda, die Selbständigkeit zu festigen, scheiterten. Immer stärker wurde die Macht des Neubabylonischen Reiches unter König Nebukadnezzar II. (605–562 v. Chr.).

Als sich sein Nachfolger König Jojakim gegen Nebukadnezzar auflehnte, führte dies zu einer ersten Belagerung Jerusalems. König Jojachin, der Nachfolger von Jojakim, mußte aufgeben und wurde mit einem Teil der Oberschicht 597 v. Chr. in die Verbannung nach Babylon gebracht. Der von Nebukadnezzar eingesetzte König kündigte, gegen den ausdrücklichen Rat des Propheten Jeremia und die Warnung des Propheten Ezechiel aus Babylon, Nebukadnezzar die Treue. Dieser erschien wieder vor Jerusalem, belagerte es eineinhalb Jahre lang und eroberte die Stadt im Sommer 586 v. Chr.

Der Untergang: 2 Kön 24,18 – 25,12

18 Zidkija war einundzwanzig Jahre alt, als er
König wurde, und regierte elf Jahre in Jeru-
salem. Seine Mutter hieß Hamutal und war
eine Tochter Jirmejas aus Libna. 19 Er tat, was
dem Herrn mißfiel, genau so, wie es Jojakim
getan hatte. 20 Weil der Herr über Juda und
Jerusalem erzürnt war, kam es soweit, daß er
sie von seinem Angesicht verstieß.

1 Zidkija hatte sich gegen den König von
Babel empört. Im neunten Regierungsjahr,
am zehnten Tag des zehnten Monats, rückte
Nebukadnezzar, der König von Babel, mit
seiner ganzen Streitmacht vor Jerusalem
und belagerte es. Man errichtete ringsherum
einen Belagerungswall. 2 Bis zum elften Jahr
des Königs Zidkija wurde die Stadt belagert. 3

Am neunten Tag des vierten Monats war in der Stadt die Hungersnot groß geworden, und die Bürger des Landes hatten kein Brot
mehr. [4] Damals wurden Breschen in die Stadtmauer geschlagen. Der König und alle Krieger verließen die Stadt bei Nacht auf dem Weg durch das Tor zwischen den beiden Mauern, das zum königlichen Garten hinausführt, obwohl die Chaldäer rings um die Stadt lagen. Sie schlugen die Richtung nach
der Araba ein. [5] Aber die chaldäischen Truppen setzten dem König nach und holten ihn in den Niederungen von Jericho ein, nachdem alle seine Truppen ihn verlassen und
sich zerstreut hatten. [6] Man ergriff den König und brachte ihn nach Ribla, zum König von
Babel, und dieser sprach über ihn das Urteil. [7]
Die Söhne Zidkijas machte man vor dessen Augen nieder. Zidkija ließ er blenden, in
Fesseln legen und nach Babel bringen. [8] Am
siebten Tag des fünften Monats – das ist im neunzehnten Jahr des Königs Nebukadnezzar, des Königs von Babel – rückte Nebusaradan, der Kommandant der Leibwache und Diener des Königs von Babel, in Jerusalem
ein [9] und steckte das Haus des Herrn, den königlichen Palast und alle Häuser Jerusalems in Brand. Jedes große Haus ließ er in
Flammen aufgehen. [10] Auch die Umfassungsmauern Jerusalems rissen die chaldäischen Truppen, die dem Kommandanten der Leib-
wache unterstanden, nieder. [11] Den Rest der Bevölkerung, der noch in der Stadt geblieben war, sowie alle, die zum König von Babel übergelaufen waren, und den Rest der Handwerker schleppte Nebusaradan, der Kommandant der Leibwache, in die Verbannung.
[12] Nur von den armen Leuten im Land ließ der Kommandant der Leibwache einen Teil als Wein- und Ackerbauern zurück.

Gesänge der Not

Die Zerstörung Jerusalems durch Nebukadnezzar im Jahre 586 v. Chr. bedeutete für Israel eine ungeheure Prüfung. Es schien, als habe Jahwe all seine Zeichen der Zuwendung zum Volk zurückgenommen. Hatten sich nicht die Götter der Großmacht als mächtiger erwiesen? Die Betroffenheit darüber hat in verschiedenen Texten ihren Ausdruck gefunden. Eine Textgruppe, die in besonderer Weise der Betroffenheit Israels dieser Zeit Ausdruck verleiht, ist das Büchlein der Klagelieder. Diese Lieder verwenden die verschiedensten Motive der Gebets-, Propheten- und Weisheitstradition Israels. Sie zeigen, daß Israel in den dunkelsten Stunden seiner Geschichte aus dem Glauben heraus die Krise zu bewältigen versuchte.

Neue Hoffnung: Klgl 3,17–26

[17] Du hast mich aus dem Frieden hinausgestoßen; / ich habe vergessen, was Glück ist.
[18] Ich sprach: Dahin ist mein Glanz / und mein Vertrauen auf den Herrn.
[19] An meine Not und Unrast denken / ist Wermut und Gift.
[20] Immer denkt meine Seele daran / und ist betrübt in mir.
[21] Das will ich mir zu Herzen nehmen, / darauf darf ich harren:
[22] Die Huld des Herrn ist nicht erschöpft, / sein Erbarmen ist nicht zu Ende.
[23] Neu ist es an jedem Morgen; / groß ist deine Treue.
[24] Mein Anteil ist der Herr, sagt meine Seele, / darum harre ich auf ihn.
[25] Gut ist der Herr zu dem, der auf ihn hofft, / zur Seele, die ihn sucht.
[26] Gut ist es, schweigend zu harren / auf die Hilfe des Herrn.

Neubeginn nach der Verbannung: Israel als Tempelgemeinde

Die Bücher Esra und Nehemia erzählen von der Heimkehr der Verbannten aus Babylon und vom Wiederaufbau des Tempels und der Stadt Jerusalem. Rückkehr und Wiederaufbau gestalteten sich sehr schwierig, da die Israeliten zum Teil sich in Babylon eingelebt hatten und in der Heimat neue Besitzverhältnisse geschaffen waren. Nehemia leitete als Abgesandter zwischen 445 und 433 v. Chr. den Wiederaufbau von Jerusalem und die Reorganisation der Gesellschaft in Judäa. Der Priester Esra, der um 398 v. Chr. nach Jerusalem kam, vollendete die Neuordnung der Gemeinde, indem er sie auf das »Gesetz« verpflichtete. Der Straffung der inneren Ordnung entsprach nach außen eine starke Absonderung von allem Nicht-Jüdischen.
So gewann die Tempelgemeinde ihre Gestalt. Politisch war Juda im ausgehenden fünften Jahrhundert zu einer persischen Provinz geworden, an deren Spitze ein persischer Gouverneur stand, der vor allem für die Ablieferung der Steuern zu sorgen hatte. Doch als »Tempelgemeinde« war sie vom Hohenpriester geleitet, der neben seinem sakralen Amt auch organisatorische und politische Aufgaben zu erfüllen hatte. Ihm zur Seite stand der Rat der Ältesten, die die Vertreter der wichtigsten Familien waren.

Wiederherstellung von Tempel und Kult

Mit dem Wiederaufbau des Tempels und der Wiederherstellung des Kultes gewinnt das Volk seine geistige Mitte. Das Volk wird immer mehr zu einer Tempelgemeinde inmitten der Völker.

Die Heimkehr: Esra 1,1–3

1 Im ersten Jahr des Königs Kyrus von Persien
sollte sich erfüllen, was der Herr durch Jeremia gesprochen hatte. Darum erweckte der Herr den Geist des Königs Kyrus von Persien, und Kyrus ließ in seinem ganzen Reich mündlich und schriftlich den Befehl verkünden:
2 So spricht der König Kyrus von Persien: Der Herr, der Gott des Himmels, hat mir alle Reiche der Erde verliehen. Er selbst hat mir aufgetragen, ihm in Jersualem in Juda ein Haus zu bauen.
3 Jeder unter euch, der zu seinem Volk gehört – sein Gott sei mit ihm –, der soll nach Jerusalen in Juda hinaufziehen und das Haus des Herrn, des Gottes Israels, aufbauen; denn er ist der Gott, der in Jerusalem wohnt.

Wiederherstellung des Gottesdienstes: Esra 3,1–5

1 Als der siebte Monat herankam und die Israeliten bereits in ihren Heimatstädten waren, versammelte sich das ganze Volk geschlossen in Jerusalem.
2 Jeschua, der Sohn des Jozadak, mit seinen Brüdern, den Priestern, und Serubbabel, der Sohn Schealtiëls, mit seinen Brüdern gingen daran, den Altar des Gottes Israels wieder aufzubauen, um auf ihm Brandopfer darzubringen, wie es im Gesetz des Gottesmannes Mose vorgeschrieben ist.
3 Sie errichteten den Altar an seiner alten Stelle, obwohl die Völker der Nachbarländer sie davon abzuschrecken suchten, und brachten auf ihm dem Herrn Brandopfer dar, je ein Brandopfer am Morgen und am Abend.
4 Dann feierten sie der Vorschrift entsprechend das Laubhüttenfest und brachten Tag für Tag so viele Opfer dar, wie es für die einzelnen Tage festgesetzt ist.
5 Von da an brachten sie auch das ständige Brandopfer wieder dar, ferner die Opfer an den Neumondtagen und an allen dem Herrn geheiligten Festzeiten sowie alle freiwilligen Opfer, die jemand dem Herrn spendete.

Das Gesetz Gottes wird die Mitte der Gemeinde. Schriftgelehrte mit Buch.

Vollendung des Tempelbaus:
Esra 6,14b–22

14b Dank der Wirksamkeit Haggais, des Pro-
pheten, und Sacharjas, des Sohnes Iddos,
kamen sie gut voran. Sie konnten den Bau
vollenden, wie der Gott Israels es geboten
und wie Kyrus und Darius sowie der Perser-
könig Artaxerxes es befohlen hatten.
15 Das
Gotteshaus war fertig am dritten Tag des
Monats Adar, im sechsten Jahr der Regie-
rung des Königs Darius.
16 Die Israeliten, die
Priester, die Leviten und die übrigen, die
heimgekehrt waren, feierten voll Freude die
Einweihung dieses Gotteshauses.
17 Bei der
Einweihung des Gotteshauses brachten sie
als Opfer dar: hundert Stiere, zweihundert
Widder und vierhundert Lämmer, dazu als
Sündopfer für ganz Israel zwölf Ziegenbök-
ke, entsprechend der Zahl der Stämme Isra-
els.
18 Für den Gottesdienst in Jerusalem
bestellten sie die Priester nach ihren Klassen
und die Leviten nach ihren Abteilungen, wie
es das Buch des Mose vorschreibt.
19 Am
vierzehnten Tag des ersten Monats feierten
die Heimkehrer das Pascha-Fest.
20 Jeder der
Priester und Leviten hatte sich gereinigt, so
daß sie alle rein waren. Die Leviten schlachte-
ten das Paschalamm für alle Heimkehrer und
für ihre Brüder, die Priester, und für sich
selbst.
21 Dieses Paschalamm aßen die Isra-
eliten, die aus der Verbannung heimgekehrt
waren, sowie alle, die sich von der Unreinheit
der Völker des Landes abgesondert hatten,
um mit ihnen zusammen den Herrn, den
Gott Israels, zu suchen.
22 Sieben Tage lang
feierten sie voll Freude das Fest der Ungesäu-
erten Brote. Denn der Herr hatte sie froh
gemacht und ihnen das Herz des Königs von
Assur zugewandt, so daß er sie bei der Arbeit
am Haus Gottes, des Gottes Israels, unter-
stützte.

Freude am Wort Gottes

Immer mehr wird das Gesetz Gottes zum Mittelpunkt des Volkes. Es entdeckt geradezu das Wort Gottes, und zwar in einem Wortgottesdienst, dessen wesentliche Elemente den Gottesdienst des jüdischen Volkes und auch die christliche Liturgie bestimmen. Durch das Hören auf Gottes Weisung wird die Gemeinde zur Gemeinschaft Gottes. So wuchs in der Gemeinde Israels jene betende und meditierende Haltung, wie sie auch Psalm 1 darstellt.

Feierliche Verkündigung des Wortes Gottes und Antwort des Volkes: Neh 8,1–12

1 Das ganze Volk versammelte sich geschlos-
sen auf dem Platz vor dem Wassertor und bat
den Schriftgelehrten Esra, das Buch mit dem
Gesetz des Mose zu holen, das der Herr den
Israeliten vorgeschrieben hat.
2 Am ersten
Tag des siebten Monats brachte der Priester
Esra das Gesetz vor die Versammlung; zu ihr
gehörten die Männer und die Frauen und

alle, die das Gesetz verstehen konnten. 3
Vom frühen Morgen bis zum Mittag las Esra
auf dem Platz vor dem Wassertor den Män-
nern und Frauen und denen, die es verstehen
konnten, das Gesetz vor. Das ganze Volk
lauschte auf das Buch des Gesetzes. 4 Der
Schriftgelehrte Esra stand auf einer Kanzel
aus Holz, die man eigens dafür errichtet
hatte. Neben ihm standen rechts Mattitja,
Schema, Anaja, Urija, Hilkija und Maaseja,
und links Pedaja, Mischaël, Malkija, Ha-
schum, Haschbaddana, Secharja und Me-
schullam. 5 Esra öffnete das Buch vor aller
Augen; denn er stand höher als das versam-
melte Volk. Als er das Buch aufschlug, erho-
ben sich alle. 6 Dann pries Esra den Herrn,
den großen Gott; darauf antworteten alle mit
erhobenen Händen: Amen, amen! Sie ver-
neigten sich, warfen sich vor dem Herrn
nieder, mit dem Gesicht zur Erde. 7 Die
Leviten Jeschua, Bani, Scherebja, Jamin, Ak-
kub, Schabbetai, Hodija, Maaseja, Kelita,
Asarja, Josabad, Hanan und Pelaja erklärten
dem Volk das Gesetz; die Leute blieben auf
ihrem Platz. 8 Man las aus dem Buch, dem
Gesetz Gottes, in Abschnitten vor und gab
dazu Erklärungen, so daß die Leute das
Vorgelesene verstehen konnten. 9 Der Statt-
halter Nehemia, der Priester und Schriftge-
lehrte Esra und die Leviten, die das Volk
unterwiesen, sagten dann zum ganzen Volk:
Heute ist ein heiliger Tag zu Ehren des Herrn,
eures Gottes. Seid nicht traurig, und weint
nicht! Alle Leute weinten nämlich, als sie die
Worte des Gesetzes hörten. 10 Dann sagte
Esra zu ihnen: Nun geht, haltet ein festliches
Mahl, und trinkt süßen Wein! Schickt auch
denen etwas, die selbst nichts haben; denn
heute ist ein heiliger Tag zur Ehre des Herrn.
Macht euch keine Sorgen; denn die Freude
am Herrn ist eure Stärke. 11 Auch die Leviten
beruhigten das ganze Volk und sagten: Seid
still, denn dieser Tag ist heilig. Macht euch
keine Sorgen! 12 Da gingen alle Leute nach
Hause, um zu essen und zu trinken und auch
andern davon zu geben und um ein großes
Freudenfest zu begehen; denn sie hatten die
Worte verstanden, die man ihnen verkündet
hatte.

Freude an der Weisung des Herrn: Ps 1

1 Wohl dem Mann, der nicht dem Rat der Frevler folgt, / nicht auf dem Weg der Sünder geht, / nicht im Kreis der Spötter sitzt,
2 sondern Freude hat an der Weisung des Herrn, / über seine Weisung nachsinnt bei Tag und bei Nacht.
3 Er ist wie ein Baum, / der an Wasserbächen gepflanzt ist,
der zur rechten Zeit seine Frucht bringt / und dessen Blätter nicht welken.
Alles, was er tut, wird ihm gut gelingen.
4 Nicht so die Frevler: / Sie sind wie Spreu, die der Wind verweht.
5 Darum werden die Frevler im Gericht nicht bestehen / noch die Sünder in der Gemeinde der Gerechten.
6 Denn der Herr kennt den Weg der Gerechten, / der Weg der Frevler aber führt in den Abgrund.

Die Herausforderung des hellenistischen Lebensideals

Unter der Herrschaft Alexanders des Großen und seiner Nachfolger, der Ptolemäer und Seleukiden (333–164 v. Chr.), setzte in Palästina eine starke Hellenisierung des öffentlichen und privaten Lebens ein. Griechische Bildung und Lebensweise erschienen vielen als ein Ideal. Dies war natürlich eine starke Herausforderung der Juden, auf welche die einen mit großer Offenheit antworteten, die anderen mit Ablehnung und umso stärkerer Ausrichtung auf das jüdische Gesetz und Lebensideal. Jerusalem wurde zunehmend eine hellenistische Stadt mit entsprechender Verfassung und den dazugehörigen kulturellen Einrichtungen. Den Höhepunkt erreichte diese Entwicklung, als Antiochus IV. im Jahre 167 v. Chr. auf dem Tempelplatz einen Altar des olympischen Zeus errichten ließ und unter Androhung der Todesstrafe den jüdischen Gottesdienst verbot. Dies war für den Priester Mattatias und seine Söhne der Anlaß, den Kampf gegen diese Unterdrückung jüdischen Lebens zu beginnen. Judas, genannt Makkabäus, führte die Bewegung zum Sieg; der geschändete Tempel wurde 164 v. Chr. wieder eingeweiht: Es gelang, ein unabhängiges Reich zu errichten, das 64 v. Chr. durch das Eingreifen der Römer zusammenbrach. Die Bücher der Makkabäer erzählen die Ereignisse, die zum Makkabäeraufstand führten und in der Aufrichtung des Hasmonäerreiches gipfelten. Das Erste Buch der Makkabäer kann als »Geschichtserzählung« gelten, die recht zuverlässig über den entsprechenden Geschichtsabschnitt informiert, dabei aber die Gesetzestreue und Heldentaten der führenden Persönlichkeiten herausstellt, wenn auch unter dem Vorbehalt, daß das Hasmonäerreich nur so lange Geltung habe, »... bis ein wahrer Prophet auftritt« (1 Makk 14,41).

Das zweite Buch der Makkabäer erzählt das selbe Zeitgeschehen wie das Erste Buch der Makkabäer, jedoch unter einem verschiedenen Blickwinkel. Der Verfasser möchte die Heiligkeit des Jerusalemer Tempels herausstellen und erklären, welchen Sinn das Leiden um des Glaubens willen hat.

Abfall von Glauben und Sitten der Väter

Die Begegnung mit den fremden Mächten und ihrer Religion war eine Versuchung, der viele auch in Israel erlegen sind. Selbst der Tempel wird zu einer Stätte der heidnischen Götzen.

Die Herrschaft der Heiden: 1 Makk 1,1–10

1 Der Mazedonier Alexander, Sohn des Philip-
pus, zog damals vom Land der Kittäer aus. Er
besiegte Darius, den König der Perser und
Meder, und wurde als erster König von Grie-
chenland sein Nachfolger. 2 Er führte viele
Kriege, eroberte zahlreiche Festungen und
ließ die Könige der Erde erschlagen; 3 er kam
bis an das Ende der Welt, plünderte viele
Völker aus, und die ganze Erde lag ihm
wehrlos zu Füßen. Da wurde sein Herz stolz
und überheblich. 4 Er stellte ein sehr großes
Heer auf, herrschte über Länder, Völker und
Fürsten und machte sie sich tributpflichtig. 5
Doch dann sank er aufs Krankenlager und
fühlte seinen Tod nahen. 6 Er rief seine höch-
sten Offiziere zusammen, die mit ihm aufge-
wachsen waren, und verteilte sein Reich un-
ter sie, solange er noch lebte. 7 Zwölf Jahre
hatte Alexander regiert, als er starb. 8 Seine
Offiziere übernahmen die Regierung, jeder
in seinem Bereich. 9 Nach seinem Tod setzten
sich alle die Königskrone auf; ebenso hielten
es ihre Nachkommen lange Zeit hindurch.
Sie brachten großes Unglück über die Erde. 10
Aus ihnen ging ein besonders gottloser
Sproß hervor, Antiochus Epiphanes, der
Sohn des Königs Antiochus. Er war als Geisel
in Rom gewesen und trat im Jahr 137 der
griechischen Herrschaft die Regierung an.

Das Aufkommen von Verrätern:
1 Makk 1,11–15

11 Zu dieser Zeit traten Verräter am Gesetz in
Israel auf, die viele (zum Abfall) überredeten.
Sie sagten: Wir wollen einen Bund mit den
fremden Völkern schließen, die rings um uns
herum leben; denn seit wir uns von ihnen
abgesondert haben, geht es uns schlecht. 12
Dieser Vorschlag gefiel ihnen, 13 und einige
aus dem Volk fanden sich bereit, zum König
zu gehen. Der König gab ihnen die Erlaubnis,
nach den Gesetzen der fremden Völker zu
leben. 14 Sie errichteten in Jerusalem eine
Sportschule, wie es bei den fremden Völkern

Brauch ist, [15] und ließen bei sich die Beschneidung rückgängig machen. So fielen sie vom heiligen Bund ab, vermischten sich mit den fremden Völkern und gaben sich dazu her, Böses zu tun.

Entweihung des Tempels: 1 Makk 1,20–28

[20] Antiochus wandte sich nach seinem Sieg über Ägypten im Jahr 143 gegen Israel und rückte mit zahlreichen Truppen hinauf vor Jerusalem. [21] In seiner Vermessenheit betrat er sogar das Heiligtum; er raubte den goldenen Rauchopferaltar, den Leuchter samt seinem Zubehör, [22] den Tisch für die Schaubrote, die Opfer- und Trinkschalen, die goldenen Rauchfässer, den Vorhang, die Kronen und den goldenen Schmuck von der Vorderseite des Tempels. Von allem ließ er das Gold abschlagen. [23] Dann nahm er das Silber, das Gold, die kostbaren Geräte, und was er von den versteckten Schätzen finden konnte, [24] und ließ alles in sein Land schleppen. Er richtete ein Blutbad an und führte ganz vermessene Reden. [25] Da kam große Trauer über das ganze Land Israel.
[26] Die Vornehmen und Alten stöhnten; / die Mädchen und jungen Männer verloren ihre Kraft, / und die Schönheit der Frauen verfiel.
[27] Jeder Bräutigam stimmte die Totenklage an, / die Braut saß trauernd in ihrem Gemach.
[28] Das Land zitterte um seine Bewohner. / Das ganze Haus Jakob war mit Schande bedeckt.

Fremde Götter in Jerusalem:
1 Makk 1,41–53

[41] Damals schrieb der König seinem ganzen Reich vor, alle sollen zu einem einzigen Volk werden, [42] und jeder solle seine Eigenart aufgeben. Alle Völker fügten sich dem Erlaß des Königs. [43] Auch vielen Männern aus Israel gefiel der Gottesdienst, den er angeordnet hatte; sie opferten den Götterbildern und entweihten den Sabbat. [44] Der König schickte Boten nach Jerusalem und in die Städte Judäas mit der schriftlichen Anordnung, man solle eine Lebensform übernehmen, die dem Land fremd war. [45] Brand-, Schlacht- und Trankopfer im Heiligtum seien einzustellen, Sabbate und Feste zu entweihen, [46] das Heiligtum und die Heiligen zu schänden. [47] Man solle statt dessen Altäre, Heiligtümer und Tempel für die fremden Götter errichten sowie Schweine und andere unreine Tiere opfern. [48] Ihre Söhne dürften sie nicht mehr beschneiden, vielmehr sollten sie sich mit jeder denkbaren Unreinheit und Schande beflecken. [49] So sollte das Gesetz in Vergessenheit geraten, und alle seine Vorschriften sollten hinfällig werden. [50] Wer aber des Königs Anordnung nicht befolge, müsse sterben. [51] Ähnliche Anweisungen erließ er für sein ganzes Reich. Er setzte Beamte ein, die die Durchführung im ganzen Volk überwachen sollten; auch gab er den Befehl, der Reihe nach in allen Städten Judäas einen Opfergottesdienst zu halten. [52] Viele aus dem Volk schlossen sich ihnen an; sie alle fielen vom Gesetz ab und trieben es schlimm im Land. [53] Die Israeliten mußten sich vor ihnen verstecken, wo immer sie Zuflucht fanden.

Götzendienst im Tempel: 1 Makk 1,54–59

[54] Am fünfzehnten Kislew des Jahres 145 ließ der König auf dem Brandopferaltar den unheilvollen Greuel aufstellen; auch in den Städten Judäas ringsum baute man Altäre. [55] Vor den Haustüren und auf den Plätzen opferte man Weihrauch. [56] Alle Buchrollen des Gesetzes, die man fand, wurden zerrissen und verbrannt. [57] Wer im Besitz einer Bundesrolle angetroffen wurde oder zum Gesetz hielt, wurde aufgrund der königlichen Anordnung zum Tod verurteilt. [58] Sie ließen Israel ihre Macht fühlen und gingen mit Gewalt gegen alle vor, die sie Monat für Monat in den Städten aufspürten. [59] Am fünfundzwanzigsten des Monats (Kislew) brachten sie auf dem Altar, den sie über dem Brandopferaltar errichtet hatten, ein Opfer dar.

Die Wiederherstellung eines heiligen Landes

Angesichts der Entweihung des Tempels und des Landes regt sich der Widerstand. Der Aufstand beginnt, als die heidnischen Könige systematisch das Volk zur Verehrung der heidnischen Götzen drängen wollen.

Der Aufstand des Mattatias: 1 Makk 2,15–28
15 Da kamen die Beamten, die vom König den
Auftrag hatten, die Einwohner zum Abfall von
Gott zu zwingen, in die Stadt Modeïn, um die
Opfer durchzuführen. 16 Viele Männer aus
Israel kamen zu ihnen; auch Mattatias und
seine Söhne mußten erscheinen. 17 Da wand-
ten sich die Leute des Königs an Mattatias
und sagten: Du besitzt in dieser Stadt Macht,
Ansehen und Einfluß und hast die Unterstüt-
zung deiner Söhne und Verwandten. 18 Tritt
also als erster vor, und tu, was der König
angeordnet hat. So haben es alle Völker
getan, auch die Männer in Judäa und alle, die
in Jerusalem geblieben sind. Dann wirst du
mit deinen Söhnen zu den Freunden des
Königs gehören; auch wird man dich und
deine Söhne mit Silber, Gold und vielen
Geschenken überhäufen. 19 Mattatias aber
antwortete mit lauter Stimme: Auch wenn
alle Völker im Reich des Königs ihm gehor-
chen und jedes von der Religion seiner Väter
abfällt und sich für seine Anordnungen ent-
scheidet – 20 ich, meine Söhne und meine
Verwandten bleiben beim Bund unserer Vä-
ter. 21 Der Himmel bewahre uns davor, das
Gesetz und seine Vorschriften zu verlassen. 22
Wir gehorchen den Befehlen des Königs
nicht, und wir weichen weder nach rechts
noch nach links von unserer Religion ab. 23
Kaum hatte er das gesagt, da trat vor aller
Augen ein Jude vor und wollte auf dem Altar
von Modeïn opfern, wie es der König ange-
ordnet hatte. 24 Als Mattatias das sah, packte
ihn leidenschaftlicher Eifer; er bebte vor Erre-
gung und ließ seinem gerechten Zorn freien
Lauf: Er sprang vor und erstach den Abtrün-
nigen über dem Altar. 25 Zusammen mit ihm
erschlug er auch den königlichen Beamten,
der sie zum Opfer zwingen wollte, und riß
den Altar nieder; 26 der leidenschaftliche Eifer
für das Gesetz hatte ihn gepackt, und er tat,
was einst Pinhas mit Simri, dem Sohn des
Salu, gemacht hatte. 27 Dann ging Mattatias
durch die Stadt und rief laut: Wer sich für das
Gesetz ereifert und zum Bund steht, der soll
mir folgen. 28 Und er floh mit seinen Söhnen
in die Berge; ihren ganzen Besitz ließen sie in
der Stadt zurück.

Die Tempelweihe: 1 Makk 4,36–59
36 Judas und seine Brüder aber sagten: Unse-
re Feinde sind nun vernichtend geschlagen.
Wir wollen nach Jerusalem hinaufziehen,
den Tempel reinigen und ihn neu weihen. 37
Das ganze Heer versammelte sich also und
zog zum Berg Zion hinauf. 38 Da sahen sie das
Heiligtum verödet daliegen. Der Brandopfer-
altar war entweiht; die Tore hatte man ver-
brannt. In den Vorhöfen wuchs Unkraut wie
in einem Wald oder auf einem Berg, und die
Nebengebäude waren verfallen. 39 Da zerris-
sen sie ihre Gewänder, begannen laut zu
klagen und streuten sich Staub auf das
Haupt. 40 Sie warfen sich nieder, mit dem
Gesicht zur Erde. Sie bliesen die Signaltrom-
peten und schrien zum Himmel. 41 Dann
befahl Judas einer Schar seiner Männer, die
Besatzung der Burg zu belagern, bis das
Heiligtum gereinigt sei. 42 Er wählte untadeli-
ge und gesetzestreue Priester aus, 43 damit
sie das Heiligtum reinigten und die entweih-
ten Steine an einen unreinen Ort trugen. 44
Sie berieten, was sie mit dem entweihten
Brandopferaltar tun sollten. 45 Es kam ihnen
der gute Gedanke, ihn niederzureißen; denn
er hätte ihnen Schande gebracht, da die
fremden Völker ihn entweiht hatten. So ris-
sen sie den Altar nieder 46 und legten die
Steine an einen passenden Ort auf dem Tem-
pelberg nieder, bis ein Prophet komme und
entscheide, was damit geschehen solle. 47
Dann nahmen sie unbehauene Steine, wie es
das Gesetz vorschreibt, und errichteten ei-
nen neuen Altar, der genauso aussah wie der

alte. 48 Auch das Heiligtum und die Innenräume des Tempels bauten sie wieder auf und reinigten die Vorhöfe. 49 Sie fertigten neue heilige Geräte an und stellten den Leuchter, den Rauchopferaltar und den Tisch in den Tempel. 50 Dann brachten sie auf dem Altar ein Rauchopfer dar, zündeten die Lichter an dem Leuchter an, so daß der Tempel hell wurde, 51 legten Schaubrote auf den Tisch und hängten den Vorhang auf. So beendeten sie alle Arbeiten, die sie sich vorgenommen hatten. 52 Am Fünfundzwanzigsten des neunten Monats – das ist der Monat Kislew – im Jahr 148 standen sie früh am Morgen auf 53 und brachten auf dem neuen Brandopferaltar, den sie errichtet hatten, Opfer dar, so wie sie das Gesetz vorschreibt. 54 Zur gleichen Zeit und am selben Tag, an dem ihn die fremden Völker entweiht hatten, wurde er neu geweiht, unter Liedern, Zither- und Harfenspiel und dem Klang der Zimbeln. 55 Das ganze Volk warf sich nieder auf das Gesicht, sie beteten an und priesen den Himmel, der ihnen Erfolg geschenkt hatte. 56 Acht Tage lang feierten sie die Altarweihe, brachten mit Freuden Brandopfer dar und schlachteten Heils- und Dankopfer. 57 Sie schmückten die Vorderseite des Tempels mit Kränzen und kleinen Schilden aus Gold; sie erneuerten die Tore und auch die Nebengebäude, die sie wieder mit Türen versahen. 58 Im Volk herrschte sehr große Freude; denn die Schande, die ihnen die fremden Völker zugefügt hatten, war beseitigt. 59 Judas faßte mit seinen Brüdern und mit der ganzen Gemeinde Israels den Beschluß, Jahr für Jahr zur selben Zeit mit festlichem Jubel die Tage der Altarweihe zu begehen, und zwar acht Tage lang, vom fünfundzwanzigsten Kislew an.

Verfolgungen um des Glaubens willen

Die Verfolgung durch die hellenistischen Herrscher war ein Glaubensproblem für die Juden und so refklektiert vor allem das zweite Buch der Makkabäer den Zusammenhang von Schuld und Sühne, von Strafe und Gnade. Gott nimmt die erduldeten Leiden der Märtyrer an, als Sühne, die Gottes Zorn besänftigt. Vor allem aber bezeugt der Schreiber den Glauben an die Auferweckung von den Toten, eine Hoffnung, die in den schlimmsten Bedrängnissen ausharren läßt. Dieser Text ist ein wichtiges Zeugnis für den Glauben an die Auferstehung.

Sinn der Verfolgung: 2 Makk 6,12–17

12 An dieser Stelle möchte ich die Leser des Buches ermahnen, sich durch die schlimmen Ereignisse nicht entmutigen zu lassen. Sie mögen bedenken, daß die Strafen unser Volk nicht vernichten, sondern erziehen sollen. 13 Denn wenn die Sünder nicht lange geschont, sondern sofort bestraft werden, ist das ein Zeichen großer Güte. 14 Bei den anderen Völkern wartet der Herr geduldig, bis das Maß ihrer Sünden voll ist; dann erst schlägt er zu. Mit uns aber beschloß er, anders zu verfahren, 15 damit er uns nicht am Ende verurteilen müsse, wenn wir es mit unseren Sünden bis zum Äußersten getrieben hätten. 16 Daher entzieht er uns nie sein Erbarmen, sondern er erzieht sein Volk durch Unglück und läßt es nicht im Stich. 17 Das soll uns zur Beherzigung gesagt sein. Nach dieser kurzen Abschweifung aber wollen wir mit der Erzählung fortfahren.

Das Martyrium der sieben Brüder: 2 Makk 7,1–2.7a.9–15.18–19.24b–33.36–42

1 Ein andermal geschah es, daß man sieben Brüder mit ihrer Mutter festnahm. Der König wollte sie zwingen, entgegen dem göttlichen Gesetz Schweinefleisch zu essen, und ließ sie darum mit Geißeln und Riemen peitschen. 2 Einer von ihnen ergriff für die andern das Wort und sagte: Was willst du uns fragen

Zeugen des Glaubens. Stephanus – Christus – Petrus. Tympanonrelief des Brixner Domes. 950, Diözesanmuseum, Brixen.

und von uns wissen? Eher sterben wir, als
daß wir die Gesetze unserer Väter übertreten.
7a Als der erste der Brüder gestorben war,
führten sie den zweiten zur Folterung. 9 Als
der zweite in den letzten Zügen lag, sagte er:
Du Unmensch! Du nimmst uns dieses Leben;
aber der König der Welt wird uns zu einem
neuen, ewigen Leben auferwecken, weil wir
für seine Gesetze gestorben sind. 10 Nach ihm
folterten sie den dritten. Als sie seine Zunge
forderten, streckte er sie sofort heraus und
hielt mutig die Hände hin. 11 Dabei sagte er
gefaßt: Vom Himmel habe ich sie bekommen, und wegen seiner Gesetze achte ich
nicht auf sie. Von ihm hoffe ich sie wiederzuerlangen. 12 Sogar der König und seine Leute
staunten über den Mut des jungen Mannes,
dem die Schmerzen nichts bedeuteten. 13 Als
er tot war, quälten und mißhandelten sie den
vierten genauso. 14 Dieser sagte, als er dem
Ende nahe war: Gott hat uns die Hoffnung
gegeben, daß er uns wieder auferweckt. Darauf warten wir gern, wenn wir von Menschenhand sterben. Für dich aber gibt es keine
Auferstehung zum Leben. 15 Anschließend
nahmen sie sich den fünften vor und mißhandelten ihn. 18 Nach ihm holten sie den
sechsten. Sterbend sagte er zum König: Laß
dich nicht täuschen! Du wirst nichts ausrichten. Denn wir sind selbst schuld an unserem
Leid, weil wir gegen unseren Gott gesündigt
haben. Darum konnte so Unfaßbares geschehen. 19 Glaub aber ja nicht, daß du heil
davonkommst; denn du hast es gewagt, mit
Gott zu kämpfen. 24b Nun war nur noch der
Jüngste übrig. Auf ihn redete der König nicht
nur mit guten Worten ein, sondern versprach
ihm unter vielen Eiden, ihn reich und sehr
glücklich zu machen, wenn er von der Lebensart seiner Väter abfalle; auch wolle er ihn

zu seinem Freund machen und ihn mit hohen Staatsämtern betrauen. [25] Als der Junge nicht darauf einging, rief der König die Mutter und redete ihr zu, sie solle dem Knaben doch raten, sich zu retten. [26] Erst nach langem Zureden willigte sie ein, ihren Sohn zu überreden. [27] Sie beugte sich zu ihm nieder, und den grausamen Tyrannen verspottend, sagte sie in ihrer Muttersprache: Mein Sohn, hab Mitleid mit mir! Neun Monate habe ich dich in meinem Leib getragen, ich habe dich drei Jahre gestillt, dich ernährt, erzogen und für dich gesorgt, bis du nun so groß geworden bist. [28] Ich bitte dich, mein Kind, schau dir den Himmel und die Erde an; sieh alles, was es da gibt, und erkenne: Gott hat das aus dem Nichts erschaffen, und so entstehen auch die Menschen. [29] Hab keine Angst vor diesem Henker, sei deiner Brüder würdig, und nimm den Tod an! Dann werde ich dich zur Zeit der Gnade mit deinen Brüdern wiederbekommen. [30] Kaum hatte sie aufgehört, da sagte der Junge: Auf wen wartet ihr? Dem Befehl des Königs gehorche ich nicht; ich höre auf den Befehl des Gesetzes, das unseren Vätern durch Mose gegeben wurde. [31] Du aber, der sich alle diese Bosheiten gegen die Hebräer ausgedacht hat, du wirst Gottes Händen nicht entkommen. [32] Denn wir leiden nur, weil wir gesündigt haben. [33] Wenn auch der lebendige Herr eine kurze Zeit lang zornig auf uns ist, um uns durch Strafen zu erziehen, so wird er sich doch mit seinen Dienern wieder versöhnen. [36] Unsere Brüder sind nach kurzem Leiden mit der göttlichen Zusicherung ewigen Lebens gestorben; du jedoch wirst beim Gericht Gottes die gerechte Strafe für deinen Übermut zahlen. [37] Ich gebe wie meine Brüder Leib und Leben hin für die Gesetze unserer Väter und rufe zu Gott, er möge seinem Volk bald wieder gnädig sein; du aber sollst unter Qualen und Schlägen bekennen müssen, daß nur er Gott ist. [38] Bei mir und meinen Brüdern möge der Zorn des Allherrschers aufhören, der sich zu Recht über unser ganzes Volk ergossen hat. [39] Da wurde der König zornig und verfuhr mit ihm noch schlimmer als mit den anderen – so sehr hatte ihn der Hohn verletzt. [40] Auch der Jüngste starb also mit reinem Herzen und vollendetem Gottvertrauen. [41] Zuletzt starb nach ihren Söhnen die Mutter. [42] Soviel sei über die Opfergelage und die schlimmen Mißhandlungen berichtet.

Gebet für die Toten: 2 Makk 12,34.39–45

[34] Als sie zum Kampf antraten, fielen einige von den Juden. [39] Am nächsten Tag kamen die Leute des Judas, um die Leichen der Gefallenen zu überführen – es war inzwischen höchste Zeit geworden – und sie inmitten ihrer Angehörigen in den Familiengräbern zu bestatten. [40] Da entdeckten sie, daß alle Toten unter ihren Kleidern Amulette der Götter von Jamnia trugen, obwohl das den Juden vom Gesetz her verboten ist. Da wurde allen klar, daß die Männer deswegen gefallen waren, [41] und sie priesen nun alle das Wirken des Herrn, des gerechten Richters, der das Verborgene ans Licht bringt. [42] Anschließend hielten sie einen Bittgottesdienst ab und beteten, daß die begangene Sünde wieder völlig ausgelöscht werde. Der edle Judas aber ermahnte die Leute, sich von Sünden rein zu halten; sie hätten ja mit eigenen Augen gesehen, welche Folgen das Vergehen der Gefallenen gehabt habe. [43] Er veranstaltete eine Sammlung, an der sich alle beteiligten, und schickte etwa zweitausend Silberdrachmen nach Jerusalem, damit man dort ein Sündopfer darbringe. Damit handelte er sehr schön und edel; denn er dachte an die Auferstehung. [44] Hätte er nicht erwartet, daß die Gefallenen auferstehen werden, wäre es nämlich überflüssig und sinnlos gewesen, für die Toten zu beten. [45] Auch hielt er sich den herrlichen Lohn vor Augen, der für die hinterlegt ist, die in Frömmigkeit sterben. Ein heiliger und frommer Gedanke! Darum ließ er die Toten entsühnen, damit sie von der Sünde befreit werden.

Israel unter dem Wort Gottes

»Auf vielerlei Weise hat Gott zu den Vätern gesprochen durch die Propheten ...« (Hebr 1,1). Neben der orientierenden Lebensweisung des Glaubens erkannte Israel vor allem im Wort der Propheten den Anruf Gottes. So einzigartig die Propheten Israels sind, ist es doch bemerkenswert, daß es auch in der Umwelt Israels prophetische Gestalten gibt. Es sind Menschen, die in Träumen, Visionen und ekstatischen Zuständen sich von der Gottheit in die Pflicht genommen wissen, ihrer Mitwelt eine göttliche Botschaft zu verkünden.

In ähnlicher Weise anerkannte Israel die Propheten als »berufene Rufer«, die allein von Gott her beauftragt sind, das Wort zu verkünden. Damit die Menschen ihre Worte als Prophetenworte vernehmen und sich damit auseinandersetzen konnten, haben die Propheten sich sehr oft an eine bestimmte Form des Sprechens gehalten. Durch die Botenformel »So hat Jahwe gesprochen« geben sie zu erkennen, daß sie in der Autorität Jahwes auftreten. Sie beginnen ihr prophetisches Sprechen sehr oft mit einem Blick auf die gegenwärtige Lage. Die Gegenwart brechen sie im zweiten Teil des Prophetenwortes auf, indem sie diese von Gott her auf die zukünftige Entwicklung hin befragen und deuten. Im Gerichtswort wird die Unsinnigkeit gegenwärtigen Verhaltens durch die Ansage schlimmer Folgen offengelegt. Im Heilswort gibt der Prophet Kraft zum Bestehen schwieriger Situationen, indem er dem Bedrängten Hoffnung ermöglicht. So tadelten oder ermutigten die Propheten, indem sie im Licht Gottes die Gegenwart auf ihre zukünftige Entwicklung hin durchsichtig machen. Damit öffnen sie König und Volk die Augen und Ohren dafür, aus der jeweiligen Gegenwart Gottes Anruf und Anspruch zu vernehmen. Aber die Propheten blicken auch auf die Vergangenheit, denn aus den bisherigen Wegen Gottes mit seinem Volk kann der Prophet ablesen, wer der Gott Israels ist, und wie er mit seinem Volk umgeht.

Die Propheten verkündeten ihre Botschaft zunächst mündlich; Schüler bzw. Anhänger sammelten Prophetenworte, um sie in eine neue Situation hinein sprechen zu lassen. So wurden Prophetenworte oft durch mehrere Generationen weitergedacht, bis sie in der in der Weltliteratur einzig dastehenden Form der Prophetenbücher festgehalten wurden. Man nennt diese Propheten daher auch Schriftpropheten, obwohl damit nicht gesagt ist, daß sie selber schriftliche Aufzeichnungen gemacht haben.

»Vom Heiligen Geist getrieben, haben Menschen im Auftrag Gottes geredet« (2 Petr 1,21). Initiale, 15. Jh., Brixen.

Amos und Hosea: Rufer der letzten Stunde

In der zweiten Hälfte des neunten und im ersten Drittel des achten Jahrhunderts mußte Israel in langwierigen und kostspieligen Kriegen mit dem mächtigen Aramäerstaat von Damaskus um das Überleben kämpfen. Die Kriegskosten stürzten einen großen Teil der israelitischen Bevölkerung in Armut. Erst das mächtig aufstrebende Assyrerreich zwang das Aramäerreich nieder, so daß für Israel unter Jerobeam II. (787–747 v. Chr.) Jahre des Friedens und der wirtschaftlichen Erholung kamen. Mit der Thronbesteigung von Tiglat-Pileser III. begann die kriegerische Expansion Assurs, die für Israel und Juda in kürzester Zeit sehr gefährlich werden sollte. In dieser Zeit großer Umbrüche treten die Propheten Amos und Hosea in Israel und Micha und Jesaja in Juda auf.

Amos: Prophet des Endes für Israel

Amos tritt um 760 v. Chr. während der Regierungszeit von Jerobeam II. in Israel auf. Die langen Kriege mit den Aramäern hatten die alte soziale Ordnung zerbrochen; der bäuerliche Mittelstand war vollkommen verarmt und eine kleine Oberschicht von Beamten und Offizieren hatte sich bereichert. Die wirtschaftliche Blüte in der Friedenszeit kam in erster Linie denen zugute, die ohnehin schon reich waren. Amos tritt als Kritiker dieser Zustände auf, was ihm als Aufstachelung zum Aufstand ausgelegt wurde.

Verurteilung der sozialen Mißstände

Im Reichtum der Reichen und in der Armut der Armen sah er einen grundlegenden Verstoß gegen das alte israelitische Bodenrecht. Nach diesem hat jeder Israelit teil am Land, der großen Gabe Gottes. Doch die schamlose Bereicherung der kleinen Oberschicht setzt dieses Recht außer Geltung und kann letztlich nur Untergang bringen. Den Untergang umschreibt Amos mit dem Ausdruck »Tag Jahwes«; gemeint ist der Tag des Sieges Jahwes. Bedeutete der Sieg Jahwes für frühere Generationen Rettung, so bedeutet er – nach Amos – für das jetzige Israel Untergang, weil es Jahwe gegen sich hat.

Unerwünschter Prophet: Am 7,10–17

10 Amazja, der Priester von Bet-El, ließ Jero-
beam, dem König von Israel, melden: Mitten
im Haus Israel ruft Amos zum Aufruhr gegen
dich auf; seine Worte sind unerträglich für
das Land. 11 Denn so sagt Amos: Jerobeam
stirbt durch das Schwert, und Israel muß sein
Land verlassen und in die Verbannung zie-
hen. 12 Zu Amos aber sagte Amazja: Geh,
Seher, flüchte ins Land Juda! Iß dort dein
Brot, und tritt dort als Prophet auf! 13 In Bet-El
darfst du nicht mehr als Prophet reden; denn
das hier ist ein Heiligtum des Königs und ein
Reichstempel. 14 Amos antwortete Amazja:
Ich bin kein Prophet und kein Propheten-
schüler, sondern ich bin ein Viehzüchter,
und ich ziehe Maulbeerfeigen. 15 Aber der
Herr hat mich von meiner Herde weggeholt
und zu mir gesagt: Geh und rede als Prophet
zu meinem Volk Israel! 16 Darum höre jetzt
das Wort des Herrn! Du sagst: Tritt nicht als
Prophet gegen Israel auf, und prophezei
nicht gegen das Haus Isaak! 17 Darum – so
spricht der Herr: Deine Frau wird in der Stadt
als Dirne leben, deine Söhne und Töchter

fallen unter dem Schwert, dein Ackerland wird mit der Meßschnur verteilt, du selbst aber stirbst in einem unreinen Land, und Israel muß sein Land verlassen und in die Verbannung ziehen.

Nur um das eigene Wohlergehen besorgt: Am 6,1–7

1 Weh den Sorglosen auf dem Zion / und den Selbstsicheren auf dem Berg von Samaria.
Weh den Vornehmen des ersten unter den Völkern. / (Weh denen, bei denen sich die Isrealiten versammeln.)
2 Zieht hinüber nach Kalne, / und seht euch dort um! / Geht von da nach Hamat, in die große Stadt, / und steigt hinunter nach Gat, ins Land der Philister!
Seid ihr besser als diese Reiche? / Ist euer Gebiet größer als ihr Gebiet?
3 Ihr, die ihr den Tag des Unheils hinausschieben wollt, / führt die Herrschaft der Gewalt herbei.
4 Ihr liegt auf Betten aus Elfenbein / und faulenzt auf euren Polstern.
Zum Essen holt ihr euch Lämmer aus der Herde / und Mastkälber aus dem Stall.
5 Ihr grölt zum Klang der Harfe, / ihr wollt Lieder erfinden wie David.
6 Ihr trinkt den Wein aus großen Humpen, / ihr salbt euch mit dem feinsten Öl / und sorgt euch nicht über den Untergang Josefs.
7 Darum müssen sie jetzt in die Verbannung, / allen Verbannten voran. / Das Fest der Faulenzer ist nun vorbei.

Nur bedacht auf ausbeuterischen Gewinn: Am 8,4–14

4 Hört dieses Wort, die ihr die Schwachen verfolgt / und die Armen im Land unterdrückt.
5 Ihr sagt: Wann ist das Neumondfest vorbei? / Wir wollen Getreide verkaufen.
Und wann ist der Sabbat vorbei? / Wir wollen den Kornspeicher öffnen,
das Maß kleiner und den Preis größer machen / und die Gewichte fälschen.
6 Wir wollen mit Geld die Hilflosen kaufen, / für ein paar Sandalen die Armen.
Sogar den Abfall des Getreides / machen wir zu Geld.
7 Beim Stolz Jakobs hat der Herr geschworen: / Keine ihrer Taten werde ich jemals vergessen.
8 Sollte deshalb die Erde nicht beben, / sollten nicht alle ihre Bewohner voll Trauer sein?
Sollte nicht die ganze Erde sich heben wie der Nil: / (aufgewühlt sein) wie der Strom von Ägypten?
9 An jenem Tag – Spruch Gottes, des Herrn – / lasse ich am Mittag die Sonne untergehen
und breite am hellichten Tag / über die Erde Finsternis aus.
10 Ich verwandle eure Feste in Trauer/ und all eure Lieder in Totenklage.
Ich lege allen ein Trauergewand um / und schere alle Köpfe kahl.
Ich bringe Trauer über das Land / wie die Trauer um den einzigen Sohn,
und das Ende wird sein / wie der bittere Tag (des Todes).
11 Seht, es kommen Tage – Spruch Gottes, des Herrn -, / da schicke ich den Hunger ins Land,
nicht den Hunger nach Brot, nicht Durst nach Wasser, / sondern nach einem Wort des Herrn.
12 Dann wanken die Menschen von Meer zu Meer, / sie ziehen von Norden nach Osten,
um das Wort des Herrn zu suchen; / doch sie finden es nicht.
13 An jenem Tag werden die schönen jungen Mädchen / und die jungen Männer ohnmächtig vor Durst,
14 alle, die beim Götzenbild von Samaria schwören und sagen: / So wahr dein Gott lebt, Dan, / so wahr dein Geliebter lebt, Beerscheba!,
sie werden zu Boden stürzen / und sich nicht mehr erheben.

Kritik am Gottesdienst

Wenn Israel in der gottesdienstlichen Feier Jahwe für seine Zuwendung und die Gabe des Landes dankt, wenn es den Gott feiert, der aus dem Sklavenhaus befreit, dabei aber Ausbeutung und Unterdrückung duldet, dann ist diese Feier Hohn. Gemeinschaftssinn und Gerechtigkeit sind das, was Jahwe zunächst fordert.

Nutzloser Gottesdienst: Am 4,4–5

4 Kommt nach Bet-El, und sündigt, / kommt nach Gilgal, und sündigt noch mehr!
Bringt jeden Morgen eure Schlachtopfer herbei, / bringt am dritten Tag euren Zehnten!
5 Verbrennt als Dankopfer gesäuertes Brot! / Ruft zu freiwilligen Opfern auf, / verkündet es laut, damit man es hört!
Denn so gefällt es euch, ihr Söhne Israels – / Spruch Gottes, des Herrn.

Gerechtigkeit ist besser als Opfer: Am 5,21–24

21 Ich hasse eure Feste, ich verabscheue sie / und kann eure Feiern nicht riechen.
22 Wenn ihr mir Brandopfer darbringt, / ich habe kein Gefallen an euren Gaben, / und eure fetten Heilsopfer will ich nicht sehen.
23 Weg mit dem Lärm deiner Lieder! / Dein Harfenspiel will ich nicht hören,
24 sondern das Recht ströme wie Wasser, / die Gerechtigkeit wie ein nie versiegender Bach.

Hosea: Das Ringen Jahwes um sein Volk

Hosea tritt als Prophet auf, nachdem die Friedenszeit für Israel zu Ende gegangen war. Tiglat-Pileser III. von Assur trat im Jahre 745 v. Chr. die Herrschaft an mit dem entschlossenen Willen, seine Macht im gesamten Vorderen Orient auszudehnen. Israel wurde 738 v. Chr. tributpflichtig, Juda kurze Zeit später. Das Wirken des Propheten Hosea zieht sich durch die letzten sehr turbulenten Jahrzehnte des Nordreiches bis zu seinem Untergang 722 v. Chr. Hosea sieht die Tragik Israels vor allem darin, daß Führende und Volk in einer katastrophalen Jahwe-Vergessenheit leben. Hosea sieht den Glauben Israels stark von fremden Überzeugungen und religiösen Verhaltensweisen überlagert. Der Prophet erkennt, daß Jahwe – der Gott der Befreiung aus dem Sklavenhaus Ägypten – zu einem Gott der Fruchtbarkeit geworden war nach Art des Baal, der durch Riten beeinflußt werden konnte.

Israel – Die untreue Ehefrau Gottes

Hosea betont: Jahwe steht in einem ehelichen Liebesverhältnis zum Volk Israel; dieses Verhältnis ist jedoch keine naturhafte Beziehung, sondern Jahwe hat Israel in freier Liebe erwählt. Israel ist aus der Sicht des Propheten Hosea untreu geworden; daher führt Gott gegen seine Frau Israel einen Prozeß, der sie zur Einsicht bringen soll. Doch um diese Einsicht zu gewinnen, muß Israel in die »Wüste« des Gerichtes, damit es erkennt: All seine Lebensgüter sind Gaben Jahwes, die er seinem Volk in freier Liebe zuteilt. In der bitteren »Wüstenzeit« der Babylonischen Gefangenschaft hat man in Juda die Worte Hoseas weitermeditiert und ist zur Erkenntnis gekommen: Gott bindet sich neu an sein Volk und er allein kann mitbringen, was diesem Verhältnis Dauer verleiht.

Israels Untreue: Hos 2,4–17

4 Verklagt eure Mutter, verklagt sie! / Denn sie ist nicht meine Frau, / und ich bin nicht ihr Mann.
Sie soll von ihrem Gesicht das Dirnenzeichen entfernen / und von ihren Brüsten die Male des Ehebruchs.
5 Sonst ziehe ich sie nackt aus / und stelle sie hin wie am Tag ihrer Geburt;
ich mache sie der Wüste gleich, / wie verdorr-

tes Land mache ich sie / und lasse sie verdursten.
6 Auch mit ihren Kindern habe ich kein Erbarmen; / denn es sind Dirnenkinder.
7 Ja, ihre Mutter war eine Dirne, / die Frau, die sie gebar, trieb schändliche Dinge.
Sie sagte: Ich will meinen Liebhabern folgen; / sie geben mir Brot und Wasser, / Wolle und Leinen, Öl und Getränke.
8 Darum versperre ich ihr den Weg / mit Dornengestrüpp
und verbaue ihn mit einer Mauer, / so daß sie ihren Pfad nicht mehr findet.
9 Dann rennt sie ihren Liebhabern nach,
holt sie aber nicht ein. / Sie sucht nach ihnen, findet sie aber nicht.
Dann wird sie sagen: Ich kehre um / und gehe wieder zu meinem ersten Mann; / denn damals ging es mir besser als jetzt.
10 Aber sie hat nicht erkannt, daß ich es war, /
der ihr das Korn und den Wein und das Öl gab,
der sie mit Silber überhäufte / und mit Gold, aus dem man dann Baalsbilder machte.
11 Darum hole ich mir mein Korn zurück, / wenn es Zeit dafür ist, / und auch meinen Wein, wenn es Zeit ist;
ich nehme ihr meine Wolle und mein Leinen, / die ihre Blöße verhüllen sollten.
12 Dann entblöße ich ihre Scham / vor den Augen ihrer Liebhaber. / Niemand kann sie meiner Gewalt entreißen.
13 Ich mache all ihren Freuden ein Ende, / ihren Feiern und Neumondfesten, / ihren Sabbaten und den anderen festlichen Tagen.
14 Ich verwüste ihre Reben und Feigenbäume, / von denen sie sagte: Das ist mein Lohn, / den mir meine Liebhaber gaben.
Ich mache ihre Weingärten zur Wildnis; / die wilden Tiere fressen sie kahl.
15 Ich bestrafe sie für all die Feste, / an denen sie den Baalen Rauchopfer dargebracht hat; sie hat ihre Ringe und ihren Schmuck angelegt / und ist ihren Liebhabern gefolgt, / mich aber hat sie vergessen – Spruch des Herrn.
16 Darum will ich selbst sie verlocken. / Ich will sie in die Wüste hinausführen / und sie umwerben.
17 Dann gebe ich ihr dort ihre Weinberge wieder, / und das Achor-Tal mache ich für sie zum Tor der Hoffnung.
Sie wird mir dorthin bereitwillig folgen / wie in den Tagen ihrer Jugend, / wie damals, als sie aus Ägypten heraufzog.

Jahwes Treue: Hos 2,18–22

18 An jenem Tag – Spruch des Herrn – / wirst du zu mir sagen: Mein Mann!, / und nicht mehr: Mein Baal!
19 Ich lasse die Namen der Baale aus ihrem Mund verschwinden, / so daß niemand mehr ihre Namen anruft.
20 Ich schließe für Israel an jenem Tag einen Bund / mit den Tieren des Feldes
und den Vögeln des Himmels / und mit allem, was auf dem Erdboden kriecht.
Ich zerbreche Bogen und Schwert, / es gibt keinen Krieg mehr im Land, / ich lasse sie Ruhe und Sicherheit finden.
21 Ich traue dich mir an auf ewig; / ich traue dich mir an
um den Brautpreis von Gerechtigkeit und Recht, / von Liebe und Erbarmen,
22 ich traue dich mir an / um den Brautpreis meiner Treue: / Dann wirst du den Herrn erkennen.

Israels Sünde

Hosea und seine Schüler beklagen die Tatsache, daß auf eingegangene zwischenmenschliche Verpflichtungen kein Verlaß ist; dies beruht auf dem Mangel an »Gotteserkenntnis«; Israel hat aus dem Blick verloren, wem es Leben und Lebensgaben verdankt und wer allein sein wahrer Helfer sein kann. Dies zeigt sich im sinnlosen Bruderkrieg zwischen Juda und Israel, wo beide Reiche sich in ihrer Notlage nach Verbündeten umsehen. Doch sie erkennen nicht, daß Jahwe selber diese Not verursacht, weil man mit ihm – als der eigentlichen Macht – nicht rechnet. Die Entfremdung von Gott ist so tiefgehend, daß selbst Äußerungen der Zuwendung zu Gott nicht ehrlich sind.

Mangelnde Gotteserkenntnis: Hos 4,1–6

1 Hört das Wort des Herrn, ihr Söhne Israels! / Denn der Herr erhebt Klage / gegen die Bewohner des Landes:
Es gibt keine Treue und keine Liebe / und keine Gotteserkenntnis im Land.
2 Nein, Fluch und Betrug, / Mord, Diebstahl und Ehebruch machen sich breit, / Bluttat reiht sich an Bluttat.
3 Darum soll das Land verdorren, / jeder, der darin wohnt, soll verwelken,
samt den Tieren des Feldes / und den Vögeln des Himmels; / auch die Fische im Meer sollen zugrundegehen.
4 Doch nicht irgendeiner wird verklagt, / nicht irgendwer wird gerügt, / sondern dich, Priester, klage ich an.
5 Am hellichten Tag kommst du zu Fall, / und ebenso wie du stürzt in der Nacht der Prophet. / Auch deine Mutter lasse ich umkommen.
6 Mein Volk kommt um, weil ihm die Erkenntnis fehlt. / Weil du die Erkenntnis verworfen hast, / darum verwerfe auch ich dich als meinen Priester.
Du hast die Weisung deines Gottes vergessen; / deshalb vergesse auch ich deine Söhne.

Bruderkrieg: Hos 5,8–15

8 Blast in Gibea das Widderhorn, / in Rama die Trompete!
Schlagt Lärm in Bet-Awen, / schreckt Benjamin auf!
9 Efraim wird zu einer schauerlichen Wüste, / wenn der Tag der Züchtigung kommt.
Ich mache bei Israels Stämmen bekannt, / was fest beschlossen ist.
10 Die Führer Judas handeln wie Menschen, die Grenzsteine versetzen. / Ich gieße meinen Groll wie Wasser über sie aus.
11 Efraim wird unterdrückt, / das Recht wird zertreten.
Denn sie waren darauf aus, / dem »Unflat« zu folgen.
12 Ich aber bin wie Eiter für Efraim, / wie Fäulnis für das Haus Juda.
13 Als Efraim seine Krankheit sah / und Juda sein Geschwür,
da ging Efraim nach Assur, / und (Juda) schickte zum Großkönig.
Aber der kann euch nicht heilen, / er befreit euch nicht von eurem Geschwür.
14 Denn ich bin für Efraim wie ein Löwe, / wie ein junger Löwe für das Haus Juda.
Ich, ja, ich reiße (die Beute), / dann gehe ich davon;
ich schleppe sie weg, / und keiner kann sie mir entreißen.
15 Ich gehe weg, ich kehre an meinen Ort zurück, / (und warte,) bis sie mich schuldbewußt suchen,
bis sie in ihrer Not / wieder Ausschau halten nach mir.

Unfähigkeit zur Umkehr: Hos 6,1–6

1 Kommt, wir kehren zum Herrn zurück! / Denn er hat (Wunden) gerissen, / er wird uns auch heilen; / er hat verwundet, er wird auch verbinden.
2 Nach zwei Tagen gibt er uns das Leben zurück, / am dritten Tag richtet er uns wieder auf, / und wir leben vor seinem Angesicht.
3 Laßt uns streben nach Erkenntnis, / nach der Erkenntnis des Herrn.
Er kommt so sicher wie das Morgenrot; / er kommt zu uns wie der Regen, / wie der Frühjahrsregen, der die Erde tränkt.
4 Was soll ich tun mit dir, Efraim? / Was soll ich tun mit dir, Juda?
Eure Liebe ist wie eine Wolke am Morgen / und wie der Tau, der bald vergeht.
5 Darum schlage ich drein durch die Propheten, / ich töte sie durch die Worte meines Mundes. / Dann leuchtet mein Recht auf wie das Licht.
6 Liebe will ich, nicht Schlachtopfer, / Gotteserkenntnis statt Brandopfer.

Jahwes unbesiegbare Güte

Der Prophet wird nicht müde, Israel seine eigene Geschichte zu erklären: Wie das Mühen des Vaters um seinen Sohn, wie die Zuwendung der Eltern zum Säugling – so verhält sich Gott zu seinem Volk; dies zeigt die Geschichte Israels seit Ägypten. Doch Israel sträubt sich gegen eine solche Zuwendung: Daher endet die Geschichte dort, wo sie begonnen hat: Im Sklavenhaus »Ägypten«; nur mit dem Unterschied, daß »Ägypten« jetzt Assur heißt. Weil Gott aber andere Maßstäbe hat, ist das »Ende« für den Propheten nicht Ausdruck der Sinnlosigkeit, sondern der Prophet weiß, Gottes schöpferische Liebe ersinnt neue Wege.

»Aus Ägypten rief ich meinen Sohn« (vgl. Hos 11,1). Die Flucht nach Ägypten. Um 1400, St. Helena / Deutschnofen.

Aufruhr im Herzen Gottes: Hos 11,1–11

1 Als Israel jung war, gewann ich ihn lieb, / ich
rief meinen Sohn aus Ägypten.
2 Je mehr ich sie rief, / desto mehr liefen sie
von mir weg.
Sie opferten den Baalen / und brachten den
Götterbildern Rauchopfer dar.
3 Ich war es, der Efraim gehen lehrte, / ich
nahm ihn auf meine Arme.
Sie aber haben nicht erkannt, / daß ich sie
heilen wollte.
4 Mit menschlichen Fesseln zog ich sie an
mich, / mit den Ketten der Liebe.
Ich war da für sie wie die (Eltern), / die den
Säugling an ihre Wangen heben. / Ich neigte
mich ihm zu und gab ihm zu essen.
5 Doch er muß wieder zurück nach Ägypten, /
Assur wird sein König sein; / denn sie haben
sich geweigert umzukehren.
6 Das Schwert wird in seinen Städten wüten; /
es wird seinen Schwätzern den Garaus ma-
chen / und sie wegen ihrer Pläne vernichten.
7 Mein Volk verharrt in der Treulosigkeit; / sie
rufen zu Baal, / doch er hilft ihnen nicht auf.
8 Wie könnte ich dich preisgeben, Efraim, /
wie dich aufgeben, Israel?
Wie könnte ich dich preisgeben wie Adma, /
dich behandeln wie Zebojim?
Mein Herz wendet sich gegen mich, / mein
Mitleid lodert auf.
9 Ich will meinen glühenden Zorn nicht voll-
strecken / und Efraim nicht noch einmal
vernichten.
Denn ich bin Gott, nicht ein Mensch, / der
Heilige in deiner Mitte. / Darum komme ich
nicht in der Hitze des Zorns.
10 Sie werden hinter Jahwe herziehen. / Er
brüllt wie ein Löwe, ja, er brüllt,
daß die Söhne vom Westmeer / zitternd her-
beikommen.
11 Wie Vögel kommen sie zitternd herbei aus
Ägypten, / wie Tauben aus dem Land Assur.
Ich lasse sie heimkehren in ihre Häuser – /
Spruch des Herrn.

Ermutigung zur Umkehr: Hos 14,2–9

2 Kehr um, Israel, zum Herrn, deinem Gott! /
Denn du bist zu Fall gekommen durch deine
Schuld.
3 Kehrt um zum Herrn, / nehmt Worte (der
Reue) mit euch, und sagt zu ihm:
Nimm alle Schuld von uns, / und laß uns
Gutes erfahren! / Wir danken es dir mit der
Frucht unserer Lippen.
4 Assur kann uns nicht retten. / Wir wollen
nicht mehr auf Pferden reiten,
und zum Machwerk unserer Hände sagen wir
nie mehr: Unser Gott. / Denn nur bei dir findet
der Verwaiste Erbarmen.
5 Ich will ihre Untreue heilen / und sie aus
lauter Großmut wieder lieben. / Denn mein
Zorn hat sich von Israel abgewandt.
6 Ich werde für Israel da sein wie der Tau, /
damit es aufblüht wie eine Lilie / und Wurzeln
schlägt wie der Libanon.
7 Seine Zweige sollen sich ausbreiten, / seine
Pracht soll der Pracht des Ölbaums gleichen /
und sein Duft dem Duft des Libanon.
8 Sie werden wieder in meinem Schatten
wohnen; / sie bauen Getreide an
und gedeihen wie die Reben, / deren Wein so
berühmt ist wie der Wein vom Libanon.
9 Was hat Efraim noch mit den Götzen zu tun?
/ Ich, ja, ich erhöre ihn, ich schaue nach ihm.
Ich bin wie der grünende Wacholder, / an mir
findest du reiche Frucht.

Micha und Jesaja: Mahnung in bedrängter Zeit

In den letzten, sehr verworrenen Jahrzehnten des achten Jahrhunderts v. Chr. treten im Südreich Juda die Propheten Micha und Jesaja auf. Das Nordreich Israel war untergegangen und das Südreich Juda tributzahlender Untertan des assyrischen Königs geworden. Versuche, die Fremdherrschaft abzuschütteln, scheiterten. Das Land war politisch und religiös von Assur abhängig, was sich in religiöser Hinsicht dadurch zeigte, daß in Jerusalem vor dem Jahwetempel ein Altar für den Reichsgott »Assur« aufgestellt wurde.

Micha: Ankläger aus der Provinz

Die Verkündigung des Propheten Micha ist durch seine Herkunft von den jahwe-treuen bäuerlichen Kreisen des judäischen Landes geprägt. Er richtet seine Kritik einmal gegen die Propheten, die zu ihrem persönlichen Vorteil reden; als Stimme des Rechts in einer Welt des Unrechts wendet er sich gegen die habgierigen und bestechlichen Führer und Beamten, die auf Kosten der Wehrlosen sich selber bereichern.

Drohung und Tröstung

Gegen ihre Überzeugung, daß Jahwe den Ort seiner Gegenwart Zion-Jerusalem nicht im Stich läßt, muß der Prophet die Hinfälligkeit eines solchen Glaubens anprangern. Eine Stadt, die auf Unrecht gebaut ist, kann nicht bestehen. Als sich das Wort vom Trümmerhaufen Jerusalems erfüllt hatte, dachten Glaubende die Worte des Propheten Micha weiter. Jahwe hat seine Macht, Geschichte zu gestalten, gezeigt. Daher kann sich die Hoffnung nur auf ihn richten, und so reden diese Glaubenden von einem Hirten, der im Namen Jahwes als der neue David kommt und dem Volk Gottes Frieden und Sicherheit verschafft.

Propheten und Richter – Verderber des Volkes: Mi 3,1–12

1 Ich habe gesagt:
Hört doch, ihr Häupter Jakobs / und ihr
Richter aus dem Haus Israel!
Ist es nicht eure Pflicht, das Recht zu kennen?
/ 2a Sie aber hassen das Gute und lieben das
Böse.
2b Darum zieht man auch ihnen die Haut ab /
und reißt ihnen das Fleisch von den Kno-
chen.
3 Sie fressen mein Volk auf, / sie ziehen den
Leuten die Haut ab / und zerbrechen ihnen
die Knochen;
sie zerlegen sie wie Fleisch für den Kochtopf,
/ wie Braten für die Pfanne.
4 Dann werden sie zum Herrn schreien; / er
aber wird ihnen nicht antworten.
Er wird sein Angesicht vor ihnen verbergen; /
denn ihre Taten sind böse.
5 So spricht der Herr gegen die Propheten: /
Sie verführen mein Volk.
Haben sie etwas zu beißen, / dann rufen sie:
Friede!
Wer ihnen aber nichts in den Mund steckt, /
dem sagen sie den Heiligen Krieg an.
6 Darum kommt die Nacht über euch, / in der
ihr keine Visionen mehr habt,
und die Finsternis, / in der ihr nicht mehr
wahrsagen könnt.
Die Sonne geht unter für diese Propheten, /
und der Tag wird schwarz über ihnen.
7 Die Seher werden zuschanden, / die Wahrsa-
ger müssen sich schämen.
Sie müssen alle ihren Bart verhüllen; / denn
Gottes Antwort bleibt aus.
8 Ich aber, ich bin voller Kraft, / ich bin erfüllt
vom Geist des Herrn, / voll Eifer für das Recht
und voll Mut,
Jakob seine Vergehen vorzuhalten / und Isra-
el seine Sünden.
9 Hört doch, ihr Häupter des Hauses Jakob /
und ihr Richter aus dem Haus Israel!
Ihr verabscheut das Recht / und macht alles
krumm, was gerade ist.
10 Ihr erbaut Zion mit Blut / und Jerusalem mit
lauter Unrecht.
11 Die Häupter dieser Stadt sprechen Recht /
und nehmen dafür Geschenke an, / ihre
Priester lehren gegen Bezahlung.
Ihre Propheten wahrsagen für Geld, / und
doch berufen sie sich auf den Herrn und
sagen:
Ist nicht der Herr in unserer Mitte? / Kein
Unheil kann über uns kommen.
12 Darum wird Zion euretwegen / zum Acker,
den man umpflügt,
Jerusalem wird zu einem Trümmerhaufen, /
der Tempelberg zur überwucherten Höhe.

Der neue Hirt: Mi 5,1–5

1 Aber du, Betlehem-Efrata, / so klein unter
den Gauen Judas,
aus dir wird mir einer hervorgehen, / der über
Israel herrschen soll.
Sein Ursprung liegt in ferner Vorzeit, / in
längst vergangenen Tagen.
2 Darum gibt der Herr sie preis, / bis die
Gebärende einen Sohn geboren hat.
Dann wird der Rest seiner Brüder heimkeh-
ren / zu den Söhnen Israels.
3 Er wird auftreten und ihr Hirt sein / in der
Kraft des Herrn, / im hohen Namen Jahwes,
seines Gottes.
Sie werden in Sicherheit leben; / denn nun
reicht seine Macht / bis an die Grenzen der
Erde.
4 Und er wird der Friede sein. / (Wenn Assur in
unser Land einfällt / und in unsere Paläste
eindringt,
stellen wir ihm sieben Hirten entgegen / und
acht fürstliche Männer.
5 Sie werden das Land Assur / mit dem
Schwert regieren,
Nimrods Land mit gezückter Waffe.) / Er wird
uns vor Assur retten,
wenn es unser Land überfällt / und in unser
Gebiet eindringt.

Jesaja: Im Banne des »Heiligen Israels«

Der Prophet Jesaja tritt in Jerusalem in der Zeit 740–700 v. Chr. auf. Vielleicht stammte er aus vornehmer Familie, weil er einen recht unmittelbaren Zugang zum Königshof hatte; wie einzelne Worte vermuten lassen, verfolgte er die Politik jener Jahrzehnte aus unmittelbarer Nähe und nahm im Auftrag Gottes Stellung zu den wichtigen Fragen. Die Verkündigung des Propheten Jesaja kreist um Glaubensüberzeugungen, die in Jersualem beheimatet waren; die wichtigste ist die sogenannte »Zion-Tradition«. Es war eine in Jerusalem seit alter Zeit beheimatete Glaubensvorstellung, daß der »Zion«, der Gottesberg, in Jerusalem mit dem Tempel uneinnehmbar sei. Jesaja macht bewußt, daß dieser Glaubensvorstellung das öffentliche Leben und die aktuelle Tagespolitik entsprechen müssen, sonst werde Jahwe selber den Zion angreifen und vernichten. Doch Jerusalem weigert sich, im Plan und Handeln Gottes das tragende Fundament zu suchen; daher spricht der Prophet von einem dunklen Handeln Gottes, das alles menschliche Planen sinnlos machen wird. Jerusalem mußte die bittere Wahrheit dieser Ankündigung in den politischen Wirren der Zeit zwischen 722 und 560 v. Chr. bis zur Neige auskosten. Daher wurden Worte und Mißerfolg des Propheten Jesaja für mehrere Generationen der Glaubenden Israels zum Spiegel des eigenen Versagens, aber auch zum Grund der Hoffnung und des Vertrauens für die Zukunft. Man meditierte die Worte des Propheten in immer neue Situationen hinein, so daß sie zum umfangreichsten Prophetenbuch angewachsen sind.

Der Prophet, den man nicht hören will

Nach dem Untergang Jerusalems im Jahre 586 v. Chr. sieht Israel im Scheitern des Propheten Jesaja ein Spiegelbild des eigenen Versagens vor dem Heiligen Gott. Bereits zu Beginn seines Auftretens prangerte Jesaja die Unterdrückung und Ausbeutung der Schwachen an. Wo aber bedrohtes Leben mit Füßen getreten wird, kann Jahwe, »der den Schwachen aus dem Staub emporhebt und den Armen erhöht, der im Schmutz liegt« (Ps 13,7) nicht mit liturgischen Feiern geehrt werden.

Der Prophet singt ein Lied von einem Freund, der Schwierigkeit mit seinem »Weinberg« hat. In der Liebeslyrik war »Weinberg« ein Bild für die Geliebte (vgl. Hld 8,11–13). Der Liebhaber, der sich umsonst um den »Weinberg« müht, ist – wie die Hörer des Liedes bald erkennen – Jahwe; er müht sich um die »Geliebte« Jerusalem, doch vergeblich: Der »Weinberg« trägt ungenießbare Früchte und muß der Verwüstung preisgegeben werden. So versteht sich auch die Jesusgemeinde als Weinrebe, die aus der Kraft Gottes Frucht bringen soll, sonst aber vernichtet wird (vgl. Joh 15,1–17).

Berufung des Propheten: Jes 6,1–13

1 Im Todesjahr des Königs Usija sah ich den
Herrn. Er saß auf einem hohen und erhabe-
nen Thron. Der Saum seines Gewandes füllte
den Tempel aus. 2 Serafim standen über ihm.
Jeder hatte sechs Flügel: Mit zwei Flügeln
bedeckten sie ihr Gesicht, mit zwei bedeck-
ten sie ihre Füße, und mit zwei flogen sie.
3 Sie riefen einander zu:
Heilig, heilig, heilig ist der Herr der Heere. /
Von seiner Herrlichkeit ist die ganze Erde
erfüllt.
4 Die Türschwellen bebten bei ihrem lauten
Ruf, und der Tempel füllte sich mit Rauch.
5 Da sagte ich: Weh mir, ich bin verloren.

Engel bilden den Hofstaat Gottes (vgl. Jes 6). Fresko, 1185, Marienberg / Burgeis.

Denn ich bin ein Mann mit unreinen Lippen
und lebe mitten in einem Volk mit unreinen
Lippen, und meine Augen haben den König,
den Herrn der Heere, gesehen. 6 Da flog einer
der Serafim zu mir; er trug in seiner Hand
eine glühende Kohle, die er mit einer Zange
vom Altar genommen hatte. 7 Er berührte
damit meinen Mund und sagte:
Das hier hat deine Lippen berührt: Deine
Schuld ist getilgt, / deine Sünde gesühnt.
8 Danach hörte ich die Stimme des Herrn, der
sagte: Wen soll ich senden? Wer wird für uns
gehen? Ich antwortete: Hier bin ich, sende
mich! 9 Da sagte er:
Geh und sag diesem Volk: / Hören sollt ihr,
hören, aber nicht verstehen. / Sehen sollt ihr,
sehen, aber nicht erkennen.
10 Verhärte das Herz dieses Volkes, / verstopf
ihm die Ohren, / verkleb ihm die Augen,
damit es mit seinen Augen nicht sieht / und
mit seinen Ohren nicht hört,
damit sein Herz nicht zur Einsicht kommt /
und sich nicht bekehrt und nicht geheilt wird.
11 Ich fragte: Wie lange, Herr? / Er antwortete:
Bis die Städte verödet sind und unbewohnt, /
die Häuser menschenleer, / bis das Acker-
land zur Wüste geworden ist.
12 Der Herr wird die Menschen weit weg trei-
ben; / dann ist das Land leer und verlassen.
13 Bleibt darin noch ein Zehntel übrig – / auch
sie werden schließlich vernichtet,
wie bei einer Eiche oder Terebinthe, / von der
nur der Stumpf bleibt, wenn man sie fällt. (Ihr
Stumpf ist heiliger Same.)

Sinnloser Gottesdienst: Jes 1,2–4.10–17

2 Hört, ihr Himmel! Erde, horch auf! / Denn
der Herr spricht:
Ich habe Söhne großgezogen und emporge-
bracht, / doch sie sind von mir abgefallen.
3 Der Ochse kennt seinen Besitzer / und der
Esel die Krippe seines Herrn;
Israel aber hat keine Erkenntnis, / mein Volk
hat keine Einsicht.
4 Weh dem sündigen Volk, der schuldbelade-
nen Nation, / der Brut von Verbrechern, den
verkommenen Söhnen!
Sie haben den Herrn verlassen, / den Heili-
gen Israels haben sie verschmäht / und ihm
den Rücken gekehrt.
10 Hört das Wort des Herrn, ihr Herrscher von
Sodom! / Vernimm die Weisung unseres Got-
tes, du Volk von Gomorra!

[11] Was soll ich mit euren vielen Schlachtop-
fern?, / spricht der Herr.
Die Widder, die ihr als Opfer verbrennt, / und
das Fett eurer Rinder habe ich satt; / das Blut
der Stiere, der Lämmer und Böcke ist mir
zuwider.
[12] Wenn ihr kommt, um mein Angesicht zu
schauen – / wer hat von euch verlangt, daß
ihr meine Vorhöfe zertrampelt?
[13] Bringt mir nicht länger sinnlose Gaben, /
Rauchopfer, die mir ein Greuel sind.
Neumond und Sabbat und Festversamm-
lung – / Frevel und Feste – ertrage ich nicht.
[14] Eure Neumondfeste und Feiertage / sind
mir in der Seele verhaßt,
sie sind mir zur Last geworden, / ich bin es
müde, sie zu ertragen.
[15] Wenn ihr eure Hände ausbreitet, / verhülle
ich meine Augen vor euch.
Wenn ihr auch noch so viel betet, / ich höre es
nicht. / Eure Hände sind voller Blut.
[16] Wascht euch, reinigt euch! / Laßt ab von
eurem üblen Treiben! / Hört auf, vor meinen
Augen Böses zu tun!
[17] Lernt, Gutes zu tun! / Sorgt für das Recht!
Helft den Unterdrückten! / Verschafft den
Waisen Recht, / tretet ein für die Witwen!

»Der Ochse kennt seinen Besitzer und der Esel die Krippe seines Herrn; Israel aber hat keine Erkenntnis« (Jes 1,3). Initiale aus dem Kodex Coulemborch, Anfang 15. Jh., Brixen.

Mißratener Weinberg: Jes 5,1–7

[1] Ich will ein Lied singen von meinem gelieb-
ten Freund, / ein Lied vom Weinberg meines
Liebsten.
Mein Freund hatte einen Weinberg / auf einer
fruchtbaren Höhe.
[2] Er grub ihn um und entfernte die Steine /
und bepflanzte ihn mit den edelsten Reben.
Er baute mitten darin einen Turm / und hieb
eine Kelter darin aus.
Dann hoffte er, / daß der Weinberg süße
Trauben brächte, / doch er brachte nur saure
Beeren.
[3] Nun sprecht das Urteil, Jerusalems Bürger
und ihr Männer von Juda, / im Streit zwischen
mir und dem Weinberg!
[4] Was konnte ich noch für meinen Weinberg
tun, / das ich nicht für ihn tat?
Warum hoffte ich denn auf süße Trauben? /
Warum brachte er nur saure Beeren?
[5] Jetzt aber will ich euch kundtun, / was ich
mit meinem Weinberg mache:
Ich entferne seine schützende Hecke; / so
wird er zur Weide.
Seine Mauer reiße ich ein; / dann wird er
zertrampelt.
[6] Zu Ödland will ich ihn machen. / Man soll
seine Reben nicht schneiden / und soll ihn
nicht hacken;
Dornen und Disteln werden dort wuchern. /
Ich verbiete den Wolken, ihm Regen zu
spenden.
[7] Ja, der Weinberg des Herrn der Heere / ist
das Haus Israel,
und die Männer von Juda sind die Reben, /
die er zu seiner Freude gepflanzt hat.
Er hoffte auf Rechtsspruch – / doch siehe da:
Rechtsbruch,
und auf Gerechtigkeit – / doch siehe da: Der
Rechtlose schreit.

Der rettende Glaube

Als König Ahas von Jerusalem von den Königen von Israel und Damaskus bedrängt wurde, rief er die Assyrer um Hilfe. Darin sah der Prophet Jesaja aber Mißtrauen gegen Jahwes Hilfe; nicht die Hilfe fremder Großmächte kann Bestand geben, nur das gläubige »Sich-fest-machen an Jahwe«. »Ahas« ist das Modell eines Menschen, der auf eigene Rechnung seine Pläne macht und dabei Gott nicht braucht; er lehnt das Angebot ab, das Gott durch den Propheten macht. Solcher Unglaube führt ins Verderben, was aber nicht verhindert, daß Gott zu seinem Heilsangebot steht, und der »Gott-mit-uns« für sein Volk bleiben will. Gottes Sorge für das Volk zeigt sich auch in der Berufung eines zuverlässigen Beamten: Die Kritik des Propheten am König und an Beamten, die ihr Amt mißbrauchten (vgl. Jes 22,15–19), wird etwa hundert Jahre nach Jesaja aufgegriffen. Am Beispiel der Beamtengestalt des Eljakim aus den letzten Jahrzehnten des Staates Juda wird gezeigt, wie ein Beamter ein guter Landesvater sein kann: Durch Gott in sein Amt gerufen, weiß er sich als »Knecht«, der vor Gott verantwortlich ist und dem durch Gottes Autorität Grenzen gesetzt sind. Die Bildersprache dieses Spruches wird in der Verheißung Jesu an Petrus aufgegriffen (Mt 16,19).

»Hier bin ich, sende mich« (Jes 6,8). Der Prophet Jesaja. 19. Jh., Kastelruth.

Glaube läßt bestehen: Jes 7,1–9

1 In der Zeit, als Ahas, der Sohn Jotams, des
Sohnes Usijas, König von Juda war, zogen
Rezin, der König von Aram, und Pekach, der
Sohn Remaljas, der König von Israel, gegen
Jerusalem in den Krieg; aber sie konnten die
Stadt nicht einnehmen. 2 Als man dem Haus
David meldete: Aram hat sich mit Efraim
verbündet!, da zitterte das Herz des Königs
und das Herz seines Volkes, wie die Bäume
des Waldes im Wind zittern. 3 Der Herr aber
sagte zu Jesaja: Geh zur Walkerfeldstraße
hinaus, zusammen mit deinem Sohn Schear-Jaschub (Ein Rest kehrt um), an das Ende
der Wasserleitung des oberen Teiches, um
Ahas zu treffen. 4 Sag zu ihm: Bewahre die
Ruhe, fürchte dich nicht! Dein Herz soll nicht
verzagen wegen dieser beiden Holzscheite,
dieser rauchenden Stummel, wegen des glühenden Zorns Rezins von Aram und des
Sohnes Remaljas. 5 Zwar planen Aram,
Efraim und der Sohn Remaljas Böses gegen
dich und sagen: 6 Wir wollen gegen Juda
ziehen, es an uns reißen und für uns erobern;
dann wollen wir den Sohn Tabeals dort zum
König machen. 7 Doch so spricht Gott, der
Herr:
Das kommt nicht zustande, / das wird nicht geschehen.
8 Denn das Haupt von Aram ist Damaskus, /
und das Haupt von Damaskus ist Rezin.
Noch fünfundsechzig Jahre, dann wird Efraim zerschlagen, / es wird aufhören, ein Volk zu sein.
9 Das Haupt von Efraim ist Samaria, / und das
Haupt von Samaria ist der Sohn Remaljas. /
Glaubt ihr nicht, so bleibt ihr nicht.

Immanuel – Gott mit uns: Jes 7,10–17
10 Der Herr sprach noch einmal zu Ahas; er
sagte: 11 Erbitte dir vom Herrn, deinem Gott,
ein Zeichen, sei es von unten, aus der Unter-
welt, oder von oben, aus der Höhe. 12 Ahas
antwortete: Ich will um nichts bitten und den
Herrn nicht auf die Probe stellen. 13 Da sagte
Jesaja: Hört her, ihr vom Haus David! Genügt
es euch nicht, Menschen zu belästigen? Müßt
ihr auch noch meinen Gott belästigen? 14
Darum wird euch der Herr von sich aus ein
Zeichen geben: Seht, die Jungfrau wird ein
Kind empfangen, sie wird einen Sohn gebä-
ren, und sie wird ihm den Namen Immanuel
(Gott mit uns) geben. 15 Er wird Butter und
Honig essen bis zu der Zeit, in der er ver-
steht, das Böse zu verwerfen und das Gute zu
wählen. 16 Denn noch bevor das Kind ver-
steht, das Böse zu verwerfen und das Gute zu
wählen, wird das Land verödet sein, vor
dessen beiden Königen dich das Grauen
packt. 17 Der Herr wird Tage kommen lassen
über dich und dein Volk und das Haus deines
Vaters (durch den König von Assur), wie man
sie nicht mehr erlebt hat, seit Efraim von
Juda abgefallen ist.

Der zuverlässige Verwalter der Hoffnung: Jes 22,20–23
20 An jenem Tag werde ich meinen Knecht
Eljakim, den Sohn Hilkijas, berufen. 21 Ich
bekleide ihn mit deinem Gewand und lege
ihm deine Schärpe um. Ich übergebe ihm
dein Amt, und er wird für die Einwohner
Jerusalems und für das Haus Juda ein Vater
sein. 22 Ich lege ihm den Schlüssel des Hau-
ses David auf die Schulter. Wenn er öffnet,
kann niemand schließen; wenn er schließt,
kann niemand öffnen. 23 Ich schlage ihn an
einer festen Stelle als Pflock ein; er wird in
seinem Vaterhaus den Ehrenplatz ein-
nehmen.

»Seht, die Jungfrau wird ein Kind empfangen, sie wird einen Sohn gebären« (Jes 7,14). Madonna mit Kind. 1250, Diözesanmuseum Brixen.

Jahwe – Der verläßliche Bundespartner

Die lähmendste Gefahr für das Gottesvolk ist der Selbstbetrug, durch den man den Anspruch Gottes zum Schweigen bringt und die eigenen Interessen vergötzt. Diese Gefahr ist tödlich; Leben gibt es nur in der Hinwendung zu Jahwe und im Bauen auf sein Wirken. Die Politik des Jerusalemer Königshofes sah sich nach Bundesgenossen im Widerstand gegen Assur um. Doch man rechnete nur mit innerweltlichen Mächten und vergaß, daß Jahwe der eigentliche und maßgebende Bündnispartner gewesen wäre.

Rettung durch Ruhe und Umkehr:
Jes 30,8–17

8 Nun geh, schreib es vor ihren Augen auf
eine Tafel, / ritz es als Inschrift ein, / damit es
für künftige Zeiten auf immer bezeugt ist:
9 Sie sind ein trotziges Volk, mißratene Söh-
ne, / Söhne, die auf die Weisung des Herrn
nicht hören.
10 Sie sagen zu den Sehern: Seht nichts!, / und
zu den Propheten: Erschaut für uns ja nicht,
was wahr ist,
sondern sagt, was uns schmeichelt, / er-
schaut für uns das, was uns täuscht.
11 Weicht nur ab vom rechten Weg, / verlaßt
den richtigen Pfad, / laßt uns in Ruhe mit dem
Heiligen Israels!
12 Darum – so spricht der Heilige Israels: / Weil
ihr dieses Wort mißachtet,
weil ihr auf Ränke vertraut / und euch auf das
Falsche verlaßt,
13 darum wird eure Schuld für euch sein / wie
ein herabfallendes Bruchstück / von einer
hoch aufragenden Mauer, / die dann plötz-
lich, urplötzlich einstürzt.
14 Sie zerbricht wie der Krug eines Töpfers, /
den man ohne Erbarmen zerschlägt,
so daß sich unter all den Stücken keine
Scherbe mehr findet, / mit der man Feuer
vom Herd holen kann / oder Wasser schöpfen
aus der Zisterne.
15 Denn so spricht der Herr, der Heilige Is-
raels:
Nur in Umkehr und Ruhe liegt eure Rettung, /
nur Stille und Vertrauen verleihen euch Kraft.
Doch ihr habt nicht gewollt, /
16 sondern gesagt:
Nein, auf Rossen wollen wir dahinfliegen. /
Darum sollt ihr jetzt fliehen.
Ihr habt gesagt: Auf Rennpferden wollen wir
reiten. / Darum rennen die Verfolger euch
nach.
17 Tausende werden zittern, wenn ein einziger
droht, / wenn nur fünf euch drohen, ergreift
ihr alle die Flucht,
bis das, was von euch übrig ist, aussieht, /
wie ein Fahnenmast auf dem Gipfel eines
Berges, / wie ein Feldzeichen auf dem Hügel.

Die falschen Bundesgenossen: Jes 31,1–3

1 Weh denen, die nach Ägypten ziehen, / um
Hilfe zu finden, / und sich auf Pferde ver-
lassen,
die auf die Menge ihrer Wagen vertrauen /
und auf ihre zahlreichen Reiter.
Doch auf den Heiligen Israels blicken sie
nicht / und fragen nicht nach dem Herrn.
2 Aber auch er ist klug; er führt das Unheil
herbei; / er nimmt sein Wort nicht zurück.
Er erhebt sich gegen dieses Haus von Verbre-
chern / und gegen die Helfer derer, die Böses
tun.
3 Auch der Ägypter ist nur ein Mensch und
kein Gott, / seine Pferde sind nur Fleisch,
nicht Geist.
Streckt der Herr seine Hand aus, / dann
kommt der Beschützer zu Fall,
und ebenso fällt auch sein Schützling; / sie
gehen alle beide zugrunde.

Licht für das Volk im Dunkel

Jesajas Wirken war intensiv verbunden mit dem Königshaus Davids. Daher meditierte man im Glauben die Bedeutung seiner Worte auch noch weiter, als das Königtum in Jerusalem ausgeschaltet war. Die ausschließlich von Gott erwartete Zeitenwende stellte man sich im Auftreten eines neuen Königs vor, dessen Königstitel die neue Zeit ankündigen. Je weiter die Zeit nach der Zerschlagung des Staates Juda und des davidischen Königshauses fortschritt, umso weniger konnte man die Wende zur Freiheit im Auftreten eines Königs aus dem Hause David erhoffen. Aber trotz allem erwartete man ein geeintes Volk unter einem Herrscher, der jetzt ganz im Geiste Gottes seines Amtes walten wird. Wie Gott selbst wird er das geknickte und gebrochene Leben aufrichten und die Entfremdung beseitigen. Dann wird die Welt ein Haus des Lebens und des Friedens. Diese Hoffnungen sieht die christliche Gemeinde in Jesus erfüllt (Mt 4,12–17).

Der Friedensfürst: Jes 8,23 – 9,6

23 Wer jetzt in Not ist, bleibt nicht im Dunkel.
Einst hat er das Land Sebulon und das Land
Naftali verachtet, aber später bringt er die
Straße am Meer wieder zu Ehren, das Land
jenseits des Jordan, das Gebiet der Heiden.

»Es ist ein Ros entsprungen ...«. Buchschmuck, 15. Jh., Brixen.

1 Das Volk, das im Dunkel lebt, / sieht ein
helles Licht;
über denen, die im Land der Finsternis wohnen, / strahlt ein Licht auf.
2 Du erregst lauten Jubel / und schenkst
große Freude.
Man freut sich in deiner Nähe, / wie man sich
freut bei der Ernte, / wie man jubelt, wenn
Beute verteilt wird.
3 Denn wie am Tag von Midian zerbrichst du
das drückende Joch, / das Tragholz auf unserer Schulter und den Stock des Treibers.
4 Jeder Stiefel, der dröhnend daherstampft, /
jeder Mantel, der mit Blut befleckt ist, / wird
verbrannt, wird ein Fraß des Feuers.
5 Denn uns ist ein Kind geboren, / ein Sohn ist
uns geschenkt.
Die Herrschaft liegt auf seiner Schulter; / man
nennt ihn: Wunderbarer Ratgeber, Starker
Gott, / Vater in Ewigkeit, Fürst des Friedens.
6 Seine Herrschaft ist groß, / und der Friede
hat kein Ende.
Auf dem Thron Davids herrscht er über sein
Reich; / er festigt und stützt es durch Recht
und Gerechtigkeit, / jetzt und für alle Zeiten.
Der leidenschaftliche Eifer des Herrn der
Heere / wird das vollbringen.

Das Friedensreich: Jes 11,1–10:

1 Doch aus dem Baumstumpf Isais wächst ein
Reis hervor, / ein junger Trieb aus seinen
Wurzeln bringt Frucht.
2 Der Geist des Herrn läßt sich nieder auf ihm:
/ der Geist der Weisheit und der Einsicht,

der Geist des Rates und der Stärke, / der Geist der Erkenntnis und der Gottesfurcht.
3 (Er erfüllt ihn mit dem Geist der Gottesfurcht.) / Er richtet nicht nach dem Augenschein, / und nicht nur nach dem Hörensagen entscheidet er,
4 sondern er richtet die Hilflosen gerecht / und entscheidet für die Armen des Landes, wie es recht ist.
Er schlägt den Gewalttätigen / mit dem Stock seines Wortes
und tötet den Schuldigen / mit dem Hauch seines Mundes.
5 Gerechtigkeit ist der Gürtel um seine Hüften, / Treue der Gürtel um seinen Leib.
6 Dann wohnt der Wolf beim Lamm, / der Panther liegt beim Böcklein.
Kalb und Löwe weiden zusammen, / ein kleiner Knabe kann sie hüten.
7 Kuh und Bärin freunden sich an, / ihre Jungen liegen beieinander. / Der Löwe frißt Stroh wie das Rind.
8 Der Säugling spielt vor dem Schlupfloch der Natter, / das Kind streckt seine Hand in die Höhle der Schlange.
9 Man tut nichts Böses mehr / und begeht kein Verbrechen / auf meinem ganzen heiligen Berg;
denn das Land ist erfüllt von der Erkenntnis des Herrn, / so wie das Meer mit Wasser gefüllt ist.
10 An jenem Tag wird es der Sproß aus der Wurzel Isais sein, / der dasteht als Zeichen für die Nationen;
die Völker suchen ihn auf; / sein Wohnsitz ist prächtig.

Am Ende der Tage

Mit kühnen Traumbildern einer völlig gewandelten und geheilten Welt kommt die Überlieferung der Botschaft Jesajas in ihr Endstadium. Die Tempelgemeinde ist – angesichts des oft recht trostlosen Neuanfangs nach dem Exil und der andauernden Unfreiheit – entmutigt. Jes 35,1–10 möchte ihr sagen: Wo die Glaubenden Gott am Beginn eines neuen Weges sehen, sind sie zur kühnsten Hoffnung berechtigt. Das große Zeichen dafür ist der »Zion«. Für Menschen, die von dieser Hoffnung gepackt sind und die ihre weltverwandelnde Kraft entdecken, wird sie zum Dreh- und Angelpunkt ihres Lebens und der Welt. Solche Hoffnungen hat Israel auch zum Inhalt seines Betens werden lassen; die Weltordnung ist nicht Ausdruck eigenmächtigen menschlichen Planens, sondern des Willens Gottes, der nur das Leben des Menschen will. Dies verdichtet sich im Psalm 72 zum Bild des idealen Herrschers. An Jahwe, den Gott Israels, glauben, bedeutet: Vertrauen, daß die ganze Völkerwelt eine Lebensgemeinschaft sein wird, die durch keine lebenvernichtende Kraft mehr gestört wird; diese Wende wird im Bild des wunderbaren Gastmahles geschildert, in einem Bild für die Heilszeit, das auch in der Mitte der Verkündigung Jesu steht.

Die verwandelte Welt: Jes 35,1–10

1 Die Wüste und das trockene Land sollen sich freuen, / die Steppe soll jubeln und blühen.
2 Sie soll prächtig blühen wie eine Lilie, / jubeln soll sie, jubeln und jauchzen.
Die Herrlichkeit des Libanon wird ihr geschenkt, / die Pracht des Karmel und der Ebene Scharon.
Man wird die Herrlichkeit des Herrn sehen, / die Pracht unseres Gottes.
3 Macht die erschlafften Hände wieder stark / und die wankenden Knie wieder fest!
4 Sagt den Verzagten: / Habt Mut, fürchtet euch nicht!
Seht, hier ist euer Gott! / Die Rache Gottes wird kommen und seine Vergeltung; / er selbst wird kommen und euch erretten.
5 Dann werden die Augen der Blinden geöffnet, / auch die Ohren der Tauben sind wieder offen.

6 Dann springt der Lahme wie ein Hirsch, / die
Zunge des Stummen jauchzt auf.
In der Wüste brechen Quellen hervor, / und
Bäche fließen in der Steppe.
7 Der glühende Sand wird zum Teich / und
das durstige Land zu sprudelnden Quellen.
An dem Ort, wo jetzt die Schakale sich la-
gern, / gibt es dann Gras, Schilfrohr und
Binsen.
8 Eine Straße wird es dort geben; / man nennt
sie den Heiligen Weg.
Kein Unreiner darf ihn betreten. / Er gehört
dem, der auf ihm geht. / Unerfahrene gehen
nicht mehr in die Irre.
9 Es wird keinen Löwen dort geben, / kein
Raubtier betritt diesen Weg, keines von ihnen
ist hier zu finden. / Dort gehen nur die Erlö-
sten.
10 Die vom Herrn Befreiten kehren zurück /
und kommen voll Jubel nach Zion.
Ewige Freude ruht auf ihren Häuptern. / Won-
ne und Freude stellen sich ein, / Kummer und
Seufzen entfliehen.

Der Zion – Die Mitte der Welt: Jes 2,1–5

1 Das Wort, das Jesaja, der Sohn des Amoz, in
einer Vision über Juda und Jerusalem gehört
hat.
2 Am Ende der Tage wird es geschehen:
Der Berg mit dem Haus des Herrn / steht fest
gegründet als höchster der Berge;
er überragt alle Hügel. / Zu ihm strömen alle
Völker.
3 Viele Nationen machen sich auf den Weg.
Sie sagen: / Kommt, wir ziehen hinauf zum
Berg des Herrn / und zum Haus des Gottes
Jakobs.
Er zeige uns seine Wege, / auf seinen Pfaden
wollen wir gehen.
Denn von Zion kommt die Weisung des
Herrn, / aus Jerusalem sein Wort.
4 Er spricht Recht im Streit der Völker, / er
weist viele Nationen zurecht.
Dann schmieden sie Pflugscharen aus ihren
Schwertern / und Winzermesser aus ihren
Lanzen.
Man zieht nicht mehr das Schwert, / Volk
gegen Volk, / und übt nicht mehr für den
Krieg.
5 Ihr vom Haus Jakob, kommt, / wir wollen
unsere Wege gehen im Licht des Herrn.

Festmahl nach dem Sieg über den Tod:
Jes 25,6–10

6 Der Herr der Heere wird auf diesem Berg /
für alle Völker ein Festmahl geben mit den
feinsten Speisen, / ein Gelage mit erlesenen
Weinen,
mit den besten und feinsten Speisen, / mit
besten, erlesenen Weinen.
7 Er zerreißt auf diesem Berg die Hülle, die
alle Nationen verhüllt, / und die Decke, die
alle Völker bedeckt.
8 Er beseitigt den Tod für immer. / Gott, der
Herr, wischt die Tränen ab von jedem Ge-
sicht.
Auf der ganzen Erde nimmt er von seinem
Volk die Schande hinweg. / Ja, der Herr hat
gesprochen.
9 An jenem Tag wird man sagen: / Seht, das ist
unser Gott,
auf ihn haben wir unsere Hoffnung gesetzt, /
er wird uns retten.
Das ist der Herr, auf ihn setzen wir unsere
Hoffnung. / Wir wollen jubeln und uns freuen
über seine rettende Tat.
10 Ja, die Hand des Herrn ruht auf diesem
Berg. / Moab aber wird an Ort und Stelle
zerstampft, / wie Stroh in der Jauche zer-
stampft wird.

Der ideale Herrscher: Ps 72
(Von Salomo).
1 Verleih dein Richteramt, o Gott dem König, /
dem Menschensohn gib dein gerechtes
Walten!
2 Er regiere dein Volk in Gerechtigkeit / und
deine Armen durch rechtes Urteil.
3 Dann tragen die Berge Frieden für das Volk /
und die Höhen Gerechtigkeit.
4 Er wird Recht verschaffen den Gebeugten im
Volk, / Hilfe bringen den Kindern der Armen, /
er wird die Unterdrückten zermalmen.
5 Er soll leben, solange die Sonne bleibt und
der Mond, / bis zu den fernsten Geschlech-
tern.
6 Er ströme wie Regen herab auf die Felder, /
wie Regenschauer, die die Erde benetzen.

Jesus ist der verheißene Friedensfürst (Jes 9). Einzug Jesu in Jerusalem. Fresko, um 1430, Durnholz.

7 Die Gerechtigkeit blühe auf in seinen Tagen / und großer Friede, bis der Mond nicht mehr da ist.
8 Er herrsche von Meer zu Meer, / vom Strom bis an die Enden der Erde.
9 Vor ihm sollen seine Gegner sich beugen, / Staub sollen lecken all seine Feinde.
10 Die Könige von Tarschisch und von den Inseln bringen Geschenke, / die Könige von Saba und Seba kommen mit Gaben.
11 Alle Könige müssen ihm huldigen, / alle Völker ihm dienen.
12 Denn er rettet den Gebeugten, der um Hilfe schreit / den Armen und den, der keinen Helfer hat.
13 Er erbarmt sich des Gebeugten und Schwachen, / er rettet das Leben der Armen.
14 Von Unterdrückung und Gewalttat befreit er sie, / ihr Blut ist in seinen Augen kostbar.
15 Er lebe, und Gold von Saba soll man ihm geben! / Man soll für ihn allezeit beten, / stets für ihn Segen erflehen.
16 Im Land gebe es Korn in Fülle. / Es rausche auf dem Gipfel der Berge.
Seine Frucht wird sein wie die Bäume des Libanon. / Menschen blühn in der Stadt wie das Gras der Erde.
17 Sein Name soll ewig bestehen; / solange die Sonne bleibt, sprosse sein Name.
Glücklich preisen sollen ihn alle Völker / und in ihm sich segnen.
18 Gepriesen sei der Herr, der Gott Israels! / Er allein tut Wunder.
19 Gepriesen sei sein herrlicher Name in Ewigkeit! / Seine Herrlichkeit erfülle die ganze Erde. Amen, ja amen.

Nahum, Zefanja, Habakuk: Stimmen des Widerstandes

Das siebte Jahrhundert war in der Geschichte Judas und Jerusalems eine dunkle Zeit. Die Abhängigkeit von der Großmacht Assur lastete schwer auf dem Land. Der Prophet Nahum ist eine Stimme des Widerstandes gegen den Unterdrücker. In einer Zeit, als Judas politische Führung Assur sehr ergeben war, verkündet Nahum das Ende der assyrischen Großmacht.

Aufatmen für Jerusalem

Den kriegerischen Wirren seiner Zeit (Mitte des 7. Jh. v. Chr.) entspricht die Sprache Nahums: In Form von Landknechtsliedern kündet er den Untergang Ninives, der Hauptstadt der bedrückenden Großmacht, an.

Gerichtsankündigung über Assur:
Nah 3,8–19a

8 Bist du denn besser als No-Amon, / das an Strömen lag, / von Wasser rings umgeben, dessen Schutzwall ein Meer, / dessen Mauern die Wasser waren?
9 Kusch war mächtig, / und Ägypten kannte keine Grenze. / Put und die Libyer zählten zu seinen Helfern.
10 Doch auch No-Amon mußte in die Verbannung, / zog in die Gefangenschaft.
Auch seine Kinder wurden zerschmettert an den Ecken aller Gassen, / und über seine Vornehmen warf man das Los. / Alle seine Großen wurden in Fesseln gelegt.
11 Auch du wirst betrunken, wirst ohnmächtig

sein. / Auch du wirst Schutz suchen vor dem Feind.
12 All deine Festungen sind Bäume mit frühen Feigen: / Schüttelt man sie, dann fallen sie dem, der sie essen will, in den Mund.
13 Die Krieger in deiner Mitte – / Weiber sind sie.
Weit stehen deinen Feinden / die Tore deines Landes offen; Feuer frißt deine Riegel.
14 Schöpf dir Wasser für die Belagerung, / mach fest deine Festungen!
Tritt in den Lehm, stampfe den Ton, / halte die Ziegelform fest!
15 Dann wird das Feuer dich fressen, / wird das Schwert dich vertilgen, / wird dich fressen wie ein Heuschreckenschwarm.
Werde zahlreich wie die Heuschrecken, / zahlreich wie die Wanderheuschrecken!
16 Du hast deine Händler zahlreicher gemacht / als die Sterne am Himmel.
Die Heuschrecken häuten sich / und fliegen davon.
17 Deine Wächter sind wie Wanderheuschrekken, / deine Beamten wie ein Schwarm von Heuschrecken, / die sich an den Mauern lagern an einem kalten Tag.
Geht die Sonne auf, / so fliehen sie eilig davon.
Man kennt ihren Ort nicht – / wo sind sie hin?
18 Deine Hirten schlummern, König von Assur; / deine Mächtigen ruhen.
Dein Volk ist über die Berge zerstreut, / und keiner sammelt es.
19a Keine Linderung gibt es für deinen Zusammenbruch, / unheilbar ist deine Wunde.

Auf Jahwe warten

Unter König Joschija (640–609 v. Chr.) wandelte sich die Situation. In der Zeit als Juda nach dem Abschütteln der assyrischen Herrschaft aufatmete und große Hoffnungen die Menschen erfüllte, machte sich eine Stimme vernehmbar, die diese Hochstimmung mit kritischen Blicken beobachtete; Zefanja hämmerte seinen Zuhörern in kurzen Sätzen ein: Die Stimmung trügt; Jahwe wird bei der Ernte Flur und Acker räumen. Unerbittlich erinnert er an die Wege, die es zu suchen gilt, ehe es zu spät ist.

Wie andere Prophetenbücher ist auch das Buch Zefanja gewachsen. Eine spätere Zeit meditiert die Zefanja-Worte weiter; die aus der großen Katastrophe herausgewachsene kleine Gemeinde sieht ihr Heil darin, daß Jahwe selbst Hochmut und Lüge aus ihrer Mitte wegnimmt. So entsteht eine Gemeinde, die auf das Kommen Jahwes wartet. Das Selbstbewußtsein und die Zuversicht dieser Gemeinde haben ihren Grund darin, daß sie Jahwe, ihren Gott, in ihrer Mitte weiß. Sie weiß sich ermutigt zur Freude, weil sie Gott zutraut, daß er sich über sie freut.

Kahlschlag Jahwes: Zef 1,2–3

2 Ich raffe alles vom Erdboden weg, / ich raffe es weg – Spruch des Herrn.
3 Mensch und Vieh raffe ich weg, / die Vögel des Himmels raffe ich weg
und die Fische im Meer, / (nämlich alles, was die Frevler zu Fall gebracht hat,)
und ich rotte die Menschen auf der Erde aus – / Spruch des Herrn.

Zu nützende Chance: Zef 2,1–3

1 Du gleichgültiges Volk, / sammelt euch, tut euch zusammen,
2 ehe ihr zerstreut werdet und zerstiebt wie Spreu, / ehe der glühende Zorn des Herrn über euch kommt, / ehe über euch der Tag des glühenden Zornes
des Herrn kommt.
3 Sucht den Herrn, ihr Gedemütigten im Land, / die ihr nach dem Recht des Herrn lebt.
Sucht Gerechtigkeit, sucht Demut! / Vielleicht bleibt ihr geborgen / am Tag des Zornes des Herrn.

»Freue dich, Tochter Jersualem (Zef 3,14). Verkündigung. 17. Jh., Gfrill / Salurn.

Jahwes Initiative: Zef 3,11–13
11 An jenem Tag / brauchst du dich nicht mehr
zu schämen,
wegen all deiner schändlichen Taten, / die du
gegen mich verübt hast.
Ja, dann entferne ich aus deiner Mitte / die
überheblichen Prahler,
und du wirst nicht mehr hochmütig sein / auf
meinem heiligen Berg.
12 Und ich lasse in deiner Mitte übrig ein
demütiges und armes Volk, / das seine Zu-
flucht sucht beim Namen des Herrn.
13 Der Rest von Israel wird kein Unrecht mehr
tun / und wird nicht mehr lügen, / in ihrem
Mund findet man kein unwahres Wort mehr.
Ja, sie gehen friedlich auf die Weide, / und
niemand schreckt sie auf, wenn sie ruhen.

Die Freude der Tochter Zion: Zef 3,14–18
14 Juble, Tochter Zion! Jauchze, Israel! / Freu
dich, und frohlocke von ganzem Herzen, /
Tochter Jerusalem!
15 Der Herr hat das Urteil gegen dich aufgeho-
ben / und deine Feinde zur Umkehr ge-
zwungen.
Der König Israels, der Herr, ist in deiner Mitte;
/ du hast kein Unheil mehr zu fürchten.
16 An jenem Tag wird man zu Jerusalem
sagen: / Fürchte dich nicht, / Zion! Laß die
Hände nicht sinken!
17 Der Herr, dein Gott, ist in deiner Mitte, / ein
Held, der Rettung bringt.
Er freut sich und jubelt über dich, / er erneu-
ert seine Liebe zu dir,
er jubelt über dich und frohlockt, / wie man
frohlockt an einem Festtag.
18 Ich mache deinem Unglück ein Ende, / ich
nehme die Schmach von dir.

Klage über Ungerechtigkeit

Der Prophet Habakuk erhebt seine Stimme gegen die Rechtlosigkeit, die nach dem Tod des Königs Joschija (609 v. Chr.) erschreckend anwuchs. In der neu emporgekommenen Großmacht Babylon, die immer bedrohlicher an die Tore Jerusalems klopft, sieht Habakuk den unüberhörbaren Anruf Gottes an Jerusalem, sich endlich selbst zu besinnen. Freilich stellt der Prophet bei den Babyloniern Ungerechtigkeit und maßlosen Machtmißbrauch fest. Ihm und seinen Zeitgenossen bricht daran die Frage nach der Gerechtigkeit Gottes auf. Der Glaube derer, die trotz allem mit Gott rechnen, wird oft lange auf die Probe gestellt, bis offenbar wird, daß das Böse keine Zukunft hat und der Gerechte aufgrund seines treuen Festhaltens an Jahwe am Leben bleibt. Diese Überzeugung wird zum Schlüssel der Verkündigung des Paulus werden (vgl. Röm 1,17).

Klage über die Ohnmacht des Rechtes:
Hab 1,2–4
2 Wie lange, Herr, soll ich noch rufen, / und du hörst nicht?
Ich schreie zu dir: Hilfe, Gewalt! / Aber du hilfst nicht.
3 Warum läßt du mich die Macht des Bösen erleben / und siehst der Unterdrückung zu?
Wohin ich blicke, sehe ich Gewalt und Mißhandlung, / erhebt sich Zwietracht und Streit.
4 Darum ist das Gesetz ohne Kraft, / und das Recht setzt sich gar nicht mehr durch.
Die Bösen umstellen den Gerechten, / und so wird das Recht verdreht.

Mahnung zur Besinnung: Hab 1,5–11
5 Seht auf die Völker, schaut hin, / staunt und erstarrt!
Denn ich vollbringe in euren Tagen eine Tat – / würde man euch davon erzählen, ihr glaubtet es nicht.
6 Denn seht, ich stachle die Chaldäer auf, / das grausame, ungestüme Volk,
das die Weiten der Erde durchzieht, / um Wohnplätze zu erobern, die ihm nicht gehören,
7 ein furchtbares und schreckliches Volk, / das selbst sein Recht und seinen Rang bestimmt.
8 Seine Pferde sind schneller als Panther, / wilder als die Wölfe der Steppe.
Seine Rosse und Reiter stürmen heran, / sie kommen aus der Ferne,
sie fliegen herbei wie ein Geier, / der sich auf seinen Fraß stürzt.
9 Sie rücken an, entschlossen zu roher Gewalt, / alle Gesichter vorwärts gerichtet. / Gefangene raffen sie zusammen wie Sand.
10 Sie machen sich sogar über Könige lustig / und lachen über mächtige Fürsten;
ja, sie spotten über jede Festung, / sie schütten einen Erdwall auf und nehmen sie ein.
11 Dann ziehen sie weiter, / wie der Sturmwind sausen sie dahin.
Doch sie werden es büßen, / denn sie haben ihre Kraft zu ihrem Gott gemacht.

Frage nach Gottes Gerechtigkeit:
Hab 1,12–17
12 Herr, bist nicht du von Ewigkeit her mein heiliger Gott? / Wir wollen nicht sterben.
Herr, du hast sie doch nur dazu gerufen, / an uns das Gericht zu vollziehen:
Du, unser Fels, du hast sie dazu bestimmt, / uns zu bestrafen.
13 Deine Augen sind zu rein, um Böses mit anzusehen, / du kannst der Unterdrückung nicht zusehen.
Warum siehst du also den Treulosen zu und schweigst, / wenn der Ruchlose den Gerechten verschlingt?
14 Warum behandelst du die Menschen / wie die Fische im Meer, / wie das Gewürm, das keinen Herrn hat?
15 Mit der Angel holt er sie alle herauf, / er schleppt sie weg in seinem Netz
und rafft sie fort in seinem Fischgarn; / er freut sich darüber und jubelt.
16 Deshalb opfert er seinem Netz / und bringt seinem Fischgarn Rauchopfer dar;
denn durch sie hat er reichen Gewinn / und ein üppiges Mahl.
17 Darum zückt er unablässig sein Schwert, / um ohne Erbarmen die Völker zu morden.

Gottes Antwort: Hab 2,2–5
2 Der Herr gab mir Antwort und sagte: / Schreib nieder, was du siehst,
schreib es deutlich auf die Tafeln, / damit man es mühelos lesen kann.
3 Denn erst zu der bestimmten Zeit trifft ein, / was du siehst;
aber es drängt zum Ende und ist keine Täuschung; / wenn es sich verzögert, so warte darauf; / denn es kommt, es kommt und bleibt nicht aus.
4 Sieh her: Wer nicht rechtschaffen ist, schwindet dahin, / der Gerechte aber bleibt wegen seiner Treue am Leben.
5 Wahrhaftig, der Reichtum ist trügerisch, / wer hochmütig ist, kommt nicht ans Ziel,
wenn er auch seinen Rachen aufsperrt wie die Unterwelt / und unersättlich ist wie der Tod,
wenn er auch alle Völker zusammentreibt / und alle Nationen um sich vereinigt.

Jeremia: Unter der Last des Wortes Gottes

Der Prophet Jeremia wirkte in den letzten Jahrzehnten vor der Zerstörung Jerusalems (597 v. Chr.). Möglicherweise hat Jeremia die Reformen des Königs Joschija mitgetragen, indem er mit Mahnungen und hoffnungsvollen Zukunftsbildern sich an die Bevölkerung des früheren Nordreiches Israel wandte. Unter der für Juda drückenden Herrschaft Jojakims (608–598 v. Chr.) trat Jeremia auf als Gerichtsprophet und Ankläger der verweigerten Umkehr. Doch dem leidenschaftlichen Verkünder im Namen Jahwes schlagen der Widerstand und der Zorn führender Kreise entgegen.
Das Buch Jeremia bezeugt nicht nur das Auftreten des Propheten; es enthält sehr viele Worte, mit denen spätere Generationen seine Botschaft für sich weitergedacht haben.

»Wer wird mit dir, Jerusalem, Mitleid haben ...?« (Jer 15,5). Der Prophet Jeremia. 19. Jh., Kastelruth.

Jahwe als Wächter über das Wort des Propheten

Israel, das sich an die unheildrohenden Worte des Propheten Jeremia erinnerte und unter dem Untergang Judas und Jerusalems litt, sah ein: Gottes Wort steht fest, es ist nicht hinfällig. So hatte es bereits der Prophet selber verkündet (vgl. Jer 1,11–12). Israel lernte, seine Propheten anzuerkennen als Menschen, die im Auftrag Gottes sprechen und so wirklich Geschichte, im guten wie im leidvollen Sinn, bewirken. Der Prophet hatte schon zwei Jahrzehnte vor dem Untergang des Staates Juda gedroht: Vernichtend wird »der Feind vom Norden her« über Juda und Jerusalem herfallen. Jeremia muß zwar Unheil verkünden, doch leidet er am Volk, das sich von Jahwe abwendet, und er leidet mit seinem Volk.

Jeremia – Berufener Rufer des Gerichtes:
Jer 1,4–19

4 Das Wort des Herrn erging an mich: 5 Noch
ehe ich dich im Mutterleib formte, habe ich
dich ausersehen, noch ehe du aus dem Mutterschoß hervorkamst, habe ich dich geheiligt, zum Propheten für die Völker habe ich
dich bestimmt. 6 Da sagte ich: Ach, mein Gott
und Herr, ich kann doch nicht reden, ich bin
ja noch so jung. 7 Aber der Herr erwiderte mir:
Sag nicht: Ich bin noch so jung. Wohin ich dich auch sende, dahin sollst du gehen, und was ich dir auftrage, das sollst du verkünden.
8 Fürchte dich nicht vor ihnen; denn ich bin
mit dir um dich zu retten – Spruch des Herrn.
9 Dann streckte der Herr seine Hand aus,
berührte meinen Mund und sagte zu mir:
Hiermit lege ich meine Worte in deinen

Mund. 10 Sieh her! Am heutigen Tag setze ich
dich über Völker und Reiche; du sollst ausrei-
ßen und niederreißen, vernichten und einrei-
ßen, aufbauen und einpflanzen. 11 Das Wort
des Herrn erging an mich: Was siehst du,
Jeremia? Ich antwortete: Einen Mandelzweig
sehe ich. 12 Da sprach der Herr zu mir: Du hast
richtig gesehen; denn ich wache über mein
Wort und führe es aus. 13 Abermals erging an
mich das Wort des Herrn: Was siehst du? Ich
antwortete: Einen dampfenden Kessel sehe
ich; sein Rand neigt sich von Norden her. 14
Da sprach der Herr zu mir: Von Norden her
ergießt sich das Unheil über alle Bewohner
des Landes. 15 Ja, ich rufe alle Stämme der
Nordreiche – Spruch des Herrn -, damit sie
kommen und ihre Richterstühle an den Tor-
eingängen Jerusalems aufstellen, gegen all
seine Mauern ringsum und gegen alle Städte
von Juda. 16 Dann werde ich mein Urteil über
sie sprechen und sie strafen für alles Böse,
das sie getan haben, weil sie mich verlassen,
anderen Göttern geopfert und das Werk ihrer
eigenen Hände angebetet haben. 17 Du aber
gürte dich, tritt vor sie hin, und verkünde
ihnen alles, was ich dir auftrage. Erschrick
nicht vor ihnen, sonst setze ich dich vor ihren
Augen in Schrecken. 18 Ich selbst mache dich
heute zur befestigten Stadt, zur eisernen
Säule und zur ehernen Mauer gegen das
ganze Land, gegen die Könige, Beamten und
Priester von Juda und gegen die Bürger des
Landes. 19 Mögen sie dich bekämpfen, sie
werden dich nicht bezwingen; denn ich bin
mit dir, um dich zu retten – Spruch des
Herrn.

Mitleid mit dem Volk: Jer 4,19–21

19 O mein Leib, mein Leib! / Ich winde mich
vor Schmerz.
O meines Herzens Wände! / Mein Herz tobt in
mir;
ich kann nicht schweigen. / Denn ich höre
Trompetenschall und Kriegslärm;
20 »Schlag auf Schlag« schreit man, / das
ganze Land wird verwüstet.
Plötzlich sind meine Zelte vernichtet, / im Nu
sind meine Zeltdecken dahin.
21 Wie lange noch muß ich die Kriegsfahne
sehen,
Trompetenschall hören?

Israels Untreue

»Glauben« heißt, darauf bauen, daß Gott da ist, und auf seine helfende, heilende, rettende Gegenwart setzen. Israel wußte um Gottes Gegenwart im Tempel. Jeremia sieht, daß Israel dieses Wissen weitgehend als Mittel der eigenen Lebensabsicherung verwendet und nicht mehr als Anruf vernimmt, sich ständig neu an der Weisung Jahwes auszurichten. Daher brandmarkt er dieses Verhalten als »Lüge«.

Vermessenes Vertrauen: Jer 7,1–15

1 Das Wort, das vom Herrn an Jeremia erging:
2 Stell dich an das Tor des Hauses des Herrn!
Dort ruf dieses Wort aus und sprich: Hört das
Wort des Herrn, ganz Juda, alle, die ihr durch
diese Tore kommt, um dem Herrn zu huldi-
gen. 3 So spricht der Herr der Heere, der Gott
Israels: Bessert euer Verhalten und euer Tun,
dann will ich bei euch wohnen hier an diesem
Ort. 4 Vertraut nicht auf die trügerischen
Worte: Der Tempel des Herrn, der Tempel
des Herrn, der Tempel des Herrn ist hier! 5
Denn nur wenn ihr euer Verhalten und euer
Tun von Grund auf bessert, wenn ihr gerecht
entscheidet im Rechtsstreit, 6 wenn ihr die
Fremden, die Waisen und Witwen nicht unter-
drückt, unschuldiges Blut an diesem Ort
nicht vergießt und nicht anderen Göttern
nachlauft zu eurem eigenen Schaden, 7 dann
will ich bei euch wohnen hier an diesem Ort,
in dem Land, das ich euren Vätern gegeben
habe für ewige Zeiten. 8 Freilich, ihr vertraut
auf die trügerischen Worte, die nichts nüt-

zen. 9 Wie? Stehlen, morden, die Ehe bre-
chen, falsch schwören, dem Baal opfern und
anderen Göttern nachlaufen, die ihr nicht
kennt -, 10 und dabei kommt ihr und tretet vor
mein Angesicht in diesem Haus, über dem
mein Name ausgerufen ist, und sagt: Wir sind
geborgen!, um dann weiter alle jene Greuel
zu treiben. 11 Ist denn in euren Augen dieses
Haus, über dem mein Name ausgerufen ist,
eine Räuberhöhle geworden? Gut, dann be-
trachte auch ich es so – Spruch des Herrn. 12
Geht doch zu meiner Stätte in Schilo, wo ich
früher meinen Namen wohnen ließ, und
schaut, was ich ihr angetan habe wegen des
Bösen, das mein Volk Israel verübt hat. 13 Nun
denn, ihr habt genau das gleiche getan –
Spruch des Herrn. Als ich immer wieder zu
euch redete, habt ihr nicht gehört; als ich
euch rief, habt ihr nicht geantwortet. 14 Des-
halb werde ich mit dem Haus, über dem
mein Name ausgerufen ist und auf das ihr
euch verlaßt, und mit der Stätte, die ich euch
und euren Vätern gegeben habe, so verfah-
ren, wie ich mit Schilo verfuhr. 15 Verstoßen
werde ich euch von meinem Angesicht, wie
ich alle eure Brüder, alle Nachkommen
Efraims, verstoßen habe.

Die Leidensgeschichte des Propheten

Jeremia verurteilte ohne Rücksicht Unterdrückung, sinnentleerte Institutionen und ein aussichtsloses politisches Bemühen, Jerusalem aus der Oberhoheit der babylonischen Großmacht zu befreien. Das hat ihm die Feindschaft und den Haß bestimmter mächtiger Kreise in Jerusalem eingebracht. Jeremia wurde so das Muster des Propheten, der seine Verkündigung mit dem Leben bezahlt. So hat ihn auch die Überlieferung verstanden, die seinen Schüler Baruch einen Bericht über das Leben des Propheten schreiben läßt (Jer 36,1 – 45,5). Das Leid des Propheten besteht aber nicht nur in äußerer Bedrohung, sondern vor allem auch in der inneren Anfechtung. Der Prophet kommt sich vor wie ein verführtes Mädchen, das schließlich merkt: Es ist auf einen Verführer hereingefallen. Daß Gott und sein Auftrag so zur erdrückenden Last werden können, bezeugt das Jeremia-Buch in der erschütternden Klage und Anklage Jeremias.

Das Schicksal des Wortes Gottes:
Jer 36,14–30

14 Die versammelten Beamten schickten Je-
hudi, den Sohn Netanjas, des Sohnes Sche-
lemjas, des Sohnes Kuschis, zu Baruch und
ließen ihm sagen: Nimm die Rolle, aus der du
dem Volk vorgelesen hast, und komm hier-
her! Sogleich nahm Baruch, der Sohn Neri-
jas, die Rolle und ging zu ihnen. 15 Sie sagten
zu ihm: Setz dich, und lies sie uns vor! Nun
las ihnen Baruch vor. 16 Als sie all die Worte
hörten, schauten sie einander erschrocken
an und sagten (zu Baruch): Wir müssen das
alles dem König mitteilen. 17 Sie fragten Bar-
uch: Sag uns doch, wie hast du alle diese
Worte niedergeschrieben? 18 Baruch erwider-
te ihnen: Jeremia hat mir alle diese Worte
diktiert, und ich habe sie mit Tinte in das
Buch geschrieben. 19 Darauf sagten die Be-
amten zu Baruch: Geh und verbirg dich, du
und auch Jeremia! Niemand soll wissen, wo
ihr seid. 20 Dann begaben sie sich zum König
in den Palasthof, nachdem sie die Rolle in der
Halle des Staatsschreibers Elischama ver-
wahrt hatten, und berichteten das alles dem
König. 21 Da gab der König dem Jehudi den
Auftrag, die Rolle zu holen, und dieser holte
sie aus der Halle des Staatsschreibers Eli-
schama. Und Jehudi las sie dem König vor
und allen Beamten, die um den König her-
umstanden. 22 Der König wohnte im Winter-
haus, es war ja der neunte Monat, und vor
ihm brannte das Feuer auf dem Kohlenbek-
ken. 23 Sooft nun Jehudi drei oder vier Spal-

ten gelesen hatte, schnitt sie der König mit dem Schreibermesser ab und warf sie in das Feuer auf dem Kohlenbecken, bis das Feuer auf dem Kohlenbecken die ganze Rolle verzehrt hatte. 24 Niemand erschrak, und niemand zerriß seine Kleider, weder der König noch irgendeiner seiner Diener, die all diese Worte gehört hatten. 25 Selbst als Elnatan, Delaja und Gemarja den König bestürmten, die Rolle nicht zu verbrennen, hörte er nicht auf sie. 26 Vielmehr befahl der König dem Prinzen Jerachmeël, ferner Seraja, dem Sohn Asriëls, und Schelemja, dem Sohn Abdeëls, den Schreiber Baruch und den Propheten Jeremia festzunehmen; aber der Herr hielt sie verborgen. 27 Nachdem der König die Rolle mit den Worten, die Baruch nach dem Diktat Jeremias niedergeschrieben hat, verbrannt hatte, erging das Wort des Herrn an Jeremia: 28 Nimm dir eine andere Rolle, und schreib all die früheren Worte darauf, die auf der ersten Rolle standen, die Jojakim, der König von Juda, verbrannt hat. 29 Über Jojakim aber, den König von Juda, sollst du sagen: So spricht der Herr: Du hast diese Rolle verbrannt und gesagt: Warum hast du darin geschrieben, der König von Babel werde bestimmt kommen, dieses Land verheeren und Mensch und Vieh darin vernichten? 30 Darum – so spricht der Herr über Jojakim, den König von Juda: Er wird keinen Nachkommen mehr haben, der auf dem Thron Davids sitzt, und sein Leichnam soll weggeworfen werden und der Hitze des Tags und der Kälte der Nacht ausgesetzt sein.

Vom Tod umfangen: Jer 38,1–13

1 Schefatja, der Sohn Mattans, Gedalja, der Sohn Paschhurs, Juchal, der Sohn Schelemjas, und Paschhur, der Sohn Malkijas, hörten von den Worten, die Jeremia zum ganzen Volk redete, indem er sagte: 2 So spricht der Herr: Wer in dieser Stadt bleibt, der stirbt durch Schwert, Hunger und Pest. Wer aber zu den Chaldäern hinausgeht, der wird überleben; er wird sein Leben wie ein Beutestück gewinnen und davonkommen. 3 So spricht der Herr: Diese Stadt wird ganz sicher dem Heer des Königs von Babel in die Hände fallen, und er wird sie erobern. 4 Darauf sagten die Beamten zum König: Dieser Mann muß mit dem Tod bestraft werden; denn er lähmt mit solchen Reden die Hände der Krieger, die in dieser Stadt noch übriggeblieben sind, und die Hände des ganzen Volkes. Denn dieser Mensch sucht nicht Heil, sondern Unheil für dieses Volk. 5 Der König Zidkija erwiderte: Nun, er ist in eurer Hand; denn der König vermag nichts gegen euch. 6 Da ergriffen sie Jeremia und warfen ihn in die Zisterne des Prinzen Malkija, die sich im Wachhof befand; man ließ ihn an Stricken hinunter. In der Zisterne war kein Wasser, sondern nur Schlamm, und Jeremia sank in den Schlamm. 7 Der Kuschiter Ebed-Melech, ein Höfling, der im königlichen Palast bedienstet war, hörte, daß man Jeremia in die Zisterne geworfen hatte. Während der König sich am Benjamintor aufhielt, 8 verließ Ebed-Melech den Palast und sagte zum König: 9 Mein Herr und König, schlecht war alles, was diese Männer dem Propheten Jeremia angetan haben; sie haben ihn in die Zisterne geworfen, damit er dort unten verhungert. Denn es gibt in der Stadt kein Brot mehr. 10 Da befahl der König dem Kuschiter Ebed-Melech: Nimm dir von hier drei Männer mit, und zieh den Propheten Jeremia aus der Zisterne herauf, bevor er stirbt. 11 Ebed-Melech nahm die Männer mit sich und ging zum Königspalast in die Kleiderkammer des Vorratshauses. Dort holte er Stücke von abgelegten und zerrissenen Kleidern und ließ sie an Stricken zu Jeremia in die Zisterne hinunter. 12 Dann rief der Kuschiter Ebed-Melech Jeremia zu: Leg die Stücke der abgelegten und zerrissenen Kleider in deine Achselhöhlen unter die Stricke! Jeremia tat es. 13 Nun zogen sie Jeremia an den Stricken hoch und brachten ihn aus der Zisterne herauf. Von da an blieb Jeremia im Wachhof.

Klage des Propheten: Jer 20,7–18

7 Du hast mich betört, o Herr, / und ich ließ mich betören; / du hast mich gepackt und überwältigt.
Zum Gespött bin ich geworden den ganzen Tag, / ein jeder verhöhnt mich.

Klage des Jeremia: »Zum Gespött bin ich geworden den ganzen Tag, ein jeder verhöhnt mich« (Jer 20, 7). Christuskopf. Hans Ebensperger, 1971.

8 Ja, sooft ich rede, muß ich schreien, / »Gewalt und Unterdrückung!« muß ich rufen.
Denn das Wort des Herrn bringt mir / den ganzen Tag nur Spott und Hohn.
9 Sagte ich aber: Ich will nicht mehr an ihn denken / und nicht mehr in seinem Namen sprechen!,
so war es mir, als brenne in meinem Herzen ein Feuer, / eingeschlossen in meinem Innern.
Ich quälte mich, es auszuhalten, / und konnte nicht;
10 hörte ich doch das Flüstern der Vielen: / Grauen ringsum! Zeigt ihn an! / Wir wollen ihn anzeigen.
Meine nächsten Bekannten / warten alle darauf, daß ich stürze:
Vielleicht läßt er sich betören, / daß wir ihm beikommen können und uns an ihm rächen.
11 Doch der Herr steht mir bei wie ein gewaltiger Held. / Darum straucheln meine Verfolger und kommen nicht auf.
Sie werden schmählich zuschanden, da sie nichts erreichen, / in ewiger, unvergeßlicher Schmach.
12 Aber der Herr der Heere prüft den Gerechten, / er sieht Herz und Nieren.
Ich werde deine Rache an ihnen erleben; / denn dir habe ich meine Sache anvertraut.
13 Singt dem Herrn, rühmt den Herrn; / denn er rettet das Leben des Armen aus der Hand der Übeltäter. –
14 Verflucht der Tag, an dem ich geboren wurde; / der Tag, an dem meine Mutter mich gebar,
sei nicht gesegnet.
15 Verflucht der Mann, / der meinem Vater die frohe Kunde brachte:
Ein Kind, ein Knabe ist dir geboren!, / und ihn damit hoch erfreute.
16 Jener Tag gleiche den Städten, / die der Herr ohne Erbarmen zerstört hat.
Er höre Wehgeschrei am Morgen / und Kriegslärm um die Mittagszeit,
17 weil er mich nicht sterben ließ im Mutterleib. / So wäre meine Mutter mir zum Grab geworden, / ihr Schoß auf ewig schwanger geblieben.
18 Warum denn kam ich hervor aus dem Mutterschoß, / um nur Mühsal und Kummer zu erleben / und meine Tage in Schande zu beenden?

Licht für die Zukunft

Die Auseinandersetzung Jeremias mit den Führern Israels macht späteren Lesern die ganze Fragwürdigkeit der politischen Führung Israels deutlich. Durch die Erinnerung an diese Auseinandersetzung erwächst ihnen das Vertrauen, daß Jahwe selber als der gute Hirt das Volk leitet. Er wird auch Hirten erwecken, die – wie Jahwe selbst – das Leben der Herde im Sinn haben. Diesen Glauben an Gott als Hirten drückt Israel auch betend im Psalm 23 aus.

Die Worte, mit denen Jeremia in der Zeit des Joschija die Bevölkerung des früheren Nordreichs ermutigt, werden nach der Babylonischen Verbannung auch in Jerusalem als frohe Botschaft gehört. Der »gerettete Rest« wird zum Zeichen, das die kleine Gemeinde hoffen läßt: Jahwe wird die große Gemeinde wieder herstellen. Die Überlieferer der Jeremiabotschaft fassen die Hoffnung auf diese heilvolle Wende der Geschichte in das Wort vom »neuen Bund«. Sie begreifen: Der Glaube, daß Jahwe Vergebung schenkt, wandelt den Menschen, so daß er von seiner Mitte her bereit ist, auf Gott zu »hören«.

Verheißung des guten Hirten: Jer 23,1–6

1 Weh den Hirten, die die Schafe meiner
Weide zugrunde richten und zerstreuen –
Spruch des Herrn. 2 Darum – so spricht der
Herr, der Gott Israels, über die Hirten, die
mein Volk weiden: Ihr habt meine Schafe
zerstreut und versprengt und habt euch nicht
um sie gekümmert. Jetzt ziehe ich euch zur
Rechenschaft wegen eurer bösen Taten –
Spruch des Herrn. 3 Ich selbst aber sammle
den Rest meiner Schafe aus allen Ländern,
wohin ich sie versprengt habe. Ich bringe sie
zurück auf ihre Weide; sie sollen fruchtbar
sein und sich vermehren. 4 Ich werde für sie
Hirten bestellen, die sie weiden, und sie
werden sich nicht mehr fürchten und ängsti-
gen und nicht mehr verlorengehen – Spruch
des Herrn. 5 Seht, es kommen Tage – Spruch
des Herrn –, da werde ich für David einen
gerechten Sproß erwecken. Er wird als König
herrschen und weise handeln, für Recht und
Gerechtigkeit wird er sorgen im Land. 6 In
seinen Tagen wird Juda gerettet werden,
Israel kann in Sicherheit wohnen. Man wird
ihm den Namen geben: Der Herr ist unsere
Gerechtigkeit.

Der gute Hirt führt sein Volk. Jubiläumsmedaille 25 Jahre Diözese Bozen-Brixen, mit den Wappen der Dekanatsorte, 1989, Martin Rainer.

Jerusalem – Das Ziel der Fürsorge Gottes: Jer 33,14–18

14 Seht, es werden Tage kommen – Spruch
des Herrn –, da erfülle ich das Heilswort, das
ich über das Haus Israel und über das Haus
Juda gesprochen habe. 15 In jenen Tagen und
zu jener Zeit werde ich für David einen ge-
rechten Sproß aufsprießen lassen. Er wird für
Recht und Gerechtigkeit sorgen im Land. 16 In
jenen Tagen wird Juda gerettet werden, Jeru-
salem kann in Sicherheit wohnen. Man wird
ihm den Namen geben: Jahwe ist unsere
Gerechtigkeit. 17 Denn so spricht der Herr: Nie
soll es David an einem Nachkommen fehlen,
der auf dem Thron des Hauses Israel sitzt. 18
Auch den levitischen Priestern soll es nie an
einem Nachkommen fehlen, der alle Tage

vor meinen Augen Brandopfer darbringt,
Speiseopfer verbrennt und Schlachtopfer zu-
richtet.

Jahwe – Israels Vater: Jer 31,7–9

7 So spricht der Herr:
Jubelt Jakob voll Freude zu, / und jauchzt
über das Haupt der Völker!
Verkündet, lobsingt und sagt: / Der Herr hat
sein Volk gerettet, / den Rest Israels.
8 Seht, ich bringe sie heim aus dem Nordland
/ und sammle sie von den Enden der Erde,
darunter Blinde und Lahme, / Schwangere
und Wöchnerinnen; / als große Gemeinde
kehren sie hierher zurück.
9 Weinend kommen sie, / und tröstend geleite
ich sie.
Ich führe sie an wasserführende Bäche, / auf
einen ebenen Weg, wo sie nicht straucheln.
Denn ich bin Israels Vater, / und Efraim ist
mein erstgeborener Sohn.

Der Neue Bund: Jer 31,31–34

31 Seht, es werden Tage kommen – Spruch
des Herrn –, in denen ich mit dem Haus Israel
und dem Haus Juda einen neuen Bund
schließen werde, 32 nicht wie der Bund war,
den ich mit ihren Vätern geschlossen habe,
als ich sie bei der Hand nahm, um sie aus
Ägypten herauszuführen. Diesen meinen
Bund haben sie gebrochen, obwohl ich ihr
Gebieter war – Spruch des Herrn. 33 Denn das
wird der Bund sein, den ich nach diesen
Tagen mit dem Haus Israel schließe – Spruch
des Herrn: Ich lege mein Gesetz in sie hinein
und schreibe es auf ihr Herz. Ich werde ihr
Gott sein, und sie werden mein Volk sein. 34
Keiner wird mehr den andern belehren, man
wird nicht zueinander sagen: Erkennt den
Herrn!, sondern sie alle, klein und groß,
werden mich erkennen – Spruch des Herrn.
Denn ich verzeihe ihnen die Schuld, an ihre
Sünde denke ich nicht mehr.

Ezechiel: Künder der machtvollen Herrlichkeit Jahwes

Das dritte der großen Propheten-Bücher des Alten Testamentes ist das Buch Ezechiel. Ezechiel stammte wahrscheinlich aus Priesterkreisen Jerusalems und wurde 597 v. Chr., bei der ersten Plünderung Jerusalems durch die Babylonier, in die Verbannung nach Babel gebracht. Er wirkte dort als Prophet von 593–572 v. Chr. Obwohl er unter den Verbannten in Babylon sein Wort verkündete, blieb sein Blick zunächst auf Jerusalem und Juda gerichtet. Die Verbannten wiegten sich offenbar in der Gewißheit, daß jetzt das von den Propheten verkündete Gericht vorbei sei: Nach einer kurzen Wartezeit könnten sie wieder zurück nach Jerusalem. Ezechiel zerstörte diese Illusion.

Das Wirken des Propheten zerfällt deutlich erkennbar in zwei Abschnitte: In der Zeit vor der Zerstörung Jerusalems verkündete er ein gnadenloses Gericht über Juda und Jerusalem. Noch mehr als Jeremia erscheint er auch leiblich mit seiner Botschaft befaßt; er litt die von ihm angekündigten Situationen voraus. In der Zeit nach der Zerstörung Jerusalems wird die Stimme Ezechiels ermutigend und aufrichtend hörbar. Die Botschaft dieses Propheten ist oft und intensiv weitermeditiert worden, so daß die Texte manchmal sehr überladen erscheinen.

Wunderbare Wesen bilden den Hofstaat Gottes. Fresko, 1185, Marienberg / Burgeis.

Jahwes machtvolle Herrlichkeit

Die Israeliten in der Babylonischen Verbannung leiden besonders darunter, daß sie sich fern der machtvollen Nähe Jahwes wähnen. Nach damaliger Auffassung leben sie im Machtbereich fremder Götter. Ezechiel selber und seine Hörer erkennen: Wenn unter den Verbannten in der Fremde ein Prophet auftritt, dann ist dies ein Zeichen, daß man nicht nur in Jerusalem an die mächtige Gegenwart Jahwes glauben, sondern daß er auch in der Fremde machtvoll nahe sein kann. Ezechiels Verkündigung ist Antwort auf die Frage: Ist Jahwe wirklich noch Gott, wo er doch nicht verhindern konnte, daß Jerusalem von fremden Mächten geplündert wurde? Die Hörer des Propheten sollten durch Ezechiels Botschaft glauben lernen: Jahwe ist und bleibt die Macht, mit der man überall rechnen muß und darf. In der schweren Zeit der Krise fragte das Gottesvolk Israels allerdings nach erfahrbaren Zeichen dieser Macht. Die Überlieferer der Botschaft des Propheten Ezechiel stellen bereits in der Darstellung seiner Beauftragung klar: Der Prophet selbst ist das Zeichen, daß Gott in der Geschichte am Werk ist.

Die Erscheinung des Königs Jahwe in der Fremde: Ez 1,1.4–6.9.11b.13.22.26–28

[1] Am fünften Tag des vierten Monats im dreißigsten Jahr, als ich unter den Verschleppten am Fluß Kebar lebte, öffnete sich der Himmel, und ich sah eine Erscheinung Gottes. [4] Ich sah: Ein Sturmwind kam von Norden, eine große Wolke mit flackerndem Feuer, umgeben von einem hellen Schein. Aus dem Feuer strahlte es wie glänzendes Gold. [5] Mitten darin erschien etwas wie vier Lebewesen. Und das war ihre Gestalt: Sie sahen aus wie Menschen. [6] Jedes der Lebewesen hatte vier Gesichter und vier Flügel. [9] Ihre Flügel berührten einander. Die Lebewesen änderten beim Gehen ihre Richtung nicht. [11b] Mit zwei Flügeln berührten sie einander, und mit zwei bedeckten sie ihren Leib. [13] Zwischen den Lebewesen war etwas zu sehen wie glühende Kohlen, etwas wie Fackeln, die zwischen den Lebewesen hin- und herzuckten. Das Feuer gab einen hellen Schein, und aus dem Feuer zuckten Blitze. [22] Über den Köpfen der Lebewesen war etwas wie eine gehämmerte Platte befestigt, furchtbar anzusehen, wie ein strahlender Kristall, oben über ihren Köpfen. [26] Oberhalb der Platte über ihren Köpfen war etwas, das wie Saphir aussah und einem Thron glich. Auf dem, was einem Thron glich, saß eine Gestalt, die wie ein Mensch aussah. [27] Oberhalb von dem, was wie seine Hüften aussah, sah ich etwas wie glänzendes Gold in einem Feuerkranz. Unterhalb von dem, was wie seine Hüften aussah, sah ich etwas wie Feuer und ringsum einen hellen Schein. [28] Wie der Anblick des Regenbogens, der sich an einem Regentag in den Wolken zeigt, so war der helle Schein ringsum. So etwa sah die Herrlichkeit des Herrn aus. Als ich diese Erscheinung sah, fiel ich nieder auf mein Gesicht. Und ich hörte, wie jemand redete.

Die Sendung des Propheten: Ez 2,1–7

[1] Er sagte zu mir: Stell dich auf deine Füße, Menschensohn; ich will mit dir reden. [2] Als er das zu mir sagte, kam der Geist in mich und stellte mich auf die Füße. Und ich hörte den, der mit mir redete. [3] Er sagte zu mir: Menschensohn, ich sende dich zu den abtrünnigen Söhnen Israels, die sich gegen mich aufgelehnt haben. Sie und ihre Väter sind immer wieder von mir abgefallen, bis zum heutigen Tag. [4] Es sind Söhne mit trotzigem Gesicht und hartem Herzen. Zu ihnen sende ich dich. Du sollst zu ihnen sagen: So spricht Gott, der Herr. [5] Ob sie dann hören oder nicht – denn sie sind ein widerspenstiges Volk –, sie werden erkennen müssen, daß mitten unter ihnen ein Prophet war. [6] Du aber, Menschensohn, fürchte dich nicht vor ihnen, hab keine Angst vor ihren Worten! Wenn dich auch Dornen umgeben und du auf Skorpionen sitzt, hab keine Angst vor ihren Worten, und erschrick nicht vor ihrem Blick; denn sie sind ein widerspenstiges Volk. [7] Du sollst ihnen meine Worte sagen, ob sie hören oder nicht, denn sie sind widerspenstig.

Das Gericht über Jerusalem

Der Prophet Ezechiel macht seine Botschaft immer wieder durch Zeichenhandlungen anschaulich. Diese gehören seit eh und je zur Art der Verkündigung der Propheten. Sie zeigen, daß prophetisches Wort ein wirkliches Geschehen in Gang setzt; es ist Wort, das Geschichte ist und bewirkt. Eine dieser Zeichenhandlungen kündigt die Belagerung Jerusalems an. Der König von Juda versucht zwar, durch ein Bündnis mit Ägypten, das Joch des Großkönigs von Babylon abzuschütteln; für Ezechiel ist dies politische Torheit. Nach der endgültigen Eroberung Jersualems im Jahre 586 v. Chr. bezeichnen Ausleger der Worte Ezechiels diese Torheit als Bundesbruch, der ins Verderben führt. Doch ist die Drohung nicht das letzte Wort. Jahwe zeigt sich gerade darin als Gott, daß menschliches Versagen seine Pläne nicht durchkreuzen kann. Er schenkt dem Baum, der dem Verderben ausgeliefert war, neues Wachstum.

Die belagerte Stadt: Ez 4,1–3

1 Du, Menschensohn, nimm dir einen Lehm-
ziegel, leg ihn vor dich hin, und ritze eine
Stadt darauf ein (nämlich Jerusalem)! 2 Bela-
gere sie; bau ihr gegenüber einen Belage-
rungswall; schütte einen Damm gegen sie
auf; leg vor ihr ein Truppenlager an, und stell
gegen sie ringsum Sturmböcke auf! 3 Nimm
eine Eisenplatte, und stell sie als eiserne
Mauer zwischen dich und die Stadt! Richte
dein Gesicht auf die Stadt: Nun ist sie bela-
gert, und du belagerst sie. Das ist ein (war-
nendes) Zeichen für das Haus Israel.

Drohwort über den König von Juda:
Ez 17,19–21

19 So spricht Gott, der Herr:
So wahr ich lebe – / meinen Eid, den er
mißachtet,
und meinen Bund, den er gebrochen hat, /
ich lasse sie auf ihn selbst zurückfallen.
20 Ich werfe mein Netz über ihn, er gerät in
mein Garn. / Nach Babel führe ich ihn
und gehe dort mit ihm ins Gericht, / denn er
hat mir die Treue gebrochen.
21 Die tapfersten Krieger in all seinen Truppen
/ fallen unter dem Schwert. / Die Übriggeblie-
benen aber / werden in alle Winde zerstreut.
Dann werdet ihr erkennen, / daß ich, der
Herr, gesprochen habe.

Verheißung neuen Blühens: Ez 17,22–24

22 So spricht Gott, der Herr:
Ich selbst nehme ein Stück / vom hohen
Wipfel der Zeder / und pflanze es ein.
Einen zarten Zweig aus den obersten Ästen
breche ich ab, / ich pflanze ihn auf einen hoch
aufragenden Berg.
23 Auf die Höhe von Israels Bergland pflanze
ich ihn. / Dort treibt er dann Zweige, / er trägt
Früchte und wird zur prächtigen Zeder.
Allerlei Vögel wohnen darin; / alles, was Flü-
gel hat, wohnt im Schatten ihrer Zweige.
24 Dann werden alle Bäume auf den Feldern
erkennen, / daß ich der Herr bin.
Ich mache den hohen Baum niedrig, / den
niedrigen mache ich hoch.
Ich lasse den grünenden Baum verdorren, /
den verdorrten erblühen. / Ich, der Herr,
habe gesprochen, und ich führe es aus.

Seelsorge an den Geprüften

Nach dem Untergang Judas und der Zerstörung Jerusalems wird das Wort des Propheten Ezechiel zusehends Ermutigung und Aufrichtung für die Gebrochenen und Verzweifelten. Es entsteht ein neues Prophetenbild: Der Prophet ist ein Wächter, der persönlich dafür einsteht, daß jeder einzelne vor der nahenden Gefahr gewarnt wird und so Raum und Zeit erhält, auf Jahwes Anspruch einzugehen.

Die Generation der Verbannten befürchtete immer mehr: »Die Schuld der Vergangenheit läßt uns nicht los. Wir werden, ungeachtet unserer jetzigen Entscheidung, damit behaftet; dies zeigt sich doch in unserem äußeren Geschick«. Demgegenüber verkündet der Prophet: Gottes Anspruch und Angebot meint den einzelnen Menschen und sein Heute. Nichts Vergangenes verstellt schicksalhaft den Weg.

Der Prophet als Wächter: Ez 33,1–9

1 Das Wort des Herrn erging an mich: 2 Men-
schensohn, sprich zu den Söhnen deines
Volkes, und sag zu ihnen: Wenn ich über ein
Land das Schwert kommen lasse und das
Volk in dem Land aus seiner Mitte einen
Mann wählt und ihn zu seinem Wächter
macht, 3 und wenn dieser Wächter das
Schwert über das Land kommen sieht, in das
Widderhorn bläst und das Volk warnt, 4 und
wenn dann jemand den Schall des Horns
zwar hört, sich aber nicht warnen läßt, so daß
das Schwert kommt und ihn dahinrafft, dann

ist er selbst schuld an seinem Tod. 5 Denn er
hat den Schall des Horns zwar gehört, sich
aber nicht warnen lassen; deshalb ist er
selbst schuld an seinem Tod. Wenn er sich
jedoch warnen läßt, dann hat er sein Leben
gerettet. 6 Wenn aber der Wächter das
Schwert kommen sieht und nicht in das Wid-
derhorn bläst und das Volk nicht gewarnt
wird, und wenn das Schwert kommt und
irgendeinen dahinrafft, dann wird dieser
zwar wegen seiner eigenen Schuld dahinge-
rafft, aber ich fordere für sein Blut Rechen-
schaft von dem Wächter. 7 Du aber, Men-
schensohn, ich gebe dich dem Haus Israel
als Wächter; wenn du ein Wort aus meinem
Mund hörst, mußt du sie vor mir warnen. 8
Wenn ich zu einem, der sich schuldig ge-
macht hat, sage: Du mußt sterben!, und
wenn du nicht redest und den Schuldigen
nicht warnst, um ihn von seinem Weg abzu-
bringen, dann wird der Schuldige seiner Sün-
de wegen sterben. Von dir aber fordere ich
Rechenschaft für sein Blut. 9 Wenn du aber
den Schuldigen vor seinem Weg gewarnt
hast, damit er umkehrt, und wenn er den-
noch auf seinem Weg nicht umkehrt, dann
wird er seiner Sünde wegen sterben; du aber
hast dein Leben gerettet.

Die Gerechtigkeit Gottes auf dem Prüfstand: Ez 18,25–28

25 Ihr aber sagt: Das Verhalten des Herrn ist
nicht richtig. Hört doch, ihr vom Haus Israel:
Mein Verhalten soll nicht richtig sein? Nein,
euer Verhalten ist nicht richtig. 26 Wenn der
Gerechte sein rechtschaffenes Leben aufgibt
und Unrecht tut, muß er dafür sterben. We-
gen des Unrechts, das er getan hat, wird er
sterben. 27 Wenn sich der Schuldige von dem
Unrecht abwendet, das er begangen hat, und
nach Recht und Gerechtigkeit handelt, wird
er sein Leben bewahren. 28 Wenn er alle
Vergehen, deren er sich schuldig gemacht
hat, einsieht und umkehrt, wird er bestimmt
am Leben bleiben. Er wird nicht sterben.

Hoffnung auf die Wiederherstellung Israels

Während alles Bauen auf die politische Führung das Leben letztlich nicht tragen kann, möchte Ezechiel ermutigen zum Vertrauen, daß Jahwe König und Hirt ist. Dieses Vertrauen vermag das Leben zu schützen und zu fördern. Die christliche Gemeinde erzählt diese Erfahrung im Bild von Jesus, dem guten Hirten. Der Prophet ist zutiefst davon überzeugt, daß Jahwe seinen Namen an das Geschick seines Volkes gebunden hat. Der Untergang Judas und Jerusalems ist aber eine Bloßstellung Jahwes, denn die Völker könnten meinen, er habe keine Macht, zu retten. Weil aber Jahwe seine Ehre nicht hinfällig sein lassen kann – so verkünden die Schüler des Propheten Ezechiel -, darf Israel durch die Kraft des Gottesgeistes auf eine Wiederherstellung hoffen. Diese Wiederherstellung ist angesichts der aussichtslosen Lage des Volkes geradezu »Auferstehung« von Toten. Auch Paulus sieht das neue Leben des Getauften als Werk des Gottesgeistes (Röm 8).

Ein Hirt, der Leben bewahrt: Ez 34,11–17

11 Denn so spricht Gott, der Herr: Jetzt will ich
meine Schafe selber suchen und mich selber
um sie kümmern. 12 Wie ein Hirt sich um die
Tiere seiner Herde kümmert an dem Tag, an
dem er mitten unter den Schafen ist, die sich
verirrt haben, so kümmere ich mich um
meine Schafe und hole sie zurück von all den
Orten, wohin sie sich am dunklen, düsteren
Tag zerstreut haben. 13 Ich führe sie aus den
Völkern heraus, ich hole sie aus den Ländern
zusammen und bringe sie in ihr Land. Ich
führe sie in den Bergen Israels auf die Weide,
in den Tälern und an allen bewohnten Orten
des Landes. 14 Auf gute Weide will ich sie

»Ich öffne eure Gräber und hole euch, mein Volk, aus euren Gräbern herauf« (Ez 37,12). Jüngstes Gericht. Um 1480, Morter.

führen, im Bergland Israels werden ihre Wei-
deplätze sein. Dort sollen sie auf guten Wei-
deplätzen lagern, auf den Bergen Israels
sollen sie fette Weide finden. [15] Ich werde
meine Schafe auf die Weide führen, ich wer-
de sie ruhen lassen – Spruch Gottes, des
Herrn. [16] Die verlorengegangenen Tiere will
ich suchen, die vertriebenen zurückbringen,
die verletzten verbinden, die schwachen kräf-
tigen, die fetten und starken behüten. Ich will
ihr Hirt sein und für sie sorgen, wie es recht
ist. [17] Ihr aber, meine Herde – so spricht Gott,
der Herr –, ich sorge für Recht zwischen
Schafen und Schafen, zwischen Widdern und
Böcken.

Das neue Herz: Ez 36,16–17a.18–28.33–36

[16] Das Wort des Herrn erging an mich: [17a] (Hör
zu), Menschensohn! Als Israel in seinem
Land wohnte, machten sie das Land durch
ihr Verhalten und ihre Taten unrein. [18] Da goß
ich meinen Zorn über sie aus, weil sie Blut
vergossen im Land und das Land mit ihren
Götzen befleckten. [19] Ich zerstreute sie unter
die Völker; in alle Länder wurden sie vertrie-
ben. Nach ihrem Verhalten und nach ihren
Taten habe ich sie gerichtet. [20] Als sie aber zu
den Völkern kamen, entweihten sie überall,
wohin sie kamen, meinen heiligen Namen;
denn man sagte von ihnen: Das ist das Volk
Jahwes, und doch mußten sie sein Land
verlassen. [21] Da tat mir mein heiliger Name
leid, den das Haus Israel bei den Völkern
entweihte, wohin es auch kam. [22] Darum sag
zum Haus Israel: So spricht Gott, der Herr:
Nicht euretwegen handle ich, Haus Israel,
sondern um meines heiligen Namens willen,
den ihr bei den Völkern entweiht habt, wohin
ihr auch gekommen seid. [23] Meinen großen,
bei den Völkern entweihten Namen, den ihr
mitten unter ihnen entweiht habt, werde ich
wieder heiligen. Und die Völker – Spruch
Gottes, des Herrn – werden erkennen, daß
ich der Herr bin, wenn ich mich an euch vor
ihren Augen als heilig erweise. [24] Ich hole
euch heraus aus den Völkern, ich sammle
euch aus allen Ländern und bringe euch in
euer Land. [25] Ich gieße reines Wasser über
euch aus, dann werdet ihr rein. Ich reinige
euch von aller Unreinheit und von allen euren
Götzen. [26] Ich schenke euch ein neues Herz
und lege einen neuen Geist in euch. Ich
nehme das Herz von Stein aus eurer Brust
und gebe euch ein Herz von Fleisch. [27] Ich

Ezechiel verkündet eine wunderbare Zukunft. 19. Jh., Kastelruth.

lege meinen Geist in euch und bewirke, daß ihr meinen Gesetzen folgt und auf meine Gebote achtet und sie erfüllt. 28 Dann werdet ihr in dem Land wohnen, das ich euren Vätern gab. Ihr werdet mein Volk sein, und ich werde euer Gott sein. 33 So spricht Gott, der Herr: Wenn ich euch von all euren Sünden gereinigt habe, mache ich die Städte wieder bewohnbar, und die Ruinen werden wieder aufgebaut. 34 Das verödete Land wird bestellt, es liegt nicht mehr öde vor den Augen all derer, die vorübergehen. 35 Dann wird man sagen: Dieses verödete Land ist wie der Garten Eden geworden; die zerstörten, verödeten, vernichteten Städte sind wieder befestigt und bewohnt. 36 Dann werden die Völker, die rings um euch noch übrig sind, erkennen, daß ich, der Herr, das Zerstörte wieder aufgebaut und das Ödland wieder bepflanzt habe. Ich, der Herr, habe gesprochen, und ich führe es aus.

Auferstehung Israels in der Kraft des Geistes: Ez 37,1–14

1 Die Hand des Herrn legte sich auf mich, und der Herr brachte mich im Geist hinaus und versetzte mich mitten in die Ebene. Sie war voll von Gebeinen. 2 Er führte mich ringsum an ihnen vorüber, und ich sah sehr viele über die Ebene verstreut liegen; sie waren ganz ausgetrocknet. 3 Er fragte mich: Menschensohn, können diese Gebeine wieder lebendig werden? Ich antwortete: Herr und Gott, das weißt nur du. 4 Da sagte er zu mir: Sprich als Prophet über diese Gebeine, und sag zu ihnen: Ihr ausgetrockneten Gebeine, hört das Wort des Herrn! 5 So spricht Gott, der Herr, zu diesen Gebeinen: Ich selbst bringe Geist in euch, dann werdet ihr lebendig. 6 Ich spanne Sehnen über euch und umgebe euch mit Fleisch; ich überziehe euch mit Haut und bringe Geist in euch, dann werdet ihr lebendig. Dann werdet ihr erkennen, daß ich der Herr bin. 7 Da sprach ich als Prophet, wie mir befohlen war; und noch während ich redete, hörte ich auf einmal ein Geräusch: Die Gebeine rückten zusammen, Bein an Bein. 8 Und als ich hinsah, waren plötzlich Sehnen auf ihnen, und Fleisch umgab sie, und Haut überzog sie. Aber es war noch kein Geist in ihnen. 9 Da sagte er zu mir: Rede als Prophet zum Geist, rede, Menschensohn, sag zum Geist: So spricht Gott, der Herr: Geist, komm herbei von den vier Winden! Hauch diese Erschlagenen an, damit sie lebendig werden. 10 Da sprach ich als Prophet, wie er mir befohlen hatte, und es kam Geist in sie. Sie wurden lebendig und standen auf – ein großes, gewaltiges Heer. 11 Er sagte zu mir: Menschensohn, diese Gebeine sind das ganze Haus Israel. Jetzt sagt Israel: Ausgetrocknet sind unsere Gebeine, unsere Hoffnung ist untergegangen, wir sind verloren. 12 Deshalb tritt als Prophet auf, und sag zu ihnen: So spricht Gott, der Herr: Ich öffne eure Gräber und hole euch, mein Volk, aus euren Gräbern herauf. Ich bringe euch zurück in das Land Israel. 13 Wenn ich eure Gräber öffne und euch, mein Volk, aus euren Gräbern heraufhole, dann werdet ihr erkennen, daß ich der Herr bin. 14 Ich hauche euch meinen Geist ein, dann werdet ihr lebendig, und ich bringe euch wieder in euer Land. Dann werdet ihr erkennen, daß ich der Herr bin. Ich habe gesprochen, und ich führe es aus – Spruch des Herrn.

Neu geschenkte Gegenwart Gottes

Das Buch des Propheten Ezechiel endet mit der Vision des neuen Israel. Das neue Israel beginnt mit der neu geschenkten Gegenwart Jahwes: Jahwes Herrlichkeit kehrt in den neuen Tempel zurück. Wo Jahwe gegenwärtig wird, strömt Leben in Fülle; die Wüste erblüht und der Ort des Todes wird zum Raum überquellenden Lebens.

Der Einzug des Herrn in den Tempel:
Ez 43,1–4

1 Dann führte er mich zu einem der Tore, dem
Tor, das im Osten lag. 2 Da sah ich, wie die
Herrlichkeit des Gottes Israels aus dem
Osten herankam. Ihr Rauschen war wie das
Rauschen gewaltiger Wassermassen, und
die Erde leuchtete auf von seiner Herrlich-
keit. 3 Die Erscheinung, die ich sah, war wie
die Erscheinung, die ich damals sah, als er
kam, um die Stadt zu vernichten, und wie die
Erscheinung, die ich am Fluß Kebar gesehen
hatte. Da fiel ich nieder auf mein Gesicht. 4
Und die Herrlichkeit des Herrn zog in den
Tempel ein durch das Tor, das im Osten lag.

Wasser, das Leben gibt: Ez 47,1–12

1 Dann führte er mich zum Eingang des
Tempels zurück, und ich sah, wie unter der
Tempelschwelle Wasser hervorströmte und
nach Osten floß; denn die vordere Seite des
Tempels schaute nach Osten. Das Wasser
floß unterhalb der rechten Seite des Tempels
herab, südlich vom Altar. 2 Dann führte er
mich durch das Nordtor hinaus und ließ mich
außen herum zum äußeren Osttor gehen.
Und ich sah das Wasser an der Südseite
hervorrieseln. 3 Der Mann ging nach Osten
hinaus, mit der Meßschnur in der Hand, maß
tausend Ellen ab und ließ mich durch das
Wasser gehen; das Wasser reichte mir bis an
die Knöchel. 4 Dann maß er wieder tausend
Ellen ab und ließ mich durch das Wasser
gehen; das Wasser reichte mir bis zu den
Knien. Darauf maß er wieder tausend Ellen
ab und ließ mich hindurchgehen; das Wasser
ging mir bis an die Hüften. 5 Und er maß noch
einmal tausend Ellen ab. Da war es ein Fluß,
den ich nicht mehr durchschreiten konnte;
denn das Wasser war tief, ein Wasser, durch
das man schwimmen mußte, ein Fluß, den
man nicht mehr durchschreiten konnte. 6
Dann fragte er mich: Hast du es gesehen,
Menschensohn? Darauf führte er mich zu-
rück, am Ufer des Flusses entlang. 7 Als ich
zurückging, sah ich an beiden Ufern des
Flusses sehr viele Bäume. 8 Er sagte zu mir:
Dieses Wasser fließt in den östlichen Bezirk,
es strömt in die Araba hinab und läuft in das
Meer, in das Meer mit dem salzigen Wasser.
So wird das salzige Wasser gesund. 9 Wohin
der Fluß gelangt, da werden alle Lebewesen,
alles, was sich regt, leben können, und sehr
viele Fische wird es geben. Weil dieses Was-
ser dort hinkommt, werden (die Fluten) ge-
sund; wohin der Fluß kommt, dort bleibt
alles am Leben. 10 Von En-Gedi bis En-Egla-
jim werden Fischer am Ufer des Meeres ste-
hen und ihre Netze zum Trocknen ausbrei-
ten. Alle Arten von Fischen wird es geben, so
zahlreich wie die Fische im großen Meer. 11
Die Lachen und Tümpel aber sollen nicht
gesund werden; sie sind für die Salzgewin-
nung bestimmt. 12 An beiden Ufern des Flus-
ses wachsen alle Arten von Obstbäumen. Ihr
Laub wird nicht welken, und sie werden nie
ohne Frucht sein. Jeden Monat tragen sie
frische Früchte; denn das Wasser des Flusses
kommt aus dem Heiligtum. Die Früchte wer-
den als Speise und die Blätter als Heilmittel
dienen.

Trostbuch für Israel: Jes 40 – 66

Für die Zeit der Verbannung in Babylon wurde dem Volk Israel eine Frohbotschaft – im wahrsten Sinn des Wortes – geschenkt. Uns mit Namen nicht bekannte prophetische Sprecher, deren Botschaft in Jes 40 – 55 überliefert ist, und die in der Forschung als »Deuterojesaja« (zweiter Jesaja) bezeichnet werden, verkünden Israel die wunderbare Heimführung aus der Gefangenschaft. Die »alte« Geschichte Gottes mit seinem Volk ist endgültig vorbei; Jahwe, der Schöpfer, wird etwas völlig »Neues« schaffen. Das Werkzeug für diese Neugestaltung ist der Perserkönig Kyrus. Wahrscheinlich ist diese Botschaft unter den Verbannten in Babylon entstanden, ab der Mitte des sechsten Jahrhunderts, als der Perserkönig Kyrus II. (559–530 v. Chr.) allmählich den Vorderen Orient unter seine Oberherrschaft brachte.

Die Frohbotschaft, wie sie in Jes 40 – 55 unter den Verbannten in Babylon verkündet wurde, hat in der Prophetie der Zeit unmittelbar nach der Babylonischen Gefangenschaft ein vielfältiges Echo gefunden; die Heilshoffnungen wurden in die neue Zeit hineingestellt und als Ermutigung für das Heute verstanden. Eine Reihe solcher Worte wurden in Jes 56 – 66 zusammengestellt.

Einige Umstände, besonders die Vollendung des neuen Tempels, ließen glaubende Menschen darauf vertrauen, daß sich jetzt in Jerusalem ein Licht zeigt, das Israel Zuversicht und ein neues Selbstbewußtsein den anderen Völkern gegenüber gibt.

Neuer Anfang

In einem feierlichen Vorwort dieses Trostbuches spricht Deuterojesaja sein Grundanliegen aus: Die Schuld Jerusalems ist beglichen und Jahwes unvergleichliche Macht wird in einem neuen Zug durch die Wüste offenbar werden. Angesichts der vergehenden Pracht des Menschen ist nur auf das aufrichtende und verheißende, allerdings auch richtende, Gotteswort Verlaß. So kann die gesamte Botschaft Deuterojesajas schließlich verstanden werden als Ermutigung an Jerusalem, allen Städten Judas zu künden: Die verdunkelte Herrschaft Gottes wird jetzt offenbar in der Heimführung der Verbannten.

Die Verbannten erleben große politische Umwälzungen, die sie aufatmen lassen. Der Prophet lädt die Hörer und Leser ein, in diesen Veränderungen Jahwe wiederzuerkennen, der keinen Preis scheut, um Israel wieder aufleben zu lassen und diesem Leben Heimat zu geben. All dies wird mit einem neuen Auszug aus dem Sklavenhaus beginnen; was jetzt vor den Augen der Verbannten geschieht, macht Mut, sich trotz aller Schwierigkeit auf das »Neue« einzulassen und die vergangene Geschichte auf sich beruhen zu lassen. Mitten in aller Belastung darf Israel aus der Überzeugung leben, daß es getragen ist.

Zuverlässige Frohbotschaft: Jes 40,1–11

1 Tröstet, tröstet mein Volk, / spricht euer Gott.
2 Redet Jerusalem zu Herzen / und verkündet der Stadt,
daß ihr Frondienst zu Ende geht, / daß ihre Schuld beglichen ist;
denn sie hat die volle Strafe erlitten / von der Hand des Herrn / für all ihre Sünden.
3 Eine Stimme ruft: / Bahnt für den Herrn einen Weg durch die Wüste!
Baut in der Steppe eine ebene Straße / für unseren Gott!
4 Jedes Tal soll sich heben, / jeder Berg und Hügel sich senken.
Was krumm ist, soll gerade werden, / und was hüglig ist, werde eben.
5 Dann offenbart sich die Herrlichkeit des Herrn, / alle Sterblichen werden sie sehen.
Ja, der Mund des Herrn hat gesprochen.
6 Eine Stimme sagte: Verkünde! / Ich fragte:

Was soll ich verkünden?
Alles Sterbliche ist wie das Gras, / und all seine Schönheit ist wie die Blume auf dem Feld.
7 Das Gras verdorrt, die Blume verwelkt, / wenn der Atem des Herrn darüberweht. / Wahrhaftig, Gras ist das Volk.
8 Das Gras verdorrt, die Blume verwelkt, / doch das Wort unseres Gottes bleibt in Ewigkeit.
9 Steig auf einen hohen Berg, / Zion, du Botin der Freude!
Erheb deine Stimme mit Macht, / Jerusalem, du Botin der Freude!
Erheb deine Stimme, fürchte dich nicht! / Sag den Städten in Juda: / Seht, da ist euer Gott.
10 Seht, Gott der Herr, kommt mit Macht, / er herrscht mit starkem Arm.
Seht, er bringt seinen Siegespreis mit: / Alle, die er gewonnen hat, gehen vor ihm her.
11 Wie ein Hirt führt er seine Herde zur Weide, / er sammelt sie mit starker Hand.
Die Lämmer trägt er auf dem Arm, / die Mutterschafe führt er behutsam.

Gott ist kein Preis zu hoch: Jes 43,1–7

1 Jetzt aber – so spricht der Herr, / der dich geschaffen hat, Jakob, / und der dich geformt hat, Israel:
Fürchte dich nicht, denn ich habe dich ausgelöst, / ich habe dich beim Namen gerufen, / du gehörst mir.
2 Wenn du durchs Wasser schreitest, bin ich bei dir, / wenn durch Ströme, dann reißen sie dich nicht fort.
Wenn du durchs Feuer gehst, wirst du nicht versengt, / keine Flamme wird dich verbrennen.
3 Denn ich, der Herr, bin dein Gott, / ich, der Heilige Israels, bin dein Retter.
Ich gebe Ägypten als Kaufpreis für dich, / Kusch und Seba gebe ich für dich.
4 Weil du in meinen Augen teuer und wertvoll bist / und weil ich dich liebe,
gebe ich für dich ganze Länder / und für dein Leben ganze Völker.
5 Fürchte dich nicht, denn ich bin mit dir. / Vom Osten bringe ich deine Kinder herbei, / vom Westen her sammle ich euch.
6 Ich sage zum Norden: Gib her!, / und zum Süden: Halt nicht zurück!
Führe meine Söhne heim aus der Ferne, / meine Töchter vom Ende der Erde!
7 Denn jeden, der nach meinem Namen benannt ist, / habe ich zu meiner Ehre erschaffen, / geformt und gemacht.

Neues kommt: Jes 43,16–21

16 So spricht der Herr, der einen Weg durchs Meer bahnt, / einen Pfad durch das gewaltige Wasser,
17 der Wagen und Rosse ausziehen läßt, / zusammen mit einem mächtigen Heer;
doch sie liegen am Boden und stehen nicht mehr auf, / sie sind erloschen und verglüht wie ein Docht.
18 Denkt nicht mehr an das, was früher war; / auf das, was vergangen ist, sollt ihr nicht achten.
19 Seht her, nun mache ich etwas Neues. / Schon kommt es zum Vorschein, merkt ihr es nicht?
Ja, ich lege einen Weg an durch die Steppe / und Straßen durch die Wüste.
20 Die wilden Tiere werden mich preisen, / die Schakale und Strauße,
denn ich lasse in der Steppe Wasser fließen / und Ströme in der Wüste, / um mein Volk, mein erwähltes, zu tränken.
21 Das Volk, das ich mir erschaffen habe, / wird meinen Ruhm verkünden.

Gott, der Lastträger Israels: Jes 46,3–4

3 Hört auf mich, ihr vom Haus Jakob, / und ihr alle, die vom Haus Israel noch übrig sind,
die mir aufgebürdet sind vom Mutterleib an, / die von mir getragen wurden, seit sie den Schoß ihrer Mutter verließen.
4 Ich bleibe derselbe, so alt ihr auch werdet, / bis ihr grau werdet, will ich euch tragen.
Ich habe es getan, / und ich werde euch weiterhin tragen, / ich werde euch schleppen und retten.

Bekenntnis zum einzigen Gott

Eine der großen Glaubenseinsichten Israels in der Exilszeit war: Jahwe ist der einzige Gott; es ist überhaupt nur mit ihm als Gott zu rechnen. Er erweist sich als Gott, indem er für die Rettung seines Volkes auch einen fremden Herrscher in Anspruch nehmen kann, wie eben Kyrus, den Perserkönig.

»Taut, ihr Himmel, von oben, ihr Wolken laßt Gerechtigkeit regnen!« (Jes 45,8). Initiale »Rorate«, 15. Jh., Neustift.

Gott, der Herr der Geschichte: Jes 45,1–8

1 So spricht der Herr zu Kyrus, seinem Gesalbten, / den er an der rechten Hand gefaßt hat,
um ihm die Völker zu unterwerfen, um die Könige zu entwaffnen, / um ihm die Türen zu öffnen und kein Tor
verschlossen zu halten.
2 Ich selbst gehe vor dir her / und ebne die Berge ein.
Ich zertrümmere die bronzenen Tore / und zerschlage die eisernen Riegel.
3 Ich gebe dir verborgene Schätze / und Reichtümer, die im Dunkel versteckt sind.
So sollst du erkennen, daß ich der Herr bin, / der dich bei deinem Namen ruft, ich, Israels Gott.
4 Um meines Knechtes Jakob willen, / um Israels, meines Erwählten, willen / habe ich dich bei deinem Namen gerufen;
ich habe dir einen Ehrennamen gegeben, / ohne daß du mich kanntest.
5 Ich bin der Herr, und sonst niemand; / außer mir gibt es keinen Gott.
Ich habe dir den Gürtel angelegt / ohne daß du mich kanntest,
6 damit man vom Aufgang der Sonne bis zu ihrem Untergang erkennt, / daß es außer mir keinen Gott gibt. / Ich bin der Herr, und sonst niemand.
7 Ich erschaffe das Licht und mache das Dunkel, / ich bewirke das Heil und erschaffe das Unheil. / Ich bin der Herr, der das alles vollbringt.
8 Taut, ihr Himmel, von oben, / ihr Wolken, laßt Gerechtigkeit regnen!
Die Erde tue sich auf und bringe das Heil hervor, / sie lasse Gerechtigkeit sprießen. / Ich, der Herr, will es vollbringen.

Jahwes unbeirrbare Treue

Die Katastrophe der Zerstörung Jerusalems und deren Folgen erweckten bei den Glaubenden Israels den Eindruck, Jahwe habe sein Volk und den Zion vergessen. Israel kommt sich vor wie ein verlassenes Kind, wie eine kinderlose oder eine von ihrem Mann verlassene Frau. Der Prophet kündet das Ende der Trauer an, denn die Liebe Gottes zu seinem Volk ist stärker als die Liebe einer Mutter zu ihrem Kind. Jerusalem liegt zwar in Trümmern, doch der Plan für die neue Stadt ist eingezeichnet in Gottes Hand. Die Wende ist bereits da, weil es für Israel aufgrund konkreter Zeichen möglich geworden ist, freudig zu bekennen: Jahwe hat mit dem Regieren begonnen. Daher dürfen die Trümmerbewohner bereits in Jubel ausbrechen. Die Frohbotschaft Deuterojesajas versteht sich als Gottes bedingungslose Einladung, das Angebot von Hoffnung und Leben anzunehmen und nicht Sorge und Mühe aufzuwenden für Angebote, die letztlich doch nur den Hunger nach Leben fühlbar machen. Freilich gilt es, dieses Angebot wahrzunehmen, sobald es gegeben wird. In diesem Sinne ist die Botschaft Deuterojesajas ernst. Wenn es einen Plan für die Geschichte gibt, auf den man bauen kann, dann ist es der Plan Jahwes, auch wenn er uns verborgen ist.

Jerusalem – Eingezeichnet in Jahwes Hand: Jes 49,14–18

14 Doch Zion sagt: Der Herr hat mich verlassen, / Gott hat mich vergessen.
15 Kann denn eine Frau ihr Kindlein vergessen, / eine Mutter ihren leiblichen Sohn?
Und selbst wenn sie ihn vergessen würde: / ich vergesse dich nicht.
16 Sieh her: Ich habe dich eingezeichnet in meine Hände, / deine Mauern habe ich immer vor Augen.
17 Deine Erbauer eilen herbei, / und alle, die dich zerstört und verwüstet haben, ziehen davon.
18 Blick auf und schau umher: / Alle versammeln sich und kommen zu dir.
So wahr ich lebe – Spruch des Herrn: / Du sollst sie alle wie einen Schmuck anlegen, / du sollst dich mit ihnen schmücken wie eine Braut.

Jahwes Rückkehr zum Zion: Jes 52,7–10

7 Wie willkommen sind auf den Bergen / die Schritte des Freudenboten,
der Frieden ankündigt, / der eine frohe Botschaft bringt und Rettung verheißt, / der zu Zion sagt: Dein Gott ist König.
8 Horch, deine Wächter erheben die Stimme, / sie beginnen alle zu jubeln.
Denn sie sehen mit eigenen Augen, / wie der Herr nach Zion zurückkehrt.
9 Brecht in Jubel aus, jauchzt alle zusammen, / ihr Trümmer Jerusalems!
Denn der Herr tröstet sein Volk, / er erlöst Jerusalem.
10 Der Herr macht seinen heiligen Arm frei / vor den Augen aller Völker.
Alle Enden der Erde / sehen das Heil unseres Gottes.

Jerusalem – Die geliebte Frau: Jes 54,1–10

1 Freu dich, du Unfruchtbare, die nie gebar, / du, die nie in Wehen lag, brich in Jubel aus und jauchze!
Denn die Einsame hat jetzt viel mehr Söhne / als die Vermählte, spricht der Herr.
2 Mach den Raum deines Zeltes weit, / spann deine Zelttücher aus, ohne zu sparen. / Mach die Stricke lang und die Pflöcke fest!
3 Denn nach rechts und links breitest du dich aus. / Deine Nachkommen werden Völker beerben / und verödete Städte besiedeln.
4 Fürchte dich nicht, du wirst nicht beschämt; / schäme dich nicht, du wirst nicht enttäuscht.
Denn die Schande in deiner Jugend wirst du vergessen, / an die Schmach deiner Witwenschaft wirst du nicht mehr denken.
5 Denn dein Schöpfer ist dein Gemahl, / »Herr der Heere« ist sein Name.

Der Heilige Israels ist dein Erlöser, / »Gott der
ganzen Erde« wird er genannt.
6 Ja, der Herr hat dich gerufen / als verlassene, bekümmerte Frau.
Kann man denn die Frau verstoßen, / die man in der Jugend geliebt hat?, / spricht dein Gott.
7 Nur für eine kleine Weile habe ich dich verlassen, / doch mit großem Erbarmen hole ich dich heim.
8 Einen Augenblick nur verbarg ich vor dir mein Gesicht / in aufwallendem Zorn;
aber mit ewiger Huld habe ich Erbarmen mit dir, / spricht dein Erlöser, der Herr.
9 Wie in den Tagen Noachs soll es für mich sein: / So wie ich damals schwor,
daß die Flut Noachs die Erde nie mehr überschwemmen wird, / so schwöre ich jetzt, dir nie mehr zu zürnen / und dich nie mehr zu schelten.
10 Auch wenn die Berge von ihrem Platz weichen / und die Hügel zu wanken beginnen – meine Huld wird nie von dir weichen / und der Bund meines Friedens nicht wanken, / spricht der Herr, der Erbarmen hat mit dir.

Die Berufung der Völker: Jes 55,1–5

1 Auf, ihr Durstigen, kommt alle zum Wasser! / Auch wer kein Geld hat, soll kommen.
Kauft Getreide, und eßt, kommt und kauft ohne Geld, / kauft Wein und Milch ohne Bezahlung!
2 Warum bezahlt ihr mit Geld, was euch nicht nährt, / und mit dem Lohn eurer Mühen, / was euch nicht satt macht?
Hört auf mich, dann bekommt ihr das Beste zu essen / und könnt euch laben an fetten Speisen.
3 Neigt euer Ohr mir zu, und kommt zu mir, / hört, dann werdet ihr leben.
Ich will einen ewigen Bund mit euch schließen / gemäß der beständigen Huld, die ich David erwies.
4 Seht her: Ich habe ihn zum Zeugen für die Völker gemacht, / zum Fürsten und Gebieter der Nationen.
5 Völker, die du nicht kennst, wirst du rufen; / Völker, die dich nicht kennen, eilen zu dir, um des Herrn, deines Gottes, des Heiligen Israels willen, / weil er dich herrlich gemacht hat.

Jahwes wirksames Wort: Jes 55,6–11

6 Sucht den Herrn, solange er sich finden läßt, / ruft ihn an, solange er nahe ist.
7 Der Ruchlose soll seinen Weg verlassen, / der Frevler seine Pläne.
Er kehre um zum Herrn, / damit er Erbarmen hat mit ihm,
und zu unserem Gott; / denn er ist groß im Verzeihen.
8 Meine Gedanken sind nicht eure Gedanken, / und eure Wege sind nicht meine Wege – / Spruch des Herrn.
9 So hoch der Himmel über der Erde ist, / so hoch erhaben sind meine Wege über eure Wege / und meine Gedanken über eure Gedanken.
10 Denn wie der Regen und der Schnee vom Himmel fällt / und nicht dorthin zurückkehrt,
sondern die Erde tränkt und sie zum Keimen und Sprossen bringt, / wie er dem Sämann Samen gibt und Brot zum Essen,
11 so ist es auch mit dem Wort, / das meinen Mund verläßt:
Es kehrt nicht leer zu mir zurück, / sondern bewirkt, was ich will, / und erreicht all das, wozu ich es ausgesandt habe.

Mit Jubel ernten: Ps 126

1 (Ein Wallfahrtslied.)
Als der Herr das Los der Gefangenschaft Zions wendete, / da waren wir alle wie Träumende.
2 Da war unser Mund voll Lachen / und unsere Zunge voll Jubel.
Da sagte man unter den andern Völkern: / »Der Herr hat an ihnen Großes getan.«
3 Ja, Großes hat der Herr an uns getan. / Da waren wir fröhlich.
4 Wende doch, Herr, unser Geschick, / wie du versiegte Bäche wieder füllst im Südland.
5 Die mit Tränen säen, / werden mit Jubel ernten.
6 Sie gehen hin unter Tränen / und tragen den Samen zur Aussaat.
Sie kommen wieder mit Jubel / und bringen ihre Garben ein.

Die Lieder vom »Knecht Jahwes«

In Jes 40–55 sticht eine Gruppe von Texten hervor, die man die »Gottesknecht-Lieder« nennt: Jes 42,1–9; 49,1–6; 50,4–11; 52,13 – 53,12. Alle diese Lieder kreisen um eine namenlose Gestalt, den »Knecht Jahwes«, der mit königlichen und prophetischen Zügen ausgestattet ist. Diese zunächst wohl selbständigen Lieder wurden in den Zusammenhang von Jes 40 – 55 hineingenommen und umgestaltet, wobei der »Knecht« mit dem geretteten Israel gleichgesetzt wurde. Ursprünglich waren die Lieder wahrscheinlich eine Meditation über die Bedeutung der Propheten vor der Katastrophe. In den Aussagen über den Knecht Jahwes bezeugt der Dichter: Die Propheten sind Gottes Vertraute, die auf gewaltlose Weise durch ihre Botschaft Gottes Gemeinschaftsordnung für die Völker offenbar machen und begründen. Zwar scheint der Auftrag der Propheten völlig zu scheitern, weil das Gottesvolk ihrer Botschaft, die das Verhalten des Volkes in Frage stellt und Gericht ankündigt, Widerstand entgegensetzt; dies bringt dem Propheten Leid. Erst jetzt kommt ihr Auftrag ans Ziel: Israel – im Gericht unter die Völker zerstreut – anerkennt das Leid der Propheten als Widerspiegelung des eigenen Starrsinns gegen Gott. Aufgrund dieser »Umkehr« kann das Gottesvolk von Gott geheilt und gerettet werden. So wird Jahwes Recht vor aller Welt offenbar.

Gott stellt seinen Knecht vor: Jes 42,1–9

1 Seht, das ist mein Knecht, den ich stütze; / das ist mein Erwählter, an ihm finde ich Gefallen.
Ich habe meinen Geist auf ihn gelegt, / er bringt den Völkern das Recht.
2 Er schreit nicht und lärmt nicht / und läßt seine Stimme nicht auf der Straße erschallen.
3 Das geknickte Rohr zerbricht er nicht, / und den glimmenden Docht löscht er nicht aus; / ja, er bringt wirklich das Recht.
4 Er wird nicht müde und bricht nicht zusammen, / bis er auf der Erde das Recht begründet hat. / Auf sein Gesetz warten die Inseln.
5 So spricht Gott, der Herr, / der den Himmel erschaffen und ausgespannt hat, / der die Erde gemacht hat und alles, was auf ihr wächst,
der den Menschen auf der Erde den Atem verleiht / und allen, die auf ihr leben, den Geist:
6 Ich, der Herr, habe dich aus Gerechtigkeit gerufen, / ich fasse dich an der Hand.
Ich habe dich geschaffen und dazu bestimmt, / der Bund für mein Volk / und das Licht für die Völker zu sein:
7 blinde Augen zu öffnen, / Gefangene aus dem Kerker zu holen
und alle, die im Dunkel sitzen, / aus ihrer Haft zu befreien.
8 Ich bin Jahwe, das ist mein Name; / ich überlasse die Ehre, die mir gebührt, keinem andern, / meinen Ruhm nicht den Götzen.
9 Seht, das Frühere ist eingetroffen, / Neues kündige ich an.
Noch ehe es zum Vorschein kommt, / mache ich es euch bekannt.

Der Knecht stellt sich selber vor:
Jes 49,1–6; 50,4–9

1 Hört auf mich, ihr Inseln, / merkt auf, ihr Völker in der Ferne!
Der Herr hat mich schon im Mutterleib berufen; / als ich noch im Schoß meiner Mutter war, hat er meinen Namen genannt.
2 Er machte meinen Mund zu einem scharfen Schwert, / er verbarg mich im Schatten seiner Hand.
Er machte mich zum spitzen Pfeil / und steckte mich in seinen Köcher.
3 Er sagte zu mir: Du bist mein Knecht, Israel, / an dem ich meine Herrlichkeit zeigen will.
4 Ich aber sagte: Vergeblich habe ich mich bemüht, / habe meine Kraft umsonst und nutzlos vertan.
Aber mein Recht liegt beim Herrn / und mein Lohn bei meinem Gott.
5 Jetzt aber hat der Herr gesprochen, / der mich schon im Mutterleib zu seinem Knecht gemacht hat,

damit ich Jakob zu ihm heimführe / und
Israel bei ihm versammle.
So wurde ich in den Augen des Herrn geehrt, /
und mein Gott war meine Stärke.
6 Und er sagte:
Es ist zu wenig, daß du mein Knecht bist, /
nur um die Stämme Jakobs wieder aufzurichten / und die Verschonten Israels heimzuführen.
Ich mache dich zum Licht für die Völker; /
damit mein Heil bis an das Ende der Erde
reicht.
4 Gott, der Herr, gab mir die Zunge eines
Jüngers, / damit ich verstehe, die Müden zu
stärken
durch ein aufmunterndes Wort.
Jeden Morgen weckt er mein Ohr, / damit ich
auf ihn höre wie ein Jünger.
5 Gott, der Herr, hat mir das Ohr geöffnet. /
Ich aber wehrte mich nicht / und wich nicht
zurück.
6 Ich hielt meinen Rücken denen hin, / die
mich schlugen,
und denen, die mir den Bart ausrissen, /
meine Wangen.
Mein Gesicht verbarg ich nicht / vor Schmähungen und Speichel.
7 Doch Gott, der Herr, wird mir helfen; /
darum werde ich nicht in Schande enden.
Deshalb mache ich mein Gesicht hart wie
einen Kiesel; / ich weiß, daß ich nicht in
Schande gerate.
8 Er, der mich freispricht, ist nahe. / Wer wagt
es, mit mir zu streiten?
Laßt uns zusammen vortreten! / Wer ist mein
Gegner im Rechtsstreit? / Er trete zu mir
heran.
9 Seht her, Gott, der Herr, wird mir helfen. /
Wer kann mich für schuldig erklären?
Seht: Sie alle zerfallen / wie ein Gewand, das
die Motten zerfressen.

Die Gemeinde bekennt sich zum Knecht Jahwes: Jes 52,13 – 53,12

13 Seht, mein Knecht hat Erfolg, / er wird groß
sein und hoch erhaben.
14 Viele haben sich über ihn entsetzt, / so
entstellt sah er aus, nicht mehr wie ein
Mensch, / seine Gestalt war nicht mehr die
eines Menschen.
15 Jetzt aber setzt er viele Völker in Staunen, /
Könige müssen vor ihm verstummen.
Denn was man ihnen noch nie erzählt hat, /
das sehen sie nun;
was sie niemals hörten, / das erfahren sie
jetzt.
1 Wer hat unserer Kunde geglaubt? / Der Arm
des Herrn – wem wurde er offenbar?
2 Vor seinen Augen wuchs er auf wie ein
junger Sproß, / wie ein Wurzeltrieb aus trokkenem Boden.
Er hatte keine schöne und edle Gestalt, / so
daß wir ihn anschauen mochten.
Er sah nicht so aus, / daß wir Gefallen fanden
an ihm.
3 Er wurde verachtet und von den Menschen
gemieden, / ein Mann voller Schmerzen, / mit
Krankheit vertraut.
Wie einer, vor dem man das Gesicht verhüllt,
/ war er verachtet; wir schätzten ihn nicht.
4 Aber er hat unsere Krankheit getragen / und
unsere Schmerzen auf sich geladen.
Wir meinten, er sei von Gott geschlagen, /
von ihm getroffen und gebeugt.
5 Doch er wurde durchbohrt wegen unserer
Verbrechen, / wegen unserer Sünden zermalmt.
Zu unserem Heil lag die Strafe auf ihm, /
durch seine Wunden sind wir geheilt.
6 Wir hatten uns alle verirrt wie Schafe, / jeder
ging für sich seinen Weg.
Doch der Herr lud auf ihn / die Schuld von uns
allen.
7 Er wurde mißhandelt und niedergedrückt, /
aber er tat seinen Mund nicht auf.
Wie ein Lamm, das man zum Schlachten
führt, / und wie ein Schaf angesichts seiner
Scherer, / so tat auch er seinen Mund nicht
auf.
8 Durch Haft und Gericht wurde er dahingerafft, / doch wen kümmerte sein Geschick?
Er wurde vom Land der Lebenden abgeschnitten / und wegen der Verbrechen seines
Volkes zu Tode getroffen.
9 Bei den Ruchlosen gab man ihm sein Grab, /
bei den Verbrechern seine Ruhestätte,

obwohl er kein Unrecht getan hat / und kein
trügerisches Wort in seinem Mund war.
10 Doch der Herr fand Gefallen an seinem
zerschlagenen (Knecht), / er rettete den, der
sein Leben als Sühnopfer hingab.
Er wird Nachkommen sehen und lange le-
ben. / Der Plan des Herrn wird durch ihn
gelingen.
11 Nachdem er so vieles ertrug, erblickt er das
Licht. / Er sättigt sich an Erkenntnis.
Mein Knecht, der gerechte, macht die vielen
gerecht; / er lädt ihre Schuld auf sich.
12 Deshalb gebe ich ihm seinen Anteil unter
den Großen, / und mit den Mächtigen teilt er
die Beute,
weil er sein Leben dem Tod preisgab / und
sich unter die Verbrecher rechnen ließ.
Denn er trug die Sünden von vielen / und trat
für die Schuldigen ein.

Der leidende Gottesknecht. Unser Herr im Elend. 1444, St. Daniel / Kiechelberg.

Trost für Jerusalem

Als der Tempel wieder aufgebaut war, erkannten die Propheten dieser Zeit in den Geschehnissen Jahwe als das aufgehende Licht über Jerusalem. Durch ihre Verkündigung richteten sie die Menschen auf und bestärkten den Glauben an das Leben. Daher sehen die Propheten dieser Zeit ihren Dienst als königlichen Dienst an. Auch die Könige waren ja gesalbt, um durch ihre Herrschaft Leben zu ermöglichen und zu garantieren. Jesus nimmt in den Seligpreisungen (Mt 5,3–11; Lk 6,20–23) diese Trostbotschaft auf und die Gemeinde Jesu faßt sein Wirken mit diesen Worten zusammen (Lk 4,16–21).

»Völker wandern zu deinem Licht und Könige zu deinem strahlenden Glanz« (Jes 60,3).
Lofferer Krippe, 1752, Kloster Muri-Gries, Bozen.

Jahwe – Die Sonne Jerusalems: Jes 60,1–6

1 Auf, werde licht, denn es kommt dein Licht, / und die Herrlichkeit des Herrn geht leuchtend auf über dir.
2 Denn siehe, Finsternis bedeckt die Erde / und Dunkel die Völker,
doch über dir geht leuchtend der Herr auf, / seine Herrlichkeit erscheint über dir.
3 Völker wandern zu deinem Licht / und Könige zu deinem strahlenden Glanz.
4 Blick auf und schau umher: / Sie alle versammeln sich und kommen zu dir.
Deine Söhne kommen von fern, / deine Töchter trägt man auf den Armen herbei.
5 Du wirst es sehen, und du wirst strahlen, / dein Herz bebt vor Freude und öffnet sich weit.
Denn der Reichtum des Meeres strömt dir zu, / die Schätze der Völker kommen zu dir.
6 Zahllose Kamele bedecken dein Land, / Dromedare aus Midian und Efa.
Alle kommen von Saba, / bringen Weihrauch und Gold / und verkünden die ruhmreichen Taten des Herrn.

»... zu trösten die Trauernden Zions«: Jes 61,1–3.10–11

1 Der Geist Gottes, des Herrn, ruht auf mir; denn der Herr hat mich gesalbt.
Er hat mich gesandt, damit ich den Armen eine frohe Botschaft bringe / und alle heile, deren Herz zerbrochen ist,
damit ich den Gefangenen die Entlassung verkünde / und den Gefesselten die Befreiung,
2 damit ich ein Gnadenjahr des Herrn ausrufe, / einen Tag der Vergeltung unseres Gottes, / damit ich alle Trauernden tröste,
3 die Trauernden Zions erfreue, / ihnen Schmuck bringe anstelle von Schmutz, Freudenöl statt Trauergewand, / Jubel statt der Verzweiflung.
Man wird sie »Die Eichen der Gerechtigkeit« nennen, / »Die Pflanzung, durch die der Herr seine Herrlichkeit zeigt«.
10 Von Herzen will ich mich freuen über den Herrn. / Meine Seele soll jubeln über meinen Gott. Denn er kleidet mich in Gewänder des Heils, / er hüllt mich in den Mantel der Gerechtigkeit, wie ein Bräutigam sich festlich schmückt / und wie eine Braut ihr Geschmeide anlegt.
11 Denn wie die Erde die Saat wachsen läßt / und der Garten die Pflanzen hervorbringt, so bringt Gott, der Herr, Gerechtigkeit hervor / und Ruhm vor allen Völkern.

Jerusalem – Die Krone in der Hand Jahwes

Die Zerstörung Jerusalems war das Zeichen dafür gewesen, daß Jahwe sein Volk und seine Stadt verlassen hatte. Die Folgen der Zerstörung wurden auch nach Beendigung des Exils nur langsam behoben und man konnte nur schwer wieder etwas vom alten Selbstbewußtsein, Stadt Jahwes zu sein, zurückgewinnen. So versucht eine prophetische Stimme mit kühnen Bildern die neue Bindung Jahwes an Jerusalem zu verkünden.
Die Tempelgemeinde der Zeit nach der Verbannung wollte ihr Selbstbewußtsein auch dadurch stärken, daß sie bestimmte Gruppen von der Teilnahme an ihrem Leben ausschloß. Prophetische Stimmen erheben Einspruch: Menschen, die Jahwe suchen, dürfen nicht ferngehalten werden, weil Jahwe auf dem Zion allen Heimat geben will. Schließlich muß die Gemeinde wissen: Sie kann nur dann in Gemeinschaft mit ihrem Gott leben und diesen Gott als Kraft und Licht erfahren, wenn die Glaubenden selber Licht werden, indem sie Leben möglich machen und fördern.

Jerusalem – Die Krone in der Hand Jahwes: Jes 62,1–5.11–12

1 Um Zions willen kann ich nicht schweigen, /
um Jerusalems willen nicht still sein,
bis das Recht in ihm aufstrahlt wie ein helles
Licht / und sein Heil aufleuchtet wie eine
brennende Fackel.
2 Dann sehen die Völker deine Gerechtigkeit /
und alle Könige deine strahlende Pracht.
Man ruft dich mit einem neuen Namen, / den
der Mund des Herrn für dich bestimmt.
3 Du wirst zu einer prächtigen Krone / in der
Hand des Herrn,
zu einem königlichen Diadem / in der Rechten deines Gottes.
4 Nicht länger nennt man dich »Die Verlassene« / und dein Land nicht mehr »Das Ödland«,
sondern man nennt dich »Meine Wonne« /
und dein Land »Die Vermählte«.
Denn der Herr hat an dir seine Freude, / und
dein Land wird mit ihm vermählt.
5 Wie der junge Mann sich mit der Jungfrau
vermählt, / so vermählt sich mit dir dein
Erbauer.
Wie der Bräutigam sich freut über die Braut, /
so freut sich dein Gott über dich.
11 Hört, was der Herr bis ans Ende der Erde
bekanntmacht: / Sagt der Tochter Zion:
Sieh her, jetzt kommt deine Rettung. / Siehe,
er bringt seinen Siegespreis mit:
Alle, die er gewonnen hat, / gehen vor ihm
her.
12 Dann nennt man sie »Das heilige Volk«, /
»Die Erlösten des Herrn«.
Und dich nennt man / »Die begehrte, die
nicht mehr verlassene Stadt«.

Ein Haus für die Völker: Jes 56,1–3a.6–8:

1 So spricht der Herr:
Wahrt das Recht, und sorgt für Gerechtigkeit;
/ denn bald kommt von mir das Heil, / meine
Gerechtigkeit wird sich bald offenbaren.
2 Wohl dem Mann, der so handelt, / wohl dem
Menschen, der daran festhält,
den Sabbat zu halten und nie zu entweihen /
und seine Hand vor jeder bösen Tat zu bewahren.
3a Der Fremde, der sich dem Herrn angeschlossen hat, soll nicht sagen: / Sicher wird
der Herr mich ausschließen aus seinem Volk.
6 Die Fremden, die sich dem Herrn angeschlossen haben, / die ihm dienen und seinen Namen lieben,
um seine Knechte zu sein, / alle, die den
Sabbat halten
und ihn nicht entweihen, / die an meinem
Bund festhalten,
7 sie bringe ich zu meinem heiligen Berg / und
erfülle sie in meinem Bethaus mit Freude.
Ihre Brandopfer und Schlachtopfer finden
Gefallen auf meinem Altar, / denn mein Haus
wird ein Haus des Gebets für alle Völker
genannt.
8 Spruch Gottes, des Herrn, / der die verstoßenen Israeliten sammelt:
Noch mehr, als ich schon von ihnen gesammelt habe, / will ich dort versammeln.

Ruinen werden bewohnbar: Jes 58,5–12

5 Ist das ein Fasten, wie ich es liebe, / ein Tag, an dem man sich der Buße unterzieht:
wenn man den Kopf hängen läßt, so wie ein Binse sich neigt, / wenn man sich mit Sack und Asche bedeckt?
Nennst du das ein Fasten / und einen Tag, der dem Herrn gefällt?
6 Nein, das ist ein Fasten, wie ich es liebe: / die Fesseln des Unrechts zu lösen, / die Stricke des Jochs zu entfernen,
die Versklavten freizulassen, / jedes Joch zu zerbrechen,
7 an die Hungrigen dein Brot auszuteilen, / die obdachlosen Armen ins Haus aufzunehmen,
wenn du einen Nackten siehst, ihn zu bekleiden / und dich deinen Verwandten nicht zu entziehen.
8 Dann wird dein Licht hervorbrechen wie die Morgenröte, / und deine Wunden werden schnell vernarben.
Deine Gerechtigkeit geht dir voran, / die Herrlichkeit des Herrn folgt dir nach.
9 Wenn du dann rufst, / wird der Herr dir Antwort geben,
und wenn du um Hilfe schreist, wird er sagen: / Hier bin ich.
Wenn du der Unterdrückung bei dir ein Ende machst, / auf keinen mit dem Finger zeigst und niemand verleumdest,
10 dem Hungrigen dein Brot reichst / und den Darbenden satt machst,
dann geht im Dunkel dein Licht auf, / und deine Finsternis wird hell wie der Mittag.
11 Der Herr wird dich immer führen, / auch im dürren Land macht er dich satt / und stärkt deine Glieder.
Du gleichst einem bewässerten Garten, / einer Quelle, deren Wasser niemals versiegt.
12 Deine Leute bauen die uralten Trümmerstätten wieder auf, / die Grundmauern aus der Zeit vergangener Generationen stellst du wieder her.
Man nennt dich den Maurer, / der die Risse ausbessert, / den, der die Ruinen wieder bewohnbar macht.

Jahwe – Vater und Erlöser

Prophetenworte regten die Glaubenden Israels an, in Gebeten vor Gott um ihr Selbstbewußtsein zu ringen. Aus Jes 63,7 – 64,11 spricht dieses Ringen in der Form eines gewaltigen Volksklagepsalms. Die Betenden hoffen bangend, daß Jahwe in seiner Vaterliebe – die doch ganz seinem Volk gehörte, aber durch den Abfall des Volkes verraten war – sich dem drängenden Bitten in letzter Not doch nicht versagen kann.

Wenn überhaupt, dann bist du unser Vater: Jes 63,15–16

15 Blick vom Himmel herab, und sieh her / von deiner heiligen, herrlichen Wohnung!
Wo ist dein leidenschaftlicher Eifer / und deine Macht,
dein großes Mitleid und dein Erbarmen? / Halte dich nicht von uns fern!
16 Du bist doch unser Vater; / denn Abraham weiß nichts von uns,
Israel will uns nicht kennen. / Du, Herr, bist unser Vater, / »Unser Erlöser von jeher« wirst du genannt.

Abgeirrt – Zerschlagen – Ohne Gott: Jes 63,17

17 Warum läßt du uns, Herr, von deinen Wegen abirren / und machst unser Herz hart, / so daß wir dich nicht mehr fürchten?
Kehre zurück um deiner Knechte willen, / um der Stämme willen, die dein Eigentum sind.

»Komm herab«: Jes 63,19b – 64,4a

19b Reiß doch den Himmel auf, und komm herab, / so daß die Berge zittern vor dir.
1 Komm wie ein Feuer, das Reisig entzündet, / wie ein Feuer, das Wasser zum Sieden bringt.

Mach deinen Feinden deinen Namen bekannt, / so daß die Völker zittern vor dir,
2 wenn du schreckliche und nie erwartete Taten vollbringst. / (Komm herab, so daß die Berge zittern vor dir.)
3 Seit Menschengedenken hat man noch nie vernommen, / kein Ohr hat gehört, kein Auge gesehen,
daß es einen Gott gibt außer dir, / der denen Gutes tut, die auf ihn hoffen.
4a Ach, kämst du doch denen entgegen, / die tun, was recht ist, / und nachdenken über deine Wege.

»Unsere Schuld trägt uns fort«:
Jes 64,4b–6

4b Ja, du warst zornig; / denn wir haben gegen dich gesündigt, / von Urzeit an sind wir treulos geworden.
5 Wie unreine (Menschen) sind wir alle geworden, / unsere ganze Gerechtigkeit ist wie ein schmutziges Kleid.
Wie Laub sind wir alle verwelkt, / unsere Schuld trägt uns fort wie der Wind.
6 Niemand ruft deinen Namen an, / keiner rafft sich dazu auf, festzuhalten an dir.
Denn du hast dein Angesicht vor uns verborgen / und hast uns der Gewalt unserer Schuld überlassen.

Kannst du dein Volk verlassen?:
Jes 64,7–8

7 Und doch bist du, Herr, unser Vater. / Wir sind der Ton, und du bist unser Töpfer, / wir alle sind das Werk deiner Hände.
8 Herr, zürne uns doch nicht allzu sehr, / denk nicht für immer an unsere Schuld! / Sieh doch her: Wir alle sind dein Volk.

Das neue Volk

In den Jahrhunderten nach dem Exil war es für die Glaubenden oft nicht leicht, in den bisweilen recht armseligen Zuständen die Hand Gottes am Werk zu sehen. So müssen die Propheten immer wieder helfen, daß die Gemeinde im äußeren Geschehen das Wirken Gottes erkennt. Mag die äußere Gestalt der Tempelgemeinde auch die einer abgehärmten Frau sein: Weil Gott in ihrer Mitte ist, gleicht sie trotzdem einer Mutter, die allen Kindern ihre volle Brust reichen kann.

Die Geburt des neuen Volkes: Jes 66,5–9

5 Hört das Wort des Herrn, / die ihr zittert vor seinem Wort!
Eure Brüder, die euch hassen, / die euch um meines Namens willen verstoßen,
sie sagen: Der Herr soll doch seine Herrlichkeit zeigen, / damit wir eure Freude miterleben. / Aber sie werden beschämt.
6 Horcht: Getöse dringt aus der Stadt, / Getöse aus dem Tempel. / Horcht: Der Herr vergilt seinen Feinden ihr Tun.
7 Noch ehe die Frau ihre Wehen bekommt, / hat sie schon geboren;
ehe die Wehen über sie kamen, / brachte sie einen Knaben zur Welt.
8 Wer hat so etwas je gehört, / wer hat je dergleichen gesehen?
Wird ein Land an einem einzigen Tag geboren, / kommt ein Volk auf einmal zur Welt?
Doch Zion, kaum in den Wehen, / hat schon ihre Kinder geboren.
9 Hätte ich ihr etwa den Schoß öffnen sollen, / ohne sie gebären zu lassen?, spricht der Herr.
Sollte ich, der die Frauen gebären läßt, / ihnen den Schoß verschließen?, spricht dein Gott.

Trost für Jerusalem: Jes 66,10–14a

10 Freut euch mit Jerusalem! / Jubelt in der
Stadt, alle, die ihr sie liebt.
Seid fröhlich mit ihr, / alle, die ihr über sie
traurig wart.
11 Saugt euch satt an ihrer tröstenden Brust, /
trinkt und labt euch an ihrem mütterlichen
Reichtum!
12 Denn so spricht der Herr: / Seht her: Wie
einen Strom / leite ich den Frieden zu ihr
und den Reichtum der Völker / wie einen
rauschenden Bach.
Ihre Kinder wird man auf den Armen tragen /
und auf den Knien schaukeln.
13 Wie eine Mutter ihren Sohn tröstet, / so
tröste ich euch; / in Jerusalem findet ihr
Trost.
14a Wenn ihr das seht, wird euer Herz sich
freuen, / und ihr werdet aufblühen wie frisches Gras.

Haggai, Sacharja, Maleachi, Joel, Jona, Baruch: Stimmen des Wiederaufbaus

Die Propheten der Zeit nach der Babylonischen Verbannung mußten bei ihren Hörern die Hoffnung wachhalten, daß Gott wirklich Israel retten und neu aufbauen will. Es kam so vieles anders und armseliger, als es die großen prophetischen Hoffnungsbilder aus den letzten Jahrzehnten des Exils erwarten ließen. Die Propheten setzten sich daher auf veschiedene Weise mit den enttäuschten Erwartungen auseinander.

Haggai: Das Gewissen Jerusalems

Die Bevölkerung Judas und Jerusalems, die im Land geblieben war, und die Heimgekehrten waren ganz mit sich und ihren Problemen beschäftigt. Daß ihnen das Wichtigste – das Zeichen der Nähe Gottes, der Tempel – fehlte, merkten sie nicht oder wollten es nicht wahrhaben. Daher erhob Haggai im Jahr 520 v. Chr. (seine Botschaft ist genau datiert) seine Stimme.

Jerusalem ohne Hilfe: Hag 1,2–11

2 So spricht der Herr der Heere: Dieses Volk
sagt: Noch ist die Zeit nicht gekommen, das
Haus des Herrn aufzubauen. 3 Da erging das
Wort des Herrn durch den Propheten Haggai:
4 Ist etwa die Zeit gekommen, daß ihr in
euren getäfelten Häusern wohnt, während
dieses Haus in Trümmern liegt? 5 Nun aber
spricht der Herr der Heere: Überlegt doch,
wie es euch geht. 6 Ihr sät viel und erntet
wenig; ihr eßt und werdet nicht satt; ihr trinkt,
aber zum Betrinken reicht es euch nicht; ihr
zieht Kleider an, aber sie halten nicht warm,
und wer etwas verdient, verdient es für einen
löcherigen Beutel. 7 So spricht der Herr der
Heere: Überlegt also, wie es euch geht. 8 Geht
ins Gebirge, schafft Holz herbei, und baut
den Tempel wieder auf! Das würde mir gefallen und mich ehren, spricht der Herr. 9 Ihr
habt viel erhofft und doch nur wenig geerntet; und wenn ihr es einbrachtet, blies ich es
weg. Warum wohl? – Spruch des Herrn der
Heere. Weil mein Haus in Trümmern liegt,
während jeder von euch für sein eigenes
Haus rennt. 10 Deshalb hält der Himmel über
euch den Tau zurück, und die Erde hält ihren
Ertrag zurück. 11 Ich rief die Dürre über das
Land und über die Berge, über das Getreide,
über den Wein und das Öl, über alles, was der
Boden hervorbringt, über Mensch und Vieh
und über alle Arbeit eurer Hände.

Sacharja: Botschaft der Hoffnung

Nach dem Tod des Perserkönigs Kambyses (530–522) hofften viele, daß der Weg in die Unabhängigkeit nun frei sei. Doch Darius I. (522–486) hatte das Großreich bald in fester Hand. In dieser politischen Ruhe und Stille (vgl. Sach 1,11) bestand für Jerusalem wenig Hoffnung auf Änderung der Lage und auf Befreiung. Für Glaubende erhob sich die Frage, ob diese Stille ein Zeichen der Ohnmacht Jahwes sei. Sacharja antwortet darauf mit seiner Botschaft, die in Form von Visionen dargestellt wird: Gott behält die Zügel in seiner Hand und wird seine alles verändernde Macht offenbar machen.
Spätere Glaubende haben die Botschaft des Sacharja in Zeiten großer Umwälzungen neu für sich zu hören versucht. Neue Herrscher standen auf, alte Reiche bröckelten ab, Könige trugen blutige Machtkämpfe aus; all dies geschah im Namen der Götter; da drängte sich Israel die Einsicht auf: Gott ist dort, wo der Friede wächst; sein Zeichen ist der demütige Friedensfürst.
Rettung Israels und Offenbarwerden der Herrschaft Gottes geschehen, wo Israel sich voll »Reue« zu Jahwe hinwedet. »Reue« ist die Grunderkenntnis, daß die Gemeinde ohne Jahwe nicht leben kann; wenn sie es mit Ersatzgöttern versucht, »durchbohrt« sie Jahwe.

Von Jahwe aufgegeben?: Sach 1,7–17

7 Am vierundzwanzigsten Tag des elften Mo-
nats – das ist der Monat Schebat – im zweiten
Jahr des Darius erging das Wort des Herrn an
den Propheten Sacharja, den Sohn Berech-
jas, des Sohnes Iddos. 8 In dieser Nacht hatte
ich eine Vision: Ich sah einen Mann auf einem
rotbraunen Pferd. Er stand zwischen den
Myrtenbäumen in der Tiefe, und hinter ihm
waren rotbraune, blutrote und weiße Pferde.
9 Ich fragte: Herr, was bedeuten diese Pferde?
Und der Engel, der mit mir redete, sprach:
Ich will dich sehen lassen, was sie bedeuten.
10 Da ergriff der Mann, der zwischen den
Myrtenbäumen stand, das Wort und sagte:
Der Herr hat diese Pferde gesandt, damit sie
die Erde durchziehen. 11 Und sie antworteten
dem Engel des Herrn, der zwischen den
Myrtenbäumen stand: Wir haben die Erde
durchzogen – die ganze Erde ruht und liegt
still. 12 Da sagte der Engel des Herrn: Herr der
Heere, wie lange versagst du noch Jerusalem
und den Städten Judas dein Erbarmen, de-
nen du nun siebzig Jahre grollst? 13 Der Herr
antwortete dem Engel, der mit mir redete, in
freundlichen Worten, Worten voll Trost. 14 Da
sagte mir der Engel, der mit mir redete:
Verkünde: So spricht der Herr der Heere: Mit
großem Eifer trete ich für Jerusalem und
Zion ein; 15 aber ich bin voll glühendem Zorn
gegen die Völker, die sich in falscher Sicher-
heit wiegen. Ich war nur ein wenig erzürnt;
doch sie wollten vernichten, als sie mir hal-
fen. 16 Darum – so spricht der Herr: Voll
Erbarmen wende ich mich Jerusalem wieder
zu. Man wird mein Haus dort aufbauen –
Spruch des Herrn der Heere – und die Richt-
schnur über Jerusalem spannen. 17 Weiter
verkünde: So spricht der Herr der Heere:
Meine Städte werden wieder überfließen von
allen Gütern. Der Herr wird Zion wieder trö-
sten, und er wird Jerusalem wieder auser-
wählen.

»Siehe, dein König kommt zu dir«: Sach 9, 9–10.16–17

9 Juble laut, Tochter Zion! Jauchze, Tochter
Jerusalem! Siehe, dein König kommt zu dir.
Er ist gerecht und hilft; er ist demütig und
reitet auf einem Esel, auf einem Fohlen, dem
Jungen einer Eselin. 10 Ich vernichte die
Streitwagen aus Efraim und die Rosse aus
Jerusalem, vernichtet wird der Kriegsbogen.
Er verkündet für die Völker den Frieden;
seine Herrschaft reicht von Meer zu Meer und
vom Eufrat bis an die Enden der Erde. 16 Der
Herr, ihr Gott, wird sie an jenem Tag retten;
er wird sein Volk retten, wie man Schafe
rettet. Edelsteine glänzen auf seinem Land. 17
Wie groß sind seine Schätze, wie herrlich ist
seine Schönheit! Korn. gibt den jungen Män-
nern Kraft und Most den Mädchen.

»Und sie werden auf den blicken, den sie durchbohrt haben« (Sach 12,10). Holzschnitt, Karl Grasser.

Das innerlich erneuerte Jerusalem:
Sach 12,8 – 13,1

8 An jenem Tag beschirmt der Herr die Ein-
wohner Jerusalems, und dann wird selbst
der von ihnen, der strauchelt, wie David sein
und das Haus David an ihrer Spitze wie Gott,
wie der Engel des Herrn. 9 An jenem Tag
werde ich danach trachten, alle Völker zu
vernichten, die gegen Jerusalem anrücken.
10 Doch über das Haus David und über die
Einwohner Jerusalems werde ich den Geist
des Mitleids und des Gebets ausgießen. Und
sie werden auf den blicken, den sie durch-
bohrt haben. Sie werden um ihn klagen, wie
man um den einzigen Sohn klagt; sie werden
bitter um ihn weinen, wie man um den Erst-
geborenen weint. 11 An jenem Tag wird die
Totenklage in Jerusalem so laut sein wie die
Klage um Hadad-Rimmon in der Ebene von
Megiddo. 12 Das Land wird trauern, jede Sip-
pe für sich: die Sippe des Hauses David für
sich und ihre Frauen für sich; die Sippe des
Hauses Natan für sich und ihre Frauen für
sich; 13 die Sippe des Hauses Levi für sich und
ihre Frauen für sich; die Sippe des Hauses
Schimi für sich und ihre Frauen für sich; 14 alle
überlebenden Sippen, jede Sippe für sich
und ihre Frauen für sich.
1 An jenem Tag wird für das Haus David und
für die Einwohner Jerusalems eine Quelle
fließen zur Reinigung von Sünde und Unrein-
heit.

Maleachi: Botschaft vom Kommen Gottes

Die Prophetenworte, die im Büchlein »Maleachi« gesammelt sind, beziehen sich wohl auf die recht verworrene Situation bei Jerusalemer Tempelgemeinde im vierten Jahrhundert. Die Priester – der Kern der Gemeinde – vernachlässigten ihre Pflicht; sie sollten das Gesetz auslegen und den Menschen Orientierung für den Alltag geben. Die Erwartung vom Kommen Jahwes nach Jerusalem spielte in der nachexilischen Gemeinde eine große Rolle. Angesichts großer moralischer Mißstände, mußte sie der Prophet daran erinnern: Die Hoffnung auf Jahwes Gegenwart deckt die Schuld und das Versagen schonungslos auf. Auch gab es in Israel Menschen, die ihren Weg unabhängig von der Glaubensüberlieferung planten. Weil sie damit vor den anderen prahlten, fragten manche verwirrt: »Was ist vor Gott recht?« Der Prophet geht auch darauf ein und betonte: Allen Zweifeln zum Trotz wird sich zeigen, daß es sich lohnt, nach Gottes Weisung zu fragen.

Ein Wort für die Priester:
Mal 1,14b; 2,1–2.7–9
1,14b Denn ein großer König bin ich, / spricht
der Herr der Heere, / und mein Name ist bei
den Völkern gefürchtet.
1 Jetzt ergeht über euch dieser Beschluß, ihr
Priester:
2 Wenn ihr nicht hört / und nicht von Herzen
darauf bedacht seid, / meinen Namen in
Ehren zu halten / – spricht der Herr der
Heere –, dann schleudere ich meinen Fluch
gegen euch / und verfluche den Segen, der
auf euch ruht, / ja, ich verfluchte ihn. / weil ihr
nicht von Herzen darauf bedacht seid.
7 Denn die Lippen des Priesters bewahren die
Erkenntnis, / und aus seinem Mund erwartet
man Belehrung; / denn er ist der Bote des
Herrn der Heere.
8 Ihr aber, ihr seid abgewichen vom Weg / und
habt viele zu Fall gebracht durch eure Beleh-
rung;
ihr habt den Bund Levis zunichte gemacht, /
spricht der Herr der Heere.
9 Darum mache ich euch verächtlich / und
erniedrige euch vor dem ganzen Volk, / weil
ihr euch nicht an meine Wege haltet / und auf
die Person seht bei der Belehrung.

**Gott kommt und schafft ein geläutertes
Volk:** Mal 2,17 – 3,5
17 Ihr ermüdet den Herrn mit euren Reden, /
und ihr fragt: Wodurch ermüden wir ihn? /
Dadurch, daß ihr sagt: / jeder, der Böses tut, /
ist gut in den Augen des Herrn, / an solchen
Leuten hat er Gefallen. / Oder auch: Wo ist
denn Gott, der Gericht hält?
1 Seht, ich sende meinen Boten; / er soll den
Weg für mich bahnen. / Dann kommt plötz-
lich zu seinem Tempel / der Herr, den ihr
sucht, / und der Bote des Bundes, den ihr
herbeiwünscht. / Seht, er kommt!, spricht der
Herr der Heere.
2 Doch wer erträgt den Tag, an dem er
kommt? / Wer kann bestehen, wenn er er-
scheint? / Denn er ist wie das Feuer im
Schmelzofen / und wie die Lauge im Wasch-
trog.
3 Er setzt sich, / um das Silber zu schmelzen
und zu reinigen: / Er reinigt die Söhne Levis, /
er läutert sie wie Gold und Silber. / Dann
werden sie dem Herr / die richtigen Opfer
darbringen.
4 Und dem Herrn wird das Opfer Judas und
Jerusalems angenehm sein / wie in den Ta-
gen der Vorzeit, / wie in längst vergangenen
Jahren.
5 Ich komme herbei, um euch zu richten; /
schon bald komme ich und trete als Zeuge
auf / gegen die Zauberer und die Ehebrecher,
/ gegen die Meineidigen und gegen alle, /
welche die Taglöhner, / Witwen und Waisen
ausbeuten, / den Fremden im Land ihr Recht
verweigern / und mich nicht fürchten, /
spricht der Herr der Heere.

Der große Tag: Mal 3,13–20
13 Was ihr über mich sagt, ist kühn, spricht der
Herr. / Doch ihr fragt: Was sagen wir denn
über dich? / 14 Ihr sagt: Es hat keinen Sinn,
Gott zu dienen. / Was haben wir davon, / wenn
wir auf seine Anordnungen achten / und vor
dem Herrn der Heere in Trauergewändern
umhergehen?
15 Darum preisen wir die Überheblichen
glücklich, / denn die Frevler haben Erfolg; /
sie stellen Gott auf die Probe / und kommen
doch straflos davon. –
16 Darüber redeten die miteinander, / die den
Herrn fürchten.
Der Herr horchte auf und hörte hin, / und
man schrieb vor ihm ein Buch, / das alle in
Erinnerung hält, / die den Herrn fürchten und
seinen Namen achten.
17 Sie werden an dem Tag, den ich herbeifüh-
re / – spricht der Herr der Heere –, / mein
besonderes Eigentum sein.
Ich werde gut zu ihnen sein,
wie ein Mann gut ist zu seinem Sohn, der ihm
dient.
18 Dann werdet ihr wieder den Unterschied
sehen / zwischen dem Gerechten und dem,
der Unrecht tut, / zwischen dem, der Gott
dient, / und dem, der ihm nicht dient.

[19] Denn seht, der Tag kommt, er brennt wie ein Ofen: / Da werden alle Überheblichen und Frevler zu Spreu, / und der Tag, der kommt, wird sie verbrennen, / spricht der Herr der Heere. / Weder Wurzel noch Zweig wird ihnen bleiben.

[20] Für euch aber, die ihr meinen Namen fürchtet, / wird die Sonne der Gerechtigkeit aufgehen, / und ihre Flügel bringen Heilung. / Ihr werdet hinausgehen und Freudensprünge machen, / wie Kälber, die aus dem Stall kommen.

Joel: Ankündigung des »Tages des Herrn«

Der Prophet Joel, der vermutlich im vierten Jahrhundert v. Chr. in Jerusalem auftrat, spürte unter dem Druck der zum Teil trostlosen Situation, wie aktuell die Gerichtsankündigungen der früheren Propheten geblieben sind. Er verstand die Bedrohung seiner Zeit als ernsten Umkehrruf an die Gemeinde. Wenn Israel erneut Jahwe als seine Lebensmitte ernst nimmt, wird es fähig, auf die Umwandlung der Welt durch Gott zu hoffen. Diese Hoffnung könnte der Gemeinde wieder festen Boden unter den Füßen geben.

Taten der Umkehr: Joel 2,12–17

[12] Auch jetzt noch – Spruch des Herrn: / Kehrt um zu mir von ganzem Herzen / mit Fasten, Weinen und Klagen.
[13] Zerreißt eure Herzen, nicht eure Kleider, / und kehrt um zum Herrn, eurem Gott!
Denn er ist gnädig und barmherzig, / langmütig und reich an Güte, / und es reut ihn, daß er das Unheil verhängt hat.
[14] Vielleicht kehrt er um, und es reut ihn, / und er läßt Segen zurück,
so daß ihr Speise- und Trankopfer darbringen könnt / für den Herrn, euren Gott.
[15] Auf dem Zion stoßt in das Horn, / ordnet ein heiliges Fasten an, / ruft einen Gottesdienst aus!
[16] Versammelt das Volk, / heiligt die Gemeinde!
Versammelt die Alten, / holt die Kinder zusammen, auch die Säuglinge!
Der Bräutigam verlasse seine Kammer / und die Braut ihr Gemach.
[17] Zwischen Vorhalle und Altar / sollen die Priester klagen, / die Diener des Herrn sollen sprechen:
Hab Mitleid, Herr, mit deinem Volk, / und überlaß dein Erbe nicht der Schande, / damit die Völker nicht über uns spotten.
Warum soll man bei den Völkern sagen: / Wo ist denn ihr Gott?

Umwandlung der Welt: Joel 3,1–5

[1] Danach aber wird es geschehen, / daß ich meinen Geist ausgieße über alles Fleisch.
Eure Söhne und Töchter werden Propheten sein, / eure Alten werden Träume haben, / und eure jungen Männer haben Visionen.
[2] Auch über Knechte und Mägde / werde ich meinen Geist ausgießen in jenen Tagen.
[3] Ich werde wunderbare Zeichen wirken / am Himmel und auf der Erde: / Blut und Feuer und Rauchsäulen.
[4] Die Sonne wird sich in Finsternis verwandeln / und der Mond in Blut,
ehe der Tag des Herrn kommt, / der große und schreckliche Tag.
[5] Und es wird geschehen: / Wer den Namen des Herrn anruft, wird gerettet.
Denn auf dem Berg Zion / und in Jerusalem gibt es Rettung,
wie der Herr gesagt hat, / und wen der Herr ruft, der wird entrinnen.

Jona: Jahwe – Ein Gott für alle

Die Weite des Gottesbildes, das Deuterojesaja hatte, drohte der Gemeinde der nachexilischen Zeit verlorenzugehen. In seiner Not und Bedrängnis war Israel stark mit sich selbst beschäftigt. Davon wurde auch das Gottesbild geprägt. Die Kraft und die Hoffnung, die aus dem Glauben an Gott erwachsen, wollte man nur für sich allein beanspruchen. Gegen diese Einengung des Gottesbildes formulierten prophetische Kreise die wunderbare Erzählung vom Propheten Jona, der nicht verstehen kann, daß sich Gott auch der »anderen« annimmt. Jesus gibt seinen wundersüchtigen Zeitgenossen kein anderes Zeichen, als das Zeichen des Jona: Umkehr und Erneuerung (Mt 12,38–42).

Flucht vor dem Auftrag: Jona 1,1–16

1 Das Wort des Herrn erging an Jona, den
Sohn Amittais: 2 Mach dich auf den Weg, und
geh nach Ninive, in die große Stadt, und droh
ihr (das Strafgericht) an! Denn die Kunde von
ihrer Schlechtigkeit ist bis zu mir heraufge-
drungen. 3 Jona machte sich auf den Weg;
doch er wollte nach Tarschisch fliehen, weit
weg vom Herrn. Er ging also nach Jafo hinab
und fand dort ein Schiff, das nach Tarschisch
fuhr. Er bezahlte das Fahrgeld und ging an
Bord, um nach Tarschisch mitzufahren, weit
weg vom Herrn. 4 Aber der Herr ließ auf dem
Meer einen heftigen Wind losbrechen; es
entstand ein gewaltiger Seesturm, und das
Schiff drohte auseinanderzubrechen. 5 Die
Seeleute bekamen Angst, und jeder schrie zu
seinem Gott um Hilfe. Sie warfen sogar die
Ladung ins Meer, damit das Schiff leichter
wurde. Jona war in den untersten Raum des
Schiffes hinabgestiegen, hatte sich hingelegt
und schlief fest. 6 Der Kapitän ging zu ihm
und sagte: Wie kannst du schlafen? Steh auf,
ruf deinen Gott an; vielleicht denkt dieser
Gott an uns, so daß wir nicht untergehen. 7
Dann sagten sie zueinander: Kommt, wir
wollen das Los werfen, um zu erfahren, wer
an diesem unserem Unheil schuld ist. Sie
warfen das Los, und es fiel auf Jona. 8 Da
fragten sie ihn: Sag uns, was treibst du für ein
Gewerbe, und woher kommst du, aus wel-
chem Land und aus welchem Volk? 9 Er
antwortete ihnen: Ich bin ein Hebräer und
verehre Jahwe, den Gott des Himmels, der
das Meer und das Festland gemacht hat. 10 Da
bekamen die Männer große Angst und sag-
ten zu ihm: Warum hast du das getan? Denn
sie erfuhren, daß er vor Jahwe auf der Flucht

»Hier aber ist einer, der mehr ist als Jona« (Mt 12,41). Jona und der Fisch, Kreuzgang Brixen.

war; er hatte es ihnen erzählt. 11 Und sie
sagten zu ihm: Was sollen wir mit dir ma-
chen, damit das Meer sich beruhigt und uns
verschont? Denn das Meer wurde immer
stürmischer. 12 Jona antwortete ihnen:
Nehmt mich und werft mich ins Meer, damit
das Meer sich beruhigt und euch verschont.
Denn ich weiß, daß dieser gewaltige Sturm
durch meine Schuld über euch gekommen
ist. 13 Die Männer aber ruderten mit aller
Kraft, um wieder an Land zu kommen; doch
sie richteten nichts aus, denn das Meer
stürmte immer heftiger gegen sie an. 14 Da
riefen sie zu Jahwe: Ach Herr, laß uns nicht
untergehen wegen dieses Mannes, und rech-
ne uns, was wir jetzt tun, nicht als Vergehen
an unschuldigem Blut an. Denn wie du woll-

test, Herr, so hast du gehandelt. 15 Dann nahmen sie Jona und warfen ihn ins Meer, und das Meer hörte auf zu toben. 16 Da ergriff die Männer große Furcht vor Jahwe und sie schlachteten für Jahwe ein Opfer und machten ihm viele Gelübde.

Drohung oder Gnadenangebot?:
Jona 2,1.11; 3,1–10

1 Der Herr aber schickte einen großen Fisch, der Jona verschlang. Jona war drei Tage und drei Nächte im Bauch des Fisches. 11 Da befahl der Herr dem Fisch, Jona ans Land zu speien.

1 Das Wort des Herrn erging zum zweitenmal an Jona: 2 Mach dich auf den Weg, und geh nach Ninive, in die große Stadt, und droh ihr all das an, was ich dir sagen werde. 3 Jona machte sich auf den Weg und ging nach Ninive, wie der Herr es ihm befohlen hatte. Ninive war eine große Stadt vor Gott; man brauchte drei Tage, um sie zu durchqueren. 4 Jona begann, in die Stadt hineinzugehen; er ging einen Tag lang und rief: Noch vierzig Tage, und Ninive ist zerstört! 5 Und die Leute von Ninive glaubten Gott. Sie riefen ein Fasten aus, und alle, groß und klein, zogen Bußgewänder an. 6 Als die Nachricht davon den König von Ninive erreichte, stand er von seinem Thron auf, legte seinen Königsmantel ab, hüllte sich in ein Bußgewand und setzte sich in die Asche. 7 Er ließ in Ninive ausrufen: Befehl des Königs und seiner Großen: Alle Menschen und Tiere, Rinder, Schafe und Ziegen, sollen nichts essen, nicht weiden und kein Wasser trinken. 8 Sie sollen sich in Bußgewänder hüllen, Menschen und Tiere. Sie sollen laut zu Gott rufen, und jeder soll umkehren und sich von seinen bösen Taten abwenden und von dem Unrecht, das an seinen Händen klebt. 9 Wer weiß, vielleicht reut es Gott wieder, und er läßt ab von seinem glühenden Zorn, so daß wir nicht zugrunde gehen. 10 Und Gott sah ihr Verhalten; er sah, daß sie umkehrten und sich von ihren bösen Taten abwandten. Da reute Gott das Unheil, das er ihnen angedroht hatte, und er führte die Drohung nicht aus.

Der menschenfreundliche Gott:
Jona 4,1–11

1 Das mißfiel Jona ganz und gar, und er wurde zornig. 2 Er betete zum Herrn und sagte: Ach Herr, habe ich das nicht schon gesagt, als ich noch daheim war? Eben darum wollte ich ja nach Tarschisch fliehen; denn ich wußte, daß du ein gnädiger und barmherziger Gott bist, langmütig und reich an Huld und daß deine Drohungen dich reuen. 3 Darum nimm mir jetzt lieber das Leben, Herr! Denn es ist für mich besser zu sterben als zu leben. 4 Da erwiderte der Herr: Ist es recht von dir, zornig zu sein? 5 Da verließ Jona die Stadt und setzte sich östlich vor der Stadt nieder. Er machte sich dort ein Laubdach und setzte sich in seinen Schatten, um abzuwarten, was mit der Stadt geschah. 6 Da ließ Gott, der Herr, einen Rizinusstrauch über Jona emporwachsen, der seinem Kopf Schatten geben und seinen Ärger vertreiben sollte. Jona freute sich sehr über den Rizinusstrauch. 7 Als aber am nächsten Tag die Morgenröte heraufzog, schickte Gott einen Wurm, der den Rizinusstrauch annagte, so daß er verdorrte. 8 Und als die Sonne aufging, schickte Gott einen heißen Ostwind. Die Sonne stach Jona auf den Kopf, so daß er fast ohnmächtig wurde. Da wünschte er sich den Tod und sagte: Es ist besser für mich zu sterben als zu leben. 9 Gott aber fragte Jona: Ist es recht von dir, wegen des Rizinusstrauches zornig zu sein? Er antwortete: Ja, es ist recht, daß ich zornig bin und mir den Tod wünsche. 10 Darauf sagte der Herr: Dir ist es leid um den Rizinusstrauch, für den du nicht gearbeitet und den du nicht großgezogen hast. Über Nacht war er da, über Nacht ist er eingegangen. 11 Mir aber sollte es nicht leid sein um Ninive, die große Stadt, in der mehr als hundertzwanzigtausend Menschen leben, die nicht einmal rechts und links unterscheiden können – und außerdem so viel Vieh?

Baruch: »Höre, Israel, die Gebote des Lebens«

Im Büchlein Baruch tröstet ein Frommer des ersten Jahrhunderts v. Chr. seine Glaubensbrüder in einer Notsituation, vielleicht hervorgerufen durch Pompeius, der 63 v. Chr. Jerusalem besetzte. Der Verfasser deutet die Not als Folge der Gesetzesuntreue des Gottesvolkes. Er legt die Worte Baruch, einem Gefährten des Propheten Jeremia, in den Mund. Dadurch gibt er zu erkennen, daß er selber aus dem Wort Gottes lebt, das ihm durch die Tradition zugekommen ist. Zum Trost und zur Ermutigung weist der Verfasser hin auf das kommende Heilshandeln Gottes. Er versucht, sich vom überlieferten Wort Gottes Mut und Zuversicht schenken zu lassen und in den Bedrängnissen den Weg der wahren Weisheit zu finden.

Der Weg der Weisheit: Bar 3,9–15.29 – 4,4

[9] Höre, Israel, die Gebote des Lebens; merkt auf, um Einsicht zu erlangen. [10] Warum, Israel, warum lebst du im Gebiet der Feinde, siechst dahin in einem fremden Land, [11] bist unrein geworden, den Toten gleich, wurdest zu den Abgeschiedenen gezählt? [12] Du hast den Quell der Weisheit verlassen. [13] Wärest du auf Gottes Weg gegangen, du wohntest in Frieden für immer. [14] Nun lerne, wo die Einsicht ist, wo Kraft und wo Klugheit, dann erkennst du zugleich, wo langes Leben und Lebensglück, wo Licht für die Augen und Frieden zu finden sind. [15] Wer hat je den Ort (der Weisheit) gefunden? Wer ist zu ihren Schatzkammern vorgedrungen? [29] Wer stieg zum Himmel hinauf, holte die Weisheit und brachte sie aus den Wolken herab? [30] Wer fuhr über das Meer und entdeckte sie und brachte sie her gegen lauteres Gold? [31] Keiner weiß ihren Weg, niemand kennt ihren Pfad. [32] Doch der Allwissende kennt sie; er hat sie in seiner Einsicht entdeckt. Er hat ja die Erde für immer gegründet, er hat sie mit Tieren bevölkert. [33] Er entsendet das Licht, und es eilt dahin; er ruft es zurück, und zitternd gehorcht es ihm. [34] Froh leuchten die Sterne auf ihren Posten. [35] Ruft er sie, so antworten sie: Hier sind wir. Sie leuchten mit Freude für ihren Schöpfer. [36] Das ist unser Gott; kein anderer gilt neben ihm. [37] Er hat den Weg der Weisheit ganz erkundet und hat sie Jakob, seinem Diener, verliehen, Israel, seinem Liebling. [38] Dann erschien sie auf der Erde und hielt sich unter den Menschen auf. [1] Sie ist das Buch der Gebote Gottes, das Gesetz, das ewig besteht. Alle, die an ihr festhalten, finden das Leben; doch alle, die sie verlassen, verfallen dem Tod. [2] Kehr um, Jakob, ergreif sie! Geh deinen Weg im Glanz ihres Lichtes! [3] Überlaß deinen Ruhm keinem andern, dein Vorrecht keinem fremden Volk! [4] Glücklich sind wir, das Volk Israel; denn wir wissen, was Gott gefällt.

Frohe Botschaft der Rückkehr: Bar 5,1–9

[1] Leg ab, Jersusalem, das Kleid deiner Trauer und deines Elends, und bekleide dich mit dem Schmuck der Herrlichkeit, die Gott dir für immer verleiht. [2] Leg den Mantel der göttlichen Gerechtigkeit an; setz dir die Krone der Herrlichkeit des Ewigen aufs Haupt! [3] Denn Gott will deinen Glanz dem ganzen Erdkreis unter dem Himmel zeigen. [4] Gott gibt dir für immer den Namen: Friede der Gerechtigkeit und Herrlichkeit der Gottesfurcht. [5] Steh auf, Jerusalem, und steig auf die Höhe! Schau nach Osten, und sieh deine Kinder: Vom Untergang der Sonne bis zum Aufgang hat das Wort des Heiligen sie gesammelt. Sie freuen sich, daß Gott an sie gedacht hat. [6] Denn zu Fuß zogen sie fort von dir, weggetrieben von Feinden; Gott aber bringt sie heim zu dir, ehrenvoll getragen wie in einer königlichen Sänfte. [7] Denn Gott hat befohlen: Senken sollen sich alle hohen Berge und die ewigen Hügel, und heben sollen sich die Täler zu ebenem Land, so daß Israel unter der Herrlichkeit Gottes sicher dahinziehen kann. [8] Wälder und duftende Bäume aller Art spenden Israel Schatten auf Gottes Geheiß. [9] Denn Gott führt Israel heim in Freude, im Licht seiner Herrlichkeit; Erbarmen und Gerechtigkeit kommen von ihm.

Daniel: Künder einer neuen Welt

Die Herausforderung der jüdischen Gemeinde durch die hellenistische Kultur erreichte in der ersten Hälfte des zweiten Jahrhunderts v. Chr. einen Höhepunkt. Im Buche Daniel liegt uns ein besonderes Zeugnis dieser Auseinandersetzung vor. Es geht dem Verfasser darum, seinen Lesern vor Augen zu führen: Gott ist im Auf und Ab der Geschichte am Werk und treibt sie konsequent auf jenes Geschehen zu, in dem er als der eigentliche Herrscher offenbar wird. Der Verfasser läßt den »Helden« Daniel (= »Gott richtet« bzw. »Gott ist mächtig«) um 600 v. Chr. in Babylon auftreten; Daniel ist ein in die Verbannung geführter Israelit, der unter den letzten babylonischen und den ersten persischen Königen als Berater am königlichen Hof und als Seher für die verbannten Israeliten wirkt. In Traumdeutungen und Traumvisionen verkündet er im voraus das Aufstehen und Verschwinden der Herrschaftssysteme nach einem festen Plan Gottes, wie es sich von 600–200 v. Chr. – also bis zur Zeit der Entstehung des Buches Daniel – abgespielt hat. Dadurch soll dem Leser besonders eindrucksvoll Gottes Planung, die alle Geschichte bestimmt, vor Augen geführt und Mut gemacht werden, in den gegenwärtigen Bedrängnissen durchzuhalten.

Rettung durch Glaubenstreue

Daniel wird selber zum Modell des vom Gott Israels bewahrten Menschen; er hält in der Bedrängnis seinem Gott die Treue, was ihn die tödliche Bedrohung – dargestellt im Bild der Löwen – bestehen läßt. Daher brauchen die bedrängten Israeliten die anderen Mächte nicht zu fürchten und können über die Kraft ihres Glaubens froh werden. Der Erzähler drückt dies sehr eindrucksvoll aus, indem er sogar den Perserkönig Darius die Macht des Gottes Israels verkünden läßt.

Daniel in der Löwengrube: Dan 6,2–29

2 Darius fand es für gut, über das Reich
hundertzwanzig Satrapen einzusetzen, die
über das ganze Reich verteilt sein sollten. 3
Über diese wieder setzte er drei oberste Beamte, zu denen auch Daniel gehörte. Ihnen
sollten die Satrapen Rechenschaft ablegen,
damit der König keinen Schaden erleide. 4
Daniel nun zeichnete sich vor den anderen
obersten Beamten und den Satrapen aus;
denn in ihm war ein außergewöhnlicher
Geist. Der König erwog sogar, ihn zum höchsten Beamten des ganzen Reiches zu machen. 5 Da suchten die obersten Beamten
und die Satrapen einen Grund, um Daniel
wegen seiner Amtsführung anzuklagen. Sie
konnten aber keinen Grund zur Anklage und
kein Vergehen finden; denn er war zuverlässig; keine Nachlässigkeit und kein Vergehen
konnte man ihm nachweisen. 6 Da sagten
jene Männer: Wir werden keinen Grund finden, um diesen Daniel anzuklagen, es sei
denn, wir finden gegen ihn etwas wegen des
Gesetzes seines Gottes. 7 Darum bestürmten
die obersten Beamten und Satrapen den
König und sagten zu ihm: König Darius,
mögest du ewig leben. 8 Alle obersten Beamten des Reiches, die Präfekten, Satrapen,
Räte und Statthalter raten dem König, ein
Dekret zu erlassen und folgendes Verbot in
Kraft zu setzen: Jeder, der innerhalb von
dreißig Tagen an irgendeinen Gott oder Menschen außer an dich, König, eine Bitte richtet, der soll in die Löwengrube geworfen
werden. 9 Erlaß dieses Verbot, o König, und
fertige ein Schreiben darüber aus! Es soll
nach dem unwandelbaren Gesetz der Meder
und Perser unabänderlich sein. 10 König
Darius unterzeichnete das Verbot. 11 Als Daniel erfuhr, daß das Schreiben unterzeichnet
war, ging er in sein Haus. In seinem Oberge-

Gott sorgt für die Verfolgten. Daniel und Habakuk in der Löwengrube. 1444, St. Daniel / Kiechelberg.

mach waren die Fenster nach Jerusalem hin
offen. Dort kniete er dreimal am Tag nieder
und richtete sein Gebet und seinen Lobpreis
an seinen Gott, ganz so, wie er es gewohnt
war. [12] Nun schlichen sich jene Männer heran
und fanden Daniel, wie er zu seinem Gott
betete und flehte. [13] Darauf gingen sie zum
König und erinnerten ihn an sein Verbot; sie
sagten: O König, hast du nicht ein Verbot
unterzeichnet, nach dem jeder, der inner-
halb von dreißig Tagen an irgendeinen Gott
oder Menschen außer an dich, König, eine
Bitte richtet, in die Löwengrube geworfen
werden soll? Der König gab zur Antwort: Die
Anordnung steht fest nach dem unwandelba-
ren Gesetz der Meder und Perser. [14] Da be-
richteten sie dem König: Daniel, einer von
den verschleppten Juden, achtet weder dich,
König, noch das Verbot, das du unterschrie-
ben hast, sondern verrichtet dreimal am Tag
sein Gebet. [15] Als der König das hörte, war es
ihm sehr peinlich, und er dachte nach, wie er
Daniel retten könne. Bis Sonnenuntergang
bemühte er sich, ihn freizubekommen. [16]
Doch jene Männer bestürmten ihn und sag-
ten: Bedenke, König, es ist bei den Medern
und Persern Gesetz, daß jedes Verbot und
Dekret, das der König erläßt, unabänderlich
ist. [17] Darauf befahl der König, Daniel herzu-
bringen, und man warf ihn zu den Löwen in
die Grube. Der König sagte noch zu Daniel:
Möge dein Gott, dem du so unablässig
dienst, dich erretten. [18] Und man nahm einen
großen Stein und wälzte ihn auf die Öffnung
der Grube. Der König versiegelte ihn mit
seinem Siegel und den Siegeln seiner Gro-
ßen, um zu verhindern, daß an der Lage
Daniels etwas verändert würde. [19] Dann ging
der König in seinen Palast; fastend verbrach-
te er die Nacht; er ließ sich keine Speisen
bringen und konnte keinen Schlaf finden. [20]
Früh am Morgen, als es gerade hell wurde,

stand der König auf und ging in Eile zur
Löwengrube. 21 Als er sich der Grube näherte,
rief er mit schmerzlicher Stimme nach Daniel
und fragte: Daniel, du Diener des lebendigen
Gottes! Hat dein Gott, dem du so unablässig
dienst, dich vor den Löwen erretten können?
22 Daniel antwortete ihm: O König, mögest du
ewig leben. 23 Mein Gott hat seinen Engel
gesandt und den Rachen der Löwen ver-
schlossen. Sie taten mir nichts zuleide; denn
in seinen Augen war ich schuldlos, und auch
dir gegenüber, König, bin ich ohne Schuld. 24
Darüber war der König hoch erfreut und
befahl, Daniel aus der Grube herauszuholen.
So wurde Daniel aus der Grube herausge-
holt; man fand an ihm nicht die geringste
Verletzung, denn er hatte seinem Gott ver-
traut. 25 Nun aber ließ der König die Männer
herbeiholen, die Daniel verklagt hatten, und
ließ sie mit ihren Kindern und Frauen in die
Löwengrube werfen. Sie waren noch nicht
am Boden der Grube angelangt, da stürzten
sich die Löwen auf sie und zermalmten ihnen
alle Knochen. 26 Daraufhin schrieb König
Darius an alle Völker, Nationen und Spra-
chen auf der ganzen Erde: Friede sei mit euch
in Fülle! 27 Hiermit ordne ich an: Im ganzen
Gebiet meines Reiches soll man vor dem Gott
Daniels zittern und sich vor ihm fürchten.
Denn er ist der lebendige Gott; er lebt in
Ewigkeit. Sein Reich geht niemals unter; sei-
ne Herrschaft hat kein Ende. 28 Er rettet und
befreit; er wirkt Zeichen und Wunder am
Himmel und auf der Erde; er hat Daniel aus
den Tatzen der Löwen errettet. 29 Daniel aber
ging es gut unter dem König Darius und auch
unter dem Perserkönig Kyrus.

Die Vollendung der Herrschaft Gottes

Zur Zeit der Entstehung des Buches Daniel war es manchen Kreisen in Jerusalem sehr schwer, zu glauben, daß die Treue zu Jahwe sich wirklich bewährt. Herrscher wie Antiochus IV. konnten scheinbar ungehindert die göttliche Ordnung brechen. Der Verfasser des Buches Daniel kündigt in einer großen Vision Daniels an, daß die Weltreiche – dargestellt in Tieren, die aus dem Meer aufsteigen –, auch das gegenwärtige und gefährlichste, untergehen; dies bedeutet den Beginn der Gottesherrschaft. Die Gottesherrschaft nimmt dann Gestalt an im »Menschensohn« beziehungsweise in den »Heiligen des Höchsten«. Darunter kann wohl das aus der Not gerettete Israel verstanden werden. In diesem wird der Segen der Herrschaft Gottes für alle Welt erfahrbar. Mit dem Bild des Menschensohnes hat Jesus auch sein Wirken hineingestellt in die Hoffnung, daß Gott sich als Herrscher vor aller Welt zeigt (Mk 8,38). Dieses Hoffnungsbild wird am Ende des Buches noch einmal überboten durch die Ankündigung, daß für diejenigen, die in der großen Bedrängnis durchhalten, auch die letzte Schranke, der Tod, fällt. Die Teilhabe am neuen Leben wird durch nichts mehr behindert.

Die Tiere und der Menschensohn:
Dan 7,1–28

1 Im ersten Jahr Belschazzars, des Königs
von Babel, hatte Daniel einen Traum; auf
seinem Lager hatte er eine Vision. Er schrieb
den Traum auf, und sein Bericht hat folgen-
den Inhalt: 2 Ich hatte während der Nacht eine
Vision: Die vier Winde des Himmels wühlten
das große Meer auf. 3 Dann stiegen aus dem
Meer vier große Tiere herauf; jedes hatte eine
andere Gestalt. 4 Das erste war einem Löwen
ähnlich, hatte jedoch Adlerflügel. Während
ich es betrachtete, wurden ihm die Flügel
ausgerissen; es wurde vom Boden emporge-
hoben und wie ein Mensch auf zwei Füße
gestellt, und es wurde ihm ein menschliches
Herz gegeben. 5 Dann erschien ein zweites
Tier; es glich einem Bären und war nach einer

Seite hin aufgerichtet. Es hielt drei Rippen
zwischen den Zähnen in seinem Maul, und
man ermunterte es: Auf, friß noch viel mehr
Fleisch! 6 Danach sah ich ein anderes Tier; es
glich einem Panther, hatte aber auf dem
Rücken vier Flügel, wie die Flügel eines Vo-
gels; auch hatte das Tier vier Köpfe; ihm
wurde die Macht eines Herrschers verliehen. 7
Danach sah ich in meinen nächtlichen Visio-
nen ein viertes Tier; es war furchtbar und
schrecklich anzusehen und sehr stark; es
hatte große Zähne aus Eisen. Es fraß und
zermalmte alles, und was übrig blieb, zertrat
es mit den Füßen. Von den anderen Tieren
war es völlig verschieden. Auch hatte es zehn
Hörner. 8 Als ich die Hörner betrachtete, da
wuchs zwischen ihnen ein anderes, kleineres
Horn empor, und vor ihm wurden drei von
den früheren Hörnern ausgerissen; und an
diesem Horn waren Augen wie Menschenau-
gen und ein Maul, das anmaßend redete. 9
Ich sah immer noch hln; da wurden Throne
aufgestellt, und ein Hochbetagter nahm
Platz. Sein Gewand war weiß wie Schnee, sein
Haar wie reine Wolle. Feuerflammen waren
sein Thron, und dessen Räder waren lodern-
des Feuer. 10 Ein Strom von Feuer ging von
ihm aus. Tausendmal Tausende dienten
ihm, zehntausendmal Zehntausende stan-
den vor ihm. Das Gericht nahm Platz, und es
wurden Bücher aufgeschlagen. 11 Ich sah
immer noch hin, bis das Tier – wegen der
anmaßenden Worte, die das Horn redete –
getötet wurde. Sein Körper wurde dem Feuer
übergeben und vernichtet. 12 Auch den ande-
ren Tieren wurde die Herrschaft genommen.
Doch ließ man ihnen das Leben bis zu einer
bestimmten Frist. 13 Immer noch hatte ich die
nächtlichen Visionen:
Da kam mit den Wolken des Himmels / einer
wie ein Menschensohn.
Er gelangte bis zu dem Hochbetagten / und
wurde vor ihn geführt.

»Sein Reich geht niemals unter« (Dan 7,14). Buchmalerei, 15. Jh. Brixen.

14 Ihm wurden Herrschaft, / Würde und König-
tum gegeben.
Alle Völker, Nationen und Sprachen / müssen
ihm dienen.
Seine Herrschaft ist eine ewige, / unvergäng-
liche Herrschaft.
Sein Reich geht niemals unter.
15 Darüber war ich, Daniel, im Geist beküm-
mert, und was mir vor Augen stand, er-
schreckte mich. 16 Ich wandte mich an einen
der Umstehenden und bat ihn, mir das alles
genau zu erklären. Er deutete mir die Vor-
gänge und sagte: 17 Diese großen Tiere, vier
an der Zahl, bedeuten vier Könige, die sich
auf der Erde erheben werden. 18 Das König-
tum aber werden die Heiligen des Höchsten
erhalten, und sie werden es behalten für
immer und ewig. 19 Dann wollte ich noch
Genaueres über das vierte Tier erfahren, das
Tier, das anders war als alle anderen, ganz
furchtbar anzusehen, mit Zähnen aus Eisen
und mit Klauen aus Bronze, das alles fraß
und zermalmte, und was übrigblieb, mit den
Füßen zertrat. 20 Auch (wollte ich Genaueres
erfahren) über die zehn Hörner an seinem
Kopf und über das andere Horn, das empor-
gewachsen war und vor dem die drei Hörner
abgefallen waren, das Horn, das Augen und
einen Mund hatte, der anmaßend redete,
und das schließlich größer als die anderen zu
sein schien. 21 Ich sah dieses Horn gegen die
Heiligen kämpfen. Es überwältigte sie, 22 bis
der Hochbetagte kam. Da wurde den Heili-
gen des Höchsten Recht verschafft, und es
kam die Zeit, in der die Heiligen das König-
tum erhielten. 23 Der (Engel) antwortete mir:
Das vierte Tier bedeutet: Ein viertes Reich
wird sich auf der Erde erheben, ganz anders
als alle anderen Reiche. Es wird die ganze
Erde verschlingen, sie zertreten und zermal-
men. 24 Die zehn Hörner bedeuten: In jenem
Reich werden zehn Könige regieren; doch
nach ihnen kommt ein anderer. Dieser ist
ganz anders als die früheren. Er stürzt drei
Könige, 25 er lästert über den Höchsten und
unterdrückt die Heiligen des Höchsten. Die
Festzeiten und das Gesetz will er ändern. Ihm
werden die Heiligen für eine Zeit und zwei
Zeiten und eine halbe Zeit ausgeliefert. 26
Dann aber wird Gericht gehalten. Jenem
König wird seine Macht genommen; er wird
endgültig ausgetilgt und vernichtet. 27 Die
Herrschaft und Macht und die Herrlichkeit
aller Reiche unter dem ganzen Himmel wer-
den dem Volk der Heiligen des Höchsten
gegeben. Sein Reich ist ein ewiges Reich,
und alle Mächte werden ihm dienen und
gehorchen. 28 Hier endet die Mitteilung. Mich,
Daniel, erschreckten meine Gedanken sehr,
und ich erbleichte. Aber ich bewahrte die
Mitteilung in meinem Herzen.

Auferstehung zum Leben: Dan 12,1–4

1 Zur Zeit des Endes tritt Michael auf, der
große Engelfürst, der für die Söhne deines
Volkes eintritt. Dann kommt eine Zeit der
Not, wie noch keine da war, seit es Völker
gibt, bis zu jener Zeit. Doch dein Volk wird in
jener Zeit gerettet, jeder, der im Buch ver-
zeichnet ist. 2 Von denen, die im Land des
Staubes schlafen, werden viele erwachen,
die einen zum ewigen Leben, die anderen zur
Schmach, zu ewigem Abscheu. 3 Die Verstän-
digen werden strahlen, wie der Himmel
strahlt; und die Männer, die viele zum rech-
ten Tun geführt haben, werden immer und
ewig wie die Sterne leuchten. 4 Du, Daniel,
halte diese Worte geheim, und versiegle das
Buch bis zur Zeit des Endes! Viele werden
nachforschen, und die Erkenntnis wird groß
sein.

Lebensbewältigung in Israel

Der Mensch, der den verschiedenen Anforderungen des Lebens gerecht zu werden versucht, ist der weise Mensch. Durch Erfahrung spürt er die Regeln und Ordnungen auf, die das Leben gelingen lassen. Diese Ordnungen, die das Leben tragen, zeigen sich dem Weisen erst dann, wenn er bereit ist, in seiner Welt Gott und dessen geheimnisvollem Wirken zu begegnen; daher gilt: »Anfang der Weisheit ist die Gottesfurcht ...« (Spr 9,10). Die Wirren der Fremdherrschaft machten es für die Glaubenden Israels sehr schwer, im Alltag lebentragende Ordnungen aufzuspüren. Man konnte sich daher dem Leben nur stellen, wenn man mit der »Weisheit« Gottes rechnen durfte, die der Welt Ordnung garantiert. Das weisheitliche Suchen und Ringen bezeugen im Alten Testament vor allem das Buch der Sprichwörter, das Buch Ijob, das Buch Kohelet, das Buch Jesus Sirach und das Buch der Weisheit.

Das Leben und seine Ordnungen: Das Buch der Sprichwörter

Besonders kennzeichnend für die Weisheitsliteratur ist das Buch der Sprichwörter. Dieses Buch bezeugt im zweiten Teil (Spr 10 – 31), wie Israel in den verschiedensten Bereichen des alltäglichen Lebens um jene Zusammenhänge ringt, die das Leben bestimmen. Die Sprichwortsammlungen stammen aus mehreren Jahrhunderten. Die umfangreichste (Spr 10,1 – 22,16) wird König Salomo zugeschrieben, da er als der große Weise Israels gilt. Im ersten Teil des Buches (Spr 1 – 9) kommen jene Glaubenden Israels zur Sprache, die in sehr eindringlicher Form um das Vertrauen werben, daß die Welt grundlegend von Gottes Weisheit geprägt ist.

Die Weisheit Gottes

In Krisenzeiten, wo der Alltag keine tragenden Ordnungen mehr preiszugeben scheint, stützt sich der glaubende Mensch auf Gottes Tun. Diese »Weisheit« tritt auf als selbständige Größe, sie lädt den Menschen ein, ermahnt ihn, stellt sich vor als Ratgeberin der Könige und Fürsten, ja als diejenige, die Gott als erstes seiner Werke geschaffen und die das ganze schöpferische Wirken begleitet hat. So sollte es den Glaubenden wieder möglich werden, sich dem Leben mit Vertrauen zu öffnen, weil es von Gottes schöpferischer Zuwendung getragen ist.

Gottes Weisheit in der Schöpfung:
Spr 8,1–5.14.22–36

1 Ruft nicht die Weisheit, / erhebt nicht die Klugheit ihre Stimme?

2 Bei der Stadtburg, auf den Straßen, / an der Kreuzung der Wege steht sie;

3 neben den Toren, wo die Stadt beginnt, / am Zugang zu den Häusern ruft sie laut:

4 Euch, ihr Leute, lade ich ein, / meine Stimme ergeht an alle Menschen:

5 Ihr Unerfahrenen, werdet klug, / ihr Törichten, nehmt Vernunft an!

14 Bei mir ist Rat und Hilfe; / ich bin die Einsicht, bei mir ist Macht.

22 Der Herr hat mich geschaffen im Anfang seiner Wege, / vor seinen Werken in der Urzeit;

23 in frühester Zeit wurde ich gebildet, / am Anfang, beim Ursprung der Erde.

24 Als die Urmeere noch nicht waren, / wurde ich geboren, / als es die Quellen noch nicht gab, die wasserreichen.
25 Ehe die Berge eingesenkt wurden, / vor den Hügeln wurde ich geboren.
26 Noch hatte er die Erde nicht gemacht und die Fluren / und alle Schollen des Festlands.
27 Als er den Himmel baute, war ich dabei, / als er den Erdkreis abmaß über den Wassern,
28 als er droben die Wolken befestigte / und Quellen strömen ließ aus dem Urmeer,
29 als er dem Meer seine Satzung gab / und die Wasser nicht seinen Befehl übertreten durften,
30 als er die Fundamente der Erde abmaß, / da war ich als geliebtes Kind bei ihm.
Ich war seine Freude Tag für Tag / und spielte vor ihm allezeit.
31 Ich spielte auf seinem Erdenrund, / und meine Freude war es, bei den Menschen zu sein.
32 Nun, ihr Söhne, hört auf mich! / Wohl dem, der auf meine Wege achtet.
33 Hört die Mahnung, und werdet weise, / lehnt sie nicht ab!
34 Wohl dem, der auf mich hört, / der Tag für Tag an meinen Toren wacht / und meine Türpfosten hütet.
35 Wer mich findet, findet Leben / und erlangt das Gefallen des Herrn.
36 Doch wer mich verfehlt, der schadet sich selbst; / alle, die mich hassen, lieben den Tod.

Weise im Alltag

Weisheit bedeutet vor allem die Bewältigung der alltäglichen Lebensaufgaben. Im Alltag werden die förderlichen und schädlichen Kräfte wirksam, die es aufzugreifen bzw. zu meiden gilt. Am klugen Abwägen der verschiedenen Möglichkeiten entscheidet sich der Lebenserfolg.

Weisheit lernen: Spr 1,1–7
1 Sprichwörter Salomos, des Sohnes Davids, / des Königs von Israel:
2 um Weisheit zu lernen und Zucht, / um kundige Rede zu verstehen,
3 um Zucht und Verständnis zu erlangen, / Gerechtigkeit, Rechtssinn und Redlichkeit,
4 um Unerfahrenen Klugheit zu verleihen, / der Jugend Kenntnis und Umsicht.
5 Der Weise höre und vermehre sein Wissen, / der Verständige lerne kluge Führung,
6 um Sinnspruch und Gleichnis zu verstehen, / die Worte und Rätsel der Weisen.
7 Gottesfurcht ist Anfang der Erkenntnis, / nur Toren verachten Weisheit und Zucht.

Im Haus der Weisheit: Spr 9,1–6
1 Die Weisheit hat ihr Haus gebaut, / ihre sieben Säulen behauen.
2 Sie hat ihr Vieh geschlachtet, ihren Wein gemischt / und schon ihren Tisch gedeckt.
3 Sie hat ihre Mägde ausgesandt / und lädt ein auf der Höhe der Stadtburg:
4 Wer unerfahren ist, kehre hier ein. / Zum Unwissenden sagt sie:
5 Kommt, eßt von meinem Mahl, / und trinkt vom Wein, den ich mischte.
6 Laßt ab von der Torheit, dann bleibt ihr am Leben, / und geht auf dem Weg der Einsicht!

Gelingendes Leben: Spr 10,1–10
1 Sprichwörter Salomos:
Ein kluger Sohn macht dem Vater Freude, / ein dummer Sohn ist der Kummer seiner Mutter.
2 Unrecht Gut gedeiht nicht, / Gerechtigkeit aber rettet vor dem Tod.
3 Das Verlangen des Gerechten sättigt der Herr, / die Gier der Frevler stößt er zurück.
4 Lässige Hand bringt Armut, / fleißige Hand macht reich.
5 Wer im Sommer sammelt, ist ein kluger Mensch; / in Schande gerät, wer zur Erntezeit schläft.
6 Segen ruht auf dem Haupt des Gerechten, /

Immer wieder staunt der Mensch vor der Weisheit Gottes, die sich in der Schöpfung zeigt. Erschaffung von Himmel und Erde. Anfang 15. Jh., St. Prokulus / Naturns.

im Mund der Frevler versteckt sich Gewalttat.
7 Das Andenken des Gerechten ist gesegnet, /
der Name der Frevler vermodert.
8 Verständiger Sinn nimmt die Gebote an, /
wer Törichtes redet, kommt zu Fall.
9 Wer aufrichtig seinen Weg geht, geht sicher,
/ wer krumme Wege geht, wird durchschaut.
10 Wer mit den Augen zwinkert, schafft Leid, /
wer offen tadelt, stiftet Frieden.

Das Lob der tüchtigen Frau:
Spr 31,10–13.19–20.30–31

10 Eine tüchtige Frau, wer findet sie? / Sie
übertrifft alle Perlen an Wert.
11 Das Herz ihres Mannes vertraut auf sie, /
und es fehlt ihm nicht an Gewinn.
12 Sie tut ihm Gutes und nichts Böses / alle
Tage ihres Lebens.
13 Sie sorgt für Wolle und Flachs / und schafft
mit emsigen Händen.
19 Nach dem Spinnrocken greift ihre Hand, /
ihre Finger fassen die Spindel.
20 Sie öffnet ihre Hand für den Bedürftigen /
und reicht ihre Hände dem Armen.
30 Trügerisch ist Anmut, vergänglich die
Schönheit, / nur eine gottesfürchtige Frau
verdient Lob.
31 Preist sie für den Ertrag ihrer Hände, / ihre
Werke soll man am Stadttor loben.

Die Fragwürdigkeit des Lebens: Das Buch Ijob

Zu den großen Stimmen, die sich mit der Erfahrung der Katastrophe Israels in der Zeit nach der Babylonischen Gefangenschaft auseinandersetzen, gehört das Buch Ijob. Zu den wichtigen Voraussetzungen weiser Lebensbewältigung gehört die Auffassung, daß ein Zusammenhang besteht zwischen dem Handeln und Ergehen eines Menschen: Wer gerecht ist, kann mit Wohlergehen rechnen; wer böse ist, scheitert. Dieser Grundsatz mochte in vielen Situationen zu ihrer Deutung ausreichen; wenn Menschen glaubten, alle leidvollen Umstände im Leben des Gottesvolkes und des einzelnen damit bewältigen zu können, mußte Gott für sie entweder zu einem unheimlichen Dämon werden oder man mußte zur Überzeugung kommen, daß die Welt ein unheilbares Chaos sei. Solche Probleme machten der Tempelgemeinde von Jerusalem zu schaffen, als Jahrzehnt um Jahrzehnt verging und auch nach der Beendigung des Exils die Lage drückend blieb. Am Beispiel eines frommen Mannes, der vom schwersten Unglück heimgesucht wird, denkt das Buch Ijob darüber nach, wie Menschen, die ohne ersichtliche Schuld vom Unheil getroffen werden, mit Gott zurechtkommen können. Ijob verliert nämlich Familie und Besitz. In seinen Reden zeigt er die Fragwürdigkeit einer Auffassung von Gott auf, der – wie seine Freunde meinen – das rechte Tun immer mit Wohlergehen und das Vergehen immer mit Unglück beantwortet. Indem die Freunde meinen, Gott verteidigen zu müssen, vernichten sie Ijob. Die Gottesreden am Schluß des Buches weisen Ijob den Weg zur Bewältigung seiner Lage.

Die Klage Ijobs

Unverhohlen schreit Ijob die ganze Fragwürdigkeit menschlichen Lebens heraus. Es scheint, Gott habe es in seiner Übermacht darauf abgesehen, gegen den Menschen zu kämpfen; es scheint keine vertrauenswürdige Ordnung zu geben. Obwohl Gott ungerecht zu handeln scheint, weiß Ijob für sich Rettung und Rechtsbeistand nur bei diesem Gott.

Die Welt ist ein Chaos: Ijob 3,1–11.20–26

1 Danach tat Ijob seinen Mund auf und verfluchte seinen Tag.

2 Ijob ergriff das Wort und sprach:

3 Ausgelöscht sei der Tag, an dem ich geboren bin, / die Nacht, die sprach: Ein Mann ist empfangen.

4 Jener Tag werde Finsternis, / nie frage Gott von oben nach ihm, / nicht leuchte über ihm des Tages Licht.

5 Einfordern sollen ihn Dunkel und Finsternis, / Gewölk über ihn sich lagern, / Verfinsterung am Tag mache ihn schrecklich.

6 Jene Nacht, das Dunkel raffe sie hinweg, / sie reihe sich nicht in die Tage des Jahres, / sie füge sich nicht zur Zahl der Monde.

7 Ja, diese Nacht sei unfruchtbar, / kein Jubel komme auf in ihr.

8 Verwünschen sollen sie die Verflucher der Tage, / die es verstehen, den Leviatan zu wecken.

9 Verfinstert seien ihrer Dämmerung Sterne; / sie harre auf das Licht, jedoch umsonst; / die Wimpern der Morgenröte schaue sie nicht.

10 Denn sie hat die Pforten / an meiner Mutter Leib nicht verschlossen, / nicht das Leid verborgen vor meinen Augen.

11 Warum starb ich nicht vom Mutterschoß weg, / kam ich aus dem Mutterleib und verschied nicht gleich?

20 Warum schenkt er dem Elenden Licht / und Leben denen, die verbittert sind?

21 Sie warten auf den Tod, der nicht kommt, / sie suchen ihn mehr als verborgene Schätze.

22 Sie würden sich freuen über einen Hügel; / fänden sie ein Grab, sie würden frohlocken.

23 Wozu Licht für den Mann auf verborgenem Weg, / den Gott von allen Seiten einschließt?

24 Bevor ich noch esse, kommt mir das Seufzen, / wie Wasser strömen meine Klagen hin.

25 Was mich erschreckte, das kam über mich, / wovor mir bangte, das traf mich auch.

26 Noch hatte ich nicht Frieden, nicht Rast, nicht Ruhe, / fiel neues Ungemach mich an.

Die Last mit Gott: Ijob 7,1–7.17–21

1 Ist nicht Kriegsdienst des Menschen Leben auf der Erde? / Sind nicht seine Tage die eines Tagelöhners?

2 Wie ein Knecht ist er, der nach Schatten lechzt, / wie ein Tagelöhner, der auf den Lohn wartet.

3 So wurden Monde voll Enttäuschung mein Erbe, / und Nächte voller Mühsal teilte man mir zu.

4 Lege ich mich nieder, sage ich:
Wann darf ich aufstehn? / Wird es Abend, bin ich gesättigt mit Unrast, bis es dämmert.

5 Mein Leib ist gekleidet in Maden und Schorf, / meine Haut schrumpft und eitert.

6 Schneller als das Weberschiffchen eilen meine Tage, / der Faden geht aus, sie schwinden dahin.

7 Denk daran, daß mein Leben nur ein Hauch ist. / Nie mehr schaut mein Auge Glück.

17 Was ist der Mensch, daß du groß ihn achtest / und deinen Sinn auf ihn richtest,

18 daß du ihn musterst jeden Morgen / und jeden Augenblick ihn prüfst?

19 Wie lange schon schaust du nicht weg von mir, / läßt mich nicht los, so daß ich den Speichel schlucke?

20 Hab' ich gefehlt? / Was tat ich dir, du Menschenwächter? / Warum stellst du mich vor dich als Zielscheibe hin? / Bin ich dir denn zur Last geworden?

21 Warum nimmst du mein Vergehen nicht weg, / läßt du meine Schuld nicht nach? / Dann könnte ich im Staub mich betten; / suchtest du mich, wäre ich nicht mehr da.

Zuversicht: Ijob 19,23–29

23 Daß doch meine Worte geschrieben würden, / in einer Inschrift eingegraben

24 mit eisernem Griffel und mit Blei, / für immer gehauen in den Fels.

25 Doch ich, ich weiß: mein Erlöser lebt, / als letzter erhebt er sich über dem Staub.

26 Ohne meine Haut, die so zerfetzte, / und ohne mein Fleisch werde ich Gott schauen.

27 Ihn selber werde ich dann für mich schauen; / meine Augen werden ihn sehen, nicht mehr fremd. / Danach sehnt sich mein Herz in meiner Brust.

28 Wenn ihr sagt: Wie wollen wir ihn verfolgen / und den Grund der Sache an ihm finden!,

29 dann bangt für euch selber vor dem Schwert; / denn heftiger Zorn verdient das Schwert, / damit ihr wißt: Es gibt ein Gericht.

Die Antwort Gottes

Der Dichter läßt Gott Antwort geben auf die Klagen und Anklagen des Ijob. Darin weist sich Gott aus als derjenige, der die chaotischen Mächte in ihre Schranken weist. Durch das Innewerden der Lebensharmonie um ihn herum soll Ijob das Vertrauen gewinnen, daß Gott auch sein eigenes Geschick in der Hand hält. So wird das Problem zwar nicht theoretisch gelöst, wohl aber wird dargestellt, daß es bewältigt wird. Das kommt in Ijobs Antwort auf die Gottesreden zum Ausdruck.

Gott trägt die Welt: Ijob 38,1–24

1 Da antwortete der Herr dem Ijob aus dem
Wettersturm und sprach:
2 Wer ist es, der den Ratschluß verdunkelt
mit Gerede ohne Einsicht? / 3 Auf, gürte deine
Lenden wie ein Mann: / Ich will dich fragen,
du belehre mich!
4 Wo warst du, als ich die Erde gegründet? /
Sag es denn, wenn du Bescheid weißt.
5 Wer setzte ihre Maße? Du weißt es ja. / Wer
hat die Meßschnur über ihr gespannt?
6 Wohin sind ihre Pfeiler eingesenkt? / Oder
wer hat ihren Eckstein gelegt,
7 als alle Morgensterne jauchzten, / als jubel-
ten alle Gottessöhne?
8 Wer verschloß das Meer mit Toren, / als
schäumend es dem Mutterschoß entquoll,
9 als Wolken ich zum Kleid ihm machte, / ihm
zur Windel dunklen Dunst,
10 als ich ihm ausbrach meine Grenze, / ihm
Tor und Riegel setzte
11 und sprach: Bis hierher darfst du und nicht
weiter, / hier muß sich legen deiner Wogen
Stolz?
12 Hast du je in deinem Leben dem Morgen
geboten, / dem Frührot seinen Ort bestimmt,
13 daß es der Erde Säume fasse / und daß die
Frevler von ihr abgeschüttelt werden?
14 Sie wandelt sich wie Siegelton, / (die Dinge)
stehen da wie ein Gewand.
15 Den Frevlern wird ihr Licht entzogen, /
zerschmettert der erhobene Arm.
16 Bist du zu den Quellen des Meeres gekom-
men, / hast du des Urgrunds Tiefe durchwan-
dert?
17 Haben dir sich die Tore des Todes geöffnet,
/ hast du der Finsternis Tore geschaut?
18 Hast du der Erde Breiten überblickt? / Sag
es, wenn du das alles weißt.
19 Wo ist der Weg zur Wohnstatt des Lichts? /
Die Finsternis, wo hat sie ihren Ort,
20 daß du sie einführst in ihren Bereich, / die
Pfade zu ihrem Haus sie führst?
21 Du weißt es ja; du wurdest damals ja
geboren, / und deiner Tage Zahl ist groß.
22 Bist du zu den Kammern des Schnees
gekommen, / hast du die Kammern des
Hagels gesehen,
23 den ich für Zeiten der Drangsal aufgespart,
/ für den Tag des Kampfes und der Schlacht?
24 Wo ist der Weg dorthin, wo das Licht sich
verteilt, / der Ostwind sich über die Erde
zerstreut?

Ijobs Antwort: Ijob 42,1–6

1 Da antwortete Ijob dem Herrn und sprach:
2 Ich hab' erkannt, daß du alles vermagst; /
kein Vorhaben ist dir verwehrt.
3 Wer ist es, der ohne Einsicht den Rat verdun-
kelt? / So habe ich denn im Unverstand
geredet über Dinge, / die zu wunderbar für
mich und unbegreiflich sind.
4 Hör doch auf, ich will nun reden, / ich will
dich fragen, du belehre mich!
5 Vom Hörensagen nur hatte ich von dir
vernommen; / jetzt aber hat mein Auge dich
geschaut. 6 Darum widerrufe ich und atme
auf, / in Staub und Asche.

Nachdenkliches über den Sinn des Lebens: Das Buch Kohelet

Im dritten Jahrhundert v. Chr. wurden – im Gefolge der Begegnung mit dem Hellenismus – in Israel neue Lebensideale verkündet: Bildung, Besitz, geplanter Lebensgenuß. Sie waren für viele die Garanten eines totalen Lebenserfolges. Dazu nimmt ein israelitischer Weiser im Buch Kohelet Stellung.

Das Leben als Geschenk Gottes

Wenn der Mensch mit seinen Möglichkeiten bleibenden Lebensgewinn erzielen will, ist dies vergebliche Mühe. Überall legen sich die verschiedenen Begrenzungen und Abhängigkeiten quer. Dem Menschen bleibt nur die Möglichkeit, das Leben als Geschenk von Gott anzunehmen; das ist sein Anteil, der Lebensfreude und Gelingen geben kann.

Eitles Unterfangen: Koh 1,1–3; 2,21–23

1 Worte Kohelets, des Davidsohnes, der Kö-
nig in Jerusalem war.
2 Windhauch, Windhauch, sagte Kohelet,
Windhauch, Windhauch, das ist alles Wind-
hauch. 3 Welchen Vorteil hat der Mensch von
all seinem Besitz, für den er sich anstrengt
unter der Sonne?
21 Denn es kommt vor, daß ein Mensch,
dessen Besitz durch Wissen, Können und
Erfolg erworben wurde, ihn einem andern,
der sich nicht dafür angestrengt hat, als
dessen Anteil überlassen muß. Auch das ist
Windhauch und etwas Schlimmes, das häu-
fig vorkommt. 22 Was erhält der Mensch dann
durch seinen ganzen Besitz und durch das
Gespinst seines Geistes, für die er sich unter
der Sonne anstrengt?
23 Alle Tage besteht sein Geschäft nur aus
Sorge und Ärger, / und selbst in der Nacht
kommt sein Geist nicht zur Ruhe. Auch das
ist Windhauch.

Gottes Werk und des Menschen Anteil: Koh 3,1–14

1 Alles hat seine Stunde.
Für jedes Geschehen unter dem Himmel gibt
es eine bestimmte Zeit:
2 eine Zeit zum Gebären / und eine Zeit zum
Sterben, / eine Zeit zum Pflanzen / und eine
Zeit zum Abernten der Pflanzen,
3 eine Zeit zum Töten / und eine Zeit zum
Heilen, / eine Zeit zum Niederreißen / und
eine Zeit zum Bauen,
4 eine Zeit zum Weinen, / eine Zeit für die
Klage / und eine Zeit für den Tanz;
5 eine Zeit zum Steinewerfen / und eine Zeit
zum Steinesammeln, / eine Zeit zum Umar-
men / und eine Zeit, die Umarmung zu lösen,
6 eine Zeit zum Suchen / und eine Zeit zum
Verlieren, / eine Zeit zum Behalten / und eine
Zeit zum Wegwerfen,
7 eine Zeit zum Zerreißen / und eine Zeit zum
Zusammennähen, / eine Zeit zum Schweigen
und eine Zeit zum Reden,
8 eine Zeit zum Lieben / und eine Zeit zum
Hassen, / eine Zeit für den Krieg / und eine
Zeit für den Frieden.
9 Wenn jemand etwas tut – welchen Vorteil
hat er davon, daß er sich anstrengt? 10 Ich sah
mir das Geschäft an, für das jeder Mensch
durch Gottes Auftrag sich abmüht. 11 Gott hat
das alles zu seiner Zeit auf vollkommene
Weise getan. Überdies hat er die Ewigkeit in
alles hineingelegt, doch ohne daß der
Mensch das Tun, das Gott getan hat, von
seinem Anfang bis zu seinem Ende wieder-
finden könnte. 12 Ich hatte erkannt: Es gibt
kein in allem Tun gründendes Glück, es sei
denn, ein jeder freut sich, und so verschafft
er sich Glück, während er noch lebt, 13 wobei
zugleich immer, wenn ein Mensch ißt und
trinkt und durch seinen ganzen Besitz das
Glück kennenlernt, das ein Geschenk Gottes
ist. 14 Jetzt erkannte ich: Alles, was Gott tut,
geschieht in Ewigkeit. Man kann nichts hin-
zufügen und nichts abschneiden, und Gott
hat bewirkt, daß die Menschen ihn fürchten.

Das Gesetz ist Weisheit: Das Buch Jesus Sirach

Vielleicht kann man den Weisheitslehrer Jesus Sirach, der in der ersten Hälfte des zweiten Jahrhunderts v. Chr. in Jerusalem lehrte, als einen Gegenpol zu Kohelet ansehen, der sich offen mit dem griechischen Geist auf dessen Wellenlänge gemessen hat. Für Jesus Sirach bedeutet Weisheit letztlich nichts anderes als eine Lebensbewältigung auf der Basis der jüdischen Glaubenstradition. Deshalb greift Jesus Sirach, wie kein anderer Weisheitslehrer vor ihm, zur Bibel. Die Weisheit ist für ihn das von Gott gegebene Gesetz (Sir 24,11–12). Daher schließt Jesus Sirach auch sein Buch mit einem Preisgedicht auf die großen Männer der Geschichte Israels (Sir 44 – 50).

Weisheit im Alltag

Die Kunst, sich im Leben zurechtzufinden, ist dem Menschen von Gott geschenkt. Daher sieht Jesus Sirach in der gläubigen Offenheit auf Gott hin (= Gottesfurcht) den Inbegriff der Weisheit (vgl. Sir 1,1–20). Der weise Mensch findet daher aus dieser glaubenden Ehrfurcht heraus den rechten Umgang mit der Familie; und da alles von Gottes geheimnisvollem Walten umgriffen ist, bewegt er sich bescheiden in seiner Welt.

Ehrfurcht vor den Eltern: Sir 3,1–6.11–16

1 Hört, ihr Söhne, was das Recht des Vaters
ist, / und handelt danach, damit es euch gut
geht.
2 Denn der Herr hat den Kindern befohlen,
ihren Vater zu ehren, / und die Söhne verpflichtet, das Recht ihrer Mutter zu achten.
3 Wer den Vater ehrt, erlangt Verzeihung der
Sünden, / 4 und wer seine Mutter achtet, /
gleicht einem Menschen, der Schätze sammelt.
5 Wer den Vater ehrt, wird Freude haben an
den eigenen Kindern, / und wenn er betet,
wird er Erhörung finden.
6 Wer den Vater achtet, wird lange leben, / und
wer seiner Mutter Ehre erweist, der erweist
sie dem Herrn.
11 Die Ehre eines Menschen ist die seines
Vaters; / wer seine Mutter verachtet, sündigt
schwer.
12 Mein Sohn, wenn dein Vater alt ist, nimm
dich seiner an, / und betrübe ihn nicht, solange er lebt.
13 Wenn sein Verstand abnimmt, sieh es ihm
nach, / und beschäme ihn nicht in deiner
Vollkraft!
14 Denn die Liebe zum Vater wird nicht vergessen, / sie wird als Sühne für deine Sünden
eingetragen.
15 Zur Zeit der Bedrängnis wird sie dir vergolten werden; / sie läßt deine Sünden schmelzen wie Wärme den Reif.
16 Wie ein Gotteslästerer handelt, wer seinen
Vater im Stich läßt, / und von Gott ist verflucht, wer seine Mutter kränkt.

Bescheidenheit: Sir 3,17–23.28–31

17 Mein Sohn, bei all deinem Tun bleibe
bescheiden, / und du wirst mehr geliebt
werden als einer, der Gaben verteilt.
18 Je größer du bist, um so mehr bescheide
dich, / dann wirst du Gnade finden bei Gott.
20 Denn groß ist die Macht Gottes, / und von
den Demütigen wird er verherrlicht.
21 Such nicht zu ergründen, was dir zu wunderbar ist, / untersuch nicht, was dir verhüllt
ist.
22 Was dir zugewiesen ist, magst du durchforschen, / doch das Verborgene hast du nicht
nötig.

[23] Such nicht hartnäckig zu erfahren, / was
deine Kraft übersteigt. / Es ist schon zu viel,
was du sehen darfst.
[28] Für die Wunde des Übermütigen gibt es
keine Heilung, / denn ein giftiges Kraut hat in
ihm seine Wurzeln.
[29] Ein weises Herz versteht die Sinnsprüche
(der Weisen), / ein Ohr, das auf die Weisheit
hört, macht Freude.
[30] Wie Wasser loderndes Feuer löscht, / so
sühnt Mildtätigkeit Sünde.
[31] Wer Gutes tut, dem begegnet es auf seinen
Wegen, / sobald er wankt, findet er eine
Stütze.

Die Weisheit im Volke Gottes

Auch Jesus Sirach mußte den Glaubenden Israels Hilfe bieten, damit sie in den vielfältigen Wirren der Zeit an die alles begründende Ordnung glauben konnten, die Gott in die Welt eingestiftet hat. Er verkündet, daß dieses ordnungstiftende Handeln Gottes in der Geschichte und in den Institutionen Israels sich zeigt. Gottes Plan hat in Israel in Form des Gesetzes Wohnung genommen. Wer sein Leben daran orientiert, hat die Weisheit gefunden.

Die Weisheit als Gesetz: Sir 24,1–12.19–22

[1] Die Weisheit lobt sich selbst, / sie rühmt sich
bei ihrem Volk.
[2] Sie öffnet ihren Mund in der Versammlung
Gottes / und rühmt sich vor seinen Scharen:
[3] Ich ging aus dem Mund des Höchsten
hervor, / und wie Nebel umhüllte ich die Erde.
[4] Ich wohnte in den Höhen, / auf einer Wol-
kensäule stand mein Thron.
[5] Den Kreis des Himmels umschritt ich allein,
/ in der Tiefe des Abgrunds ging ich umher.
[6] Über die Fluten des Meeres und über alles
Land, / über alle Völker und Nationen hatte
ich Macht.
[7] Bei ihnen allen suchte ich einen Ort der
Ruhe, / ein Volk, in dessen Land ich wohnen
könnte.
[8] Da gab der Schöpfer des Alls mir Befehl; / er,
der mich schuf, wußte für mein Zelt eine
Ruhestätte.
Er sprach: In Jakob sollst du wohnen, / in
Israel sollst du deinen Erbbesitz haben.
[9] Vor der Zeit, am Anfang, hat er mich er-
schaffen, / und bis in Ewigkeit vergehe ich
nicht.
[10] Ich tat vor ihm Dienst im heiligen Zelt / und
wurde dann auf dem Zion eingesetzt.
[11] In der Stadt, die er ebenso liebt wie mich,
fand ich Ruhe, / Jerusalem wurde mein
Machtbereich.
[12] Ich faßte Wurzel bei einem ruhmreichen
Volk, / im Eigentum des Herrn, in seinem
Erbbesitz.
[19] Kommt zu mir, die ihr mich begehrt, /
sättigt euch an meinen Früchten!
[20] An mich zu denken ist süßer als Honig, /
mich zu besitzen ist besser als Wabenhonig. /
(Mein Andenken reicht bis zu den fernsten
Generationen.)
[21] Wer mich genießt, den hungert noch, / wer
mich trinkt, den dürstet noch.
[22] Wer auf mich hört, wird nicht zuschanden, /
wer mir dient, fällt nicht in Sünde. / (Wer mich
ans Licht hebt, hat ewiges Leben.)

Lebensweisheit: Sir 27,4–7.30 – 28,7

[4] Im Sieb bleibt, wenn man es schüttelt, der
Abfall zurück; / so entdeckt man die Fehler
eines Menschen, wenn man über ihn nach-
denkt.
[5] Töpferware wird nach der Brennhitze des
Ofens eingeschätzt, / ebenso der Mensch
nach dem Urteil, das man über ihn fällt.
[6] Der Art des Baumes entspricht seine Frucht;
/ so wird ein jeder nach seiner Gesinnung
beurteilt.
[7] Lobe keinen Menschen, ehe du ihn beurteilt
hast; / denn das ist die Prüfung für jeden.

[30] Groll und Zorn, auch diese sind abscheu-
lich, / nur der Sünder hält daran fest.
[1] Wer sich rächt, an dem rächt sich der Herr; /
dessen Sünden behält er im Gedächtnis.
[2] Vergib deinem Nächsten das Unrecht, /
dann werden dir, wenn du betest, auch deine
Sünden vergeben.
[3] Der Mensch verharrt im Zorn gegen den
andern, / vom Herrn aber sucht er Heilung zu
erlangen?
[4] Mit seinesgleichen hat er kein Erbarmen, /
aber wegen seiner eigenen Sünden bittet er
um Gnade?
[5] Obwohl er nur ein Wesen aus Fleisch ist,
verharrt er im Groll, / wer wird da seine
Sünden vergeben?
[6] Denk an das Ende, laß ab von der Feind-
schaft, / denk an Untergang und Tod, / und
bleib den Geboten treu!
[7] Denk an die Gebote, und grolle dem Näch-
sten nicht, / denk an den Bund des Höchsten,
und verzeih die Schuld!

Der Herr – Ein Gott des Rechtes:
Sir 35,15b–17.20–22a

[15b] Der Herr ist der Gott des Rechts, / bei ihm
gibt es keine Begünstigung.
[16] Er ist nicht parteiisch gegen den Armen, /
das Flehen des Bedrängten hört er.
[17] Er mißachtet nicht das Schreien der Waise /
und der Witwe, die viel zu klagen hat.
[20] Die Nöte des Unterdrückten nehmen ein
Ende, / das Schreien des Elenden ver-
stummt.
[21] Das Flehen des Armen dringt durch die
Wolken, / es ruht nicht, bis es am Ziel ist.
Es weicht nicht, bis Gott eingreift / [22a] und
Recht schafft als gerechter Richter.

Lob der Schöpfung und der Geschichte

Wer sich auf die Glaubenstraditionen Israels einläßt und sich auf dieser Grundlage den Anforderungen des Lebens stellt, wird – nach der Überzeugung des Weisen Jesus Sirach – von der Größe Gottes, die sich in Welt und Geschichte zeigt, so gepackt werden, daß er einstimmen muß in den Lobpreis Gottes, wie ihn Jesus Sirach am Schluß seines Buches singt.

Das Lob des Schöpfers in der Natur:
Sir 42,15–25

[15] Nun will ich der Werke Gottes gedenken; /
was ich gesehen habe, will ich erzählen:
Durch Gottes Wort entstanden seine Werke, /
seine Lehre ist ein Ausfluß seiner Liebe.
[16] Über allem strahlt die leuchtende Sonne, /
die Herrlichkeit des Herrn erfüllt alle seine
Werke.
[17] Die Heiligen Gottes vermögen nicht, / alle
seine Wunder zu erzählen.
Gott gibt seinen Heerscharen die Kraft, / vor
seiner Herrlichkeit zu bestehen.
[18] Meerestiefe und Menschenherz durch-
forscht er, / und er kennt alle ihre Geheim-
nisse.
Der Höchste hat Kenntnis von allem, / bis in
die fernste Zeit sieht er das Kommende.
[19] Vergangenheit und Zukunft macht er kund
/ und enthüllt die Rätsel des Verborgenen.
[20] Es fehlt ihm keine Einsicht, / kein Ding
entgeht ihm.
[21] Seine machtvolle Weisheit hat er fest ge-
gründet, / er ist der Einzige von Ewigkeit her.
Nichts ist hinzuzufügen, nichts wegzuneh-
men, / er braucht keinen Lehrmeister.
[22] Alle seine Werke sind vortrefflich, / doch
sehen wir nur einen Funken und ein Spiegel-
bild.
[23] Alles lebt und besteht für immer, / für jeden
Gebrauch ist alles bereit.
[24] Jedes Ding ist vom andern verschieden, /
keines von ihnen hat er vergeblich gemacht.
[25] Eines ergänzt durch seinen Wert das ande-
re. / Wer kann sich satt sehen an ihrer Pracht?

»Was ist der Mensch, daß du an ihn denkst ...?« (Ps 8,5). Adam benennt die Tiere. 18. Jh., Marienberg / Burgeis.

Das Lob der Väter Israels: Sir 44,1–7.11–15

1 Die ehrwürdigen Männer will ich preisen, / unsere Väter, wie sie aufeinander folgten.
2 Viel Ehre hat der Höchste ausgeteilt, / viel von seiner Größe, seit den Tagen der Vorzeit:
3 Männer, die über die Erde als Könige herrschten / und die berühmt waren durch ihre Macht;
die Rat erteilten durch ihre Einsicht, / die prophetisch alle Dinge erschauten;
4 Fürsten des Volkes wegen ihrer Klugheit, / angesehen wegen ihres Scharfsinns;
redekundig durch ihre Kenntnis der Schriften, / Lehrer von Sinnsprüchen durch ihre Lebenserfahrung;
5 Dichter von Liedern in Versmaß, / Verfasser von geschriebenen Sinnsprüchen;
6 tüchtige Männer, auf Macht gestützt, / unbehelligt in ihrem Wohnsitz:
7 Sie alle waren geehrt zu ihrer Zeit, / und ihr Ruhm blühte in ihren Tagen.
11 Bei ihren Nachkommen bleibt ihr Gut, / ihr Erbe bei ihren Enkeln.
12 Ihre Nachkommen halten fest an ihrem Bund, / und ebenso ihre Kinder, um der Väter willen.
13 Ihre Nachkommen haben für immer Bestand, / ihr Ruhm wird niemals ausgelöscht.
14 Ihr Leib ist in Frieden bestattet, / ihr Name lebt fort von Geschlecht zu Geschlecht.
15 Von ihrer Weisheit erzählt die Gemeinde, / ihr Lob verkündet das versammelte Volk.

Die Weisheit als Gottesgabe: Das Buch der Weisheit

In der ägyptischen Diaspora-Gemeinde der Juden versuchte ein Frommer im ersten Jahrhundert v. Chr., die alte Weisheitslehre zur Geltung zu bringen. Er tut dies auf dem Hintergrund von besonderen Spannungen, die er in der Diaspora Ägyptens erfährt: Da ist einmal die Unduldsamkeit, die den Juden von außen her entgegengebracht wird. Dazu kommen die Auseinandersetzungen zwischen den Juden, die am Althergebrachten festhalten, und denen, die sich dem griechischen Lebensstil und dem griechischen Denken weitgehend geöffnet haben und die die anderen als »lebenden Vorwurf« ansehen. Der Verfasser des Buches der Weisheit nimmt die alten Heilstraditionen Israels auf und formuliert sie unter Zuhilfenahme griechischer Denk- und Sprachformen neu. Durch diese Rückbesinnung auf die Quellen des Glaubens hilft er den Lesern, die neue Situation aus dem Glauben zu bewältigen.

Die Anfechtung der Glaubenden

Eine besondere Anfechtung für die Glaubenden war seit eh und je der scheinbare Lebenserfolg des Frevlers, des Gottlosen. Der Verfasser zeigt die Fragwürdigkeit einer solchen Lebensform. Die Gemeinde Jesu sieht in der Herausforderung, die der Fromme für den Frevler bedeutet, und in der Verfolgung, die er für seinen Lebenswandel von seiten des Frevlers erleiden muß, ein Muster für das Leiden »des« Gerechten, Jesus von Nazaret.

Vom Treiben der Frevler:
Weish 1,13 – 2,2a.6–24

13 Denn Gott hat den Tod nicht gemacht / und
hat keine Freude am Untergang der Lebenden.
14 Zum Dasein hat er alles geschaffen, / und
heilbringend sind die Geschöpfe der Welt. /
Kein Gift des Verderbens ist in ihnen, / das
Reich des Todes hat keine Macht auf der
Erde; / 15 denn die Gerechtigkeit ist unsterblich.
16 Die Frevler aber holen winkend und rufend
den Tod herbei / und sehnen sich nach ihm
wie nach einem Freund; / sie schließen einen
Bund mit ihm, / weil sie es verdienen, ihm zu
gehören.
1 Sie tauschen ihre verkehrten Gedanken aus
und sagen: Kurz und traurig ist unser Leben; /
für das Ende des Menschen gibt es keine
Arznei, / und man kennt keinen, der aus der
Welt des Todes befreit.
2a Durch Zufall sind wir geworden, / und
danach werden wir sein, als wären wir nie
gewesen.
6 Auf, laßt uns die Güter des Lebens genießen
/ und die Schöpfung auskosten, / wie es der
Jugend zusteht.
7 Erlesener Wein und Salböl sollen uns reichlich fließen, / keine Blume des Frühlings darf
uns entgehen.
8 Bekränzen wir uns mit Rosen, ehe sie verwelken;
9 keine Wiese bleibe unberührt / von unserem
ausgelassenen Treiben. / Überall wollen wir
Zeichen der Fröhlichkeit zurücklassen; / das
ist unser Anteil, das fällt uns zu.
10 Laßt uns den Gerechten unterdrücken, / der
in Armut lebt, / die Witwe nicht schonen / und
das graue Haar des betagten Greises nicht
scheuen!
11 Unsere Stärke soll bestimmen, was Gerechtigkeit ist; / denn das Schwache erweist sich
als unnütz.
12 Laßt uns dem Gerechten auflauern! / Er ist
uns unbequem und steht unserem Tun im
Weg. / Er wirft uns Vergehen gegen das

Gesetz vor / und beschuldigt uns des Verrats
an unserer Erziehung.
13 Er rühmt sich, die Erkenntnis Gottes zu
besitzen, / und nennt sich einen Knecht des
Herrn.
14 Er ist unserer Gesinnung ein lebendiger
Vorwurf, / schon sein Anblick ist uns lästig;
15 denn er führt ein Leben, / das dem der
andern nicht gleicht, / und seine Wege sind
grundverschieden.
16 Als falsche Münze gelten wir ihm; / von
unseren Wegen hält er sich fern wie von
Unrat. / Das Ende der Gerechten preist er
glücklich / und prahlt, Gott sei sein Vater.
17 Wir wollen sehen, ob seine Worte wahr
sind, / und prüfen, wie es mit ihm ausgeht.
18 Ist der Gerechte wirklich Sohn Gottes, /
dann nimmt sich Gott seiner an / und entreißt
ihn der Hand seiner Gegner.
19 Roh und grausam wollen wir mit ihm ver-
fahren, / um seine Sanftmut kennenzuler-
nen, / seine Geduld zu erproben.
20 Zu einem ehrlosen Tod wollen wir ihn
verurteilen; / er behauptet ja, es werde ihm
Hilfe gewährt.
21 So denken sie, aber sie irren sich; / denn
ihre Schlechtigkeit macht sie blind.
22 Sie verstehen von Gottes Geheimnissen
nichts, / sie hoffen nicht auf Lohn für die
Frömmigkeit / und erwarten keine Auszeich-
nung für untadelige Seelen.
23 Gott hat den Menschen zur Unvergänglich-
keit erschaffen / und ihn zum Bild seines
eigenen Wesens gemacht.
24 Doch durch den Neid des Teufels kam der
Tod in die Welt, / und ihn erfahren alle, die
ihm angehören.

Das Los der Gerechten: Weish 3,1–9

1 Die Seelen der Gerechten sind in Gottes
Hand, / und keine Qual kann sie berühren.
2 In den Augen der Toren sind sie gestorben, /
ihr Heimgang gilt als Unglück,
3 ihr Scheiden von uns als Vernichtung; / sie
aber sind in Frieden.
4 In den Augen der Menschen wurden sie
gestraft; / doch ihre Hoffnung ist voll Unsterb-
lichkeit.
5 Ein wenig nur werden sie gezüchtigt; / doch
sie empfangen große Wohltat. / Denn Gott
hat sie geprüft / und fand sie seiner würdig.
6 Wie Gold im Schmelzofen hat er sie erprobt /
und sie angenommen als ein vollgültiges
Opfer.
7 Beim Endgericht werden sie aufleuchten /
wie Funken, die durch ein Stoppelfeld
sprühen.
8 Sie werden Völker richten / und über Natio-
nen herrschen, / und der Herr wird ihr König
sein in Ewigkeit.
9 Alle, die auf ihn vertrauen, werden die
Wahrheit erkennen, / und die Treuen werden
bei ihm bleiben in Liebe. / Denn Gnade und
Erbarmen wird seinen Erwählten zuteil.

Auf der Suche nach Weisheit: Weish 6,12–16

12 Strahlend und unvergänglich ist die Weis-
heit; / wer sie liebt, erblickt sie schnell, / und
wer sie sucht, findet sie.
13 Denen, die nach ihr verlangen, / gibt sie
sich sogleich zu erkennen.
14 Wer sie am frühen Morgen sucht, braucht
keine Mühe, / er findet sie vor seiner Türe
sitzen.
15 Über sie nachzusinnen ist vollkommene
Klugheit; / wer ihretwegen wacht, wird
schnell von Sorge frei.
16 Sie geht selbst umher, um die zu suchen,
die ihrer würdig sind; / freundlich erscheint
sie ihnen auf allen Wegen / und kommt jenen
entgegen, die an sie denken.

Das Geschenk der Weisheit

Weisheit als gottesfürchtige Gesamteinstellung zum Leben ist niemals nur Ergebnis menschlicher Leistung. Sie ist ein Geschenk Gottes, das dem gegeben wird, der darum bittet. In Weish 9,1–19 bietet der Verfasser eine eigene Version des Gebetes Salomos um Weisheit in 1 Kön 3,6–9.

Die Gottesgabe der Weisheit: Weish 7,7–14

7 Daher betete ich, und es wurde mir Klugheit gegeben; / ich flehte, und der Geist der Weisheit kam zu mir.
8 Ich zog sie Zeptern und Thronen vor, / Reichtum achtete ich für nichts im Vergleich mit ihr.
9 Keinen Edelstein stellte ich ihr gleich; / denn alles Gold erscheint neben ihr wie ein wenig Sand, / und Silber gilt ihr gegenüber soviel wie Lehm.
10 Ich liebte sie mehr als Gesundheit und Schönheit / und zog ihren Besitz dem Lichte vor; / denn niemals erlischt der Glanz, / der von ihr ausstrahlt.
11 Zugleich mit ihr kam alles Gute zu mir, / unzählbare Reichtümer waren in ihren Händen.
12 Ich freute mich über sie alle, / weil die Weisheit lehrt, sie richtig zu gebrauchen, / wußte aber nicht, daß sie auch deren Ursprung ist.
13 Uneigennützig lernte ich, und neidlos gebe ich weiter; / ihren Reichtum behalte ich nicht für mich.
14 Ein unerschöpflicher Schatz ist sie für die Menschen; / alle, die ihn erwerben, erlangen die Freundschaft Gottes. / Sie sind empfohlen durch die Gaben der Unterweisung.

Das Wesen der Weisheit: Weish 7,22 – 8,1

22 In ihr ist ein Geist, / gedankenvoll, heilig, einzigartig, mannigfaltig, zart, beweglich, / durchdringend, unbefleckt, klar, / unverletzlich, das Gute liebend, scharf,
23 nicht zu hemmen, wohltätig, menschenfreundlich, / fest, sicher, ohne Sorge, alles vermögend, alles überwachend / und alle Geister durchdringend, / die denkenden, reinen und zartesten.
24 Denn die Weisheit ist beweglicher als alle Bewegung; / in ihrer Reinheit durchdringt und erfüllt sie alles.
25 Sie ist ein Hauch der Kraft Gottes / und reiner Ausfluß der Herrlichkeit des Allherrschers; / darum fällt kein Schatten auf sie.
26 Sie ist der Widerschein des ewigen Lichts, / der ungetrübte Spiegel von Gottes Kraft, / das Bild seiner Vollkommenheit.
27 Sie ist nur eine und vermag doch alles; / ohne sich zu ändern, erneuert sie alles.
Von Geschlecht zu Geschlecht tritt sie in heilige Seelen ein / und schafft Freunde Gottes und Propheten;
28 denn Gott liebt nur den, / der mit der Weisheit zusammenwohnt.
29 Sie ist schöner als die Sonne / und übertrifft jedes Sternbild. / Sie ist strahlender als das Licht;
30 denn diesem folgt die Nacht, / doch über die Weisheit siegt keine Schlechtigkeit.
1 Machtvoll entfaltet sie ihre Kraft von einem Ende zum andern / und durchwaltet voll Güte das All.

Die Bitte um Weisheit: Weish 9,1–3.9–19

1 Gott der Väter und Herr des Erbarmens, / du hast das All durch dein Wort gemacht.
2 Den Menschen hast du durch deine Weisheit erschaffen, / damit er über deine Geschöpfe herrscht.
3 Er soll die Welt in Heiligkeit und Gerechtigkeit leiten / und Gericht halten in rechter Gesinnung.
9 Mit dir ist die Weisheit, die deine Werke kennt / und die zugegen war, als du die Welt erschufst.
Sie weiß, was dir gefällt / und was recht ist nach deinen Geboten.

10 Sende sie vom heiligen Himmel / und
schick sie vom Thron deiner Herrlichkeit,
damit sie bei mir sei und alle Mühe mit mir
teile / und damit ich erkenne, was dir gefällt.
11 Denn sie weiß und versteht alles; / sie wird
mich in meinem Tun besonnen leiten / und
mich in ihrem Lichtglanz schützen.
12 Dann wird dir mein Handeln gefallen; / ich
werde dein Volk gerecht regieren / und des
Throns meines Vaters würdig sein.
13 Denn welcher Mensch kann Gottes Plan
erkennen, / oder wer begreift, was der Herr
will?
14 Unsicher sind die Berechnungen der Sterb-
lichen / und hinfällig unsere Gedanken;
15 denn der vergängliche Leib beschwert die
Seele, / und das irdische Zelt belastet den um
vieles besorgten Geist.
16 Wir erraten kaum, was auf der Erde vor-
geht, / und finden nur mit Mühe was doch auf
der Hand liegt; / wer kann dann ergründen,
was im Himmel ist?
17 Wer hat je deinen Plan erkannt, wenn du
ihm nicht Weisheit gegeben / und deinen
heiligen Geist aus der Höhe gesandt hast?
18 So wurden die Pfade der Erdenbewohner
gerade gemacht, / und die Menschen lernten,
was dir gefällt;
19 durch die Weisheit wurden sie gerettet.

»Ich werde meinen Geist ausgießen ...« (vgl. Joel 3,1). Initiale, 15. Jh., Brixen.

Der Herr der Geschichte

Der Verfasser des Buches der Weisheit staunt immer wieder darüber, daß trotz der Sünden der Menschen die Welt bestehen kann. Den Grund dafür sieht er in der Nachsicht Gottes, der Freude hat an allem, was er geschaffen hat. In der Geschichte des Volkes Israel, vor allem beim Auszug aus Ägypten, zeigt sich Gottes Handeln, der die trotzige Auflehnung bestraft und die Umkehrwilligen zum Leben führt.

Gott, der Freund des Lebens:
Weish 11,22 – 12,2

Herr, 22 die ganze Welt ist vor dir wie ein
Stäubchen auf der Waage, wie ein Tautrop-
fen, der am Morgen zur Erde fällt. 23 Du hast
mit allen Erbarmen, weil du alles vermagst,
und siehst über die Sünden der Menschen
hinweg, damit sie sich bekehren. 24 Du liebst
alles, was ist, und verabscheust nichts von
allem, was du gemacht hast; denn hättest du

etwas gehaßt, so hättest du es nicht geschaf-
fen. 25 Wie könnte etwas ohne deinen Willen
Bestand haben, oder wie könnte etwas erhal-
ten bleiben, das nicht von dir ins Dasein
gerufen wäre? 26 Du schonst alles, weil es
dein Eigentum ist, Herr, du Freund des Le-
bens.
1 Denn in allem ist dein unvergänglicher
Geist. 2 Darum bestrafst du die Sünder nur
nach und nach; du mahnst sie und erinnerst
sie an ihre Sünden, damit sie sich von der
Schlechtigkeit abwenden und an dich glau-
ben, Herr.

Ein Gott der Stärke und der Nachsicht: Weish 12,13.16–19

13 Es gibt keinen Gott, Herr, außer dir, der für
alles Sorge trägt; daher brauchst du nicht zu
beweisen, daß du gerecht geurteilt hast. 16
Deine Stärke ist die Grundlage deiner Ge-
rechtigkeit, und deine Herrschaft über alles
läßt dich gegen alles Nachsicht üben. 17 Stär-
ke beweist du, wenn man an deine unbe-
schränkte Macht nicht glaubt, und bei denen,
die sie kennen, strafst du die trotzige Aufleh-
nung. 18 Weil du über Stärke verfügst, richtest
du in Milde und behandelst uns mit großer
Nachsicht; denn die Macht steht dir zur Verfü-
gung, wann immer du willst. 19 Durch solches
Handeln hast du dein Volk gelehrt, daß der
Gerechte menschenfreundlich sein muß,
und hast deinen Söhnen die Hoffnung ge-
schenkt, daß du den Sündern die Umkehr
gewährst.

Die Befreiung der Gerechten: Weish 18,6–9

6 Die Nacht der Befreiung wurde unseren
Vätern vorher angekündigt; denn sie sollten
zuversichtlich sein und sicher wissen, wel-
chen eidlichen Zusagen sie vertrauen konn-
ten. 7 So erwartete dein Volk die Rettung der
Gerechten und den Untergang der Feinde. 8
Während du die Gegner straftest, hast du uns
zu dir gerufen und verherrlicht. 9 Denn im
Verborgenen feierten die frommen Söhne
der Guten ihr Opferfest; sie verpflichteten
sich einmütig auf das göttliche Gesetz, daß
die Heiligen in gleicher Weise Güter wie Ge-
fahren teilen sollten, und sangen schon im
voraus die Loblieder der Väter.

Freude an der Liebe: Das Hohelied

Die Lebensfreude Salomos

Salomo wird von der Überlieferung auch als der große Liebende gesehen, weshalb ihm eine Gruppe von Liebesliedern zugeschrieben wird, die die freudige Hingabe und die Lust der Sinne, die naivsorglose Liebessehnsucht und den Durst nach Schönheit besingen. Das Hohelied ist eine Sammlung von Liedern, in der viele Stimmen erklingen: Die Stimme der Geliebten, die Stimme des Geliebten, die Stimme des Brautchores. Im Spätjudentum und in der frühen Kirche verstand man diese Sammlung von Liedern als Lobpreis auf die Liebe Jahwes zu seinem Volk.

Die Geliebte: Hld 2,1–3.8–9

1 Ich bin eine Blume auf den Wiesen des
Scharon, / eine Lilie der Täler.
2 Eine Lilie unter Disteln / ist meine Freundin
unter den Mädchen.
3 Ein Apfelbaum unter Waldbäumen / ist mein
Geliebter unter den Burschen.
In seinem Schatten begehre ich zu sitzen. /
Wie süß schmeckt seine Frucht meinem
Gaumen!
8 Horch! Mein Geliebter! / Sieh da, er kommt.
Er springt über die Berge, / hüpft über die
Hügel.

[9] Der Gazelle gleicht mein Geliebter, / dem jungen Hirsch.
Ja, draußen steht er / an der Wand unsres Hauses;
er blickt durch die Fenster, / späht durch die Gitter.

Der Geliebte: Hld 2,10–14
[10] Der Geliebte spricht zu mir: / Steh auf, meine Freundin, / meine Schöne, so komm doch!
[11] Denn vorbei ist der Winter, / verrauscht der Regen.
[12] Auf der Flur erscheinen die Blumen; / die Zeit zum Singen ist da.
Die Stimme der Turteltaube / ist zu hören in unserem Land.
[13] Am Feigenbaum reifen die ersten Früchte; / die blühenden Reben duften.
Steh auf, meine Freundin, /meine Schöne, so komm doch!
[14] Meine Taube im Felsennest, / versteckt an der Steilwand,
dein Gesicht laß mich sehen, / deine Stimme hören!
Denn süß ist deine Stimme, / lieblich dein Gesicht!

Das Schlußlied: Hld 8,6–7
[6] Leg mich wie ein Siegel auf dein Herz, / wie ein Siegel an deinen Arm!
Stark wie der Tod ist die Liebe, / die Leidenschaft ist hart wie die Unterwelt.
Ihre Gluten sind Feuergluten, / gewaltige Flammen.
[7] Auch mächtige Wasser können die Liebe nicht löschen; / auch Ströme schwemmen sie nicht weg.
Böte einer für die Liebe den ganzen Reichtum seines Hauses, / nur verachten würde man ihn.

Tröstliche und lehrreiche Erzählungen

Die Botschaft von der Sorge Gottes für sein Volk – ob es sich nun in seiner Heimat oder in der Fremde befindet – haben biblische Schriftsteller auch in Form von Lehrerzählungen verkündet. In anschaulicher Form werden Ermutigung und Trost, aber auch Orientierung gegeben. Zu diesen Erzählungen gehören die Bücher Rut, Tobit, Judit und Ester.

Bekenntnis zum Gott Israels: Rut

Ein kurzes Büchlein der Heiligen Schrift erzählt von Rut, die ihr eigenes Volk verläßt und sich glaubend dem Volk Gottes anschließt. Aus ihrer Ehe mit Boas wird Obed, der Großvater des Königs David, geboren. So kommt eine Frau heidnischer Abstammung in den Stammbaum Jesu Christi (Mt 1,5).

Entscheidung für das Gottesvolk:
Rut 1,1–19

[1] Zu der Zeit, als die Richter regierten, kam
eine Hungersnot über das Land. Da zog ein
Mann mit seiner Frau und seinen beiden
Söhnen aus Betlehem in Juda fort, um sich
als Fremder im Grünland Moabs niederzulas-
sen. [2] Der Mann hieß Elimelech, seine Frau
Noomi, und seine Söhne hießen Machlon
und Kiljon: sie waren Efratiter aus Betlehem
in Juda. Als sie im Grünland Moabs anka-
men, blieben sie dort. [3] Elimelech, der Mann
Noomis, starb, und sie blieb mit ihren beiden
Söhnen zurück. [4] Diese nahmen sich moabi-
tische Frauen, Orpa und Rut, und so wohnten
sie dort etwa zehn Jahre lang. [5] Dann starben

auch Machlon und Kiljon, und Noomi blieb allein, ohne ihren Mann und ohne ihre beiden Söhne. [6] Da brach sie mit ihren Schwiegertöchtern auf, um aus dem Grünland Moabs heimzukehren; denn sie hatte dort gehört, der Herr habe sich seines Volkes angenommen und ihm Brot gegeben. [7] Sie verließ zusammen mit ihren beiden Schwiegertöchtern den Ort, wo sie sich aufgehalten hatte. Als sie nun auf dem Heimweg in das Land Juda waren, [8] sagte Noomi zu ihren Schwiegertöchtern: Kehrt doch beide heim zu euren Müttern! Der Herr erweise euch Liebe, wie ihr sie den Toten und mir erwiesen habt. Der Herrn lasse jede von euch Geborgenheit finden bei einem Gatten. Damit küßte sie beide zum Abschied; doch Orpa und Rut begannen laut zu weinen [10] und sagten zu ihr: Nein, wir wollen mit dir zu deinem Volk gehen. [11] Noomi sagte: Kehrt doch um, meine Töchter! Warum wollt ihr mit mir ziehen? Habe ich etwa in meinem Leib noch Söhne, die eure Männer werden könnten? [12] Kehrt um, meine Töchter, und geht; denn ich bin zu alt, noch einem Mann zu gehören. Selbst wenn ich dächte, ich habe noch Hoffnung, ja, wenn ich noch diese Nacht einem Mann gehörte und gar Söhne bekäme: [13] Wolltet ihr warten, bis sie erwachsen sind? Wolltet ihr euch so lange abschließen und ohne einen Mann leben? Nein, meine Töchter! Mir täte es bitter leid um euch; denn mich hat die Hand des Herrn getroffen. [14] Da weinten sie noch lauter. Doch dann gab Orpa ihrer Schwiegermutter den Abschiedskuß, während Rut nicht von ihr ließ. [15] Noomi sagte: Du siehst, deine Schwägerin kehrt heim zu ihrem Volk und zu ihrem Gott. Folge ihr doch! [16] Rut antwortete: Dränge mich nicht, dich zu verlassen und umzukehren. Wohin du gehst, dahin gehe auch ich, und wo du bleibst, da bleibe auch ich. Dein Volk ist mein Volk, und dein Gott ist mein Gott. [17] Wo du stirbst, da sterbe auch ich, da will ich begraben sein. Der Herr soll mir dies und das antun – nur der Tod wird mich von dir scheiden. [18] Als sie sah, daß Rut darauf bestand, mit ihr zu gehen, redete sie nicht länger auf sie ein. [19] So zogen sie miteinander bis Betlehem.

Die Führung Gottes für die Menschen: Das Buch Tobit

Für Juden, die im dritten oder zweiten Jahrhundert v. Chr. außerhalb Palästinas in der Diaspora lebten, zeigt das Buch Tobit die wunderbare Führung Gottes im Leben einer Familie. Dabei soll den Glaubenden, die ohne den Schutz durch die große Gemeinschaft der Tempelgemeinde von Jerusalem leben müssen, der Grundsatz nahegelegt werden: Wer die Treue zu Gott und zum Gesetz auch in der Fremde und unter Bedrängnissen durchhält und mit der Väterüberlieferung in Verbindung bleibt, dem wird Gott auch in der Fremde seine rettende Nähe schenken.

Ein Engel, der begleitet: Tob 5,3–8.17

Der gottesfürchtige Tobit, der in der Verbannung lebt und erblindet ist, sendet seinen Sohn Tobias in die Stadt Rages in Medien, um eine Schuld einzutreiben. Der Vater gab ihm [3] den Schuldschein und sagte: Such jemand, der mit dir auf die Reise geht. Ich will ihn entlohnen, solange ich noch am Leben bin. Mach dich also auf den Weg, und hol das Geld ab! [4] Tobias ging auf die Suche nach einem Begleiter und traf dabei Rafael; Rafael war ein Engel, aber Tobias wußte es nicht. [5] Er fragte ihn: Könnte ich mit dir nach Rages in Medien reisen? Bist du mit der Gegend dort vertraut? [6] Der Engel antwortete: Ich will mit dir reisen; ich kenne den Weg und war schon bei unserem Bruder Gabaël zu Gast. [7] Tobias bat ihn: Wart auf mich, ich will es meinem Vater sagen. [8] Der Engel antwortete ihm: Geh, aber halte dich nicht auf! [17] So einigten sie sich. Darauf sagte Tobit zu Tobias: Mach dich fertig zur Reise! Ich wünsche euch alles Gute auf den Weg. Als der Sohn alles für die

»Gott befiehlt seinen Engeln, dich zu behüten« (Ps. 91,11). Rafael und Tobias. Farbiger Holzschnitt, Koburger Bibel, Nürnberg 1483, Priesterseminar Brixen.

Reise vorbereitet hatte, sagte sein Vater zu ihm: Mach dich mit dem Mann auf den Weg! Gott, der im Himmel wohnt, wird euch auf eurer Reise behüten; sein Engel möge euch begleiten. Da brachen die beiden auf, und der Hund des jungen Tobias lief mit.

Rettung des Tobias: Tob 6,1–9

[1] Die beiden kamen auf ihrer Reise abends an
den Tigris, wo sie übernachteten. [2] Als der
junge Tobias im Fluß baden wollte, schoß ein
Fisch aus dem Wasser hoch und wollte ihn
verschlingen. [3] Der Engel rief Tobias zu: Pack
ihn! Da packte der junge Mann zu und warf
den Fisch ans Ufer. [4] Und der Engel sagte zu
Tobias: Schneide den Fisch auf, nimm Herz,
Leber und Galle heraus und bewahre sie gut
auf! [5] Der junge Tobias tat, was ihm der Engel
sagte. Dann brieten sie den Fisch und aßen
ihn. [6] Als sie weiterreisten, und in die Gegend
von Ekbatana kamen, [7] fragte der junge
Tobias den Engel: Asarja, lieber Bruder, wo-
zu sollen die Leber, das Herz und die Galle
des Fisches gut sein? [8] Rafael antwortete:
Wenn ein Mann oder eine Frau von einem
Dämon oder einem bösen Geist gequält
wird, soll man das Herz und die Leber des
Fisches in Gegenwart dieses Menschen ver-
brennen; dann wird er von der Plage befreit. [9]
Und wenn jemand weiße Flecken in den
Augen hat, soll man die Augen mit der Galle
bestreichen; so wird er geheilt.

Heiratspläne und Eheschließung:
Tob 6,10–12; 7,1a.7b–14

[10] Als sie in der Nähe der Stadt Ekbatana
waren, [11] sagte der Engel zu dem jungen
Tobias: Bruder, heute werden wir bei Raguël
übernachten. Es ist ein Verwandter von dir.
Er hat nur ein einziges Kind, eine Tochter

namens Sara. 12 Ich will mit ihm reden, daß er
sie dir zur Frau geben soll. Denn dir steht ihr
Erbe zu, weil du ihr einziger Verwandter bist.
Das Mädchen ist schön und klug.
1a Als sie in Ekbatana beim Haus Raguëls
angelangt waren, kam ihnen Sara entgegen
und hieß sie willkommen. Sie erwiderten
ihren Gruß, und Sara führte sie ins Haus. 7b
Man nahm die beiden Gäste herzlich auf. 8
Man schlachtete einen Widder und setzte
ihnen ein reiches Mahl vor. 9 Da bat Tobias
den Rafael: Asarja, mein Bruder, bring doch
zur Sprache, worüber du unterwegs mit mir
geredet hast, damit die Sache zu einem
glücklichen Ende kommt. 10 Rafael teilte Ra-
guël alles mit. Darauf sagte Raguël zu To-
bias: Iß und trink, und laß es dir gut gehen!
Du hast einen Anspruch darauf, mein Kind zu
heiraten. Ich muß dir aber die Wahrheit sa-
gen: 11 Ich habe meine Tochter schon sieben
Männern zur Frau gegeben; doch jeder, der
zu ihr ins Brautgemach ging, ist noch in
derselben Nacht gestorben. Aber laß es dir
jetzt trotzdem gut gehen! 12 Tobias erwiderte:
Ich will nichts essen, ehe ihr sie mir nicht
feierlich zur Frau gegeben habt. Da sagte
Raguël: Du sollst sie bekommen, sie ist von
jetzt an nach Recht und Gesetz deine Frau.
Du bist mit ihr verwandt; sie gehört dir. Der
barmherzige Gott schenke euch viel Glück. 13
Und er ließ seine Tochter Sara rufen, nahm
sie bei der Hand und gab sie Tobias zur Frau;
er sagte: Hier, sie ist dein nach dem Gesetz
des Mose. Führ sie zu deinem Vater! Und er
segnete sie. 14 Dann rief er seine Frau Edna
herbei, nahm ein Blatt Papier, schrieb den
Ehevertrag, und man setzte das Siegel dar-
unter. Darauf begannen sie mit dem Mahl.

Erhörtes Gebet: Tob 8,1.4–15a.17–19

1 Nach der Mahlzeit führten sie Tobias zu
Sara. 4 Als Tobias und Sara in der Kammer
allein waren, erhob sich Tobias vom Lager
und sagte: Steh auf, Schwester, wir wollen
beten, damit der Herr Erbarmen mit uns hat.
5 Und er begann zu beten: Sei gepriesen, Gott
unserer Väter; gepriesen sei dein heiliger
und ruhmreicher Name in alle Ewigkeit. Die
Himmel und alle deine Geschöpfe müssen
dich preisen. 6 Du hast Adam erschaffen und
hast ihm Eva zur Frau gegeben, damit sie
ihm hilft und ihn ergänzt. Von ihnen stam-
men alle Menschen ab. Du sagtest: Es ist
nicht gut, daß der Mensch allein ist; wir
wollen für ihn einen Menschen machen, der
ihm hilft und zu ihm paßt. 7 Darum, Herr,
nehme ich diese meine Schwester auch nicht
aus reiner Lust zur Frau, sondern aus wahrer
Liebe. Hab Erbarmen mit mir, und laß mich
gemeinsam mit ihr ein hohes Alter erreichen!
8 Und Sara sagte zusammen mit ihm: Amen. 9
Und beide schliefen die Nacht über miteinan-
der. 10 Morgens stand Raguël auf, ging hinaus
und hob ein Grab aus. Er dachte: Sicher ist
auch dieser Mann gestorben. 11 Als er wieder
ins Haus kam, 12 sagte er zu seiner Frau Edna:
Schick eine Magd hinauf; sie soll nachsehen,
ob er noch lebt. Wenn er nicht mehr lebt,
wollen wir ihn begraben, ohne daß es je-
mand merkt. 13 Die Magd öffnete die Tür,
ging hinein und sah, daß die beiden schlie-
fen. 14 Sie ging wieder hinaus und berichtete
ihnen, Tobias sei noch am Leben. 15a Da pries
Raguël Gott und betete: Sei gepriesen, Gott,
mit reinem und heiligem Lobpreis. 17 Sei
gepriesen, weil du mit diesen beiden Men-
schen Erbarmen hattest, die die einzigen
Kinder ihrer Eltern sind. Herr, hab Erbarmen
mit ihnen, und laß sie ihr Leben in Gesund-
heit und Freude verbringen, geschützt von
deinem Erbarmen! 18 Dann befahl er seinen
Knechten, das Grab wieder zuzuschütten. 19
Er veranstaltete für das Paar ein Hochzeits-
fest, das vierzehn Tage dauerte.

Tobits Heilung: Tob 10,14; 11,5–8.11–15

14 Dann reiste Tobias ab. Er dankte Gott, daß
er seiner Reise so viel Erfolg beschieden
hatte, und segnete Raguël und seine Frau
Edna.
5 Hanna saß am Weg und hielt nach ihrem
Sohn Ausschau. 6 Als sie ihn kommen sah,
rief sie seinem Vater zu: Dein Sohn kommt
zurück und mit ihm der Mann, der ihn beglei-
tet hat. 7 Rafael aber sagte zu Tobias: Ich
weiß, dein Vater wird wieder sehen können. 8
Streich ihm die Galle auf die Augen! Sie wird
zwar brennen; aber wenn er sich die Augen

reibt, wird er die weißen Flecken wegwischen
und wird dich wieder sehen können. 11 Tobit
strich seinem Vater die Galle auf die Augen
und sagte: Hab keine Angst, mein Vater! 12
Tobit rieb sich die Augen, weil sie brannten;
da begannen die weißen Flecken, sich von
den Augenwinkeln aus abzulösen. 13 Und er
konnte seinen Sohn sehen, fiel ihm um den
Hals und sagte unter Tränen: 14 Sei geprie-
sen, Gott, gepriesen sei dein heiliger Name
in Ewigkeit. Gepriesen seien alle deine heili-
gen Engel. Du hast mich gezüchtigt und hast
wieder Erbarmen mit mir gehabt. Denn ich
darf meinen Sohn Tobias wieder sehen. 15
Voll Freude ging der Sohn mit seinem Vater
ins Haus und erzählte ihm, was für wunder-
bare Dinge er in Medien erlebt hatte.

Selbstoffenbarung des Engels:
Tob 12,1.5.15–17.21

1 Danach rief Tobit seinen Sohn Tobias zu
sich und sagte: Mein Sohn, vergiß nicht den
Lohn für den Mann, der dich begleitet hat. Du
mußt ihm aber mehr geben, als wir ihm
versprochen haben. 5 Dann rief er den Engel
zu sich und sagte: Nimm die Hälfte von
allem, was ihr mitgebracht habt. 15 Ich bin
Rafael, einer von den sieben heiligen Engeln,
die das Gebet der Heiligen emportragen und
mit ihm vor die Majestät des heiligen Gottes
treten. 16 Da erschraken die beiden und fielen
voller Furcht vor ihm nieder. 17 Er aber sagte
zu ihnen: Fürchtet euch nicht! Friede sei mit
euch. Preist Gott in Ewigkeit! 21 Als sie wieder
aufstanden, sahen sie ihn nicht mehr.

Wunderbare Rettung: Das Buch Judit

Das Buch Judit wurde in einer Zeit großer Bedrängnis verfaßt. Nach der Erzählung wird das Gottesvolk durch den mutigen Einsatz einer gesetzestreuen Frau vor einer großen feindlichen Übermacht gerettet. Wenn die Geschichte Israels auch vom Treiben zerstörerischer Mächte erfüllt ist, braucht das Volk dennoch nicht zu verzagen, insofern es sich vorbehaltlos zu Gott hinkehrt. Judit ist dabei das Modell des Gott zugewandten Menschen.

Judits Gebet: Jdt 9,1.7–8a

Als Judit erfuhr, daß das Volk den Mut verlor,
1 warf sie sich auf ihr Gesicht nieder, streute
sich Asche auf das Haupt und öffnete das
Bußgewand, das sie trug. Es war gerade die
Zeit, zu der man an jenem Abend in Jerusa-
lem im Haus Gottes das Rauchopfer dar-
brachte. Und Judit rief laut zum Herrn; sie
sagte: 7 Sieh doch auf die Assyrer! Sie verfü-
gen über ein gewaltiges Heer, brüsten sich
mit ihren Rossen und Reitern, sind stolz auf
die Schlagkraft ihres Fußvolkes, vertrauen
auf ihre Schilde und Speere, ihre Bogen und
Schleudern und wollen nicht einsehen, daß
du der Herr bist, der den Kriegen ein Ende
setzt. 8a »Herr« ist dein Name.

Der Gang in das feindliche Lager:
Jdt 10,6a.11–13

Nach dem Gebet zog Judit die Festkleider an
und ging mit ihrer Dienerin 6a zum Stadttor
von Betulia hinaus. 11 Als sie im Tal weitergin-
gen, begegneten ihr assyrische Vorposten. 12
Sie hielten sie fest und fragten: Zu welchem
Volk gehörst du? Woher kommst du, und
wohin gehst du? Sie antwortete: Ich gehöre
zum Volk der Hebräer und laufe von ihnen
fort, weil sie euch doch bald zum Fraß vorge-
worfen werden. 13 Ich will zu Holofernes, dem
Oberbefehlshaber eures Heeres, gehen und
ihm eine zuverlässige Nachricht bringen; ich
will ihm zeigen, welchen Weg er einschlagen
muß, um das ganze Bergland in seinen Be-
sitz zu bringen, ohne daß dabei einer von
seinen Leuten Leib und Leben verliert.

Das Gastmahl des Holofernes: Jdt 12,10–16

10 Am vierten Tag gab Holofernes ein Gastmahl nur für seine Dienerschaft; von den Männern, die sonst um ihn waren, lud er keinen ein. 11 Dem Eunuchen Bagoas, der sein ganzes Eigentum zu verwalten hatte, gab er den Auftrag: Geh und rede der Hebräerin zu, die deiner Obhut anvertraut ist, daß sie zu uns kommt und mit uns ißt und trinkt. 12 Es wäre wahrhaftig eine Schande für uns, wenn wir eine solche Frau gehen ließen, ohne mit ihr zusammengewesen zu sein. Sie selber würde uns auslachen, wenn wir sie nicht an uns rissen. 13 Bagoas ging weg, trat bei Judit ein und sagte: Möge das schöne Mädchen nicht zögern, zu meinem Herrn zu kommen; sie soll ihm gegenüber den Ehrenplatz einnehmen, mit uns Wein trinken und fröhlich sein und heute den assyrischen Mädchen gleich werden, die im Palast Nebukadnezzars ihren Dienst tun. 14 Judit entgegnete: Wer bin ich, daß ich meinem Herrn widersprechen dürfte? Ich will unverzüglich alles tun, was er wünscht; das soll mir eine Freude sein bis zum Tag meines Todes. 15 Judit stand auf, legte ihr bestes Kleid und ihren ganzen Schmuck an. Ihre Dienerin eilte voraus und legte für sie gegenüber von Holofernes die Teppiche auf den Boden, die sie von Bagoas als Lager für ihre täglichen Mahlzeiten erhalten hatte. 16 Darauf trat Judit ein und nahm Platz. Holofernes aber war über sie ganz außer sich vor Entzücken. Seine Leidenschaft entbrannte, und er war begierig danach, mit ihr zusammenzusein. Denn seit er sie gesehen hatte, lauerte er auf eine günstige Gelegenheit, um sie zu verführen.

Judits Rettungstat: Jdt 13,2.4–10

Nachdem die Diener des Holofernes aufgebrochen waren, 2 blieb Judit allein in dem Zelt zurück, wo Holofernes, vom Wein übermannt, vornüber auf sein Lager gesunken war. 4 Inzwischen hatte sich die ganze Gesellschaft entfernt, und es befand sich kein Mensch mehr im Schlafgemach des Holofernes. Judit trat an das Lager des Holofernes und betete still: Herr, du Gott aller Macht,

»Du bist der Ruhm Jerusalems, die Freude unseres Volkes« (vgl. Jdt 15,9). Die Liturgie überträgt dieses Lob auf Judit auf die Gottesmutter. Maria, der selige Bischof Hartmann und Propst Augustin Posch. Buchschmuck, 1524, Neustift.

sieh in dieser Stunde gnädig auf das, was meine Hände zur Verherrlichung Jerusalems tun werden. 5 Jetzt ist der Augenblick gekommen, daß du dich deines Erbbesitzes annimmst und daß ich mein Vorhaben ausführe, zum Verderben der Feinde, die sich gegen uns erhoben haben. 6 Dann ging sie zum Bettpfosten am Kopf des Holofernes und nahm von dort sein Schwert herab. 7 Sie ging ganz nahe zu seinem Lager hin, ergriff sein Haar und sagte: Mach mich stark, Herr, du Gott Israels, am heutigen Tag! 8 Und sie schlug zweimal mit ihrer ganzen Kraft auf seinen Nacken und hieb ihm den Kopf ab. 9 Dann wälzte sie seinen Rumpf von dem Lager und riß das Mückennetz von den Tragstangen herunter. 10 Kurz danach ging sie hinaus und übergab den Kopf des Holofernes ihrer Dienerin, die ihn in einen Sack steckte. Sie machten sich dann beide wie gewöhnlich auf den Weg, als wollten sie zum Beten gehen. Sie gingen jedoch, nachdem sie das Lager durchquert hatten, um die Schlucht herum, stiegen den Berg nach Betulia hinauf und gelangten vor das Stadttor.

Lob Gottes in der Stadt Betulia: Jdt 13,11.14.17

[11] Schon von weitem rief Judit den Wächtern am Tor zu: Öffnet, öffnet schnell das Tor! Gott ist mit uns, ja, unser Gott ist mit uns. Er offenbart in Israel seine segensreiche Macht, an unseren Feinden aber seine strafende Gewalt. Das hat er auch heute bewiesen. [14]
Judit aber rief ihnen laut zu: Lobt Gott, ja, lobt ihn! Lobt Gott! Er hat dem Haus Israel sein Erbarmen nicht entzogen, sondern er hat in dieser Nacht unsere Feinde durch meine Hand vernichtend getroffen. [17] Das
Volk war zutiefst ergriffen; sie verneigten sich, warfen sich vor Gott nieder und riefen einmütig: Gepriesen seist du, unser Gott, der du am heutigen Tag die Feinde deines Volkes vernichtet hast.

Der Jubel über Judit: Jdt 15,8–10

[8] Der Hohepriester Jojakim und der Ältestenrat von Israel, die in Jerusalem wohnten, kamen herbei, um die rettende Tat zu sehen, die der Herr für Israel getan hatte, aber auch um Judit aufzusuchen und sie zu beglückwünschen. [9] Sie traten bei ihr ein, lobten sie
wie aus einem Mund und sagten zu ihr: Du bist der Ruhm Jerusalems, du bist die große Freude Israels und der Stolz unseres Volkes.
[10] Mit deiner Hand hast du das alles getan, du hast segensreiche Taten für Israel vollbracht, und Gott hat daran Gefallen gehabt. Sei gesegnet vom Herrn, dem Allmächtigen, für ewige Zeiten. Und alles Volk rief: Amen.

Botschaft von der Rettung des Volkes: Das Buch Ester

Das Buch Ester ist eine aus dem dritten Jahrhundert stammende Erzählung von der Verfolgung und Rettung der Juden im Perserreich. Die Jüdin Ester wird vom König zu seiner Frau und zur Königin gemacht, sie kann dadurch drohendes Unheil abwenden. Der Verfasser der Erzählung rühmt in Ester die gefährdete und gerettete Ahnfrau der Juden, die in der Diaspora leben. In ihr wird eine weise Frau vorgestellt, die sogar den Vollzug unwiderruflicher Verfolgungsedikte verhindert.

Ausrottungspläne: Est 3,8–9a.12–13

[8] Darauf sagte Haman zu König Artaxerxes: Es gibt ein Volk, das über alle Provinzen deines Reiches verstreut lebt, aber sich von den anderen Völkern absondert. Seine Gesetze sind von denen aller anderen Völker verschieden; auch die Gesetze des Königs befolgen sie nicht. Es ist nicht richtig, daß der König ihnen das durchgehen läßt. [9a] Wenn
der König einverstanden ist, soll ein schriftlicher Erlaß herausgegeben werden, sie auszurotten. [12] Am dreizehnten Tag des ersten
Monats wurden die Schreiber des Königs gerufen. Man schrieb an die Satrapen des Königs, die Statthalter der einzelnen Provinzen und die Fürsten aller Völker der einzelnen Provinzen in ihrer eigenen Schrift und Sprache alles genau so, wie es Haman befohlen hatte. Der Erlaß war im Namen des Königs Artaxerxes geschrieben und mit dem Siegelring des Königs gesiegelt. [13] Durch
Eilboten sandte man das Schreiben an alle königlichen Provinzen (mit dem Befehl): Man solle alle Juden, jung und alt, auch Kinder und Frauen, am gleichen Tag, dem dreizehnten Tag im zwölften Monat, dem Monat Adar, erschlagen, ermorden und ausrotten und ihren Besitz plündern.

Das Gebet des Volkes Gottes und der Ester: Est 4,1.13–17.17k–l

1 Als Mordechai von allem, was geschehen war, erfuhr, zerriß er seine Kleider, hüllte sich in Sack und Asche, ging in die Stadt und erhob ein lautes Klagegeschrei. 13 Mordechai ließ Ester erwidern: Glaub ja nicht, weil du im Königspalast lebst, könntest du dich als einzige von allen Juden retten. 14 Wenn du in diesen Tagen schweigst, dann wird den Juden anderswoher Hilfe und Rettung kommen. Du aber und das Haus deines Vaters werden untergehen. Wer weiß, ob du nicht gerade dafür in dieser Zeit Königin geworden bist? 15 Ester ließ Mordechai antworten: 16 Geh und ruf alle Juden zusammen, die in Susa leben. Fastet für mich! Eßt und trinkt drei Tage und Nächte lang nichts! Auch ich und meine Dienerinnen wollen ebenso fasten. Dann will ich zum König gehen, obwohl es gegen das Gesetz verstößt. Wenn ich umkomme, komme ich eben um. 17 Mordechai ging weg und tat alles genau so, wie es Ester ihm befohlen hatte. 17k Auch die Königin Ester wurde von Todesangst ergriffen und suchte Zuflucht beim Herrn. Sie legte ihre prächtigen Gewänder ab und zog die Kleider der Notzeit und Trauer an. Statt der kostbaren Salben tat sie Asche und Staub auf ihr Haupt, vernachlässigte ihren Körper, und wo sie sonst ihren prunkvollen Schmuck trug, hingen jetzt ihre Haare in Strähnen herab. Und sie betete zum Herrn, dem Gott Israels: 17l Herr, unser König, du bist der einzige. Hilf mir! Denn ich bin allein und habe keinen Helfer außer dir; die Gefahr steht greifbar vor mir.

Ester beim König: Est 5,1–4

1 Am dritten Tag legte Ester ihre königlichen Gewänder an und ging in den inneren Palasthof, der vor dem Haus des Königs lag. Der König saß im Königshaus auf seinem Königsthron, dem Eingang gegenüber. 2 Als der König die Königin Ester im Hof stehen sah, fand sie Gnade vor seinen Augen. Der König streckte ihr das goldene Zepter entgegen, das er in der Hand hielt. Ester trat näher und berührte die Spitze des Zepters. 3 Der König sagte zu ihr: Was willst du, Königin Ester? Was hast du für einen Wunsch? Auch wenn es die Hälfte meines Reiches wäre, du sollst es erhalten. 4 Ester antwortete: Wenn es dem König gefällt, möge er heute mit Haman zu dem Festmahl kommen, das ich für ihn vorbereitet habe.

Der Untergang des Gegenspielers: Est 7,1–10

1 Der König und Haman kamen zu dem Mahl, das die Königin Ester gab, 2 und der König sagte auch am zweiten Tag zu Ester, als sie beim Wein saßen: Was hast du für eine Bitte, Königin Ester? Sie wird dir erfüllt. Was hast du für einen Wunsch? Selbst wenn es die Hälfte des Reiches wäre – man wird es dir geben. 3 Die Königin Ester antwortete: Wenn ich beim König Wohlwollen gefunden habe und wenn es ihm gefällt, dann möge mir und meinem Volk das Leben geschenkt werden. Das ist meine Bitte und mein Wunsch. 4 Man hat mich und mein Volk verkauft, um uns zu erschlagen, zu ermorden und auszurotten. Wenn man uns als Sklaven und Sklavinnen verkaufen würde, hätte ich nichts gesagt; denn dann gäbe es keinen Feind, der es wert wäre, daß man seinetwegen den König belästigt. 5 Da sagte der König Artaxerxes zu Königin Ester: Wer ist der Mann? Wo ist der Mensch, der es wagt, so etwas zu tun? 6 Ester antwortete: Dieser gefährliche Feind ist der verbrecherische Haman hier. Da erschrak Haman vor dem König und der Königin. 7 Der König aber stand auf, verließ voll Zorn das Trinkgelage und ging in den Garten des Palastes. Haman trat zu Ester und flehte sie um sein Leben an; denn er sah, daß sein Untergang beim König besiegelt war. 8 Als der König aus dem Garten wieder in den Raum zurückkam, in dem das Trinkgelage stattfand, hatte sich Haman über das Polster geworfen, auf dem Ester lag. Der König sagte: Tut man jetzt sogar hier in meiner Gegenwart der Königin Gewalt an? Kaum hatte der König das gesagt, da verhüllte man schon das Gesicht Hamans. 9 Harbona, einer der Hofbeamten, sagte zum König: Vor dem Haus Hamans steht schon ein fünfzig Ellen

Ester erfährt die Kraft des fürbittenden Gebetes. Josef Anton Zoller, um 1766, Stöckl-Kapelle / St. Sigmund.

hoher Galgen; ihn hat Haman für Mordechai aufgestellt, der dem König durch seine Anzeige einen guten Dienst erwiesen hat. Der König befahl: Hängt ihn daran auf! [10] Da hängten sie Haman an den Galgen, den er für Mordechai errichtet hatte, und der Zorn des Königs legte sich.

Der Erlaß zum Schutz der Juden:
Est 8,7–8a.10–11; 9,2.17a.19

[7] Da sagte König Artaxerxes zu Königin Ester und zu dem Juden Mordechai: Ich habe Ester das Haus Hamans übergeben, den man am Galgen aufgehängt hat, weil er seine Hand gegen die Juden erhob. [8a] Jetzt aber sollt ihr im Namen des Königs einen schriftlichen Erlaß zugunsten der Juden herausgeben, wie er euch richtig erscheint. [10] Man verfaßte die Schreiben im Namen des Königs Artaxerxes, siegelte mit dem königlichen Siegelring und verschickte sie mit Eilboten auf Postpferden, die aus den königlichen Gestüten stammten. [11] Mit diesem Erlaß gestattete der König den Juden in allen Städten, sich zusammenzutun, um für ihr Leben einzutreten, um in jedem Volk und in jeder Provinz alle ihre Gegner samt ihren Frauen und Kindern zu erschlagen, zu ermorden und auszurotten und ihren Besitz zu plündern.

[2] In allen Provinzen des Königs Artaxerxes taten sich die Juden in den Städten zusammen und überfielen die, die den Untergang der Juden geplant hatten. Niemand konnte ihnen standhalten; denn alle Völker hatte Schrecken vor ihnen befallen; [17a] Das geschah am dreizehnten Tag des Monats Adar, am vierzehnten Tag des Monats jedoch war Ruhe. [19] Deswegen begehen die Juden in den unbefestigten Orten auf dem Land den vierzehnten Tag des Monats Adar als Festtag, den sie mit Essen und Trinken feiern und an dem sie sich gegenseitig beschenken.

Das Neue Testament

Die Schriften des Neuen Testamentes sind ein vielfältiges Zeugnis über Jesus Christus. Diese siebenundzwanzig Schriften des Neuen Testamentes haben eine sehr unterschiedliche Form und sind zu verschiedenen Zeiten entstanden: Es gibt Schriften, die Leben und Wirken Jesu darstellen: Die Evangelien; eine Schrift, die sich mit der Geschichte der christlichen Mission befaßt: Die Apostelgeschichte; es gibt eine Vielzahl von Briefen, die Stellung nehmen zu Problemen des Lebens und des Glaubens der ersten christlichen Gemeinden; es gibt schließlich ein Buch, das ausblickt auf das Kommen des Herrn: Die Offenbarung des Johannes. In der Bibel sind diese Schriften nach ihren literarischen Formen geordnet: Zuerst finden wir die vier Evangelien, dann die Apostelgeschichte, dann die Briefe und schließlich die Geheime Offenbarung des Johannes.
Die Anordnung der biblischen Texte in diesem Teil der Auswahlbibel folgt der Reihenfolge der neutestamentlichen Schriften. Die Texte aus den Apostolischen Briefen sind allerdings stärker thematisch angeordnet, wobei versucht wird, die Texte der einzelnen Schriften nicht zu sehr auseinanderzureißen und auch dem historischen Kontext der Entstehung der Briefe gerecht zu werden. Im folgenden Abschnitt wird eine Übersicht über Wort und Wirken Jesu gegeben. Der nächste Abschnitt handelt von der Kraft des Wortes Gottes. Diese Macht des Wortes Gottes wird sichtbar in der weltweiten Ausbreitung des Wortes Gottes, wie es die Apostelgeschichte schildert, und im Wirken des Paulus, der im Dienst des Evangeliums steht. Der dritte Teil erzählt von den ersten christlichen Gemeinden, die vor allem durch das Wirken des Paulus entstehen; es zeigt, wie sich Menschen vom Wort Gottes ergreifen lassen. Ein weiterer Abschnitt berichtet von Gemeinden, die nicht mehr nur die Begeisterung des Christseins erfahren, deren Glauben manchmal durch den Alltag erdrückt wird, und die nun versuchen müssen, neu zu einem nüchternen Weg des Glaubens zu finden. Ein fünfter Teil geht dem Bekenntnis der Christen in den verschiedenen Zeiten der Kirche nach: Da sind Bekenntnisse, die noch ganz die Begeisterung des Anfangs atmen, dann auch Texte, die schon geprägt sind von der weiterlaufenden Zeit. Immer geht es darum, daß sich die Gemeinde – wo immer sie auch steht – ausstreckt nach ihrem Herrn. Den Abschluß bildet die Offenbarung des Johannes. Die Bilder des Kampfes und des Sieges in dieser Schrift wollen das Bewußtsein stärken, daß – was auch immer geschieht – am Ende der Geschichte der gütige Gott steht, der Herr der Geschichte, bei dem die, die auf ihn setzen, geborgen sind und der seine Welt nicht aus den Händen lassen wird.

← Vom Vater gesandt – Gesalbt mit dem Heiligen Geist – Solidarisch mit den Menschen. Taufe Jesu. Meister Leonhard von Brixen, 1473, Spitalkirche Niederdorf.

Jesus von Nazaret, der erwartete Retter und Sohn Gottes

»Als die Zeit erfüllt war, sandte Gott seinen Sohn, geboren von einer Frau und dem Gesetz unterstellt« (Gal 4,11). Jesus von Nazaret, aufgewachsen in Galiläa, begann im Alter von etwa dreißig Jahren sein öffentliches Wirken. Stätten seines Wirkens waren vor allem die Orte am See von Galiläa und die Stadt Jerusalem. Durch sein Wort, sein Wirken, sein Verhalten und die Sammlung eines Jüngerkreises erregte Jesus den Widerstand der jüdischen und römischen Behörden und wurde zu Ostern des Jahres 30 unter der Anklage der Rebellion gegen die römische Besatzungsmacht ans Kreuz geschlagen. Die Jünger Jesu bezeugen, daß er sich ihnen nach dem Tod als Lebender gezeigt und mit ihnen gesprochen hat.

Die Botschaft Jesu und die Berichte über sein Wirken wurden zunächst einige Jahrzehnte hindurch mündlich weitergetragen. Jesus selbst hat durch Wort und Tat gewirkt. Die Jünger haben seine Worte weitergegeben, ebenso die Berichte über sein Wirken. Schließlich wurden diese Berichte aufgeschrieben; zuerst von Markus um 70 n. Chr.; zwischen 70 und 80 von Matthäus und Lukas und vor 100 von Johannes. Jeder Evangelist setzt in seiner Darstellung einen besonderen Akzent und zeigt die Gestalt Jesu unter einem bestimmten Gesichtspunkt: Jesus ist der verheißene Messias. In ihm erfüllen sich die Verheißungen und die Hoffnungen des alttestamentlichen Gottesvolkes (Matthäus); Jesus ist der Sohn Gottes, der machtvolle Taten wirkt. Sein Geheimnis enthüllt sich erst allmählich und die Jünger haben Mühe, den Weg Jesu zu verstehen und mitzugehen (Markus); Jesus ist der Heiland aller Menschen, vor allem der Armen und Entrechteten (Lukas); Jesus ist der Offenbarer des Vaters (Johannes). Das Grundanliegen aller vier Evangelien ist dasselbe: Sie wollen zum Glauben an Jesus, den Messias und Sohn Gottes, führen.

Die Evangelienabschnitte an den Sonntagen machen mit der Person, mit der Botschaft und dem Wirken Jesu vertraut. Im folgenden soll eine zusammenfassende Übersicht über Wort und Wirken Jesu gegeben werden.

Die frohe Botschaft von der Herrschaft Gottes

In der Mitte der Verkündigung Jesu steht die Botschaft vom Anbruch der Gottesherrschaft. Im Deutschen wird statt »Gottesherrschaft« oft auch »Himmelreich« gesagt. Jesus tritt in einer Zeit auf, in der die Menschen voll Sehnsucht nach einer Änderung der Lage ausschauen; nach einer neuen Welt, die von Gott herkommt und die die negativen Seiten des Lebens überwindet: Den Tod, das Leid, die Knechtschaft, die Sünde. Gott hatte sich schon in der Rettung des Volkes aus der Knechtschaft in Ägypten (Ex 15) und in der Rückführung aus der Babylonischen Gefangenschaft (Jes 52,7–11) als König und Herrscher gezeigt. Im Wirken Jesu schenkt Gott endgültige Rettung.

Die Frohbotschaft: Mk 1,14–15

14 Nachdem man Johannes ins Gefängnis geworfen hatte, ging Jesus wieder nach Galiläa; er verkündete das Evangelium Gottes
15 und sprach: Die Zeit ist erfüllt, das Reich Gottes ist nahe. Kehrt um, und glaubt an das Evangelium!

Die Seligpreisungen: Mt 5,1–11
1 Als Jesus die vielen Menschen sah, stieg er
auf einen Berg. Er setzte sich, und seine
Jünger traten zu ihm.
2 Dann begann er zu reden und lehrte sie.
3 Er sagte:
Selig, die arm sind vor Gott; / denn ihnen
gehört das Himmelreich.
4 Selig die Trauernden; / denn sie werden
getröstet werden.
5 Selig, die keine Gewalt anwenden; / denn sie
werden das Land erben.
6 Selig, die hungern und dürsten nach der
Gerechtigkeit; / denn sie werden satt werden.
7 Selig die Barmherzigen; / denn sie werden
Erbarmen finden.
8 Selig, die ein reines Herz haben; / denn sie
werden Gott schauen.
9 Selig, die Frieden stiften; / denn sie werden
Söhne Gottes genannt werden.
10 Selig, die um der Gerechtigkeit willen ver-
folgt werden; / denn ihnen gehört das Him-
melreich.
11 Selig seid ihr, wenn ihr um meinetwillen
beschimpft und verfolgt und auf alle mögli-
che Weise verleumdet werdet.

Die Seligpreisung der Jünger: Mt 13,16–17
Jesus sagte zu seinen Jüngern: 16 Ihr aber
seid selig, denn eure Augen sehen und eure
Ohren hören. 17 Amen, ich sage euch: Viele
Propheten und Gerechte haben sich danach
gesehnt zu sehen, was ihr seht, und haben es
nicht gesehen, und zu hören, was ihr hört,
und haben es nicht gehört.

Mit dem Himmelreich ist es wie ...

In Bildern, Gleichnissen und Beispielerzählungen, die aus der Erfahrungswelt der Hörer stammen, gibt Jesus Einblick in diese neue Welt Gottes. Jesus möchte die Menschen dazu führen, daß sie seine Botschaft aufnehmen und sich der Gemeinschaft, die er schenkt, anschließen. Viele schließen sich an, andere lehnen ab. Für die Jünger Jesu stellt sich manchmal die Frage, ob tatsächlich im Wirken Jesu die Gottesherrschaft beginne. Jesus ermutigt seine Jünger zum Vertrauen, indem er Gleichnisse vom Wachstum erzählt.

Mit dem Himmelreich ist es wie mit einer Einladung zum Gastmahl: Lk 14,15–24
15 Einer der Gäste sagte zu Jesus: Selig, wer
im Reich Gottes am Mahl teilnehmen darf. 16
Jesus sagte zu ihm: Ein Mann veranstaltete
ein großes Festmahl und lud viele dazu ein. 17
Als das Fest beginnen sollte, schickte er
seinen Diener und ließ den Gästen, die er
eingeladen hatte, sagen: Kommt, es steht
alles bereit! 18 Aber einer nach dem andern
ließ sich entschuldigen. Der erste ließ ihm
sagen: Ich habe einen Acker gekauft und
muß jetzt gehen und ihn besichtigen. Bitte,
entschuldige mich! 19 Ein anderer sagte: Ich
habe fünf Ochsengespanne gekauft und bin
auf dem Weg, sie mir genauer anzusehen.
Bitte, entschuldige mich! 20 Wieder ein ande-
rer sagte: Ich habe geheiratet und kann des-
halb nicht kommen. 21 Der Diener kehrte
zurück und berichtete alles seinem Herrn. Da
wurde der Herr zornig und sagte zu seinem
Diener: Geh schnell auf die Straßen und
Gassen der Stadt und hol die Armen und die
Krüppel, die Blinden und die Lahmen herbei.
22 Bald darauf meldete der Diener: Herr, dein
Auftrag ist ausgeführt; aber es ist immer
noch Platz. 23 Da sagte der Herr zu dem
Diener: Dann geh auf die Landstraßen und
vor die Stadt hinaus und nötige die Leute zu
kommen, damit mein Haus voll wird. 24 Das
aber sage ich euch: Keiner von denen, die
eingeladen waren, wird an meinem Mahl
teilnehmen.

... wie wenn ein Sämann aussät: Mk 4,1–9

1 Ein andermal lehrte Jesus wieder am Ufer
des Sees, und sehr viele Menschen versam-
melten sich um ihn. Er stieg deshalb in ein
Boot auf dem See und setzte sich; die Leute
aber standen am Ufer. 2 Und er sprach lange
zu ihnen und lehrte sie in Form von Gleich-
nissen. Bei dieser Belehrung sagte er zu
ihnen: 3 Hört! Ein Sämann ging aufs Feld, um
zu säen. 4 Als er säte, fiel ein Teil der Körner
auf den Weg, und die Vögel kamen und
fraßen sie. 5 Ein anderer Teil fiel auf felsigen
Boden, wo es nur wenig Erde gab, und ging
sofort auf, weil das Erdreich nicht tief war; 6
als aber die Sonne hochstieg, wurde die Saat
versengt und verdorrte, weil sie keine Wur-
zeln hatte. 7 Wieder ein anderer Teil fiel in die
Dornen, und die Dornen wuchsen und er-
stickten die Saat, und sie brachte keine
Frucht. 8 Ein anderer Teil schließlich fiel auf
guten Boden und brachte Frucht; die Saat
ging auf und wuchs empor und trug dreißig-
fach, ja sechzigfach und hundertfach. 9 Und
Jesus sprach: Wer Ohren hat zum Hören, der
höre!

... wie mit dem Samen: Mk 4,26–29

26 Jesus sagte: Mit dem Reich Gottes ist es so,
wie wenn ein Mann Samen auf seinen Acker
sät; 27 dann schläft er und steht wieder auf, es
wird Nacht und wird Tag, der Samen keimt
und wächst, und der Mann weiß nicht, wie. 28
Die Erde bringt von selbst ihre Frucht, zuerst
den Halm, dann die Ähre, dann das volle
Korn in der Ähre. 29 Sobald aber die Frucht
reif ist, legt er die Sichel an; denn die Zeit der
Ernte ist da.

... wie mit einem Senfkorn: Mk 4,30–32

30 Jesus sagte: Womit sollen wir das Reich
Gottes vergleichen, mit welchem Gleichnis
sollen wir es beschreiben? 31 Es gleicht einem
Senfkorn. Dieses ist das kleinste von allen
Samenkörnern, die man in die Erde sät. 32 Ist
es aber gesät, dann geht es auf und wird
größer als alle anderen Gewächse und treibt
große Zweige, so daß in seinem Schatten die
Vögel des Himmels nisten können.

Das heilbringende und versöhnende Wirken Jesu

Jesus läßt die Gottesherrschaft, das Eingreifen Gottes zum Heil seines Volkes, durch Wunder und Zeichen spürbar werden. Den Menschen werden Gesundheit und Heil geschenkt; die Macht des Satans ist gebrochen, die Not hat ein Ende. Die Gegner Jesu deuten die Wunder als ein Werk des Teufels. Wer im Wirken Jesu nicht Gott am Werk sieht, ist blind und kann sich so nicht mehr ändern. Das Wort von der Lästerung des Heiligen Geistes, die keine Vergebung findet, bedeutet, daß ein Mensch, der blind für Jesus ist, keinen Zugang hat. Die Gottesherrschaft wird auch erfahren als Versöhnung und Frieden: Jesus versöhnt die Menschen mit Gott und untereinander. So werden die großen Gegensätze, die im Leben des jüdischen Volkes der damaligen Zeit bemerkbar sind, überwunden: Jesus kennt nicht mehr die Trennung in Gerechte und Sünder (Mk 2,13–17), in Juden und Samariter (Lk 10,25–37), in Freiheitskämpfer und Kollaborateure der Römer (vgl. Mt 10,3). Auf diese Weise wird die Gottesherrschaft erfahren als Heil und Leben, als Offenbarung, Geschenk, Rettung und neue Norm. Allerdings können nur Glaubende die Botschaft der Wunder verstehen.

Heilung am Sabbat: Mk 3,1–6

1 Als Jesus ein andermal in eine Synagoge
ging, saß dort ein Mann, dessen Hand ver-
dorrt war. 2 Und sie gaben acht, ob Jesus ihn
am Sabbat heilen werde; sie suchten nämlich
einen Grund zur Anklage gegen ihn. 3 Da
sagte er zu dem Mann mit der verdorrten
Hand: Steh auf und stell dich in die Mitte! 4
Und zu den anderen sagte er: Was ist am

Sabbat erlaubt: Gutes zu tun oder Böses, ein Leben zu retten oder es zu vernichten? Sie aber schwiegen. [5] Und er sah sie der Reihe nach an, voll Zorn und Trauer über ihr verstocktes Herz, und sagte zu dem Mann: Streck deine Hand aus! Er streckte sie aus, und seine Hand war wieder gesund. [6] Da gingen die Pharisäer hinaus und faßten zusammen mit den Anhängern des Herodes den Beschluß, Jesus umzubringen.

Das Mahl mit den Zöllnern: Mk 2,13–17

[13] Jesus ging wieder hinaus an den See. Da kamen Scharen von Menschen zu ihm, und er lehrte sie. [14] Als er weiterging, sah er Levi, den Sohn des Alphäus, am Zoll sitzen und sagte zu ihm: Folge mir nach! Da stand Levi auf und folgte ihm. [15] Und als Jesus in seinem Haus beim Essen war, aßen viele Zöllner und Sünder zusammen mit ihm und seinen Jüngern; denn es folgten ihm schon viele. [16] Als die Schriftgelehrten, die zur Partei der Pharisäer gehörten, sahen, daß er mit Zöllnern und Sündern aß, sagten sie zu seinen Jüngern: Wie kann er zusammen mit Zöllnern und Sündern essen? [17] Jesus hörte es und sagte zu ihnen: Nicht die Gesunden brauchen den Arzt, sondern die Kranken. Ich bin gekommen, um die Sünder zu rufen, nicht die Gerechten.

Wunder – Ruf zur Umkehr: Mt 12,38–42

[38] Zu dieser Zeit sagten einige Schriftgelehrte und Pharisäer zu Jesus: Meister, wir möchten von dir ein Zeichen sehen. [39] Er antwortete ihnen: Diese böse und treulose Generation fordert ein Zeichen, aber es wird ihr kein anderes gegeben werden als das Zeichen des Propheten Jona. [40] Denn wie Jona drei Tage und drei Nächte im Bauch des Fisches war, so wird auch der Menschensohn drei Tage und drei Nächte im Innern der Erde sein. [41] Die Männer von Ninive werden beim Gericht gegen diese Generation auftreten und sie verurteilen; denn sie haben sich nach der Predigt des Jona bekehrt. Hier aber ist einer, der mehr ist als Jona. [42] Die Königin des Südens wird beim Gericht gegen diese Generation auftreten und sie verurteilen; denn sie kam vom Ende der Erde, um die Weisheit Salomos zu hören. Hier aber ist einer, der mehr ist als Salomo.

Die Botschaft von Gott, dem Vater

Durch dieses heilende und versöhnende Wirken läßt Jesus die Menschen Gott in einer völlig neuen Weise als liebend nahen und sorgenden Vater erfahren, der auf neue Weise angeredet werden kann: Als Abba – lieber Vater.

Diese Anrede gehört zur ureigensten Sprechweise Jesu. »Abba« ist die familiäre Anrede, die in den aramäisch sprechenden Familien von Kleinkindern und auch von erwachsenen Kindern verwendet wurde. Es entspricht in unserer Sprache in etwa der Anrede »Papa«. In einer Zeit, in der das Judentum den geoffenbarten Namen Gottes »Jahwe« nicht einmal auszusprechen wagt – sondern ihn feierlich umschreibt, und den Gebrauch von »Abba« für Gott tatsächlich vermieden hat –, gebraucht Jesus eine Anrede aus dem Familienleben, die nicht mehr zum fernen, sondern zum nahen Gott spricht. Diese Anrede, in der ein einzigartiges Verhältnis zwischen Gott und Jesus, als dem Vater und dem Sohn, zur Sprache kommt, offenbart ihn zugleich als Sohn. So ist dieses Gebet auch Ausdruck der Hoheit Jesu.

Die Botschaft von Gott als Vater findet ihren Ausdruck im Vaterunser und in der Unterweisung zum vertrauensvollen und andauernden Gebet. Das Vaterunser in der Fassung, die wir beten, findet sich im Matthäusevangelium (Mt 6,9–13); es wird entfaltet im Hohepriesterlichen Gebet (Joh 17).

Jesus lehrt die Menschen beten. Das Vaterunser in ladinischer Sprache in der Vaterunserkirche auf dem Ölberg in Jerusalem.

Das Gebet des Herrn: Lk 11,1–4

1 Jesus betete einmal an einem Ort; und als er das Gebet beendet hatte, sagte einer seiner Jünger zu ihm: Herr, lehre uns beten, wie schon Johannes seine Jünger beten gelehrt hat. 2 Da sagte er zu ihnen: Wenn ihr betet, so sprecht:
Vater,/dein Name werde geheiligt./
Dein Reich komme.
3 Gib uns täglich das Brot, das wir brauchen.
4 Und erlaß uns unsere Sünden;/
denn auch wir erlassen jedem, was er uns schuldig ist./
Und führe uns nicht in Versuchung.

Gleichnis vom bittenden Freund:
Lk 11,5–13

5 Jesus sagte er zu seinen Jüngern: Wenn einer von euch einen Freund hat und um Mitternacht zu ihm geht und sagt: Freund, leih mir drei Brote; 6 denn einer meiner Freunde, der auf Reisen ist, ist zu mir gekommen, und ich habe ihm nichts anzubieten! 7 wird dann etwa der Mann drinnen antworten: Laß mich in Ruhe, die Tür ist schon verschlossen, und meine Kinder schlafen bei mir; ich kann nicht aufstehen und dir etwas geben? 8 Ich sage euch: Wenn er schon nicht deswegen aufsteht und ihm seine Bitte erfüllt, weil er sein Freund ist, so wird er doch wegen seiner Zudringlichkeit aufstehen und ihm geben, was er braucht. 9 Darum sage ich euch: Bittet, dann wird euch gegeben; sucht, dann werdet ihr finden; klopft an, dann wird euch geöffnet. 10 Denn wer bittet, der empfängt; wer sucht, der findet; und wer anklopft, dem wird geöffnet. 11 Oder ist unter euch ein Vater, der seinem Sohn eine Schlange gibt, wenn er um einen Fisch bittet, 12 oder einen Skorpion, wenn er um ein Ei bittet? 13 Wenn nun schon ihr, die ihr böse seid, euren Kindern gebt, was gut ist, wieviel mehr wird der Vater im Himmel den Heiligen Geist denen geben, die ihn bitten.

Gottes Gaben für die Menschen: Mt 7,7–11

Jesus sagte zu seinen Jüngern: 7 Bittet, dann wird euch gegeben; sucht, dann werdet ihr finden; klopft an, dann wird euch geöffnet. 8 Denn wer bittet, der empfängt; wer sucht, der findet; und wer anklopft, dem wird geöffnet. 9 Oder ist einer unter euch, der seinem Sohn einen Stein gibt, wenn er um Brot bittet, 10 oder eine Schlange, wenn er um einen Fisch bittet? 11 Wenn nun schon ihr, die ihr böse seid, euren Kindern gebt, was gut ist, wieviel mehr wird euer Vater im Himmel denen Gutes geben, die ihn bitten.

Weisung Jesu für alternatives Verhalten

Aus der Botschaft, daß Gott Vater der Menschen ist und daß Gott nun seine Herrschaft antritt, erwächst die Forderung Jesu nach grenzenloser Liebe und nach neuer Gerechtigkeit. Aus der Gottesanschauung Jesu ergibt sich ganz konsequent das Hauptgebot von Gottes- und Nächstenliebe, und zwar sind Gottes- und Nächstenliebe unlösbar miteinander verbunden. Aus dem Hauptgebot erklärt sich auch, daß Jesus dem Tempel und dem Ritualgesetz kritisch gegenübersteht: Für ihn, wie für die Propheten, ist aller Kult sinnlos, wenn Gerechtigkeit und wahrer Gehorsam fehlen. So bleibt hinter der Forderung Jesu zurück, wer es nur bei einem äußerlichen Verhalten bewenden läßt, oder wer Menschen ausgrenzen will. Die Forderung Jesu umschließt die Feindesliebe und den Verzicht auf Gewalt. Die Liebe als neues Verhalten muß sich auch dann bewähren, wenn jemand verfolgt und gehaßt wird: Im Verzicht auf das Zurückschlagen und im betenden Eintreten für die Feinde zeigt sich die Kraft der Liebe am stärksten (Lk 6,28–36). Mit der Forderung des Gewaltverzichtes meint Jesus aber nicht ein passives Hinnehmen allen Unrechtes, sondern ein schöpferisches Wirken. Der Jünger ist aufgerufen, den tödlichen Kreislauf von Gewalt, die wieder nur neue Gewalt erzeugt, zu durchbrechen. Wenn ein Christ – anstatt zurückzuschlagen – die andere Wange hinhält (Mt 5,39), könnte es zumindest geschehen, daß der Gegner zögert: Er wird nicht noch einmal zuschlagen – verblüfft über so ungewohntes Verhalten. Und dieser Augenblick könnte eine Chance für etwas völlig Neues sein. Die Liebe vermag auch in den Notleidenden die Gegenwart Jesu zu entdecken.

Das Hauptgebot: Mk 12,28–34

28 Ein Schriftgelehrter hatte dem Streit der
Pharisäer mit Jesus zugehört; und da er
bemerkt hatte, wie treffend Jesus ihnen ant-
wortete, ging er zu ihm hin und fragte ihn:
Welches Gebot ist das erste von allen? 29
Jesus antwortete: Das erste ist: Höre, Israel,
der Herr, unser Gott, ist der einzige Herr. 30
Darum sollst du den Herrn, deinen Gott,
lieben mit ganzem Herzen und ganzer Seele,
mit all deinen Gedanken und all deiner Kraft.

31 Als zweites kommt hinzu: Du sollst deinen
Nächsten lieben wie dich selbst. Kein ande-
res Gebot ist größer als diese beiden. 32 Da
sagte der Schriftgelehrte zu ihm: Sehr gut,
Meister! Ganz richtig hast du gesagt: Er allein
ist der Herr, und es gibt keinen anderen
außer ihm, 33 und ihn mit ganzem Herzen,
ganzem Verstand und ganzer Kraft zu lieben
und den Nächsten zu lieben wie sich selbst,
ist weit mehr als alle Brandopfer und ande-
ren Opfer. 34 Jesus sah, daß er mit Verständ-
nis geantwortet hatte, und sagte zu ihm: Du
bist nicht fern vom Reich Gottes. Und keiner
wagte mehr, Jesus eine Frage zu stellen.

Versöhnung: Mt 5,21–22

In jener Zeit sagte Jesus zu seinen Jüngern: 21
Ihr habt gehört, daß zu den Alten gesagt
worden ist: Du sollst nicht töten; wer aber
jemand tötet, soll dem Gericht verfallen sein.
22 Ich aber sage euch: Jeder, der seinem
Bruder auch nur zürnt, soll dem Gericht
verfallen sein; und wer zu seinem Bruder
sagt: Du Dummkopf!, soll dem Spruch des
Hohen Rates verfallen sein; wer aber zu ihm
sagt: Du gottloser Narr!, soll dem Feuer der
Hölle verfallen sein.

Gewaltlosigkeit: Mt 5,38–42

In jener Zeit sprach Jesus zu seinen Jüngern:
38 Ihr habt gehört, daß gesagt worden ist:
Auge für Auge und Zahn für Zahn. 39 Ich aber
sage euch: Leistet dem, der euch etwas Bö-
ses antut, keinen Widerstand, sondern wenn
dich einer auf die rechte Wange schlägt,
dann halt ihm auch die andere hin. 40 Und
wenn dich einer vor Gericht bringen will, um
dir das Hemd wegzunehmen, dann laß ihm
auch den Mantel. 41 Und wenn dich einer
zwingen will, eine Meile mit ihm zu gehen,

»Ich war krank ...« (Mt 25,36). Holzschnitt, Liselotte Plangger-Popp.

dann geh zwei mit ihm. [42] Wer dich bittet,
dem gib, und wer von dir borgen will, den
weise nicht ab.

Feindesliebe: Mt 5,43–48

In jener Zeit sprach Jesus zu seinen Jüngern:
[43] Ihr habt gehört, daß gesagt worden ist: Du
sollst deinen Nächsten lieben und deinen
Feind hassen. [44] Ich aber sage euch: Liebt
eure Feinde und betet für die, die euch verfol-
gen, [45] damit ihr Söhne eures Vaters im
Himmel werdet; denn er läßt seine Sonne
aufgehen über Bösen und Guten, und er läßt
regnen über Gerechte und Ungerechte. [46]
Wenn ihr nämlich nur die liebt, die euch
lieben, welchen Lohn könnt ihr dafür erwar-
ten? Tun das nicht auch die Zöllner? [47] Und
wenn ihr nur eure Brüder grüßt, was tut ihr
damit Besonderes? Tun das nicht auch die
Heiden? [48] Ihr sollt also vollkommen sein, wie
es auch euer himmlischer Vater ist.

In den Notleidenden Jesus entdecken:
Mt 25,31–46

In jener Zeit sprach Jesus zu seinen Jüngern:
[31] Wenn der Menschensohn in seiner Herrlich-
keit kommt und alle Engel mit ihm, dann
wird er sich auf den Thron seiner Herrlichkeit
setzen. [32] Und alle Völker werden vor ihm
zusammengerufen werden, und er wird sie
voneinander scheiden, wie der Hirt die Scha-
fe von den Böcken scheidet. [33] Er wird die
Schafe zu seiner Rechten versammeln, die
Böcke aber zur Linken. [34] Dann wird der
König denen auf der rechten Seite sagen:
Kommt her, die ihr von meinem Vater geseg-
net seid, nehmt das Reich in Besitz, das seit
der Erschaffung der Welt für euch bestimmt
ist. [35] Denn ich war hungrig, und ihr habt mir
zu essen gegeben; ich war durstig, und ihr
habt mir zu trinken gegeben; ich war fremd
und obdachlos, und ihr habt mich aufge-
nommen; [36] ich war nackt, und ihr habt mir

Kleidung gegeben; ich war krank, und ihr habt mich besucht; ich war im Gefängnis, und ihr seid zu mir gekommen. [37] Dann werden ihm die Gerechten antworten: Herr, wann haben wir dich hungrig gesehen und dir zu essen gegeben, oder durstig und dir zu trinken gegeben? [38] Und wann haben wir dich fremd und obdachlos gesehen und aufgenommen, oder nackt und dir Kleidung gegeben? [39] Und wann haben wir dich krank oder im Gefängnis gesehen und sind zu dir gekommen? [40] Darauf wird der König ihnen antworten: Amen, ich sage euch: Was ihr für einen meiner geringsten Brüder getan habt, das habt ihr mir getan. [41] Dann wird er sich auch an die auf der linken Seite wenden und zu ihnen sagen: Weg von mir, ihr Verfluchten, in das ewige Feuer, das für den Teufel und seine Engel bestimmt ist! [42] Denn ich war hungrig, und ihr habt mir nichts zu essen gegeben; ich war durstig, und ihr habt mir nichts zu trinken gegeben; [43] ich war fremd und obdachlos, und ihr habt mich nicht aufgenommen; ich war nackt, und ihr habt mir keine Kleidung gegeben; ich war krank und im Gefängnis, und ihr habt mich nicht besucht. [44] Dann werden auch sie antworten: Herr, wann haben wir dich hungrig oder durstig oder obdachlos oder nackt oder krank oder im Gefängnis gesehen und haben dir nicht geholfen? [45] Darauf wird er ihnen antworten: Amen, ich sage euch: Was ihr für einen dieser Geringsten nicht getan habt, das habt ihr auch mir nicht getan. [46] Und sie werden weggehen und die ewige Strafe erhalten, die Gerechten aber das ewige Leben.

Nachfolge und Jüngergemeinschaft

Um Jesus sammelt sich schon bald ein Kreis von Jüngern. Die Erzählungen über den Ruf Jesu in die Nachfolge lassen die Eigenart des Jüngerkreises erkennen. Die Berichte sind in der Regel kurz. Sie erzählen nur, daß Jesus ruft und die Menschen sofort nachfolgen. Die Menschen, die den Ruf Jesu annehmen, teilen sein Wanderleben, seine Besitz- und Familienlosigkeit und stellen sich in den Dienst der Frohen Botschaft und der Botschaft des Friedens. Sie bilden einen Kreis von Vertrauten, die sich für ihn entschieden haben. Im Nachfolgeruf wird, wie in der ethischen Weisung, Jesu Autorität sichtbar.

Die Berufung der ersten Jünger: Mk 1,16–20

[16] Als Jesus am See von Galiläa entlangging, sah er Simon und Andreas, den Bruder des Simon, die auf dem See ihr Netz auswarfen; sie waren nämlich Fischer. [17] Da sagte er zu ihnen: Kommt her, folgt mir nach! Ich werde euch zu Menschenfischern machen. [18] Sogleich ließen sie ihre Netze liegen und folgten ihm. [19] Als er ein Stück weiterging, sah er Jakobus, den Sohn des Zebedäus, und seinen Bruder Johannes; sie waren im Boot und richteten ihre Netze her. [20] Sofort rief er sie, und sie ließen ihren Vater Zebedäus mit seinen Tagelöhnern im Boot zurück und folgten Jesus nach.

Die Berufung des reichen Mannes: Mk 10,17–21

[17] Als sich Jesus wieder auf den Weg machte, lief ein Mann auf ihn zu, fiel vor ihm auf die Knie und fragte ihn: Guter Meister, was muß ich tun, um das ewige Leben zu gewinnen? [18] Jesus antwortete: Warum nennst du mich gut? Niemand ist gut außer Gott, dem Einen. [19] Du kennst doch die Gebote: Du sollst nicht töten, du sollst nicht die Ehe brechen, du sollst nicht stehlen, du sollst nicht falsch aussagen, du sollst keinen Raub begehen; ehre deinen Vater und deine Mutter! [20] Er erwiderte ihm: Meister, alle diese Gebote habe ich von Jugend an befolgt. [21] Da sah ihn

Jesus an, und weil er ihn liebte, sagte er: Eines fehlt dir noch: Geh, verkaufe, was du hast, gib das Geld den Armen, und du wirst einen bleibenden Schatz im Himmel haben; dann komm und folge mir nach!

Bedingungen der Nachfolge: Lk 9,57–62

57 Als Jesus und seine Jünger auf ihrem Weg weiterzogen, redete ein Mann Jesus an und sagte: Ich will dir folgen, wohin du auch
gehst. 58 Jesus antwortete ihm: Die Füchse haben ihre Höhlen und die Vögel ihre Nester; der Menschensohn aber hat keinen Ort, wo er
sein Haupt hinlegen kann. 59 Zu einem anderen sagte er: Folge mir nach! Der erwiderte: Laß mich zuerst heimgehen und meinen
Vater begraben. 60 Jesus sagte zu ihm: Laß die Toten ihre Toten begraben; du aber geh
und verkünde das Reich Gottes! 61 Wieder ein anderer sagte: Ich will dir nachfolgen, Herr. Zuvor aber laß mich von meiner Familie
Abschied nehmen. 62 Jesus erwiderte ihm: Keiner, der die Hand an den Pflug gelegt hat und nochmals zurückblickt, taugt für das Reich Gottes.

Die Leidensgeschichte

Zu den ältesten Berichten des Neuen Testamentes gehören die Berichte von Tod und Auferstehung Jesu. Die Geschichte des Scheiterns Jesu kann nur erzählt werden, weil die Jünger auf Grund der Ostererfahrung wissen, daß Jesus von Gott zum Leben erweckt ist, daß er am Kreuz die Liebe Gottes zu den Menschen geoffenbart hat, und daß Jesus das Los des Gerechten, der von den Menschen verfolgt, aber von Gott errettet wird, auf sich nehmen mußte (Ps 22).

Die Evangelien lassen auch erkennen, wie es zur Verurteilung Jesu gekommen ist. Die Kritik Jesu am veräußerlichten Tempelkult und seine kritischen Äußerungen gegenüber dem Gesetz sowie die Bildung eines Jüngerkreises erregten den Verdacht der jüdischen und römischen Behörden. Unter maßgeblicher Beteiligung der jüdischen Behörden wurde Jesus vom römischen Gericht zum Tod am Kreuz verurteilt, und zwar aufgrund der Anklage, er sei ein messianischer Rebell.

Der Todesbeschluß des Hohen Rates: Mk 14,1–2

1 Es war zwei Tage vor dem Pascha und dem Fest der Ungesäuerten Brote. Die Hohenpriester und die Schriftgelehrten suchten nach einer Möglichkeit, Jesus mit List in ihre Gewalt zu bringen, um ihn zu töten. 2 Sie sagten
aber: Ja nicht am Fest, damit es im Volk keinen Aufruhr gibt.

Salbung in Betanien: Mk 14,3–9

3 Als Jesus in Betanien im Haus Simons des Aussätzigen bei Tisch war, kam eine Frau mit einem Alabastergefäß voll echtem, kostbarem Nardenöl, zerbrach es und goß das Öl
über sein Haar. 4 Einige aber wurden unwillig und sagten zueinander: Wozu diese Verschwendung? 5 Man hätte das Öl um mehr als dreihundert Denare verkaufen und das Geld den Armen geben können. Und sie machten
der Frau heftige Vorwürfe. 6 Jesus aber sagte: Hört auf! Warum laßt ihr sie nicht in Ruhe? Sie
hat ein gutes Werk an mir getan. 7 Denn die Armen habt ihr immer bei euch, und ihr könnt ihnen Gutes tun, so oft ihr wollt; mich
aber habt ihr nicht immer. 8 Sie hat getan, was sie konnte. Sie hat im voraus meinen
Leib für das Begräbnis gesalbt. 9 Amen, ich sage euch: Überall auf der Welt, wo das Evangelium verkündet wird, wird man sich an sie erinnern und erzählen, was sie getan hat.

Jesus erweist seine Liebe bis zur Vollendung (vgl. Joh 13,1). Fußwaschung. Detail aus dem Abendmahl, Meister Leonhard von Brixen, 1473, Mellaun.

Der Verrat des Judas: Mk 14,10–11

[10] Judas Iskariot, einer der Zwölf, ging zu den Hohenpriestern. Er wollte Jesus an sie ausliefern. [11] Als sie das hörten, freuten sie sich und versprachen, ihm Geld dafür zu geben. Von da an suchte er nach einer günstigen Gelegenheit, ihn auszuliefern.

Das Paschamahl: Mk 14,12–25

[12] Am ersten Tag des Festes der Ungesäuerten Brote, an dem man das Paschalamm schlachtete, sagten die Jünger zu Jesus: Wo sollen wir das Paschamahl für dich vorbereiten? [13] Da schickte er zwei seiner Jünger voraus und sagte zu ihnen: Geht in die Stadt; dort wird euch ein Mann begegnen, der einen Wasserkrug trägt. Folgt ihm, [14] bis er in ein Haus hineingeht; dann sagt zu dem Herrn des Hauses: Der Meister läßt dich fragen: Wo ist der Raum, in dem ich mit meinen Jüngern das Paschalamm essen kann? [15] Und der Hausherr wird euch einen großen Raum im Obergeschoß zeigen, der schon für das Festmahl hergerichtet und mit Polstern ausgestattet ist. Dort bereitet alles für uns vor! [16] Die Jünger machten sich auf den Weg und kamen in die Stadt. Sie fanden alles so, wie er es ihnen gesagt hatte, und bereiteten das Paschamahl vor. [17] Als es Abend wurde, kam Jesus mit den Zwölf. [18] Während sie nun bei Tisch waren und aßen, sagte er: Amen, ich sage euch: Einer von euch wird mich verraten und ausliefern, einer von denen, die zusammen mit mir essen. [19] Da wurden sie traurig, und einer nach dem andern fragte ihn: Doch nicht etwa ich? [20] Er sagte zu ihnen: Einer von euch Zwölf, der mit mir aus derselben Schüssel ißt. [21] Der Menschensohn muß zwar seinen Weg gehen, wie die Schrift über ihn sagt. Doch weh dem Menschen, durch den der Menschensohn verraten wird. Für ihn wäre es besser, wenn er nie geboren wäre. [22] Während des Mahls nahm er das Brot und sprach den Lobpreis; dann brach er das Brot, reichte es ihnen und sagte: Nehmt, das ist mein Leib. [23] Dann nahm er den Kelch, sprach das Dankgebet, reichte ihn den Jüngern, und sie tranken alle daraus. [24] Und er sagte zu ihnen: Das ist mein Blut, das Blut des Bundes, das für viele vergossen wird. [25] Amen, ich sage euch: Ich werde nicht mehr von der Frucht des Weinstocks trinken bis zu dem Tag, an dem ich von neuem davon trinke im Reich Gottes.

Der Gang zum Ölberg: Mk 14,26–31

[26] Nach dem Lobgesang gingen Jesus und seine Jünger zum Ölberg hinaus. [27] Da sagte Jesus zu ihnen: Ihr werdet alle (an mir) Anstoß nehmen und zu Fall kommen; denn in der Schrift steht: Ich werde den Hirten erschlagen, dann werden sich die Schafe zerstreuen. [28] Aber nach meiner Auferstehung werde ich euch nach Galiläa vorausgehen. [29] Da sagte Petrus zu ihm: Auch wenn alle (an dir) Anstoß nehmen – ich nicht! [30] Jesus antwortete ihm: Amen, ich sage dir: Noch heute nacht, ehe der Hahn zweimal kräht, wirst du mich dreimal verleugnen. [31] Petrus aber beteuerte: Und wenn ich mit dir sterben müßte – ich werde dich nie verleugnen. Das gleiche sagten auch alle anderen.

Das Gebet in Getsemani: Mk 14,32–42

32 Jesus und seine Jünger kamen zu einem Grundstück, das Getsemani heißt, und er sagte zu seinen Jüngern: Setzt euch und wartet hier, während ich bete. 33 Und er nahm Petrus, Jakobus und Johannes mit sich. Da ergriff ihn Furcht und Angst, 34 und er sagte zu ihnen: Meine Seele ist zu Tode betrübt. Bleibt hier und wacht! 35 Und er ging ein Stück weiter, warf sich auf die Erde nieder und betete, daß die Stunde, wenn möglich, an ihm vorübergehe. 36 Er sprach: Abba, Vater, alles ist dir möglich. Nimm diesen Kelch von mir! Aber nicht, was ich will, sondern was du willst (soll geschehen). 37 Und er ging zurück und fand sie schlafend. Da sagte er zu Petrus: Simon, du schläfst? Konntest du nicht einmal eine Stunde wach bleiben? 38 Wacht und betet, damit ihr nicht in Versuchung geratet. Der Geist ist willig, aber das Fleisch ist schwach. 39 Und er ging wieder weg und betete mit den gleichen Worten. 40 Als er zurückkam, fand er sie wieder schlafend, denn die Augen waren ihnen zugefallen; und sie wußten nicht, was sie ihm antworten sollten. 41 Und er kam zum drittenmal und sagte zu ihnen: Schlaft ihr immer noch und ruht euch aus? Es ist genug. Die Stunde ist gekommen; jetzt wird der Menschensohn den Sündern ausgeliefert. 42 Steht auf, wir wollen gehen! Seht, der Verräter, der mich ausliefert, ist da.

Die Gefangennahme Jesu: Mk 14,43–52

43 Noch während Jesus redete, kam Judas, einer der Zwölf, mit einer Schar von Männern, die mit Schwertern und Knüppeln bewaffnet waren; sie waren von den Hohenpriestern, den Schriftgelehrten und den Ältesten geschickt worden. 44 Der Verräter hatte mit ihnen ein Zeichen vereinbart und gesagt: Der, den ich küssen werde, der ist es. Nehmt ihn fest, führt ihn ab, und laßt ihn nicht entkommen. 45 Und als er kam, ging er sogleich auf Jesus zu und sagte: Rabbi! Und er küßte ihn. 46 Da ergriffen sie ihn und nahmen ihn fest. 47 Einer von denen, die dabeistanden, zog das Schwert, schlug auf den Diener des Hohenpriesters ein und hieb ihm ein Ohr ab. 48 Da sagte Jesus zu ihnen: Wie gegen einen Räuber seid ihr mit Schwertern und Knüppeln ausgezogen, um mich festzunehmen. 49 Tag für Tag war ich bei euch im Tempel und lehrte, und ihr habt mich nicht verhaftet; aber (das ist geschehen), damit die Schrift in Erfüllung geht. 50 Da verließen ihn alle und flohen. 51 Ein junger Mann aber, der nur mit einem leinenen Tuch bekleidet war, wollte ihm nachgehen. Da packten sie ihn; 52 er aber ließ das Tuch fallen und lief nackt davon.

Das Verhör Jesu vor dem Hohen Rat: Mk 14,53–65

53 Darauf führten sie Jesus zum Hohenpriester, und es versammelten sich alle Hohenpriester und Ältesten und Schriftgelehrten. 54 Petrus aber war Jesus von weitem bis in den Hof des hohepriesterlichen Palastes gefolgt; nun saß er dort bei den Dienern und wärmte sich am Feuer. 55 Die Hohenpriester und der ganze Hohe Rat bemühten sich um Zeugenaussagen gegen Jesus, um ihn zum Tod verurteilen zu können; sie fanden aber nichts. 56 Viele machten zwar falsche Aussagen über ihn, aber die Aussagen stimmten nicht überein. 57 Einige der falschen Zeugen, die gegen ihn auftraten, behaupteten: 58 Wir haben ihn sagen hören: Ich werde diesen von Menschen erbauten Tempel niederreißen und in drei Tagen einen anderen errichten, der nicht von Menschenhand gemacht ist. 59 Aber auch in diesem Fall stimmten die Aussagen nicht überein. 60 Da stand der Hohepriester auf, trat in die Mitte und fragte Jesus: Willst du denn nichts sagen zu dem, was diese Leute gegen dich vorbringen? 61 Er aber schwieg und gab keine Antwort. Da wandte sich der Hohepriester nochmals an ihn und fragte: Bist du der Messias, der Sohn des Hochgelobten? 62 Jesus sagte: Ich bin es. Und ihr werdet den Menschensohn zur Rechten der Macht sitzen und mit den Wolken des Himmels kommen sehen. 63 Da zerriß der Hohepriester sein Gewand und rief: Wozu brauchen wir noch Zeugen? 64 Ihr habt die Gotteslästerung gehört. Was ist eure Meinung? Und sie fällten einstimmig das Urteil:

Am Kreuz gibt der gute Hirt sein Leben für die Schafe. 18. Jh., Kloster Säben/Klausen.

Er ist schuldig und muß sterben. 65 Und
einige spuckten ihn an, verhüllten sein Ge-
sicht, schlugen ihn und riefen: Zeig, daß du
ein Prophet bist! Auch die Diener schlugen
ihn ins Gesicht.

Die Verleugnung des Petrus: Mk 14,66–72

66 Als Petrus unten im Hof war, kam eine von
den Mägden des Hohenpriesters. 67 Sie sah,
wie Petrus sich wärmte, blickte ihn an und
sagte: Auch du warst mit diesem Jesus aus
Nazaret zusammen. 68 Doch er leugnete es
und sagte: Ich weiß nicht und verstehe nicht,
wovon du redest. Dann ging er in den Vorhof
hinaus. 69 Als die Magd ihn dort bemerkte,
sagte sie zu denen, die dabeistanden, noch
einmal: Der gehört zu ihnen. 70 Er aber leug-
nete es wieder ab. Wenig später sagten die
Leute, die dort standen, von neuem zu Pe-
trus: Du gehörst wirklich zu ihnen; du bist
doch auch ein Galiläer. 71 Da fing er an zu
fluchen und schwor: Ich kenne diesen Men-
schen nicht, von dem ihr redet. 72 Gleich
darauf krähte der Hahn zum zweitenmal, und
Petrus erinnerte sich, daß Jesus zu ihm ge-
sagt hatte: Ehe der Hahn zweimal kräht, wirst
du mich dreimal verleugnen. Und er begann
zu weinen.

Die Verhandlung vor Pilatus: Mk 15,1–15

1 Gleich in der Frühe faßten die Hohenprie-
ster, die Ältesten und die Schriftgelehrten,
also der ganze Hohe Rat, über Jesus einen
Beschluß: Sie ließen ihn fesseln und abfüh-
ren und lieferten ihn Pilatus aus. 2 Pilatus
fragte ihn: Bist du der König der Juden? Er
antwortete ihm: Du sagst es. 3 Die Hohenprie-
ster brachten viele Anklagen gegen ihn vor. 4
Da wandte sich Pilatus wieder an ihn und
fragte: Willst du denn nichts dazu sagen?
Sieh doch, wie viele Anklagen sie gegen dich
vorbringen. 5 Jesus aber gab keine Antwort
mehr, so daß Pilatus sich wunderte. 6 Jeweils
zum Fest ließ Pilatus einen Gefangenen frei,
den sie sich ausbitten durften. 7 Damals saß
gerade ein Mann namens Barabbas im Ge-
fängnis, zusammen mit anderen Aufrührern,
die bei einem Aufstand einen Mord began-
gen hatten. 8 Die Volksmenge zog (zu Pilatus)
hinauf und bat, ihnen die gleiche Gunst zu
gewähren wie sonst. 9 Pilatus fragte sie: Wollt
ihr, daß ich den König der Juden freilasse? 10
Er merkte nämlich, daß die Hohenpriester
nur aus Neid Jesus an ihn ausgeliefert hat-
ten. 11 Die Hohenpriester aber wiegelten die
Menge auf, lieber die Freilassung des Barab-
bas zu fordern. 12 Pilatus wandte sich von
neuem an sie und fragte: Was soll ich dann
mit dem tun, den ihr den König der Juden
nennt? 13 Da schrien sie: Kreuzige ihn! 14
Pilatus entgegnete: Was hat er denn für ein
Verbrechen begangen? Sie schrien noch lau-
ter: Kreuzige ihn! 15 Darauf ließ Pilatus, um
die Menge zufriedenzustellen, Barabbas frei
und gab den Befehl, Jesus zu geißeln und zu
kreuzigen.

Die Verspottung Jesu: Mk 15,16–20a

16 Die Soldaten führten Jesus in den Palast
hinein, das heißt in das Prätorium, und riefen
die ganze Kohorte zusammen. 17 Dann legten
sie ihm einen Purpurmantel um und flochten
einen Dornenkranz; den setzten sie ihm auf 18
und grüßten ihn: Heil dir, König der Juden! 19
Sie schlugen ihm mit einem Stock auf den
Kopf und spuckten ihn an, knieten vor ihm
nieder und huldigten ihm. 20a Nachdem sie so
ihren Spott mit ihm getrieben hatten, nah-
men sie ihm den Purpurmantel ab und zogen
ihm seine eigenen Kleider wieder an.

Die Kreuzigung Jesu: Mk 15,20b–32

20b Dann führten sie Jesus hinaus, um ihn zu
kreuzigen. 21 Einen Mann, der gerade vom
Feld kam, Simon von Zyrene, den Vater des
Alexander und des Rufus, zwangen sie, sein
Kreuz zu tragen. 22 Und sie brachten Jesus an
einen Ort namens Golgota, das heißt über-
setzt: Schädelhöhe. 23 Dort reichten sie ihm
Wein, der mit Myrrhe gewürzt war; er aber
nahm ihn nicht. 24 Dann kreuzigten sie ihn.
Sie warfen das Los und verteilten seine Klei-
der unter sich und gaben jedem, was ihm
zufiel. 25 Es war die dritte Stunde, als sie ihn
kreuzigten. 26 Und eine Aufschrift (auf einer
Tafel) gab seine Schuld an: Der König der
Juden. 27 Zusammen mit ihm kreuzigten sie
zwei Räuber, den einen rechts von ihm, den

andern links. [29] Die Leute, die vorbeikamen, verhöhnten ihn, schüttelten den Kopf und riefen: Ach, du willst den Tempel niederreißen und in drei Tagen wieder aufbauen? [30] Hilf dir doch selbst, und steig herab vom Kreuz! [31] Auch die Hohenpriester und die Schriftgelehrten verhöhnten ihn und sagten zueinander: Anderen hat er geholfen, sich selbst kann er nicht helfen. [32] Der Messias, der König von Israel! Er soll doch jetzt vom Kreuz herabsteigen, damit wir sehen und glauben. Auch die beiden Männer, die mit ihm zusammen gekreuzigt wurden, beschimpften ihn.

Der Tod Jesu und das Bekenntnis des Hauptmanns: Mk 15,33–41

[33] Als die sechste Stunde kam, brach über das ganze Land eine Finsternis herein. Sie dauerte bis zur neunten Stunde. [34] Und in der neunten Stunde rief Jesus mit lauter Stimme: Eloï, Eloï, lema sabachtani?, das heißt übersetzt: Mein Gott, mein Gott, warum hast du mich verlassen? [35] Einige von denen, die dabeistanden und es hörten, sagten: Hört, er ruft nach Elija! [36] Einer lief hin, tauchte einen Schwamm in Essig, steckte ihn auf einen Stock und gab Jesus zu trinken. Dabei sagte er: Laßt uns doch sehen, ob Elija kommt und ihn herabnimmt. [37] Jesus aber schrie laut auf. Dann hauchte er den Geist aus. [38] Da riß der Vorhang im Tempel von oben bis unten entzwei. [39] Als der Hauptmann, der Jesus gegenüberstand, ihn auf diese Weise sterben sah, sagte er: Wahrhaftig, dieser Mensch war Gottes Sohn. [40] Auch einige Frauen sahen von weitem zu, darunter Maria aus Magdala, Maria, die Mutter von Jakobus dem Kleinen und Joses, sowie Salome; [41] sie waren Jesus schon in Galiläa nachgefolgt und hatten ihm gedient. Noch viele andere Frauen waren dabei, die mit ihm nach Jerusalem hinaufgezogen waren.

Das Begräbnis Jesu: Mk 15,42–47

[42] Da es Rüsttag war, der Tag vor dem Sabbat, und es schon Abend wurde, [43] ging Josef von Arimathäa, ein vornehmer Ratsherr, der auch auf das Reich Gottes wartete, zu Pilatus und wagte es, um den Leichnam Jesu zu bitten. [44] Pilatus war überrascht, als er hörte, daß Jesus schon tot sei. Er ließ den Hauptmann kommen und fragte ihn, ob Jesus bereits gestorben sei. [45] Als der Hauptmann ihm das bestätigte, überließ er Josef den Leichnam. [46] Josef kaufte ein Leinentuch, nahm Jesus vom Kreuz, wickelte ihn in das Tuch und legte ihn in ein Grab, das in einen Felsen gehauen war. Dann wälzte er einen Stein vor den Eingang des Grabes. [47] Maria aus Magdala aber und Maria, die Mutter des Joses, beobachteten, wohin der Leichnam gelegt wurde.

Zeichen des Widerspruchs (Lk 2,34). Kreuzigung. Fresko, 1473, Mellaun.

Die Auferstehung Jesu

Die Jünger Jesu bezeugen seine Auferstehung. Auf ihr Zeugnis sind die Christen der späteren Zeiten angewiesen. Da Gott selber zugunsten seines Sohnes rettend eingegriffen hatte, erkannten die ersten Jünger, daß Gott wirklich einer ist, der zum Leben erweckt, und daß das von Jesus gelebte Vertrauen zum Leben führt. Für die ganze Welt ist nun eine neue Situation eingetreten: Die Vollendung der Welt in Herrlichkeit hat tatsächlich begonnen; und: Die Welt hat nun einen neuen Herrn: Jesus Christus.

Die Botschaft des Engels: Mk 16,1–8

1 Als der Sabbat vorüber war, kauften Maria
aus Magdala, Maria, die Mutter des Jakobus,
und Salome wohlriechende Öle, um damit
zum Grab zu gehen und Jesus zu salben. 2
Am ersten Tag der Woche kamen sie in aller
Frühe zum Grab, als eben die Sonne aufging.
3 Sie sagten zueinander: Wer könnte uns den
Stein vom Eingang des Grabes wegwälzen? 4
Doch als sie hinblickten, sahen sie, daß der
Stein schon weggewälzt war; er war sehr
groß. 5 Sie gingen in das Grab hinein und
sahen auf der rechten Seite einen jungen
Mann sitzen, der mit einem weißen Gewand
bekleidet war; da erschraken sie sehr. 6 Er
aber sagte zu ihnen: Erschreckt nicht! Ihr
sucht Jesus von Nazaret, den Gekreuzigten.
Er ist auferstanden; er ist nicht hier. Seht, da
ist die Stelle, wo man ihn hingelegt hatte. 7
Nun aber geht und sagt seinen Jüngern, vor
allem Petrus: Er geht euch voraus nach Galiläa; dort werdet ihr ihn sehen, wie er es euch
gesagt hat. 8 Da verließen sie das Grab und
flohen; denn Schrecken und Entsetzen hatte
sie gepackt. Und sie sagten niemand etwas
davon; denn sie fürchteten sich.

*Ziel des Weges Jesu ist die Auferstehung.
Fresko, 15. Jh., Rojen.*

Die Kraft des Wortes Gottes und der Weg der Kirche

Die Botschaft von Jesus Christus kommt zu den Menschen in Kraft, Heiligem Geist und voll Gewißheit (1 Thess 1,5): Sie ergreift immer neu die Herzen der Menschen, sie breitet sich aus und ist durch nichts aufzuhalten, sie kann nirgendwo auf der Welt verschwiegen werden.

Diese innere Macht des Wortes Gottes möchte der Evangelist Lukas seinen Lesern vor Augen stellen, wenn er an das Christuszeugnis seines Evangeliums eine große »Missionschronik« anfügt, in der der Weg des Wortes Gottes von Jerusalem bis an die Grenzen der damals bekannten Welt erzählt wird: Die Apostelgeschichte.

Die Apostelgeschichte, als Fortsetzung des Lukasevangeliums zwischen 80 und 90 n. Chr. geschrieben, erzählt zwar eine Fülle von Begebenheiten aus der Frühzeit der Kirche und ordnet diese einem großen Grundgedanken unter: Dem »Wachsen« des Wortes Gottes von Jerusalem (Apg 1,4 – 8,3) über Judäa und Samaria (Apg 8,4 – 12,33) bis an die Enden der Erde (Apg 13,1 – 28,31). Wer das Buch heute liest, wird sich diesen Grundgedanken vor Augen halten müssen und sollte darüber hinaus die literarischen Interessen des Lukas beachten: Als antiker Geschichtsschreiber wollte er niemals nur äußere Fakten berichten, sondern immer auch den inneren, »geistlichen« Sinn dieser frühen Missionsgeschichte erschließen. Er stellt deshalb die Ausbreitung des Wortes als einen von Gott gewirkten Vorgang dar, ordnet die einzelnen Berichte entsprechend diesem Grundgedanken, erzählt auch mehrfach davon, daß Gott selbst in das Geschehen eingreift.

Die ersten christlichen Gemeinden und ihr missionarischer Eifer sind ein Vorbild für die Kirchen der späteren Zeiten. In vielen einzelnen Erzählungen und aus den großen Reden wird deutlich, was Kirche ist und wie sie ihrer Sendung treu bleiben kann. In der Apostelgeschichte findet die Kirche aller Zeiten wichtige Aussagen über sich selbst: Die Kirche ist von Gott gewollt, und sie ist eine Kirche für alle Menschen. Um ihrer Sendung treu bleiben zu können, ist ihr die Gabe des Heiligen Geistes versprochen. So schöpft die Kirche, wie schon Theophilus, dem das Werk gewidmet ist, Ermutigung und Stärkung für ihren Dienst.

Jesu Verheißung und Auftrag zur Verkündigung

An den Anfang der Apostelgeschichte stellt Lukas das Gründungsdokument der Kirche: Eine kurze Abschiedsrede Jesu, in der Jesus den Heiligen Geist verheißt und die Jünger beauftragt, Zeugen zu sein. Die Gemeinde bereitet sich durch Gebet auf das Kommen des Heiligen Geistes vor. Auch wird der Zwölferkreis wieder hergestellt. Die Zahl zwölf des Zwölferkreises ist ein Zeichen dafür, daß sich Jesus an die zwölf Stämme Israels wendet.

»Ihr Männer von Galiläa, was steht ihr da und schaut zum Himmel empor?« (Apg 1,11). Initiale aus dem Codex Coulemborch, Anfang 15. Jh., Priesterseminar Brixen.

Anweisungen Jesu und Himmelfahrt:
Apg 1,1–11

1 Im ersten Buch, lieber Theophilus, habe ich
über alles berichtet, was Jesus getan und
gelehrt hat, 2 bis zu dem Tag, an dem er (in
den Himmel) aufgenommen wurde. Vorher
hat er durch den Heiligen Geist den Aposteln,
die er sich erwählt hatte, Anweisungen gege-
ben. 3 Ihnen hat er nach seinem Leiden durch
viele Beweise gezeigt, daß er lebt; vierzig
Tage hindurch ist er ihnen erschienen und
hat vom Reich Gottes gesprochen. 4 Beim
gemeinsamen Mahl gebot er ihnen: Geht
nicht weg von Jerusalem, sondern wartet auf
die Verheißung des Vaters, die ihr von mir
vernommen habt. 5 Johannes hat mit Wasser
getauft, ihr aber werdet schon in wenigen
Tagen mit dem Heiligen Geist getauft. 6 Als
sie nun beisammen waren, fragten sie ihn:
Herr, stellst du in dieser Zeit das Reich für
Israel wieder her? 7 Er sagte zu ihnen: Euch
steht es nicht zu, Zeiten und Fristen zu erfah-
ren, die der Vater in seiner Macht festgesetzt
hat. 8 Aber ihr werdet die Kraft des Heiligen
Geistes empfangen, der auf euch herabkom-
men wird; und ihr werdet meine Zeugen sein
in Jerusalem und in ganz Judäa und Sama-
rien und bis an die Grenzen der Erde. 9 Als er
das gesagt hatte, wurde er vor ihren Augen
emporgehoben, und eine Wolke nahm ihn
auf und entzog ihn ihren Blicken. 10 Während
sie unverwandt ihm nach zum Himmel em-
porschauten, standen plötzlich zwei Männer
in weißen Gewändern bei ihnen 11 und sag-
ten: Ihr Männer von Galiläa, was steht ihr da
und schaut zum Himmel empor? Dieser Je-
sus, der von euch ging und in den Himmel
aufgenommen wurde, wird ebenso wieder-
kommen, wie ihr ihn habt zum Himmel hin-
gehen sehen.

Betende Gemeinde: Apg 1,12–14

12 Dann kehrten sie vom Ölberg, der nur
einen Sabbatweg von Jerusalem entfernt ist,
nach Jerusalem zurück. 13 Als sie in die Stadt
kamen, gingen sie in das Obergemach hin-
auf, wo sie nun ständig blieben: Petrus und
Johannes, Jakobus und Andreas, Philippus
und Thomas, Bartholomäus und Matthäus,
Jakobus, der Sohn des Alphäus, und Simon,
der Zelot, sowie Judas, der Sohn des Jako-
bus. 14 Sie alle verharrten dort einmütig im
Gebet, zusammen mit den Frauen und mit
Maria, der Mutter Jesu, und mit seinen Brü-
dern.

Die Wahl des Matthias zum Apostel:
Apg 1,15–26

15 In diesen Tagen erhob sich Petrus im Kreis
der Brüder – etwa hundertzwanzig waren
zusammengekommen – und sagte: 16 Brü-
der! Es mußte sich das Schriftwort erfüllen,
das der Heilige Geist durch den Mund Davids
im voraus über Judas gesprochen hat. Judas
wurde zum Anführer derer, die Jesus gefan-
gennahmen. 17 Er wurde zu uns gezählt und
hatte Anteil am gleichen Dienst. 18 Mit dem

Lohn für seine Untat kaufte er sich ein Grund-
stück. Dann aber stürzte er vornüber zu
Boden, sein Leib barst auseinander, und alle
Eingeweide fielen heraus. 19 Das wurde allen
Einwohnern von Jerusalem bekannt; des-
halb nannten sie jenes Grundstück in ihrer
Sprache Hakeldamach, das heißt Blutacker.
20 Denn es steht im Buch der Psalmen: Sein
Gehöft soll veröden, niemand soll darin woh-
nen! und: Sein Amt soll ein anderer erhalten!
21 Einer von den Männern, die die ganze Zeit
mit uns zusammen waren, als Jesus, der
Herr, bei uns ein und aus ging, 22 angefangen
von der Taufe durch Johannes bis zu dem
Tag, an dem er von uns ging und (in den
Himmel) aufgenommen wurde, – einer von
diesen muß nun zusammen mit uns Zeuge
seiner Auferstehung sein. 23 Und sie stellten
zwei Männer auf: Josef, genannt Barsabbas,
mit dem Beinamen Justus, und Matthias. 24
Dann beteten sie: Herr, du kennst die Herzen
aller; zeige, wen von diesen beiden du er-
wählt hast, 25 diesen Dienst und dieses
Apostelamt zu übernehmen. Denn Judas hat
es verlassen und ist an den Ort gegangen,
der ihm bestimmt war. 26 Dann gaben sie
ihnen Lose; das Los fiel auf Matthias, und er
wurde den elf Aposteln zugerechnet.

Pfingsten – Der von Gott geschenkte Anfang der Kirche

Das erste große Ereignis, mit dem die Kirche beginnt, ist das Pfingstwunder – ein Wunder, in dem sich zeigt, daß die Kirche eine Gemeinschaft für alle Völker und Sprachen ist. Pfingsten ist nach Lukas die Erfüllung der Verheißungen des Alten Testamentes und der Verheißungen Jesu und Ausgang der Verkündigung der Kirche. Dieser Anfang ist normgebend für die Kirche: Die Predigten des Petrus sind Musterbeispiele der apostolischen Botschaft von der Auferstehung; die Urgemeinde ist Vorbild der späteren christlichen Gemeinde.

Das Pfingstereignis: Apg 2,1–13

1 Als der Pfingsttag gekommen war, befan-
den sich alle am gleichen Ort. 2 Da kam
plötzlich vom Himmel her ein Brausen, wie
wenn ein heftiger Sturm daherfährt, und
erfüllte das ganze Haus, in dem sie waren. 3
Und es erschienen ihnen Zungen wie von
Feuer, die sich verteilten; auf jeden von ihnen
ließ sich eine nieder. 4 Alle wurden mit dem
Heiligen Geist erfüllt und begannen, in frem-
den Sprachen zu reden, wie es der Geist
ihnen eingab. 5 In Jerusalem aber wohnten
Juden, fromme Männer aus allen Völkern
unter dem Himmel. 6 Als sich das Getöse
erhob, strömte die Menge zusammen und
war ganz bestürzt; denn jeder hörte sie in
seiner Sprache reden. 7 Sie gerieten außer
sich vor Staunen und sagten: Sind das nicht
alles Galiläer, die hier reden? 8 Wieso kann
sie jeder von uns in seiner Muttersprache
hören: 9 Parther, Meder und Elamiter, Bewoh-
ner von Mesopotamien, Judäa und Kappado-

Die Kirche beginnt am Pfingstfest ihren Weg in der Kraft des Geistes. Initiale, um 1520, Neustift.

zien, von Pontus und der Provinz Asien, [10] von Phrygien und Pamphylien, von Ägypten und dem Gebiet Libyens nach Zyrene hin, auch die Römer, die sich hier aufhalten, [11] Juden und Proselyten, Kreter und Araber, wir hören sie in unseren Sprachen Gottes große Taten verkünden. [12] Alle gerieten außer sich und waren ratlos. Die einen sagten zueinander: Was hat das zu bedeuten? [13] Andere aber spotteten: Sie sind vom süßen Wein betrunken.

Die Pfingstpredigt des Petrus:
Apg 2,14.22–24.32–33.36

[14] Petrus trat auf, zusammen mit den Elf; er erhob seine Stimme und begann zu reden: Ihr Juden und alle Bewohner von Jerusalem! Dies sollt ihr wissen, achtet auf meine Worte! [22] Israeliten, hört diese Worte: Jesus, den Nazoräer, den Gott vor euch beglaubigt hat durch machtvolle Taten, Wunder und Zeichen, die er durch ihn in eurer Mitte getan hat, wie ihr selbst wißt – [23] ihn, der nach Gottes beschlossenem Willen und Vorauswissen hingegeben wurde, habt ihr durch die Hand von Gesetzlosen ans Kreuz geschlagen und umgebracht. [24] Gott aber hat ihn von den Wehen des Todes befreit und auferweckt; denn es war unmöglich, daß er vom Tod festgehalten wurde. [32] Diesen Jesus hat Gott auferweckt, dafür sind wir alle Zeugen. [33] Nachdem er durch die rechte Hand Gottes erhöht worden war und vom Vater den verheißenen Heiligen Geist empfangen hatte, hat er ihn ausgegossen, wie ihr seht und hört. [36] Mit Gewißheit erkenne also das ganze Haus Israel: Gott hat ihn zum Herrn und Messias gemacht, diesen Jesus, den ihr gekreuzigt habt.

Erste Bekehrungen: Apg 2,37–41

[37] Als sie das hörten, traf es sie mitten ins Herz, und sie sagten zu Petrus und den übrigen Aposteln: Was sollen wir tun, Brüder? [38] Petrus antwortete ihnen: Kehrt um, und jeder von euch lasse sich auf den Namen Jesu Christi taufen zur Vergebung seiner Sünden; dann werdet ihr die Gabe des Heiligen Geistes empfangen. [39] Denn euch und euren Kindern gilt die Verheißung und all denen in der Ferne, die der Herr, unser Gott, herbeirufen wird. [40] Mit noch vielen anderen Worten beschwor und ermahnte er sie: Laßt euch retten aus dieser verdorbenen Generation! [41] Die nun, die sein Wort annahmen, ließen sich taufen. An diesem Tag wurden (ihrer Gemeinschaft) etwa dreitausend Menschen hinzugefügt.

Vorbildliche Gemeinde: Apg 2,42–47

[42] Die Gemeinde der Gläubigen hielt an der Lehre der Apostel fest und an der Gemeinschaft, am Brechen des Brotes und an den Gebeten. [43] Alle wurden von Furcht ergriffen; denn durch die Apostel geschahen viele Wunder und Zeichen. [44] Und alle, die gläubig geworden waren, bildeten eine Gemeinschaft und hatten alles gemeinsam. [45] Sie verkauften Hab und Gut und gaben davon allen, jedem so viel, wie er nötig hatte. [46] Tag für Tag verharrten sie einmütig im Tempel, brachen in ihren Häusern das Brot und hielten miteinander Mahl in Freude und Einfalt des Herzens. [47] Sie lobten Gott und waren beim ganzen Volk beliebt. Und der Herr fügte täglich ihrer Gemeinschaft die hinzu, die gerettet werden sollten.

Normgebende Apostolische Verkündigung:
Apg 3,13–15.17–19; 4,8–12

Petrus sagte zum Volk: [13] Der Gott Abrahams, Isaaks und Jakobs, der Gott unserer Väter, hat seinen Knecht Jesus verherrlicht, den ihr verraten und vor Pilatus verleugnet habt, obwohl dieser entschieden hatte, ihn freizulassen. [14] Ihr aber habt den Heiligen und Gerechten verleugnet und die Freilassung eines Mörders gefordert. [15] Den Urheber des Lebens habt ihr getötet, aber Gott hat ihn von den Toten auferweckt. Dafür sind wir Zeugen. [17] Nun, Brüder, ich weiß, ihr habt aus Unwissenheit gehandelt, ebenso wie eure Führer. [18] Gott aber hat auf diese Weise erfüllt, was er durch den Mund aller Propheten im voraus verkündigt hat: daß sein Messias leiden werde. [19] Also kehrt um, und tut Buße, damit eure Sünden getilgt werden.

Machtvoll breitet das Wort Gottes sich aus. Predigt des Petrus. 1850, Stilfes.

Vor dem Hohen Rat sagte Petrus: [8] Ihr Führer des Volkes und ihr Ältesten! [9] Wenn wir heute wegen einer guten Tat an einem kranken Menschen darüber vernommen werden, durch wen er geheilt worden ist, [10] so sollt ihr alle und das ganze Volk Israel wissen: im Namen Jesu Christi, des Nazoräers, den ihr gekreuzigt habt und den Gott von den Toten auferweckt hat. Durch ihn steht dieser Mann gesund vor euch. [11] Er (Jesus) ist der Stein, der von euch Bauleuten verworfen wurde, der aber zum Eckstein geworden ist. [12] Und in keinem anderen ist das Heil zu finden. Denn es ist uns Menschen kein anderer Name unter dem Himmel gegeben, durch den wir gerettet werden sollen.

Gütergemeinschaft: Apg 4,32–37

[32] Die Gemeinde der Gläubigen war ein Herz und eine Seele. Keiner nannte etwas von dem, was er hatte, sein Eigentum, sondern sie hatten alles gemeinsam. [33] Mit großer Kraft legten die Apostel Zeugnis ab von der Auferstehung Jesu, des Herrn, und reiche Gnade ruhte auf ihnen allen. [34] Es gab auch keinen unter ihnen, der Not litt. Denn alle, die Grundstücke oder Häuser besaßen, verkauften ihren Besitz, brachten den Erlös [35] und legten ihn den Aposteln zu Füßen. Jedem wurde davon so viel zugeteilt, wie er nötig hatte. [36] Auch Josef, ein Levit aus Zypern, der von den Aposteln Barnabas, das heißt übersetzt Sohn des Trostes, genannt wurde, [37] verkaufte einen Acker, der ihm gehörte, brachte das Geld und legte es den Aposteln zu Füßen.

Zeichen und Wunder: Apg 5,12–16

12 Durch die Hände der Apostel geschahen
viele Zeichen und Wunder im Volk. Alle ka-
men einmütig in der Halle Salomos zusam-
men. 13 Von den übrigen wagte niemand, sich
ihnen anzuschließen; aber das Volk schätzte
sie hoch. 14 Immer mehr wurden im Glauben
zum Herrn geführt, Scharen von Männern
und Frauen. 15 Selbst die Kranken trug man
auf die Straßen hinaus und legte sie auf
Betten und Bahren, damit, wenn Petrus vor-
überkam, wenigstens sein Schatten auf ei-
nen von ihnen fiel. 16 Auch aus den Nachbar-
städten Jerusalems strömten die Leute zu-
sammen und brachten Kranke und von un-
reinen Geistern Geplagte mit. Und alle wur-
den geheilt.

Widerspruch und Verfolgung

Lukas will zeigen, daß die Verkündigung des Glaubens mit Widerspruch zu rechnen hat, daß jedoch diese Verfolgung letztlich der Ausbreitung des Evangeliums dient. In dieser ersten Zeit erregte vor allem der Glaube an einen gekreuzigten Messias den Widerstand der Juden; ebenso war auch die Kritik am jüdischen Gesetz, wie sie einige Gruppen von Christen übten, ein Stein des Anstoßes.

Zeugnis vor dem Hohen Rat:
Apg 5,27b–32.40b–41

27b Der Hohepriester verhörte die Apostel 28
und sagte: Wir haben euch streng verboten,
in diesem Namen zu lehren; ihr aber habt
Jerusalem mit eurer Lehre erfüllt; ihr wollt
das Blut dieses Menschen über uns bringen.
29 Petrus und die Apostel antworteten: Man
muß Gott mehr gehorchen als den Men-
schen. 30 Der Gott unserer Väter hat Jesus
auferweckt, den ihr ans Holz gehängt und
ermordet habt. 31 Ihn hat Gott als Herrscher
und Retter an seine rechte Seite erhoben, um
Israel die Umkehr und Vergebung der Sün-
den zu schenken. 32 Zeugen dieser Ereignisse
sind wir und der Heilige Geist, den Gott allen
verliehen hat, die ihm gehorchen. 40b Dann
verboten sie ihnen, im Namen Jesu zu predi-
gen, und ließen sie frei. 41 Sie aber gingen
weg vom Hohen Rat und freuten sich, daß sie
gewürdigt worden waren, für seinen Namen
Schmach zu erleiden.

Die Wahl des Diakons Stephanus: Apg 6,1–7

1 In diesen Tagen, als die Zahl der Jünger
zunahm, begehrten die Hellenisten gegen
die Hebräer auf, weil ihre Witwen bei der
täglichen Versorgung übersehen wurden. 2
Da riefen die Zwölf die ganze Schar der
Jünger zusammen und erklärten: Es ist nicht
recht, daß wir das Wort Gottes vernachlässi-
gen und uns dem Dienst an den Tischen
widmen. 3 Brüder, wählt aus eurer Mitte sie-
ben Männer von gutem Ruf und voll Geist
und Weisheit; ihnen werden wir diese Aufga-
be übertragen. 4 Wir aber wollen beim Gebet
und beim Dienst am Wort bleiben. 5 Der
Vorschlag fand den Beifall der ganzen Ge-
meinde, und sie wählten Stephanus, einen
Mann, erfüllt vom Glauben und vom Heiligen
Geist, ferner Philippus und Prochorus, Nika-
nor und Timon, Parmenas und Nikolaus,
einen Proselyten aus Antiochia. 6 Sie ließen
sie vor die Apostel hintreten, und diese bete-
ten und legten ihnen die Hände auf. 7 Und das
Wort Gottes breitete sich aus, und die Zahl
der Jünger in Jerusalem wurde immer grö-
ßer; auch eine große Anzahl von den Prie-
stern nahm gehorsam den Glauben an.

Stephanus wirkt voll Kraft und Heiligem Geist. Steinigung des Stephanus, im Hintergrund Klausen. Hans Piffrader.

Stephanus, der erste Blutzeuge:
Apg 6,8–10; 7,51 – 8,1a

8 Stephanus aber, voll Gnade und Kraft, tat
Wunder und große Zeichen unter dem Volk. 9
Doch einige von der sogenannten Synagoge
der Libertiner und Zyrenäer und Alexandri-
ner und Leute aus Zilizien und der Provinz
Asien erhoben sich, um mit Stephanus zu
streiten; 10 aber sie konnten der Weisheit und
dem Geist, mit dem er sprach, nicht wider-
stehen.
Stephanus sagte zu ihnen: 51 Ihr Halsstarri-
gen, ihr, die ihr euch mit Herz und Ohr
immerzu dem Heiligen Geist widersetzt, eure
Väter schon und nun auch ihr. 52 Welchen der
Propheten haben eure Väter nicht verfolgt?
Sie haben die getötet, die die Ankunft des
Gerechten geweissagt haben, dessen Verrä-
ter und Mörder ihr jetzt geworden seid, 53 ihr,
die ihr durch die Anordnung von Engeln das
Gesetz empfangen, es aber nicht gehalten
habt. 54 Als sie das hörten, waren sie aufs
äußerste über ihn empört und knirschten mit
den Zähnen. 55 Er aber, erfüllt vom Heiligen
Geist, blickte zum Himmel empor, sah die
Herrlichkeit Gottes und Jesus zur Rechten
Gottes stehen 56 und rief: Ich sehe den Him-
mel offen und den Menschensohn zur Rech-
ten Gottes stehen. 57 Da erhoben sie ein
lautes Geschrei, hielten sich die Ohren zu,
stürmten gemeinsam auf ihn los, 58 trieben
ihn zur Stadt hinaus und steinigten ihn. Die
Zeugen legten ihre Kleider zu Füßen eines
jungen Mannes nieder, der Saulus hieß. 59 So
steinigten sie Stephanus; er aber betete und
rief: Herr Jesus, nimm meinen Geist auf! 60
Dann sank er in die Knie und schrie laut:
Herr, rechne ihnen diese Sünde nicht an!
Nach diesen Worten starb er.
1a Saulus aber war mit dem Mord einver-
standen.

Zerstreuung der Urgemeinde: Apg 8,1b–3
1b An jenem Tag brach eine schwere Verfol-
gung über die Kirche in Jerusalem herein.
Alle wurden in die Gegenden von Judäa und
Samarien zerstreut, mit Ausnahme der Apo-
stel. 2 Fromme Männer bestatteten Stepha-
nus und hielten eine große Totenklage für
ihn. 3 Saulus aber versuchte die Kirche zu
vernichten; er drang in die Häuser ein,
schleppte Männer und Frauen fort und liefer-
te sie ins Gefängnis ein.

Der Wandermissionär Philippus

Mit dem Tod des Stephanus bricht eine Verfolgung der christlichen Gemeinde in Jerusalem aus. Diese Verfolgung bewirkt jedoch die Ausbreitung des Evangeliums, denn – aus Jerusalem vertrieben – bringen die ersten Christen die Botschaft bis nach Samaria, Gaza und Caesaräa. Einer dieser Verkünder ist der »Evangelist« (so wird er in Apg 21,8 genannt) Philippus, der die Botschaft nach Samaria und bis nach Gaza hin bringt.

Verkündigung in Samaria: Apg 8,4–8.14–17
4 Die Gläubigen, die zerstreut worden waren,
zogen umher und verkündeten das Wort. 5
Philippus aber kam in die Hauptstadt Sama-
riens hinab und verkündigte dort Christus. 6
Und die Menge achtete einmütig auf die
Worte des Philippus; sie hörten zu und sahen
die Wunder, die er tat. 7 Denn aus vielen
Besessenen fuhren unter lautem Geschrei
die unreinen Geister aus; auch viele Lahme
und Krüppel wurden geheilt. 8 So herrschte
große Freude in jener Stadt. 14 Als die Apostel
in Jerusalem hörten, daß Samarien das Wort
Gottes angenommen hatte, schickten sie Pe-
trus und Johannes dorthin. 15 Diese zogen
hinab und beteten für sie, sie möchten den
Heiligen Geist empfangen. 16 Denn er war
noch auf keinen von ihnen herabgekommen;
sie waren nur auf den Namen Jesu, des
Herrn, getauft. 17 Dann legten sie ihnen die
Hände auf, und sie empfingen den Heiligen
Geist.

Die Taufe des Äthiopiers: Apg 8,26–40
26 Ein Engel des Herrn sagte zu Philippus:
Steh auf und zieh nach Süden auf der Straße,
die von Jerusalem nach Gaza hinabführt. Sie
führt durch eine einsame Gegend. 27 Und er
brach auf. Nun war da ein Äthiopier, ein
Kämmerer, Hofbeamter der Kandake, der
Königin der Äthiopier, der ihren ganzen
Schatz verwaltete. Dieser war nach Jerusa-
lem gekommen, um Gott anzubeten, 28 und
fuhr jetzt heimwärts. Er saß auf seinem Wa-
gen und las den Propheten Jesaja. 29 Und der
Geist sagte zu Philippus: Geh und folge die-
sem Wagen. 30 Philippus lief hin und hörte ihn
den Propheten Jesaja lesen. Da sagte er:
Verstehst du auch, was du liest? 31 Jener
antwortete: Wie könnte ich es, wenn mich
niemand anleitet? Und er bat den Philippus,
einzusteigen und neben ihm Platz zu neh-
men. 32 Der Abschnitt der Schrift, den er las,
lautete:
Wie ein Schaf wurde er zum Schlachten ge-
führt; / und wie ein Lamm, das verstummt, /
wenn man es schert, / so tat er seinen Mund
nicht auf. /
33 In der Erniedrigung wurde seine Verurtei-
lung aufgehoben. / Seine Nachkommen, wer
kann sie zählen? / Denn sein Leben wurde
von der Erde fortgenommen.
34 Der Kämmerer wandte sich an Philippus
und sagte: Ich bitte dich, von wem sagt der
Prophet das? Von sich selbst oder von einem
anderen? 35 Da begann Philippus zu reden,
und ausgehend von diesem Schriftwort ver-
kündete er ihm das Evangelium von Jesus. 36
Als sie nun weiterzogen, kamen sie zu einer

Wasserstelle. Da sagte der Kämmerer: Hier ist Wasser. Was steht meiner Taufe noch im Weg? 38 Er ließ den Wagen halten, und beide, Philippus und der Kämmerer, stiegen in das Wasser hinab, und er taufte ihn. 39 Als sie aber aus dem Wasser stiegen, entführte der Geist des Herrn den Philippus. Der Kämmerer sah ihn nicht mehr, und er zog voll Freude weiter. 40 Den Philippus aber sah man in Aschdod wieder. Und er wanderte durch alle Städte und verkündete das Evangelium, bis er nach Cäsarea kam.

Die Bekehrung des Paulus

Daß die Geschichte der Kirche eine von Gott gewirkte Geschichte ist, zeigt sich für Lukas besonders darin, daß einer der heftigsten Gegner der jungen Kirche sich bekehrt: Paulus. Seiner Berufung wird von der Apostelgeschichte solches Gewicht beigemessen, daß sie dreimal erzählt wird. Die zweite Hälfte der Apostelgeschichte ist fast ausschließlich dem Wirken dieses Mannes gewidmet. Paulus bringt das Evangelium in das Zentrum des Römischen Reiches.

Begegnung mit Jesus: Apg 9,1–9

1 Saulus wütete immer noch mit Drohung und Mord gegen die Jünger des Herrn. Er ging zum Hohenpriester 2 und erbat sich von ihm Briefe an die Synagogen in Damaskus, um die Anhänger des (neuen) Weges, Männer und Frauen, die er dort finde, zu fesseln und nach Jerusalem zu bringen. 3 Unterwegs aber, als er sich bereits Damaskus näherte, geschah es, daß ihn plötzlich ein Licht vom Himmel umstrahlte. 4 Er stürzte zu Boden und hörte, wie eine Stimme zu ihm sagte: Saul, Saul, warum verfolgst du mich? 5 Er antwortete: Wer bist du, Herr? Dieser sagte: Ich bin Jesus, den du verfolgst. 6 Steh auf und geh in die Stadt; dort wird dir gesagt werden, was du tun sollst. 7 Seine Begleiter standen sprachlos da; sie hörten zwar die Stimme, sahen aber niemand. 8 Saulus erhob sich vom Boden. Als er aber die Augen öffnete, sah er nichts. Sie nahmen ihn bei der Hand und führten ihn nach Damaskus hinein. 9 Und er war drei Tage blind, und er aß nicht und trank nicht.

Die Taufe des Saulus: Apg 9,10–19a

10 In Damaskus lebte ein Jünger namens Hananias. Zu ihm sagte der Herr in einer Vision: Hananias! Er antwortete: Hier bin ich, Herr. 11 Der Herr sagte zu ihm: Steh auf und geh zur sogenannten Geraden Straße, und frag im Haus des Judas nach einem Mann namens Saulus aus Tarsus. Er betet gerade 12 und hat in einer Vision gesehen, wie ein Mann namens Hananias hereinkommt und ihm die Hände auflegt, damit er wieder sieht. 13 Hananias antwortete: Herr, ich habe von vielen gehört, wieviel Böses dieser Mann deinen Heiligen in Jerusalem angetan hat. 14 Auch hier hat er Vollmacht von den Hohenpriestern, alle zu verhaften, die deinen Namen anrufen. 15 Der Herr aber sprach zu ihm: Geh nur! Denn dieser Mann ist mein auserwähltes Werkzeug: Er soll meinen Namen vor Völker und Könige und die Söhne Israels tragen. 16 Ich werde ihm auch zeigen, wieviel er für meinen Namen leiden muß. 17 Da ging Hananias hin und trat in das Haus ein; er legte Saulus die Hände auf und sagte: Bruder Saul, der Herr hat mich gesandt, Jesus, der dir auf dem Weg hierher erschienen ist; du sollst wieder sehen und mit dem Heiligen Geist erfüllt werden. 18 Sofort fiel es wie Schuppen von seinen Augen, und er sah wieder; er stand auf und ließ sich taufen. 19a Und nachdem er etwas gegessen hatte, kam er wieder zu Kräften.

Verkündigung des Saulus: Apg 9,19b–22

19b Einige Tage blieb Saulus bei den Jüngern in Damaskus; 20 und sogleich verkündete er Jesus in den Synagogen und sagte: Er ist der

Sohn Gottes. 21 Alle, die es hörten, gerieten in Aufregung und sagten: Ist das nicht der Mann, der in Jerusalem alle vernichten wollte, die diesen Namen anrufen? Und ist er nicht auch hierhergekommen, um sie zu fesseln und vor die Hohenpriester zu führen? 22 Saulus aber trat umso kraftvoller auf und brachte die Juden in Damaskus in Verwirrung, weil er ihnen bewies, daß Jesus der Messias ist.

Saulus auf der Flucht: Apg 9,23–31

23 So verging einige Zeit; da beschlossen die Juden, Saulus zu töten. 24 Doch ihr Plan wurde dem Saulus bekannt. Sie bewachten sogar Tag und Nacht die Stadttore, um ihn zu beseitigen. 25 Aber seine Jünger nahmen ihn und ließen ihn bei Nacht in einem Korb die Stadtmauer hinab. 26 Als er nach Jerusalem kam, versuchte er, sich den Jüngern anzuschließen. Aber alle fürchteten sich vor ihm und konnten nicht glauben, daß er ein Jünger war. 27 Barnabas jedoch nahm sich seiner an und brachte ihn zu den Aposteln. Er erzählte ihnen, wie Saulus auf dem Weg den Herrn gesehen habe und daß dieser mit ihm gesprochen habe und wie er in Damaskus mutig und offen im Namen Jesu aufgetreten sei. 28 So ging er bei ihnen in Jerusalem ein und aus, trat unerschrocken im Namen des Herrn auf 29 und führte auch Streitgespräche mit den Hellenisten. Diese aber planten, ihn zu töten. 30 Als die Brüder das merkten, brachten sie ihn nach Cäsarea hinab und schickten ihn von dort nach Tarsus. 31 Die Kirche in ganz Judäa, Galiläa und Samarien hatte nun Frieden; sie wurde gefestigt und lebte in der Furcht vor dem Herrn. Und sie wuchs durch die Hilfe des Heiligen Geistes.

Die Aufnahme von Heiden in die Kirche

Eines der großen Probleme für die junge Kirche war das Verhältnis von Christen, die aus dem Judentum stammten, zu jenen, die aus dem Heidentum kamen. Jüdische Christen waren der Auffassung, daß selbst in den christlichen Gemeinden die jüdische Weisung befolgt werden sollte, nach der Heiden kultisch unrein waren und deshalb mit ihnen kein Umgang zu pflegen ist. Nach der Auffassung der Apostelgeschichte – dies zeigt vor allem die Erzählung von der Bekehrung des heidnischen Hauptmannes Kornelius – sorgt Gott selbst dafür, daß die eine Gemeinde aus Heiden- und Judenchristen entsteht. Mit der Taufe des römischen Hauptmannes Kornelius beginnt die Heidenmission. Unter den Gemeinden, die nun gegründet werden, ist die Gemeinde von Antiochia in Syrien besonders bedeutsam. Gottes Führung begleitet den weiteren Weg der christlichen Gemeinde, wie die wunderbare Rettung des Petrus zeigt.

Ein heidnischer Hauptmann läßt Petrus rufen: Apg 10,25–26.30–33

Der Hauptmann Kornelius hatte Petrus rufen lassen. 25 Als nun Petrus ankam, ging ihm Kornelius entgegen und warf sich ehrfürchtig vor ihm nieder. 26 Petrus aber richtet ihn auf und sagte: Steh auf! Auch ich bin nur ein Mensch. 30 Da sagte Kornelius: Vor vier Tagen um diese Zeit war ich zum Gebet der neunten Stunde in meinem Haus; da stand plötzlich ein Mann in einem leuchtenden Gewand vor mir 31 und sagte: Kornelius, dein Gebet wurde erhört, und deine Almosen wurden vor Gott in Erinnerung gebracht. 32 Schick jemand nach Joppe, und laß Simon, der den Beinamen Petrus hat, holen; er ist Gast im Hause des Gerbers Simon am Meer. 33 Sofort habe ich nach dir geschickt, und es ist gut, daß du gekommen bist. Jetzt sind wir alle hier vor Gott zugegen, um all das anzuhören, was dir vom Herrn aufgetragen worden ist.

Petrus und Paulus im Dienst des einen Herrn. Fresko, um 1160, Hocheppan.

Petrus predigt vor den Heiden:
Apg 10,34–43

34 Petrus begann zu reden und sagte: Wahrhaftig, jetzt begreife ich, daß Gott nicht auf die Person sieht, 35 sondern daß ihm in jedem Volk willkommen ist, wer ihn fürchtet und tut, was recht ist. 36 Er hat das Wort den Israeliten gesandt, indem er den Frieden verkündete durch Jesus Christus; dieser ist der Herr aller. 37 Ihr wißt, was im ganzen Land der Juden geschehen ist, angefangen in Galiläa, nach der Taufe, die Johannes verkündet hat: 38 wie Gott Jesus von Nazaret gesalbt hat mit dem Heiligen Geist und mit Kraft, wie dieser umherzog, Gutes tat und alle heilte, die in der Gewalt des Teufels waren; denn Gott war mit ihm. 39 Und wir sind Zeugen für alles, was er im Land der Juden und in Jerusalem getan hat. Ihn haben sie an den Pfahl gehängt und getötet. 40 Gott aber hat ihn am dritten Tag auferweckt und hat ihn erscheinen lassen, 41 zwar nicht dem ganzen Volk, wohl aber den von Gott vorherbestimmten Zeugen: uns, die wir mit ihm nach seiner Auferstehung von den Toten gegessen und getrunken haben. 42 Und er hat uns geboten, dem Volk zu verkündigen und zu bezeugen: Das ist der von Gott eingesetzte Richter der Lebenden und der Toten. 43 Von ihm bezeugen alle Propheten, daß jeder, der an ihn glaubt, durch seinen Namen die Vergebung der Sünden empfängt.

Die Bekehrung des Kornelius und seines Hauses: Apg 10,44–48

44 Noch während Petrus dies sagte, kam der Heilige Geist auf alle herab, die das Wort hörten. 45 Die gläubig gewordenen Juden, die mit Petrus gekommen waren, konnten es nicht fassen, daß auch auf die Heiden die Gabe des Heiligen Geistes ausgegossen wurde. 46 Denn sie hörten sie in Zungen reden und Gott preisen. Petrus aber sagte: 47 Kann jemand denen das Wasser zur Taufe verweigern, die ebenso wie wir den Heiligen Geist empfangen haben? 48 Und er ordnete an, sie im Namen Jesu Christi zu taufen. Danach baten sie ihn, einige Tage zu bleiben.

Gründung der ersten Gemeinde in Antiochia: Apg 11,19–26

19 Bei der Verfolgung, die wegen Stephanus entstanden war, kamen die Versprengten bis nach Phönizien, Zypern und Antiochia; doch verkündeten sie das Wort nur den Juden; 20 Einige aber von ihnen, die aus Zypern und Zyrene stammten, verkündeten, als sie nach Antiochia kamen, auch den Griechen das Evangelium von Jesus, dem Herrn. 21 Die Hand des Herrn war mit ihnen, und viele wurden gläubig und bekehrten sich zum Herrn. 22 Die Nachricht davon kam der Gemeinde von Jerusalem zu Ohren, und sie schickten Barnabas nach Antiochia. 23 Als er ankam und die Gnade Gottes sah, freute er sich und ermahnte alle, dem Herrn treu zu bleiben, wie sie es sich vorgenommen hatten. Denn er war ein trefflicher Mann, erfüllt vom Heiligen Geist und von Glauben. 24 So wurde für den Herrn eine beträchtliche Zahl hinzugewonnen. 25 Barnabas aber zog nach Tarsus, um Saulus aufzusuchen. 26 Er fand ihn und nahm ihn nach Antiochia mit. Dort wirkten sie miteinander ein volles Jahr in der Gemeinde und unterrichteten eine große Zahl von Menschen. In Antiochia nannte man die Jünger zum erstenmal Christen.

Wunderbare Rettung des Petrus:
Apg 12,1–11

1 Um jene Zeit ließ der König Herodes einige aus der Gemeinde verhaften und mißhandeln. 2 Jakobus, den Bruder des Johannes, ließ er mit dem Schwert hinrichten. 3 Als er sah, daß es den Juden gefiel, ließ er auch Petrus festnehmen. Das geschah in den Tagen der Ungesäuerten Brote. 4 Er nahm ihn also fest und warf ihn ins Gefängnis. Die Bewachung übertrug er vier Abteilungen von je vier Soldaten. Er beabsichtigte, ihn nach dem Paschafest dem Volk vorführen zu lassen. 5 Petrus wurde also im Gefängnis bewacht. Die Gemeinde aber betete inständig für ihn zu Gott. 6 In der Nacht, ehe Herodes ihn vorführen lassen wollte, schlief Petrus, mit zwei Ketten gefesselt, zwischen zwei Soldaten; vor der Tür aber bewachten Posten den Kerker. 7 Plötzlich trat ein Engel des Herrn ein, und ein helles Licht strahlte in den Raum. Er stieß Petrus in die Seite, weckte ihn und sagte: Schnell, steh auf! Da fielen die Ketten von seinen Händen. 8 Der Engel aber sagte zu ihm: Gürte dich, und zieh deine Sandalen an! Er tat es. Und der Engel sagte zu ihm: Wirf deinen Mantel um, und folge mir! 9 Dann ging er hinaus, und Petrus folgte ihm, ohne zu wissen, daß es Wirklichkeit war, was durch den Engel geschah; es kam ihm vor, als habe er eine Vision. 10 Sie gingen an der ersten und an der zweiten Wache vorbei und kamen an das eiserne Tor, das in die Stadt führt; es öffnete sich ihnen von selbst. Sie traten hinaus und gingen eine Gasse weit; und auf einmal verließ ihn der Engel. 11 Da kam Petrus zu sich und sagte: Nun weiß ich wahrhaftig, daß der Herr seinen Engel gesandt und mich der Hand des Herodes entrissen hat und all dem, was das Volk der Juden erhofft hat.

Kirche aus Juden und Heiden

Das große Ideal für Lukas ist eine Kirche, in der Judenchristen und Heidenchristen miteinander Gemeinschaft haben. Durch die Führung des Heiligen Geistes kommt es auf dem Apostelkonzil in Jerusalem tatsächlich zu einer Lösung, die Gemeinschaft ermöglicht. Die Geschichte der ersten christlichen Gemeinden ist jedoch für Lukas auch die Geschichte der allmählichen Lösung des Christentums vom Judentum. Die christliche Botschaft wird immer zuerst zu den Juden als dem auserwählten Volk gebracht; wenn die Juden die Botschaft ablehnen, wird das Angebot des Glaubens den Heiden gemacht. Von der Ablehnung des Evangeliums durch die Juden und von seiner freudigen Aufnahme durch die Heiden erzählen Berichte von der sogenannten Ersten Missionsreise des Paulus.

Aussendung von Missionaren: Apg 13,1–3

1 In der Gemeinde von Antiochia gab es Propheten und Lehrer: Barnabas und Simeon, genannt Niger, Luzius von Zyrene, Manan, ein Jugendgefährte des Tetrarchen Herodes, und Saulus. 2 Als sie zu Ehren des Herrn Gottesdienst feierten und fasteten, sprach der Heilige Geist: Wählt mir Barnabas und Saulus zu dem Werk aus, zu dem ich sie mir berufen habe. 3 Da fasteten und beteten sie, legten ihnen die Hände auf und ließen sie ziehen.

Verkündigung vor den Juden:
Apg 13,14b–17.22–26

14b Barnabas und Paulus kamen nach Antiochia in Pisidien. Dort gingen sie am Sabbat in die Synagoge und setzten sich. 15 Nach der Lesung aus dem Gesetz und den Propheten schickten die Synagogenvorsteher zu ihnen und ließen ihnen sagen: Brüder, wenn ihr ein Wort des Trostes für das Volk habt, so redet. 16 Da stand Paulus auf, gab mit der Hand ein Zeichen und sagte: Ihr Israeliten und ihr Gottesfürchtigen, hört! 17 Der Gott dieses Volkes Israel hat unsere Väter erwählt und das Volk in der Fremde erhöht, in Ägypten; er hat sie mit hoch erhobenem Arm von dort herausgeführt. 22 Dann erhob er David zu ihrem König, von dem er bezeugte: Ich habe David, den Sohn des Isai, als einen Mann nach meinem Herzen gefunden, der alles, was ich will, vollbringen wird. 23 Aus seinem Geschlecht hat Gott dem Volk Israel, der Verheißung gemäß, Jesus als Retter geschickt. 24 Vor dessen Auftreten hat Johannes dem ganzen Volk Israel Umkehr und Taufe verkündigt. 25 Als Johannes aber seinen Lauf vollendet hatte, sagte er: Ich bin nicht der, für den ihr mich haltet; aber seht, nach mir kommt einer, dem die Sandalen von den Füßen zu lösen ich nicht wert bin. 26 Brüder, ihr Söhne aus Abrahams Geschlecht und ihr Gottesfürchtigen! Uns wurde das Wort dieses Heils gesandt.

Verkündigung im Widerstreit:
Apg 13,42–52

42 Als Paulus und Barnabas hinausgingen, bat man sie, am nächsten Sabbat über diese Worte zu ihnen zu sprechen. 43 Und als die Versammlung sich aufgelöst hatte, schlossen sich viele Juden und fromme Proselyten Paulus und Barnabas an. Diese redeten mit ihnen und ermahnten sie, der Gnade Gottes treu zu bleiben. 44 Am folgenden Sabbat versammelte sich fast die ganze Stadt, um das Wort des Herrn zu hören. 45 Als die Juden die Scharen sahen, wurden sie eifersüchtig, widersprachen den Worten des Paulus und stießen Lästerungen aus. 46 Paulus und Barnabas aber erklärten freimütig: Euch mußte das Wort Gottes zuerst verkündet werden. Da ihr es aber zurückstoßt und euch des ewigen Lebens unwürdig zeigt, wenden wir uns jetzt an die Heiden. 47 Denn so hat uns der Herr aufgetragen: Ich habe dich zum Licht für die Völker gemacht, bis an das Ende der Erde sollst du das Heil sein. 48 Als die Heiden das hörten, freuten sie sich und priesen das Wort des Herrn; und alle wurden gläubig, die für das ewige Leben bestimmt waren. 49 Das Wort des Herrn aber verbreitete sich in der ganzen Gegend. 50 Die Juden jedoch hetzten die

vornehmen gottesfürchtigen Frauen und die
Ersten der Stadt auf, veranlaßten eine Verfol-
gung gegen Paulus und Barnabas und ver-
trieben sie aus ihrem Gebiet. 51 Diese aber
schüttelten gegen sie den Staub von ihren
Füßen und zogen nach Ikonion. 52 Und die
Jünger waren voll Freude und erfüllt vom
Heiligen Geist.

Rückkehr von der Missionsreise:
Apg 14,21–27

21 Als Paulus und seine Begleiter in Derbe das
Evangelium verkündet und viele Jünger ge-
wonnen hatten, kehrten sie nach Lystra, Iko-
nion und Antiochia zurück. 22 Sie sprachen
den Jüngern Mut zu und ermahnten sie, treu
am Glauben festzuhalten; sie sagten: Durch
viele Drangsale müssen wir in das Reich
Gottes gelangen. 23 In jeder Gemeinde be-
stellten sie durch Handauflegung Älteste und
empfahlen sie mit Gebet und Fasten dem
Herrn, an den sie nun glaubten. 24 Nachdem
sie durch Pisidien gezogen waren, kamen sie
nach Pamphylien, 25 verkündeten in Perge
das Wort und gingen dann nach Attalia hin-
ab. 26 Von dort fuhren sie mit dem Schiff nach
Antiochia, wo man sie für das Werk, das sie
nun vollbracht hatten, der Gnade Gottes
empfohlen hatte. 27 Als sie dort angekommen
waren, riefen sie die Gemeinde zusammen
und berichteten alles, was Gott mit ihnen
zusammen getan und daß er den Heiden die
Tür zum Glauben geöffnet hatte.

Das Apostelkonzil: Apg 15,1–2.6.22–29

1 Es kamen einige Leute von Judäa herab
nach Antiochia in Syrien und lehrten die
Brüder: Wenn ihr euch nicht nach dem
Brauch des Mose beschneiden laßt, könnt ihr
nicht gerettet werden. 2 Nach großer Aufre-
gung und heftigen Auseinandersetzungen
zwischen ihnen und Paulus und Barnabas
beschloß man, Paulus und Barnabas und
einige andere von ihnen sollten wegen dieser
Streitfrage zu den Aposteln und den Ältesten
nach Jerusalem hinaufgehen. 6 Die Apostel
und die Ältesten traten zusammen, um die
Frage zu prüfen. 22 Da beschlossen die Apo-
stel und die Ältesten zusammen mit der
ganzen Gemeinde, Männer aus ihrer Mitte
auszuwählen und sie zusammen mit Paulus
und Barnabas nach Antiochia zu senden,
nämlich Judas, genannt Barsabbas, und Si-
las, führende Männer unter den Brüdern. 23
Sie gaben ihnen folgendes Schreiben mit:
Die Apostel und die Ältesten, eure Brüder,
grüßen die Brüder aus dem Heidentum in
Antiochia, in Syrien und Zilizien. 24 Wir haben
gehört, daß einige von uns, denen wir keinen
Auftrag erteilt haben, euch mit ihren Reden
beunruhigt und eure Gemüter erregt haben.
25 Deshalb haben wir uns geeinigt und be-
schlossen, Männer auszuwählen und zusam-
men mit unseren lieben Brüdern Barnabas
und Paulus zu euch zu schicken, 26 die beide
für den Namen Jesu Christi, unseres Herrn,
ihr Leben eingesetzt haben. 27 Wir haben
Judas und Silas abgesandt, die euch das
gleiche auch mündlich mitteilen sollen. 28
Denn der Heilige Geist und wir haben be-
schlossen, euch keine weitere Last aufzuerle-
gen als diese notwendigen Dinge: 29 Götzen-
opferfleisch, Blut, Ersticktes und Unzucht zu
meiden. Wenn ihr euch davor hütet, handelt
ihr richtig. Lebt wohl!

Erzählungen von der Gründung christlicher Gemeinden

Mit der Entscheidung der Apostel in Jerusalem ist der Weg der Kirche zu den Heiden geöffnet. Lukas berichtet im zweiten Teil der Apostelgeschichte wie das Evangelium, vor allem durch das Wirken des Apostels Paulus, über Griechenland bis in das Zentrum des Römischen Reiches dringt. Lukas hat viele Traditionen und Berichte über die Gründung der einzelnen Gemeinden gesammelt. Auch in diesen Erzählungen geht es ihm vor allem darum, zu zeigen, daß dieser Weg unter Gottes Führung steht und von vielen Wundern begleitet ist.

Hilferuf aus Europa: Apg 16,6–10

6 Weil Paulus und seinen Begleitern vom Heiligen Geist verwehrt wurde, das Wort in der Provinz Asien zu verkünden, reisten sie durch Phrygien und das galatische Land. 7 Sie zogen an Mysien entlang und versuchten, Bithynien zu erreichen; doch auch das erlaubte ihnen der Geist Jesu nicht. 8 So durchwanderten sie Mysien und kamen nach Troas hinab. 9 Dort hatte Paulus in der Nacht eine Vision. Ein Mazedonier stand da und bat ihn: Komm herüber nach Mazedonien, und hilf uns! 10 Auf diese Vision hin wollten wir sofort nach Mazedonien abfahren; denn wir waren überzeugt, daß uns Gott dazu berufen hatte, dort das Evangelium zu verkünden.

Philippi – Die erste christliche Gemeinde in Europa: Apg 16,11–15

11 So brachen wir (Paulus und seine Begleiter) von Troas auf und fuhren auf dem kürzesten Weg nach Samothrake und am folgenden Tag nach Neapolis. 12 Von dort gingen wir nach Philippi, in eine Stadt im ersten Bezirk von Mazedonien, eine Kolonie. In dieser Stadt hielten wir uns einige Tage auf. 13 Am Sabbat gingen wir durch das Stadttor hinaus an den Fluß, wo wir eine Gebetsstätte vermuteten. Wir setzten uns und sprachen zu den Frauen, die sich eingefunden hatten. 14 Eine Frau namens Lydia, eine Purpurhändlerin aus der Stadt Thyatira, hörte zu; sie war eine Gottesfürchtige, und der Herr öffnete ihr das Herz, so daß sie den Worten des Paulus aufmerksam lauschte. 15 Als sie und alle, die zu ihrem Haus gehörten, getauft waren, bat sie: Wenn ihr überzeugt seid, daß ich fest an den Herrn glaube, kommt in mein Haus, und bleibt da. Und sie drängte uns.

Paulus und Silas im Gefängnis von Philippi: Apg 16,16–40

16 Als wir (Paulus und Silas) einmal auf dem Weg zur Gebetsstätte waren, begegnete uns eine Magd, die einen Wahrsagegeist hatte und mit der Wahrsagerei ihren Herren großen Gewinn einbrachte. 17 Sie lief Paulus und uns nach und schrie: Diese Menschen sind Diener des höchsten Gottes; sie verkünden euch den Weg des Heils. 18 Das tat sie viele Tage lang. Da wurde Paulus ärgerlich, wandte sich um und sagte zu dem Geist: Ich befehle dir im Namen Jesu Christi: Verlaß diese Frau! Und im gleichen Augenblick verließ er sie. 19 Als aber ihre Herren sahen, daß sie keinen Gewinn mehr erwarten konnten, ergriffen sie Paulus und Silas, schleppten sie auf den Markt vor die Stadtbehörden, 20 führten sie den obersten Beamten vor und sagten: Diese Männer bringen Unruhe in unsere Stadt. Es sind Juden; 21 sie verkünden Sitten und Bräuche, die wir als Römer weder annehmen können noch ausüben dürfen. 22 Da erhob sich das Volk gegen sie, und die obersten Beamten ließen ihnen die Kleider vom Leib reißen und befahlen, sie mit Ruten zu schlagen. 23 Sie ließen ihnen viele Schläge geben und sie ins Gefängnis bringen; dem Gefängniswärter befahlen sie, sie in sicherem Gewahrsam zu halten. 24 Auf diesen Befehl hin warf er sie in das innere Gefängnis und schloß zur Sicherheit ihre Füße in den Block. 25 Um Mitternacht beteten Paulus und Silas und sangen Loblieder; und die Gefangenen hörten ihnen zu. 26 Plötzlich begann ein gewaltiges Erdbeben, so daß die Grundmauern des Gefängnisses wankten. Mit einem Schlag sprangen die Türen auf, und allen fielen die Fesseln ab. 27 Als der Gefängniswärter aufwachte und alle Türen des Gefängnisses offen sah, zog er sein Schwert, um sich zu töten; denn er meinte, die Gefangenen seien entflohen. 28 Da rief Paulus laut: Tu dir nichts an! Wir sind alle noch da. 29 Jener rief nach Licht, stürzte hinein und fiel Paulus und Silas zitternd zu Füßen. 30 Er führte sie hinaus und sagte: Ihr Herren, was muß ich tun, um gerettet zu werden? 31 Sie antworteten: Glaube an Jesus, den Herrn, und du wirst gerettet werden, du und dein Haus. 32 Und sie verkündeten ihm und allen in seinem Haus das Wort Gottes. 33 Er nahm sie in jener Nachtstunde bei sich auf, wusch ihre Striemen und ließ sich sogleich mit allen seinen Angehörigen taufen. 34 Dann führte er sie in seine Wohnung hinauf, ließ ihnen den Tisch decken und war mit seinem ganzen Haus voll Freude, weil er zum Glauben an Gott gekom-

men war. [35] Als es Tag wurde, schickten die obersten Beamten die Amtsdiener und ließen sagen: Laß jene Männer frei! [36] Der Gefängniswärter überbrachte Paulus die Nachricht: Die obersten Beamten haben (die Amtsdiener) hergeschickt und befohlen, euch freizulassen. Geht also, zieht in Frieden! [37] Paulus aber sagte zu ihnen: Sie haben uns ohne Urteil öffentlich auspeitschen lassen, obgleich wir römische Bürger sind, und haben uns ins Gefängnis geworfen. Und jetzt möchten sie uns heimlich fortschicken? Nein! Sie sollen selbst kommen und uns hinausführen. [38] Die Amtsdiener meldeten es den obersten Beamten. Diese erschraken, als sie hörten, es seien römische Bürger. [39] Und sie kamen, um sie zu beschwichtigen, führten sie hinaus und baten sie, die Stadt zu verlassen. [40] Vom Gefängnis aus gingen die beiden zu Lydia. Dort fanden sie die Brüder, sprachen ihnen Mut zu und zogen dann weiter.

Gründung der Gemeinde von Thessalonich:
Apg 17,1–4

[1] Auf dem Weg über Amphipolis und Apollonia kamen Paulus und Silas nach Thessalonich. Dort hatten die Juden eine Synagoge. [2] Nach seiner Gewohnheit ging Paulus zu ihnen und redete an drei Sabbaten zu ihnen, wobei er von den Schriften ausging. [3] Er legte sie ihnen aus und erklärte, daß der Messias leiden und von den Toten auferstehen mußte. Und er sagte: Jesus, den ich euch verkünde, ist dieser Messias. [4] Einige von ihnen ließen sich überzeugen und schlossen sich Paulus und Silas an, außerdem eine große Schar gottesfürchtiger Griechen, darunter nicht wenige Frauen aus vornehmen Kreisen.

Erfolglose Verkündigung in Athen:
Apg 17,16–34

[16] Während Paulus in Athen auf seine Begleiter wartete, erfaßte ihn heftiger Zorn; denn er sah die Stadt voll von Götzenbildern. [17] Er redete in der Synagoge mit den Juden und Gottesfürchtigen, und auf dem Markt sprach er täglich mit denen, die er gerade antraf. [18] Einige von den epikureischen und stoischen Philosophen diskutierten mit ihm, und manche sagten: Was will denn dieser Schwätzer? Andere aber: Es scheint ein Verkünder fremder Gottheiten zu sein. Er verkündete nämlich das Evangelium von Jesus und von der Auferstehung. [19] Sie nahmen ihn mit, führten ihn zum Areopag und fragten: Können wir erfahren, was das für eine neue Lehre ist, die du vorträgst? [20] Du bringst uns recht befremdliche Dinge zu Gehör. Wir wüßten gern, worum es sich handelt. [21] Alle Athener und die Fremden dort taten nichts lieber, als die letzten Neuigkeiten zu erzählen oder zu hören. [22] Da stellte sich Paulus in die Mitte des Areopags und sagte: Athener, nach allem, was ich sehe, seid ihr besonders fromme Menschen. [23] Denn als ich umherging und mir eure Heiligtümer ansah, fand ich auch einen Altar mit der Aufschrift: EINEM UNBEKANNTEN GOTT. Was ihr verehrt, ohne es zu kennen, das verkünde ich euch. [24] Gott, der die Welt erschaffen hat und alles in ihr, er, der Herr über Himmel und Erde, wohnt nicht in Tempeln, die von Menschenhand gemacht sind. [25] Er läßt sich auch nicht von Menschen bedienen, als brauche er etwas: er, der allen das Leben, den Atem und alles gibt. [26] Er hat aus einem einzigen Menschen das ganze Menschengeschlecht erschaffen, damit es die ganze Erde bewohne. Er hat für sie bestimmte Zeiten und die Grenzen ihrer Wohnsitze festgesetzt. [27] Sie sollten Gott suchen, ob sie ihn ertasten und finden könnten; denn keinem von uns ist er fern. [28] Denn in ihm leben wir, bewegen wir uns und sind wir, wie auch einige von euren Dichtern gesagt haben: Wir sind von seiner Art. [29] Da wir also von Gottes Art sind, dürfen wir nicht meinen, das Göttliche sei wie ein goldenes oder silbernes oder steinernes Gebilde menschlicher Kunst und Erfindung. [30] Gott, der über die Zeiten der Unwissenheit hinweggesehen hat, läßt jetzt den Menschen verkünden, daß überall alle umkehren sollen. [31] Denn er hat einen Tag festgesetzt, an dem er den Erdkreis in Gerechtigkeit richten wird, durch einen Mann, den er dazu bestimmt und vor allen Menschen dadurch ausgewiesen hat, daß er

Paulus verkündet den Gekreuzigten vor den Weisen dieser Welt. Predigt des hl. Paulus in Athen. Epitaph, Paul Luckner, 1537, Diözesanmuseum Brixen.

ihn von den Toten auferweckte. 32 Als sie von
der Auferstehung der Toten hörten, spotte-
ten die einen, andere aber sagten: Darüber
wollen wir dich ein andermal hören. 33 So
ging Paulus aus ihrer Mitte weg. 34 Einige
Männer aber schlossen sich ihm an und
wurden gläubig, unter ihnen auch Dionysius,
der Areopagit, außerdem eine Frau namens
Damaris und noch andere mit ihnen.

Die Gründung der Gemeinde von Korinth:
Apg 18,1–11

1 Paulus verließ Athen und ging nach Korinth.
2 Dort traf er einen aus Pontus stammenden
Juden namens Aquila, der vor kurzem aus
Italien gekommen war, und dessen Frau
Priszilla. Klaudius hatte nämlich angeordnet,
daß alle Juden Rom verlassen müßten. Die-
sen beiden schloß er sich an, 3 und da sie das
gleiche Handwerk betrieben, blieb er bei
ihnen und arbeitete dort. Sie waren Zeltma-
cher von Beruf. 4 An jedem Sabbat lehrte er in
der Synagoge und suchte Juden und Grie-
chen zu überzeugen. 5 Als aber Silas und
Timotheus aus Mazedonien eingetroffen wa-
ren, widmete sich Paulus ganz der Verkündi-
gung und bezeugte den Juden, daß Jesus
der Messias sei. 6 Als sie sich dagegen auf-
lehnten und Lästerungen ausstießen, schüt-
telte er seine Kleider aus und sagte zu ihnen:
Euer Blut komme über euer Haupt! Ich bin
daran unschuldig. Von jetzt an werde ich zu
den Heiden gehen. 7 Und er ging von da in
das Haus eines gewissen Titius Justus hin-
über, eines Gottesfürchtigen, dessen Haus
an die Synagoge grenzte. 8 Krispus aber, der
Synagogenvorsteher, kam mit seinem gan-
zen Haus zum Glauben an den Herrn; und
viele Korinther, die (Paulus) hörten, wurden
gläubig und ließen sich taufen. 9 Der Herr
aber sagte nachts in einer Vision zu Paulus:
Fürchte dich nicht! Rede nur, schweige nicht!
10 Denn ich bin mit dir, niemand wird dir
etwas antun. Viel Volk nämlich gehört mir in
dieser Stadt. 11 So blieb Paulus ein Jahr und
sechs Monate und lehrte bei ihnen das Wort
Gottes.

Das Wirken des Paulus in Ephesus:
Apg 19,1b–12

1b Paulus durchwanderte das Hochland und
kam nach Ephesus hinab. 2 Er traf einige
Jünger und fragte sie: Habt ihr den Heiligen
Geist empfangen, als ihr gläubig wurdet? Sie
antworteten ihm: Wir haben noch nicht ein-
mal gehört, daß es einen Heiligen Geist gibt.
3 Da fragte er: Mit welcher Taufe seid ihr denn
getauft worden? Sie antworteten: Mit der
Taufe des Johannes. 4 Paulus sagte: Johan-
nes hat mit der Taufe der Umkehr getauft
und das Volk gelehrt, sie sollten an den
glauben, der nach ihm komme: an Jesus. 5
Als sie das hörten, ließen sie sich auf den
Namen Jesu, des Herrn, taufen. 6 Paulus
legte ihnen die Hände auf, und der Heilige
Geist kam auf sie herab; sie redeten in Zun-
gen und weissagten. 7 Es waren im ganzen
ungefähr zwölf Männer. 8 Er ging in die Syn-
agoge und lehrte drei Monate lang freimütig
und suchte sie vom Reich Gottes zu überzeu-
gen. 9 Da aber einige verstockt waren, sich
widersetzten und vor allen Leuten den (neu-
en) Weg verspotteten, trennte er sich mit den
Jüngern von ihnen und unterwies sie täglich
im Lehrsaal des Tyrannus. 10 Das geschah
zwei Jahre lang; auf diese Weise hörten alle
Bewohner der Provinz Asien, Juden wie Grie-
chen, das Wort des Herrn. 11 Auch ungewöhn-
liche Wunder tat Gott durch die Hand des
Paulus. 12 Sogar seine Schweiß- und Taschen-
tücher nahm man ihm vom Körper weg und
legte sie den Kranken auf; da wichen die
Krankheiten, und die bösen Geister fuhren
aus.

Der Aufruhr der Silberschmiede in Ephesus:
Apg 19,23–40

23 Um jene Zeit aber wurde der (neue) Weg
Anlaß zu einem schweren Aufruhr. 24 Denn
ein Silberschmied namens Demetrius, der
silberne Artemistempel herstellte und den
Künstlern viel zu verdienen gab, 25 rief diese
und die anderen damit beschäftigten Arbei-
ter zusammen und sagte: Männer, ihr wißt,
daß wir unseren Wohlstand diesem Gewerbe
verdanken. 26 Nun seht und hört ihr, daß
dieser Paulus nicht nur in Ephesus, sondern

fast in der ganzen Provinz Asien viele Leute verführt und aufgehetzt hat mit seiner Behauptung, die mit Händen gemachten Götter seien keine Götter. 27 So kommt nicht nur unser Geschäft in Verruf, sondern auch dem Heiligtum der großen Göttin Artemis droht Gefahr, nichts mehr zu gelten, ja sie selbst, die von der ganzen Provinz Asien und von der ganzen Welt verehrt wird, wird ihre Hoheit verlieren. 28 Als sie das hörten, wurden sie wütend und schrien: Groß ist die Artemis von Ephesus! 29 Die ganze Stadt geriet in Aufruhr; alles stürmte ins Theater, und sie schleppten die Mazedonier Gaius und Aristarch, Reisegefährten des Paulus, mit sich. 30 Als aber Paulus in die Volksversammlung gehen wollte, hielten ihn die Jünger zurück. 31 Auch einige hohe Beamte der Provinz Asien, die mit ihm befreundet waren, schickten zu ihm und rieten ihm, nicht ins Theater zu gehen. 32 Dort schrien die einen dies, die andern das; denn in der Versammlung herrschte ein großes Durcheinander, und die meisten wußten gar nicht, weshalb man überhaupt zusammengekommen war. 33 Die Juden schickten Alexander nach vorn, und aus der Menge gab man ihm noch Hinweise. Alexander gab mit der Hand ein Zeichen und wollte vor der Volksversammlung eine Verteidigungsrede halten. 34 Doch als sie merkten, daß er ein Jude war, schrien sie alle fast zwei Stunden lang wie aus einem Mund: Groß ist die Artemis von Ephesus! 35 Der Stadtschreiber aber brachte die Menge zur Ruhe und sagte: Männer von Ephesus! Wer wüßte nicht, daß die Stadt der Epheser die Tempelhüterin der Großen Artemis und ihres vom Himmel gefallenen Bildes ist? 36 Dies ist unbestreitbar; ihr müßt also Ruhe bewahren und dürft nichts Unüberlegtes tun. 37 Ihr habt diese Männer hergeschleppt, die weder Tempelräuber noch Lästerer unserer Göttin sind. 38 Wenn also Demetrius und seine Zunftgenossen eine Klage gegen irgend jemand haben, so gibt es dafür Gerichtstage und Prokonsuln; dort mögen sie einander verklagen. 39 Wenn ihr aber noch etwas anderes vorzubringen habt, so kann das in der gesetzmäßigen Volksversammlung geklärt werden. 40 Sonst sind wir in Gefahr, daß man uns nach dem heutigen Vorfall des Aufruhrs anklagt, weil kein Grund vorliegt, mit dem wir diesen Volksauflauf rechtfertigen könnten. Nach diesen Worten löste er die Versammlung auf.

Paulus in Rom

Für Lukas ist Paulus der große Zeuge des Evangeliums in Jerusalem und Rom (Apg 23,11), für groß und klein (Apg 26,22): Das zeigt sich vor allem durch seine Verkündigung im Zentrum des Römischen Reiches. Paulus kommt – nach einer großen Missionsreise durch Griechenland – nach Jerusalem und wird dort verhaftet. Die Anklage lautet auf Verfehlungen gegen Volk, Gesetz und Tempel. Als römischer Bürger macht Paulus von seinem Recht Gebrauch und legt Berufung beim römischen Kaiser ein. Der Weg des Paulus nach Rom ist für Lukas der Weg des Evangeliums ins Zentrum der damaligen Welt.

Der heilige Lukas schildert zwar nicht mehr den Ausgang des Prozesses; er drückt am Ende der Apostelgeschichte die volle Zuversicht aus, daß das Evangelium ausgebreitet wird und zeigt also den tiefsten Sinn der Geschichte: Gott will das Heil der Menschen; wenn die Juden dieses Heil ablehnen, wird es den Heiden geschenkt.

Angebot des Heiles an die Heiden:
Apg 28,16–28.30–31

16 Nach der Ankunft in Rom erhielt Paulus die Erlaubnis, für sich allein zu wohnen, zusammen mit dem Soldaten, der ihn bewachte. 17 Drei Tage später rief er die führenden Män-

ner der Juden zusammen. Als sie versam-
melt waren, sagte er zu ihnen: Brüder, ob-
wohl ich mich nicht gegen das Volk oder die
Sitten der Väter vergangen habe, bin ich von
Jerusalem aus als Gefangener den Römern
ausgeliefert worden. 18 Diese haben mich
verhört und wollten mich freilassen, da
nichts gegen mich vorlag, worauf der Tod
steht. 19 Weil aber die Juden Einspruch erho-
ben, war ich gezwungen, Berufung beim
Kaiser einzulegen, jedoch nicht, um mein
Volk anzuklagen. 20 Aus diesem Grund habe
ich darum gebeten, euch sehen und spre-
chen zu dürfen. Denn um der Hoffnung Isra-
els willen trage ich diese Fesseln. 21 Sie ant-
worteten ihm: Wir haben über dich weder
Briefe aus Judäa erhalten, noch ist einer von
den Brüdern gekommen, der uns etwas Be-
lastendes über dich berichtet oder erzählt
hätte. 22 Wir wünschen aber von dir zu hören,
was du denkst; denn von dieser Sekte ist uns
bekannt, daß sie überall auf Widerspruch
stößt. 23 Sie vereinbarten mit ihm einen be-
stimmten Tag, an dem sie in noch größerer
Zahl zu ihm in die Wohnung kamen. Vom
Morgen bis in den Abend hinein erklärte und
bezeugte er ihnen das Reich Gottes und
versuchte, sie vom Gesetz des Mose und von
den Propheten aus für Jesus zu gewinnen. 24
Die einen ließen sich durch seine Worte über-
zeugen, die andern blieben ungläubig. 25
Ohne sich einig geworden zu sein, brachen
sie auf, nachdem Paulus noch das eine Wort
gesagt hatte: Treffend hat der Heilige Geist
durch den Propheten Jesaja zu euren Vätern
gesagt:
26 Geh zu diesem Volk und sag: / Hören sollt
ihr, hören, aber nicht verstehen; / sehen sollt
ihr, sehen, aber nicht erkennen.
27 Denn das Herz dieses Volkes ist hart gewor-
den, / und mit ihren Ohren hören sie nur
schwer, / und ihre Augen halten sie geschlos-
sen, / damit sie mit ihren Augen nicht sehen /
und mit ihren Ohren nicht hören, / damit sie
mit ihrem Herzen nicht zu Einsicht kommen,
/ damit sie sich nicht bekehren und ich sie
nicht heile.
28 Darum sollt ihr nun wissen: Den Heiden ist
dieses Heil Gottes gesandt worden und sie
werden hören! 30 Er blieb zwei volle Jahre in
seiner Mietwohnung und empfing alle, die zu
ihm kamen. 31 Er verkündete das Reich Got-
tes und trug ungehindert und mit allem Frei-
mut die Lehre über Jesus Christus, den
Herrn, vor.

Paulus, der von Gott beglaubigte Verkünder. Fresko, um 1160, Hocheppan.

Paulus im Dienst des Evangeliums

Aus der Begegnung mit den Kulturen und Religionen, wie sie in unserer Zeit möglich geworden ist, erwachsen der Kirche neue Aufgaben. Neue Situationen verlangen immer auch neue Lösungen, doch gibt die Heilige Schrift – als das Buch der Erinnerungen an den Anfang der Verkündigung – einige Hinweise und Beispiele, wie Glaube zu den Völkern und Kulturen gebracht werden kann. Durch die Schriften des heiligen Paulus sind wir über die Ausbreitung des Evangeliums, über die Methode der Verkündigung und das Leben der ersten christlichen Gemeinden besonders gut, und zwar aus erster Hand, informiert. Es sind dies die ältesten Schriften des Neuen Testamentes, geschrieben in den Jahren 50–60 n. Chr. Die Evangelien werden erst in den folgenden Jahrzehnten schriftlich niedergelegt. Die Briefe sind für Paulus Mittel der Seelsorge. Paulus wollte mit den Gemeinden, die er gegründet hatte, in Kontakt bleiben. Deshalb schrieb er ihnen Briefe. Er gibt darin Weisungen und Ratschläge und antwortet auf konkrete Fragen aus den Gemeinden, die ihm gestellt werden. In seinen Antworten zeigt sich Paulus immer auch als Seelsorger der Gemeinden. Auch heute noch kann man aus seinen Briefen lernen, daß man auf Fragen, die sich stellen, die Antwort aus der Mitte des Glaubens suchen soll.

Paulus – Zum Apostel berufen

Paulus spricht oft von seinem Leben und seiner Sendung; als das entscheidene Ereignis seines Lebens sieht er die Berufung zum Apostel Jesu Christi an. Diese Berufung geschah einige Jahre nach dem Tod Jesu, um das Jahr 35 n. Chr.
Durch das Wirken der ersten Jünger Jesu hatten sich in Judäa und in den umliegenden Gebieten christliche Gemeinden gebildet. Die jüdischen Behörden versuchten, soweit es in ihrer Macht war, die neue Lehre zu unterdrücken. Dabei erwies sich als einer der eifrigsten ein junger Mann aus Tarsus mit Namen Saulus. Er stammte aus einer jüdischen Familie, besaß jedoch das römische Bürgerrecht und hatte daher einen lateinischen Namen: Paulus. Über seine Lebensgeschichte sind wir durch die Apostelgeschichte und vor allem durch seine Briefe informiert.
Durch die Begegnung mit dem auferstandenen Christus wurde aus Paulus der Völkerapostel. Bis dahin war er überzeugt gewesen, daß der Mensch nur dann vor Gott recht dastehe, wenn er das jüdische Gesetz beachte; nun verkündet er, daß der Glaube an Christus allein entscheidend ist. Daraus erklärt sich auch, daß Paulus nun die Botschaft nicht nur zu den Juden, sondern zu allen Völkern bringen will.
Besonders ausführlich kommt Paulus im Brief an die Galater auf seine Person und Sendung zu sprechen. Diesen Brief hat er um die Jahre 55/56 n. Chr. an die Gemeinden in Galatien in Kleinasien geschrieben. Der konkrete Anlaß war ein Streit, der in den christlichen Gemeinden über die Frage ausgebrochen war, wie weit das jüdische Gesetz auch Christen verpflichtet (vgl. Apg 15). Paulus vertritt die Auffassung, daß die Heiden, die sich zum christlichen Glauben bekehren, nicht zur Beobachtung des jüdischen Gesetzes verpflichtet sind. Zu dieser Freiheit möchte Paulus die Galater führen.

Berufen zum Dienst am Evangelium

Paulus, der sich als »Apostel Jesu Christi« bezeichnet, hat sich in den Einleitungen seiner Briefe immer auch kurz selber vorgestellt, in besonders feierlicher Sprache im Brief an die Gemeinde von Rom (ungefähr 57 n. Chr.). Besonders wertvoll ist der autobiographische Bericht im Brief an die Galater. Doch diese Autobiographie steht im Dienst der Verkündigung: Die Botschaft von der Freiheit, die das Evangelium den Menschen bringt, wird durch die Lebensgeschichte des Paulus besonders glaubwürdig.

Paulus – Berufen zum Apostel: Röm 1,1–7

1 Paulus, Knecht Christi Jesu, berufen zum
Apostel, auserwählt, das Evangelium Gottes
zu verkündigen, 2 das er durch seine Prophe-
ten im voraus verheißen hat in den heiligen
Schriften: 3 das Evangelium von seinem
Sohn, der dem Fleisch nach geboren ist als
Nachkomme Davids, 4 der dem Geist der
Heiligkeit nach eingesetzt ist als Sohn Gottes
in Macht seit der Auferstehung von den To-
ten, das Evangelium von Jesus Christus,
unserem Herrn. 5 Durch ihn haben wir Gnade
und Apostelamt empfangen, um in seinem
Namen alle Heiden zum Gehorsam des Glau-
bens zu führen; 6 zu ihnen gehört auch ihr,
die ihr von Jesus Christus berufen seid. 7 An
alle in Rom, die von Gott geliebt sind, die
berufenen Heiligen: Gnade sei mit euch und
Friede von Gott, unserem Vater, und dem
Herrn Jesus Christus.

Selbstvorstellung des Apostels: Gal 1,1–5

1 Paulus, zum Apostel berufen, nicht von
Menschen oder durch einen Menschen, son-
dern durch Jesus Christus und durch Gott,
den Vater, der ihn von den Toten auferweckt
hat, 2 und alle Brüder, die bei mir sind, an die
Gemeinden in Galatien: 3 Gnade sei mit euch
und Friede von Gott, unserem Vater, und
dem Herrn Jesus Christus, 4 der sich für
unsere Sünden hingegeben hat, um uns aus
der gegenwärtigen bösen Welt zu befreien,
nach dem Willen unseres Gottes und Vaters. 5
Ihm sei Ehre in alle Ewigkeit. Amen.

Alternativen zum Evangelium?: Gal 1,6–9

6 Ich bin erstaunt, daß ihr euch so schnell von
dem abwendet, der euch durch die Gnade
Christi berufen hat, und daß ihr euch einem
anderen Evangelium zuwendet. 7 Doch es

Mit Christus gekreuzigt (Gal 2,19). Franz von Assisi erhält die Wundmale. Klocker-Altar, um 1500, Franziskanerkirche Bozen.

gibt kein anderes Evangelium, es gibt nur einige Leute, die euch verwirren und die das Evangelium Christi verfälschen wollen. 8 Wer euch aber ein anderes Evangelium verkündigt, als wir euch verkündigt haben, der sei verflucht, auch wenn wir selbst es wären oder ein Engel vom Himmel. 9 Was ich gesagt habe, das sage ich noch einmal: Wer euch ein anderes Evangelium verkündigt, als ihr angenommen habt, der sei verflucht.

Durch Gnade berufen: Gal 1,10–22

10 Geht es mir denn um die Zustimmung der Menschen, oder geht es mir um Gott? Suche ich etwa Menschen zu gefallen? Wollte ich noch den Menschen gefallen, dann wäre ich kein Knecht Christi. 11 Ich erkläre euch, Brüder: Das Evangelium, das ich verkündigt habe, stammt nicht von Menschen; 12 ich habe es ja nicht von einem Menschen übernommen oder gelernt, sondern durch die Offenbarung Jesu Christi empfangen. 13 Ihr habt doch gehört, wie ich früher als gesetzestreuer Jude gelebt habe, und wißt, wie maßlos ich die Kirche Gottes verfolgte und zu vernichten suchte. 14 In der Treue zum jüdischen Gesetz übertraf ich die meisten Altersgenossen in meinem Volk, und mit dem größten Eifer setzte ich mich für die Überlieferungen meiner Väter ein. 15 Als aber Gott, der mich schon im Mutterleib auserwählt und durch seine Gnade berufen hat, mir in seiner Güte 16 seinen Sohn offenbarte, damit ich ihn unter den Heiden verkündige, da zog ich keinen Menschen zu Rate; 17 ich ging auch nicht sogleich nach Jerusalem hinauf zu denen, die vor mir Apostel waren, sondern zog nach Arabien und kehrte dann wieder nach Damaskus zurück. 18 Drei Jahre später ging ich nach Jerusalem hinauf, um Kephas kennenzulernen, und blieb fünfzehn Tage bei ihm. 19 Von den anderen Aposteln habe ich keinen gesehen, nur Jakobus, den Bruder des Herrn. 20 Was ich euch hier schreibe – Gott weiß, daß ich nicht lüge. 21 Danach ging ich in das Gebiet von Syrien und Zilizien. 22 Den Gemeinden Christi in Judäa aber blieb ich persönlich unbekannt.

Berufen zum Evangelium der Freiheit

Neben seiner Berufung zum Apostel kann Paulus auf verschiedene Gelegenheiten hinweisen, bei denen er sich dafür eingesetzt hat, daß Heidenchristen nicht zur Beobachtung des jüdischen Gesetzes verpflichtet werden sollten, sondern die Freiheit des Evangeliums empfangen – so beim Apostelkonzil in Jerusalem, um das Jahr 49 n. Chr., und in einer Auseinandersetzung mit Petrus. Paulus legt die konkreten Ereignisse dar, zeigt aber auch, worum es im letzten geht: Nämlich darum, ob man aus eigener Leistung gerecht werden will oder durch den Glauben an Christus.

Der Streit um die Freiheit: Gal 2,1–10

1 Vierzehn Jahre später ging ich wieder nach Jerusalem hinauf, zusammen mit Barnabas; ich nahm auch Titus mit. 2 Ich ging hinauf aufgrund einer Offenbarung, legte der Gemeinde und im besonderen den »Angesehenen« das Evangelium vor, das ich unter den Heiden verkündige; ich wollte sicher sein, daß ich nicht vergeblich laufe oder gelaufen bin. 3 Doch nicht einmal mein Begleiter Titus, der Grieche ist, wurde gezwungen, sich beschneiden zu lassen. 4 Denn was die falschen Brüder betrifft, jene Eindringlinge, die sich eingeschlichen hatten, um die Freiheit, die wir in Christus Jesus haben, argwöhnisch zu beobachten und uns zu Sklaven zu machen, 5 so haben wir uns keinen Augenblick unterworfen; wir haben ihnen nicht nachgegeben, damit euch die Wahrheit des Evangeliums erhalten bleibe. 6 Aber auch von denen, die Ansehen genießen – was sie früher waren,

kümmert mich nicht, Gott schaut nicht auf die Person –, auch von den [7] Im Gegenteil, sie sahen, daß mir das Evangelium für die Unbeschnittenen anvertraut ist wie dem Petrus für die Beschnittenen – [8] denn Gott, der Petrus die Kraft zum Aposteldienst unter den Beschnittenen gegeben hat, gab sie mir zum Dienst unter den Heiden –, [9] und sie erkannten die Gnade, die mir verliehen ist. Deshalb gaben Jakobus, Kephas und Johannes, die als die »Säulen« Ansehen genießen, mir und Barnabas die Hand zum Zeichen der Gemeinschaft: Wir sollten zu den Heiden gehen, sie zu den Beschnittenen. [10] Nur sollten wir an ihre Armen denken; und das zu tun, habe ich mich eifrig bemüht.

Verteidigung der Freiheit: Gal 2,11–15

[11] Als Kephas aber nach Antiochia gekommen war, bin ich ihm offen entgegengetreten, weil er sich ins Unrecht gesetzt hatte. [12] Bevor nämlich Leute aus dem Kreis um Jakobus eintrafen, pflegte er zusammen mit den Heiden zu essen. Nach ihrer Ankunft aber zog er sich von den Heiden zurück und trennte sich von ihnen, weil er die Beschnittenen fürchtete. [13] Ebenso unaufrichtig wie er verhielten sich die anderen Juden, so daß auch Barnabas durch ihre Heuchelei verführt wurde. [14] Als ich aber sah, daß sie von der Wahrheit des Evangeliums abwichen, sagte ich zu Kephas in Gegenwart aller: Wenn du als Jude nach Art der Heiden und nicht nach Art der Juden lebst, wie kannst du dann die Heiden zwingen, wie Juden zu leben? [15] Wir sind zwar von Geburt Juden und nicht Sünder wie die Heiden.

»Christus lebt in mir«: Gal 2,16.19–21

[16] Weil wir aber erkannt haben, daß der Mensch nicht durch Werke des Gesetzes gerecht wird, sondern durch den Glauben an Jesus Christus, sind auch wir dazu gekommen, an Christus Jesus zu glauben, damit wir gerecht werden durch den Glauben an Christus, und nicht durch Werke des Gesetzes; denn durch Werke des Gesetzes wird niemand gerecht. [19] Ich aber bin durch das Gesetz dem Gesetz gestorben, damit ich für Gott lebe. Ich bin mit Christus gekreuzigt worden; [20] nicht mehr ich lebe, sondern Christus lebt in mir. Soweit ich aber jetzt noch in dieser Welt lebe, lebe ich im Glauben an den Sohn Gottes, der mich geliebt und sich für mich hingegeben hat. [21] Ich mißachte die Gnade Gottes in keiner Weise; denn käme die Gerechtigkeit durch das Gesetz, so wäre Christus vergeblich gestorben.

Paulus – Verkünder des Evangeliums

Die Ausbreitung des Evangeliums vollzog sich vor allem dadurch, daß Paulus die christliche Botschaft in den großen Städten verkündete und dort christliche Gemeinden gründete. Solche Gemeinden bestanden in der Provinz Galatien, das ist das Gebiet des heutigen Ankara in der Türkei; in Ephesus, der Hauptstadt des westlichen Kleinasien; dann in Griechenland, u.a. in Philippi, Thessalonich und Korinth. Diese und andere Gemeinden nahmen die Verkündigung auf und entfalteten dann ein missionarisches Wirken in der Umgebung. Besonders der Brief an die Philipper ist ein Zeugnis für den unerschrokkenen Einsatz für das Evangelium. Etwa um das Jahr 56 n. Chr. ist Paulus in Ephesus in Gefangenschaft und steht damit in tödlicher Bedrohung. In dieser Situation schreibt er an die Gemeinde von Philippi einen Brief, in dem er seine Freude am Dienst der Verkündigung kundtut.

Das einzig Wichtige: Christus verkünden

In tödlicher Gefahr fragt Paulus nach dem Sinn seines Lebens. Die Person Jesu, sein Leben und seine Auferstehung, ist für Paulus eine beglückende Antwort auf diese Frage. Er läßt die Gemeinde teilnehmen an dem Sinn und an der Freude, die er in dieser Lage entdeckt hat.

Wenn nur Christus verkündigt wird ...:
Phil 1,12–18

[12] Ihr sollt wissen, Brüder, daß alles, was mir
zugestoßen ist, die Verbreitung des Evange-
liums gefördert hat. [13] Denn im ganzen Präto-
rium und bei allen übrigen ist offenbar ge-
worden, daß ich um Christi willen im Gefäng-
nis bin. [14] Und die meisten der Brüder sind
durch meine Gefangenschaft zuversichtlich
geworden im Glauben an den Herrn und
wagen um so kühner, das Wort Gottes furcht-
los zu sagen. [15] Einige verkündigen Christus
zwar aus Neid und Streitsucht, andere aber in
guter Absicht. [16] Die einen predigen Christus
aus Liebe, weil sie wissen, daß ich zur Vertei-
digung des Evangeliums bestimmt bin, [17] die
andern aus Ehrgeiz, nicht in redlicher Gesin-
nung; sie möchten die Last meiner Ketten
noch schwerer machen. [18] Aber was liegt
daran? Auf jede Weise, ob in unlauterer oder
lauterer Absicht, wird Christus verkündigt,
und darüber freue ich mich. Aber ich werde
mich auch in Zukunft freuen.

Verkünder des Wortes: Paulus und Symbol des Evangelisten Lukas. Fresko, um 1160, Marienberg / Burgeis.

Sehnsucht nach Christus: Phil 1,19–26

[19] Denn ich weiß: Das wird zu meiner Rettung
führen durch euer Gebet und durch die Hilfe
des Geistes Jesu Christi. [20] Darauf warte und
hoffe ich, daß ich in keiner Hinsicht be-
schämt werde, daß vielmehr Christus in aller
Öffentlichkeit – wie immer, so auch jetzt –
durch meinen Leib verherrlicht wird, ob ich
lebe oder sterbe. [21] Denn für mich ist Christus
das Leben, und Sterben Gewinn. [22] Wenn ich
aber weiterleben soll, bedeutet das für mich
fruchtbare Arbeit. Was soll ich wählen? Ich
weiß es nicht. [23] Es zieht mich nach beiden
Seiten: Ich sehne mich danach, aufzubre-
chen und bei Christus zu sein – um wieviel
besser wäre das! [24] Aber euretwegen ist es
notwendiger, daß ich am Leben bleibe. [25] Im
Vertrauen darauf weiß ich, daß ich bleiben
und bei euch allen ausharren werde, um
euch im Glauben zu fördern und zu erfreuen,
[26] damit ihr euch in Christus Jesus um so
mehr meiner rühmen könnt, wenn ich wieder
zu euch komme.

Für das Evangelium kämpfen: Phil 1,27–30

[27] Vor allem: Lebt als Gemeinde so, wie es dem Evangelium Christi entspricht. Ob ich komme und euch sehe oder ob ich fern bin, ich möchte hören, daß ihr in dem einen Geist feststeht, einmütig für den Glauben an das Evangelium kämpft [28] und euch in keinem Fall von euren Gegnern einschüchtern laßt. Das wird für sie ein Zeichen dafür sein, daß sie verloren sind und ihr gerettet werdet, ein Zeichen, das von Gott kommt. [29] Denn euch wurde die Gnade zuteil, für Christus dazusein, also nicht nur an ihn zu glauben, sondern auch seinetwegen zu leiden. [30] Denn ihr habt den gleichen Kampf zu bestehen, den ihr früher an mir gesehen habt und von dem ihr auch jetzt hört.

Von Christus ergriffen: Phil 3,8–14

[8] Ich sehe alles als Verlust an, weil die Erkenntnis Christi Jesu, meines Herrn, alles übertrifft. Seinetwegen habe ich alles aufgegeben und halte es für Unrat, um Christus zu gewinnen [9] und in ihm zu sein. Nicht meine eigene Gerechtigkeit suche ich, die aus dem Gesetz hervorgeht, sondern jene, die durch den Glauben an Christus kommt, die Gerechtigkeit, die Gott aufgrund des Glaubens schenkt. [10] Christus will ich erkennen und die Macht seiner Auferstehung und die Gemeinschaft mit seinen Leiden; sein Tod soll mich prägen. [11] So hoffe ich, auch zur Auferstehung von den Toten zu gelangen. [12] Nicht daß ich es schon erreicht hätte oder daß ich schon vollendet wäre. Aber ich strebe danach, es zu ergreifen, weil auch ich von Christus Jesus ergriffen worden bin. [13] Brüder, ich bilde mir nicht ein, daß ich es schon ergriffen hätte. Eines aber tue ich: Ich vergesse, was hinter mir liegt, und strecke mich nach dem aus, was vor mir ist. [14] Das Ziel vor Augen, jage ich nach dem Siegespreis: der himmlischen Berufung, die Gott uns in Christus Jesus schenkt.

Die Autorität des Apostels

Paulus weiß sich von Christus gesandt. Diese seine Autorität wird in den christlichen Gemeinden anerkannt. Freilich gab es auch innerhalb dieser Gemeinden Parteiungen und aufgrund solcher Streitigkeiten wurde – etwa in Korinth – die Autorität des Paulus angezweifelt. Paulus nimmt in seinem Briefwechsel mit dieser Gemeinde ausdrücklich Stellung gegenüber der Gemeinde. Vor allem der zweite Brief an die Korinther ist ein Zeugnis dieser Auseinandersetzung.

Paulus als Vorbild

Paulus hat die Erfahrung gemacht, daß Gott sein Leben gewandelt hat. Daraus erwächst ihm ein großes Selbstbewußtsein, nämlich daß er Vorbild für die Gemeinden sein soll. In verschiedensten Zusammenhängen kommt Paulus darauf zu sprechen.

Vorbilder und Gegenbeispiele:
Phil 3,17 – 4,1

[17] Ahmt auch ihr mich nach, Brüder, und achtet auf jene, die nach dem Vorbild leben, das ihr an uns habt. [18] Denn viele – von denen ich oft zu euch gesprochen habe, doch jetzt unter Tränen spreche – leben als Feinde des Kreuzes Christi. [19] Ihr Ende ist das Verderben, ihr Gott der Bauch; ihr Ruhm besteht in ihrer Schande; Irdisches haben sie im Sinn. [20] Unsere Heimat aber ist im Himmel. Von dorther erwarten wir auch Jesus Christus,

den Herrn, als Retter, [21] der unseren armseli-
gen Leib verwandeln wird in die Gestalt sei-
nes verherrlichten Leibes, in der Kraft, mit
der er sich alles unterwerfen kann.
[1] Darum, meine geliebten Brüder, nach de-
nen ich mich sehne, meine Freude und mein
Ehrenkranz, steht fest in der Gemeinschaft
mit dem Herrn, liebe Brüder.

»Was ihr gelernt habt ...«: Phil 4,4–9

[4] Freut euch im Herrn zu jeder Zeit! Noch
einmal sage ich: Freut euch! [5] Eure Güte
werde allen Menschen bekannt. Der Herr ist
nahe. [6] Sorgt euch um nichts, sondern bringt
in jeder Lage betend und flehend eure Bitten
mit Dank vor Gott! [7] Und der Friede Gottes,
der alles Verstehen übersteigt, wird eure
Herzen und eure Gedanken in der Gemein-
schaft mit Christus Jesus bewahren. [8]
Schließlich, Brüder: Was immer wahrhaft,
edel, recht, was lauter, liebenswert, anspre-
chend ist, was Tugend heißt und lobenswert
ist, darauf seid bedacht! [9] Was ihr gelernt und
angenommen, gehört und an mir gesehen
habt, das tut! Und der Gott des Friedens wird
mit euch sein.

Die Erfahrung der Hilfe Gottes:
Phil 4,12–14.19–20

[12] Ich weiß Entbehrungen zu ertragen, ich
kann im Überfluß leben. In jedes und alles
bin ich eingeweiht: in Sattsein und Hungern,
Überfluß und Entbehrung. [13] Alles vermag ich
durch ihn, der mir Kraft gibt. [14] Trotzdem
habt ihr recht daran getan, an meiner Be-
drängnis teilzunehmen. [19] Mein Gott aber
wird euch durch Christus Jesus alles, was ihr
nötig habt, aus dem Reichtum seiner Herr-
lichkeit schenken. [20] Unserem Gott und Vater
sei die Ehre in alle Ewigkeit! Amen.

Paulus – Geprägt von Tod und Auferstehung Jesu

Paulus sieht seine Autorität vor allem dadurch begründet, daß sein Leben und Wirken von Kreuz und Auferstehung geprägt ist. Das Wirken für das Evangelium war für Paulus eine Teilnahme an Leiden und Herrlichkeit Christi. Die Mühen des apostolischen Wirkens geben Anteil am Leiden, die Freuden dieses Wirkens an der Auferstehung (ähnlich auch 2 Kor 4,6–11). Die Autorität, in der Paulus auftreten kann, leitet sich vom Kreuz her.

Not und Freude des Apostels: 2 Kor 1,3–11

[3] Gepriesen sei der Gott und Vater Jesu
Christi, unseres Herrn, der Vater des Erbar-
mens und der Gott allen Trostes. [4] Er tröstet
uns in all unserer Not, damit auch wir die
Kraft haben, alle zu trösten, die in Not sind,
durch den Trost, mit dem auch wir von Gott
getröstet werden. [5] Wie uns nämlich die Lei-
den Christi überreich zuteil geworden sind,
so wird uns durch Christus auch überreicher
Trost zuteil. [6] Sind wir aber in Not, so ist es zu
eurem Trost und Heil, und werden wir getrö-
stet, so geschieht auch das zu eurem Trost;
er wird wirksam, wenn ihr geduldig die glei-
chen Leiden ertragt, die auch wir ertragen. [7]
Unsere Hoffnung für euch ist unerschütter-
lich; wir sind sicher, daß ihr mit uns nicht nur
an den Leiden teilhabt, sondern auch am
Trost. [8] Wir wollen euch die Not nicht ver-
schweigen, Brüder, die in der Provinz Asien
über uns kam und uns über alles Maß be-
drückte; unsere Kraft war erschöpft, so sehr,
daß wir am Leben verzweifelten. [9] Aber wir
haben unser Todesurteil hingenommen,
weil wir unser Vertrauen nicht auf uns selbst
setzen wollten, sondern auf Gott, der die
Toten auferweckt. [10] Er hat uns aus dieser
großen Todesnot errettet und rettet uns
noch; auf ihm ruht unsere Hoffnung, daß er

uns auch in Zukunft retten wird. 11 Helft aber
auch ihr, indem ihr für uns betet, damit viele
Menschen in unserem Namen Dank sagen
für die Gnade, die uns geschenkt wurde.

Diener des neuen Bundes: 2 Kor 3,1–6

1 Fangen wir schon wieder an, uns selbst zu
empfehlen? Oder brauchen wir – wie gewisse
Leute – Empfehlungsschreiben an euch oder
von euch? 2 Unser Empfehlungsschreiben
seid ihr; es ist eingeschrieben in unser Herz,
und alle Menschen können es lesen und
verstehen. 3 Unverkennbar seid ihr ein Brief
Christi, ausgefertigt durch unseren Dienst,
geschrieben nicht mit Tinte, sondern mit
dem Geist des lebendigen Gottes, nicht auf
Tafeln aus Stein, sondern – wie auf Tafeln –
in Herzen von Fleisch. 4 Wir haben durch
Christus so großes Vertrauen zu Gott. 5 Doch
sind wir dazu nicht von uns aus fähig, als ob
wir uns selbst etwas zuschreiben könnten;
unsere Befähigung stammt vielmehr von
Gott. 6 Er hat uns fähig gemacht, Diener des
Neuen Bundes zu sein, nicht des Buchstabens, sondern des Geistes. Denn der Buchstabe tötet, der Geist aber macht lebendig.

Sich des Kreuzes rühmen: Gal 6,14–18

14 Ich will mich allein des Kreuzes Jesu Christi, unseres Herrn, rühmen, durch das mir
die Welt gekreuzigt ist und ich der Welt. 15
Denn es kommt nicht darauf an, ob einer
beschnitten oder unbeschnitten ist, sondern
darauf, daß er neue Schöpfung ist. 16 Friede
und Erbarmen komme über alle, die sich von
diesem Grundsatz leiten lassen, und über
das Israel Gottes. 17 In Zukunft soll mir niemand mehr solche Schwierigkeiten bereiten.
Denn ich trage die Zeichen Jesu an meinem
Leib. 18 Die Gnade Jesu Christi, unseres
Herrn, sei mit eurem Geist, meine Brüder.
Amen.

Die Kraft des Apostels

Paulus begegnet auf seinen Missionsreisen – und auch in den Gemeinden – vielen Schwierigkeiten. Schon die großen Entfernungen, die er überwindet, lassen etwas ahnen von den Mühen des Apostels, hat er doch in den Jahren 50 – 60 n. Chr. zweimal die Strecke von Antiochien in Syrien bis Korinth in Griechenland auf dem Landweg zurückgelegt; es sind dies dreitausend Kilometer. Angesichts dieser Strapazen fragt er sich selbst öfters nach dem Grund seiner Stärke und seiner Hoffnung. Es wird ihm immer deutlicher, daß er nicht aus eigenem Vermögen, sondern nur aus der Kraft Gottes wirken kann. Der Glaube gibt ihm Zuversicht.

Ausblick nach dem Unsichtbaren:
2 Kor 4,13 – 5,1

13 Wir haben den gleichen Geist des Glaubens, von dem es in der Schrift heißt: Ich
habe geglaubt, darum habe ich geredet.
Auch wir glauben, und darum reden wir. 14
Denn wir wissen, daß der, welcher Jesus, den
Herrn, auferweckt hat, auch uns mit Jesus
auferwecken und uns zusammen mit euch
(vor sein Angesicht) stellen wird. 15 Alles tun
wir euretwegen, damit immer mehr Menschen aufgrund der überreich gewordenen
Gnade den Dank vervielfachen, Gott zur Ehre. 16 Darum werden wir nicht müde; wenn
auch unser äußerer Mensch aufgerieben
wird, der innere wird Tag für Tag erneuert. 17
Denn die kleine Last unserer gegenwärtigen
Not schafft uns in maßlosem Übermaß ein
ewiges Gewicht an Herrlichkeit, 18 uns, die wir
nicht auf das Sichtbare starren, sondern

nach dem Unsichtbaren ausblicken; denn das Sichtbare ist vergänglich, das Unsichtbare ist ewig.
[1] Wir wissen: Wenn unser irdisches Zelt abgebrochen wird, dann haben wir eine Wohnung von Gott, ein nicht von Menschenhand errichtetes ewiges Haus im Himmel.

Der Weg des Glaubens: 2 Kor 5,6–10

[6] Wir sind also immer zuversichtlich, auch wenn wir wissen, daß wir fern vom Herrn in der Fremde leben, solange wir in diesem Leib zu Hause sind; [7] denn als Glaubende gehen wir unseren Weg, nicht als Schauende. [8] Weil wir aber zuversichtlich sind, ziehen wir es vor, aus dem Leib auszuwandern und daheim beim Herrn zu sein. [9] Deswegen suchen wir unsere Ehre darin, ihm zu gefallen, ob wir daheim oder in der Fremde sind. [10] Denn wir alle müssen vor dem Richterstuhl Christi offenbar werden, damit jeder seinen Lohn empfängt für das Gute oder Böse, das er im irdischen Leben getan hat.

Eine neue Schöpfung: 2 Kor 5,14–21

[14] Denn die Liebe Christi drängt uns, da wir erkannt haben: Einer ist für alle gestorben, also sind alle gestorben. [15] Er ist aber für alle gestorben, damit die Lebenden nicht mehr für sich leben, sondern für den, der für sie starb und auferweckt wurde. [16] Also schätzen wir von jetzt an niemand mehr nur nach menschlichen Maßstäben ein; auch wenn wir früher Christus nach menschlichen Maßstäben eingeschätzt haben, jetzt schätzen wir ihn nicht mehr so ein. [17] Wenn also jemand in Christus ist, dann ist er eine neue Schöpfung: Das Alte ist vergangen, Neues ist geworden. [18] Aber das alles kommt von Gott, der uns durch Christus mit sich versöhnt und uns den Dienst der Versöhnung aufgetragen hat. [19] Ja, Gott war es, der in Christus die Welt mit sich versöhnt hat, indem er den Menschen ihre Verfehlungen nicht anrechnete und uns das Wort von der Versöhnung (zur Verkündigung) anvertraute. [20] Wir sind also Gesandte an Christi Statt, und Gott ist es, der durch uns mahnt. Wir bitten an Christi Statt: Laßt euch mit Gott versöhnen! [21] Er hat den, der keine Sünde kannte, für uns zur Sünde gemacht, damit wir in ihm Gerechtigkeit Gottes würden.

Macht und Ohnmacht des Apostels: 2 Kor 12,7–10

[7] Damit ich mich wegen der einzigartigen Offenbarungen nicht überhebe, wurde mir ein Stachel ins Fleisch gestoßen: ein Bote Satans, der mich mit Fäusten schlagen soll, damit ich mich nicht überhebe. [8] Dreimal habe ich den Herrn angefleht, daß dieser Bote Satans von mir ablasse. [9] Er aber antwortete mir: Meine Gnade genügt dir; denn sie erweist ihre Kraft in der Schwachheit. Viel lieber also will ich mich meiner Schwachheit rühmen, damit die Kraft Christi auf mich herabkommt. [10] Deswegen bejahe ich meine Ohnmacht, alle Mißhandlungen und Nöte, Verfolgungen und Ängste, die ich für Christus ertrage; denn wenn ich schwach bin, dann bin ich stark.

Grund der Zuversicht: 2 Kor 13,11–13

[11] Im übrigen, liebe Brüder, freut euch, kehrt zur Ordnung zurück, laßt euch ermahnen, seid eines Sinnes und lebt in Frieden! Dann wird der Gott der Liebe und des Friedens mit euch sein. [12] Grüßt einander mit dem heiligen Kuß! Es grüßen euch alle Heiligen. [13] Die Gnade Jesu Christi, des Herrn, die Liebe Gottes und die Gemeinschaft des Heiligen Geistes sei mit euch allen!

Gemeinde aus Gottes Wort und Gottes Geist

Die Kirche ist berufen, Zeichen und Werkzeug für die Vereinigung mit Gott wie für die Einheit der ganzen Menschheit zu sein. Jede Zeit bringt neue Probleme mit sich, und die Kirche muß auch unter veränderten Umständen ihrem Auftrag treu bleiben. Dabei zeigt sich oft, daß gerade die urchristlichen Gemeinden auch für unsere Zeit in vielfacher Weise ein Modell sein können. Sie zeigen uns, wie sich Gemeindeleben in einer heidnischen Umgebung abspielt; sie zeigen uns die Fähigkeit dieser Gemeinden zur Evangelisierung und geben uns Einblick in die Gottesdienstfeier und in den Bruderdienst.

Über das konkrete Leben der christlichen Gemeinden sind wir durch die Briefliteratur des Neuen Testamentes unterrichtet. Die Briefe des Neuen Testamentes wurden von verschiedenen Autoren verfaßt und sind in den Jahren zwischen 50 und 120 n. Chr. geschrieben. Besonders wertvoll sind die Briefe des heiligen Paulus. Sicher von ihm selber geschrieben wurden der Erste Brief an die Thessalonicher, der Erste und der Zweite Brief an die Korinther, der Brief an die Galater, der Brief an die Philipper, der Brief an Philemon und der Brief an die Römer. Durch diese Briefe hält Paulus den Kontakt mit den christlichen Gemeinden aufrecht. Er geht auf die Probleme der Gemeinden ein, er ermutigt, mahnt und warnt. So sind wir ziemlich gut über die christlichen Gemeinden und ihre Probleme in den Jahren 50–60 n. Chr. unterrichtet. Von den anderen Briefen, die unter dem Namen des Paulus überliefert sind, wird in der Forschung vielfach angenommen, daß sie im Umkreis des paulinischen Wirkens geschrieben und unter den Namen und die Autorität des Apostels gestellt wurden. Diese und die anderen Apostolischen Briefe geben Einblick in die Lage und in die Probleme der christlichen Gemeinden in den Jahren 70–120 n. Chr. Die Briefe des Neuen Testamentes sind nur zum Teil Grundsatzschreiben; vielfach sind es Gelegenheitsschriften, die zu konkreten Problemen von Gemeinden Stellung nehmen. Jeder Brief setzt auch besondere Schwerpunkte. In dieser Auswahl wird versucht, anhand thematischer Schwerpunkte Kennzeichen der christlichen Gemeinde darzustellen.

Beschenkt mit den Gaben des Heiligen Geistes

Wer die beiden Briefe des heiligen Paulus an die Korinther liest, kann sich ein anschauliches Bild von einer christlichen Gemeinde in heidnischer Umwelt machen. Mit der Gründung der christlichen Gemeinde in Korinth durch Paulus im Jahre 50 n. Chr. war nicht alles getan (Apg 18). So kommt Paulus in den beiden Briefen immer wieder darauf zu sprechen, wie sich eine christliche Gemeinde in heidnischer Umgebung aufbauen läßt.

Vor allem ein Merkmal der christlichen Gemeinde von Korinth wurde durch das Zweite Vatikanische Konzil als Merkmal von Kirche überhaupt wiederentdeckt: In der Kirche gibt es viele Gnadengaben, die Gott seiner Kirche schenkt. Es gilt, sie zu entdecken und zu fördern.

Spannungen in der Gemeinde von Korinth

Nicht erst in unserer Zeit gibt es Gegensätze in der Kirche. Schon in der jungen christlichen Gemeinde von Korinth gab es Streitigkeiten, und zwar theologischer Art. Es bildeten sich Parteien heraus: Die einen hielten zu Petrus, andere zu Paulus, andere zu Apollos. Paulus beginnt den ersten Brief an die Gemeinde mit einem Dank für das, was Gott in der Gemeinde gewirkt hat. Doch kommt er gleich auf die Streitigkeiten zu sprechen und weist auf den Unsinn solcher Parteiungen hin. Die Glaubenden sollen nämlich erkennen, daß Gott nicht so handelt, wie Menschen es erwarten. Gottes Weisheit ist ganz anders als jene der Menschen. Gott handelt durch das Kreuz und dadurch, daß er einfache Menschen erwählt.

Im Dienst der Einheit. Hirtenstab von Bischof Wilhelm Egger mit der Inschrift »syn« – miteinander. Martin Rainer, 1986.

Berufung in die Kirche: 1 Kor 1,1–3

1 Paulus, durch Gottes Willen berufener Apo-
stel Christi Jesu, und der Bruder Sosthenes 2
an die Kirche Gottes, die in Korinth ist, – an
die Geheiligten in Christus Jesus, berufen als
Heilige mit allen, die den Namen Jesu Chri-
sti, unseres Herrn, überall anrufen, bei ihnen
und bei uns. 3 Gnade sei mit euch und Friede
von Gott, unserem Vater, und dem Herrn
Jesus Christus.

Die Gaben Gottes: 1 Kor 1,4–9

4 Ich danke Gott jederzeit euretwegen für die
Gnade Gottes, die euch in Christus Jesus
geschenkt wurde, 5 daß ihr an allem reich
geworden seid in ihm, an aller Rede und aller
Erkenntnis. 6 Denn das Zeugnis über Christus
wurde bei euch gefestigt, 7 so daß euch keine
Gnadengabe fehlt, während ihr auf die Offen-
barung Jesu Christi, unseres Herrn, wartet. 8
Er wird euch auch festigen bis ans Ende, so
daß ihr schuldlos dasteht am Tag Jesu, unse-
res Herrn. 9 Treu ist Gott, durch den ihr
berufen worden seid zur Gemeinschaft mit
seinem Sohn Jesus Christus, unserem
Herrn.

Zu Christus gehörig: 1 Kor 1,10–13.17

10 Ich ermahne euch aber, Brüder, im Namen
Jesu Christi, unseres Herrn: Seid alle einmü-
tig, und duldet keine Spaltungen unter euch;
seid ganz eines Sinnes und einer Meinung. 11
Es wurde mir nämlich, meine Brüder, von
den Leuten der Chloë berichtet, daß es Zank
und Streit unter euch gibt. 12 Ich meine damit,

daß jeder von euch etwas anderes sagt: Ich halte zu Paulus – ich zu Apollos – ich zu Kephas – ich zu Christus. [13] Ist denn Christus zerteilt? Wurde etwa Paulus für euch gekreuzigt? Oder seid ihr auf den Namen des Paulus getauft worden? [17] Denn Christus hat mich nicht gesandt zu taufen, sondern das Evangelium zu verkünden, aber nicht mit gewandten und klugen Worten, damit das Kreuz Christi nicht um seine Kraft gebracht wird.

Das Kreuz als Maßstab: 1 Kor 1,22–31

[22] Die Juden fordern Zeichen, die Griechen suchen Weisheit. [23] Wir dagegen verkündigen Christus als den Gekreuzigten: für Juden ein empörendes Ärgernis, für Heiden eine Torheit, [24] für die Berufenen aber, Juden wie Griechen, Christus, Gottes Kraft und Gottes Weisheit. [25] Denn das Törichte an Gott ist weiser als die Menschen, und das Schwache an Gott ist stärker als die Menschen. [26] Seht doch auf eure Berufung, Brüder! Da sind nicht viele Weise im irdischen Sinn, nicht viele Mächtige, nicht viele Vornehme, [27] sondern das Törichte in der Welt hat Gott erwählt, um die Weisen zuschanden zu machen, und das Schwache in der Welt hat Gott erwählt, um das Starke zuschanden zu machen. [28] Und das Niedrige in der Welt und das Verachtete hat Gott erwählt: Das, was nichts ist, um das, was etwas ist, zu vernichten, [29] damit kein Mensch sich rühmen kann vor Gott. [30] Von ihm her seid ihr in Christus Jesus, den Gott für uns zur Weisheit gemacht hat, zur Gerechtigkeit, Heiligung und Erlösung. [31] Wer sich also rühmen will, der rühme sich des Herrn; so heißt es schon in der Schrift.

Der Dienst des Paulus am Aufbau der Gemeinde

Im Bemühen, die Einheit der Gemeinde zu fördern, kommt Paulus auch auf seine eigene Sendung zu sprechen. Er weiß sich im Dienst des Gekreuzigten und arbeitet als treuer Verwalter am Aufbau der Gemeinde mit; die entscheidende Grundlage ist Christus allein.

Paulus – Verkünder des Gekreuzigten:
1 Kor 2,1–10

[1] Als ich zu euch kam, Brüder, kam ich nicht, um glänzende Reden oder gelehrte Weisheit vorzutragen, sondern um euch das Zeugnis Gottes zu verkündigen. [2] Denn ich hatte mich entschlossen, bei euch nichts zu wissen außer Jesus Christus, und zwar als den Gekreuzigten. [3] Zudem kam ich in Schwäche und in Furcht, zitternd und bebend zu euch. [4] Meine Botschaft und Verkündigung war nicht Überredung durch gewandte und kluge Worte, sondern war mit dem Erweis von Geist und Kraft verbunden, [5] damit sich euer Glaube nicht auf Menschenweisheit stützte, sondern auf die Kraft Gottes. [6] Und doch verkündigen wir Weisheit unter den Vollkommenen, aber nicht Weisheit dieser Welt oder der Machthaber dieser Welt, die einst entmachtet werden. [7] Vielmehr verkündigen wir das Geheimnis der verborgenen Weisheit Gottes, die Gott vor allen Zeiten vorausbestimmt hat zu unserer Verherrlichung. [8] Keiner der Machthaber dieser Welt hat sie erkannt; denn hätten sie die Weisheit Gottes erkannt, so hätten sie den Herrn der Herrlichkeit nicht gekreuzigt. [9] Nein, wir verkündigen, wie es in der Schrift heißt, was kein Auge gesehen und kein Ohr gehört hat, was keinem Menschen in den Sinn gekommen ist: das Große, das Gott denen bereitet hat, die ihn lieben. [10] Denn uns hat es Gott enthüllt durch den Geist. Der Geist ergründet nämlich alles, auch die Tiefen Gottes.

»Ihr gehört Christus ...«:
1 Kor 3,9–11.16–23

9 Denn wir sind Gottes Mitarbeiter; ihr seid Gottes Ackerfeld, Gottes Bau. 10 Der Gnade Gottes entsprechend, die mir geschenkt wurde, habe ich wie ein guter Baumeister den Grund gelegt; ein anderer baut darauf weiter. Aber jeder soll darauf achten, wie er weiterbaut. 11 Denn einen anderen Grund kann niemand legen als den, der gelegt ist: Jesus Christus. 16 Wißt ihr nicht, daß ihr Gottes Tempel seid und der Geist Gottes in euch wohnt? 17 Wer den Tempel Gottes verdirbt, den wird Gott verderben. Denn Gottes Tempel ist heilig, und der seid ihr. 18 Keiner täusche sich selbst. Wenn einer unter euch meint, er sei weise in dieser Welt, dann werde er töricht, um weise zu werden. 19 Denn die Weisheit dieser Welt ist Torheit vor Gott. In der Schrift steht nämlich: Er fängt die Weisen in ihrer eigenen List. 20 Und an einer anderen Stelle: Der Herr kennt die Gedanken der Weisen; er weiß, sie sind nichtig. 21 Daher soll sich niemand eines Menschen rühmen. Denn alles gehört euch; 22 Paulus, Apollos, Kephas, Welt, Leben, Tod, Gegenwart und Zukunft: alles gehört euch; 23 ihr aber gehört Christus, und Christus gehört Gott.

Die Verantwortung der Apostel: 1 Kor 4,1–5

1 Als Diener Christi soll man uns betrachten und als Verwalter von Geheimnissen Gottes. 2 Von Verwaltern aber verlangt man, daß sie sich treu erweisen. 3 Mir macht es allerdings nichts aus, wenn ihr oder ein menschliches Gericht mich zur Verantwortung zieht; ich urteile auch nicht über mich selbst. 4 Ich bin mir zwar keiner Schuld bewußt, doch bin ich dadurch noch nicht gerecht gesprochen; der Herr ist es, der mich zur Rechenschaft zieht. 5 Richtet also nicht vor der Zeit; wartet, bis der Herr kommt, der das im Dunklen Verborgene ans Licht bringen und die Absichten der Herzen aufdecken wird. Dann wird jeder sein Lob von Gott erhalten.

Allen alles werden: 1 Kor 9,16–19.22–23

16 Wenn ich nämlich das Evangelium verkünde, kann ich mich deswegen nicht rühmen; denn ein Zwang liegt auf mir. Weh mir, wenn ich das Evangelium nicht verkünde! 17 Wäre es mein freier Entschluß, so erhielte ich Lohn. Wenn es mir aber nicht freisteht, so ist es ein Auftrag, der mir anvertraut wurde. 18 Was ist nun mein Lohn? Daß ich das Evangelium unentgeltlich verkünde und so auf mein Recht verzichte. 19 Da ich also von niemand abhängig war, habe ich mich für alle zum Sklaven gemacht, um möglichst viele zu gewinnen. 22 Den Schwachen wurde ich ein Schwacher, um die Schwachen zu gewinnen. Allen bin ich alles geworden, um auf jeden Fall einige zu retten. 23 Alles aber tue ich um des Evangeliums willen, um an seiner Verheißung teilzuhaben.

Fragen über Mann und Frau

In der sittenlosen Umgebung der Stadt Korinth stellte sich auch für die Christen die Frage, wie Mann und Frau zueinander stehen. Es gab konkrete Mißstände, zu denen Paulus Stellung nimmt, etwa zum Falle eines Mannes, der seine Stiefmutter geheiratet hatte, oder zur Auffassung, Unzucht sei nun erlaubt. Mit dem Hinweis, daß beim Osterfest nach der jüdischen Tradition der alte Sauerteig weggeschafft wird, erinnert Paulus die Gemeinde an ihre Berufung zur Heiligkeit. Die Gemeinde soll sich ihrer Berufung zur Heiligkeit bewußt sein. Unsicherheit herrschte in Korinth auch in der Frage, ob die Ehe noch erlaubt sei. Paulus nennt einige Gründe, warum nach seiner Auffassung die Ehelosigkeit vorzuziehen sei. Diese Aussagen erklären sich aus der Erfahrung des Paulus selbst, der sich in den Dienst des Evangeliums stellt, und aus seiner Überzeugung, daß die Zeit nur mehr kurz sei.

Ein Fall von Unzucht: 1 Kor 5,1–2.6–8

[1] Übrigens hört man von Unzucht unter euch, und zwar von Unzucht, wie sie nicht einmal unter den Heiden vorkommt, daß nämlich einer mit der Frau seines Vaters lebt. [2] Und da macht ihr euch noch wichtig, statt traurig zu werden und den aus eurer Mitte zu stoßen, der so etwas getan hat. [6] Zu Unrecht rühmt ihr euch. Wißt ihr nicht, daß ein wenig Sauerteig den ganzen Teig durchsäuert? [7] Schafft den alten Sauerteig weg, damit ihr neuer Teig seid. Ihr seid ja schon ungesäuertes Brot; denn als unser Paschalamm ist Christus geopfert worden. [8] Laßt uns also das Fest nicht mit dem alten Sauerteig feiern, nicht mit dem Sauerteig der Bosheit und Schlechtigkeit, sondern mit den ungesäuerten Broten der Aufrichtigkeit und Wahrheit.

Der Leib – Ein Tempel des Heiligen Geistes:
1 Kor 6,13c–20

[13c] Der Leib ist aber nicht für die Unzucht da, sondern für den Herrn, und der Herr für den Leib. [14] Gott hat den Herrn auferweckt; er wird durch seine Macht auch uns auferwecken. [15] Wißt ihr nicht, daß eure Leiber Glieder Christi sind? Darf ich nun die Glieder Christi nehmen und zu Gliedern einer Dirne machen? Auf keinen Fall! [16] Oder wißt ihr nicht: Wer sich an eine Dirne bindet, ist e i n Leib mit ihr? Denn es heißt: Die zwei werden e i n Fleisch sein. [17] Wer sich dagegen an den Herrn bindet, ist e i n Geist mit ihm. [18] Hütet euch vor der Unzucht! Jede andere Sünde, die der Mensch tut, bleibt außerhalb des Leibes. Wer aber Unzucht treibt, versündigt sich gegen den eigenen Leib. [19] Oder wißt ihr nicht, daß euer Leib ein Tempel des Heiligen Geistes ist, der in euch wohnt und den ihr von Gott habt? Ihr gehört nicht euch selbst; [20] denn um einen teuren Preis seid ihr erkauft worden. Verherrlicht also Gott in eurem Leib!

Rat für Eheleute: 1 Kor 7,1–7

[1] Nun zu den Anfragen eures Briefes! »Es ist gut für den Mann, keine Frau zu berühren«. [2] Wegen der Gefahr der Unzucht soll aber jeder seine Frau haben, und jede soll ihren Mann haben. [3] Der Mann soll seine Pflicht gegenüber der Frau erfüllen und ebenso die Frau gegenüber dem Mann. [4] Nicht die Frau verfügt über ihren Leib, sondern der Mann. Ebenso verfügt nicht der Mann über seinen Leib, sondern die Frau. [5] Entzieht euch einander nicht, außer im gegenseitigen Einverständnis und nur eine Zeitlang, um für das Gebet frei zu sein. Dann kommt wieder zusammen, damit euch der Satan nicht in Versuchung führt, wenn ihr euch nicht enthalten könnt. [6] Das sage ich als Zugeständnis, nicht als Gebot. [7] Ich wünschte, alle Menschen wären (unverheiratet) wie ich. Doch jeder hat seine Gnadengabe von Gott, der eine so, der andere so.

Die Gestalt der Welt vergeht: 1 Kor 7,29–31

[29] Denn ich sage euch, Brüder: Die Zeit ist kurz. Daher soll, wer eine Frau hat, sich in Zukunft so verhalten, als habe er keine, [30] wer weint, als weine er nicht, wer sich freut, als freue er sich nicht, wer kauft, als würde er nicht Eigentümer, [31] wer sich die Welt zunutze macht, als nutze er sie nicht; denn die Gestalt dieser Welt vergeht.

Besorgt um die Sache des Herrn:
1 Kor 7,32–35

[32] Ich wünschte aber, ihr wäret ohne Sorgen. Der Unverheiratete sorgt sich um die Sache des Herrn; er will dem Herrn gefallen. [33] Der Verheiratete sorgt sich um die Dinge der Welt; er will seiner Frau gefallen. [34] So ist er geteilt. Die unverheiratete Frau aber und die Jungfrau sorgen sich um die Sache des Herrn, um heilig zu sein an Leib und Geist. Die Verheiratete sorgt sich um die Dinge der Welt; sie will ihrem Mann gefallen. [35] Das sage ich zu eurem Nutzen: nicht um euch eine Fessel anzulegen, vielmehr, damit ihr in rechter Weise und ungestört immer dem Herrn dienen könnt.

Der Reichtum an Gnadengaben

Die Gemeinde von Korinth hat wunderbare Gnadengaben erfahren (Zungenreden, Heilungen, prophetisches Wort), doch läuft sie Gefahr, diese Gnadengaben falsch zu verstehen, indem die Christen zu wenig die Einheit der Kirche beachten und meinen, solche Gnadengaben seien das Wichtigste im christlichen Leben. Um die Gemeinde in der Einheit und Zusammenarbeit zu stärken, weist Paulus zunächst auf die Zusammengehörigkeit der Gnadengaben hin, die ja alle von Gott stammen. Alle Gnadengaben sind gut, sofern sie einen Beitrag für den Aufbau des einen Christusleibes leisten. Angesichts der vielen Gnadengaben erinnert Paulus daran: Die Getauften bilden einen einzigen Leib in Christus. Von den vielen Gnadengaben ist die Liebe die wichtigste.

Viele Gaben – Ein Geist: 1 Kor 12,1–11

1 Auch über die Gaben des Geistes möchte ich euch nicht in Unkenntnis lassen, meine Brüder. 2 Als ihr noch Heiden wart, zog es euch, wie ihr wißt, mit unwiderstehlicher Gewalt zu den stummen Götzen. 3 Darum erkläre ich euch: Keiner, der aus dem Geist Gottes redet, sagt: Jesus sei verflucht! Und keiner kann sagen: Jesus ist der Herr!, wenn er nicht aus dem Heiligen Geist redet. 4 Es gibt verschiedene Gnadengaben, aber nur den einen Geist. 5 Es gibt verschiedene Dienste, aber nur den einen Herrn. 6 Es gibt verschiedene Kräfte, die wirken, aber nur den einen Gott: Er bewirkt alles in allen. 7 Jedem aber wird die Offenbarung des Geistes geschenkt, damit sie anderen nützt. 8 Dem einen wird vom Geist die Gabe geschenkt, Weisheit mitzuteilen, dem andern durch den gleichen Geist die Gabe, Erkenntnis zu vermitteln, 9 dem dritten im gleichen Geist Glaubenskraft, einem andern – immer in dem einen Geist – die Gabe, Krankheiten zu heilen, 10 einem andern Wunderkräfte, einem andern prophetisches Reden, einem andern die Fähigkeit, die Geister zu unterscheiden, wieder einem andern verschiedene Arten von Zungenrede, einem andern schließlich die Gabe, sie zu deuten. 11 Das alles bewirkt ein und derselbe Geist; einem jeden teilt er seine besondere Gabe zu, wie er will.

Viele Glieder – Ein Leib: 1 Kor 12,13–31a

13 Durch den einen Geist wurden wir in der Taufe alle in einen einzigen Leib aufgenommen, Juden und Griechen, Sklaven und Freie; und alle wurden wir mit dem einen Geist getränkt. 14 Auch der Leib besteht nicht nur aus einem Glied, sondern aus vielen Gliedern. 15 Wenn der Fuß sagt: Ich bin keine Hand, ich gehöre nicht zum Leib!, so gehört er doch zum Leib. 16 Und wenn das Ohr sagt: Ich bin kein Auge, ich gehöre nicht zum Leib!, so gehört es doch zum Leib. 17 Wenn der ganze Leib nur Auge wäre, wo bliebe dann das Gehör? Wenn er nur Gehör wäre, wo bliebe dann der Geruchssinn? 18 Nun aber hat Gott jedes einzelne Glied so in den Leib eingefügt, wie es seiner Absicht entsprach. 19 Wären alle zusammen nur ein Glied, wo bliebe dann der Leib? 20 So aber gibt es viele Glieder und doch nur einen Leib. 21 Das Auge kann nicht zur Hand sagen: Ich bin nicht auf dich angewiesen. Der Kopf kann nicht zu den Füßen sagen: Ich brauche euch nicht. 22 Im Gegenteil, gerade die schwächer scheinenden Glieder des Leibes sind unentbehrlich. 23 Denen, die wir für weniger edel ansehen, erweisen wir um so mehr Ehre, und unseren weniger anständigen Gliedern begegnen wir mit mehr Anstand, 24 während die anständigen das nicht nötig haben. Gott aber hat den Leib so zusammengefügt, daß er dem geringsten Glied mehr Ehre zukommen ließ, 25 damit im Leib kein Zwiespalt entstehe, sondern alle Glieder einträchtig füreinander sorgen. 26 Wenn darum e i n Glied leidet, leiden alle Glieder mit; wenn ein Glied geehrt wird, freuen sich alle anderen mit ihm. 27 Ihr aber seid der Leib Christi, und jeder einzelne ist ein Glied an ihm. 28 So hat Gott in der Kirche die einen als Apostel eingesetzt, die andern

»Für jetzt bleiben Glaube, Hoffnung, Liebe, diese drei ...« (1 Kor 13,13). Die drei Göttlichen Tugenden. Matthäus Günther, 1782, St. Vigil in Enneberg.

als Propheten, die dritten als Lehrer; ferner verlieh er die Kraft, Wunder zu tun, sodann die Gaben, Krankheiten zu heilen, zu helfen, zu leiten, endlich die verschiedenen Arten von Zungenrede. 29 Sind etwa alle Apostel, alle Propheten, alle Lehrer? Haben alle die Kraft, Wunder zu tun? 30 Besitzen alle die Gabe, Krankheiten zu heilen? Reden alle in Zungen? Können alle solches Reden auslegen? 31a Strebt aber nach den höheren Gnadengaben!

Die Liebe als höchste Gnadengabe:
1 Kor 12,31a – 13,13

31a Strebt aber nach den höheren Gnadengaben! 31b Ich zeige euch jetzt noch einen anderen Weg, einen, der alles übersteigt:
1 Wenn ich in den Sprachen der Menschen und Engel redete, / hätte aber die Liebe nicht, / wäre ich dröhnendes Erz oder eine lärmende Pauke.
2 Und wenn ich prophetisch reden könnte und alle Geheimnisse wüßte / und alle Erkenntnis hätte; wenn ich alle Glaubenskraft besäße / und Berge damit versetzen könnte, / hätte aber die Liebe nicht, wäre ich nichts.

3 Und wenn ich meine ganze Habe verschenkte, / und wenn ich meinen Leib dem Feuer übergäbe, /
hätte aber die Liebe nicht, nützte es mir nichts.
4 Die Liebe ist langmütig, /
die Liebe ist gütig. /
Sie ereifert sich nicht, /
sie prahlt nicht, /
sie bläht sich nicht auf.
5 Sie handelt nicht ungehörig, /
sucht nicht ihren Vorteil, /
läßt sich nicht zum Zorn reizen, /
trägt das Böse nicht nach.
6 Sie freut sich nicht über das Unrecht, /
sondern freut sich an der Wahrheit.
7 Sie erträgt alles, /
glaubt alles, /
hofft alles, /
hält allem stand.
8 Die Liebe hört niemals auf. /
Prophetisches Reden hat ein Ende, /
Zungenrede verstummt, /
Erkenntnis vergeht.
9 Denn Stückwerk ist unser Erkennen, /
Stückwerk unser prophetisches Reden;
10 wenn aber das Vollendete kommt, /
vergeht alles Stückwerk.
11 Als ich ein Kind war, /
redete ich wie ein Kind, /
dachte wie ein Kind /
und urteilte wie ein Kind.
Als ich ein Mann wurde, /
legte ich ab, was Kind an mir war.
12 Jetzt schauen wir in einen Spiegel /
und sehen nur rätselhafte Umrisse, /
dann aber schauen wir von Angesicht zu Angesicht.
Jetzt erkenne ich unvollkommen, /
dann aber werde ich durch und durch erkennen, /
so wie ich auch durch und durch erkannt worden bin.
13 Für jetzt bleiben Glaube, Hoffnung, Liebe, diese drei; /
doch am größten unter ihnen ist die Liebe.

»Geheiligt und gerecht im Namen Jesu und im Geist«

Wie zu jeder Zeit, haben auch zur Zeit des Paulus die Menschen, besonders die Philosophen, sich Gedanken gemacht: Was ist der Mensch? Wie steht es um ihn? In welchen Beziehungen steht er? Wie ist sein Verhältnis zu Gott und zur Natur? Paulus gibt seine Antwort aufgrund der Erfahrung der Berufung, aufgrund seiner Einsicht in die Heilsgeschichte und als Beobachter der zum Teil sittenlosen Umwelt.

»Gerecht dank seiner Gnade«

Für Paulus ist die entscheidende Frage, wie der Mensch zu Gott steht und wie Gott zum Menschen steht. Die Antwort findet Paulus in der Botschaft von Gottes »Gerechtigkeit«. »Gerechtigkeit Gottes« meint nach Paulus, daß Gott trotz der Untreue der Menschen seinen Heilsverheißungen treu bleibt. Der sündige Mensch kann aus sich selbst nicht vor Gott gerecht dastehen; er ist nicht im Stande, die Weisung Gottes aus eigener Kraft zu erfüllen; so sorgt Gott selber dafür, daß der Mensch vor Gott und seinem Gericht bestehen kann. Dieses neue Verhältnis zwischen Gott und Mensch wird durch den Tod des Sohnes Gottes geschenkt. Der Mensch muß diese Gerechtigkeit im Glauben annehmen. Als Vorbild für jenes Vertrauen, das die Menschen Gott gegenüber haben dürfen, wird von Paulus der Stammvater des Volkes Israel, Abraham, angeführt.

Abraham opfert seinen Sohn Isaak und wird zum Vorbild des Vertrauens auf Gott. Initiale, 15. Jh., Neustift.

Die Kraft des Evangeliums: Röm 1,16–17

16 Ich schäme mich des Evangeliums nicht: Es
ist eine Kraft Gottes, die jeden rettet, der
glaubt, zuerst den Juden, aber ebenso den
Griechen. 17 Denn im Evangelium wird die
Gerechtigkeit Gottes offenbart aus Glauben
zum Glauben, wie es in der Schrift heißt: Der
aus Glauben Gerechte wird leben.

Gottes Bundestreue: Röm 3,21–25a.28

21 Jetzt aber ist unabhängig vom Gesetz die
Gerechtigkeit Gottes offenbart worden, be-
zeugt vom Gesetz und von den Propheten: 22
die Gerechtigkeit Gottes aus dem Glauben an
Jesus Christus, offenbart für alle, die glau-
ben. Denn es gibt keinen Unterschied: 23 Alle
haben gesündigt und die Herrlichkeit Gottes
verloren. 24 Ohne es verdient zu haben, wer-
den sie gerecht, dank seiner Gnade, durch
die Erlösung in Christus Jesus. 25a Ihn hat Gott
dazu bestimmt, Sühne zu leisten mit seinem
Blut, Sühne, wirksam durch Glauben. 28 Denn
wir sind der Überzeugung, daß der Mensch
gerecht wird durch Glauben, unabhängig
von Werken des Gesetzes.

Abraham – Vorbild der Glaubenden:
Röm 4,13.16–25

13 Denn Abraham und seine Nachkommen
erhielten nicht aufgrund des Gesetzes die
Verheißung, Erben der Welt zu sein, sondern
aufgrund der Glaubensgerechtigkeit. 16 Des-
halb gilt: »aus Glauben«, damit auch gilt:
»aus Gnade«. Nur so bleibt die Verheißung
für alle Nachkommen gültig, nicht nur für
die, welche das Gesetz haben, sondern auch
für die, welche wie Abraham den Glauben
haben. 17 Nach dem Schriftwort: Ich habe dich
zum Vater vieler Völker bestimmt, ist er un-
ser aller Vater vor Gott, dem er geglaubt hat,
dem Gott, der die Toten lebendig macht und
das, was nicht ist, ins Dasein ruft. 18 Gegen
alle Hoffnung hat er voll Hoffnung geglaubt,
daß er der Vater vieler Völker werde, nach
dem Wort: So zahlreich werden deine Nach-
kommen sein. 19 Ohne im Glauben schwach
zu werden, war er, der fast Hundertjährige,
sich bewußt, daß sein Leib und auch Saras
Mutterschoß erstorben waren. 20 Er zweifelte
nicht im Unglauben an der Verheißung Got-
tes, sondern wurde stark im Glauben, und er
erwies Gott Ehre, 21 fest davon überzeugt,
daß Gott die Macht besitzt zu tun, was er
verheißen hat. 22 Darum wurde der Glaube
ihm als Gerechtigkeit angerechnet. 23 Doch
nicht allein um seinetwillen steht in der
Schrift, daß der Glaube ihm angerechnet
wurde, 24 sondern auch um unseretwillen; er
soll auch uns angerechnet werden, die wir an
den glauben, der Jesus, unseren Herrn, von
den Toten auferweckt hat. 25 Wegen unserer
Verfehlungen wurde er hingegeben,/ wegen
unserer Gerechtmachung wurde er aufer-
weckt.

Aus Schuld befreit

Paulus weiß um die Unfähigkeit des Menschen, aus sich selbst vor Gott gerecht dazustehen. Die Menschen, in der einen Menschheitsfamilie zusammengeschlossen, sind in die Sünde verstrickt. Sie teilen das Geschick Adams, der durch seinen Ungehorsam den Tod in die Welt gebracht hat. Dieser in die Sünde verstrickten Menschheitsfamilie steht jedoch die neue Gemeinschaft derer gegenüber, die durch Christus gerettet wurden.

Der Grund der Hoffnung: Röm 5,1–11

1 Gerecht gemacht aus Glauben, haben wir Frieden mit Gott durch Jesus Christus, unseren Herrn. 2 Durch ihn haben wir auch den Zugang zu der Gnade erhalten, in der wir stehen, und rühmen uns unserer Hoffnung auf die Herrlichkeit Gottes. 3 Mehr noch, wir rühmen uns ebenso unserer Bedrängnis; denn wir wissen: Bedrängnis bewirkt Geduld, 4 Geduld aber Bewährung, Bewährung Hoffnung. 5 Die Hoffnung aber läßt nicht zugrunde gehen; denn die Liebe Gottes ist ausgegossen in unsere Herzen durch den Heiligen Geist, der uns gegeben ist. 6 Christus ist schon zu der Zeit, da wir noch schwach und gottlos waren, für uns gestorben. 7 Dabei wird nur schwerlich jemand für einen Gerechten sterben; vielleicht wird er jedoch für einen guten Menschen sein Leben wagen. 8 Gott aber hat seine Liebe zu uns darin erwiesen, daß Christus für uns gestorben ist, als wir noch Sünder waren. 9 Nachdem wir jetzt durch sein Blut gerecht gemacht sind, werden wir durch ihn erst recht vor dem Gericht Gottes gerettet werden. 10 Da wir mit Gott versöhnt wurden durch den Tod seines Sohnes, als wir noch (Gottes) Feinde waren, werden wir erst recht, nachdem wir versöhnt sind, gerettet werden durch sein Leben. 11 Mehr noch, wir rühmen uns Gottes durch Jesus Christus, unseren Herrn, durch den wir jetzt schon die Versöhnung empfangen haben.

Durch Christus wird die Gottesferne aufgehoben. Die Vertreibung aus dem Paradies. Schöpfungszyklus, 15.Jh., St. Prokulus / Naturns.

In Schuld verstrickt: Röm 5,12–14

12 Durch einen einzigen Menschen kam die Sünde in die Welt und durch die Sünde der Tod, und auf diese Weise gelangte der Tod zu allen Menschen, weil alle sündigten. 13 Sünde war schon vor dem Gesetz in der Welt, aber Sünde wird nicht angerechnet, wo es kein Gesetz gibt; 14 dennoch herrschte der Tod von Adam bis Mose auch über die, welche nicht wie Adam durch Übertreten eines Gebots gesündigt hatten; Adam aber ist die Gestalt, die auf den Kommenden hinweist.

»Zu Gerechten gemacht«: Röm 5,15–19

[15] Doch anders als mit der Übertretung verhält es sich mit der Gnade; sind durch die Übertretung des einen die vielen dem Tod anheimgefallen, so ist erst recht die Gnade Gottes und die Gabe, die durch die Gnadentat des einen Menschen Jesus Christus bewirkt worden ist, den vielen reichlich zuteil geworden. [16] Anders als mit dem, was durch den einen Sünder verursacht wurde, verhält es sich mit dieser Gabe: Das Gericht führt wegen der Übertretung des einen zur Verurteilung, die Gnade führt aus vielen Übertretungen zur Gerechtsprechung. [17] Ist durch die Übertretung des einen der Tod zur Herrschaft gekommen, durch diesen einen, so werden erst recht alle, denen die Gnade und die Gabe der Gerechtigkeit reichlich zuteil wurde, leben und herrschen durch den einen, Jesus Christus. [18] Wie es also durch die Übertretung eines einzigen für alle Menschen zur Verurteilung kam, so wird es auch durch die gerechte Tat eines einzigen für alle Menschen zur Gerechtsprechung kommen, die Leben gibt. [19] Wie durch den Ungehorsam des einen Menschen die vielen zu Sündern wurden, so werden auch durch den Gehorsam des einen die vielen zu Gerechten gemacht werden.

Gottes Heilsplan für alle Menschen

Paulus verkündet, daß alle Menschen von Gott zum Heil berufen sind. Da Paulus selbst der Abstammung nach Jude ist, trauert er darüber, daß sein eigenes Volk die Botschaft des Evangeliums nicht annimmt; doch weiß er um den wunderbaren Heilsplan Gottes, der – über den Umweg der Ablehnung der Juden – die Heiden beruft.

Trauer um das jüdische Volk: Röm 9,1–5

[1] Ich sage in Christus die Wahrheit und lüge nicht, und mein Gewissen bezeugt es mir im Heiligen Geist: [2] Ich bin voll Trauer, unablässig leidet mein Herz. [3] Ja, ich möchte selber verflucht und von Christus getrennt sein um meiner Brüder willen, die der Abstammung nach mit mir verbunden sind. [4] Sie sind Israeliten; damit haben sie die Sohnschaft, die Herrlichkeit, die Bundesordnungen, ihnen ist das Gesetz gegeben, der Gottesdienst und die Verheißungen, [5] sie haben die Väter, und dem Fleisch nach entstammt ihnen der Christus, der über allem als Gott steht, er ist gepriesen in Ewigkeit. Amen.

Gebet für das jüdische Volk: Röm 10,1–4

[1] Brüder, ich wünsche von ganzem Herzen und bete zu Gott, daß sie gerettet werden. [2] Denn ich bezeuge ihnen, daß sie Eifer haben für Gott; aber es ist ein Eifer ohne Erkenntnis. [3] Da sie die Gerechtigkeit Gottes verkannten und ihre eigene aufrichten wollten, haben sie sich der Gerechtigkeit Gottes nicht unterworfen. [4] Denn Christus ist das Ende des Gesetzes, und jeder, der an ihn glaubt, wird gerecht.

Gottes Erbarmen für Heiden und Juden: Röm 11,13–15.29–32

[13] Euch, den Heiden, sage ich: Gerade als Apostel der Heiden preise ich meinen Dienst, [14] weil ich hoffe, die Angehörigen meines Volkes eifersüchtig zu machen und wenigstens einige von ihnen zu retten. [15] Denn wenn schon ihre Verwerfung für die Welt Versöhnung gebracht hat, dann wird ihre Annahme nichts anderes sein als Leben aus dem Tod. [29] Denn unwiderruflich sind Gnade und Berufung, die Gott gewährt. [30] Und wie ihr einst Gott ungehorsam wart, jetzt aber infolge eures Ungehorsams Erbarmen gefunden habt, [31] so sind sie infolge des Erbarmens, das ihr gefunden habt, ungehorsam

geworden, damit jetzt auch sie Erbarmen
finden. 32 Gott hat alle in den Ungehorsam
eingeschlossen, um sich aller zu erbarmen.

Staunen über Gottes Heilsplan:
Röm 11,33–36

33 O Tiefe des Reichtums, der Weisheit und
der Erkenntnis Gottes! Wie unergründlich
sind seine Entscheidungen, wie unerforsch-
lich seine Wege! 34 Denn wer hat die Gedan-
ken des Herrn erkannt? Oder wer ist sein
Ratgeber gewesen? 35 Wer hat ihm etwas
gegeben, so daß Gott ihm etwas zurückge-
ben müßte? 36 Denn aus ihm und durch ihn
und auf ihn hin ist die ganze Schöpfung. Ihm
sei Ehre in Ewigkeit! Amen.

Einladung zum Lob: Röm 15,4–9

4 Und alles, was einst geschrieben worden ist,
ist zu unserer Belehrung geschrieben, damit
wir durch Geduld und durch den Trost der
Schrift Hoffnung haben. 5 Der Gott der Ge-
duld und des Trostes schenke euch die Ein-
mütigkeit, die Christus Jesus entspricht, 6
damit ihr Gott, den Vater unseres Herrn Je-
sus Christus, einträchtig und mit einem Mun-
de preist. 7 Darum nehmt einander an, wie
auch Christus uns angenommen hat, zur
Ehre Gottes. 8 Denn, das sage ich, Christus ist
um der Wahrhaftigkeit Gottes willen Diener
der Beschnittenen geworden, damit die Ver-
heißungen an die Väter bestätigt werden. 9
Die Heiden aber rühmen Gott um seines
Erbarmens willen; es steht ja in der Schrift:
Darum will ich dich bekennen unter den
Heiden / und deinem Namen lobsingen.

»Gott sei Ehre«: Röm 16,25–27

25 Ehre sei dem, der die Macht hat, euch Kraft
zu geben – / gemäß meinem Evangelium
und der Botschaft von Jesus Christus, / ge-
mäß der Offenbarung jenes Geheimnisses, /
das seit ewigen Zeiten unausgesprochen
war,
26 jetzt aber nach dem Willen des ewigen
Gottes offenbar / und durch prophetische
Schriften kundgemacht wurde, / um alle Hei-
den zum Gehorsam des Glaubens zu führen.
27 Ihm, dem einen, weisen Gott, / sei Ehre
durch Jesus Christus in alle Ewigkeit! Amen.

Vom Geist geführt

In der Kirchengeschichte gab es immer wieder Aufbrüche, in denen der Geist Gottes am Werk ist. Menschen, die sich vom Geist Gottes haben führen lassen, haben zur Erneuerung der Kirche beigetragen. Ein wesentliches Kennzeichen der Kirche nach den Predigten des heiligen Paulus ist es, daß den Glaubenden der Heilige Geist geschenkt wird und sie so zu einer geisterfüllten Existenz fähig werden. Besonders im Brief an die Galater erinnert Paulus die Gemeinden an die Erfahrung des Heiligen Geistes, die sie bei ihrer Bekehrung gemacht haben, und ermutigt sie, ihr Leben entsprechend diesem Anfang im Geist zu gestalten.

Kennzeichen der Christen

Durch Gottes Initiative ist den Getauften Familiengemeinschaft mit Gott geschenkt, die ihren höchsten Ausdruck in der Gottesanrede »Abba – Vater« findet. Christliche Existenz ist eine Existenz im Heiligen Geist und in Freiheit. Der heilige Paulus beschreibt an mehreren Stellen in knappen Worten, was Christsein überhaupt bedeutet: Die Getauften gehören Christus an und sind Kinder Gottes. So werden die Verheißungen an Abraham erfüllt und die Getauften stehen in einer neuen Beziehung zu Gott. Dieses neue Leben in der Kindschaft führt die Menschen zur Freiheit, aber auch zum rechten Handeln.

In Christus: Gal 3,26–29

[26] Ihr seid alle durch den Glauben Söhne Gottes in Christus Jesus. [27] Denn ihr alle, die ihr auf Christus getauft seid, habt Christus (als Gewand) angelegt. [28] Es gibt nicht mehr Juden und Griechen, nicht Sklaven und Freie, nicht Mann und Frau; denn ihr alle seid »einer« in Christus Jesus. [29] Wenn ihr aber zu Christus gehört, dann seid ihr Abrahams Nachkommen, Erben kraft der Verheißung.

Mit dem Vater: Gal 4,4–7

[4] Als aber die Zeit erfüllt war, sandte Gott seinen Sohn, geboren von einer Frau und dem Gesetz unterstellt, [5] damit er die freikaufe, die unter dem Gesetz stehen, und damit wir die Sohnschaft erlangen. [6] Weil ihr aber Söhne seid, sandte Gott den Geist seines Sohnes in unser Herz, den Geist, der ruft: Abba, Vater. [7] Daher bist du nicht mehr Sklave, sondern Sohn; bist du aber Sohn, dann auch Erbe, Erbe durch Gott.

In Freiheit und Liebe : Gal 5,1–6.13–15

[1] Zur Freiheit hat uns Christus befreit. Bleibt daher fest und laßt euch nicht von neuem das Joch der Knechtschaft auflegen! [2] Hört, was ich, Paulus, euch sage: Wenn ihr euch beschneiden laßt, wird Christus euch nichts nützen. [3] Ich versichere noch einmal jedem, der sich beschneiden läßt: Er ist verpflichtet, das ganze Gesetz zu halten. [4] Wenn ihr also durch das Gesetz gerecht werden wollt, dann habt ihr mit Christus nichts mehr zu tun; ihr seid aus der Gnade herausgefallen. [5] Wir aber erwarten die erhoffte Gerechtigkeit kraft des Geistes und auf Grund des Glaubens. [6] Denn in Christus Jesus kommt es nicht darauf an, beschnitten oder unbeschnitten zu sein, sondern darauf, den Glauben zu haben, der in der Liebe wirksam ist. [13] Ihr seid zur Freiheit berufen, Brüder. Nur nehmt die Freiheit nicht zum Vorwand für das Fleisch, sondern dient einander in Liebe! [14] Denn das ganze Gesetz ist in dem einen Wort zusammengefaßt: Du sollst deinen Nächsten lieben wie dich selbst! [15] Wenn ihr einander beißt und verschlingt, dann gebt acht, daß ihr euch nicht gegenseitig umbringt.

Das Gesetz des Geistes und des Lebens

Paulus weiß, daß im Herzen des Menschen zwei Mächte im Streit sind: Der »Geist« ist die Kraft Gottes, die dem Menschen als inneres Prinzip ins Herz gegeben ist. Unter »Fleisch« versteht Paulus die Selbst-Sucht des Menschen und seine Unfähigkeit, Heil zu schaffen. In zwei Listen zeigt Paulus auf, wie sich »Fleisch« und »Geist« auswirken. Am ausführlichsten schildert Paulus im achten Kapitel des Briefes an die Römer den neuen Menschen, der mit seiner durch die Selbstsucht bestimmten Natur (Paulus nennt es »Fleisch«) gebrochen hat. Der von Christus erlöste Mensch ist geprägt durch die Gabe des Geistes und des Lebens. Der Geist und die Lebenskraft Gottes wirken in den Getauften: Keimhaft, aber wirklich. Durch den Geist haben wir Anteil an Jesu Tod und Auferstehung. Der ganzen Schöpfung ist eine Verwandlung in die Herrlichkeit verheißen. Der Grund der Zuversicht der Christen ist der Geist, der sich unserer Schwachheit annimmt, Gott, der uns berufen hat und Christus, der für uns eintritt.

Die Werke des Fleisches: Gal 5,16–21

[16] Darum sage ich: Laßt euch vom Geist leiten, dann werdet ihr das Begehren des Fleisches nicht erfüllen. [17] Denn das Begehren des Fleisches richtet sich gegen den Geist, das Begehren des Geistes aber gegen das Fleisch; beide stehen sich als Feinde gegenüber, so daß ihr nicht imstande seid, das zu tun, was ihr wollt. [18] Wenn ihr euch

aber vom Geist führen laßt, dann steht ihr
nicht unter dem Gesetz. 19 Die Werke des
Fleisches sind deutlich erkennbar: Unzucht,
Unsittlichkeit, ausschweifendes Leben, 20
Götzendienst, Zauberei, Feindschaften,
Streit, Eifersucht, Jähzorn, Eigennutz, Spal-
tungen, Parteiungen, 21 Neid und Mißgunst,
Trink- und Eßgelage und ähnliches mehr. Ich
wiederhole, was ich euch schon früher ge-
sagt habe: Wer so etwas tut, wird das Reich
Gottes nicht erben.

Die Frucht des Geistes: Gal 5,22–25

22 Die Frucht des Geistes aber ist Liebe, Freu-
de, Friede, Langmut, Freundlichkeit, Güte,
Treue, 23 Sanftmut und Selbstbeherrschung;
dem allem widerspricht das Gesetz nicht. 24
Alle, die zu Christus Jesus gehören, haben
das Fleisch und damit ihre Leidenschaften
und Begierden gekreuzigt. 25 Wenn wir aus
dem Geist leben, dann wollen wir dem Geist
auch folgen.

Der neue Mensch: Röm 8,1–2.8–11

1 Jetzt gibt es keine Verurteilung mehr für
die, welche in Christus Jesus sind. 2 Denn das
Gesetz des Geistes und des Lebens in Chri-
stus Jesus hat dich frei gemacht vom Gesetz
der Sünde und des Todes. 8 Wer vom Fleisch
bestimmt ist, kann Gott nicht gefallen. 9 Ihr
aber seid nicht vom Fleisch, sondern vom
Geist bestimmt, da ja der Geist Gottes in
euch wohnt. Wer den Geist Christi nicht hat,
der gehört nicht zu ihm. 10 Wenn Christus in
euch ist, dann ist zwar der Leib tot aufgrund
der Sünde, der Geist aber ist Leben aufgrund
der Gerechtigkeit. 11 Wenn der Geist dessen
in euch wohnt, der Jesus von den Toten
auferweckt hat, dann wird er, der Christus
Jesus von den Toten auferweckt hat, auch
euren sterblichen Leib lebendig machen
durch seinen Geist, der in euch wohnt.

Kinder Gottes – Miterben Christi:
Röm 8,12–17

12 Wir sind also nicht dem Fleisch verpflichtet,
Brüder, so daß wir nach dem Fleisch leben
müßten. 13 Wenn ihr nach dem Fleisch lebt,
müßt ihr sterben; wenn ihr aber durch den
Geist die (sündigen) Taten des Leibes tötet,
werdet ihr leben. 14 Denn alle, die sich vom
Geist Gottes leiten lassen, sind Söhne Got-
tes. 15 Denn ihr habt nicht einen Geist emp-
fangen, der euch zu Sklaven macht, so daß
ihr euch immer noch fürchten müßtet, son-
dern ihr habt den Geist empfangen, der euch
zu Söhnen macht, den Geist, in dem wir
rufen: Abba, Vater! 16 So bezeugt der Geist
selber unserem Geist, daß wir Kinder Gottes
sind. 17 Sind wir aber Kinder, dann auch
Erben; wir sind Erben Gottes und sind Miter-
ben Christi, wenn wir mit ihm leiden, um mit
ihm auch verherrlicht zu werden.

Die Hoffnung der Schöpfung: Röm 8,18–23

18 Ich bin überzeugt, daß die Leiden der
gegenwärtigen Zeit nichts bedeuten im Ver-
gleich zu der Herrlichkeit, die an uns offen-
bar werden soll. 19 Denn die ganze Schöpfung
wartet sehnsüchtig auf das Offenbarwerden
der Söhne Gottes. 20 Die Schöpfung ist der
Vergänglichkeit unterworfen, nicht aus eige-
nem Willen, sondern durch den, der sie un-
terworfen hat; aber zugleich gab er ihr Hoff-
nung: 21 Auch die Schöpfung soll von der
Sklaverei und Verlorenheit befreit werden zur
Freiheit und Herrlichkeit der Kinder Gottes. 22
Denn wir wissen, daß die gesamte Schöp-
fung bis zum heutigen Tag seufzt und in
Geburtswehen liegt. 23 Aber auch wir, obwohl
wir als Erstlingsgabe den Geist haben, seuf-
zen in unserem Herzen und warten darauf,
daß wir mit der Erlösung unseres Leibes als
Söhne offenbar werden.

Der Geist betet in uns und für uns:
Röm 8,26–27

26 So nimmt sich auch der Geist unserer
Schwachheit an. Denn wir wissen nicht, wor-
um wir in rechter Weise beten sollen; der
Geist selber tritt jedoch für uns ein mit Seuf-
zen, das wir nicht in Worte fassen können. 27
Und Gott, der die Herzen erforscht, weiß, was
die Absicht des Geistes ist: Er tritt so, wie Gott
es will, für die Heiligen ein.

Teilnahme an der Herrlichkeit des Sohnes Gottes: Röm 8,28–30

28 Wir wissen, daß Gott bei denen, die ihn
lieben, alles zum Guten führt, bei denen, die
nach seinem ewigen Plan berufen sind; 29
denn alle, die er im voraus erkannt hat, hat er
auch im voraus dazu bestimmt, an Wesen
und Gestalt seines Sohnes teilzuhaben, da-
mit dieser der Erstgeborene von vielen Brü-
dern sei. 30 Die aber, die er vorausbestimmt
hat, hat er auch berufen, und die er berufen
hat, hat er auch gerecht gemacht; die er aber
gerecht gemacht hat, die hat er auch verherr-
licht.

Heilszuversicht: Röm 8,35.37–39

35 Was kann uns scheiden von der Liebe
Christi? Bedrängnis oder Not oder Verfol-
gung, Hunger oder Kälte, Gefahr oder
Schwert? 37 Doch all das überwinden wir
durch den, der uns geliebt hat. 38 Denn ich bin
gewiß: Weder Tod noch Leben, weder Engel
noch Mächte, weder Gegenwärtiges noch Zu-
künftiges, weder Gewalten 39 der Höhe oder
Tiefe noch irgendeine andere Kreatur kön-
nen uns scheiden von der Liebe Gottes, die in
Christus Jesus ist, unserem Herrn.

»Ist Gott für uns, wer ist dann gegen uns?« (Röm 8,31b). Gnadenstuhl, 1440, Diözesanmuseum Brixen.

Glaube und Verkündigung aus der Kraft des Geistes

Der christliche Glaube hat sich in einer unglaublich kurzen Zeit über die damalige Mittelmeerwelt ausgebreitet. Besonders die Apostelgeschichte und die Briefe des heiligen Paulus sind Dokumente dieser Evangelisierung. In diesen Texten wird ersichtlich, wieviele Christen in der Verkündigung des Glaubens mitarbeiten und von welchen Beweggründen die ersten Missionare beseelt waren.

Angesichts der vielen Sinnangebote und Ideologien, die auf den heutigen Menschen zukommen, besinnt sich die Kirche auf ihre Aufgabe der Evangelisierung. Die Kirche ist gesandt zu den Menschen, die Christus nicht kennen, sie muß aber auch dort die Botschaft verkünden, wo der Glaube schwach geworden ist. In diesem Sinn spricht Papst Johannes Paul II. oft von der Aufgabe der neuen Evangelisierung Europas.

Die Frohbotschaft aufnehmen und weitergeben

Der Glaube breitet sich aus durch das Wirken der Apostel. Doch auch die ersten christlichen Gemeinden wissen sich der Verkündigung verpflichtet. Der Erste Brief an die Thessalonicher – es ist dies die älteste Schrift des Neuen Testamentes überhaupt, entstanden ungefähr um das Jahr 50 n. Chr. in Korinth – gibt uns einen Einblick in die Glaubensverkündigung des Apostels, aber auch in die Art und Weise, wie die Gemeinden den Glauben aufgenommen und weitergegeben haben. Paulus beginnt den Ersten Brief an die Thessalonicher mit einem Dank für das Wirken Gottes: Gott hat die Thessalonicher befähigt, das Evangelium aufzunehmen und zu einem Vorbild für die Umwelt zu werden.

Vorbildliche Gemeinde: 1 Thess 1,1–10

1 Paulus, Silvanus und Timotheus an die
Gemeinde von Thessalonich, die in Gott,
dem Vater, und in Jesus Christus, dem
Herrn, ist: Gnade sei mit euch und Friede. 2
Wir danken Gott für euch alle, sooft wir in
unseren Gebeten an euch denken; 3 unabläs-
sig erinnern wir uns vor Gott, unserem Vater,
an das Werk eures Glaubens, an die Opferbe-
reitschaft eurer Liebe und an die Standhaftig-
keit eurer Hoffnung auf Jesus Christus, unse-
ren Herrn. 4 Wir wissen, von Gott geliebte
Brüder, daß ihr erwählt seid. 5 Denn wir
haben euch das Evangelium nicht nur mit
Worten verkündet, sondern auch mit Macht
und mit dem Heiligen Geist und mit voller
Gewißheit; ihr wißt selbst, wie wir bei euch
aufgetreten sind, um euch zu gewinnen. 6
Und ihr seid unserem Beispiel gefolgt und
dem des Herrn; ihr habt das Wort trotz großer
Bedrängnis mit der Freude aufgenommen,
die der Heilige Geist gibt. 7 So wurdet ihr ein
Vorbild für alle Gläubigen in Mazedonien und
in Achaia. 8 Von euch aus ist das Wort des
Herrn aber nicht nur nach Mazedonien und
Achaia gedrungen, sondern überall ist euer
Glaube an Gott bekannt geworden, so daß
wir darüber nichts mehr zu sagen brauchen. 9
Denn man erzählt sich überall, welche Auf-
nahme wir bei euch gefunden haben und wie
ihr euch von den Götzen zu Gott bekehrt
habt, um dem lebendigen und wahren Gott
zu dienen 10 und seinen Sohn vom Himmel
her zu erwarten, Jesus, den er von den Toten
auferweckt hat und der uns dem kommen-
den Gericht Gottes entreißt.

Verkünder des Wortes. Die Diözesanpatrone Kassian und Vigilius. Münze zum 25jährigen Bestehen der Diözese Bozen-Brixen, Martin Rainer, 1989.

Der Dienst des Apostels für die Gemeinde:
1 Thess 2,6–9.13

6 Wir haben auch keine Ehre bei den Men-
schen gesucht, weder bei euch noch bei
anderen, 7 obwohl wir als Apostel Christi
unser Ansehen hätten geltend machen kön-
nen. Im Gegenteil, wir sind euch freundlich
begegnet: Wie eine Mutter für ihre Kinder
sorgt, 8 so waren wir euch zugetan und woll-
ten euch nicht nur am Evangelium Gottes
teilhaben lassen, sondern auch an unserem
eigenen Leben; denn ihr wart uns sehr lieb
geworden. 9 Ihr erinnert euch, Brüder, wie wir
uns gemüht und geplagt haben. Bei Tag und

Nacht haben wir gearbeitet, um keinem von euch zur Last zu fallen, und haben euch so das Evangelium Gottes verkündet. [13] Darum danken wir Gott unablässig dafür, daß ihr das Wort Gottes, das ihr durch unsere Verkündigung empfangen habt, nicht als Menschenwort, sondern – was es in Wahrheit ist – als Gottes Wort angenommen habt; und jetzt ist es in euch, den Gläubigen, wirksam.

Gebet für die Gemeinde: 1 Thess 3,12 – 4,2

[12] Euch aber lasse der Herr wachsen und reich werden in der Liebe zueinander und zu allen, wie auch wir euch lieben, [13] damit euer Herz gefestigt wird und ihr ohne Tadel seid, geheiligt vor Gott, unserem Vater, wenn Jesus, unser Herr, mit allen seinen Heiligen kommt. [1] Im übrigen, Brüder, bitten und ermahnen wir euch im Namen Jesu, des Herrn: Ihr habt von uns gelernt, wie ihr leben müßt, um Gott zu gefallen, und ihr lebt auch so; werdet darin noch vollkommener! [2] Ihr wißt ja, welche Ermahnungen wir euch im Auftrag Jesu, des Herrn, gegeben haben.

Die Mitarbeiter und Mitarbeiterinnen in der Verkündigung

Die rasche Ausbreitung der Botschaft von Jesus Christus – schon zwanzig Jahre nach dem Tod Jesu war sie bis ins Zentrum des Römischen Reiches gelangt – ist nur dadurch zu erklären, daß viele Christen sich als Boten des Evangeliums betätigten.

Paulus spricht des öfteren von der Mitarbeit der Christen. Besonders lobend äußert er sich über den Einsatz für das Evangelium in der Gemeinde von Philippi. In diesem Brief äußert er sich auch lobend über Timotheus, der einer seiner engsten Mitarbeiter ist. Paulus nennt in seinen Briefen viele Mitarbeiterinnen und Mitarbeiter. Die längste Liste findet sich im sechzehnten Kapitel des Briefes an die Römer, wobei gerade hier viele Frauen genannt werden. Dieser interessante Text nennt Namen, beschreibt kurz den Dienst und auch die persönlichen Beziehungen zu Paulus. Bemerkenswert ist die Erwähnung der Phöbe, die den Namen »Diakonos – Dienerin« trägt, und des Ehepaares Priszilla und Aquila (Apg 18). In seinen Briefen mahnt Paulus die Gemeinden, die Mitarbeiter anzuerkennen.

Dank an Gott für die Mitarbeit der Gemeinde: Phil 1,3–11

[3] Ich danke meinem Gott jedesmal, wenn ich an euch denke; [4] immer, wenn ich für euch alle bete, tue ich es mit Freude [5] und danke Gott dafür, daß ihr euch gemeinsam für das Evangelium eingesetzt habt vom ersten Tag an bis jetzt. [6] Ich vertraue darauf, daß er, der bei euch das gute Werk begonnen hat, es auch vollenden wird bis zum Tag Christi Jesu. [7] Es ist nur recht, daß ich so über euch alle denke, weil ich euch ins Herz geschlossen habe. Denn ihr alle habt Anteil an der Gnade, die mir durch meine Gefangenschaft und die Verteidigung und Bekräftigung des Evangeliums gewährt ist. [8] Gott ist mein Zeuge, wie ich mich nach euch allen sehne mit der herzlichen Liebe, die Christus Jesus zu euch hat. [9] Und ich bete darum, daß eure Liebe immer noch reicher an Einsicht und Verständnis wird, [10] damit ihr beurteilen könnt, worauf es ankommt. Dann werdet ihr rein und ohne Tadel sein für den Tag Christi, [11] reich an der Frucht der Gerechtigkeit, die Jesus Christus gibt, zur Ehre und zum Lob Gottes.

Berufen, den Glauben weiterzugeben. Der hl. Petrus mit den Diözesanheiligen Ingenuin und Albuin. Fresko, um 1350, Johanneskirche Brixen.

Lob für Timotheus: Phil 2,19–22

19 Ich hoffe aber im Vertrauen auf Jesus, den
Herrn, daß ich Timotheus bald zu euch schik-
ken kann, damit auch ich ermutigt werde,
wenn ich erfahre, wie es um euch steht. 20 Ich
habe keinen Gleichgesinnten, der so aufrich-
tig um eure Sache besorgt ist; 21 denn alle
suchen ihren Vorteil, nicht die Sache Jesu
Christi. 22 Ihr wißt ja, wie er sich bewährt hat:
Wie ein Kind dem Vater – so hat er mit mir
zusammen dem Evangelium gedient.

Namen von Mitarbeiterinnen und Mitarbeitern: Röm 16,1–16.21–24

1 Ich empfehle euch unsere Schwester Phö-
be, die Dienerin der Gemeinde von Ken-
chreä: 2 Nehmt sie im Namen des Herrn auf,
wie es Heilige tun sollen, und steht ihr in
jeder Sache bei, in der sie euch braucht; sie
selbst hat vielen, darunter auch mir, gehol-
fen. 3 Grüßt Priska und Aquila, meine Mitar-
beiter in Christus Jesus, 4 die für mich ihr
eigenes Leben aufs Spiel gesetzt haben;

nicht allein ich, sondern alle Gemeinden der
Heiden sind ihnen dankbar. 5 Grüßt auch die
Gemeinde, die sich in ihrem Haus versam-
melt. Grüßt meinen lieben Epänetus, der die
Erstlingsgabe der Provinz Asien für Christus
ist. 6 Grüßt Maria, die für euch viel Mühe auf
sich genommen hat. 7 Grüßt Andronikus und
Junias, die zu meinem Volk gehören und mit
mir zusammen im Gefängnis waren; sie sind
angesehene Apostel und haben sich schon
vor mir zu Christus bekannt. 8 Grüßt Amplia-
tus, mit dem ich im Herrn verbunden bin. 9
Grüßt Urbanus, unseren Mitarbeiter in Chri-
stus, und meinen lieben Stachys. 10 Grüßt
Apelles, der sich in Christus bewährt hat.
Grüßt das ganze Haus des Aristobul. 11 Grüßt
Herodion, der zu meinem Volk gehört. Grüßt
alle aus dem Haus des Narzissus, die sich
zum Herrn bekennen. 12 Grüßt Tryphäna und
Tryphosa, die für den Herrn viel Mühe auf
sich nehmen. Grüßt die liebe Persis; sie hat
für den Herrn große Mühe auf sich genom-
men. 13 Grüßt Rufus, der vom Herrn auser-
wählt ist; grüßt seine Mutter, die auch mir zur
Mutter geworden ist. 14 Grüßt Asynkritus,
Phlegon, Hermes, Patrobas, Hermas und die
Brüder, die bei ihnen sind. 15 Grüßt Philolo-
gus und Julia, Nereus und seine Schwester,
Olympas und alle Heiligen, die bei ihnen
sind. 16 Grüßt einander mit dem heiligen Kuß.
Es grüßen euch alle Gemeinden Christi. 21 Es
grüßen euch Timotheus, mein Mitarbeiter,
und Luzius, Jason und Sosipater, die zu
meinem Volk gehören. 22 Ich, Tertius, der
Schreiber dieses Briefes, grüße euch im Na-
men des Herrn. 23 Es grüßt euch Gaius, der
mich und die ganze Gemeinde gastlich auf-
genommen hat. Es grüßt euch der Stadtkäm-
merer Erastus und der Bruder Quartus. 24 Die
Gnade Jesu Christi, unseres Herrn, sei mit
euch allen! Amen.

Versammelt zu heiliger Feier

Jesus selbst stammt aus dem Judentum und hat sich während seines Lebens an die jüdischen Formen des Gottesdienstes gehalten: Er ging am Sabbat in die Synagoge (Lk 4,16–30), er ging an den großen Wallfahrtsfesten – Ostern und Laubhüttenfest – nach Jerusalem. Er feierte auch die im jüdischen Volk üblichen Hausandachten, wie etwa das Ostermahl. Die ersten Christen in Jerusalem beteiligten sich am Tempelkult und am Synagogengottesdienst. Die christliche Gemeinde übernimmt aus dem Judentum manche Formen des Gottesdienstes, sie entwickelt aber auch neue Formen.

Gottesdienst und Götzendienst

In der heidnischen Umgebung von Korinth entstand das Problem, wie man es mit der Teilnahme an Gastmählern halten sollte, bei denen Fleisch verzehrt wurde, das vom heidnischen Gottesdienst stammte. Paulus stellt die Gemeinde vor die Entscheidung: Man kann nicht gleichzeitig am Gottesdienst und am Götzenmahl teilnehmen. Die Ereignisse aus der Geschichte Israels, besonders der Durchzug durch das Rote Meer und die Speisung mit dem Manna, sollen auch für Christen ein warnendes Beispiel sein: Es gilt, diese Gaben glaubend anzunehmen.

Warnung vor dem Bösen:
1 Kor 10,1–6.10–12

1 Ihr sollt wissen, Brüder, daß unsere Väter
alle unter der Wolke waren, alle durch das
Meer zogen 2 und alle auf Mose getauft wur-
den in der Wolke und im Meer. 3 Alle aßen
auch die gleiche gottgeschenkte Speise, 4
und alle tranken den gleichen gottgeschenk-
ten Trank; denn sie tranken aus dem lebens-
spendenden Felsen, der mit ihnen zog. Und
dieser Fels war Christus. 5 Gott aber hatte an
den meisten von ihnen kein Gefallen; denn er
ließ sie in der Wüste umkommen. 6 Das aber
geschah als warnendes Beispiel für uns: da-
mit wir uns nicht von der Gier nach dem
Bösen beherrschen lassen, wie jene sich von
der Gier beherrschen ließen. 10 Murrt auch
nicht, wie einige von ihnen murrten; sie wur-
den vom Verderber umgebracht. 11 Das aber
geschah an ihnen, damit es uns als Beispiel
dient; uns zur Warnung wurde es aufge-
schrieben, uns, die das Ende der Zeiten
erreicht hat. 12 Wer also zu stehen meint, der
gebe acht, daß er nicht fällt.

Teilhabe an Christi Leib und Blut:
1 Kor 10,16–17

16 Ist der Kelch des Segens, über den wir den
Segen sprechen, nicht Teilhabe am Blut Chri-
sti? Ist das Brot, das wir brechen, nicht
Teilhabe am Leib Christi? 17 E i n Brot ist es.
Darum sind wir viele e i n Leib; denn wir alle
haben teil an dem einen Brot.

Alles zur Ehre Gottes: 1 Kor 10,31 – 11,1

31 Ob ihr also eßt oder trinkt oder etwas
anderes tut: tut alles zur Verherrlichung Got-
tes! 32 Gebt weder Juden noch Griechen noch
der Kirche Gottes Anlaß zu einem Vorwurf! 33
Auch ich suche allen in allem entgegenzu-
kommen; ich suche nicht meinen Nutzen,
sondern den Nutzen aller, damit sie gerettet
werden. 1 Nehmt mich zum Vorbild, wie ich
Christus zum Vorbild nehme.

Die Feier des Herrenmahles in Korinth

Die wichtigste Feier der christlichen Gemeinde ist die Feier des Brotbrechens, die Eucharistie. Jesus hat die Eucharistie im Rahmen eines jüdischen Festmahles eingesetzt. Bei einem jüdischen Mahl waren zwei Gesten besonders wichtig: Am Beginn hat der Hausvater das Brot in kleine Stücke gebrochen und mit einem Segensspruch den Teilnehmern gereicht. Während des Mahles wurde mehrmals der Becher mit Wein gereicht und beim dritten Becher ein Segensgebet gesprochen. An diese Gesten knüpft Jesus in der Einsetzung der Eucharistie an. Er bricht das Brot, spricht einen Segensspruch und gibt das Brot weiter. Mit dem Wort »Leib« ist die Person, der ganze Mensch, gemeint. Jesus reicht also im Brot sich selbst. Das Essen und das Trinken vermitteln nun die Heilsgabe schlechthin. Während beim Letzten Abendmahl die Feier der Eucharistie innerhalb eines Mahles stattfand, hat sich in der Gemeinde von Korinth eine zweiteilige Form entwickelt. Zunächst wurde ein Mahl gehalten und im Anschluß daran wurde die Eucharistie gefeiert. Allerdings haben sich bei der Feier des Herrenmahles auch Mißstände eingeschlichen. Was Paulus an diesen Mißständen vor allem tadelt, ist die fehlende soziale Gesinnung.

Mißstände bei der Eucharistie:
1 Kor 11,17–22

17 Wenn ich schon Anweisungen gebe: Das
kann ich nicht loben, daß ihr nicht mehr zu
eurem Nutzen, sondern zu eurem Schaden
zusammenkommt. 18 Zunächst höre ich, daß
es Spaltungen unter euch gibt, wenn ihr als
Gemeinde zusammenkommt; zum Teil glau-
be ich das auch. 19 Denn es muß Parteiungen
geben unter euch; nur so wird sichtbar, wer

unter euch treu und zuverlässig ist. [20] Was ihr bei euren Zusammenkünften tut, ist keine Feier des Herrenmahls mehr; [21] denn jeder verzehrt sogleich seine eigenen Speisen, und dann hungert der eine, während der andere schon betrunken ist. [22] Könnt ihr denn nicht zu Hause essen und trinken? Oder verachtet ihr die Kirche Gottes? Wollt ihr jene demütigen, die nichts haben? Was soll ich dazu sagen? Soll ich euch etwa loben? In diesem Fall kann ich euch nicht loben.

Die Einsetzung der Eucharistie:
1 Kor 11,23–26

[23] Denn ich habe vom Herrn empfangen, was ich euch dann überliefert habe: Jesus, der Herr, nahm in der Nacht, in der er ausgeliefert wurde, Brot, [24] sprach das Dankgebet, brach das Brot und sagte: Das ist mein Leib für euch. Tut dies zu meinem Gedächtnis! [25] Ebenso nahm er nach dem Mahl den Kelch und sprach: Dieser Kelch ist der Neue Bund in meinem Blut. Tut dies, sooft ihr daraus trinkt, zu meinem Gedächtnis! [26] Denn sooft ihr von diesem Brot eßt und aus dem Kelch trinkt, verkündet ihr den Tod des Herrn, bis er kommt.

Die Jünger erkannten Jesus am Brechen des Brotes (vgl. Lk 24,31). Emailbild an einem Kelch, St. Lorenzen.

Der Gottesdienst in Korinth

Aus dem Brief des heiligen Paulus an die Korinther gewinnen wir auch einen Einblick, wie der Wortgottesdienst in den Gemeinden verlief. An der Gestaltung des Gottesdienstes waren viele beteiligt. Es bestand allerdings auch die Gefahr einer gewissen Unordnung. Besonders betraf dies wohl das Zungenreden. Unter Zungenreden müssen wir uns vorstellen, daß die Leute aus innerer Begeisterung unverständliche Worte hervorgebracht haben. Solches Reden war Ausdruck der Verbindung mit dem unaussprechlichen Geheimnis Gottes und Zeichen der inneren Erregung und Begeisterung. Der heilige Paulus sagt nun, daß solches Zungenreden nur dann erlaubt ist, wenn jemand da ist, der das Zungenreden auslegen kann. Dann gab es beim Gottesdienst die Propheten, also Menschen, die Gottes Willen für die Menschen verkündeten. Dann gab es Lehrer, also solche, die die Traditionen über Jesus weitergaben. Paulus nennt nun die Grundsätze der Ordnung im Gottesdienst.

Ordnung in der Vielfalt der Gnaden:
1 Kor 14,26–33a

[26] Was soll also geschehen, Brüder? Wenn ihr zusammenkommt, trägt jeder etwas bei: einer einen Psalm, ein anderer eine Lehre, der dritte eine Offenbarung; einer redet in Zungen, und ein anderer deutet es. Alles geschehe so, daß es aufbaut. [27] Wenn man in Zun-

gen reden will, so sollen es nur zwei tun, höchstens drei, und zwar einer nach dem andern; dann soll einer es auslegen. [28] Wenn aber niemand es auslegen kann, soll auch keiner vor der Gemeinde so reden. Er soll es für sich selber tun und vor Gott. [29] Auch zwei oder drei Propheten sollen zu Wort kommen; die anderen sollen urteilen. [30] Wenn aber noch einem andern Anwesenden eine Offenbarung zuteil wird, soll der erste schweigen; [31] einer nach dem andern könnt ihr alle prophetisch reden. So lernen alle etwas, und alle werden ermutigt. [32] Die Äußerung prophetischer Eingebungen ist nämlich dem Willen der Propheten unterworfen. [33a] Denn Gott ist nicht ein Gott der Unordnung, sondern ein Gott des Friedens.

Die Taufkatechese

In der urchristlichen Zeit wurde die Taufe durch Untertauchen des ganzen Körpers im Wasser gespendet. Das Untertauchen macht sichtbar, daß der Mensch stirbt und zum neuen Leben ersteht. Paulus gibt eine ausführliche Taufkatechese, in der er Christwerden als Teilnahme an Tod und Auferstehung aufzeigt.

Auf Christus getauft: Röm 6,3–4.8–11

[3] Wißt ihr denn nicht, daß wir alle, die wir auf Christus Jesus getauft wurden, auf seinen Tod getauft worden sind? [4] Wir wurden mit ihm begraben durch die Taufe auf den Tod; und wie Christus durch die Herrlichkeit des Vaters von den Toten auferweckt wurde, so sollen auch wir als neue Menschen leben. [8] Sind wir nun mit Christus gestorben, so glauben wir, daß wir auch mit ihm leben werden. [9] Wir wissen, daß Christus, von den Toten auferweckt, nicht mehr stirbt; der Tod hat keine Macht mehr über ihn. [10] Denn durch sein Sterben ist er ein für allemal gestorben für die Sünde, sein Leben aber lebt er für Gott. [11] So sollt auch ihr euch als Menschen begreifen, die für die Sünde tot sind, aber für Gott leben in Christus Jesus.

Kurzgebete

Die ersten Christen übernehmen vor allem die Psalmen als ihr Gebetbuch. Auch das Neue Testament enthält eine Reihe von feierlichen Gebeten: Den Lobgesang Mariens (Lk 1,46–55), den Lobgesang des Zacharias (Lk 1,68–79), das Lied des Simeon (Lk 2,29–33). Paulus beginnt seine Briefe immer mit einem Lob Gottes.

Einige der Gebetsformeln, die im ersten christlichen Gottesdienst verwendet wurden, haben sich bis in unsere Zeit erhalten. Zu diesen gehört das Wort »Amen« – »So sei es«, mit dem schon im Judentum – und auch in der frühen Gemeinde – die Gläubigen sich das Gebet des Vorbeters zu eigen gemacht haben. Ein anderer aus dem Judentum stammender Gebetsruf ist das »Halleluja« – »Lobet Gott«. Ein weiterer ist das »Hosanna« – »Gott, hilf doch«. Dieser Ruf wurde zu einem Jubelruf und zu einer liturgischen Formel: Zuerst im Judentum und dann auch bei den Christen (vgl. Mk 11,9f). So stehen unsere Gottesdienste in der großen Tradition des betenden Volkes Gottes im Alten Testament und der frühen christlichen Gemeinde.

Die Mutter Jesu – Vorbild des Betens. Venezianisches Email an Bischofshandschuhen, 12. Jh., Domschatz Brixen.

Hosanna: Mk 11,9–10

9 Beim Einzug in Jerusalem riefen die Leute:
Hosanna! /
Gesegnet sei er, der kommt im Namen des Herrn!
10 Gesegnet sei das Reich unseres Vaters David, /
das nun kommt. /
Hosanna in der Höhe!

Halleluja: Offb 19,6b

6b Halleluja! /
Denn König geworden ist der Herr, unser Gott, /
der Herrscher über die ganze Schöpfung.

Marána tha: 1 Kor 16,20–24

20 Es grüßen euch alle Brüder. Grüßt einander
mit dem heiligen Kuß! 21 Den Gruß schreibe
ich, Paulus, eigenhändig. 22 Wer den Herrn
nicht liebt, sei verflucht! Marána tha – Unser
Herr, komm! 23 Die Gnade Jesu, des Herrn,
sei mit euch! 24 Meine Liebe ist mit euch allen
in Christus Jesus.

Ein Gebetswunsch: 2 Kor 13,12–13

12 Grüßt einander mit dem heiligen Kuß! Es
grüßen euch alle Heiligen. 13 Die Gnade Jesu
Christi, des Herrn, die Liebe Gottes und die
Gemeinschaft des Heiligen Geistes sei mit
euch allen!

Christus – Das Amen (Ja) Gottes:
2 Kor 1,18–22

18 Gott ist treu, er bürgt dafür, daß unser Wort
euch gegenüber nicht Ja und Nein zugleich
ist. 19 Denn Gottes Sohn Jesus Christus, der
euch durch uns verkündigt wurde – durch
mich, Silvanus, und Timotheus –, ist nicht
als Ja und Nein zugleich gekommen; in ihm
ist das Ja verwirklicht. 20 Er ist das Ja zu allem,
was Gott verheißen hat. Darum rufen wir
durch ihn zu Gottes Lobpreis auch das Amen.
21 Gott aber, der uns und euch in der Treue zu
Christus festigt und der uns alle gesalbt hat,
22 er ist es auch, der uns sein Siegel aufgedrückt und als ersten Anteil (am verheißenen
Heil) den Geist in unser Herz gegeben hat.

Von Gott in der Liebe unterwiesen

Angesichts der großen Probleme der Menschheit wächst immer stärker das Bewußtsein, wie sehr die Glaubenden zum Einsatz in der Welt verpflichtet sind. Die großen Probleme von Gerechtigkeit, Frieden und Bewahrung der Schöpfung verlangen den Einsatz aller. Jesus selbst hat ja das Hauptgebot in die Mitte seiner Verkündigung gestellt und sich eingesetzt für die an den Rand gedrängten: Die Kranken, die Frauen, die sozial und religiös Ausgestoßenen.

Gemeinde als Ort der Nächstenliebe

In einem kurzen Brief nimmt Paulus Stellung zum konkreten Fall eines Sklaven, der seinem Herrn entlaufen ist. Schon Jesus hatte seine Botschaft vor allem an Arme, Weinende, Entrechtete gerichtet. So waren bald auch Sklaven unter den Gemeindemitgliedern und es stellte sich auch für die Christen die Frage, welche Haltung gegenüber der Sklaverei eingenommen werden sollte. Auf dem Hintergrund der damaligen Sklavenbehandlung werden in diesem Brief die Leitlinien für ein neues Verhalten gegeben: Der Sklave ist nicht mehr Sklave, sondern ein Bruder im Herrn; die christliche Gemeinde – damals in der Form der Hauskirche – ist der Ort, an dem der Sklave angenommen und aufgenommen wird. Damit wird die Botschaft von »Eins-sein in Christus« konkret verwirklicht. Der Brief ist ein kleines Meisterwerk seelsorglichen Verhaltens: Ohne auf seine Autorität zu pochen, macht Paulus den Brief durch Hinweise auf seine persönliche Lage, auf die Gemeinschaft im Glauben und auf die wechselseitige Verbundenheit zu einem unwiderstehlichen Appell. Die Kirche hat lange Zeit gebraucht, bis diese Botschaft von der Gleichheit der Menschen und von der Brüderlichkeit zur Abschaffung der Sklaverei geführt hat. Der Brief des heiligen Paulus an Philemon bleibt eine Mahnung an die Kirche, auch verborgene und den Menschen nicht bewußte Formen des Unrechts zu entdecken und zu überwinden.

Eine urchristliche Hausgemeinde: Phlm 1–3

1 Paulus, Gefangener Christi Jesu, und der
Bruder Timotheus an unseren geliebten Mit-
arbeiter Philemon, 2 an die Schwester Aphia,
an Archippus, unseren Mitstreiter, und an die
Gemeinde in deinem Haus: 3 Gnade sei mit
euch und Friede von Gott, unserem Vater,
und dem Herrn Jesus Christus.

Wirksamer Glaube: Phlm 4–7

4 Ich danke meinem Gott jedesmal, wenn ich
in meinen Gebeten an dich denke. 5 Denn ich
höre von deinem Glauben an Jesus, den
Herrn, und von deiner Liebe zu allen Heili-
gen. 6 Ich wünsche, daß unser gemeinsamer
Glaube in dir wirkt und du all das Gute in uns
erkennst, das auf Christus gerichtet ist. 7 Es
hat mir viel Freude und Trost bereitet, daß
durch dich, Bruder, und durch deine Liebe
die Heiligen ermutigt worden sind.

Die Liebe lehrt teilen. Der hl. Martin. 1690, St. Martin im Kofl / Latsch.

Geschwisterliche Kirche: Phlm 8–20

8 Obwohl ich durch Christus volle Freiheit habe, dir zu befehlen, was du tun sollst, 9 ziehe ich es um der Liebe willen vor, dich zu bitten. Ich, Paulus, ein alter Mann, der jetzt für Christus Jesus im Kerker liegt, 10 ich bitte dich für mein Kind Onesimus, dem ich im Gefängnis zum Vater geworden bin. 11 Früher konntest du ihn zu nichts gebrauchen, doch jetzt ist er dir und mir recht nützlich. 12 Ich schicke ihn zu dir zurück, ihn, das bedeutet mein eigenes Herz. 13 Ich würde ihn gern bei mir behalten, damit er mir an deiner Stelle dient, solange ich um des Evangeliums willen im Gefängnis bin. 14 Aber ohne deine Zustimmung wollte ich nichts tun. Deine gute Tat soll nicht erzwungen, sondern freiwillig sein. 15 Denn vielleicht wurde er nur deshalb eine Weile von dir getrennt, damit du ihn für ewig zurückerhältst, 16 nicht mehr als Sklaven, sondern als weit mehr: als geliebten Bruder. Das ist er jedenfalls für mich, um wieviel mehr dann für dich, als Mensch und auch vor dem Herrn. 17 Wenn du dich mir verbunden fühlst, dann nimm ihn also auf wie mich selbst! 18 Wenn er dich aber geschädigt hat oder dir etwas schuldet, setz das auf meine Rechnung! 19 Ich, Paulus, schreibe mit eigener Hand: Ich werde es bezahlen – um nicht davon zu reden, daß du dich selbst mir schuldest. 20 Ja, Bruder, um des Herrn willen möchte ich von dir einen Nutzen haben. Erfreue mein Herz; wir gehören beide zu Christus.

Grüße und Segen: Phlm 21–25

21 Ich schreibe dir im Vertrauen auf deinen Gehorsam und weiß, daß du noch mehr tun wirst, als ich gesagt habe. 22 Bereite zugleich eine Unterkunft für mich vor! Denn ich hoffe, daß ich euch durch eure Gebete wiedergeschenkt werde. 23 Es grüßen dich Epaphras, der mit mir um Christi Jesu willen im Gefängnis ist, 24 sowie Markus, Aristarch, Demas und Lukas, meine Mitarbeiter. 25 Die Gnade Jesu Christi, des Herrn, sei mit eurem Geist!

Von Gott belehrt: 1 Thess 4,9–10

9 Über die Bruderliebe brauche ich euch nicht zu schreiben; Gott selbst hat euch schon gelehrt, einander zu lieben; 10 und danach handelt ihr auch an allen Brüdern in ganz Mazedonien. Wir ermuntern euch aber, Brüder, darin noch vollkommener zu werden.

Ihr seid »einer« in Christus Jesus: Gal 3,26–28

26 Ihr seid alle durch den Glauben Söhne Gottes in Christus Jesus. 27 Denn ihr alle, die ihr auf Christus getauft seid, habt Christus (als Gewand) angelegt. 28 Es gibt nicht mehr Juden und Griechen, nicht Sklaven und Freie, nicht Mann und Frau; denn ihr alle seid »einer« in Christus Jesus.

Liebe als Erfüllung des Gesetzes

Schon Jesus hatte die Gebote zusammengefaßt im Hauptgebot der Gottes- und der Nächstenliebe. Paulus weiß sich dieser Botschaft verpflichtet und zeigt, wie Christen miteinander umgehen sollen. Wenn unterschiedliche Auffassungen in der Kirche bestehen, wie es in der Gemeinde von Rom der Fall war, warnt Paulus vor gegenseitiger Verurteilung, denn der Herr allein entscheidet. Für den Dienst der Liebe gibt Paulus auch eine Art von Durchführungsbestimmungen. Auf dem Apostelkonzil in Jerusalem (49 n. Chr.) hatte sich Paulus verpflichtet, dafür zu sorgen, daß die heidenchristlichen Gemeinden für Jerusalem sammeln; er selbst hat die Sammlung in den einzelnen Gemeinden durchgeführt. Für die Gemeinde von Korinth hat er dabei auch eine ganze Reihe von Grundsätzen für Sammlungen aufgestellt, die auch heute noch ihre Gültigkeit haben.

Die Liebe ist die Erfüllung des Gesetzes. Der hl. Nikolaus beschenkt drei arme Mädchen. Um 1430, Durnholz.

Das Denken erneuern: Röm 12,1–2

1 Angesichts des Erbarmens Gottes ermahne
ich euch, meine Brüder, euch selbst als lebendiges und heiliges Opfer darzubringen, das Gott gefällt; das ist für euch der wahre
und angemessene Gottesdienst. 2 Gleicht
euch nicht dieser Welt an, sondern wandelt euch und erneuert euer Denken, damit ihr prüfen und erkennen könnt, was der Wille Gottes ist: was ihm gefällt, was gut und vollkommen ist.

Teilnehmen am Schicksal der Menschen: Röm 12,9–18

9 Eure Liebe sei ohne Heuchelei. Verabscheut
das Böse, haltet fest am Guten! 10 Seid einan-
der in brüderlicher Liebe zugetan, übertrefft
euch in gegenseitiger Achtung! 11 Laßt nicht
nach in eurem Eifer, laßt euch vom Geist
entflammen und dient dem Herrn! 12 Seid
fröhlich in der Hoffnung, geduldig in der
Bedrängnis, beharrlich im Gebet! 13 Helft den
Heiligen, wenn sie in Not sind; gewährt jeder-

zeit Gastfreundschaft! [14] Segnet eure Verfol-
ger; segnet sie, verflucht sie nicht! [15] Freut
euch mit den Fröhlichen und weint mit den
Weinenden! [16] Seid untereinander eines Sin-
nes; strebt nicht hoch hinaus, sondern bleibt
demütig! Haltet euch nicht selbst für weise! [17]
Vergeltet niemand Böses mit Bösem! Seid
allen Menschen gegenüber auf Gutes be-
dacht! [18] Soweit es euch möglich ist, haltet
mit allen Menschen Frieden!

Die Zusammenfassung des Gesetzes:
Röm 13,8–10

[8] Bleibt niemand etwas schuldig; nur die
Liebe schuldet ihr einander immer. Wer den
andern liebt, hat das Gesetz erfüllt. [9] Denn
die Gebote: Du sollst nicht die Ehe brechen,
du sollst nicht töten, du sollst nicht stehlen,
du sollst nicht begehren!, und alle anderen
Gebote sind in dem einen Satz zusammen-
gefaßt: Du sollst deinen Nächsten lieben wie
dich selbst. [10] Die Liebe tut dem Nächsten
nichts Böses. Also ist die Liebe die Erfüllung
des Gesetzes.

Die Heilszeit erkennen: Röm 13,11–14

[11] Bedenkt die gegenwärtige Zeit: Die Stunde
ist gekommen, aufzustehen vom Schlaf.
Denn jetzt ist das Heil uns näher als zu der
Zeit, da wir gläubig wurden. [12] Die Nacht ist
vorgerückt, der Tag ist nahe. Darum laßt uns
ablegen die Werke der Finsternis und anle-
gen die Waffen des Lichts. [13] Laßt uns eh-
renhaft leben wie am Tag, ohne maßloses
Essen und Trinken, ohne Unzucht und Aus-
schweifung, ohne Streit und Eifersucht. [14]
Legt (als neues Gewand) den Herrn Jesus
Christus an, und sorgt nicht so für euren
Leib, daß die Begierden erwachen.

Den Bruder annehmen: Röm 14,7–12

[7] Keiner von uns lebt sich selber, und keiner
stirbt sich selber: [8] Leben wir, so leben wir
dem Herrn, sterben wir, so sterben wir dem
Herrn. Ob wir leben oder ob wir sterben, wir
gehören dem Herrn. [9] Denn Christus ist ge-
storben und lebendig geworden, um Herr zu
sein über Tote und Lebende. [10] Wie kannst
also du deinen Bruder richten? Und du, wie
kannst du deinen Bruder verachten? Wir wer-
den doch alle vor dem Richterstuhl Gottes
stehen. [11] Denn es heißt in der Schrift: So
wahr ich lebe, spricht der Herr, vor mir wird
jedes Knie sich beugen, und jede Zunge wird
Gott preisen. [12] Also wird jeder von uns vor
Gott Rechenschaft über sich selbst ablegen.

Jesus Christus – Vorbild des Schenkens:
2 Kor 8,7.9.13–15

[7] Wie ihr aber an allem reich seid, an Glauben,
Rede und Erkenntnis, an jedem Eifer und an
der Liebe, die wir in euch begründet haben,
so sollt ihr euch auch an diesem Liebeswerk
mit reichlichen Spenden beteiligen. [9] Denn
ihr wißt, was Jesus Christus, unser Herr, in
seiner Liebe getan hat: Er, der reich war,
wurde euretwegen arm, um euch durch seine
Armut reich zu machen. [13] Denn es geht nicht
darum, daß ihr in Not geratet, indem ihr
anderen helft; es geht um einen Ausgleich. [14]
Im Augenblick soll euer Überfluß ihrem Man-
gel abhelfen, damit auch ihr Überfluß einmal
eurem Mangel abhilft. So soll ein Ausgleich
entstehen, [15] wie es in der Schrift heißt: Wer
viel gesammelt hatte, hatte nicht zu viel, und
wer wenig, hatte nicht zu wenig.

Christsein im Alltag

Mehrere Schriften des Neuen Testamentes, die gegen Ende des ersten Jahrhunderts n. Chr. geschrieben sind, bezeugen, wie mühevoll es ist, den Weg des Glaubens zu gehen, wenn sich die Schwierigkeiten häufen und die Begeisterung des Ursprungs verflogen ist. Zu diesen Schriften, die darüber Auskunft geben, wie Christen im Alltag verschiedener Lebens- und Gesellschaftsformen ihren Glauben bezeugt haben, gehören der Erste und der Zweite Brief des Petrus, der Brief des Jakobus und der Zweite Brief an die Thessalonicher. Die Briefe behandeln Probleme, die sich vielen Christen stellen: Das christliche Leben muß sich im Alltag bewähren. Die Christen leben in dieser Welt, sollen aber nach dem Wort Christi nicht von dieser Welt sein. Ihnen ist in den verschiedenen Lebenssituationen aufgetragen, dem Auftrag Christi gerecht zu werden. Die Schwierigkeiten, denen das Christsein im Alltag begegnet, sind die eigene Schwäche, nach dem Willen Gottes zu leben, dann aber auch Probleme, die durch Umwelt und Gesellschaft bedingt sind.

Christsein unter Anfeindungen

Wenn Christen in einer nichtchristlichen Umwelt leben, stellt sie das vor eine Reihe von Problemen. Der Erste Brief des heiligen Petrus – gegen Ende des ersten Jahrhunderts geschrieben und vom Verfasser unter die Autorität des Apostels Petrus gestellt – wendet sich an Christen, die als Minderheit, als »Fremde in der Zerstreuung« (1 Petr 1,1) leben. Sie kommen oft in schwierige Situationen und erfahren eine feindselige Einstellung der Umwelt. In solchen Situationen muß die Gemeinde sich auf ihre Eigenart besinnen, damit sie bestehen kann. Dieser Brief stellt der christlichen Gemeinde vor allem die Gemeinschaft mit dem leidenden Christus als Inbegriff christlichen Lebens vor.

Grund zur Hoffnung

Am Beginn des Briefes nennt der Verfasser den tiefsten Grund für Glauben und Vertrauen: Gott selber hat gehandelt und den Erwählten ein Erbe bestimmt. So sind die Christen voller Hoffnung auf dem Weg. Der Glaube an den auferstandenen Herrn und das Bewußtsein, zum heiligen Volk Gottes zu gehören, bewahren vor Verunsicherung und Entmutigung. In einer Art Meditation zum Thema »Stein« entfaltet der Verfasser eine Theologie der Gemeinde als einen lebendigen Bau, für den Christus der Grundstein ist.

Die Prüfungen der Christen: 1 Petr 1,3–9

3 Gepriesen sei der Gott und Vater unseres
Herrn Jesus Christus: Er hat uns in seinem
großen Erbarmen neu geboren, damit wir
durch die Auferstehung Jesu Christi von den
Toten eine lebendige Hoffnung haben
4 und das unzerstörbare, makellose und unvergängliche Erbe empfangen, das im Himmel
für euch aufbewahrt ist.
5 Gottes Macht behü-

tet euch durch den Glauben, damit ihr das Heil erlangt, das am Ende der Zeit offenbart werden soll. [6] Deshalb seid ihr voll Freude, obwohl ihr jetzt vielleicht kurze Zeit unter mancherlei Prüfungen leiden müßt. [7] Dadurch soll sich euer Glaube bewähren, und es wird sich zeigen, daß er wertvoller ist als Gold, das im Feuer geprüft wurde und doch vergänglich ist. So wird (eurem Glauben) Lob, Herrlichkeit und Ehre zuteil bei der Offenbarung Jesu Christi. [8] Ihn habt ihr nicht gesehen, und dennoch liebt ihr ihn; ihr seht ihn auch jetzt nicht; aber ihr glaubt an ihn und jubelt in unsagbarer, von himmlischer Herrlichkeit verklärter Freude, [9] da ihr das Ziel des Glaubens erreichen werdet: euer Heil.

Versöhnt durch das Blut des Lammes. Christus, das Lamm. Um 1870, Stefansdorf.

Losgekauft mit dem Blut Christi:
1 Petr 1,17–21

[17] Und wenn ihr den als Vater anruft, der jeden ohne Ansehen der Person nach seinem Tun beurteilt, dann führt auch, solange ihr in der Fremde seid, ein Leben in Gottesfurcht. [18] Ihr wißt, daß ihr aus eurer sinnlosen, von den Vätern ererbten Lebensweise nicht um einen vergänglichen Preis losgekauft wurdet, nicht um Silber oder Gold, [19] sondern mit dem kostbaren Blut Christi, des Lammes ohne Fehl und Makel. [20] Er war schon vor der Erschaffung der Welt dazu ausersehen, und euretwegen ist er am Ende der Zeiten erschienen. [21] Durch ihn seid ihr zum Glauben an Gott gekommen, der ihn von den Toten auferweckt und ihm die Herrlichkeit gegeben hat, so daß ihr an Gott glauben und auf ihn hoffen könnt.

Lebendige Steine am Bau der Kirche:
1 Petr 2,4–9

[4] Kommt zu ihm, dem lebendigen Stein, der von den Menschen verworfen, aber von Gott auserwählt und geehrt worden ist. [5] Laßt euch als lebendige Steine zu einem geistigen Haus aufbauen, zu einer heiligen Priesterschaft, um durch Jesus Christus geistige Opfer darzubringen, die Gott gefallen. [6] Denn es heißt in der Schrift:
Seht her, ich lege in Zion einen auserwählten Stein, / einen Eckstein, den ich in Ehren halte; / wer an ihn glaubt, der geht nicht zugrunde.
[7] Euch, die ihr glaubt, gilt diese Ehre. Für jene aber, die nicht glauben, ist dieser Stein, den die Bauleute verworfen haben, zum Eckstein geworden, [8] zum Stein, an den man anstößt, und zum Felsen, an dem man zu Fall kommt. Sie stoßen sich an ihm, weil sie dem Wort nicht gehorchen; doch dazu sind sie bestimmt. [9] Ihr aber seid ein auserwähltes Geschlecht, eine königliche Priesterschaft, ein heiliger Stamm, ein Volk, das sein besonderes Eigentum wurde, damit ihr die großen Taten dessen verkündet, der euch aus der Finsternis in sein wunderbares Licht gerufen hat.

Den Spuren Christi folgen

Der erste Brief des Petrus gibt konkrete Weisungen für das Leben in Familie und Gesellschaft. Auf die Frage, ob diese Ordnung überhaupt gerecht ist, geht der Brief nicht ein; er will helfen, schwierige Situationen zu bewältigen. So wie Sklaven ungerecht behandelt werden, kann auch den Christen ähnliches zustoßen. Allen wird Jesus, der unschuldig und geduldig gelitten hat, als Beispiel vor Augen gestellt. Für die Christen ist der Weg des Leidens, den Jesus gegangen ist, ein Grund zur Hoffnung, denn dieser Weg führt zur Auferstehung; dies ist sogar Grund zur Freude. Die Leser des Briefes werden aufgefordert, den mißtrauisch und feindlich eingestellten Menschen ihrer Zeit ein Zeugnis der Hoffnung zu geben. Ein solches Zeugnis ist auch von den Christen unserer Zeit, in der viele die Frage nach dem Sinn des Lebens stellen, gefordert.

Das Beispiel des leidenden Christus:
1 Petr 2,20–25

[20] Ist es vielleicht etwas Besonderes, wenn ihr wegen einer Verfehlung Schläge erduldet? Wenn ihr aber recht handelt und trotzdem Leiden erduldet, das ist eine Gnade in den
Augen Gottes. [21] Dazu seid ihr berufen worden; denn auch Christus hat für euch gelitten und euch ein Beispiel gegeben, damit ihr seinen Spuren folgt.
[22] Er hat keine Sünde begangen, / und in seinem Mund war kein trügerisches Wort.
[23] Er wurde geschmäht, schmähte aber nicht; / er litt, drohte aber nicht, / sondern überließ seine Sache dem gerechten Richter.
[24] Er hat unsere Sünden mit seinem Leib auf das Holz des Kreuzes getragen, damit wir tot seien für die Sünden und für die Gerechtigkeit leben. Durch seine Wunden seid ihr
geheilt. [25] Denn ihr hattet euch verirrt wie Schafe, jetzt aber seid ihr heimgekehrt zum Hirten und Bischof eurer Seelen.

»Wenn man euch nach eurer Hoffnung fragt …«: 1 Petr 3,15–22

[15] sondern haltet in eurem Herzen Christus, den Herrn, heilig! Seid stets bereit, jedem Rede und Antwort zu stehen, der nach der
Hoffnung fragt, die euch erfüllt; [16] aber antwortet bescheiden und ehrfürchtig, denn ihr habt ein reines Gewissen. Dann werden die, die euch beschimpfen, weil ihr in (der Gemeinschaft mit) Christus ein rechtschaffenes Leben führt, sich wegen ihrer Verleumdun-
gen schämen müssen. [17] Es ist besser, für gute Taten zu leiden, wenn es Gottes Wille

Zeugen für Christus. Das Martyrium des hl. Kassian, Patron der Diözese Bozen-Brixen. Joseph Renzler, 1806, Wengen.

ist, als für böse. [18] Denn auch Christus ist der Sünden wegen ein einziges Mal gestorben, er, der Gerechte, für die Ungerechten, um euch zu Gott hinzuführen; dem Fleisch nach wurde er getötet, dem Geist nach lebendig
gemacht. [19] So ist er auch zu den Geistern

gegangen, die im Gefängnis waren, und hat
ihnen gepredigt. [20] Diese waren einst unge-
horsam, als Gott in den Tagen Noachs gedul-
dig wartete, während die Arche gebaut wur-
de; in ihr wurden nur wenige, nämlich acht
Menschen, durch das Wasser gerettet. [21] Dem
entspricht die Taufe, die jetzt euch rettet. Sie
dient nicht dazu, den Körper von Schmutz zu
reinigen, sondern sie ist eine Bitte an Gott
um ein reines Gewissen aufgrund der Aufer-
stehung Jesu Christi, [22] der in den Himmel
gegangen ist; dort ist er zur Rechten Gottes,
und Engel, Gewalten und Mächte sind ihm
unterworfen.

Sich freuen trotz der Leiden: 1 Petr 4,13–16

[13] Statt dessen freut euch, daß ihr Anteil an
den Leiden Christi habt; denn so könnt ihr
auch bei der Offenbarung seiner Herrlichkeit
voll Freude jubeln. [14] Wenn ihr wegen des
Namens Christi beschimpft werdet, seid ihr
seligzupreisen; denn der Geist der Herrlich-
keit, der Geist Gottes, ruht auf euch. [15] Wenn
einer von euch leiden muß, soll es nicht
deswegen sein, weil er ein Mörder oder ein
Dieb ist, weil er Böses tut oder sich in fremde
Angelegenheiten einmischt. [16] Wenn er aber
leidet, weil er Christ ist, dann soll er sich nicht
schämen, sondern Gott verherrlichen, in-
dem er sich zu diesem Namen bekennt.

Folgerichtiges Christentum

In einer Zeit, in der das christliche Leben zu erschlaffen drohte, schreibt ein uns unbekannter Lehrer in der Kirche einen Brief an die Christen. Er gibt praktische Hinweise, wie das Christentum im Alltag gelebt werden soll. Der Verfasser stellt den Brief unter die Autorität und den Namen des Herrenbruders Jakobus und drückt so die Verbundenheit mit dem Glauben der Anfänge aus. Die Anleitungen zum christlichen Leben, die dieser Brief gibt, gelten auch noch heute: Das Leben in den christlichen Gemeinden ist manchen Versuchungen ausgesetzt; es ist leichter, vom Glauben zu reden als entsprechend zu handeln; Weisheit im Reden ist einfacher als Weisheit im Tun; Parteilichkeit kann die Gemeinde spalten.

Geboren durch das Wort der Wahrheit

Am Anfang des Briefes wird an die Fürsorge Gottes erinnert. Im Vertrauen auf die unwandelbare Güte und Macht Gottes können Christen ihrer Berufung entsprechen. Durch das Wort der Wahrheit geboren, sind wir zum Tun des Wortes verpflichtet.

Gottes Gaben: Jak 1,2–5.17–18

[2] Seid voll Freude, meine Brüder, wenn ihr in
mancherlei Versuchungen geratet. [3] Ihr wißt,
daß die Prüfung eures Glaubens Ausdauer
bewirkt. [4] Die Ausdauer aber soll zu einem
vollendeten Werk führen; denn so werdet ihr
vollendet und untadelig sein, es wird euch an
nichts mehr fehlen. [5] Fehlt es aber einem von
euch an Weisheit, dann soll er sie von Gott
erbitten; Gott wird sie ihm geben, denn er
gibt allen gern und macht niemand einen
Vorwurf. [17] Jede gute Gabe und jedes voll-
kommene Geschenk kommt von oben, vom
Vater der Gestirne, bei dem es keine Verän-
derung und keine Verfinsterung gibt. [18] Aus
freiem Willen hat er uns durch das Wort der
Wahrheit geboren, damit wir gleichsam die
Erstlingsfrucht seiner Schöpfung seien.

Das Wort tun: Jak 1,21–22.27

21 Darum legt alles Schmutzige und Böse ab,
seid sanftmütig und nehmt euch das Wort zu
Herzen, das in euch eingepflanzt worden ist
und das die Macht hat, euch zu retten. 22 Hört
das Wort nicht nur an, sondern handelt danach; sonst betrügt ihr euch selbst. 27 Ein
reiner und makelloser Dienst vor Gott, dem Vater, besteht darin: für Waisen und Witwen zu sorgen, wenn sie in Not sind, und sich vor jeder Befleckung durch die Welt zu bewahren.

Glaube in der Bewährung

Allzuleicht können Glaube und Lebensführung auseinanderklaffen. Der Verfasser weist auf einige Gefahren und Versuchungen hin. Er verbindet die Schilderung von konkreten Verhaltensweisen mit grundsätzlichen Erklärungen. Besonders wichtig sind ihm Gerechtigkeit und soziales Verhalten. In manchem ist seine Predigt der Bußpredigt der Propheten ähnlich.

Der Platz der Armen: Jak 2,1–5

1 Meine Brüder, haltet den Glauben an unseren Herrn Jesus Christus, den Herrn der Herrlichkeit, frei von jedem Ansehen der Person.
2 Wenn in eure Versammlung ein

Martyrium des hl. Vigilius (Bischof von Trient, gestorben um 405). 1782, St. Vigil / Enneberg.

Mann mit goldenen Ringen und prächtiger Kleidung kommt, und zugleich kommt ein Armer in schmutziger Kleidung, 3 und ihr blickt auf den Mann in der prächtigen Kleidung und sagt: Setz dich hier auf den guten Platz!, und zu dem Armen sagt ihr: Du kannst dort stehen!, oder: Setz dich zu meinen Füßen! – 4 macht ihr dann nicht untereinander Unterschiede und fällt Urteile aufgrund verwerflicher Überlegungen? 5 Hört, meine geliebten Brüder: Hat Gott nicht die Armen in der Welt auserwählt, um sie durch den Glauben reich und zu Erben des Königreichs zu machen, das er denen verheißen hat, die ihn lieben?

Glaube und Werke: Jak 2,14–18

14 Meine Brüder, was nützt es, wenn einer sagt, er habe Glauben, aber es fehlen die Werke? Kann etwa der Glaube ihn retten? 15 Wenn ein Bruder oder eine Schwester ohne Kleidung ist und ohne das tägliche Brot 16 und einer von euch zu ihnen sagt: Geht in Frieden, wärmt und sättigt euch!, ihr gebt ihnen aber nicht, was sie zum Leben brauchen – was nützt das? 17 So ist auch der Glaube für sich allein tot, wenn er nicht Werke vorzuweisen hat. 18 Nun könnte einer sagen: Du hast Glauben, und ich kann Werke vorweisen; zeig mir deinen Glauben ohne die Werke, und ich zeige dir meinen Glauben aufgrund der Werke.

Die Früchte der Weisheit: Jak 3,13 – 4,3

13 Wer von euch ist weise und verständig? Er soll in weiser Bescheidenheit die Taten eines rechtschaffenen Lebens vorweisen. 14 Wenn aber euer Herz voll ist von bitterer Eifersucht und von Ehrgeiz, dann prahlt nicht, und verfälscht nicht die Wahrheit! 15 Das ist nicht die Weisheit, die von oben kommt, sondern eine irdische, eigennützige, teuflische Weisheit. 16 Wo nämlich Eifersucht und Ehrgeiz herrschen, da gibt es Unordnung und böse Taten jeder Art. 17 Doch die Weisheit von oben ist erstens heilig, sodann friedlich, freundlich, gehorsam, voll Erbarmen und reich an guten Früchten, sie ist unparteiisch, sie heuchelt nicht. 18 Wo Frieden herrscht, wird (von Gott) für die Menschen, die Frieden stiften, die Saat der Gerechtigkeit ausgestreut.
1 Woher kommen die Kriege bei euch, woher die Streitigkeiten? Doch nur vom Kampf der Leidenschaften in eurem Innern. 2 Ihr begehrt und erhaltet doch nichts. Ihr mordet und seid eifersüchtig und könnt dennoch nichts erreichen. Ihr streitet und führt Krieg. Ihr erhaltet nichts, weil ihr nicht bittet. 3 Ihr bittet und empfangt doch nichts, weil ihr in böser Absicht bittet, um es in eurer Leidenschaft zu verschwenden.

Mahnung an die Reichen: Jak 5,1–6

1 Ihr aber, ihr Reichen, weint nur und klagt über das Elend, das euch treffen wird. 2 Euer Reichtum verfault, und eure Kleider werden von Motten zerfressen. 3 Euer Gold und Silber verrostet; ihr Rost wird als Zeuge gegen euch auftreten und euer Fleisch verzehren wie Feuer. Noch in den letzten Tagen sammelt ihr Schätze. 4 Aber der Lohn der Arbeiter, die eure Felder abgemäht haben, der Lohn, den ihr ihnen vorenthalten habt, schreit zum Himmel; die Klagerufe derer, die eure Ernte eingebracht haben, dringen zu den Ohren des Herrn der himmlischen Heere. 5 Ihr habt auf Erden ein üppiges und ausschweifendes Leben geführt, und noch am Schlachttag habt ihr euer Herz gemästet. 6 Ihr habt den Gerechten verurteilt und umgebracht, er aber leistete euch keinen Widerstand.

Geduldiges Warten: Jak 5,7–10

7 Darum, Brüder, haltet geduldig aus bis zur Ankunft des Herrn! Auch der Bauer wartet auf die kostbare Frucht der Erde, er wartet geduldig, bis im Herbst und im Frühjahr der Regen fällt. 8 Ebenso geduldig sollt auch ihr sein. Macht euer Herz stark, denn die Ankunft des Herrn steht nahe bevor. 9 Klagt nicht übereinander, Brüder, damit ihr nicht gerichtet werdet. Seht, der Richter steht schon vor der Tür. 10 Brüder, im Leiden und in der Geduld nehmt euch die Propheten zum Vorbild, die im Namen des Herrn gesprochen haben.

Gebet für die Kranken

Für den Fall von Krankheit braucht es die Mitwirkung aller, um durch Gebet und Umkehrwillen dem Kranken zu helfen. Die Salbung mit Öl dient der Linderung und Heilung von Krankheiten. Hier wird der Sinn der Krankensalbung deutlich: Die gläubige Gemeinde leidet mit den Kranken und spricht ihnen Heil zu.

Die Macht des Gebetes: Jak 5,13–18

[13] Ist einer von euch bedrückt? Dann soll er
beten. Ist einer fröhlich? Dann soll er ein
Loblied singen. [14] Ist einer von euch krank?
Dann rufe er die Ältesten der Gemeinde zu
sich; sie sollen Gebete über ihn sprechen und
ihn im Namen des Herrn mit Öl salben. [15] Das
gläubige Gebet wird den Kranken retten, und
der Herr wird ihn aufrichten; wenn er Sünden
begangen hat, werden sie ihm vergeben. [16]
Darum bekennt einander eure Sünden, und
betet füreinander, damit ihr geheilt werdet.
Viel vermag das inständige Gebet eines Gerechten.
[17] Elija war ein Mensch wie wir; er
betete inständig, es solle nicht regnen, und
es regnete drei Jahre und sechs Monate nicht
auf der Erde. [18] Und er betete wieder; da gab
der Himmel Regen, und die Erde brachte ihre
Früchte hervor.

»Bemüht euch immer, einander und allen Gutes zu tun« (1 Thess 5,15). Die vierzehn Nothelfer. 18. Jh., Villanders.

Wachsamkeit und Geduld

Immer wieder waren und sind Christen von der Frage nach der Macht des Bösen und nach Gottes Eingreifen in die Geschichte bedrängt. Im Judentum der damaligen Zeit gab es Versuche, das Kommen des Messias und das Ende der Geschichte zu errechnen. Jesus selbst hat das Eingreifen Gottes spürbar gemacht und auch die Vollendung der Geschichte verheißen; er hat jedoch keinen Zeitpunkt genannt.

Warnung vor Unruhe und Schwärmerei

In einer urchristlichen Gemeinde war die Hoffnung auf das baldige Ende der Geschichte besonders intensiv geworden. Es entstand Unruhe, manche gaben die Arbeit auf, da sie das Ende der Welt nahe glaubten. Der zweite Brief an die Thessalonicher ist eine Stellungnahme zu solchen Problemen. Der uns nicht mehr bekannte Verfasser stellt den Brief unter die Autorität und den Namen des Apostels, der ja in seinem Brief an die Gemeinde von Thessalonich (1 Thess) von der Hoffnung auf die Vollendung geschrieben hatte. Im zeitgenössichen Judentum gab es Formen von Berechung über das Kommen des Messias. Der Verfasser legt in einer ähnlichen Form seinen Lesern dar, daß der Anbruch der Endzeit nicht unmittelbar bevorstehe. Aufgrund der dunklen Schreibweise (darüber hinaus setzt der Verfasser bei seinen Lesern noch andere Kenntnisse voraus) ist das Verständnis des Textes erschwert.

Vertrauen auf Gottes Führung:
2 Thess 1,11–12

11 Darum beten wir auch immer für euch, daß
unser Gott euch eurer Berufung würdig ma-
che und in seiner Macht allen Willen zum
Guten und jedes Werk des Glaubens vollen-
de. 12 So soll der Name Jesu, unseres Herrn,
in euch verherrlicht werden und ihr in ihm,
durch die Gnade unseres Gottes und Herrn
Jesus Christus.

Die Zeit in Gottes Händen: 2 Thess 2,1–7

1 Brüder, wir schreiben euch über die Ankunft
Jesu Christi, unseres Herrn, und unsere Ver-
einigung mit ihm und bitten euch: 2 Laßt euch
nicht so schnell aus der Fassung bringen und
in Schrecken jagen, wenn in einem propheti-
schen Wort oder einer Rede oder in einem
Brief, der angeblich von uns stammt, be-
hauptet wird, der Tag des Herrn sei schon da.
3 Laßt euch durch niemand und auf keine
Weise täuschen! Denn zuerst muß der Abfall
von Gott kommen und der Mensch der
Gesetzwidrigkeit erscheinen, der Sohn des
Verderbens, 4 der Widersacher, der sich über
alles, was Gott oder Heiligtum heißt, so sehr
erhebt, daß er sich sogar in den Tempel
Gottes setzt und sich als Gott ausgibt. 5
Erinnert ihr euch nicht, daß ich euch dies
schon gesagt habe, als ich bei euch war? 6 Ihr
wißt doch, was ihn jetzt noch zurückhält,
damit er erst zur festgesetzten Zeit offenbar
wird. 7 Denn die geheime Macht der Gesetz-
widrigkeit ist schon am Werk; nur muß erst
der beseitigt werden, der sie bis jetzt noch
zurückhält.

Vertrauen auf Gottes Kraft:
2 Thess 2,16 – 3,5

16 Jesus Christus aber, unser Herr, und Gott,
unser Vater, der uns seine Liebe zugewandt
und uns in seiner Gnade ewigen Trost und
sichere Hoffnung geschenkt hat, 17 tröste
euch und gebe euch Kraft zu jedem guten
Werk und Wort.

1 Im übrigen, Brüder, betet für uns, damit das
Wort des Herrn sich ausbreitet und verherr-
licht wird, ebenso wie bei euch. 2 Betet auch
darum, daß wir vor den bösen und schlech-
ten Menschen gerettet werden; denn nicht
alle nehmen den Glauben an. 3 Aber der Herr
ist treu; er wird euch Kraft geben und euch
vor dem Bösen bewahren. 4 Wir vertrauen im
Herrn auf euch, daß ihr jetzt und auch in
Zukunft tut, was wir anordnen. 5 Der Herr
richte euer Herz darauf, daß ihr Gott liebt und
unbeirrt auf Christus wartet.

Erfüllung der täglichen Pflichten:
2 Thess 3,6–12

6 Im Namen Jesu Christi, des Herrn, gebieten
wir euch, Brüder: Haltet euch von jedem
Bruder fern, der ein unordentliches Leben
führt und sich nicht an die Überlieferung hält,
die ihr von uns empfangen habt. 7 Ihr selbst
wißt, wie man uns nachahmen soll. Wir ha-
ben bei euch kein unordentliches Leben ge-
führt 8 und bei niemand unser Brot umsonst
gegessen; wir haben uns gemüht und ge-
plagt, Tag und Nacht haben wir gearbeitet,
um keinem von euch zur Last zu fallen. 9
Nicht als hätten wir keinen Anspruch auf
Unterhalt; wir wollten euch aber ein Beispiel
geben, damit ihr uns nachahmen könnt. 10
Denn als wir bei euch waren, haben wir euch
die Regel eingeprägt: Wer nicht arbeiten will,
soll auch nicht essen. 11 Wir hören aber, daß
einige von euch ein unordentliches Leben
führen und alles mögliche treiben, nur nicht
arbeiten. 12 Wir ermahnen sie und gebieten
ihnen im Namen Jesu Christi, des Herrn, in
Ruhe ihrer Arbeit nachzugehen und ihr
selbstverdientes Brot zu essen.

Vertrauen auf Gottes Verheißungen

Auch in unserer Zeit besteht bei manchen Gruppen Angst vor den Schrecken der Welt; zum Teil wird diese Angst sogar gefördert; andere fragen, ob die Verheißung Christi über die Vollendung der Welt überhaupt gilt. Zu solchen Fragen nimmt der Verfasser des zweiten Petrusbriefes Stellung. Für die Darstellung des Endes der Welt verwendet er eine zur damaligen Zeit übliche Bildersprache, wie sie auch in der Offenbarung des Johannes verwendet wird. Angesichts der Ungerechtigkeiten in der Welt entsteht die Frage, warum Gott so lange nicht eingreift. Der Verfasser nennt Gründe für die Geduld Gottes. Diese Geduld Gottes ist eine Einladung für die Menschen, der Stunde gemäß zu handeln.

Zuverlässige Botschaft: 2 Petr 1,16–19

16 Denn wir sind nicht irgendwelchen klug
ausgedachten Geschichten gefolgt, als wir
euch die machtvolle Ankunft Jesu Christi,
unseres Herrn, verkündeten, sondern wir
waren Augenzeugen seiner Macht und Grö-
ße. 17 Er hat von Gott, dem Vater, Ehre und
Herrlichkeit empfangen; denn er hörte die
Stimme der erhabenen Herrlichkeit, die zu
ihm sprach: Das ist mein geliebter Sohn, an
dem ich Gefallen gefunden habe. 18 Diese
Stimme, die vom Himmel kam, haben wir
gehört, als wir mit ihm auf dem heiligen Berg
waren. 19 Dadurch ist das Wort der Propheten
für uns noch sicherer geworden, und ihr tut
gut daran, es zu beachten; denn es ist ein
Licht, das an einem finsteren Ort scheint, bis
der Tag anbricht und der Morgenstern auf-
geht in eurem Herzen.

Den Tag Gottes erwarten: 2 Petr 3,8–14

8 Das eine aber, liebe Brüder, dürft ihr nicht
übersehen: daß beim Herrn ein Tag wie tau-
send Jahre und tausend Jahre wie ein Tag
sind. 9 Der Herr zögert nicht mit der Erfüllung
der Verheißung, wie einige meinen, die von
Verzögerung reden; er ist nur geduldig mit
euch, weil er nicht will, daß jemand zugrunde
geht, sondern daß alle sich bekehren. 10 Der

Tag des Herrn wird aber kommen wie ein
Dieb. Dann wird der Himmel prasselnd ver-
gehen, die Elemente werden verbrannt und
aufgelöst, die Erde und alles, was auf ihr ist,
werden (nicht mehr) gefunden. 11 Wenn sich
das alles in dieser Weise auflöst: wie heilig
und fromm müßt ihr dann leben, 12 den Tag
Gottes erwarten und seine Ankunft beschleu-
nigen! An jenem Tag wird sich der Himmel im
Feuer auflösen, und die Elemente werden im
Brand zerschmelzen. 13 Dann erwarten wir,
seiner Verheißung gemäß, einen neuen Him-
mel und eine neue Erde, in denen die Ge-
rechtigkeit wohnt. 14 Weil ihr das erwartet,
liebe Brüder, bemüht euch darum, von ihm
ohne Makel und Fehler und in Frieden ange-
troffen zu werden.

Glaube und Liebe

Christliches Leben darf sich nicht in Äußerlichkeiten oder Randerscheinungen verlieren. Der im Umkreis der johanneischen Theologie gegen Ende des ersten Jahrhunderts geschriebene erste Brief des Johannes macht diese Besinnung auf das Wesentliche zu seinem Anliegen. Gegenüber Vertretern einer Irrlehre legt der Brief das Bekenntnis der Kirche zu Christus, dem Sohn und Retter, dar. Dieses Bekenntnis muß sich im praktischen Verhalten, in der Bruderliebe, erweisen.

Gemeinschaft mit dem Vater und dem Sohn: 1 Joh 1,1–4

1 Was von Anfang an war, was wir gehört
haben, was wir mit unseren Augen gesehen,
was wir geschaut und was unsere Hände
angefaßt haben, das verkünden wir: das Wort
des Lebens. 2 Denn das Leben wurde offen-
bart; wir haben gesehen und bezeugen und
verkünden euch das ewige Leben, das beim
Vater war und uns offenbart wurde. 3 Was wir
gesehen und gehört haben, das verkünden
wir auch euch, damit auch ihr Gemeinschaft
mit uns habt. Wir aber haben Gemeinschaft
mit dem Vater und mit seinem Sohn Jesus
Christus. 4 Wir schreiben dies, damit unsere
Freude vollkommen ist.

Jesus, der Beistand: 1 Joh 2,1–2

1 Meine Kinder, ich schreibe euch dies, damit
ihr nicht sündigt. Wenn aber einer sündigt,
haben wir einen Beistand beim Vater: Jesus
Christus, den Gerechten. 2 Er ist die Sühne für
unsere Sünden, aber nicht nur für unsere
Sünden, sondern auch für die der ganzen
Welt.

Wahre Gotteserkenntis: 1 Joh 2,3–5

3 Wenn wir seine Gebote halten, erkennen
wir, daß wir ihn erkannt haben. 4 Wer sagt: Ich
habe ihn erkannt!, aber seine Gebote nicht
hält, ist ein Lügner, und die Wahrheit ist nicht
in ihm. 5 Wer sich aber an sein Wort hält, in
dem ist die Gottesliebe wahrhaft vollendet.
Wir erkennen daran, daß wir in ihm sind.

Das neue Gebot: 1 Joh 2,7–11

7 Liebe Brüder, ich schreibe euch kein neues
Gebot, sondern ein altes Gebot, das ihr von
Anfang an hattet. Das alte Gebot ist das Wort,
das ihr gehört habt. 8 Und doch schreibe ich
euch ein neues Gebot, etwas, das in ihm und
in euch verwirklicht ist; denn die Finsternis
geht vorüber, und schon leuchtet das wahre
Licht. 9 Wer sagt, er sei im Licht, aber seinen
Bruder haßt, ist noch in der Finsternis. 10 Wer
seinen Bruder liebt, bleibt im Licht; da gibt es
für ihn kein Straucheln. 11 Wer aber seinen
Bruder haßt, ist in der Finsternis. Er geht in
der Finsternis und weiß nicht, wohin er geht;
denn die Finsternis hat seine Augen blind
gemacht.

»Kain, wo ist dein Bruder Abel?« (Gen 4,9). Kriegerdenkmal, Martin Rainer, 1967, Deutschnofen.

Die Kinder Gottes: 1 Joh 3,1–3

1 Seht, wie groß die Liebe ist, die der Vater
uns geschenkt hat: Wir heißen Kinder Gottes,
und wir sind es. Die Welt erkennt uns nicht,
weil sie ihn nicht erkannt hat. 2 Liebe Brüder,
jetzt sind wir Kinder Gottes. Aber was wir sein
werden, ist noch nicht offenbar geworden.
Wir wissen, daß wir ihm ähnlich sein werden,
wenn er offenbar wird; denn wir werden ihn
sehen, wie er ist. 3 Jeder, der dies von ihm
erhofft, heiligt sich, so wie Er heilig ist.

Die Zuversicht der Kinder Gottes:
1 Joh 3,18–24

18 Meine Kinder, wir wollen nicht mit Wort und
Zunge lieben, sondern in Tat und Wahrheit. 19
Daran werden wir erkennen, daß wir aus der
Wahrheit sind, und werden unser Herz in
seiner Gegenwart beruhigen. 20 Denn wenn
das Herz uns auch verurteilt – Gott ist größer
als unser Herz, und er weiß alles. 21 Liebe
Brüder, wenn das Herz uns aber nicht verur-
teilt, haben wir gegenüber Gott Zuversicht; 22
alles, was wir erbitten, empfangen wir von
ihm, weil wir seine Gebote halten und tun,
was ihm gefällt. 23 Und das ist sein Gebot: Wir
sollen an den Namen seines Sohnes Jesus
Christus glauben und einander lieben, wie es
seinem Gebot entspricht. 24 Wer seine Gebote
hält, bleibt in Gott und Gott in ihm. Und daß
er in uns bleibt, erkennen wir an dem Geist,
den er uns gegeben hat.

Liebe und Bekenntnis: 1 Joh 4,7–16

7 Liebe Brüder, wir wollen einander lieben;
denn die Liebe ist aus Gott, und jeder, der
liebt, stammt von Gott und erkennt Gott. 8
Wer nicht liebt, hat Gott nicht erkannt; denn
Gott ist die Liebe. 9 Die Liebe Gottes wurde
unter uns dadurch offenbart, daß Gott seinen
einzigen Sohn in die Welt gesandt hat, damit
wir durch ihn leben. 10 Nicht darin besteht die
Liebe, daß wir Gott geliebt haben, sondern
daß er uns geliebt und seinen Sohn als
Sühne für unsere Sünden gesandt hat. 11

»Ich war hungrig ...« (Mt 25,35). Hl. Elisabeth von Thüringen. Rudolf Moroder, um 1900, St. Ulrich.

Liebe Brüder, wenn Gott uns so geliebt hat,
müssen auch wir einander lieben. 12 Niemand
hat Gott je geschaut; wenn wir einander lie-
ben, bleibt Gott in uns, und seine Liebe ist in
uns vollendet. 13 Daran erkennen wir, daß wir
in ihm bleiben und er in uns bleibt: Er hat uns
von seinem Geist gegeben. 14 Wir haben
gesehen und bezeugen, daß der Vater den
Sohn gesandt hat als den Retter der Welt. 15
Wer bekennt, daß Jesus der Sohn Gottes ist,
in dem bleibt Gott, und er bleibt in Gott. 16a Wir
haben die Liebe, die Gott zu uns hat, erkannt
und gläubig angenommen. 16b Gott ist die
Liebe, und wer in der Liebe bleibt, bleibt in
Gott, und Gott bleibt in ihm.

Siegreicher Glaube: 1 Joh 5,1–9

1 Jeder, der glaubt, daß Jesus der Christus
ist, stammt von Gott, und jeder, der den
Vater liebt, liebt auch den, der von ihm
stammt. 2 Wir erkennen, daß wir die Kinder
Gottes lieben, wenn wir Gott lieben und seine
Gebote erfüllen. 3 Denn die Liebe zu Gott
besteht darin, daß wir seine Gebote halten.
Seine Gebote sind nicht schwer. 4 Denn alles,
was von Gott stammt, besiegt die Welt. Und
das ist der Sieg, der die Welt besiegt hat:
unser Glaube. 5 Wer sonst besiegt die Welt,
außer dem, der glaubt, daß Jesus der Sohn
Gottes ist? 6 Dieser ist es, der durch Wasser
und Blut gekommen ist: Jesus Christus. Er ist
nicht nur im Wasser gekommen, sondern im
Wasser und im Blut. Und der Geist ist es, der
Zeugnis ablegt; denn der Geist ist die Wahr-
heit. 7 Drei sind es, die Zeugnis ablegen: 8 der
Geist, das Wasser und das Blut; und diese
drei sind eins. 9 Wenn wir von Menschen ein
Zeugnis annehmen, so ist das Zeugnis Got-
tes gewichtiger; denn das ist das Zeugnis
Gottes: Er hat Zeugnis abgelegt für seinen
Sohn.

Das Bekenntnis zu Jesus Christus in den ersten christlichen Gemeinden

In den ersten Jahrhunderten entstanden die Glaubensbekenntnisse, die wir heute noch beten: Das kürzere Apostolische Glaubensbekenntnis ist schon um 150 n. Chr. belegt, das Große Glaubensbekenntnis stammt aus dem vierten Jahrhundert. In den Glaubensbekenntnissen werden die wichtigsten Themen des Glaubens zusammengefaßt. Das Neue Testament selbst kennt eine Reihe von »Kurzformeln des Glaubens«. Diese im Verlauf des ersten Jahrhunderts entstandenen Bekenntnisse bilden einen wichtigen Teil der kirchlichen Verkündigung; sie zeigen aber auch, wie das Verständnis für das Geheimnis Gottes und Christi gewachsen ist.

Jesus: Messias – Herr – Sohn Gottes

Die Würde und die Bedeutung Jesu wurden auch in »Würdenamen« und Titeln ausgesprochen. Im Neuen Testament stehen etwa fünfzig Würdenamen für Jesus. Einige seien genannt: Christus (= Gesalbter, Messias), Sohn Gottes, Herr, Menschensohn, Rabbi (Lehrer), Prophet, der Heilige Gottes, Retter, Sohn Davids, Mittler, Hirt, Anfang und Ende. Die wichtigsten und am häufigsten verwendeten Würdenamen sind: Christus, Sohn Gottes, Herr.

Eingesetzt als Messias und Herr

Durch die Bezeichnung Christus (Gesalbter) bekennt sich die christliche Gemeinde zu Jesus als Erfüllung der alttestamentlichen Verheißungen. Im Bekenntnis »Herr ist Jesus« verkündet die christliche Gemeinde Jesus als Herrn der Welt gegenüber den Götzen und ihren Herrschaftsansprüchen. Die Huldigung wird ausgesprochen in kurzen Glaubenssätzen oder auch in einem Lied. Paulus übernimmt die wichtigsten Glaubensformeln in seine Briefe; im Brief an die Philipper überliefert er ein urchristliches Lied, in dem der Weg Christi aus der Herrlichkeit in die Niedrigkeit – und wieder in die Herrlichkeit – geschildert ist. Im Ruf »Herr ist Jesus« bekennt sich die Kirche zu Jesus als dem Lebenden, der zur Rechten Gottes sitzt, der im Gottesdienst gegenwärtig ist, der die Gabe des Heiligen Geistes spendet, der als rettender Erlöser bei der Vollendung der Welt wiederkommt.

Das Bekenntnis zu Jesus: Mk 8,27–30

27 Jesus ging mit seinen Jüngern in die Dörfer
bei Cäsarea Philippi. Unterwegs fragte er die
Jünger: Für wen halten mich die Menschen?
28 Sie sagten zu ihm: Einige für Johannes den
Täufer, andere für Elija, wieder andere für
sonst einen von den Propheten. 29 Da fragte
er sie: Ihr aber, für wen haltet ihr mich?
Simon Petrus antwortete ihm: Du bist der
Messias! 30 Doch er verbot ihnen, mit jemand
über ihn zu sprechen.

Glaube und Bekenntnis: Röm 10,8b–13

8b Das Wort ist dir nahe, es ist in deinem Mund
und in deinem Herzen. Gemeint ist das Wort
des Glaubens, das wir verkündigen; 9 denn
wenn du mit deinem Mund bekennst: »Jesus

ist der Herr« und in deinem Herzen glaubst:
»Gott hat ihn von den Toten auferweckt«, so
wirst du gerettet werden. [10] Wer mit dem
Herzen glaubt und mit dem Mund bekennt,
wird Gerechtigkeit und Heil erlangen. [11] Denn
die Schrift sagt: Wer an ihn glaubt, wird nicht
zugrunde gehen. [12] Darin gibt es keinen
Unterschied zwischen Juden und Griechen.
Alle haben denselben Herrn; aus seinem
Reichtum beschenkt er alle, die ihn anrufen.
[13] Denn jeder, der den Namen des Herrn
anruft, wird gerettet werden.

Einer ist Herr: 1 Kor 8,5–6

[5] Und selbst wenn es im Himmel oder auf der
Erde sogenannte Götter gibt – und solche
Götter und Herren gibt es viele -, [6] so haben
doch wir nur einen Gott, den Vater. Von ihm
stammt alles, und wir leben auf ihn hin. Und
einer ist der Herr: Jesus Christus. Durch ihn
ist alles, und wir sind durch ihn.

Lied zum Herrschaftsantritt Christi:
Phil 2,1–11

[1] Wenn es also Ermahnung in Christus gibt,
Zuspruch aus Liebe, eine Gemeinschaft des
Geistes, herzliche Zuneigung und Erbarmen,
[2] dann macht meine Freude dadurch voll-
kommen, daß ihr eines Sinnes seid, einan-
der in Liebe verbunden, einmütig und ein-
trächtig, [3] daß ihr nichts aus Ehrgeiz und
nichts aus Prahlerei tut. Sondern in Demut
schätze einer den andern höher ein als sich
selbst. [4] Jeder achte nicht nur auf das eigene
Wohl, sondern auch auf das der anderen. [5]
Seid untereinander so gesinnt, wie es dem
Leben in Christus Jesus entspricht:
[6] Er war Gott gleich,
hielt aber nicht daran fest, wie Gott zu sein,
[7] sondern er entäußerte sich
und wurde wie ein Sklave
und den Menschen gleich.
Sein Leben war das eines Menschen;
[8] er erniedrigte sich
und war gehorsam bis zum Tod,
bis zum Tod am Kreuz.
[9] Darum hat ihn Gott über alle erhöht
und ihm den Namen verliehen,
der größer ist als alle Namen,
[10] damit alle im Himmel, auf der Erde und
unter der Erde
ihre Knie beugen vor dem Namen Jesu
[11] und jeder Mund bekennt:
»Jesus Christus ist der Herr« –
zur Ehre Gottes, des Vaters.

Gott hat seinen Sohn dahingegeben

Die Gemeinde bekennt den Versöhnungswillen Gottes. Christus als geliebter Sohn hat durch seine Lebenshingabe die Welt versöhnt. Der Christ kann vertrauen, weil durch die Lebenshingabe und die Auferstehung Jesu Christi sein Leben in Gott geborgen ist. Im Bekenntnis zu Jesus als dem Sohn Gottes drückt die Kirche ihre Überzeugung aus, daß er in einer Nähe zu Gott steht, die nur mit der Bezeichnung »Sohn« entsprechend wiedergegeben werden kann.

Gott ist für uns: Röm 8,31–34

[31] Was ergibt sich nun, wenn wir das alles
bedenken? Ist Gott für uns, wer ist dann
gegen uns? [32] Er hat seinen eigenen Sohn
nicht verschont, sondern ihn für uns alle
hingegeben – wie sollte er uns mit ihm nicht
alles schenken? [33] Wer kann die Auserwähl-
ten Gottes anklagen? Gott ist es, der gerecht
macht. [34] Wer kann sie verurteilen? Christus
Jesus, der gestorben ist, mehr noch: der
auferweckt worden ist, sitzt zur Rechten Got-
tes und tritt für uns ein.

»Jesus Christus ist der Herr« (Phil 2,11). Christus, der Weltenrichter, und Uhr. 17. Jh., Sterzing.

Für unsere Sünden dahingegeben:
Gal 1,1–5

1 Paulus, zum Apostel berufen, nicht von Menschen oder durch einen Menschen, sondern durch Jesus Christus und durch Gott, den Vater, der ihn von den Toten auferweckt hat,
2 und alle Brüder, die bei mir sind, an die Gemeinden in Galatien:
3 Gnade sei mit euch und Friede von Gott, unserem Vater, und dem Herrn Jesus Christus,
4 der sich für unsere Sünden hingegeben hat, um uns aus der gegenwärtigen bösen Welt zu befreien, nach dem Willen unseres Gottes und Vaters.
5 Ihm sei Ehre in alle Ewigkeit. Amen.

Christus – Auferstanden am dritten Tag

Immer wieder müssen wir uns mit der Frage nach Tod und Leben auseinandersetzen. Die Frage nach dem Tod wird vielfach verdrängt; die Botschaft von Tod und Auferstehung hilft uns, daß wir uns den Fragen nach Tod und ewigem Leben stellen können, und sie gibt uns Grund zu Hoffnung. Der Glaube an die Auferstehung Christi und an das ewige Leben ist ein Kennzeichen echten Glaubens.

Der Auferstandene als Grund der Hoffnung

In der Gemeinde von Korinth waren Fragen nach dem Schicksal der Toten aufgetaucht. Während im Judentum besonders die Pharisäer den Glauben an das ewige Leben verteidigten, hatte die griechische Philosophie nur einen müden Zweifel in dieser Hinsicht. Sie kannte keine wirksame und konkrete Hoffnung für das Leben nach dem Tod. In seiner Antwort auf die Fragen von Korinth verkündet Paulus die Botschaft von der Auferstehung und ihre Bedeutung für das christliche Leben. Er verwendet dabei ein Glaubensbekenntnis, das schon 35 n. Chr. formuliert wurde.

Das älteste Zeugnis von der Auferstehung Jesu: 1 Kor 15,1–11

1 Ich erinnere euch, Brüder, an das Evange-
lium, das ich euch verkündet habe. Ihr habt
es angenommen; es ist der Grund, auf dem
ihr steht. 2 Durch dieses Evangelium werdet
ihr gerettet, wenn ihr an dem Wortlaut fest-
haltet, den ich euch verkündet habe. Oder
habt ihr den Glauben vielleicht unüberlegt
angenommen? 3 Denn vor allem habe ich
euch überliefert, was auch ich empfangen
habe: Christus ist für unsere Sünden gestor-
ben, gemäß der Schrift, 4 und ist begraben
worden. Er ist am dritten Tag auferweckt
worden, gemäß der Schrift, 5 und erschien
dem Kephas, dann den Zwölf. 6 Danach er-
schien er mehr als fünfhundert Brüdern zu-
gleich; die meisten von ihnen sind noch am
Leben, einige sind entschlafen. 7 Danach
erschien er dem Jakobus, dann allen Apo-
steln. 8 Als letztem von allen erschien er auch
mir, dem Unerwarteten, der »Mißgeburt«. 9
Denn ich bin der geringste von den Aposteln;
ich bin nicht wert, Apostel genannt zu wer-
den, weil ich die Kirche Gottes verfolgt habe.
10 Doch durch Gottes Gnade bin ich, was ich
bin, und sein gnädiges Handeln an mir ist
nicht ohne Wirkung geblieben. Mehr als sie
alle habe ich mich abgemüht – nicht ich,
sondern die Gnade Gottes zusammen mit
mir. 11 Ob nun ich verkündige oder die ande-
ren: das ist unsere Botschaft, und das ist der
Glaube, den ihr angenommen habt.

Der Auferstandene – Die Mitte unseres Glaubens. Auferstandener mit Stifter. Meister Leonhard von Brixen, 1460, Brixen.

Lebendig in Christus: 1 Kor 15,12.16–22

12 Wenn aber verkündigt wird, daß Christus
von den Toten auferweckt worden ist, wie
können dann einige von euch sagen: Eine
Auferstehung der Toten gibt es nicht? 16 Denn
wenn Tote nicht auferweckt werden, ist auch
Christus nicht auferweckt worden. 17 Wenn
aber Christus nicht auferweckt worden ist,
dann ist euer Glaube nutzlos, und ihr seid
immer noch in euren Sünden; 18 und auch die
in Christus Entschlafenen sind dann verlo-
ren. 19 Wenn wir unsere Hoffnung nur in
diesem Leben auf Christus gesetzt haben,
sind wir erbärmlicher daran als alle anderen
Menschen. 20 Nun aber ist Christus von den
Toten auferweckt worden als der Erste der
Entschlafenen. 21 Da nämlich durch einen
Menschen der Tod gekommen ist, kommt
durch einen Menschen auch die Auferste-
hung der Toten. 22 Denn wie in Adam alle
sterben, so werden in Christus alle lebendig
gemacht werden.

Der Erstgeborene von den Toten:
1 Kor 15,23–28

23 Es gibt aber eine bestimmte Reihenfolge:
Erster ist Christus; dann folgen, wenn Chri-
stus kommt, alle, die zu ihm gehören. 24
Danach kommt das Ende, wenn er jede
Macht, Gewalt und Kraft vernichtet hat und
seine Herrschaft Gott, dem Vater, übergibt. 25
Denn er muß herrschen, bis Gott ihm alle
Feinde unter die Füße gelegt hat. 26 Der letzte
Feind, der entmachtet wird, ist der Tod. 27
Sonst hätte er ihm nicht alles zu Füßen
gelegt. Wenn es aber heißt, alles sei unter-
worfen, ist offenbar der ausgenommen, der
ihm alles unterwirft. 28 Wenn ihm dann alles
unterworfen ist, wird auch er, der Sohn, sich
dem unterwerfen, der ihm alles unterworfen
hat, damit Gott herrscht über alles und in
allem.

Dem Auferstandenen gleichgestaltet:
1 Kor 15,45–49

45 So steht es auch in der Schrift: Adam, der
Erste Mensch, wurde ein irdisches Lebewe-
sen. Der Letzte Adam wurde lebendigma-
chender Geist. 46 Aber zuerst kommt nicht
das Überirdische; zuerst kommt das Irdi-
sche, dann das Überirdische. 47 Der Erste
Mensch stammt von der Erde und ist Erde;
der Zweite Mensch stammt vom Himmel. 48
Wie der von der Erde irdisch war, so sind es
auch seine Nachfahren. Und wie der vom
Himmel himmlisch ist, so sind es auch seine
Nachfahren. 49 Wie wir nach dem Bild des
Irdischen gestaltet wurden, so werden wir
auch nach dem Bild des Himmlischen gestal-
tet werden.

Der Tod wird überwunden: 1 Kor 15,54–58

54 Wenn sich aber dieses Vergängliche mit
Unvergänglichkeit bekleidet und dieses
Sterbliche mit Unsterblichkeit, dann erfüllt
sich das Wort der Schrift:
Verschlungen ist der Tod vom Sieg.
55 Tod, wo ist dein Sieg?/ Tod, wo ist dein
Stachel?
56 Der Stachel des Todes aber ist die Sünde,
die Kraft der Sünde ist das Gesetz. 57 Gott
aber sei Dank, der uns den Sieg geschenkt
hat durch Jesus Christus, unseren Herrn. 58
Daher, geliebte Brüder, seid standhaft und
unerschütterlich, nehmt immer eifriger am
Werk des Herrn teil, und denkt daran, daß im
Herrn eure Mühe nicht vergeblich ist.

Am Fest der Vollendung teilnehmen

Jesus hatte von der endgültigen Vollendung in Bildern gesprochen, besonders im Bild von der Teilnahme am Mahl. Die urchristliche Gemeinde stellte sich das Wiederkommen Jesu als ein großes Fest vor, etwa in der Art der Herrscherbesuche der damaligen Zeit. Die Thessalonicher hatten Fragen über das Schicksal der Toten. Ihre Schwierigkeit war, daß sie nicht wußten, ob auch die Verstorbenen am Mahl, am Fest, teilnehmen würden. Paulus tröstet sie.

Das tröstliche Los der Verstorbenen:
1 Thess 4,13–18

13 Brüder, wir wollen euch über die Verstorbe-
nen nicht in Unkenntnis lassen, damit ihr
nicht trauert wie die anderen, die keine Hoff-
nung haben. 14 Wenn Jesus – und das ist
unser Glaube – gestorben und auferstanden
ist, dann wird Gott durch Jesus auch die
Verstorbenen zusammen mit ihm zur Herr-
lichkeit führen. 15 Denn dies sagen wir euch
nach einem Wort des Herrn: Wir, die Leben-
den, die noch übrig sind, wenn der Herr
kommt, werden den Verstorbenen nichts
voraushaben. 16 Denn der Herr selbst wird
vom Himmel herabkommen, wenn der Be-
fehl ergeht, der Erzengel ruft und die Posau-
ne Gottes erschallt. Zuerst werden die in
Christus Verstorbenen auferstehen; 17 dann
werden wir, die Lebenden, die noch übrig
sind, zugleich mit ihnen auf den Wolken in
die Luft entrückt, dem Herrn entgegen. Dann
werden wir immer beim Herrn sein. 18 Tröstet
also einander mit diesen Worten!

Mahnung an die Lebenden: 1 Thess 5,1–6

1 Über Zeit und Stunde, Brüder, brauche ich
euch nicht zu schreiben. 2 Ihr selbst wißt
genau, daß der Tag des Herrn kommt wie ein
Dieb in der Nacht. 3 Während die Menschen
sagen: Friede und Sicherheit!, kommt plötz-
lich Verderben über sie wie die Wehen über
eine schwangere Frau, und es gibt kein Ent-
rinnen. 4 Ihr aber, Brüder, lebt nicht im Fin-
stern, so daß euch der Tag nicht wie ein Dieb
überraschen kann. 5 Ihr alle seid Söhne des
Lichts und Söhne des Tages. Wir gehören
nicht der Nacht und nicht der Finsternis. 6
Darum wollen wir nicht schlafen wie die an-
deren, sondern wach und nüchtern sein.

Christliches Leben in dieser Welt:
1 Thess 5,16–24

16 Freut euch zu jeder Zeit!
17 Betet ohne Unterlaß!
18 Dankt für alles; denn das will Gott von
euch, /
die ihr Christus Jesus gehört.
19 Löscht den Geist nicht aus!
20 Verachtet prophetisches Reden nicht!
21 Prüft alles, und behaltet das Gute!
22 Meidet das Böse in jeder Gestalt!
23 Der Gott des Friedens heilige euch ganz
und gar und bewahre euren Geist, eure Seele
und euren Leib unversehrt, damit ihr ohne
Tadel seid, wenn Jesus Christus, unser Herr,
kommt. 24 Gott, der euch beruft, ist treu; er
wird es tun.

Der Erstgeborene der Schöpfung

Im Brief an die Kolosser wird Jesus Christus als der Herr der Welt und der Erstgeborene der ganzen Schöpfung verkündet. Die Christen von Kolossä waren, nach einer ersten Zeit christlichen Lebens, dem Einfluß einer heidnischen Lehre erlegen. Sie fühlten sich von überirdischen Mächten bedroht und glaubten, durch das Halten von Festtagen und Speisevorschriften und durch die Verehrung von Engeln Heil zu erhalten. Diesen von Daseinsangst und der Angst vor dem Zusammenbruch der Welt geplagten Menschen stellt der Brief an die Kolosser vor Augen, was die Welt zusammenhält und wer der Herr der Geschichte ist. Christus wird ihnen als Herr, als Auferstandener und Erhöhter vor Augen gestellt. In der Forschung ist umstritten, ob der Brief von Paulus selbst geschrieben wurde, oder ob ein Christ, der mit seiner Theologie vertraut war, den Brief verfaßt und unter die Autorität des Apostels gestellt hat. Immer mehr Menschen sind von der Sorge um die Natur und um die Schöpfung bedrängt. Es wird auf viele Formen eines verantwortungsvollen Umgangs mit der Schöpfung hingewiesen. Für Christen ist es wichtig, auch die religiöse Dimension der Schöpfung ins Gespräch zu bringen. Die Schöpfung ist das Werk Gottes, sie ist die Gabe Gottes für die Menschen.

Christus, der Erstgeborene der Schöpfung

Um der Gemeinde die Stellung Christi zu erklären, verwendet der Verfasser einen Hymnus, der in den urchristlichen Gemeinden verwendet wurde. Wie schon das Alte Testament erkannt hatte, daß die Welt von der Herrlichkeit und Weisheit Gottes umspielt ist (Spr 8,22–31) und die Weisheit Gottes an der Schöpfung beteiligt war (Weish 7,24 – 8,1), so erkennt die gläubige Gemeinde, daß die Welt von ihrem Beginn bis zur Vollendung von der Liebe Gottes umfangen ist, die sich in Christus offenbart. Die Schöpfung, die von Gott geschaffen ist, und in die durch die Sünde ein Riß gekommen ist, ist nun versöhnt. Eine solche »kosmische Christologie«, die freilich nur im Glauben erfaßbar ist, hilft, die Angst zu überwinden.

Versöhnung der Schöpfung: Kol 1,12–20

12 Dankt dem Vater mit Freude! Er hat euch
fähig gemacht, Anteil zu haben am Los der
Heiligen, die im Licht sind.
13 Er hat uns der Macht der Finsternis entris-
sen und aufgenommen in das Reich seines
geliebten Sohnes. 14 Durch ihn haben wir die
Erlösung, die Vergebung der Sünden.
15 Er ist das Ebenbild des unsichtbaren Got-
tes, /
der Erstgeborene der ganzen Schöpfung.
16 Denn in ihm wurde alles erschaffen /
im Himmel und auf Erden, /
das Sichtbare und das Unsichtbare, /
Throne und Herrschaften, Mächte und Ge-
walten; /
alles ist durch ihn und auf ihn hin geschaffen.
17 Er ist vor aller Schöpfung, /
in ihm hat alles Bestand.
18 Er ist das Haupt des Leibes, /
der Leib aber ist die Kirche. /
Er ist der Ursprung, /
der Erstgeborene der Toten; /
so hat er in allem den Vorrang.
19 Denn Gott wollte mit seiner ganzen Fülle / in
ihm wohnen,
20 um durch ihn alles zu versöhnen. /
Alles im Himmel und auf Erden /
wollte er zu Christus führen, /
der Friede gestiftet hat am Kreuz durch sein
Blut.

Das Christusgeheimnis

Mit immer neuen Ausdrücken versucht der Verfasser, den Reichtum des Christusgeheimnisses darzulegen und die Leser davon abzuhalten, sich einer Irrlehre zuzuwenden. So stellt Paulus der Gemeinde Christus als das Haupt der Mächte und Gewalten und als die Fülle Gottes vor Augen. Das Bekenntnis zu Christus, dem Herrn, kann und muß das Leben bestimmen. Die innere Mitte dieser neuen Lebensweise ist von der Liebe gebildet. Im Verhalten der Christen müssen sich die Liebe Gottes und der Friede Christi auswirken.

Paulus im Dienst des Christusgeheimnisses: Kol 1,24–28

24 Jetzt freue ich mich in den Leiden, die ich
für euch ertrage. Für den Leib Christi, die
Kirche, ergänze ich in meinem irdischen
Leben das, was an den Leiden Christi noch
fehlt. 25 Ich diene der Kirche durch das Amt,
das Gott mir übertragen hat, damit ich euch
das Wort Gottes in seiner Fülle verkündige, 26
jenes Geheimnis, das seit ewigen Zeiten und
Generationen verborgen war. Jetzt wurde es
seinen Heiligen offenbart; 27 Gott wollte ihnen
zeigen, wie reich und herrlich dieses Ge-
heimnis unter den Völkern ist: Christus ist
unter euch, er ist die Hoffnung auf Herrlich-
keit. 28 Ihn verkündigen wir; wir ermahnen
jeden Menschen und belehren jeden mit aller
Weisheit, um dadurch alle in der Gemein-
schaft mit Christus vollkommen zu machen.

Christus Jesus, der Herr: Kol 2,3.6–7

[3] In ihm sind alle Schätze der Weisheit und Erkenntnis verborgen. [6] Ihr habt Christus Jesus als Herrn angenommen. Darum lebt auch in ihm! [7] Bleibt in ihm verwurzelt und auf ihn gegründet, und haltet an dem Glauben fest, in dem ihr unterrichtet wurdet. Hört nicht auf zu danken!

Christus – Haupt der Mächte und Gewalten: Kol 2,8–11

[8] Gebt acht, daß euch niemand mit seiner Philosophie und falschen Lehre verführt, die sich nur auf menschliche Überlieferung stützen und sich auf die Elementarmächte der Welt, nicht auf Christus, berufen. [9] Denn in ihm allein wohnt wirklich die ganze Fülle Gottes. [10] Durch ihn seid auch ihr davon erfüllt; denn er ist das Haupt aller Mächte und Gewalten. [11] In ihm habt ihr eine Beschneidung empfangen, die man nicht mit Händen vornimmt, nämlich die Beschneidung, die Christus gegeben hat. Wer sie empfängt, sagt sich los von seinem vergänglichen Körper.

Der Schuldschein wird gelöscht, die Ketten werden gesprengt (vgl. Kol 2,14). Joseph Renzler, Privatbesitz.

Lebendig gemacht mit Christus: Kol 2,12–14

[12] Mit Christus wurdet ihr in der Taufe begraben, mit ihm auch auferweckt, durch den Glauben an die Kraft Gottes, der ihn von den Toten auferweckt hat. [13] Ihr wart tot infolge eurer Sünden, und euer Leib war unbeschnitten; Gott aber hat euch mit Christus zusammen lebendig gemacht und uns alle Sünden vergeben. [14] Er hat den Schuldschein, der gegen uns sprach, durchgestrichen und seine Forderungen, die uns anklagten, aufgehoben. Er hat ihn dadurch getilgt, daß er ihn an das Kreuz geheftet hat.

Zu neuen Menschen geworden: Kol 3,1–5.9–11

[1] Ihr seid mit Christus auferweckt; darum strebt nach dem, was im Himmel ist, wo Christus zur Rechten Gottes sitzt. [2] Richtet euren Sinn auf das Himmlische und nicht auf das Irdische! [3] Denn ihr seid gestorben, und euer Leben ist mit Christus verborgen in Gott. [4] Wenn Christus, unser Leben, offenbar wird, dann werdet auch ihr mit ihm offenbar werden in Herrlichkeit. [5] Darum tötet, was irdisch an euch ist: die Unzucht, die Schamlosigkeit, die Leidenschaft, die bösen Begierden und die Habsucht, die ein Götzendienst ist. [9] Belügt einander nicht; denn ihr habt den alten Menschen mit seinen Taten abgelegt [10] und seid zu einem neuen Menschen geworden, der nach dem Bild seines Schöpfers erneuert wird, um ihn zu erkennen. [11] Wo das geschieht, gibt es nicht mehr Griechen oder Juden, Beschnittene oder Unbeschnittene, Fremde, Skythen, Sklaven oder Freie, sondern Christus ist alles und in allen.

Die Liebe – Band der Vollkommenheit: Kol 3,12–21

[12] Ihr seid von Gott geliebt, seid seine auserwählten Heiligen. Darum bekleidet euch mit aufrichtigem Erbarmen, mit Güte, Demut,

Milde, Geduld! [13] Ertragt euch gegenseitig, und vergebt einander, wenn einer dem andern etwas vorzuwerfen hat. Wie der Herr euch vergeben hat, so vergebt auch ihr! [14] Vor allem aber liebt einander, denn die Liebe ist das Band, das alles zusammenhält und vollkommen macht. [15] In eurem Herzen herrsche der Friede Christi; dazu seid ihr berufen als Glieder des einen Leibes. Seid dankbar! [16] Das Wort Christi wohne mit seinem ganzen Reichtum bei euch. Belehrt und ermahnt einander in aller Weisheit! Singt Gott in eurem Herzen Psalmen, Hymnen und Lieder, wie sie der Geist eingibt, denn ihr seid in Gottes Gnade. [17] Alles, was ihr in Worten und Werken tut, geschehe im Namen Jesu, des Herrn. Durch ihn dankt Gott, dem Vater! [18] Ihr Frauen, ordnet euch euren Männern unter, wie es sich im Herrn geziemt. [19] Ihr Männer, liebt eure Frauen, und seid nicht aufgebracht gegen sie! [20] Ihr Kinder, gehorcht euren Eltern in allem; denn so ist es gut und recht im Herrn. [21] Ihr Väter, schüchtert eure Kinder nicht ein, damit sie nicht mutlos werden.

Christus – Haupt der Kirche

Die Kirche wirkt in bestimmten Zeiten und an bestimmten Orten, sie ist eine Institution mit bestimmten Organisationsformen. Besonders in den Briefen des heiligen Paulus werden auch die konkreten Formen sichtbar, in denen die Kirche lebt. Doch die Kirche ist nicht nur Institution, sie hat auch ein inneres Geheimnis, das aus ihrer Beziehung zu Gott und Christus herrührt. Nur wenn beides – inneres Geheimnis und äußere Form – gesehen werden, werden wir dem Wesen der Kirche gerecht. Besonders der Brief an die Epheser zeigt uns dieses Geheimnis der Kirche. Der Brief ist ein hymnischer Lobpreis über Gottes Wirken in der Kirche. In der Forschung ist, wie auch beim Brief an die Kolosser, umstritten, ob Paulus selbst der Verfasser dieses Briefes ist, oder ob ihn ein Schüler des heiligen Paulus geschrieben hat.

Die überragende Stellung Christi

An den Beginn des Briefes stellt der Verfasser eine große Danksagung: Die Geschichte steht vom Anfang bis zum Ende in Gottes Hand. Die Mitte der Geschichte ist Jesus Christus, der durch seine Auferstehung zum Haupt der Kirche geworden ist. An seiner Herrlichkeit haben auch wir Anteil.

Christus und die Getauften im Heilsplan Gottes: Eph 1,3–14

[3] Gepriesen sei der Gott und Vater unseres Herrn Jesus Christus: / Er hat uns mit allem Segen seines Geistes gesegnet /
durch unsere Gemeinschaft mit Christus im Himmel.
[4] Denn in ihm hat er uns erwählt vor der Erschaffung der Welt, /
damit wir heilig und untadelig leben vor Gott;
[5] er hat uns aus Liebe im voraus dazu bestimmt, /
seine Söhne zu werden durch Jesus Christus / und nach seinem gnädigen Willen zu ihm zu gelangen,
[6] zum Lob seiner herrlichen Gnade. /
Er hat sie uns geschenkt in seinem geliebten Sohn;

7 durch sein Blut haben wir die Erlösung, /
die Vergebung der Sünden nach dem Reichtum seiner Gnade.
8 Durch sie hat er uns mit aller Weisheit und Einsicht reich beschenkt
9 und hat uns das Geheimnis seines Willens kundgetan, /
wie er es gnädig im voraus bestimmt hat:
10 Er hat beschlossen, die Fülle der Zeiten heraufzuführen, /
in Christus alles zu vereinen, alles, was im Himmel und auf Erden ist.
11 Durch ihn sind wir auch als Erben vorherbestimmt und eingesetzt /
nach dem Plan dessen, der alles so verwirklicht, /
wie er es in seinem Willen beschließt;
12 wir sind zum Lob seiner Herrlichkeit bestimmt, /
die wir schon früher auf Christus gehofft haben.
13 Durch ihn habt auch ihr das Wort der Wahrheit gehört, das Evangelium von eurer Rettung; /
durch ihn habt ihr das Siegel des verheißenen Heiligen Geistes empfangen, als ihr den Glauben annahmt.
14 Der Geist ist der erste Anteil des Erbes, /
das wir erhalten sollen, /
der Erlösung, durch die wir Gottes Eigentum werden, /
zum Lob seiner Herrlichkeit.

Christus – Haupt der Kirche: Eph 1,15–23

15/16 Darum höre ich nicht auf, für euch zu danken, wenn ich in meinen Gebeten an euch denke; denn ich habe von eurem Glauben an Jesus, den Herrn, und von eurer Liebe zu allen Heiligen gehört.
17 Der Gott Jesu Christi, unseres Herrn, der Vater der Herrlichkeit, gebe euch den Geist der Weisheit und Offenbarung, damit ihr ihn erkennt.
18 Er erleuchte die Augen eures Herzens, damit ihr versteht, zu welcher Hoffnung ihr durch ihn berufen seid, welchen Reichtum die Herrlichkeit seines Erbes den Heiligen schenkt
19 und wie überragend groß seine Macht sich an uns, den Gläubigen, erweist durch das Wirken seiner Kraft und Stärke.
20 Er hat sie an Christus erwiesen, den er von den Toten auferweckt und im Himmel auf den Platz zu seiner Rechten erhoben hat,
21 hoch über alle Fürsten und Gewalten, Mächte und Herrschaften und über jeden Namen, der nicht nur in dieser Welt, sondern auch in der zukünftigen genannt wird.
22 Alles hat er ihm zu Füßen gelegt und ihn, der als Haupt alles überragt, über die Kirche gesetzt.
23 Sie ist sein Leib und wird von ihm erfüllt, der das All ganz und gar beherrscht.

Anteil an der Herrlichkeit Christi:
Eph 2,4–10

4/5 Gott aber, der voll Erbarmen ist, hat uns, die wir infolge unserer Sünden tot waren, in seiner großen Liebe, mit der er uns geliebt hat, zusammen mit Christus wieder lebendig gemacht. Aus Gnade seid ihr gerettet.
6 Er hat uns mit Christus Jesus auferweckt und uns zusammen mit ihm einen Platz im Himmel gegeben.
7 Dadurch, daß er in Christus Jesus gütig an uns handelte, wollte er den kommenden Zeiten den überfließenden Reichtum seiner Gnade zeigen.
8 Denn aus Gnade seid ihr durch den Glauben gerettet, nicht aus eigener Kraft – Gott hat es geschenkt –,
9 nicht aufgrund eurer Werke, damit keiner sich rühmen kann.
10 Seine Geschöpfe sind wir, in Christus Jesus dazu geschaffen, in unserem Leben die guten Werke zu tun, die Gott für uns im voraus bereitet hat.

Kirche aus Juden und Heiden

Das große Anliegen des Briefes an die Epheser ist die Einheit der Kirche. Alle Glaubenden, gleichgültig ob sie aus dem Judentum oder dem Heidentum kommen, haben Zugang zum Vater. Die Mauern der Trennung sind niedergerissen, es entsteht ein heiliger Tempel.

Christus, unser Friede: Eph 2,13–22

13 Jetzt aber seid ihr, die ihr einst in der Ferne
wart, durch Christus Jesus, nämlich durch
sein Blut, in die Nähe gekommen. 14 Denn er
ist unser Friede. Er vereinigte die beiden
Teile (Juden und Heiden) und riß durch sein
Sterben die trennende Wand der Feindschaft
nieder. 15 Er hob das Gesetz samt seinen
Geboten und Forderungen auf, um die zwei
in seiner Person zu dem einen neuen Men-
schen zu machen. Er stiftete Frieden 16 und
versöhnte die beiden durch das Kreuz mit
Gott in einem einzigen Leib. Er hat in seiner
Person die Feindschaft getötet. 17 Er kam und
verkündete den Frieden: euch, den Fernen,
und uns, den Nahen. 18 Durch ihn haben wir
beide in dem einen Geist Zugang zum Vater.
19 Ihr seid also jetzt nicht mehr Fremde ohne
Bürgerrecht, sondern Mitbürger der Heiligen
und Hausgenossen Gottes. 20 Ihr seid auf das
Fundament der Apostel und Propheten ge-
baut; der Schlußstein ist Christus Jesus
selbst. 21 Durch ihn wird der ganze Bau zu-
sammengehalten und wächst zu einem heili-
gen Tempel im Herrn. 22 Durch ihn werdet
auch ihr im Geist zu einer Wohnung Gottes
erbaut.

Paulus – Apostel der Heiden:
Eph 3,2–3.5–12

2 Ihr habt doch gehört, welches Amt die
Gnade Gottes mir für euch verliehen hat. 3
Durch eine Offenbarung wurde mir das Ge-
heimnis mitgeteilt, das ich soeben kurz be-
schrieben habe. 5 Den Menschen früherer
Generationen war es nicht bekannt; jetzt aber
ist es seinen heiligen Aposteln und Prophe-
ten durch den Geist offenbart worden: 6 daß
nämlich die Heiden Miterben sind, zu dem-
selben Leib gehören und an derselben Ver-
heißung in Christus Jesus teilhaben durch
das Evangelium. 7 Ihm diene ich dank der
Gnade, die mir durch Gottes mächtiges Wir-
ken geschenkt wurde. 8 Mir, dem Geringsten
unter allen Heiligen, wurde diese Gnade ge-
schenkt: Ich soll den Heiden als Evangelium
den unergründlichen Reichtum Christi ver-
kündigen 9 und enthüllen, wie jenes Geheim-
nis Wirklichkeit geworden ist, das von Ewig-
keit her in Gott, dem Schöpfer des Alls,
verborgen war. 10 So sollen jetzt die Fürsten
und Gewalten des himmlischen Bereichs
durch die Kirche Kenntnis erhalten von der
vielfältigen Weisheit Gottes, 11 nach seinem
ewigen Plan, den er durch Christus Jesus,
unseren Herrn, ausgeführt hat. 12 In ihm
haben wir den freien Zugang durch das Ver-
trauen, das der Glaube an ihn schenkt.

In der Liebe verwurzelt: Eph 3,14–19

14 Daher beuge ich meine Knie vor dem Vater,
15 nach dessen Namen jedes Geschlecht im
Himmel und auf der Erde benannt wird, 16
und bitte, er möge euch aufgrund des Reich-
tums seiner Herrlichkeit schenken, daß ihr in
eurem Innern durch seinen Geist an Kraft
und Stärke zunehmt. 17 Durch den Glauben
wohne Christus in eurem Herzen. In der
Liebe verwurzelt und auf sie gegründet, 18
sollt ihr zusammen mit allen Heiligen dazu
fähig sein, die Länge und Breite, die Höhe
und Tiefe zu ermessen 19 und die Liebe Chri-
sti zu verstehen, die alle Erkenntnis über-
steigt. So werdet ihr mehr und mehr von der
ganzen Fülle Gottes erfüllt.

Die Einheit der Kirche

Die vielen Gnadengaben, die es in der Kirche gibt, sollen nicht auseinanderführen, sondern sie sind zum Aufbau des Leibes Christi bestimmt. Diese Gnadengaben sind Gaben des verherrlichten Christus.

Ein Leib – Ein Geist: Eph 4,1–6

[1] Ich, der ich um des Herrn willen im Gefäng-
nis bin, ermahne euch, ein Leben zu führen,
das des Rufes würdig ist, der an euch erging.
[2] Seid demütig, friedfertig und geduldig,
ertragt einander in Liebe [3] und bemüht euch,
die Einheit des Geistes zu wahren durch den
Frieden, der euch zusammenhält. [4] Ein Leib
und ein Geist, wie euch durch eure Beru-
fung auch eine gemeinsame Hoffnung ge-
geben ist; [5] ein Herr, ein Glaube, eine
Taufe, [6] ein Gott und Vater aller, der über
allem und durch alles und in allem ist.

Viele Gnadengaben zum Aufbau des Leibes Christi: Eph 4,7–13

[7] Aber jeder von uns empfing die Gnade in
dem Maß, wie Christus sie ihm geschenkt
hat. [8] Deshalb heißt es: Er stieg hinauf zur
Höhe und erbeutete Gefangene, er gab den
Menschen Geschenke. [9] Wenn er aber hinauf-
stieg, was bedeutet dies anderes, als daß er
auch zur Erde herabstieg? [10] Derselbe, der
herabstieg, ist auch hinaufgestiegen bis zum
höchsten Himmel, um das All zu beherr-
schen. [11] Und er gab den einen das Apostel-
amt, andere setzte er als Propheten ein,
andere als Evangelisten, andere als Hirten
und Lehrer, [12] um die Heiligen für die Erfül-
lung ihres Dienstes zu rüsten, für den Aufbau
des Leibes Christi. [13] So sollen wir alle zur
Einheit im Glauben und in der Erkenntnis des
Sohnes Gottes gelangen, damit wir zum voll-
kommenen Menschen werden und Christus
in seiner vollendeten Gestalt darstellen.

Der neue Mensch

Die Christen wissen sich von Gott mit neuem Leben beschenkt. Daraus erwachsen Verpflichtungen zu einem christusgemäßen Leben. Der Verfasser gibt vielfältige Anweisungen für die Gestaltung des Lebens des einzelnen Menschen und der Gemeinde; er weist auch immer wieder darauf hin, wodurch sich Christen von ihrer heidnischen Umgebung unterscheiden. Die Liebe Christi ist das Vorbild für ihr Verhalten. Gegenüber einer heidnischen Welt werden die Christen auf das unterscheidend Christliche hingewiesen.

Geist und Sinn erneuern: Eph 4,17.20–32

[17] Ich sage es euch und beschwöre euch im
Herrn: Lebt nicht mehr wie die Heiden in
ihrem nichtigen Denken! [20] Das aber ent-
spricht nicht dem, was ihr von Christus ge-
lernt habt. [21] Ihr habt doch von ihm gehört
und seid unterrichtet worden in der Wahr-
heit, die Jesus ist. [22] Legt den alten Menschen
ab, der in Verblendung und Begierde zu-
grunde geht, ändert euer früheres Leben [23]
und erneuert euren Geist und Sinn! [24] Zieht
den neuen Menschen an, der nach dem Bild
Gottes geschaffen ist in wahrer Gerechtigkeit
und Heiligkeit. [25] Legt deshalb die Lüge ab
und redet untereinander die Wahrheit; denn
wir sind als Glieder miteinander verbunden.
[26] Laßt euch durch den Zorn nicht zur Sünde
hinreißen! Die Sonne soll über eurem Zorn
nicht untergehen. [27] Gebt dem Teufel keinen
Raum! [28] Der Dieb soll nicht mehr stehlen,
sondern arbeiten und sich mit seinen Hän-
den etwas verdienen, damit er den Notlei-
denden davon geben kann. [29] Über eure

Lippen komme kein böses Wort, sondern nur
ein gutes, das den, der es braucht, stärkt,
und dem, der es hört, Nutzen bringt. 30 Belei-
digt nicht den Heiligen Geist Gottes, dessen
Siegel ihr tragt für den Tag der Erlösung. 31
Jede Art von Bitterkeit, Wut, Zorn, Geschrei
und Lästerung und alles Böse verbannt aus
eurer Mitte! 32 Seid gütig zueinander, seid
barmherzig, vergebt einander, weil auch
Gott euch durch Christus vergeben hat.

Wandel im Licht: Eph 5,1–14

1 Ahmt Gott nach als seine geliebten Kinder 2
und liebt einander, weil auch Christus uns
geliebt und sich für uns hingegeben hat als
Gabe und als Opfer, das Gott gefällt. 3 Von
Unzucht aber und Schamlosigkeit jeder Art,
oder von Habgier soll bei euch, wie es sich für
Heilige gehört, nicht einmal die Rede sein. 4
Auch Sittenlosigkeit und albernes oder zwei-
deutiges Geschwätz schickt sich nicht für
euch, sondern Dankbarkeit. 5 Denn das sollt
ihr wissen: Kein unzüchtiger, schamloser
oder habgieriger Mensch – das heißt kein
Götzendiener – erhält ein Erbteil im Reich
Christi und Gottes. 6 Niemand täusche euch
mit leeren Worten: All das zieht auf die Unge-
horsamen den Zorn Gottes herab. 7 Habt
darum nichts mit ihnen gemein! 8 Denn einst
wart ihr Finsternis, jetzt aber seid ihr durch
den Herrn Licht geworden. Lebt als Kinder
des Lichts! 9 Das Licht bringt lauter Güte,
Gerechtigkeit und Wahrheit hervor. 10 Prüft,
was dem Herrn gefällt, 11 und habt nichts
gemein mit den Werken der Finsternis, die
keine Frucht bringen, sondern deckt sie auf!
12 Denn man muß sich schämen, von dem,
was sie heimlich tun, auch nur zu reden. 13
Alles, was aufgedeckt ist, wird vom Licht
erleuchtet. 14 Alles Erleuchtete aber ist Licht.
Deshalb heißt es:
Wach auf, du Schläfer,/ und steh auf von den
Toten,/ und Christus wird dein Licht sein.

Geisterfüllte Gemeinde: Eph 5,15–20

15 Achtet also sorgfältig darauf, wie ihr euer
Leben führt, nicht töricht, sondern klug. 16
Nutzt die Zeit, denn diese Tage sind böse. 17
Darum seid nicht unverständig, sondern be-
greift, was der Wille des Herrn ist. 18 Be-
rauscht euch nicht mit Wein – das macht
zügellos –, sondern laßt euch vom Geist
erfüllen! 19 Laßt in eurer Mitte Psalmen, Hym-
nen und Lieder erklingen, wie der Geist sie
eingibt. Singt und jubelt aus vollem Herzen
zum Lob des Herrn! 20 Sagt Gott, dem Vater,
jederzeit Dank für alles im Namen Jesu Chri-
sti, unseres Herrn!

»Dies ist ein tiefes Geheimnis; ich beziehe es auf Christus und die Kirche« (Eph 5,32). Brautleute vor der Gestalt der segnenden Kirche. Kluibenschädl, um 1875, Vinzentinum Brixen.

Die christliche Ehe

Am Schluß des Briefes werden auch Anweisungen für eine christliche Familienordnung gegeben. Diese Weisungen widerspiegeln zwar zeitbedingte Ordnungen – etwa bezüglich der Stellung der Frau gegenüber dem Mann –, sie zeigen auch, welche Würde der christlichen Ehe zukommt: Sie wird gesehen als Abbild der Verbindung zwischen Christus und der Kirche.

Die Ehe – Ein tiefes Geheimnis:
Eph 5,21–33

21 Einer ordne sich dem andern unter in der
gemeinsamen Ehrfurcht vor Christus. 22 Ihr
Frauen, ordnet euch euren Männern unter
wie dem Herrn (Christus); 23 denn der Mann
ist das Haupt der Frau, wie auch Christus das
Haupt der Kirche ist; er hat sie gerettet, denn
sie ist sein Leib. 24 Wie aber die Kirche sich
Christus unterordnet, sollen sich die Frauen
in allem den Männern unterordnen. 25 Ihr
Männer, liebt eure Frauen, wie Christus die
Kirche geliebt und sich für sie hingegeben
hat, 26 um sie im Wasser und durch das Wort
rein und heilig zu machen. 27 So will er die
Kirche herrlich vor sich erscheinen lassen,
ohne Flecken, Falten oder andere Fehler;
heilig soll sie sein und makellos. 28 Darum
sind die Männer verpflichtet, ihre Frauen so
zu lieben wie ihren eigenen Leib. Wer seine
Frau liebt, liebt sich selbst. 29 Keiner hat je
seinen eigenen Leib gehaßt, sondern er
nährt und pflegt ihn, wie auch Christus die
Kirche. 30 Denn wir sind Glieder seines Lei-
bes. 31 Darum wird der Mann Vater und Mutter
verlassen und sich an seine Frau binden, und
die zwei werden ein Fleisch sein. 32 Dies ist
ein tiefes Geheimnis; ich beziehe es auf
Christus und die Kirche. 33 Was euch angeht,
so liebe jeder von euch seine Frau wie sich
selbst, die Frau aber ehre den Mann.

Christus, der Hohepriester

Der Brief an die Hebräer ist eine theologisch tiefgründige und sprachlich kunstvoll gestaltete Mahnrede über Christus, den Hohenpriester, der die Menschen mit Gott versöhnt und zur Teilnahme an der festlichen Versammlung beruft. Der Verfasser dieser Schrift ist ein schriftkundiger Judenchrist, der von paulinischem Gedankengut beeinflußt ist. Das Werk wurde in den Jahren 80–90 n. Chr. geschrieben.

Der Verfasser stellt in der Gemeinde Glaubensmüdigkeit fest. Deshalb bemüht er sich, den Gläubigen ein tieferes Verständnis des Christusgeschehens zu vermitteln, um Freude und Zuversicht zu wecken. Er betrachtet die Gestalt Christi im Licht des Alten Testamentes und sieht die Personen, Ereignisse und Institutionen des Alten Testamentes als Vorausdarstellung des Wirkens Christi. Durch Christus ist der alttestamentliche Kult mit seinen Opfern überwunden und der Zugang zu Gott eröffnet.

Der Brief ist auch für uns bedeutsam. Angesichts der Bedrohungen unserer Zeit ist in vielen Menschen der Wunsch nach Versöhnung und Frieden besonders lebendig geworden. Die Kirche als Zeichen der Versöhnung und des Friedens unter den Menschen weiß sich zum Dienst an dieser Versöhnung berufen. Sie ist dazu befähigt, da sie selber mit Gott versöhnt ist.

Sohn Gottes und Bruder der Menschen

Am Beginn der Mahnrede stellt der Verfasser den Lesern die Würde Jesu vor Augen: Jesus ist erhaben über Engel und Menschen. Er nimmt Anteil am Los der Menschen, indem er Bruder der Menschen wird. Er kann die Menschen verstehen, da er ihnen gleich geworden ist. Er geht den Weg des Leidens und ist so fähig zum Dienst der Versöhnung.

Die Würde des Sohnes Gottes: Hebr 1,1–6

1 Viele Male und auf vielerlei Weise hat Gott einst zu den Vätern gesprochen durch die Propheten; 2 in dieser Endzeit aber hat er zu uns gesprochen durch den Sohn, den er zum Erben des Alls eingesetzt und durch den er auch die Welt erschaffen hat; 3 er ist der Abglanz seiner Herrlichkeit und das Abbild seines Wesens; er trägt das All durch sein machtvolles Wort, hat die Reinigung von den Sünden bewirkt und sich dann zur Rechten der Majestät in der Höhe gesetzt; 4 er ist um so viel erhabener geworden als die Engel, wie der Name, den er geerbt hat, ihren Namen überragt. 5 Denn zu welchem Engel hat er jemals gesagt:
Mein Sohn bist du,/ heute habe ich dich gezeugt,
und weiter:
Ich will für ihn Vater sein,/ und er wird für mich Sohn sein?
6 Wenn er aber den Erstgeborenen wieder in die Welt einführt, sagt er:
Alle Engel Gottes sollen sich vor ihm niederwerfen.

Christus – Den Brüdern gleich:
Hebr 2,9–11.14–18

9 Den, der nur für kurze Zeit unter die Engel erniedrigt war, Jesus, ihn sehen wir um seines Todesleidens willen mit Herrlichkeit und Ehre gekrönt; es war nämlich Gottes gnädiger Wille, daß er für alle den Tod erlitt. 10 Denn es war angemessen, daß Gott, für den und durch den das All ist und der viele Söhne zur Herrlichkeit führen wollte, den Urheber ihres Heils durch Leiden vollendete. 11 Denn er, der heiligt, und sie, die geheiligt werden, stammen alle von Einem ab; darum scheut er sich nicht, sie Brüder zu nennen. 14 Da nun die Kinder Menschen von Fleisch und Blut sind, hat auch er in gleicher Weise Fleisch und Blut angenommen, um durch seinen Tod den zu entmachten, der die Gewalt über den Tod hat, nämlich den Teufel, 15 und um die zu befreien, die durch die Furcht vor dem Tod ihr Leben lang der Knechtschaft verfallen waren. 16 Denn er nimmt sich keineswegs der Engel an, sondern der Nachkommen Abrahams nimmt er sich an. 17 Darum mußte er in allem seinen Brüdern gleich sein, um ein barmherziger und treuer Hoherpriester vor Gott zu sein und die Sünden des Volkes zu sühnen. 18 Denn da er selbst in Versuchung geführt wurde und gelitten hat, kann er denen helfen, die in Versuchung geführt werden.

Gottes Wort – Schärfer als ein Schwert (vgl. Hebr 4,12). Initiale, 15. Jh., Brixen.

Die Macht des Wortes Gottes: Hebr 4,12–13

12 Denn lebendig ist das Wort Gottes, kraftvoll und schärfer als jedes zweischneidige Schwert; es dringt durch bis zur Scheidung von Seele und Geist, von Gelenk und Mark; es richtet über die Regungen und Gedanken des Herzens; 13 vor ihm bleibt kein Geschöpf verborgen, sondern alles liegt nackt und bloß vor den Augen dessen, dem wir Rechenschaft schulden.

Christus – Mitfühlender Hoherpriester. Multscher-Altar, 1458, Sterzing.

Jesus, der Hohepriester

Im Alten Testament war der Hohepriester der Oberpriester des Volkes, der für das Volk bei Gott eintritt und vor allem am großen Versöhnungstag das Volk mit Gott versöhnt. Er vermittelt auch den Segen Gottes an das Volk. Christus ist nun der endgültige Hohepriester. Er ist zum hohepriesterlichen Dienst fähig, da er Anteil nimmt an menschlicher Schwäche (außer der Sünde) und von Gott zum Hohenpriester bestellt ist (siehe auch Hebr 7,23–28). Gegenüber dem oftmaligen Wechsel der Priester im Alten Testament ist Jesu Priestertum unvergänglich. Der Verfasser des Briefes findet in der Gestalt des Melchisedek (Gen 14,18–19) – der Brot und Wein opfert und dessen Priestertum von Abraham anerkannt wird – ein Vorbild für Christus.

Ein mitfühlender Hoherpriester:
Hebr 4,14–16

14 Da wir nun einen erhabenen Hohenpriester
haben, der die Himmel durchschritten hat,
Jesus, den Sohn Gottes, laßt uns an dem
Bekenntnis festhalten. 15 Wir haben ja nicht
einen Hohenpriester, der nicht mitfühlen
könnte mit unserer Schwäche, sondern einen, der in allem wie wir in Versuchung
geführt worden ist, aber nicht gesündigt hat.
16 Laßt uns also voll Zuversicht hingehen zum
Thron der Gnade, damit wir Erbarmen und
Gnade finden und so Hilfe erlangen zur rechten Zeit.

Von Gott bestellt: Hebr 5,1–6

1 Denn jeder Hohepriester wird aus den Menschen ausgewählt und für die Menschen eingesetzt zum Dienst vor Gott, um Gaben und Opfer für die Sünden darzubringen. 2 Er ist fähig, für die Unwissenden und Irrenden Verständnis aufzubringen, da auch er der Schwachheit unterworfen ist; 3 deshalb muß er für sich selbst ebenso wie für das Volk Sündopfer darbringen. 4 Und keiner nimmt sich eigenmächtig diese Würde, sondern er wird von Gott berufen, so wie Aaron. 5 So hat auch Christus sich nicht selbst die Würde eines Hohenpriesters verliehen, sondern der, der zu ihm gesprochen hat:

Mein Sohn bist du. / Heute habe ich dich gezeugt,

6 wie er auch an anderer Stelle sagt:

Du bist Priester auf ewig / nach der Ordnung Melchisedeks.

Der Urheber des Heiles: Hebr 5,7–10

7 Als er auf Erden lebte, hat er mit lautem Schreien und unter Tränen Gebete und Bitten vor den gebracht, der ihn aus dem Tod retten konnte, und er ist erhört und aus seiner Angst befreit worden. 8 Obwohl er der Sohn war, hat er durch Leiden den Gehorsam gelernt; 9 zur Vollendung gelangt, ist er für alle, die ihm gehorchen, der Urheber des ewigen Heils geworden 10 und wurde von Gott angeredet als »Hoherpriester nach der Ordnung Melchisedeks«.

Der vollkommene Hohepriester: Hebr 7,23–28

23 Auch folgten dort viele Priester aufeinander, weil der Tod sie hinderte zu bleiben; 24 er aber hat, weil er auf ewig bleibt, ein unvergängliches Priestertum. 25 Darum kann er auch die, die durch ihn vor Gott hintreten, für immer retten; denn er lebt allezeit, um für sie einzutreten. 26 Ein solcher Hoherpriester war für uns in der Tat notwendig: einer, der heilig ist, unschuldig, makellos, abgesondert von den Sündern und erhöht über die Himmel; 27 einer, der es nicht Tag für Tag nötig hat, wie die Hohenpriester zuerst für die eigenen Sünden Opfer darzubringen und dann für die des Volkes; denn das hat er ein für allemal getan, als er sich selbst dargebracht hat. 28 Das Gesetz nämlich macht Menschen zu Hohenpriestern, die der Schwachheit unterworfen sind; das Wort des Eides aber, der später als das Gesetz kam, setzt den Sohn ein, der auf ewig vollendet ist.

Christus – Hoherpriester nach der Ordnung des Melchisedek. Initiale, 15. Jh., Brixen.

Versöhnung durch das Blut Christi

Am großen Versöhnungstag trat der Hohepriester in das Allerheiligste, also den innersten Bezirk des Tempels, und vollzog den Ritus der Versöhnung zwischen Gott und Volk. Durch Christi Opfer ist nun der neue endgültige Bund geschlossen, und zwar ein für alle Mal.

Der Mittler des neuen Bundes: Hebr 9,11–15

11 Christus aber ist gekommen als Hoherpriester der künftigen Güter; und durch das erhabenere und vollkommenere Zelt, das nicht von Menschenhand gemacht, das heißt nicht von dieser Welt ist, 12 ist er ein für allemal in das Heiligtum hineingegangen, nicht mit dem Blut von Böcken und jungen Stieren,

sondern mit seinem eigenen Blut, und so hat er eine ewige Erlösung bewirkt. [13] Denn wenn schon das Blut von Böcken und Stieren und die Asche einer Kuh die Unreinen, die damit besprengt werden, so heiligt, daß sie leiblich rein werden, [14] wieviel mehr wird das Blut Christi, der sich selbst kraft ewigen Geistes Gott als makelloses Opfer dargebracht hat, unser Gewissen von toten Werken reinigen, damit wir dem lebendigen Gott dienen. [15] Und darum ist er der Mittler eines neuen Bundes; sein Tod hat die Erlösung von den im ersten Bund begangenen Übertretungen bewirkt, damit die Berufenen das verheißene ewige Erbe erhalten.

Das endgültige Opfer: Hebr 9,24–28

[24] Denn Christus ist nicht in ein von Menschenhand errichtetes Heiligtum hineingegangen, in ein Abbild des Wirklichen, sondern in den Himmel selbst, um jetzt für uns vor Gottes Angesicht zu erscheinen; [25] auch nicht, um sich selbst viele Male zu opfern, (denn er ist nicht) wie der Hohepriester, der jedes Jahr mit fremdem Blut in das Heiligtum hineingeht; [26] sonst hätte er viele Male seit der Erschaffung der Welt leiden müssen. Jetzt aber ist er am Ende der Zeiten ein einziges Mal erschienen, um durch sein Opfer die Sünde zu tilgen. [27] Und wie es dem Menschen bestimmt ist, ein einziges Mal zu sterben, worauf dann das Gericht folgt, [28] so wurde auch Christus ein einziges Mal geopfert, um die Sünden vieler hinwegzunehmen; beim zweitenmal wird er nicht wegen der Sünde erscheinen, sondern um die zu retten, die ihn erwarten.

Geheiligt durch Christi Opfer:
Hebr 10,5–14.18

[5] Darum spricht Christus bei seinem Eintritt in die Welt:
Schlacht- und Speiseopfer hast du nicht gefordert, /
doch einen Leib hast du mir geschaffen; /
[6] an Brand- und Sündopfern hast du kein Gefallen.
[7] Da sagte ich: Ja, ich komme – /
so steht es über mich in der Schriftrolle –, /
um deinen Willen, Gott, zu tun.
[8] Zunächst sagt er: Schlacht- und Speiseopfer, Brand- und Sündopfer forderst du nicht, du hast daran kein Gefallen, obgleich sie doch nach dem Gesetz dargebracht werden; [9] dann aber hat er gesagt: Ja, ich komme, um deinen Willen zu tun. So hebt Christus das erste auf, um das zweite in Kraft zu setzen. [10] Aufgrund dieses Willens sind wir durch die Opfergabe des Leibes Jesu Christi ein für allemal geheiligt. [11] Jeder Priester steht Tag für Tag da, versieht seinen Dienst und bringt viele Male die gleichen Opfer dar, die doch niemals Sünden wegnehmen können. [12] Dieser aber hat nur ein einziges Opfer für die Sünden dargebracht und sich dann für immer zur Rechten Gottes gesetzt; [13] seitdem wartet er, bis seine Feinde ihm als Schemel unter die Füße gelegt werden. [14] Denn durch ein einziges Opfer hat er die, die geheiligt werden, für immer zur Vollendung geführt. [18] Wo aber die Sünden vergeben sind, da gibt es kein Sündopfer mehr.

Eintritt ins Heiligtum: Hebr 10,19–23

[19] Wir haben also die Zuversicht, Brüder, durch das Blut Jesu in das Heiligtum einzutreten. [20] Er hat uns den neuen und lebendigen Weg erschlossen durch den Vorhang hindurch, das heißt durch sein Fleisch. [21] Da wir einen Hohenpriester haben, der über das Haus Gottes gestellt ist, [22] laßt uns mit aufrichtigem Herzen und in voller Gewißheit des Glaubens hintreten, das Herz durch Besprengung gereinigt vom schlechten Gewissen und den Leib gewaschen mit reinem Wasser. [23] Laßt uns an dem unwandelbaren Bekenntnis der Hoffnung festhalten, denn er, der die Verheißung gegeben hat, ist treu.

»In der Hoffnung haben wir einen sicheren und festen Anker der Seele ...« (Hebr 6,19). Altarbild »Hoffnung«, Luis Stefan Stecher, St. Gertraud / Haslach. →

Ziel und Weg des Glaubens

Aus der Zeit der Vorbereitung auf Christus kann der Verfasser auf viele Beispiele des Glaubens hinweisen. Solche Beispiele verpflichten auch Christen. Das vollendete Beispiel des Glaubens und des Vertrauens auf Gott gibt uns Jesus selbst, der den Weg des Leidens in die Herrlichkeit gegangen ist. Dieser Weg Jesu läßt uns auch die Erziehungskunst Gottes an den Menschen leichter verstehen. Der Verfasser stellt ein wunderbares Ziel dieses Weges vor Augen: Das Volk Gottes ist zur Festversammlung in der heiligen Stadt versammelt.

Das Vorbild der Väter: Hebr 11,1–2.8–19

1 Glaube aber ist: Feststehen in dem, was man erhofft, Überzeugtsein von Dingen, die man nicht sieht. 2 Aufgrund dieses Glaubens haben die Alten ein ruhmvolles Zeugnis erhalten. 8 Aufgrund des Glaubens gehorchte Abraham dem Ruf, wegzuziehen in ein Land, das er zum Erbe erhalten sollte; und er zog weg, ohne zu wissen, wohin er kommen würde. 9 Aufgrund des Glaubens hielt er sich als Fremder im verheißenen Land wie in einem fremden Land auf und wohnte mit Isaak und Jakob, den Miterben derselben Verheißung, in Zelten; 10 denn er erwartete die Stadt mit den festen Grundmauern, die Gott selbst geplant und gebaut hat. 11 Aufgrund des Glaubens empfing selbst Sara die Kraft, trotz ihres Alters noch Mutter zu werden; denn sie hielt den für treu, der die Verheißung gegeben hatte. 12 So stammen denn auch von einem einzigen Menschen, dessen Kraft bereits erstorben war, viele ab: zahlreich wie die Sterne am Himmel und der Sand am Meeresstrand, den man nicht zählen kann. 13 Voll Glauben sind diese alle gestorben, ohne das Verheißene erlangt zu haben; nur von fern haben sie es geschaut und gegrüßt und haben bekannt, daß sie Fremde und Gäste auf Erden sind. 14 Mit diesen Worten geben sie zu erkennen, daß sie eine Heimat suchen. 15 Hätten sie dabei an die Heimat gedacht, aus der sie weggezogen waren, so wäre ihnen Zeit geblieben, zurückzukehren; 16 nun aber streben sie nach einer besseren Heimat, nämlich der himmlischen. Darum schämt sich Gott ihrer nicht, er schämt sich nicht, ihr Gott genannt zu werden; denn er hat für sie eine Stadt vorbereitet. 17 Aufgrund des Glaubens brachte Abraham den Isaak dar, als er auf die Probe gestellt wurde, und gab den einzigen Sohn dahin, er, der die Verheißungen empfangen hatte 18 und zu dem gesagt worden war: Durch Isaak wirst du Nachkommen haben. 19 Er verließ sich darauf, daß Gott sogar die Macht hat, Tote zum Leben zu erwecken; darum erhielt er Isaak auch zurück. Das ist ein Sinnbild.

Der Vollender des Glaubens:
Hebr 12,1–7.11–13

1 Da uns eine solche Wolke von Zeugen umgibt, wollen auch wir alle Last und die Fesseln der Sünde abwerfen. Laßt uns mit Ausdauer in dem Wettkampf laufen, der uns aufgetragen ist, 2 und dabei auf Jesus blikken, den Urheber und Vollender des Glaubens; er hat angesichts der vor ihm liegenden Freude das Kreuz auf sich genommen, ohne auf die Schande zu achten, und sich zur Rechten von Gottes Thron gesetzt. 3 Denkt an den, der von den Sündern solchen Widerstand gegen sich erduldet hat; dann werdet ihr nicht ermatten und den Mut nicht verlieren. 4 Ihr habt im Kampf gegen die Sünde noch nicht bis aufs Blut Widerstand geleistet, 5 und ihr habt die Mahnung vergessen, die euch als Söhne anredet:
Mein Sohn, verachte nicht die Zucht des Herrn, / verzage nicht, wenn er dich zurechtweist.
6 Denn wen der Herr liebt, den züchtigt er; / er schlägt mit der Rute jeden Sohn, den er gern hat.
7 Haltet aus, wenn ihr gezüchtigt werdet. Gott behandelt euch wie Söhne. Denn wo ist ein Sohn, den sein Vater nicht züchtigt? 11 Jede

Züchtigung scheint zwar für den Augenblick
nicht Freude zu bringen, sondern Schmerz;
später aber schenkt sie denen, die durch
diese Schule gegangen sind, als Frucht den
Frieden und die Gerechtigkeit. [12] Darum
macht die erschlafften Hände wieder stark
und die wankenden Knie wieder fest [13] und
ebnet die Wege für eure Füße, damit die
lahmen Glieder nicht ausgerenkt, sondern
geheilt werden.

Das Ziel vor Augen: Hebr 12,18–19.22–24

[18] Denn ihr seid nicht zu einem sichtbaren,
lodernden Feuer hingetreten, zu dunklen
Wolken, zu Finsternis und Sturmwind, [19] zum
Klang der Posaunen und zum Schall der
Worte, bei denen die Hörer flehten, diese
Stimme solle nicht weiter zu ihnen reden; [22]
Ihr seid vielmehr zum Berg Zion hingetreten,
zur Stadt des lebendigen Gottes, dem himm-
lischen Jerusalem, zu Tausenden von En-
geln, zu einer festlichen Versammlung [23] und
zur Gemeinschaft der Erstgeborenen, die im
Himmel verzeichnet sind; zu Gott, dem Rich-
ter aller, zu den Geistern der schon vollende-
ten Gerechten, [24] zum Mittler eines neuen
Bundes, Jesus, und zum Blut der Bespren-
gung, das mächtiger ruft als das Blut Abels.

Der Retter Christus Jesus

Die Botschaft von Christus, dem Retter, die in den Pastoralbriefen öfter verkündet wird, hatte in der damaligen Zeit einen besonderen Klang. Das »Erscheinen des Herrschers« so nannte man die Besuche des Kaisers in den Städten des Reiches – war ein großes Fest und mit verschiedenen Wohltaten für die Städte verbunden. Der Kaiser wurde manchmal auch »Retter« genannt.
Beim Erscheinen der Menschenfreundlichkeit Gottes entsteht ein neues Volk. Paulus selbst ist für die Menschen ein lebendiges Beispiel, daß Christus gekommen ist, die Sünder zu retten. Die Christen sollen für alle Menschen beten, denn dies entspricht dem Heilswillen Gottes.

Das Erscheinen des Retters: Tit 2,11–14

[11] Denn die Gnade Gottes ist erschienen, um
alle Menschen zu retten. [12] Sie erzieht uns
dazu, uns von der Gottlosigkeit und den
irdischen Begierden loszusagen und beson-
nen, gerecht und fromm in dieser Welt zu
leben, [13] während wir auf die selige Erfüllung
unserer Hoffnung warten: auf das Erschei-
nen der Herrlichkeit unseres großen Gottes
und Retters Christus Jesus. [14] Er hat sich für
uns hingegeben, um uns von aller Schuld zu
erlösen und sich ein reines Volk zu schaffen,
das ihm als sein besonderes Eigentum ge-
hört und voll Eifer danach strebt, das Gute zu
tun.

Die Menschenliebe Gottes: Tit 3,4–7

[4] Als aber die Güte und Menschenliebe Got-
tes, unseres Retters, erschien, [5] hat er uns
gerettet – nicht, weil wir Werke vollbracht
hätten, die uns gerecht machen können,
sondern aufgrund seines Erbarmens – durch
das Bad der Wiedergeburt und der Erneue-
rung im Heiligen Geist. [6] Ihn hat er in reichem
Maß über uns ausgegossen durch Jesus
Christus, unseren Retter, [7] damit wir durch
seine Gnade gerecht gemacht werden und
das ewige Leben erben, das wir erhoffen.

Paulus, der gerettete Sünder: 1 Tim 1,12–17

[12] Ich danke dem, der mir Kraft gegeben hat:
Christus Jesus, unserem Herrn. Er hat mich
für treu gehalten und in seinen Dienst ge-
nommen, [13] obwohl ich ihn früher lästerte,
verfolgte und verhöhnte. Aber ich habe Er-
barmen gefunden, denn ich wußte in mei-
nem Unglauben nicht, was ich tat. [14] So
übergroß war die Gnade unseres Herrn, die
mir in Christus Jesus den Glauben und die

Liebe schenkte. [15] Das Wort ist glaubwürdig
und wert, daß man es beherzigt: Christus
Jesus ist in die Welt gekommen, um die
Sünder zu retten. Von ihnen bin ich der erste.
[16] Aber ich habe Erbarmen gefunden, damit
Christus Jesus an mir als erstem seine ganze
Langmut beweisen konnte, zum Vorbild für
alle, die in Zukunft an ihn glauben, um das
ewige Leben zu erlangen. [17] Dem König der
Ewigkeit, dem unvergänglichen, unsichtba-
ren, einzigen Gott, sei Ehre und Herrlichkeit
in alle Ewigkeit. Amen.

Der Heilswille Gottes: 1 Tim 2,1–8

[1] Vor allem fordere ich zu Bitten und Gebeten,
zu Fürbitte und Danksagung auf, und zwar
für alle Menschen, [2] für die Herrscher und für
alle, die Macht ausüben, damit wir in aller
Frömmigkeit und Rechtschaffenheit unge-
stört und ruhig leben können. [3] Das ist recht
und gefällt Gott, unserem Retter; [4] er will, daß
alle Menschen gerettet werden und zur Er-
kenntnis der Wahrheit gelangen. [5] Denn:
Einer ist Gott, /
Einer auch Mittler zwischen Gott und den
Menschen: /
der Mensch Christus Jesus,
[6] der sich als Lösegeld hingegeben hat für
alle, /
ein Zeugnis zur vorherbestimmten Zeit,
[7] als dessen Verkünder und Apostel ich einge-
setzt wurde – ich sage die Wahrheit und lüge
nicht –, als Lehrer der Heiden im Glauben
und in der Wahrheit. [8] Ich will, daß die Männer
überall beim Gebet ihre Hände in Reinheit
erheben, frei von Zorn und Streit.

Die Treue zur gesunden Lehre

Eine besonders wichtige Aufgabe der Hirten ist es, den Glauben unverfälscht zu bewahren. Die Erinnerung an die bei der Amtsübertragung verliehene Gnade soll Timotheus in seinem Dienst ermutigen. Das Leiden Christi, wie es in einem aus der Tradition stammenden Bekenntnis mahnt, und das Leiden des Apostels Paulus sind verpflichtende Beispiele für die Verkünder. Das Wort Gottes ist Rüstzeug für das Leben in Glauben und Gerechtigkeit.

Erinnerung an die Amtsübertragung:
2 Tim 1,6–10.13–14

[6] Darum rufe ich dir ins Gedächtnis: Entfache
die Gnade Gottes wieder, die dir durch die
Auflegung meiner Hände zuteil geworden
ist. [7] Denn Gott hat uns nicht einen Geist der
Verzagtheit gegeben, sondern den Geist der
Kraft, der Liebe und der Besonnenheit. [8]
Schäme dich also nicht, dich zu unserem
Herrn zu bekennen; schäme dich auch mei-
ner nicht, der ich seinetwegen im Gefängnis
bin, sondern leide mit mir für das Evange-
lium. Gott gibt dazu die Kraft: [9] Er hat uns
gerettet; mit einem heiligen Ruf hat er uns
gerufen, nicht aufgrund unserer Werke, son-
dern aus eigenem Entschluß und aus Gnade,
die uns schon vor ewigen Zeiten in Christus
Jesus geschenkt wurde; [10] jetzt aber wurde
sie durch das Erscheinen unseres Retters
Christus Jesus offenbart. Er hat dem Tod die
Macht genommen und uns das Licht des
unvergänglichen Lebens gebracht durch das
Evangelium. [13] Halte dich an die gesunde
Lehre, die du von mir gehört hast; nimm sie
dir zum Vorbild und bleibe beim Glauben
und bei der Liebe, die uns in Christus Jesus
geschenkt ist. [14] Bewahre das dir anvertraute
kostbare Gut durch die Kraft des Heiligen
Geistes, der in uns wohnt.

Die Sorge für den rechten Glauben

Die Treue zum überlieferten Glauben und zur »gesunden Lehre« ist ein besonderes Anliegen der sogenannten »Pastoralbriefe«. In der Forschung wird vielfach angenommen, daß diese Briefe ungefähr um das Jahr 100 n. Chr. von einem uns unbekannten Christen niedergeschrieben worden sind. Dieser Verfasser stellt die Briefe unter die Autorität und den Namen des Apostels Paulus, um das Erbe des Paulus aktualisierend weiterzuführen und die Kirche vor Erschlaffung und Irrlehre zu bewahren. Diese Briefe an Hirten der Gemeinde enthalten Weisungen darüber, wie Timotheus und Titus, zwei Schüler des heiligen Paulus, die ihnen anvertrauten Gemeinden leiten sollen. Es werden ihnen ihre Berufspflichten dargelegt und Mahnungen für einen rechtschaffenen Wandel gegeben. Aus diesen Briefen treten uns christliche Gemeinden vor Augen, in denen es Ämter und Ordnungen gibt, und die sich zu gläubiger Weltbewährung aufgerufen wissen. Gegenüber den mannigfachen Irrlehrern wird die Treue zur überlieferten Lehre eingeschärft. Vom Gespräch mit den Irrlehrern hält der Verfasser nicht viel.

Anteil am Leiden Christi: 2 Tim 2,8–13

8 Denk daran, daß Jesus Christus, der Nachkomme Davids, von den Toten auferstanden ist; so lautet mein Evangelium, 9 für das ich
zu leiden habe und sogar wie ein Verbrecher gefesselt bin; aber das Wort Gottes ist nicht
gefesselt. 10 Das alles erdulde ich um der Auserwählten willen, damit auch sie das Heil in Christus Jesus und die ewige Herrlichkeit
erlangen. 11 Das Wort ist glaubwürdig:
Wenn wir mit Christus gestorben sind, /
werden wir auch mit ihm leben;
12 wenn wir standhaft bleiben, /
werden wir auch mit ihm herrschen;
wenn wir ihn verleugnen, /
wird auch er uns verleugnen.
13 Wenn wir untreu sind, /
bleibt er doch treu, /
denn er kann sich selbst nicht verleugnen.

Der treue Zeuge, der das Wort Gottes erforscht und erklärt. Hl. Hieronymus. Um 1840, Joseph Renzler, Pfarrkirche Kiens.

Das Vorbild des Apostels:
2 Tim 4,6–8.16–18

6 Denn ich werde nunmehr geopfert, und die
Zeit meines Aufbruchs ist nahe. 7 Ich habe
den guten Kampf gekämpft, den Lauf vollendet, die Treue gehalten. 8 Schon jetzt liegt für
mich der Kranz der Gerechtigkeit bereit, den mir der Herr, der gerechte Richter, an jenem Tag geben wird, aber nicht nur mir, sondern allen, die sehnsüchtig auf sein Erscheinen
warten. 16 Bei meiner ersten Verteidigung ist
niemand für mich eingetreten; alle haben mich im Stich gelassen. Möge es ihnen nicht
angerechnet werden. 17 Aber der Herr stand
mir zur Seite und gab mir Kraft, damit durch mich die Verkündigung vollendet wird und alle Heiden sie hören; und so wurde ich dem
Rachen des Löwen entrissen. 18 Der Herr wird
mich allem Bösen entreißen, er wird mich retten und in sein himmlisches Reich führen. Ihm sei die Ehre in alle Ewigkeit. Amen.

Fleißig wie die Biene (Bienenkorb) hat der hl. Ambrosius das Wort Gottes erforscht. Um 1840, Joseph Renzler, Pfarrkirche Kiens.

Die von Gott eingegebenen Schriften:
2 Tim 3,14 – 4,2

14 Du aber bleibe bei dem, was du gelernt und
wovon du dich überzeugt hast. Du weißt, von
wem du es gelernt hast; 15 denn du kennst
von Kindheit an die heiligen Schriften, die dir
Weisheit verleihen können, damit du durch
den Glauben an Christus Jesus gerettet wirst.
16 Jede von Gott eingegebene Schrift ist auch
nützlich zur Belehrung, zur Widerlegung, zur
Besserung, zur Erziehung in der Gerechtig-
keit; 17 so wird der Mensch Gottes zu jedem
guten Werk bereit und gerüstet sein.
1 Ich beschwöre dich bei Gott und bei Chri-
stus Jesus, dem kommenden Richter der
Lebenden und der Toten, bei seinem Er-
scheinen und bei seinem Reich: 2 Verkünde
das Wort, tritt dafür ein, ob man es hören will
oder nicht; weise zurecht, tadle, ermahne in
unermüdlicher und geduldiger Belehrung.

Warnung vor Irrlehrern: 2 Tim 3,9–11

9 Doch sie werden wenig Erfolg haben, denn
ihr Unverstand wird allen offenkundig wer-
den, wie es auch bei jenen geschehen ist. 10
Du aber bist mir gefolgt in der Lehre, im
Leben und Streben, im Glauben, in der Lang-
mut, der Liebe und der Ausdauer, 11 in den
Verfolgungen und Leiden, denen ich in An-
tiochia, Ikonion und Lystra ausgesetzt war.
Welche Verfolgungen habe ich erduldet! Und
aus allen hat der Herr mich errettet.

Der Auftrag des Amtes: 1 Tim 6,11–16

11 Du aber, ein Mann Gottes, flieh vor all dem.
Strebe unermüdlich nach Gerechtigkeit,
Frömmigkeit, Glauben, Liebe, Standhaftig-
keit und Sanftmut. 12 Kämpfe den guten
Kampf des Glaubens, ergreife das ewige
Leben, zu dem du berufen worden bist und
für das du vor vielen Zeugen das gute Be-
kenntnis abgelegt hast. 13 Ich gebiete dir bei
Gott, von dem alles Leben kommt, und bei
Christus Jesus, der vor Pontius Pilatus das
gute Bekenntnis abgelegt hat und als Zeuge
dafür eingetreten ist: 14 Erfülle deinen Auftrag
rein und ohne Tadel, bis zum Erscheinen
Jesu Christi, unseres Herrn, 15 das zur vorher-
bestimmten Zeit herbeiführen wird
der selige und einzige Herrscher,
der König der Könige und Herr der
Herren,
16 der allein die Unsterblichkeit besitzt,
der in unzugänglichem Licht wohnt,
den kein Mensch gesehen hat
noch je zu sehen vermag:
Ihm gebührt Ehre und ewige Macht.
Amen.

Gottes Verheißung für die Zukunft

Gegen Ende des ersten Jahrhunderts war für die Christen die Frage bedrängend geworden: Wer ist denn eigentlich Herr der Welt, und in wessen Hand liegt das Geschick der Welt? Als sich der römische Kaiser Domitian (81–96 n. Chr.) den Titel »Herr und Gott« beilegte und göttliche Verehrung verlangte, bedeutete die Weigerung, den Kaiser als Gott anzuerkennen, Verfolgung für die Christen. In dieser Situation und zu ihrer Bewältigung schreibt ein angesehener und einflußreicher, in der Tradition der christlichen Prophetie stehender Christ ein Trostbuch. Der Weg der Kirche führt durch die Verfolgung hindurch zu einer wunderbaren Vollendung. Auch für uns ist diese Schrift bedeutsam. Angesichts der Weltlage stellen sich viele Menschen die Frage, wie die Geschichte der Welt ausgehen mag. Diese Frage beantworten viele Seiten der Heiligen Schrift. Ausdrücklich beschäftigt sich damit aber das letzte Buch der Heiligen Schrift, die Offenbarung des Johannes. Dieses Buch zeigt Gott als den Herrn der Geschichte.

Offenbarung in Bildern

Diese Glaubensüberzeugung stellt die Offenbarung des Johannes allerdings in einer Form dar, die uns heutigen Menschen nicht vertraut ist, zur Zeit Jesu jedoch üblich war und auch verstanden wurde. Dieses Buch gehört zu einer Gattung von Schriften, die im Judentum weit verbreitet waren, zu den sog. Apokalypsen – »Enthüllungen«. Die Glaubensüberzeugung »Gott ist Herr der Geschichte« wurde in Erzählungen dargelegt, die den Verlauf der Welt vom Anfang bis zur Vollendung als eine Geschichte von Treue und Untreue, Verfolgung und Rettung erzählten. Allerdings konnten in dieser Darstellung die gottfeindlichen Mächte und Personen nicht mit Namen genannt werden. So wurden Personen und feindliche Mächte in verschlüsselter Form, in Bildern und Symbolen, dargestellt. Die feindlichen Herrscher und ihre Macht wurden häufig unter dem Bild furchtbarer Tiere dargestellt. Eingeweihte Leser erfaßten leicht, wer gemeint war.

Ermutigung und Mahnung

Die Offenbarung des Johannes ist nicht ein Bericht, in dem sich genaue Angaben über geschilderte Personen und Ereignisse späterer Zeit finden. Die zentrale Botschaft dieses Buches lautet, daß Gott in Jesus der Welt das Heil zugesprochen hat und daß die Welt Hoffnung haben darf. So schenkt dieses Buch, trotz der Bilder einer furchtbaren Katastrophe, Hoffnung und fordert zugleich zur Treue auf. Die Offenbarung schildert die Geschichte als Kampf zwischen Gott und den gottfeindlichen Mächten, der mit dem Sieg Gottes endet. Ein konkreter Verlauf der Welt- und Kirchengeschichte läßt sich daraus nicht ablesen. Die Verbindung von Ermutigung und Mahnung zeigt sich auch im Aufbau des Werkes: Den ersten Teil (Offb 1,4 – 3,22) bilden die Selbstvorstellung des Sehers Johannes und sieben Mahnbriefe an christliche Gemeinden in Kleinasien. Im zweiten Teil (Offb 4,1 – 22,5) wird der Verlauf der Geschichte dargestellt, die mit dem Sieg Gottes enden wird.

Die Beauftragung und Vision des Johannes

Der Seher stellt sich vor. Wichtiger ist ihm jedoch, daß die Gemeinden einen Blick auf den tun, unter dessen Autorität Johannes spricht: Auf den erhöhten Herrn. Der Herr selbst tröstet und mahnt, indem er an sieben Gemeinden in Kleinasien durch den Propheten einen Brief schickt. Diese Briefe geben uns Einblick in die konkreten Probleme von Gemeinden, ihre Gefährdung und ihre Bewährung. Von den sieben Briefen sei jener an die Gemeinde von Laodizea angeführt.

Gott – Der Herr der Geschichte: Offb 1,4–8

4 Johannes an die sieben Gemeinden in der
Provinz Asien: Gnade sei mit euch und Friede
von Ihm, der ist und der war und der kommt,
und von den sieben Geistern vor seinem
Thron 5 und von Jesus Christus; er ist der
treue Zeuge, der Erstgeborene der Toten,
der Herrscher über die Könige der Erde. Er
liebt uns und hat uns von unseren Sünden
erlöst durch sein Blut; 6 er hat uns zu Königen
gemacht und zu Priestern vor Gott, seinem
Vater. Ihm sei die Herrlichkeit und die Macht
in alle Ewigkeit. Amen. 7 Siehe, er kommt mit
den Wolken, und jedes Auge wird ihn sehen,
auch alle, die ihn durchbohrt haben; und alle
Völker der Erde werden seinetwegen jammern und klagen. Ja, amen. 8 Ich bin das
Alpha und das Omega, spricht Gott, der Herr,
der ist und der war und der kommt, der
Herrscher über die ganze Schöpfung.

Die Beauftragung des Sehers: Offb 1,9–13.17–19

9 Ich, euer Bruder Johannes, der wie ihr
bedrängt ist, der mit euch an der Königsherrschaft teilhat und mit euch in Jesus standhaft
ausharrt, ich war auf der Insel Patmos um
des Wortes Gottes willen und des Zeugnisses
für Jesus. 10 Am Tag des Herrn wurde ich vom
Geist ergriffen und hörte hinter mir eine
Stimme, laut wie eine Posaune. 11 Sie sprach:
Schreib das, was du siehst, in ein Buch, und
schick es an die sieben Gemeinden: nach
Ephesus, nach Smyrna, nach Pergamon,
nach Thyatira, nach Sardes, nach Philadelphia und nach Laodizea. 12 Da wandte ich
mich um, weil ich sehen wollte, wer zu mir
sprach. Als ich mich umwandte, sah ich sieben goldene Leuchter 13 und mitten unter den
Leuchtern einen, der wie ein Mensch aussah;
er war bekleidet mit einem Gewand, das bis
auf die Füße reichte, und um die Brust trug er
einen Gürtel aus Gold. 17 Als ich ihn sah, fiel
ich wie tot vor seinen Füßen nieder. Er aber

Der Seher von Patmos sieht das wunderbare Zeichen am Himmel (Offb 12). Fresko, 1473, Mellaun.

legte seine rechte Hand auf mich und sagte: Fürchte dich nicht! Ich bin der Erste und der Letzte 18 und der Lebendige. Ich war tot, doch nun lebe ich in alle Ewigkeit, und ich habe die Schlüssel zum Tod und zur Unterwelt. 19 Schreib auf, was du gesehen hast: was ist und was danach geschehen wird.

Der Brief an die Gemeinde von Laodizea:
Offb 3,14–22

14 An den Engel der Gemeinde in Laodizea schreibe: So spricht Er, der »Amen« heißt, der treue und zuverlässige Zeuge, der Anfang der Schöpfung Gottes: 15 Ich kenne deine Werke. Du bist weder kalt noch heiß. Wärest du doch kalt oder heiß! 16 Weil du aber lau bist, weder heiß noch kalt, will ich dich aus meinem Mund ausspeien. 17 Du behauptest: Ich bin reich und wohlhabend, und nichts fehlt mir. Du weißt aber nicht, daß gerade du elend und erbärmlich bist, arm, blind und nackt. 18 Darum rate ich dir: Kaufe von mir Gold, das im Feuer geläutert ist, damit du reich wirst; und kaufe von mir weiße Kleider, und zieh sie an, damit du nicht nackt dastehst und dich schämen mußt; und kaufe Salbe für deine Augen, damit du sehen kannst. 19 Wen ich liebe, den weise ich zurecht und nehme ihn in Zucht. Mach also Ernst, und kehr um! 20 Ich stehe vor der Tür und klopfe an. Wer meine Stimme hört und die Tür öffnet, bei dem werde ich eintreten, und wir werden Mahl halten, ich mit ihm und er mit mir. 21 Wer siegt, der darf mit mir auf meinem Thron sitzen, so wie auch ich gesiegt habe und mich mit meinem Vater auf seinen Thron gesetzt habe. 22 Wer Ohren hat, der höre, was der Geist den Gemeinden sagt.

Geschichte in Gottes Hand

Im Hauptteil der Offenbarung werden der Kampf zwischen Gott und den gottfeindlichen Mächten und der endgültige Sieg Gottes geschildert. Das Geschehen spielt sich auf zwei Ebenen ab: Im Himmel und auf der Erde. Der Verlauf der Geschichte beginnt mit einem himmlischen Gottesdienst. Der Lauf und die Zukunft der Welt liegen in Gottes Händen, verschlossen in einem Buch mit sieben Siegeln. Nur Jesus Christus, das geschlachtete Lamm, kann dieses Buch öffnen und damit die Auseinandersetzung mit den gottfeindlichen Mächten eröffnen.

Das Buch der Geschichte und das Lamm:
Offb 4,1–7

1 Ich sah: Eine Tür war geöffnet am Himmel; und die Stimme, die vorher zu mir gesprochen hatte und die wie eine Posaune klang, sagte: Komm herauf, und ich werde dir zeigen, was dann geschehen muß. 2 Sogleich wurde ich vom Geist ergriffen. Und ich sah: Ein Thron stand im Himmel; auf dem Thron saß einer, 3 der wie ein Jaspis und ein Karneol aussah. Und über dem Thron wölbte sich ein Regenbogen, der wie ein Smaragd aussah. 4 Und rings um den Thron standen vierundzwanzig Throne, und auf den Thronen saßen vierundzwanzig Älteste in weißen Gewändern und mit goldenen Kränzen auf dem Haupt. 5 Von dem Thron gingen Blitze, Stimmen und Donner aus. Und sieben lodernde Fackeln brannten vor dem Thron; das sind die sieben Geister Gottes. 6 Und vor dem Thron war etwas wie ein gläsernes Meer, gleich Kristall. Und in der Mitte, rings um den Thron, waren vier Lebewesen voller Augen, vorn und hinten. 7 Das erste Lebewesen glich einem Löwen, das zweite einem Stier, das dritte sah aus wie ein Mensch, das vierte glich einem fliegenden Adler.

Die Öffnung der Buchrolle:
Offb 5,1–14; 6,1a

1 Und ich sah auf der rechten Hand dessen,
der auf dem Thron saß, eine Buchrolle; sie
war innen und außen beschrieben und mit
sieben Siegeln versiegelt. 2 Und ich sah: Ein
gewaltiger Engel rief mit lauter Stimme: Wer
ist würdig, die Buchrolle zu öffnen und ihre
Siegel zu lösen? 3 Aber niemand im Himmel,
auf der Erde und unter der Erde konnte das
Buch öffnen und es lesen. 4 Da weinte ich
sehr, weil niemand für würdig befunden wur-
de, das Buch zu öffnen und es zu lesen. 5 Da
sagte einer von den Ältesten zu mir: Weine
nicht! Gesiegt hat der Löwe aus dem Stamm
Juda, der Sproß aus der Wurzel Davids; er
kann das Buch und seine sieben Siegel öff-
nen. 6 Und ich sah: Zwischen dem Thron und
den vier Lebewesen und mitten unter den
Ältesten stand ein Lamm; es sah aus wie
geschlachtet und hatte sieben Hörner und
sieben Augen; die Augen sind die sieben
Geister Gottes, die über die ganze Erde aus-
gesandt sind. 7 Das Lamm trat heran und
empfing das Buch aus der rechten Hand
dessen, der auf dem Thron saß. 8 Als es das
Buch empfangen hatte, fielen die vier Lebe-
wesen und die vierundzwanzig Ältesten vor
dem Lamm nieder; alle trugen Harfen und
goldene Schalen voll von Räucherwerk; das
sind die Gebete der Heiligen. 9 Und sie san-
gen ein neues Lied:
Würdig bist du, /
das Buch zu nehmen und seine Siegel zu
öffnen;
denn du wurdest geschlachtet /
und hast mit deinem Blut /
Menschen für Gott erworben /
aus allen Stämmen und Sprachen, /
aus allen Nationen und Völkern,
10 und du hast sie für unsern Gott /
zu Königen und Priestern gemacht; /
und sie werden auf der Erde herrschen.
11 Ich sah, und ich hörte die Stimme von
vielen Engeln rings um den Thron und um
die Lebewesen und die Ältesten; die Zahl der
Engel war zehntausendmal zehntausend
und tausendmal tausend. 12 Sie riefen mit
lauter Stimme:
Würdig ist das Lamm, das geschlachtet wur-
de, /
Macht zu empfangen, Reichtum und Weis-
heit, /
Kraft und Ehre, Herrlichkeit und Lob.
13 Und alle Geschöpfe im Himmel und auf der
Erde, unter der Erde und auf dem Meer, alles,
was in der Welt ist, hörte ich sprechen:
Ihm, der auf dem Thron sitzt, und dem
Lamm /
gebühren Lob und Ehre und Herrlichkeit und
Kraft in alle Ewigkeit.
14 Und die vier Lebewesen sprachen: Amen.
Und die vierundzwanzig Ältesten fielen nie-
der und beteten an.
1a Dann sah ich: Das Lamm öffnete das erste
der sieben Siegel.

Würdig ist das Lamm,
Macht und Ehre zu empfangen
(vgl. Offb 5,12).
Die Anbetung des Lammes.
Deckenfresko, Paul Troger, um 1750,
Brixner Dom. →

Das verfolgte Volk Gottes

Sobald vom Thron Gottes her die Endzeit eröffnet ist, beginnt auf Erden die Verfolgung der Gerechten, und es setzen Verwüstung und Zusammenbruch ein. Die von Gott Erwählten, die zu ihm stehen, erhalten von Gott selbst ein Zeichen, das ihre Erwählung ausdrückt und sie schützt. Die Zahl 144.000 bezeichnet nicht eine genaue Zahl, sondern die große Menge der Erwählten. Die Verfolgung der gottfeindlichen Mächte, dargestellt im Bild eines Drachen, richtet sich gegen die Gemeinde Christi: Am Himmel erscheint ein Zeichen, eine Frau, die kurz vor der Geburt steht. Sie ist Symbol dafür, daß sich, wie bei der Geburt eines Kindes, die Not in Freude wandelt. In dieser wunderbaren Frau werden die Mutter des Messias und die Kirche zusammen geschaut. Die Kinder der Frau, der Messias und die »übrigen Nachkommen, die den Geboten Gottes gehorchen«, werden vom Drachen verfolgt, doch in der Wüste, dem Ort der Bewahrung und der Bewährung, wunderbar gerettet.

Das Zeichen der Erwählung:
Offb 7,2–4.9–17

2 Dann sah ich vom Osten her einen anderen Engel emporsteigen; er hatte das Siegel des lebendigen Gottes und rief den vier Engeln, denen die Macht gegeben war, dem Land und dem Meer Schaden zuzufügen, mit lauter Stimme zu:
3 Fügt dem Land, dem Meer und den Bäumen keinen Schaden zu, bis wir den Knechten unseres Gottes das Siegel auf die Stirn gedrückt haben.
4 Und ich erfuhr die Zahl derer, die mit dem Siegel gekennzeichnet waren. Es waren hundertvierundvierzigtausend aus allen Stämmen der Söhne Israels, die das Siegel trugen:
9 Danach sah ich: eine große Schar aus allen Nationen und Stämmen, Völkern und Sprachen; niemand konnte sie zählen. Sie standen in weißen Gewändern vor dem Thron und vor dem Lamm und trugen Palmzweige in den Händen.
10 Sie riefen mit lauter Stimme: Die Rettung kommt von unserem Gott, der auf dem Thron sitzt, und von dem Lamm.
11 Und alle Engel standen rings um den Thron, um die Ältesten und die vier Lebewesen. Sie warfen sich vor dem Thron nieder, beteten Gott an
12 und sprachen:
Amen, Lob und Herrlichkeit, / Weisheit und Dank, / Ehre und Macht und Stärke / unserem Gott in alle Ewigkeit. Amen.
13 Da fragte mich einer der Ältesten: Wer sind diese, die weiße Gewänder tragen, und woher sind sie gekommen?
14 Ich erwiderte ihm: Mein Herr, das mußt du wissen. Und er sagte zu mir: Es sind die, die aus der großen Bedrängnis kommen; sie haben ihre Gewänder gewaschen und im Blut des Lammes weiß gemacht.
15 Deshalb stehen sie vor dem Thron Gottes und dienen ihm bei Tag und Nacht in seinem Tempel; und der, der auf dem Thron sitzt, wird sein Zelt über ihnen aufschlagen.
16 Sie werden keinen Hunger und keinen Durst mehr leiden, und weder Sonnenglut noch irgendeine sengende Hitze wird auf ihnen lasten.
17 Denn das Lamm in der Mitte vor dem Thron wird sie weiden und zu den Quellen führen, aus denen das Wasser des Lebens strömt, und Gott wird alle Tränen von ihren Augen abwischen.

Die Frau – Das Zeichen am Himmel:
Offb 11,19; 12,1–6

19 Der Tempel Gottes im Himmel wurde geöffnet, und in seinem Tempel wurde die Lade seines Bundes sichtbar: Da begann es zu blitzen, zu dröhnen und zu donnern, es gab ein Beben und schweren Hagel.

1 Dann erschien ein großes Zeichen am Himmel: eine Frau, mit der Sonne bekleidet; der Mond war unter ihren Füßen und ein Kranz von zwölf Sternen auf ihrem Haupt.
2 Sie war schwanger und schrie vor Schmerz in ihren Geburtswehen.
3 Ein anderes Zeichen erschien am Himmel: ein Drache, groß und feuerrot, mit sieben Köpfen und zehn Hörnern und mit sieben Diademen auf seinen Köpfen.
4 Sein Schwanz fegte ein Drittel der Sterne vom Himmel und warf sie auf die Erde herab. Der Drache stand vor der Frau, die gebären sollte; er wollte ihr Kind verschlin-

gen, sobald es geboren war. 5 Und sie gebar
ein Kind, einen Sohn, der über alle Völker mit
eisernem Zepter herrschen wird. Und ihr
Kind wurde zu Gott und zu seinem Thron
entrückt. 6 Die Frau aber floh in die Wüste, wo
Gott ihr einen Zufluchtsort geschaffen hatte;
dort wird man sie mit Nahrung versorgen,
zwölfhundertsechzig Tage lang.

Der Kampf des Drachen gegen die Frau:
Offb 12,7–18

7 Da entbrannte im Himmel ein Kampf; Mi-
chael und seine Engel erhoben sich, um mit
dem Drachen zu kämpfen. Der Drache und
seine Engel kämpften, 8 aber sie konnten sich
nicht halten, und sie verloren ihren Platz im
Himmel. 9 Er wurde gestürzt, der große Dra-
che, die alte Schlange, die Teufel oder Satan
heißt und die ganze Welt verführt; der Drache
wurde auf die Erde gestürzt, und mit ihm
wurden seine Engel hinabgeworfen. 10 Da
hörte ich eine laute Stimme im Himmel
rufen:
Jetzt ist er da, der rettende Sieg, / die Macht
und die Herrschaft unseres Gottes / und die
Vollmacht seines Gesalbten;
denn gestürzt wurde der Ankläger unserer
Brüder, / der sie bei Tag und bei Nacht / vor
unserem Gott verklagte.
11 Sie haben ihn besiegt durch das Blut des
Lammes / und durch ihr Wort und Zeugnis;
sie hielten ihr Leben nicht fest, / bis hinein in
den Tod.
12 Darum jubelt, ihr Himmel / und alle, die
darin wohnen.
Weh aber euch, Land und Meer! / Denn der
Teufel ist zu euch hinabgekommen;
seine Wut ist groß, / weil er weiß, daß ihm nur
noch eine kurze Frist bleibt. 13 Als der Drache
erkannte, daß er auf die Erde gestürzt war,
verfolgte er die Frau, die den Sohn geboren
hatte. 14 Aber der Frau wurden die beiden
Flügel des großen Adlers gegeben, damit sie
in die Wüste an ihren Ort fliegen konnte. Dort
ist sie vor der Schlange sicher und wird eine
Zeit und zwei Zeiten und eine halbe Zeit lang
ernährt. 15 Die Schlange spie einen Strom von
Wasser aus ihrem Rachen hinter der Frau
her, damit sie von den Fluten fortgerissen
werde. 16 Aber die Erde kam der Frau zu Hilfe;
sie öffnete sich und verschlang den Strom,
den der Drache aus seinem Rachen gespien
hatte. 17 Da geriet der Drache in Zorn über die
Frau, und er ging fort, um Krieg zu führen mit
ihren übrigen Nachkommen, die den Gebo-
ten Gottes gehorchen und an dem Zeugnis
für Jesus festhalten. 18 Und der Drache trat an
den Strand des Meeres.

»Am Himmel erschien ein großes Zeichen« (Offb 12,1). Die Mutter Jesu mit Sonne und Mond. Glasfenster, um 1520, Lengmoos am Ritten.

Der Sieg Gottes

Der Kampf geht weiter. Die Feinde Gottes – dargestellt als schreckliche Tiere – dringen in immer neuen Scharen gegen die Heiligen Gottes vor, doch das Lamm, das Gegenbild der schrecklichen Tiere, erringt den Sieg. Die Vollendung der Welt wird als ein großes Fest – die Hochzeit des Lammes – gefeiert. Braut ist die Kirche. Mit einem Hymnus wird dieses Fest eingeleitet. Die Herrlichkeit dieser neuen Welt kann nur in solchen Bildern ausgesagt werden.

Die Hochzeit des Lammes: Offb 19,1.4–7

1 Danach hörte ich etwas wie den lauten Ruf
einer großen Schar im Himmel:
Halleluja! /
Das Heil und die Herrlichkeit und die Macht /
ist bei unserem Gott.
4 Und die vierundzwanzig Ältesten und die
vier Lebewesen fielen nieder vor Gott, der auf
dem Thron sitzt, beteten ihn an und riefen:
Amen, halleluja!
5 Und eine Stimme kam vom Thron her:
Preist unseren Gott, all seine Knechte /
und alle, die ihn fürchten. Kleine und Große!
6 Da hörte ich etwas wie den Ruf einer großen
Schar und wie das Rauschen gewaltiger Wassermassen und wie das Rollen mächtiger
Donner:
Halleluja! / Denn König geworden ist der
Herr, unser Gott, /
der Herrscher über die ganze Schöpfung.
7 Wir wollen uns freuen und jubeln /
und ihm die Ehre erweisen.
Denn gekommen ist die Hochzeit des Lammes, /
und seine Frau hat sich bereit gemacht.

Ein neuer Himmel und eine neue Erde: Offb 21,1–5

1 Dann sah ich einen neuen Himmel und eine
neue Erde; denn der erste Himmel und die
erste Erde sind vergangen, auch das Meer ist
nicht mehr. 2 Ich sah die heilige Stadt, das
neue Jerusalem, von Gott her aus dem Himmel herabkommen; sie war bereit wie eine
Braut, die sich für ihren Mann geschmückt
hat. 3 Da hörte ich eine laute Stimme vom
Thron her rufen: Seht, die Wohnung Gottes
unter den Menschen! Er wird in ihrer Mitte
wohnen, und sie werden sein Volk sein; und
er, Gott, wird bei ihnen sein. 4 Er wird alle
Tränen von ihren Augen abwischen: Der Tod
wird nicht mehr sein, keine Trauer, keine
Klage, keine Mühsal. Denn was früher war, ist
vergangen. 5 Er, der auf dem Thron saß,
sprach: Seht, ich mache alles neu. Und er
sagte: Schreib es auf, denn diese Worte sind
zuverlässig und wahr.

Die Stadt Gottes: Offb 21,10–14.22–23

10 Da entrückte er mich in der Verzückung auf
einen großen, hohen Berg und zeigte mir die
heilige Stadt Jerusalem, wie sie von Gott her
aus dem Himmel herabkam, 11 erfüllt von der
Herrlichkeit Gottes. Sie glänzte wie ein kostbarer Edelstein, wie ein kristallklarer Jaspis.
12 Die Stadt hat eine große und hohe Mauer
mit zwölf Toren und zwölf Engeln darauf. Auf
die Tore sind Namen geschrieben: die Namen der zwölf Stämme der Söhne Israels. 13
Im Osten hat die Stadt drei Tore und im
Norden drei Tore und im Süden drei Tore
und im Westen drei Tore. 14 Die Mauer der
Stadt hat zwölf Grundsteine; auf ihnen stehen die zwölf Namen der zwölf Apostel des
Lammes. 22 Einen Tempel sah ich nicht in der
Stadt. Denn der Herr, ihr Gott, der Herrscher
über die ganze Schöpfung, ist ihr Tempel, er
und das Lamm. 23 Die Stadt braucht weder
Sonne noch Mond, die ihr leuchten. Denn die
Herrlichkeit Gottes erleuchtet sie, und ihre
Leuchte ist das Lamm.

Zurück in die Gegenwart

Nachdem der Verfasser diese neue Welt dargestellt hat, erinnert er an die Gegenwart: Diese steht unter dem Heilswort Jesu Christi. Das Gespräch zwischen Jesus, dem Geist und der Kirche bildet den Abschluß der Heiligen Schrift.

Jesus, der Geist und die Braut:
Offb 22,12–14.16–17.20

12 Siehe, ich komme bald, und mit mir bringe
ich den Lohn, und ich werde jedem geben,
was seinem Werk entspricht. 13 Ich bin das
Alpha und das Omega, der Erste und der
Letzte, der Anfang und das Ende. 14 Selig, wer
sein Gewand wäscht: Er hat Anteil am Baum
des Lebens, und er wird durch die Tore in die
Stadt eintreten können. 16 Ich, Jesus, habe
meinen Engel gesandt als Zeugen für das,
was die Gemeinden betrifft. Ich bin die Wurzel und der Stamm Davids, der strahlende
Morgenstern. 17 Der Geist und die Braut aber
sagen: Komm! Wer hört, der rufe: Komm!
Wer durstig ist, der komme. Wer will, empfange umsonst das Wasser des Lebens. 20 Er,
der dies bezeugt, spricht: Ja, ich komme
bald. – Amen. Komm, Herr Jesus!

Die Herrlichkeit Gottes erleuchtet die himmlische Stadt (vgl. Offb 21,23). Die Stadt im Licht. Heiner Gschwendt, 1970.

Dritter Teil

Hausandachten

Das gemeinsame Gebet in der Familie

Das Zweite Vatikanische Konzil hat die Familie als »Hauskirche« bezeichnet. Dieser Ausdruck ist sehr geeignet, die Würde und Aufgabe jeder Familie zu umschreiben: Die Familie ist ein Ort des Glaubens, der Glaubensverkündigung, des Gebetes und des Gottesdienstes und der Liebe.

Heilige Zeichen

Das religiöse Leben ist an Zeichen gebunden und äußert sich in der Gestaltung der Wohnung durch heilige Zeichen, durch Gebet, durch Handlungen, durch Feste und Feiern, durch die Gestaltung des Sonntags, durch die Teilnahme am Leben der Kirche.

Durch christliche Zeichen gestalten wir unsere Wohnung und unsere Umwelt und lassen uns in unserem Christsein unterstützen. In den christlichen Zeichen wird uns die Botschaft des Glaubens vor Augen geführt und wir vergessen sie nicht. Zu solchen Zeichen gehören: Das Bild des Gekreuzigten, das uns an die Liebe erinnert, die Gott in seinem Sohn geoffenbart hat; Heiligenbilder, die uns das Vorbild großer heiliger Menschen, etwa der Mutter Gottes oder unserer Namenspatrone, vor Augen stellen und zur Nachahmung einladen; das Weihwasser als ein Symbol der Taufe und des neuen Lebens, das uns geschenkt wird; die Kerze, die als Symbol der Freude und der Helle auch ein Symbol für Christus, das Licht, ist; eine Ausgabe der Heiligen Schrift, die uns an das Heilshandeln Gottes an den Menschen erinnert.

Zu den heiligen Zeichen gehören auch bestimmte Handlungen, durch die wir uns an die Gegenwart Gottes erinnern und durch die wir unser Leben unter seinen Schutz stellen. Zu diesen Handlungen gehören: Das Kreuzzeichen; die Segnung der Kinder durch die Eltern; die Haltungen beim Gebet: stehen, sitzen, knien; das Weihwassernehmen beim Betreten oder Verlassen des Hauses, vor dem Schlafengehen und beim Aufstehen; das tägliche Gebet.

Das gemeinsame Familiengebet

Bis in die jüngste Vergangenheit gab es in fast allen unseren Familien eine bestimmte Gebetsordnung. Am Abend wurde, selbst nach schweren Arbeitstagen, der Rosenkranz gebetet; das Gebet am Morgen, bei Tisch und am Abend waren selbstverständlich. So war der Ablauf des Tages auch vom Religiösen her geprägt und geregelt. Vieles davon ist abgekommen. Eine bestimmte Ordnung des Gebetes kann allerdings hilfreich sein, denn auch das religiöse Leben braucht bestimmte äußere Formen, sonst stirbt die Verbindung zu Gott allmählich ab.

In seinem Apostolischen Schreiben »Familiaris Consortio« kommt Papst Johannes Paul II. auf den Inhalt des Familiengebetes zu sprechen: »Das Familiengebet hat seine besonderen Merkmale. Es ist ein gemeinsames Beten von Mann und Frau, von Eltern und Kindern. Die Gemeinschaft im Gebet erwächst als Frucht und Auftrag aus jener Gemeinschaft, die durch die

Sakramente der Taufe und der Ehe geschenkt wird. Besonders von den Mitgliedern der christlichen Familie gilt das Wort, mit dem Jesus, der Herr, seine Gegenwart zusichert: ›Weiter sage ich euch: Alles, was zwei von euch auf Erden gemeinsam erbitten, werden sie von meinem himmlischen Vater erhalten. Denn wo zwei oder drei in meinem Namen versammelt sind, da bin ich mitten unter ihnen‹. Der besondere Inhalt dieses Gebetes ist das Familienleben selbst, das in all seinen verschiedenen Situationen als Anruf Gottes verstanden und als kindliche Antwort auf diesen Anruf vollzogen wird: Freude und Leid, Hoffnung und Enttäuschung, Geburten, Geburtstage und Hochzeitstage, Abschiede, Getrenntsein und Wiedersehen, wichtige und einschneidende Entscheidungen, Todesfälle im Kreis der Lieben und ähnliches mehr – all das sind Marksteine der Begegnung der Liebe Gottes mit der Geschichte der Familie, wie sie auch Anlaß sein sollen zur Danksagung, zur Bitte, zur vertrauensvollen Überantwortung der Familie an den gemeinsamen Vater im Himmel. Die Würde und die Verantwortung der christlichen Familie als Hauskirche können nur mit der beständigen Hilfe Gottes gelebt werden; wer sie in Demut und Vertrauen erbittet, dem wird sie auch zuteil« (Familiaris Consortio, 1981, Nr. 59).

Vorbereitung der Hausandachten

Bei den Hausandachten wird gemeinsam gebetet und gefeiert. In den meisten Fällen braucht es dazu eine kleine Vorbereitung:

– Die Texte sollten schon vor der Feier durchgesehen werden. Manchmal ist es sinnvoll, das Lesen der Texte auf verschiedene Familienmitglieder aufzuteilen.

– Vielfach sind auch Gegenstände vorzubereiten: Besonders wichtig sind die religiösen Symbole, die in den Heiligen Zeiten jeweils besondere Bedeutung haben, z.B. das Licht im Advent, das Kreuz in der Fastenzeit, Bilder der Heiligen zu den Festen. Dazu kommen noch die Symbole aus der Natur: Blumen, Steine. Zur Festesfreude gehört für viele Menschen auch das bewußte Hören auf Musik. Deswegen soll bereitgestellt werden, was zur musikalischen Gestaltung der Hausandacht notwendig ist: Gesangbuch, Instrumente, Schallplatten, Kassettenrecorder usw.

Die Jünger Jesu verharrten einmütig im Gebet, zusammen mit Maria, der Mutter Jesu. Initiale zum Pfingstfest, 15. Jh., Brixen.

Zur Auswahl der Texte

Die Auswahl der Texte für die Hausandachten geschah unter zwei Rücksichten: Jenen Familien, die das Beten wieder lernen wollen, sollte durch genaue Hinweise gesagt werden, wie die Hausandacht verläuft; wer das gemeinsame Gebet bereits pflegt, wünscht vielleicht eine größere Freiheit in der Gestaltung. Wir haben beide Anliegen zu berücksichtigen versucht: Indem wir einerseits eine geordnete Reihenfolge von Gebeten, Texten und Liedern vorschlagen, aber auch darauf hinweisen, daß die Freiheit der Wahl bei den einzelnen Gebeten, Texten und Liedern besteht.

1. Adventssonntag

Dem Herrn den Weg bereiten

V: Im Namen des Vaters und des Sohnes und des Heiligen Geistes
A: Amen

Wir besinnen uns:
Im Advent bereiten wir uns auf das Kommen Christi vor. Das Warten kann uns manchmal ungeduldig machen. Wir erinnern uns an das Volk Gottes, das sich in einem langen Advent auf das Kommen des Erlösers vorbereitet hat. Besonders schwierig war die Zeit des Wartens während der Verbannung in Babylon (587–539 v. Chr.), als das Volk in Versuchung war, die Hoffnung aufzugeben. Eine kleine Hoffnung, ein kleines Licht, ist den Menschen aber geblieben.

Wir löschen nun das Licht und versuchen, kurze Zeit schweigend im Dunkeln zu sitzen. Dann zünden wir die erste Adventskerze an und singen (Gotteslob 115, 1. Str.):

Wir sagen euch an den lieben Advent.
Sehet, die erste Kerze brennt.
Freut euch, ihr Christen, freuet euch sehr!
Schon ist nahe der Herr.

Nach einer angemessenen Zeit sagen wir einander, wie wir dieses kleine Licht erleben: »Dieses Licht ist für mich wie ...«.

Vielleicht haben die Kinder ein Adventgedicht gelernt und möchten es vorlesen oder aufsagen; oder ein Erwachsener möchte einen Text vortragen, der auf den Advent einstimmt. Passend wäre auch der folgende Text aus dem Buch Jesaja (Jes 40,3–5a): Der Prophet lädt sein Volk ein, Gott entgegenzugehen und das Licht aufzunehmen.

3 Eine Stimme ruft:
Bahnt für den Herrn einen Weg durch die Wüste!
Baut in der Steppe eine ebene Straße
für unseren Gott!
4 Jedes Tal soll sich heben,
jeder Berg und Hügel sich senken.
Was krumm ist, soll gerade werden,
und was hüglig ist, werde eben.
5a Dann offenbart sich die Herrlichkeit des Herrn,
alle Sterblichen werden sie sehen.

Wir beten:

V: Der Herr wird kommen, uns zu erlösen.
A: Der Herr wird kommen, uns zu erlösen.

V: Wüste und Öde sollen sich freuen,
die Steppe soll jubeln und blühen.
Bedeckt mit Blumen soll sie üppig blühen.
A: Der Herr wird kommen, uns zu erlösen.

V: Mein Volk wird schauen die Herrlichkeit
des Herrn und die Schönheit unseres Gottes.
Sprecht zu den Verzagten:
seid stark, fürchtet euch nicht.
A: Der Herr wird kommen, uns zu erlösen.

»Das Volk zog in Scharen zu ihm hinaus« (Lk 3,7). Johannes der Täufer. Franz Anton Zeiller, 1769, Pfarrkirche Toblach

V: Seht da, euer Gott!
Er selbst wird kommen und euch retten.
Dann werden die Augen der Blinden aufgetan,
die Ohren der Tauben öffnen sich.
Dann springt der Lahme wie ein Hirsch,
die Zunge des Stummen jubelt.
A: Der Herr wird kommen, uns zu erlösen.

V: Die vom Herrn Befreiten kehren heim.
Sie kommen nach Zion mit Jubel;
auf ihrem Gesicht ewige Freude.
Wonne und Freude kehren ein,
Kummer und Seufzer entfliehn.
A: Der Herr wird kommen, uns zu erlösen.

Wir singen (Gotteslob 885, 1. + 5. Str.):
Herr, send herab uns deinen Sohn,
die Völker harren lange schon,
send ihn, den du verheißen hast,
zu tilgen unsrer Sünden Last.

O Schlüssel Davids, dessen Kraft
uns kann entziehn der ewgen Haft:
komm, führ uns aus des Todes Nacht,
wohin die Sünde uns gebracht.

V: Wir sprechen das Gebet des Herrn
A: Vater unser …

Wir bitten um Gottes Segen:
Der Dreifaltige Gott segne unsere Familie/Gemeinschaft mit dem Reichtum seiner Gnade. Er führe uns der Ankunft unseres Herrn Jesus Christus entgegen und schenke uns seinen Frieden. Im Namen des Vaters und des Sohnes und des Heiligen Geistes. Amen.

2. Adventssonntag

»Es kommt dein Licht«

V: Im Namen des Vaters und des Sohnes und des Heiligen Geistes
A: Amen

Wir besinnen uns:
Der abnehmende und dann wieder wachsende Tag hat die Menschen seit ältesten Zeiten zum Nachdenken über Dunkel und Licht geführt. Wenn es dunkel ist, spüren wir, wie gut das Licht ist und wie notwendig wir es brauchen.

Wir zünden eine Kerze an und löschen das elektrische Licht aus. Vielleicht hat jemand eine Platte oder eine Kassette mit passender Musik vorbereitet; diese Musik können wir nun hören. Die Kerze wird herumgereicht, alle halten sie einige Zeit in der Hand. Wenn die Musik aufgehört hat, könnten wir einander sagen, was das Licht für uns bedeutet. Wir könnten jeweils etwa mit den Worten beginnen: »Licht ist für mich wie …«. Dann zünden wir die erste und zweite Kerze am Adventskranz an und singen (Gotteslob 115, 2. Str.):

Wir sagen euch an den lieben Advent.
Sehet, die zweite Kerze brennt.
So nehmet euch eins um das andere an,
wie auch der Herr an uns getan.

V: Die Feier der Geburt Christi wurde in die dunkle Jahreszeit gelegt. Christus ist die Sonne der Gerechtigkeit. Wir hören jetzt, wie der Prophet Jesaja der Stadt Jerusalem und dem ganzen Volk das Kommen des Lichtes kündet (Jes 60, 1–5a):

1 Auf, werde licht, denn es kommt dein Licht,
und die Herrlichkeit des Herrn geht leuchtend auf über dir.
2 Denn siehe, Finsternis bedeckt die Erde
und Dunkel die Völker,
doch über dir geht leuchtend der Herr auf,
seine Herrlichkeit erscheint über dir.
3 Völker wandern zu deinem Licht
und Könige zu deinem strahlenden Glanz.
4 Blick auf und schau umher:
Sie alle versammeln sich und kommen zu dir.
Deine Söhne kommen von fern,
deine Töchter trägt man auf den Armen herbei.
5a Du wirst es sehen, und du wirst strahlen,
dein Herz bebt vor Freude und öffnet sich weit.

Alle Anwesenden erhalten nun ein Blatt Papier und schreiben darauf einen konkreten Vorsatz für die Adventszeit. Das Blatt wird zusammengefaltet und mit einer Nadel am Adventskranz befestigt. Mit kleineren Kindern können wir besprechen, was wir in der vergangenen Woche zur Vorbereitung auf Weihnachten getan haben und was wir noch tun wollen.

»Auf, werde licht, denn es kommt dein Licht ...« (Jes 60,1). Strahlen, Heiner Gschwendt, 1983.

Wir beten:

V: Wir erinnern uns, daß sich Maria ganz besonders auf die Geburt des Herrn vorbereitet hat. Wir danken dafür, daß Jesus Mensch geworden und unter uns ist. Viele Menschen beten den »Engel des Herrn« jeden Tag; besonders schön ist es, wenn wir ihn in der Adventszeit beten.

V: Der Engel des Herrn brachte Maria die Botschaft
A: Und sie empfing vom Heiligen Geist.
Kurze Pause zur Besinnung

V: Maria sprach: Siehe, ich bin die Magd des Herrn;
A: Mir geschehe nach deinem Wort.
Kurze Pause zur Besinnung

V: Und das Wort ist Fleisch geworden
A: Und hat unter uns gewohnt.
Kurze Pause zur Besinnung

V: Bitte für uns, heilige Gottesmutter,
A: Daß wir würdig werden der Verheißung Christi.

V: Lasset uns beten: Allmächtiger Gott, gieße deine Gnade in unsere Herzen ein. Durch die Botschaft des Engels haben wir die Menschwerdung Christi, deines Sohnes, erkannt. Laß uns durch sein Leiden und Kreuz zur Herrlichkeit der Auferstehung gelangen. Darum bitten wir durch Christus, unseren Herrn.
A: Amen.

3. Adventssonntag

»Kommt, wir ziehen zum Berg des Herrn«

V: Im Namen des Vaters und des Sohnes und des Heiligen Geistes
A: Amen

Wir zünden drei Kerzen am Adventskranz an und schauen uns in Stille das Licht an. Wir können dazu eine passende Musik hören.

Wir singen (Gotteslob 115, 3. Str.):

Wir sagen euch an den lieben Advent.
Sehet, die dritte Kerze brennt.
Nun tragt eurer Güte hellen Schein
weit in die dunkle Welt hinein.

Wir besinnen uns:
Für das Volk Gottes im Alten Testament waren die Stadt Jerusalem und der Berg Zion, auf dem der Tempel stand, die Orte, an denen Gott wohnt und seinem Volk begegnet. Der Prophet verheißt: Der Berg Zion wird zum Berg Gottes für alle Menschen; die Völker ziehen zu diesem Heiligtum und es entsteht ein Reich des Friedens (Jes 2,2b–5):

2b Der Berg mit dem Haus des Herrn
steht fest gegründet als höchster der Berge;
er überragt alle Hügel.
Zu ihm strömen alle Völker.
3 Viele Nationen machen sich auf den Weg.
Sie sagen: Kommt,
wir ziehen hinauf zum Berg des Herrn
und zum Haus des Gottes Jakobs.
Er zeige uns seine Wege, auf seinen Pfaden wollen wir gehen.
Denn von Zion kommt die Weisung des Herrn,
aus Jerusalem sein Wort.
4 Er spricht Recht im Streit der Völker,
er weist viele Nationen zurecht.
Dann schmieden sie Pflugscharen aus ihren Schwertern
und Winzermesser aus ihren Lanzen.
Man zieht nicht mehr das Schwert,
Volk gegen Volk, und übt nicht mehr für den Krieg.
5 Ihr vom Haus Jakob, kommt,
wir wollen unsere Wege gehen im Licht des Herrn.

Wir könnten nun gemeinsam nachdenken: Wir alle wünschen uns Gemeinschaft, Frieden und Gerechtigkeit, und zwar für uns ganz persönlich, für unsere Familie und für die ganze Welt. Wir könnten uns erzählen, was wir in unserer Familie/Gemeinschaft schön und gerecht empfinden, und was wir verändern möchten, weil es ungerecht ist.

»Vom Zion kommt die Weisung des Herrn« (Jes 2,3). Lehrender Christus. Martin Rainer, Vinzentinum Brixen.

Wir beten:

V: Der Herr gibt uns den Frieden.
A: Der Herr gibt uns den Frieden.

V: Erweise uns, Herr deine Huld,
und gewähre uns dein Heil!
Ich will hören, was Gott redet:
Frieden verkündet der Herr seinem Volk
und seinen Frommen,
den Menschen mit redlichem Herzen.

A: Der Herr gibt uns den Frieden.

V: Sein Heil ist denen nahe, die ihn fürchten.
Seine Herrlichkeit wohne in unserem Land!
Es begegnen einander Huld und Treue;
Gerechtigkeit und Friede küssen sich.

A: Der Herr gibt uns den Frieden.

V: Treue sproßt aus der Erde hervor;
Gerechtigkeit blickt vom Himmel hernieder.
Auch spendet der Herr dann Segen,
und unser Land gibt seinen Ertrag.

A: Der Herr gibt uns den Frieden.

V: Gerechtigkeit geht vor ihm her,
und Heil folgt der Spur seiner Schritte.

A: Der Herr gibt uns den Frieden.

Wir bitten um Gottes Segen:
Der Dreifaltige Gott segne unsere Familie/Gemeinschaft mit dem Reichtum seiner Gnade. Er führe uns der Ankunft unseres Herrn Jesus Christus entgegen und schenke uns seinen Frieden. Im Namen des Vaters und des Sohnes und des Heiligen Geistes. Amen.

4. Adventssonntag

Ein Friedensreich

V: Im Namen des Vaters und des Sohnes und des Heiligen Geistes
A: Amen

Wir besinnen uns:
Wir möchten miteinander und mit allen Geschöpfen in Frieden leben. Im Licht der Adventskerzen denken wir darüber nach, wie schön es ist, wenn Menschen in Frieden miteinander leben.

Wir zünden die Kerzen am Adventskranz an, sitzen eine Weile ruhig da und schauen die Lichter an. Dann singen wir (Gotteslob 115, 4. Str.):

Wir sagen euch an den lieben Advent.
Sehet, die vierte Kerze brennt.
Gott selber wird kommen, er zögert nicht.
Auf, auf, ihr Herzen, und werdet licht.

Wir schalten das Licht wieder ein und schauen das Bild vom zahmen Bären und den Kindern genau an. Alle können sagen, was ihnen besonders gefällt. Nach einiger Zeit lesen wir dazu den Text aus dem Buch Jesaja. In diesem Text (und im dazugehörigen Bild) wird uns gezeigt, daß Friede auch dort möglich ist, wo es unmöglich zu sein scheint: Vor der Schlange läuft jeder davon; Schlangen darf man nicht anfassen; Bären sind für alle Menschen gefährlich. Aber die Menschen können, auch wenn sie sich nicht gern haben, doch miteinander auskommen (Jes 11,6–9a):

6 Dann wohnt der Wolf beim Lamm,
der Panther liegt beim Böcklein.
Kalb und Löwe weiden zusammen,
ein kleiner Knabe kann sie hüten.
7 Kuh und Bärin freunden sich an,
ihre Jungen liegen beieinander.
Der Löwe frißt Stroh wie das Rind.
8 Der Säugling spielt vor dem Schlupfloch der Natter,
das Kind streckt seine Hand
in die Höhle der Schlange.
9a Man tut nichts Böses mehr
und begeht kein Verbrechen
auf meinem ganzen heiligen Berg.

Eine Welt des Friedens bricht an. Buchmalerei, 15. Jh., Neustift.

Wir beten:

Wie sich Maria auf die Geburt ihres Sohnes vorbereitet hat, so wollen auch wir uns auf die Ankunft des Herrn vorbereiten. Wir überdenken die wunderbaren Ereignisse der Geburt und Kindheit Jesu, indem wir die Geheimnisse des freudenreichen Rosenkranzes beten.

V: Jesus, den du, o Jungfrau, vom Heiligen Geist empfangen hast.
A: Gegrüßet seist du, Maria ...

V: Jesus, den du, o Jungfrau, zu Elisabet getragen hast.
A: Gegrüßet seist du, Maria ...

V: Jesus, den du, o Jungfrau, in Betlehem geboren hast.
A: Gegrüßet seist du, Maria ...

V: Jesus, den du, o Jungfrau im Tempel aufgeopfert hast.
A: Gegrüßet seist du, Maria ...

V: Jesus, den du, o Jungfrau, im Tempel wiedergefunden hast.
A: Gegrüßet seist du, Maria ...

Wir könnten uns noch ein Bild zur Advents- oder Weihnachtszeit in dieser Sonntagsbibel anschauen und dabei Musik hören.

V: Wir sprechen das Gebet des Herrn
A: Vater unser ...

Wir bitten um Gottes Segen:

Der Dreifaltige Gott segne unsere Familie/Gemeinschaft mit dem Reichtum seiner Gnade. Er führe uns der Ankunft unseres Herrn Jesus Christus entgegen und schenke uns seinen Frieden. Im Namen des Vaters und des Sohnes und des Heiligen Geistes. Amen.

Heiliger Abend

Zu Betlehem geboren

Wir feiern die Geburt Christi und freuen uns über Gottes Güte und Liebe. Wir sind dankbar dafür, daß wir gemeinsam feiern dürfen: Im Namen des Vaters und des Sohnes und des Heiligen Geistes. Amen.

Wir singen (Gotteslob 140):

Zu Betlehem geboren ist uns ein Kindelein.
Das hab ich auserkoren, sein eigen will ich sein.
Eja, eja, sein eigen will ich sein.

In seine Lieb versenken will ich mich ganz hinab;
mein Herz will ich ihm schenken und alles, was ich hab.
Eja, eja, und alles, was ich hab.

O Kindelein, von Herzen dich will ich lieben sehr
in Freuden und in Schmerzen, je länger mehr und mehr.
Eja, eja, je länger mehr und mehr.

Wir hören die Botschaft von der Geburt unseres Herrn Jesus Christus (Lk 2,1–14):
2 In jenen Tagen erließ Kaiser Augustus den Befehl, alle Bewohner des Reiches in Steuerlisten
einzutragen. 2 Dies geschah zum erstenmal; damals war Quirinius Statthalter von Syrien. 3 Da
ging jeder in seine Stadt, um sich eintragen zu lassen. 4 So zog auch Josef von der Stadt
Nazaret in Galiläa hinauf nach Judäa in die Stadt Davids, die Betlehem heißt; denn er war aus
dem Haus und Geschlecht Davids. 5 Er wollte sich eintragen lassen mit Maria, seiner
Verlobten, die ein Kind erwartete. 6 Als sie dort waren, kam für Maria die Zeit ihrer Niederkunft,
7 und sie gebar ihren Sohn, den Erstgeborenen. Sie wickelte ihn in Windeln und legte ihn in
eine Krippe, weil in der Herberge kein Platz für sie war. 8 In jener Gegend lagerten Hirten auf
freiem Feld und hielten Nachtwache bei ihrer Herde. 9 Da trat der Engel des Herrn zu ihnen,
und der Glanz des Herrn umstrahlte sie. Sie fürchteten sich sehr, 10 der Engel aber sagte zu
ihnen: Fürchtet euch nicht, denn ich verkünde euch eine große Freude, die dem ganzen Volk
zuteil werden soll: 11 Heute ist euch in der Stadt Davids der Retter geboren; er ist der Messias,
der Herr. 12 Und das soll euch als Zeichen dienen: Ihr werdet ein Kind finden, das, in Windeln
gewickelt, in einer Krippe liegt. 13 Und plötzlich war bei dem Engel ein großes himmlisches
Heer, das Gott lobte und sprach: 14 Verherrlicht ist Gott in der Höhe, und auf Erden ist Friede
bei den Menschen seiner Gnade.

Wir bitten:

Herr Jesus Christus, du bist in der Heiligen Nacht als Kind in unserer Welt erschienen. Du bist unser Erlöser und Retter. Wir danken dir für dein Kommen und preisen dich als unseren Herrn und König.

Wir bitten für unsere Familie: Segne uns und gib uns Frieden und guten Zusammenhalt.

Wir bitten dich für alle, die krank sind: Schenke ihnen Kraft, wenn sie Schmerzen leiden müssen.

Wir bitten dich für alle Menschen, die traurig und einsam sind: Schenke ihnen Menschen, die sie trösten.

Die Hirten beten den Heiland an. Stefan Kessler, um 1660. Marienkirche, Säben / Klausen.

Wir bitten dich für alle Kinder in der Welt, die es nicht so gut haben wie wir, die Hunger und Durst leiden: Zeige uns Wege, wie wir ihnen helfen können.

Wir bitten dich für alle, die im Streit sind oder in Kriegsgebieten leben müssen: Laß ihre Hoffnung auf den wahren Frieden nie versiegen.

Wir bitten auch für unsere lieben Freunde und Verwandten, die gestorben sind: Schenke ihnen deinen Frieden und laß sie bei dir glücklich sein.

Jetzt denken wir an jene Menschen, für die wir noch bitten möchten: …

Wir bitten dich, allmächtiger Gott:
Befreie uns von Schuld und Sünde. Erbarme dich aller Menschen, die leiden, hungern, die arm oder einsam sind. Schenke allen Menschen auf Erden den Frieden. Laß uns in dieser Heiligen Nacht deine Güte und Menschenfreundlichkeit erfahren und mache uns selbst zu Werkzeugen deines Friedens. Amen.

Wir singen (Gotteslob 842):

Stille Nacht, heilige Nacht!
Alles schläft, einsam wacht
nur das traute, hochheilige Paar.
Holder Knabe im lockigen Haar,
schlaf in himmlischer Ruh,
schlaf in himmlischer Ruh!

Stille Nacht, heilige Nacht!
Hirten erst kundgemacht;
durch der Engel Halleluja
tönt es laut von fern und nah:
Christ, der Retter ist da,
Christ, der Retter ist da!

Stille Nacht, heilige Nacht!
Gottes Sohn, o wie lacht
Lieb aus deinem göttlichen Mund,
da uns schlägt die rettende Stund,
Christ, in deiner Geburt,
Christ, in deiner Geburt!

Krippenfeier

Auf Erden ist Frieden

V: Im Namen des Vaters und des Sohnes und des Heiligen Geistes
A: Amen

Wir besinnen uns:
Wir stehen vor der Krippe und beten und singen miteinander. Jesus, der Sohn Gottes, ist zu uns Menschen gekommen. Es war nirgends ein richtiger Platz für ihn, darum ist er in einem Stall zur Welt gekommen. Seine Mutter Maria, Josef und die Hirten haben ihn mit Freude aufgenommen. Wir freuen uns mit ihnen und singen:

Ihr Kinderlein, kommet, o kommet doch all,
zur Krippe herkommet in Betlehems Stall
uns seht, was in dieser hochheiligen Nacht,
der Vater im Himmel für Freude uns macht.

O seht in der Krippe im nächtlichen Stall,
seht hier bei des Lichtleins hellglänzendem Strahl
den lieblichen Knaben, das himmlische Kind,
viel schöner und holder als Engelein sind.

Da liegt es, ihr Kinder, auf Heu und auf Stroh,
Maria und Josef betrachten es froh,
die redlichen Hirten knie'n betend davor;
hoch oben schwebt jubelnd der himmlische Chor.

O beugt, wie die Hirten, anbetend die Knie;
erhebet die Händlein und danket wie sie,
stimmt freudig, ihr Kinder, wer wollt sich nicht freu'n,
stimmt freudig zum Jubel der Engel mit ein.

In der Weihnachtszeit kommen bei Besuchen oft Kinder aus mehreren Familien zusammen. Vielleicht möchten sie dann das Weihnachtsevangelium auch spielen, z.B. die Szenen: Wie die Engel die Frohbotschaft verkünden; wie die Hirten beschließen, zur Krippe zu gehen; wie sie zur Krippe kommen; wie sie anderen von Jesus erzählen. Man kann aber auch das Evangelium vorlesen.

»Euch wird eine große Freude zuteil« (vgl. Lk 2,10). Multscher-Altar, 1458, Sterzing.

Wir hören die Frohbotschaft (Lk 2,8–20):

8 In jener Gegend lagerten Hirten auf freiem Feld und hielten Nachtwache bei ihrer Herde. 9 Da
trat der Engel des Herrn zu ihnen, und der Glanz des Herrn umstrahlte sie. Sie fürchteten sich
sehr, 10 der Engel aber sagte zu ihnen: Fürchtet euch nicht, denn ich verkünde euch eine große
Freude, die dem ganzen Volk zuteil werden soll: 11 Heute ist euch in der Stadt Davids der Retter
geboren; er ist der Messias, der Herr. 12 Und das soll euch als Zeichen dienen: Ihr werdet ein
Kind finden, das, in Windeln gewickelt, in einer Krippe liegt. 13 Und plötzlich war bei dem Engel
ein großes himmlisches Heer, das Gott lobte und sprach: 14 Verherrlicht ist Gott in der Höhe,
und auf Erden ist Friede bei den Menschen seiner Gnade. 15 Als die Engel sie verlassen hatten
und in den Himmel zurückgekehrt waren, sagten die Hirten zueinander: Kommt, wir gehen
nach Betlehem, um das Ereignis zu sehen, das uns der Herr verkünden ließ. 16 So eilten sie hin
und fanden Maria und Josef und das Kind, das in der Krippe lag. 17 Als sie es sahen, erzählten
sie, was ihnen über dieses Kind gesagt worden war. 18 Und alle, die es hörten, staunten über
die Worte der Hirten. 19 Maria aber bewahrte alles, was geschehen war, in ihrem Herzen und
dachte darüber nach. 20 Die Hirten kehrten zurück, rühmten Gott und priesen ihn für das, was
sie gehört und gesehen hatten: denn alles war so gewesen, wie es ihnen gesagt worden war.

Wir schauen nun unsere Weihnachtskrippe genau an – oder auch ein Weihnachtsbild in diesem Buch – und sagen einander, was uns daran besonders gefällt. Wir zünden die Kerzen am Christbaum an und singen das Lied 138 aus dem Gotteslob. Der Text dieses Liedes, dessen Inhalt im Bild zu dieser Hausandacht ausgedrückt ist, kann auch – wie ein Gedicht – vorgetragen werden.

Es kam ein Engel hell und klar
von Gott aufs Feld zur Hirtenschar;
der war gar sehr von Herzen froh
und sprach zu ihnen fröhlich so:

»Vom Himmel hoch da komm ich her,
ich bring euch gute neue Mär;
der guten Mär bring ich so viel,
davon ich singn und sagen will.

Euch ist ein Kindlein heut geborn
von einer Jungfrau auserkorn,
ein Kindelein so zart und fein;
das soll eur Freud und Wonne sein.

Es ist der Herr Christ, unser Gott,
der will euch führn aus aller Not;
er will eur Heiland selber sein,
von allen Sünden machen rein.

Er bringt euch alle Seligkeit,
die Gott der Vater hat bereit',
daß ihr mit uns im Himmelreich
sollt leben nun und ewiglich.

So merket nun das Zeichen recht;
die Krippe, Windelein so schlecht;
da findet ihr das Kind gelegt,
das alle Welt erhält und trägt.«

Des laßt uns alle fröhlich sein
und mit den Hirten gehn hinein,
zu sehn, was Gott uns hat beschert
mit seinem lieben Sohn verehrt.

Lob, Ehr sei Gott im höchsten Thron,
der uns schenkt seinen eignen Sohn.
Des freuet sich der Engel Schar
und singet uns solch ein neues Jahr.

Fest Erscheinung des Herrn (Heilige Drei Könige)

Haussegnung

Zur Feier haben wir vorbereitet: Weihrauch, Kreide, Kohle, Weihwasser; eventuell auch einen Kalender, der in der Wohnung aufgehängt wird; Stift). Wir beräuchern während dieser Feier die Wohn- und Arbeitsräume und besprengen sie mit Weihwasser.

V: Im Namen des Vaters und des Sohnes und des Heiligen Geistes
A: Amen.

Mit der Haussegnung am Vorabend des Dreikönigsfestes erbitten wir Gottes Segen für unsere Familie/Gemeinschaft in diesem Jahr. Zuerst hören wir die Geschichte von den Weisen aus dem Morgenland, dann segnen wir unser Haus und bitten um den Schutz Gottes.

Die Frohbotschaft

V: Als Jesus in Betlehem geboren war, kamen Weise aus dem Morgenland. Sie fanden das Kind mit seiner Mutter Maria, fielen vor ihm nieder und huldigten ihm. Dann holten sie ihre Schätze hervor und brachten ihm Gold, Weihrauch und Myrrhe als Gaben dar. Und sie wurden mit großer Freude erfüllt (Langfassung Mt 2,1–12, s. S. 22).

Wir singen (Gotteslob 841):

O du fröhliche, o du selige,
gnadenbringende Weihnachszeit!
Welt ging verloren, Christ ist geboren.
Freue, freue dich, o Christenheit!

O du fröhliche, o du selige,
gnadenbringende Weihnachtszeit!
Christ ist erschienen, uns zu versühnen.
Freue, freue dich, o Christenheit!

O du fröhliche, o du selige,
gnadenbringende Weihnachtszeit!
Himmlische Heere, jauchzen Gott Ehre.
Freue, freue dich, o Christenheit!

Die Haussegnung

V: Lasset uns beten. Gib Glück und Segen diesem Haus, o Gott und laß hier Liebe und Freude wohnen. Engel des Friedens seien zugegen, und alle Zwietracht bleibe fern. Wende uns dein Angesicht zu und erbarme dich unser. Segne unsere Wohnung und unser Tun durch Christus unseren Herrn.
A: Amen.

Wir gehen nun durch das Haus oder die Wohnung. Beim Gang durch die Räume sprechen wir ein Gebet (z. B. ein Geheimnis des freudenreichen Rosenkranzes: Jesus, den du o Jungfrau zu Betlehem geboren hast) oder denken still über den Segen nach, der für alle unsere Lebensräume notwendig ist.

An die Haus- und Wohnungstüren schreiben wir mit Kreide »19 C + M + B 92«, das heißt: Christus mansionem benedical = Christus segne unser Haus (volkstümlich werden C + M + B als Anfangsbuchstaben der Namen der Heiligen Drei Könige Caspar, Melchior, Balthasar gedeutet). Diese Buchstaben können wir auch in den Kalender schreiben. Mit Fürbitten vor der Krippe beschließen wir die Feier.

Bitte um Gottes Schutz

V: Lasset uns beten um Gottes Segen für unser Haus und für unsere Familie. Christus, höre uns.
A: Christus, erhöre uns.

V: Die Heiligen Drei Könige haben sich auf den Weg gemacht und dich gefunden:
Führe uns in deiner Güte durch dieses Jahr und laß uns dich immer besser erkennen. Christus, höre uns.

A: Christus, erhöre uns.

V: Wir sind segnend durch das Haus gegangen:
Laß Frieden und Zuversicht, Einheit und Liebe in unserer Familie herrschen. Christus, höre uns.
A: Christus, erhöre uns.

V: Mit Kreide haben wir die Tür(en) bezeichnet:
Laß uns Zeugen deines Sohnes sein und öffne unsere Herzen füreinander und für alle, die unsere Liebe und Hilfe brauchen. Christus, höre uns.
A: Christus, erhöre uns.

V: Der Weihrauch ist Sinnbild der Ehrfurcht vor dir:
Nimm unsere Hingabe an und schenke uns deinen Segen. Christus, höre uns.
A: Christus, erhöre uns.

V: Das Weihwasser reinigt und heiligt:
Vergib unsere Schuld und bewahre uns vor dem Bösen. Christus, höre uns.
A: Christus, erhöre uns.

V: Der Kalender hilft uns, die Zeit sinnvoll zu verwenden:
Hilf uns, daß wir bei aller Arbeit dich und die Mitmenschen nicht vergessen. Christus, höre uns.
A: Christus, erhöre uns.

V: Gott und Vater, wir stellen unsere Familie und unser Haus unter deinen Schutz und bitten dich um deinen Segen. Es segne und behüte uns der allmächtige Gott, der Vater und der Sohn und der Heilige Geist.
A: Amen.

Wir singen vor der Krippe (Gotteslob 143):

Nun freut euch, ihr Christen, singet Jubellieder
und kommet, o kommet nach Betlehem.
Christus der Heiland stieg zu uns hernieder,
Kommt, lasset uns anbeten,
kommt, lasset uns anbeten,
kommt, lasset uns anbeten den König,
den Herrn.

O sehet, die Hirten eilen von den Herden
und suchen das Kind nach des Engels Wort,
gehn wir mit ihnen, Friede sollen uns werden.
Kommt, lasset uns anbeten,
kommt, lasset uns anbeten,
kommt, lasset uns anbeten den König,
den Herrn.

Der Abglanz des Vaters, Herr der Herren alle,
ist heute erschienen in unserem Fleisch:
Gott ist geboren als ein Kind im Stalle.
Kommt, lasset uns anbeten
kommt, lasset uns anbeten,
kommt, lasset uns anbeten den König,
den Herrn.

Kommt, singet dem Herren, singt, ihr Engelchöre.
Frohlocket, frohlocket, ihr Seligen.
Himmel und Erde bringen Gott die Ehre.
Kommt, lasset uns anbeten,
kommt, lasset uns anbeten,
kommt, lasset uns anbeten den König,
den Herrn.

Alt und jung kommen, um dem Herrn der Welt zu huldigen. Anbetung der Weisen. Multscher-Altar, 1458, Sterzing.

Fastenzeit

Jesus in die Wüste folgen

In der Fastenzeit werden die Menschen eingeladen, sich auf jene Dinge zu besinnen, die für das Leben wichtig sind. Dies verlangt in vielen Fällen Nachdenken und Umkehr. Es wird auf Jesus selber hingewiesen, der in die Wüste gegangen ist. Damit wird ausgesagt, daß Jesus sich Zeit genommen hat, um sich in Ruhe und Abgeschiedenheit auf seine Aufgabe vorzubereiten.

Wir hören die Geschichte von Jesus in der Wüste (Mk 1,12–15):
In jener Zeit 12 trieb der Geist Jesus in die Wüste. 13 Dort blieb Jesus vierzig Tage lang und
wurde vom Satan in Versuchung geführt. Er lebte bei den wilden Tieren, und die Engel
dienten ihm. 14 Nachdem man Johannes ins Gefängnis geworfen hatte, ging Jesus wieder
nach Galiläa; er verkündete das Evangelium Gottes 15 und sprach: Die Zeit ist erfüllt, das Reich
Gottes ist nahe. Kehrt um, und glaubt an das Evangelium!

Wenn wir Christus begegnen wollen, müssen wir mit ihm durch die Wüste gehen. Wir müssen gereinigt werden, um so zum Leben zu kommen. Deswegen wäre es sinnvoll, Symbole auf den Tisch zu stellen, die mit dem Gedanken an Christus in der Wüste zu tun haben: Eine Schale mit Sand, eine Schale mit klarem Wasser, einen grünen Zweig ...

Wenn mehrmals in der Fastenzeit eine Hausandacht gehalten wird, könnten aus dem zweiten Teil dieser Sonntagsbibel Texte vorgelesen werden, die zeigen, wie die Israeliten durch die Wüste gezogen sind, und wie Gott in dieser Zeit zu ihren Herzen gesprochen hat. Beim Propheten Hosea findet sich ein Selbstgespräch Gottes (Hos 11,1–4):

1 Als Israel jung war, gewann ich ihn lieb,
ich rief meinen Sohn aus Ägypten.
2 Je mehr ich sie rief,
desto mehr liefen sie von mir weg.
Sie opferten den Baalen
und brachten den Götterbildern Rauchopfer dar.
3 Ich war es, der Efraim gehen lehrte,
ich nahm ihn auf meine Arme.
Sie aber haben nicht erkannt,
daß ich sie heilen wollte.
4 Mit menschlichen Fesseln zog ich sie an mich,
mit den Ketten der Liebe.
Ich war da für sie wie die (Eltern),
die den Säugling an ihre Wangen heben.
Ich neigte mich ihm zu und gab ihm zu essen.

Wenn diese Andacht zum Beginn der Fastenzeit gehalten wird, könnten wir nun darüber nachdenken, worauf wir in dieser Vorbereitungszeit auf das Osterfest verzichten wollen: Einmal weniger fernsehen, dafür mehr auf uns, auf die Mitmenschen und auf die Natur sehen; auf etwas verzichten, dafür das Geld für Menschen in Not spenden; auf Zigaretten, Alkohol, unnötige Autofahrten verzichten ...
In der Familie könnte auch ein Fastenhäuschen gebastelt werden, in das jedes Familienmitglied sein persönliches Fastenopfer legt.

Jesus ist die Quelle lebendigen Wassers. Jesus und die Samariterin am Brunnen. Joseph Arnold, 1844, Pfarrkirche Lajen

Wir beten:

Vater unser ...

Gott, unser Vater, in der Fastenzeit wollen wir wieder besser erkennen, was für unser Leben wichtig ist. Gib uns die Kraft zur Besinnung und zum Verzicht, laß uns auf dein Wort hören und uns nach dir ausrichten. Darum bitten wir durch Jesus, deinen Sohn, der uns den Weg zu dir vorausgangen ist und der mit dir lebt und herrscht in Ewigkeit.

Wir singen (Gotteslob 622):

Hilf, Herr meines Lebens,
daß ich nicht vergebens,
daß ich nicht vergebens hier auf Erden bin.

Hilf, Herr meiner Tage,
daß ich nicht zur Plage,
daß ich nicht zur Plage meinem Nächsten bin.

Hilf, Herr meiner Stunden,
daß ich nicht gebunden,
daß ich nicht gebunden an mich selber bin.

Hilf, Herr meiner Seele,
daß ich dort nicht fehle,
daß ich dort nicht fehle, wo ich nötig bin.

Hilf, Herr meines Lebens,
daß ich nicht vergebens,
daß ich nicht vergebens hier auf Erden bin.

Fastenzeit

Das Kreuz – Zeichen unserer Erlösung

In der österlichen Bußzeit versammeln wir uns vor dem Kreuz, dem Zeichen unserer Erlösung. Der Gedanke an das Leiden und den Tod Christi kann uns eine Hilfe sein, wenn wir leiden müssen. Das Kreuz Jesu Christi läßt uns auch an die Leiden der vielen Menschen denken, deren Kreuz wir mittragen dürfen.

V: Im Namen des Vaters und des Sohnes und des Heiligen Geistes
A: Amen.

Wir singen (Gotteslob 844, 1. + 2. Str.):
Heilges Kreuz, sei hochverehret,
hartes Ruhbett meines Herrn!
Einstmals sehn wir dich verkläret,
strahlend gleich dem Morgenstern.
Sei mit Herz und Mund gepriesen,
Kreuzstamm Christi, meines Herrn,
Sei mit Herz und Mund gepriesen,
Kreuzstamm Christi, meines Herrn!

Kreuz, du Denkmal seiner Leiden,
präg uns seine Liebe ein.
Daß wir stets die Sünde meiden
stets gedenken seiner Pein.
Sei mit Herz und Mund gepriesen
Kreuzstamm Christi, meines Herrn,
sei mit Herz und Mund gepriesen,
Kreuzstamm Christi, meines Herrn!

Jesus wird zum Tode verurteilt. Erste Kreuzwegstation. Franz Anton Zeiller, um 1767, Seminarkirche Brixen.

Wir hören aus dem Markusevangelium (Mk 15,33–39):
33 Als die sechste Stunde kam, brach über das ganze Land eine Finsternis herein. Sie dauerte
bis zur neunten Stunde. 34 Und in der neunten Stunde rief Jesus mit lauter Stimme: Eloï, Eloï,
lema sabachtani?, das heißt übersetzt: Mein Gott, mein Gott, warum hast du mich verlassen?
35 Einige von denen, die dabeistanden und es hörten, sagten: Hört, er ruft nach Elija! 36 Einer
lief hin, tauchte einen Schwamm in Essig, steckte ihn auf einen Stock und gab Jesus zu
trinken. Dabei sagte er: Laßt uns doch sehen, ob Elija kommt und ihn herabnimmt. 37 Jesus
aber schrie laut auf. Dann hauchte er den Geist aus. 38 Da riß der Vorhang im Tempel von oben
bis unten entzwei. 39 Als der Hauptmann, der Jesus gegenüberstand, ihn auf diese Weise
sterben sah, sagte er: Wahrhaftig, dieser Mensch war Gottes Sohn.

Wir singen (Gotteslob 844, 3. + 4. Str.):

Heilges Kreuz, du Siegeszeichen,
selig, wer auf dich vertraut,
glücklich wird sein Ziel erreichen,
wer auf dich im Leben schaut.
Sei mit Herz und Mund gepriesen,
Kreuzstamm Christi, meines Herrn,
Sei mit Herz und Mund gepriesen,
Kreuzstamm Christi, meines Herrn!

Eines sei uns noch gewähret:
tönt uns einst der Ruf des Herrn,
sei im Sterben noch verehret,
leucht uns als ein Morgenstern!
Sei mit Herz und Mund gepriesen,
Kreuzstamm Christi, meines Herrn,
Sei mit Herz und Mund gepriesen,
Kreuzstamm Christi, meines Herrn!

Veronika reicht Jesus das Schweißtuch. Sechste Kreuzwegstation. Franz Anton Zeiller, um 1767, Seminarkirche Brixen.

Wir beten:

V: Das Kreuz ist das Zeichen der Liebe Jesu zu den Menschen. Zu Christus schauen wir auf, er schenkt der Welt das Leben. Wir beten dich an, Herr Jesus Christus, und preisen dich.
A: Denn durch dein heiliges Kreuz hast du die Welt erlöst.

V: Wir begegnen dem Zeichen des Kreuzes in den Kirchen, in unseren Wohnungen und an vielen anderen Orten. Der Herr wird uns helfen, daß wir dem Kreuz in unserem Alltag nicht ausweichen. Wir beten dich an, Herr Jesus Christus, und preisen dich.
A: Denn durch dein heiliges Kreuz hast du die Welt erlöst.

V: Wir bezeichnen uns oft mit dem Zeichen des Kreuzes und bekennen dadurch, unseren Glauben. Wir beten dich an, Herr Jesus Christus, und preisen dich.
A: Denn durch dein heiliges Kreuz hast du die Welt erlöst.

V: Wenn wir das Kreuzzeichen machen, segnen wir uns und die anderen. Der Herr gebe uns ein bereites Herz, damit wir den Segen nicht vergeblich empfangen. Wir beten dich an, Herr Jesus Christus, und preisen dich.
A: Denn durch dein heiliges Kreuz hast du die Welt erlöst.

Wir bitten um Gottes Segen:

V: Die Gnade des Heiligen Geistes sei und bleibe bei uns jetzt und alle Zeit. Im Namen des Vaters und des Sohnes und des Heiligen Geistes.
A: Amen.

Fastenzeit

Den Kreuztragenden begleiten

Viele Menschen haben Jesus auf seinem Kreuzweg begleitet: Glaubende und Spötter. Simon von Zyrene, der gezwungen wurde, das Kreuz Jesu zu tragen, ist geradezu ein Sinnbild für die vielen Menschen, die ihr Kreuz abwerfen möchten, und doch im Blick auf Christus die Kraft bekommen, ihren Lebensauftrag zu erfüllen.

Wir hören aus dem Lukasevangelium (Lk 23,26–31):

26 Als sie Jesus hinausführten, ergriffen sie einen Mann aus Zyrene namens Simon, der gerade
vom Feld kam. Ihm luden sie das Kreuz auf, damit er es hinter Jesus hertrage. 27 Es folgte eine
große Menschenmenge, darunter auch Frauen, die um ihn klagten und weinten. 28 Jesus
wandte sich zu ihnen um und sagte: Ihr Frauen von Jerusalem, weint nicht über mich; weint
über euch und eure Kinder! 29 Denn es kommen Tage, da wird man sagen: Wohl den Frauen,
die unfruchtbar sind, die nicht geboren und nicht gestillt haben. 30 Dann wird man zu den
Bergen sagen: Fallt auf uns!, und zu den Hügeln: Deckt uns zu! 31 Denn wenn das mit dem
grünen Holz geschieht, was wird dann erst mit dem dürren werden?

Wir beten:

V: Wir wollen miteinander die Geheimnisse des schmerzhaften Rosenkranzes betrachten. Wir begleiten Jesus in seinem Leiden. Dies kann uns helfen, die eigenen Mühen auf uns zu nehmen und auch andere Menschen in ihren Schwierigkeiten zu begleiten.

V: Jesus, der für uns Blut geschwitzt hat
A: Gegrüßet seist du, Maria ...

V: Jesus, der für uns gegeißelt worden ist
A: Gegrüßet seist du, Maria ...

V: Jesus, der für uns mit Dornen gekrönt worden ist
A: Gegrüßet seist du, Maria ...

V: Jesus, der für uns das schwere Kreuz getragen hat
A: Gegrüßet seist du, Maria ...

V: Jesus, der für uns gekreuzigt worden ist
A: Gegrüßet seist du, Maria ...

V: Allmächtiger Gott, dein Sohn hat Leiden und Tod auf sich genommen. Hilf uns, das eigene Kreuz zu tragen und leidenden und betrübten Menschen beizustehen. Durch Christus, unsern Herrn.
A: Amen.

»Wer mein Jünger sein will, der verleugne sich selbst, nehme täglich sein Kreuz auf sich und folge mir nach« (Lk 9,23). Hans Multscher, 1458, Sterzing. →

Donnerstag und Freitag

Zur Erinnerung an das Leiden Christi

Während der Fastenzeit sollten wir wieder öfters die Gebete zur Todesangst am Donnerstagabend und zur Todesstunde des Herrn am Freitagnachmittag beten.

Donnerstagsgebet

V: Als unseren Herrn Jesus Christus Todesangst befiel, betete er inständig, und sein Schweiß ward wie Tropfen Blutes, das auf die Erde rann. Christus ist für uns gehorsam geworden.
A: Bis zum Tod am Kreuze.

V: Lasset uns beten: Wir bitten dich, o Herr, blicke auf diese Gemeinde, für die unser Herr Jesus Christus so bereitwillig sich den Händen der Sünder überliefert und die Qual des Kreuzes erduldet hat. Der mit dir lebt und herrscht in alle Ewigkeit.
A: Amen.

Freitagsgebet

V: Es ist Finsternis entstanden, als der Herr Jesus gekreuzigt wurde. Um die neunte Stunde rief er mit lauter Stimme: Mein Gott! Mein Gott! Warum hast du mich verlassen? Und mit geneigtem Haupt gab er seinen Geist auf.
Wir beten dich an, Herr Jesus Christus, und preisen dich.
A: Denn durch dein heiliges Kreuz hast du die Welt erlöst.

V: Gott, du hast gewollt, daß dein Sohn für uns die Schmach des Kreuzes auf sich nahm, um die Macht des Feindes von uns zu vertreiben. Gewähre uns, daß wir die Gnade der Auferstehung erlangen. Durch Christus, unseren Herrn.
A: Amen.

»Wir beten dich an, Herr Jesus Christus,
und preisen dich ...«
Handschrift, 15. Jh., Brixen →

Marienandacht

»Der Engel des Herrn«

Das Gebet »Der Engel des Herrn« ist eine besonders schöne Form der Marienverehrung. Das in vielen Kirchen auch heute noch übliche dreimalige Läuten am Morgen, am Mittag und am Abend lädt die Glaubenden ein zu diesem Gebet.

In dieser Marienandacht werden die Gedanken aufgegriffen, die Papst Johannes Paul II. bei seinem Besuch in Weißenstein am 17. Juli 1988 ausgesprochen hat.

Wir besinnen uns in diesem Gebet auf den Heilsplan Gottes und preisen seine Liebe, die er der ganzen Schöpfung erweist, da er Maria auserwählt hat, die Mutter des Erlösers zu werden.

V: Der Engel des Herrn brachte Maria die Botschaft,

A: und sie empfing vom Heiligen Geist.

Kurze Stille

Gegrüßet seist du, Maria...

Im »Engel des Herrn« wird uns die Mutter Jesu als die große Glaubende vor Augen gestellt: Sie spricht ihr »Ja« und wird so zum Vorbild für alle Glaubenden. Maria, die in großer Bereitschaft dieses »Ja« gesagt hat, lebte es auch in den verschiedenen Situationen ihres Lebens. Auf diese Weise ist sie den Pilgerweg des Glaubens gegangen.

V: Maria sprach: Siehe, ich bin die Magd des Herrn;

A: mir geschehe nach deinem Wort.

Kurze Stille

Gegrüßet seist du, Maria...

»Der Engel des Herrn brachte Maria die Botschaft.« Maria Verkündigung. Um 1700, Villanders.

»Und das Wort ist Fleisch geworden.« Geburt Jesu. Um 1700, Villanders.

In diesem Gebet gedenken wir dankbar der Tatsache, daß Gott sich der Menschen annimmt: Jesus ist einer von uns geworden, er hat unser Schicksal geteilt. Dadurch ist er »Gott mit uns«.

V: Und das Wort ist Fleisch geworden
A: und hat unter uns gewohnt.

Kurze Stille

Gegrüßet seist du, Maria ...

V: Bitte für uns, heilige Gottesmutter,
A: daß wir würdig werden der Verheißung Christi.

V: Lasset uns beten.
Allmächtiger Gott, gieße deine Gnade in unsere Herzen ein. Durch die Botschaft des Engels haben wir die Menschwerdung Christi, deines Sohnes erkannt. Laß uns durch sein Leiden und Kreuz zur Herrlichkeit der Auferstehung gelangen. Darum bitten wir durch Christus, unseren Herrn.
A: Amen.

»Laß uns durch sein Leiden und Kreuz zur Herrlichkeit der Auferstehung gelangen.« Kreuzigung und Auferstehung. Um 1700, Villanders.

Geburtstag und Namenstag

Für das Leben danken

V: Im Namen des Vaters und des Sohnes und des Hl. Geistes
A: Amen

In wichtigen Lebensabschnitten und an Gedenktagen erinnern wir uns daran, daß gute Menschen unser Leben begleiten und daß Gott uns führt. Dafür danken wir. Gott hat uns das Leben geschenkt, in der Taufe wurden wir einem Namenspatron oder einer Namenspatronin besonders anempfohlen.

Zur Erinnerung an unsere Geburt und an unsere Taufe stellen wir die Taufkerze oder eine andere Kerze auf den festlich geschmückten Tisch und zünden sie an. Die Kerze ist ein Symbol des Lebenslichtes und als Taufkerze ist sie Symbol des Lebens in Christus. Wir können auch ein Lied singen (Gotteslob 266, 1. Str.):

Nun danket alle Gott mit Herzen, Mund und Händen,
der große Dinge tut an uns und allen Enden,
der uns von Mutterleib und Kindesbeinen an
unzählig viel zu gut bis hierher hat getan.

Wir besinnen uns:

Jeder Mensch hat einen wichtigen Auftrag in seinem Leben zu erfüllen: Zunächst für jene, mit denen wir besonders verbunden sind, für unsere Familie; dann aber sind auch wir berufen, ein »Licht« für viele Menschen zu sein. Dazu sind uns Gottes Schutz und Hilfe verheißen.

Die beiden folgenden Texte, die zur Auswahl stehen, drücken aus, wie Gott uns schützt.

Lesung aus dem Buch Jesaja (Jes 43,1–3a.5a):
1 Jetzt aber – so spricht der Herr, der dich geschaffen hat, Jakob, und der dich geformt hat,
Israel: Fürchte dich nicht, denn ich habe dich ausgelöst, ich habe dich beim Namen gerufen,
du gehörst mir.
2 Wenn du durchs Wasser schreitest, bin ich bei dir, wenn durch Ströme, dann reißen sie dich
nicht fort. Wenn du durchs Feuer gehst, wirst du nicht versengt, keine Flamme wird dich
verbrennen.
3a Denn ich, der Herr, bin dein Gott, ich der Heilige Israels, bin dein Retter.
5a Fürchte dich nicht, denn ich bin mit dir.

Aus einem altchristlichen Segensgebet:

Der Herr sei vor dir,
um dir den rechten Weg zu zeigen.

Der Herr sei neben dir,
um dich in die Arme zu schließen
und dich zu schützen
gegen Gefahren von links und rechts.

Der Herr sei hinter dir,
um dich zu bewahren
vor bösen Menschen.

Der Herr sei in dir,
um dich zu trösten,
wenn du traurig bist.

Der Herr sei um dich herum,
um dich zu verteidigen,
wenn andere dich bedrohen.

Der Herr sei über dir, um dich zu segnen.
So segne dich (euch/uns) der gütige Gott.
Amen.

Thronender Christus mit Heiligen und Engeln. Miniatur, 15. Jh., Neustift.

Gemeinsam könnten wir nun über einiges sprechen, was mit dem Festtag, den wir begehen, zusammenhängt: Eine Geschichte aus dem Leben des Namenspatrons oder der Namenspatronin lesen; die Eltern fragen, warum sie gerade diesen Namen für das Kind gewählt haben ...

Wir beten:

Am Tauftag wurde unser Leben dem Schutz einer heiligen Frau oder eines heiligen Mannes anempfohlen. Deswegen wenden wir uns vertrauensvoll an die Heiligen:

Heilige Maria, bitte für uns.
Heiliger Josef, bitte für uns.
Heiliger Michael, bitte für uns.
Heiliger Johannes der Täufer, bitte für uns.
Heilige Petrus und Paulus, bittet für uns.
Heilige Kassian und Vigilius, bittet für uns.
Heilige Ingenuin und Albuin, bittet für uns.
Seliger Hartmann von Brixen, bitte für uns.
Seliger Heinrich von Bozen, bitte für uns.
Seliger P. Josef Freinademetz, bitte für uns.
Wir erbitten den Schutz unserer heiligen Namenspatrone ... *(Wir fügen ihre Namen ein).*

Wir singen (Gotteslob 266, 2. und 3. Str.):

Der ewigreiche Gott
woll uns in unserm Leben
ein immer fröhlich Herz
und edlen Frieden geben
und uns in seiner Gnad
erhalten fort und fort
und uns aus aller
Not erlösen hier und dort.

Lob, Ehr und Preis sei Gott
dem Vater und dem Sohne
und Gott dem Heilgen Geist
im höchsten Himmelsthrone,
ihm, dem dreieinen Gott,
wie es im Anfang war
und ist und bleiben wird
so jetzt und immerdar.

V: Es segne uns der allmächtige Gott,
der Vater, der Sohn und der Heilige Geist.
A: Amen.

»Führe uns zu deinem Sohne, empfiehl uns deinem Sohne, stelle uns vor deinem Sohne.« Maria mit Kind. 13. Jh., Vahrn.

Am Abend vor einer Familienfeier

Viele Familienfeiern haben auch einen religiösen Inhalt; zu diesen Feiern gehören Taufe, Erstkommunion, Firmung und Hochzeit, und auch verschiedene Jahrestage und Jubiläen. Die Familie versammelt sich um ein religiöses Zeichen, das mit dem Fest im Zusammenhang steht: Taufkerze, Kommunionkerze, Brautkerze, Kreuz, Erinnerungsbilder.

V: Im Namen des Vaters und des Sohnes und des Heiligen Geistes
A: Amen.

V: Herr Jesus Christus, wir danken dir für den heutigen Tag. Du zeigst uns den Weg zum Leben, du führst uns zum Ziel.

Wir besinnen uns:

Wir hören nun eine Ermahnung, die der heilige Paulus den Christen seiner Zeit erteilt hat. Mehr als eine Ermahnung aber ist es eine Ermutigung: Sie gilt auch uns (Kol 3,12.14–17):
[12] Ihr seid von Gott geliebt, seid seine auserwählten Heiligen. Darum bekleidet euch mit aufrichtigem Erbarmen, mit Güte, Demut, Milde, Geduld! [14] Vor allem aber liebt einander, denn die Liebe ist das Band, das alles zusammenhält und vollkommen macht. [15] In eurem Herzen herrsche der Friede Christi; dazu seid ihr berufen als Glieder des einen Leibes. Seid dankbar! [16] Das Wort Christi wohne mit seinem ganzen Reichtum bei euch. Belehrt und ermahnt einander in aller Weisheit! Singt Gott in eurem Herzen Psalmen, Hymnen und Lieder, wie sie der Geist eingibt, denn ihr seid in Gottes Gnade. [17] Alles, was ihr in Worten und Werken tut, geschehe im Namen Jesu, des Herrn. Durch ihn dankt Gott, dem Vater!

Wir können darüber nachdenken, was uns dieser Tag bedeutet und was Gott uns sagen will. Wir können auch darüber reden, was uns an diesem Tag wichtig ist, oder woran er uns erinnert.

Wir beten:

Gütiger Gott, begleite uns auf unserem Lebensweg mit deiner Liebe.

Schenke allen, die uns Gutes tun, deinen Segen.

Erfülle uns mit Eifer, damit wir das Gute mit Freude tun.

Segne alle Menschen, die einen besonderen Platz in unserem Herzen haben.

Wir beten besonders für ...

Nimm unsere Toten auf in deinen Frieden.

Vater unser im Himmel ...

Gegrüßet seist du, Maria, ...

Ehre sei dem Vater ...

Wir bitten um Gottes Segen:

V: Allmächtiger Gott, segne uns mit dem Reichtum deiner Gnade. Halte deine schützende Hand über uns und laß uns miteinander deine Güte preisen. Durch Christus, unseren Herrn. Der Dreifaltige Gott bleibe bei uns. Er bleibe bei uns und erhalte in uns das Verlangen nach ihm, damit wir frohe und gläubige Menschen bleiben ein Leben lang. Im Namen des Vaters und des Sohnes und des Heiligen Geistes.
A: Amen.

In Zeiten von Krankheit und Krisen

»Der Herr ist mein Hirt«

In Zeiten von Krankheit und persönlichen Krisen empfinden viele Menschen das Bedürfnis zu beten. Die beiden Psalmen 23 und 27 möchten helfen, in Krankheit und in schwierigen Situationen den Mut nicht zu verlieren.

Psalm 23

Der Herr ist mein Hirte,
nichts wird mir fehlen.
Er läßt mich lagern auf grünen Auen
und führt mich zum Ruheplatz am Wasser.
Er stillt mein Verlangen;
er leitet mich auf rechten Pfaden,
treu seinem Namen.

Muß ich auch wandern in finsterer Schlucht,
ich fürchte kein Unheil;
denn du bist bei mir,
dein Stock und dein Stab geben mir Zuversicht.
Du deckst mir den Tisch
vor den Augen meiner Feinde.
Du salbst mein Haupt mit Öl,
du füllst mir reichlich den Becher.
Lauter Güte und Huld werden mir folgen mein Leben lang,
und im Haus des Herrn darf ich wohnen für lange Zeit.

Aus Psalm 27

Der Herr ist mein Licht und mein Heil:
Vor wem sollte ich mich fürchten?
Der Herr ist die Kraft meines Lebens:
Vor wem sollte mir bangen?
Dringen Frevler auf mich ein,
um mich zu verschlingen,
meine Bedränger und Feinde,
sie müssen straucheln und fallen.
Mag ein Heer mich belagern:
Mein Herz wird nicht verzagen.
Mag Krieg gegen mich toben:
Ich bleibe dennoch voll Zuversicht.

Nur eines erbitte ich vom Herrn,
danach verlangt mich:
Im Haus des Herrn zu wohnen
alle Tage meines Lebens,
die Freundlichkeit des Herrn zu schauen
und nachzusinnen in seinem Tempel.
Denn er birgt mich in seinem Haus
am Tag' des Unheils;
er beschirmt mich im Schutz seines Zeltes,
er hebt mich auf einen Felsen empor.

Vernimm, o Herr, mein lautes Rufen;
sei mir gnädig, und erhöre mich!
Mein Herz denkt an dein Wort: »Sucht mein Angesicht!«
Dein Angesicht, Herr, will ich suchen.
Verbirg nicht dein Gesicht vor mir; weise deinen Knecht im Zorn nicht ab!
Du wurdest meine Hilfe.
Verstoß mich nicht, verlaß mich nicht,
du Gott meines Heiles!
Wenn mich auch Vater und Mutter verlassen,
der Herr nimmt mich auf.

Zeige mir, Herr, deinen Weg,
leite mich auf ebener Bahn trotz meiner Feinde!
Ich bin gewiß, zu schauen
die Güte des Herrn im Land der Lebenden.

Hoffe auf den Herrn, und sei stark!
Hab festen Mut, und hoffe auf den Herrn!

Es könnte auch sein, daß jemand in der Familie/Gemeinschaft schwer krank ist und den Wunsch hat, daß man mit ihm bete. In diesem Fall kann man diese Psalmen vorlesen. Man soll sich dabei Zeit lassen, jeweils nur eine oder zwei Zeilen vorlesen und dann eine Pause machen, damit die Kranken nicht zu sehr ermüdet werden und Zeit zum Nachdenken haben. Ein kranker Mensch wird diese Psalmen auch innerlich und persönlich mitbeten können, wenn er das Gefühl hat, daß die Familie/Gemeinschaft ihn nicht allein läßt.

Jesus verheißt: »Euer Kummer wird sich in Freude verwandeln« (Joh 16,20). Der Auferstandene und Maria von Magdala. 15. Jh., Kreuzgang Brixen.

Bei einem Todesfall

Verbundenheit mit den Toten

Für uns Christen bedeutet der Tod nicht das Ende, sondern den Beginn eines neuen Lebens in Gemeinschaft mit Gott. Darum ist die christliche Totenfeier nicht nur Trauergottesdienst, sondern auch Feier der Auferstehung.

Wir können unsere Hoffnung zum Ausdruck zu bringen, indem wir Zeichen des Lebens auf den Tisch stellen: Eine Kerze, Blumen, ein Bild der oder des Verstorbenen, Gegenstände, die den Toten teuer waren.

Die Toten sind bei Christus (1 Thess 4,13–18)

[13] Brüder, wir wollen euch über die Verstorbenen nicht in Unkenntnis lassen, damit ihr nicht
trauert wie die anderen, die keine Hoffnung haben. [14] Wenn Jesus – und das ist unser Glaube –
gestorben und auferstanden ist, dann wird Gott durch Jesus auch die Verstorbenen
zusammen mit ihm zur Herrlichkeit führen. [15] Denn dies sagen wir euch nach einem Wort des
Herrn: Wir, die Lebenden, die noch übrig sind, wenn der Herr kommt, werden den
Verstorbenen nichts voraushaben. [16] Denn der Herr selbst wird vom Himmel herabkommen,
wenn der Befehl ergeht, der Erzengel ruft und die Posaune Gottes erschallt. Zuerst werden die
in Christus Verstorbenen auferstehen; [17] dann werden wir, die Lebenden, die noch übrig sind,
zugleich mit ihnen auf den Wolken in die Luft entrückt, dem Herrn entgegen. Dann werden wir
immer beim Herrn sein. [18] Tröstet also einander mit diesen Worten!

Die neue Welt (Offb 21,1–4)

[1] Dann sah ich einen neuen Himmel und eine neue Erde; denn der erste Himmel und die erste
Erde sind vergangen, auch das Meer ist nicht mehr. [2] Ich sah die heilige Stadt, das neue
Jerusalem, von Gott her aus dem Himmel herabkommen; sie war bereit wie eine Braut, die
sich für ihren Mann geschmückt hat. [3] Da hörte ich eine laute Stimme vom Thron her rufen:
Seht, die Wohnung Gottes unter den Menschen! Er wird in ihrer Mitte wohnen, und sie werden
sein Volk sein; und er, Gott wird bei ihnen sein. [4] Er wird alle Tränen von ihren Augen
abwischen: Der Tod wird nicht mehr sein, keine Trauer, keine Klage, keine Mühsal. Denn was
früher war, ist vergangen.

Wir beten:

In den Geheimnissen des glorreichen Rosenkranzes bitten wir Christus, daß er unsere Hoffnung auf das ewige Leben stärkt:

V: Jesus, der von den Toten auferstanden ist
A: Gegrüßet seist du, Maria ...

V: Jesus, der in den Himmel aufgefahren ist
A: Gegrüßet seist du, Maria ...

V: Jesus, der uns den Heiligen Geist gesandt hat
A: Gegrüßet seist du, Maria ...

V: Jesus, der dich, o Jungfrau, in den Himmel aufgenommen hat
A: Gegrüßet seist du, Maria ...

V: Jesus, der dich, o Jungfrau im Himmel gekrönt hat
A: Gegrüßet seist du, Maria ...

Der Mensch ist in die Herrlichkeit Gottes gerufen. Aufnahme Mariens in den Himmel. Johann Adam Mölck, 1753, Sterzing.

Wir könnten nun in Ruhe das Bild von der Aufnahme Mariens betrachten und dann miteinander darüber sprechen.

Wir beten:

Gott, unser Vater, als Christen leben wir aus dem Glauben, daß der Tod nicht das Ende, sondern der Beginn eines neuen Lebens ist. Sei unserem/unserer lieben Verstorbenen nahe und nimm ihn/sie auf in dein ewiges, österliches Leben. Uns aber tröste durch dein Wort und durch den Glauben an die Auferstehung. Darum bitten wir durch Jesus Christus, deinen Sohn, der die Auferstehung und das Leben ist, und der mit dir lebt und herrscht in Ewigkeit.

Namen und Abkürzungen der Biblischen Bücher

Altes Testament

Gen	Das Buch Genesis
Ex	Das Buch Exodus
Lev	Das Buch Levitikus
Num	Das Buch Numeri
Dtn	Das Buch Deuteronomium
Jos	Das Buch Josua
Ri	Das Buch der Richter
Rut	Das Buch Rut
1 Sam	Das erste Buch Samuel
2 Sam	Das zweite Buch Samuel
1 Kön	Das erste Buch der Könige
2 Kön	Das zweite Buch der Könige
1 Chr	Das erste Buch der Chronik
2 Chr	Das zweite Buch der Chronik
Esra	Das Buch Esra
Neh	Das Buch Nehemia
Tob	Das Buch Tobit
Jdt	Das Buch Judit
Est	Das Buch Ester
1 Makk	Das erste Buch der Makkabäer
2 Makk	Das zweite Buch der Makkabäer
Ijob	Das Buch Ijob
Ps	Die Psalmen
Spr	Das Buch der Sprichwörter
Koh	Das Buch Kohelet
Hld	Das Hohelied
Weish	Das Buch der Weisheit
Sir	Das Buch Jesus Sirach
Jes	Das Buch Jesaja
Jer	Das Buch Jeremia
Klgl	Die Klagelieder
Bar	Das Buch Baruch
Ez	Das Buch Ezechiel
Dan	Das Buch Daniel
Hos	Das Buch Hosea
Joel	Das Buch Joel
Am	Das Buch Amos
Obd	Das Buch Obadja
Jona	Das Buch Jona
Mi	Das Buch Micha
Nah	Das Buch Nahum
Hab	Das Buch Habakuk
Zef	Das Buch Zefanja
Hag	Das Buch Haggai
Sach	Das Buch Sacharja
Mal	Das Buch Maleachi

Neues Testament

Mt	Das Evangelium nach Matthäus
Mk	Das Evangelium nach Markus
Lk	Das Evangelium nach Lukas
Joh	Das Evangelium nach Johannes
Apg	Die Apostelgeschichte
Röm	Der Brief an die Römer
1 Kor	Der erste Brief an die Korinther
2 Kor	Der zweite Brief an die Korinther
Gal	Der Brief an die Galater
Eph	Der Brief an die Epheser
Phil	Der Brief an die Philipper
Kol	Der Brief an die Kolosser
1 Thess	Der erste Brief an die Thessalonicher
2 Thess	Der zweite Brief an die Thessalonicher
1 Tim	Der erste Brief an Timotheus
2 Tim	Der zweite Brief an Timotheus
Tit	Der Brief an Titus
Phlm	Der Brief an Philemon
Hebr	Der Brief an die Hebräer
Jak	Der Brief des Jakobus
1 Petr	Der erste Brief des Petrus
2 Petr	Der zweite Brief des Petrus
1 Joh	Der erste Brief des Johannes
2 Joh	Der zweite Brief des Johannes
3 Joh	Der dritte Brief des Johannes
Jud	Der Brief des Judas
Offb	Die Offenbarung des Johannes

Verzeichnis der Bibeltexte

Altes Testament

Neues Testament

Das Evangelium nach Lukas (Lk)

Das Evangelium nach Johannes (Joh)

Die Apostelgeschichte (Apg)

Der Brief an die Römer (Röm)

Der erste Brief an die Korinther (1 Kor)

Der zweite Brief an die Korinther (2 Kor)

Der Brief an die Galater (Gal)

Der Brief an die Ephese

Der Brief an die Philipper (Phil)

Der Brief an die Kolosser (Kol)

Der erste Brief an die Thessalonicher (1 Thess)

Der zweite Brief an die Thessalonicher (2 Thess)

Zeittafel der Sonntage und Herrenfeste

a) Die Spalten in dieser Zeittafel sind nach Kalenderjahren geordnet. Das liturgische Lesejahr beginnt jeweils am ersten Adventssonntag. Wenn Sie die liturgische Angabe zu einem bestimmten Datum suchen, finden Sie diese rechts in der entsprechenden Zeile; die Großbuchstaben A B C bezeichnen das liturgische Lesejahr (z. B. 19. 1. 1992 = 2. Sonntag im Jahreskreis, Lesejahr C).

b) Wird ein Sonntag von einem Hochfest verdrängt, ist dies durch Schrägdruck in Rot des Datums bezeichnet.

c) In Südtirol werden die Hochfeste Christi Himmelfahrt und Fronleichnam am darauffolgenden Sonntag gefeiert.

1991 C	1992 A	1993 B	1994 C	1995 A	1996 B	1997 C	1998 A	1999 B	
1.12.	29.11.	28.11.	27.11.	3.12.	1.12.	30.11.	29.11.	28.11.	1. Adventssonntag
8.12.	6.12.	5.12.	4.12.	10.12.	8.12.	7.12.	6.12.	5.12.	2. Adventssonntag
15.12.	13.12.	12.12.	11.12.	17.12.	15.12.	14.12.	13.12.	12.12.	3. Adventssonntag
22.12.	20.12.	19.12.	18.12.	24.12.	22.12.	21.12.	20.12.	19.12.	4. Adventssonntag
29.12.	27.12.	26.12.	30.12.	31.12.	29.12.	28.12.	27.12.	26.12.	Fest der Heiligen Familie

1992 C	1993 A	1994 B	1995 C	1996 A	1997 B	1998 C	1999 A	2000 B	
5. 1.	3. 1.	2. 1.	–	–	5. 1.	4. 1.	3. 1.	2. 1.	2. So. n. Weihnachten
12. 1.	10. 1.	9. 1.	8. 1.	7. 1.	12. 1.	11. 1.	10. 1.	9. 1.	Taufe des Herrn/1. So. i. Jk
4. 3.	24. 2.	16. 2.	1. 3.	21. 2.	12. 2.	25. 2.	17. 2.	8. 3.	Aschermittwoch
8. 3.	28. 2.	20. 2.	5. 3.	25. 2.	16. 2.	1. 3.	21. 2.	12. 3.	1. Fastensonntag
15. 3.	7. 3.	27. 2.	12. 3.	3. 3.	23. 2.	8. 3.	28. 2.	19. 3.	2. Fastensonntag
22. 3.	14. 3.	6. 3.	19. 3.	10. 3.	2. 3.	15. 3.	7. 3.	26. 3.	3. Fastensonntag
29. 3.	21. 3.	13. 3.	26. 3.	17. 3.	9. 3.	22. 3.	14. 3.	2. 4.	4. Fastensonntag
5. 4.	28. 3.	20. 3.	2. 4.	24. 3.	16. 3.	29. 3.	21. 3.	9. 4.	5. Fastensonntag
12. 4.	4. 4.	27. 3.	9. 4.	31. 3.	23. 3.	5. 4.	28. 3.	16. 4.	Palmsonntag
19. 4.	11. 4.	3. 4.	16. 4.	7. 4.	30. 3.	12. 4.	4. 4.	23. 4.	Ostersonntag
26. 4.	18. 4.	10. 4.	23. 4.	14. 4.	6. 4.	19. 4.	11. 4.	30. 4.	2. So. der Osterzeit
3. 5.	25. 4.	17. 4.	30. 4.	21. 4.	13. 4.	26. 4.	18. 4.	7. 5.	3. So. der Osterzeit
10. 5.	2. 5.	24. 4.	7. 5.	28. 4.	20. 4.	3. 5.	25. 4.	14. 5.	4. So. der Osterzeit
17. 5.	9. 5.	1. 5.	14. 5.	5. 5.	27. 4.	10. 5.	2. 5.	21. 5.	5. So. der Osterzeit
24. 5.	16. 5.	8. 5.	21. 5.	12. 5.	4. 5.	17. 5.	9. 5.	28. 5.	6. So. der Osterzeit

1992 C	1993 A	1994 B	1995 C	1996 A	1997 B	1998 C	1999 A	2000 B	
28. 5.	20. 5.	12. 5.	25. 5.	16. 5.	8. 5.	21. 5.	13. 5.	1. 6.	Christi Himmelfahrt
31. 5.	23. 5.	15. 5.	28. 5.	19. 5.	11. 5.	24. 5.	16. 5.	4. 6.	7. So. der Osterzeit
7. 6.	30. 5.	22. 5.	4. 6.	26. 5.	18. 5.	31. 5.	23. 5.	11. 6.	Pfingsten
14. 6.	6. 6.	29. 5.	11. 6.	2. 6.	25. 5.	7. 6.	30. 5.	18. 6.	Dreifaltigkeitssonntag
18. 6.	10. 6.	2. 6.	15. 6.	6. 6.	29. 5.	11. 6.	3. 6.	22. 6.	Fronleichnam
26. 6.	18. 6.	10. 6.	23. 6.	14. 6.	6. 6.	19. 6.	11. 6.	30. 6.	Heiligstes Herz Jesu
12. 1.	10. 1.	9. 1.	8. 1.	7. 1.	12. 1.	11. 1.	10. 1.	9. 1.	1. So. i. Jk/Taufe des Herrn
19. 1.	17. 1.	16. 1.	15. 1.	14. 1.	19. 1.	18. 1.	17. 1.	16. 1.	2. So. im Jahreskreis
26. 1.	24. 1.	23. 1.	22. 1.	21. 1.	26. 1.	25. 1.	24. 1.	23. 1.	3. So. im Jahreskreis
2. 2.	31. 1.	30. 1.	29. 1.	28. 1.	*2. 2.*	1. 2.	31. 1.	30. 1.	4. So. im Jahreskreis
9. 2.	7. 2.	6. 2.	5. 2.	4. 2.	9. 2.	8. 2.	7. 2.	6. 2.	5. So. im Jahreskreis
16. 2.	14. 2.	13. 2.	12. 2.	11. 2.	–	15. 2.	14. 2.	13. 2.	6. So. im Jahreskreis
23. 2.	21. 2.	–	19. 2.	18. 2.	–	22. 2.	–	20. 2.	7. So. im Jahreskreis
1. 3.	–	–	26. 2.	–	–	–	–	27. 2.	8. So. im Jahreskreis
–	–	–	–	–	–	–	–	5. 3.	9. So. im Jahreskreis
–	–	5. 6.	–	9. 6.	8. 6.	–	6. 6.	–	10. So. im Jahreskreis
–	13. 6.	12. 6.	18. 6.	16. 6.	15. 6.	14. 6.	13. 6.	*18. 6.*	11. So. im Jahreskreis
21. 6.	20. 6.	19. 6.	25. 6.	23. 6.	22. 6.	21. 6.	20. 6.	25. 6.	12. So. im Jahreskreis
28. 6.	27. 6.	26. 6.	2. 7.	30. 6.	*29. 6.*	28. 6.	27. 6.	2. 7.	13. So. im Jahreskreis
5. 7.	4. 7.	3. 7.	9. 7.	7. 7.	6. 7.	5. 7.	4. 7.	9. 7.	14. So. im Jahreskreis
12. 7.	11. 7.	10. 7.	16. 7.	14. 7.	13. 7.	12. 7.	11. 7.	16. 7.	15. So. im Jahreskreis
19. 7.	18. 7.	17. 7.	23. 7.	21. 7.	20. 7.	19. 7.	18. 7.	23. 7.	16. So. im Jahreskreis
26. 7.	25. 7.	24. 7.	30. 7.	28. 7.	27. 7.	26. 7.	25. 7.	30. 7.	17. So. im Jahreskreis
2. 8.	1. 8.	31. 7.	*6. 8.*	4. 8.	3. 8.	2. 8.	1. 8.	*6. 8.*	18. So. im Jahreskreis
9. 8.	8. 8.	7. 8.	13. 8.	11. 8.	10. 8.	9. 8.	8. 8.	13. 8.	19. So. im Jahreskreis
16. 8.	*15. 8.*	14. 8.	20. 8.	18. 8.	17. 8.	16. 8.	*15. 8.*	20. 8.	20. So. im Jahreskreis
23. 8.	22. 8.	21. 8.	27. 8.	25. 8.	24. 8.	23. 8.	22. 8.	27. 8.	21. So. im Jahreskreis
30. 8.	29. 8.	28. 8.	3. 9.	1. 9.	31. 8.	30. 8.	29. 8.	3. 9.	22. So. im Jahreskreis
6. 9.	5. 9.	4. 9.	10. 9.	8. 9.	7. 9.	6. 9.	5. 9.	10. 9.	23. So. im Jahreskreis
13. 9.	12. 9.	11. 9.	17. 9.	15. 9.	*14. 9.*	13. 9.	12. 9.	17. 9.	24. So. im Jahreskreis
20. 9.	19. 9.	18. 9.	24. 9.	22. 9.	21. 9.	20. 9.	19. 9.	24. 9.	25. So. im Jahreskreis
27. 9.	26. 9.	25. 9.	1.10.	29. 9.	28. 9.	27. 9.	26. 9.	1.10.	26. So. im Jahreskreis
4.10.	3.10.	2.10.	8.10.	6.10.	5.10.	4.10.	3.10.	8.10.	27. So. im Jahreskreis
11.10.	10.10.	9.10.	15.10.	13.10.	12.10.	11.10.	10.10.	15.10.	28. So. im Jahreskreis
18.10.	17.10.	16.10.	22.10.	20.10.	19.10.	18.10.	17.10.	22.10.	29. So. im Jahreskreis
25.10.	24.10.	23.10.	29.10.	27.10.	26.10.	25.10.	24.10.	29.10.	30. So. im Jahreskreis
1.11.	31.10.	30.10.	5.11.	3.11.	*2.11.*	*1.11.*	31.10.	5.11.	31. So. im Jahreskreis
8.11.	7.11.	6.11.	12.11.	10.11.	*9.11.*	8.11.	7.11.	12.11.	32. So. im Jahreskreis
15.11.	14.11.	13.11.	19.11.	17.11.	16.11.	15.11.	14.11.	19.11.	33. So. im Jahreskreis
22.11.	21.11.	20.11.	26.11.	24.11.	23.11.	22.11.	21.11.	26.11.	34. So. i. Jk/Christkönig

Bildnachweis

Foto Flaim, Bozen
153

Foto Gostner, Bozen
42

Karl Gruber, Brixen
6, 18, 23, 69, 84, 100, 105, 131, 133, 140, 149, 159, 180, 199, 217, 231, 240, 242, 245, 246, 258, 262, 266, 280, 286, 342, 377, 380, 387, 403, 417, 445, 446, 459, 467, 507, 509, 520, 521, 533, 575, 583, 584, 585, 587, 599

Josef Innerhofer, Bozen
189, 294, 556

Kelly-Druck, Abensberg
404

Kloster Muri-Gries, Bozen
47, 115, 119

Oswald Kofler, Meran
27, 561

Foto Kromar, Innichen
24, 339

Oswald Kuenzer, St. Johann i. A.
571 (Umschlagbild)

Landesdenkmalamt Bozen (Hubert Walder)
50, 59, 102, 109, 111, 169, 170, 173, 175, 176, 179, 253, 297, 351, 413, 423, 457, 501

Josef Leiter, Percha
543

Hermann Parth, Bozen
206, 493

Martin Peintner, Brixen
465

Wolfgang Penn, Kastelruth
21

Richard Rieder, Sand i. T.
136

Eduard Scheiber, Brixen
45, 106, 117, 120, 142, 184, 188, 208, 264, 274, 301, 317, 329, 359, 370, 374, 419, 435, 439, 464, 512, 538, 545, 547, 565, 589

Foto Tappeiner, Lana
17, 29, 39, 41, 51, 55, 75, 87, 89, 96, 147, 163, 187, 227, 232, 239, 250, 255, 269, 284, 323, 365, 369, 371, 382, 389, 393, 394, 398, 431, 462, 473, 482, 484, 487, 498, 515, 517, 523, 525, 529, 530, 546, 577, 581, 594

Hubert Walder, Neustift
10, 14, 25, 33, 37, 91, 92, 98, 107, 122, 129, 150, 161, 166, 182, 193, 195, 200, 203, 229, 233, 237, 241, 243, 279, 293, 321, 357, 372, 442, 479, 500, 506, 534, 553, 554, 559, 567, 573, 590, 591, 593, 597

Remigius Weissteiner, Neustift
235

Foto Wieser, Schlanders
257, 563

Die Fotografen der Bilder auf den Seiten 12, 35, 62, 261, 295, 307, 327, 386, 410, 452, 454, 461, 469, 514, 549, 569 möchten nicht genannt, bzw. konnten nicht ermittelt werden.

Zur Entstehung und Erarbeitung der Sonntagsbibel

Zur Idee der Sonntagsbibel siehe Bischof Wilhelm Egger, Freude am Wort Gottes (Bozen 1987) Seite 42f.: Hören auf das Wort Gottes am Sonntag.

Die einzelnen Abschnitte wurden von verschiedenen Mitarbeiterinnen und Mitarbeitern erarbeitet.

Einleitungen zu den drei Hauptteilen: Wilhelm Egger.

Einleitungen zu den Sonntagen und Texte zur Besinnung: Wilhelm Egger, Claus-Peter März. Die Auslegung und Aktualisierung der Texte erfolgte unter biblisch-liturgischer Rücksicht.

Gebete: Wilhelm Egger, Bernhard Frei, Claus-Peter März, Ivo Muser.

Auswahl und Überleitungen der Auswahlbibel: In diese Auswahl wurden alle Texte aufgenommen, die an Sonn- und Festtagen als erste und zweite Lesungen vorgesehen sind. Während die Texte in der Liturgie im Zusammenhang anderer Bibelstellen stehen, sind sie hier in ihrem ursprünglichen theologischen Zusammenhang innerhalb der einzelnen Schriften angeführt. Die Texte aus den Briefen des Neuen Testamentes sind thematisch angeordnet, wobei gleichzeitig nach Möglichkeit die Reihenfolge der Texte in ihrer ursprünglichen Reihung gewahrt wird.

Verbindende Texte zur Auswahl Altes Testament: Arnold Stiglmair; verbindende Texte zur Auswahl Neues Testament: Wilhelm Egger.

Hausandachten: Kurt Egger und eine Familienrunde.

Auswahl der Bilder: Kurt Egger, Karl Gruber, Josef Innerhofer, Ivo Muser, Eduard Scheiber, Christl Tschigg Martini.

Bilderklärungen: Biblische Deutung: Wilhelm Egger; kunstgeschichtliche Angaben: Karl Gruber, Eduard Scheiber.

Redaktion: Kurt Egger, Wilhelm Egger.

Projektleitung: Kurt Egger.

Layout: Erwin Kohl, Christl Tschigg Martini

Sekretariat: Florian Kerschbaumer, Ivo Muser, Christl Tschigg Martini.

Inhaltsverzeichnis

Seite

Zweiter Teil

Dritter Teil

SONNTAGS
BIBEL